དབུ་མ་རྩ་བའི་འགྲེལ་པ་ཤེས་རབ་སྒྲོན་མ་བཞུགས་སོ། །

སློབ་དཔོན་ལེགས་ལྡན་འབྱེད་ཀྱིས་བརྩམས།

སེར་གཙུག་ནང་བསྟན་དཔེ་རྙིང་འཚོལ་བསྡུ་ཕྱོགས་སྒྲིག་ཁང་ནས་བསྒྲིགས།

གངས་ཅན་ཁྱད་ནོར་དཔེ་ཚོགས་པོད་ཕྲེང་།

༼༨༥༽

བོད་ལྗོངས་མི་དམངས་དཔེ་སྐྲུན་ཁང་།

图书在版编目(CIP)数据

般若灯论释:藏文/清辨大师著.--拉萨:西藏人民出版社,2011.1(2024.10 重印)
(慧宝丛书)
ISBN 978-7-223-02987-2

Ⅰ.①般… Ⅱ.①清… Ⅲ.①中观派—佛经—研究—藏语 Ⅳ.①B944.1

中国版本图书馆 CIP 数据核字(2010)第 203922 号

般若灯论释

编　　著	清辨大师
搜集整理	色拉寺、大昭寺佛教古籍搜集整理室
责任编辑	顿珠平措
封面设计	格次
出版发行	西藏人民出版社(拉萨市林廓北路 20 号)
印　　刷	拉萨市明鑫印刷有限公司
开　　本	787×1092　1/16
印　　张	35.875
字　　数	320 千
版　　次	2011 年 1 月第 1 版
印　　次	2024 年 10 月第 3 次印刷
印　　数	6,001-8,000
书　　号	ISBN 978-7-223-02987-2
定　　价	55.00 元

༄། །《སེར་གཙུག་ནང་བསྟན་དཔེ་རྙིང་འཚོལ་བསྡུ་ཕྱོགས་སྒྲིག་ཁང་》གི་དཔེ་རྙིང་བསྡུ་སྒྲིག་དང་ལས་ཞུགས་མི་སྣའི་མཚན་ཐོ།

བསྡུ་སྒྲིག་འགན་འཛིན་པ། བློ་བཟང་ལྷུན་གྲུབ། དབང་གྲགས། ཚེ་རིང་།

ལས་ཞུགས་མི་སྣ། བློ་བཟང་ཆོས་འབྱོར། རྒྱལ་མཚན་བྱམས་པ། ངག་དབང་བྱང་སེམས།
ཚེ་བརྟན་རྡོ་རྗེ། བློ་བཟང་འཕགས་མཆོག །བློ་བཟང་འཇིགས་མེད།
ཚེ་རིང་མ། སྤྱིན་པ། རྡོ་རྗེ་མཚོ། ཚེ་རིང་ཆོས་སྒྲོན། ལྷ་སྐྱིད།
ལྷག་པ་སྒྲོལ་མ། བསོད་ནམས་དབྱངས་ཅན། བཀྲ་གཡང་།
བྱམས་པ་ཆོས་སྒྲོན། མིག་དམར་གཡང་འཛོམས།

དེབ་འདིའི་ཞུ་དག་དང་དཀར་ཆག་སྒྲིག་མཁན། བློ་བཟང་ཆོས་འབྱོར། བློ་བཟང་འཕགས་མཆོག །

གློག་ཀླད་ཡིག་འཇུག་པ། ཚེ་རིང་ཆོས་སྒྲོན། ལྷ་སྐྱིད། ལྷག་པ་སྒྲོལ་མ། མིག་དམར་གཡང་འཛོམས།

པར་སྒྲིག་ལག་རྩལ་པ། བློ་བཟང་ཆོས་འབྱོར།

སྔོན་གཞི།

ཡུལ་གངས་ཅན་གྱི་ལྗོངས་འདིར་སངས་རྒྱས་ཀྱི་བསྟན་པ་དར་འཕེལ་བྱུང་བའི་ལོ་ངོ་སྟོང་ཕྲག་ལྷག་གི་དུས་ཡུན་ནང་རིམ་སུ་མ་ཆད་པའི་མཁས་གྲུབ་གཉིས་ལྡན་གྱི་སྐྱེས་ཆེན་དམ་པ་མཐའ་ཡས་པ་ཞིག་གི་མཛད་དུ་བྱུང་བའི་ལེགས་བཤད་པོ་ཏི་པར་ཤིང་དང་བཅས་པ་དབུས་གཙང་ཁམས་གསུམ་སོགས་བོད་ཁམས་ཁྱོན་དང་། གཞན་ཡང་ནང་ས་དང་། སོག་ཡུལ། ལ་དྭགས། འབྲས་ལྗོངས། འབྲུག་ཡུལ་སོགས་ཡུལ་གྲུ་གཞན་དུའང་འཕྲིན་ལས་ཀྱི་སྣང་བ་དཀར་པོས་ཁྱབ་བཞིན་པ་དེ་ལྟར་ཡང་། དུས་རབས་ཀྱི་འཕོ་འགྱུར་སྣ་ཚོགས་དང་ལྷག་པར་ "རིག་གནས་གསར་བརྗེ་ཆེན་པོ་" ཟེར་བའི་ལོ་བཅུའི་གོད་ཆགས་ནང་རིམ་བཞིན་ཕྱ་ཆེའི་ལེགས་བཤད་དེ་དག་གིས་མཚོན་ཆོས་འཇིག་རྟེན་གཉིས་ཐད་ཀྱི་རིག་གཞུང་ཆེས་མང་པོ་ཞིག་ཕྱ་བ་ནས་སྟོངས་ཟིན་པ་དང་། ཤུལ་དུ་ལུས་པའི་དཔེ་རྙིང་དེ་དག་གི་གྲས་ནས་མི་ཉུང་བ་ཞིག་བོད་ཀྱི་ཡུལ་གྲུ་གང་སར་ཐོར་གྲུར་དུ་སོང་སྟེ་བཙལ་འཚོལ་ཤིན་ཏུ་དཀའ་བའི་ཁར་འགའ་ཞིག་བཞུགས་ཡོད་པ་དག་ཀྱང་ཕལ་ཆེ་བ་དགོན་སྡེ་ཆེ་ཁག་གི་ནང་ཕྱག་མཆོད་ཀྱི་ཡུལ་ཙམ་དང་། ཡང་ན་སྤྱི་ཚོགས་ཚན་པ་ཁག་གི་ནང་རིག་དངོས་ཀྱི་འདུ་ཤེས་ཐོག་ནས་བསྡུ་ཉར་གནང་བ་ཙམ་ལས་ཆེས་རྒྱ་ཆེ་བའི་རང་རིགས་ཀྱི་རིག་གཞུང་ལ་སློབ་གཉེར་དང་ཞིབ་འཇུག་ཉམས་ལེན་ལེགས་ཆ་སོགས་ཁྱབ་གདལ་གནང་མཁན་གྱི་རྒྱ་ཆེའི་གཟིགས་པ་པོ་རྣམས་ཀྱི་སྤྱན་ལམ་དུ་འགྱུར་མ་ཐུབ་པས་གསུང་རབ་ཀྱི་དགོས་པ་ཇི་བཞིན་སྒྲུབ་མ་ཐུབ་པ་དང་། ལར་ནས་མ་འོངས་པར་ཡང་དུས་ཀྱི་འགྱུར་བཀྲོད་དང་འབྱུང་བའི་གནོད་འཚེ་སོགས་ལས་ཕྱ་ཆེའི་རིག་གཞུང་དཔེ་དཀོན་དེ་རྣམས་ཕྱ་སྟོངས་སུ་མི་འགྲོ་བའི་ངེས་པ་མེད་པར་བསམས་ན་དེ་དག་སྲུང་སྐྱོབ་མཚན་ཉིད་ཚང་བ་ཞིག་བྱེད་པའི་ཐབས་ལམ་ཉག་གཅིག་ནི་ཕྱག་མཆོད་ཀྱི་རྟེན་དང་རིག་དངོས་ཀྱི་མཚན་ཐོག་ནས་སུས་ཀྱང་མཐོང་དཀའ་བའི་མཛོད་སྒྲིག་ཏུ་འཇུག་རྒྱུ་དེ་མ་ཡིན་པར་མིག་རྒྱང་ཡངས་པོས་དཔེ་སྐྲུན་འགྲེམས་སྤེལ་ཞུས་ཏེ་རྒྱ་ཆེའི་སློབ་གཉེར་

བས་མཆོན་གཟིགས་པ་པོ་ཀུན་གྱི་སྤྱན་ལམ་དུ་བསྟར་རྒྱུ་དེ་ནི་དོན་དམ་པའི་ཉམས་པ་སོར་ཆུད་དང་། མི་ཉམས་གོང་འཕེལ་གྱི་བྱ་བ་ཞིག་ཡིན་ངེས་སྙམ་པ་དང་། བསྟན་པ་དང་མི་རིགས་ཀྱི་རིག་གནས་རྒྱུན་འཛིན་དང་སྤར་གསོའི་བྱ་གཞག་ཁ་ཐོག་ཏུ་མ་ལུས་པར་ལག་ལེན་ལ་ཅི་འཁྱོལ་བྱེད་པའི་དྲི་མ་མེད་པའི་ལྷག་བསམ་བཟང་པོས་ཀུན་ནས་བསླངས་ཏེ་ད་ལན་དེང་སེ་ར་ཐེག་ཆེན་གླིང་དང་། དཔལ་ལྷ་ལྡན་གཙུག་ལག་ཁང་གཉིས་ཀྱིས་ཕྱུར་བུ་མཉམ་འདེགས་ཀྱིས་ཕྱོགས་སོ་སོ་ནས་ཐོག་མའི་དཔེ་སྐྲུན་གྱི་ཐེབས་རྩ་བཞག་སྟེ་བཙུགས་པའི་སེར་གཙུག་ནང་བསྟན་དཔེ་རྙིང་འཚོལ་བསྡུ་ཕྱོགས་སྒྲིག་ཁང་ནས་དགེ་ལུགས་གསུང་འབུམ་གཙོ་གནད་དུ་བྱས་ཏེ་རིས་མེད་ནང་བསྟན་གསུང་རབ་དཔེ་རྙིང་ཁག་གོམ་པ་རིམ་བགྲོད་ཀྱིས་འཚོལ་བསྡུ་དཔར་སྐྲུན་ཞུས་ནས་དེའི་སྲུམ་ཆ་གཅིག་གཞུང་ལུགས་ལ་གསན་བསམ་གནང་མཁན་མང་བའི་དགོན་སྡེ་ཆེ་ཁག་དང་། སྤྱི་ཚོགས་ཚན་པ་ཁག་གི་དཔེ་མཛོད་ཁང་། དེ་བཞིན་སློབ་གྲྭ་ཁག་སོགས་ལ་ཞིབ་འཇུག་གི་དཔྱད་གཞིའི་ཚུལ་དུ་རིན་མེད་འབུལ་ལམ་ཞུ་རྒྱུ་དང་། དེ་འཕྲོས་རྣམས་རིན་གོང་ཆུང་ངོས་ཀྱི་ཐོག་ནས་རྒྱ་ཆེའི་སློབ་གཉེར་བ་དང་གཟིགས་པ་པོ་རྣམས་ཀྱི་ཐུགས་འདུན་བསྐང་གང་ཐུབ་ཞུ་རྒྱུ་ཡིན་པས་རྒྱ་ཆེའི་མཁྱེན་ལྡན་རྣམ་པས་སྤྱི་དོན་ཐུགས་ལ་འདོགས་པའི་ལྷག་བསམ་གྱིས་དེང་ཚོའི་ལས་རིམ་ལ་རྩ་ཆེའི་དགོངས་འཆར་གང་མང་ལྷུག་སྩོལ་དང་། ལྷག་པར་འབྲེལ་ཡོད་མ་དཔེ་དཀོན་རིགས་མཁོ་འདོན་གནང་སྒོར་ཡོང་རེ་ཞུ་བ་བཅས།

སེར་གཙུག་ནང་བསྟན་དཔེ་རྙིང་འཚོལ་བསྡུ་ཕྱོགས་སྒྲིག་ཁང་ནས།

བསྡུ་སྒྲིག་གསལ་བཤད།

ཡུལ་གངས་ཅན་ལྗོངས་འདིར་སངས་རྒྱས་ཀྱི་བསྟན་པ་དར་བའི་དུས་ཡུན་ནང་ཆོས་རྒྱལ་རིམ་བྱོན་རྣམས་ནས་བཀའ་དྲིན་ཅན་གྱི་ལོ་ཙཱ་བ་རྣམས་རྒྱ་གར་དུ་བསྐུགས་ཏེ་རྒྱལ་བའི་བཀའ་དང་། བསྟན་བཅོས་རྣམས་བོད་དུ་བསྒྱུར་ཅིང་། ལྷག་པར་དུ་རྒྱལ་པོ་ཁྲི་སྲོང་ལྡེའུ་བཙན་གྱི་དུས་སུ་འཕགས་ཡུལ་ནས་སློབ་དཔོན་པདྨ་འབྱུང་གནས་དང་མཁན་ཆེན་ཞི་བ་འཚོ། དེའི་དངོས་སློབ་ཀ་མ་ལ་ཤཱི་ལའམ་〔པདྨའི་ངང་ཚུལ་〕སོགས་གདན་དྲངས་ནས་དམ་པའི་ཆོས་དར་འཕེལ་བཏང་བ་ལ་བརྟེན། རྒྱལ་པོས་ད་ཕྱིན་བོད་ཡུལ་དུ་འདུལ་བའི་སྡོམ་རྒྱུན་ནི་ཐམས་ཅད་ཡོད་སྨྲའི་ལུགས་དང་ལྟ་བ་དབུ་མ་པའི་ལུགས་སུ་གྱིས་ཤིག་ཞེས་སོགས་བཀའི་བཅད་པ་མཛད་པའི་དྲིན་ལས་གནས་འདིར་དབུ་མ་རང་རྒྱུད་པའི་རིང་ལུགས་ཤིན་ཏུ་དར་འཕེལ་བྱུང་། ཕྱིས་སུ་ཡང་གངས་ཅན་གྲུབ་མཐའ་རིས་མེད་ཀྱི་མཁས་གྲུབ་རྣམས་ནས་དམ་པའི་ཆོས་ཀྱི་ལྟ་གྲུབ་སྟོན་པའི་བསྟན་བཅོས་ཇི་སྙེད་ཡོད་པ་དེ་དག་རྣམས་ཀྱང་འཕགས་ཡུལ་གྱི་ཤིང་རྟ་ཆེན་པོ་རྣམ་གཉིས་སོགས་རྒྱ་གར་མཁས་པའི་གཞུང་ལུགས་དག་གི་རྗེས་སུ་འབྲང་ལ། མདོ་རྒྱུད་གཞུང་ལུགས་རབ་འབྱམས་ལ་སློབ་གཉེར་གནང་མཁན་རྣམས་ནས་ཀྱང་རྒྱལ་བའི་དགོངས་པ་མཐིལ་ཕྱིན་པར་རྟོགས་དགོས་ན་རྒྱལ་བའི་བཀའ་དང་དེའི་དགོངས་འགྲེལ་བསྟན་བཅོས་རྣམས་ཕྱག་མཆོད་ཡུལ་ཙམ་ལ་མི་འཛོག་པར་དེ་དག་ལ་སློབ་གཉེར་ངེས་པར་བྱེད་དགོས་པ་སོགས་དགོས་པ་

ཤིན་ཏུ་ཆེ་བར་གཟིགས་ནས། སྔ་དེང་གི་ཚད་ལྡན་མཁས་པ་ཡོངས་ཀྱིས་ལན་ཅིག་མིན་པར་གསུངས་པས་ན་ད་རེས་སློབ་དཔོན་ལེགས་ལྡན་འབྱེད་ནས་མཛད་པའི་དབུ་མ་རྩ་བའི་འགྲེལ་པ་ཤེས་རབ་སྒྲོན་མ་འདི་ཉིད་བསྟན་འགྱུར་ཁྲིད་དུ་བཞུགས་པ་ཕུད། དེ་མིན་གཞུང་འདི་ར་ཐོས་བསམ་སློབ་གཉེར་གནང་མཁན་རྣམས་ལ་ཕྱག་དཔེ་དཀོན་རིགས་སུ་གྱུར་པ་ལ་བརྟེན་ནས་ད་ལམ་ངེད་༼ཟིར་གཙུག་ནང་བསྟན་དཔེ་སྐྲིང་འཚོལ་བསྡུ་ཕྱོགས་སྒྲིག་ཁང་༽ནས་པར་རྒྱ་གསར་སྒྲིག་ཐོག་པར་སྐྲུན་འགྲེམས་སྤེལ་ཞུས་པ་ཡིན། ཕྱག་དཔེ་འདི་ཉིད་ཀྱི་མ་དཔེ་ནི་སྡེ་དགེ་དཔར་མ་གཞིར་བཞག་ཐོག་དེའི་ནང་དུ་དེང་དུས་འབྲི་སྲོལ་དང་མི་མཐུན་པའི་ཡི་གེ་མཐོང་གསལ་ཅན་རེ་ཟུང་རྟགས་༼ ༽འདིའི་ནང་དུ་བཙུག་ཡོད་ལ་ཡི་གེ་ཆད་པ་ལ་རྟགས་༼༼ ༽༽འདི་བརྒྱབ་ནས་བཙུག་པ་སོགས་གང་ཐུབ་ཀྱི་དག་པར་བཅོས་ཞུས་ལགས་ཀྱང་ངེད་ཅག་དཔེ་སྐྲུན་གྱི་ཉམས་མྱོང་ཞན་པ་དང་གཞུང་ལུགས་ལ་ཐོས་པ་ཆུང་བའི་དབང་གིས་སྐྱོན་ཆ་ཡང་མི་ཉུང་བ་ཞིག་ཡོད་ངེས་པས་གཟིགས་པ་པོ་རྣམས་ནས་ལྷག་བསམ་གྱིས་ཀུན་ནས་བསླང་སྟེ་རྩ་ཆེའི་དགོངས་འཆར་བཟང་པོ་གནང་རྒྱུའི་འདུན་པ་དང་བཅས།

ཟིར་གཙུག་ནང་བསྟན་དཔེ་སྐྲིང་འཚོལ་བསྡུ་ཕྱོགས་སྒྲིག་ཁང་ནས།

དཔེ་སྐྲུན་གསལ་བཤད།

བོད་བརྒྱུད་ནང་བསྟན་རིག་པ་ནི་བཅུ་ཕྲག་རིག་པའི་གནས་ཀྱི་སྙིང་བཅུད་ལྟ་བུ་ཞིག་ཡིན་ཞིང་། རང་ཅག་ཁ་བའི་ལྗོངས་སུ་སངས་རྒྱས་ཀྱི་ཆོས་ལུགས་དབུ་བརྙེས་པ་ནས་བཟུང་སྟེ་ད་བར་མི་ལོ་སྟོང་ཕྲག་གི་ལོ་རྒྱུས་རྒྱ་ཆུ་རྒྱུན་རིང་པོའི་ནང་མཁས་གྲུབ་ལོ་པཎ་མཁྱེན་བརྩེའི་བདག་ཉིད་ཆེན་པོ་རྣམས་ཀྱིས་བློ་གྲོས་ཀྱི་འོ་མཚོ་བསྲུབས་ཏེ་སྙིང་པོ་གཙུག་ལག་གི་བསྟན་བཅོས་རི་རབ་ཀྱི་ལྷུན་པོ་ལྟར་སྤུངས་པར་མཛད་གཤིས། བོད་ཀྱི་རིག་གཞུང་ཞེས་རང་རྒྱལ་གྱི་སྤུན་ཟླའི་མི་རིགས་གཞན་ཙམ་དུ་མ་ཟད་འཛམ་གླིང་མི་རིགས་ཇི་སྙེད་ཀྱི་སྤྱན་སྔར་ཡང་བློ་གདེང་ཡིད་སྤོབས་དང་བཅས་ཏེ་མགྲིན་པ་མཐོན་མཐོར་བཏེགས་ནུས་པ་ཀུན་གྱིས་མཁྱེན་གསལ་ལགས། དེ་ལྟ་བུའི་རིན་ཐང་གཞལ་དུ་མེད་པའི་རིག་གཞུང་དག་ལོ་རྒྱུས་འཕེལ་འགྱུར་གྱིས་དུས་ཡུན་རིང་པོའི་ནང་མི་དང་རང་བྱུང་གི་འཚེ་བ་སྣ་ཚོགས་དང་། ལྷག་པར་དུ་རིག་གནས་གསར་བརྗེ་ཆེན་པོ་ཟེར་བའི་ལོ་བཅུའི་གོད་ཆག་ནང་ཉམས་བརླག་ཆེན་པོ་སོང་ཡོད། དེང་གི་དུས་འདིར་ཤུལ་དུ་ལུས་པའི་དཔེ་སྙིང་ཕལ་མོ་ཆེ་དཔེ་རྒྱུན་དཀོན་རིགས་ཤ་སྟག་ཅིག་ཡིན་ཞིང་། དེ་དག་ཀྱང་ས་ཕྱོགས་གང་སར་ཐོར་ཞུར་དུ་གནས་ཏེ་འཚོལ་བསྡུ་བྱ་རྒྱུ་ནི་དཀའ་ཚེགས་ཤིན་ཏུ་ཆེ་བའི་བྱ་བ་ཞིག་ཡིན་སྟབས། རང་རེའི་སྤྱི་ཚོགས་ཀྱི་འབྲེལ་ཡོད་ཚན་པ་ཁག་གིས་ཕྱུར་བ་གྲུ་འདེགས་དང་བསྟན་བཅོས་དེ་དག་སྒོག་འདོན་དང་འཚོལ་བསྡུ་ལེགས་སྒྲིག དཔེ་སྐྲུན་བཅས་བྱ་རྒྱུ་ནི་ང་ཚོས་གཞན་ལ་དཀྲི་ཐབས་མེད་པའི་ཁ་ཚ་དགོས་གཏུགས་ཀྱི་འོས་འགན་ཞིག་ཏུ་གྱུར་ཡོད།

ད་ཕན་ལོ་མང་ནང་སེ་ར་ཐེག་ཆེན་གླིང་དང་དཔལ་ལྷ་ལྡན་གཙུག་ལག་ཁང་དཔེ་སྙིང་འཚོལ་བསྡུ་ཕྱོགས་སྒྲིག་ཁང་གིས་དྲི་མེད་རྣམ་པར་དག་པའི་ལྷག་བསམ་བཟང་པོས་ཀུན་ནས་བསླངས་པའི་སེམས་བསྐྱེད་ཀྱིས་དཀའ་སྤྱད་དང་དུ་བླངས་ནས་དགེ་ལུགས་གསུང་འབུམ་གཙོ་བོར་འཛིན་པའི་གྲུབ་མཐའ་རིས་མེད་ཀྱི་གསུང་རབ་དཔེ་སྙིང་ཁག་འཚོལ་བསྡུ་ལེགས་སྒྲིག་དཔེ་སྐྲུན་བཅས་མཛད་དང་མཛད་མུས་སུ་མཆིས་པས་སྙིང་ཁམས་དབུས་ནས་དད་གུས་དང་རྗེས་སུ་ཡི་རང་ཞུ་བཞིན་མཆིས། བོད་མི་རིགས་ཀྱི་ཕུལ་བྱུང་གཙུག་ལག་རིག་གཞུང་རྣམས་ཉམས་པ་སོར་ཆུད་དང་། མི་ཉམས་རྒྱུན་འཛིན་དར་སྤེལ་བཅས་བཏང་སྟེ་དེང་གི་སྤྱི་ཚོགས་ལ་ཞབས་འདེགས་དང་ཕྱི་རབས་བརྒྱུད་བཅས་རྣམས་ལ་རྣམ་དཔྱོད་ཀྱི་གསོས་སུ་

སློབ་པ་བྱ་རྒྱུའི་དམིགས་ཡུལ་དང་། དགོས་པ། ཕན་རླབས་བཅས་ལ་བློ་ཁ་གཅིག་མཐུན་བྱུང་ཐོག་འདི་ག་བོད་ལྗོངས་མི་དམངས་དཔེ་སྐྲུན་ཁང་དང་སེར་གཙུག་དཔེ་རྙིང་འཚོལ་བསྡུ་ཕྱོགས་སྒྲིག་ཁང་གཉིས་པོས་ཕྱིས་འབྱུང་མཉམ་ལས་བྱ་རྒྱུའི་ཞིབ་མོལ་བྱས་མཐར། ཁོང་རྣམ་པས་འཚོལ་བསྡུ་ཕྱོགས་སྒྲིག་མཛད་པའི་གསུང་རབ་དཔེ་རྙིང་དཔེ་དཀོན་གལ་ཆེ་ཁག་འདི་ག་དཔེ་སྐྲུན་ཁང་གིས་རིམ་བཞིན་དཔེ་སྐྲུན་བྱ་རྒྱུ་གཏན་འཁེལ་བྱས་པ་ཡིན།

ད་ལན་《གངས་ཅན་ཁྱད་ནོར》ཞེས་པའི་དཔེ་ཚོགས་ཁོངས་ཀྱི་སློབ་དཔོན་ལེགས་ལྡན་འབྱེད་ཀྱིས་མཛད་པའི་《དབུ་མ་རྩ་བའི་འགྲེལ་བ་ཤེས་རབ་སྒྲོན་མ་》དཔེ་སྐྲུན་ཞུས་པ་འདི་ཉིད་བསྟན་འགྱུར་ཁྲོད་དུ་བཞུགས་པ་ཕུད། དེ་མིན་གཞུང་འདིར་ཐོས་བསམ་སློབ་གཉེར་གནང་མཁན་དང་ཞིབ་འཇུག་པ་རྣམས་ཀྱི་ངོས་ནས་བརྗོད་ན་དཔེ་རྒྱུན་དཀོན་རིགས་སུ་གཏོགས་ཤིང་། གཞན་ཡང་ཕྱག་དཔེ་འདིའི་མ་དཔེ་སྟེ་དགེའི་པར་མ་གཞིར་བཟུང་ཞུ་དག་གང་ནུས་བྱས་ཁྱུལ་ལགས་ཀྱང་སྐྱོན་དང་ནོར་འཁྲུག་ཅི་ཡང་མཆིས་སྲིད་པ་ན་མཁྱེན་དཔྱོད་ཟབ་ཅིང་ཡངས་པའི་ཀློག་པ་པོ་རྣམས་ནས་ལེགས་བཅོས་ཡོད་པ་མཁྱེན་ཞེས་ཞུ་རྒྱུ་བཅས།

བོད་ལྗོངས་མི་དམངས་དཔེ་སྐྲུན་ཁང་བོད་ཡིག་རྩོམ་སྒྲིག་ཁང་ནས།

དཀར་ཆག

གཞུང་འདིའི་བྱེད་པོ་སློབ་དཔོན་ལེགས་ལྡན་འབྱེད་ཀྱི་མཛད་རྣམ་མདོར་བསྡུས། ……(1)

རབ་བྱེད་དང་པོ་རྒྱེན་བརྟག་པ། ……(1)

རབ་བྱེད་གཉིས་པ་བསྒོམ་པ་བརྟག་པ། ……(46)

རབ་བྱེད་གསུམ་པ་སྐྱེ་མཆེད་བརྟག་པ། ……(81)

རབ་བྱེད་བཞི་པ་ཕུང་པོ་བརྟག་པ། ……(102)

རབ་བྱེད་ལྔ་པ་ཁམས་བརྟག་པ། ……(117)

རབ་བྱེད་དྲུག་པ་འདོད་ཆགས་དང་ཆགས་པ་བརྟག་པ། ……(135)

རབ་བྱེད་བདུན་པ་སྐྱེ་གནས་འཇིག་གསུམ་བརྟག་པ། ……(149)

རབ་བྱེད་བརྒྱད་པ་བྱེད་པ་པོ་དང་ལས་བརྟག་པ། ……(183)

རབ་བྱེད་དགུ་པ་ཉེ་བར་ལེན་པ་དང་ཉེ་བར་བླང་བ་བརྟག་པ། ……(207)

རབ་བྱེད་བཅུ་པ་མེ་དང་བུད་ཤིང་བརྟག་པ། ……(222)

རབ་བྱེད་བཅུ་གཅིག་པ་འཁོར་བ་བརྟག་པ། ……(243)

རབ་བྱེད་བཅུ་གཉིས་པ་སྡུག་བསྔལ་བརྟག་པ། ……(253)

རབ་བྱེད་བཅུ་གསུམ་པ་དེ་ཁོ་ན་བརྟག་པ། ……(266)

རབ་བྱེད་བཅུ་བཞི་པ་ཕྲད་པ་བརྟག་པ། ……(281)

རབ་བྱེད་བཅོ་ལྔ་པ་དངོས་པོ་དང་དངོས་མེད་བརྟག་པ། ……(291)

རབ་བྱེད་བཅུ་དྲུག་པ་བཅིངས་པ་དང་ཐར་པ་བརྟག་པ། ……(306)

རབ་བྱེད་བཅུ་བདུན་པ་ལས་དང་འབྲས་བུ་བརྟག་པ། ……(327)

རབ་བྱེད་བཅོ་བརྒྱད་པ་བདག་དང་ཆོས་བརྟག་པ། ……(348)

རབ་བྱེད་བཅུ་དགུ་པ་དུས་བརྟག་པ། ……(382)
རབ་བྱེད་ཉི་ཤུ་པ་རྒྱུ་དང་འབྲས་བུ་བརྟག་པ། ……(394)
རབ་བྱེད་ཉེར་གཅིག་པ་འབྱུང་བ་དང་འཇིག་པ་བརྟག་པ། ……(414)
རབ་བྱེད་ཉེར་གཉིས་པ་དེ་བཞིན་གཤེགས་པ་བརྟག་པ། ……(428)
རབ་བྱེད་ཉེར་གསུམ་པ་ཕྱིན་ཅི་ལོག་བརྟག་པ། ……(455)
རབ་བྱེད་ཉེར་བཞི་པ་འཕགས་པའི་བདེན་པ་བརྟག་པ། ……(472)
རབ་བྱེད་ཉེར་ལྔ་པ་མྱ་ངན་ལས་འདས་པ་བརྟག་པ། ……(493)
རབ་བྱེད་ཉེར་དྲུག་པ་སྲིད་པའི་ཡན་ལག་བཅུ་གཉིས་བརྟག་པ། ……(529)
རབ་བྱེད་ཉེར་བདུན་པ་ལྟ་བ་བརྟག་པ། ……(540)

གཞུང་འདིའི་བྱེད་པོ་སློབ་དཔོན་ལེགས་ལྡན་འབྱེད་ཀྱི་ མཛད་རྣམ་མདོར་བསྡུས།

བདག་ཉིད་ཆེན་པོ་སློབ་དཔོན་ཆེན་པོ་ལེགས་ལྡན་འབྱེད་ནི་རྒྱ་གར་ལྷོ་ཕྱོགས་མ་ལྱ་རར་རྒྱལ་རིགས་སུ་སྤྱི་ལོའི་དུས་རབས་དྲུག་པའི་དུས་དཀྱིལ་ཙམ་ལ་སྐུ་འཁྲུངས་ཤིང་༏ ཡུལ་དེ་ཉིད་དུ་རབ་ཏུ་བྱུང་སྟེ་སྡེ་སྣོད་གསུམ་དང་རྒྱུད་སྡེ་སོགས་ལ་མཁས་པར་སྦྱངས༏ ཡུལ་དབུས་སུ་བྱོན་ཏེ་སློབ་དཔོན་ཀླུའི་བཤེས་གཉེན་གྱི་སློབ་མ་སློབ་དཔོན་དགེ་འདུན་སྲུང་བ་ལས་ཐེག་པ་ཆེན་པོའི་མདོ་སྡེ་དུ་མ་དང་ཀླུ་སྒྲུབ་ཀྱི་མན་ངག་མནོས་ཏེ་སླར་ཡང་རྒྱ་གར་ལྷོ་ཕྱོགས་ཀྱི་རྒྱུད་དུ་གཤེགས་ནས་ཕྱག་ན་རྡོ་རྗེའི་ཞལ་གཟིགས་པ་དང་། ཏིང་ངེ་འཛིན་ཁྱད་པར་ཅན་ཡང་སྒྲུབ། འཕགས་པ་རབ་འབྱོར་གྱི་སྤྲུལ་པར་ཡང་གྲགས། སློབ་དཔོན་ཀ་མ་ལ་ཤཱི་ལའི་དབུ་མ་རྒྱན་གྱི་འགྲེལ་བའི་ནང་དུ་སློབ་དཔོན་འདིས་མཛད་པའི་དབུ་མ་སྙིང་པོ་དང་དེའི་རང་འགྲེལ་རྟོག་གེ་འབར་བ་ཁུངས་སུ་དྲངས་སྐབས་སློབ་དཔོན་བྷ་བྱ་དང་། སློབ་དཔོན་སྐལ་ལྡན། སློབ་དཔོན་སྣང་བྲལ་ཞེས་གསུངས་འདུག་པས་འདི་གསུམ་པོ་ཡང་སློབ་དཔོན་འདིའི་མཚན་གྱི་རྣམ་གྲངས་ཡིན་པར་མངོན། ལྷོ་ཕྱོགས་ཀྱི་གཙུག་ལག་ཁང་ལྔ་བཅུ་ཙམ་གྱི་བདག་པོ་མཛད་དེ་ཆོས་མང་དུ་བསྟན། སློབ་དཔོན་འདི་ཉིད་ཀྱིས་རང་རྒྱུད་ཀྱི་རྟགས་དང་དགག་བྱ་ལ་དོན་དམ་གྱི་ཁྱད་པར་སྦྱར་ནས་སློབ་དཔོན་ཀླུ་སྒྲུབ་ཀྱི་དགོངས་པ་རང་རྒྱུད་

དུ་འགྲེལ་བའི་གཞུང་རྩ་ཤེའི་འགྲེལ་པ་ཤེས་རབ་སྒྲོན་མ་དང་རྟོག་གེ་འབར་བ་སོགས་མཛད་ལ་ཕྱིས་དཔལ་ལྡན་ཟླ་བས་སློབ་དཔོན་ཀླུ་སྒྲུབ་ཀྱི་བཞེད་པ་ལ་རང་རྒྱུད་གཏན་ཚིགས་དང་དགག་བྱ་ལ་དོན་དམ་གྱི་ཁྱད་པ་སྦྱར་བ་མི་འཐད་ཅིང་དེ་ཉིད་སློབ་དཔོན་གྱི་དགོངས་པ་མིན་པ་སོགས་རིགས་པ་རྣམ་དག་གི་སྒོ་ནས་ཐལ་འགྱུར་བའི་ཐུན་མོང་མ་ཡིན་པའི་དགོངས་པ་ཉིན་མོ་ལྟར་གསལ་བར་མཛད་པ་ཡང་སློབ་དཔོན་འདི་ཉིད་བཀའ་དྲིན་དུ་སྨྲ་དེང་གི་འཕགས་བོད་མཁས་པ་རྣམས་ལ་མཐུན་པར་གྲགས། དེའི་ཕྱིར་རྗེ་ཐམས་ཅད་མཁྱེན་པས་ཀུང་ཡོངས་སུ་རྫོགས་པའི་པཎྜི་ཏ་ཞེས་ལྷག་མཐོང་ཆེན་མོའི་ནང་དུ་བསྔགས་པ་རྒྱ་ཆེར་མཛད་ཅིང་། སློབ་དཔོན་འདི་ཉིད་མ་བྱོན་གྱི་བར་དུ་ཐེག་པ་ཆེན་པོ་པ་མཐའ་དག་བསྟན་པ་གཅིག་ཏུ་གནས་པ་ལས་སློབ་དཔོན་འདི་ཉིད་ཀྱིས་ཤིང་རྟ་ཆེན་པོ་གཉིས་ཀྱི་ལུགས་ནི་ཤིན་ཏུ་ཐ་དད་དེ་ཐོགས་མེད་ནི་དབུ་མའི་ལམ་སྟོན་པ་མ་ཡིན་པར་སེམས་ཙམ་ཁོ་ན་དང་ཀླུ་སྒྲུབ་ནི་ཁོ་བོ་ཅག་གིས་འདི་ལས་གཞན་མེད་དོ་ཞེས་མཐའ་གཞན་འགོག་པར་མཛད་དོ། །བདག་ཉིད་ཆེན་པོ་འདིའི་སློབ་མ་འཕགས་པ་རྣམ་གྲོལ་སྡེ་དང་། ཡེ་ཤེས་སྙིང་པོ། སོགས་བསྟན་པ་ལ་མཛད་རྗེས་ཆེ་བའི་སློབ་མ་མང་དུ་བསྐྱངས། སློབ་དཔོན་འདི་ཉིད་ཞལ་བཞུགས་པའི་དུས་ལ་མི་མཐུན་པ་མང་དུ་ཡོད་ཀུང་ཇོ་ནང་ཏ་ར་ན་ཐས་མཛད་པའི་རྒྱ་གར་ཆོས་འབྱུང་ལྟར་ན་རྒྱ་གར་དབུས་ཕྱོགས་ཀྱི་རྒྱལ་པོ་ཙནྡྲས་ཁྲི་བཟུང་བའི་དུས་སྐབས་སུ་བཞུགས་པར་འཁོད་པས་ཙནྡྲའི་ཁྲི་ལོ་ནི༼ཕྱི་ལོ་༥༨༥ནས་༨༩༠༽བར་ཡིན་པ་རྒྱལ་ཁམས་རིག་པས་བསྒྲོར་བའི་གཏམ་རྒྱུད་གསེར་གྱི་ཐང་མའི་ནང་གསལ་བས་རང་

རེའི་ཆོས་རྒྱལ་སྲོང་བཙན་དང་དུས་མཉམ་པར་མཛོན། སློབ་དཔོན་འདིས་མཛད་པའི་བསྟན་བཅོས་ནི་དབུ་མ་རྩ་བའི་འགྲེལ་པ་ཤེས་རབ་སྒྲོན་མ། དབུ་མ་སྙིང་པོ་དང་དེའི་འགྲེལ་བ་རྟོག་གེ་འབར་བ་སོགས་ཀྱིས་དུས་ད་ལྟའི་བར་དུ་གདུལ་བྱ་དཔག་ཏུ་མེད་པ་སྨིན་གྲོལ་གྱི་ལམ་དུ་འགོད་བཞིན་པ་བཅས་སོ།། །།

སེར་གཙུག་ནང་བསྟན་དཔེ་སྙིང་འཚོལ་བསྡུ་ཕྱོགས་སྒྲིག་ཁང་ནས།

དབུ་མའི་རྩ་བའི་འགྲེལ་པ་ཤེས་རབ་སྒྲོན་མ་ཞེས་བྱ་བ་བཞུགས་སོ། །

༼རབ་བྱེད་དང་པོ་རྐྱེན་བརྟག་པ།༽

རྒྱ་གར་སྐད་དུ། པྲཛྙཱ་པྲ་དཱི་པ་མཱུ་ལ་མ་དྷྱ་མི་ཀ་བྲྀཏྟི། བོད་སྐད་དུ། དབུ་མའི་རྩ་བའི་འགྲེལ་པ་ཤེས་རབ་སྒྲོན་མ། བམ་པོ་དང་པོ། དཀོན་མཆོག་གསུམ་ལ་ཕྱག་འཚལ་ལོ༔ ༔འཇམ་དཔལ་གཞོན་ནུར་གྱུར་པ་ལ་ཕྱག་འཚལ་ལོ། །སློབ་དཔོན་འཕགས་པ་ཀླུ་སྒྲུབ་ལ་ཕྱག་འཚལ་ལོ། །སློབ་དཔོན་བཙུན་པ་ལེགས་ལྡན་འབྱེད་ལ་ཕྱག་འཚལ་ལོ། །གང་གིས་ཆོས་ཀྱི་དེ་ཉིད་རྣམ་རྟོག་ལེགས་བྲལ་བ། །སྤྲོས་པ་ཀུན་ཞི་བློ་ངན་རབ་རིབ་ཀུན་འཇོམས་ཅན། །ཚིག་གི་ཡུལ་མ་ཡིན་ཡང་དེ་ཉིད་སྒྲོ་བཏགས་ནས། །ས་ཀུན་འགྲོར་ཕྱིར་བསྟན་པ་དེ་ལ་ཕྱག་འཚལ་ལོ། །སློབ་དཔོན་གྱི་ཞལ་སྔ་ནས་ཀྱི་ཚིག་ལེའུར་བྱས་པ་དག་ཁོ་ནས་རྗེས་སུ་དཔག་པ་དང་། ལུང་དབྱུང་བའི་གསལ་བ་དང་། དེ་ཁོ་ན་དག་བསྟན་པ་དང་། ལྟ་བ་ངན་པའི་དྲ་བ་ཞི་བར་བྱེད་པ་དང་ལྡན་པ་ཤེས་རབ་ཀྱི་ཕ་རོལ་ཏུ་ཕྱིན་པའི་ཚུལ་བཀའ་སྩལ་མོད་ཀྱི། ཚངས་པ་མཚུངས་པར་སྤྱོད་པ་རྣམས་ལས་ཁ་ཅིག་གིས་མི་རྟོགས་པས། དེའི་ཕྱིར་དེ་དག་གིས་རྟོགས་པར་བྱ་བར་འདོད་ནས་ལུང་ཇི་ལྟ་བ་བཞིན་དུ་དབུ་མའི་བསྟན་བཅོས་བཤད་པར་བྱའོ། །དེ་ལ་བསྟན་བཅོས་ཀྱི་འབྲེལ་པ་སྨོས་པ། འདི་ལ་བཅོམ་ལྡན་འདས་ཐུགས་རྗེ་དམ་པས་སྐྱོ་བ་རབ་ཏུ་བསྐྱེད་པའི་བློ་གྲོས

མངའ་བ། བསྐལ་པ་བྱེ་བ་ཁྲག་ཁྲིག་འབུམ་ཕྲག་དཔག་ཏུ་མེད་པར། བསོད་ནམས་དང་ཡེ་ཤེས་ཀྱི་ཚོགས་གཞལ་དུ་མེད་པའི་ཁུར་བཞེས་པར་མཛད་པ་ན་གཞན་ལ་ཕན་པ་སྐྱེ་བ་དང་། རྗེས་སུ་འབྲེལ་པའི་ཐུགས་རང་གི་སྲོག་དང་འབྲལ་བའི་སྡུག་བསྔལ་གྱིས་ཀྱང་ཡོངས་སུ་མི་སྐྱོ་བ་མངའ་བས་འཇིག་རྟེན་སྐྱེ་བ་དང་། འགག་པ་དང་། ཆད་པ་དང་། རྟག་པ་དང་། འོང་བ་དང་། འགྲོ་བ་དང་། ཐ་དད་པ་དང་། གཅིག་པ་ལ་སོགས་པ་སྤྲོས་པའི་དྲ་བ་ཐིབས་པོར་འཁྲུམས་ཤིང་སྣང་བ་མེད་པ་ལ་གཟིགས་ནས། ཤེས་རབ་ཀྱིས་ཤེས་བྱའི་རྒྱ་མཚོ་མངོན་པར་བསྒྲུབས་ཏེ། ཆོས་ཐམས་ཅད་ཀྱི་དེ་ཁོ་ནའི་བདུད་རྩི་སྤྲོས་པའི་དྲ་བ་མཐའ་དག་དང་ལེགས་པར་བྲལ་བ། གཞན་གྱི་དྲིང་མི་འཇོག་པ། རྣམ་པར་མི་རྟོག་པ་བརྙེས་ནས། ཐེག་པ་མཆོག་གིས་འགྲོ་བ་རྣམས་ལ་རྟེན་ཅིང་འབྲེལ་པར་འབྱུང་བའི་རིན་པོ་ཆེ་དམ་པ་སྐྱེ་བ་དང་ན་ཚོད་དང་། རིགས་དང་། ཡུལ་དང་། དུས་ལས་འདའ་བ་མེད་པ༑ མུ་སྟེགས་བྱེད་དང་། ཉན་ཐོས་དང་། རང་སངས་རྒྱས་ཐམས་ཅད་དང་ཐུན་མོང་མ་ཡིན་པ་ཀུན་རྫོབ་དང་དོན་དམ་པའི་བདེན་པ་ལ་བརྟེན་ནས། སྐྱེ་བ་དང་སྐྱེ་བ་མེད་པ་ལ་སོགས་པའི་བརྗོད་པ་དག་གིས་བཀའ་སྩལ་ཏོ། །སློབ་དཔོན་གྱིས་ཀྱང་དེ་བཞིན་གཤེགས་པའི་ཚུལ་སྐྱེ་བ་མེད་པ་ལ་སོགས་པའི་ཚིག་གིས་རབ་ཏུ་བསྟན་པ་མ་ནོར་བར་དེ་བཞིན་ཉིད་ཐུགས་སུ་ཆུད་ནས་དགྱེས་པའི་ཤུགས་དྲག་པོ་ཡང་དག་པར་སྐྱེས་པས། ཇི་ལྟར་ཐུགས་སུ་ཆུད་པའི་ཚུལ་གྱིས་བཅོམ་ལྡན་འདས་ལ་མངོན་པར་བསྟོད་དེ། བསྟན་བཅོས་མཛད་པར་བཞེད་ནས། ཐུགས་རྗེ་ཉིད་ཀྱིས་ཆུས་བརླན་པའི་ཐུགས་མངའ་བས་སྐྱེ་བོ་རྗེས་སུ་དཔག་པ་གཙོར་འཛིན་ཅིང་ཁོང་དུ་ཆུད་པར་འདོད་པས་རྟོགས་པར་བཞེད་ནས། གང་གིས་རྟེན་ཅིང་འབྲེལ་པར་འབྱུང་། །འགག་པ་མེད་པ་སྐྱེ་མེད་པ། །ཆད་པ་མེད་པ་

རྟག་མེད་པ། །འོང་བ་མེད་པ་འགྲོ་མེད་པ། །ཐ་དད་དོན་མིན་དོན་གཅིག་མིན། །སྤྲོས་པ་ཉེར་ཞི་ཞི་བསྟན་པ། །རྫོགས་པའི་སངས་རྒྱས་སྨྲ་རྣམས་ཀྱི། །དམ་པ་དེ་ལ་ཕྱག་འཚལ་ལོ༏ ༏ཞེས་བྱ་བ་གསུངས་སོ། །གང་གིས་ཞེས་བྱ་བ་ནི་སྒྲ་སྤྱི་ཡིན་ཡང་འདིས་ནི་ཐུན་མོང་མ་ཡིན་པའི་ཁྱད་པར་དང་ལྡན་པའི་རྟེན་ཅིང་འབྲེལ་པར་འབྱུང་བ་སྟོན་པར་མཛད་པ་ཉིད་ཀྱིས་བརྗོད་པར་བཞེད་པའི་ཕྱིར་བཅོམ་ལྡན་འདས་ཁོ་ན་དང་སྦྱར་རོ། །རྟེན་ཅིང་འབྲེལ་པར་འབྱུང་ཞེས་བྱ་བ་ནི་གང་གི་ཕྱིར། ཁྱད་པར་བསྟན་ཀྱང་ཁྱད་པར་གྱི་གཞིའི་མིང་མ་བསྟན་ན་དེ་མི་རྟོགས་པས་དེ་བསྟན་པ་ཡིན་ནོ། །རྟེན་ཅིང་འབྲེལ་པར་འབྱུང་ཞེས་བྱ་བ་ལ། ཁ་ཅིག་ན་རེ་རྟེན་ཅིང་ཞེས་བྱ་བའི་ཚིག་གི་ཕྲད་ནི་ཟློས་པའི་དོན་ཡིན་པའི་ཕྱིར་དང་། འབྲེལ་པར་ཞེས་བྱ་བ་ནི་ཕྲད་པའི་དོན་ཡིན་པའི་ཕྱིར་དང་། འབྱུང་བ་ཞེས་བྱ་བའི་སྒྲ་ནི་སྐྱེ་བའི་དོན་ཡིན་པའི་ཕྱིར་རྟེན་ཅིང་འབྲེལ་པར་འབྱུང་བ་སྟེ། དེ་དང་དེ་ལ་རྟེན་ཅིང་ཕྲད་ནས་འབྱུང་བའོ་ཞེའོ། །གཞན་དག་ན་རེ་སོ་སོ་འཇིག་པ་དག་ལྡན་པ་རྣམས་ཀྱི་འབྱུང་བ་ནི་རྟེན་ཅིང་འབྲེལ་པར་འབྱུང་བའོ་ཞེའོ། །གཞན་མ་ཡིན་པ་ནི་དེ་ཡང་མི་རུང་སྟེ། མིག་དང་གཟུགས་རྣམས་ལ་བརྟེན་ནས་མིག་གི་རྣམ་པར་ཤེས་པ་འབྱུང་ངོ་ཞེས་གསུངས་པ་འདི་ལ་དོན་གཉིས་ག་མེད་པའི་ཕྱིར་རོ། །འོ་ན་གང་ཡིན་ཞེ་ན། འདི་ཡོད་ན་འདི་འབྱུང་ལ་འདི་སྐྱེས་པའི་ཕྱིར་འདི་སྐྱེ་བ་སྟེ་ཞེས་བྱ་བ་རྐྱེན་འདི་དང་ལྡན་པ་ཉིད་ཀྱི་དོན་ནི། རྟེན་ཅིང་འབྲེལ་པར་འབྱུང་བའི་དོན་ཏོ་ཞེས་ཟེར་རོ། །འདིར་ཁ་ཅིག་ན་རེ། གལ་ཏེ་འབྱུང་བའི་སྔ་རོལ་དུ་འབྲས་བུ་རྐྱེན་དང་ཕྲད་ནས་ཕྱིས་འབྱུང་ན་ནི་དེའི་རྟེན་ཅིང་འབྲེལ་པར་འབྱུང་བ་ཞེས་བྱ་བར་འགྱུར་བ་ཞིག་ན། འབྱུང་བའི་སྔ་རོལ་དུ་འབྲས་བུ་རྐྱེན་དང་མི་འཕྲད་དེ་མེད་པའི་ཕྱིར་རོ། །དེ་ལྟ་བས་ན་རྟེན་ཅིང་འབྲེལ་པར་འབྱུང་བའི་སྒྲ་མི་

འགྲུབ་བོ། གལ་ཏེ་རྟེན་ཅིང་འབྲེལ་པར་ཞེས་བྱ་བ་དང་། འབྱུང་ཞེས་བྱ་བ་གཉིས་དུས་གཅིག་ཏུ་ཁས་ལེན་པས་ཉེས་པ་མེད་དོ་ཞེ་ན་ཡང་རྟེན་ཅིང་འབྲེལ་པར་འབྱུང་བའི་སྒྲ་ལ་བྱ་བ་གཉིས་དུས་གཅིག་ན་མེད་དེ། པར་ཞེས་བརྗོད་པའི་ཕྱིར་དཔེར་ན་ཁྲུ་བྱས་ཏེ་བཟའ་ཞེས་བྱ་བ་བཞིན་ནོ། །བྱེད་པ་པོ་མེད་པར་ཡང་གཞི་མེད་པའི་བྱ་བ་མི་རུང་སྟེ། མེད་པའི་ཕྱིར་མོ་གཤམ་གྱི་བུ་འགྲོ་བ་བཞིན་ནོ། །ཞེས་ཟེར་རོ། །དེ་ནི་བཟང་པོ་མ་ཡིན་ཏེ། འབྲས་བུ་མེད་པ་འབྱུང་བའི་མཚན་ཉིད་ཀྱི་བྱ་བ་ཁས་ལེན་ན་ནི། རང་ལ་མ་ངེས་པའི་ཕྱིར་རོ། །ཡོད་པ་ལས་འབྱུང་བའི་ཕྱོགས་ལ་ཡང་ཡོད་པའི་གཏན་ཚིགས་ཀྱི་དོན་མ་གྲུབ་པའི་ཕྱིར་རོ༑ ༑བྱེད་པ་པོ་གཅིག་དང་ལྡན་པའི་བྱ་བ་གཉིས་དུས་གཅིག་ན་ཡང་ཡོད་དེ། པར་ཞེས་བརྗོད་པའི་ཕྱིར་དཔེར་ན་ཁ་གདངས་ཏེ་ཉལ་ཞེས་བྱ་བ་དང་། ལམ་ཁྱབ་པར་བྱས་ཏེ་འགྲོའོ་ཞེས་བྱ་བ་བཞིན་ཏེ། མ་ངེས་པའི་ཕྱིར་རོ། །བྱེད་པ་པོ་ཡོད་པ་དང་མེད་པ་ལ་ཡང་ཇི་སྐད་སྨྲས་པའི་སྐྱོན་དུ་འགྱུར་བའི་ཕྱིར་རོ། །གཞན་ལ་ཡང་གྲགས་པའི་གཏན་ཚིགས་བརྗོད་ན་ནི་ཧ་ཅང་ཐལ་བར་འགྱུར་བའི་ཕྱིར་རོ། །དེ་བསྟན་པ་ནི་ལས་ཡིན་ཏེ། འགག་པ་མེད་པ་སྐྱེ་མེད་པ། །ཆད་པ་མེད་པ་རྟག་མེད་པ། །འོང་བ་མེད་པ་འགྲོ་མེད་པ། །ཐ་དད་དོན་མིན་དོན་གཅིག་མིན། །ཞེས་བྱ་བ་ཡིན་ནོ། །དེ་ལ་ཚིག་གི་དོན་རྟོགས་པ་མེད་པར་ངག་དང་རབ་ཏུ་བྱེད་པ་དང་བསྟན་བཅོས་ཀྱི་དོན་མི་རྟོགས་པས་དེའི་ཕྱིར་དང་པོ་ཁོ་ནར་ཚིག་གི་དོན་བརྗོད་པར་བྱའོ། །ཁ་ཅིག་ན་རེ་ཚིག་ལ་སོགས་པའི་དོན་རྣམས་ནི་ངག་ལ་སོགས་པའི་དོན་ལ་ཕན་པ་བྱེད་པ་ཉིད་ཡིན་གྱི་ཚིག་གི་ཕྱོགས་གཅིག་ནི་ལམ་དུ་འགྲོ་བ་བཞིན་ནོ་ཞེས་སོ། །གཞན་མ་ཡིན་པ་ནི་ཚིག་ལ་སོགས་པ་ནི་འདུ་བྱེད་བསྐྱེད་པས་བསྟན་བཅོས་ཀྱི་དོན་ཡན་ལག་མ་ལུས་པ་ཁོང་དུ་ཆུད་པ་ལ་ཕན་པ་བྱེད་པ་ཉིད་དུ་རིགས་

ཀྱི་སྤྱར་བརྟགས་པ་ནི་མི་རིགས་སོ་ཞེས་ཟེར་རོ། །འགག་པ་ཞེས་བྱ་བ་ནི་འཇིག་པའོ། །སྐྱེ་ཞེས་བྱ་བ་ནི་འབྱུང་བའོ། །ཆད་པ་ཞེས་བྱ་བ་ནི་རྒྱུན་ཆད་པའོ། །རྟག་པ་ཞེས་བྱ་བ་ནི་དུས་ཐམས་ཅད་དུ་གནས་པའོ། །འོང་བ་ཞེས་བྱ་བ་ནི་ཚུར་འོང་བའོ། །འགྲོ་ཞེས་བྱ་བ་ནི་ཕར་འགྲོ་བའོ། །ཐ་དད་ཅེས་བྱ་བ་ནི་དོན་ཐ་དད་པའོ། །དོན་གཅིག་ཅེས་བྱ་བ་ནི་དོན་ཐ་མི་དད་པ་སྟེ། གཞན་མ་ཡིན་པ་ཞེས་བྱ་བ་གང་ཡིན་པའོ། །དེ་ལ་འགག་པ་མེད་པ་ཞེས་བྱ་བ་ནི་འདི་ལ་འགག་པ་ཡོད་པ་མ་ཡིན་པའོ། །དོན་གཅིག་མིན་ཞེས་བྱ་བའི་བར་དུ་ཡང་འདི་ལ་ཡང་དོན་གཅིག་པ་ཡོད་པ་མ་ཡིན་པའོ། །དེ་ལ་ཁ་ཅིག་ན་རེ་འགག་པ་དང་སྐྱེ་བ་དང་ཐ་དད་པ་ཉིད་དང་། གཅིག་པ་ཉིད་བཀག་པ་ནི་དོན་དམ་པར་རོ། །ཆད་པ་དང་རྟག་པ་བཀག་པ་ནི་ཐ་སྙད་དུའོ། །འགྲོ་བ་དང་འོང་བ་བཀག་པ་ནི་གཉི་གར་རོ་ཞེའོ། །གཞན་མ་ཡིན་པ་ནི་འདིར་ཐམས་ཅད་དོན་དམ་པར་བཀག་སྟེ། ངེས་པར་གཟུང་བའི་ཕྱིར་རོ། །གཞན་དུ་ཡང་མི་འགལ་ཏེ། ཁྱད་པར་གྱི་གཞིའི་ཁྱད་པར་ཇི་སྐད་བསྟན་པ་ལ་འགལ་བ་མེད་པའི་ཕྱིར་དང་། མཛད་པ་པོས་བསྟན་པ་ཉིད་ཀྱིས་བཞེད་པ་མཆོག་ཡིན་པའི་ཕྱིར་རོ་ཞེས་ཟེར་རོ། །སྤྲོས་པ་ཉེར་ཞི་ཞེས་བྱ་བ་ནི་བརྗོད་པའི་བདག་ཉིད་མངོན་པར་ཞེན་པ་ཞི་བའི་ཕྱིར་རོ། །ཞི་ཞེས་བྱ་བ་ནི་གནོད་པ་ཐམས་ཅད་དང་བྲལ་བའི་ཕྱིར་རམ། ངོ་བོ་ཉིད་ཀྱིས་སྟོང་པའི་ཕྱིར་རོ། །བསྟན་པ་ཞེས་བྱ་བ་ནི་བཀའ་སྩལ་པའོ། །རྫོགས་པའི་སངས་རྒྱས་ཞེས་བྱ་བ་ནི་བཅོམ་ལྡན་འདས་ཏེ། ཆོས་དང་གང་ཟག་བདག་མེད་པ་ཉིད་ཡང་དག་པ་ཕྱིན་ཅི་མ་ལོག་པར་ཐུགས་སུ་ཆུད་པའི་ཕྱིར་རོ། །སྨྲ་རྣམས་ཀྱི་ཞེས་བྱ་བ་ནི་སྨྲ་བ་ཉན་ཐོས་དང་། རང་སངས་རྒྱས་དང་། བྱང་ཆུབ་སེམས་དཔའ་རྣམས་ཀྱི་སྟེ། རྟེན་ཅིང་འབྲེལ་པར་འབྱུང་བ་ཕྱིན་ཅི་མ་ལོག་པར་སྟོན་པར་བྱེད་པ་ཉིད་ཀྱིས

མཐོ་རིས་དང་བྱང་གྲོལ་ཐོབ་པར་བྱེད་པའི་ལམ་ཉེ་བར་སྟོན་པར་བྱེད་པའི་ཕྱིར་རོ། །དམ་པ་ཞེས་བྱ་བ་ནི་མཆོག་སྟེ། ཇི་སྐད་སྨོས་པའི་ཁྱད་པར་ཕྱིན་ཅི་མ་ལོག་པ་དང་ལྡན་པའི་རྟེན་ཅིང་འབྲེལ་པར་འབྱུང་བ་གསུངས་པའི་ཕྱིར་རོ། །དེའི་ཕྱིར་དེ་ལ་ཕྱག་འཚལ་ལོ་ཞེས་བྱ་བ་ནི་འདུད་པར་བྱ་བའོ། །འདིར་ཁ་ཅིག་ན་རེ། གལ་ཏེ་རྟེན་ཅིང་འབྲེལ་པར་འབྱུང་ན་ཇི་ལྟར་སྐྱེ་བ་མེད་པ་ཡིན། ཇི་སྟེ་སྐྱེ་བ་མེད་ན་ནི་རྟེན་ཅིང་འབྲེལ་པར་འབྱུང་ཞེས་བྱར་ཡང་མི་རུང་བས་རང་གི་ཚིག་དང་འགལ་ཞིང་དམ་བཅས་པའི་སྐྱོན་དུ་འགྱུར་ཏེ། དེ་ཉིད་ཀྱིས་དེའི་དོན་ལ་སྐུར་པ་བཏབ་པའི་ཕྱིར། དཔེར་ན་སྨྲས་པ་ཐམས་ཅད་བརྫུན་པ་ཞེས་བྱ་བ་ལྟ་བུའོ་ཞེས་ཟེར་རོ། །དེ་ལ་གལ་ཏེ་རྟེན་ཅིང་འབྲེལ་པར་འབྱུང་བ་ཐམས་ཅད་སྐྱེ་བ་མེད་པ་ཞེས་དམ་འཆའ་བར་བྱེད་ན་ནི་སྐྱོན་དེར་ཡང་འགྱུར་བ་ཞིག་ན། ཐམས་ཅད་ཅེས་བྱ་བའི་སྒྲས་ཀུན་རྫོབ་པའི་རྟེན་ཅིང་འབྲེལ་པར་ཁས་མ་བླངས་པ་བསྡུས་པའི་ཕྱིར་དང་༑ དོན་དམ་པར་རྟེན་ཅིང་འབྲེལ་པར་འབྱུང་བ་ཡོད་པར་ཁས་བླངས་ནས། དེ་ལ་སྐུར་པ་གདབ་པ་མ་བྱས་པས་དེའི་ཕྱིར་གཏན་ཚིགས་ཀྱི་དོན་མ་གྲུབ་པ་ཉིད་དོ། །དཔེར་ན་སྦྱིན་པ་ལ་སོགས་པ་དོན་དམ་པར་དགེ་བ་མ་ཡིན་ཡང་འཁོར་བ་སྐྱོང་པ་ལས་དགེ་བ་རྣམས་ཞེས་བརྗོད་པ་དང་། རྣམ་པར་ཤེས་པ་བདག་ཏུ་ཁས་བླངས་ནས་དོན་དམ་པར་རྣམ་པར་ཤེས་པ་བདག་མ་ཡིན་ནོ་ཞེས་དམ་བཅས་པ་ལ་དམ་བཅས་པའི་སྐྱོན་དུ་མི་འགྱུར་བ་ལྟ་བུ་དང་། དཔེར་ན་སྤྲུལ་པའི་སྐྱེས་བུ་སྐྱེ་བ་ལ་སྐྱེས་བུའི་ངོ་བོ་ཉིད་དུ་སྐྱེ་བ་མེད་པ་དེ་བཞིན་དུ། སྒྱུ་མ་དང་སྨིག་རྒྱུ་ལྟ་བུའི་ནང་གི་སྐྱེ་མཆེད་ཀྱི་བདག་ཉིད་སྐྱེ་བ་ཡང་ཀུན་རྫོབ་ཏུ་ཡིན་གྱི་དོན་དམ་པར་མ་ཡིན་པས་ཉེས་པ་མེད་དོ། །གཞན་དག་ན་རེ་སྐྱེ་བའི་འོག་ཏུ་འགག་པ་དགག་པར་རིགས་ཏེ། དེ་སྔོན་དུ་འགྲོ་བ་ཅན་ཡིན་པའི་ཕྱིར་ཆད་

པ་བཞིན་ནོ་ཞེས་ཟེར་རོ། །འཁོར་བ་ལ་ཐོག་མ་མེད་པའི་ཕྱིར་འགག་པ་སྔོན་དུ་འགྲོ་བ་ཅན་གྱི་སྐྱེ་བ་ཡང་ཕྱིས་དགག་པར་ཁས་མ་བླངས་པས་གཏན་ཚིགས་མ་ངེས་པའི་སྐྱོན་ཡོད་དོ། །འགག་པ་ནི་སྐྱེ་བའི་རིམ་པ་ལ་མི་ལྟོས་པའི་ཕྱིར་དང་། དོན་བརྟག་པ་ཡིན་པའི་ཕྱིར་དང་། ཚིག་གཞན་དུ་བྱས་ན་ཡང་ཐལ་བ་མཚུངས་པར་ཉེ་བར་གནས་པའི་ཕྱིར་ཉེས་པ་མེད་དོ། །རང་གི་སྡེ་པ་དག་ལས་ཁ་ཅིག་བསྟན་བཅོས་བརྩམ་པ་དགག་པར་འདོད་པ་དག་ན་རེ། རྟེན་ཅིང་འབྲེལ་པར་འབྱུང་བ་སྐྱེ་བ་མེད་པ་ལ་སོགས་པའི་ཁྱད་པར་དང་ལྡན་པ་ནི་འདུས་མ་བྱས་ཡིན་པའི་ཕྱིར་ཁོ་བོ་ཅག་གི་ཕྱོགས་ལ་ཡང་གྲུབ་པས་རྟེན་ཅིང་འབྲེལ་པར་འབྱུང་བ་ནི། ཉན་ཐོས་དང་ཐུན་མོང་མ་ཡིན་པ་ཉིད་མ་ཡིན་ཏེ། དེའི་ཕྱིར་བསྟན་བཅོས་བརྩམ་པ་རིགས་པ་མ་ཡིན་ནོ་ཞེས་ཟེར་རོ། །རྟེན་ཅིང་འབྲེལ་པར་འབྱུང་བ་སྐྱེ་བ་མེད་པ་ལ་སོགས་པའི་ཁྱད་པར་དང་ལྡན་པ་ནི་དགག་པའི་ཚུལ་གྱིས་སྟོན་པའི་ཕྱིར་དང་། རྟེན་ཅིང་འབྲེལ་པར་འབྱུང་བ་འདུས་མ་བྱས་ཡོད་པ་ཉིད་དུ་སྟོན་པ་ལ་ནི་རྗེས་སུ་དཔག་པ་མེད་པའི་ཕྱིར་རོ། །རྒྱེན་ངེས་པ་ལས་སྐྱེ་བ་དེ་འདུས་མ་བྱས་ཉིད་དུ་རྟོག་ན་སྐྱེ་བ་བཀག་པ་ཉིད་ཀྱི་ཕྱིར་དེའི་ཆོས་ཉིད་མི་སྲིད་པའི་ཕྱིར་རོ། །སྐྱེ་བ་ནི་འདུས་མ་བྱས་མིན་ཏེ༑ རྒྱུ་དང་ལྡན་པའི་ཕྱིར་གནས་པ་བཞིན་ནོ། །རྗེས་སུ་དཔག་པ་ལས་དེ་མེད་པས་མི་རིགས་པ་མ་ཡིན་ནོ། །རང་གི་སྡེ་པ་དག་ལས་གཞན་དག་འདི་སྐད་ཅེས་སྐྱེ་བ་མེད་པ་ནི་དེ་ལས་གཞན་སྐྱེ་བ་མེད་པའི་ཕྱིར་ཏེ། དབང་ཕྱུག་མ་ཡིན་པ་བཞིན་ནོ། །འགག་པ་མེད་པ་ནི་མུ་སྟེགས་བྱེད་ཀྱིས་ཡོངས་སུ་བརྟགས་པའི་འགག་པ་མེད་པའི་ཕྱིར་ཏེ། བདག་མེད་པ་བཞིན་ནོ། །ཆད་པ་མེད་པ་དང་། རྟག་པ་མེད་པ་ནི་རྒྱུ་ལ་བརྟེན་ཏེ་འབྲས་བུ་སྐྱེ་ཞིང་། འབྲས་བུ་སྐྱེ་བ་ན་རྒྱུ་འགག་པའི་ཕྱིར་རོ། །འོང་བ་མེད་པ་དང་། འགྲོ་བ་མེད་པ་ནི་སྐྱེས

པའི་ཡུལ་ཉིད་དུ་འཛིག་པའི་ཕྱིར་རོ། །དོན་ཐ་དད་པ་མ་ཡིན་པ་དང་། དོན་གཅིག་པ་མ་ཡིན་པ་ནི་དེ་ཉིད་དང་གཞན་དུ་བརྗོད་པར་བྱ་བ་ཉིད་མ་ཡིན་པའི་ཕྱིར་ཏེ། ནོར་བུའམ་བུད་ཤིང་དམ་ཉི་མ་དང་ཕྲད་པ་ལས་བྱུང་བའི་མེ་བཞིན་ནོ། །དེ་ལྟ་བུའི་རྟེན་ཅིང་འབྲེལ་པར་འབྱུང་བ་ནི་གསུང་རབ་ཀྱི་ཚུལ་ཡིན་པས་ཉན་ཐོས་དང་ཐུན་མོང་མ་ཡིན་པ་ཉིད་མ་ཡིན་པ་ཉིད་དེ། དེའི་ཕྱིར་བསྟན་བཅོས་བརྩམ་མི་དགོས་སོ་ཞེས་ཟེར་རོ། །སྐྱེ་བ་ཉིད་སྐྱེ་བ་མེད་པའི་ངོ་བོ་ཉིད་ཁོ་ནར་སྟོན་པས། རྟེན་ཅིང་འབྲེལ་པར་འབྱུང་བ་སྐྱེ་བ་མེད་པ་ལ་སོགས་པའི་ཁྱད་པར་དང་ལྡན་པ་ཁས་ལེན་པའི་ཕྱིར། དེ་ནི་ཁྱད་པར་ཤིན་ཏུ་ཆེ་བས་དེའི་ཕྱིར་བསྟན་བཅོས་བརྩམ་མི་དགོས་པམཡིན་ནོ། །སློབ་དཔོན་གྱིས་རྟེན་ཅིང་འབྲེལ་པར་འབྱུང་བ་སྐྱེ་བ་མེད་པ་ལ་སོགས་པ་ཐུན་མོང་མ་ཡིན་པའི་ཁྱད་པར་དང་ལྡན་པ་དེ་ཁོ་ན་སྟོན་པར་མཛད་པ་ཉིད་ཀྱིས་བཅོམ་ལྡན་འདས་ལ་མངོན་པར་བསྟོད་ནས། སྐྱེ་བ་མེད་པ་བསྟན་ནས་འགག་པ་མེད་པ་ལ་སོགས་པ་ཁྱད་པར་བསྟན་སླ་བར་དགོངས་པ་ན་སྐྱེ་བ་མེད་པ་དང་པོར་བསྟན་པར་བཞེད་ནས། གཞན་གྱིས་ཡོངས་སུ་བརྟགས་པའི་སྐྱེ་བ་རྣམ་པར་རྟོག་པ་མངོན་སུམ་དུ་མཛད་དེ། འདི་ལྟར་སྐྱེ་བར་སྨྲ་བ་དག་ལས་ཁ་ཅིག་ནི་དངོས་པོ་རྣམས་བདག་ལས་སྐྱེའོ་ཞེས་ཟེར། གཞན་དག་ནི་གཞན་ལས་སོ་ཞེས་ཟེར། ཁ་ཅིག་ནི་གཉིས་ལས་སོ་ཞེས་ཟེར། གཞན་དག་ནི་རྒྱུ་མེད་པ་ལས་སོ་ཞེས་ཟེར་བ་དག་རིགས་པ་དང་ལུང་དག་གིས་བརྟགས་པ་ན་སྐྱེ་བ་རྣམ་པ་ཐམས་ཅད་དུ་འཐད་པ་མི་བཟོད་པར་རང་ལ་ངེས་པའི་དབང་གིས། བདག་ལས་མ་ཡིན་གཞན་ལས་མིན། །གཉིས་ལས་མ་ཡིན་རྒྱུ་མེད་མིན། །དངོས་པོ་གང་དག་གང་ན་ཡང་། །སྐྱེས་པ་ནམ་ཡང་ཡོད་མ་ཡིན། ། ཞེས་བྱ་བ་གསུངས་ཏེ། འདི་ནི་དམ་བཅས་པའི་སྒྲོ་བཀོད་པ་ཡིན་ནོ། །དེ་ལ་རེ་ཞིག

བདག་ལས་མ་ཡིན་ཞེས་བྱ་བ་ཅི་ཞིག་ཅེ་ན། སྐྱེས་པ་ནམ་ཡང་ཡོད་མ་ཡིན། །ཞེས་བྱ་བ་ལ་སོགས་པ་སྟེ། རེ་རེ་དང་སྦྱར་བར་བྱའོ། །བདག་ལས་ཞེས་བྱ་བ་ནི་བདག་ཉིད་ལས་ཞེས་བྱ་བའི་ཐ་ཚིག་གོ །དམ་བཅས་པ་ཙམ་གྱིས་བསམས་པའི་ཚིག་གི་དོན་མི་འགྲུབ་པས༏ འདིར་ཕྱོགས་ཀྱི་ཆོས་ནི་ཡོད་པ་ཉིད་ཡིན་པར་གཟུང་སྟེ། འདི་ལྟར་བདག་ལས་ཞེས་བྱ་བ་ནི་བདག་ཉིད་ཡོད་པ་ལ་སྐད་གདགས་པའི་ཕྱིར་རོ། །དཔེ་ནི་བསྒྲུབ་པར་བྱ་བ་དང་༏ སྒྲུབ་པའི་ཆོས་ཀྱི་དབང་གིས་ཏེ་བསྒྲུབ་པར་བྱ་བ་དང་། སྒྲུབ་པའི་ཆོས་གྲགས་པ་དང་ལྡན་པའི་ཆོས་ཅན་གྱི་དཔེ་ཡིན་པའི་ཕྱིར་རོ། །བདག་ལས་མ་ཡིན་ཞེས་བྱ་བའི་དགག་པ་འདི་ནི་མེད་པར་དགག་པའི་དོན་དུ་ལྟ་བར་བྱ་སྟེ། དགག་པ་གཙོ་ཆེ་བའི་ཕྱིར་དང་། འདི་ལྟར་རྟོགས་པ་མ་ལུས་པའི་དྲ་བ་དགག་པས་རྣམ་པར་མི་རྟོག་པའི་ཡེ་ཤེས་ཤེས་བྱའི་ཡུལ་མ་ལུས་པ་དང་ལྡན་པ་འགྲུབ་པར་དགོངས་པའི་ཕྱིར་རོ། །མ་ཡིན་པར་དགག་པ་ཡོངས་སུ་བཟུང་ན་ནི་དེ་སྒྲུབ་པ་གཙོ་ཆེ་བའི་ཕྱིར་ཆོས་རྣམས་མ་སྐྱེས་སོ་ཞེས་སྒྲུབ་པས་སྐྱེ་བ་མེད་པ་སྟོན་པའི་ཕྱིར་མཛད་པའི་མཐའ་དང་བྲལ་བར་འགྱུར་ཏེ། ལུང་ལས་གཟུགས་ཀྱི་སྐྱེ་བ་མེད་པ་ལ་སྤྱོད་ན་ཤེས་རབ་ཀྱི་ཕ་རོལ་ཏུ་ཕྱིན་པ་ལ་སྤྱོད་པ་མ་ཡིན་ནོ་ཞེས་འབྱུང་བའི་ཕྱིར་རོ། །འདིར་དངོས་པོ་རྣམས་བདག་ལས་སྐྱེ་བ་མེད་པ་ཁོ་ནའོ་ཞེས་ངེས་པར་གཟུང་བར་བྱའོ། །གཞན་དུ་ངེས་པར་གཟུང་ན་བདག་ཁོ་ན་ལས་སྐྱེ་བ་མེད་དེ། འོ་ན་ཅི་ཞེ་ན། བདག་དང་གཞན་ལས་སྐྱེའོ་ཞེས་བྱ་བར་ངེས་པར་འགྱུར་བས་དེ་ཡང་མི་བཞེད་དེ། མཛད་པའི་མཐའ་དང་བྲལ་བའི་ཕྱིར་རོ། །འདིར་སྦྱོར་བའི་ཚིག་ཏུ་འགྱུར་བ་ནི་དོན་དམ་པར་ནང་གི་སྐྱེ་མཆེད་རྣམས་བདག་ལས་སྐྱེ་བ་མེད་པར་ངེས་ཏེ། ཡོད་པའི་ཕྱིར་དཔེར་ན་ཤེས་པ་ཡོད་པ་ཉིད་བཞིན་ནོ། །གལ་ཏེ་གཏན་ཚིགས་ཡོད་པ་ཉིད་ནི་མི་

མཐུན་པའི་ཕྱོགས་ལས་ལྡོག་པ་མ་བསྟན་པས། གཏན་ཚིགས་ཉིད་མ་ཡིན་ནོ་ཞེ་ན། མེད་པ་ཁོ་ནའི་ཕྱིར་དེ་ལ་ལྡོག་པ་མེད་པས་འདི་དང་ཐམས་ཅད་ལ་ཉེས་པ་མེད་དོ། །འདིར་གྲངས་ཅན་དག་ལས་ཁ་ཅིག་ཕྱིར་ཟློག་པར་བྱེད་དེ། དམ་བཅས་པ་འདིའི་དོན་གང་ཡིན། ཅི་བདག་ལས་ཞེས་བྱ་བ་འབྲས་བུའི་བདག་ཉིད་ལས་སམ། འོན་ཏེ་རྒྱུའི་བདག་ཉིད་ལས་དེས་ཅིར་འགྱུར། གལ་ཏེ་འབྲས་བུའི་བདག་ཉིད་ལས་ན་ནི་གྲུབ་པ་བསྒྲུབ་བོ། །འོན་ཏེ་རྒྱུའི་བདག་ཉིད་ལས་ན་ནི་དོན་འགལ་བ་ཉིད་དེ། སྐྱེ་བ་ཅན་ཐམས་ཅད་ནི་རྒྱུའི་བདག་ཉིད་དུ་ཡོད་པ་ཁོ་ན་ལས་སྐྱེ་བའི་ཕྱིར་རོ་ཞེ་ན། དེ་ནི་བཟང་པོ་མ་ཡིན་ཏེ། བདག་ལས་སྐྱེ་བ་ཙམ་དགག་པའི་ཕྱིར་རོ། །རྒྱུའི་བདག་ཉིད་ལས་ན་ཡང་བདག་དང་གཞན་དུ་གྱུར་པ་ལས་ཀྱང་སྐྱེ་བ་སེལ་བའི་ཕྱིར་རོ། །ཤེས་པ་ཡོད་པ་ཉིད་ནི་ནུས་པའི་མཚན་ཉིད་དང་ལྡན་པ་ཡོངས་སུ་གཟུང་བའི་ཕྱིར་ཡང་ཉེས་པ་མེད་དོ། །འདི་ལས་གཞན་ནི་དངོས་པོ་རྣམས་བདག་གི་བདག་ཉིད་ལས་སྐྱེ་བ་མེད་དེ། དེ་དག་གི་སྐྱེ་བ་དོན་མེད་པ་ཉིད་དུ་འགྱུར་བའི་ཕྱིར་དང་། སྐྱེ་བ་ཐུག་པ་མེད་པར་འགྱུར་བའི་ཕྱིར་རོ་ཞེས་རྣམ་པར་བཤད་པར་བྱེད་དོ། །དེ་ནི་རིགས་པ་མ་ཡིན་ཏེ། གཏན་ཚིགས་དང་དཔེ་མ་བརྗོད་པའི་ཕྱིར་དང་། གཞན་གྱིས་སྨྲས་པའི་ཉེས་པ་མ་བསལ་བའི་ཕྱིར་དང་། གླགས་ཡོད་པའི་ཚིག་ཡིན་པའི་ཕྱིར་ཏེ། སྐབས་ཀྱི་དོན་ལས་བཟློག་པས་བསྒྲུབ་པར་བྱ་བ་དང་། དེའི་ཆོས་བཟློག་པའི་དོན་མངོན་པས་དངོས་པོ་རྣམས་གཞན་ལས་སྐྱེ་བར་འགྱུར་བ་དང་། སྐྱེ་བ་འབྲས་བུ་དང་བཅས་པ་ཉིད་དུ་འགྱུར་བ་དང་། སྐྱེ་བ་ཐུག་པ་ཡོད་པར་འགྱུར་བའི་ཕྱིར་མཛད་པའི་མཐའ་དང་འགལ་བར་འགྱུར་རོ། །གཞན་དག་ན་རེ་དངོས་པོ་རྣམས་བདག་ལས་སྐྱེ་བ་མེད་པ་ཞེས་བྱ་བ་དེ་རིགས་པ་མ་ཡིན་ཏེ། ཕྱོགས་སྔ་མ་རང་དགར་སྨྲར་བ་ལ་སེལ་བའི་

ཕྱིར༑ རི་བོང་གི་རྭ་ལས་འཇིག་རྟེན་གསུམ་སྐྱེ་བ་སེལ་བ་བཞིན་ནོ་ཞེས་ཟེར་རོ། །ནུས་པ་དང་གསལ་བ་ནི་བདག་ཉིད་ཐ་མི་དད་པའི་ཕྱིར་བདག་གི་བདག་ཉིད་བཞིན་ཏེ། དེ་ལས་སྐྱེ་བ་ནི་བདག་ལས་སྐྱེ་བ་ཞེས་བྱ་བ་ཡིན་པས་ཕྱོགས་སྔ་མ་གྲུབ་བོ། །ཕྱོགས་རྣམས་རྣམ་པར་བརྟགས་སུ་ཟིན་ན་ཡང་མི་རིགས་པ་བརྗོད་པར་བྱ་བའི་ཕྱིར་དེ་ཡོངས་སུ་བཟུང་བས་ཉེས་པ་མེད་དོ། །དེ་ལྟར་ན་རེ་ཞིག་དངོས་པོ་རྣམས་བདག་ལས་སྐྱེ་བ་མེད་དོ༑ ༑གཞན་ལས་མིན་ཞེས་བྱ་བ་ཡང་ཅི་ཞིག་ཅེ་ན། དངོས་པོ་གང་དག་གང་ན་ཡང་། །སྐྱེ་བ་ནམ་ཡང་ཡོད་མ་ཡིན། །ཞེས་བྱ་བའི་སྐབས་ཡིན་ནོ། །གཞན་ལས་ཞེས་བྱ་བ་ནི་ཕ་རོལ་ལས་ཞེས་བྱ་བའི་ཐ་ཚིག་གོ །དགག་པའི་དོན་རྒྱས་པ་དང་བཅས་པ་ནི་སྔ་མ་བཞིན་ནོ༑ ༑འདིར་ཡང་གཞན་གྱི་བདག་ཉིད་ཆོས་ཉིད་ཡིན་པས་ཕྱོགས་ཀྱི་ཆོས་མངོན་ནོ། །དཔེ་ནི་དེའི་དབང་གིས་སོ། །འདིར་སྨྲ་བའི་ཚིག་ནི་དོན་དམ་པར་ནང་གི་སྐྱེ་མཆེད་རྣམས་དེ་དག་གི་རྐྱེན་གཞན་དག་ལས་སྐྱེ་བ་མེད་དེ། གཞན་ཡིན་པའི་ཕྱིར། དཔེར་ན་བུམ་པ་བཞིན་ནོ། །ཡང་ན་དོན་དམ་པར་གཞན་བརྗོད་པར་འདོད་པ་མིག་ལ་སོགས་པ་ནང་གི་སྐྱེ་མཆེད་འགྲུབ་པར་བྱེད་པ་དག་རྐྱེན་མ་ཡིན་པར་ངེས་ཏེ། གཞན་ཡིན་པའི་ཕྱིར་དཔེར་ན་རྒྱུ་སྤྲིན་ལ་སོགས་པ་བཞིན་ནོ། །ཇི་སྟེ་གཞན་ཡིན་པའི་ཕྱིར་ཞེས་བྱ་བ་དེ་གཏན་ཚིགས་སུ་མི་རུང་སྟེ། དམ་བཅས་པའི་དོན་གྱི་ཕྱོགས་གཅིག་ཡིན་པའི་ཕྱིར་དཔེར་ན་སྒྲ་རྟག་སྟེ། སྒྲ་ཡིན་པའི་ཕྱིར་རོ་ཞེས་བྱ་བ་བཞིན་ནོ་ཞེ་ན། དེ་ནི་བཟང་པོ་མ་ཡིན་ཏེ། སྔོན་ཚིག་གི་སྒྲ་མི་རྟག་སྟེ། སྒྲ་ཡིན་པའི་ཕྱིར་དཔེར་ན་རྫ་བོ་ཆེའི་སྒྲ་བཞིན་ནོ་ཞེས་བྱ་བས་དམ་བཅས་པའི་དོན་གྱི་ཕྱོགས་གཅིག་གཏན་ཚིགས་ཉིད་དུ་གྲུབ་པ་མཐོང་བས་གཏན་ཚིགས་མ་ངེས་པ་ཉིད་དོ། །ཅི་བྲག་དག་ལས་གཞན་རྡུལ་ཕྲ་རབ་ཀོ་ནས་ལས་རྡུལ་ཕྲ་མོ་

གཉིས་ལ་སོགས་པའི་རིམ་གྱིས་ས་དང་། ཆུ་དང་མེ་དང་རླུང་གི་རྣམ་གྲངས་ཚགས་ཅན་གྱི་རྫས་སྐྱེ་བ་འགྲུབ་པ་མངོན་པར་འདོད་པ་དག་གིས་ཕྱིར་བཟློག་པར་བྱེད་དེ། གཞན་ཡིན་པའི་ཕྱིར་ཞེས་བྱ་བའི་གཏན་ཚིགས་ཀྱི་དོན་ཡོན་ཏན་ཡིན་པར་རྟོག་ན་ནི། དོན་རང་ལ་མ་གྲུབ་པ་ཉིད་དོ། །དེ་ལས་གཞན་པའི་དོན་ཡིན་པར་རྟོག་ན་ནི་གྲགས་པའི་གནོད་པར་འགྱུར་རོ་ཞེའོ། །དེ་ནི་བཟང་པོ་མ་ཡིན་ཏེ། གཞན་གྱི་བློའི་རྒྱུ་སྤྱི་བོའི་ཆོས་གྲུབ་པ་ཁོ་ན་སྟེ། གཏན་ཚིགས་ཉིད་སྦྱོར་བརྗོད་པའི་ཕྱིར་དང་། དེ་ཡོན་ཏན་ཉིད་དམ་གཞན་ཉིད་ཡིན་པར་སེམས་པ་ཡང་སེམས་པ་གཞན་ཡིན་པའི་ཕྱིར་རོ། །གྲགས་པའི་གནོད་པར་ཡང་མི་འགྱུར་ཏེ། དམ་བཅས་པ་ཁྱད་པར་ཅན་ཡིན་པའི་ཕྱིར་རོ། །དོན་དམ་པར་སའི་རྡུལ་ཕྲ་རབ་དག་ས་ཞེས་བྱ་བའི་རྫས་རྩོམ་པར་བྱེད་པ་མ་ཡིན་ཏེ། རྡུལ་ཕྲ་རབ་ཡིན་པའི་ཕྱིར་དཔེར་ན་མེའི་རྡུལ་ཕྲ་རབ་དག་བཞིན་ནོ། །དེ་བཞིན་དུ་མེའི་རྡུལ་ཕྲ་རབ་དག་ཀྱང་མེའི་རྫས་རྩོམ་པར་བྱེད་པ་མ་ཡིན་ཏེ་ཞེས་བྱ་བ་ལ་སོགས་པ་ཡང་བརྗོད་པར་བྱའོ།།

ཆོས་མངོན་པ་པ་གཞན་དག་ན་རེ། གཞན་ཉིད་ཅེས་བྱ་བ་གལ་ཏེ་འབྲས་བུའི་ནུས་པས་སྟོང་པ་ཉིད་ལ་བྱ་ན་ནི་གཏན་ཚིགས་ཀྱི་དོན་མ་གྲུབ་པ་ཉིད་དོ། །གལ་ཏེ་དེས་མི་སྟོང་པ་ཉིད་ལ་བྱ་ན་ནི་དཔེ་སྒྲུབ་པའི་ཆོས་དང་མི་ལྡན་པར་འགྱུར་རོ་ཞེས་ཟེར་རོ། །གཞི་གཞན་ལ་ལྟོས་པ་གཞན་ཉིད་ཀྱི་བློ་བསྐྱེད་པ་སྤྱིའི་ཆོས་སྦྱོར་བརྗོད་པའི་ཕྱིར། ལྟག་ཆོད་དེ་ནི་མ་གྲུབ་པར་ལྟར་སྣང་བ་དང་། སྒྲུབ་པ་དང་མི་ལྡན་པ་ལྟར་སྣང་བ་ཡིན་ནོ། །གཞན་དག་ན་རེ༑ དོན་དམ་པར་ཕྱི་དང་ནང་གི་སྐྱེ་མཆེད་རྣམས་ཁས་མ་བླངས་པའི་ཕྱིར་ཆོས་ཅན་མ་གྲུབ་པས་གཞི་མ་གྲུབ་པའི་ཕྱིར་ཕྱོགས་ཀྱི་དོན་མ་གྲུབ་པ་ཉིད་ཀྱི་སྐྱོན་དུ་འགྱུར་རོ་ཞེས་ཟེར་རོ། །ཐ་སྙད་དུ་དེའི་གཞི་བུམ་པ་དང་མིག་ལ་སོགས་པ་སྐྱེ་མཆེད་རྣམས་དང་།

གཞན་ཉིད་ཁས་བླངས་པའི་ཕྱིར་ཇི་སྐད་སྨྲས་པའི་སྐྱོན་མི་འཐད་པས་དེ་ནི་རིགས་པ་མ་ཡིན་ནོ། །འདི་ལ་གཞན་ནི་དངོས་པོ་རྣམས་གཞན་ལས་ཀྱང་སྐྱེ་བ་མེད་པ་སྟེ། ཅིའི་ཕྱིར་ཞེ་ན། ཐམས་ཅད་ལས་ཐམས་ཅད་སྐྱེ་བར་ཐལ་བར་འགྱུར་བའི་ཕྱིར་རོ་ཞེས་རྣམ་པར་བཤད་པ་བྱེད་དོ། །དེས་ན་དེ་ལ་གླགས་ཡོད་པའི་ཚིག་ཡིན་པའི་ཕྱིར་བསྒྲུབ་པར་བྱ་བ་དང་༏ སྒྲུབ་པ་བཟློག་པ་བྱས་ན་དངོས་པོ་རྣམས་བདག་གམ་གཉིས་སམ་རྒྱུ་མེད་པ་ལས་སྐྱེ་བར་འགྱུར་བ་དང་། འགའ་ཞིག་ལས་འགའ་ཞིག་སྐྱེ་བར་འགྱུར་བའི་ཕྱིར་ཕྱོགས་སྔ་མ་དང་འགལ་བར་འགྱུར་རོ། །གཞན་དུ་ན་ཡང་ཐམས་ཅད་ལས་ཐམས་ཅད་སྐྱེ་བར་ཐལ་བར་འགྱུར་བའི་ཕྱིར་རོ་ཞེས་བྱ་བ་དེ་ལ་སྒྲུབ་པ་དང་སུན་དབྱུང་བ་གཉིས་མེད་པའི་ཕྱིར༏ དེ་ནི་དོན་འབྲེལ་པ་མེད་པ་ཡིན་ཏེ། དཔེར་ན། གླ་སྒང་སློ་ཊེས་སྒྲུ་རུ་ར་དག་རིམས་ལ་ཕན། །སྨད་འཚོང་རྣམས་ལ་སྙིང་དུ་སྡུག་པ་འགའ་ཡང་མེད། །སྨྱིག་མའི་སྨྱིག་མ་མདེའུ་དག་ནི་ལྦུ་ཞིང་ཁ་བག་ཡོད། །ཟླ་བའི་འོད་ཟེར་དག་ནི་ཚ་བའི་དུས་ན་བསིལ།། ཞེས་བྱ་བ་ལྟ་བུར་འགྱུར་རོ། །དེས་ན་དེ་ལྟར་དངོས་པོ་རྣམས་གཞན་ལས་སྐྱེ་བ་མེད་དོ།།

གྲངས་ཅན་དག་ནི་བྱེད་རྒྱུ་རྣམ་པར་ཕྱེ་བ་དང་། རྣམ་པར་མ་ཕྱེ་བས་ས་ལ་སོགས་པ་དང་། ས་བོན་གྱི་མཚན་ཉིད་དག་ལས་འབྲས་བུ་མྱུ་གུ་ཞེས་བྱ་བ་སྐྱེའོ་ཞེས་སྨྲ་ཞིང་གཉིས་ལས་སྐྱེ་བར་སེམས་པས་དེའི་ཕྱིར་དེ་དག་ལ་གཉིས་ལས་མ་ཡིན་ཞེས་བྱ་བ་འདི་བཀའ་སྩལ་ཏེ༏ བདག་དང་གཞན་གཉིས་ལས་མ་ཡིན། །ཞེས་བྱ་བའི་ཐ་ཚིག་གོ །དགག་པའི་དོན་ནི་སྔ་མ་བཞིན་ནོ། །ཅི་ཞིག་ཅེ་ན། དངོས་པོ་གང་དག་གང་ན་ཡང་། །སྐྱེས་པ་ནམ་ཡང་ཡོད་མ་ཡིན། །ཞེས་བྱ་བའི་སྐབས་ཡིན་ནོ། །ཅིའི་ཕྱིར་ཞེ་ན། ཕྱོགས་གཉིས་ཀར་བསྟན་པའི་སྒྲུབ་པ་དག་གིས་གཏད་ཁུངས་སུ་ཆུད་པར་འགྱུར་བའི་ཕྱིར་དང་། གཉིས་ལས་སྐྱེ་

བར་སྟོན་པའི་རྗེས་སུ་དཔག་པ་མེད་པའི་ཕྱིར་ཡང་ངོ་ཞེས་བྱ་བར་ཡང་དགོངས་སོ། །གཅེར་བུར་རྒྱུ་བ་པའི་ཕྱོགས་དགག་པའི་ཕྱིར་ཡང་། གཉིས་ལས་མ་ཡིན་ཞེས་བྱ་བ་ལ་སོགས་པ་འདི་བཀའ་སྩལ་ཏེ། འདི་ལྟར་དེ་དག་ནི་གསེར་གྱི་སོར་གདུབ་ནི་གསེར་དང་། མེ་ལ་སོགས་པ་ལས་བདག་དང་གཞན་ལས་སྐྱེ་བར་སྨྲ་བའི་ཕྱིར་རོ། །དེའི་ཕྱིར་དེ་ལྟར་གཉིས་ལས་མ་ཡིན་ནོ། །ད་ནི་རྒྱུ་མེད་མིན་ཞེས་བྱ་བ་བརྗོད་པར་བྱ་སྟེ། རྒྱུ་མེད་པར་ཞེས་བྱ་བའི་ཐ་ཚིག་གོ །ཅི་ཞིག་ཅེ་ན། དངོས་པོ་གང་དག་གང་ན་ཡང་། །སྐྱེས་པ་ནམ་ཡང་ཡོད་མ་ཡིན། །ཞེས་བྱ་བའི་སྐབས་ཡིན་ནོ། །ཅིའི་ཕྱིར་ཞེ་ན། དེ་སྟོན་པའི་རྗེས་སུ་དཔག་པ་མེད་པའི་ཕྱིར་དང་། རྗེས་སུ་དཔག་པ་དང་། གྲགས་པའི་གནོད་པར་འགྱུར་བའི་སྐྱོན་ཡོད་པའི་ཕྱིར་ཡང་ངོ་ཞེས་བྱ་བར་དགོངས་སོ། །དེ་ལ་རྗེས་སུ་དཔག་པའི་གནོད་པ་ནི་ཀུན་རྫོབ་ཏུ་ཁས་བླངས་པ་ནང་གི་སྐྱེ་མཆེད་ཀྱི་དངོས་པོ་རྣམས་རྒྱུ་མེད་པ་ལས་སྐྱེ་བ་མེད་དེ། སྐྱེ་དང་ཁྱད་པར་ཉིད་དང་ལྡན་པའི་ཕྱིར། དཔེར་ན་མྱུ་གུ་བཞིན་ནོ། །གྲགས་པའི་གནོད་པ་ནི་འཇིག་རྟེན་འདི་ན་ཡོད་པ་གང་ཡིན་པ་དེ་ནི་རྒྱུ་ལས་སྐྱེ་བར་གྲགས་ཏེ། དཔེར་ན་རྒྱུ་སྤུན་དག་ལས་སྣམ་བུ་དང་། རྩི་ཀྲུང་དག་ལས་སབ་མ་སྐྱེ་བ་ལ་སོགས་པ་བཞིན་ནོ། །ཡང་ན་རྒྱུ་མེད་ཅེས་བྱ་བ་ནི་རྒྱུ་ངན་པ་སྟེ། ཚུང་མ་མེད་པ་ཞེས་བྱ་བ་ལ་སོགས་པ་བཞིན་ནོ། །རྒྱུ་ངན་པ་གང་ཞེ་ན། ངོ་བོ་ཉིད་དང་། དབང་ཕྱུག་དང་། སྐྱེས་བུ་དང་། གཙོ་བོ་དང་། དུས་དང་། སྲེད་མེད་ཀྱི་བུ་ལ་སོགས་པ་སྟེ། ཡང་དག་པ་མ་ཡིན་པའི་ཕྱིར་རོ། །དངོས་པོ་རྣམས་རྒྱུ་མེད་པ་དེ་ལས་སྐྱེ་བ་མེད་དེ། དེ་ལས་སྐྱེ་བར་སྟོན་པའི་རྗེས་སུ་དཔག་པ་མེད་པའི་ཕྱིར་དང་། རྗེས་སུ་དཔག་པའི་གནོད་པར་འགྱུར་བའི་ཕྱིར་ཡང་ངོ་ཞེས་བྱ་བར་དགོངས་སོ། །དེ་ལ་རེ་ཞིག་ངོ་བོ་ཉིད་དུ་སྨྲ་བ་དག་ན་རེ། ནང་གི་སྐྱེ་

མཆེད་རྣམས་ངོ་བོ་ཉིད་ལས་སྐྱེ་བར་དམ་བཅའ་སྟེ། ཡུས་སྣ་ཚོགས་འགྲུབ་པའི་ཕྱིར་དཔེར་ན་པདྨ་དག་གི་ཁ་དོག་དང་། དབྱིབས་དང་། ལོ་མ་དང་། ཚུང་བ་དང་། འདབ་མ་དང་། ཟེ་བ་དང་། སྙིང་པོ་མཛེས་པ་ལྟ་བུ་དང་། རྨ་བྱ་དག་གི་མགྲིན་པའི་ཕྱོགས་རིན་པོ་ཆེ་མཐོན་ཀ་ཆེན་པོ་དང་། ཨན་ད་རྙིལ་ལྟར་མཐོན་མཐིང་དུ་འདུག་ལ། མཛུག་སྒྲོའི་ཚོགས་དག་གི་མདོངས་བཀྲ་ཞིང་འཚེར་བག་ཡོད་པ་བཞིན་ནོ་ཞེས་ཟེར་རོ། །དེས་ན་དེ་ལ་དམ་བཅས་པའི་དོན་དེ་གལ་ཏེ་ཀུན་རྫོབ་ཏུ་ནང་གི་སྐྱེ་མཆེད་ཀུན་རྫོབ་པའི་ཤེས་པའི་སྤྱོད་ཡུལ་རྣམས་བྱེད་པ་པོ་རང་དབང་ཅན་གྱི་བྱ་བ་ལ་མི་ལྟོས་པའི་ཕྱིར་དང་། སུས་ཀྱང་མ་བྱས་པ་ཁོ་ནའི་ཕྱིར། རྐྱེན་ངེས་པ་ལས་སྐྱེ་བ་ཡིན་ན་ནི་གྲུབ་པ་ལ་སྒྲུབ་བོ། །ཇི་སྟེ་དོན་དམ་པར་ན་ནི་དཔེ་མེད་དེ། དོན་དམ་པར་པདྨ་ལ་སོགས་པ་སྐྱེ་བར་ཁས་མ་བླངས་པའི་ཕྱིར་རོ། །རྒྱུ་མེད་པར་སྨྲ་བ་དག་ཁོ་བོའི་ཕྱོགས་ནི་ཐམས་ཅད་རྒྱུ་མེད་པ་ལས་འགྲུབ་པར་འདོད་ལ། བསྒྲུབ་པར་བྱ་བ་ནི་གཏན་ཚིགས་ཀྱིས་འགྲུབ་པར་འདོད་ན་ནི་ཕྱོགས་སྔ་མ་དང་འགལ་ལོ། །ཇི་སྟེ་རྒྱུ་ཡོད་པར་སྨྲ་བ་ལ་གཏན་ཚིགས་མེད་པར་བསྟན་པར་མི་ནུས་པས་ཀླུ་ཀློ་ལ་ཀླུ་ཀློའི་སྐད་བཞིན་ཏེ། དེས་ན་གཏན་ཚིགས་སྨྲ་ཀྱང་ཕྱོགས་སྔ་མའི་གནོད་པ་མེད་དོ་ཞེ་ན། སྐད་གཞན་དུ་བསྒྱུར་ཀྱང་ཇི་ལྟར་རྟོགས་པའི་རྟགས་ཁོ་ནས་རྟགས་ཅན་གྱི་དོན་སྟོན་པའི་ཕྱིར་དཔེར་ན་ཀླུ་ཀློ་ལ་ཕྱོགས་འདི་ན་དུ་བ་ལས་མེ་ཡོད་དོ་ཞེས་སྟོན་པར་བྱེད་པ་དེ་ལ་རྟགས་རྟོགས་པ་སྐྱེ་བའི་ཐབས་ཐ་དད་པ་བཞིན་པས་དེ་ནི་ལན་དུ་མི་རུང་ངོ་། །འཇུག་སྟོབས་ཅན་དག་ན་རེ་མེར་མེར་པོ་དག་དང་མྱུ་གུ་ལ་སོགས་པ་ནི་རྐྱེན་མེད་པ་ལས་སྐྱེ་ལ་བུམ་པ་ལ་སོགས་པ་རྐྱེན་དང་བཅས་པ་ལས་སྐྱེ་བས། ངོ་བོ་ཉིད་ལས་སྐྱེ་བ་མ་ཡིན་པའི་ཕྱིར་དངོས་པོ་ཐམས་ཅད་ངོ་བོ་ཉིད་ལས་སྐྱེ་བ་མེད་དོ་ཞེས

བྱ་བ་ནི་གྲུབ་པ་ལ་སྒྲུབ་པོ་ཞེས་ཟེར་རོ། །ཐམས་ཅད་ལས་ཐམས་ཅད་སྐྱེ་བ་བཀག་པའི་ཕྱིར་དེ་ནི་རིགས་པ་མ་ཡིན་ནོ། །དེ་ལྟར་རེ་ཞིག་ངོ་བོ་ཉིད་ལས་སྐྱེ་བ་མེད་དོ། །དབང་ཕྱུག་རྒྱུར་འདོད་པ་དག་ན་རེ། གང་ཞིག་ཕྲར་གྱུར་གཅིག་པུ་སྐྱེ་གནས་འདུག །དེ་ཡིས་འདི་ཀུན་སྐྱེ་ཞིང་འཇིག་པར་བྱེད། །དེ་ནི་དབང་དག་མཆོག་སྦྱིན་ལྷ་མཆོད་བྱ། །ཡོན་ཏན་བྱེད་པ་ཤིན་ཏུ་ཞི་བ་ཐོབ། །སྐྱེ་བ་པོ་འདི་ཤེས་པ་ཡོད་མིན་ཏེ། །བདག་གི་བདེ་སྡུག་བདག་ལ་རང་དབང་མེད། །དབང་ཕྱུག་གིས་བཏང་ཡང་ན་གཡང་སའམ། །མཐོ་རིས་དག་ཏུ་འགྲོ་བ་ཁོ་ནར་འགྱུར། །ཞེས་ཟེར་རོ། །དེ་ནི་དམ་བཅས་པ་ཙམ་སྟེ། དབང་ཕྱུག་ནི་ཀུན་རྫོབ་ཏུ་ཡང་འགྲོ་བ་མཐའ་དག་སྐྱེ་བའི་རྒྱུ་ཡིན་པར་མི་རུང་སྟེ། ལ་ལའི་དགའ་བ་དང་། ཡོངས་སུ་གདུང་བའི་རྒྱུ་ཡིན་པའི་ཕྱིར་དཔེར་ན་བ་ལང་རྫི་བཞིན་ནོ། །ཡང་ན་འགྲོ་བ་ནི་རྒྱུ་བྱེད་པ་པོ་དབང་ཕྱུག་ཅེས་བྱ་བ་གཅིག་པུ་དང་ལྡན་པ་མ་ཡིན་པར་ངེས་ཏེ། གཞལ་བྱ་ཡིན་པའི་ཕྱིར་དཔེར་ན་དབང་ཕྱུག་བཞིན་པས་ཀུན་རྫོབ་ཏུ་དངོས་པོ་རྣམས་དེ་ལས་སྐྱེ་བ་མེད་དོ། །དབང་ཕྱུག་རྒྱུ་ཡིན་ན་ཡང་འབྲས་བུ་བདག་གི་བདག་ཉིད་དམ། གཞན་དུ་གྱུར་པའམ། གཉི་གར་གྱུར་པ་ཞིག་འགྱུར་གྲང་ན། གང་ཡང་རུང་བ་གཅིག་ཏུ་རྟོག་ན་ཡང་དགག་པ་སྔར་སྨྲས་པའི་ཕྱིར་དང་། ཡོད་པ་དང་མེད་པ་སྐྱེ་བ་ཡང་འགོག་པར་འགྱུར་བའི་ཕྱིར་དོན་དམ་པར་དངོས་པོ་རྣམས་དབང་ཕྱུག་ལས་སྐྱེ་བ་མེད་དོ། །ཇི་སྟེ་སེམས་ཅན་དང་སྣོད་དུ་བགྲང་བའི་འཇིག་རྟེན་སྣ་ཚོགས་ཀྱི་རྒྱུའི་ལས་དབང་ཕྱུག་ཅེས་བྱ་སྟེ། གནས་པ་དང་། འབྱུང་བ་དང་། འཇིག་པ་དང་། བདེ་བ་དང་། སྡུག་བསྔལ་བ་དང་། ཡར་སྐྱེ་བ་དང་། མར་འབྲི་〔བྲི་〕བ་སྐྱེད་པར་བྱེད་པའི་ཕྱིར་རོ་ཞེ་ན་ཡང་ཐ་སྙད་ཀྱི་ཕྱོགས་ལ་ནི་གྲུབ་པ་ལ་སྒྲུབ་པ་ཡིན་ནོ། །དོན་དམ་པར་ནི་མ་ཡིན་ཏེ། དོན་དམ་པར་ལས་ཀྱི་སྐྱེ་

བ་ཡང་ཁས་མ་བླངས་པའི་ཕྱིར་རོ། །སྐྱེས་བུ་རྒྱུར་འདོད་པ་དག་ཀྱང་སྐྱེས་བུ་ཉིད་འགྲོ་བ་མཐའ་དག་སྐྱེ་བའི་རྒྱུ་ཡིན་ནོ་ཞེས་དམ་བཅས་ནས། བ་ནི་བ་སྦྲ་རྣམས་ཀྱི་བཞིན། །ཆུ་ཤེལ་ཆུ་རྣམས་ཀྱི་བཞིན་དང་། །ནྱགྲོ་ཤ་ཡལ་ག་རྣམས་ཀྱི་བཞིན། །དེ་ནི་ལུས་ཅན་ཀུན་གྱི་རྒྱུ། །དེ་བཞིན་དུ་སྐྱེས་བུ་ཉིད་ནི་བྱུང་བ་གང་ཡིན་པ་དང་། འབྱུང་བ་གང་ཡིན་པ་འདི་ཐམས་ཅད་ཀྱིའོ་ཞེས་བྱ་བ་ལ་སོགས་པ་དང་། དེ་བཞིན་དུ་དེ་ནི་གཡོ་བར་བྱེད་པ་དང་། དེ་ནི་གཡོ་བར་མི་བྱེད་པ་དང་། དེ་ནི་ཐག་རིང་བ་དང་། དེ་ནི་ཐག་ཉེ་བ་དང་། དེ་ནི་བར་མ་དང་། དེ་ནི་གཉིས་ག་དང་། དེ་ནི་ཕྱི་རོལ་ཐམས་ཅད་ཀྱིའོ་ཞེས་བྱ་བ་ལ་སོགས་པའོ་ཞེ་ན། འདིར་དགག་པ་ནི་དབང་ཕྱུག་རྒྱུར་འདོད་པ་དག་གི་བཞིན་དུ་བྱའོ། །ལྷག་པར་ཡང་བརྗོད་པར་བྱ་སྟེ། ལྷས་བྱིན་གྱི་བདག་ནི་ལྷས་བྱིན་གྱི་ལུས་དང་། དབང་པོའི་རྒྱུ་མ་ཡིན་ཏེ། བདག་ཡིན་པའི་ཕྱིར་དཔེར་ན་མཆོད་སྦྱིན་གྱི་བདག་བཞིན་ནོ། །ཡང་ན་མཆོད་སྦྱིན་གྱི་ལུས་དང་། དབང་པོའི་ཚོགས་ཀྱི་བྱེད་པ་པོ་ནི་མཆོད་སྦྱིན་གྱི་བདག་མ་ཡིན་ཏེ། བདེ་བ་དང་། སྡུག་བསྔལ་དང་། ཤེས་པ་སྐྱེ་བའི་རྒྱུ་ཡིན་པའི་ཕྱིར་དཔེར་ན། ལྷས་བྱིན་གྱི་ལུས་དང་དབང་པོའི་ཚོགས་བཞིན་ནོ། །ཡང་ན་བཅིངས་པའི་བདག་ནི། ཀུན་གྱི་རྒྱུ་མ་ཡིན་ཏེ། བདག་ཡིན་པའི་ཕྱིར་གྲོལ་བའི་བདག་བཞིན་པས། ཆོས་ཀྱི་རང་གི་ངོ་བོ་བསལ་བས་རང་གི་དམ་བཅས་པའི་སྐྱོན་དུ་འགྱུར་རོ། །གལ་ཏེ་གཏན་ཚིགས་ཀྱི་དོན་བདག་ཡིན་པའི་ཕྱིར་ཞེས་བྱ་བ་དམ་བཅས་པའི་དོན་གྱི་ཕྱོགས་གཅིག་ཡིན་པའི་ཕྱིར་མ་གྲུབ་བོ་ཞེ་ན། ལན་བཏབ་ཟིན་པས་ཉེས་པ་མེད་དོ། །གང་དག་འདི་ལྟར་ཁོ་བོ་ཅག་གི་བདག་ནི་གཅིག་པུ་ཁོ་ན་ཡིན་ཏེ། དེ་ལ་བུམ་པ་ལ་སོགས་པའི་ནམ་མཁའ་ཐ་དད་པར་ཉེ་བར་གདགས་པ་བཞིན་དུ། དུ་མ་ཉིད་དུ་ཉེ་བར་བརྟགས་པས་དེས་ན། དཔེ་

མེད་པའི་ཕྱིར་རྗེས་སུ་དཔག་པའི་གནོད་པ་ཡང་མེད་ལ། དམ་བཅས་པའི་སྐྱོན་དུ་ཡང་མི་འགྱུར་རོ་ཞེས་ཟེར་ན། དེ་ནི་བཟང་པོ་མ་ཡིན་ཏེ། ནམ་མཁའ་ནི་མ་སྐྱེས་པས་ནམ་མཁའི་མེ་ཏོག་བཞིན་དུ། དངོས་པོ་ཉིད་མེད་པ་ཁོ་ནའི་ཕྱིར་གཅིག་པ་ཉིད་དུ་གྲུབ་པ་ནི་ཚིག་ཙམ་དུ་ཟད་པའི་ཕྱིར་དང་། ཐ་སྙད་དུ་ཡང་ཕྱིར་ཁས་བླངས་པའི་བདག་གཅིག་པ་ཉིད་དུ་སྟོན་པའི་རྗེས་སུ་དཔག་པ་མེད་པའི་ཕྱིར་རོ། །ཅི་སྟེ་བཅིངས་པའི་བདག་ནི་གྲོལ་བའི་བདག་ལས་གཞན་མ་ཡིན་ཏེ། བདག་ཡིན་པའི་ཕྱིར་གྲོལ་བའི་བདག་བཞིན་ནོ་ཞེ་ན། ཕུང་པོའི་ལྷག་མ་མེད་པའི་མྱ་ངན་ལས་འདས་པའི་དབྱིངས་ན་གྲོལ་བའི་བདག་ཡོད་པ་ཉིད་དང་། གཅིག་པ་ཉིད་མ་གྲུབ་པའི་ཕྱིར་ཇི་སྐད་སྨྲས་པའི་སྐྱོན་མེད་པར་མི་འགྱུར་རོ༎

དཔྱད་པ་རྒྱས་པ་ནི་བདག་བརྟག་པའི་རབ་ཏུ་བྱེད་པར་མཛད་པར་འགྱུར་རོ། །རང་བཞིན་རྒྱུར་འདོད་པ་དག་ནི་ཚངས་པ་ལ་སོགས་པ་མྱུ་གུའི་མཐར་ཐུག་པ་ཅན་གྱི་གསལ་བ་རྣམས་སྐྱེ་བའི་རྒྱུ་རང་བཞིན་ཡིན་པར་ཁས་བླངས་ནས། དེ་དག་ན་རེ། ནང་གི་བྱེ་བྲག་རྣམས་ཀྱི་རྒྱུ་ནི་བདེ་བ་དང་། སྡུག་བསྔལ་དང་། གཏི་མུག་ཡིན་པར་ངེས་ཏེ། དེ་དང་ལྡན་པའི་ཕྱིར་འདི་ལྟར་འཇིག་རྟེན་ན་ཡང་གང་ཞིག་གང་དང་ལྡན་པར་གྱུར་པ་དེ་ནི་དེའི་རྒྱུ་ཅན་ཡིན་པར་ཤེས་ཏེ། དཔེར་ན་ཙན་དན་གྱི་ཞོགས་མ་དང་། གྲོ་མོ་དང་། སྡོང་དང་། རྒྱན་ལ་སོགས་པ་བཞིན་ནོ། །དེ་བཞིན་དུ་ནང་གི་བྱེ་བྲག་རྣམས་ཀུན་བདེ་བ་དང་། སྡུག་བསྔལ་དང་། གཏི་མུག་དང་ལྡན་པས་དེའི་ཕྱིར་ཇི་སྐད་སྨྲས་པའི་གཏན་ཚིགས་ཀྱིས་ན་ནང་གི་བྱེ་བྲག་རྣམས་ཀྱི་རྒྱུ་ནི་བདེ་བ་དང་། སྡུག་བསྔལ་དང་གཏི་མུག་ཡིན་ནོ། །གཟུགས་དང་། འདུ་ཤེས་དང་། འདུ་བྱེད་དང་། རྣམ་པར་ཤེས་པའི་མཚན་ཉིད་ཀྱི་ཕུང་པོ་རྣམས་ཀུན་བདེ་བ་དང་། སྡུག་བསྔལ་དང་། གཏི་མུག་གི་ངོ་བོ་ཉིད་ཡིན་པར་གཟུང་བར་བྱ་སྟེ།

ཕུང་པོ་ཡིན་པའི་ཕྱིར་ཚོར་བའི་ཕུང་པོ་བཞིན་པས་དེའི་ཕྱིར་གཏན་ཚིགས་ཀྱི་དོན་མ་གྲུབ་པ་ཡང་མ་ཡིན་ནོ་ཞེས་ཟེར་རོ། །དེ་ལ་འདིར་ཅན་དན་ལ་སོགས་པ་དོན་དམ་པར་མ་གྲུབ་པས་དཔེ་མེད་དོ། །ཐ་སྙད་དུ་ཡང་གཏི་མུག་ནི་འདུ་བྱེད་ཀྱི་ཕུང་པོར་གཏོགས་པས་དཔེ་མ་གྲུབ་བོ། །བདེ་བ་དང་། སྡུག་བསྔལ་དག་ལས་གཞན་པ་ཤེས་པ་ཡོད་པ་ཉིད་མ་ཡིན་པའི་ཆོས་རྣམས་ནི་བདེ་བ་དང་། སྡུག་བསྔལ་གྱི་ངོ་བོ་ཉིད་མ་ཡིན་པར་ངེས་ཏེ། གཞལ་བྱ་ཡིན་པའི་ཕྱིར་དཔེར་ན་ཤེས་པ་བཞིན་པས་དེའི་ཕྱིར་དེ་ནི་རྗེས་སུ་དཔག་པས་ཀྱང་རིགས་པ་མ་ཡིན་ནོ། །ཤེས་པ་སྤྱིར་གྲུབ་པ་ཁོ་ན་ལས་དཔེ་ཉིད་བླངས་པས་དཔེ་མེད་པ་ཡང་མ་ཡིན་ནོ། །གཙོ་བོ་ནི་ཆེན་པོ་ལ་སོགས་པ་དེ་ཁོ་ནའི་རྒྱུ་མ་ཡིན་ཏེ། མི་གསལ་བའི་ཕྱིར་དཔེར་ན་སྐྱེས་བུ་བཞིན་པས་རང་བཞིན་རྒྱུར་འདོད་པ་དག་གི་རང་གི་རྗེས་སུ་དཔག་པ་ལ་གནོད་དོ། །ཇི་སྟེ་མི་གསལ་བའི་ཕྱིར་ཞེས་བྱ་བ་གཏན་ཚིགས་ཀྱི་དོན་གལ་ཏེ་གསལ་བའི་སྔོན་རོལ་གྱི་གནས་སྐབས་ལ་བྱ་ན་ནི་དཔེ་སྒྲུབ་པའི་ཆོས་དང་མི་ལྡན་པའི་སྐྱོན་དུ་འགྱུར་ལ། གལ་ཏེ་ཤེས་པ་ཡོད་པ་ཉིད་ལ་བྱ་ན་ནི་གཏན་ཚིགས་ཀྱི་དོན་མི་འགྲུབ་བོ་ཞེ་ན། དེ་ནི་བཟང་པོ་མ་ཡིན་ཏེ། གཏན་ཚིགས་སྤྱིར་བརྗོད་པའི་ཕྱིར་རམ༑ བྱེ་བྲག་ཏུ་བརྗོད་ན་ཡང་མཛུག་སྟུད་པའི་ཕྱིར་གཅིག་ཏུ་བྱེད་པའི་ཕྱིར་ལྷག་ཆད་དེ་ནི་མ་གྲུབ་པ་ལྟར་སྣང་བ་ཡིན་ནོ། །རང་བཞིན་དང་། དུས་དང་། སྲིད་མེད་ཀྱི་བུ་རྒྱུར་འདོད་པ་དག་སྤྱིར་དགག་པ་ཡང་དབང་ཕྱུག་བཞིན་དུ་བལྟ་བར་བྱའོ། །དེས་ན་དེ་ལྟར་དངོས་པོ་རྣམས་རྒྱུ་མེད་པ་ལས་ཀྱང་སྐྱེ་བ་མེད་དོ། །གྲངས་ཅན་དག་ལས་ཁ་ཅིག་ན་རེ། བདག་ལས་མ་ཡིན་གཞན་ལས་མིན། །གཉིས་ལས་མ་ཡིན་རྒྱུ་མེད་མིན། །དངོས་པོ་གང་དག་གང་ན་ཡང་། །སྐྱེས་པ་ནམ་ཡང་ཡོད་མ་ཡིན། །ཞེས་བྱ་བ་ལ་སོགས་པ་སྨྲས་པ་གང་

ཡིན་པ་དེ་མ་སྐྱེས་པ་ནི་བདེན་མོད་ཀྱི། འོན་ཀྱང་གསལ་བར་བྱེད་དོ་ཞེས་ཟེར་རོ། །དེ་དག་ལ་འདི་སྐད་ཅེས་དྲི་བར་བྱ་སྟེ། གང་དག་ཅིག་ཇི་ལྟར་གསལ་བར་བྱེད། གལ་ཏེ་དཔེར་ན་མར་མེས་བུམ་པ་ལ་སོགས་པ་བཞིན་ནོ་ཞེ་ན། བུམ་པ་ལ་སོགས་པ་མ་སྐྱེས་པ་དག་མར་མེ་མ་སྐྱེས་པས་ཇི་ལྟར་གསལ་བར་བྱེད། རྟའི་རྭ་མ་སྐྱེས་པ་ནི་ནམ་ཡང་གསལ་བར་བྱར་མི་རུང་ངོ་། །ཐ་སྙད་ཀྱི་བདེན་པའི་ལུགས་རྣམ་པར་གཞག་པའི་ཕྱིར་དེ་དག་ཡོད་པར་ཁས་བླངས་ན་ཡང་སྨྲ་བར་བྱ་སྟེ། མར་མེས་བུམ་པ་ལ་ཅི་ཞིག་བྱེད། གལ་ཏེ་གཟུང་བར་བྱེད་ན་ནི་དེ་སྔོན་མེད་པས་དེ་ཉིད་བྱེད་པ་ཡིན་ནོ། །འོན་ཏེ་མིག་གི་རྣམ་པར་ཤེས་པའི་གཟུང་བ་ཉིད་དུ་བྱེད་ན་ནི་མཐུན་པ་དང་བཅས་པ་ན་སྔོན་མེད་པས་དེ་ཉིད་བྱེད་པ་ཡིན་ནོ། །ཇི་སྟེ་བུམ་པ་བཟུང་བ་ལ་བར་ཆད་བྱེད་པའི་མུན་པ་སེལ་བར་བྱེད་ན་ཡང་དེ་ཉིད་བྱེད་པ་ཡིན་ནོ། །འོན་ཏེ་གཟུང་བ་ཡིན་ན་ནི་དེ་ཉིད་སྣང་བ་ཡིན་པས་ཡང་མར་མེས་ཅི་ཞིག་བྱ། ཁོ་བོ་ཅག་གི་ཕྱོགས་ལ་བུམ་པ་ཞེས་བྱ་བ་ཡང་འབྱུང་བ་དང་། འབྱུང་བ་ལས་གྱུར་པའི་ཚོགས་ཡིན་ཏེ། མར་མེ་བྱུང་བ་ན་སྣང་བ་དང་ལྷན་ཅིག་ཏུ་སྐྱེ་བས་དེའི་ཕྱིར་ཐ་སྙད་དུ་ཡང་དངོས་པོ་རང་གི་རྒྱུ་ལས་རྒྱུན་གྱིས་འབྱུང་བའི་བྱེད་པའི་རྒྱུ་ཉིད་ཡིན་ཏེ། སྣང་བ་དག་ལྷན་ཅིག་ཏུ་འབྱུང་བའི་རྒྱུ་ཡིན་པའི་ཕྱིར་གསལ་བར་བྱེད་པ་ཉིད་ཡིན་པར་བསམས་སོ། །དོན་དམ་པར་ནི་སྐྱེ་བ་དགག་པ་བཞིན་དུ་གསལ་བ་དགག་པ་ཡང་མཚུངས་ཏེ། མི་གསལ་བ་ནི་གསལ་བར་མི་བྱེད་དེ། ཆེན་པོ་ལ་སོགས་པ་མི་གསལ་བའི་ཕྱིར་དཔེར་ན་ནམ་མཁའི་མེ་ཏོག་བཞིན་ནོ། །དེས་ན་དེ་ལྟར་གསལ་བ་ཡང་བཟང་པོ་མ་ཡིན་ནོ། །འདི་ལ་གཞན་ནི་དངོས་པོ་རྣམས་རྒྱུ་མེད་པ་ལས་ཀྱང་སྐྱེ་བ་མེད་དེ། རྟག་ཏུ་ཐམས་ཅད་ལས་ཐམས་ཅད་སྐྱེ་བར་ཐལ་བ་ལ་སོགས་པར་འགྱུར་བའི་ཕྱིར་རོ་ཞེས་རྣམ་

པར་བཤད་པ་བྱེད་དོ། །དེ་ལ་ཡང་གླུགས་ཡོད་པའི་ཚིག་ཡིན་པའི་ཕྱིར་གལ་ཏེ། བསྒྲུབ་པར་བྱ་བ་དང་། སྒྲུབ་པ་བཟློག་པའི་ཚིག་གི་དོན་མངོན་པར་འདོད་ན་དེས་འདི་སྐད་བསྟན་པར་འགྱུར་ཏེ། དངོས་པོ་རྣམས་རྒྱུ་ལས་སྐྱེ་བར་འགྱུར་བ་དང་། ལན་འགའ་ཁ་ཅིག་ལས་ཁ་ཅིག་སྐྱེ་བར་འགྱུར་བ་དང་། རྩོམ་པ་འབྲས་བུ་དང་བཅས་པ་ཉིད་དུ་འགྱུར་བའི་ཕྱིར་དེ་ནི་མི་རིགས་ཏེ། སྔར་སྨྲས་པའི་སྐྱོན་དུ་འགྱུར་བའི་ཕྱིར་རོ། །ཇི་སྟེ་གཞན་དུ་ན་ཡང་དོན་འབྲེལ་པ་མེད་པ་ཡིན་ཏེ། སྔ་མ་བཞིན་ནོ། །དེས་ན་དེ་ལྟར་རྒྱུ་མེད་པ་ལས་ཀྱང་མ་ཡིན་ནོ། །དངོས་པོ་གང་དག་གང་ན་ཡང་། །སྐྱེས་པ་ནམ་ཡང་ཡོད་མ་ཡིན། །ཞེས་བྱ་བ་ནི་སོ་སོར་སྦྱར་བར་བྱའོ། །གང་དག་ཅེས་བྱ་བ་ནི་ཀུན་ནས་ཉོན་མོངས་པ་དང་། རྣམ་པར་བྱང་བའི་དངོས་པོ་དག་གོ །གང་ན་ཡང་ཞེས་བྱ་བ་ནི་རང་གི་མཛད་པའི་མཐའ་དང་། སོ་སོའི་རྒྱུད་གྲུབ་པ་དག་ན་ཡང་ངོ་། །ནམ་ཡང་ཞེས་བྱ་བ་ནི་ལན་འགའ་ཡང་ངོ་། །དེའི་ཕྱིར་རྟེན་ཅིང་འབྲེལ་པར་འབྱུང་བ་སྐྱེ་བ་མེད་པ་ལ་སོགས་པ་མུ་སྟེགས་བྱེད་ལ་སོགས་པ་དང་ཐུན་མོང་མ་ཡིན་པའི་ཁྱད་པར་དང་ལྡན་པ་འགྲུབ་བོ། །ད་ནི་རང་གི་སྡེ་པ་དག་གིས་སྨྲས་པ། རྐྱེན་རྣམ་བཞི་སྟེ་རྒྱུ་དང་ནི། །དམིགས་པ་དང་ནི་དེ་མ་ཐག །བདག་པོ་ཡང་ནི་དེ་བཞིན་ཏེ། །སྟོན་པས་མདོ་སྡེ་དང་ཆོས་མངོན་པའི་བསྟན་བཅོས་ལས༔ རང་དང་གཞན་གྱི་གཞུང་ལུགས་དང་། ལྟ་ཡུལ་དང་། སའི་སྟེང་དག་ཏུ་བཀའ་སྩལ་ཏོ། །རྐྱེན་ལྔ་པ་ནི་ཡོད་མ་ཡིན། །སྡེ་པ་གཞན་གྱིས་ཡོངས་སུ་བརྟགས་པའི་རྐྱེན་མཐུན་དུ་སྐྱེས་པ་དང་། ཡོད་པ་དང་། མེད་པ་རྣམས་ཀྱང་འདི་དག་ཉིད་དུ་འདུས་པའི་ཕྱིར་རོ། །དེ་ལ་རྒྱུའི་རྐྱེན་ནི་ལྷན་ཅིག་འབྱུང་བ་དང་། སྐལ་བ་མཉམ་པ་དང་མཚུངས་པར་ལྡན་པ་དང་། ཀུན་ཏུ་འགྲོ་བ་དང་། རྣམ་པར་སྨིན་པ་ཞེས་བྱ་བ་ནི་རྒྱུ་ལྔ་པོ་དག་གོ །

དམིགས་པའི་རྐྱེན་ནི་ཆོས་ཐམས་ཅད་དོ། །དེ་མ་ཐག་པའི་རྐྱེན་ནི་སེམས་དང་སེམས་ལས་བྱུང་བ་སྐྱེས་པ་རྣམས་ལས་ཐ་མ་མ་གཏོགས་པའོ། །བདག་པོའི་རྐྱེན་ནི་བྱེད་པའི་རྒྱུ་སྟེ; བཞི་པོ་གཞན་དུ་གྱུར་པ་དེ་དག་ཁོ་ན་ལས་སྐྱེ་བར་འདོད་དོ། །དེ་ལ་བསྟན་བཅོས་བྱེད་པས་དངོས་པོ་རྣམས་གཞན་ལས་སྐྱེ་བ་མེད་དེ་ཞེས་དམ་བཅས་པར་གྱུར་པ་གང་ཡིན་པ་དེ་ནི་ཁས་བླངས་པ་ལ་གནོད་པར་འགྱུར་རོ། །དེའི་ཕྱིར་བཤད་པ། དངོས་པོ་རྣམས་ཀྱི་རང་བཞིན་ནི། །རྐྱེན་ལ་སོགས་པ་ཡོད་མ་ཡིན། །ཞེས་བྱ་བ་ལ་སོགས་པ་སྟེ། དངོས་པོ་རྣམས་ཀྱི་ཞེས་བྱ་བ་ནི་མིག་ལ་སོགས་པ་རྣམས་ཀྱིའོ། །རང་བཞིན་ནི་ཞེས་བྱ་བ་ནི་རང་གི་བདག་ཉིད་དོ། །རྐྱེན་ལ་སོགས་པ་ཞེས་བྱ་བ་ནི་ཁུ་ཆུ་དང་ཁྲག་ལ་སོགས་པ་ལའོ། །སོགས་པ་ཞེས་བྱ་བའི་སྒྲའི་སྒྲོར་བས་ནི་ཚོགས་དང་དབང་ཕྱུག་ལ་སོགས་པ་གཞན་ཡང་བསྡུའོ། །ཡོད་པ་མ་ཡིན་ཞེས་བྱ་བ་ནི་དགག་པའོ། །དེ་མེད་པའི་ཕྱིར་རྐྱེན་དེ་དག་ལྟུའི་གཞན་དུ་འགྱུར། དེ་ཡོད་དུ་ཟིན་ན་ཡང་དེ་ལས་སྐྱེ་བ་མེད་དེ། རྗེས་སུ་དཔག་པའི་གནོད་པ་སླུས་ཟིན་པའི་ཕྱིར་དེ་ལ་གནོད་པར་མི་འགྱུར་རོ། །གང་དག་སྒྲུབ་པའི་དོན་ཡང་དག་པ་མ་ཡིན་པར་ཚོད་དཔགས་སུ་བརྟགས་ནས་ཁོ་བོ་ཅག་ནི་དངོས་པོ་རྣམས་གཞན་དག་ལས་སྐྱེ་བ་ཁོ་ན་ཡིན་ནོ་ཞེས་ནི་ངེས་པར་མི་འཛིན་གྱི། གང་དག་སྐྱེ་བ་དེ་དག་ནི་གཞན་ཁོ་ན་ལས་ཡིན་གྱི། བདག་ལས་མ་ཡིན་པར་ངེས་པར་འཛིན་པས་དེས་ན་རྐྱེན་མ་ཡིན་པ་དག་ལས་གཞན་ཉིད་ཡོད་དུ་ཟིན་ཀྱང་སྐྱེ་བ་མེད་དོ་ཞེས་ཟེར་ན་དེ་ལས་གལ་ཏེ་ཚིག་དེ་བདག་ལས་སྐྱེ་བ་དགག་པ་ལྷུར་ལེན་པ་ཡིན་ན་ནི་འདོད་པ་སྒྲུབ་པ་ཡིན་ནོ། །འོན་ཏེ་མ་སྐྱེས་པ་རྣམས་གཞན་ལས་སྐྱེ་བར་སྟོན་པ་ལྷུར་ལེན་པ་ཡིན་ན་ནི། དེ་ལྟ་ན་ཡང་བརྒྱལ་ཞིང་བརྟག་པ་མཚུངས་པའི་སྐྱོན་དུ་འགྱུར་བའི་ཕྱིར། དེ་ཡང་མི་རུང

ངོ་༎ ༎ཇི་སྐེ་གཞན་ལས་སྐྱེ་བ་མེད་པ་ཁོ་ནའོ་ཞེས་བྱ་བ་དེ་ལས་གཞན་སྐྱེ་བ་དགག་པ་ཡིན་ན་ནི་དཔེ་སྒྲུབ་པ་ཡིན་ནོ། །དེ་ལྟ་ན་དེས་ནི་མིག་ལ་སོགས་པ་ཁུ་ཚུ་དང་ཁྲག་ལ་སོགས་པ་རྐྱེན་རྣམས་ལ་མེད་པ་ཉིད་དང་། མིག་ལ་སོགས་པའི་རྐྱེན་རྣམས་ཀྱང་དེ་དག་གིས་སྟོང་པ་ཉིད་ཀྱི་ཆོས་སྨྲས་པ་ཡིན་ནོ། །བདག་གི་དངོས་པོ་ཡོད་མིན་ན། །གཞན་གྱི་དངོས་པོ་ཡོད་མ་ཡིན། །རྐྱེན་ལ་སོགས་པ་ལ་བདག་གི་དངོས་པོ་ཡོད་པ་མ་ཡིན་ནའོ། ། གཞན་གྱི་དངོས་པོ་ནི་གཞན་དག་ལས་འབྱུང་ངོ་། །འབྱུང་བ་ནི་སྐྱེ་བ་སྟེ་རྐྱེན་རྣམས་ལ་མེད་དོ། །དེས་ནི་བསྒྲུབ་པར་བྱ་བའི་དོན་བསྟན་ཏོ། །དེ་ལྟར་ན་འདིར་ཡང་སྔ་མ་བཞིན་དུ་དཔེ་མཐོང་བས་འབྲས་བུ་དང་། རྐྱེན་ཕྱོགས་སུ་བྱས་པ་ལས་སྦྱོར་བའི་ཚིག་གཉིས་སུ་འགྱུར་ཏེ། དོན་དམ་པར་མིག་ལ་སོགས་པ་སྐྱེ་མཆེད་རྣམས་ཁུ་ཚུ་དང་ཁྲག་ལ་སོགས་པ་རྐྱེན་རྣམས་ལས་སྐྱེ་བ་མེད་དེ། དེ་དག་ལ་མེད་པའི་ཕྱིར་དཔེར་ན་བུམ་པ་བཞིན་ནོ། །དེ་བཞིན་དུ་དོན་དམ་པར་ཁུ་ཚུ་དང་ཁྲག་ལ་སོགས་པའི་རྐྱེན་རྣམས་མིག་ལ་སོགས་པའི་སྐྱེ་མཆེད་རྣམས་སྐྱེད་པར་བྱེད་པ་མ་ཡིན་ཏེ། དེ་དག་གིས་སྟོང་པའི་ཕྱིར་དཔེར་ན་ཐག་བཟངས་ལ་སོགས་པ་བཞིན་ནོ། །དེ་བས་ན་བཅོམ་ལྡན་འདས་ཀྱིས་དོན་དམ་པར་དངོས་པོ་རྣམས་རྒྱུ་ལ་སོགས་པ་རྐྱེན་བཞི་པོ་དག་ལས་སྐྱེ་བ་མེད་པར་བཀའ་སྩལ་པ་མེད་པར་ཤེས་པར་བྱའོ། །རྒྱུ་མེད་པ་དང་། རྒྱུ་མི་མཐུན་པར་སྨྲ་བས་བློ་གྲོས་དཀྲུགས་པའི་སྐྱེ་བོ་ལ་རྗེས་སུ་ཐུགས་བརྩེ་བས་ཐ་སྙད་ཀྱི་བདེན་པ་ཇི་ལྟར་གནས་པ་བསྟན་པའི་ཕྱིར་དང་། རྒྱུ་དང་། དམིགས་པ་དང་། དེ་མ་ཐག་པ་དང་། བདག་པོའི་རྐྱེན་རྣམས་བཀའ་སྩལ་པར་ཤེས་པར་བྱ་སྟེ། དེའི་ཕྱིར་ཁས་བླངས་པ་ལ་གནོད་པར་མི་འགྱུར་རོ། །ཡང་ན་གཞན་དུ་རྣམ་པར་བརྟག་སྟེ་གང་དག་དངོས་པོ་རྣམས་གཞན་ལས་སྐྱེའོ་ཞེས་སྟོན་པར་བྱེད་པ་དེ་

དག་གི་ཕྱིར་ཡང་འདི་དཔྱད་པར་བྱའོ། །འདི་ལ། རྐྱེན་རྣམ་བཞི་སྟེ་རྒྱུ་དང་ནི། །དམིགས་པ་དེ་ནི་དེ་མ་ཐག །བདག་པོ་ཡང་ནི་དེ་བཞིན་ཏེ། །ཞེས་བྱ་བ་དེ་དག་དངོས་པོ་སྐྱེད་པར་བྱེད་པ་ཡིན་པར་འདོད་པ་དང་། སྟེ་པ་གཞན་དག་གིས་ཡོངས་སུ་བརྟགས་པ་དང་། བྱེ་བྲག་པ་ལ་སོགས་པས་ཡོངས་སུ་བརྟགས་པ། མིང་ཐ་དད་པ་གང་དག་ཡིན་པ་དེ་དག་ཀུང་མཚན་ཉིད་ཀྱིས་དེ་དག་ཉིད་དུ་འདུས་པས་དེའི་ཕྱིར། རྐྱེན་ལྔ་པོ་ནི་ཡོད་མ་ཡིན། །ཞེས་ངེས་པར་བྱ་སྟེ་བརྗོད་དོ། །དོན་དམ་པར་དེ་དག་གཞན་ཉིད་ཡིན་པ་ཁོ་ནར་མི་རིགས་སོ། །ཇི་ལྟ་ཞེ་ན། དེའི་ཕྱིར། དངོས་པོ་རྣམས་ཀྱི་རང་བཞིན་ནི། །རྐྱེན་ལ་སོགས་པ་ཡོད་མ་ཡིན། །ཞེས་བྱ་བ་གསུངས་ཏེ། དངོས་པོ་རྣམས་ཀྱི་ཞེས་བྱ་བ་ནི། ནང་གི་ཆ་དང་། ཆ་ཕྲ་བ་དང་། རགས་པ་རྣམས་ཀྱིའོ། །རང་བཞིན་ནི་ཞེས་བྱ་བ་ནི་རང་གི་བདག་ཉིད་དོ།། རྐྱེན་ལ་སོགས་པ་ལ་ཞེས་བྱ་བ་ནི་རེ་ཞིག་རྐྱེན་སོ་སོ་དང་འདུས་པ་དག་ལའོ། །སོགས་པ་ཞེས་བྱ་བའི་སྒྲས་ནི་རྒྱུ་དང་བྱེད་རྒྱུ་ཐུན་མོང་དང་། ཐུན་མོང་མ་ཡིན་པ་ཚོགས་པ་དང་གཞན་དག་ལ་ཡང་ངོ་། །ཡོད་པ་མ་ཡིན་ཞེས་བྱ་བ་ནི་ཡོད་པ་མ་ཡིན་ནོ་ཞེས་བྱ་བའི་ཐ་ཚིག་གོ །གང་གི་ཚེ་ཇི་ལྟར་ཞེ་ན། སྐྱེ་བའི་སྔོན་རོལ་ན་ཐ་སྙད་དང་དོན་དམ་པར་རོ། །བདག་གི་དངོས་པོ་ཡོད་མིན་ན། །གཞན་གྱི་དངོས་པོ་ཡོད་མ་ཡིན། །ཞེས་བྱ་བ་ནི་བདག་གི་དངོས་པོ་སྐྱེ་བར་འདོད་པ་ན་དེ་ཉིད་ཡོད་པ་མ་ཡིན་ན། རྐྱེན་རྣམས་ལ་གཞན་གྱི་དངོས་པོ་གཞན་ཉིད་ཡོད་པར་ཇི་ལྟར་འགྱུར་བས་གཞན་ཉིད་ཡོད་པ་མ་ཡིན་པ་ཁོ་ན་སྟེ། གཞན་གྱི་རྒྱུ་མཚན་མེད་པའི་ཕྱིར་རོ་ཞེས་བྱ་བར་དགོངས་སོ། །ཇི་སྟེ་དངོས་པོ་སྐྱེ་བར་འདོད་པ་བློ་ལ་རྣམ་པར་བཞག་ནས་རྐྱེན་དེ་དག་གཞན་དུ་གྱུར་པ་ཡིན་ཏེ། ལྷོས་པའི་དབང་གིས་སོ་ཞེའམ། གཞན་ཉིད་དང་ལྡན་པས་སོ་ཞེས་ཐ་སྙད་འདོགས་ན་དེ་ནི་ཐ་སྙད་

ཙམ་དུ་ཟད་དེ། དེ་དག་ལ་གཞན་གྱི་དངོས་པོ་ཉིད་མེད་པས་འདི་ལ་མངོན་པར་ཞེན་པར་མི་བྱའོ། །ཐ་སྙད་དུ་གཞན་ཉིད་ཡོད་དུ་ཟིན་ཀྱང་། དོན་དམ་པར་དེ་ལས་སྐྱེ་བ་མེད་པར་སྟོན་པར་བསྟན་ཟིན་ཏོ། །གྲངས་ཅན་དག་ཕྱིར་ཟློག་པར་བྱེད་དེ། དངོས་པོའི་ངོ་བོ་ཉིད་ནི་རྐྱེན་རྣམས་ལ་ཆ་ཕྲ་བའི་བདག་ཉིད་དུ་ཡོད་པ་ཁོ་ན་ཡིན་ལ། དེ་ཡང་ཕྱིས་གསལ་བར་བྱེད་པར་ཁས་བླངས་པས། འབྲས་བུ་གསལ་བར་མ་གྱུར་ཀྱང་རྐྱེན་རྣམས་གཞན་ཉིད་དུ་གྲུབ་པའི་ཕྱིར་དེ་ནི་མི་གནོད་དོ་ཞེ་ན། དེ་ནི་བཟང་པོ་མ་ཡིན་ཏེ། འཇིག་རྟེན་ན་གྲགས་པ་བུམ་པ་ལ་སོགས་པ་དག་གི་བདག་ཉིད་ཆ་ཕྲ་བ་བསྟན་དཀའ་བའི་ཕྱིར་དང་། གསལ་བའི་ལན་ཡང་བཏབ་ཟིན་པའི་ཕྱིར་རོ། །གྲངས་ཅན་དག་ལས་གཞན་དག་ན་རེ་གལ་ཏེ་འབྲས་བུའི་ནུས་པས་སྟོང་པའི་རྐྱེན་གཞན་དག་ལས་འབྲས་བུ་སྐྱེ་བ་མེད་པར་སྒྲུབ་པ་ལ་སྒྲུབ་བོ། །འོན་ཏེ་སྐྱེ་བ་མེད་པ་ཁོ་ནའོ་ཞེ་ན་ནི་ཐེར་ཟུག་ཏུ་གནས་པར་སྨྲ་བར་ཁས་བླངས་པའི་ཕྱིར་ཕྱོགས་སྔ་མ་ལ་གནོད་དོ་ཞེས་ཟེར་རོ། །དེ་ནི་བཟང་པོ་མ་ཡིན་ཏེ། རྣམ་པ་ཐམས་ཅད་དུ་སྐྱེ་བ་འགོག་པའི་ཕྱིར་རོ། །ཐེར་ཟུག་ཏུ་གནས་པ་ཡང་མ་ཡིན་ཏེ། དངོས་པོ་མ་སྐྱེས་པའི་ཐ་སྙད་དུ་ཡང་ཡོད་པ་ཉིད་དུ་ཁས་བླངས་པའི་ཕྱིར་རོ།། །།

༄ དབུ་མ་རྩ་བའི་འགྲེལ་པ་ཤེས་རབ་སྒྲོན་མ། བམ་པོ་གཉིས་པ། གཞན་དག་ན་རེ། རྐྱེན་རྣམས་ཁོ་ནས་འབྲས་བུ་སྐྱེད་པར་བྱེད་པ་མ་ཡིན་ཏེ། འདི་ལྟར་རྣམ་པར་ཤེས་པ་སྐྱེ་བའི་བྱ་བ་མིག་དང་། གཟུགས་དང་། སྣང་བ་དང་། ནམ་མཁའ་དང་། ཡིད་ལ་བྱེད་པའི་རྐྱེན་རྣམས་ཀྱིས་རྐྱེན་དང་ལྡན་པས་དེ་སྐྱེད་པར་འདོད་དོ། །ཁོ་བོ་ཅག་གིས་དེ་ཡང་ཡོད་པར་སྨྲ་བར་ནུས་ཏེ། དོན་དམ་པར་རྣམ་པར་ཤེས་པ་སྐྱེ་བའི་བྱ་བ་རང་གི་འབྲས་བུ་སྐྱེད་པར་བྱེད་པ་ཡིན་ཏེ། རྐྱེན་དང་ལྡན་པའི་ཕྱིར་དཔེར་ན་འབྲས་ཆན་བཙོ་བའི་བྱ་བ་ཕྲུ

བ་དང་། ཆུ་དང་། འབྲས་ཐུག་པོ་ཆེ་དང་། མེ་དང་། བུད་ཤིང་གི་རྐྱེན་དང་ལྡན་པ་བཞིན་ནོ༑ ༑དེས་ན་རྗེས་སུ་དཔག་པ་སྔར་སྨྲས་པ་རྣམས་ལ་རྟོག་གེ་ཕྱི་མས་གནོད་པར་འགྱུར་རོ་ཞེས་ཟེར་རོ། །འདིར་བཤད་པ། བྱ་བ་རྐྱེན་དང་ལྡན་མ་ཡིན། །གང་གི་ཕྱིར་ཇི་སྐད་སྨྲས་པའི་དཔེའི་རྟོག་གེ་ཕྱི་མས་དེ་ལ་གནོད་པར་འགྱུར་བ་འབྲས་ཆན་བཙོ་བའི་བྱ་བ་ཁོ་བོ་ཅག་དོན་དམ་པར་ཁས་མི་ལེན་པས་ཕ་རོལ་པོའི་སྒྲུབ་པ་དཔེ་མ་ཚང་བའི་སྐྱོན་དུ་འགྱུར་རོ། །ཡང་ན། བྱ་བ་རྐྱེན་དང་ལྡན་མ་ཡིན། །ཞེས་བྱ་བ་ནི་དོན་དམ་པར་རྣམ་པར་ཤེས་པ་སྐྱེད་པའི་བྱ་བ་རྐྱེན་དང་ལྡན་པ་མ་ཡིན་ཏེ། འབྲས་བུ་ཡོད་པ་དང་། མེད་པ་སྐྱེ་བ་ཕྱིས་འགོག་པར་འགྱུར་བའི་ཕྱིར་རོ། །དོན་དམ་པར་དེ་སྐད་བརྗོད་ན་ནི་བྱ་བ་མ་སྐྱེས་པའི་ཕྱིར། གཏན་ཚིགས་ཀྱི་དོན་མ་གྲུབ་པ་ཉིད་དོ། །སྤྱིར་དེ་སྐད་བརྗོད་ན་ཡང་དོན་འགལ་བ་ཉིད་དེ། རྣམ་པར་ཤེས་པའི་བདག་ཉིད་སྐྱེ་བའི་བྱ་བ་རྐྱེན་དང་ལྡན་པ་ཉིད་ནི་ཀུན་རྫོབ་ཏུ་ཤེས་པའི་ཡུལ་ཡིན་ཏེ། མེད་ན་མི་འབྱུང་བའི་ཕྱིར་རོ། །འདི་ལ་གཞན་ནི་གཞན་གྱི་དངོས་པོ་རྣམས་བདག་དང་། གཞན་ལ་སོགས་པ་ལས་སྐྱེའོ་ཞེས་བྱ་བ་འདིས་ཁོ་བོ་ཅག་ལ་ཅི་བྱ་སྟེ། འདི་ལྟར་མིག་ལ་སོགས་པ་ནི་མིག་གི་རྣམ་པར་ཤེས་པ་སྐྱེ་བའི་བྱ་བའི་རྐྱེན་ཡིན་ཏེ། དཔེར་ན་ཕྱུ་བ་ལ་སོགས་པ་བཙོ་བའི་བྱ་བའི་རྐྱེན་ཡིན་པ་བཞིན་ནོ་ཞེས་དངོས་པོ་སྐྱེ་བར་བསྟན་པ་དེ་དགག་པའི་ཕྱིར། བྱ་བ་རྐྱེན་དང་ལྡན་མ་ཡིན། །ཞེས་བྱ་བ་འདི་གསུངས་ཏེ། རྣམ་པར་ཤེས་པ་སྐྱེས་པ་དང་མ་སྐྱེས་པ་དང་། སྐྱེ་བཞིན་པ་ལ་རྣམ་པར་ཤེས་པ་སྐྱེད་པའི་བྱ་བ་མི་འཐད་པའི་ཕྱིར་རོ་ཞེས་རྣམ་པར་བཤད་པར་བྱེད་དོ༎

དེ་ནི་རིགས་པ་མ་ཡིན་ཏེ། ཕྱོགས་སྔ་མ་དང་ཕྱི་མ་གཉིས་ཀ་དམ་བཅས་པ་ཙམ་དུ་ཟད་པའི་ཕྱིར་རོ། །འདིར་སུན་ཕྱུང་བའི་དོན་སྒྲོ་བཏགས་ནས་སྨྲས་པ། གལ་ཏེ་བྱ་བ་མ་སྐྱེས་

པའི་ཕྱིར་བྱ་བ་རྐྱེན་དང་ལྡན་པ་མེད་པས་དཔེ་མེད་དུ་ཟིན་ཀྱང་རེ་ཞིག་བྱ་བ་ནི་ཡོད་པས་དེའི་ཕྱིར་ཇི་ལྟར་རྗེས་སུ་འགྲོ་བ་ཡོད་པ་དེ་ལྟར་རྗེས་སུ་དཔག་པ་སྨྲ་བར་བྱ་སྟེ། རྣམ་པར་ཤེས་པ་སྐྱེད་པའི་བྱ་བ་ནི་རང་གི་འབྲས་བུ་སྐྱེད་པར་བྱེད་པ་ཡིན་ཏེ། བྱ་བ་ཡིན་པའི་ཕྱིར་དཔེར་ན་འབྲས་ཚན་བཙོ་བའི་བྱ་བ་བཞིན་ནོ། །འདིར་བཤད་པ། རྐྱེན་དང་མི་ལྡན་བྱ་བ་མེད། རྐྱེན་དང་མི་ལྡན་པ་ཉིད་ཀྱིས་ཁྱད་པར་ཅན་དུ་མ་བྱས་པའི་བྱ་བ་འབའ་ཞིག་ཀྱང་མེད་དེ། སྔ་མ་བཞིན་པས་སླུས་མ་ཐག་པའི་སྐྱོན་དེ་ཉིད་དུ་འགྱུར་རོ། །གཞན་དག་ནི་ཚིགས་སུ་བཅད་པའི་དོན་གཞན་དུ་སྨྲ་སྟེ། གང་གི་ཕྱོགས་ལ་སྐྱེ་བའི་བྱ་བ་རྣམ་པར་ཤེས་པའི་བདག་ཉིད་དུ་གྱུར་པ་ཡིན་པ་དེའི་ཕྱིར། བྱ་བ་རྐྱེན་དང་ལྡན་མ་ཡིན། །ཞེས་བྱ་བ་འདི་གསུངས་ཏེ། རྣམ་པར་ཤེས་པ་སྐྱེ་བའི་བྱ་བ་ནི་རྣམ་པར་ཤེས་པ་བཞིན་དུ་མེད་པའི་ཕྱིར་མེད་པ་ལ་ལྡན་པའི་དོན་གྱི་རྐྱེན་ཀྱང་མི་རིགས་པའི་ཕྱིར་རོ། །གང་གི་ཕྱོགས་ལ་བདག་ཉིད་དུ་གྱུར་པ་མ་ཡིན་པ་ངོ་བོ་ཉིད་ཀྱིས་གྲུབ་པ་དེའི་ཕྱིར་ནི། རྐྱེན་དང་མི་ལྡན་བྱ་བ་མེད། །ཅེས་བྱ་བ་གསུངས་ཏེ། རྐྱེན་དང་མི་ལྡན་པས་རང་ཉིད་མེད་པའི་ཕྱིར་རོ་ཞེས་ཟེར་རོ། །ཁ་ཅིག་ན་རེ་རྐྱེན་རྣམས་གཅིག་ལ་གཅིག་ཕན་འདོགས་པས། དེ་མ་ཐག་པའི་སྐད་ཅིག་ལ་འབྲས་བུ་བསྐྱེད་ནུས་པའི་བྱ་བ་བདག་ཉིད་ཐོབ་པའི་སྐད་ཅིག་གིས་དངོས་པོ་སྐྱེ་བར་འདོད་པ་སྐྱེད་པ་ཐ་སྙད་དུ་མ་བཏང་བས་མེད་པ་ཉིད་མ་ཡིན་ལ། ལྡན་པའི་དོན་གྱི་རྐྱེན་ཀྱང་མི་རིགས་པ་མ་ཡིན་པ་དང། དམ་བཅས་པ་ཙམ་གྱིས་གཞན་གྱི་ཕྱོགས་དམ་བཅས་པ་ཙམ་སུན་འབྱིན་པར་བྱེད་པས་དེ་ནི་དོན་མ་ཡིན་ནོ་ཞེའོ། །སྐྱེ་བར་སྨྲ་བ་གཞན་དག་གཞན་གྱིས་ཕྱིར་ཟློག་པར་བྱེད་དེ། མིག་ལ་སོགས་པ་ནི་མིག་གི་རྣམ་པར་ཤེས་པ་སྐྱེད་པར་བྱེད་པ་ཁོ་ན་ཡིན་ཏེ། བྱ་བ་དང་ལྡན་པའི་ཕྱིར་དཔེར་ན་ས

བོན་དང་། ས་དང་། ཆུ་དང་། མེ་དང་། རླུང་ལ་སོགས་པ་མྱུ་གུ་སྐྱེད་པར་བྱེད་པ་བཞིན་ནོ། །དེས་ན་རྗེས་སུ་དཔག་པ་པ་སྔར་སྨྲས་པ་རྣམས་ལ་རྟོག་གེ་ཕྱི་མས་གནོད་པར་མི་འགྱུར་རོ་ཞེས་ཟེར་རོ། །འདིར་བཤད་པ། བྱ་བ་མི་ལྡན་རྐྱེན་མ་ཡིན། །འདི་ལ་དོན་དམ་པར་སྐྱེ་བ་བཀག་པའི་ཕྱིར་བྱ་བ་མེད་པས་ས་བོན་ལ་སོགས་པ་རྐྱེན་རྣམས་དེ་དང་ལྡན་པ་མ་ཡིན་ལ། བྱ་བ་དང་མི་ལྡན་པ་རྣམས་ནི་རྐྱེན་དུ་མི་རུང་བས་དེ་དག་རྐྱེན་ཉིད་དུ་མ་གྲུབ་པའི་ཕྱིར་དཔེ་མ་ཚང་བས་རྟོག་གེ་ཕྱི་མས་གནོད་པར་མི་འགྱུར་རོ། །འདིར་སྨྲས་པ། དོན་དམ་པར་འབྲུ་ལ་སོགས་པ་ལ་བྱ་བ་དང་ལྡན་པ་ཉིད་ཡོད་པ་ཁོ་ན་ཡིན་ཏེ། ཀུན་རྫོབ་ཏུ་དེ་ལྟར་ཁས་བླངས་པའི་ཕྱིར་གང་ཀུན་རྫོབ་ཏུ་ཇི་ལྟར་ཁས་ལེན་པ་དེ་ནི་དོན་དམ་པར་ཡང་དེ་བཞིན་ཏེ། དཔེར་ན་རི་བོང་གི་རྭ་མེད་པ་བཞིན་ནོ། །ཁྱེད་ཀྱང་ཀུན་རྫོབ་ཏུ་འབྲུ་ལ་སོགས་པ་ལ་བྱ་བ་དང་ལྡན་པ་ཉིད་ཁས་ལེན་པས་དེའི་ཕྱིར་དཔེ་གྲུབ་པས་འདོད་པ་གྲུབ་བོ། །འདིར་བཤད་པ། བྱ་བ་ལྡན་ནམ་འོན་ཏེ་ན། །མ་ཡིན་ཞེས་བྱ་བའི་སྐབས་ཡིན་ནོ། །དེ་ལྟ་ན་ཡང་རྐྱེན་རྣམས་བྱ་བ་དང་ལྡན་པར་མི་འགྲུབ་སྟེ། ཐ་སྙད་དུ་ཡང་རི་བོང་གི་རྭ་ལ་བྱ་བ་དང་ལྡན་པ་ཉིད་མ་གྲུབ་པའི་ཕྱིར་རོ། །དོན་དམ་པར་རི་བོང་གི་རྭ་ཡང་མེད་པ་ཉིད་དུ་མ་གྲུབ་པའི་ཕྱིར། ཇི་སྐད་སྨྲས་པའི་སྐྱོན་མེད་པ་མ་ཡིན་ནོ། །ཅི་སྟེ་ཡང་གྲངས་ཅན་དག་ཕྱིར་ཟློག་པར་བྱེད་དེ། རི་བོང་གི་རྭའི་མེད་པ་ནི་དངོས་པོ་ཡོད་པ་ཁོ་ན་ཡིན་ཏེ་ཞེས་བསྟན་པའི་ཕྱིར་དང་། ཁྱད་པར་གྱི་གཞི་ཡིན་པའི་ཕྱིར། གཟུགས་དང་ཨུཏྤལ་སྔོན་པོ་བཞིན་ནོ་ཞེ་ན། དེ་ནི་བཟང་པོ་མ་ཡིན་ཏེ། དོན་དམ་པར་གཟུགས་དང་ཨུཏྤལ་སྔོན་པོ་གཉིས་ཀྱི་ཡོད་པ་ཉིད་དང་། ཁྱད་པར་གྱི་གཞི་ཉིད་མ་གྲུབ་པས་དཔེ་མ་ཚང་བའི་ཕྱིར་རོ། །ཅི་སྟེ་ཁོ་བོ་ཅག་གིས་ཁྱེད་ལ་གཟུགས་ལ་སོགས་པ་ཡོད་པར་སྟོན་མི་

ནུས་པ་དེ་བཞིན་དུ། ཁྱེད་ཀྱིས་ཀྱང་ཁོ་བོ་ཅག་ལ་གཟུགས་ལ་སོགས་པ་མེད་པར་སྟོན་མི་ནུས་པར་འདྲ་བས་སྐྱོན་མཚུངས་སོ་ཞེ་ན། དེ་ལྟ་མ་ཡིན་ཏེ། སྐྱེ་བ་བཀག་པ་ཁོ་ནས་སྐྱེ་བ་མེད་པ་དང་ལྡན་པས་དངོས་པོ་ཉིད་བཀག་པའི་ཕྱིར་དང་། དངོས་པོ་མེད་པར་ལྟ་བ་སྤངས་པར་འདོད་པ་ཡང་སྟོན་པར་མི་བྱེད་པའི་ཕྱིར་དངོས་པོ་དང་དངོས་པོ་མེད་པར་ལྟ་བའི་མཐའ་གཉིས་སུ་མ་ལྷུང་བ་རྣམས་དངོས་པོ་དང་དངོས་པོ་མེད་པར་ལྟ་བའི་མཐའ་གཉིས་སུ་ལྷུང་བ་རྣམས་དང་མི་འདྲ་བས་སྐྱོན་མཚུངས་པར་ཐལ་བར་ག་ལ་འགྱུར། དངོས་པོ་དང་དངོས་པོ་མེད་པར་སྟོན་པའི་རྗེས་སུ་དཔག་པ་མེད་པ་ཁོ་ནའི་ཕྱིར་དེ་བསྒྲུབ་པར་མི་འདོད་པས་ཁོ་བོ་ཅག་གི་འདོད་པ་ཁོ་ན་འགྲུབ་པར་འགྱུར་གྱི། རང་གི་ཕྱོགས་སྒྲུབ་པ་ནི་མ་ཡིན་ནོ། །ཡང་ན་སྐྱེ་བར་སྨྲ་བ་དག་ལ་དྲི་བར་བྱ་སྟེ། འབྲས་བུ་སྐྱེ་བའི་སྔོན་རོལ་ན་རྐྱེན་རྣམས་བྱ་བ་དང་མི་ལྡན་པ་ཉིད་ཡིན་ནམ་བྱ་བ་དང་ལྡན་པ་ཉིད་ཡིན་དེ་ལ་གལ་ཏེ་བརྟག་པ་སྔ་མ་ལྟར་འདོད་ན། འདིར་བཤད་པ། བྱ་བ་མི་ལྡན་རྐྱེན་མ་ཡིན། །འབྲས་བུ་སྐྱེད་པར་བྱེད་པ་ཡི། །ཞེས་བྱ་བའི་ཚིག་གི་ལྷག་མའོ། །བྱ་བ་མི་ལྡན་ཞེས་བྱ་བ་ནི་བརྗོད་པར་འདོད་པའི་འབྲས་བུ་བསྐྱེད་པའི་བྱ་བས་སྟོང་པའོ། །གང་དག་ཇི་སྐད་བསྟན་པ་དེ་སྐྱེད་པར་བྱེད་པ་མ་ཡིན་ཏེ། དེས་སྟོང་པའི་ཕྱིར་དཔེར་ན་དེ་ལས་གཞན་པ་བཞིན་ནོ་ཞེས་དེ་བསྟན་ཟིན་ཏོ། །འོན་ཏེ་བྱ་བ་དང་ལྡན་པ་ཉིད་ཡིན་ནོ་ཞེ་ན། འདིར་བཤད་པ། བྱ་བ་ལྡན་ནམ་འོན་ཏེ་ན། །མ་ཡིན་ཞེས་བྱ་བའི་སྐབས་ཡིན་ནོ། །འོན་ཏེ་ན་ཞེས་བྱ་བའི་སྒྲ་ནི་རྣམ་པར་བརྟག་པའི་དོན་ཏོ། །འདི་ལ་རྐྱེན་རྣམས་བྱ་བ་དང་ལྡན་པ་ཉིད་དུ་ནི་འབྲས་བུ་སྐྱེད་པས་བསྟན་པ་ཡིན་ན། དེ་ཡང་འབྲས་བུ་སྐྱེ་བ་ལ་མངོན་དུ་ཕྱོགས་པར་མ་གྱུར་པ་ལ་ནི་མི་འདོད་པས་དེའི་ཕྱིར་གཏན་ཚིགས་ཀྱི་དོན་མ་གྲུབ་པ་ཉིད་

དོ༔ ༔མདོ་སྡེ་པ་དག་ན་རེ། འབྲས་བུ་སྐྱེ་བའི་དུས་ཁོ་ན་རྐྱེན་བྱ་བ་དང་ལྡན་པ་རྣམས་གཅིག་ལ་གཅིག་ཕན་འདོགས་པས་རྐྱེན་ཉིད་དུ་ཁས་བླངས་པའི་ཕྱིར། གཏན་ཚིགས་ཀྱི་དོན་མ་གྲུབ་པ་ཡང་མ་ཡིན་ལ། རྟོག་གེ་ཕྱི་མ་མེད་པ་ཡང་མ་ཡིན་ནོ་ཞེས་ཟེར་རོ། །འདིར་བཤད་པ། འདི་དག་ལ་བརྟེན་སྐྱེ་བས་ན། །དེ་ཕྱིར་འདི་དག་རྐྱེན་ཞེས་གྲག །འབྲས་བུ་ལ་སོགས་པ་འདི་དག་ལ་བརྟེན་ནས་འབྲས་བུ་སྐྱེ་བས་ན་དེའི་ཕྱིར་འབྲས་བུ་ལ་སོགས་པ་འདི་དག་ཁྱེད་དོན་དམ་པར་རྐྱེན་ཡིན་པར་འདོད་ཅེས་གྲག་གོ །གྲག་ཅེས་བྱ་བའི་སྒྲའི་སྒྲོར་བ་ནི་འདིར་སློབ་དཔོན་མི་བཞེད་པར་སྟོན་པ་ཡིན་ནོ། །དེའི་ཕྱིར། ཇི་སྲིད་མི་སྐྱེ་དེ་སྲིད་དུ། །འདི་དག་རྐྱེན་མིན་ཇི་ལྟར་མིན། །འབྲས་བུ་ཇི་སྲིད་དུ་མི་སྐྱེ་བ་དེ་སྲིད་དུ་འབྲས་བུ་ལ་སོགས་པ་འདི་དག་རྐྱེན་མ་ཡིན་པར་ཡང་ཇི་ལྟར་མི་འགྱུར་ཏེ། འདི་དག་ལ་རྐྱེན་ཉིད་མེད་དོ་ཞེས་བྱ་བའི་ཚིག་གི་དོན་ཏོ། །དཔེར་ན་ཇི་སྲིད་དུ་མི་གློག་པ་དེ་སྲིད་དུ་མཁས་པ་མ་ཡིན་པར་ཇི་ལྟར་མི་འགྱུར་ཞེས་བྱ་བ་བཞིན་ནོ། །ཇི་སྟེ་འདི་སྙད་ཅེས་ཁོ་བོ་ཅག་འབྲས་བུ་སྐྱེ་བའི་སྔོན་རོལ་ན་རྐྱེན་རྣམས་རྐྱེན་ཉིད་དུ་ཁས་མི་ལེན་པས་དེའི་ཕྱིར་དེ་མི་གནོད་དོ་ཞེ་ན། མི་གནོད་པ་མ་ཡིན་ཏེ། གང་གི་ཕྱིར་འདིར་རྐྱེན་རྣམས་འབྲས་བུ་སྐྱེ་བའི་སྔོན་རོལ་དུ་རྐྱེན་མ་ཡིན་པ་ཉིད་དུ་བསྟན་པས་འབྲས་བུ་སྐྱེ་བའི་དུས་ན་ཡང་རྐྱེན་མ་ཡིན་པ་ཉིད་དུ་བསྟན་བཅོས་མཛད་པ་སྟོན་པར་བཞེད་དོ། །ཇི་ལྟ་ཞེ་ན། དོན་དམ་པར་འབྲས་བུ་ལ་སོགས་པ་ནི་མྱུ་གུ་སྐྱེ་བའི་དུས་ན་རྐྱེན་གྱི་ངོ་བོ་ཉིད་མ་ཡིན་ཏེ། དེ་ཉིད་དང་གཞན་ཉིད་དུ་བརྗོད་པར་བྱ་བ་མ་ཡིན་པའི་ཕྱིར་དཔེར་ན་སྙད་ཅིག་སྔ་མ་ལ་དེ་དག་ཉིད་བཞིན་ནོ། །འདིས་ནི་དངོས་པོ་རྣམས་བདག་དང་གཞན་དང་གཉིས་ལས་སྐྱེ་བ་མེད་དོ་ཞེས་བྱ་བ་དེ་ལ་གང་དག་འདི་སྙད་ཅེས་དེ་ནི་གྲུབ་པ་ལ་སྒྲུབ་པ་ཡིན་ཏེ། འབྲས་བུ་

དང་རྒྱུ་གཉིས་ཀྱང་དེ་ཉིད་དང་གཞན་ཉིད་དུ་བརྗོད་པར་བྱ་བ་མ་ཡིན་པའི་ཕྱིར་ཏེ། བརྗོད་པར་བྱ་བ་མ་ཡིན་དུ་ཟིན་ཀྱང་དེ་དག་འབྲས་བུ་སྐྱེད་པར་བྱེད་པ་ཁོ་ན་ཡིན་ནོ་ཞེས་ཟེར་བ་དེ་དག་ཀྱང་དེ་བཞིན་དུ་དགག་པར་བྱའོ། །སྐྱེ་བར་སྨྲ་བ་དག་ཡང་ཕྱིར་ཟློག་པར་བྱེད་དོ། །དོན་དམ་པར་དེ་དག་གི་རྐྱེན་རྣམས་ནི་ནང་གི་སྐྱེ་མཆེད་རྣམས་སྐྱེད་པར་བྱེད་པ་ཁོ་ན་ཡིན་ཏེ། རྐྱེན་ཡིན་པའི་ཕྱིར་དཔེར་ན་འབྲས་བུ་ལ་སོགས་པས་མྱུ་གུ་སྐྱེད་པར་བྱེད་པ་བཞིན་ནོ། །གང་སྐྱེད་པར་བྱེད་པ་མ་ཡིན་པ་དེ་ལ་ནི་རྐྱེན་ཉིད་མེད་དེ། དཔེར་ན་རི་བོང་གི་རྭ་བཞིན་ནོ་ཞེས་ཟེར་རོ། །འདིར་བཤད་པ། འདི་ལ་གལ་ཏེ་དོན་དམ་པར་རྐྱེན་ཞིག་ཡིན་པར་གྱུར་ན། ཡོད་པའམ་མེད་པ་ཞིག་ཡིན་གྲང་། དེ་དག་གཉི་གའི་ཡིན་པར་ཡང་རིགས་པས་མི་རུང་སྟེ། དེའི་ཕྱིར། མེད་དམ་ཡོད་པའི་དོན་ལ་ཡང་། །རྐྱེན་ནི་རུང་བ་མ་ཡིན་ཏེ། །ཞེས་བྱ་བ་གསུངས་ཏེ། འདི་ནི་དམ་བཅས་པ་གཉིས་བསྟན་པ་ཡིན་ནོ༏ ༏དེ་ལ་མེད་པའི་རྐྱེན་དུ་ཇི་ལྟར་མི་རུང་བ་དེ་སྟོན་པ་ནི། མེད་ན་གང་གིས་རྐྱེན་དུ་འགྱུར༏ ༏ཞེས་བྱ་བ་ཡིན་ཏེ། འདི་ན་ནམ་མཁའ་མེ་ཏོག་ལ་སོགས་པ་མེད་པ་གང་གི་རྐྱེན་མ་ལུ་ཏའི་ལྷུག་མ་དག་ཡིན་པར་ཤེས་པར་བྱ་སྟེ། དེ་དག་ནི་ནམ་མཁའི་མེ་ཏོག་དང་རི་བོང་གི་རྭ་གང་གི་རྐྱེན་ཀྱང་མ་ཡིན་ནོ་ཞེས་བྱ་བའི་ཚིག་གི་དོན་ཏོ། །དེ་ནི་ཆོས་མཐུན་པའི་དཔེར་བསྟན་པ་ཡིན་ནོ། །འབྲས་བུ་མེད་ན་རྐྱེན་གྱི་ཆོས་ནི་འབྲས་བུ་མེད་པ་ཉིད་ལ༏ འབྲས་བུའི་ཆོས་ཀྱང་མེད་པ་ཉིད་ཡིན་ནོ། །དེའི་ཕྱིར་རྗེས་སུ་དཔག་པ་ནི་དོན་དམ་པར་འབྲས་བུ་ལ་སོགས་པ་ལ་རྐྱེན་གྱི་ངོ་བོ་ཉིད་མེད་དེ། དེ་དག་གི་འབྲས་བུ་མེད་པའི་ཕྱིར༏ དཔེར་ན་ནམ་མཁའི་མེ་ཏོག་མེད་པའི་ཕྱིར་ནམ་མཁའ་བཞིན་ནོ། །དེ་བཞིན་དུ་དོན་དམ་པར་འབྲས་བུ་ལ་སོགས་པ་ཡང་མྱུ་གུའི་རྐྱེན་མ་ཡིན་ཏེ། མེད་པའི་ཕྱིར་དཔེར

ན་ནམ་མཁའི་མེ་ཏོག་བཞིན་ནོ། །ཡང་ན་གང་དག་འདི་སྐད་ཅེས་མེད་པ་སྐྱེ་བར་ནི་མི་འདོད་ཀྱི་སྐྱེ་བ་ཅན་ནི་སྐྱེ་བར་འདོད་དེ། སྔོན་མེད་པའི་ཕྱིར་རོ་ཞེས་ཟེར་བ་དེ་དག་གི་ཕྱིར༑ མེད་ན་གང་གི་རྐྱེན་དུ་འགྱུར། །ཞེས་གསུངས་ཏེ། སྐྱེ་བའི་སྔོན་རོལ་ན་མེད་པའི་མཚན་ཉིད་ཀྱི་བུམ་པ་དང་སྣམ་བུ་དང་། སབ་མ་ལ་སོགས་པ་མེད་པ་ཉིད་ཡིན་ན་ཡང་མེད་པ་གང་གི་རྐྱེན་དུ་འབྲས་བུ་ལ་སོགས་པ་འདོད་དེ། གང་གི་ཕྱིར་ཡང་མི་འགྱུར་རོ་ཞེས་བྱ་བའི་ཚིག་གི་དོན་ཏོ། །དེའི་ཕྱིར་ཡང་དེ་ཁོང་དུ་ཆུད་པ་ཁོ་ནར་བྱེད་ནུས་ཏེ། དོན་དམ་པར་འབྲས་བུ་ལ་སོགས་པ་ནི་མྱུ་གུའི་རྐྱེན་མ་ཡིན་ཏེ། སྐྱེ་བའི་སྔོན་རོལ་ན་མེད་པའི་ཕྱིར་དཔེར་ན་བུམ་པ་ལ་སོགས་པ་བཞིན་ནོ། །ཕྱོགས་གཉིས་པ་ལ་ཡང་། ཡོད་ན་རྐྱེན་གྱིས་ཅི་ཞིག་བྱ། །ཞེས་བྱ་བ་ཡིན་ཏེ། ཡོད་ན་ཡང་མྱུ་གུ་རང་གི་བདག་ཉིད་ཀྱིས་ཡོད་པ་ལ་ནི་ཐ་སྙད་དུ་ཡང་འབྲས་བུ་ལ་སོགས་པ་རྐྱེན་ཡིན་པར་མི་འདོད་དེ། སྐྱེད་པའི་བྱེད་པ་ལ་མི་ལྟོས་པའི་ཕྱིར་དཔེར་ན་སྐྱེས་པ་དེ་ཉིད་དམ་བུམ་པ་ལ་སོགས་པ་གཞན་བཞིན་ནོ་ཞེས་བྱ་བར་དགོངས་སོ། །དེའི་ཕྱིར་གཏན་ཚིགས་ཀྱི་དོན་མ་གྲུབ་པ་ཉིད་དོ། །གྲངས་ཅན་དག་ལས་གང་དག་ཡོད་པ་དེ་ནི་རྐྱེན་རྣམས་ཀྱིས་གསལ་བར་བྱེད་པའི་ཕྱིར་དང་། རགས་པ་ཉིད་དུ་བྱེད་པའི་ཕྱིར། །ཡོད་ན་རྐྱེན་གྱིས་ཅི་ཞིག་བྱ། །ཞེས་བྱ་བ་དེ་མི་རིགས་སོ་ཞེས་ཟེར་ན། དེ་དག་གི་གསལ་བ་ཡང་བསལ་ཟིན་པའི་ཕྱིར་དང་། རགས་པ་ཉིད་ཀྱང་ཡོད་པ་དང་། །མེད་པ་ཉིད་ལ་ཇི་སྐད་བསྟན་པའི་སྐྱོན་དུ་འགྱུར་བའི་ཕྱིར་དེ་ནི་གྱི་ནའོ། །མདོ་སྡེ་པ་དག་ན་རེ། མེད་དམ་ཡོད་པའི་དོན་ལ་ཡང་། །རྐྱེན་ནི་རུང་བ་མ་ཡིན་ཏེ༑ །ཞེས་བྱ་བ་ནི་བདེན་ན། འོན་ཀྱང་འབྲས་བུ་སྐྱེ་བ་ལ་མངོན་དུ་ཕྱོགས་པའི་ཚེ་ན། རྐྱེན་རྣམས་གཅིག་ལ་གཅིག་ཕན་འདོགས་པ་ལ་བརྟེན་ནས་འབྲས་བུ་བསྐྱེད་ནུས་པའི་

བདག་ཉིད་ཐོས་པ་དག་དོན་དམ་པར་རྐྱེན་ཉིད་དུ་ཁས་ལེན་པས་དེའི་ཚེ་ན་འབྲས་བུ་སྐྱེ་བཞིན་པའི་ཕྱིར་ནི་མེད་པ་མ་ཡིན་ལ། མ་སྐྱེས་པའི་ཕྱིར་ནི་ཡོད་པ་མ་ཡིན་པས་དེའི་ཕྱིར་ཁོ་བོ་ཅག་གི་ཕྱོགས་ལ་ཇི་སྐད་སྨྲས་པའི་བསྒྲུབ་པའི་གནོད་པ་མེད་དོ་ཞེས་ཟེར་རོ། ། འདིར་བཤད་པ། བརྟག་པ་དེ་ལ་ཡང་། མེད་དམ་ཡོད་པའི་དོན་ལ་ཡང་། །རྐྱེན་ནི་རུང་བ་མ་ཡིན་ཏེ། །ཞེས་བྱ་བ་ཡིན་ཏེ། ཡོད་པ་དང་མེད་པ་ཉིད་དུ་བརྗོད་པར་བྱ་བ་མ་ཡིན་པ་ནི་རྣམ་པ་གཉིས་ཀ་མ་ཡིན་པའི་ཕྱིར། དེ་ལས་གཞན་པ་བཞིན་ནོ་ཞེས་བྱ་བར་དགོངས་སོ། །འདི་ལ་ཡོད་པ་དང་མེད་པ་ཉིད་དུ་བརྗོད་པར་བྱ་བ་མ་ཡིན་པར་འདོད་པ་གང་ཡིན་པ་དེ་ནི་མེད་པ་ཡང་མ་ཡིན། ཡོད་པ་ཡང་མ་ཡིན་པས། དོན་དམ་པར་མིག་ལ་སོགས་པར་དེ་དག་མིག་གི་རྣམ་པར་ཤེས་པ་དང་། མྱུ་གུ་དེ་དག་གི་རྐྱེན་མ་ཡིན་པར་ཤེས་པར་བྱ་སྟེ། དེ་དག་གི་འབྲས་བུ་ཡོད་པ་དང་མེད་པ་ཉིད་དུ་བརྗོད་པར་བྱ་བ་མ་ཡིན་པའི་ཕྱིར། དཔེར་ན་དེ་ལས་གཞན་པ་བཞིན་པས་དེ་ནི་ལན་མ་ཡིན་ནོ། །ཐ་སྙད་དུ་ཡོད་པ་ལ་སོགས་པའི་ངོ་བོ་ཉིད་དང་བྲལ་བའི་དངོས་པོ་སྐྱེ་བ་ཡང་འགྲུབ་བོ། །ཇི་སྟེ་ཡང་རྣམ་པ་གཉིས་སུ་སྨྲ་བ་དག་འབྲས་བུ་ཡོད་པ་དང་མེད་པའི་རྐྱེན་ཉིད་དུ་ཁས་ལེན་པའི་ཕྱིར་ཇི་སྐད་སྨྲས་པའི་སྐྱོན་མེད་དོ་ཞེས་ཟེར་ན་དེ་དག་ཀྱང་ཕྱོགས་གཉིས་ཀར་བསྟན་པའི་སྒྲུབ་པས་རྣམ་པ་གཉིས་སུ་སྨྲ་བ་བསྐྱལ་བའི་ཕྱིར་དབུགས་མི་ཕྱིན་ཏོ། །དེ་ལྟར་རེ་ཞིག་རྐྱེན་རྣམས་སྤྱིར་དགག་པ་བསྟན་ནས། དེ་དག་ཁྱད་པར་དུ་དགག་པའི་རྣམ་པ་འདོད་པས་འདི་བཤད་དོ། །རེ་ཞིག་རྒྱུའི་རྐྱེན་གྱི་དབང་དུ་བྱས་ནས། འདི་ལ་རྐྱེན་རྣམས་སྤྱི་ཡིན་ཡང་བསྐྱེད་པར་བྱ་བ་སྐྱེད་པའི་རྐྱེན་གང་ཡིན་པ་དེ་རྐྱེན་དུ་འདོད་དོ། །འོ་ན་བསྐྱེད་པར་བྱ་བ་སྐྱེ་བ་ནི་ཚོགས་པ་ལ་རག་ལས་པའི་ཕྱིར་བསྐྱེད་པ་ཉིད་ནི་གཅིག་པུ་མ

ཡིན་ནོ་ཞེ་ན་སྐྱེ་བ་དགག་པའི་ཕྱིར་དེ་མི་འཐད་པ་ནི་འདོད་མོད་ཀྱི། འོན་ཀྱང་ཐ་སྙད་པའི་རྒྱུ་རྣམ་པར་གཞག་པ་ཁས་བླངས་ནས་དོན་དམ་པའི་རྒྱུའི་རྒྱུ་ཉིད་ཇི་ལྟར་མི་འཐད་པ་དེ་ལྟར་བཤད་པར་བྱའོ། །འདི་ལ་རྒྱུ་ནི་འདི་ཡིན་ཏེ། །ཡོད་པའམ་མེད་པའམ། ཡོད་མེད་གཅིག་སྒྲུབ་པ་ཡིན་པར་འདོད་གྲང་ན། དེ་ཡང་། གང་ཚེ་ཆོས་ནི་ཡོད་པ་དང་། །མེད་དང་ཡོད་མེད་མི་སྒྲུབ་པ། །དེ་ཡི་ཚེ་ན་དོན་དམ་པར། །ཇི་ལྟར་སྒྲུབ་བྱེད་རྒྱུ་ཞེས་བྱ།། དེ་ནི་སྒྲུབ་པར་བྱེད་པ་མ་ཡིན་པ་ཁོ་ན་སྟེ། ཡོད་པའི་ཕྱིར་དང་། མེད་པའི་ཕྱིར་བདག་དང་༑ གཞན་བཞིན་དུ་རྗེས་སུ་དཔག་པའི་གནོད་པར་འགྱུར་བའི་ཕྱིར་དང་། ཕྱོགས་གཉི་གའི་སྐྱོན་དུ་འགྱུར་བའི་ཕྱིར་རོ་ཞེས་བྱ་བར་དགོངས་སོ། །དེ་ལྟར་རྒྱུའི་རྒྱུ་ཉིད་མི་འཐད་པའི་ཕྱིར་དེ་ཡང་མི་འཐད་དོ། །རྒྱུའི་རྒྱུ་ཉིད་ནི་བསྐྱེད་པར་བྱ་བ་མངོན་པར་བསྒྲུབ་པས་བསྟན་པ་ཡིན་ན། ཡོད་པ་ལ་སོགས་པའི་མཚན་ཉིད་ཀྱི་བདག་ཉིད་ཀྱིསམངོན་པར་སྒྲུབ་པར་མི་བྱེད་པའི་ཕྱིར་རྒྱུ་ཅན་རྒྱུ་ལས་སྐྱེ་བ་ནི། ཐ་སྙད་པ་ཡིན་ལ། རྒྱུ་ཡང་དེ་དང་འདྲ་བ་ཁོ་ནར་འགྱུར་བས་གྲུབ་བོ། །ཡང་ན་རང་གི་སྡེ་པ་དག་ཡང་ཕྱིར་ཟློག་པར་བྱེད་དེ༑ ནང་གི་སྐྱེ་མཆེད་རྣམས་སྐྱེད་པར་བྱེད་པ་རྒྱུ་ལ་སོགས་པ་ནི་ཡོད་པ་ཁོ་ན་ཡིན་ཏེ། དེ་ལྟར་དེ་བཞིན་གཤེགས་པས་གསུངས་པའི་ཕྱིར་དང་གང་དེ་བཞིན་གཤེགས་པས་ཇི་སྐད་གསུངས་པ་དེ་ནི་དེ་བཞིན་ཏེ། དཔེར་ན་མྱ་ངན་ལས་འདས་པ་ནི་ཞི་བའོ་ཞེས་བྱ་བ་བཞིན་ནོ། །དེ་ལྟར་ཡང་བཅོམ་ལྡན་འདས་ཀྱིས་རྒྱུ་ནི་སྒྲུབ་པར་བྱེད་པའོ། །དམིགས་པ་ནི་སེམས་དང་སེམས་ལས་བྱུང་བ་རྣམས་ཀྱི་དམིགས་པའོ། །དེ་མ་ཐག་པ་ནི་སེམས་དང་སེམས་ལས་བྱུང་བ་འགགས་མ་ཐག་པ་རྣམས་ལས་ཐ་མ་མ་གཏོགས་པའོ། །བདག་པོ་ནི་གང་ཡོད་ན་གང་འབྱུང་བ་དེ་ཡིན་ནོ་ཞེས་གསུངས་པས། དེ་ལྟར་རྒྱུ་ལ་སོགས་པ་རྐྱེན་

རྣམས་རྐྱེན་གྱི་ངོ་བོ་ཉིད་དུ་ཡོད་པའི་ཕྱིར། གཏན་ཚིགས་གྲུབ་པས་འདོད་པའི་དོན་ཉམས་པར་མི་འགྱུར་རོ་ཞེས་ཟེར་རོ། །འདིར་བཤད་པ། ཀུན་རྫོབ་ཏུ་དེ་ལྟར་ཁས་བླངས་པའི་ཕྱིར་དང་། དཔེའི་སྐྱོན་བརྗོད་པས་ལན་བཏབ་ཟིན་པའི་ཕྱིར་དེ་ནི་རིགས་པ་མ་ཡིན་ནོ། །ཡང་བརྒལ་ཞིང་བརྟག་པར་བྱ་སྟེ། འདིར་ཁྱོད་ཀྱི་གཏན་ཚིགས་ཀྱི་དོན་དུ་འདོད་པ་གང་ཡིན། དེ་བཞིན་གཤེགས་པས་ཀུན་རྫོབ་ཏུ་དེ་སྐད་གསུངས་པའི་ཕྱིར་རམ། འོན་ཏེ་དོན་དམ་པར་གསུངས་པའི་ཕྱིར་གལ་ཏེ་ཀུན་རྫོབ་ཏུ་ན་ནི་རང་ལ་དོན་མ་གྲུབ་པ་ཉིད་དོ། །འོན་ཏེ་དོན་དམ་པར་ན་ནི། གང་ཚེ་ཆོས་ནི་ཡོད་པ་དང་། །མེད་དང་ཡོད་མེད་མི་བསྒྲུབ་པ། །དེའི་ཚེ་འབྲས་བུ་ཡོད་པ་དང་མེད་པ་དང་། གཉི་གའི་བདག་ཉིད་ཀྱི་རྐྱེན་བསྐུལ་བའི་ཕྱིར། ཇི་ལྟར་སྒྲུབ་བྱེད་རྒྱུ་ཞེས་བྱ། །དེ་ལྟ་ཡིན་ན་མི་རིགས་སོ། །དེ་ནི་སྒྲུབ་པར་བྱེད་པའི་རྒྱུ་མ་ཡིན་པ་ཁོ་ནའོ་ཞེས་བྱ་བའི་ཚིག་གི་དོན་ཏོ། །དེའི་ཕྱིར་དོན་དམ་པར་བསྒྲུབ་པར་བྱ་བ་དང་། སྒྲུབ་པར་བྱེད་པ་ཉིད་མ་གྲུབ་པའི་ཕྱིར་གཏན་ཚིགས་ཀྱི་དོན་མ་གྲུབ་པ་ཉིད་དང་། དོན་འགལ་བ་ཉིད་དོ། །གཞན་དག་ན་རེ། དབུ་མའི་བསྟན་བཅོས་ལ་གཞུང་མི་གཟུགས་པའི་རྣམ་པ་ཡོངས་སུ་བཟུང་བས་ངོ་བོ་ཉིད་མེད་པ་ཉིད་བསྟན་པར་བྱ་བ་ཡིན་པས་དེ་ལ་དགག་པར་བྱ་བ་ནི་གཉིས་ཏེ། རྗོད་པ་ལ་མངོན་པར་ཞེན་པ་དང་། བརྗོད་པར་བྱ་བ་ལ་མངོན་པར་ཞེན་པའོ། །དེ་ལ་སྐྱེ་བ་བཀག་པས་ནི་བརྗོད་པར་བྱ་བ་ལ་མངོན་པར་ཞེན་པ་བཀག་གོ །རྗོད་པ་ལ་མངོན་པར་ཞེན་པ་དགག་པའི་རྣམ་པ་འདོད་པས༑ གང་ཚེ་ཆོས་ནི་ཡོད་པ་དང་། །མེད་དང་ཡོད་མེད་མི་བསྒྲུབ་པ། །ཇི་ལྟར་སྒྲུབ་བྱེད་རྒྱུ་ཞེས་བྱ། །དེ་ལྟ་ཡིན་ན་མི་རིགས་སོ། །ཞེས་བྱ་བ་འདི་གསུངས་སོ། །འདི་ལ་བསྡུས་པའི་དོན་ནི་སྒྲུབ་པར་བྱེད་པའི་ཕྱིར་རྒྱུར་འདོད་ན། དེ་ཡང་འབྲས་བུ་ཡོད་པ་དང་མེད་པ་

དང་༔ གཉི་གའི་བདག་ཉིད་ལ་ཡང་མི་སྲིད་པས་རྒྱུར་བརྗོད་པ་ལ་འཇུག་པའི་བྱེད་རྒྱུ་མེད་པའི་ཕྱིར། རྒྱུའི་རྒྱུ་ཉིད་མི་རིགས་པས་དངོས་པོ་རྣམས་སྐྱེ་བ་ཁོ་ན་ཡིན་ཏེ། རྒྱུ་ཡོད་པའི་ཕྱིར་རོ་ཞེས་སྨྲས་པ་གང་ཡིན་པ་དེ་མ་གྲུབ་བོ་ཞེས་ཟེར་རོ། །གཞན་དག་ན་རེ་དོན་དམ་པར་དངོས་པོ་རྣམས་སྐྱེ་བ་ཁོ་ན་ཡིན་ཏེ། རྒྱུ་ཡོད་པའི་ཕྱིར་རོ་ཞེས་སྨྲས་པ་ནི་དངོས་པོ་ཡོད་པ་དང་། མེད་པ་དང་། གཉི་གའི་བདག་ཉིད་མངོན་པར་སྒྲུབ་པར་མི་བྱེད་པའི་ཕྱིར་རྒྱུའི་མཚན་ཉིད་མི་འཐད་པས་གཏན་ཚིགས་ཀྱི་དོན་མ་གྲུབ་པ་ཉིད་དོ་ཞེས་ཟེར་རོ།། དེ་ནི་བཟང་པོ་མ་ཡིན་ཏེ། །ལན་བཏབ་ཟིན་པའི་ཕྱིར་རོ། །དེ་ལྟར་རེ་ཞིག་རྒྱུའི་རྐྱེན་གྱི་རྐྱེན་ཉིད་མི་རིགས་སོ། །ད་ནི་དམིགས་པའི་རྐྱེན་གྱི་རྐྱེན་ཉིད་ཀྱང་ཇི་ལྟར་མི་རིགས་པ་དེ་ལྟར་དཔྱད་པར་བྱ་སྟེ། ཡིན་པའི་ཆོས་འདི་དམིགས་པ་ནི། །མེད་པ་ཁོ་ནར་ཉེ་བར་བསྟན༔ ༔ཞེས་བྱ་བ་ལ། ཡིན་པའི་ཞེས་བྱ་བ་ནི་གྲུར་པའི་ཞེས་བྱ་བའི་ཐ་ཚིག་གོ །ཆོས་ཞེས་བྱ་བ་ནི་རང་གི་མཚན་ཉིད་འཛིན་པའི་ཕྱིར་རོ། །འདི་ཞེས་བྱ་བ་ནི་མིག་གི་རྣམ་པར་ཤེས་པ་ལ་སོགས་པ་བློ་ལ་བཞག་པ་བསྟན་པའོ། །དམིགས་པ་ཞེས་བྱ་བ་ནི་དེ་དག་དམིགས་པར་བྱ་བ་ཡིན་པ་སྟེ། དམིགས་པ་ནི་གཟུང་བ་ཞེས་བྱ་བའི་དོན་གང་ཡིན་པའོ།། དམིགས་པ་མེད་པ་ཁོ་ན་ཞེས་བྱ་བ་ནི། དམིགས་པ་མེད་པ་ཉིད་དུའོ། །ཇི་ལྟར་དམིགས་པ་མེད་ཅེ་ན། དོན་དམ་པར་དེ་དག་སྐྱེ་བ་བཀག་པའི་ཕྱིར་རོ། །སྐྱེ་བཞིན་པ་ལ་ཡང་དམིགས་པ་མེད་དེ། སྐྱེ་བཞིན་པའི་ཕྱིར་གཟུགས་བཞིན་නོ། །དེའི་ཕྱིར་དེ་ལྟར་ཡིན་པའི་ཆོས་འདི་དམིགས་པ་མེད་པ་ཁོ་ནར་ཉེ་བར་བསྟན་ཏོ། །དམིགས་པ་དང་བཅས་པ་ཞེས་བྱ་བ་ནི་ཐ་སྙད་ཀྱི་བདེན་པའི་ལུགས་རྣམ་པར་གཞག་པའི་ཕྱིར་ཏེ། དམིགས་པ་གང་གིས་སྐྱེ་བ་ན། དེར་སྣང་བ་སྐྱེ་བའི་ཕྱིར་དམིགས་པ་དང་བཅས་པ་ཞེས་བྱའི། ནོར་ཅན་

བཞིན་དུ་དུས་གཅིག་ཁོ་ནར་འབྲེལ་པའི་ཕྱིར་ནི་མ་ཡིན་ནོ། །དེའི་ཕྱིར། དེ་ལྟར་ཆོས་ནི་དམིགས་མེད་ན། །ཞེས་བྱ་བ་ནི་དོན་དམ་པར་དམིགས་པར་བྱེད་པ་མེད་པའི་ཕྱིར་རོ། །འགའ་ཞིག་གིས་དམིགས་པར་བྱེད་པ་མ་ཡིན་པའི་དམིགས་པ་ཉིད་ཡོངས་སུ་བརྟགས་པ་ཡང་མི་འཐད་པའི་ཕྱིར། དམིགས་པ་ཡོད་པར་ག་ལ་འགྱུར། །འདི་ལ་དམིགས་པ་མེད་པ་ཁོ་ན་ཡིན་ནོ་ཞེས་བྱ་བའི་ཚིག་གི་དོན་ཏེ། དཔེར་ན་མཚམས་མེད་པ་བྱེད་པ་ལ་མངོན་པར་རྟོགས་པ་ཡོད་པར་ག་ལ་འགྱུར་ཞེས་བྱ་བ་བཞིན་ནོ། །དེ་ལྟ་ན་ཡང་གཏན་ཚིགས་དེ་ཉིད་ཀྱི་དོན་མ་གྲུབ་པ་ཉིད་དང་། དོན་འགལ་བ་ཉིད་དོ། །གཞན་དག་ཡང་རྣམ་པར་བརྟག་པ་མཚུངས་པར་ལྟག་ཆོད་སྦྱོར་བར་བྱེད་དེ། གཟུགས་ནི་དམིགས་པ་མེད་པ་ཡིན་ཏེ། གཟུགས་ཀྱི་ཕུང་པོར་གཏོགས་པའི་ཕྱིར་རོ་ཞེས་བྱ་བ་གང་ཡིན་པ་ནི་བསྟན་བཅོས་ལས་ཀྱང་དམིགས་པ་མེད་པའི་ཆོས་རྣམས་གང་ཞེ་ན། གཟུགས་དང་མྱ་ངན་ལས་འདས་པའོ་ཞེས་འབྱུང་བར་རིགས་ན་སེམས་དང་སེམས་ལས་བྱུང་བ་རྣམས་ལ་དམིགས་པ་མེད་པ་ཉིད་དུ་ཁས་ལེན་པ་གང་ཡིན་པས་ནི་དམིགས་པ་དང་བཅས་པའི་ཆོས་རྣམས་གང་ཞེ་ན། འདི་ལྟ་སྟེ། སེམས་དང་སེམས་ལས་བྱུང་བ་རྣམས་སོ་ཞེས་འབྱུང་བ་དེ་ཁས་ལེན་པས་མི་རིགས་སོ་ཞེ་ན། དེ་ནི་རིགས་པ་མ་ཡིན་ཏེ། དཔེ་བསྒྲུབ་པའི་ཕྱིར་རོ། །འབྱུང་བ་ལས་གྱུར་པ་མ་ཡིན་པ་ཉིད་གཏན་ཚིགས་སུ་བརྗོད་ན་ཡང་དཔེ་མེད་པའི་ཕྱིར་རོ༑ ༑གལ་ཏེ་གཟུང་བ་ནི་དམིགས་པའོ་ཞེས་དེ་དག་གི་དོན་ལ་རྟོག་ན་ཡང་སེམས་དང་སེམས་ལས་བྱུང་བའི་གཟུང་བ་ཉིད་འགོག་པར་འགྱུར་བའི་ཕྱིར་ཏེ། ཇི་སྐད་གསུངས་པའི་ཚུལ་ཉིད་ཀྱིས་དོན་དམ་པར་རྣམ་པར་ཤེས་པ་དམིགས་པར་བྱེད་པ་ཉིད་དུ་ཁས་མ་བླངས་པའི་ཕྱིར་རོ། །བཅོམ་ལྡན་འདས་ཀྱིས་ཀྱང་རབ་ཀྱི་རྩལ་གྱིས་རྣམ་པར་གནོན་པ་

གཞན་ཡང་བྱང་ཆུབ་སེམས་དཔའ་དེ་ལྟར་སྤྱོད་ན་གཟུགས་ལ་མི་དམིགས་སོ། །བྱང་ཆུབ་དང་ལྡན་པའི་བར་ལ་མི་དམིགས་སོ། །དེ་ཅིའི་ཕྱིར་ཞེ་ན། རབ་ཀྱི་རྩལ་གྱིས་རྣམ་པར་གནོན་པ་ཆོས་ཐམས་ཅད་ནི་དམིགས་པ་མེད་དེ། གང་ལ་འདི་དག་གི་དམིགས་པར་འགྱུར་བའི་གཟུང་བའི་ཆོས་རྣམས་ལ་ཅུང་ཟད་ཀྱང་མེད་པའི་ཕྱིར་རོ། །རབ་ཀྱི་རྩལ་གྱིས་རྣམ་པར་གནོན་པ་འདི་ལྟར་གཟུགས་ནི་གཟུགས་ཀྱི་སྤྱོད་ཡུལ་མ་ཡིན་ལ་རྣམ་པར་ཤེས་པའི་བར་ཡང་རྣམ་པར་ཤེས་པའི་སྤྱོད་ཡུལ་མ་ཡིན་ནོ། །རབ་ཀྱི་རྩལ་གྱིས་རྣམ་པར་གནོན་པ་སྤྱོད་ཡུལ་མ་ཡིན་པའི་ཕྱིར་གཟུགས་ཀྱིས་གཟུགས་མི་ཤེས་མི་མཐོང་ངོ་། །རྣམ་པར་ཤེས་པའི་བར་གྱིས་ཀྱང་རྣམ་པར་ཤེས་པ་མི་ཤེས་མི་མཐོང་ངོ་། །གཟུགས་དང་། ཚོར་བ་དང་། འདུ་ཤེས་དང་། འདུ་བྱེད་དང་། རྣམ་པར་ཤེས་པ་རྣམས་མི་ཤེས་མི་མཐོང་བ་གང་ཡིན་པ་འདི་ནི་ཤེས་རབ་ཀྱི་ཕ་རོལ་ཏུ་ཕྱིན་པའོ་ཞེས་གསུངས་སོ། །དེ་ལྟར་དམིགས་པའི་རྐྱེན་ཀྱང་བརྟགས་ཟིན་ཏོ། །ད་ནི་དེ་མ་ཐག་པའི་རྐྱེན་གྱི་སྐབས་སུ་བབ་པས་དེ་བརྟག་པར་བྱའོ། །འདི་ལ་དོན་དམ་པར་ཆོས་ཐམས་ཅད་རྣམ་པ་ཐམས་ཅད་དུ་བཀག་པའི་ཕྱིར་ཆོས་རྣམས་མ་སྐྱེས་སོ་ཞེས་དེ་བསྟན་ཟིན་པས་དེའི་ཕྱིར། ཆོས་རྣམས་སྐྱེས་པ་མ་ཡིན་ན། །འགག་པ་འཐད་པར་མི་འགྱུར་རོ། །མ་སྐྱེས་པའི་ཕྱིར་མགོ་གཉིས་པ་དགག་པ་བཞིན་ནོ། །དེས་ཅིར་འགྱུར་ཞེ་ན། དེ་ཕྱིར་དེ་མ་ཐག་མི་རིགས། །དོན་དམ་པར་ཏེ། དེ་ཉིད་དོན་དམ་པར་མ་གྲུབ་པ་ཉིད་དང་དོན་འགལ་བ་ཉིད་དོ། །ཡང་ན་སྤྱིར་སྐྱེ་བ་ཁས་བླངས་ན་ཡང་བཤད་པར་བྱ་སྟེ། འདི་ལ་དེ་མ་ཐག་ནི་འདི་ཡིན་ཏེ། སེམས་དང་སེམས་ལས་བྱུང་བའི་ཚོགས་འགག་པ་དེ་དེ་མ་ཐག་པའི་རྐྱེན་ཡིན་པར་འདོད་ན་དེ་ཡང་ཚོགས་སྐྱེ་བར་འདོད་པའི་རྐྱེན་ཉིད་དུ་མི་རིགས་ཏེ། འགག་པའི་ཕྱིར་རྣམ་པར་ཤེས

པ་འགགས་ནས་ཡུན་རིང་དུ་ལོན་པ་བཞིན་ནམ། གཟུགས་བཞིན་ནོ། །དེ་ལ་ནི། འགགས་ན་རྐྱེན་ཡང་གང་ཞིག་ཡིན། །དེ་ནི་རྐྱེན་དུ་མི་སྲིད་པ་ཁོ་ན་ཡིན་ཏེ། འགགས་པས་ནི་དངོས་པོ་སྐྱེ་བར་འདོད་པ་ལ་ཕན་འདོགས་པར་མི་ནུས་པའི་ཕྱིར་རོ་ཞེས་བྱ་བར་དགོངས་སོ། །ཀྱང་ཞེས་བྱ་བའི་སྒྲ་ནི་དེ་མ་ཐག་པའི་རྐྱེན་ཉིད་མ་ཡིན་པ་དང་། སྤྱིའི་རྐྱེན་ཀྱང་མ་ཡིན་ནོ་ཞེས་དགག་པ་བསྡུ་བའི་ཕྱིར་རོ། །ཅི་སྟེ་རྒྱུ་དང་རྐྱེན་སོ་སོར་ངེས་པའི་དབང་གིས་དངོས་པོ་སྐྱེ་བཞིན་པ་ན་འགག་བཞིན་པས་གོ་སྐབས་འབྱེད་པས་ཕན་འདོགས་པའི་ཕྱིར་དང་། གལ་ཏེ་དེ་ལས་གཞན་པ་འདས་པའི་སྐད་ཅིག་དག་གིས་བར་དུ་མ་ཆོད་པའི་ཕྱིར་དེ་མ་ཐག་པའི་རྐྱེན་ཉིད་འགྲུབ་པས་ཉེས་པ་མེད་དོ་ཞེ་ན། གཟུགས་ཅན་མ་ཡིན་པ་རྣམས་ཡུལ་ན་མི་གནས་པའི་ཕྱིར་དང་། དུག་པོ་འདས་མ་ཐག་པ་ཡི། །རྣམ་ཤེས་གང་ཡིན་དེ་ཡིད་དེ། །ཞེས་བྱ་བས་འགགས་མ་ཐག་པའི་ཡིད་རྐྱེན་ཉིད་ཡིན་པའི་ཕྱིར་ལན་དུ་མི་རུང་ངོ་། །འགག་བཞིན་པ་རྐྱེན་ཉིད་དུ་རྟོག་ན་ཡང་ཁ་ཅིག་ན་རེ། དུས་མཉམ་པའི་ཕྱིར་དེ་མ་ཐག་པའི་རྐྱེན་དུ་མི་རུང་ངོ་ཞེའོ། །གཞན་དག་ནི་ཚོགས་སུ་བཅད་པའི་ཕྱེད་འོག་མ། དེ་ཕྱིར་དེ་མ་ཐག་མི་རིགས། །འགགས་ན་རྐྱེན་ཀྱང་གང་ཞིག་ཡིན༑ ༑ཞེས་བྱ་བ་ནི་མ་སྐྱེས་པ་ལ་ཡང་བྱ་སྟེ། ཀྱང་ཞེས་བྱ་བའི་སྒྲ་ནི་འདིར་མ་སྐྱེས་པ་ལ་ལྟོས་པར་བལྟ་བར་བྱའོ། །ས་བོན་དང་མྱུ་གུ་ཞིག་པ་དང་། མ་སྐྱེས་པ་གཉིས་ནི་མེད་པའི་ཕྱིར་ས་བོན་དང་མྱུ་གུ་འགགས་པ་དང་སྐྱེ་བ་གཉིས་རྒྱུ་མེད་པར་ཐལ་བར་འགྱུར་རོ་ཞེས་རྣམ་པར་བཤད་པ་བྱེད་དོ། །དེ་ནི་བཟང་པོ་མ་ཡིན་ཏེ། གལ་ཏེ་དོན་དེ་འདོད་ན་འགགས་པའི་འགག་པ་ལ་རྒྱུ་མེད་པས་རྣམ་པར་མི་གནས་པ་དེ་ལས་སྐྱེ་བར་འདོད་པ་སྐྱེ་བར་རྟོག་ན་འགག་པ་དང་སྐྱེ་བ་གཉིས་ལ་རྒྱུ་མེད་པ་ཉིད་དུ་འགྱུར་ལ། བཟློག་པ་ལས

ནི་ཇི་སྐད་སྨྲས་པའི་སྐྱོན་མེད་དོ། །དེའི་ཚེ་གླགས་ཡོད་པའི་ཚིག་ཡིན་པའི་ཕྱིར་བསྒྲུབ་པར་བྱ་བ་དང་། སྒྲུབ་པ་བཟློག་པའི་ཚིག་གི་དོན་མཐོན་པས་ཅེར་འགྱུར་ཞེ་ན། འགགས་པ་ནི་རྐྱེན་མ་ཡིན་ཏེ། རྒྱུ་ཅན་ཡིན་པའི་ཕྱིར་རོ། །སྐྱེ་བ་ཡང་སེམས་དང་སེམས་ལས་བྱུང་བའི་ཚོགས་མ་ཞིག་པའི་རྒྱུ་དང་ལྡན་པ་ཡིན་ཏེ། རྒྱུ་ཅན་ཡིན་པའི་ཕྱིར་རོ། །དེ་ཡང་རིགས་པ་མ་ཡིན་ཏེ། སྔ་མ་ལ་ནི་གཏན་ཚིགས་མི་འགྲུབ་པའི་ཕྱིར་རོ། །ཕྱི་མ་ལ་ནི་ཕྱོགས་སྔ་མ་དང་འགལ་བའི་ཕྱིར་ཏེ། ཐམས་ཅད་ལས་སྐྱེ་བ་བཀག་པའི་ཕྱིར་རོ། །དེ་ལྟར་ན་ཚིགས་སུ་བཅད་པ་དེས་ཀྱང་དེ་མ་ཐག་པའི་རྐྱེན་བསྐྱལ་བའི་ཕྱིར་གཏན་ཚིགས་དེ་ཉིད་དོན་མ་གྲུབ་པ་ཉིད་ཀྱི་སྐྱོན་ནམ། དོན་འགལ་བ་ཉིད་ཀྱི་སྐྱོན་དུ་འགྱུར་རོ། །དེ་ལྟར་དེ་མ་ཐག་པའི་རྐྱེན་ཀྱང་དཔྱད་ཟིན་ཏོ། །ད་ནི་བདག་པོའི་རྐྱེན་གྱི་སྐབས་སུ་བབ་པས་དེ་དཔྱད་པར་བྱའོ། །ཅིད་ནི་གང་ཡོད་ན་གང་འབྱུང་བ་དེ་བདག་པོར་འདོད་དོ། །འདིར་ཁོ་བོ་ཅག་གི་ཕྱོགས་ལ་ནི་དོན་དམ་པར་སྐྱེ་བ་མེད་པར་བསྟན་པས་དངོས་པོ་རྣམས་རང་གི་བདག་ཉིད་མ་ཐོབ་ཅིང་། སྒྱུ་མ་བཞིན་དུ་ངོ་བོ་ཉིད་ཀྱིས་སྟོང་པ་དེའི་ཕྱིར་འདི་ལྟར། དངོས་པོ་རང་བཞིན་མེད་རྣམས་ཀྱི། །ཡོད་པ་གང་ཕྱིར་ཡོད་མིན་ན། །ཡོད་པ་ཉིད་མ་ཡིན་ནའོ། །དོན་དམ་པ་འབའ་ཞིག་ཏུ་ཡང་མ་ཟད་ཀྱི། ཇི་ལྟར་འཇིག་རྟེན་གྱི་ཐ་སྙད་དུ་ཡང་སྟེ། རྒྱུ་ཉི་ཚེ་ཡོད་དུ་ཟིན་ཀྱང་འབྲས་བུ་སྐྱེ་བར་ཁས་མ་བླངས་པའི་ཕྱིར། འདི་ཡོད་པས་ནི་འདི་འབྱུང་ཞེས། །བྱ་བ་དེ་ནི་འཐད་མ་ཡིན། །དེའི་ཕྱིར་ཅིད་ལ་གཏན་ཚིགས་ཀྱི་སྐྱོན་དེ་ཉིད་ རྗེས་སུ་འབྲང་ངོ་། །གང་དག་དེ་དག་ཡོད་པར་སྟོན་པ་ན་ཀུན་རྫོབ་ཏུ་དེ་ལྟར་ཁས་བླངས་པའི་ཕྱིར་དཔེར་ན་མྱ་ངན་ལས་འདས་པ་ནི་ཞི་བའོ་ཞེས་བྱ་བ་ལྟ་བུའོ་ཞེ་ན། དེ་དག་གི་དཔེའི་སྐྱོན་སྔ་མ་བཞིན་ནོ། །འདུས་བྱས་མི་རྟག་པ་ལ་སོགས་པའི་

ཉེས་པས་སྐྱོན་ཆགས་པ་ལས་འདུན་པ་བཟློག་ནས། དེ་ལ་ཉེ་བར་འདུན་པར་བྱ་བའི་ཕྱིར་མྱ་ངན་ལས་འདས་པ་ནི་ཞི་བར་བསྟན་པ་ཡང་ཐ་སྙད་ཀྱི་བདེན་པར་གཏོགས་པ་ཡིན་གྱི། དོན་དམ་པར་དེ་ཡོད་པ་ནི་མ་ཡིན་ནོ། །བཅོམ་ལྡན་འདས་ཀྱིས་ཀྱང་རྣམ་པར་རྟོག་པས་སྒྲོ་བཏགས་ནས། གདུལ་བའི་སྐྱེ་བོ་ཆོས་ཟབ་མོ་ལ་མོས་པ་རྣམས་ཡང་དག་པར་དབུགས་དབྱུང་བའི་ཕྱིར་ཞི་བ་ལ་སོགས་པའི་ཡོན་ཏན་དག་གིས་མྱ་ངན་ལས་འདས་པ་ཡང་དག་པར་བསྔགས་པ་མཛད་པ་ཡང་ཐ་སྙད་ཀྱི་བདེན་པ་ཁས་བླངས་པའི་ཕྱིར་རོ།།

དོན་དམ་པར་ནི་མྱ་ངན་ལས་འདས་པ་ཡང་ཡོད་པ་ཉིད་ལ་སོགས་པའི་ངོ་བོ་ཉིད་ཀྱིས་སྟོང་པའི་ཕྱིར་དཔེ་མེད་པས་གཏན་ཚིགས་མ་གྲུབ་སྟེ། དེ་མེད་པས་འདོད་པའི་དོན་མི་འགྲུབ་བོ། །དེ་ལྟར་རྒྱུ་ཉིད་བཀག་ཏུ་ཟིན་ཀྱང་། ཡང་གཞན་དག་ཕྱིར་ཟློག་པར་བྱེད་དེ།; དོན་དམ་པར་མིག་ལ་སོགས་པ་ནང་གི་སྐྱེ་མཆེད་དག་སྒྲུབ་པར་བྱེད་པའི་རྒྱུ་རྣམས་ཡོད་པ་ཁོ་ན་ཡིན་ཏེ། དེ་རྣམས་ཀྱི་འབྲས་བུ་སྐྱེ་བའི་ཕྱིར་དཔེར་ན་མྱུ་གུ་སྒྲུབ་པར་བྱེད་པའི་རྒྱུ་འབྲས་བུ་ལ་སོགས་པ་བཞིན་ནོ། །གང་མེད་པ་དེ་ལ་ནི་རྒྱུ་ཡང་མེད་དེ། དཔེར་ན་རུས་སྦལ་གྱི་སྤུའི་གོས་བཞིན་ནོ་ཞེ་ན། དེ་དག་ལ་འདི་སྐད་ཅེས་དྲི་བར་བྱ་སྟེ། ཅི་ཁྱེད་ཀྱི་རྒྱུ་སོ་སོ་བ་དང་འདུས་པ་དག་ལ་འབྲས་བུའི་བདག་ཉིད་ཀྱིས་ཡོད་དམ། འོན་ཏེ་མེད། དེ་ལས་ཅིར་འགྱུར། གལ་ཏེ་ཡོད་ན་ཕྱོགས་དེའི་ལན་ནི། ཡོད་ན་རྒྱུ་གྱིས་ཅི་ཞིག་བྱ། །ཞེས་ལན་བཏབ་ཟིན་ཏོ། །ཇི་སྟེ་མེད་ན་དེའི་ལན་ཡང་། མེད་ན་གང་གིས་རྒྱུ་རུ་འགྱུར། །ཞེས་ལན་བཏབ་ཟིན་ཏོ། །འོན་ཀྱང་ཡང་བཤད་པར་བྱ་སྟེ། གང་གི་ཚེ། རྒྱུ་རྣམས་སོ་སོ་འདུས་པ་ལ། །འབྲས་བུ་དེ་ནི་མེད་པ་ཉིད། །དེའི་ཚེ། རྒྱུ་རྣམས་ལ་ནི་གང་མེད་པ། །དེ་ནི་རྒྱུ་ལས་ཇི་ལྟར་སྐྱེ། །དོན་དམ་པར་འབྲས་བུ་སྐྱེ་བ་མེད་པ་ཁོ་ན་སྟེ།

རྐྱེན་རྣམས་ལ་མེད་དོ་ཞེས་བྱ་བའི་ཚིག་གི་དོན་ཏོ། །རྒྱུ་སྤྱིན་དག་ལས་ཞོ་ཇི་ལྟར་འབྱུང་སྟེ་དེ་དག་ལ་ཞོ་མེད་པའི་ཕྱིར་རོ། །ཇི་སྟེ་འབྲས་བུ་ལ་སོགས་པ་ལས་མྱུ་གུ་ལ་སོགས་པ་མེད་བཞིན་དུ་ཡང་སྐྱེ་བ་ཐ་སྙད་ཀྱི་ཡན་ལག་ཏུ་གྱུར་པ་བྱིས་པའི་བློ་ཅན་སྤྱིའི་སྤྱོད་ཡུལ་དུ་གྱུར་པ་མཐོང་ནས་དོན་དམ་པར་ཡང་མིག་ལ་སོགས་པ་ནང་གི་སྐྱེ་མཆེད་རྣམས་སྐྱེ་བར་འདོད་དོ་ཞེ་ན་དེའི་ཕྱིར་བཤད་པ། ཇི་སྟེ་དེ་ནི་མེད་པར་ཡང་། །རྐྱེན་དེ་དག་ལས་སྐྱེ་འགྱུར་ན། །འོ་ན་ལྟ། རྐྱེན་མིན་ལས་ཀྱང་འབྲས་བུ་ནི། །ཅི་ཡི་ཕྱིར་ན་སྐྱེ་མི་འགྱུར། ། དེས་ན་འདི་ལ་གླགས་ཡོད་པའི་ཚིག་ཡིན་པའི་ཕྱིར་རྐྱེན་མ་ཡིན་པ་དག་ལས་འབྲས་བུ་མེད་པ་མི་སྐྱེ་བ་བཞིན་དུ། རྐྱེན་རྣམས་ལས་ཀྱང་མི་སྐྱེ་བར་ངེས་ཏེ། དཔེར་ན་གལ་ཏེ་སྒྲ་བྱས་པ་རྟག་ན་བུམ་པ་བྱས་པ་ཡང་ཅིའི་ཕྱིར་མི་རྟག་ཅེས་བྱ་བ་ལྟ་བུའོ། །དེ་སྐད་སྨྲས་ན་སྒྲ་ནི་མི་རྟག་སྟེ། བྱས་པའི་ཕྱིར་བུམ་པ་བཞིན་ནོ་ཞེས་བྱ་བའི་དོན་དེ་རྟོགས་པར་འགྱུར་རོ། །དེས་ན་འདིར་སྦྱོར་བའི་ཚིག་ནི་དོན་དམ་པར་མྱུ་གུས་སྟོང་པའི་འབྲས་བུ་ལ་སོགས་པ་ལས་དེ་སྐྱེ་བར་མི་འཐད་དེ། འབྲས་བུ་ཡིན་པའི་ཕྱིར་དཔེར་ན་ཞོ་བཞིན་ནོ། །དེའི་ཕྱིར་ཇི་སྐད་སྨྲས་པའི་སྐྱོན་མེད་པ་མ་ཡིན་ནོ། །འདིར་སྨྲས་པ། དོན་དམ་པར་ནང་གི་དངོས་པོ་རྣམས་ཀྱི་རྐྱེན་རྣམས་ཡོད་པ་ཁོ་ནར་བཟུང་སྟེ། དེ་དག་ལས་བྱུང་བའི་ཕྱིར་དཔེར་ན་བུམ་པ་བཞིན་ནོ་ཞེས་བྱ་བ་ནི་དེ་དག་ལས་གྱུར་པའི་ཕྱིར་ཞེས་བྱ་བའི་ཐ་ཚིག་གོ། གྱུར་པ་ལ་བྱུང་བ་ཞེས་བརྗོད་པའི་ཕྱིར་དཔེར་ན་བུམ་པ་ནི་འཇིམ་པ་ལས་བྱུང་བའོ་ཞེས་བྱ་བ་བཞིན་ནོ། །འདིར་བཤད་པ། འབྲས་བུ་རྐྱེན་ལས་བྱུང་ཡིན་ན། །རྐྱེན་ལས་གྱུར་པ་ཡིན་ནའོ། །རྐྱེན་རྣམས་རང་ལས་བྱུང་མ་ཡིན། །རྐྱེན་གྱི་ངོ་བོ་ཉིད་མ་ཡིན་ནོ་ཞེས་བྱ་བའི་ཐ་ཚིག་གོ །ངོ་བོ་ཉིད་ལ་བྱུང་བ་ཞེས་བརྗོད་པའི་ཕྱིར་དཔེར་ན་བྲམ་ཟེའི་སྙིང་ནི་མར་

ལས་བྱུང་བ་བཞིན་ནོ་ཞེས་བྱ་བ་ལྟ་བུའོ། །རྐྱེན་རྣམས་ཇི་ལྟར་རྐྱེན་གྱི་ངོ་བོ་ཉིད་མ་ཡིན་པ་དེ་ལྟར་ནི་སྔར་བསྟན་ཟིན་པ་དེའི་ཕྱིར། རང་བྱུང་མིན་ལས་འབྲས་བུ་གང་། །དེ་ནི་ཇི་ལྟར་རྐྱེན་ལས་བྱུང་། །དོན་དམ་པར་འབྲས་བུ་རྐྱེན་ལས་བྱུང་བ་མ་ཡིན་ནོ་ཞེས་བྱ་བའི་ཚིག་གི་དོན་ཏོ། །དཔེར་ན་གལ་ཏེ་བྲ་ཧྨ་ཎ་གཞོན་ནུ་ནས་ཚངས་པར་སྤྱོད་པ་ཡིན་ན་བྲ་བ་ར་ཏ་ཇི་ལྟར་དེའི་བུ་ཡིན་ཞེས་ཟེར་བ་ལྟ་བུ་སྟེ། སྒྱུ་མ་མཁན་གྱིས་སྤྲུལ་པའི་འཇིམ་པའི་གོང་བུ་དེའི་ངོ་བོ་ཉིད་ཀྱིས་སྟོང་པ་ལས་སྐྱེས་པའི་བུམ་པ་ནི་མཁས་པ་རྣམས་ཀྱིས་ཐ་སྙད་དུ་ཡང་། དེ་ལས་གྱུར་པ་ཡིན་ནོ་ཞེས་རྟོགས་པར་མི་བཟོད་པས། དེ་ཕྱིར་རྐྱེན་ལས་བྱུང་མ་ཡིན། །དེའི་ཕྱིར་འབྲས་བུ་རྐྱེན་ལས་བྱུང་བ་མ་ཡིན་ནོ། །དེས་ན་དཔེ་མེད་དེ׃ བསྒྲུབ་པར་བྱ་བ་དང་། སྒྲུབ་པའི་ཆོས་མ་ཚང་བའི་ཕྱིར་སྔ་མ་བཞིན་དུ་གཏན་ཚིགས་ཀྱི་དོན་མ་གྲུབ་པ་ཉིད་དམ། དོན་འགལ་བ་ཉིད་དུ་འགྱུར་རོ། །འདིར་གཞན་གྱིས་སུན་ཕྱུང་བའི་དོན་སྒྲོ་བཏགས་ནས་སྨྲས་པ། གལ་ཏེ་འབྲས་བུ་རྐྱེན་ལས་བྱུང་བ་མེད་པས་རྗེས་སུ་དཔག་པ་མེད་པར་བསྟན་དུ་ཟིན་ཀྱང་། འབྲས་བུ་ནི་འབྲས་བུའི་ངོ་བོ་ཉིད་མི་འདོར་བས་དེ་མ་བཀག་པའི་ཕྱིར་གཞན་གྱིས་ཀྱང་བརྗོད་པར་ནུས་ཏེ། དོན་དམ་པར་ནང་གི་སྐྱེ་མཆེད་རྣམས་ཀྱི་རྐྱེན་རྣམས་ཡོད་པ་ཁོ་ན་ཡིན་ཏེ། འབྲས་བུ་ཡིན་པའི་ཕྱིར་དཔེར་ན་མྱུ་གུ་ལ་སོགས་པ་བཞིན་ནོ། །འདིར་བཤད་པ། རྐྱེན་མིན་ལས་བྱུང་འབྲས་བུ་ནི׃ ཡོད་མིན། རྐྱེན་མ་ཡིན་པ་ལས་གྱུར་པའི་འབྲས་བུ་ནི་ཐ་སྙད་དུ་ཡང་རྟོགས་པར་མི་ནུས་ན། དོན་དམ་པར་ལྟ་སྨོས་ཀྱང་ཅི་དགོས། འདིར་སྨྲས་པ། གལ་ཏེ་དོན་དམ་པར་རྐྱེན་རྣམས་རྐྱེན་གྱི་ངོ་བོ་ཉིད་ཀྱིས་སྟོང་ན། འོ་ན་ནི་རྐྱེན་རྣམས་རྐྱེན་མ་ཡིན་པའི་ངོ་བོ་ཉིད་ཀྱིས་མི་སྟོང་པར་ཁས་བླངས་པ་ཡིན་པས་དེས་ན་རྐྱེན་མ་ཡིན་པ་གྲུབ་པས་འདོད་པ

འགྱུར་བོ། །དེ་ནི་བཟང་པོ་མ་ཡིན་ཏེ། ཁོ་བོ་ཅག་གིས་རྐྱེན་མ་ཡིན་ཏེ་ཞེས་བྱ་བ་ནི་རྐྱེན་གྱི་ངོ་བོ་ཉིད་དགག་པ་ཙམ་བསྟན་པ་ཡིན་ཏེ། མེད་པར་དགག་པའི་དོན་གྱི་དགག་པ་ཡོངས་སུ་བཟུང་བའི་ཕྱིར་རྐྱེན་མ་ཡིན་པའི་ངོ་བོ་ཉིད་ནི་མི་སྟོན་ཏོ། །སྦྱོར་བ་རྣམ་པར་དབྱེ་བ་བྱས་ནས་རྐྱེན་མིན་ཞེས་བྱ་བ་དང་། རྐྱེན་དུ་ག་ལ་འགྱུར་ཞེས་བྱ་བ་བཤད་དེ། རྐྱེན་མ་ཡིན་པ་རྣམས་རྐྱེན་གྱི་ངོ་བོ་ཉིད་དུ་མི་འགྱུར་རོ་ཞེས་བྱ་བའི་ཚིག་གི་དོན་ཏོ། །ཡང་ན་ཇི་སྐད་བསྟན་པའི་ཚུལ་གྱིས་འབྲས་བུ་ཡོད་པ་དང་། མེད་པ་སྐྱེ་བ་བསྐུལ་བས། དེའི་ཕྱིར་འབྲས་བུ་མེད་པས་ན། །རྐྱེན་མིན་རྐྱེན་དུ་ག་ལ་འགྱུར། །དེའི་བདག་ཉིད་མ་ཡིན་པའི་རྐྱེན་འཐད་པ་མེད་པ་རྣམས་རྐྱེན་དུ་ག་ལ་འགྱུར་ཏེ། མི་འགྱུར་བ་ཁོ་ན་ཡིན་ནོ་ཞེས་བྱ་བའི་ཚིག་གི་དོན་ཏོ། །དེའི་བློ་དང་སྒྲ་འཇུག་པའི་རྒྱུ་མཚན་ཅན་དེ་དག་གི་འབྲས་བུ་མེད་པ་ཁོ་ནའི་ཕྱིར་རོ་ཞེས་བྱ་བར་དགོངས་སོ། །འདིར། རྐྱེན་རྣམ་བཞི་སྟེ་རྒྱུ་དང་ནི།། དམིགས་པ་དང་ནི་དེ་མ་ཐག །བདག་པོ་ཡང་ནི་དེ་བཞིན་ཏེ། །ཞེས་བྱ་བ་མན་ཆད་གཞན་གྱིས་སྨྲས་པའི་རྐྱེན་རྣམས་ཀྱི་ངོ་བོ་ཉིད་དང་། བྱེ་བྲག་བསྐུལ་བའི་དབང་གིས་དེ་མཇུག་བསྡུས་ཏེ། འདིར་རབ་ཏུ་བྱེད་པའི་དོན་ནི་སྐྱེ་བ་མེད་པ་བསྟན་པ་ཡིན་པས། དེའི་ཕྱིར་རྟེན་ཅིང་འབྲེལ་པར་འབྱུང་བ་སྐྱེ་བ་མེད་པའི་ལུང་། །གང་ཞིག་རྐྱེན་ལས་སྐྱེ་བ་དེ་མ་སྐྱེས། །དེ་ལ་ངོ་བོ་ཉིད་ཀྱིས་སྐྱེ་བ་མེད། །གང་ཞིག་རྐྱེན་ལ་ལྟོས་པ་དེ་སྟོང་གསུངས། །གང་གིས་སྟོང་ཉིད་ཤེས་ཏེ་བག་ཡོད་ཡིན། །ཞེས་བྱ་བ་དང་། དེ་བཞིན་དུ། གང་ལ་ཅུང་ཟད་སྐྱེ་མེད་ཅིང་། །འགག་པ་པའང་ཅུང་ཟད་ཡོད་མིན་པ། །འགྲོ་བ་དབེན་མཐོང་དེ་ལ་ནི།། ཡོད་པ་ཉིད་དང་མེད་ཉིད་མེད། །ཅེས་བྱ་བ་དང་། དེ་བཞིན་དུ། དེ་བཞིན་གཤེགས་པ་རྟག་ཏུ་སྐྱེ་མེད་ཆོས། །ཆོས་རྣམས་ཐམས་ཅད་བདེ་བར་གཤེགས་དང་འདྲ། །ཞེས་བྱ་བ་དང་།

དེ་བཞིན་དུ་འཇམ་དཔལ་དེའི་ཕྱིར། ཁྱོད་ཀྱིས་རྣམ་གྲངས་དེས་ཀྱང་འདི་ལྟར་རིག་པར་བྱ་སྟེ། སྐྱེ་བ་མེད་པ་དང་འགག་པ་མེད་པ་ཞེས་བྱ་བ་དེ་ནི་དེ་བཞིན་གཤེགས་པའི་ཚིག་བླ་དྭགས་ཡིན་ནོ་ཞེས་བྱ་བ་དང་། དེ་བཞིན་དུ་གང་དུ་སྲིད་པ་ཐམས་ཅད་འགག་པ་དེ་ནི་སྐྱེ་བ་མེད་པའོ། །གང་སྐྱེ་བ་མེད་པ་དེ་ནི་བྱང་ཆུབ་བོ། །འཇིག་རྟེན་ནི་སྐྱེ་བ་ལ་མངོན་པར་ཞེན་ཏེ། འདི་ལ་སངས་རྒྱས་འབྱུང་བ་ཡང་མེད་ལ། མྱ་ངན་ལས་འདས་པ་ཡང་མེད་དོ་ཞེས་བྱ་བ་དང་། དེ་བཞིན་དུ། གང་གིས་ཕུང་པོ་སྐྱེ་མེད་ཅིང་། །འབྱུང་བ་མེད་པར་ཡོངས་ཤེས་པ། །དེ་དག་འཇིག་རྟེན་སྤྱོད་འགྱུར་ཡང་། །འཇིག་རྟེན་འདི་ན་གནས་པ་མིན། །ཞེས་བྱ་བ་ལ་སོགས་པ་གསུངས་པ་དེ་དག་གྲུབ་པ་ཡིན་ནོ། །སློབ་དཔོན་ལེགས་ལྡན་བྱེད་(འབྱེད་)ཀྱིས་ཉེ་བར་སྦྱར་བ། དབུ་མའི་རྩ་བའི་འགྲེལ་པ་ཤེས་རབ་སྒྲོན་མ་ལས་རྐྱེན་བརྟག་པ་ཞེས་བྱ་བ་སྟེ་རབ་ཏུ་བྱེད་པ་དང་པོའོ།། །།

༼རབ་བྱེད་གཉིས་པ་བསྒོམ་པ་བརྟག་པ།༽

དེ་ནི་རྟེན་ཅིང་འབྲེལ་པར་འབྱུང་བ་འོང་བ་མེད་པ་དང་། འགྲོ་བ་མེད་པའི་ཁྱད་པར་དང་ལྡན་པ་བསྟན་པར་བྱེད་པའམ། རབ་ཏུ་བྱེད་པ་དང་པོར་དངོས་པོ་ཐམས་ཅད་སྐྱེ་བ་མེད་པར་བསྟན་པའི་མི་མཐུན་པའི་ཕྱོགས་བསྙལ་བར་བྱེད་པའི་དབང་གིས་རབ་ཏུ་བྱེད་པ་གཉིས་པ་བརྩམ་མོ། །གཞན་དག་ནི་སློབ་མ་སྐྱེ་བ་མེད་པའི་རིགས་པ་ཐོབ་པས་དད་པ་སྐྱེས་པ་འཇིག་རྟེན་ལ་གྲགས་པའི་འགྲོ་བ་དང་འོང་བ་དགག་པ་ཉན་འདོད་པའི་དོན་དུ་རབ་ཏུ་བྱེད་པ་གཉིས་པ་བརྩམ་མོ་ཞེས་རྗོད་པར་བྱེད་དོ། །གཞན་མ་ཡིན་པ་ན་རེ་དེ་ནི་རིགས་པ་མ་ཡིན་ཏེ། ཚད་མ་ལྟར་སྣང་བས་སེམས་ཕྱིན་ཅི་ལོག་ཏུ་གྱུར་པ་ནི་དེ་སྐད་འདྲི་བར་མི་རིགས་པའི་ཕྱིར་ཏེ། དེ་ནི་འགྲོ་བ་ཡོད་པར་བསྟན་པའི་ཕྱིར་དང་། སྐྱེ་བ་ཡོད་པར་བསྟན་པའི་ཕྱིར། རྗེས་སུ་དཔག་པ་སླ་བར་འགྱུར་བའི་རིགས་སོ། །ཚད་མ་ལྟར་སྣང་བས་སེམས་རྨོངས་པར་གྱུར་པ་ཡང་དོན་དམ་པར་འགྲོ་བ་མེད་པ་ཞེས་བྱ་བ་དེ་ཇི་ལྟར་རིགས་ཏེ། འདྲི་བ་ཚུལ་དང་མཐུན་པ་མ་ཡིན་པའི་ཕྱིར་རོ། །མི་ཤེས་པའི་འདྲི་བ་ཡིན་པར་བརྟགས་ན་ནི་བསྟན་བཅོས་ཐལ་བའི་སྐྱོད་ཡུལ་ཡིན་པར་འགྱུར་བའི་ཕྱིར་རོ་ཞེའོ། །འཇིག་རྟེན་ན་ནི་ཐལ་ཆེར་བྱ་བ་མང་པོའི་ཐ་སྙད་ཀྱི་དབང་གིས་བྱ་བའི་དངོས་པོ་ལ་མངོན་པར་ཞེན་པས་མངོན་པར་ཞེན་པའི་ཟུག་རྔུ་དེ་བསལ་བའི་ཕྱིར་འགྲོ་བའི་མཚན་ཉིད་ཀྱི་བྱ་བ་གཅིག་བསྙལ་ན། བྱ་བ་ལྷག་མ་དག་བསྙལ་བ་ཡང་སླ་བས། དེའི་ཕྱིར

ཕྱོགས་སྔ་མ་ཉེ་བར་གཞག་གོ །འདི་ལ་སྐབས་ཀྱི་དོན་གྱི་མི་མཐུན་པའི་ཕྱོགས་སུ་གྱུར་
པ་སྣང་སྟེ། ནང་གི་དངོས་པོ་རྣམས་སྐྱེས་པ་ཁོ་ན་ཡིན་ཏེ། དེ་དག་གི་ཡུལ་དང་ལྡན་པའི་
ཐ་སྙད་བྱེད་པའི་ཕྱིར་རོ། །འདི་ལ་གང་མི་སྐྱེ་བ་ནི་དེ་དག་གི་ཡུལ་དང་ལྡན་པའི་ཐ་སྙད་
མི་བྱེད་དེ། དཔེར་ན་མོ་གཤམ་གྱི་བུ་འགྲོ་བར་མི་བྱེད་པ་བཞིན་ནོ། །ལྷས་བྱིན་དང་ཁྱབ་
འཇུག་བཤེས་གཉེན་ནི་དེ་ལྟར་འགྲོ་བར་བྱེད་པ་མ་ཡིན་པས། དེའི་ཕྱིར་ནང་གི་དངོས
པོ་རྣམས་སྐྱེ་བ་ཁོ་ན་ཡིན་ནོ། །ཕྱོགས་སྔ་མ་ཉེ་བར་བཞག་པ་བསྐྱལ་བའི་ཕྱིར་འདི་
བཤད་དེ། གལ་ཏེ་སྦྱིན་པ་དང་། ཚུལ་ཁྲིམས་དང་། བསམ་གཏན་ལ་སོགས་པའི་སྒྲུབ་
པར་གྱུར་པ་སྐྱེ་བ་དང་། འགྲོ་བ་དང་འོང་བ་འཇིག་རྟེན་ལ་གྲགས་པ་དག་སྒྲུབ་ན་ནི་གྲུབ་
པ་ལ་སྒྲུབ་པ་ཡིན་ནོ། །འོན་ཏེ་དོན་དམ་པར་རྣལ་འབྱོར་པ་མཉམ་པར་གཞག་པ་ཤེས་
རབ་ཀྱི་མིག་གིས་དངོས་པོ་རྣམས་ཀྱི་ཡང་དག་པ་ཇི་ལྟ་བ་བཞིན་ཉིད་མཐོང་བའི་སྐྱེ་བ་
དང་འགྲོ་བ་དང་། འོང་བ་དག་ཡོད་པར་སྒྲུབ་ན་ནི་དེ་དག་གི་ཡུལ་དང་ལྡན་པའི་ཐ་སྙད་
བྱེད་པའི་ཕྱིར་རོ་ཞེས་བྱ་བའི་གཏན་ཚིགས་ཀྱི་དོན་མ་གྲུབ་པ་ཉིད་དེ། འགྲོ་བ་ཡང་སྐྱེ་བ་
དགག་པ་ཁོ་ན་བཞིན་དུ་དགག་པས་འགྲོ་བ་བཀག་པའི་ཕྱིར་རོ། །སྤྱིའི་རྣམ་པ་གཉིས་
ཀའི་ཕྱོགས་ལ་གྲགས་པ་གཏན་ཚིགས་སུ་རྟོགས་ན་ཡང་རྗེས་སུ་འགྲོ་བ་མེད་པའི་ཕྱིར་
དང་། མི་མཐུན་པའི་ཕྱོགས་འབའ་ཞིག་ལ་དེ་རྗེས་སུ་འགྲོ་བའི་ཕྱིར་གཏན་ཚིགས་ཀྱི་
དོན་འགལ་བ་ཉིད་དོ། །ཡང་བཤད་པ། འདི་ལ་གལ་ཏེ་དོན་དམ་པར་འགྲོ་བ་ཡོད་པར་
གྱུར་ན་དེ་སོང་བའམ་མ་སོང་བའམ། བསྒོམ་པ་ལ་ཡོད་པར་འགྱུར་གྲང་ན། དེ་ལ་ཡང་།
རེ་ཞིག་སོང་ལ་འགྲོ་མེད་དེ། །དེ་ལ་འགྲོ་བའི་བྱ་བ་འདས་ཟིན་པའི་ཕྱིར་རོ། །དོན་དེ་ནི་

གཞན་དག་ལ་ཡང་གྲགས་པས་བསྒྲུབ་པར་མི་བྱའོ། །དེ་སྨོས་པ་ནི་གཞན་འདོད་པའི་
དཔེ་ཉིད་དུ་བཞེད་པའི་ཕྱིར་རོ། །དེའི་ཆོས་ནི་ལམ་ཉིད་ཡིན་ལ། མ་སོང་བའི་ཡང་དེ་
དང་འདྲ་བས། དེའི་ཕྱིར། མ་སོང་བ་ལའང་འགྲོ་བ་མེད། །ལམ་ཡིན་པའི་ཕྱིར་སོང་བའི་
ལམ་བཞིན་ནོ་ཞེས་བྱ་བར་དགོངས་སོ། །ཡང་ན་མ་སོང་བ་ཞེས་བྱ་བ་ནི་འགྲོ་བའི་བྱ་བ་
མ་བརྩམས་པ་སྟེ་དེའི་ཆོས་ནི་མ་སོང་བ་ཉིད་ཡིན་ནོ། །དཔེ་ནི་བསྒྲུབ་པར་བྱ་བ་དང་།
སྒྲུབ་པའི་ཆོས་ཀྱི་དབང་གིས་ཏེ། གཉི་ག་ལ་གྲགས་པའི་ཆོས་དང་ལྡན་པའི་ཆོས་ཅན་
འགྲོ་བར་མི་འདོད་པའི་ལམ་ཡིན་ནོ། །འདིར་རྗེས་སུ་དཔག་པ་ནི་མ་སོང་བ་ལ་འགྲོ་
བ་མེད་དེ་མ་སོང་བ་ཡིན་པའི་ཕྱིར་དཔེར་ན་དེ་ལས་གཞན་པ་འགྲོ་བར་མི་འདོད་པའི་
ལམ་བཞིན་ནོ། །འདི་ལ་འཁྲུག་པ་པ་དག་ན་རེ། ཅི་མ་སོང་བ་དེ་ལ་ལྷས་སྦྱིན་འགྲོ་བའི་བྱ་
བ་མ་སྐྱེས་པས་འགྲོ་བ་མེད་པར་སྟོན་ཏམ། འོན་ཏེ་འགྲོ་བའི་བྱ་བ་སྐྱེས་པས་འགྲོ་བ་
མེད་པར་སྟོན། དེས་ཅིར་འགྱུར། གལ་ཏེ་བཏགས་པ་སྔ་མ་ལྟར་འདོད་ན་ནི་གྲུབ་པ་ལ་
སྒྲུབ་པ་ཡིན་ནོ། །འོན་ཏེ་བཏགས་པ་ཕྱི་མ་ལྟར་འདོད་ན་ནི་གཏན་ཚིགས་ཀྱི་དོན་འགལ་བ་
ཉིད་ཡིན་པས་དེས་ན་གཏན་ཚིགས་སྔ་མའི་དོན་མ་གྲུབ་པ་ཉིད་མ་ཡིན་ནོ། །གལ་ཏེ་
རྫས་ལས་གཞན་པའི་འགྲོ་བ་མ་གྲུབ་པས་དེ་རིགས་པ་མ་ཡིན་ནོ་ཞེ་ན། ལྷས་སྦྱིན་འགྲོ་
བ་དང་ལྡན་པ་ཡིན་ནོ་སྙམ་པའི་བློ་གྲོས་ཀྱི་ཡུལ་ནི་ལྷས་སྦྱིན་གྱི་བདག་ཉིད་ལས་གཞན་
པའི་ཚིག་གི་དོན་དང་ལྡན་པ་ཡིན་ཏེ། ངེས་པ་སྐྱེ་བའི་ཕྱིར་དཔེར་ན་ལྷས་སྦྱིན་དབྱུག་པ་
དང་ལྡན་པ་ཡིན་ནོ་སྙམ་པའི་བློ་གྲོས་ཀྱི་ཡུལ་བཞིན་ནོ་ཞེས་ཟེར་རོ། །དེ་ལ་འདིར་གལ་
ཏེ་ལྷས་སྦྱིན་ཁྱད་པར་གང་ཡང་རུང་བ་དང་ལྡན་པ་ལ་བློ་གྲོས་ཀྱི་ཡུལ་ཉིད་ལྷས་སྦྱིན་གྱི་

བདག་ཉིད་ལས་གཞན་པའི་ཚིག་གི་དོན་དང་ལྡན་པ་ཡིན་པར་སྟོན་ན་ནི། ཕ་སྐད་དུ་སྒྲུབ་པ་ལ་བསྒྲུབ་པ་ཡིན་ཏེ། འདི་ལྟར་ལྟས་ཕྱིན་ཞེས་བྱ་བ་འདུ་བྱེད་ཀྱི་ཚོགས་ཡུལ་གཞན་དུ་སྐྱེ་བའི་མཚན་ཉིད་ཀྱི་ཁྱད་པར་དང་ལྡན་པ་ལ་འདི་འགྲོ་བ་དང་ལྡན་ནོ་སྙམ་པའི་བློ་གྲོས་འདི་ཁས་བླངས་པའི་ཕྱིར་རོ། །ཇི་སྟེ་ལྟས་ཕྱིན་འགྲོ་བ་ཞེས་བྱ་བའི་ཚིག་གི་དོན་དང་ལྡན་པ་ཡིན་ནོ་ཞེ་ན་ནི་དཔེ་མེད་པར་འགྱུར་རོ། །ཇི་སྟེ་གཞན་དུ་ན་ཡང་ཕ་སྐད་དུ་ཡང་དོན་འགལ་བ་ཉིད་ཡིན་ན་དོན་དམ་པར་ལྟ་སྨོས་ཀྱང་ཅི་དགོས་ཏེ། དེའི་ཕྱིར་ཇི་སྐད་སྨྲས་པའི་སྐྱོན་ལྡོག་པ་མེད་དོ། །རང་གི་སྡེ་པ་དག་ལས་ཁ་ཅིག་ན་རེ། འདུན་པའི་རྒྱུ་ལས་བྱུང་བའི་རྩོལ་བས་བསྐྱེད་པའི་རླུང་གི་ཁམས་ལས་འབྱུང་བ་དང་། འབྱུང་བ་ལས་གྱུར་པའི་ཚོགས་ལུས་ཞེས་བྱ་བ་ཡུལ་གཞན་དུ་བར་ཆད་མེད་པར་སྐྱེ་བ་བྱུང་བ་ལས་འགྲོ་བ་ཞེས་བྱའོ། །དེའི་ཕྱིར་འགྲོ་བ་དོན་གཞན་དུ་གྱུར་པ་མེད་དེ། སྐྱེ་བའི་ཡུལ་ཉིད་དུ་སྐྱེ་བར་བྱེད་པ་འཇིག་པའི་ཕྱིར་མེ་ལྕེ་ལ་སོགས་པ་བཞིན་དུ་འགྲོ་བ་འཁྲུལ་པ་ཡིན་པས་འགྲོ་བ་དོན་གཞན་དུ་ཁས་མི་ལེན་ཏོ། །དོན་དམ་པར་ཡང་འགྲོ་བ་མེད་པས་དོན་དམ་པར་ཡང་འགྲོ་བ་འགོག་པ་ནི་གྲུབ་པ་ལ་སྒྲུབ་པ་ཡིན་ནོ་ཞེས་ཟེར་རོ། །སྐྱེ་བ་བཀག་པས་ཇི་སྐད་སྨྲས་པའི་སྒྲུབ་པ་མི་འགྲུབ་པའི་ཕྱིར་དང་། མེ་ལྕེ་ལ་སོགས་པ་བཞིན་དུ་འགྲོ་བ་འཁྲུལ་པ་ཡིན་ནོ་ཞེས་བྱ་བའི་ཤེས་པ་དེ་ཡང་འཁྲུལ་པ་ཡིན་པའི་ཕྱིར་དང་། འགྲོ་བ་པོ་དང་། འགྲོ་བ་གཉིས་གཞན་ཉིད་མ་ཡིན་པ་ཡང་འགོག་པར་འགྱུར་བའི་ཕྱིར་དེ་ཡང་སྐྱེ་བོ་མཁས་པའི་ཡིད་མགུ་བར་བྱེད་པ་མ་ཡིན་ནོ། །གྲངས་ཅན་དག་ན་རེ། མ་སོང་བ་ལ་རྟོལ་ཤས་ཆེ་ཞིང་བྱ་བ་བྱེད་པ་ལ་འཇུག་པ་གསལ་བར་གྱུར་པ་ན་འགྲོའོ་ཞེས་ཟེར་རོ། །

དེ་དག་གི་ཡང་གསལ་བ་བཀག་པའི་ཕྱིར་འགྲོ་བ་མི་འགྲུབ་པས་རྟོག་པ་ཙམ་དུ་ཟད་དོ།། ཅི་སྟེ་ཡང་འགྲོ་བ་སྨྲ་བ་དག་ཇི་སྐད་བཤད་པའི་སྐྱོན་གྱིས་འཇིགས་པས་བསྒོམ་པ་ལ་འགྲོ་བ་ཡོད་པར་དམ་བཅས་ན། ཇི་སྐད་བཤད་པའི་སྐྱོན་མེད་དོ་སྙམ་ན་སློབ་དཔོན་གྱིས་དོན་དེ་ངེས་པར་མཛད་ནས་སོང་བ་དང་། མ་སོང་བ་དག་དང་གཏོགས་པར་བགོམ་པ་མེད་པ་ཉིད་ཀྱིས་བཤད་པ། སོང་དང་མ་སོང་མ་གཏོགས་པར། །བགོམ་པ་ཤེས་པར་མི་འགྱུར་རོ། །གཟུང་དུ་མེད་དོ་ཞེས་བྱ་བའི་ཐ་ཚིག་གོ །ཇི་ལྟར་དེ་མེད་ཅེ་ན། འདི་ལ་བགོམ་པ་དེ་ནི་སོང་བའམ། མ་སོང་བའམ་གང་ཡུང་ཟད་སོང་དང་མ་སོང་བ་གཉི་ག་ཞིག་ཡིན་གྲང་ན་ཕྱོགས་གཉི་གར་བསྟན་པའི་རྗེས་སུ་དཔག་པའི་གནོད་པར་འགྱུར་བའི་ཕྱིར་རོ། །འདིར་སྨྲས་པ། བགོམ་པ་མེད་པ་མ་ཡིན་ཏེ། འདི་ལྟར། གང་ན་གཡོ་བ་དེ་ན་འགྲོ། དེ་ཡང་གང་གིས་བགོམ་པ་ལ། །གཡོ་བ་སོང་མིན་མ་སོང་མིན། །དེ་ཕྱིར་བགོམ་ལ་འགྲོ་བ་ཡོད། །དེ་ལ་ཕྱོགས་གང་ན་རྐང་པ་འདེགས་པ་དང་། འཇོག་པའི་མཚན་ཉིད་ཀྱི་གཡོ་བ་སྣང་བ་དེ་ན་འགྲོ་བ་ཡོད་དེ། གཡོ་བ་དེ་ཡང་གང་གི་ཕྱིར་བགོམ་པ་ལ་སྣང་གི །གཡོ་བ་དེ་སོང་བ་ལ་ཡང་མི་སྣང་། མ་སོང་བ་ལ་ཡང་མི་སྣང་བ་དེའི་ཕྱིར་བགོམ་པ་ལ་འགྲོ་བ་ཡོད་དོ། །དེས་ན་དེ་ལྟར་བགོམ་པ་ཡོད་པས་འགྲོ་བ་འགྲུབ་པའི་ཕྱིར་འདོད་པ་གྲུབ་བོ། །དེའི་ཕྱིར་དེ་ལྟར་ཇི་སྐད་སྨྲས་པའི་ཚུལ་གྱིས་ན་བགོམ་པ་ཤེས་པར་མི་འགྱུར་རོ་ཞེས་བཤད་པ། གང་ཡིན་པ་དེ་རིགས་པ་མ་ཡིན་ཞིང་། ཕྱོགས་གཉི་གར་བསྟན་པའི་རྗེས་སུ་དཔག་པའི་གནོད་པར་ཡང་མི་འགྱུར་རོ་ཞེའོ། །གཞན་དག་ནི་གང་གི་ཞེས་བྱ་བ་འགྲོ་བའོ་ཞེས་ཟེར་རོ། །ཁ་ཅིག་ན་རེ། དེ་ནི་རིགས་པ་མ་ཡིན་ཏེ། དེའི་ཕྱིར་ཞེས་བྱ་བའི་སྒྲའི་

ཟླ་མེད་པའི་ཕྱིར་དང་། བྱ་བའི་གཞི་འབྲེལ་པ་མེད་པའི་ཕྱིར་དང་། སོང་བ་དང་མ་སོང་བའི་འགྲོ་བ་པོའི་འགྲོ་བ་དགག་པ་བསྟན་པའི་ཕྱིར་རོ་ཞེའོ། །འདིར་བཤད་པ། བགོམ་ལ་འགྲོ་བ་ཡོད་པར་ནི། །ཇི་ལྟ་བུར་ན་འཐད་པར་འགྱུར། །གང་གི་ཚེ་དམིགས་ཀྱིས་བསལ་བ་དང་། མ་བསལ་བའི་ངོ་བོ་ཉིད་ཁས་བླངས་སུ་ཟིན་ཀྱང་དེ་ལ་འགྲོ་བ་ཡོད་པར་མི་འཐད་དེ། ལམ་ཡིན་པའི་ཕྱིར་དཔེར་ན་སོང་བའི་ལམ་བཞིན་ནོ་ཞེས་བྱ་བར་དགོངས་སོ༏ ༏ཡང་ན། བགོམ་ལ་འགྲོ་བ་ཡོད་པར་ནི། །ཇི་ལྟ་བུར་ན་འཐད་པར་འགྱུར། །ཞེས་བྱ་བ་ནི་བརྒལ་ཞིང་བརྟག་པ་མཚུངས་པའི་ཕྱིར་རོ་ཞེས་བྱ་བར་དགོངས་ཏེ། བགོམ་པ་ལ་འགྲོ་བ་ཡོད་པར་བརྟག་ན་བརྒལ་ཞིང་བརྟག་པ་མཚུངས་པ་འདིར་འགྱུར་ཏེ། གཡོ་བ་སོང་བའམ། མ་སོང་བའམ། དེ་གཉིས་དང་མི་འདྲ་བའི་ཆོས་གང་ལ་ཡོད་ཅེ་ན། དེ་ལ་ཡང་སྐྱོན་བཤད་ཟིན་ཏོ། །ཡང་ན། བགོམ་ལ་འགྲོ་བ་ཡོད་པར་ནི། །ཇི་ལྟ་བུར་ན་འཐད་པར་འགྱུར༏ ༏ཞེས་བྱ་བ་ནི། དོན་དམ་པའི་འགྲོ་བ་ཡོད་པར་སྟོན་པའི་རྗེས་སུ་དཔག་པ་མེད་པའི་ཕྱིར། གང་ཚེ་འགྲོ་བ་མེད་པ་ཡི། །བགོམ་པ་འཐད་པ་མེད་ཕྱིར་རོ། །ཧ་བཅིང་བ་དང་མཐུན་པའི་ཕྱིར་རོ་ཞེས་བྱ་བར་ཡང་དགོངས་ཏེ། འདི་ལ་ཇི་ལྟར་ཧ་བཅིང་བ་དང་མཐུན་པ་ཉིད་ཡིན་ཞེ་ན། བགོམ་པ་གང་ཡིན། གཡོ་བ་གང་ན་བའོ། །གཡོ་བ་གང་ན། བགོམ་པ་ནའོ་ཞེས་བྱ་བས་གང་ཡང་རུང་བ་དམིགས་ཀྱིས་མ་བསལ་བའི་ཕྱིར་རོ། །ཅི་སྟེ་ཐོག་མ་མེད་པ་ནས་ཐ་སྙད་དུ་གྲགས་པའི་བགོམ་པ་ཁས་བླངས་ནས་དེ་ལ་དོན་དམ་པ་པའི་འགྲོ་བ་ཡོད་པར་འདོད་ན། དེ་ལྟ་ན་ཡང་འདི་ལ་འགྲོ་བའི་བྱ་བ་གཅིག་པུ་ཞིག་ཡོད་པ་དེ་ནི་བགོམ་པ་ཞེས་བྱ་བ་དེ་ལ་ཉེ་བར་སྦྱར་བའི་མཐུ་ཅན་ཡིན་པས་བགོམ་པ་ལ་འགྲོ་

བ་ཡོད་དོ་ཞེས་བྱ་བའི་འགྲོ་བ་གཞན་དེ་གང་ཞིག་ཡོད། དེ་ལ་ཕ་རོལ་པོས་ནང་གི་དངོས་པོ་རྣམས་སྐྱེས་པ་ཁོ་ན་ཡིན་ཏེ། དེ་དག་གི་ཡུལ་དང་ལྡན་པའི་ཐ་སྙད་བྱེད་པའི་ཕྱིར་རོ་ཞེས་སྨྲས་པ་གང་ཡིན་པ་དེ་མ་གྲུབ་སྟེ། གཏན་ཚིགས་ཀྱི་དོན་མ་གྲུབ་པའི་ཕྱིར་རོ། །དཔེ་ཡང་མ་གྲུབ་སྟེ། དོན་དམ་པར་ལྷས་བྱིན་མ་གྲུབ་པའི་ཕྱིར་རོ། །ཅི་སྟེ་འགྲོ་བའི་བྱ་བ་ནི་བགོམ་པ་ཞེས་བྱ་བ་དེ་ལ་ཡོངས་སུ་རྫོགས་པ་ཉིད་མ་ཡིན་ལ། འདི་ལྟར་དེ་ནི་ཁོ་བོ་ཅག་འགྲོ་བའི་སྒྲས་བརྗོད་པས་དེས་ན་དེ་ཡོད་པའི་ཕྱིར། གཏན་ཚིགས་ཀྱི་དོན་མ་གྲུབ་པ་ཉིད་མ་ཡིན་ནོ་ཞེ་ན། འདིར་བཤད་པ། གང་གིས་བགོམ་ལ་འགྲོ་ཡོད་པ། །དེ་ཡི་བགོམ་ལ་འགྲོ་མེད་པར། །ཐལ་བར་འགྱུར་ཏེ་གང་གི་ཕྱིར། །བགོམ་པ་ཁོང་དུ་ཆུད་ཕྱིར་རོ། །སྨྲས་པ་གང་གི་བགོམ་པ་ལ་འགྲོ་བ་ཡོད་པ་དེའི་ཕྱོགས་ལ་འགྲོ་བ་ལ་འགྲོ་བ་ཡོད་ཀྱང་བགོམ་པ་ལ་འགྲོ་བ་མེད་པར་ཐལ་བར་འགྱུར་ཏེ། ཅིའི་ཕྱིར་ཞེ་ན། གང་གི་ཕྱིར་བགོམ་པ་ཞེས་བྱ་བ། དེ་ལ་འགྲོ་བའི་བྱེད་པ་ཡོངས་སུ་མ་རྫོགས་ཤིང་། མ་ལུགས་པར་ཁོང་དུ་ཆུད་ཅིང་ཤེས་པར་འགྱུར་བའི་ཕྱིར་རོ། །དེ་ནི་མི་འདོད་དེ་བགོམ་པ་ཞེས་བྱ་བ་དེ་འགྲོ་བ་དང་བཅས་པར་འདོད་པས་དེས་ན་འགྲོ་བའི་བྱེད་པས་དེ་ལ་དོན་བྱས་ཟིན་པའི་ཕྱིར་འགྲོ་བ་གཞན་མི་འཐད་པས་ཇི་སྐད་བཤད་པའི་སྐྱོན་ལྡོག་པ་མེད་དོ། །ཅི་སྟེ་ཇི་སྐད་བཤད་པའི་སྐྱོན་གྱི་ཉེན་ཡོངས་སུ་སྤང་བར་འདོད་པས་བགོམ་པ་འགྲོ་བ་དང་ལྡན་པར་འདོད་ཅིང་། འགྲོ་བ་ཉིད་འགྲོ་བ་ཡིན་ནོ་ཞེ་ན། དེ་ལྟ་ན་ཡང་། བགོམ་ལ་འགྲོ་བ་ཡོད་ན་ནི། འགྲོ་བ་གཉིས་སུ་ཐལ་འགྱུར་ཏེ། །གང་གིས་བགོམ་པ་དེ་དང་ནི། །དེ་ལ་འགྲོ་བ་གང་ཡིན་པའོ། །དོན་དམ་པ་པའི་འགྲོ་བ་དང་ལྡན་པའི་བགོམ་པ་ལ་འགྲོ་བ་ཡོད་པར་རྟོག་ན་

ནི་འགྲོ་བ་གཉིས་སུ་ཐལ་བར་འགྱུར་ཏེ། འགྲོ་བ་གང་གིས་བགོམ་པ་དེ་བགོམ་པ་ཞེས་བྱ་བར་འགྱུར་བ་དང་། འགྲོ་བ་གང་གིས་བགོམ་པ་དེ་ལ་ཐ་སྙད་པའི་འགྲོ་བ་ཡོད་པར་འགྱུར་བ་གང་ཡིན་པའོ། །དེ་ལྟར་ན། འགྲོ་བ་གཉིས་སུ་ཐལ་འགྱུར་ན། །འགྲོ་བ་པོ་ཡང་གཉིས་སུ་འགྱུར། །ཅིའི་ཕྱིར་ཞེ་ན། གང་ཕྱིར་འགྲོ་པོ་མེད་པར་ནི། །འགྲོ་བ་འཐད་པར་མི་འགྱུར་ཕྱིར། །ཞེས་བྱ་བའི་ཚིག་གི་ལྷག་མའོ། །དེ་ཡང་མི་འདོད་པས། དེའི་ཕྱིར་ཇི་སྐད་བཤད་པའི་སྐྱོན་གྱི་དྲི་མ་ངེས་པར་བསལ་བར་འདོད་པས་ཐ་སྙད་པའི་འགྲོ་བ་གཅིག་ཁོ་ན་ཁས་ལེན་ཅིང་དེ་ལ་ལྟོས་པས་འགྲོ་བ་པོ་དང་བགོམ་པ་འགྲུབ་ཏུ་ཟིན་ཀྱང་། དོན་དམ་པ་པའི་འགྲོ་བ་ཡང་མི་འཐད་པས་དེ་དག་གི་ཡུལ་དང་ལྡན་པའི་ཐ་སྙད་བྱེད་པའི་ཕྱིར་རོ་ཞེས་བྱ་བ་གཏན་ཚིགས་ཀྱི་དོན་མ་གྲུབ་པ་ཉིད་ཀྱི་ཕྱིར་དང་། དཔེ་མེད་པའི་ཕྱིར་ནང་གི་དངོས་པོ་རྣམས་སྐྱེས་པ་ཁོ་ན་ཡིན་ཏེ་ཞེས་བྱ་བ་མི་འགྲུབ་ཅིང་། རྟེན་ཅིང་འབྲེལ་པར་འབྱུང་བ་འོང་བ་མེད་པ་དང་། འགྲོ་བ་མེད་པའི་ཁྱད་པར་དང་ལྡན་པ་གྲུབ་བོ༏ ༏སྨྲ་པ་དག་ན་རེ་འགྲོ་བ་ནི་གཅིག་ཏུ་ཟད་དེ། དེ་ཉིད་ཁོ་བོ་ཅག་རང་རང་གི་ངོ་བོ་ཉིད་ཀྱིས་འགྲོ་བར་བརྗོད་ཅིང་། དེ་གཞི་གང་ན་ཡོད་པ་དེ་ནི་བགོམ་པ་ཡིན་ལ། འགྲོ་བ་པོ་གང་ཡིན་པ་དེ་ནི་བྱེད་པ་པོ་ཡིན་པས་དེའི་ཕྱིར་འགྲོ་བ་པོ་དང་འགྲོ་བ་གཉིས་སུ་ཐལ་བར་མི་འགྱུར་རོ་ཞེས་ཟེར་རོ། །དེ་ནི་རིགས་པ་མ་ཡིན་ཏེ། དོན་དམ་པར་འགྲོ་བའི་སྐྱེ་བ་བཀག་པའི་ཕྱིར་དང་། བགོམ་པ་མེད་པས་འགྲོ་བ་མེད་པའི་ཕྱིར་དང་། འདུ་བྱེད་ཀྱི་ཚོགས་ཡུལ་གཞན་དུ་སྐྱེས་པ་ལ་འགྲོ་བ་པོ་ཉིད་དུ་ཐ་སྙད་འདོགས་པའི་ཕྱིར་དང་། བགོམ་པ་ཡང་བརྟགས་ཟིན་པའི་ཕྱིར་རོ།། །།

༄། དབུ་མའི་རྩ་བའི་འགྲེལ་པ་ཤེས་རབ་སྒྲོན་མ། བམ་པོ་གསུམ་པ། གཞན་དག་ན་རེ་འགྲོ་བ་ཡོད་པ་ཁོ་ནར་ཤེས་པར་བྱ་སྟེ། དེའི་གཞི་ཡོད་པའི་ཕྱིར་རོ། །འདི་ན་གང་ལ་གཞི་མེད་པ་དེ་ནི་ཡོད་པ་མ་ཡིན་ཏེ། དཔེར་ན་མོ་གཤམ་གྱི་བུའི་འགྲེལ་བ་དང་། འགྲོ་བ་ལ་སོགས་པ་བཞིན་ནོ། །འགྲོ་བའི་གཞི་འགྲོ་བ་པོ་དེ་ཤར་མ་ཡོད་པས་དེ་ལྟར་གཞི་ཡོད་པའི་ཕྱིར་འགྲོ་བ་ཡོད་པས་གཏན་ཚིགས་གྲུབ་པའི་ཕྱིར། ནང་གི་སྐྱེ་མཆེད་རྣམས་སྐྱེ་བ་ཁོ་ན་ཡིན་ཞིང་འགྲོ་བ་དང་འོང་བ་ལ་སོགས་པ་ཡང་འགྲུབ་བོ་ཞེས་ཟེར་རོ། །འདིར་བཤད་པ། གལ་ཏེ་འགྲོ་པོ་མེད་གྱུར་ན། །འགྲོ་བ་འཐད་པར་མི་འགྱུར་ཏེ། །འགྲོ་བ་མེད་ན་འགྲོ་བ་པོ། །ཡོད་པ་ཉིད་དུ་ག་ལ་འགྱུར། །གཏན་ཚིགས་བརྗོད་པ་མེད་ན་འགྲོ་བ་མི་འགྲུབ་པས་ཇི་སྐད་བཤད་པའི་སྐྱོན་མེད་པར་མི་འགྱུར་རོ་སྙམ་ནས་འགྲོ་བ་པོ་མེད་ན་འགྲོ་བ་ཡོད་པ་མ་ཡིན་པས། འགྲོ་བའི་གཞི་འགྲོ་བ་པོ་ལ་བརྟེན་ནས་གཞི་ཡོད་པའི་ཕྱིར་རོ་ཞེས་གཏན་ཚིགས་བརྗོད་པར་གྱུར་ན་དེ་ལྟ་ན། གལ་ཏེ་འགྲོ་པོ་མེད་གྱུར་ན། །འགྲོ་བ་འཐད་པར་མི་འགྱུར་ཏེ། །ཞེས་བྱ་བ་མ་ཡིན་ནམ། །འགྲོ་བ་དེ་ཡང་མི་འཐད་དོ་ཞེས་དཔྱད་ཟིན་ཏོ། །དེའི་ཕྱིར། འགྲོ་བ་མེད་ན་འགྲོ་བ་པོ། །ཡོད་པ་ཉིད་དུ་ག་ལ་འགྱུར། །འགྲོ་བ་པོ་ཉིད་ཀྱི་རྒྱུ་མེད་པའི་ཕྱིར་རོ་ཞེས་བྱ་བར་དགོངས་སོ། །ག་ལ་ཞེས་བྱ་བའི་སྒྲ་ནི་ཡིད་མི་ཆེས་པ་སྟེ། འགྲོ་བ་པོ་མེད་དོ་ཞེས་བྱ་བའི་ཚིག་གི་དོན་ཏོ། །རྒྱས་པར་ནི་སྔ་མ་བཞིན་ནོ། །འགྲོ་བ་པོ་མ་གྲུབ་པས་གཞི་ཡོད་པའི་ཕྱིར་རོ་ཞེས་བྱ་བའི་གཏན་ཚིགས་ཀྱི་དོན་མ་གྲུབ་པ་ཉིད་དམ། དོན་འགལ་བ་ཉིད་དོ། །འདིར་སྨྲས་པ། འོ་ན་འགྲོ་བ་གྲུབ་པར་བྱ་བའི་རྗེས་སུ་དཔག་པ་གཞན་འདི་ཉོན་ཅིག འགྲོ་བ་ཡོད་པ་ཁོ་ནར་ངེས་ཏེ། དེས་དེ་

དང་ལྡན་པའི་ཐ་སྙད་ཡོད་པའི་ཕྱིར་རོ། །འདི་ན་གང་མེད་པ་ལ་ནི་དེས་དེ་དང་ལྡན་པར་མི་སྟོན་ཏེ། དཔེར་ན་རི་བོང་རྭ་ཅན་ཞེས་མི་སྟོན་པ་བཞིན་ནོ། །ལྷས་བྱིན་འགྲོ་བ་པོ་ཞེས་འགྲོ་བས་དེ་དང་ལྡན་པའི་ཐ་སྙད་འདི་ཡོད་པས་དེས་ན་འགྲོ་བ་ཡོད་པའི་ཕྱིར་བསམས་པའི་དོན་འགྲུབ་བོ། །འདིར་བཤད་པ། འདི་ལ་ལྷས་བྱིན་འགྲོ་བ་པོ་ཞེས་བྱ་བའི་ཐ་སྙད་འདི་དོན་དམ་པར་འགྲོ་བ་པོའི་ཡིན་པར་འདོད་དམ། འགྲོ་བ་པོ་མ་ཡིན་པའི་ཡིན་པར་འདོད༏ དེ་ལ་རེ་ཞིག་འགྲོ་བ་པོ་མི་འགྲོ་སྟེ། རེ་ཞིག་ཅེས་བྱ་བའི་སྒྲ་ནི་རིམ་པ་ལ་ལྟོས་པའོ༏ ༏འགྲོ་བ་པོ་མི་འགྲོ་སྟེ་ཞེས་བྱ་བ་ནི། དམ་བཅའ་བ་ཉེ་བར་གཞག་པའོ། །བདག་གི་ཚིག་ཏུ་བསྟན་པ་ནི་འདི་ལྟར་གང་དག་སྒྲ་ཙམ་གྱི་རྗེས་སུ་འབྲང་བ། ཆོས་རབ་ཏུ་འབྱེད་པ་ལ་མི་མཁས་པ། ལྟ་བ་ངན་པས་བློ་གྲོས་ཉམས་པར་གྱུར་པ། ཚུལ་ཁྲིམས་དང་། བསམ་གཏན་དང་། ཤེས་རབ་ལ་རྒྱབ་ཀྱིས་ཕྱོགས་པ། རང་ཡང་ལམ་གོལ་བར་ཞུགས་ཤིང་༏ གཞན་དག་ཀྱང་། གསང་ཚིག་སྒྲ་དང་ཡིག་འབྲུས་ཉམས་གྱུར་ན། །ལོག་པར་སྦྱར་བས་དེ་ཡི་དོན་མི་སྟོན། །རྡོ་རྗེའི་ཚིག་དེས་མཚོད་སྦྱིན་བྱེད་བརླག་སྟེ། །དབང་པོའི་དགྲ་བོ་སྒྲ་ཡིས་བརླག་པ་བཞིན། །ཞེས་བྱ་བ་དང་། ལྷ་མ་ཡིན་དེ་དག་གིས་ཧེ་ལ་ཡོ་ཧེ་ལ་ཡ་ཞེས་སྨྲས་པ་ན་ཟིལ་གྱིས་ནོན་པར་གྱུར་པ་དང་། མི་བསླབ་པ་ཚིག་ཟུར་ཆག་སྨྲས་ནས་ཚིག་ལྡན་མའི་སྒྲུབ་མཆོད་སྦྱོང་སེལ་ཅན་སྤྱོད་པར་བྱེད་པ་ལ་སོགས་པ་དང་། སྒྲ་གཅིག་ལེགས་པར་སྦྱར་ན་ཡང་ལེགས་པ་བྱེད་པ་རྣམས་ཀྱི་འཇིག་རྟེན་དུ་འགྲོ་བར་བྱེད་དོ་ཞེས་བྱ་བ་དང་། འདི་སྐད་ཅེས་གཞན་གྱི་ཚིག་ཅན་དང་། བདག་གི་ཚིག་ཅན་དང་། གཉི་གའི་ཚིག་ཅན་གྱི་སྐད་ཀྱི་བྱིངས་ངེས་པར་གནས་པའི་རང་གི་ངོ་བོ་རྣམས་ནི་རྗེས་སུ་སྨྲ་བ་ཁོ་

ནར་ཟད་པས་བདག་གི་ཚིག་ཅན་ཉིད་ཀྱི་བརྡར་གདགས་སུ་མི་རུང་ངོ་ཞེས་ཟེར་བས་དེར་འཛོད་པར་བྱེད་པ་དག་དེ་ལ་མངོན་པར་ཞེན་པ་སྤང་བའི་ཕྱིར་རོ། །དེ་དག་ལ་འདི་སྐད་ཅེས་བརྗོད་པར་བྱ་སྟེ། གཞན་གྱི་ཚིག་ཅན་གྱི་སྐད་ཀྱི་བྱིངས་དག་ནི། གཞན་གྱི་ཚིག་ཅན་གྱི་ངོ་བོ་ཉིད་དག་མ་ཡིན་ཏེ། གཉི་གའི་ཚིག་ཅན་ཉིད་མ་ཡིན་པ་དང་། སྐད་ཀྱི་བྱིངས་ཡིན་པའི་ཕྱིར་བདག་གི་ཚིག་ཅན་བཞིན་ནོ། །བདག་གི་ཚིག་ཅན་གྱི་སྐད་ཀྱི་བྱིངས་དག་ལ་ཡང་དེ་སྐད་བརྗོད་པར་བྱའོ། །དེ་བཞིན་དུ་གཉི་གའི་ཚིག་ཅན་གྱི་སྐད་ཀྱི་བྱིངས་དག་ཀྱང་གཉི་གའི་ཚིག་ཅན་གྱི་ངོ་བོ་ཉིད་དག་མ་ཡིན་ཏེ། སྐད་ཀྱི་བྱིངས་ཡིན་པའི་ཕྱིར་དེ་ལས་གཞན་བཞིན་ནོ། །ངེས་པར་སླུ་བ་དག་ལ་ནི་ཁྱད་པར་ཅན་གྱིས་སྒྱུར་བའི་སྒྲའི་རྗེས་སུ་སླུ་བའི་ཕྱིར་དང་། སྒྱུར་བ་རྣམ་པར་དབྱེ་བ་ལ་སོགས་པའི་རིམ་གྱིས་འགྲོ་བ་དག་གིས་ཚིག་ཅན་ཉིད་དུ་འགྲུབ་པས་ཀུན་རྫོབ་ཏུ་གནོད་པ་མེད་དོ་ཞེས་བརྗོད་པར་བྱའོ། །འགྲོ་བ་པོ་ནི་མི་འགྲོ་སྟེ་ཞེས་བྱ་བ་འདི་ལ། འགྲོ་བ་པོ་ནི་བྱ་བ་དང་ལྡན་པའི་ཕྱིར་དེའི་ཆོས་ནི་བྱ་བ་དང་ལྡན་པ་ཉིད་ཡིན་ནོ། །དཔེ་ནི་བསྒྲུབ་པར་བྱ་བ་དང་། སྒྲུབ་པའི་ཆོས་ཀྱི་དབང་གིས་ཏེ། དེ་ལས་གཞན་པ་ཡིན་ནོ། །འདིར་སྒྱུར་བའི་ཚིག་ནི་དོན་དམ་པར་འགྲོ་བ་པོ་མི་འགྲོ་སྟེ། བྱ་བ་དང་ལྡན་པའི་ཕྱིར་སྡོད་པ་པོ་བཞིན་ཏེ། དེ་ལྟར་རེ་ཞིག་འགྲོ་བ་པོ་མི་འགྲོའོ། །གཞན་དག་ན་རེ། འགྲོ་བ་པོ་མ་ཡིན་པ་འགྲོ་བས་ཁོ་བོ་ཅག་ལ་སྒྲུབ་པ་དེས་མི་གནོད་དོ་ཞེས་ཟེར་རོ། །འདིར་བཤད་པ། འགྲོ་བ་པོ་མིན་འགྲོ་བ་མིན། །གང་གི་ཚེ་ཐ་སྙད་དུ་འགྲོ་བ་དང་ལྡན་པར་གྲགས་པའི་འགྲོ་བ་པོ་ཡང་འགྲོ་བར་མི་འཐད་པ་དེའི་ཚེ། འགྲོ་བ་པོ་མ་ཡིན་པ་འགྲོ་བས་སྟོང་པ་ནི་མི་འགྲོ་བ་ཁོ་ན་ཡིན་ཏེ།

འགྲོ་བ་དང་བྲལ་བའི་ཕྱིར་རོ་ཞེས་བྱ་བར་དགོངས་སོ། །གལ་ཏེ་འགྲོ་བ་པོ་མ་ཡིན་ན་ནི་ཇི་ལྟར་འགྲོ། འོན་ཏེ་འགྲོ་ན་ནི་འགྲོ་བ་པོ་མ་ཡིན་པ་ཞེས་བྱར་མི་རུང་ངོ་། །ཡང་ན། འགྲོ་བ་པོ་མིན་འགྲོ་བ་མིན། །ཞེས་བྱ་བ་ནི། ཆོས་མཐུན་པའི་དཔེ་ཉེ་བར་གཞག་པ་ཡིན་ནོ༑ ༑འདི་ལ་འགྲོ་བ་དང་མི་ལྡན་པ་ཉིད་ཀྱིས་འགྲོ་བ་པོ་མ་ཡིན་པ་ནི་བསྒྲུབ་པར་བྱ་བ་ཡིན་པར་ཤེས་པར་བྱ་སྟེ། འགྲོ་བ་པོ་མིན་འགྲོ་བ་མིན། །ཞེས་བྱ་བའི་དབང་དུ་བྱས་པའི་ཕྱིར་རོ། །འགྲོ་བ་པོ་མ་ཡིན་པའི་ཆོས་ནི། འགྲོ་བ་དང་བྲལ་བ་ཉིད་ཡིན་པས་སྒྲུབ་པའི་ཆོས་མཐོན་ནོ། །དེའི་ཕྱིར་སྦྱོར་བའི་ཚིག་ནི་དོན་དམ་པར་འགྲོ་བ་པོ་མ་ཡིན་པ་ཡང་མི་འགྲོ་སྟེ། འགྲོ་བ་དང་བྲལ་བའི་ཕྱིར་དེ་ལས་གཞན་པ་བཞིན་ནོ། །གཟེགས་ཟན་པའི་ཕྱོགས་དག་དང་། རང་གི་སྡེ་པ་དག་ལ་ཡང་དེ་བཞིན་དུ་བརྗོད་པར་བྱའོ། །གྲངས་ཅན་དག་གྲུབ་པ་ལ་སྒྲུབ་པའི་སྐྱོན་ཉེ་བར་འདོགས་པ་དག་ལ་བརྒལ་ཞིང་བརྟག་པར་བྱ་སྟེ། འགྲོ་བ་པོ་མ་ཡིན་པ་དེ་གང་ཡིན། གལ་ཏེ་འགྲོ་བ་མི་གསལ་བའོ་ཞེ་ན་ནི། རྗེས་སུ་དཔག་པའི་གནོད་པ་ཇི་སྐད་བཤད་པ་ཉིད་བརྗོད་པར་བྱའོ། །གལ་ཏེ་འགྲོ་བ་པོའི་སྔོན་རོལ་གྱི་གནས་སྐབས་སོ་ཞེ་ན་ནི་རང་གི་རྗེས་སུ་དཔག་པ་ལ་གནོད་དེ། འགྲོ་བ་པོའི་སྔོན་རོལ་གྱི་གནས་སྐབས་ན་སྡོད་པ་པོ་ལ་སོགས་པའི་གཟུགས་འཆང་བ་རྣམས་ཀྱང་འགྲོ་བ་པོ་མ་ཡིན་པའི་ཕྱིར་རོ། །གལ་ཏེ་འགྲོ་བ་པོ་མེད་པའོ་ཞེ་ན་ནི་ཕྱོགས་སྔ་མ་ལ་གནོད་དེ། འགྲོ་བ་པོ་མ་ཡིན་པའི་སྒྲས་འགྲོ་བ་པོ་མེད་པར་ཁས་མ་བླངས་པའི་ཕྱིར་རོ། །གཞན་དག་ན་རེ་རྣམ་གྲངས་ལས་འགྲོ་བ་པོ་དང་། འགྲོ་བ་པོ་མ་ཡིན་པའི་འགྲོ་བ་ཁས་བླངས་པ་ལ་ཇི་སྐད་བཤད་པའི་སྐྱོན་ལྡོག་གོ་ཞེས་ཟེར་རོ། །འདིར་བཤད་པ་སློབ་དཔོན་

གྱིས་འགྲོ་བ་པོ་དང་། འགྲོ་བ་པོ་མ་ཡིན་པ་འཚོལ་བའི་རང་བཞིན་གཞན་ནི་འགྲོ་བའི་བྱ་བ་དང་མི་ལྡན་ཞིང་མེད་པ་ཉིད་ཀྱིས་བཤད་པ། འགྲོ་པོ་འགྲོ་པོ་མིན་ལས་གཞན། །གསུམ་པ་གང་ཞིག་འགྲོ་བར་འགྱུར། །དེ་ལྟ་བུ་དེ་ནི་མེད་པ་ཁོ་ན་ཡིན་ནོ་ཞེས་བྱ་བར་དགོངས་ཏེ། འགྲོ་བ་པོ་ཡིན་པར་ཡང་འགྱུར་ལ། འགྲོ་བ་པོ་མ་ཡིན་པར་ཡང་འགྱུར་བ་དེ་ནི་བསྟན་པར་དཀའ་བའི་ཕྱིར་རོ། །འདི་ལ་རྣམ་གྲངས་ཀྱི་ཚུལ་གྱི་ཐམ་ལག་དག་གིས་དགག་པ་མི་མཐུན་པའི་སྐྱོན་དུ་འགྱུར་བས། གདོན་མི་ཟ་བར་འགའ་ཞིག་ལ་ལྟོས་ནས་འགྲོ་བ་པོར་འགྱུར་ལ། འགའ་ཞིག་ལ་ལྟོས་ནས་འགྲོ་བ་པོ་མ་ཡིན་པར་འགྱུར་རོ་ཞེས་རྣམ་གཉིས་སུ་སྨྲ་བ་ཡོངས་སུ་གཟུང་བར་བྱ་བ་ཡིན་ནོ། །དེའི་ཚེ་ཡང་འགྲོ་བ་པོ་དང་། འགྲོ་བ་པོ་མ་ཡིན་པའི་ཕྱོགས་སུ་བསྟན་པའི་རྗེས་སུ་དཔག་པའི་གནོད་པར་འགྱུར་བས་འདོད་པའི་དོན་མི་འགྲུབ་བོ། །ཅི་སྟེ་བྱ་བ་དང་ལྡན་པ་ཉིད་ཅེས་བྱ་བ་ནི་མཐུན་པའི་ཕྱོགས་ལ་ཁྱབ་པ་མ་ཡིན་པའི་ཕྱིར་གཏན་ཚིགས་ཀྱི་དོན་མ་གྲུབ་པ་ཉིད་དོ་ཞེ་ན། དེ་ནི་བཟང་པོ་མ་ཡིན་ཏེ། བྱ་བ་དང་ལྡན་པ་ཉིད་ནི་མི་འགྲོ་བ་ཁོ་ནའོ་ཞེས་ངེས་པར་གཟུང་བའི་ཕྱིར་ཏེ། དཔེར་ན་བརྩལ་མ་ཐག་ཏུ་འབྱུང་བ་ཉིད་ནི་མི་རྟག་པ་ཁོ་ནའོ་ཞེས་ངེས་པར་བཟུང་བས་ཁྱབ་པ་མ་ཡིན་ཡང་ཕྱོགས་ཀྱི་ཆོས་གཏན་ཚིགས་ཉིད་དུ་འདོད་པའི་ཕྱིར་རོ། །བྱ་བ་དང་ལྡན་པ་ཉིད་ལ་ཡང་འགྲོ་བ་དགག་པའི་ཕྱིར་གཏན་ཚིགས་ཀྱི་དོན་མ་གྲུབ་པ་ཉིད་མ་ཡིན་ནོ། །འདིས་འགྲོ་བ་དང་བྲལ་བ་ཉིད་གཏན་ཚིགས་ཡིན་པར་ཡང་ལན་བཏབ་པ་ཡིན་ནོ། །ཅི་སྟེ་སྡོད་པ་པོ་ནི་འགྲོ་བ་པོ་མ་ཡིན་པར་ཡང་འགྱུར་ལ། འགྲོ་བ་པོར་ཡང་འགྱུར་བས་སྡོད་པ་པོ་ཁས་བླངས་པས་དཔེ་མེད་དེ། བསྒྲུབ་པར་བྱ་བ་ཆོས་ཀྱི་

ཕྱོགས་གཅིག་དང་མི་ལྡན་པའི་ཕྱིར་རོ་ཞེ་ན། བསྒྲུབ་པར་བྱ་བའི་ཆ་གཉི་ག་ལ་གྲགས་པས་སྨོད་པ་པོ་དཔེར་རུང་བའི་ཕྱིར་སྐྱོན་མེད་དོ། །དེའི་ཕྱིར་གལ་ཏེ་དེ་ལྟ་ན་འདི་ལ་འགྲོ་ཞེས་བྱ་བའི་ཐ་སྙད་འགའ་ཡང་མི་འཐད་པས་དེས་ན་དེ་དང་ལྡན་པའི་ཐ་སྙད་ཡོད་པའི་ཕྱིར་རོ་ཞེས་བྱ་བའི་གཏན་ཚིགས་ཀྱི་དོན་མ་གྲུབ་པ་ཉིད་དོ། །དཔེ་ཡང་མེད་དེ་བསྒྲུབ་པར་བྱ་བ་ཆོས་དང་མི་ལྡན་པའི་ཕྱིར་རོ། །གཏན་ཚིགས་ཀྱི་དོན་འགལ་བ་ཉིད་ཀྱང་ཡིན་ནོ༔ ༔འདིར་སྨྲས་པ། འགྲོ་བ་པོ་འགྲོའོ་ཞེས་བརྗོད་པ་མཐོང་སྟེ། མཐོང་བ་ལས་ཆེས་ལྷག་པ་གཞན་མེད་པས་གཏན་ཚིགས་ལ་སོགས་པ་མ་གྲུབ་པ་མ་ཡིན་ནོ། །འདིར་བཤད་པ༔ བདེན་མོད་ཀྱི་དེ་ནི་ཐ་སྙད་དུ་གཏོགས་པའི་བློ་གྲོས་ཀྱིས་མཐོང་བ་ཡིན་ནོ། །དེ་ཉིད་དོན་དམ་པར་བརྟག་པར་བྱ་སྟེ། ཅི་མཐོང་བ་དེ་ཇི་ལྟར་མཐོང་བ་དེ་བཞིན་ནམ། འོན་ཏེ་གཞན་ཞིག་ཡིན། དེ་ལ་རེ་ཞིག་དེ་བཞིན་ནོ་ཞེ་ན་ནི། ཤེས་པར་བྱར་མི་ནུས་ཏེ། ཇི་ལྟ་ཞེ་ན༔ རེ་ཞིག་འགྲོ་པོ་འགྲོའོ་ཞེས། །ཇི་ལྟར་འཐད་པ་ཉིད་དུ་འགྱུར། །མི་འཐད་པ་ཉིད་དོ་ཞེས་བྱ་བའི་ཚིག་གི་དོན་ཏེ་དཔེར་ན་གཡུལ་ངོར་འབྲོས་པ་ལ་གཞོལ་བ་ཇི་ལྟར་དཔའ་བོ་ཡིན་ཞེས་བྱ་བ་བཞིན་ནོ། །ཇི་ལྟར་མི་འཐད་ཅེ་ན། དེ་སྟོན་པར་བྱེད་པ་ནི། །འགྲོ་བ་མེད་ན་འགྲོ་བ་པོ། །ནམ་ཡང་འཐད་པར་མི་འགྱུར་རོ། །འགྲོ་བ་ཇི་ལྟར་མེད་པ་དེ་ལྟར་ནི་དང་པོ་ཁོ་ནར། རེ་ཞིག་སོང་ལ་འགྲོ་མེད་དེ། །ཞེས་བྱ་བ་ལ་སོགས་པ་དང་། འགྲོ་བ་སྐྱེ་བ་དགག་པ་དེར་བསྟན་ཟིན་ཏོ། །ཡང་ན། རེ་ཞིག་འགྲོ་པོ་མི་འགྲོ་སྟེ། ཞེས་བྱ་བ་ནི་དམ་བཅས་པ་ཉེ་བར་བཞག་པ་ཡིན་ལ། རེ་ཞིག་འགྲོ་པོ་འགྲོའོ་ཞེས། །ཇི་ལྟར་འཐད་པ་ཉིད་དུ་འགྱུར། །ཞེས་བྱ་བ་ལ་སོགས་པ་ནི་དེ་སྟོན་པར་བྱེད་པ་ཡིན་ཏེ། ཇི་སྐད་བཤད་པ

བཞིན་དུ་རྣམ་པར་བཤད་པར་བྱའོ། །དེའི་ཕྱིར་དེ་ལྟར་དོན་དམ་པར་འགྲོ་བ་མེད་པ་བཞིན་དུ་འགྲོ་བ་པོ་ཡང་དག་པ་མ་ཡིན་ཡང་སྒྲོ་བཏགས་ནས་འགྲོ་བ་པོ་འགྲོའོ་ཞེ་ན། གང་གི་ཕྱོགས་ལ་འགྲོ་བ་པོ། །འགྲོ་བ་དེ་ལ་འགྲོ་མེད་པའི། །འགྲོ་པོ་ཡིན་པར་ཐལ་འགྱུར་ཏེ། །འགྲོ་པོ་འགྲོ་བར་འདོད་ཕྱིར་རོ། །སླུ་བ་གང་གི་ཕྱོགས་ལ་འགྲོ་བ་པོ་འགྲོ་བར་འདོད་པ་དེ་ལ་འགྲོ་བ་མེད་པའི་འགྲོ་བ་པོ་ཡིན་པར་ཐལ་བར་འགྱུར་ཏེ། ཅིའི་ཕྱིར་ཞེ་ན། འདི་ལྟར་འགྲོ་བ་པོ་འགྲོ་བར་འདོད་པའི་ཕྱིར་ཏེ། འདི་ལྟར་འགྲོ་བ་མེད་ན་འགྲོ་བ་པོ་ལ་འགྲོ་བ་དེ་དང་ལྡན་པའི་ཕྱིར་རོ་ཞེས་བྱ་བར་དགོངས་སོ། །ཡང་ན་འགྲོ་བ་གཅིག་པུ་ཞིག་ཡོད་པ་དེ་དག་ནི་འགྲོའོ་ཞེས་བྱ་བ་དེ་ལ་ཡོངས་སུ་རྫོགས་པར་བྱས་པའི་ཕྱིར་རོ། །ཅི་སྟེ་སྐྱོན་དེ་ཡོངས་སུ་སྤང་བར་འདོད་པས་འགྲོ་བ་པོ་དོན་དམ་པ་པའི་འགྲོ་བ་དང་ལྡན་པར་འདོད་ན་དེ་ལྟ་ན་ཡང་། གལ་ཏེ་འགྲོ་པོ་འགྲོ་གྱུར་ན། །འགྲོ་བ་གཉིས་སུ་ཐལ་འགྱུར་ཏེ། །གང་གིས་འགྲོ་པོར་མངོན་པ་དང་། །འགྲོ་པོར་གྱུར་ནས་གང་འགྲོ་བའོ།། གལ་ཏེ་འགྲོ་བ་པོ་གང་འགྲོ་བ་དང་ལྡན་པར་གྱུར་ན་འགྲོ་བ་གཉིས་སུ་ཐལ་བར་འགྱུར་ཏེ༑ ཇི་ལྟ་ཞེ་ན། འགྲོ་བ་གང་གིས་འགྲོ་བ་པོ་ཞེས་བྱ་བར་མངོན་པ་དང་འགྲོ་བ་པོར་གྱུར་ནས་འགྲོ་བའི་འགྲོ་བ་གང་ཡིན་པའོ། །དེ་ལྟ་ན། འགྲོ་བ་གཉིས་སུ་ཐལ་འགྱུར་ན།། འགྲོ་བ་པོ་ཡང་གཉིས་སུ་འགྱུར། །གང་ཕྱིར་འགྲོ་པོ་མེད་པར་ནི། །འགྲོ་བ་འཐད་པར་མི་འགྱུར་ཕྱིར། །ཞེས་བྱ་བའི་སྐྱོན་འདི་ཡང་ཡོད་དེ། བྱ་བ་ནི་གཞི་ལ་རག་ལས་པའི་ཕྱིར་རོ་ཞེས་བྱ་བར་དགོངས་སོ། །འགྲོ་བ་མེད་པའི་འགྲོ་བ་པོ་ཉིད་དང་། འགྲོ་བ་གཉིས་དང་། འགྲོ་བ་པོ་གཉིས་སུ་འགྱུར་བ་དེ་ཡང་མི་འདོད་དེ། ཇི་ལྟར་འདོད་ཅེ་ན། འགྲོ་བ་པོ་ལ་

འགྲོ་བ་ཡོད་པ་དང་། འགྲོ་བ་ཡང་གཅིག་ཁོ་ན་དང་འགྲོ་བ་པོ་ཡང་གཅིག་ཁོ་ནར་འདོད་དོ༔ ༔དེ་ཡང་ཀུན་རྫོབ་ཏུ་འགྲུབ་ཀྱང་དོན་དམ་པར་མི་འགྲུབ་པས་དཔེ་མེད་པའི་ཕྱིར་ཕ་རོལ་པོས་སྨྲས་པའི་སྒྲུབ་པ་མི་འགྲུབ་བོ། །ཕྱིར་རྒོལ་བ་དག་འགྲོ་བ་ནི་ཡོད་པ་ཁོ་ན་ཡིན་ཏེ༔ དེའི་རྩོམ་པ་ཡོད་པའི་ཕྱིར་རོ། །འདི་ན་གང་མེད་པ་དེ་ལ་ནི་རྩོམ་པ་མེད་དེ། དཔེར་ན་ནམ་མཁའི་མེ་ཏོག་གི་ཕྲེང་བ་ལ་རྩོམ་པ་མེད་པ་བཞིན་ནོ། །སྔོད་པར་གྱུར་པ་ལ་ནི་རབ་ཏུ་གཡོ་བའི་མཚན་ཉིད་ཀྱི་འགྲོ་བ་རྩོམ་པ་ཡོད་པས། དེའི་ཕྱིར་འགྲོ་བ་ཡོད་པ་ཁོ་ནའོ་ཞེ་ན། འདིར་བྱ་གག་ཆོན་སྣ་ཚོགས་དང་ལྡན་པ་ཉིད་ཁ་དོག་གཞན་དུ་བསྒྱུར་ཏེ། ཉེ་བར་འཇོག་པ་བཞིན་དུ། སྔར་ལན་བཏབ་ཟིན་པ་ཉིད་ཚིག་གཞན་གྱིས་ཉེ་བར་བཞག་པས་འདི་ལྟ་སྟེ། སློབ་དཔོན་གྱིས་འདིར་འགྲོ་བའི་རྩོམ་པ་དེ་ཉིད་ཅི་སོང་བའམ། མ་སོང་བའམ༔ འོན་ཏེ་བགོམ་པ་ལ་ཡོད་ཅེས་ཁྱོད་ལ་བརྒལ་ཞིང་བརྟགས་ན་སྔ་མ་བཞིན་དུ་རྣམ་པ་ཐམས་ཅད་མི་འཐད་པར་བསྟན་པར་བཞེད་པས་བཤད་པ། སོང་ལ་འགྲོ་བའི་རྩོམ་མེད་དེ། །དེ་ལ་འགྲོ་བའི་བྱ་བ་འདས་ཟིན་པའི་ཕྱིར་རོ། །མ་སོང་བ་ལའང་འགྲོ་རྩོམ་མེད། །མ་སོང་བ་འགྲོ་བས་སྟོང་པ་ལ་འགྲོ་བ་མེད་པའི་ཕྱིར་རོ། །བགོམ་ལ་རྩོམ་པ་ཡོད་མ་ཡིན་། །སོང་བ་དང་མ་སོང་བ་མ་གཏོགས་པར་བགོམ་པ་རྟག་ཏུ་མེད་པའི་ཕྱིར་རོ༔ ༔གང་དུ་འགྲོ་བ་རྩོམ་པར་བྱེད། །འོ་ན་གང་གིས་ཇི་སྐད་སྨྲས་པའི་གཏན་ཚིགས་འགྲུབ་པས་འདོད་པའི་དོན་འགྲུབ་པར་འགྱུར་བ་དེ་ད་སྨྲོས་ཤིག དེས་ན་འདིར་སོང་བ་དང་༔ མ་སོང་བ་དང་། བགོམ་པ་དག་ལ་རྩོམ་པ་མེད་པར་བསྟན་ཏོ་ཞེས་བྱ་བའི་ཚིག་གི་དོན་ཏོ། །དེ་ལྟར་ན་འདིར་སྦྱོར་བའི་ཚིག་དག་ཏུ་འགྱུར་བ་ནི་སོང་བ་ལ་འགྲོ་བའི་རྩོམ་པ་

མེད་དེ། ལམ་ཡིན་པའི་ཕྱིར་དཔེར་ན་མ་སོང་བའི་ལམ་བཞིན་ནོ། །ཡང་ན་མ་སོང་བ་ལ་འགྲོ་བའི་རྩོམ་པ་མེད་དེ། མ་སོང་བའི་ཕྱིར་དཔེར་ན་འགྲོ་བར་འདོད་པ་ལས་གཞན་པའི་མ་སོང་བ་བཞིན་ནོ། །དེ་བཞིན་དུ་བགོམ་པ་ལ་ཡང་འགྲོ་བའི་རྩོམ་པ་མི་འཐད་དེ། ལམ་ཡིན་པའི་ཕྱིར་དཔེར་ན། དེ་ལས་གཞན་པ་བཞིན་ནོ། །དེའི་ཕྱིར་དེ་ལྟར་རྩོམ་པ་མེད་པས། རྩོམ་པའི་གཏན་ཚིགས་ཀྱི་དོན་མ་གྲུབ་པ་ཉིད་དང་། ཐུན་མོང་མ་ཡིན་པ་ཉིད་དོ༑ ༑རྒྱུས་པར་ནི་སྔ་མ་བཞིན་ནོ། །འདིར་སྨྲས་པ། འོ་ན་འགྲོ་བ་རྣམ་པ་གཞན་གྱིས་ཡོད་པར་ཤེས་པར་བྱ་སྟེ། རང་གི་གནས་སྐབས་ལས་གཞན་དུ་འགྱུར་བ་དང་ལྡན་པའི་དངོས་པོ་ལ་བརྗོད་པ་ཁྱད་པར་ཅན་འཇུག་པའི་རྒྱུ་ཡོད་པའི་ཕྱིར་རོ། །འདི་ན་གང་མེད་པ་དེ་ལ་ནི་རང་གི་གནས་སྐབས་ལས་གཞན་དུ་གྱུར་པ་དང་ལྡན་པའི་དངོས་པོ་ལ་བརྗོད་པ་ཁྱད་པར་ཅན་འཇུག་པའི་རྒྱུ་མེད་དེ། དཔེར་ན། དམུས་ལོང་མིག་གི་རྣམ་པར་ཤེས་པ་དག་བྲལ་བ་ལ་དམུས་ལོང་གིས་མཐོང་ངོ་། །དམུས་ལོང་ལྟོས། །ལྟ་བར་འགྱུར་རོ་ཞེས་བརྗོད་པ་ཁྱད་པར་ཅན་འཇུག་པའི་རྒྱུ་མེད་པ་བཞིན་ནོ། །འགྲོ་བ་རང་གི་གནས་སྐབས་ལས་གཞན་དུ་གྱུར་པ་དང་ལྡན་པའི་དངོས་པོ་ལ་ནི་བརྗོད་པ་ཁྱད་པར་ཅན་འཇུག་པའི་རྒྱུ་ཉིད་ཡོད་དེ། གང་དུ་དེ་ཞུགས་ཟིན་པ་དེ་ནི་སོང་བ་ཡིན་ལ། གང་དུ་དེ་འཇུག་པ་དེ་ནི་བགོམ་པ་ཡིན། གང་དུ་དེ་མ་ཞུགས་པ་དེ་ནི་མ་སོང་བ་ཡིན་པས་དེའི་ཕྱིར་ཇི་སྐད་སྨྲས་པའི་གཏན་ཚིགས་ཀྱི་མཐུ་ཉིད་ཀྱིས་འགྲོ་བ་ཡོད་པ་ཁོ་ན་ཡིན་པས་སྐབས་ཀྱི་དོན་འགྲུབ་བོ༑ ༑འདིར་བཤད་པ། གང་གི་ཕྱིར་འགྲོ་བའི་སྐྱེ་བ་ཡོད་པར་གྱུར་ན་ནི་གང་དུ་དེ་ཞུགས་ཟིན་པ་དེ་ནི་སོང་བ་ཡིན་ལ། གང་དུ་དེ་འཇུག་པ་དེ་ནི་བགོམ་པ་ཡིན། གང་དུ་དེ་

མ་ཞུགས་པ་དེ་ནི་མ་སོང་བ་ཡིན་ནོ་ཞེས་བྱ་བར་ཡང་འགྱུར་བ་ཞིག་ན་འགྲོ་བ་ཡང་མེད་དོ་ཞེས་བསྟན་ཟིན་ཏོ། །འགྲོ་བ་ཡོད་པར་གྱུར་ན་ཡང་། །འགྲོ་བ་རྩོམ་པའི་སྔ་རོལ་ན། །གང་དུ་འགྲོ་བ་རྩོམ་འགྱུར་བ། །བགོམ་པ་མེད་ཅིང་སོང་བ་མེད། །མ་སོང་འགྲོ་བ་ག་ལ་ཡོད༑ ༑འགྲོ་བ་རྩོམ་པའི་སྔ་རོལ་ན། །གང་དུ་འགྲོ་བ་རྩོམ་པར་འགྱུར་བའི་བགོམ་པ་མེད་ཅིང་འགྲོ་བས་སྟོང་ངོ་། །སོང་བ་ཡང་མེད་དེ། འགྲོ་བ་དང་མི་ལྡན་པ་ལ་དེ་མི་འཐད་དོ་ཞེས་བྱ་བར་དགོངས་སོ། །དེ་ལྟར་འགྲོ་བས་སྟོང་ན་འགྲོ་བ་མི་འཐད་པར་སྟོན་པའི་རྗེས་སུ་དཔག་པ་སྔར་བསྟན་པ་དག་ཡོད་པས་དམ་བཅས་པ་ལ་རྗེས་སུ་དཔག་པས་གནོད་པའི་ཕྱིར་མ་སོང་བ་ལ་འགྲོ་བ་ག་ལ་ཡོད་དེ་འགྲོ་བ་མེད་དོ་ཞེས་བྱ་བའི་ཐ་ཚིག་གོ ༑དེའི་ཕྱིར་དེ་ལྟར་གང་གི་ཚེ་དོན་དམ་པར་འགྲོ་བའི་རྣམ་པར་རྟོག་པ་ཇི་ལྟར་ཡང་མི་སྲིད་པ་དེའི་ཚེ། འགྲོ་རྩོམ་རྣམ་པ་ཐམས་ཅད་དུ། །སྣང་བ་མེད་པ་ཉིད་ཡིན་ན། །སོང་བ་ཅི་ཞིག་བགོམ་པ་ཅི། །མ་སོང་ཅི་ཞེས་རྣམ་པར་བརྟག །ཉིད་ཡིན་ན་ཞེས་བྱ་བའི་སྒྲ་ནི་ངེས་པར་གཟུང་བའི་དོན་ཏེ། འདིར་སྣང་བ་མེད་པ་ཉིད་ཡིན་ན་ཞེས་བྱ་བར་བལྟ་བར་བྱའོ༑ ༑གཞན་དུ་ན་འགྲོ་བ་ཉིད་ཀྱི་ཡིན་གྱི། གཞན་གྱི་མ་ཡིན་པར་ཤེས་པར་འགྱུར་རོ༎

རབ་རིབ་ཅན་སྐྲ་དང་སྦྲང་བུ་དང་། སྦྲང་བུ་མཆུ་རིངས་ལ་སོགས་པ་ཡང་དག་པ་མ་ཡིན་པ་ལ་རྣམ་པར་རྟོག་པ་དང་འདྲའོ། །འགྲོ་བ་མེད་པའི་ཕྱིར་བུམ་སྐྲ་འགྲེང་གི་མདུང་ཐུང་བཞིན་དུ་ཁྱོད་ལ་སྐྱོན་དེ་ཉིད་རྗེས་སུ་འབྲང་ངོ་། །གཞན་དག་ན་རེ་དོན་དམ་པར་འགྲོ་བ་ཡོད་པ་ཁོ་ན་ཡིན་ཏེ། མི་མཐུན་པ་ཡོད་པའི་ཕྱིར་རོ། །འདི་ན་གང་དང་གང་ལ་མི་མཐུན་པ་ཡོད་པ་དེ་དང་དེ་ཡོད་པར་སྣང་སྟེ། དཔེར་ན་སྣང་བའི་མི་མཐུན་པ་མུན་པ་ཡོད་པ་

བཞིན་ནོ། །འགྲོ་བ་ལ་ཡང་མི་མཐུན་པ་སྟོང་པ་ཡོད་པས་དེའི་ཕྱིར་འགྲོ་བ་ཡོད་པ་ཁོ་ནའོ་ཞེས་ཟེར་རོ། །འདིར་བཤད་པ། དེ་ཡང་ཁྱོད་ལ་བརྒལ་ཞིང་བརྟག་པ་ཡོད་དེ་ཁྱོད་སྟོང་པ་སུའི་ཡིན་པར་སེམས་ཏེ་འགྲོ་བ་པོའི་ཡིན་ནམ་འོན་ཏེ་འགྲོ་བ་པོ་མ་ཡིན་པའི་ཡིན༏ དེ་ལ་གལ་ཏེ་འགྲོ་བ་པོའི་ཡིན་སྙམ་ན། རེ་ཞིག་འགྲོ་པོ་མི་སྟོང་དེ། །རེ་ཞིག་ཅེས་བྱ་བའི་སྒྲ་ནི་རིམ་པ་ལ་ལྟོས་པའོ། །འགྲོ་བ་པོ་མི་སྟོང་དེ་ཞེས་བྱ་བ་ནི་དམ་བཅའ་བ་ཉེ་བར་གཞག་པའོ། །འགྲོ་བ་པོའི་ཆོས་ནི་བྱ་བ་དང་ལྡན་པ་ཉིད་ཡིན་པས། ཕྱོགས་ཀྱི་ཆོས་མཐོང་ནོ། །དཔེ་ནི་དེའི་དབང་གིས་ཏེ། འགྲོ་བ་པོ་འགྲོ་བ་མ་ཉམས་པ་ཡིན་ནོ། །འདིར་རྗེས་སུ་དཔག་པ་ནི་དོན་དམ་པར་འགྲོ་བ་པོ་སྟོང་པར་མི་འཐད་དེ། འགྲོ་བའི་བྱ་བ་དང་ལྡན་པའི་ཕྱིར་ལྷས་བྱིན་འགྲོ་བ་མ་ཉམས་པ་བཞིན་ནོ། །ཅི་སྟེ་འགྲོ་བ་པོ་མ་ཡིན་པའི་ཡིན་ནོ་སྙམ་ན། འགྲོ་བ་པོ་མིན་སྟོང་པ་མིན། །འགྲོ་བ་དང་བྲལ་བ་ལ་ནི་ཐ་སྙད་དུ་ཡང་འགྲོ་བ་ལྡོག་པ་མི་འཐད་པས་དེ་མི་སྲིད་པའི་ཕྱིར་རོ་ཞེས་བྱ་བར་དགོངས་སོ། །ཅི་སྟེ་ལེགས་པར་མ་ཟིན་པའི་གདོན་གྱིས་བརླམས་པའི་དབང་གིས་གཞན་ཞིག་སྟོང་པར་སེམས་ན་གྲོགས་སོ། །འགྲོ་པོ་འགྲོ་པོ་མིན་ལས་གཞན། །གསུམ་པ་གང་ཞིག་སྟོང་པར་འགྱུར༏ །དེ་ན་སློས་ཤིག་འགའ་ཡང་སྟོང་པར་མི་འཐད་དོ་ཞེས་བྱ་བའི་ཚིག་གི་དོན་ཏོ།། ཡང་ན། རེ་ཞིག་འགྲོ་པོ་སྟོང་དོ་ཞེས། །ཇི་ལྟར་འཐད་པ་ཉིད་དུ་འགྱུར། །འགྲོ་བ་མེད་ན་འགྲོ་བ་པོ། །ནམ་ཡང་འཐད་པར་མི་འགྱུར་རོ། །བྱ་བ་གཉིས་དུས་གཅིག་ཏུ་འགལ་བས་མི་སྲིད་པའི་ཕྱིར་རོ་ཞེས་བྱ་བར་དགོངས་སོ། །དེ་ལྟར་ན་ཚིག་དེས་ནི་སྟོང་པ་པོ་འགྲོ་བ་དང་བྲལ་བ་ཉིད་དུ་བསྟན་པས་འགྲོ་བ་པོ་སྟོང་དོ་ཞེས་བྱ་བའི་ཐ་སྙད་མི་སྲིད་

པར་བསྟན་ཏོ། །གལ་ཏེ་རྫ་མཁན་བཞིན་དུ་དུས་གསུམ་གྱི་ནུས་པའི་གནས་སྐབས་ཡོད་པའི་ཕྱིར་འགྲོ་བ་དང་བྲལ་བ་ཡང་འགྲོ་བ་པོ་ཉིད་དུ་འགྲུབ་པས་སྐྱོན་མེད་དོ་ཞེ་ན། ཉེ་བར་གདགས་པ་ཁས་བླངས་པའི་ཕྱིར་ཁས་བླངས་པ་ཉམས་པས་དེས་ན་སྔ་མ་བཞིན་དུ་གཏན་ཚིགས་དང་དཔེའི་སྐྱོན་ཡོད་པར་ཐལ་བར་འགྱུར་རོ། །ཡང་ན་སུན་དབྱུང་བའི་ལམ་གཞན་ཡང་ཡོད་དེ། འདི་ལ་སྡོད་པ་དེ་སོང་བ་ལས་སམ། མ་སོང་བ་ལས་སམ། བགོམ་པ་ལས་ལྡོག་པ་ལ་བརྟག་གྲང་ན། དེ་ལ། བགོམ་ལས་སྡོད་པར་མི་འགྱུར་ཏེ། །སོང་དང་མ་སོང་ལས་ཀྱང་མིན། །བགོམ་པ་ལས་སྡོད་པར་མི་འགྱུར་ཏེ། རྗེས་སུ་དཔག་པ་སྔར་བསྟན་པས་འགྲོ་བ་དང་ལྡན་པ་ལ་སྡོད་པ་མི་འཐད་པའི་ཕྱིར་རོ། །གལ་ཏེ་སོང་བ་ལས་དེ་འགྲུབ་བོ་ཞེ་ན། སོང་བ་ལས་ཀྱང་དེ་འགྲུབ་པ་མི་རིགས་ཏེ། སོང་བ་འགྲོ་བ་མེད་པ་ལ་འགྲོ་བ་ལྡོག་པའི་སྡོད་པ་མེད་པའི་ཕྱིར་རོ། །འོ་ན་མ་སོང་བ་ལས་སྡོད་པ་འགྲུབ་པར་འགྱུར་རོ་སྙམ་ན། དེ་ཡང་མི་འཐད་དེ། འགྲོ་བ་མེད་པ་ལ་ལྡོག་པ་མི་སྲིད་པའི་ཕྱིར་རོ། །དེ་ལྟ་བས་ན་མ་སོང་བ་ལས་ཀྱང་སྡོད་པར་མི་འགྱུར་རོ། །དེ་ལྟ་ན་གཏན་ཚིགས་ཀྱི་དོན་མ་གྲུབ་པ་ཉིད་དང་། རྗེས་སུ་འགྲོ་བ་ཡང་མེད་དེ། དོན་དམ་པར་སྣང་བ་དང་མུན་པ་གཉིས་མི་མཐུན་པ་ཉིད་ཡིན་པར་ཁསམ་བླངས་པའི་ཕྱིར་རོ། །ཡང་ན་དོན་འགལ་བ་ཉིད་ཀྱང་ཡིན་ནོ། །གང་དག་སྡོད་པ་ནི་ཡོད་པ་ཁོ་ན་ཡིན་ཏེ། མི་མཐུན་པ་ཡོད་པའི་ཕྱིར་དང་། རྩོམ་པ་ཡོད་པའི་ཕྱིར་དང་། དེ་ལས་ལྡོག་པས་དངོས་པོ་སྐྱེ་བའི་ཕྱིར་རོ་ཞེས་ཟེར་བ་དེ་དག་ལ། འགྲོ་བ་དང་ནི་འཇུག་པ་དང་། །ལྡོག་པ་ཡང་ནི་འགྲོ་དང་མཚུངས། །ཞེས་བརྗོད་པར་བྱ་སྟེ། ཇི་ལྟར་འགྲོ་བའི་མི་མཐུན་པ་འགྲོ་བ་པོ་དང་། འགྲོ་བ་པོ་མ་ཡིན་པ

དང་༑ དེ་ལས་གཞན་པ་ལ་མི་འཐད་པ་དང་། འགྲོ་བའི་རྩོམ་པ་ཡང་སོང་བ་དང་། མ་སོང་བ་དང་། བགོམ་པ་ལ་མི་འཐད་པ་དང་འགྲོ་བའི་ལྡོག་པ་ཡང་སོང་བ་དང་མ་སོང་བ་དང་བགོམ་པ་ལ་མི་མཐུན་པ་དེ་བཞིན་དུ་སྡོད་པའི་མི་མཐུན་པ་ཡང་སྡོད་པ་པོ་དང་། སྡོད་པ་པོ་མ་ཡིན་པ་དང་། དེ་ལས་གཞན་པ་ལ་མི་འཐད་པ་དང་། སྡོད་པའི་འཇུག་པ་ཡང་བསྡད་པ་དང་། མ་བསྡད་པ་དང་། སྡོད་པ་ལ་མི་འཐད་པ་དང་། སྡོད་པའི་ལྡོག་པ་ཡང་བསྡད་པ་དང་། མ་བསྡད་པ་དང་། སྡོད་པ་ལ་མི་འཐད་པ་དེ་ལྟར་རྗེས་སུ་དཔག་པ་རྒྱས་པར་བྱའོ། །ཚིག་མངས་ཀྱིས་དོགས་པའི་ཕྱིར་དང་། དོན་བཤད་ཟིན་པའི་ཕྱིར་སྤྲོས་པའི་སྒོ་ནས་མ་བཤད་དེ། འོན་ཀྱང་ཕྱོགས་ཙམ་ཞིག་བཤད་པར་བྱའོ། །སྡོད་པ་པོ་མི་འགྲོ་སྟེ། འགྲོ་བ་དང་བྲལ་བའི་ཕྱིར་སྡོད་པ་མ་ཉམས་པའི་སྡོད་པ་པོ་གཞན་བཞིན་ནོ། །བསྡད་པ་ལ་སྡོད་པའི་འཇུག་པ་མེད་དེ། བསྡད་ཟིན་པའི་ཕྱིར་དཔེར་ན་བསྡད་ནས་ཡུན་རིང་དུ་ལོན་པ་བཞིན་ནོ། །བསྡད་པ་ལས་སྡོད་པ་མི་ལྡོག་སྟེ། འགྲོ་བ་མེད་པའི་ཕྱིར། དཔེར་ན། སྡོད་པ་མ་ཉམས་པ་གཞན་བཞིན་ནོ། །དེ་བཞིན་དུ་ལྷག་མ་རྣམས་ལ་ཡང་རྗེས་སུ་དཔག་པའི་སྦྱོར་བ་ཅི་རིགས་པར་བྱའོ། །དེའི་ཕྱིར་དེ་ལྟར་སྡོད་པ་མ་གྲུབ་པའི་ཕྱིར་ཇི་སྐད་བཤད་པའི་སྐྱོན་ལས་ངེས་པར་ཐར་པ་མེད་དོ། །འདིར་སྨྲས་པ། ཁྱེད་ན་རེ། འགྲོ་བ་པོ་ཡང་མེད་ལ་འགྲོ་བ་ཡང་མེད་དོ་ཞེས་ཟེར་བས་ཅི་ཏ་འགྲོའོ་འགྲོའོ་ཞེས་འཇིག་རྟེན་ལ་གྲགས་པ་སེལ་བར་བྱེད་པའི་ཕྱིར་གྲགས་པའི་གནོད་པར་འགྱུར་ཏེ། དཔེར་ན། འཇིག་རྟེན་ལ་རི་བོང་ཅན་ཟླ་བ་ཉིད་དུ་གྲགས་བཞིན་དུ་ཟླ་བ་མ་ཡིན་པ་སེལ་བར་བྱེད་པ་བཞིན་ནོ། །བཤད་པ། འདིར་གཏན་ཚིགས་ཀྱི་དོན་གང་ཡིན། ཅི་འཇིག་རྟེན་ལ་གྲགས་

པ་སེལ་བར་བྱེད་པའི་ཕྱིར་རམ། འོན་ཏེ་བསྟན་བཅོས་ལ་གྲགས་པ་སེལ་བར་བྱེད་པའི་ཕྱིར་; དེས་ཅིར་འགྱུར། འཇིག་རྟེན་ལ་གྲགས་པ་སེལ་བར་བྱེད་པའི་ཕྱིར་རོ་ཞེ་ན་ནི་གཏན་ཚིགས་ཀྱི་དོན་མ་གྲུབ་པ་ཉིད་དེ། དོན་དམ་པར་རོ་ཞེས་དམ་བཅས་པའི་ཁྱད་པར་ཉེ་བར་བླངས་པ་ཁོ་ནའི་ཕྱིར། འཇིག་རྟེན་ལ་གྲགས་པའི་འགྲོ་བ་པོ་དང་། འགྲོ་བའི་ཐ་སྙད་མ་སྤྱངས་པའི་ཕྱིར་རོ། །གལ་ཏེ་རང་གི་བསྟན་བཅོས་ལ་གྲགས་པ་སེལ་བར་བྱེད་པའི་ཕྱིར་དེ་གྲགས་པའི་གནོད་པར་འགྱུར་རོ་ཞེ་ན་ནི། ཁས་བླངས་པ་ལ་གནོད་པར་འགྱུར་རོ་ཞེས་བརྗོད་པར་བྱ་བའི་རིགས་ཏེ། དེ་ཡང་ཁོ་བོ་ཅག་ལ་གནས་མི་སྐྱེད་དེ། དོན་དམ་པར་འགྲོ་བ་པོ་དང་། འགྲོ་བ་གཉིས་ཡོད་པར་ཁས་མ་བླངས་པའི་ཕྱིར་དང་། དེ་དག་མི་འཐད་པར་ཡང་སྟོར་བསྟན་ཟིན་པའི་ཕྱིར་རོ། །ཡང་བཤད་པ། དོན་དམ་པར་འགྲོ་བ་པོ་དང་འགྲོ་བ་གྲུབ་པར་གྱུར་ན། ངེས་པར་གཅིག་པ་ཉིད་དང་། གཞན་པ་ཉིད་དུ་འགྱུར་གྲང་ན་དེ་ཡང་མི་འཐད་དོ། །ཇི་ལྟ་ཞེ་ན། དེ་ཉིད་བརྟག་པར་བྱ་སྟེ། འགྲོ་བ་དེ་དང་འགྲོ་བ་པོ། །དེ་ཉིད་ཅེས་ཀྱང་བྱར་མི་རུང་། །འགྲོ་བ་དང་ནི་འགྲོ་བ་པོ། །གཞན་ཉིད་ཅེས་ཀྱང་བྱར་མི་རུང་། །དེ་ནི་དམ་བཅའ་བ་གཉིས་ཉེ་བར་གཞག་པའོ། །ཇི་ལྟར་མི་རུང་ཞེ་ན། གལ་ཏེ་འགྲོ་བ་གང་ཡིན་པ། །དེ་ཉིད་འགྲོ་པོ་ཡིན་གྱུར་ན། །བྱེད་པ་པོ་དང་ལས་ཉིད་ཀྱང་། །གཅིག་པ་ཉིད་དུ་ཐལ་བར་འགྱུར། །དེ་ལྟར་ན་འདིར་གླུགས་ཡོད་པའི་ཚིག་ཡིན་པའི་ཕྱིར། སྐབས་ཀྱི་དོན་དགག་པ་ནུས་ཤིང་བཟློག་པའི་དོན་གསལ་བའི་ཚིག་གི་དོན་ཏོ། །དཔེར་ན་གལ་ཏེ་སྒྲ་རྟག་ན་བུམ་པ་ཡང་རྟག་པ་ཉིད་དུ་ཐལ་བར་འགྱུར་ཏེ་བུམ་པ་བྱས་པ་མི་རྟག་པ་ནི་རྟག་པ་ཉིད་དུ་མི་འདོད་དེ། དེའི་ཕྱིར་སྒྲ་ནི་མི་རྟག་སྟེ།

བྱས་པའི་ཕྱིར་དཔེར་ན་བུམ་པ་བཞིན་ནོ་ཞེས་བྱ་བ་ལྟ་བུའོ། །དེའི་ཕྱིར་འདིར་ཚིག་གི་དོན་གྱི་དབང་གིས་སྦྱོར་བའི་ཚིག་ནི་དོན་དམ་པར་འགྲོ་བ་པོ་དང་འགྲོ་བ་གཅིག་པ་ཉིད་མ་ཡིན་ཏེ། བྱེད་པ་པོ་དང་ལས་ཡིན་པའི་ཕྱིར་དཔེར་ན་གཅོད་པ་པོ་དང་གཅད་པ་བཞིན་ནོ༑ ༑འགྲོ་བ་པོ་དང་འགྲོ་བ་གཅིག་པ་ཉིད་མ་ཡིན་ནོ་ཞེས་བཤད་ཀྱང་དེ་གཉིས་གཞན་པ་ཉིད་དུ་བསྟན་པ་མ་ཡིན་ནོ། །གཞན་དག་ནི་དམ་བཅས་པའི་དོན་རྣམ་པར་བརྟགས་ན་གཅིག་ལ་གཅིག་ནུས་པས་སྟོང་པ་ཉིད་ཀྱི་མཚན་ཉིད་ཀྱི་གཞན་པ་ཉིད་གཅོད་པ་པོ་དང་། བཅད་པ་ལ་མེད་པའི་ཕྱིར་དཔེ་མེད་དོ་ཞེས་ཟེར་རོ། །དེ་ནི་བཟང་པོ་མ་ཡིན་ཏེ། གཅིག་པ་ཉིད་ཙམ་དགག་པའི་ཕྱིར་དང་། དེ་ཡང་གཅོད་པ་པོ་དང་བཅད་པའི་གསལ་བ་ཐ་དད་པའི་ཕྱིར་གྲགས་པ་ཁོ་ནའོ། །གཅིག་ལ་གཅིག་ནུས་པས་སྟོང་པ་ཉིད་ཀྱི་མཚན་ཉིད་ཀྱང་དམ་བཅས་པའི་དོན་ཁས་བླངས་ནས་རྟོགས་པར་བྱ་བ་དང་། རྟོགས་པར་བྱེད་པ་ཀུན་རྫོབ་ཏུ་གཅིག་ལ་གཅིག་ནུས་པས་སྟོང་པའི་ཕྱིར་གྲུབ་པ་དག་ཁོ་ན་དཔེ་ཉིད་དུ་འདོད་པའི་ཕྱིར་དཔེ་མེད་པ་མ་ཡིན་ནོ། །ཅི་སྟེ་ཡང་དོན་དམ་པར་གཅོད་པ་པོ་དང་། བཅད་པ་གཞན་པ་ཉིད་མ་ཡིན་ཏེ། དཔག་ཏུ་ཡོད་པའི་ཕྱིར་བཅད་པའི་རང་གི་བདག་ཉིད་བཞིན་པས་དེའི་ཕྱིར་འགལ་བ་འབྲུལ་པ་མེད་པའི་གནོད་པར་འགྱུར་རོ་ཞེ་ན། དེ་ཡང་རིགས་པ་མ་ཡིན་ཏེ། བཅད་པའི་རང་གི་བདག་ཉིད་གཞན་པ་ཉིད་མ་ཡིན་པར་མ་གྲུབ་པའི་ཕྱིར་འགལ་བ་འབྲུལ་བ་མེད་པའི་གནོད་པར་མི་འགྱུར་བའི་ཕྱིར་རོ། །འགལ་བ་འབྲུལ་པ་མེད་པའི་གནོད་པ་ཡོད་དུ་ཟིན་ན་ཡང་གཅིག་པ་ཉིད་དང་ཐ་དད་པ་ཉིད་ཀྱི་མཐའ་གཉིས་ལ་མི་འཚོལ་བས་དོན་དམ་པར་ནི་སྒྲུབ་པ་སྟོན་པར་འདོད་པའི་ཕྱིར་འདོད་པ

འགྲུབ་བོ། །ཐ་སྙད་དུ་གཅིག་པ་ཉིད་སྒྲུབ་ན་ནི་གྲུགས་པའི་གནོད་པར་འགྱུར་རོ། །ཅི་སྟེ་ཡང་དམ་བཅའ་བའི་དོན་སྒྲོ་བཏགས་ནས་འགྲོ་བ་པོ་དང་། འགྲོ་བ་གཅིག་པ་ཉིད་མ་ཡིན་ནོ་ཞེས་བཤད་པས། འགྲོ་བ་པོ་དང་འགྲོ་བ་གཞན་པ་ཉིད་དུ་བསྟན་པ་ཡིན་པས་ཁས་བླངས་པ་ལ་གནོད་པར་འགྱུར་རོ་ཞེས་རྒོལ་ན་དེ་ཡང་དེ་ཉིད་ཀྱིས་ལན་བཏབ་ཟིན་ཏོ༑ ༑གང་དག་ཇི་སྐད་བཤད་པའི་སྐྱོན་ཡོངས་སུ་སྤང་བར་འདོད་པས་གཞན་པ་ཉིད་ཀྱི་ཕྱོགས་ལ་བརྟེན་པ་དེ་དགག་པའི་ཕྱིར་དམ་བཅའ་བ་ཉེ་བར་བཞག་པ་གཉིས་པ་རབ་ཏུ་བསྒྲུབ་པ་བསྟན་པར་བྱ་སྟེ། འདུ་བྱེད་ཀྱི་ཚོགས་དང་རྒྱུ་རྐྱེན་སོ་སོར་ངེས་པ་ཡོད་ན་འབྱུང་བ་ངོ་བོ་ཉིད་ཐ་དད་དུ་བྱ་བའི་གཞིར་གྱུར་པ་ཐོག་མ་མེད་པའི་དུས་ནས་འཇུག་པའི་སྦྱོར་བའི་བག་ཆགས་དང་། ས་བོན་དང་། རྒྱུ་ལས་བྱུང་བ་ཡང་དག་པ་མ་ཡིན་པ་ཀུན་རྟོག་པའི་དབང་གིས་ཡུལ་གཞན་དུ་བར་ཆད་མེད་པར་སྐྱེ་བ་ལ། གལ་ཏེ་འགྲོ་དང་འགྲོ་བ་པོ། །གཞན་པ་ཉིད་དུ་རྣམ་བརྟག་ན། །རྣམ་པར་རྟོག་པ་བྱེད་ན་ནི། །འགའ་ཡང་བཟློག་པར་བྱ་བ་མ་ཡིན་ཏེ། མི་འདོད་པ་ཐོབ་པ་ཉིད་ཀྱིས་གནོད་པར་འགྱུར་རོ། །ཅི་ལྟར་ཞེ་ན་འདི་ལ་འགྲོ་བ་དང་འགྲོ་བ་པོ་གཞན་པ་ཉིད་དུ་ཁས་ལེན་ན། འགྲོ་པོ་མེད་པའི་འགྲོ་བ་དང་། །འགྲོ་བ་མེད་པའི་འགྲོ་བར་འགྱུར། །གཞན་ཡིན་པའི་ཕྱིར། དཔེར་ན། བུམ་པ་དང་། སྣམ་བུ་རྟེན་དང་བརྟེན་པའི་དངོས་པོས་རྟེན་པ་མེད་པ་ལྟ་བུར་འགྱུར་བར་དགོངས་སོ། །གཞན་པ་ཉིད་དུ་སྨྲ་བ་ཡང་འགྲོ་བ་པོ་མེད་པའི་འགྲོ་བ་དང་། འགྲོ་བ་མེད་པའི་འགྲོ་བ་པོ་མི་འདོད་དོ། །གྲགས་ཡོད་པའི་སྒོ་ནས་ཕྱོགས་ཀྱི་ཆོས་ནི་འགྲོ་བ་པོ་དང་། འགྲོ་བ་ལྟོས་པ་དང་བཅས་པ་ཉིད་ཡིན་ལ་བསྒྲུབ་པར་བྱ་བ་ཆོས་ནི་གཞན་པ་མ་ཡིན་པ་

ཉིད་ཡིན། དཔེ་ནི་དེའི་དབང་གིས་བསྒྲུབ་པར་བྱ་བ་དང་། སྒྲུབ་པའི་ཆོས་གྲགས་པ་དང་ལྡན་པའི་ཆོས་ཅན་ཡིན་པར་བསྟན་ཏོ། །འདིར་སྒྲོར་བའི་ཚིག་ནི་དོན་དམ་པར་འགྲོ་བ་པོ་ལས་འགྲོ་བ་གཞན་པ་ཉིད་མ་ཡིན་པར་ཤེས་པར་བྱ་སྟེ། བརྗོད་པ་ཁྱད་པར་ཅན་འཇུག་པའི་ལྷོས་པ་དང་བཅས་པའི་ཕྱིར་དཔེར་ན། འགྲོ་བ་རང་གི་བདག་ཉིད་བཞིན་ནོ།། དེ་བཞིན་དུ་དོན་དམ་པར་འགྲོ་བ་ལས་ཀྱང་འགྲོ་བ་པོ་གཞན་པ་ཉིད་མ་ཡིན་པར་ངེས་པར་གཟུང་བར་བྱ་སྟེ། བརྗོད་པ་ཁྱད་པར་ཅན་འཇུག་པའི་ལྷོས་པ་དང་བཅས་པའི་ཕྱིར་དཔེར་ན་འགྲོ་བ་པོའི་རང་གི་བདག་ཉིད་བཞིན་ནོ། །མི་མཐུན་པའི་ཕྱོགས་ལས་ལྡོག་པ་མ་བསྟན་པ་ནི་དེ་མེད་པའི་ཕྱིར། དེ་ལས་ལྡོག་པ་འགྲུབ་པའི་ཕྱིར་རོ། །གལ་ཏེ་རྟེན་དང་བརྟེན་པར་བཅས་པའི་འབྲེལ་པ་རབ་ཏུ་མ་གྲུབ་པ་དག་ལ་ལྷོས་པ་དང་བཅས་པ་ཉིད་མ་གྲུབ་པའི་ཕྱིར་ཕྱོགས་ཀྱི་ཕྱོགས་གཅིག་ལ་མ་ཁྱབ་པ་ཉིད་ཡིན་ནོ་ཞེ་ན། དེ་དག་ལ་ཡང་ཐ་ན་འདི་ནི་གཞན་ནོ། །འདི་ཡང་གཞན་ནོ་ཞེས་བརྗོད་པ་ཁྱད་པར་ཅན་འཇུག་པ་གདོན་མི་ཟ་བར་ཡོད་པས་ལྷོས་པ་དང་བཅས་པ་ཉིད་ཡིན་པའི་ཕྱིར། སྐྱོན་མེད་དོ། །གང་དག་ལ་གཞན་མ་ཡིན་པ་རྣམ་པར་བཅད་པས་སམ་གཞན་ཉིད་དང་ལྡན་པའི་ཕྱིར་གཞན་ཉིད་ཡིན་པ་དེ་དག་ལ་ཡང་། དེ་ལ་ལྟོས་ནས་འདི་ནི་གཞན་ནོ། །འདི་ཡང་གཞན་ནོ་ཞེས་བརྗོད་པ་ཁྱད་པར་ཅན་འཇུག་པ་གདོན་མི་ཟ་བར་ཡོད་པས་ལྷོས་པ་དང་བཅས་པ་ཉིད་ཡིན་པའི་ཕྱིར། གཏན་ཚིགས་ཀྱི་དོན་མ་གྲུབ་པ་ཉིད་མེད་དོ། །རྗེས་སུ་དཔག་པ་ཇི་སྐད་བསྟན་པ་ཉིད་ཀྱིས་གཞན་ཉིད་མ་གྲུབ་པའི་ཕྱིར་མི་མཐུན་པའི་ཕྱོགས་མེད་པས་མ་ངེས་པ་ཉིད་ཀྱང་མ་ཡིན་ནོ། །གྲགས་པའི་གནོད་པ་ཡང་མེད་དེ། དེ་ཁོ་ན་དཔྱད་པ་ནི་ཤིང་རྟ

མཁན་ལ་སོགས་པ་བློ་མ་སྦྱངས་པ་དག་གི་དབང་དུ་མ་བྱས་པའི་ཕྱིར་དང་། སྔར་བསྟན་ཟིན་པའི་ཕྱིར་རོ། །ཅི་སྟེ་ཡང་འགྲོ་བ་ལས་འགྲོ་བ་པོ་གཞན་པ་ཉིད་ཡིན་ཏེ། ཐ་སྙད་ཡོད་པའི་ཕྱིར་དཔེར་ན་ལྷས་བྱིན་གྱི་རྟ་ཞེས་བྱ་བ་བཞིན་ནོ་སྙམ་ན། དེ་ཡང་བཟང་པོ་མ་ཡིན་ཏེ། འགྲོ་བ་པོའི་རང་གི་བདག་ཉིད་ཅེས་བྱ་བ། འགྲོ་བ་པོ་ལ་གྲུབ་པས་ཕྱོགས་ཀྱི་ཕྱོགས་གཅིག་ལ་མ་གྲུབ་པའི་ཕྱིར་དང་། འགྲོ་བ་པོའི་རང་གི་བདག་ཉིད་ཀྱིས་རང་ལ་ཡང་མ་ངེས་པ་ཉིད་ཡིན་པའི་ཕྱིར་རོ། །ལྷས་བྱིན་དང་། རྟ་ཡང་གཞན་པ་ཉིད་དུ་མ་གྲུབ་པའི་ཕྱིར་དཔེ་ཡང་མེད་པའི་ཕྱིར་རོ། །དེས་བློ་ཐ་དད་པའི་ཕྱིར་ཞེས་བྱ་བ་ལ་སོགས་པའི་གཏན་ཚིགས་དག་གི་ལན་ཀྱང་བཏབ་པ་ཡིན་ནོ། །ཅི་སྟེ་ཡང་བློ་ལྡན་པོའི་བློ་ལ་འགྲོ་བ་པོ་ལྷས་བྱིན་ཞེས་བྱ་བའི་སྒྲ་གང་ཡིན་པ་དེ་ནི་རང་གི་བདག་ཉིད་ལས། གཞན་པའི་ཚིག་གི་དོན་དང་འབྲེལ་པའི་ཡུལ་ཡིན་ཏེ། འཇུག་པ་དང་ལྡོག་པ་ཡོད་པའི་ཕྱིར་དཔེར་ན་ལ་བ་སྟོན་པོ་ཞེས་བྱ་བའི་སྒྲ་བཞིན་ནོ། །སྒྲ་གང་ལ་ཇི་སྐད་སྨོས་པའི་རྣམ་པ་མེད་པ་དེ་ལ་ནི་འཇུག་པ་དང་ལྡོག་པ་མེད་དེ། དཔེར་ན་ཡོད་པ་ཉིད་ཀྱི་སྒྲ་ཇི་བཞིན་ནོ་སྙམ་དུ་སེམས་ན་དེ་ལས་གཞན་པ་ཉིད་ཡིན་པར་རྗེས་སུ་དཔོག་ན་རྟེན་དང་། བརྟེན་པར་འབྲེལ་པ་མེད་པས་འགྲོ་བ་པོ་དང་། འགྲོ་བའི་འབྲེལ་པ་བསལ་བའི་ཕྱིར་རྗེས་སུ་དཔག་པ་ལ་གནོད་དོ༑ ༑མི་མཐུན་པ་རང་གི་བདག་ཉིད་ལས་གཞན་པའི་ཚིག་གི་དོན་དང་མ་འབྲེལ་པ་གཞན་དག་ལ་ཡང་ལྷས་བྱིན་ལྷས་བྱིན་ཞེས་བྱ་བའི་སྒྲ་འཇུག་པ་དང་ལྡོག་པ་ཡོད་པས་གཏན་ཚིགས་མ་ངེས་པ་ཉིད་ཡིན་ནོ། །ཁྱད་པར་དུ་སྨོས་ན་ཡང་གཏན་ཚིགས་ཀྱི་དོན་མ་གྲུབ་པ་ཉིད་ཡིན་ནོ། །ལ་བ་སྟོན་པོ་ཞེས་བྱ་བའི་སྒྲ་ཇི་སྐད་སྨོས་པའི་ཡུལ་ཡིན་པ་ཡང་

དོན་དམ་པར་མ་གྲུབ་པའི་ཕྱིར་རོ། །དེས་འགྲོ་བ་ལས་འགྲོ་བ་པོ་གཞན་པ་ཉིད་ཡིན་ནོ་སྙམ་པའི་བློའི་ཕྱོགས་ལ་ཡང་གཏན་ཚིགས་དང་དཔེའི་སྐྱོན་གྱིས་ལན་བཏབ་པ་ཡིན་ནོ།།

ཅི་སྟེ་གཅིག་པ་ཉིད་དགག་པའི་ཕྱིར་རྗེས་སུ་དཔག་པ་བསྟན་པས་གཞན་པ་ཉིད་དགག་པའི་རྗེས་སུ་དཔག་པ་བསྟན་པ་རྣམས་བསལ་བའི་ཕྱིར་གཞན་པ་ཉིད་དགག་པ་ཡང་མི་འགྲུབ་བོ་སྙམ་ན་གཉི་ག་དགག་པའི་རྗེས་སུ་དཔག་པ་བསྟན་པའི་མཐུས་གཅིག་པ་ཉིད་དང་༑ གཞན་པ་ཉིད་དགག་པས་དེའི་ཡུལ་ཅན་གྱི་བློས་སྐྱེ་བ་མེད་པ་བསྟན་པར་འདོད་པའི་ཕྱིར་སྐྱོན་མེད་དོ། །དེའི་ཕྱིར་དེ་ལྟར་འགྲོ་བ་ལས་འགྲོ་བ་པོ་གཞན་པ་ཉིད་མ་ཡིན་པར་བསྟན་པ་ལ། ཕ་རོལ་པོས་གཞན་མ་ཡིན་པ་ཉིད་ཡིན་ནོ་ཞེས་དམ་བཅས་པའི་དོན་ལོག་པར་བརྟགས་ནས་ཁས་བླངས་པ་ལ་གནོད་པ་ཉེ་བར་བརྟགས་པའི་གནོད་པ་མེད་དོ༑ ༑ཅི་སྟེ་ཡང་གཞན་ཞིག་རྟོག་པ་ཞིབ་མོས་འགྲོ་བ་པོའི་རང་གི་བདག་ཉིད་རང་ལས་གཞན་པ་ཉིད་མ་ཡིན་པར་མ་གྲུབ་པའི་ཕྱིར་དཔེ་མེད་པར་སྟོན་པར་བྱེད་ན་དེ་ཡང་བཟང་པོ་མ་ཡིན་ཏེ། འགྲོ་བ་པོའི་རང་གི་བདག་ཉིད་གཞན་པ་ཉིད་ཀྱི་ངོ་བོ་ཉིད་ཀྱིས་སྟོང་པར་རབ་ཏུ་གྲུབ་པ་ཉིད་ཀྱིས་དཔེ་ཉིད་དུ་བརྗོད་པས་སྐྱོན་མེད་དོ། །དེའི་ཕྱིར་དེ་ལྟར་གཟེགས་ཟན་དག་གིས་རང་གི་གྲུབ་པའི་མཐའི་སྐྱོན་སྤྲ་བར་འདོད་པས། སྒྲུབ་པ་སྦྱོར་བ་ནི་ཁོ་བོ་ཅག་ལ་མི་གནོད་དོ། །འདིར་གཞན་དག་ན་རེ། འགྲོ་བ་མེད་དོ་ཞེས་བྱ་བའི་སྐབས་བོར་ནས་འགྲོ་བ་པོ་དང་འགྲོ་བ་གཅིག་པ་ཉིད་དང་། གཞན་པ་ཉིད་མ་ཡིན་ནོ་ཞེས་དམ་འཆའ་བར་བྱེད་པ་དེ་ནི་སྐབས་བོར་བ་དང་། ལྷག་ཆད་ཡིན་ནོ་ཞེས་ཟེར་རོ།།

འདིར་བཤད་པ། གང་དག་དངོས་པོ་གཅིག་པ་དང་། དངོས་པོ་གཞན་པ་ཉིད་དུ་གྲུབ་

པར་གྱུར་ན་དེ་གཉིས་ཡོད་པ་ཉིད་དུ་ཤེས་པར་འགྱུར་བ་ཞིག་ན། གང་གི་ཚེ་ཇི་སྐད་བཤད་པའི་རྣམ་པས་གཅིག་པ་ཉིད་དང་། གཞན་པ་ཉིད་དུ། གྲུབ་པར་གྱུར་པ་ཡོད་མིན་པ༑ ༑དེ་གཉིས་གྲུབ་པ་ཇི་ལྟར་ཡོད། །དེའི་ཕྱིར་དེ་ལྟར་དེའི་དངོས་པོ་ཉིད་དགག་པར་འདོད་པའི་ཕྱིར་སྐབས་བོར་བ་ཡང་མ་ཡིན་ལ། གཅིག་པ་ཉིད་ལ་སོགས་པར་ཡོངས་སུ་རྟོག་པ་ཉིད་བཀག་པའི་ཕྱིར་ལྟག་ཆོད་ཀྱང་མ་ཡིན་ནོ། །གཞན་དག་ན་རེ་གཅིག་པ་ཉིད་དང་༑ གཞན་པ་ཉིད་དུ་ངེས་པར་བཟུང་བར་མི་ནུས་སུ་ཟིན་ཀྱང་འགྲོ་བ་པོ་དང་། འགྲོ་བ་འགྲུབ་པས་ཇི་སྐད་བཤད་པའི་སྐྱོན་མེད་དོ་ཞེས་ཟེར་རོ། །དེ་ལ་ཡང་ལན་དེ་ཉིད་ཡིན་ཏེ༑ གང་དག་དངོས་པོ་གཅིག་པ་དང་། །དངོས་པོ་གཞན་པ་ཉིད་དུ་ནི། །དེ་གཉིས་ཐ་སྙད་དུ་ནི་ཡོད་པ་ཉིད་དུ་ཤེས་པར་ནུས་ཀྱི་ཕྱིད་ནི་དོན་དམ་པར་འདོད་པས་གལ་ཏེ་གཅིག་པ་ཉིད་དང་། གཞན་པ་ཉིད་དུ། གྲུབ་པར་གྱུར་པ་ཡོད་མིན་པ། །དེ་གཉིས་གྲུབ་པ་ཇི་ལྟར་ཡོད། །མེད་པ་ཉིད་དེ་གཅིག་པ་ཉིད་དང་། །གཞན་པ་ཉིད་དུ་མེད་པ་ལ་ནི་ཡོད་པ་ཉིད་དུ་སྟོན་པའི་རྗེས་སུ་དཔག་པ་མེད་པའི་ཕྱིར་རོ་ཞེས་བྱ་བར་དགོངས་སོ། །མཁས་པར་རློམ་པ་གཞན་དག་ནི་དོན་དམ་པར་འགྲོ་བ་པོ་མི་འགྲོ་སྟེ། བྱ་བ་དང་ལྡན་པའི་ཕྱིར་སྟོད་པ་པོ་བཞིན་ཏེ་ཞེས་བྱ་བ་དང་། དེ་བཞིན་དུ་དོན་དམ་པར་འགྲོ་བ་པོ་སྟོད་པར་མི་འཐད་དེ། འགྲོ་བའི་བྱ་བ་དང་ལྡན་པའི་ཕྱིར་ལྷས་བྱིན་འགྲོ་བ་མ་ཉམས་པ་བཞིན་ནོ་ཞེས་རྗེས་སུ་དཔག་པ་སྦྱར་བསྟན་པ་དག་ལ་སྐྱོན་འདོགས་པར་བྱེད་དེ། སྤྱིའི་དོན་གང་ཡིན༑ བྱ་བ་དང་ལྡན་པས་བྱ་བ་གཞན་མི་བྱེད་དམ། འོན་ཏེ་བྱ་བ་གང་དང་ལྡན་པ་དེ་མི་བྱེད་པ་ཡིན། དེ་ལ་གལ་ཏེ་བརྟག་པ་སྔ་མ་ལྟར་འདོད་ན་ནི་དཔེ་མེད་དེ། དེ་ལས་གཞན་

པའི་བྱ་བ་བྱེད་པའི་ཕྱིར་རོ། །འོན་ཏེ་བརྟག་པ་ཕྱི་མ་ལྟར་འདོད་ན་ནི། དེ་ལྟ་ན་ཡང་དོན་
འགལ་བ་ཉིད་ཡིན་ཏེ། སྨྲ་བ་པོ་ཚིག་སྨྲ་བར་བྱེད་ཅིང་། གཅོད་པ་པོ་ཤིང་གཅོད་པར་
བྱེད་པ་དང་། དེ་དང་ལྡན་པ་ཉིད་ཀྱིས་དེ་བྱེད་པའི་ཕྱིར་རོ་ཞེ་ན། དེ་ལ་འདིར་དཔེ་མེད་
པ་མ་ཡིན་ཏེ། དེ་ལས་གཞན་པའི་བྱ་བའི་བྱེད་པ་པོ་འགྲོ་བའི་བྱེད་པ་པོ་ཉིད་དུ་མ་གྲུབ་
པ་སྨོད་པ་པོ་ལ་སོགས་པ་དཔེ་ཉིད་དུ་འདོད་པའི་ཕྱིར་ཇི་སྐད་བཤད་པའི་སྐྱོན་ལྡོག་པ་
མེད་དོ། །དོན་འགལ་བ་ཉིད་ཀྱང་མ་ཡིན་ཏེ། འདི་ལྟར། འགྲོ་བ་གང་གིས་འགྲོ་པོར་
མངོན༔ ༔འགྲོ་བ་དེས་ནི་དེ་འགྲོ་མིན། །འགྲོ་བ་གང་གིས་འགྲོ་བ་པོ། །ཞེས་བྱ་བར་
མངོན་པའི་འགྲོ་བ་པོ་དེ་ནི་འགྲོ་བ་པོ་དེ་འགྲོ་བར་བྱེད་པ་མ་ཡིན་ནོ་ཞེས་བྱ་བའི་ཐ་ཚིག་
གོ ༔དོན་དམ་པར་གཞན་པ་ཉིད་མ་ཡིན་པའི་ཕྱིར། །རང་གི་བདག་ཉིད་བཞིན་པས་རང་
གི་རྗེས་སུ་དཔག་པ་ལ་གནོད་དོ། །གཞན་པ་ཉིད་མ་ཡིན་པར་སྨྲ་བ་རྣམས་ལ་གྲགས་
པའི་གནོད་པར་ཡང་འགྱུར་ཏེ། གང་ཞིག་གང་དུ་འགྲོ་བར་འགྱུར། །རང་གི་བདག་ཉིད་
ལས་ཐ་དད་པར་གྱུར་པའོ་ཞེས་འཇིག་རྟེན་ལ་གྲགས་པའི་ཕྱིར་རོ། །ཡང་ན། འགྲོ་བ་
གང་གིས་འགྲོ་པོར་མངོན། །འགྲོ་བ་དེ་ནི་དེ་འགྲོ་མིན། །ཇི་ལྟ་ཞེ་ན། གང་ཕྱིར་འགྲོ་བའི་
སྔ་རོལ་མེད། །འགྲོ་བའི་སྔ་རོལ་ནི་འགྲོ་བའི་སྔོན་རོལ་ན་སྟེ། འགྲོ་བ་སྐྱེ་བའི་སྔ་རོལ་
ན༔ ༔ཞེས་བྱ་བའི་ཐ་ཚིག་གོ །འགྲོ་བ་པོ་གང་རང་གི་བདག་ཉིད་ཀྱིས་གནས་པ་འགྲོ་
བའི་རྒྱུར་གྱུར་པའམ་འགྲོ་བར་བྱེད་ཅིང་འགྲོ་པོ་ཞེས་བྱ་བའི་ཐ་སྙད་གདགས་པ་ལ་
བརྟེན་པར་འགྱུར་བ་འགའ་ཡང་མེད་དོ། །འདི་ལྟར་ཐ་སྙད་དུ་ནི་འདུན་པའི་རྒྱུ་ལས་བྱུང་
བའི་རྩོལ་བས་བསྐྱེད་པའི་རླུང་གི་ཁམས་ཀྱི་དབང་གིས་འདུ་བྱེད་ཀྱི་ཚོགས་ཡུལ་གཞན་

དུ་དུས་ཐ་དད་པ་མེད་པར་སྐྱེ་བ་བྱུང་བ་ནི་འགྲོ་བ་པོ་ཡིན་ལ། དེ་སྐད་ཅིག་སྔ་མ་ལས་མཚན་ཉིད་མི་འདྲ་བ་འབྱུང་བ་གང་ཡིན་པ་དེ་ནི་འགྲོ་བ་ཡིན་ནོ། །ཡང་དག་པར་ན་རྒྱུ་ལ་བྱེད་པ་པོའི་ཐ་སྙད་འདོགས་པ་ལས་དེ་བྱེད་པ་པོ་ཉིད་དུ་ཡང་མི་འདོད་དེ། འདི་ལྟར། གང་ཞིག་གང་དུ་འགྲོ་བར་འགྱུར། །རང་གི་བདག་ཉིད་ལ་མ་ཡིན་ཏེ། རང་གི་བདག་ཉིད་ལ་བྱེད་པ་ཉིད་མི་འཐད་པའི་ཕྱིར་རོ། །དེ་ལྟར་རེ་ཞིག་རང་གི་སྡེ་པ་དག་ལ། འགྲོ་བ་གང་གིས་འགྲོ་པོར་མཐོན། །འགྲོ་བ་དེ་ནི་དེ་འགྲོ་མིན། །ཞེས་བྱ་བ་ཡིན་ནོ། །གྲངས་ཅན་གྱི་ཕྱོགས་ལ་ཡང་ས་ལ་སོགས་པ་ལུས་ཀྱི་རྣམ་པར་གནས་པའི་ཁྱད་པར་ཅན་དག་ལ་རྟུལ་ཤས་ཆེ་བར་གྱུར་པ་ནི་འགྲོ་བ་ཡིན་ལ། དེ་དང་ལྡན་ཞིང་དེའི་བདག་ཉིད་དུ་གྱུར་པ་བྱ་བ་བྱེད་པའི་གནས་ཀྱི་ཚོགས་ནི་འགྲོ་བ་པོ་ཡིན་ནོ་ཞེ་ན། དེ་ཡང་། གང་ཕྱིར་འགྲོ་བའི་སྔ་རོལ་མེད། །འགྲོ་བའི་སྔ་རོལ་ན་དེའི་བདག་ཉིད་མེད་པ་ཡིན་ཏེ། སྟོད་པ་ན་ཡང་འགྲོའོ་ཞེས་བྱ་བར་ཐལ་བར་འགྱུར་ན་མི་རུང་བའི་ཕྱིར་རོ། །གང་གི་ཚེ་འགྲོ་བ་སྣང་བར་གྱུར་པ་དེའི་ཚེ་ན་དེའི་རྒྱུ་ཡིན་པར་ཡང་མི་རུང་སྟེ། གང་ཞིག་གང་དུ་འགྲོ་བར་འགྱུར། །དེ་ཉིད་ཀྱིས་དེ་མི་བྱེད་དོ། །ཞེས་བྱ་བར་དགོངས་སོ། །གང་ལ་སྐྱེ་བའི་ཁྱད་པར་སྐྱེད་པར་བྱེད་པ་ལ་མྱུ་གུ་སྐྱེའོ། །བདག་ཉིད་མཁས་པར་བྱེད་དོ་ཞེས་བརྗོད་པ་དེ་ཡང་རྟོག་པས་སྒྲོ་བཏགས་པ་སྟེ། མ་སྐྱེས་པ་ལ་བྱ་བ་མི་སྲིད་པའི་ཕྱིར་རོ། །ཇི་ལྟར་འགྲོ་བའི་བདག་ཉིད་དུ་གྱུར་པ་འགྲོ་བ་མི་འཐད་པ་དེ་བཞིན་དུ་སླ་བ་པོ་ཆོག་སླ་བར་བྱེད་ཅིང་། གཅོད་པ་པོ་ཤིང་གཅོད་པར་བྱེད་པ་ཞེས་བྱ་བ་དེ་ལ་ཡང་རང་གི་བདག་ཉིད་ལ་བྱ་བ་བྱེད་པར་མི་འཐད་དེ། གང་གི་ཕྱིར་འདིར་ཡང་འདུན་པའི་རྒྱུ་ལས་བྱུང་བའི་རྩོལ་བས་བསྐྱེད

པའི་གནས་དང་བྱུང་བའི་རྒྱུ་ལས་ངག་གི་འདུ་བྱེད་ཀྱི་ཚོགས་ཡི་གེ་དང་ངག་དང་ཚིག་ཅེས་བྱ་བ་སྨྲ་བ་པོ་ལས་རང་བཞིན་ཐ་མི་དད་པ་སྐད་ཅིག་སྔ་མ་ལས་མཚན་ཉིད་མི་འདྲ་བ་ཁྱད་པར་གང་གིས་སྨྲ་བ་པོ་ཞེས་བརྗོད་པ་འབྱུང་ཞིང་། དེའི་རྒྱུ་ནི་སྨྲ་བ་པོ་ཡིན་པས་སྨྲ་བ་པོ་ཚིག་སྨྲ་བར་བྱེད་དོ་ཞེ་ན། དེ་ཡང་མི་རུང་སྟེ། གང་ཕྱིར་སྨྲ་བའི་སྔ་རོལ་མེད། །གང་ཞིག་ཅི་ཞིག་སྨྲ་བར་འགྱུར། །དེས་གཅོད་པ་པོ་ཤིང་གཅོད་པར་བྱེད་པ་ཞེས་བྱ་བའི་ལན་ཀྱང་བཏབ་པ་ཡིན་ནོ། །དེའི་ཕྱིར་དེ་ལྟར་དཔེ་ཡང་དངོས་བཞིན་དུ་མ་གྲུབ་པས་དོན་འགལ་བ་ཉིད་ཀྱི་སྐྱོན་གྱི་གནས་མེད་པར་མི་འགྱུར་བར་རིགས་སོ། །གཞན་དག་ནི། གང་ཕྱིར་འགྲོ་བའི་སྔོན་རོལ་མེད། །ཅེས་བྱ་བ་དེ་ལ་འགྲོ་བ་སྐྱེ་བའི་སྔ་རོལ་ན་འགྲོ་བ་པོ་འགྲོ་བ་དང་བྲལ་བ་ནི་འགྲོ་བ་པོ་ཉིད་དུ་མི་འཐད་པའི་ཕྱིར་འགྲོ་བ་པོ་འགྲོའོ་ཞེས་བྱ་བའི་ཐ་སྙད་མི་སྲིད་པས་འགྲོ་བ་པོ་འགྲོའོ་ཞེས་བྱ་བར་མི་རིགས་སོ་ཞེས་ཟེར་རོ། །དེ་ནི་རིགས་པ་མ་ཡིན་ཏེ། འགྲོ་བ་པོ་མི་འགྲོའོ་ཞེས་བྱ་བ་དེས་དོན་བསྟན་ཟིན་པའི་ཕྱིར་རོ། །བྱེ་བྲག་པ་དག་གིས་སྨྲས་པ། འགྲོ་བ་གང་གིས་འགྲོ་པོར་མངོན། །འགྲོ་བ་དེ་ནི་དེ་འགྲོ་མིན༑ ༑ཞེས་བྱ་བ་ནི་བདེན་མོད་ཀྱི། འོན་ཀྱང་དེ་ལས་དེ་གཞན་པ་ཉིད་ཡིན་པས་ཁོ་བོ་ཅག་ལ་ཇི་སྐད་བཤད་པའི་རྣམ་པའི་གནོད་པས་གནོད་པར་མི་འགྱུར་རོ། །ཁོ་བོ་ཅག་ནི་རྫས་ཀྱི་བློ་དང་། ལས་ཀྱི་བློ་གཞན་པ་ཉིད་དུ་གྲུབ་སྟེ། ཡུལ་ཐ་དད་པའི་ཕྱིར་དཔེར་ན་བ་ལང་གི་བློ་དང་བ་མེན་གྱི་བློ་གཞན་པ་ཉིད་བཞིན་ནོ། །གང་གཞན་པ་ཉིད་མ་ཡིན་པ་དེ་ལ་ནི་ཡུལ་ཐ་དད་པ་མེད་དེ། དཔེར་ན་བ་ལང་གི་བློ་རང་ལས་གཞན་པ་ཉིད་མ་ཡིན་པ་བཞིན་ནོ། །འདིར་བཤད་པ། ཇི་ལྟར། འགྲོ་བ་གང་གི་འགྲོ་བོར་མངོན། །འགྲོ་བ་དེ་ནི་

དེ་འགྲོ་མིན། །དེ་མི་རིགས་པའི་ཕྱིར་རོ་ཞེས་བྱ་བ་དེ་བཞིན་དུ། འགྲོ་བ་གང་གིས་འགྲོ་བོར་མངོན། །དེ་ལས་གཞན་པ་དེ་འགྲོ་མིན། །དེ་ལས་གཞན་པ་ཉིད་བཀག་པའི་ཕྱིར་དང་༑ ༑དེ་སྟོན་པའི་རྗེས་སུ་དཔག་པ་མེད་པའི་ཕྱིར་དང་། གང་ཡང་གང་དང་ལྡན་ཅིག་གཞན་པ་ཉིད་དུ་མི་འཐད་པར་ཁས་བླངས་པའི་ཕྱིར་དང་། དཔེ་ཡང་མ་གྲུབ་པའི་ཕྱིར་རོ་ཞེས་བྱ་བར་དགོངས་སོ། །ཡང་ན། འགྲོ་བ་གང་གིས་འགྲོ་བོར་མངོན། །དེ་ལས་གཞན་པ་དེ་འགྲོ་མིན། །ཞེས་བྱ་བ་ནི། དམ་བཅའ་བ་ཉེ་བར་གཞག་པ་ཡིན་នོ། །གལ་ཏེ་ཅིའི་ཕྱིར་ཞེ་ན། གང་ཕྱིར་འགྲོ་པོ་གཅིག་པུ་ལ། །འགྲོ་བ་གཉིས་སུ་མི་འཐད་དོ། །དེས་ནི་འགྲོ་བོའི་ཆོས་འགྲོ་བ་གཉིས་དང་མི་ལྡན་པ་ཉིད་བསྟན་ཏོ། །འདིར་རྗེས་སུ་དཔག་པ་ནི་དོན་དམ་པར་རང་ལས་གཞན་པའི་འགྲོ་བ་ནི་འགྲོ་བ་པོ་འགྲོ་བར་བྱེད་པ་མ་ཡིན་ཏེ། འགྲོ་བ་གཉིས་དང་མི་ལྡན་པའི་ཕྱིར་དཔེར་ན་སྡོད་པ་པོ་བཞིན་ནོ། །གཞན་དག་ན་རེ། གང་ཕྱིར་འགྲོ་བོ་གཅིག་པུ་ལ། །འགྲོ་བ་གཉིས་སུ་མི་འཐད་དོ། །གང་གི་ཕྱིར་འགྲོ་བ་པོ་གཅིག་པུ་ལ་གང་གི་འགྲོ་བ་པོ་ཞེས་བྱ་བར་མངོན་པ་དང་། འགྲོ་བ་པོར་གྱུར་ནས་གང་འགྲོ་བར་འགྱུར་བའི་འགྲོ་བ་གཉིས་མི་འཐད་པ་དེའི་ཕྱིར་དེ་ལས་གཞན་པའི་འགྲོ་བ་ཡང་འགྲོ་བ་པོ་འགྲོ་བར་བྱེད་པ་མ་ཡིན་ནོ་ཞེས་ཟེར་རོ། །ཁ་ཅིག་ན་རེ། དེ་ནི་རིགས་པ་མ་ཡིན་ཏེ། འགྲོ་བའི་རྒྱུ་གཅིག་ཁོ་ན་ཡོད་པར་ཁས་བླངས་པས་དེ་དང་ལྡན་པའི་ཕྱིར་འགྲོ་བ་པོ་འགྲོའོ་ཞེས་བྱ་བར་འགྲུབ་པའི་ཕྱིར་དང་། གཞན་པ་ཉིད་མ་བཀག་པའི་ཕྱིར་དང་༑ རེ་ཞིག་འགྲོ་བ་པོ་འགྲོའོ་ཞེས། །ཇི་ལྟར་འཐད་པ་ཉིད་དུ་འགྱུར། །ཞེས་བྱ་བ་དེ་དང་ཁྱད་པར་མེད་པའི་ཕྱིར་རོ་ཞེའོ། །གཟིགས་ཟན་པ་དག་གིས་སྨྲས་པ། འགྲོ་བ་ནི་

གཅིག་ཁོ་ན་སྟེ། དེ་ནི་འགྲོ་བ་པོ་ལས་གཞན་པ་ཉིད་ཡིན་ལ། དེ་དང་ལྡན་པའི་ཕྱིར་འགྲོ་བ་པོ་ལ་འགྲོ་བ་པོ་ཞེས་ཐ་སྙད་གདགས་སུ་རུང་ངོ་། །འགྲོ་བའི་རྒྱུ་ཡིན་པའི་ཕྱིར་དེ་བྱེད་པ་ན་འགྲོའོ་ཞེས་བྱ་བ་སྟེ། དཔེར་ན་མར་མེ་སྣང་བའི་རྒྱུ་ཡིན་པས་སྣང་བར་བྱེད་དོ་ཞེས་བྱ་བ་བཞིན་པས། གང་ཕྱིར་འགྲོ་པོ་གཅིག་པུ་ལ། །འགྲོ་བ་གཉིས་སུ་མི་འཐད་དོ། །ཞེས་བྱ་བ་དེ་རིགས་པ་མ་ཡིན་ནོ། །དེ་ནི་བཟང་པོ་མ་ཡིན་ཏེ། གཏན་ཚིགས་ཇི་སྐད་སྨོས་པ་བསྒྲུབ་པའི་ཕྱིར་དང་། དོན་དམ་པར་འགྲོ་བ་བཀག་པའི་ཕྱིར་དང་། མེད་པ་ལས་སྐྱེ་བ་བཀག་པའི་ཕྱིར་རོ། །ཡང་ན་འགྲོ་བ་པོ་ནི་འགྲོ་བ་དང་ལྡན་པའི་རྒྱུ་མ་ཡིན་པར་ཤེས་ཏེ། བློ་དང་སྦྲས་ཁྱད་པར་ཅན་འཇུག་པའི་རྒྱུ་ཡིན་པའི་ཕྱིར་དཔེར་ན་ལས་བཞིན་པས་རྗེས་སུ་དཔག་པའི་གནོད་པས་གནོད་པར་འགྱུར་བའི་ཕྱིར་རོ། །འགྲོ་བ་པོ་ནི་དེ་དང་ལྡན་པ་དོན་མེད་པའི་ཕྱིར་རོ། །འགྲོ་པ་པོ་མ་ཡིན་པ་ཡང་འགྲོ་བ་པོ་མ་ཡིན་པ་ཉིད་ཀྱི་ཕྱིར་སྟོད་པ་པོ་བཞིན་དུ་དེ་དང་མི་ལྡན་པའི་ཕྱིར་རོ། །འདིར་རྗེས་སུ་དཔག་པ་དྲི་བའམ་སྨྲ་བར་རིགས་ཏེ། སྨྲ་བ་ཐམས་ཅད་ནི་རང་གི་གཞུང་སྨྲ་བ་ལ་དབའ་བ་ཡིན་པས་ཚིག་ལ་ནི་ཟད་པ་མེད་དོ། །དེའི་ཕྱིར་དེ་ལྟར་རིགས་པས་དཔྱད་ན། འགྲོ་པོ་ཡིན་པར་གྱུར་པར་ནི། །འགྲོ་རྣམ་གསུམ་དུ་འགྲོ་མི་བྱེད། །དེ་མ་ཡིན་པར་གྱུར་པ་ཡང་། །འགྲོ་རྣམ་གསུམ་དུ་འགྲོ་མི་བྱེད། །ཡིན་དང་མ་ཡིན་གྱུར་པ་ཡང་། །འགྲོ་རྣམ་གསུམ་དུ་འགྲོ་མི་བྱེད། །འགྲོ་པོ་ཡིན་པར་གྱུར་པ་ཞེས་བྱ་བ་ནི་འགྲོ་བ་པོ་གང་འགྲོ་བ་དང་ལྡན་པ་སྟེ། འགྲོ་བ་ཡོད་པ་ཞེས་བྱ་བའི་ཐ་ཚིག་གོ །འགྲོའོ་ཞེས་བྱ་བ་ནི་བགྲོད་པར་བྱ་བའོ། །རྣམ་གསུམ་དུ་ཞེས་བྱ་བ་ནི་སོང་བ་དང་། མ་སོང་བ་དང་། བགོམ་པར་རོ། །དེ་མ་ཡིན་པར

གྱུར་པ་ཡང་ཞེས་བྱ་བ་ནི་འགྲོ་བ་པོ་གང་འགྲོ་བ་དང་བྲལ་བའོ། །ཡིན་པ་དང་མ་ཡིན་པར་གྱུར་པ་ཡང་ཞེས་བྱ་བ་ནི། འགྲོ་བ་པོ་དང་། འགྲོ་བ་དང་ལྡན་པ་ཡང་ཡིན་ལ། འགྲོ་བ་དང་བྲལ་བ་ཡང་ཡིན་པའོ། །དེ་ལ་རེ་ཞིག་འགྲོ་བ་པོ་ཡིན་པར་གྱུར་པ་ནི་འགྲོ་བ་རྣམ་པ་གསུམ་དུ་འགྲོ་བར་མི་བྱེད་དེ། བྱ་བ་དང་ལྡན་པའི་ཕྱིར་དེ་ལས་གཞན་པ་བཞིན་ནོ། །དེ་མ་ཡིན་པར་གྱུར་པ་ཡང་འགྲོ་བ་རྣམ་པ་གསུམ་དུ་འགྲོ་བར་མི་བྱེད་དེ། འགྲོ་བ་དང་བྲལ་བའི་ཕྱིར་སྡོད་པ་པོ་བཞིན་ནོ། །ཡིན་པ་དང་མ་ཡིན་པར་གྱུར་པ་ཡང་འགྲོ་བ་རྣམ་པ་གསུམ་དུ་འགྲོ་བར་མི་བྱེད་དེ། ཕྱོགས་གཉི་གར་བསྟན་པའི་རྗེས་སུ་དཔག་པ་དག་གིས་གནོད་པར་འགྱུར་བའི་ཕྱིར་རོ། །དེ་བཞིན་དུ་འགྲོ་བ་ཕྱོགས་སུ་བྱས་པ་ལ་ཡང་གཏན་ཚིགས་དང་དཔེའི་སྦྱོར་བ་ཅི་རིགས་པར་བྱའོ། །དེའི་ཕྱིར་དེ་ལྟར་རིགས་པ་དང་ལུང་དག་གིས་རྣམ་པ་ཐམས་ཅད་དུ་ཡོངས་སུ་བརྟགས་ན། འགྲོ་བ་ལ་སོགས་པ་རྣམ་པ་གསུམ་པོ་དག་ཇི་ལྟར་ཡང་མི་སྲིད་པ། དེ་ཕྱིར་འགྲོ་དང་འགྲོ་པོ་དང་། །བགྲོད་པར་བྱ་བའང་ཡོད་མ་ཡིན། །ཞེས་བྱ་བ་ནི་འབད་པའི་འབྲས་བུ་ཇི་སྐད་བསྟན་པའི་དབང་གིས་མཇུག་བསྡུ་བའོ༔ །སློབ་དཔོན་གྱིས་བྱ་བ་དང་བྱེད་པ་པོ་ལྷག་མ་དགག་པ་ཡང་ཕྱོགས་འདིས་བསྟན་ཏོ༔ །དེ་ལ་འདིར་རབ་ཏུ་བྱེད་པའི་དོན་ནི་འགྲོ་བ་ངོ་བོ་ཉིད་མེད་པ་ཉིད་བསྟན་པས་རྟེན་ཅིང་འབྲེལ་པར་འབྱུང་བ་འོང་བ་མེད་པ་དང་། འགྲོ་བ་མེད་པའི་ཁྱད་པར་དང་ལྡན་པ་བསྟན་པ་ཡིན་ནོ། །དེའི་ཕྱིར་གང་ལ་འགྲོ་བ་མེད་པ་དང་། འོང་བ་མེད་པ་དེ་ནི་འཕགས་པ་རྣམས་ཀྱི་འགྲོ་བའོ་ཞེས་བྱ་བ་དང་། རིགས་ཀྱི་བུ་དེ་བཞིན་གཤེགས་པ་ལ་ནི་འོང་བའམ་འགྲོ་བ་མེད་དོ་ཞེས་བྱ་བ་དང་། འདི་ལ་འོང་བ་དང་འགྲོ་བ་གང་ཡང་མེད། །ཆོས་

རྣམས་ཐམས་ཅད་ནམ་མཁའ་ཇི་བཞིན་ནོ། །ཞེས་བྱ་བ་དང་། དེ་བཞིན་དུ་གང་ལ་འགྲོ་བར་བྱ་བའམ། འོང་བར་བྱ་བ་རྡུལ་ཕྲན་ཙམ་ཡང་མེད་པ་དེ་ནི་བྱང་ཆུབ་སེམས་དཔའི་ཤེས་རབ་ཀྱི་ཕ་རོལ་ཏུ་ཕྱིན་པ་སྟེ། དེ་ལ་འོང་བ་དང་འགྲོ་བ་མི་སྣང་ངོ་། །རབ་ཀྱི་རྩལ་གྱིས་རྣམ་པར་གནོན་པ་གཟུགས་ལ་འོང་བ་དང་། འགྲོ་བ་མི་སྣང་ངོ་། །ཚོར་བ་དང་། འདུ་ཤེས་དང་། འདུ་བྱེད་རྣམས་དང་། རྣམ་པར་ཤེས་པ་ལ་འོང་བ་དང་འགྲོ་བ་མི་སྣང་ངོ་༑ ༑གང་གཟུགས་དང་། ཚོར་བ་དང་། འདུ་ཤེས་དང་། འདུ་བྱེད་རྣམས་དང་། རྣམ་པར་ཤེས་པའི་འོང་བ་དང་། འགྲོ་བ་མི་སྣང་བ་དེ་ནི་ཤེས་རབ་ཀྱི་ཕ་རོལ་ཏུ་ཕྱིན་པའོ་ཞེས་བྱ་བ་ལ་སོགས་པ་གསུངས་པ་དེ་དག་གྲུབ་པ་ཡིན་ནོ། །སློབ་དཔོན་ལེགས་ལྡན་བྱེད་༼འབྱེད་༽ཀྱིས་ཉེ་བར་སྦྱར་བ། དབུ་མའི་རྩ་བའི་འགྲེལ་པ་ཤེས་རབ་སྒྲོན་མ་ལས། སོང་བ་དང་༑ མ་སོང་བ་དང་། བསྒོམ་པ་བརྟག་པ་ཞེས་བྱ་བ་སྟེ། རབ་ཏུ་བྱེད་པ་གཉིས་པའོ།། །།

༼རབ་བྱེད་གསུམ་པ་སྐྱེ་མཆེད་བརྟག་པ།༽

དབུ་མའི་རྩ་བའི་འགྲེལ་པ་ཤེས་རབ་སྒྲོན་མ། བམ་པོ་བཞི་པ། དེ་ལ་ད་ནི་སྐྱེ་བ་མི་མཐུན་པའི་ཕྱོགས་ཀྱི་ཁྱད་པར་དགག་པས་སྐྱེ་མཆེད་རྣམས་ངོ་བོ་ཉིད་མེད་པ་ཉིད་དུ་བསྟན་པའི་དོན་གྱི་དབང་གིས་རབ་ཏུ་བྱེད་པ་གསུམ་པ་བརྩམ་མོ། །ཡང་ན་འགྲོ་བ་མི་མཐུན་པའི་ཕྱོགས་དགག་པས་སྐྱེ་མཆེད་རྣམས་སྟོང་པ་ཉིད་དུ་བསྟན་པའི་ཕྱིར་རབ་ཏུ་བྱེད་པ་གསུམ་པ་བརྩམ་མོ། །གང་གི་ཚེ་དང་པོ་ལྟར་ན་བརྟག་པ་དེའི་ཚེ་མི་མཐུན་པའི་ཕྱོགས་ཉེ་བར་བཞག་པ་ནི། དོན་དམ་པར་ནང་གི་སྐྱེ་མཆེད་རྣམས་སྐྱེ་བ་ཁོ་ནར་གཟུང་བར་བྱ་སྟེ། ཡུལ་སོ་སོར་ངེས་པའི་ཕྱིར་རོ། །འདི་ན་གང་སྐྱེ་བ་མེད་པ་དེ་ལ་ནི་ཡུལ་སོ་སོར་ངེས་པ་མེད་དེ། དཔེར་ན་མོ་གཤམ་གྱི་བུའི་སྐྱེ་མཆེད་རྣམས་ལ་ཡུལ་སོ་སོར་ངེས་པ་མེད་པ་བཞིན་ནོ། །ནང་གི་སྐྱེ་མཆེད་རྣམས་ལ་ནི་ཡུལ་སོ་སོར་ངེས་པ་འདི་ལྟ་བུ་ཡོད་དེ། འདི་ལྟ་སྟེ། ལྟ་བ་དང་། ཉན་པ་དང་། སྣོམ་པ་དང་། མྱོང་བར་བྱེད་པ་དང་། རེག་པར་བྱེད་པ་དང་། ཡིད་རྣམས་ཀྱི་ཡུལ་གཟུགས་དང་། སྒྲ་དང་། དྲི་དང་། རོ་དང་། རེག་བྱ་དང་། ཆོས་རྣམས་ཡིན་པར་གོ་རིམས་བཞིན་ནོ། །དེའི་ཕྱིར་གཏན་ཚིགས་ཇི་སྐད་སྨོས་པས་ནང་གི་སྐྱེ་མཆེད་རྣམས་སྐྱེ་བ་ཁོ་ནར་གཟུང་བར་བྱའོ། །གང་གི་ཚེ་གཉིས་པ་ལྟར་བརྟག་པ་དེའི་ཚེ་ནི། དེ་ཕྱིར་འགྲོ་དང་འགྲོ་པོ་དང་། །བགྲོད་པར་བྱ་བའང་ཡོད་མ་ཡིན། །ཞེས་བཤད་པའི་ཕྱིར། ཕ་རོལ་པོ་དག་ན་རེ། འགྲོ་བ་ཡོད་པ་ཉིད་དུ་ཤེས་པར་བྱ་སྟེ། བྱ་བའི་འབྲས་བུ་ཡིན་པའི་ཕྱིར། །གཟུགས་ལ་ལྟ་བ་ལ་སོགས་པ་བཞིན་ནོ་ཞེས་ཟེར་རོ། །ཕྱོགས་གཉི་

གའི་ལན་དུ་བཤད་པ། ལྟ་དང་ཉན་དང་སྣོམ་པ་དང་། །མྱོང་བར་བྱེད་དང་རེག་བྱེད་ཡིན།།
དབང་པོ་དྲུག་པོ་དེ་དག་གི །སྤྱོད་ཡུལ་བལྟ་བར་བྱ་ལ་སོགས། །ལྟ་ཞེས་བྱ་བ་ནི་ལྟ་བར་
བྱེད་པའི་ཕྱིར་རོ། །ལྷག་མ་རྣམས་ལ་ཡང་དེ་བཞིན་ནོ། །དབང་པོ་ཞེས་བྱ་བ་ནི་གཟུགས་
ལ་སོགས་པ་གཟུང་བའི་ཕྱིར་ཚོགས་དེ་ལ་དབང་པོ་དང་། བདག་པོ་ཉིད་བྱེད་པའི་ཕྱིར་
རོ༑ ༑དྲུག་པོ་ཞེས་བྱ་བ་ནི་སོ་སོའི་མིང་སྨོས་པ་ཉིད་ཀྱིས་གྲངས་ཀྱང་རབ་ཏུ་གྲུབ་མོད་
ཀྱི༑ དེ་ངེས་པར་གཟུང་བ་ནི་ཐ་སྙད་དུ་ཡང་དེ་དག་ལས་གཞན་པའི་གཟུགས་ལ་སོགས་
པ་ལ་དམིགས་པར་བྱེད་པའི་བྱེད་པ་པོ་མེད་པར་ཤེས་པར་བྱ་བའི་ཕྱིར་རོ། །དེ་དག་གི་
ཞེས་བྱ་བ་ནི་དབང་པོ་དྲུག་པོ་དེ་དག་གིའོ། །སྤྱོད་ཡུལ་ཞེས་བྱ་བ་ནི་ཡུལ་ཏེ་དེ་དག་ལ་
མཐུ་ཡོད་པ་ཉིད་ཅེས་བྱ་བའི་ཐ་ཚིག་གོ །བལྟ་བར་བྱ་བ་ལ་སོགས་པ་ཞེས་བྱ་བ་ནི་བལྟ་
བར་བྱ་བ་དང་། མཉན་པར་བྱ་བ་དང་། བསྣམ་པར་བྱ་བ་དང་། མྱང་བར་བྱ་བ་དང་།
རེག་པར་བྱ་བ་དང་། བསམ་པར་བྱ་བ་དག་གོ །ཡུལ་ཅན་དང་། ཡུལ་སོ་སོར་ངེས་པ་དེ་
ཡང་ཐ་སྙད་པ་ཡིན་གྱི་དོན་དམ་པ་ནི་མ་ཡིན་པས། གཏན་ཚིགས་མི་མཐུན་པའི་ཕྱོགས་
འབའ་ཞིག་ལ་ཡོད་པས་དོན་འགལ་བ་ཉིད་དོ། །དོན་དམ་པར་ཇི་ལྟར་མིག་ལ་སོགས་པ་
ཡུལ་ཅན་དང་། ཡུལ་གྱི་དངོས་པོར་མི་འཐད་པ་དེ་ལྟར་འདི་བཤད་པར་བྱ་སྟེ། རེ་
ཞིག་མིག་གི་དབང་པོ་གཅིག་པུའི་དབང་དུ་མཛད་ནས། ལྟ་བ་རང་གི་བདག་ཉིད་ན། །དེ་
ནི་དེ་ལ་མི་ལྟ་ཉིད། །ལྟ་བ་ཞེས་བྱ་བ་ནི་ལྟ་བར་བྱེད་པའི་ཕྱིར་ཏེ། མིག་གི་དབང་པོ་ཞེས་
བྱའོ༑ ༑རང་གི་བདག་ཉིད་ན་ཞེས་བྱ་བ་ནི། རང་གི་ངོ་བོ་ཉིད་ཡིན་ནའོ། །དེ་ནི་དེ་ལ་མི་
ལྟ་ཉིད། །ཅེས་བྱ་བ་ལ། ཅིའི་ཕྱིར་ལྟ་བར་མི་བྱེད་པ་ཉིད་ཡིན་ཞེ་ན། ཕྱོགས་དེ་ནི་ཚིག་
གི་དོན་འོག་ནས་འབྱུང་བས་གསལ་བར་བྱེད་དོ། །ཅིའི་ཕྱིར་ཞེ་ན། དེ་ནི་དེ་ལ་མི་ལྟ་བའི་

ཕྱིར་ཏེ། དེ་ནི་གྲགས་པ་ཡིན་ནོ་ཞེས་བྱ་བར་དགོངས་སོ། །ཉིད་ཅེས་བྱ་བའི་སྒྲ་ནི་ངེས་པར་གཟུང་བའི་དོན་ཏེ། འདིར་ལྟ་བར་མི་བྱེད་པ་ཉིད་ཅེས་བྱ་བར་བལྟ་བར་བྱའི་གཞན་དུ་ན་གཞན་ལ་ལྟ་བར་བྱེད་པ་ཞེས་བྱ་བར་ཤེས་པར་འགྱུར་རོ། །ཅི་སྟེ་དེ་ལྟ་ན་ཁྱོད་ཀྱིས་ཅི་ཞིག་བསྒྲུབ་པར་འགྱུར་ཏེ། གང་གི་ཚེ་མིག་རང་གི་བདག་ཉིད་ལ་ལྟ་བར་མི་བྱེད་དོ་ཞེས་སྨྲས་པའི་ཚེ། གཞན་དུ་གྱུར་པ་གཟུགས་ལ་ལྟ་བར་བྱེད་དོ་ཞེས་ཁས་ལེན་ཏོ་ཞེ་ན། ཁྱེད་འདོད་པ་གང་ཡིན་པ་དེ་ཡང་། གང་ཚེ་བདག་ལ་མི་ལྟ་བ། །དེ་གཞན་དག་ལ་ཇི་ལྟར་ལྟ༑ ༑མིག་གཟུགས་ལ་ལྟ་བར་བྱེད་པའི་མཐུ་ཉིད་མེད་དོ་ཞེས་བྱ་བའི་ཚིག་གི་དོན་ཏེ། དེ་ལ་འདིར་ཚིག་ལེའུར་བྱས་པའི་ཕྱེད་གོང་མས་ནི་མིག་རང་གི་བདག་ཉིད་ལ་ལྟ་བར་མི་བྱེད་པའི་ཆོས་བསྟན་ལ། ཕྱེད་འོག་མས་ནི་བསྒྲུབ་པར་བྱ་བ་ཆོས་གཟུགས་ལ་ལྟ་བར་མི་བྱེད་པ་བསྟན་ཏོ། །དེའི་ཕྱིར་བསྒྲུབ་པར་བྱ་བ་དང་། སྒྲུབ་པའི་ཆོས་ཉེ་བར་གཞག་པས་སྦྱོར་བའི་ཚིག་ཏུ་འདོད་པ་ནི་དོན་དམ་པར་མིག་གི་དབང་པོ་ནི་གཟུགས་ལ་ལྟ་བར་མི་བྱེད་པ་ཉིད་དེ། རང་གི་བདག་ཉིད་ལ་ལྟ་བར་མི་བྱེད་པའི་ཕྱིར། དཔེར་ན་རྣ་བ་ལ་སོགས་པ་བཞིན་ནོ། །ཡང་ན་ཕྱེད་གོང་མས་ནི་མིག་གི་དབང་པོ་གཟུང་བ་ཉིད་མ་ཡིན་པར་བསྟན་ནས། མིག་གི་དབང་པོ་རང་གི་བདག་ཉིད་ཆོས་མཐུན་པའི་དཔེ་ཉིད་དུ་ཉེ་བར་བཞག་ལ། ཕྱེད་འོག་མས་ནི་མིག་གི་དབང་པོ་གཟུགས་ལ་ལྟ་བར་མི་བྱེད་པར་བསྟན་པས་བསྒྲུབ་པར་བྱ་བ་ཆོས་གཟུགས་མིག་གི་དབང་པོའི་ཡུལ་མ་ཡིན་པ་ཉིད་བསྟན་ཏོ། །འདིར་དེའི་དབང་གིས་སྦྱོར་བའི་ཚིག་ནི་དོན་དམ་པར་གཟུགས་མིག་གི་དབང་པོའི་ཡུལ་མ་ཡིན་ཏེ། བསགས་པའི་ཕྱིར་དཔེར་ན་མིག་གི་དབང་པོའི་བདག་ཉིད་བཞིན་ནོ། །རང་གི་བདག་ཉིད་ལ་ལྟ་བར་མི་བྱེད་པ་དང་། བསགས་པ་ནི་མཚན་ཉིད་ཀྱི་

སྒྲའི་ཚུལ་ཉེ་བར་གཟུང་བའི་ཕྱིར་ཏེ། གཏན་ཚིགས་ཐོགས་པ་དང་བཅས་པ་ཉིད་དང་། འབྱུང་བ་ལས་གྱུར་པ་ཉིད་དང་། རྒྱུར་བྱས་པའི་གཟུགས་ཉིད་དང་། གཟུགས་ཀྱི་ཕུང་པོར་གཏོགས་པ་ཉིད་ལ་སོགས་པ་དག་གི་ཕྱིར་རོ་ཞེས་ཀྱང་ཕྱོགས་གཉི་ག་ལ་རྗེས་སུ་དཔག་པ་དག་བརྗོད་པར་བྱའོ། །འདིར་ཁ་ཅིག་ན་རེ། མིག་རང་གི་བདག་ཉིད་ལ་ལྟ་བར་མི་བྱེད་པ་ནི་བསྟན་དུ་མེད་པ་ཡིན་པའི་ཕྱིར་རུང་མོད་ཀྱི། གཟུགས་ནི་བསྟན་དུ་ཡོད་པ་ཡིན་པས་དེའི་ཕྱིར་དེ་ལ་ལྟ་བར་བྱེད་དོ་ཞེས་ཟེར་རོ། །དེ་ལ་རྒྱུ་གཞན་དེས་ཁོ་བོ་ཅག་གིས་སྨྲས་པའི་གཏན་ཚིགས་དང་དཔེ་བསྒྲུབ་པའི་ཕྱིར་གནོད་པ་མེད་དོ། །ཆོས་མངོན་པ་པ་དག་ན་རེ། གལ་ཏེ་ཁྱད་པར་མེད་པའི་མིག་གཟུགས་ལ་ལྟ་བར་མི་བྱེད་པ་ཉིད་ཅེས་ཟེར་ན། དེ་ནི་གྲུབ་པ་ལ་སྒྲུབ་པ་ཡིན་ཏེ། ཕྱོགས་ནི་དེ་དང་མཚུངས་པའི་མིག་ལྟ་བར་མི་བྱེད་པ་ཡིན་པའི་ཕྱིར་རོ། །འོན་ཏེ་མིག་གཟུགས་རྣམས་ལ་ལྟ་བར་མི་བྱེད་པ་བསྟན་པ་མཚུངས་པ་ལ་བྱའོ་ཞེས་ཟེར་ན་ནི་དེ་ལྟ་ན་ཁས་བླངས་པ་ལ་གནོད་པར་འགྱུར་ཏེ། ཆོས་མངོན་པ་ལས། རྟེན་མཚུངས་མིག་ནི་གཟུགས་རྣམས་ལྟ། །དེར་རྟེན་རྣམ་པར་ཤེས་པ་མིན། །ཞེས་གསུངས་པའི་ཕྱིར་རོ་ཞེས་ཟེར་རོ། །དེ་ལ་འདིར་བརྟེན་པ་མཚུངས་པའི་མིག་ཉིད་ཕྱོགས་སུ་བྱས་པའི་ཕྱིར་རོ། །གྲུབ་པ་ལ་སྒྲུབ་པ་ཡང་མ་ཡིན་ལ། ཁས་བླངས་པ་ལ་གནོད་པར་ཡང་མི་འགྱུར་ཏེ། །མིག་ནི་གཟུགས་ལ་མི་ལྟ་ཞིང་། །ཡིད་ནི་ཆོས་རྣམས་མི་ཤེས་ཏེ། །གང་ལ་འཇིག་རྟེན་མི་འཇུག་པ། །དེ་ནི་དམ་པའི་བདེན་པའོ།། ཞེས་གསུངས་པའི་ཕྱིར་རོ། །དོན་དམ་པར་མིག་གཟུགས་ལ་ལྟ་བར་བྱེད་པར་ཁས་མ་བླངས་པའི་ཕྱིར་དང་། རྗེས་སུ་དཔག་པ་རྒྱས་པ་ཇི་སྐད་བསྟན་པའི་ཕྱིར་དེ་གྲུབ་པས་དོན་དམ་པར་བརྟེན་པ་མཚུངས་པའི་མིག་ནི་གཟུགས་ལ་ལྟ་བར་མི་བྱེད་དེ། མིག་གི

དབང་པོ་ཡིན་པའི་ཕྱིར་དཔེར་ན་དེ་དང་མཚུངས་པ་བཞིན་ནོ། །ཡང་ན་དབང་པོ་གཟུགས་ཅན་ཡིན་པའི་ཕྱིར་རྣ་བ་བཞིན་ནོ་ཞེས་བཀག་པའི་ཕྱིར་རོ། །གྲགས་པའི་གནོད་པར་ཡང་མི་འགྱུར་ཏེ། དམ་བཅས་པ་ཁྱད་པར་ཅན་ཉེ་བར་བཟུང་བ་ཉིད་ཀྱིས་དེ་མ་སྤངས་པའི་ཕྱིར་དང་། ལན་བཏབ་ཟིན་པའི་ཕྱིར་རོ། །ཁ་ཆེ་བ་དག་ན་རེ། མིག་ནི་ལྟ་བར་བྱེད་པ་ཉིད་དེ། ལྟ་བའི་བྱེད་པ་པོ་ཡིན་པའི་ཕྱིར་རོ་ཞེའོ། །ཁ་ཅིག་ན་རེ། དེ་ནི་རིགས་པ་མ་ཡིན་ཏེ། དམ་བཅས་པའི་དོན་གྱི་ཕྱོགས་གཅིག་ཡིན་པའི་ཕྱིར་དང་། རྗེས་སུ་འགྲོ་བ་མེད་པའི་ཕྱིར་དང་། དགག་པ་སྨྲས་ཟིན་པའི་ཕྱིར་རོ་ཞེ་ན། གཞན་དག་ན་རེ་ཁ་ཆེ་བ་དག་གིས་སྨྲས་པ་ནི་རིགས་པ་མ་ཡིན་ཏེ། སྐད་ཅིག་མར་སྨྲ་བ་རྣམས་ལ་ནི་སྐད་ཅིག་ཡིན་པས་བྱ་བ་མི་འཐད་པའི་ཕྱིར་རོ། །སྐད་ཅིག་མ་མ་ཡིན་པར་སྨྲ་བ་རྣམས་ལ་ཡང་དེ་ཉིད་དེ་ལས་གཞན་པ་ཉིད་དུ་མི་འཐད་པའི་ཕྱིར་རོ་ཞེའོ། །མདོ་སྡེ་པ་དག་ན་རེ། འདུ་བྱེད་རྣམས་ལ་བྱ་བ་མེད་པའི་ཕྱིར་མིག་ཀྱང་ལྟ་བར་མི་བྱེད་ལ། གཞན་ཡང་མ་ཡིན་ཏེ; འོ་ན་ཅི་ཞེ་ན། མདོ་སྡེ་ལས་མིག་དང་གཟུགས་རྣམས་ལ་བརྟེན་ནས་མིག་གི་རྣམ་པར་ཤེས་པ་སྐྱེའོ་ཞེས་གསུངས་པས་ཁྱེད་མིག་ལྟ་བར་མི་བྱེད་དོ་ཞེས་ཟེར་བ་ནི་གྲུབ་པ་ཁོ་ན་ལ་སྒྲུབ་པ་ཡིན་ནོ་ཞེའོ། །སྐྱེ་བ་བཀག་པ་ཁོ་ནས་མིག་གི་རྣམ་པར་ཤེས་པ་མི་འཐད་པའི་ཕྱིར་གྲུབ་པ་ལ་སྒྲུབ་པ་མ་ཡིན་ནོ། །ཁས་བླངས་པ་ལ་གནོད་པར་མི་འགྱུར་ཏེ། ཐ་སྙད་ཀྱི་བདེན་པ་དང་རྗེས་སུ་མཐུན་པའི་མདོ་སྡེའི་དོན་ཁས་བླངས་པའི་ཕྱིར་དང་། དོན་དམ་པར་མདོ་སྡེའི་དོན་ལ་རིགས་པ་མེད་པའི་ཕྱིར་རོ། །མིག་དང་གཟུགས་ཀྱི་སྐྱེ་མཆེད་ཀྱི་སྐྱེ་བ་བཀག་པའི་ཕྱིར་དང་། མིག་དང་གཟུགས་དག་གི་ལྟ་བ་པོ་དང་། ལྟ་བ་ཉིད་བཀག་པའི་ཕྱིར་དེའི་ཁྱད་པར་མི་སྲིད་པས་ཚིག་མེད་ཀྱི། འོན་ཀྱང་ཉན་པའི་སྐྱེ་བོའི་བློ་

གྲོས་དབྱེ་བར་འདོད་པས་ཕྱོགས་ཙམ་ཞིག་བཤད་པར་བྱའོ། །ལྟ་བ་རང་གི་བདག་ཉིད་ན༑ ༑དེ་ནི་དེ་ལ་མི་ལྟ་ཉིད། །ཅེས་བྱ་བས་སྔ་མ་བཞིན་དུ་རང་གི་བདག་ཉིད་ལ་ལྟ་བར་མི་བྱེད་པ་ཉིད་ཕྱོགས་ཀྱི་ཆོས་སུ་བསྟན་ནས། གང་ཚེ་བདག་ལ་མི་ལྟ་བ། །དེ་གཞན་དག་ལ་ཇི་ལྟར་ལྟ། །ཞེས་བྱ་བ་འདིས་བསྒྲུབ་པར་བྱ་བ་ཆོས་ཉེ་བར་གཞག་པའི་ཕྱིར་གཞན་གྱིས་ཡོངས་སུ་བརྟག་པའི་རྣམ་པར་རྟོག་པ་གཞན་བསལ་བར་འདོད་པས་སྦྱོར་བའི་ཚིག་དག་བྱའོ། །དེ་ལ་གང་དག་མིག་ནི་མ་ཕྲད་པ་འཛིན་པའོ་ཞེས་ཟེར་བ་དེ་དག་གི་ཕྱིར་ལྟ་བར་བྱེད་པ་ནི་ཤེས་པའི་དོན་ཡིན་པའི་ཕྱིར་དཔེར་ན་རྒྱལ་པོ་དག་གིས་རྟོག་ཆེན་དག་ལས་ཤེས་པ་བཞིན་ཏེ། རང་གི་བདག་ཉིད་ལ་ལྟ་བར་མི་བྱེད་པའི་ཕྱིར་རོ། །གཏན་ཚིགས་ཀྱི་དོན་ནི་རང་གི་བདག་ཉིད་མི་ཤེས་པ་ཡིན་ནོ། །དོན་དམ་པར་མིག་ནི་ཡུལ་མ་ཕྲད་པ་འཛིན་པ་མ་ཡིན་ཏེ། རང་གི་བདག་ཉིད་ལ་ལྟ་བར་མི་བྱེད་པའི་ཕྱིར་དཔེར་ན་སྣ་ལ་སོགས་པ་བཞིན་ནོ། །དེ་བཞིན་དུ་དོན་དམ་པར་གཟུགས་ནི་མིག་གི་དབང་པོ་ཡུལ་མ་ཕྲད་པར་འཛིན་པའི་གཟུང་བ་མ་ཡིན་ཏེ། འབྱུང་བ་ལས་གྱུར་པ་ཡིན་པའི་ཕྱིར་དཔེར་ན་དྲི་ལ་སོགས་པ་བཞིན་ནོ། །རང་གི་བདག་ཉིད་ལ་ལྟ་བར་མི་བྱེད་པ་དང་༑ འབྱུང་བ་ལས་གྱུར་པ་ནི་མཚན་ཉིད་ཀྱི་སྒྲའི་ཚུལ་ཉེ་བར་བཟུང་བའི་ཕྱིར་ཏེ། གཏན་ཚིགས་ཐོགས་པ་དང་བཅས་པ་ཉིད་ལ་སོགས་པ་དག་གི་ཕྱིར་རོ་ཞེས་ཀྱང་ཕྱོགས་གཉིས་ག་ལ་རྗེས་སུ་དཔག་པ་དག་བརྗོད་པར་བྱ་ཞིང་སྦྱོར་བའི་ཚིག་ཅི་རིགས་པ་རྒྱས་པར་བྱའོ། །ཡང་ན་དོན་དམ་པར་མིག་ནི་ཡུལ་མ་ཕྲད་པ་འཛིན་པ་ཡིན་པར་མི་འདོད་དེ། ད་ལྟར་གྱི་ཡུལ་མངོན་སུམ་པ་ཡིན་པའི་ཕྱིར་དཔེར་ན་སྣ་ཚོགས་པ་བཞིན་ནོ། །ཅི་སྟེ་མིག་ནི་ཡུལ་མ་ཕྲད་པ་འཛིན་པ་ཡིན་ཏེ། གཟུགས་བར་དུ་ཆོད་པ་འཛིན་པའི་ཕྱིར་དང་།

རྩོལ་བ་ཐ་དད་པ་མེད་པ་དང་། དུས་ཐ་དད་པ་མེད་པར་འཛིན་པའི་ཕྱིར་དང་། རང་ལས་ལྷག་པའི་ཡུལ་འཛིན་པའི་ཕྱིར་དང་། དཔེར་ན་ཡིད་བཞིན་ནོ་ཞེ་ན། དེ་ཡང་བཟང་པོ་མ་ཡིན་ཏེ། འདི་ལ་མ་ཕྲད་པ་འཛིན་པ་ནི་གཟུགས་བར་དུ་ཆོད་པ་འཛིན་པའི་དོན་ཡིན་ལ། གཟུགས་བར་དུ་ཆོད་པ་འཛིན་པའི་ཕྱིར་ཞེས་བྱ་བའི་དོན་ཀྱང་དེ་ཉིད་ཡིན་པས་དམ་བཅས་པའི་ཕྱིར་དོན་གྱི་ཕྱོགས་གཅིག་ཡིན་པའི་ཕྱིར་དང་། རྩོལ་བ་ཐ་དད་པ་མེད་པ་དང་། དུས་ཐ་དད་པ་མེད་པར་འཛིན་པའི་ཕྱིར་ཞེས་བྱ་བ་ཡང་མ་གྲུབ་པའི་ཕྱིར་རོ། །གཏན་ཚིགས་གྲུབ་ཏུ་ཟིན་ན་ཡང་རྗེས་སུ་འགྲོ་བ་མི་འགྲུབ་སྟེ། དོན་དམ་པར་ཡིད་ཀྱང་མ་ཕྲད་པ་འཛིན་པ་ཉིད་དུ་མ་གྲུབ་པའི་ཕྱིར་རོ། །ཡང་ན་དོན་འགལ་བ་ཉིད་ཀྱང་ཡིན་ནོ། །གྲངས་ཅན་དག་མིག་ནི་ཡུལ་དང་མ་ཕྲད་པ་འཛིན་པ་མ་ཡིན་ཏེ་ཞེས་བྱ་བ་དེ་ནི་གྲུབ་པ་ལ་སྒྲུབ་པ་ཡིན་ནོ་ཞེས་ཟེར་ན། མིག་ཡུལ་མ་ཕྲད་པ་འཛིན་པ་ཉིད་ཀྱི་ཆོས་སྟོང་པ་ཉིད་དུ་བསྟན་པས་ཡུལ་ཕྲད་པ་འཛིན་པ་ཡིན་ནོ་ཞེས་བསྒྲུབ་པའི་ཚུལ་གྱིས་མ་བསྟན་པའི་ཕྱིར་གནས་མ་ཡིན་པ་ལ་དབུགས་འབྱིན་ཏོ་ཞེས་བརྗོད་པར་བྱའོ། །གཞན་ཡང་མིག་ནི་ཡུལ་ཕྲད་པ་འཛིན་པ་ཡིན་པར་མི་འདོད་དེ། དབང་པོ་ཡིན་པའི་ཕྱིར་དཔེར་ན་ཡིད་བཞིན་ནོ། །སྣ་ལ་སོགས་པ་དག་གིས་མ་ངེས་པ་ཉིད་ཀྱང་མ་ཡིན་ཏེ། དེ་དག་ཀྱང་འོག་ནས་དེ་དང་འདྲ་བ་ཁོ་ནར་སྟོན་པའི་ཕྱིར་རོ། །ཕྲད་པ་འཛིན་པ་ཞེས་བྱ་བའི་དོན་ཀྱང་གང་ཡིན། གལ་ཏེ་གནས་ནས་ཡུལ་གྱི་ཕྱོགས་སུ་སོང་སྟེ་འཛིན་པར་བྱེད་པའོ་ཞེ་ན། དོན་དམ་པར་མིག་གི་འཇུག་པ་ནི། མིག་གི་རྣམ་པར་ཤེས་པའི་རྣམ་གྲངས་ཀྱི་གནས་ནས་ཕྱི་རོལ་དུ་མི་འགྲོ་སྟེ། འཇུག་པ་ཡིན་པའི་ཕྱིར་དཔེར་ན་སྣ་ལ་སོགས་པའི་དབང་པོའི་འཇུག་པ་བཞིན་ནོ། །དེ་བཞིན་དུ་དོན་དམ་པར་གཟུགས་ནི་མིག་གི་དབང་པོ་ཡུལ་

ཐུང་བ་འཛིན་པའི་གཟུང་བ་མ་ཡིན་ཏེ། རྒྱུ་ཅན་ཡིན་པའི་ཕྱིར་དཔེར་ན་སྒྲ་ལ་སོགས་པ་བཞིན་ནོ། །ཇི་སྐད་ཕྱོགས་གཉི་གར་བསྟན་པའི་རྗེས་སུ་དཔག་པ་རྒྱས་པ་དག་གི་ཕྱོགས་གཅིག་གི་གཅིག་བརྒལ་བའི་ཕྱིར་གང་ཡང་རུང་བ་ལ་མ་གྲུབ་པ་ཡིན་ནོ་ཞེ་ན། གཉི་ག་མེད་པའི་ཕྱིར་མི་སྒྲུབ་པར་འདོད་པ་གྲུབ་བོ། །གང་དག་ལ་མིག་གི་འོད་ཟེར་ཡུལ་གྱི་ཕྱོགས་སུ་སོང་སྟེ། ཡུལ་འཛིན་པར་བྱེད་དོ་སྙམ་པའི་བློ་གྲོས་ཡོད་པ་དེ་དག་ལ་ཡང་འདི་སྐད་ཅེས་བརྗོད་པར་བྱ་སྟེ། ཐ་སྙད་དུ་ཡང་མིག་གི་དབང་པོ་ནི་འོད་ཟེར་དང་བཅས་པ་མ་ཡིན་པར་ཤེས་པར་བྱ་སྟེ། གཟུགས་དམིགས་པའི་རྒྱུ་ཡིན་པའི་ཕྱིར་དཔེར་ན་གཟུགས་བཞིན་ནོ། །གལ་ཏེ་མིག་གི་དབང་པོ་ནི་འོད་ཟེར་དང་བཅས་པ་ཁོ་ན་ཡིན་ཏེ། མིག་གི་དབང་པོ་ཡིན་པའི་ཕྱིར་དཔེར་ན། བྱི་ལ་ལ་སོགས་པ་མཚན་མོ་རྒྱུ་བའི་མིག་བཞིན་ནོ་ཞེ་ན༑ དེ་ནི་རིགས་པ་མ་ཡིན་ཏེ། མིག་གི་དབང་པོ་ནི་བསྟན་དུ་མེད་པའི་ཕྱིར་དང་། དེའི་གནས་འོད་ཟེར་དང་བཅས་པ་ཉིད་ཡིན་དུ་ཟིན་ན་ཡང་དཔེ་མ་གྲུབ་པའི་ཕྱིར་དང་། འགལ་བ་འབྲུལ་པ་མེད་པའི་གནོད་པ་ཡོད་པའི་ཕྱིར་རོ། །དབྱུང་པ་རྣམ་པར་འཕྲོས་པས་ཚིག་གི་སྐབས་ཉིད་ཀྱི་དབང་དུ་བྱའོ། །ལྟ་བ་རང་གི་བདག་ཉིད་ནི། །དེ་ནི་དེ་ལ་མི་ལྟ་ཉིད། །གང་ཚེ་བདག་ལ་མི་ལྟ་བ། །དེ་གཞན་བདག་ལ་ཇི་ལྟར་ལྟ། །ཞེས་བྱ་བ་འདི་ལ་ཁ་ཅིག་ན་རེ། འདི་ལ་དངོས་པོ་རྣམས་ཀྱི་ངོ་བོ་ཉིད་ནི་རང་གི་བདག་ཉིད་ལ་མཐོང་ན། དེ་དང་ལྡན་པས་གཞན་གྱི་བདག་ཉིད་ལ་ཡང་དམིགས་པར་འགྱུར་ཏེ། དཔེར་ན་ཆུ་ལ་ཉྭ་མཐོང་ན་དེ་དང་ལྡན་པས་ས་ལ་ཡང་དམིགས་པ་དང་། མེ་ལ་ཚ་བ་མཐོང་ན་དེ་དང་ལྡན་པས་ཆུ་ལ་ཡང་དམིགས་པ་དང་། སྣ་མའི་མེ་ཏོག་ལ་དྲི་ཞིམ་པ་ཉིད་མཐོང་ན་དེ་དང་ལྡན་པས། གོས་ལ་ཡང་དམིགས་པ་ལྟ་བུ་ཡིན་ན། དངོས་པོ་གང་རང་གི་བདག་ཉིད་ལ་

མི་སྣང་བ་དེ་གཞན་གྱི་བདག་ཉིད་ལ་ཇི་ལྟར་དམིགས་པར་འགྱུར་ཏེ། འདི་ལྟར་སྣ་མའི་མེ་ཏོག་ལ་དྲི་ང་བ་ཉིད་མ་མཐོང་ན་གོས་ལ་ཡང་དམིགས་པར་མི་འགྱུར་བ་ལྟ་བུའོ། །དེའི་ཕྱིར་གལ་ཏེ་ལྟ་བ་རང་གི་བདག་ཉིད་ལ་ལྟ་བར་བྱེད་ན་ནི། དེས་ན་གཟུགས་ལ་ལྟ་བར་བྱེད་པས་ལྟ་བའོ་ཞེས་བྱ་བ་དེ་འཐད་པར་འགྱུར་བ་ཞིག་ན། ལྟ་བ་ན་རང་གི་བདག་ཉིད་ལ་ལྟ་བར་མི་བྱེད་དོ། །གང་རང་གི་བདག་ཉིད་ལ་ལྟ་བར་མི་བྱེད་པ་དེ་གཞན་དག་ལ་ཇི་ལྟར་ལྟ་བར་བྱེད་དེ། དེ་བས་ན་གཟུགས་ལ་ལྟ་བར་བྱེད་པས་ལྟ་བའོ་ཞེས་བྱ་བ་དེ་མི་འཐད་དོ། །སློབ་དཔོན་འཕགས་པ་ལྷས་ཀྱང་། དངོས་པོ་ཀུན་གྱི་རང་བཞིན་ནི། །ཐོག་མར་བདག་ལ་སྣང་གྱུར་ན། །མིག་ཉིད་ལ་ཡང་མིག་གིས་ནི། །ཅི་ཡི་ཕྱིར་ན་འཛིན་མི་འགྱུར༏ ༏ཞེས་གསུངས་སོ་ཞེས་ཟེར་རོ། །དེ་ལ་འདིར་རང་གི་སྡེ་པ་དག་ན་རེ། ལྟ་བ་གཟུགས་དམིགས་པ་དེ་གལ་ཏེ་ཇི་ལྟར་མིག་ལ་མེད་པ་དེ་བཞིན་དུ་གཟུགས་ལ་ཡང་མེད་དོ་ཞེ་ན་ནི་གྲུབ་པ་ལ་སྒྲུབ་པ་ཡིན་ཏེ། དེ་ལྟར་ཡང་། དེ་ནི་མིག་དང་གཟུགས་ལ་མེད། །དེ་གཉིས་བར་ནའང་ཡོད་མ་ཡིན། །གང་དུ་དེ་ནི་གནས་འགྱུར་བ། །དེ་ཡོད་མ་ཡིན་དེ་མེད་མིན། །ཞེས་གསུངས་པའི་ཕྱིར་རོ་ཞེའོ། །ཁ་ཅིག་ན་རེ། ཇི་སྟེ་རང་གི་བདག་ཉིད་ལ་ལྟ་བར་བྱེད་པའི་ནུས་པ་མེད་དོ་ཞེ་ན་ནི། སྣ་མའི་མེ་ཏོག་དག་དེའི་དཔེར་མི་རུང་སྟེ། སྣ་མའི་མེ་ཏོག་དག་ལ་ཚོགས་པའི་དབང་གིས་དྲི་ཞིམ་པ་ཉིད་དག་འབྱུང་བའི་ཕྱིར་མེ་ཏོག་དང་ཕྲད་པས་འབྲུ་མར་དྲི་ཞིམ་པ་ཉིད་དུ་འགྱུར་བ་བཞིན་ནོ། །གཟུགས་ལ་ལྟ་བར་བྱེད་པའི་བྱ་བ་ཡང་སུས་ཀྱང་ཁས་མ་བླངས་པ་དེ་འགོག་པ་ཡང་མི་འཐད་པའི་ཕྱིར་རོ། །ཅི་སྟེ་བདག་ཉིད་ལ་འཛིན་པར་མི་བྱེད་པ་བཞིན་དུ་གཞན་ལ་ཡང་འཛིན་པར་མི་བྱེད་པར་སྒྲུབ་ན་ནི་དེ་ལྟ་ན་ཡང་དཔེས་མི་ནུས་ཏེ། མེ་དང་སྣ་མའི་མེ་ཏོག་དག་རང་དང་གཞན་གྱི་

བདག་ཉིད་ལ་འཛིན་པར་མི་བྱེད་པའི་ཕྱིར་རོ། །དེ་ལྟ་བས་ན་དེ་ནི་རིགས་པ་མིན་ནོ་ཞེའོ། །དེའི་ཕྱིར་དེ་ལྟར་མིག་ལྟ་བར་མ་གྲུབ་པས་སྐྱེ་བ་ཡང་མ་གྲུབ། འགྲོ་བ་ཡང་མ་གྲུབ་སྟེ། དཔེ་མེད་པའི་ཕྱིར་རོ། །ཡང་ན་གཏན་ཚིགས་འགལ་བ་ཉིད་ཀྱང་ཡིན་ནོ། །འདིར་སྨྲས་པ། ཁྱོད་བསྒྲུབ་པའི་དོན་སྒྲོ་བཏགས་ནས་མིག་གཟུགས་ལ་ལྟ་བར་མི་བྱེད་དེ། རང་གི་བདག་ཉིད་ལྟ་བར་མི་བྱེད་པའི་ཕྱིར་རོ་ཞེས་ཟེར་བ་ནི་འདི་སྐད་ཅེས་གལ་ཏེ་དེ་ལ་རང་གི་བདག་ཉིད་ལ་ནུས་པ་མེད་ན། དེ་ལ་གཞན་གྱི་བདག་ཉིད་ལ་ཡང་དེ་མེད་པར་བསྟན་པ་ཡིན་ནོ། །དེ་ལྟ་ན་ཡང་མ་ངེས་པ་ཉིད་ཡིན་ཏེ། མེ་ལ་རང་གི་བདག་ཉིད་ལ་སྲེག་པར་བྱེད་པའི་ནུས་པ་ཉིད་མེད་དུ་ཟིན་ཀྱང་གཞན་གྱི་བདག་ཉིད་ལ་སྲེག་པར་བྱེད་ནུས་པ་ཉིད་ཡོད་པའི་ཕྱིར་རོ། །འདིར་བཤད་པ། ལྟ་བ་རབ་ཏུ་བསྒྲུབ་པའི་ཕྱིར། །མེ་ཡི་དཔེས་ནི་ནུས་མ་ཡིན། །མིག་ནི་ལྟ་བའི་ངོ་བོ་ཉིད་ཡིན་ནོ་ཞེས་བྱ་བའི་དོན་དེ་རབ་ཏུ་བསྒྲུབ་པའི་ཕྱིར་གཏན་ཚིགས་མ་ངེས་པ་ཉིད་ཀྱི་སྐྱོན་བརྗོད་པ་སྟེ། དོན་དམ་པར་མེ་ནི་སྲེག་པར་བྱེད་པ་ཉིད་དུ་མ་གྲུབ་པའི་ཕྱིར་དང་། ཐ་སྙད་དུ་ཡང་ལྟ་བའི་ངོ་བོ་ཉིད་དུ་མ་གྲུབ་པའི་ཕྱིར་རོ་ཞེས་བྱ་བར་དགོངས་སོ། །ཡང་ན། ལྟ་བ་རབ་ཏུ་བསྒྲུབ་པའི་ཕྱིར། །མེ་ཡི་དཔེས་ནི་ནུས་མ་ཡིན། གཏན་ཚིགས་ཀྱི་སྐྱོན་བརྗོད་པའི་ཕྱིར་ཏེ། མེའི་ངོ་བོ་ཉིད་རང་དང་གཞན་གྱི་བདག་ཉིད་སྣང་བར་བྱེད་པ་དེ་ནི་གཞན་གྱི་ཕྱོགས་ལ་ཡང་མེད་པའི་ཕྱིར་དང་། ཐ་སྙད་དུ་ཡང་སྲེག་པར་བྱེད་པའི་ངོ་བོ་ཉིད་དུ་མ་གྲུབ་པའི་ཕྱིར་རོ་ཞེས་བྱ་བར་དགོངས་སོ། །སྲེག་པ་ཞེས་བྱ་བ་ཡང་མེས་བྱས་པའི་བྱུད་ཤིང་འགྱུར་བ་ཡིན་པས། དེའི་ཕྱིར་མེའི་ངོ་བོ་ཉིད་མ་ཡིན་ནོ། །གཞན་ཡང་། ལྟ་བ་རབ་ཏུ་བསྒྲུབ་པའི་ཕྱིར། །མེ་ཡི་དཔེས་ནི་ནུས་མ་ཡིན། །སོང་དང་མ་སོང་བསྒོམ་པ་ཡིས། །དེ་ནི་ལྟ་བཅས་ལན་བཏབ་

བོ༔ ༔ལྟ་བཅས་ཞེས་བྱ་བ་ནི་ལྟ་བ་དང་བཅས་པའོ། །གང་ཞེ་ན། མིའི་དཔེ་དེའོ། །ཅི་ཞིག་བྱས་ཤེ་ན། ལན་བཏབ་བོ། །གང་གིས་ཤེ་ན། སོང་བ་དང་། མ་སོང་བ་དང་། བསྒོམ་པ་དག་གིས་ཏེ། ཇི་ལྟར་སྔར་དོན་དམ་པར་སོང་བ་དང་། མ་སོང་བ་དང་། བསྒོམ་པ་དག་ལ་འགྲོ་བ་མེད་དེ། སོང་ཟིན་པའི་ཕྱིར་དང་། མ་སོང་བའི་ཕྱིར་དང་། སོང་བ་དང་། མ་སོང་བ་མ་གཏོགས་པར་བསྒོམ་པ་ཤེས་པར་མི་འགྱུར་བའི་ཕྱིར་རོ་ཞེས་བཤད་པ་དེ་བཞིན་དུ་དོན་དམ་པར་མེས་ཀྱང་བུད་ཤིང་བསྲེགས་པ་དང་། མ་བསྲེགས་པ་དང་། སྲེག་པ་དག་སྲེག་པར་མི་བྱེད་དེ། བསྲེགས་པའི་ཕྱིར་དང་། མ་བསྲེགས་པའི་ཕྱིར་དང་། བསྲེགས་པ་དང་། མ་བསྲེགས་པ་མ་གཏོགས་པར་བསྲེག་པ་ཤེས་པར་མི་འགྱུར་བའི་ཕྱིར་རོ་ཞེས་བྱ་བ་དང་། དེ་བཞིན་དུ་དོན་དམ་པར་མིག་ཀྱང་གཟུགས་བལྟས་པ་དང་། མ་བལྟས་པ་དང་༔ བལྟ་བ་དག་ལ་ལྟ་བར་མི་བྱེད་དེ། བལྟས་པའི་ཕྱིར་དང་། མ་བལྟས་པའི་ཕྱིར་དང་༔ བལྟས་པ་དང་། མ་བལྟས་པ་མ་གཏོགས་པར་བལྟ་བ་ཤེས་པར་མི་འགྱུར་བའི་ཕྱིར་རོ་ཞེས་གོ་རིམས་བཞིན་དུ་སྦྱོར་བའི་ཚིག་དག་བརྗོད་པར་བྱའོ། །འདི་ལ་གཞན་དག་ནི་ཕ་རོལ་པོས་མེ་བཞིན་དུ་ལྟ་བ་ལ་སོགས་པ་འགྲུབ་སྟེ། དཔེར་ན་མེ་ནི་སྲེག་པར་བྱེད་པ་ཡིན་ཡང་། གཞན་དག་སྲེག་པར་བྱེད་པ་ཉིད་ཡིན་གྱི་རང་གི་བདག་ཉིད་སྲེག་པར་བྱེད་པ་ནི་མ་ཡིན་ནོ། །དེ་བཞིན་དུ་ལྟ་བ་ཡང་ལྟ་བར་བྱེད་པ་ཡིན་ཡང་། གཞན་དག་ལ་ལྟ་བར་བྱེད་པ་ཉིད་ཡིན་གྱི། རང་གི་བདག་ཉིད་ལ་ལྟ་བར་བྱེད་པ་ནི་མ་ཡིན་ནོ་ཞེས་སྨྲས་པའི་ལན་དུ། ལྟ་བ་རབ་ཏུ་བསྒྲུབ་པའི་ཕྱིར། །མེ་ཡི་དཔེས་ནི་ནུས་མ་ཡིན། །སོང་དང་མ་སོང་བསྒོམ་པ་ཡིས། །དེ་ནི་ལྟ་བཅས་ལན་བཏབ་བོ། །དེ་ཡང་གཞན་སྲེག་པར་མི་བྱེད་པའི་ཕྱིར་རོ་ཞེས་ཟེར་རོ། །གཞན་དག་ན་རེ་དེ་ནི་རིགས་པ་མ་ཡིན་ཏེ། དཔེ་ཙམ་

གྱིས་ཕྱོགས་སྔ་མ་ཤིན་ཏུ་སྙིང་པོ་མ་ཡིན་པས་དེ་འགོག་པའི་རིགས་པ་མ་ཡིན་པའི་ཕྱིར་རོ་ཞེའོ། །གཞན་དག་གིས་སྨྲས་པ། མིག་ལ་ལྟ་བའི་བྱ་བ་ཡོད་པ་ཁོ་ན་ཡིན་ཏེ། སྒྲའི་བསྟན་བཅོས་ལས་དེ་ལྟར་བསྟན་པའི་ཕྱིར་རོ། །འདི་ན་སྒྲའི་བསྟན་བཅོས་ལས་བྱེད་པ་པོ་ལ་བྱ་བའི་རྐྱེན་བརྗོད་ནས་ལྟ་བ་བྱ་བ་བྱེད་པས་ལྟ་བ་ཞེས་བྱ་སྟེ། དེར་གང་ཅི་བསྟན་པ་དེ་ནི་དེ་བཞིན་ཏེ། དཔེར་ན་བྱེད་པ་པོ་ལ་བྱ་བའི་རྐྱེན་བརྗོད་ནས་ཐུགས་སུ་ཆུད་པར་མཛད་པའམ། ཐུགས་སུ་ཆུད་པར་གྱུར་པས་སངས་རྒྱས་ཞེས་བྱ་བ་བཞིན་ནོ། །འདིར་བཤད་པ། སྒྲུབ་པ་དེ་ཐ་སྙད་ཀྱི་བདེན་པའི་ཁོངས་སུ་ནི་ཡོད་མོད་ཀྱི། དོན་དམ་པར་ནི་མེད་དོ། །ཇི་ལྟ་ཞེ་ན། འདི་ཉིད་དུ་མིག་ལྟ་བ་བཀག་པའི་ཕྱིར་དང་། དེའི་སྐྱེ་བ་བཀག་པའི་ཕྱིར་ལྟ་བ་དང་བྲལ་བ་ཡིན་པས། གང་ཚེ་ཅུང་ཟད་མི་ལྟ་བ། །ལྟ་བར་བྱེད་པ་མ་ཡིན་ནོ།། གང་གི་ཚེ་གཏན་པའམ། ཁྲེའུའམ་ཅུང་ཟད་ལ་ཡང་ལྟ་བར་མི་བྱེད་པ་དེའི་ཚེ་ལྟ་བར་བྱེད་པ་མ་ཡིན་ནོ། །དེའི་ཕྱིར། ལྟ་བས་ལྟ་བར་བྱེད་ཅེས་བྱར། །དེ་ནི་ཇི་ལྟར་རིགས་པར་འགྱུར།། ལྟ་བས་ལྟ་བར་བྱེད་ཅེས་བྱ་བ་དེ་ཇི་ལྟར་རིགས་པར་འགྱུར་ཏེ། དེ་ནི་མི་རིགས་པ་ཁོ་ནའོ་ཞེས་བྱ་བའི་ཚིག་གི་དོན་ཏོ། །དེའི་ཕྱིར། ལྟ་བ་ལྟ་ཉིད་མ་ཡིན་ཏེ། །ལྟ་བ་མིན་པ་མི་ལྟ་ཉིད། །ལྟ་བའི་ནུས་པས་སྟོང་པའི་ཕྱིར། །བོང་བ་ལ་སོགས་པ་བཞིན་ནོ། །ཞེས་བྱ་བར་དགོངས་སོ། །དེས་ན་དོན་དམ་པར་སྒྲའི་བསྟན་བཅོས་ལས་ལྟ་བའི་སྒྲ་དང་། སངས་རྒྱས་ཀྱི་སྒྲ་བསྟན་པ་མི་རུང་བ་ཁོ་ན་སྟེ། དཔེ་མེད་པའི་ཕྱིར་རོ། །མཛད་པའི་མཐའ་དང་མི་འགལ་ཏེ། །དོན་དམ་པར་བཅོམ་ལྡན་འདས་ཀྱང་ངོ་བོ་ཉིད་མེད་པའི་ཕྱིར་དང་། འོག་ནས་ཀྱང་། དེ་བཞིན་གཤེགས་པའི་དངོས་ཉིད་གང་། །དེ་ནི་འགྲོ་འདིའི་ངོ་བོ་ཉིད། །དེ་བཞིན་གཤེགས་པ་དངོས་ཉིད་མེད། །འགྲོ་འདི་ངོ་བོ་ཉིད་མེད་དོ། །ཞེས་འབྱུང་བའི་ཕྱིར་

རོ༑ ༑ཡང་ན་གཞན་དུ་བརྟགས་ཏེ། འདི་ལ་དེ་ལྟ་བ་ཡིན་པ་ལ་བྱེད་པ་པོ་བྱ་བའི་རྐྱེན་བརྗོད་ནས་ལྟ་བར་བྱེད་པས་ལྟ་བ་ཞེས་བྱ་བའམ། ལྟ་བ་མ་ཡིན་པ་ལ་བྱེད་པ་པོ་ལ་བྱ་བའི་རྐྱེན་བརྗོད་ནས་ལྟ་བར་བྱེད་པས་ལྟ་བ་ཞེས་བྱ། དེས་ཅིར་འགྱུར། གལ་ཏེ་དེ་ལྟ་བ་མ་ཡིན་པ་ལ་བྱ་ན་ནི། གང་ཚེ་ཅུང་ཟད་མི་ལྟ་བ། །ལྟ་བར་བྱེད་པ་མ་ཡིན་ནོ། །འོ་ན་ཅི་ཞེ་ན། ལྟ་བར་བྱེད་པ་ཉིད་ནི་ལྟ་བར་བྱེད་པ་ཡིན་ནོ། །དེས་ན་མིག་ལྟ་བའི་བྱ་བ་སྐྱེས་པས་ལྟ་བར་བྱེད་དེ། དེ་ལྟ་ན་གཏན་ཚིགས་དང་དཔེའི་སྐྱོན་དེ་ཉིད་ཡོད་དོ། །གལ་ཏེ་དེ་ལྟ་བའི་བྱ་བ་བྱེད་པ་པོ་ཡིན་པའི་ཕྱིར་ལྟ་བར་བྱེད་པ་པོ་ཉིད་ཡིན་ནོ་ཞེ་ན། དེའི་ཚེ་དེ་ལྟ་བ་ཡིན་ན་ལྟ་བའི་བྱ་བ་དོན་མེད་པ་ཉིད་དེ། དེའི་ཕྱིར། ལྟ་བས་ལྟ་བར་བྱེད་ཅེས་བྱར། །དེ་ནི་ཇི་ལྟར་རིགས་པར་འགྱུར། །མི་རིགས་པ་ཁོ་ན་ཡིན་ཏེ། ལྟ་བའི་བྱ་བ་དང་ལྡན་པའི་ཕྱིར་རོ་ཞེས་བྱ་བའི་ཚིག་གི་དོན་ཏོ། །ཇི་སྟེ་དེ་ལྟ་བ་མ་ཡིན་པ་ལ་བྱ་ན་ཡང་། གང་ཚེ་ཅུང་ཟད་མི་ལྟ་བ། །ལྟ་བར་བྱེད་པ་མ་ཡིན་ནོ། །དེའི་ཚེ་དེ་ལྟ་བའི་ངོ་བོ་ཉིད་མ་ཡིན་ནོ། །བོང་བ་ལ་སོགས་པ་བཞིན་དུ་ལྟ་བའི་བྱ་བ་དང་བྲལ་བ་ཡིན་པས་ལྟ་བ་མ་ཡིན་པ་ཡང་ལྟ་བར་མི་བྱེད་པ་ཉིད་དོ། །དེའི་ཕྱིར་དེ་ལྟར་གཉི་ག་ཡང་ལྟ་བའི་བྱ་བ་དང་མི་ལྡན་པའི་ཕྱིར། ལྟ་བ་ལྟ་ཉིད་མ་ཡིན་ཏེ། །ལྟ་བ་མིན་པ་མི་ལྟ་ཉིད། །ཅི་སྟེ་དགག་པ་གཉིས་ཡོད་ན། སྐབས་ཀྱི་དོན་གོ་བས་དེའི་ཕྱིར་མིག་ལྟ་བའི་བྱ་བ་སྐྱེས་པས་ལྟ་བར་བྱེད་དོ་ཞེ་ན། དེ་ནི་བཟང་པོ་མ་ཡིན་ཏེ། ཡོད་པ་དང་ནི་མེད་པའི་རྐྱེན་དགག་པ་བཞིན་དུ་ཡོད་པ་དང་། མེད་པའི་རྒྱུ་ཉིད་བཀག་པའི་ཕྱིར་རོ། །ཕྱིས་འབྱུང་བའི་ཚུལ་གྱིས་ལྟ་བ་ཉིད་དུ་ཉེ་བར་བརྟགས་ནས། དེ་ལྟ་བ་ཡིན་པར་རྟོགས་ན་ནི་ཐ་སྙད་ཀྱི་བདེན་པ་རབ་ཏུ་བསྒྲུབ་པའི་ཕྱིར་འདོད་པ་ཉམས་སོ། །ཡང་ན་ཕ་རོལ་པོ་ན་རེ་མིག་ལྟ་བའི་བྱ་བ་སྐྱེས་པས་ལྟ་བར

བྱེད་པར་སྨྲ་སྟེ། བྱ་བའི་ཐ་སྙད་ཡོད་པའི་ཕྱིར་རོ། །གང་ལ་ལྟ་བའི་བྱ་བ་མ་སྐྱེས་པ་དེ་ནི་ལྟ་བར་བྱེད་དོ་ཞེས་མི་བརྗོད་དེ། དཔེར་ན་རྣ་བ་བཞིན་ནོ། །མིག་ལ་ནི་ལྟ་བའི་བྱ་བ་ཡོད་པས་མིག་ལྟ་བར་བྱེད་དོ་ཞེས་ཐ་སྙད་འདོགས་སོ་ཞེས་ཟེར་བ་ལ། སློབ་དཔོན་གྱིས་བཤད་པ། དེ་ལྟར་ན། ལྟ་བ་ལྟ་ཉིད་མ་ཡིན་ཏེ། །ཕ་རོལ་པོས་དོན་དམ་པར་ལྟ་བ་པོ་འགའ་ཞིག་ལ་ལྟ་བའི་བྱ་བ་སྐྱེས་པར་མ་བསྟན་པའི་ཕྱིར་དང་། ལྟ་བ་ལ་ལྟ་བའི་བྱ་བ་སྐྱེས་པའི་སྒྲོན་རོལ་ན། ལྟ་བ་ཉིད་དུ་མ་གྲུབ་པའི་ཕྱིར་རོ་ཞེས་བྱ་བར་དགོངས་སོ། །སྔོན་ལྟ་བ་མ་ཡིན་པ་ལས་ཕྱིས་ལྟ་བའི་བྱ་བ་དང་ལྡན་པར་འགྱུར་བ་ནི་བསྟན་དཀའ་བའི་ཕྱིར། ལྟ་བ་མིན་པ་མི་ལྟ་ཉིད། དེ་ལྟ་ན་གཏན་ཚིགས་ཀྱི་དོན་མ་གྲུབ་པ་ཉིད་དམ། དོན་འགལ་བ་ཉིད་ཡིན་པས། དམ་བཅས་པ་ཉམས་སོ། །འདིར་གྲངས་ཅན་དང་། བྱེ་བྲག་པ་དག་གིས་སྨྲས་པ། འདིས་ལྟ་བར་བྱེད་པས་ལྟ་བ་སྟེ། བྱེད་པ་ལ་བྱ་བའི་རྐྱེན་བརྗོད་པའི་ཕྱིར་རོ། །བྱེད་པ་དེ་གང་གི་ཡིན་པ་དེ་ནི་ལྟ་བ་པོ་སྟེ། དེ་ཡང་དེས་ལྟ་བར་བྱེད་དོ། །དཔེར་ན་གཅོད་པ་པོ་སྟ་རེས་ཤིང་གཅད་པར་བྱ་བ་ཤིང་གཅོད་པར་བྱེད་ཀྱི་སྟ་རེ་ཉིད་གཅོད་པར་མི་བྱེད་པ་བཞིན་ཏེ། དེས་ན་མིག་གིས་ལྟ་བར་མི་བྱེད་དོ་ཞེས་བྱ་བ་དེ་ནི་གྲུབ་པ་ལ་སྒྲུབ་པ་ཡིན་ནོ། །བྱེད་པ་དག་ལ་བྱེད་པ་པོ་ཡོད་དེ། བྱེད་པ་ཡིན་པའི་ཕྱིར་དཔེར་ན་སྟ་རེ་ལ་སོགས་པ་དག་ལ་གཅོད་པ་པོ་ཡོད་པ་བཞིན་ནོ། །འདིར་བཤད་པ། ལྟ་བ་ཉིད་ཀྱིས་ལྟ་བ་པོ། །རྣམ་པར་བཤད་པར་ཤེས་པར་བྱ། །རྣམ་པར་བཤད་པར་ཤེས་པར་བྱ་བ་ཞེས་བྱ་བ་ལན་བཏབ་པར་ཤེས་པར་བྱའོ། །གང་གིས་ཤེ་ན། ལྟ་བ་ཉིད་ཀྱིས་སོ། །གང་གི་ཞེ་ན། ལྟ་བ་པོའི་སྟེ། ལྟ་བ་པོ་ཉིད་དུ་རྣམ་པར་རྟོག་པ་དགག་པ་ཡང་འདྲ་བའི་ཕྱིར་རོ་ཞེས་བྱ་བར་དགོངས་སོ། །ཇི་ལྟར་དེར་མིག་གི་ཆོས་རང་གི་བདག་ཉིད་ལ

ལྟ་བར་མི་བྱེད་པ་ཡིན་པ་དེ་བཞིན་དུ་འདིར་བདག་གི་ཆོས་ཀྱང་རང་གི་བདག་ཉིད་ལ་ལྟ་བར་མི་བྱེད་པ་ཡིན་ཏེ། གང་གི་ཕྱིར་བདག་ནི་རང་གི་བདག་ཉིད་ལ་ལྟ་བར་བྱེད་པ་མི་འཐད་དེ། རང་གི་བདག་ཉིད་ལ་འཇུག་པ་འགལ་བའི་ཕྱིར་རོ། །འདི་ལྟར་རལ་གྲིའི་སོ་དེ་ཉིད་ཀྱིས་རལ་གྲིའི་སོ་དེ་ཉིད་གཅོད་པར་མི་བྱེད་པ་བཞིན་ནོ། །དེ་ལྟར་རྗེས་སུ་དཔག་པ་ནི་དོན་དམ་པར་བདག་ཀྱང་ལྟ་བ་པོ་མ་ཡིན་ཏེ། རང་གི་བདག་ཉིད་ལ་ལྟ་བར་མི་བྱེད་པའི་ཕྱིར་དཔེར་ན་རྣ་བ་བཞིན་ནོ། །ཕ་རོལ་པོས་གཏན་ཚིགས་ཀྱི་དོན་མ་གྲུབ་པ་ཉིད་དུ་དོགས་པའི་དུག་གིས་བསླད་དུ་ཡང་མི་རུང་ངོ་། །གང་ལ་ལར་བདག་གིས་བདག་ལ་ལྟ་བར་བྱེད་དོ་ཞེས་བཤད་པ་དེར་ནི། ཡིད་ཕན་འདོགས་པ་ཡིན་པའི་ཕྱིར། བདག་གིས་ཞེས་བྱ་བའི་སྒྲར་སྒྲོ་བཏགས་ནས་ཐ་སྙད་དུ་དེ་སྐད་བཤད་པ་ཡིན་ནོ། །འདིར་རང་གི་བདག་ཉིད་ལ་ལྟ་བར་མི་བྱེད་པ་ནི་མཚན་ཉིད་ཀྱི་སྒྲའི་ཚུལ་ཉེ་བར་གཟུང་བའི་ཕྱིར་ཏེ། གཏན་ཚིགས་དངོས་པོ་ཉིད་དང་། ཤེས་བྱ་ཉིད་དང་། བརྗོད་པར་བྱ་བ་ཉིད་ལ་སོགས་པ་དག་གི་ཕྱིར་རྣ་བ་ལ་སོགས་པ་བཞིན་ནོ་ཞེའམ། སྒྲ་ལ་སོགས་པ་བཞིན་ནོ་ཞེའམ། བདག་གི་བདག་ཉིད་བཞིན་ནོ་ཞེས་གཏན་ཚིགས་དང་། དཔེའི་རྗེས་སུ་དཔག་པ་དག་ཀྱང་རྒྱས་པར་བརྗོད་པར་བྱའོ། །དེ་ལྟར་ན་དོན་དམ་པར་བདག་ནི་གཟུགས་ལ་ལྟ་བར་མི་བྱེད་དེ། དངོས་པོ་ཡིན་པའི་ཕྱིར་དཔེར་ན་རྣ་བ་ལ་སོགས་པ་བཞིན་ནོ་ཞེ་ན། དེ་བཞིན་དུ་དོན་དམ་པར་བདག་ནི་གཟུགས་ལ་ལྟ་བར་མི་བྱེད་དེ། ཤེས་བྱ་ཡིན་པའི་ཕྱིར་དཔེར་ན་སྒྲ་ལ་སོགས་པ་བཞིན་ནོ། །དེ་བཞིན་དུ་དོན་དམ་པར་བདག་ནི་གཟུགས་ལ་ལྟ་བར་མི་བྱེད་དེ། བརྗོད་པར་བྱ་བ་ཡིན་པའི་ཕྱིར་དཔེར་ན་བདག་གི་བདག་ཉིད་བཞིན་ནོ།། གཟུགས་ལ་ཡང་དེ་བཞིན་དུ་ཅི་རིགས་པར་བརྗོད་པར་བྱའོ། །དམ་བཅས་པ་ལ་སོགས

པའི་སྐྱོན་ཡང་མེད་དེ། ཐ་སྙད་ཀྱི་བདེན་པའི་དབང་དུ་བྱས་པའི་ཕྱིར་དང་། སྤྱིར་ཁས་བླངས་པའི་བདག་ཕྱོགས་སུ་བྱས་པའི་ཕྱིར་དང་། དེའི་ཆོས་བསྟན་པའི་ཕྱིར་དང་། དཔེ་ཉིད་དུ་ཡང་དེ་ཉེ་བར་གཞག་པའི་ཕྱིར་རོ། །དེ་ལྟར་ན་དོན་དམ་པར་སྟ་རེ་ལ་སོགས་པ་མ་གྲུབ་པས་དཔེ་ཡང་མེད་པའི་ཕྱིར་གྲུབ་པ་ལ་སྒྲུབ་པ་མ་ཡིན་ནོ། །འདིར་ཁ་ཅིག་ན་རེ། ལྟ་བ་པོ་ལྟ་བར་མི་བྱེད་དོ་ཞེས་བྱ་བ་ནི་དེ་ཉིད་ཀྱི་དོན་དེ་ལ་སྐྱུར་པ་བཏབ་པའི་ཕྱིར། དམ་བཅས་པའི་སྐྱོན་དུ་འགྱུར་རོ་ཞེས་ཟེར་རོ། །འདིར་རྟེན་ཅིང་འབྲེལ་པར་འབྱུང་བ་སྐྱེ་བ་མེད་དོ་ཞེས་བྱ་བས་ལན་བཏབ་ཟིན་པའི་ཕྱིར་ཡང་ཕྱིར་བཟླས་མི་དགོས་སོ། །གཞན་ཡང་འདི་ལ་ལྟ་བ་པོ་དེ་ལྟ་བ་པོའི་ངོ་བོ་ཉིད་ཡིན་ནམ་འོན་ཏེ་ལྟ་བ་པོའི་ངོ་བོ་ཉིད་མ་ཡིན། དེ་ལ་གལ་ཏེ་ལྟ་བ་པོའི་ངོ་བོ་ཉིད་ཡིན་ཏེ། ཇི་ལྟར་གྲངས་ཅན་དག་ན་རེ་སྐྱེས་བུའི་ངོ་བོ་ཉིད་ནི་ཤེས་པ་ཡོད་པ་ཉིད་དོ་ཞེས་ཟེར་བ་ལྟ་བུའོ་ཞེ་ན། དེ་ལ་གལ་ཏེ་དེའི་ལྟ་བ་པོའི་ངོ་བོ་ཉིད་ཡིན་ན་ངོ་བོ་ཉིད་ནི་མ་བྱས་པའི་ཕྱིར། ལྟ་བ་མེད་པར་ཡང་ལྟ་བ་པོར་འགྱུར་རོ། །ཅི་སྟེ་གཅོད་པ་པོ་དེ་ལ་སྟ་རེ་མེད་ན་གཅོད་པ་པོ་ཉིད་དུ་མི་འཐད་པ་དེ་བཞིན་དུ་དེ་ཡང་ལྟ་བ་མ་སྤངས་པའི་ཕྱིར། ལྟ་བ་པོ་ཉིད་དུ་བལྟ་བར་བྱའོ་ཞེ་ན། དེ་ལྟ་ན་བདག་པོ་ཉིད་ནི་ཐ་སྙད་པ་ཡིན་ཏེ། གཅོད་པ་པོ་ཐ་སྙད་པ་ཡིན་པའི་ཕྱིར་རོ། །དེ་ལྟར་རྟོག་ན། མ་སྤངས་ལྟ་པོ་ཡོད་མིན་ཏེ། །ལྟ་བ་མ་སྤངས་ན་དེ་ལྟ་བ་པོ་ཉིད་དུ་ཁས་བླངས་པའི་ཕྱིར་རོ་ཞེས་བྱ་བའི་ཚིག་གི་ལྷག་མའོ། །འདི་ན་ལྟ་བ་དང་ལྡན་པའི་སྔོན་རོལ་དང་ལྟ་བ་དང་བྲལ་བའི་འོག་ན་ལྟ་བ་མེད་པས་ལྟ་བ་མེད་ན་བལྟ་བར་བྱ་བ་ལ་ལྟ་བ་ཡང་མེད་པའི་ཕྱིར། ལྟ་བ་པོ་ཉིད་དུ་མི་འཐད་པས་ལྟ་བ་པོ་མེད་དེ། ལྟ་བ་པོའི་ངོ་བོ་ཉིད་མ་ཡིན་ནོ་ཞེས་བྱ་བའི་ཐ་ཚིག་གོ །མི་བཞིན་དུ་ཡང་དེ་མི་འགྲུབ་སྟེ། བུད་ཤིང་མེད་པར་མེ་མི་འགྲུབ་པའི་ཕྱིར་རོ།།

ཡང་ན་གལ་ཏེ་ལྟ་བ་པོ་ཡོད་ན་ལྟ་བ་པོ་ཡིན་ནོ་ཞེ་ན་ཡང་གྲངས་ཅན་དག་གིས་ཡོངས་སུ་བཏགས་པའི་ལྟ་བ་པོ་མེད་དོ་ཞེས་བྱ་བའི་ཚིག་གི་ལྷག་མ་སྟེ། འདི་ལ་གཟུགས་དམིགས་ཤིང་ལྟ་བར་བྱེད་པས་ལྟ་བ་པོའོ་ཞེས་རྗེས་སུ་དཔག་པ་ཡིན་ན། གཟུགས་དམིགས་པ་དེ་ཡང་༑ མིག་དང་། གཟུགས་དང་། སྣང་བ་དང་། ནམ་མཁའ་དང་། ཡིད་ལ་བྱེད་པ་དག་ཡོད་ན་ཡོད་པ་ཡིན་པས་དེའི་ཕྱིར། ལྟས་བྱིན་ཞེས་བྱ་བའི་ཚོགས་དེ་དག་དང་ལྡན་པ་ལ་ལྟ་བ་པོ་ཞེས་གདགས་ཀྱི་དེ་ལས་གཞན་ནི་མེད་དོ། །དེ་ལས་གཞན་པ་ཡོངས་སུ་བཏགས་པའི་ཡོད་པ་ཉིད་ཅིག་ཡོད་དུ་ཟིན་ན་ཡང་། ལོང་བའི་རྒྱུད་ལ་གཟུགས་དམིགས་པ་མེད་པའི་ཕྱིར་རོ། །བྱེད་པའི་རྒྱུ་དག་ལ་བྱེད་པ་པོར་ཐ་སྙད་གདགས་ཏེ། མར་མེ་བཞིན་དུ་རིགས་པ་ཉིད་ཡིན་ནོ། །དཔེར་ན་མར་མེ་ལ་སེམས་པ་མེད་ཀྱང་སྣང་བའི་རྒྱུ་ཡིན་པའི་ཕྱིར་སྣང་བར་བྱེད་པ་ཡིན་ནོ་ཞེས་ཟེར་བ་བཞིན་ཏེ། དེའི་ཕྱིར་ཐ་སྙད་དུ་ཡང་མེད་དོ། །ཅི་སྟེ་ལྟ་བ་པོའི་ངོ་བོ་ཉིད་མ་ཡིན་ཏེ། ཇི་ལྟར་བྱེ་བྲག་པ་དག་ན་རེ་བཞིའི་སྦྱོར་བ་ལས་གཟུགས་ཤེས་པ་སྐྱེས་པ་ན་ལྟ་བར་བྱེད་དོ་ཞེས་ཟེར་བ་ལྟ་བུའོ་ཞེ་ན། དེ་ལྟ་ན་ཡང་སྐྱོན་དེ་ཉིད་ཡོད་དེ། མ་གྲགས་པའི་ཡོད་པ་ཉིད་ལ་དེ་བརྟག་པ་མི་འཐད་པའི་ཕྱིར་རོ༑ ༑ཐུན་མོང་དུ་ཁས་བླངས་ནས་དེ་ཡོད་དོ་ཞེ་ན། ཡང་བཤད་པ། ལྟ་བ་སྤྱངས་པར་གྱུར་ཀྱང་ངོ་། །ཅི་ཞིག་ཅེ་ན། ལྟ་བ་པོ་ཡོད་མིན་ཏེ། ཞེས་བྱ་བའི་སྐབས་ཡིན་ཏེ། ལྟ་བའི་ནུས་པ་སྤྱངས་པར་གྱུར་ན། དེའི་ངོ་བོ་ཉིད་མ་ཡིན་པའི་ཕྱིར་རོ། །དོན་དམ་པར་དེ་གཟུགས་ལ་ལྟ་བར་བྱེད་པར་མི་འཐད་དེ། མིག་ལས་གཞན་ཡིན་པའི་ཕྱིར་དཔེར་ན་བུམ་པ་བཞིན་ནོ། །དེ་ལྟར་ན་ཕྱོགས་གཉིས་ཀ་ལ་ཡང་། ལྟ་བ་པོ་ཉིད་མ་གྲུབ་བོ། །ཡང་ན་ལྟ་བ་པོའི་ངོ་བོ་ཉིད་དུ་ཡོངས་སུ་བརྟགས་ན་ཡང་། མ་སྤྱངས་ལྟ་པོ་ཡོད་མིན་ཏེ། །ལྟ་

བ་སྤྱངས་པར་གྱུར་ཀྱང་ངོ་། །ལྟ་བ་དང་བཅས་སམ། ལྟ་བ་མེད་ཀྱང་རུང་སྟེ། ལྟ་བ་པོའི་ངོ་བོ་ཉིད་མེད་དོ་ཞེས་བྱ་བར་དགོངས་སོ། །གལ་ཏེ་རེ་ཞིག་ལྟ་བ་པོ་དེ་མིག་ཡོད་ན་ལྟ་བར་བྱེད་དོ་ཞེས་བྱ་བ་དེ་ལྟར་འདོད་ན། དེ་ལྟ་ན་གཟུགས་དམིགས་པ་འགྲུབ་པ་ནི་མིག་ཡོད་ན་ཡོད་པའི་ཕྱིར་མེ་ཡོད་ན་བསྲེག་པ་ཉིད་བཞིན་པས་ལྟ་བ་པོ་ཉིད་ཐ་སྙད་པ་སྟེ། མིག་ཉིད་ཡིན་པར་འདོད་པར་བྱའོ། །ཅི་སྟེ་ལྟ་བ་མེད་ཀྱང་ལྟ་བ་པོ་ཡིན་ནོ་ཞེས་བྱར་ནི་ལོང་བའི་རྒྱུད་ལ་གཟུགས་དམིགས་པ་མེད་པའི་ཕྱིར་དེ་ལྟ་བ་པོ་ཉིད་ཡིན་པར་མི་རིགས་སོ༑ ༑འདིར་སྨྲས་པ། ལྟ་བའི་བྱ་བ་ཡོད་པ་ཉིད་ནི་ལྟ་བ་པོ་ཡིན་པར་ཤེས་པར་བྱ་སྟེ། དེ་ལ་བྱེད་པ་དང་། ལས་ཡོད་པའི་ཕྱིར་རོ། །འདི་ན་གང་ལ་བྱ་བ་མེད་པ་དེ་ལ་ནི་བྱེད་པ་དང་ལས་མེད་དེ། དཔེར་ན་ནམ་མཁའི་མེ་ཏོག་བཞིན་ནོ། །ལྟ་བ་པོ་དེ་ལ་ནི་བྱེད་པ་ལྟ་བ་དང་ལས་བལྟ་བར་བྱ་བ་ཡོད་པས་དེའི་ཕྱིར་ལྟ་བའི་བྱ་བ་ཡོད་པ་ཉིད་ནི་ལྟ་བ་པོ་ཡིན་པར་ཤེས་པར་བྱའོ། །འདིར་བཤད་པ། དོན་དམ་པར་ལྟ་བ་རྣམ་པ་ཐམས་ཅད་དུ་བཀག་པའི་ཕྱིར་དང་། ལྟ་བ་མེད་ན་ལྟ་བ་པོ་ཡང་མི་འཐད་དེ། ལྟ་པོ་མེད་ན་ཁྱོད་ཀྱི་ནི། །བལྟ་བྱ་ལྟ་བ་ག་ལ་ཡོད། །གང་གིས་ཀྱང་ལྟ་བར་མི་བྱེད་པ་ལ་བལྟ་བར་བྱ་བ་མི་རིགས་པའི་ཕྱིར་དང་། འདིས་ལྟ་བར་བྱེད་པའི་ལྟ་བ་པོ་མེད་པ་ཁོ་ནའི་ཕྱིར་བྱེད་པ་ཡང་མི་རིགས་པའི་ཕྱིར་རོ་ཞེས་བྱ་བར་དགོངས་སོ། །དེས་ན་ཁྱོད་ཀྱི་བྱེད་པ་དང་ལས་ཡོད་པའི་ཕྱིར་རོ་ཞེས་བྱ་བའི་གཏན་ཚིགས་ཀྱི་དོན་མ་གྲུབ་པ་ཉིད་དམ་དོན་འགལ་བ་ཉིད་ཡིན་ནོ། །རང་གི་སྡེ་པ་དག་ལས། ཁ་ཅིག་ན་རེ། རྒྱུ་དང་རྐྱེན་གཞན་གྱི་དབང་དང་གཡོ་བ་མེད་པའི་འདུ་བྱེད་དག་ལ་མིག་ལྟ་བར་མི་བྱེད་དོ་ཞེས་བྱ་བ་དང་། དེ་ལས་གཞན་པའི་བདག་ལྟ་བ་པོ་མེད་དོ་ཞེས་བྱ་བ་གང་ཡིན་པ་དེ་ནི་རིགས་ཀྱི། བལྟ་བར་བྱ་བ་དང་། ལྟ་བ་དག

མེད་དོ་ཞེས་བྱ་བ་ནི་མི་འདོད་དེ། དེ་དག་གི་འབྲས་བུ་རྣམ་པར་ཤེས་པ་ལ་སོགས་པ་བཞི་ཡོད་པའི་ཕྱིར་རོ། །གང་མེད་པ་དེ་ལ་ནི། འབྲས་བུ་རྣམ་པར་ཤེས་པ་དང་། རེག་པ་དང་༏ ཚོར་བ་དང་། སྲིད་པ་ཞེས་བྱ་བ་དག་མེད་དེ། དཔེར་ན་དམུས་ལོང་གི་མིག་བཞིན་ནོ༏ ༏བལྟ་བར་བྱ་བ་དང་ལྟ་བ་དག་ལ་ནི་འབྲས་བུ་རྣམ་པར་ཤེས་པ་ལ་སོགས་པ་བཞི་ཡོད་པས། དེའི་ཕྱིར་བལྟ་བར་བྱ་བ་དང་། ལྟ་བ་དག་ཡོད་དོ་ཞེས་ཟེར་རོ། །འདིར་བཤད་པ༏ གལ་ཏེ་ཇི་སྐད་བསྟན་པའི་ཚུལ་གྱིས་བལྟ་བར་བྱ་བ་དང་། ལྟ་བ་རབ་ཏུ་མ་གྲུབ་པར་བསྟན་པ་དེའི་ཚེ། བལྟ་བྱ་ལྟ་བ་མེད་པའི་ཕྱིར། །རྣམ་པར་ཤེས་ལ་སོགས་པ་བཞི། །ཡོད་མིན། རྐྱེན་མེད་པའི་ཕྱིར་རོ་ཞེས་བྱ་བར་དགོངས་སོ། །དེའི་ཕྱིར་དེ་དག་མ་གྲུབ་པས་མ་གྲུབ་ན་བལྟ་བར་བྱ་བ་དང་། ལྟ་བ་ཡང་འགྲུབ་པར་མི་རིགས་ཏེ། དཔེ་ཡང་མེད་པའི་ཕྱིར་རོ། །གང་དག་འདི་སྐད་ཅེས་དོན་དམ་པར་རྣམ་པར་ཤེས་པ་ལ་སོགས་པ་དག་ཡོད་པ་ཉིད་དེ་དེ་དག་གི་འབྲས་བུ་ཉེ་བར་ལེན་པ་ལ་སོགས་པ་དག་ཡོད་པའི་ཕྱིར་རོ་ཞེས་ཟེར་བ་དེ་དག་ལ་བཤད་པར་བྱ་སྟེ། ཉེ་བར་ལེན་པ་ལ་སོགས་པ། །ཇི་ལྟ་བུར་ན་ཡོད་པར་འགྱུར། །དེ་དག་ཀྱང་རྣམ་པར་ཤེས་པ་ལ་སོགས་པ་བཞིན་དུ་མ་གྲུབ་པའི་ཕྱིར་རོ་ཞེས་བྱ་བར་དགོངས་སོ། །ཉེ་བར་ལེན་པ་ཞེས་བྱ་བ་ནི། ཉེ་བར་བླང་བར་བྱ་བ་དག་སྟེ། འདོད་པ་དང་། ཚུལ་ཁྲིམས་དང་། བརྟུལ་ཞུགས་མཆོག་ཏུ་འཛིན་པ་དང་། བདག་ཏུ་སྨྲ་བ་དང་། ལྟ་བ་ཞེས་བྱ་བ་དག་གོ །སོགས་པ་ཞེས་བྱ་བ་ནི་གང་དག་གི་དང་པོར་དེ་དག་བསྟན་པ་སྟེ། དེ་དག་ཀྱང་སྲིད་པ་དང་སྐྱེ་བ་དང་རྒ་ཤི་དག་གོ །དེའི་ཕྱིར་ཁྱོད་ལ་སྐྱོན་དེ་ཉིད་ཡོད་དོ། །ད་ནི་ཕ་རོལ་པོས་རབ་ཏུ་བྱེད་པའི་དང་པོར་ཉན་པ་ལ་སོགས་པ་དང་། སྒྲ་ལ་སོགས་པ་དཔེ་ཉིད་དུ་ཉེ་བར་བཞག་པ་དག་ཇི་སྐད་བསྟན་པའི་ཚུལ་གྱིས་འདྲ་བར་

བསྟན་པར་བཞེད་ནས། ལྟ་དང་ཉན་དང་སྣོམ་པ་དང་། །མྱོང་བར་བྱེད་དང་རེག་བྱེད་ཡིད།། ཉན་པ་པོ་དང་མཉན་ལ་སོགས། །རྣམ་པར་བཤད་པར་ཤེས་པར་བྱ། །ཞེས་བྱ་བ་གསུངས་སོ༑ ༑ཉན་པ་དང་། སྣོམ་པ་དང་། མྱོང་བར་བྱེད་པ་དང་། རེག་པར་བྱེད་པ་དང་། ཡིད་དང་༑ ཉན་པ་པོ་དང་། མཉན་པར་བྱ་བ་ལ་སོགས་པ་དག་གི་ལན་ཀྱང་བཏབ་པར་ཤེས་པར་བྱའོ། །གང་གིས་ཤེ་ན། ལྟ་བ་ཉིད་ཀྱིས་ཏེ། ལྟ་བ་དགག་པ་བཞིན་དུ་ཉན་པ་ལ་སོགས་པ་དག་དགག་པ་ཡང་ཅི་རིགས་པར་རྗེས་སུ་དཔག་པ་རྒྱས་པར་སྦྱར་བ་དང་བཅས་པ་བསྟན་པར་བྱའོ། །དེས་ན་རབ་ཏུ་བྱེད་པ་རྩོམ་པ་ནས་རྣམ་པར་རྟོག་པར་བྱེད་པའི་སྐྱེ་བ་ཡང་མ་གྲུབ་ལ་འགྲོ་བ་ཡང་མ་གྲུབ་བོ། །དེ་ལ་འདིར་རབ་ཏུ་བྱེད་པའི་དོན་ནི་ཕ་རོལ་པོས་སྨྲས་པའི་སྒྲུབ་པའི་སྐྱོན་བརྗོད་པས་སྐྱེ་མཆེད་རྣམས་སྟོང་པ་ཉིད་དུ་བསྟན་པ་ཡིན་ནོ། །དེའི་ཕྱིར་ནང་གི་སའི་ཁམས་གང་ཡིན་པ་དང་། ཕྱི་རོལ་གྱི་སའི་ཁམས་གང་ཡིན་པ་དེ་ནི་གཉིས་སུ་མེད་པའི་དོན་ཏེ། དེ་ཡང་དེ་བཞིན་གཤེགས་པས་ཤེས་རབ་དང་ཡེ་ཤེས་ཀྱིས་གཉིས་སུ་མེད་པ་དང་། གཉིས་སུ་དབྱེར་མེད་པ་དང་། མཚན་ཉིད་གཅིག་པ་འདི་ལྟ་སྟེ། མཚན་ཉིད་མེད་པར་མངོན་པར་རྫོགས་པར་སངས་རྒྱས་སོ་ཞེས་བྱ་བ་དང་། དེ་བཞིན་དུ་བུ་མོ། ཁམས་དག་ཇི་ལྟར་བལྟ་བར་བྱ། བུ་མོས་སྨྲས་པ། འཇམ་དཔལ་འདི་ལྟ་སྟེ། དཔེར་ན་འཇིག་རྟེན་གསུམ་བསྐལ་པའི་མེས་བསྲེགས་པ་ན་ཐལ་བ་ཡང་མེད་པ་ལྟར་རོ་ཞེས་བྱ་བ་དང་། དེ་བཞིན་དུ། མིག་ནི་གཟུགས་ལ་མི་ལྟ་ཞིང་། །ཡིད་ནི་ཆོས་རྣམས་མི་ཤེས་ཏེ། །གང་ལ་འཇིག་རྟེན་མི་འཇུག་པ། །དེ་ནི་དམ་པའི་བདེན་པའོ། །ཞེས་བྱ་བ་དང་། དེ་བཞིན་དུ་ཆོས་ཐམས་ཅད་ནི་ཤེས་པར་མི་བྱེད། ལྟ་བར་མི་བྱེད་དེ། དེ་ནི་ཆོས་སྨྲ་བ་ལ་ཡང་དམིགས་པར་མི་བྱེད། སེམས་པར་མི་བྱེད། རློམ་པར་མི་བྱེད་དོ་ཞེས

བྱ་བ་དང་། དེ་བཞིན་དུ་སྲིད་མོ་མིག་ནི་གཟུགས་ལ་ལྟ་བར་མི་བྱེད། རྣམ་པར་ཤེས་པར་མི་བྱེད་དེ། བྱང་ཆུབ་ཀྱང་མིག་དང་གཟུགས་དང་བྲལ་བ་ཉིད་དོ། །རྣ་བ་དང་། སྣ་དང་། ལྕེ་དང་། ལུས་དང་། ཡིད་གང་ཆོས་རྣམས་འཛིན་པར་མི་བྱེད་རྣམ་པར་ཤེས་པར་མི་བྱེད་དེ༑ བྱང་ཆུབ་ཀྱང་ཡིད་དང་ཆོས་དང་བྲལ་བ་ཉིད་དོ་ཞེས་བྱ་བ་ལ་སོགས་པ་དང་། དེ་བཞིན་དུ་རབ་ཀྱི་རྩལ་གྱིས་རྣམ་པར་གནོན་པ་གཟུགས་ནི་གཟུགས་ཀྱི་སྤྱོད་ཡུལ་མ་ཡིན་ནོ༑ ༑ཚོར་བ་དང་། འདུ་ཤེས་དང་། འདུ་བྱེད་རྣམས་དང་། རྣམ་པར་ཤེས་པ་ཡང་རྣམ་པར་ཤེས་པའི་སྤྱོད་ཡུལ་མ་ཡིན་ནོ། །རབ་ཀྱི་རྩལ་གྱིས་རྣམ་པར་གནོན་པ་སྤྱོད་ཡུལ་ཞེས་བྱ་བ་ནི་གཟུགས་ཀྱིས་གཟུགས་མི་ཤེས་མི་མཐོང་བ་དང་། ཚོར་བ་དང་། འདུ་ཤེས་དང་༑ འདུ་བྱེད་རྣམས་དང་། རྣམ་པར་ཤེས་པས་རྣམ་པར་ཤེས་པ་མི་ཤེས་མི་མཐོང་བའོ༑ ༑གཟུགས་མི་ཤེས་མི་མཐོང་། ཚོར་བ་དང་། འདུ་ཤེས་དང་། འདུ་བྱེད་རྣམས་དང་། རྣམ་པར་ཤེས་པ་མི་ཤེས་མི་མཐོང་བ་གང་ཡིན་པ་དེ་ནི་ཤེས་རབ་ཀྱི་ཕ་རོལ་ཏུ་ཕྱིན་པའོ་ཞེས་བྱ་བ་ལ་སོགས་པ་གསུངས་པ་དེ་དག་གྲུབ་པ་ཡིན་ནོ། །སློབ་དཔོན་ལེགས་ལྡན་བྱེད་༼འབྱེད་༽ཀྱིས་ཉེ་བར་སྦྱར་བ། དབུ་མའི་རྩ་བའི་འགྲེལ་པ་ཤེས་རབ་སྒྲོན་མ་ལས། སྐྱེ་མཆེད་བརྟག་པ་ཞེས་བྱ་བ་སྟེ། རབ་ཏུ་བྱེད་པ་གསུམ་པའོ།། །།

༼ རབ་བྱེད་བཞི་པ་ཕུང་པོ་བརྟག་པ། ༽

ད་ནི་སྐྱེ་མཆེད་ཡོད་པ་ཉིད་མི་མཐུན་པའི་ཕྱོགས་ཀྱི་ཁྱད་པར་དགག་པས་ཕུང་པོ་རྣམས་ངོ་བོ་ཉིད་མེད་པ་ཉིད་དུ་བསྟན་པའི་དོན་གྱི་དབང་གིས་རབ་ཏུ་བྱེད་པ་བཞི་པ་བརྩམ་མོ། །རབ་ཏུ་བྱེད་པ་བསྟན་མ་ཐག་པའི་མཇུག་ཏུ། ལྟ་བས་ཉན་དང་སྣོམ་པ་དང་།། མྱོང་བར་བྱེད་དང་རེག་བྱེད་ཡིད། །ཉན་པ་པོ་དང་མཉན་ལ་སོགས། །རྣམ་པར་བཤད་པར་ཤེས་པར་བྱ། །ཞེས་བཤད་པའི་ཕྱིར་རང་གི་སྡེ་པ་དག་ན་རེ། དོན་དམ་པར་སྐྱེ་མཆེད་རྣམས་ཡོད་པ་ཁོ་ན་ཡིན་ཏེ། ཕུང་པོས་བསྡུས་པའི་ཕྱིར་རོ། །འདི་ན་གང་ཡོད་པ་མ་ཡིན་པ་དེ་ནི་གཟུགས་ལ་སོགས་པའི་ཕུང་པོས་མ་བསྡུས་ཏེ། དཔེར་ན་ནམ་མཁའི་མེ་ཏོག་བཞིན་ནོ༑ ༑ནང་གི་སྐྱེ་མཆེད་རྣམས་ལ་ནི་ཕུང་པོས་བསྡུས་པ་ཡོད་དེ། འདི་ལྟ་སྟེ། གཟུགས་ཅན་བཅུ་ནི་གཟུགས་ཀྱི་ཕུང་པོས་བསྡུས་ལ། ཆོས་ཀྱི་སྐྱེ་མཆེད་ནི་ཕུང་པོ་གསུམ་དང་། གཟུགས་ཀྱི་ཕུང་པོའི་ཕྱོགས་གཅིག་གིས་བསྡུས། ཡིད་ཀྱི་སྐྱེ་མཆེད་ནི་རྣམ་པར་ཤེས་པའི་ཕུང་པོས་བསྡུས་སོ། །དེའི་ཕྱིར་གཏན་ཚིགས་ཇི་སྐད་སྨོས་པས་དོན་དམ་པར་ནང་གི་སྐྱེ་མཆེད་རྣམས་ཡོད་པ་ཁོ་ན་ཡིན་ནོ་ཞེས་ཟེར་རོ། །འདིར་བཤད་པ། འདི་ལ་གཟུགས་ནི་མདོར་བསྡུ་ན་རྣམ་པ་གཉིས་ཏེ། འབྱུང་བའི་གཟུགས་དང་། འབྱུང་བ་ལས་གྱུར་པའི་གཟུགས་སོ། །དུས་ལ་སོགས་པའི་དབྱེ་བས་ཐ་དད་པ་དེ་དག་ཐམས་ཅད་གཅིག་ཏུ་བསྡུས་ནས་གཟུགས་ཀྱི་ཕུང་པོ་ཞེས་བྱའོ། །དེ་ལ་རེ་ཞིག་ཕ་རོལ་པོའི་གཏན་ཚིགས་ཉིད་དུ་མིག་ལ་སོགས་པ་བསྡུས་པར་འདོད་པའི་ཕྱིར་དང་། བསྟན་སླ་བའི་ཕྱིར་གཟུགས་ལས་བརྩམས་

ཏེ་བསམ་པར་བྱའོ། །གཟུགས་ཀྱི་རྒྱུ་ནི་མ་གཏོགས་པར། །གཟུགས་ནི་དམིགས་པར་མི་འགྱུར་རོ། །གཟུགས་ཞེས་བྱ་བ་ནི་གཟུགས་སུ་རུང་བའོ། །དེའི་རྒྱུ་ནི་གཟུགས་ཀྱི་རྒྱུ་སྟེ། དེ་གང་ཞེ་ན། ས་ལ་སོགས་པ་འབྱུང་བ་ཆེན་པོ་བཞི་པོ་དག་གོ །དེ་དག་མ་གཏོགས་པར་ཞེས་བྱ་བ་ནི། དེ་དག་བསྐྱུར་ནའོ། །གཟུགས་ནི་དམིགས་པར་མི་འགྱུར་རོ། །ཞེས་བྱ་བ་ནི་དོན་དམ་པར་རོ། །འོ་ན་ཅི་ཞེ་ན། ཐ་སྙད་གདགས་པའི་ཕྱིར། གཟུགས་ཀྱི་རྒྱུ་འབྱུང་བ་ཆེན་པོ་བཞི་པོ་དག་ལ་བརྟེན་ནས་གཟུགས་ཞེས་འདོགས་པར་བྱེད་དོ། །དེ་ལྟར་ན་འདིས་གཟུགས་ཀྱིས་བསྒྲུབ་པར་བྱ་བ་ཆོས་ས་ལ་སོགས་པར་འདུས་པ་ཙམ་ཉིད་དང་། གཟུགས་ཀྱི་བསྒྲུབ་པའི་ཆོས་རང་གི་རྒྱུ་མ་བཟུང་ན་དེའི་བློ་མེད་པ་བསྟན་ཏོ། །དཔེ་ནི་དེའི་དབང་གིས་ཏེ། དམག་དང་ནགས་ཚལ་ལ་སོགས་པ་དག་ཡིན་នོ། །འདིར་རྗེས་སུ་དཔག་པ་ནི་དོན་དམ་པར་གཟུགས་རྫས་སུ་ཡོད་པ་མ་ཡིན་ཏེ། རང་གི་རྒྱུ་མ་བཟུང་ན་དེའི་བློ་མེད་པའི་ཕྱིར་རོ། །འདི་ན་གང་རང་གི་རྒྱུ་མ་བཟུང་ན་དེའི་བློ་མེད་པ་ནི་རྫས་སུ་ཡོད་པ་མ་ཡིན་ཏེ། དཔེར་ན་དམག་ལ་སོགས་པ་བཞིན་ནོ། །དེ་བཞིན་དུ་གཟུགས་ཀྱང་རང་གི་རྒྱུ་ས་ལ་སོགས་པ་དག་མ་བཟུང་ན། གཟུགས་ཀྱི་བློ་མེད་པས་རྫས་སུ་ཡོད་པ་མ་ཡིན་ནོ༑ ༑ཡང་ན་སྦྱོར་བའི་ལམ་གཞན་ཡང་ཡོད་དེ། དོན་དམ་པར་གཟུགས་ཀྱི་བློ་ནི་དངོས་པོ་རྫས་སུ་ཡོད་པའི་ཡུལ་ཅན་མ་ཡིན་ཏེ། བློ་ཡིན་པའི་ཕྱིར་དཔེར་ན་ནགས་ཚལ་ལ་སོགས་པའི་བློ་བཞིན་ནོ། །ཡང་ན་སྦྱོར་བའི་ལམ་གཞན་ཡང་ཡོད་དེ། དོན་དམ་པར་གཟུགས་ཀྱི་ཞེས་བྱ་བའི་སྒྲ་འདི་ནི་ཚིག་གི་དོན་རྫས་སུ་ཡོད་པའི་ཡུལ་ཅན་མ་ཡིན་ཏེ། སྒྲ་ཡིན་པའི་ཕྱིར་དཔེར་ན་དམག་ལ་སོགས་པའི་སྒྲ་བཞིན་ནོ། །རྣམ་པར་ཤེས་པ་དང་། སེམས་ལས་བྱུང་བ་དག་ཀྱང་བསྒྲུབ་པར་བྱ་བ་དང་། རིགས་མཐུན་པ་ཉིད་ཀྱིས་དེ་

བཞིན་དུ་དགག་པར་བྱ་བ་ཡིན་པའི་ཕྱིར། གཏན་ཚིགས་མ་ངེས་པ་ཉིད་མ་ཡིན་ནོ། །གལ་ཏེ་གཟུགས་ནི་དོན་དམ་པར་ཡོད་པ་ཡིན་ཏེ། དེ་ཞིག་ཀྱང་དེའི་བློ་མི་འཇིག་པའི་ཕྱིར་རོ༔ ༔འདི་ན་གང་ཞིག་ན་དེའི་བློ་འཇིག་པ་དེ་ནི་ཀུན་རྫོབ་ཏུ་ཡོད་པ་ཡིན་ཏེ། དཔེར་ན་བུམ་པ་བཞིན་ནོ། །གཟུགས་སྔོན་པོ་ལ་སོགས་པ་དག་ནི་ཞིག་ཀྱང་དེའི་བློ་དེ་ལྟར་མི་འཇིག་པས་དེའི་ཕྱིར་གཟུགས་ནི་རྫས་སུ་ཡོད་པ་ཡིན་ནོ་ཞེ་ན། དེ་ནི་བཟང་པོ་མ་ཡིན་ཏེ༔ རྗེས་སུ་འགྲོ་བ་མེད་པའི་ཕྱིར་རོ། །དེ་ལྟར་རེ་ཞིག་རྒྱུར་བྱས་པའི་གཟུགས་བརྟགས་ཟིན་ཏོ། །ད་ནི་འབྱུང་བའི་གཟུགས་ཀྱི་དབང་དུ་བྱས་ཏེ་བཤད་པར་བྱའོ། །རྒྱུར་བྱས་པའི་གཟུགས་ནི་ཡོད་པ་ཁོ་ན་ཡིན་ཏེ། དེའི་རྒྱུ་ཡོད་པའི་ཕྱིར་རོ། །འདི་ན་གང་མེད་པ་དེ་ལ་ནི་རྒྱུ་གཟུང་དུ་མེད་དེ། དཔེར་ན་ནམ་མཁའི་མེ་ཏོག་བཞིན་ནོ། །རྒྱུར་བྱས་པའི་གཟུགས་ལ་ནི་རྒྱུ་ས་ལ་སོགས་པ་དེ་དག་ཡོད་པས་དེའི་ཕྱིར་རྒྱུར་བྱས་པའི་གཟུགས་ནི་ཡོད་པ་ཁོ་ན་ཡིན་ནོ་ཞེ་ན། དེའི་ཕྱིར་བཤད་པ། གཟུགས་ཞེས་བྱ་བ་མ་གཏོགས་པར། །གཟུགས་ཀྱི་རྒྱུ་ཡང་མི་སྣང་ངོ་། །འདི་ལ་རྒྱུར་བྱས་པའི་གཟུགས་ཀྱི་མཚན་ཉིད་གཟུགས་དང་། སྒྲ་དང་། དྲི་དང་། རོ་དང་། རེག་བྱ་མ་གཏོགས་པར་གཟུགས་ཀྱི་རྒྱུ་ས་ལ་སོགས་པ་དག་ཀྱང་མི་སྣང་ཞིང་གཟུང་དུ་མེད་དོ། །འདིར་ཡང་འབྱུང་བའི་གཟུགས་ཀྱི་བསྒྲུབ་པར་བྱ་བ་ཆོས་གཟུགས་ལ་སོགས་པ་འདུས་པ་ཙམ་ཉིད་དང་། སྒྲུབ་པའི་ཆོས་གཟུགས་ལ་སོགས་པ་མི་སྣང་ན་ས་ལ་སོགས་པ་དེ་དག་ཀྱང་མི་སྣང་བར་བསྟན་ཏོ། །དེའི་ཕྱིར་དེའི་དབང་གིས་དཔེ་ཡང་མངོན་ནོ། །དེ་ལ་འདིར་རེ་ཞིག་སའི་དབང་དུ་བྱས་ཏེ་སྦྱོར་བའི་ཚིག་བྱའོ༔ ༔འདུས་པ་ཙམ་ཉིད་ཀྱང་། དོན་དམ་པར་མི་སྟོན་པའི་ཕྱིར་རོ། །འདིར་བསྟན་བཅོས་མཛད་པས་འདུས་པ་ཙམ་ཉིད་བསྟན་པས། རྫས་སུ་ཡོད་པ་ཉིད་དགག་པ་ཁོ་ན་བསྟན

ཏེ༑ དེ་དགག་པ་ནི་དོན་ཆེ་བའི་ཕྱིར་རོ། །ཇི་ལྟར་དེ་དོན་ཆེ་བ་ཉིད་ཡིན་ཞེ་ན། འདི་ལྟར་ཐ་སྙད་དུ་བརྟེན་ནས་འདོགས་པར་བྱེད་པ་གང་ཡིན་པ་དེ་ནི། དོན་དམ་པར་རྫས་སུ་ཡོད་པ་མ་ཡིན་པའི་ཕྱིར་སྐྱེ་བ་མེད་པས་ངོ་བོ་ཉིད་མེད་པ་ཉིད་གྲུབ་པའི་ཕྱིར་རོ། །འཕགས་པ་ལང་ཀར་གཤེགས་པའི་མདོ་ལས། གང་ཕྱིར་འདུས་པ་མ་གཏོགས་པར། །བློ་ཡིས་དངོས་པོ་གཟུང་དུ་མེད། །དེ་ཕྱིར་སྟོང་དང་མ་སྐྱེས་དང་། །རང་བཞིན་མེད་པར་ང་སྨྲའོ། །འདི་ལ་རྐྱེན་གྱིས་ཅུང་ཟད་ཀྱང་། །སྐྱེ་བ་དང་ནི་འགག་པ་མེད། །སྐྱེ་བ་དང་ནི་འགག་པ་ཡང་། །རྐྱེན་རྣམས་ཁོ་ན་འབའ་ཞིག་གོ །ཞེས་བྱ་བ་ལ་སོགས་པ་ཇི་སྐད་གསུངས་པ་ལྟ་བུའོ། །འདིར་སྦྱོར་བའི་ཚིག་ནི་དོན་དམ་པར་ས་ནི་རྫས་སུ་ཡོད་པ་མ་ཡིན་པར་ཤེས་པར་བྱ་སྟེ། དེའི་རྒྱུ་མི་སྣང་ན་དེ་མི་སྣང་བའི་ཕྱིར་རོ། །གང་རྒྱུ་མི་སྣང་ན་དེ་མི་སྣང་བ་དེ་ནི་དོན་དམ་པར་རྫས་སུ་ཡོད་པ་མ་ཡིན་ཏེ། དཔེར་ན་དམག་ལ་སོགས་པ་བཞིན་នོ། །དེ་བཞིན་དུ། བློ་དང་སྒྲའི་ཕྱོགས་ལ་ཡང་ཅི་རིགས་པར་བརྗོད་པར་བྱའོ། །ཡང་ན་གཟུགས་ཀྱི་རྒྱུ་ས་ལ་སོགས་པ་དེ་དག་མ་གཏོགས་པར་དེ་དག་ལས་གཞན་པའི་གཟུགས་དམིགས་སུ་མེད་དེ། རང་གི་རྒྱུ་མ་བཟུང་ན་དེ་གཟུང་དུ་མེད་པ་ནི་གཟུགས་ཀྱི་ཆོས་ཡིན་ནོ། །འདིར་སྦྱོར་བའི་ཚིག་ནི་དོན་དམ་པར་གཟུགས་ནི་རང་གི་ཚོགས་པའི་ཡན་ལག་དག་ལས་གཞན་མ་ཡིན་ཏེ། དེ་མ་བཟུང་ན་དེའི་བློ་མེད་པའི་ཕྱིར། དཔེར་ན་ས་ལ་སོགས་པའི་རང་གི་བདག་ཉིད་བཞིན་ནོ། །འདིར་བྱ་བ་ལ་གནས་པ་ཡིན་པར་བསམས་པས་མ་བཟུང་བ་བློའི་ཆོས་ཡིན་པའི་ཕྱིར། གཏན་ཚིགས་ཀྱི་དོན་མ་གྲུབ་པ་ཉིད་མ་ཡིན་ནོ། །གྲངས་ཅན་དག་ན་རེ། གཟུགས་ལ་སོགས་པ་དག་ལས་ས་ལ་སོགས་པ་དག་གཞན་མ་ཡིན་པས། དེ་ནི་གྲུབ་པ་ལ་སྒྲུབ་པ་ཡིན་ནོ་ཞེས་ཟེར་རོ། །དེ་ནི་བཟང་པོ་མ་ཡིན་ཏེ། གཞན་ཉིད་དགག་པས

གཞན་མ་ཡིན་པ་ཉིད་དུ་སྟོན་པར་མི་བྱེད་པའི་ཕྱིར་དང་། ཕ་རོལ་པོ་འདོད་པའི་གཞན་མ་ཡིན་པ་ཉིད་ཀྱང་ཁས་མ་བླངས་པའི་ཕྱིར་རོ། །བྱེ་བྲག་པ་དག་གཏན་ཚིགས་མ་ངེས་པ་ཉིད་དུ་རྒོལ་བར་བྱེད་དེ། མར་མེ་མ་བཟུང་ཡང་དེ་ལས་གཞན་པ་ཡོད་ན་བུམ་པ་ལ་དེའི་བློ་ཡོད་པའི་ཕྱིར་རོ་ཞེ་ན། དེ་ཡང་བཟང་པོ་མ་ཡིན་ཏེ། དེའི་བློ་མེད་པ་ཁོ་ནའི་ཕྱིར་རོ་ཞེས་ངེས་པར་བཟུང་བའི་ཕྱིར་དང་། མར་མེ་མེད་ཀྱང་ནོར་བུ་དང་། འོད་ཟེར་དང་། སྨན་དང་ཟླ་བ་དང་། ཉི་མའི་སྣང་བ་ཡོད་ན་དེའི་བློ་ཡོད་པས། དེའི་མི་མཐུན་པའི་ཕྱོགས་ལ་བསྒྲུབ་པའི་ཆོས་མེད་པའི་ཕྱིར་མ་ངེས་པ་ཉིད་མ་ཡིན་នོ། །རང་གི་ཚོགས་པའི་ཡན་ལག་དག་ལས་གཞན་མ་ཡིན་ཏེ་ཞེས་དམ་བཅས་པ་ཁྱད་པར་ཅན་ཉེ་བར་བཟུང་བའི་ཕྱིར་མར་མེ་ནི་བུམ་པའི་རང་གི་ཚོགས་པའི་ཡན་ལག་མ་ཡིན་ནོ། །འོག་ནས་གང་ཡང་གང་དང་ལྷན་ཅིག་ཏུ་གཞན་པ་ཉིད་དུ་མི་འཐད་དོ་ཞེས་སྟོན་པས་མི་མཐུན་པའི་ཕྱོགས་མེད་པའི་ཕྱིར། དོན་དམ་པར་མར་མེ་ལས་བུམ་པ་གཞན་ཉིད་དུ་མ་གྲུབ་པའི་ཕྱིར་ཡང་མ་ངེས་པ་ཉིད་མ་ཡིན་ནོ། །གལ་ཏེ་དམག་ལ་སོགས་པ་ཡན་ལག་ཅན་གྱི་རྫས་དག་ལ། རྫོམ་པ་ཡོད་པའི་ཕྱིར་ས་ལ་སོགས་པ་དག་རྫས་སུ་ཡོད་པ་ཉིད་མ་ཡིན་པར་རབ་ཏུ་སྒྲུབ་པའི་རྗེས་སུ་དཔག་པ་དག་གིས་དཔེ་མ་གྲུབ་བོ་ཞེ་ན། དམག་གི་ཡན་ལག་དག་ནི་དམག་ཅེས་བྱ་བ་ཡན་ལག་ཅན་གྱི་རྫས་རྫོམ་པར་བྱེད་པ་མ་ཡིན་ཏེ། ཡན་ལག་ཡིན་པའི་ཕྱིར། དཔེར་ན། ཤིང་གི་ཡན་ལག་རྩ་བ་དང་། སྡོང་པོ་དང་། ཡལ་ག་དང་། ཡལ་ག་ཕྲ་མོ་ལ་སོགས་པ་དག་བཞིན་ནོ། །ཡང་ན་གླང་པོ་ཆེ་དག་ལ་ཡོངས་སུ་རྫོགས་པ་དེའི་ཡན་ལག་གང་ཡིན་པ་དེ་ནི་ཤིང་རྟ་དང་རྟ་ལ་སོགས་པ་དག་རྫོམ་པར་བྱེད་པ་མ་ཡིན་ཏེ། དེ་ལ་མེད་པའི་ཕྱིར་དཔེར་ན་རྒྱུ་སྐྱུན་ལ་སོགས་པ་བཞིན་པས་དཔེ་མེད་པ་

མ་ཡིན་ནོ། །དེ་བཞིན་དུ། གཟུགས་ཞེས་བྱ་བ་མ་གཏོགས་པར། །གཟུགས་ཀྱི་རྒྱུ་ཡང་མི་སྣང་ངོ་། །ཞེས་བྱ་བ་འདི་ལ་ཡང་སྔ་མ་བཞིན་དུ་བསྒྲུབ་པར་བྱ་བ་དང་། སྒྲུབ་པའི་ཆོས་དག་ཉེ་བར་སྦྱར་ནས། རྗེས་སུ་དཔག་པ་རྒྱས་པར་བརྗོད་པར་བྱའོ། །ཇི་ལྟར་གཟུགས་ས་ལ་སོགས་པ་དག་ལས་གཞན་མ་ཡིན་པ་དེ་བཞིན་དུ། ས་ལ་སོགས་པ་དག་གཟུགས་ལས་གཞན་མ་ཡིན་པ་ཡང་མ་ཡིན་ཏེ། འོག་ནས་གཞན་མ་ཡིན་པ་ཉིད་ཀྱང་འགོག་པའི་ཕྱིར་དང་། གཞན་མ་ཡིན་པ་ཉིད་ཀྱིས་འོ་མ་ཡང་ཞོ་ཉིད་དུ་འགྱུར་བའམ། ཞོ་ཡང་འོ་མ་ཉིད་དུ་འགྱུར་ན་མི་རུང་བའི་ཕྱིར་རོ། །དེའི་ཕྱིར། གཅིག་པ་ཉིད་དང་གཞན་ཉིད་དུ། །ཇི་ལྟར་བྲིས་པས་རྣམ་བརྟགས་ལྟར། །དངོས་པོ་གཞན་པ་མ་ཡིན་ཉིད་དང་། །ཚོགས་ལས་གཞན་པའང་གང་ནའང་མེད། །ཅེས་གསུངས་པ་དེ་གྲུབ་པ་ཡིན་ནོ། །དེའི་ཕྱིར་དེ་ལྟར་སྐྱེ་མཆེད་རྣམས་རབ་ཏུ་བསྒྲུབ་པའི་ཕྱིར་གཏན་ཚིགས་ཕུང་པོས་བསྡུས་པའི་ཕྱིར་རོ་ཞེས་སྨྲས་པའི་དོན་མ་གྲུབ་པ་ཉིད་དམ། དོན་འགལ་བ་ཉིད་ཡིན་ནོ། །གཟུགས་ཀྱི་རྒྱུ་མ་གཏོགས་པར་ཡང་གཟུགས་ཡོད་དོ་ཞེས་ཤེས་པར་བྱར་མི་ནུས་ཏེ། འོན་ཡང་རྣམ་པར་རྟོག་ན། གཟུགས་ཀྱི་རྒྱུ་ནི་མ་གཏོགས་པར། །གཟུགས་ན་གཟུགས་ནི་རྒྱུ་མེད་པར། །ཐལ་བར་འགྱུར་ཏེ། གཟུགས་ཀྱི་རྒྱུ་ཞེས་བྱ་བ་ནི་གཟུགས་ཀྱི་ཡོད་པ་ཉིད་ཀྱི་རྒྱུ་སྟེ། བར་གྱི་ཚིག་མི་མངོན་པའི་ཕྱིར་མེའི་རྒྱུ་བཞིན་ནོ། །དེ་མ་གཏོགས་པར་ཞེས་བྱ་བ་ནི་གཟུགས་ཀྱི་རྒྱུ་མ་གཏོགས་པར་ཏེ། གཟུགས་ཡོད་པ་ཉིད་དུ་སྟོན་པའི་རྒྱུ་མེད་པར་ཞེས་བྱ་བར་དགོངས་སོ། །གཟུགས་ན་ཞེས་བྱ་བ་ནི་དམ་བཅས་པ་ཙམ་ལས་རྣམ་པ་དེ་ལྟ་བུ་དེ་འདོད་ནའོ༑ ༑གཟུགས་ནི་རྒྱུ་མེད་པར་ཐལ་བར་འགྱུར་ཏེ་ཞེས་བྱ་བ་ནི་འཐད་པ་མེད་པར་ཞེས་བྱ་བའི་ཐ་ཚིག་གོ །དེ་ཡང་མི་འདོད་པས་ཇི་སྐད་སྨྲས་པའི་སྐྱོན་ལྡོག་པ་མེད་དོ། །རྒྱུ་མེད་

པར་གང་དག་དངོས་པོ་ཐམས་ཅད་རྒྱུ་མེད་པ་ཁོ་ན་ལས་སྐྱེ་བར་ཁས་བླངས་པའི་ཕྱིར། གཟུགས་འགྲུབ་པ་ཡང་དེ་དག་དང་འདྲའོ་ཞེས་ཟེར་ན། དེ་ལ་བཤད་པ། གལ་ཏེ་འགའ་ཞིག་ཇི་སྐད་སྨྲས་པའི་རྣམ་པ་ལྟ་བུར་གྱུར་ན་ནི་དེ་ཡང་རུང་བ་ཞིག་ན། དོན་གང་ཡང་། རྒྱུ་མེད་པ་ནི་གང་ནའང་མེད། །དེ་ཡང་དཔེ་མེད་པའི་ཕྱིར་སྨྲ་བ་དེ་ལ་ཡང་གྲུབ་པ་མེད་དོ༔ ༔ཀློ་བོས་དང་པོ་ཉིད་དུ་ཡང་རྒྱུ་མེད་པར་སྨྲ་བ་དག་བསལ་ཟིན་པས་དེ་ནི་བདེན་པ་མ་ཡིན་ནོ། །གང་དག་གྲངས་ཅན་དག་གི་ཚུལ་ལ་མཁས་སུ་རེ་བས། འདི་སྐད་ཅེས་ཁྱོད་ཀྱིས་ས་ལ་སོགས་པ་དག་གཟུགས་ལ་སོགས་པ་དག་ལས་གཞན་མ་ཡིན་ནོ་ཞེས་སྨྲས་པས༔ དེ་དག་གཞན་མ་ཡིན་པ་ཉིད་དུ་ཁས་བླངས་པ་ཡིན་པས་དེས་ན་དོན་དམ་པར་ས་ལ་སོགས་པ་དག་རྫས་སུ་ཡོད་པར་ཤེས་པར་བྱར་ནུས་ཏེ། གཟུགས་ལ་སོགས་པ་དག་ལས་གཞན་ཉིད་མ་ཡིན་པའི་ཕྱིར། དཔེར་ན་གཟུགས་ལ་སོགས་པའི་རང་གི་བདག་ཉིད་བཞིན་ནོ་ཞེས་ཟེར་ན་ཇི་སྐད་བསྟན་པའི་ཚུལ་གྱིས་གཞན་མ་ཡིན་པ་ཉིད་མ་གྲུབ་པའི་ཕྱིར་གཏན་ཚིགས་ཀྱི་དོན་མ་གྲུབ་པ་ཉིད་ཡིན་ནོ། །དཔེ་ཡང་མེད་དེ། གཟུགས་ལ་སོགས་པའི་རང་གི་བདག་ཉིད་བསལ་བའི་ཕྱིར་རོ། །གཞན་དག་ན་རེ། དོན་དམ་པར་ས་ལ་སོགས་པ་དག་ཡོད་པ་ཁོ་ན་ཡིན་ཏེ། དེ་དག་གི་འབྲས་བུ་ཡོད་པའི་ཕྱིར་རོ། །འདི་ན་གང་མེད་པ་དེ་ལ་ནི་འབྲས་བུ་གཟུང་དུ་མེད་དེ། དཔེར་ན་ནམ་མཁའི་མེ་ཏོག་བཞིན་ནོ། །ས་ལ་སོགས་པ་དག་ལ་ནི་འབྲས་བུ་གཟུགས་ལ་སོགས་པ་དག་ཡོད་པས་དེའི་ཕྱིར་ས་ལ་སོགས་པ་དག་ཡོད་པ་ཁོ་ན་ཡིན་ནོ་ཞེས་ཟེར་རོ། །འདིར་བཤད་པ། གལ་ཏེ་གཟུགས་ནི་མ་གཏོགས་པར། །གཟུགས་ཀྱི་རྒྱུ་ཞིག་ཡོད་ན་ནི། །འབྲས་བུ་མེད་པའི་རྒྱུར་འགྱུར་ཏེ༔ ༔འབྲས་བུ་མེད་པའི་རྒྱུ་མེད་དོ། །ཁོ་བོའི་ཕྱོགས་ལ་གལ་ཏེ་གཟུགས་མ་གཏོགས

པར་གཟུགས་ཀྱི་རྒྱུ་ས་ལ་སོགས་པ་ཞིག་ཡོད་ན་ནི་དེས་ན་འབྲས་བུ་མེད་པའི་རྒྱུར་འགྱུར་ཏེ། འབྲས་བུ་གཟུགས་ལ་སོགས་པའི་མཚན་ཉིད་ཀྱིས་འབྲས་བུ་མེད་པའི་རྒྱུར་འགྱུར་བའི་ཕྱིར་རོ། །གཞན་ཡིན་པའི་ཕྱིར་རྩེ་སྣྲང་ལ་སོགས་པ་བཞིན་ནོ། །འབྲས་བུ་མེད་པའི་རྒྱུ་མེད་དོ་ཞེས་བྱ་བ་ནི། དེ་ཡང་གཟུགས་ལ་སོགས་པ་འདུས་པའི་བདག་ཉིད་ཡིན་པའི་ཕྱིར་རོ་ཞེས་བྱ་བར་དགོངས་སོ། །དེའི་ཕྱིར་རྒྱུ་བཞིན་དུ་འབྲས་བུ་ཡང་མ་གྲུབ་པའི་ཕྱིར་དེ་དག་གི་འབྲས་བུ་ཡོད་པའི་ཕྱིར་རོ་ཞེས་སྨྲ་སྨྲས་པའི་གཏན་ཚིགས་ཀྱི་དོན་མ་གྲུབ་པ་ཉིད་ཀྱི་སྐྱོན་ཡོད་དོ། །ཕྱིར་གྲགས་པའི་གཏན་ཚིགས་ཉིད་དུ་བརྗོད་ན་ནི་དོན་འགལ་བ་ཉིད་ཡིན་ནོ། །ལུན་དབྱུང་བའི་ལེན་གཞན་ཡང་ཡོད་དེ། འདི་ལ་གཟུགས་ཀྱི་རྒྱུ་ཞིག་བརྟགས་ན་གཟུགས་ཡོད་པའམ། མེད་པ་ལ་བརྟག་གྲང་ན། གཉི་ག་ལ་ཡང་མི་འཐད་པར་བཤད་པ། གཟུགས་ཡོད་ན་ཡང་གཟུགས་ཀྱི་ནི། །གཟུགས་ཡོད་ན་ཡང་གཟུགས་ཀྱི་ནི། །རྒྱུ་ཡང་འཐད་པར་མི་འགྱུར་ཉིད། །ཡོད་པའི་ཕྱིར་དཔེར་ན་བུམ་པ་དང་སྣམ་བུ་ཡོད་པ་བཞིན་ནོ། །ཅི་སྟེ་མེད་ན་ཡང་། གཟུགས་མེད་ན་ཡང་གཟུགས་ཀྱི་ནི། །རྒྱུ་ཡང་འཐད་པར་མི་འགྱུར་ཉིད། །ས་ལ་སོགས་པ་འདོད་པ་སྟེ། །སྐྱེ་བའི་སྔོན་རོལ་ན་མེད་པའི་ཕྱིར་དེ་ལས་གཞན་པ་བཞིན་ནོ་ཞེས་བྱ་བར་དགོངས་སོ། །འདིར་སྐྱེ་བ་མེད་པའི་རབ་ཏུ་བྱེད་པར་བསྟན་པའི་ལུན་དབྱུང་བ་རྗེས་སུ་བཟླས་པས། ལུན་དབྱུང་བ་བརྗོད་པར་རིག་པར་བྱའོ། །རྒྱུ་མེད་པར་སྨྲ་བ་དག་རྒྱུ་མེད་པ་ཁོ་ནའོ་ཞེས་ཟེར་བ་དེ་དག་གི་ཕྱིར་བཤད་པ། རྒྱུ་མེད་པ་ཡི་གཟུགས་དག་ནི། །འཐད་པར་མི་རུང་རུང་མ་ཡིན། །ཀུན་རྫོབ་ཏུ་ཡང་དེ་ཁས་མ་བླངས་པའི་ཕྱིར་རོ་ཞེས་བྱ་བར་དགོངས་སོ། །ཡང་ན་བྱེ་བྲག་ཏུ་སྨྲ་བ་དག་མ་འོངས་པའི་གཟུགས་ཀྱང་ཡོད་དོ་ཞེས་ཟེར་བས་དེ་དག་གི་ཕྱིར་བཤད་པ།

རྒྱུ་མེད་པ་ཡི་གཟུགས་དག་ནི། །འཐད་པར་མི་རུང་རུང་མ་ཡིན། །མ་འོངས་པ་སྐྱེ་བའི་རྒྱུ་མ་བླངས་པ་དག་ཉིད་ཀྱི་དངོས་པོ་མ་ཐོབ་པ་ནི་ཐ་སྙད་དུ་ཡང་ཡོད་པར་མི་འགྲུབ་པའི་ཕྱིར་རོ་ཞེས་བྱ་བར་དགོངས་སོ། །གང་གི་ཕྱིར་དེ་ལྟར་འབྱུང་བ་དང་། འབྱུང་བ་ལས་གྱུར་པའི་བདག་ཉིད་ཀྱི་གཟུགས་རྣམ་པ་ཐམས་ཅད་དུ་མི་འཐད་པ། དེ་ཕྱིར་གཟུགས་ཀྱི་རྣམ་པར་རྟོག །འགའ་ཡང་རྣམ་པར་བརྟག་མི་བྱ། །མཁས་པ་ཆོས་ཀྱི་དེ་ཁོ་ན་རྣམ་པར་རྟོག་པ་དང་། ལེགས་པར་བྲལ་བར་རྟོགས་པར་འདོད་པ་ཡང་དག་པའི་ཤེས་པའི་མིག་ཡང་དག་པར་ཐོབ་བས་གཟུགས་རྫས་སུ་ཡོད་པ་དང་། རྒྱུ་ལས་གཞན་པ་དང་། རྒྱུ་ལས་གཞན་པ་མ་ཡིན་པ་དང་། དེ་དག་ལ་སོགས་པ་ཁ་དོག་དང་། དབྱིབས་ཀྱི་དབྱེ་བ་ལ་སོགས་པ་ཡུལ་གྱི་རྣམ་པར་རྟོག་པ་མང་པོ་བུ་མ་བཙས་པའི་སྨི་ལམ་ན་བུའི་གཟུགས་དང་སྤྱོད་པ་ལ་སོགས་པའི་ཡུལ་དག་མཐོང་ནས་སད་པ་ལྟ་བུ་དག་ལ་རྣམ་པར་བརྟག་པར་མི་བྱའོ། །དེའི་ཕྱིར་དེ་ལྟར་གཟུགས་ཀྱི་རྒྱུ་མི་འཐད་པའི་ཕྱིར་ཐེ་སྐད་སྨྲས་པའི་སྒྲོན་དང་མ་བྲལ་ལོ།། །།

༄ དབུ་མའི་རྩ་བའི་འགྲེལ་པ་ཤེས་རབ་སྒྲོན་མ། བམ་པོ་ལྔ་པ། ཡང་གཞན་ཡང་འདི་ན་རྒྱུའི་ཡོན་ཏན་སྔ་ན་ཡོད་པའི་རིམ་གྱིས་འབྲས་བུ་ལ་ཡང་ཡོན་ཏན་མཐོང་བའི་མཚན་ཉིད་ཀྱིས་གང་དག་འབྲས་བུ་རྒྱུ་དང་འདྲའོ་ཞེས་ཟེར་བ་དེ་དག་གི་ཕྱིར་བཤད་པ༑ འབྲས་བུ་རྒྱུ་དང་འདྲ་བ་ཞེས། །བྱ་བ་འཐད་པ་མ་ཡིན་ཏེ། །འབྲས་བུ་རྒྱུ་དང་འདྲ་བར་བསྟན་པ་འཐད་པ་མ་ཡིན་ཏེ། རྒྱུ་དེ་འབྲས་བུ་མ་ཡིན་པ་ཉིད་དོ་ཞེས་བྱ་བའི་ཐ་ཚིག་གོ །འདིར་ནི་བསྒྲུབ་པར་བྱ་བ་ཆོས་སྨྲ་བར་འདོད་པའི་རྒྱུ། རྒྱུ་མ་ཡིན་པ་ཉིད་དང་། སྒྲུབ་པའི་ཆོས་འདྲ་བར་བསྟན་པ་ཉེ་བར་བཞག་གོ །དཔེ་ནི་དེའི་དབང་གིས་ཏེ། རྒྱུད་ཐ་

དད་པའི་རྫས་ཡིན་པ་བཞིན་ནོ། །འདིར་སྦྱོར་བའི་ཚིག་ནི་དོན་དམ་པར་སྨྲ་བར་འདོད་པའི་རྒྱུ། རྒྱུ་སྤུན་སྔོན་པོ་ནི་ལ་བ་སྔོན་པོའི་རྒྱུ་མ་ཡིན་ཏེ། འདུ་བའི་ཕྱིར་དཔེར་ན་དེ་ལས་གཞན་པའི་ལ་བ་སྔོན་པོ་བཞིན་ནོ། །འདིར་གྲངས་ཅན་དག་ན་རེ་དེ་ལས་གཞན་པའི་ལ་བ་སྔོན་པོ་ལ་ཡང་སྨྲ་བར་འདོད་པའི་ལ་བ་སྔོན་པོའི་རྒྱུ་མེད་པར་མ་གྲུབ་པའི་ཕྱིར་དཔེ་མེད་དོ་ཞེས་ཟེར་རོ། །དེ་ནི་བཟང་པོ་མ་ཡིན་ཏེ། ད་ལྟར་དེ་འབྱུང་བའི་རྒྱུ་ནི་དངོས་པོ་མ་ཡིན་པར་གྲུབ་པ་ཉིད་དཔེ་ཉིད་དུ་འདོད་པའི་ཕྱིར་དང་། དགག་པ་འདི་ནི་སྒྲ་གང་དང་ལྡན་ཅིག་སྦྱོར་བར་བྱེད་པ་དེའི་བརྗོད་པར་བྱ་བ་དོན་དགག་པ་ཁོ་ནས་མཐུ་ཉེ་བར་ཟད་པ་ཡིན་ཏེ། དེ་ན་དེའི་ཁྱད་པར་མི་སྟོན་པའི་ཕྱིར། བྲམ་ཟེ་མ་ཡིན་ནོ་ཞེས་བྱ་བ་བཞིན་པས་སྐྱོན་མེད་དོ། །རང་གི་སྡེ་པ་དག་ནི་འབྲས་བུ་རྒྱུ་དང་འདྲ་བ་དང་མི་འདྲ་བར་ཡང་སྨྲ་བས་སྐད་ཅིག་མ་སྔ་མ་མཚན་ཉིད་འདྲ་བ་ལས་སྐད་ཅིག་མ་ཕྱི་མ་སྐྱེ་བ་ལ་ལྟོས་ནས། དཔེར་ན་མར་མེ་དང་ཆུའི་རྒྱུན་ལ་སོགས་པ་དག་ལ་ནི་རྒྱུའི་སྐད་ཅིག་མ་དང་འདྲ་བའི་ཕྱིར། འདྲ་བ་ཡིན་ནོ། །སྐད་ཅིག་མ་སྔ་མ་མཚན་ཉིད་མི་འདྲ་བ་ལས་སྐད་ཅིག་མ་ཕྱི་མ་སྐྱེད་པ་ལ་ལྟོས་ནས། དཔེར་ན་ཤིང་དང་འོ་མ་དང་དེ་ལ་སོགས་པའི་ཐལ་བ་དང་། ཞོ་ལ་སོགས་པ་དག་ལ་ནི་རྒྱུའི་སྐད་ཅིག་མ་དང་མི་འདྲ་བའི་ཕྱིར་མི་འདྲ་བ་ཡིན་ནོ་ཞེ་ན། དེ་ལ་འབྲས་བུ་རྒྱུ་དང་འདྲ་བ་གང་ཡིན་པ་དེ་ནི་རྗེས་སུ་དཔག་པ་ཇི་སྐད་བསྟན་པ་ཉིད་ཀྱིས་བཀག་ཟིན་ཏོ། །འབྲས་བུ་རྒྱུ་དང་མི་འདྲ་བ་གང་ཡིན་པ་དེའི་དབང་དུ་བྱས་ཏེ་བཤད་པ། འབྲས་བུ་རྒྱུ་དང་མི་འདྲ་ཞེས། །བྱ་བའང་འཐད་པ་མ་ཡིན་ནོ། །འདིར་ཡང་བསྒྲུབ་པར་བྱ་བའི་ཆོས་མྱུ་གུ་སྨྲ་བར་འདོད་པའི་རྒྱུའི་འབྲས་བུ་མ་ཡིན་པ་ཉིད་དང་། སྒྲུབ་པའི་ཆོས་མི་འདྲ་བར་བསྟན་པ་ཉེ་བར་བཞག་གོ །དེས་

ན་ཡན་ལག་ལྷག་མ་ཡང་སྟེ་མ་བཞིན་དུ་མཚོན་ནོ། །འདིར་རྗེས་སུ་དཔག་པ་ནི་དོན་དམ་པར་མྱུ་གུ་ནི་སྔ་བར་འདོད་པའི་རྒྱུའི་འབྲས་བུ་མ་ཡིན་ཏེ། མི་འདྲ་བའི་ཕྱིར་དཔེར་ན་གྲོ་མོ་ལ་སོགས་པ་བཞིན་ནོ། །ཅི་སྟེ་ཡང་འབྲུ་ནི་མྱུ་གུའི་རྒྱུ་ཁོ་ན་ཡིན་ཏེ། དེ་ཡོད་ན་འབྱུང་བའི་ཕྱིར་རམ། དེས་ཐ་སྙད་འདོགས་པའི་ཕྱིར་དཔེར་ན་ཟ་བོ་ཆེའི་སྒྲའམ་ནས་ཀྱི་མྱུ་གུ་བཞིན་ནོ་ཞེ་ན། དེ་ནི་བཟང་པོ་མ་ཡིན་ཏེ། སྐྱེ་བ་ཅན་རྣམས་ཀྱི་སྐྱེ་བ་རྣམ་པ་ཐམས་ཅད་དུ་བཀག་པས་དཔེ་མ་གྲུབ་པའི་ཕྱིར་སྒྲུབ་པ་མ་ཚང་བའི་སྐྱོན་ཡོད་དོ། །གང་དག་འདི་སྐད་ཅེས་མིག་ལ་སོགས་པའི་འབྲས་བུ་ནི་མིག་གི་རྣམ་པར་ཤེས་པ་ལ་སོགས་པ་མི་འདྲ་བ་ཡིན་པའི་ཕྱིར་མི་འདྲ་བ་ཞེས་བྱ་བའི་གཏན་ཚིགས་མ་ངེས་པ་ཉིད་དོ་ཞེས་ཟེར་ན། དེ་ཡང་བཟང་པོ་མ་ཡིན་ཏེ། མིག་གི་རྣམ་པར་ཤེས་པ་ལ་སོགས་པ་ཡང་བསྒྲུབ་པར་བྱ་བ་དང་། རིགས་མཐུན་པ་ཉིད་ཀྱིས་དེ་བཞིན་དུ་དགག་པར་བྱ་བ་ཡིན་པའི་ཕྱིར་མི་མཐུན་པའི་ཕྱོགས་མེད་པས་མ་ངེས་པ་ཉིད་ཀྱི་སྐབས་མེད་དོ། །ཡང་ན་སྔ་བར་འདོད་པ་ས་ལ་སོགས་པ་དག་རྒྱུ་མ་ཡིན་པས་གཟུགས་མ་གྲུབ་པའི་ཕྱིར་དེ་དག་གི་འབྲས་བུ་ཡོད་པའི་ཕྱིར་རོ་ཞེས་བྱ་བའི་གཏན་ཚིགས་ཀྱི་དོན་མ་གྲུབ་པ་ཉིད་དམ། དོན་འགལ་བ་ཉིད་ཡིན་ནོ་ཞེས་ཇི་སྐད་བསྟན་པའི་ཚུལ་དང་འདྲའོ། །བྱེ་བྲག་ཏུ་སྨྲ་བ་དག་ན་རེ། འབྲས་བུ་ནི་རྒྱུ་དང་འདྲ་བ་ཡང་ཡིན་ལ། མི་འདྲ་བ་ཡང་ཡིན་ཏེ། བྱེད་པའི་རྒྱུས་འདུས་བྱས་ཀྱི་བྱེད་པའི་རྒྱུ་ནི་ཐམས་ཅད་ཡིན་པར་ཁས་བླངས་པའི་ཕྱིར་དཔེ་མེད་དོ་ཞེས་ཟེར་རོ། །དེ་ནི་བཟང་པོ་མ་ཡིན་ཏེ། རིགས་མཐུན་པ་བསྐྱེད་པའི་རྒྱུ་ཐུན་མོང་མ་ཡིན་པ་ལ་སོགས་པའི་ཁྱད་པར་ཅན་གྱི་སྒྲུབ་པར་བྱེད་པ་ཉིད་འགོག་པར་འདོད་པའི་ཕྱིར་རོ། །དེ་ལྟར་ན་གཞུང་གི་ཚིགས་དེས་འབྱུང་བའི་གཟུགས་དང་། རྒྱུར་བྱས་པའི་

གཟུགས་བཀག་པས་གཟུགས་ཀྱི་ཕུང་པོ་མི་སྲིད་པར་བསྟན་ཏོ། །ད་ནི་གཟུགས་བཀག་པ་བཞིན་དུ་ཚོར་བ་ལ་སོགས་པ་དག་དགག་པ་ཡང་རིམ་པ་མཚུངས་པར་བསྟན་པར་བྱ་སྟེ། ཚོར་དང་འདུ་ཤེས་འདུ་བྱེད་དང་། །སེམས་དང་དངོས་པོ་ཐམས་ཅད་ཀྱང་། །རྣམ་པ་དག་ནི་ཐམས་ཅད་དུ། །གཟུགས་ཉིད་ཀྱིས་ནི་རིམ་པ་མཚུངས། །གཟུགས་དགག་པ་བཞིན་དུ་ཚོར་བ་ལ་སོགས་པ་དག་དགག་པ་ཡང་རིམ་པ་མཚུངས་པའི་ཕྱིར་རོ་ཞེས་བྱ་བར་དགོངས་སོ། །ཇི་ལྟར་དོན་དམ་པར་གཟུགས་རྫས་སུ་ཡོད་པ་མ་ཡིན་ཏེ། རང་གི་རྒྱུ་མ་བཟུང་ན་དེའི་བློ་མེད་པའི་ཕྱིར། དཔེར་ན་དམག་ལ་སོགས་པ་བཞིན་ནོ་ཞེས་བསྟན་པ་དེ་བཞིན་དུ་དོན་དམ་པར། ཚོར་བ་དང་། འདུ་ཤེས་དང་། འདུ་བྱེད་རྣམས་དང་། རྣམ་པར་ཤེས་པ་དག་ཀྱང་རྫས་སུ་ཡོད་པ་མ་ཡིན་ཏེ། རང་གི་རྒྱུ་མ་བཟུང་ན་དེའི་བློ་མེད་པའི་ཕྱིར། དཔེར་ན་དམག་ལ་སོགས་པ་བཞིན་ནོ་ཞེས་རྒྱས་པར་ཁོང་དུ་ཆུད་པར་བྱའོ། །ཚོར་བ་ལ་སོགས་པ་དག་གི་རྒྱུ་ནི། རེག་པ་དང་། མིག་དང་། གཟུགས་དང་། སྣང་བ་དང་། ནམ་མཁའ་དང་། ཡིད་ལ་བྱེད་པ་ལ་སོགས་པ་དག་ཡིན་པར་ཅི་རིགས་པར་བརྗོད་པར་བྱའོ། །ཇི་ལྟར་དོན་དམ་པར་གཟུགས་ནི་རང་གི་ཚོགས་པའི་ཡན་ལག་དག་ལས་གཞན་མ་ཡིན་ཏེ། དེ་མ་བཟུང་ན་དེའི་བློ་མེད་པའི་ཕྱིར། དཔེར་ན་ས་ལ་སོགས་པའི་རང་གི་བདག་ཉིད་བཞིན་ནོ་ཞེས་བྱ་བས་དོན་དམ་པར་གཟུགས་རང་གི་རྒྱུ་དག་ལས་གཞན་མ་ཡིན་པར་བསྟན་པ་དེ་བཞིན་དུ་འདིར་ཡང་དོན་དམ་པར་ཚོར་བ་ལ་སོགས་པ་དག་རང་གི་རྒྱུ་དག་ལས་གཞན་མ་ཡིན་པར་བརྗོད་པར་བྱའོ། །འདིར་སྨྲན་འབྱིན་པ་དང་། སྨྲན་འབྱིན་པའི་ལན་དག་ཀྱང་སྔ་མ་བཞིན་ནོ། །དངོས་པོ་ཐམས་ཅད་ཀྱང་ཞེས་བྱ་བ་ནི་ཕུང་པོ་ལས་གཞན་པ་འདུས་བྱས་ཀྱི་ཆོས་མེད་མོད་ཀྱི། དེ་དག་གི་བྱེ་

བྲག་དག་དགག་པ་བརྗོད་པར་བཞེད་པས་ཉེ་བར་བཞག་སྟེ། ཡོངས་སུ་བརྟགས་པའི་བུམ་པ་དང་། སྣམ་བུ་ལ་སོགས་པ་དག་རྫས་སུ་ཡོད་པ་ཉིད་དང་། གཞན་པ་ཉིད་དགག་པའི་ཕྱིར་རོ། །འདིར་ཡང་སྔ་མ་བཞིན་དུ་སྦྱོར་བའི་ཚིག་དག་ཅི་རིགས་པར་བརྗོད་པར་བྱའོ༎ ༎དེ་ལྟར་ཕུང་པོ་རྣམས་མ་གྲུབ་པའི་ཕྱིར་ཕུང་པོས་བསྡུས་པ་ཞེས་བྱ་བའི་གཏན་ཚིགས་ཀྱི་དོན་མ་གྲུབ་པ་ཉིད་དང་། དཔེ་མེད་དོ། །ཇི་ལྟ་ཞེ་ན། འདི་ལྟ་སྟེ། གཟུགས་ལ་སོགས་པའི་ཕུང་པོས་བསྡུས་པ་དག་དོན་དམ་པར་ཡོད་དོ་ཞེས་བྱ་བ་མེད་པའི་ཕྱིར་རོ༎ ༎ཡང་ན་གཏན་ཚིགས་ཀྱི་དོན་འགལ་བ་ཉིད་ཀྱང་ཡིན་ཏེ། ཕུང་པོས་བསྡུས་པ་ནི་ཐ་སྙད་ཁོ་ནར་ཡོད་པ་ཡིན་པའི་ཕྱིར་རོ། །དེ་ལྟར་རིགས་པ་དེས་ན། སྟོང་པ་ཉིད་ཀྱིས་བརྩད་བྱས་ཚེ། །གང་ཞིག་ལན་འདེབས་སྨྲ་བྱེད་པ། །དེ་ཡི་ཐམས་ཅད་ལན་བཏབ་མིན། །བསྒྲུབ་པར་བྱ་དང་མཚུངས་པར་འགྱུར། དེ་ཁོ་ན་བརྟག་པའི་མཚན་ཉིད་ལ་དངོས་པོ་འགའ་ཞིག་གི་དོན་དམ་པའི་ངོ་བོ་ཉིད་བརྟག་པ་བརྩམ་པ་ན་སྟོང་པ་ཉིད་ཀྱིས་དོན་དམ་པར་སྐྱེ་མཆེད་རྣམས་སྐྱེ་བ་མེད་པ་དང་། རྫས་སུ་ཡོད་པ་མ་ཡིན་པར་ཚད་མ་ཡོངས་སུ་བཟུང་སྟེ། བརྩད་ཅིང་འགྲེད་པ་བྱས་པའི་ཚེ། །གང་ཞིག་རྟོག་གེ་ཕྱི་མ་ཉེ་བར་བཞག་པས་ལན་འདེབས་ཤིང་སྨྲ་བར་བྱེད་པ་དེའི་དེ་དག་ཐམས་ཅད་ནི་ལན་བཏབ་པ་མ་ཡིན་ཏེ༎ བསྒྲུབ་པར་བྱ་བ་དང་མཚུངས་པར་འགྱུར་བའི་ཕྱིར་རོ། །དེ་སྟོན་པའི་གཏན་ཚིགས་དང་༎ དཔེ་དེ་དག་བསྒྲུབ་པར་བྱ་བ་དང་མཚུངས་པར་མ་གྲུབ་པའི་ཕྱིར། རྟོག་གེ་ཕྱི་མ་མི་འགྲུབ་པོ་ཞེས་བྱ་བར་དགོངས་སོ། །དེ་བཞིན་དུ། སྟོང་པ་ཉིད་ཀྱིས་བཤད་བྱས་ཚེ། །གང་ཞིག་སྐྱོན་འདོགས་སྨྲ་བྱེད་པ། །དེ་ཡི་ཐམས་ཅད་སྐྱོན་བཏགས་མིན། །བསྒྲུབ་པར་བྱ་དང་མཚུངས་པར་འགྱུར། ཕུང་པོ་དང་། ཁམས་དང་། སྐྱེ་མཆེད་དག་ངོ་བོ་ཉིད་མེད་

པ་ཉིད་དུ་བསྟན་པ་ན་སྟོང་པ་ཉིད་ཀྱིས་སྦྱོར་བ་རྣམ་པར་དབྱེ་བ་བྱས་ཏེ། རྣམ་པར་བཤད་པའི་ཚེ་གང་ཞིག་ཚད་མ་ལོག་པས་བློ་གྲོས་བསླད་པ་ཉིད་ཀྱིས་ཕུང་པོ་ལ་སོགས་པ་དག་ཡོད་པ་ཁོ་ན་ཡིན་ཏེ། བདེན་པ་ལ་སོགས་པས་བསྡུས་པའི་ཕྱིར་རོ་ཞེས་བྱ་བ་ལ་སོགས་པས་སྐྱོན་འདོགས་ཤིང་སླུ་བར་བྱེད་པ་དེའི་དེ་དག་ཐམས་ཅད་ཀྱང་སྐྱོན་བཏགས་ཤིང་ སུན་འབྱིན་པ་མ་ཡིན་ཏེ། བསྒྲུབ་པར་བྱ་བ་དང་མཚུངས་པར་འགྱུར་བའི་ཕྱིར་རོ་ཞེས་བྱ་བའི་ཚིག་གི་ལྷག་མའོ། །ཇི་ལྟ་ཞེ་ན། སུན་དབྱུང་བ་དང་འདྲ་བའི་ཕྱིར། །བསྒྲུབ་པར་བྱ་བ་མ་གྲུབ་པ་ཉིད་དང་སྦྱིར་མཚུངས་ཏེ། དངོས་པོ་གཅིག་ལ་གང་ལྟ་བ། །དེ་ནི་ཀུན་ལའང་ལྟ་བར་འདོད། །གཅིག་གི་སྟོང་ཉིད་གང་ཡིན་པ། །དེ་ཉིད་ཀུན་གྱི་སྟོང་པ་ཉིད། །ཅེས་གང་གསུངས་སོ། །དེ་ལ་འདིར་རབ་ཏུ་བྱེད་པའི་དོན་ནི་སྐྱེ་མཆེད་རྣམས་ཡོད་པར་སྟོན་པ་ཉེ་བར་བཞག་པའི་སྒྲུབ་པའི་སྐྱོན་བརྗོད་པས། ཕུང་པོ་རྣམས་ངོ་བོ་ཉིད་མེད་པ་ཉིད་དུ་བསྟན་པ་ཡིན་ནོ། །དེའི་ཕྱིར་རབ་ཀྱི་རྩལ་གྱིས་རྣམ་པར་གནོན་པ་ཕུང་པོ་ལྔ་པོ་དག་གི་མངོན་པར་འགྲུབ་པར་གཏོགས་པ་སྟོན་པ་གང་ཡིན་པ་དེ་ནི། ཤེས་རབ་ཀྱི་ཕ་རོལ་ཏུ་ཕྱིན་པ་མ་ཡིན་ནོ། །རབ་ཀྱི་རྩལ་གྱིས་རྣམ་པར་གནོན་པ་གཟུགས་ངོ་བོ་ཉིད་དང་བྲལ་བ་ནི་གཟུགས་སོ། །དེ་བཞིན་དུ་ཚོར་བ་དང་། འདུ་ཤེས་དང་། འདུ་བྱེད་རྣམས་དང་། རྣམ་པར་ཤེས་པ་ངོ་བོ་ཉིད་དང་བྲལ་བ་ནི་རྣམ་པར་ཤེས་པའོ། །གཟུགས་དང་། ཚོར་བ་དང་། འདུ་ཤེས་དང་། འདུ་བྱེད་རྣམས་དང་། རྣམ་པར་ཤེས་པ་དག་གི་ངོ་བོ་ཉིད་དང་བྲལ་བ་གང་ཡིན་པ་དེ་ནི་ཤེས་རབ་ཀྱི་ཕ་རོལ་ཏུ་ཕྱིན་པའོ། །རབ་ཀྱི་རྩལ་གྱིས་རྣམ་པར་གནོན་པ་གཟུགས་ངོ་བོ་ཉིད་མེད་པ་ནི་གཟུགས་སོ། །དེ་བཞིན་དུ་ཚོར་བ་དང་། འདུ་ཤེས་དང་། འདུ་བྱེད་རྣམས་དང་། རྣམ་པར་ཤེས་པ་ངོ་བོ་ཉིད་མེད་པ་ནི་

རྣམ་པར་ཤེས་པའོ། །གཟུགས་དང་། ཚོར་བ་དང་། འདུ་ཤེས་དང་། འདུ་བྱེད་རྣམས་
དང་༏ རྣམ་པར་ཤེས་པ་དག་གི་ངོ་བོ་ཉིད་མེད་པ་གང་ཡིན་པ་དེ་ནི་ཤེས་རབ་ཀྱི་ཕ་རོལ་
ཏུ་ཕྱིན་པའོ་ཞེས་བྱ་བ་དང་། དེ་བཞིན་དུ། ངས་ནི་འཇིག་རྟེན་ཕུང་པོ་བསྟན། །དེ་ལ་
འཇིག་རྟེན་གནས་པར་གྱུར། །མཁས་པ་དེ་ལ་མི་གནས་པ། །འཇིག་རྟེན་ཆོས་ཀྱིས་མི་
གོས་སོ། །འཇིག་རྟེན་ནམ་མཁའི་མཚན་ཉིད་དེ། །ནམ་མཁའ་ལ་ཡང་མཚན་ཉིད་མེད།།
དེ་ཕྱིར་དེ་ཡི་དེ་བརྟགས་པས། །འཇིག་རྟེན་ཆོས་ཀྱིས་མི་གོས་སོ། །ཞེས་བྱ་བ་དང་། དེ་
བཞིན་དུ་བྱང་ཆུབ་སེམས་དཔས། གཟུགས་དང་། སྒྲ་དང་། དྲི་དང་། རོ་དང་། རེག་བྱ་
དང་༏ ཆོས་ལ་གནས་ཏེ་སྦྱིན་པ་སྦྱིན་པར་མི་བྱའོ་ཞེས་བྱ་བ་དང་། དེ་བཞིན་དུ། སྲིད་པ་
གསུམ་ནི་བརྟགས་པ་ཙམ། །ངོ་བོ་ཉིད་ཀྱིས་དངོས་པོ་མེད། །བརྟགས་པ་དངོས་པོའི་
རང་བཞིན་དུ། །ངན་རྟོག་རྣམས་ནི་རྟོག་པར་བྱེད། །བློ་ཡིས་རྣམ་པར་བརྟག་བྱས་ན། །
ངོ་བོ་ཉིད་ནི་གཟུང་དུ་མེད། །དེ་ཕྱིར་དེ་དག་བརྗོད་མེད་དང་། །ངོ་བོ་ཉིད་ནི་མེད་པར་
བསྟན༏ ༏ཞེས་བྱ་བ་ལ་སོགས་པ་གསུངས་པ་དེ་དག་གྲུབ་པ་ཡིན་ནོ། །སློབ་དཔོན་
ལེགས་ལྡན་བྱེད་(འབྱེད་)ཀྱིས་ཉེ་བར་སྦྱར་བ། དབུ་མའི་རྩ་བའི་འགྲེལ་པ་ཤེས་རབ་
སྒྲོན་མ་ལས་ཕུང་པོ་བརྟག་པ་ཞེས་བྱ་བ་སྟེ། རབ་ཏུ་བྱེད་པ་བཞི་པའོ།། །།

༼ རབ་བྱེད་ལྔ་པ་ཁམས་བརྟག་པ། ༽

ད་ནི་སྟོང་པ་ཉིད་ཀྱི་མི་མཐུན་པའི་ཕྱོགས་ཀྱི་ཁྱད་པར་དགག་པས་ཁམས་རྣམས་ངོ་བོ་ཉིད་མེད་པ་ཉིད་དུ་བསྟན་པའི་དོན་གྱི་དབང་གིས་རབ་ཏུ་བྱེད་པ་ལྔ་པ་བརྩམ་མོ། ། རབ་ཏུ་བྱེད་པ་བསྟན་མ་ཐག་ཏུ། །གཟུགས་ཞེས་བྱ་བ་མ་གཏོགས་པར། །གཟུགས་ཀྱི་རྒྱུ་ཡང་མི་སྣང་ངོ་། །ཞེས་བཤད་པའི་ཕྱིར་རང་གི་སྡེ་པ་དག་ན་རེ། འདི་ལ་བཅོམ་ལྡན་འདས་ཀྱིས་རྒྱལ་པོ་ཆེན་པོ་ཁམས་དྲུག་པོ་འདི་དག་ནི་སྐྱེས་བུའོ་ཞེས་གསུངས་པས་ཁམས་དྲུག་པོ། ས་དང་། ཆུ་དང་། མེ་དང་། རླུང་དང་། ནམ་མཁའ་དང་། རྣམ་པར་ཤེས་པ་ཞེས་བྱ་དག་གི་མཚན་ཉིད་སྲ་བ་དང་། གཤེར་བ་དང་། ཚ་བ་དང་གཡོ་བ་དང་། སྐབས་འབྱེད་པ་དང་། རྣམ་པར་ཤེས་པར་བྱེད་པ་དག་བསྟན་ཏོ། །ནམ་མཁའི་མེ་ཏོག་ལ་སོགས་པ་ལྟ་བུ་མེད་པ་དག་ནི་སྐྱེས་བུའི་རྒྱུ་ཉིད་དུ་མ་བསྟན་པས་དེའི་ཕྱིར། སློབ་དཔོན་གྱིས་ས་ལ་སོགས་པ་དག་ལ་ཡང་གཟུགས་ཀྱི་རྒྱུ་མེད་དོ་ཞེས་དམ་བཅའ་བ་བྱས་པ་དེ་ནི་ཁས་བླངས་པ་ལ་གནོད་པར་འགྱུར་རོ། །གལ་ཏེ་དེ་བཞིན་གཤེགས་པས་ཐ་སྙད་དུ་ཁམས་དྲུག་པོ་དག་སྐྱེས་བུའོ་ཞེས་བསྟན་པར་ཁས་བླངས་པས་ཉེས་པ་མེད་དོ་ཞེ་ན། དོན་དམ་པར་བསྟན་པར་ཁས་བླངས་པའི་ཕྱིར་ཉེས་པ་མེད་པ་མ་ཡིན་ནོ། །གལ་ཏེ་དེ་མ་གྲུབ་པའི་ཕྱིར་རིགས་པ་མ་ཡིན་ནོ་ཞེ་ན། མ་གྲུབ་པ་མ་ཡིན་ཏེ། དོན་དམ་པར་ས་ལ་སོགས་པ་ཁམས་རྣམས་ཡོད་པ་ཁོ་ན་ཡིན་ཏེ། དེ་དག་གི་མཚན་ཉིད་ཡོད་པའི་ཕྱིར་རོ། །

འདི་ལ་བཅོམ་ལྡན་འདས་ཀྱིས་གང་དོན་དམ་པར་མེད་དོ་ཞེས་གསུངས་པ་དེ་ལ་ནི་མཚན་ཉིད་མེད་དེ། དཔེར་ན་ནམ་མཁའི་མེ་ཏོག་བཞིན་ནོ། །ས་ལ་སོགས་པ་དག་ལ་ནི་སྲ་བ་ཉིད་ལ་སོགས་པའི་མཚན་ཉིད་དག་ཡོད་པས་དེ་ལྟར་དེ་དག་གི་མཚན་ཉིད་ཡོད་པའི་ཕྱིར་ས་ལ་སོགས་པ་ཁམས་རྣམས་ཡོད་པ་ཁོ་ན་ཡིན་ནོ་ཞེས་ཟེར་རོ། །དེ་ལ་འདིར་ནམ་མཁའི་ངོ་བོ་ཉིད་སྟོང་པ་ཉིད་ཀྱིས་བསྟན་སླ་བའི་ཕྱིར་དང་། དེ་ཡོད་པ་མ་ཡིན་པར་བསྟན་པས་ཁམས་ལྷག་མ་རྣམས་དགག་པ་ཡང་སླ་བའི་ཕྱིར། སློབ་དཔོན་གྱིས་ནམ་མཁའི་ཁམས་ཁོ་ནའི་དབང་དུ་མཛད་དེ་བཤད་པ། ནམ་མཁའི་མཚན་ཉིད་སྔ་རོལ་ན། །ནམ་མཁའ་ཅུང་ཟད་ཡོད་མ་ཡིན། །དབྱེར་མེད་པའི་ཕྱིར་རོ་ཞེས་བྱ་བར་དགོངས་སོ།།

འདི་ལ་བྱེ་བྲག་ཏུ་སྨྲ་བ་དག་ནམ་མཁའ་ནི་མི་སྒྲིབ་པ་ཁོ་ནར་སྟོན་པས་མི་སྒྲིབ་པ་ཉིད་ནམ་མཁའ་ཡིན་ལ། དེ་ཡང་ཡོད་པ་ཉིད་དུ་སྒྲུབ་པས་མི་སྒྲིབ་པ་ཡོད་པ་ཉིད་ཀྱིས་བསྒྲུབ་པར་བྱ་བ་དང་། སྒྲུབ་པ་མི་འགྲུབ་སྟེ། དཔེར་ན་སྒྲ་མི་རྟག་སྟེ། མི་རྟག་པའི་ཕྱིར་རོ་ཞེས་བྱ་བ་དེ་བཞིན་དུ་འདིར་ཡང་ནམ་མཁའ་ཡོད་དེ། ནམ་མཁའ་ཡིན་པའི་ཕྱིར་རོ་ཞེས་བྱ་བར་སྨྲས་པར་འགྱུར་རོ། །ཡང་ན་གང་དག་དབུ་མའི་བསྟན་བཅོས་ཀྱི་ཚུལ་ལ་སྨོད་པ་དག་འདི་སྐད་ཅེས་གང་དག་གི་ཕྱིར། རིམ་མམ་ཅིག་ཅར་དེ་མི་འཐད་པར་འགྱུར་བའི་མཚན་ཉིད་ཀྱི་གཞི་དང་། མཚན་ཉིད་དག་གཞན་ཉིད་ཡིན་པར་ཁས་མི་ལེན་ཏེ། སྐྱེས་བུ་ཆེན་པོའི་མཚན་རྣམས་ལས་སྐྱེས་བུ་ཆེན་པོ་གཞན་ཡིན་པར་མི་རིགས་པ་བཞིན་ནོ། །འདི་ལ་དེ་མཚོན་པར་བྱ་བ་ཡིན་པས་མཚན་ཉིད་དེ་ལས་ལ་བྱ་བའི་རྒྱུན་བརྗོད་པའི་ཕྱིར་རོ༔ ༔ཞེས་སྨྲའོ་ཞེས་ཟེར་རོ། །དེ་དག་གི་དེ་ལྟར་ཁས་བླངས་པ་ཉིད་ལ་ཡང་། ནམ་མཁའི་

མཚན་ཉིད་སྔ་རོལ་ན། །ནམ་མཁའ་ཅུང་ཟད་ཡོད་མ་ཡིན། །ནམ་མཁའ་མཚན་ཉིད་ཡིན་ན་དེ་ཉིད་ཀྱིས་དེ་སྒྲུབ་པའི་ཕྱིར། ཉེ་བར་སྦྱོར་བར་བྱེད་པ་ནི་གཏན་ཚིགས་སུ་མི་རུང་སྟེ། དོན་མ་གྲུབ་པའི་ཕྱིར་དེས་ན་གང་གིས་ཅི་ཞིག་སྒྲུབ་པ་འགྱུར། ཅི་སྟེ་ཡང་ཐ་སྙད་དུ་ཡོད་པའི་ནམ་ མཁའ་ ནི་ མི་ སྒྲིབ་ པ་ ཡིན་ པར་ གྲགས་ སོ་ ཞེ་ ན། དེ་ བསྟན་ པའི་ ཕྱིར་ གཏན་ཚིགས་མི་འདོད་དོ། །དོན་དམ་པར་ནི་མ་གྲགས་པས་དེ་ལྟར་བསྟན་པ་ལ་རབ་ཏུ་འབད་པར་བྱའོ་ཞེ་ན། དེ་ལ་ཡང་གཏན་ཚིགས་ཀྱི་སྐྱོན་དང་དཔེའི་སྐྱོན་ཡོད་དེ། དམ་བཅས་པ་ཙམ་ལ་གནས་པར་ཟད་དོ། །ཡང་ན་བྱེ་བྲག་ཏུ་སྨྲ་བ་དང་། བྱེ་བྲག་པ་དག་ནམ་མཁའ་ནི་རྫས་སུ་ཡོད་པ་དང་། འདུས་མ་བྱས་སོ་ཞེས་ཟེར་བས་དེ་དག་གི་ཕྱིར་བཤད་པ། ནམ་མཁའི་ མཚན་ ཉིད་ སྔ་ རོལ་ ན། །ནམ་ མཁའ་ ཅུང་ ཟད་ ཡོད་ མ་ ཡིན། །རྫས་ སུ་ གྱུར་ པའོ་ ཞེས་ དམ་ བཅའ་ བ་ ཉེ་ བར་ བཞག་ པ་ ཡིན་ནོ། །དེ་ སྐྱེ་ བ་ མེད་ པར་ ཕྱོགས་ གཉིས་ ག་ ལ་ གྲགས་ པ་ ནི་ ཆོས་ ཡིན་ནོ། །དཔེ་ ནི་ དེའི་ དབང་ གིས་ ཏེ། རི་ བོང་ གི་ རྭ་ ལ་ སོགས་ པ་ དག་ ཡིན་ནོ། །འདིར་ རྗེས་ སུ་ དཔག་ པ་ ནི་ དོན་ དམ་ པར་ ནམ་ མཁའ་ རྫས་ སུ་ ཡོད་ པ་ མ་ཡིན་ཏེ། སྐྱེ་བ་མེད་པའི་ཕྱིར་དཔེར་ན་རི་བོང་གི་རྭ་བཞིན་ནོ། །དེ་བཞིན་དུ་རྒྱུ་མེད་པའི་ཕྱིར་དང་། འབྲས་བུ་མེད་པའི་ཕྱིར་དང་། ཡོད་པ་མ་ཡིན་པའི་ཕྱིར་རོ་ཞེས་བྱ་བ་ལ་སོགས་པའི་གཏན་ཚིགས་དག་ཀྱང་བརྗོད་པར་བྱའོ། །གང་དག་ནམ་མཁའ་ནི་སྒྲའི་མཚན་ཉིད་དོ་ཞེས་ཟེར་བ་དེ་དག་ལ་ཡང་། སྒྲ་ཉིད་ནམ་མཁའ་ཡིན་པས་གཏན་ཚིགས་ཀྱི་སྐྱོན་སྔ་མ་བཞིན་ནོ། །འདིར་ཁ་ཅིག་ན་རེ་གལ་ཏེ་དོན་འདི་བསྟན་བཅོས་བྱེད་པའི་བསམ་པ་ཡིན་པར་གྱུར་ན་དེ་ལྟ་ན་བསྟན་བཅོས་བྱེད་པས་ནམ་མཁའི་མཚན་ཉིད་ལས་

གཞན་དུ་གྱུར་པའི་ནམ་མཁའ་ཅུང་ཟད་ཡོད་པ་མ་ཡིན་ཞེས་སྨྲས་པ་ཁོ་ནར་འགྱུར་རོ་ཞེས་ཟེར་རོ། །སྐྱེ་ཕྱི་མི་སྲིད་པར་བསྟན་པ་ཁོ་ནས་གཞན་ཉིད་དགག་པ་འགྲུབ་པའི་ཕྱིར་དེ་ནི་མི་གནོད་དོ། །བྱེ་བྲག་པ་དག་གི་མཚན་ཉིད་ཀྱི་གཞི་དང་། མཚན་ཉིད་དག་གཞན་ཉིད་དུ་དམ་བཅའ་བས་དེ་དག་གི་གཞན་ཉིད་ཡིན་ན་ལན་འགའ་སྐྱེ་ཕྱིར་ཡང་འགྱུར་ཏེ། གཞན་ཡིན་པའི་ཕྱིར་དཔེར་ན་བུམ་པ་དང་། སྣམ་བུ་དག་བཞིན་པས་དེའི་ཕྱིར་བཤད་པ། གལ་ཏེ་མཚན་ལས་སྔ་གྱུར་ན། །མཚན་ཉིད་མེད་པར་ཐལ་བར་འགྱུར།། མཚན་ཉིད་མེད་པ་ནི་མཚན་ཉིད་ཡོད་པ་མ་ཡིན་པ་སྟེ། དེ་སླ་བར་འདོད་པའི་མཚན་ཉིད་ཀྱི་གཞི་ཉིད་དུ་མ་གྱུར་པར་ཞེས་བྱ་བའི་ཐ་ཚིག་གོ །གལ་ཏེ་མཚན་ལས་སྔ་གྱུར་ན། །ཞེས་བྱ་བ་འདིས་དེའི་ཆོས་དུས་ཐ་དད་པ་ཉིད་བསྟན་ཏོ། །འདིར་རྗེས་སུ་དཔག་པ་ནི་ནམ་མཁའ་ནི་སླ་བར་འདོད་པའི་མཚན་ཉིད་ཀྱི་གཞི་མ་ཡིན་ཏེ། དེ་བས་དུས་སྔ་ན་ཡོད་པའི་ཕྱིར་དཔེར་ན་དེ་ལས་གཞན་པ་བཞིན་ནོ། །ཡང་ན། མཚན་ཉིད་མེད་པར་ཐལ་བར་འགྱུར། །ཞེས་བྱ་བ་ནི་མཚན་ཉིད་ལ་མེད་པ་ནི་མཚན་ཉིད་མེད་པ་སྟེ། དེ་ལ་མཚན་ཉིད་ཀྱི་གཞི་ཉིད་མེད་པར་ཞེས་བྱ་བའི་ཐ་ཚིག་གོ །གལ་ཏེ་མཚན་ལས་སྔ་གྱུར་ན། །ཞེས་བྱ་བ་ནི་ནམ་མཁའ་ཞེས་བྱ་བའི་སྐབས་ཡིན་ཏེ། འདིས་ནི་དེའི་ཆོས་མཚན་ཉིད་ཀྱི་གཞི་ལས་མཚན་ཉིད་གཞན་པ་ཉིད་བསྟན་ཏོ། །འདིར་རྗེས་སུ་དཔག་པ་ནི་སླ་བར་བྱེད་པའི་མཚན་ཉིད་ཀྱིས་མཚན་ཉིད་ཀྱི་གཞི་ནམ་མཁའ་མཚོན་མི་ནུས་ཏེ། གཞན་ཡིན་པའི་ཕྱིར་དཔེར་ན་དེ་ལས་གཞན་པ་བཞིན་នོ། །ཕ་རོལ་པོའི་ནི་རང་གི་རྗེས་སུ་དཔག་པ་ལ་གནོད་དོ། །མཚན་ཉིད་ཀྱི་གཞི་དང་། མཚན་ཉིད་དག་ལ་མཚན་ཉིད་མེད་པ་ཉིད་དུ

མི་འདོད་པས། གཞན་ཉིད་དུ་རྣམ་པར་རྟོག་པ་ཡང་སྤྱང་བར་བྱ་བ་ཡིན་ནོ། །ཅི་སྟེ་ཡང་དབྱུག་པས་མ་བཟློག་པའི་ཕྱིར། ཀུན་རྫོབ་པའི་གཏན་ཚིགས་བརྗོད་ན། གཏན་ཚིགས་ཀྱི་དོན་མ་གྲུབ་པ་ཉིད་མ་ཡིན་ཡང་དོན་འགལ་བ་ཉིད་བཟློག་དཀའ་བས། དེའི་ཕྱིར་མཚན་ཉིད་དོན་གཞན་དང་། དོན་གཞན་མ་ཡིན་པར་གྱུར་པ་མ་གྲུབ་པའི་ཕྱིར། ནམ་མཁའ་མཚན་ཉིད་མེད་པ་ཞེས་བྱ་བར་གྱུར་ཏོ་ཞེ་ན། དེ་མཚན་ཉིད་མེད་པའི་དངོས་པོ་ཉིད་ཡིན་པར་ཡང་ཤེས་པར་མི་ནུས་ཏེ། འདི་ལྟར། མཚན་ཉིད་མེད་པའི་དངོས་པོ་ནི། །འགའ་ཡང་གང་ནའང་ཡོད་མ་ཡིན། །དོན་དམ་པ་པའི་དངོས་པོ་གཞན་གྱི་ཕྱོགས་དང་། བདག་ཅག་གི་ཕྱོགས་གང་ན་ཡང་འགྲུབ་པ་མེད་དོ། །གང་དག་མཚན་ཉིད་ཀྱི་གཞི་ནམ་མཁའ་ནི་ཡོད་པ་ཁོ་ན་ཡིན་ཏེ། དེ་ལ་མཚན་ཉིད་འཇུག་པའི་ཕྱིར་རོ་ཞེས་ཟེར་ན། དེ་ཡང་རིགས་པ་མ་ཡིན་པར་ངེས་པར་བཟུང་སྟེ། མཚན་ཉིད་མེད་པའི་དངོས་མེད་ན། །མཚན་ཉིད་གང་དུ་འཇུག་པར་འགྱུར། །གཞི་མེད་པའི་ཕྱིར་གཞི་ཇི་བཞིན་དུ་གཏན་ཚིགས་མི་འགྲུབ་སྟེ་ཡུལ་མེད་པ་ལ་གཏན་ཚིགས་འཇུག་པ་མི་འགྲུབ་པའི་ཕྱིར་གཏན་ཚིགས་ཀྱི་དོན་མ་གྲུབ་པ་ཉིད་ཀྱི་སྐྱོན་དུ་འགྱུར་རོ། །ཡང་ན་གཞན་མ་ཡིན་པ་ཉིད་ཀྱི་ཕྱོགས་ལ་ནི། མཚན་ཉིད་ཀྱི་གཞི་དང་། མཚན་ཉིད་དག་གཞན་མ་ཡིན་པ་ཉིད་ཡིན་ན་དེ་ཉིད་ཀྱིས་དེ་མཚོན་པར་བྱར་མི་རུང་སྟེ། དེ་ལས་གཞན་པའི་མཚན་ཉིད་མེད་པའི་ཕྱིར། ནམ་མཁའ་ལ་མཚན་ཉིད་ཀྱི་གཞི་མེད་དོ། །གཞི་གཞན་ཉིད་ཀྱི་ཕྱོགས་ལ་ཡང་སྨྲ་བར་འདོད་པའི་མཚན་ཉིད་ནི་མཚན་ཉིད་ཀྱི་གཞིའི་མཚན་ཉིད་མ་ཡིན་ཏེ། གཞན་ཡིན་པའི་ཕྱིར་དེ་ལས་གཞན་བཞིན་ནོ། །མཚན་ཉིད་མེད་པའི་ཕྱིར། དེས་ཀྱང་ནམ་མཁའ་ལ

མཚན་ཉིད་མེད་དེ། མཚན་ཉིད་མེད་པའི་དངོས་པོ་ནམ་མཁའ་ཞེས་བྱ་བ་མེད་ན་མཚན་ཉིད་གང་དུ་འཇུག་པར་འགྱུར་ཏེ། དེ་འཇུག་པ་མི་གྲུབ་པ་ཉིད་དོ་ཞེས་བྱ་བའི་ཐ་ཚིག་གོ །གཞན་ཡང་མཚན་ཉིད་ཀྱི་གཞི་ལ་འཇུག་པ་ཞེས་བྱ་བའི་གཏན་ཚིགས་དེའི་དོན་ནི་འདི་ལ་མཚན་ཉིད་འདི་མཚན་ཉིད་ཀྱི་གཞིའི་ཆོས་ཡོད་པ་ཉིད་ལ་སོགས་པ་མེད་ན་མི་འབྱུང་བ་དེས་མཚན་ཉིད་ཀྱི་གཞི་ཤེས་པར་འགྱུར་བ་ཡིན་ན། གང་གི་ཚེ་ཁོ་བོ་ཅག་གི་ཕྱོགས་ལ། མཚན་ཉིད་མེད་ལ་མཚན་ཉིད་ནི། །མི་འཇུག་མཚན་ཉིད་བཅས་ལ་མིན། དེའི་ཚེ་མེད་པ་ལ་ནི་མཚན་ཉིད་མི་འགྲུབ་པའི་ཕྱིར་དང་མཚན་ཉིད་དང་བཅས་པའི་དངོས་པོ་ཡང་མི་འགྲུབ་པའི་ཕྱིར་རོ་ཞེས་བྱ་བར་དགོངས་སོ། །ཇི་སྐད་བསྟན་པའི་རྣམ་པ་དང་། མཚན་ཉིད་མི་འདྲ་བའི་མཚན་ཉིད་ཀྱི་གཞི་ཡང་མི་འགྲུབ་པའི་ཕྱིར། མཚན་བཅས་མཚན་ཉིད་མེད་པ་ལས། །གཞན་ལའང་འཇུག་པར་མི་འགྱུར་རོ། །དེའི་ཕྱིར་དེ་ལྟར་དོན་དམ་པར་དངོས་པོ་འགའ་བ་ལ་མཚན་ཉིད་འཇུག་པར་མ་གྲུབ་པའི་ཕྱིར་དང་། དཔེ་མེད་པའི་ཕྱིར་ཁྱོད་ཀྱི་འདོད་པའི་དོན་མ་གྲུབ་བོ། །ཡང་ན་མཚན་ཉིད་མེད་པ་ནམ་མཁའི་མེ་ཏོག་ལ་སོགས་པ་དག་ལ་མཚན་ཉིད་དེ་མེད་པའི་ཕྱིར་མི་འཇུག་པ་དེ་ནི་གྲགས་པ་ཡིན་ནོ། །ད་ནི་མཚན་ཉིད་བཅས་ལ་མིན། །ཞེས་བྱ་བ་མཚན་ཉིད་དང་བཅས་པ་ལ་མཚན་ཉིད་མི་འཇུག་གོ་ཞེས་བྱ་བའི་སྐབས་དེ་ནི་དམ་བཅའ་བ་ཉེ་བར་བཞག་པ་ཡིན་ནོ། །དེའི་ཆོས་ནི་མཚན་ཉིད་གང་གིས་མཚོན་ན་མཚན་ཉིད་དང་བཅས་པ་ཞེས་བྱ་བའི་མཚན་ཉིད་ཡིན་ནོ། །དཔེ་ནི་དེའི་དབང་གིས་ཏེ། དེ་ལས་གཞན་པའི་མཚན་ཉིད་དག་ཡིན་ནོ། །འདིར་རྗེས་སུ་དཔག་པ་ནི་དོན་དམ་པར་མི་སྲིད་པ་ནི་ནམ་མཁའི་མཚན་

ཉིད་མ་ཡིན་ཏེ། མཚན་ཉིད་ཡིན་པའི་ཕྱིར་དཔེར་ན་སྒྲ་བ་ལ་སོགས་པ་དག་བཞིན་ནོ། །རྣམ་པ་གཉིས་སུ་སྨྲ་བ་དག་རྣམ་གྲངས་ལས་མཚན་ཉིད་དང་བཅས་པ་དང་། མཚན་ཉིད་མེད་པ་ལ་མཚན་ཉིད་འཇུག་པས་ཉེས་པ་མེད་དོ་ཞེ་ན། དེ་དགག་པའི་ཕྱིར་ཡང་བཤད་པ། མཚན་བཅས་མཚན་ཉིད་མེད་པ་ལས། །གཞན་ལའང་འཇུག་པར་མི་འགྱུར་རོ། །གཉི་གའི་བདག་ཉིད་ཀྱི་དངོས་པོ་མི་སྲིད་པའི་ཕྱིར་དང་། ལྟོས་པའི་རིམ་པ་ཡང་མེ་དང་བུད་ཤིང་བརྟག་པའི་རབ་ཏུ་བྱེད་པ་ལས་ལོག་ནས་འགོག་པར་འགྱུར་བའི་ཕྱིར་དང་། ཕྱོགས་གཉི་གར་བསྟན་པའི་སྐྱོན་ཉིས་འགྱུར་དུ་འབྱུང་བའི་ཕྱིར། དེ་ཡང་རིགས་པ་མ་ཡིན་ནོ༑ ༑གཞན་དག་ནི། མཚན་ཉིད་མེད་ལ་མཚན་ཉིད་ནི། །མི་འཇུག་ཅེས་བྱ་བ་འདི་ལ། དེ་ལྟར་གང་གི་ཕྱིར་མཚན་ཉིད་མེད་པའི་དངོས་པོ་འགའ་ཡང་ཡོད་པ་མ་ཡིན་པ་དེའི་ཕྱིར་མཚན་ཉིད་མེད་པའི་དངོས་པོ་མེད་ན་གཞི་མེད་པ་ལ་མཚན་ཉིད་འཇུག་པར་མི་འཐད་དོ། །མཚན་ཉིད་བཅས་ལ་མིན་ཞེས་བྱ་བ་འདི་ལ་ཡང་མཚན་ཉིད་དང་བཅས་པའི་དངོས་པོ་ལ་ཡང་མཚན་ཉིད་འཇུག་པ་མི་འཐད་དེ། དགོས་པ་མེད་པའི་ཕྱིར་རོ་ཞེས་ཟེར་རོ། །དེ་ནི་རིགས་པ་མ་ཡིན་ཏེ། མཚན་ཉིད་ཡོད་ན་དེ་དང་ལྡན་པ་ལ་མེད་པ་ཉིད་མི་འཐད་པའི་ཕྱིར་དང་། དེ་བཞིན་དུ་མཚན་ཉིད་ཀྱི་གཞི་ཡོད་པའི་ཕྱིར་རོ། །མཚན་ཉིད་དང་བཅས་པའི་དངོས་པོ་གྲུབ་པ་ལ་ཡང་ཕ་རོལ་པོ་དྲན་པར་བྱ་བའི་ཕྱིར་མཚན་ཉིད་ཀྱི་གཞི་ལ་མཚན་ཉིད་དུ་འཇུག་པ་འགལ་བ་མེད་པའི་ཕྱིར་དེས་མི་ནུས་སོ། །དེའི་ཕྱིར་དེ་ལྟར་མཚན་ཉིད་ཀྱི་གཞི་ལ་མཚན་ཉིད་ཀྱིས་འཇུག་པ་མི་འཐད་པས། མཚན་ཉིད་འཇུག་པ་མ་ཡིན་ན། །མཚན་གཞི་འཐད་པར་མི་འགྱུར་རོ། །ཞེས་བསྟན་པའི་དོན་གྱི་དབང་

གིས་མཇུག་བསྡུས་སོ། །འདིར་མཁས་སུ་རེ་བའི་མངོན་པའི་ང་རྒྱལ་ཅན་ཁ་ཅིག་རང་གི་ཕྱོགས་ཀྱི་སྐྱོན་བརྗོད་པ་བརྟགས་པར་མི་བཟོད་པ་ན་འདི་སྐད་ཅེས་ནམ་མཁའ་ཡོད་པ་ཡིན་ཏེ། མཚན་ཉིད་ཡོད་པའི་ཕྱིར་རོ་ཞེས་སྨྲ་བ་ན། ཁྱེད་ཀྱི་མཚན་ཉིད་ཀྱི་གཞི་དང་མཚན་ཉིད་དག་སྔ་ཕྱིར་སྒྲོ་བཏགས་ནས་གཏན་ཚིགས་ཀྱི་དོན་མ་གྲུབ་པ་ཉིད་དུ་བརྗོད་པ་ནི་དཔེར་ན་སྒྲ་ནི་མི་རྟག་སྟེ། བྱས་པའི་ཕྱིར་རོ་ཞེས་སྨྲས་པ་ལ། གལ་ཏེ་སྒྲ་སྐྱེས་པའི་སྔ་རོལ་ན། བྱས་པ་ཉིད་ཡོད་ན་ནི་སྒྲ་ལ་འབྲེལ་པ་ཡོད་པའི་ཕྱིར་གཏན་ཚིགས་སུ་རུང་ངོ་། །འོན་ཏེ་སྒྲ་སྐྱེས་པའི་སྔོན་རོལ་ན་བྱས་པ་ཉིད་མེད་དེ། ཕྱིས་ཡོད་ན་ནི་གཏན་ཚིགས་ཀྱི་དོན་མ་གྲུབ་པ་ཉིད་དོ་ཞེས་ཟེར་བ་དེའི་ཚིག་དེ་རིགས་པ་དང་ལྡན་པ་མ་ཡིན་ཏེ། མ་གྲུབ་པ་ལྟར་སྣང་བ་ཉིད་དུ་བརྗོད་པའི་ཕྱིར་རོ་ཞེས་བྱ་བ་དེ་བཞིན་དུ་ཁྱེད་ཀྱིས། ནམ་མཁའི་མཚན་ཉིད་སྔ་རོལ་ན། །ནམ་མཁའ་ཅུང་ཟད་ཡོད་མ་ཡིན། །ཞེས་བྱ་བ་ལ་སོགས་པས་གཏན་ཚིགས་ཇི་སྐད་སྨྲས་པ་སུན་འབྱིན་པར་འདོད་པས་མཚན་ཉིད་ཡོད་པ་འགོག་པར་བྱེད་པའི་ཚིག་དེ་ཡང་ལེགས་པར་སྨྲས་པ་མ་ཡིན་ནོ་ཞེས་ཟེར་རོ། །འདིར་བཤད་པ། མཚན་ཉིད་ཀྱང་དེ་ཉིད་དང་། གཞན་ལ་སོགས་པའི་ཁྱད་པར་གྱི་མཚན་ཉིད་ཀྱི་གཞིའི་ཁོངས་སུ་གཏོགས་པ་ཡིན་ལ། མཚན་ཉིད་ཀྱི་གཞིའི་སྐྱེ་མཆེད་དེ་དག་གི་དོན་དམ་པ་པའི་ཡོད་པ་ཉིད་ནི་དོན་དམ་པར་བརྒལ་བས་དེའི་ཕྱིར་མཚན་ཉིད་ཀྱི་གཞི་མི་འཐད་ན་མཚན་ཉིད་ཀྱང་མི་སྲིད་པས་དེ་དགག་པའི་ཕྱིར་ནི་འབད་པ་མི་རྩོམ་མོ། །འདི་སྐད་ཅེས་མཚན་ཉིད་ཀྱི་གཞི་དང་། མཚན་ཉིད་དག་སྔ་ཕྱིར་སྒྲོ་བཏགས་ནས་ཞེས་བྱ་བ་ལ་སོགས་པ་གང་སྨྲས་པ་དེ་ལ་ཡང་ཉོན་ཅིག་དང་། སྔ་ཕྱི་མི་སྲིད་པར་བསྟན་པ་ཁོ་ནས་གཞན་

ཉིད་དགག་པ་བསྟན་པའི་ཕྱིར་མ་གྲུབ་པ་ལྟར་སྣང་བ་ཉིད་མ་ཡིན་ནོ། །ཅི་སྟེ་གང་ལ་གཞན་ཉིད་ཡིན་ཡང་མེད་ན་མི་འབྱུང་བའི་མཚན་ཉིད་ཀྱིས་འབྲེལ་པ་དེ་ནི་གཏན་ཚིགས་ཡིན་པས་དེས་ན་གཞན་ཡིན་པའི་ཕྱིར་གཏན་ཚིགས་ཀྱི་དོན་མ་གྲུབ་པ་ཉིད་དུ་བརྗོད་པ་ཡང་མ་གྲུབ་པ་ལྟར་སྣང་བ་ཉིད་ཡིན་ནོ་ཞེ་ན། དེ་ནི་བཟང་པོ་མ་ཡིན་ཏེ༏ དོན་དམ་པར་གཞན་ཉིད་དང༌། མེ་མེད་ན་མི་འབྱུང་བའི་མཚན་ཉིད་ཀྱི་འབྲེལ་པ་མ་གྲུབ་པས་དེ་ལ་མངོན་པར་ཞེན་པ་ཡང་སྤྱང་བར་འདོད་པའི་ཕྱིར་རོ། །སྒྲུབ་པ་དེ་ཐ་སྙད་ཀྱི་བདེན་པར་གཏོགས་པའི་དངོས་པོ་བསྟན་པའི་ཕྱིར། ཐ་སྙད་དང་རྗེས་སུ་མཐུན་པ་ནི་ཡིན་ནོ། །ཞར་ལ་བཤད་པས་ཆོག་གོ །འདིར་སྨྲས་པ། དོན་དམ་པར་ནམ་མཁའ་ཡོད་པ་ཁོ་ན་ཡིན་ཏེ། མཚན་ཉིད་ཡིན་པའི་ཕྱིར་རོ། །འདི་ན་གང་ཡང་མེད་པ་དེ་ནི་མཚན་ཉིད་ཡིན་པར་མི་འདོད་དེ། དཔེར་ན་ནམ་མཁའི་མེ་ཏོག་བཞིན་ནོ། །ནམ་མཁའ་ནི་མཚན་ཉིད་ཡིན་ཏེ། རྒྱལ་པོ་ཆེན་པོ་ཁམས་དྲུག་པོ་འདི་དག་ནི་སྐྱེས་བུའོ་ཞེས་གསུངས་པས་དེའི་ཕྱིར་དེ་ནི་ཡོད་པ་ཁོ་ན་ཡིན་ནོ། །བཤད་པ། མཚན་ཉིད་ཀྱི་གཞི་མི་འཐད་དོ་ཞེས་བསྟན་ཟིན་པས་དེའི་ཕྱིར། མཚན་གཞི་འཐད་པ་མ་ཡིན་ན། །མཚན་ཉིད་ཀྱང་ནི་ཡོད་མ་ཡིན། །མཚན་ཉིད་ཀྱང་མཚན་ཉིད་ཀྱི་གཞིའི་ཁོངས་སུ་གཏོགས་པའི་ཕྱིར་དེ་བཞིན་དུ་མི་འགྲུབ་པའི་ཕྱིར་དང༌། དཔེ་ཡང་མེད་པའི་ཕྱིར་རོ་ཞེས་བྱ་བར་དགོངས་སོ། །

གང་གི་ཕྱིར་དེ་ལྟར་ཤེས་རབ་ཀྱིས་ཉེ་བར་བརྟགས་ན་མཚན་ཉིད་ཀྱི་གཞི་དང༌། མཚན་ཉིད་དག་མི་འཐད་པ་དེའི་ཕྱིར་བསྟན་བཅོས་མཛད་པས། དེ་ཕྱིར་མཚན་གཞི་ཡོད་མིན་ཏེ༏ ༏མཚན་ཉིད་ཡོད་པ་ཉིད་མ་ཡིན། །ཞེས་མཇུག་བསྡུ་བ་མཛད་དེ། དེ་སྟོན་པའི་རྗེས

སུ་དཔག་པ་མེད་པའི་ཕྱིར་དང་། དེ་མེད་པར་སྟོན་པའི་རྗེས་སུ་དཔག་པ་ཡོད་པའི་ཕྱིར་རོ་ཞེས་བྱ་བར་དགོངས་སོ། །བྱེ་བྲག་ཏུ་སྨྲ་བ་དག་གིས་སྨྲས་པ། ནམ་མཁའ་ནི་དངོས་པོ་ཡིན་ཏེ། ཡུལ་དེ་ལ་འདུན་པའི་འདོད་ཆགས་སྤོང་བའི་ཕྱིར། དཔེར་ན་གཟུགས་བཞིན་ནོ༑ ༑ཡང་ན་སྐྱོམས་པར་འཇུག་པའི་དམིགས་པ་ཡིན་པའི་ཕྱིར་དཔེར་ན། རྣམ་པར་ཤེས་པ་ལ་སོགས་པ་བཞིན་ནོ། །ཡང་ན་འདུས་མ་བྱས་ཡིན་པའི་ཕྱིར་དཔེར་ན་མྱ་ངན་ལས་འདས་པ་བཞིན་ནོ། །འདིར་བཤད་པ། འདི་ལ་དོན་དམ་པར་ནམ་མཁའ་དེ་དངོས་པོ་ཉིད་དུ་འདོད་ན། མཚན་ཉིད་ཀྱི་གཞིའམ། མཚན་ཉིད་ཡིན་གྲང་ན། མཚན་ཉིད་ཀྱི་གཞི་དང་། མཚན་ཉིད་དེ་དག་ཇི་ལྟར་མི་སྲིད་པ་དེ་ལྟར་ནི་སྔར་བསྟན་ཟིན་པས། དེས་ན་གང་གི་ཕྱིར་ཁོ་བོ་ཅག་གི་ཕྱོགས་ལ། མཚན་གཞི་མཚན་ཉིད་མ་གཏོགས་པའི། །དངོས་པོ་ཡང་ནི་ཡོད་མ་ཡིན། །དེའི་ཕྱིར་དཔེ་མ་བསྟན་པར་བསྒྲུབ་པར་བྱ་བ་འགྲུབ་པ་མེད་དོ། །མྱ་ངན་ལས་འདས་པ་དང་། གཞན་གང་ཡང་རུང་བ་དག་཈ུང་དངོས་པོ་ཉིད་དུ་གྲུབ་པ་མེད་པའི་ཕྱིར་རོ། །འདིས་ནི་སྡེ་པ་གཞན་དག་གི་བསྒྲུབ་པ་ནམ་མཁའ་ཡོད་པ་ཁོ་ན་ཡིན་ཏེ། གཟུགས་ཡོངས་སུ་ཆད་པའི་ཕྱིར་དང་། འདུས་མ་བྱས་ཡིན་པའི་ཕྱིར་རོ་ཞེས་བྱ་བ་དག་ལ་ཡང་སྐྱོན་གྱིས་ལན་བཏབ་པ་ཡིན་ཏེ། གཏན་ཚིགས་ཀྱི་དོན་མ་གྲུབ་པ་ཉིད་ཀྱང་བརྗོད་པར་བྱའོ། །མདོ་སྡེ་པ་དག་གིས་སྨྲས་པ། ནམ་མཁའ་དངོས་པོ་ཉིད་ནི་མ་ཡིན་ཏེ། འོ་ན་ཅི་ཞེ་ན། ཁོ་བོ་ཅག་ལ་དེ་ནི་ཐོགས་པ་དང་བཅས་པའི་རྫས་ཀྱི་དངོས་པོ་མེད་པ་ཙམ་ཡིན་ནོ། །སྙོམས་པར་འཇུག་པའི་དམིགས་པ་ཡིན་པའི་ཕྱིར་ཞེས་བྱ་བ་དང་༑ ཡུལ་དེ་ལ་འདུན་པའི་འདོད་ཆགས་སྤོང་བའི་ཕྱིར་ཞེས་བྱ་བ་དེས་དངོས་པོ་མེད་

པའི་ངོ་བོ་ཉིད་སེལ་བར་བྱེད་པ་ཡིན་མོད་ཀྱི། འོན་ཀྱང་དེ་དག་ནམ་མཁའ་ལ་རྟོག་པར་བྱེད་པ་དེ་དག་དགག་པའི་ཕྱིར། དགག་པ་ཆེས་གསལ་བ་བརྗོད་པར་བཞེད་པ་དེ་ཉིད་བཤད་པ། གཟུགས་ཀྱི་རྒྱུ་ནི་མ་གཏོགས་པར། །གཟུགས་ནི་དམིགས་པར་མི་འགྱུར་རོ༑ ༑ཞེས་བྱ་བས་དེ་བསྟན་ཟིན་པས་དེའི་ཕྱིར། དངོས་པོ་ཡོད་པ་མ་ཡིན་ན། །དངོས་མེད་གང་གི་ཡིན་པར་འགྱུར། །ཐོགས་པ་དང་བཅས་པའི་གཟུགས་ཞེས་བྱ་བའི་དངོས་པོ་ཡོད་པ་མ་ཡིན་ན་ཁྱེད་ཀྱིས་ནམ་མཁའ་ཞེས་བྱ་བར་བརྟགས་པ་གང་ཡིན་པའི་དངོས་པོ་མེད་པ་དེ་གང་གི་ཡིན་པར་འགྱུར་ཏེ། དེ་སྟོན་པའི་རྗེས་སུ་དཔག་པ་ཡོད་པ་མ་ཡིན་པས་དོན་དེ་རབ་ཏུ་མི་འགྲུབ་བོ། །ཡང་ན་གཞན་དུ་བརྟག་སྟེ། ཕ་རོལ་པོས་སྨྲས་པ། ནམ་མཁའ་དངོས་པོ་ཡིན་ཏེ་ཞེས་བྱ་བའི་དོན་དེ་བསྟན་པར་མི་ནུས་ཏེ། ཁྱོད་ཀྱིས། མཚན་གཞི་མཚན་ཉིད་མ་གཏོགས་པའི། །དངོས་པོ་ཡང་ནི་ཡོད་མ་ཡིན། །ཞེས་བྱ་བས་དཔེ་མེད་པ་དང་དཔེ་བསྒྲུབས་སུ་ཟིན་ཀྱང་བསྒྲུབ་པར་བྱ་བ་དང་། སྒྲུབ་པ་མི་འགྲུབ་པ་ཁོ་ནར་འགྱུར་རོ་ཞེས་སྨྲས་པ་དེའི་ཕྱིར། ཁོ་བོས་དེ་ཉིད་བསྒྲུབ་པར་བྱ་སྟེ། གཟུགས་ལ་སོགས་པ་ལ་དངོས་པོ་ཡོད་པ་ཁོ་ན་ཡིན་ཏེ། ལྟོས་པས་དེ་དག་མེད་པ་ཡོད་པའི་ཕྱིར་རོ༑ ༑འདི་ན་གང་ཡོད་པ་དེ་ལ་ནི་ལྟོས་པས་དངོས་པོ་མེད་པ་ཡོད་དེ། དཔེར་ན་གཟུགས་ལ་རོ་ཉིད་མེད་པ་བཞིན་ནོ། །གང་མེད་པ་དེ་ལ་ནི་ལྟོས་པས་དངོས་པོ་མེད་པ་མེད་དེ། དཔེར་ན་རྟའི་རྭ་བཞིན་ནོ། །གཏན་ཚིགས་ཀྱི་དོན་མ་གྲུབ་པ་ཉིད་ཀྱང་མ་ཡིན་ཏེ། འདི་ལྟར་ཁྱོད་ཀྱིས་ལན་ཅིག་མ་ཡིན་པར་ཕུང་པོ་དང་། ཁམས་དང་། སྐྱེ་མཆེད་དག་ཕུང་པོ་ལ་སོགས་པ་ཉིད་ཀྱིས་མེད་པ་ཉིད་དུ་བརྗོད་པས། དེའི་ཕྱིར་ལྟོས་པས་དེ་དག་མེད་

པ་ཡོད་པའི་ཕྱིར་དངོས་པོ་ཡོད་པ་ཁོ་ན་ཡིན་ནོ། །འདིར་བཤད་པ། ཁོ་བོས་གཟུགས་ལ་སོགས་པའི་དངོས་པོ་ཡོད་པ་ཉིད་དགག་པ་བྱས་པར་ཟད་ཀྱི། དེ་དག་མེད་པར་མ་བསྟན་པས། དེའི་ཕྱིར་གཟུགས་ཞེས་བྱ་བའི་དངོས་པོ་ཡོད་པ་མ་ཡིན་ན་གང་རོ་ཉིད་མེད་པར་འགྱུར་ཏེ། དེ་མེད་པའི་ཕྱིར་དཔེ་མ་གྲུབ་པས་འདོད་པའི་དོན་གྲུབ་པ་མེད་དོ། །གཞན་དག་གིས་སྨྲས་པ། དངོས་པོ་དང་དངོས་པོ་མེད་པ་དག་ནི་ཡོད་པ་ཁོ་ན་ཡིན་ཏེ༑ དེ་དག་ཤེས་པ་ཡོད་པའི་ཕྱིར་རོ། །འདི་ན་གང་ལ་ཤེས་པ་ཡོད་པ་དེ་ནི་ཡོད་དེ། དཔེར་ན་ཆོས་ཉིད་བཞིན་ནོ། །འདིར་བཤད་པ། ཕ་རོལ་པོའི་ཡིད་ལ་བསམ་པས་བརྟགས་པའི་དངོས་པོ་དང་། དངོས་པོ་མེད་པར་ཤེས་པ་དེ་ཡང་དངོས་པོའམ། དངོས་པོ་མེད་པ་ཞིག་ཡིན་གྲང་ན། དེ་གཉི་ག་དགག་པ་ཡང་བསྟན་ཟིན་པས་དེ་དག་ཤེས་པ་ཡོད་པར་མི་འགྲུབ་བོ། །དངོས་པོ་དང་དངོས་པོ་མེད་པ་དང་མི་མཐུན་པའི་ཤེས་པ་གཞན་ཞིག་ཡོད་པར་རྟོག་ན། དེ་ཡང་མི་རུང་སྟེ། དེའི་ཕྱིར་བཤད་པ། དངོས་དང་དངོས་མེད་མི་མཐུན་ཆོས། །གང་གིས་དངོས་དང་དངོས་མེད་ཤེས། །དེ་ནི་ཡོད་པ་མ་ཡིན་པ་ཉིད་དོ་ཞེས་བྱ་བའི་ཚིག་གི་དོན་ཏོ། །གལ་ཏེ་རྣམ་གྲངས་ཀྱི་ཚུལ་སླ་བ་དག་གིས་བརྟགས་པའི་དངོས་པོ་དང་དངོས་པོ་མེད་པ་དང་། མི་མཐུན་པ་དེ་དག་ཤེས་པ་ཡོད་པའི་ཕྱིར་ཉེས་པ་མེད་དོ་ཞེ་ན། དེ་ནི་རིགས་པ་མ་ཡིན་ཏེ། གཅིག་ལ་བདག་ཉིད་མི་མཐུན་པ་གཉིས་མི་སྲིད་པའི་ཕྱིར་དང་། ལྟོས་པ་མི་འཐད་པའི་ཕྱིར་དང་། དེ་སྟོན་པའི་རྗེས་སུ་དཔག་པ་མེད་པའི་ཕྱིར་རོ་ཞེས་བྱ་བར་དགོངས་སོ། །གང་གི་ཕྱིར་དེ་ལྟར་དཔྱད་ན། ནམ་མཁའ་འཐད་པ་མི་བཟོད་པ། །དེ་ཕྱིར་ནམ་མཁའ་དངོས་པོ་མིན། དངོས་མེད་མ་

ཡིན་མཚན་གཞི་མིན། །མཚན་ཉིད་མ་ཡིན་ཞེས་ཕ་རོལ་པོས་སླུས་པའི་དངོས་པོ་ཉིད་
ལ་སོགས་པ་སྟོན་པའི་སྐྲུབ་པ་སྲུན་འབྲིན་པ་བསལ་བའི་དབང་གིས་མཇུག་བསྡུས་སོ། །
ཁམས་ལྔ་པོ། གཞན་གང་དག་ཀྱང་ནམ་མཁའ་མཚུངས། །ཁམས་ཞེས་བྱ་བའི་དོན་ནི་
འབྱུང་ཁུངས་ཀྱི་དོན་ཏེ། གསེར་གྱི་འབྱུང་ཁུངས་བཞིན་དུ་ནམ་མཁའ་ལ་སོགས་པ་དག་
ཀྱང་སྡུག་བསྔལ་དང་ཡིད་མི་བདེ་བ་ལ་སོགས་པ་དག་གི་འབྱུང་ཁུངས་སུ་གྱུར་པ་དག་
ཡིན་ནོ། །ཡང་ན་ཁམས་ཞེས་བྱ་བའི་དོན་ནི་བྱེད་པ་མེད་པར་རང་གི་མཚན་ཉིད་འཛིན་
པའི་དོན་ཏོ། །ལྔ་པོ་ཞེས་བྱ་བ་ནི་ས་དང་། ཆུ་དང་། མེ་དང་། རླུང་དང་། རྣམ་པར་ཤེས་
པ་ཞེས་བྱ་བ་དག་གོ །གཞན་ཞེས་བྱ་བ་ནི་ནམ་མཁའི་འོག་ཏུ་དགག་པར་བྱ་བ་ཡིན་པའི་
ཕྱིར་རོ། །གང་དག་ཀྱང་ནམ་མཁའ་མཚུངས་ཞེས་བྱ་བ་ནི་ཁམས་ལྔ་པོ་གཞན་གང་དག་
ཡིན་པ་དེ་དག་ཀྱང་ནམ་མཁའ་དང་མཚུངས་པར་དགག་པར་བྱ་བ་སྟེ། ཇི་ལྟར་སྟར།
ནམ་མཁའི་མཚན་ཉིད་སྔ་རོལ་ན། ནམ་མཁའ་ཅུང་ཟད་ཡོད་མ་ཡིན། །ཞེས་བྱ་བ་ནས་
བརྩམས་ཏེ། དེ་ཕྱིར་ནམ་མཁའ་དངོས་པོ་མིན། །དངོས་མེད་མ་ཡིན་མཚན་གཞི་མིན། །
མཚན་ཉིད་མ་ཡིན་ཞེས་བྱ་བའི་རབ་ཀྱིས་ནམ་མཀའ་དགག་པ་བསྟན་པ་དེ་བཞིན་དུ་
འདིར་ཡང་། ས་སོགས་མཚན་ཉིད་སྔ་རོལ་ན། །ས་སོགས་ཅུང་ཟད་ཡོད་མ་ཡིན། །ཞེས་
བྱ་བ་ནས་བརྩམས་ཏེ། དེ་ཕྱིར་ས་སོགས་དངོས་པོ་མིན། །དངོས་མེད་མ་ཡིན་མཚན་
གཞི་མིན། །མཚན་ཉིད་མ་ཡིན་ཞེས་བྱ་བའི་བར་དུ་རྒྱ་ཆེར་བརྗོད་པར་བྱ་ཞིང་ས་ལ་སོར་
པའི་ཁམས་ལྔ་པོ་གཞན་གང་དག་ཡིན་པ་དེ་དག་ཀྱང་ནམ་མཁའ་དང་དགག་པ་མཚུངས་
པའི་ཕྱིར་འདྲ་བར་བསྟན་པར་བྱའོ། །བཅོམ་ལྡན་འདས་ཀྱི་གསུང་རབ་ལ་ཁམས་དེ་དག་

དེ་ལྟར་ཡོད་པར་བསྟན་པ་ནི་དེ་དག་བསྟན་པས། གདུལ་བྱའི་སྐྱེ་བོའི་རྗེས་སུ་ཐུགས་བརྩེ་བས་ཐ་སྙད་དུ་གྲགས་པའི་ཐ་སྙད་ཀྱི་བདེན་པར་གཏོགས་པ་ཡིན་གྱི། དོན་དམ་པར་ནི་ཁམས་རྣམས་ཡོད་པ་མ་ཡིན་ནོ། །ཁམས་རྣམས་ཡོད་པའི་ཕྱིར་ཁས་བླངས་པ་ལ་གནོད་པ་ཡང་མེད་ལ། སྐྱེ་མཆེད་རྣམས་འགྲུབ་པར་ཡང་མི་འགྱུར་རོ། །ཡང་ན་ཁ་ཅིག་ན་རེ། ཁྱོད་ཀྱིས་དོན་དམ་པར་དངོས་པོ་ཐམས་ཅད་ལ་སྐུར་པ་བཏབ་པའི་ཕྱིར་ལོག་པའི་ལྟ་བ་དངོས་པོ་ཐམས་ཅད་ལ་སྐུར་པ་འདེབས་པའི་རྒྱལ་ཅན་རྗེས་སུ་བརྗོད་པས། བཅོམ་ལྡན་འདས་ཀྱི་གསུང་རབ་ལྟར་བཅོས་པས་འཇིག་རྟེན་རྒྱང་པན་པའི་འདོད་པ་བསྒྲུབ་པར་བྱས་པའི་ཕྱིར་འདི་ནི་བཅོམ་ལྡན་འདས་ཀྱི་བཀའ་མ་ཡིན་པས་སྤང་པར་བྱ་བ་ཡིན་ནོ་ཞེས་ཟེར་རོ། །དེ་ལ་འདིར་ཕ་རོལ་པོ་དག་ནི་སྐྱོན་ཆ་མ་མཉམ་པས་རབ་རིབ་སྐྱེས་པ་དག སྒྲ་ཤད་དང་། སྦྲང་བུ་དང་། སྦྲང་བུ་མཆུ་རིངས་ལ་སོགས་པ་ཡང་དག་པ་མ་ཡིན་པ་དག་སེལ་བར་བྱེད་པ་དང་འདྲ་སྟེ། འདི་ལྟར་ཁོ་བོས་ནི་སྐྱེ་མཆེད་རྣམས་ཀྱི་ཡོད་པ་ཉིད་དགག་པ་སྨྲས་པ་ན་ངོ་བོ་ཉིད་ཡོད་པ་དགག་པ་བྱས་པར་ཟད་ཀྱི་དངོས་པོ་མེད་པ་ཉིད་དུ་ནི་མ་སྨྲས་ཏེ། མདོ་སྡེ་ལས། ཇི་སྲིད་སེམས་ཀྱི་སྤྱོད་ཡུལ་བ། །ཡོད་མེད་གཉིས་ཀྱི་མཐར་ཡང་འགྱུར། །སྤྱོད་ཡུལ་འགགས་པར་གྱུར་ན་ནི། །སེམས་ཀྱང་ཡང་དག་འགག་པར་འགྱུར། །ཞེས་བྱ་བ་དང་། དེ་བཞིན་དུ་དངོས་པོར་མ་ལྟུང་བ་ནི་དངོས་པོ་མེད་པས། ཆོས་འགའ་ཡང་དངོས་པོ་མེད་པར་མི་བྱེད་དོ་ཞེས་བྱ་བ་ལ་སོགས་པ་ཇི་སྐད་གསུངས་པ་ལྟ་བུའོ། །དེ་བཞིན་དུ་སློབ་དཔོན་ཉིད་ཀྱིས་ཀྱང་གཞན་དག་ཏུ། འདི་ནི་ཡོད་ཉིད་འགོག་པ་སྟེ། །མེད་ཉིད་ཡོངས་སུ་འཛིན་པ་མིན། །ནག་པོ་མིན་ཞེས་སྨྲས་པ་

ན། །དཀར་པོ་ཡིན་ཞེས་མ་བརྗོད་བཞིན། །ཞེས་གསུངས་སོ། །དེའི་ཕྱིར་རྣམ་པ་དེ་གཉིག་ཡང་ལྟ་བ་ངན་པ་ཁོ་ན་ཡིན་ཏེ། མཁས་པ་སྤྲོས་པ་མ་ལུས་པ་ཉེ་བར་ཞི་བའི་བདེ་བ་འདོད་པའི་བགེགས་ཡིན་པའི་ཕྱིར་རོ། །ཇི་ལྟ་ཞེ་ན། འདི་ལ་དོན་དམ་པར་འདོད་པ་དང་། གཟུགས་དང་། གཟུགས་མེད་པ་ན་སྤྱོད་པ་དང་། འཇིག་རྟེན་ལས་འདས་པ་དང་། དགེ་བ་དང་། མི་དགེ་བ་དང་། ལུང་དུ་མ་བསྟན་པ་དག་གལ་ཏེ་ཚུལ་གང་གིས་ཐ་སྙད་གདགས་སུ་རུང་བ་དེས་བདག་ཉིད་ཐོབ་པའི་ངོ་བོ་ཉིད་ཡིན་པར་གྱུར་ན་དེའི་ཕྱིར་དགེ་བ་དང་། མི་དགེ་བའི་ཆོས་རྣམས་སྐྱེད་པ་དང་མི་སྐྱེད་པའི་ཕྱིར་འབད་པ་དོན་མེད་པ་ཉིད་དུ་འགྱུར་ཏེ། ཡོད་པའི་ཕྱིར་དཔེར་ན་བུམ་པ་དང་། སྣམ་བུ་ཡོད་པ་བཞིན་པས་བདེ་བ་དང་ལྡན་པ་རྣམས་ཀྱང་བདེ་བའི་ཁྱད་པར་ཉམས་པ་མེད་པ་དང་། སྡུག་བསྔལ་དང་ལྡན་པ་རྣམས་ཀྱང་སྡུག་བསྔལ་གྱི་ཁྱད་པར་ཉམས་པ་མེད་པར་འགྱུར་ཏེ། རྩིག་པ་ལ་བྲིས་པའི་རི་མོ་བཞིན་དུ་སྲོག་ཆགས་རྣམས་ཀྱི་ན་ཚོད་དང་བོང་ཚོད་དང་། སྤྱོད་ལམ་གྱི་ཁྱད་པར་དག་ལ་སྐྱེད་དགྲི་མེད་པར་འགྱུར་རོ། །ཅི་སྟེ་ཁམས་གསུམ་པ་དང་། འཇིག་རྟེན་ལས་འདས་པ་དང་། དགེ་བ་དང་། མི་དགེ་བ་དང་། ལུང་དུ་མ་བསྟན་པ་དག་ངོ་བོ་ཉིད་མེད་པ་ཡིན་པར་འགྱུར་ན། དེ་ལྟ་ན་ཡང་དགེ་བ་དང་མི་དགེ་བའི་ཆོས་རྣམས་སྐྱེད་པ་དང་། མ་སྐྱེད་པའི་ཕྱིར་འབད་པ་དོན་མེད་པ་ཉིད་དུ་འགྱུར་ཏེ། མེད་པའི་ཕྱིར་དཔེར་ན་རི་བོང་གི་རྭ་རྣོན་པོར་བྱ་བའི་ཕྱིར་འབད་པ་བཞིན་པས། ཐ་སྙད་ཆད་པར་འགྱུར་རོ། །

དེའི་ཕྱིར་འདི་བཤད་དེ། ལྟ་བ་ངན་པའི་རབ་རིབ་ཀྱིས་བློ་གྲོས་ཀྱི་མིག་ཉམས་པ། བློ་ཆུང་གང་དག་དངོས་རྣམས་ལ། །ཡོད་པ་ཉིད་དང་མེད་ཉིད་དུ། །ལྟ་བ་དེས་ནི་བལྟ་བྱ

བ༑ ༑ཉེ་བར་ཞི་བ་ཞི་མི་མཐོང་། །བློ་ཆུང་དུ་གང་དག་རབ་རིབ་ཅན་དབང་པོ་ཉམས་པས་ཟླ་བ་གཉིས་ལ་སོགས་པ་ཡང་དག་པ་མ་ཡིན་པ་མཐོང་བ་བཞིན་དུ་དངོས་པོ་རྣམས་ལ་ཡོད་པ་ཉིད་དང་། མེད་པ་ཉིད་དུ་ལྟ་བ་དེ་དག་གིས་ནི་དོན་དམ་པའི་བདེན་པ་ཤིན་ཏུ་ཆ་ཕྲ་བ་འཕགས་པའི་ཤེས་རབ་ཀྱི་སྤྱན་གྱི་སྤྱོད་ཡུལ་བལྟ་བར་བྱ་བ་ཞི་ཞིང་ཞི་བ་མི་མཐོང་ངོ་ཞེས་བྱ་བའི་ཐ་ཚིག་གོ །བལྟ་བར་བྱ་བ་ཉེ་བར་ཞི་བ་ཞེས་བྱ་བ་ནི་འདི་ལ་བལྟ་བར་བྱ་བ་མཚན་མ་ཐམས་ཅད་མི་སྣང་བར་གྱུར་པའི་ཕྱིར་རོ། །ཞི་ཞེས་བྱ་བ་ནི་གནོད་པ་ཐམས་ཅད་དང་བྲལ་བའི་ཕྱིར་ཏེ། མདོ་སྡེ་ལས། གང་གིས་གང་ལ་སྐྱེ་རྣམས་ཀྱི། །ཡོད་པར་སྒྲུབ་པ་མེད་ཉིད་འགྱུར། །ལྟ་ངན་སྐྱེ་བར་སྨྲ་བ་ཡིས། །ཡོད་པ་དང་ནི་མེད་པར་བསྟན༑ ༑ཞེས་ཇི་སྐད་གསུངས་པ་ལྟ་བུའོ། །མཁས་པ་གང་སྟོང་པ་ཉིད་ལ་ལྟ་བ་དང་། སྒོམ་པའི་མིག་སྨན་དང་ལྡན་པས། བློ་གྲོས་ཀྱི་མིག་གི་སྐྱོན་དང་བྲལ་བར་གྱུར་པ་བློ་གྲོས་ཀྱི་མིག་ཡང་དག་པར་བྱེ་བ་དེས་ནི་དངོས་པོ་རྣམས་ཀྱི་ཇི་ལྟ་བ་ཉིད་མཐོང་སྟེ། བཅོམ་ལྡན་འདས་ཀྱིས། གང་ཚེ་འཇིག་རྟེན་ཡོད་མིན་ཞིང་། །མེད་མིན་ཡོད་མིན་མི་མཐོང་བ། །དེ་ཚེ་སེམས་ནི་རྣམ་ལྡོག་ཅིང་། །བདག་མེད་ཉིད་ཀྱང་རྟོགས་པར་འགྱུར། །ཞེས་ཇི་སྐད་གསུངས་པ་དང་། དེ་བཞིན་དུ། འོད་སྲུངས་ཡོད་ཅེས་བྱ་བ་འདི་ནི་མཐའ་གཅིག་གོ །མེད་ཅེས་བྱ་བ་འདི་ཡང་མཐའ་གཅིག་གོ་ཞེས་བྱ་བ་ལ་སོགས་པ་ཇི་སྐད་གསུངས་པ་ལྟ་བུའོ། །དེ་ལ་འདིར་རབ་ཏུ་བྱེད་པའི་དོན་ནི་ས་ལ་སོགས་པ་ཁམས་རྣམས་ཡོད་པར་སྟོན་པའི་གཏན་ཚིགས་ཉིད་ཡོད་པའི་ཕྱིར་རོ་ཞེས་བྱ་བ་ཉེ་བར་བཞག་པ་དེའི་སྐྱོན་བརྗོད་པས་ཁམས་རྣམས་ངོ་བོ་ཉིད་མེད་པ་ཉིད་དུ་བསྟན་པ་ཡིན་ནོ། །དེའི་ཕྱིར་ནང

གི་སའི་ཁམས་གང་ཡིན་པ་དང་། ཕྱི་རོལ་གྱི་སའི་ཁམས་གང་ཡིན་པ་དེ་ནི་གཉིས་སུ་མེད་པའི་དོན་ཏོ། །དེ་ཡང་དེ་བཞིན་གཤེགས་པས་ཤེས་རབ་དང་ཡེ་ཤེས་ཀྱིས་གཉིས་སུ་མེད་པ་དང་། གཉིས་སུ་དབྱེར་མེད་པ་དང་། མཚན་ཉིད་གཅིག་པ་འདི་ལྟ་སྟེ། མཚན་ཉིད་མེད་པར་མངོན་པར་རྫོགས་པར་སངས་རྒྱས་སོ་ཞེས་བྱ་བ་དང་། དེ་བཞིན་དུ་བུ་མོ་ཁམས་དག་ཇི་ལྟར་བལྟ་བར་བྱ། བུ་མོས་སྨྲས་པ། འཇམ་དཔལ་འདི་ལྟ་སྟེ། དཔེར་ན་འཇིག་རྟེན་གསུམ་བསྐལ་པས་བསྲེགས་པ་ན་ཐལ་བ་ཡང་མེད་པ་ལྟར་རོ་ཞེས་བྱ་བ་དང་༑ དེ་བཞིན་དུ་གཟུགས་མེད་པ་དང་། བསྟན་དུ་མེད་པ་དང་། གནས་མེད་པ་དང་། སྣང་བ་མེད་པ་དང་། རྣམ་པར་རིག་པ་མེད་པ་གང་ཡིན་པ་དེ་ལ་མངོན་པར་ཞེན་པར་མི་བྱའོ་ཞེས་བྱ་བ་དང་། དེ་བཞིན་དུ། ཤ་ར་དྭ་ཏིའི་བུ་ཆོས་ཐམས་ཅད་ནི་ཆགས་པ་མེད་པའི་མཚན་ཉིད་དེ། གང་ཆོས་གང་གི་མཚན་ཉིད་ཡིན་པ་དེ་ནི་དེའི་མཚན་ཉིད་མེད་པ་ཡིན་པས། ཆོས་འགའ་ཡང་མཚན་ཉིད་མངོན་པར་སྒྲུབ་པའི་ཕྱིར། ཉེ་བར་མི་གནས་སོ་ཞེས་བྱ་བ་དང་། དེ་བཞིན་དུ། ངས་ནི་འཇིག་རྟེན་ཕུང་པོ་བསྟན། །དེ་ལ་འཇིག་རྟེན་གནས་པར་གྱུར། མཁས་པ་དེ་ལ་མི་གནས་པ། །འཇིག་རྟེན་ཆོས་ཀྱིས་མི་གོས་སོ། །འཇིག་རྟེན་ནམ་མཁའི་མཚན་ཉིད་དེ། །ནམ་མཁའ་ལ་ཡང་མཚན་ཉིད་མེད། །དེ་ཕྱིར་དེ་ཡིས་དེ་རྟོགས་པས། །འཇིག་རྟེན་ཆོས་ཀྱིས་མི་གོས་སོ། །ཞེས་བྱ་བ་དང་། དེ་བཞིན་དུ་ཤ་ར་དྭ་ཏིའི་བུ་ཆོས་ཐམས་ཅད་ཀྱི་མཚན་ཉིད་མེད་པ་ཉིད་དང་། ཡོངས་སུ་གྲུབ་པ་མེད་པ་ཉིད་གང་ཡིན་པ་དེ་ནི་ཆགས་པ་མེད་པ་ཉིད་ཅེས་བྱའོ་ཞེས་བྱ་བ་ལ་སོགས་པ་གསུངས་པ་དེ་དག་གྲུབ་པ་ཡིན་ནོ། །སློབ་དཔོན་ལེགས་ལྡན་བྱེད་༼འབྱེད༽ཀྱིས་ཉེ་

བར་སྦྱར་བ། དབུ་མའི་རྩ་བའི་འགྲེལ་པ་ཤེས་རབ་སྒྲོན་མ་ལས། ཁམས་བརྟག་པ་ཞེས་བྱ་བ་སྟེ། རབ་ཏུ་བྱེད་པ་ལྔ་པའོ།། །།

༼རབ་བྱེད་དྲུག་པ་འདོད་ཆགས་དང་ཆགས་པ་བརྟག་པ།༽

ད་ནི་སྟོང་པ་ཉིད་ཀྱི་མི་མཐུན་པའི་ཕྱོགས་ཀྱི་ཁྱད་པར་དགག་པས་འདོད་ཆགས་དང་༔ ཆགས་པ་དང་། ཞེ་སྡང་དང་། སྡང་བ་ལ་སོགས་པ་དག་ངོ་བོ་ཉིད་མེད་པ་ཉིད་དུ་བསྟན་པར་བཞེད་པའི་དབང་གིས་རབ་ཏུ་བྱེད་པ་དྲུག་པ་བརྩམ་མོ། །འདིར་སྨྲས་པ། དོན་དམ་པར་ཕུང་པོ་དང་ཁམས་དང་སྐྱེ་མཆེད་དག་ཡོད་པ་ཁོ་ན་ཡིན་ཏེ། བཅོམ་ལྡན་འདས་ཀྱི་དེ་དག་ལ་བརྟེན་ནས་ཀུན་ནས་ཉོན་མོངས་པ་དང་། ཉེས་དམིགས་བསྟན་པའི་ཕྱིར་རོ། །འདི་ན་གང་མེད་པ་དེ་ལ་ནི་བཅོམ་ལྡན་འདས་ཀྱིས་དེ་ལ་བརྟེན་ནས། ཀུན་ནས་ཉོན་མོངས་པ་དང་། ཉེས་དམིགས་མ་བསྟན་ཏེ། དཔེར་ན་རྨུས་སྦྲུལ་གྱི་སྤྱུ་དག་བཞིན་ནོ། །བཅོམ་ལྡན་འདས་ཀྱིས་ཕུང་པོ་ལ་སོགས་པ་དག་ལ་བརྟེན་ནས། ཆགས་པས་ཆོས་རྣམས་མི་ཤེས་ཤིང་། །ཆགས་པས་ཆོས་རྣམས་མི་མཐོང་སྟེ། །མི་གང་འདོད་ཆགས་སྟེན་བྱེད་པ། །དེ་ཆེ་མུན་པ་མུན་ནག་འགྱུར། །སྡང་བས་ཆོས་རྣམས་མི་ཤེས་ཤིང་། །སྡང་བས་ཆོས་རྣམས་མི་མཐོང་སྟེ། །མི་གང་ཞེ་སྡང་སྟེན་བྱེད་པ། །དེ་ཆེ་མུན་པ་མུན་ནག་འགྱུར༔ ༔རྨོངས་པས་ཆོས་རྣམས་མི་ཤེས་ཤིང་། །རྨོངས་པས་ཆོས་རྣམས་མི་མཐོང་སྟེ། །མི་གང་གཏི་མུག་སྟེན་བྱེད་པ། །དེ་ཆེ་མུན་པ་མུན་ནག་འགྱུར། །ཞེས་ཀུན་ནས་ཉོན་མོངས་པ་དང་། ཉེས་དམིགས་བསྟན་པས། དེའི་ཕྱིར་གཏན་ཚིགས་ཇི་སྐད་སྨོས་པའི་འཐད་པས་ཕུང་པོ་དང་། ཁམས་དང་། སྐྱེ་མཆེད་དག་ཡོད་པ་ཁོ་ན་ཡིན་ནོ། །འདིར་བཤད་པ། འདུ་བྱེད་ཀྱི་ཚོགས་འདོད་ཆགས་ལ་སོགས་པའི་འཇིག་པ་ཤས་ཆེ་བ་ལ་བརྟེན་ནས་འདོད་

ཆགས་ལ་སོགས་པ་དང་། དེ་དག་གི་ཉེས་དམིགས་ཀྱི་སྐྱོན་བསྟན་པ། སྒྱུ་མ་དང་། སྨིག་རྒྱུ་དང་། རྨི་ལམ་དང་། དྲི་ཟའི་གྲོང་ཁྱེར་ལྟ་བུ་དེ་དག་ནི་ཐ་སྙད་པར་ཡོད་པ་ཡིན་གྱི། དོན་དམ་པ་པར་ནི་མ་ཡིན་ནོ། །དེའི་ཕྱིར་དེ་དག་ཉིད་བརྟག་པར་བྱ་སྟེ། འདི་ལ་ཁྱོད་ཆགས་པ་འདོད་ཆགས་ཀྱི་སྔ་རོལ་ནའམ། ཕྱིས་སམ། འདོད་ཆགས་དང་ཆགས་པ་དག་ལྷན་ཅིག་ན་ཡོད་པའམ། འདོད་ཆགས་ཆགས་པའི་སྔ་རོལ་ནའམ། ཕྱིས་སམ། འདོད་ཆགས་དང་ཆགས་པ་དག་ལྷན་ཅིག་ན་ཡོད་པར་འདོད་གྲང་ན། དེ་ལ་རེ་ཞིག །གལ་ཏེ་འདོད་ཆགས་སྔ་རོལ་ན། །འདོད་ཆགས་མེད་པའི་ཆགས་ཡོད་ན། །གལ་ཏེ་འདོད་ཆགས་ཀྱི་སྔ་རོལ་ན་ཆགས་པ། འདོད་ཆགས་མེད་པ་ཞིག་ཡོད་པར་གྱུར་ན་ཞེས་བྱ་བའི་ཚིག་གི་ལྷག་མའོ། །འདོད་ཆགས་དང་ཆགས་པ་དང་། ལྷག་པར་ཆགས་པ་ཞེས་བྱ་བ་དག་ནི་རྣམ་གྲངས་ཏེ། དེ་མེད་ཅིང་མ་གཏོགས་པ་འདོད་ཆགས་ལ་མི་ལྟོས་པ་ཞིག་ཡོད་པར་གྱུར་ནའོ། །སྨིན་པ་མེད་པར་འབྲས་བུ་སྨིན་པ་ཉིད་མི་འཐད་པ་ལྟར་ཆགས་པ་ཉིད་མི་འཐད་པ་ནི་མ་ཡིན་ནོ། །བརྟག་པ་འདི་ལ་ཅིར་འགྱུར་ཞེ་ན། དེ་ལ་བརྟེན་ནས་འདོད་ཆགས་ཡོད། །ཆགས་པ་དེ་ལ་བརྟེན་ནས་འདོད་ཆགས་ཡོད་པར་འགྱུར་ཏེ། ཆགས་པ་འདིའི་འདོད་ཆགས་ནི་འདིའོ་ཞེས་བྱ་བར་འགྱུར་རོ། །འོ་ན་དེ་ལྟ་ན་འདོད་ཆགས་མེད་ཀྱང་དེ་ཆགས་པ་ཉིད་ཡིན་པར་འགྱུར་རོ། །ཆགས་ཡོད་འདོད་ཆགས་ཡོད་པར་འགྱུར། །ཆགས་པ་ཡིན་ན་དེ་ལ་འདོད་ཆགས་སྐྱེ་བ་དོན་མེད་པ་ཉིད་དུ་འགྱུར་བས་དེ་ནི་མི་འདོད་དོ༏ ༏དེ་ལྟར་ན་འདིར་གླགས་ཡོད་པའི་ཚིག་ཡིན་པའི་ཕྱིར། སྐབས་ཀྱི་དོན་ལས་བཟློག་པས་རྗེས་སུ་དཔག་པ་ནི་ཆགས་པ་ནི་འདོད་ཆགས་མེད་ན། མི་འབྱུང་བའི་ཚུལ་ཅན་ཡིན་ཏེ༏ ལྟོས་པ་དང་བཅས་པའི་ཕྱིར་དཔེར་ན་འདོད་ཆགས་ཀྱི་རང་གི་བདག་ཉིད་བཞིན་

ནོ། །འདིར་སྨྲས་པ། ཆོས་མངོན་པའི་མཚན་ཉིད་ལས། ཀུན་འགྲོ་ཞེས་བྱ་རང་གི་སར།། ཉོན་མོངས་ཅན་གྱི་སྔར་ཀུན་འགྲོ། །ཞེས་འབྱུང་བས་ཆགས་པ་ཉིད་འདོད་ཆགས་ཀྱི་རྒྱུ་ཡིན་པའི་ཕྱིར་ཉེས་པ་མེད་དོ། །བཤད་པ། ཆགས་པ་ཡོད་པར་གྱུར་ན་ཡང་། །འདོད་ཆགས་ཡོད་པར་ག་ལ་འགྱུར། །འདི་ལྟར་མ་ཆགས་པ་ལ་འདོད་ཆགས་སྐྱེ་བ་ན་ཆགས་པ་ཞེས་བརྗོད་པའི་རྐྱེན་ལ་བརྟེན་པ་ཡིན་གྱི། དེ་འདོད་ཆགས་གང་གིས་ཆགས་པར་གྱུར་པ་ལ་ཆགས་པ་ཞེས་བརྗོད་པ་དེ་ཉིད་ཀྱིས་ཆགས་པར་གྱུར་ལ། འདོད་ཆགས་སྐྱེ་བ་དོན་མེད་པ་ཉིད་ཀྱི་ཕྱིར་དང་། དེ་སྐྱོན་པའི་རྗེས་སུ་དཔག་པ་མེད་པའི་ཕྱིར་རོ། །ག་ལ་འགྱུར་ཞེས་བྱ་བ་ནི་མི་སྲིད་པ་སྟེ། ཆགས་པ་ཡོད་པར་གྱུར་ན་ཡང་། །འདོད་ཆགས་ཡོད་པར་ག་ལ་འགྱུར། །ཞེས་བྱ་བར་དགོངས་སོ། །ཡང་ན་ལྟས་བྱིན་ཆགས་པ་ནི་ལྟས་བྱིན་གྱི་རྒྱུད་ལ་འདོད་ཆགས་གང་སྐྱེ་བ་དེའི་མངོན་སུམ་གྱི་རྒྱུ་མ་ཡིན་ཏེ། ཆགས་པ་ཡིན་པའི་ཕྱིར་མཆོད་སྦྱིན་ཆགས་པ་བཞིན་ནོ། །གལ་ཏེ་དེ་ནི་མི་སྲིད་དེ། །ཆགས་པ་རྒྱུད་ཐ་དད་པ་དང་། །ཐ་དད་པ་མ་ཡིན་པའི་འདོད་ཆགས་ཀྱི་རྒྱུ་མ་ཡིན་པ་ཉིད་ཕྱོགས་སུ་བྱེད་ན་གྲུབ་པ་ལ་སྒྲུབ་པ་དང་། དོན་འགལ་བ་ཉིད་ཡིན་ནོ་ཞེ་ན། དེ་ནི་བཟང་པོ་མ་ཡིན་ཏེ། ཆགས་པ་རྒྱུད་ཐ་དད་པ་མ་ཡིན་པའི་འདོད་ཆགས་ཀྱི་རྒྱུ་མ་ཡིན་པ་ཉིད་ཕྱོགས་སུ་བྱས་པའི་ཕྱིར་གྲུབ་པ་ལ་སྒྲུབ་པ་ཡང་མ་ཡིན་ལ། བསྒྲུབ་པར་བྱ་བ་དང་། རིགས་མཐུན་པ་ཉིད་ཀྱིས་བསྒྲུབ་པར་བྱ་བ་བཞིན་དུ་མི་མཐུན་པའི་ཕྱོགས་འགོག་པའི་ཕྱིར་དོན་འགལ་བ་ཉིད་ཀྱང་མ་ཡིན་ནོ། །ཅི་སྟེ་མཆོད་སྦྱིན་ཆགས་པས་འདོད་ཆགས་བསྒྲུབ་པ་ཉེ་བར་ཞུགས་བས་ལྟས་བྱིན་གྱི་རྒྱུད་ལ་འདོད་ཆགས་སྐྱེ་བའི་རྒྱུ་ཉིད་དུ་ཁས་བླངས་པའི་ཕྱིར་དང་། བྱེད་པའི་རྒྱུས་གཞན་གྱི་རྒྱུད་ཀྱི་ཆགས་པ་ཡང་གཞན་གྱི་རྒྱུད་ལ་འདོད་ཆགས་སྐྱེ་བའི་རྒྱུ་ཡིན་པའི་

ཕྱིར་དཔེ་མེད་དོ་ཞེ་ན། དེ་ཡང་རིགས་པ་མ་ཡིན་ཏེ། རྒྱུ་ཐུན་མོང་མ་ཡིན་པ་ཉིད་ཀྱིས་འགོག་པའི་ཕྱིར་དང་། འདོད་ཆགས་སྒྲུབ་པ་མི་ཧྲག་དང་བྱུག་པ་ལ་སོགས་པ་དག་ནི་འདོད་པའི་རྣམ་པར་རྟོག་པའི་རྒྱུ་ཡིན་པའི་ཕྱིར་དང་། བསྒྲུབ་པར་བྱ་བ་ཁྱད་པར་ཅན་ཡིན་པའི་ཕྱིར་དེ་ནི་སུན་འབྱིན་པ་ལྟར་སྣང་བ་ཡིན་ནོ། །ཅི་སྟེ་ཆགས་པའི་སྔོན་རོལ་ན་འདོད་ཆགས་ཡོད་པར་འདོད་ན་དེ་ལྟ་ན་ཡང་། ཆགས་པ་ལ་ཡང་འདོད་ཆགས་ནི། །ཡོད་དམ་མེད་ཀྱང་རིམ་པར་མཚུངས། །དགག་པའི་ཐབས་འོག་ནས་འབྱུང་ངོ་ཞེས་བྱ་བའི་ཐ་ཚིག་གོ །ཇི་ལྟ་ཞེ་ན། དེ་ཉིད་བཤད་པ། གལ་ཏེ་ཆགས་པའི་སྔ་རོལ་ན། །ཆགས་མེད་འདོད་ཆགས་ཡོད་ན་ནི། །གལ་ཏེ་ཆགས་པའི་སྔ་རོལ་ན་འདོད་ཆགས་ཆགས་པ་མེད་པ་ཞིག་ཡོད་པར་གྱུར་ན་ཆགས་པ་མེད་པར་འགྱུར་རོ། །གཞན་ཡང་། དེ་ལ་བརྟེན་ནས་ཆགས་པ་ཡོད། །ཆགས་པ་མེད་པའི་འདོད་ཆགས་དེ་ལ་བརྟེན་ནས་ཆགས་པ་ཡོད་པར་འགྱུར་ཏེ༑ འདོད་ཆགས་འདིས་འདོད་ཆགས་སོ་ཞེས་བྱ་བར་འགྱུར་རོ། །དེ་ལྟ་ན་སྐྱོན་འདིར་འགྱུར་ཏེ། འདི་ལ་ཆགས་པར་བྱེད་པས་འདོད་ཆགས་སོ་ཞེས་དངོས་པོ་སྒྲུབ་པ་ཡིན་ན་དངོས་པོ་ནི་གཞི་ལ་རག་ལས་པའི་ཕྱིར་གཞིའི་སྔོན་རོལ་ན་མེད་དེ་དཔེར་ན་ཆོས་པ་འབྲས་ཅན་གྱི་སྔ་རོལ་ན་མེད་པ་བཞིན་ནོ། །ཆགས་པ་ལ་མི་ལྟོས་པར་འདོད་ཆགས་ཡོད་པར་འདོད་ན་ནི། འདོད་ཆགས་ཡོད་ན་ཆགས་ཡོད་འགྱུར། །དེ་ནི་མི་འདོད་དེ། ཆོས་པ་ཉིད་ལ་མི་ལྟོས་པར་ཆོས་པ་སྐྱེ་བ་མི་འཐད་པ་བཞིན་ནོ། །འདིར་ཡང་གླགས་ཡོད་པའི་ཚིག་ཡིན་པའི་ཕྱིར་སྐབས་ཀྱི་དོན་ལས་བཟློག་པས་རྗེས་སུ་དཔག་པ་ནི་འདོད་ཆགས་ནི་ཆགས་པ་མེད་ན་མི་འབྱུང་བའི་ཚུལ་ཅན་ཡིན་ཏེ། ལྟོས་པ་དང་བཅས་པའི་ཕྱིར་དཔེར་ན་ཆགས་པའི་རང་གི་བདག་ཉིད་བཞིན་ནོ། །གལ་ཏེ་ཕ་མེད་པར་ཡང་བུ་ལ་སོགས་པ་ཡོད་

པའི་ཕྱིར་མ་ངེས་པ་ཉིད་དོ་ཞེ་ན། དེ་ཉིད་ཀྱི་ཕྱིར་དེ་ཡང་བཀག་ཟིན་པས་དེ་ནི་མི་གནོད་དོ༑ ༑འདིར་སྨྲས་པ། འདོད་ཆགས་ཀྱི་སྐད་ཅིག་མ་སྔར་འབྱུང་བའི་ཚུལ་ཅན་ཆགས་པའི་སྐད་ཅིག་མ་སྐྱེ་བར་འདོད་པ་མེད་པ་ཉིད་ཆགས་པའི་སྐད་ཅིག་མ་ཕྱི་མ་སྐྱེ་བར་འདོད་པའི་རྒྱུ་ཉིད་དུ་ཁས་བླངས་པའི་ཕྱིར་ཉེས་པ་མེད་དོ། །བཤད་པ། འདོད་ཆགས་ཡོད་པར་གྱུར་ན་ཡང་། །ཆགས་པ་ཡོད་པར་ག་ལ་འགྱུར། །ཡོད་པར་མི་འགྱུར་བ་ཉིད་དེ། །འདོད་ཆགས་ཀྱི་སྐད་ཅིག་མ་དུས་ཐ་དད་པ་ཉིད་ཀྱིས་ཆགས་པའི་སྐད་ཅིག་མ་ཕྱི་མ་འབྱུང་བ་ཆགས་པ་ཉིད་དུ་བྱེད་པར་མི་འགྲུབ་པའི་ཕྱིར་དཔེར་ན་ཆོས་པ་གཞན་གྱིས་གཞན་ཆོས་པ་ཉིད་དུ་མི་འཐད་པ་བཞིན་ཏེ། འདོད་ཆགས་ཀྱི་སྐད་ཅིག་མ་འདས་པས་ད་ལྟར་ཆགས་པ་ཉིད་དུ་བྱེད་པར་མི་འཐད་པའི་ཕྱིར་རྗེས་སུ་དཔག་པའི་གནོད་པར་འགྱུར་རོ་ཞེས་བྱ་བར་དགོངས་སོ། །ཇི་ལྟར་དེས་གནོད་པར་འགྱུར་ཞེ་ན། ལྷས་བྱིན་གྱི་འདོད་ཆགས་ནི་ལྷས་བྱིན་ཆགས་པ་ཉིད་ཀྱི་རྒྱུ་མ་ཡིན་ཏེ། འདོད་ཆགས་ཡིན་པའི་ཕྱིར་དཔེར་ན་རྒྱུད་ཐ་དད་པའི་འདོད་ཆགས་བཞིན་ནོ། །འདོད་ཆགས་ལ་ཡང་ཆགས་པ་ནི། །ཡོད་དམ་མེད་ཀྱང་རིམ་པར་མཚུངས། །འདིར་སྔ་ཕྱིར་རྣམ་པར་བརྟག་པ་ལ་གླན་ཀའི་སྐབས་མེད་དེ། གཏན་ཚིགས་ལྟར་སྣང་བར་མ་བསྟན་པའི་ཕྱིར་རོ། །

༄ དབུ་མའི་རྩ་བའི་འགྲེལ་པ་ཤེས་རབ་སྒྲོན་མ། བམ་པོ་དྲུག་པ། ཅི་སྟེ་སྒྲོན་དེར་ན་མི་རུང་ངོ་སྙམ་ནས་འདོད་ཆགས་དང་ཆགས་པ་གཉིས་ལྷན་ཅིག་ཉིད་དུ་སྐྱེ་བར་འདོད་ན་དེ་ལ་ཡང་ཉོན་ཅིག འདོད་ཆགས་དང་ནི་ཆགས་པ་དག །ལྷན་ཅིག་ཉིད་དུ་སྐྱེ་མི་རིགས། །ཅིའི་ཕྱིར་ཞེ་ན། བརྟག་པ་དེ་ལ། འདི་ལྟར་འདོད་ཆགས་ཆགས་པ་དག །ཕན་ཚུན་ལྟོས་པ་མེད་པར་འགྱུར། །ཆགས་པ་འདིའི་འདོད་ཆགས་ནི་འདིའོ། །འདོད་ཆགས་འདིས་ནི་

འདི་ཆགས་པར་འགྱུར་རོ་ཞེས་ལྟོས་པ་མེད་པའི་ཕྱིར་དེ་ནི་མི་འདོད་དོ། །དེ་གཉིས་ནི་ལྟོས་པ་དང་བཅས་པ་ཉིད་དུ་འདོད་དེ། འདིར་ཕྱོགས་ཀྱི་ཆོས་ཀྱི་དབང་གིས་རྗེས་སུ་དཔག་པ་ནི་འདོད་ཆགས་དང་ཆགས་པ་དག་ལ་ལྷན་ཅིག་གི་དངོས་པོ་མེད་དེ། ལྟོས་པ་དང་བཅས་པའི་ཕྱིར་དཔེར་ན་ས་བོན་དང་མྱུ་གུ་དག་བཞིན་ནོ། །འདིར་བྱེ་བྲག་ཏུ་སྨྲ་བ་དག་གིས་སྨྲས་པ། གཏན་ཚིགས་ཀྱི་དེ་གང་ཡིན། ཅི་སྐྱེ་བ་ལ་ལྟོས་པ་དང་བཅས་པའི་ཕྱིར་རམ། འོན་ཏེ་བརྗོད་པ་ཁྱད་པར་ཅན་བརྟེན་པ་ལ་ལྟོས་པ་དང་བཅས་པའི་ཕྱིར་ཡིན། དེ་དག་གལ་ཏེ་སྐྱེ་བ་ལ་ལྟོས་པ་དང་བཅས་པའི་ཕྱིར་རོ་ཞེ་ན་ནི། སེམས་དང་སེམས་ཀྱི་རྗེས་སུ་འཇུག་པ་དག་ལྷན་ཅིག་འབྱུང་བ་རྣམས་ཀྱང་ལྷན་ཅིག་འབྱུང་བའི་རྒྱུས་རྒྱུ་ཡིན་པའི་ཕྱིར་དང་། མར་མེ་དང་། འོན་ཀྱང་ལྷན་ཅིག་ཏུ་བྱུང་བའི་ཕྱིར་མ་ངེས་པ་ཉིད་དོ། །གལ་ཏེ་བརྗོད་པ་ཁྱད་པར་ཅན་བསྟེན་པ་ལ། ལྟོས་པ་དང་བཅས་པའི་ཕྱིར་རོ་ཞེ་ན། ཡང་བ་ལང་གི་རྭ་ལྷན་ཅིག་འབྱུང་བའི་གཉིས་ལ་ཡང་འདི་ནི་གཡོན་པའོ། །འདི་ནི་གཡས་པའོ་ཞེས་བརྗོད་པ་ཁྱད་པར་ཅན་བསྟེན་པ་མཐོང་བས་དེ་ལྟ་ན་ཡང་མ་ངེས་པ་ཉིད་ཡིན་ནོ། །ཚོགས་པའི་དབང་ཁོ་ན་ལས་སེམས་དང་སེམས་ཀྱི་རྗེས་སུ་འཇུག་པ་དག་དང་༏ མར་མེའི་འོད་དང་བཅས་པ་དག་འབྱུང་བས་ཐ་སྙད་དུ་ཡང་ལྷན་ཅིག་གི་དངོས་པོར་ཁས་མ་བླངས་པའི་ཕྱིར་དང་། བ་ལང་གི་རྭ་གཉིས་ཀྱང་དོན་དམ་པར་མ་གྲུབ་པའི་ཕྱིར༏ ཇི་སྐད་སྨྲས་པའི་སྐྱོན་མེད་དོ། །ཡང་གཞན་ཡང་འདི་ལ་འདོད་ཆགས་དང་ཆགས་པ་དག་གཅིག་པ་ཉིད་ལ་ལྷན་ཅིག་ཉིད་དུ་བརྟག་གམ། ཐ་དད་པ་ཉིད་ལ་ལྷན་ཅིག་ཉིད་དུ་བརྟག་གྲང་ན། དེ་ལ་རེ་ཞིག་གལ་ཏེ་གཅིག་པ་ཉིད་ལྷན་ཅིག་ཉིད་དུ་རྟོག་ན། གཅིག་ཉིད་ལྷན་ཅིག་ཉིད་མེད་དེ། །དེ་ནི་དམ་བཅའ་བ་ཉེ་བར་བཞག་པའོ། །དེ་ཉིད་དེ་དང་

ལྷན་ཅིག་མིན། །ལྷན་ཅིག་ཉིད་ནི་གཉིས་ལ་ཡོད་པའི་ཕྱིར་རོ་ཞེས་བྱ་བར་དགོངས་སོ། །དེས་ན་དེ་ནི་ཆོས་མཐུན་པ་དེའི་དཔེའི་ཚིག་ཀྱང་ཡིན་ནོ། །འདིར་རྗེས་སུ་དཔག་པ་ནི་འདོད་ཆགས་ནི་ཆགས་པ་དང་ལྷན་ཅིག་ཏུ་མི་སྐྱེ་སྟེ། གཅིག་ཉིད་ཡིན་པའི་ཕྱིར་དཔེར་ན་འདོད་ཆགས་དེ་ཉིད་ཀྱི་རང་གི་བདག་ཉིད་བཞིན་པས་རང་གི་རྗེས་སུ་དཔག་པ་ལ་གནོད་དོ། །གལ་ཏེ་སློབ་དཔོན་གྱི་ཡན་ལག་རྫོགས་པར་མ་བརྗོད་པའི་ཕྱིར། སྒྲུབ་པ་མ་ཚང་བ་ཉིད་ཀྱི་སྐྱོན་ཡོད་དོ་ཞེ་ན། དེ་ནི་བཟང་པོ་མ་ཡིན་ཏེ། སློབ་དཔོན་གྱི་ཚིག་དག་ནི་དོན་གྱི་ཚིག་དག་ཡིན་པའི་ཕྱིར་དང་། དོན་གྱི་ཚིག་དག་གིས་ནི་དོན་ཆེན་པོ་དག་སྐྱེད་པར་བྱེད་དེ། ཚིག་ཉུང་ངུ་ཉིད་ཡིན་ཡང་སྦྱོར་བའི་ཚིག་དུ་མ་དག་འགྲུབ་པའི་ཕྱིར་རོ། །སྦྱོར་བའི་ཚིག་དག་ལ་ནི་མ་ཚང་བ་ཉིད་དུ་ཡང་འགྱུར་རོ། །ཡང་ན་མི་འགྱུར་ཏེ། དེ་ལ་ཡང་གང་གི་ཚེ་རབ་ཏུ་བྱེད་པའམ། གྲུབ་པའི་མཐའ་ལས་ཉུང་ཟད་ལ་ལ་གྲགས་པ་ཡིན་ནོ༑ ༑ཅི་སྟེ་ཐ་དད་པ་ཉིད་ལ་ལྷན་ཅིག་ཉིད་དུ་རྟོག་ན། དེ་ལྟ་ན་ཡང་གང་གི་ཚེ་འགལ་བ་མེད་པའི་གཅིག་པ་ཉིད་ལ་ལྷན་ཅིག་ཉིད་མེད་པའི་ཚེ། ཇི་སྟེ་ཐ་དད་ཉིད་ཡིན་ན། །ལྷན་ཅིག་ཉིད་དུ་ཇི་ལྟར་འགྱུར། །ཐ་དད་པ་ཉིད་ལ་ལྷན་ཅིག་ཉིད་ཡོད་པ་མ་ཡིན་པ་ཉིད་དེ༑ རྗེས་སུ་དཔག་པའི་གནོད་པར་འགྱུར་བའི་ཕྱིར་དང་། ཐ་དད་པ་ཉིད་ལ་ལྷན་ཅིག་ཉིད་ཡོད་པར་སྟོན་པའི་རྗེས་སུ་དཔག་པ་མེད་པའི་ཕྱིར་རོ་ཞེས་བྱ་བར་དགོངས་སོ། །འདིར་ཡང་དམ་བཅའ་བ་ཉེ་བར་བཞག་པའོ། །ཕྱོགས་ཀྱི་ཆོས་ནི་ཐ་དད་པ་ཉིད་ལ་ལྷན་ཅིག་ཉིད་མེད་པས་ཕྱོགས་བརྟག་པ་ལས་ཐ་དད་པ་ཉིད་ཡིན་ཏེ། དཔེར་ན་བུམ་པ་ཉིད་ཡིན་ན་མི་རྟག་པ་བཞིན་ནོ། །འདིར་སླུ་བར་འདོད་པའི་དོན་བསྟན་པའི་དབང་གིས་རྗེས་སུ་དཔག་པ་ནི་དོན་དམ་པར་འདོད་ཆགས་དང་ཆགས་པ་དག་ལ་ལྷན་ཅིག་ཉིད་མེད་དེ།

ཐ་དད་པའི་ཕྱིར་དཔེར་ན་འདོད་ཆགས་དང་འདོད་ཆགས་དང་བྲལ་བ་དག་བཞིན་པས་རྗེས་སུ་དཔག་པའི་གནོད་པར་འགྱུར་རོ། །ཡང་གཞན་ཡང་། གལ་ཏེ་གཅིག་པུ་ལྷན་ཅིག་ན། །གྲོགས་མེད་པར་ཡང་དེ་འགྱུར་རོ། །འདོད་ཆགས་དང་ཆགས་པ་དག་ལྷན་ཅིག་ཉིད་དུ་ཞེས་བྱ་བའི་སྐབས་ཡིན་ནོ། །འདོད་ཆགས་དང་ཆགས་པ་དག་གྲོགས་མེད་པར་ལྷན་ཅིག་ཉིད་དུ་མི་འདོད་དེ། འདིས་ནི་འདོད་ཆགས་དང་ཆགས་པ་དག་གི་ལྷན་ཅིག་ཉིད་དགག་པར་བྱ་བའི་ཆོས་ལྡོས་པ་དང་བཅས་པ་ཉིད་ཀྱང་བསྟན་ཏོ། །དེའི་ཕྱིར་རྗེས་སུ་དཔག་པ་ནི་དོན་དམ་པར་འདོད་ཆགས་དང་ཆགས་པ་དག་གཅིག་པ་ཉིད་ནི་ལྷན་ཅིག་ཉིད་མ་ཡིན་ཏེ། ལྡོས་པ་དང་བཅས་པའི་ཕྱིར་དཔེར་ན་འདོད་ཆགས་ཀྱི་རང་གི་བདག་ཉིད་བཞིན་នོ། །འདི་ལ་གཞན་དག་ནི་གལ་ཏེ་རེ་ཞིག་འདོད་ཆགས་དང་ཆགས་པ་དག་གཅིག་པ་ཉིད་ཡིན་ཡང་ལྷན་ཅིག་ཉིད་དུ་འགྱུར་ན་ནི་དེ་ལྟ་ན་གྲོགས་མེད་པར་ཡང་ལྷན་ཅིག་ཉིད་དུ་འགྱུར་རོ། །ཇི་ལྟ་ཞེ་ན། འདི་ལ་གཅིག་ནི་གཅིག་པུ་ལ་སྙེགས་ཏེ། དེ་ན་བ་ལང་གཅིག་དང་། རྟ་གཅིག་ཅེས་བྱ་བའི་གཅིག་ཉིད་ནི། བ་ལང་ལ་ཡང་སྙེགས་རྟ་ལ་ཡང་སྙེགས་པས་གང་དང་གང་ན་གཅིག་པ་ཉིད་ཡོད་པ་དེ་དང་དེ་ན་ལྷན་ཅིག་ཉིད་ཡོད་ཅིང་། བ་ལང་གཅིག་པུ་ཉིད་དང་རྟ་གཅིག་པུ་ཉིད་ལ་གྲོགས་མེད་པར་ཡང་ལྷན་ཅིག་ཉིད་ཡོད་པར་ཐལ་བར་འགྱུར་ཏེ། དེ་ལྟར་ན་ལྷན་ཅིག་ཉིད་དུ་བརྟག་པ་དོན་མེད་པར་འགྱུར་རོ་ཞེས་ཟེར་རོ། །ཁ་ཅིག་ན་རེ་དེ་ནི་རིགས་པ་མ་ཡིན་ཏེ། གླགས་ཡོད་པ་སྐྲུབ་པ་དང་། སུན་འབྱིན་པའི་ཁོངས་སུ་མ་གཏོགས་པའི་ཕྱིར་དང་། དེ་དག་སྨྲ་བར་འདོད་པས་དེ་དག་ཉིད་བརྗོད་པར་བྱ་བ་ཡིན་ན་དེ་དག་མ་བརྗོད་པའི་ཕྱིར་རོ་ཞེས་ཟེར་རོ༑ ༑དེ་བཞིན་དུ། གལ་ཏེ་ཐ་དད་ལྷན་ཅིག་ན། །གྲོགས་མེད་པར་ཡང་དེར་འགྱུར་རོ། །

འདོད་ཆགས་དང་ཆགས་པ་དག་ལྷན་ཅིག་ཉིད་དུ་ཞེས་བྱ་བའི་སྐབས་ཡིན་ནོ། །འདོད་ཆགས་དང་ཆགས་པ་གྲོགས་མེད་པར་ལྷན་ཅིག་ཉིད་དུ་མི་འདོད་དེ། འདིས་ཀྱང་འདོད་ཆགས་དང་ཆགས་པ་དག་གི་ལྷན་ཅིག་ཉིད་དགག་པར་བྱ་བའི་ཆོས་ལྟོས་པ་དང་བཅས་པ་ཉིད་ཀྱང་བསྟན་ཏོ། །དེའི་ཕྱིར་རྗེས་སུ་དཔག་པ་ནི་དོན་དམ་པར་འདོད་ཆགས་དང་ཆགས་པ་དག་ཐ་དད་པ་ཉིད་ལ་ལྷན་ཅིག་ཉིད་ཡོད་པར་མི་འདོད་དེ། ལྟོས་པ་དང་བཅས་པའི་ཕྱིར་དཔེར་ན་རྒྱུ་དང་འབྲས་བུ་དག་བཞིན་ནོ། །འདི་ལ་ཡང་གཞན་དག་ནི་ཇི་སྐྲེ་ཡང་ཐ་དད་པ་ཉིད་ཡིན་ཡང་ལྷན་ཅིག་ཉིད་དུ་འགྱུར་ན་ནི། དེ་ལྟ་ན་ཡང་གྲོགས་མེད་པར་ཡང་ལྷན་ཅིག་ཉིད་དུ་འགྱུར་རོ། ཇི་ལྟ་ཞེ་ན། འདི་ལ་བ་ལང་ལས་ཀྱང་རྟ་ཐ་དད་ལ། རྟ་ལས་ཀྱང་བ་ལང་ཐ་དད་པས། གང་དང་གང་ན་ཐ་དད་པ་ཉིད་ཡོད་པ་དེ་དང་དེ་ན་ལྷན་ཅིག་ཉིད་ཡོད་ཅིང་། བ་ལང་ཐ་དད་པ་ཉིད་དང་རྟ་ཐ་དད་པ་ཉིད་ལ་གྲོགས་མེད་པར་ཡང་ལྷན་ཅིག་ཉིད་ཡོད་པར་ཐལ་བར་འགྱུར་ཏེ། དེ་ལྟ་ན་ཡང་ལྷན་ཅིག་ཉིད་དུ་རྟོག་པ་དོན་མེད་པར་འགྱུར་རོ་ཞེས་ཟེར་རོ། །ཁ་ཅིག་ན་རེ། དེ་ཡང་རིགས་པ་མ་ཡིན་ཏེ། སྔར་ལན་བཏབ་པ་བཞིན་ནོ་ཞེས་ཟེར་རོ། །ཡང་གཞན་ཡང་། གལ་ཏེ་ཐ་དད་ལྷན་ཅིག་ན༑ ༑འདོད་ཆགས་ཆགས་པ་ཅི་ཞིག་ཡིན། །ལྷན་ཅིག་ཉིད་ཀྱིས་སོ། །དེ་ནི་དེ་དག་ལ་ལྷན་ཅིག་ཉིད་མེད་དེ། ཐ་དད་པའི་ཕྱིར་དཔེར་ན་འདོད་ཆགས་དང་འདོད་ཆགས་དང་བྲལ་བ་དག་བཞིན་པས་རྗེས་སུ་དཔག་པའི་གནོད་པར་འགྱུར་རོ་ཞེས་བསྟན་ཟིན་ཏོ། །

ཡང་བཤད་པ། ཐ་དད་ཉིད་དུ་འགྲུབ་གྱུར་ན། །ཐ་དད་ཉིད་དུ་ཞེས་བྱ་བ་ནི། ཕན་ཚུན་མི་ལྟོས་པ་ཉིད་དུའོ། །ཉིད་དུ་ཞེས་བྱ་བ་ནི་བདག་ཉིད་ཐོབ་པར་རོ། །དེས་ན་དེས་གཉིས་ལྷན་ཅིག་འགྱུར། །ཁྱོད་ཀྱི་བློ་གྲོས་ཀྱིས། གལ་ཏེ་འདོད་ཆགས་ཆགས་པ་དག །ཐ་དད་

ཉིད་དུ་འགྲུབ་གྱུར་ན། །དེ་གཉིས་ལྷན་ཅིག་ཉིད་དུ་ནི། །ཅི་ཡི་ཕྱིར་ན་ཡོངས་སུ་རྟོག །འདོད་ཆགས་དང་ཆགས་པ་དེ་གཉིས་ཞེས་བྱ་བར་སྦྱོར་བར་སྐབས་སོ། །ཅི་སྟེ། ཆགས་པ་འདིའི་འདོད་ཆགས་ནི་འདིའོ། །འདོད་ཆགས་འདིས་ནི་འདི་ཆགས་པར་གྱུར་ཏོ་ཞེས་ལྟོས་པའི་མཚན་ཉིད་ཀྱི་དགོས་པ་ཡོད་དོ་ཞེ་ན། དེས་ནི་འདོད་ཆགས་དང་། ཆགས་པ་དག་ཐ་དད་པ་ཉིད་དགག་པའི་གཏན་ཚིགས་ལྟོས་པ་དང་བཅས་པའི་ཕྱིར་ཞེས་བསྟན་པ་དེ་ལ་ཞེ་འགྲས་པའི་བློས་ཀྱང་དོན་མ་གྲུབ་པ་ཉིད་དུ་བརྟག་པར་མི་ནུས་སོ། །གཞན་ཡང་ཁོ་བོས། གལ་ཏེ་འདོད་ཆགས་སྔ་རོལ་ན། །འདོད་ཆགས་མེད་པའི་ཆགས་ཡོད་ན། །ཞེས་བྱ་བ་ལ་སོགས་པས་འདོད་ཆགས་དང་ཆགས་པ་དག་ལ་ཐ་དད་པ་ཉིད་མི་སྲིད་པར་བསྟན་པ་དང་། ཁྱོད་ཀྱིས་འདོད་ཆགས་དང་ཆགས་པ་དག་རབ་ཏུ་སྒྲུབ་པའི་ཕྱིར་དེ་གཉིས་ལྷན་ཅིག་ལ་བརྟེན་ཏོ། །དེ་ལ་ཡང་ཁོ་བོས། འདོད་ཆགས་དང་ནི་ཆགས་པ་དག །ལྷན་ཅིག་ཉིད་དུ་སྐྱེ་མི་རིགས། །ཞེས་བྱ་བ་ལ་སོགས་པས་བཀག་སྟེ། ལྷན་ཅིག་ཉིད་དེ་ཡང་ལྟོས་པ་དང་བཅས་པའི་ཕྱིར་མི་འདོད་པས། གཅིག་ཉིད་ལྷན་ཅིག་ཉིད་མེད་དེ། །དེ་ཉིད་དེ་དང་ལྷན་ཅིག་མིན། །ཞེས་བྱ་བས་གཅིག་ཉིད་ཡིན་པའི་ཕྱིར་ལྷན་ཅིག་ཉིད་བཀག་པ་དང་། ཡང་ཁྱོད་ཀྱི་དེ་རབ་ཏུ་བསྒྲུབ་པའི་ཕྱིར་ཐ་དད་པ་ཉིད་དུ་ཁས་མ་བླངས་པས། ཐ་དད་གྲུབ་པར་མ་གྱུར་པས། །དེ་ཕྱིར་ལྷན་ཅིག་འདོད་བྱེད་དམ། །ལྷན་ཅིག་རབ་ཏུ་བསྒྲུབ་པའི་ཕྱིར།། ཐ་དད་ཉིད་དུ་ཡང་འདོད་དམ། །གང་གི་ཚེ། ཐ་དད་དངོས་པོ་མ་གྲུབ་པས། །ལྷན་ཅིག་དངོས་པོ་འགྲུབ་མི་འགྱུར། །དེའི་ཚེ་ཚེ་དང་ལྡན་པ། ཐ་དད་དངོས་པོ་གང་ཞིག་ལ། །ལྷན་ཅིག་དངོས་པོ་འདོད་པར་བྱེད། །དེ་ཇི་སྐྱོས་ཤིག །ཅི་རིམ་གྱིས་སྐྱེ་བའི་ཐ་དད་པ་ཉིད་གང་ཡིན་པ་ལའམ། འོན་ཏེ་ལྷན་ཅིག་སྐྱེ་བའི་ཐ་དད་པ་ཉིད་གང་ཡིན་པ་ལ། ལྷན་

ཅིག་གི་དངོས་པོར་འདོད་པར་བྱེད། དེ་ལ་གལ་ཏེ་རིམ་གྱིས་སྐྱེ་བའི་ཐ་དད་པ་ཉིད་ལ་ཞེས་བྱ་བར་ནི་མི་འཐད་དེ། དེ་ནི་ཐ་དད་པའི་ཕྱིར་དཔེར་ན། འདོད་ཆགས་དང་འདོད་ཆགས་བྲལ་བ་དག་བཞིན་ནོ་ཞེས་སྟར་བསྟན་ཟིན་ཏོ། །འོན་ཏེ་ལྷན་ཅིག་སྐྱེ་བའི་ཐ་དད་པ་ཉིད་ལའོ་ཞེ་ན། དེ་ཡང་ལྟོས་པ་དང་བཅས་པའི་ཕྱིར། དཔེར་ན་རྒྱུ་དང་འབྲས་བུ་དག་བཞིན་ནོ་ཞེས་སྟར་བསྟན་ཟིན་ཏོ། །གང་གི་ཕྱིར་དེ་ལྟར་འདོད་ཆགས་དང་ཆགས་པ་དག་ལྷན་ཅིག་ཉིད་དང་ལྷན་ཅིག་ཉིད་མ་ཡིན་པ་གྲུབ་པ་མེད་པ་དེའི་ཕྱིར། མཇུག་བསྡུ་བར་བྱ་སྟེ། དེ་ལྟར་འདོད་ཆགས་ཆགས་པ་དང་། །ལྷན་ཅིག་ལྷན་ཅིག་མིན་མི་འགྲུབ། །དཔྱད་པ་སྟར་བསྟན་པ་བཞིན་དུ་སྦྱར་ཏེ་མཇུག་བསྡུ་བའོ། །ཇི་ལྟར་བསྟན་པའི་ཚུལ་བཞིན་དུ་ཆོས་ཐམས་ཅད་ཀྱང་ལྷན་ཅིག་ཉིད་དང་ལྷན་ཅིག་ཉིད་མ་ཡིན་པར་འགྲུབ་པ་མེད་པར་ངེས་པར་བཟུང་སྟེ། འཕྲོ་བར་བསྟན་པའི་ཕྱིར། འདོད་ཆགས་བཞིན་དུ་ཆོས་རྣམས་ཀུན།། ལྷན་ཅིག་ལྷན་ཅིག་མིན་མི་འགྲུབ། །འདོད་ཆགས་བཞིན་དུ་ཞེ་སྡང་གཏི་མུག་ལ་སོགས་པ་ཕྱི་དང་ནང་གི་ཆོས་ཐམས་ཅད་ཀྱང་ལྷན་ཅིག་ཉིད་དང་ལྷན་ཅིག་ཉིད་མ་ཡིན་པར་འགྲུབ་པ་མེད་དོ། །དེའི་ཕྱིར་དེ་ལྟར་དོན་དམ་པར་འདོད་ཆགས་ལ་སོགས་པ་མ་གྲུབ་པས་ཕ་རོལ་པོ་དག་གིས་རབ་ཏུ་བྱེད་པའི་དང་པོར་དེ་དག་ལ་བརྟེན་ནས་ཀུན་ནས་ཉོན་མོངས་པ་དང་ཞེས་དམིགས་བསྟན་པའི་ཕྱིར་ཞེས་གང་སྨྲས་པའི་གཏན་ཚིགས་དེའི་དོན་མ་གྲུབ་པ་ཉིད་དོ། །ཀུན་རྫོབ་ཏུ་འདིར་གཏན་ཚིགས་ཉིད་བརྗོད་ན་ནི་དོན་འགལ་བ་ཉིད་དོ། །དེ་ལ་འདིར་རབ་ཏུ་བྱེད་པའི་དོན་ནི་ཕ་རོལ་པོས་སྨྲས་པའི་གཏན་ཚིགས་ཀྱི་སྐྱོན་བརྗོད་པས་འདོད་ཆགས་དང་ཆགས་པ་ལ་སོགས་པ་དག་ངོ་བོ་ཉིད་མེད་པ་ཉིད་དུ་བསྟན་པ་ཡིན་ནོ། །དེའི་ཕྱིར་འཇམ་དཔལ་འདོད་ཆགས་མེད་དོ། །འདོད་ཆགས་སུ་གདགས

པ་མེད་དོ། །ཞེ་སྡང་མེད་དོ། །ཞེ་སྡང་དུ་གདགས་པ་མེད་དོ། །གཏི་མུག་མེད་དོ། །གཏི་མུག་ཏུ་གདགས་པ་མེད་དོ། །འདོད་ཆགས་ནི་བྱང་ཆུབ་བོ། །ཞེ་སྡང་ནི་བྱང་ཆུབ་བོ། །གཏི་མུག་ནི་བྱང་ཆུབ་བོ། །ཇི་ལྟར་ཡང་དག་པར་ཞུགས་པ་ཡིན་ཞེ་ན། གང་གི་ཚེ་ན་འདོད་ཆགས་ཟད་པར་བྱ་བའི་ཕྱིར་མ་ཞུགས། ཞེ་སྡང་ཟད་པར་བྱ་བའི་ཕྱིར་མ་ཞུགས། གཏི་མུག་ཟད་པར་བྱ་བའི་ཕྱིར་མ་ཞུགས་པ་དེའི་ཚེ་ན་ཡང་དག་པར་ཞུགས་པ་ཡིན་ནོ། །འདས་པའི་སེམས་ནི་ཆགས་པར་མི་བྱེད། མ་འོངས་པའི་སེམས་ཀྱང་ཆགས་པར་མི་བྱེད་དེ༔ འདས་ཟིན་པའི་ཕྱིར་དང་། མ་འོངས་པའི་ཕྱིར་རོ། །ད་ལྟར་གྱི་སེམས་ཀྱང་ཆགས་པར་མི་བྱེད་དེ། ད་ལྟར་ནི་གནས་པ་མེད་པའི་ཕྱིར་རོ་ཞེས་བྱ་བ་ལ་སོགས་པ་དང་། དེ་བཞིན་དུ་རབ་ཀྱི་རྩལ་གྱིས་རྣམ་པར་གནོན་པ་གཟུགས་ནི་འདོད་ཆགས་ཀྱི་ཆོས་ཅན་ནམ༔ འདོད་ཆགས་དང་བྲལ་བའི་ཆོས་ཅན་མ་ཡིན་ནོ། །ཚོར་བ་དང་། འདུ་ཤེས་དང་། འདུ་བྱེད་རྣམས་དང་། རྣམ་པར་ཤེས་པ་ཡང་འདོད་ཆགས་ཀྱི་ཆོས་ཅན་ནམ། འདོད་ཆགས་དང་བྲལ་བའི་ཆོས་ཅན་མ་ཡིན་ནོ། །གཟུགས་འདོད་ཆགས་ཀྱི་ཆོས་ཉིད་མ་ཡིན་པ་དང་། འདོད་ཆགས་དང་བྲལ་བའི་ཆོས་ཉིད་མ་ཡིན་པ། གང་ཡིན་པ་དེ་ནི་ཤེས་རབ་ཀྱི་ཕ་རོལ་ཏུ་ཕྱིན་པའོ། །ཚོར་བ་དང་། འདུ་ཤེས་དང་། འདུ་བྱེད་རྣམས་དང་། རྣམ་པར་ཤེས་པ་འདོད་ཆགས་ཀྱི་ཆོས་ཉིད་མ་ཡིན་པ་དང་། འདོད་ཆགས་དང་བྲལ་བའི་ཆོས་ཉིད་མ་ཡིན་པ་གང་ཡིན་པ་དེ་ནི་ཤེས་རབ་ཀྱི་ཕ་རོལ་ཏུ་ཕྱིན་པའོ། །གཟུགས་ནི་ཞེ་སྡང་གི་ཆོས་ཅན་ནམ༔ ཞེ་སྡང་དང་བྲལ་བའི་ཆོས་ཅན་མ་ཡིན་ནོ། །ཚོར་བ་དང་། འདུ་ཤེས་དང་། འདུ་བྱེད་རྣམས་དང་། རྣམ་པར་ཤེས་པ་ཡང་ཞེ་སྡང་གི་ཆོས་ཅན་ནམ། ཞེ་སྡང་དང་བྲལ་བའི་ཆོས་ཅན་མ་ཡིན་ནོ། །གཟུགས་ཞེ་སྡང་གི་ཆོས་ཉིད་མ་ཡིན་པ་དང་། ཞེ་སྡང་དང་བྲལ་

བའི་ཆོས་ཉིད་མ་ཡིན་པ་གང་ཡིན་པ་དེ་ནི་ཤེས་རབ་ཀྱི་ཕ་རོལ་ཏུ་ཕྱིན་པའོ། །ཚོར་བ་དང་༑ འདུ་ཤེས་དང་། འདུ་བྱེད་རྣམས་དང་། རྣམ་པར་ཤེས་པ་ཡང་ཞེ་སྡང་གི་ཆོས་ཉིད་མ་ཡིན་པ་དང་། ཞེ་སྡང་དང་བྲལ་བའི་ཆོས་ཉིད་མ་ཡིན་པ་གང་ཡིན་པ་དེ་ནི་ཤེས་རབ་ཀྱི་ཕ་རོལ་ཏུ་ཕྱིན་པའོ། །གཟུགས་ནི་གཏི་མུག་གི་ཆོས་ཅན་ནམ། གཏི་མུག་དང་བྲལ་བའི་ཆོས་ཅན་མ་ཡིན་ནོ། །ཚོར་བ་དང་། འདུ་ཤེས་དང་། འདུ་བྱེད་རྣམས་དང་། རྣམ་པར་ཤེས་པ་ཡང་གཏི་མུག་གི་ཆོས་ཅན་ནམ། གཏི་མུག་དང་བྲལ་བའི་ཆོས་ཅན་མ་ཡིན་ནོ༑ ༑གཟུགས་ནི་གཏི་མུག་གི་ཆོས་ཉིད་མ་ཡིན་པ་དང་། གཏི་མུག་དང་བྲལ་བའི་ཆོས་ཉིད་མ་ཡིན་པ་གང་ཡིན་པ་དེ་ནི་ཤེས་རབ་ཀྱི་ཕ་རོལ་ཏུ་ཕྱིན་པའོ། །ཚོར་བ་དང་། འདུ་ཤེས་དང་། འདུ་བྱེད་རྣམས་དང་། རྣམ་པར་ཤེས་པ་གཏི་མུག་གི་ཆོས་ཉིད་མ་ཡིན་པ་དང་། གཏི་མུག་དང་བྲལ་བའི་ཆོས་ཉིད་མ་ཡིན་པ་གང་ཡིན་པ་དེ་ནི་ཤེས་རབ་ཀྱི་ཕ་རོལ་ཏུ་ཕྱིན་པའོ། །རབ་ཀྱི་རྩལ་གྱིས་རྣམ་པར་གནོན་པ། གཟུགས་ནི་ཀུན་ནས་ཉོན་མོངས་པར་འགྱུར་བའམ། རྣམ་པར་བྱང་བར་འགྱུར་བ་མ་ཡིན་ནོ། །ཚོར་བ་དང་། འདུ་ཤེས་དང་། འདུ་བྱེད་རྣམས་དང་། རྣམ་པར་ཤེས་པ་ཡང་ཀུན་ནས་ཉོན་མོངས་པར་འགྱུར་བའམ། རྣམ་པར་བྱང་བར་འགྱུར་བ་མ་ཡིན་ནོ། །གཟུགས་ཀུན་ནས་ཉོན་མོངས་པ་དང་། རྣམ་པར་བྱང་བར་མི་འགྱུར་བ་གང་ཡིན་པ་དེ་ནི་ཤེས་རབ་ཀྱི་ཕ་རོལ་ཏུ་ཕྱིན་པའོ། །ཚོར་བ་དང་༑ འདུ་ཤེས་དང་། འདུ་བྱེད་རྣམས་དང་། རྣམ་པར་ཤེས་པ་ཀུན་ནས་ཉོན་མོངས་པ་དང་༑ རྣམ་པར་བྱང་བ་མི་འགྱུར་བ་གང་ཡིན་པ་དེ་ནི་ཤེས་རབ་ཀྱི་ཕ་རོལ་ཏུ་ཕྱིན་པའོ་ཞེས་བྱ་བ་ལ་སོགས་པ་གསུངས་པ་དེ་དག་གྲུབ་པ་ཡིན་ནོ། །སློབ་དཔོན་ལེགས་ལྡན་བྱེད་(འབྱེད་)ཀྱིས་ཉེ་བར་སྦྱར་བ། དབུ་མའི་རྩ་བའི་འགྲེལ་པ་ཤེས་རབ་སྒྲོན་མ་ལས།

འདོད་ཆགས་དང་ཆགས་པ་བརྟག་པ་ཞེས་བྱ་བ་སྟེ། རབ་ཏུ་བྱེད་པ་དྲུག་པའོ།། །།

༼རབ་བྱེད་བདུན་པ་སྐྱེ་གནས་འཇིག་གསུམ་བརྟག་པ།༽

ད་ནི་སྟོང་པ་ཉིད་ཀྱི་མི་མཐུན་པའི་ཕྱོགས་ཀྱི་ཁྱད་པར་དགག་པས་ཕུང་པོ་ལ་སོགས་པ་དག་ངོ་བོ་ཉིད་མེད་པ་ཉིད་དུ་བསྟན་པའི་དོན་གྱི་དབང་གིས་རབ་ཏུ་བྱེད་པ་བདུན་པ་བརྩམ་མོ། །འདིར་སྨྲས་པ། དོན་དམ་པར་འདུས་བྱས་ཕུང་པོ་དང་། ཁམས་དང་སྐྱེ་མཆེད་དག་ལ་འདུས་བྱས་ཀྱི་ངོ་བོ་ཉིད་དག་ཡོད་པ་ཁོ་ནར་གཟུང་བར་བྱ་སྟེ། སྐྱེ་བ་ལ་སོགས་པ་འདུས་བྱས་ཀྱི་མཚན་ཉིད་དག་དང་ལྡན་པའི་ཕྱིར་རོ། །འདི་ན་གང་མེད་པ་དེ་ལ་ནི་འདུས་བྱས་ཀྱི་མཚན་ཉིད་དང་ལྡན་པར་མི་བཟུང་སྟེ། དཔེར་ན་རི་བོང་གི་རྭ་བཞིན་ནོ། །ཕུང་པོ་ལ་སོགས་པ་དག་ལ་ནི་སྐྱེ་བ་ལ་སོགས་པ་འདུས་བྱས་ཀྱི་མཚན་ཉིད་དག་དང་ལྡན་པ་ཡོད་པས་དེའི་ཕྱིར། གཏན་ཚིགས་ཀྱི་མཐུ་ཇི་སྐད་སྨོས་པས། བློ་གྲོས་ཀྱི་འདུ་བྱེད་བསྐྱེད་པ་དག་ནི་འདུས་བྱས་ཀྱི་ཕུང་པོ་ལ་སོགས་པ་དག་ལ་འདུས་བྱས་ཀྱི་ངོ་བོ་ཉིད་དག་ཡོད་པ་ཁོ་ནར་སྨྲོའོ། །འདིར་བཤད་པ། འདི་ལ་ཁྱེད་སྐྱེ་བ་ལ་སོགས་པ་འདུས་བྱས་ཀྱི་མཚན་ཉིད་ཉིད་དུ་འདོད་པ་དེ་དག་ཅི་འདུས་བྱས་དག་ཡིན་ནམ། འོན་ཏེ་འདུས་མ་བྱས་དག་ཡིན། གལ་ཏེ་དེ་དག་འདུས་བྱས་དག་ཡིན་ནོ་ཞེ་ན། དེ་ལ་རེ་ཞིག་སྐྱེ་བའི་དབང་དུ་བྱས་ཏེ་བཤད་པ། གལ་ཏེ་སྐྱེ་བ་འདུས་བྱས་ན། །དེ་ལ་མཚན་ཉིད་གསུམ་ལྡན་འགྱུར། །མཚན་ཉིད་གསུམ་དང་ལྡན་པར་འགྱུར་བ་ནི། མཚན་ཉིད་གསུམ་པོ་དག་ཚོགས་པར་འགྲུབ་པ་སྟེ། ཆད་པ་གསུམ་དང་ལྡན་པ་བཞིན་ནོ། །དེའི་ཕྱིར་དོན་དམ་པར་སྐྱེ་བ་ལ་སོགས་པ་ལ། འདུས་བྱས་ཉིད་ནི་འདུས་བྱས་ཀྱི་མཚན་ཉིད་ཡིན་པར་མི་འདོད་དེ༑ འདུས་བྱས་ཡིན་པའི་ཕྱིར་དཔེར་ན་མཚན་ཉིད་ཀྱི་གཞི་བཞིན་ནོ། །གལ་ཏེ་མཚན

ཉིད་ཀྱི་གཞི་ཡང་མཚན་ཉིད་ཀྱི་གཞི་གཞན་མཚོན་པར་བྱེད་པའི་མཚན་ཉིད་ཡིན་པའི་ཕྱིར་མ་ངེས་པ་ཉིད་དོ་ཞེ་ན། མཚན་ཉིད་ཀྱི་གཞི་ནི་མཚན་ཉིད་ཀྱི་གཞི་གཞན་ལ། འདུས་བྱས་ཉིད་དུ་མཚོན་པར་བྱེད་པ་ཉིད་མ་ཡིན་པའི་ཕྱིར། མི་མཐུན་པའི་ཕྱོགས་མེད་པས་མ་ངེས་པ་ཉིད་མ་ཡིན་ནོ། །གལ་ཏེ་སྐྱེ་བ་ལ་སོགས་པ་དག་འདུས་བྱས་ཉིད་ཡིན་དུ་ཟིན་ན། ཡང་སྐྱེད་པར་བྱེད་པ་དང་། གནས་པར་བྱེད་པ་དང་། འཇིག་པར་བྱེད་པའི་ཕྱིར་འདུས་བྱས་ཀྱི་མཚན་ཉིད་ཉིད་ཡིན་ནོ་ཞེ་ན། དེ་ནི་རྗེས་སུ་འགྲོ་བ་མེད་པའི་ཕྱིར་དམ་བཅས་པ་ཙམ་དུ་ཟད་དོ། །སྐྱེ་བ་ནི་སྐྱེ་བ་ཡིན་ལ་གནས་པ་ནི་གནས་པ་ཡིན། འཇིག་པ་ནི་འཇིག་པ་ཡིན་པ་ལས་སྐྱེ་བ་ལ་སོགས་པ་དག་གི་བྱ་བ་ཉིད་ལ་སྐུར་བ་བཏབ་སྟེ། དེ་དག་བྱེད་པ་པོ་ཉིད་དུ་ཁས་བླངས་པའི་ཕྱིར་རོ། །ཐ་སྙད་དུ་ཡང་བྱེད་པ་པོ་ཉིད་ཡིན་ན་སྐྱེ་བ་ནི་འདུས་བྱས་ཀྱི་མཚན་མ་ཡིན་ཏེ། སྐྱེད་པར་བྱེད་པ་ཡིན་པའི་ཕྱིར། དཔེར་ན། ཕ་བུའི་མཚན་ཉིད་མ་ཡིན་པ་བཞིན་ནོ། །དེ་བཞིན་དུ་གནས་པ་ཡང་འདུ་བྱས་ཀྱི་མཚན་ཉིད་མ་ཡིན་ཏེ། གནས་པར་བྱེད་པ་ཡིན་པའི་ཕྱིར་དཔེར་ན། ཟས་ལུས་གནས་པར་བྱེད་པ་ཡིན་པའི་ཕྱིར། ལུས་ཀྱི་མཚན་ཉིད་མ་ཡིན་པ་བཞིན་ནམ། བྲན་མོ་བུམ་པ་ཐོགས་པ་བུམ་པ་འཛོག་པར་བྱེད་པ་ཡིན་པའི་ཕྱིར། བུམ་པའི་མཚན་མ་ཡིན་པ་བཞིན་ནོ། །དེ་བཞིན་དུ་འཇིག་པ་ཡང་འདུས་བྱས་ཀྱི་མཚན་ཉིད་མ་ཡིན་ཏེ། འཇིག་པར་བྱེད་པ་ཡིན་པའི་ཕྱིར་དཔེར་ན། ཐོ་བ་འཇོམས་པར་བྱེད་པ་ཡིན་པའི་ཕྱིར་བུམ་པའི་མཚན་ཉིད་མ་ཡིན་པ་བཞིན་ནོ། །དེའི་ཕྱིར་དེ་ལྟར་སྐྱེ་བ་ལ་སོགས་པ་དག་འདུས་བྱས་ཀྱི་མཚན་ཉིད་ཉིད་ཡིན་པར་མ་གྲུབ་པའི་ཕྱིར། གཏན་ཚིགས་ཀྱི་དོན་མ་གྲུབ་པ་ཉིད་དམ་དོན་འགལ་བ་ཉིད་ཡིན་ནོ། །དེ་ལྟ་བས་ན་ཇི་སྐད་སྨོས་པའི་སྐྱོན་ཡོངས་སུ་སྤང་བར་འདོད་པས་སྐྱེ

བ་འདུས་བྱས་ཡིན་ནོ་ཞེས་བྱ་བ་དེ་ལྟར་ཤེས་པར་མི་བྱའོ། །དེ་ལྟར་རེ་ཞིག་སྐྱེ་བ་འདུས་བྱས་ཡིན་ན་འདུས་མ་བྱས་ཀྱི་མཚན་ཉིད་དུ་མི་འཐད་པའི་སྐྱོན་བསྟན་ཟིན་ཏོ། །ཇི་སྐད་སྨོས་པའི་སྐྱོན་ཡོངས་སུ་སྤང་བར་འདོད་པས། ཅི་སྟེ་སྐྱེ་བ་འདུས་མ་བྱས་ཞེས་བྱ་བར་འདོད་ན། ཇི་ལྟར་འདུས་བྱས་མཚན་ཉིད་ཡིན། །སྐྱེ་བ་ལ་འདུས་བྱས་ཀྱི་མཚན་ཉིད་མེད་དེ༔ འདུས་མ་བྱས་ན་རང་ཉིད་ཡོད་པ་མ་ཡིན་པའི་ཕྱིར་རོ་ཞེས་བྱ་བར་དགོངས་སོ།།

ཡང་ན་འདུས་མ་བྱས་ཀྱི་ཆོས་ནི་འདུས་མ་བྱས་ཀྱི་ཆོས་ཉིད་ཡིན་པས། དོན་དམ་པར་སྐྱེ་བ་འདུས་མ་བྱས་ཀྱི་མཚན་ཉིད་དུ་འགྱུར་བར་འོས་པ་མ་ཡིན་ཏེ། འདུས་མ་བྱས་ཡིན་པའི་ཕྱིར་དཔེར་ན་ནམ་མཁའ་བཞིན་པས་རང་གི་རྗེས་སུ་དཔག་པ་ལ་གནོད་དོ། །སྐྱེ་བ་ནི་མཚན་ཉིད་ཀྱི་སྒྲའི་ཚུལ་ཉེ་བར་བཟུང་བའི་ཕྱིར། གནས་པ་དང་། འཇིག་པ་གཉིས་ཀྱང་ཉེ་བར་བླངས་པ་ཡིན་ཏེ། འདུས་བྱས་ཀྱི་མཚན་ཉིད་དུ་སྨྲ་བར་འདོད་པའི་ཕྱིར་རོ། །དེ་གཉིས་ཀྱང་དེ་བཞིན་དུ་དགག་པ་ཡིན་པས་ཡང་དེ་གཉིས་དགག་པ་བརྗོད་མི་དགོས་སོ༔ ༔ཡང་གཞན་ཡང་འདི་ལ་སྐྱེ་བ་ལ་སོགས་པ་འདི་དག་འདུས་བྱས་ཀྱི་མཚན་ཉིད་དུ་བརྟག་པར་བྱ་ན་དེ་དག་སོ་སོའམ། འདུས་པ་ལ་བརྟག་གྲང་ན། དེ་ལ་རེ་ཞིག །སྐྱེ་ལ་སོགས་གསུམ་སོ་སོ་ཡིས། །འདུས་བྱས་མཚན་ཉིད་བྱ་བར་ནི། །ནུས་མིན། སྐྱེ་བ་ལ་སོགས་པ་གསུམ་པོ་དག་སོ་སོ་ནི་འདུས་བྱས་ཀྱང་མཚན་ཉིད་བྱ་བར་མི་ནུས་ཏེ། འདི་ལྟར་སྔོག་ཤལ་ལ་སོགས་པ་མཚན་ཉིད་འདུས་པ་དག་གིས་མཚན་ཉིད་ཀྱི་གཞི་མཚོན་པར་ནུས་པའི་ཕྱིར་རོ་ཞེས་བྱ་བར་དགོངས་སོ། །སྐྱེ་བ་ལ་སོགས་པ་དག་རིམ་གྱིས་འབྱུང་བ་ཉིད་དུ་ཁས་ལེན་ན་ཡང་འདི་ལྟར་དངོས་པོ་མ་སྐྱེས་པ་ལ་ནི། སྐྱེ་བ་དང་གནས་པ་དང་འཇིག་པ་དག་མེད་པས་འདུས་བྱས་ཀྱི་མཚན་ཉིད་བྱ་བའི་མཐུ་མེད་དོ། །འགགས་པ་ལ་ཡང་

མཚན་ཉིད་ཀྱི་གཞི་མེད་པའི་ཕྱིར། སྐྱེ་བ་དང་གནས་པ་དང་། འཇིག་པ་དག་མེད་པས་འདུས་བྱས་ཀྱི་མཚན་ཉིད་བྱ་བའི་མཐུ་མེད་དོ། །སྐྱེས་པ་ལ་ནི་སྐྱེ་བ་མེད་པའི་ཕྱིར་རོ། །གནས་པ་ལ་ནི་འགག་པ་མི་སྲིད་པའི་ཕྱིར་རོ། །གནས་པ་ནི་མི་རྟག་པ་ཉིད་དང་རྗེས་སུ་འབྲེལ་བའི་ཕྱིར་ཏེ། དེ་ལྟར་ཡང་། གནས་མེད་དངོས་པོ་ག་ལ་ཡོད། །མི་རྟག་པས་ན་ག་ལ་གནས། །གལ་ཏེ་དང་པོར་གནས་གྱུར་ན། །ཐ་མར་རྙིངས་པར་མི་འགྱུར་རོ། །གལ་ཏེ་ཁོར་ཟུག་མི་རྟག་ཡོད། །ཁོར་ཟུག་གནས་པར་མི་འགྱུར་རོ། །ཡང་ན་རྟག་པར་གྱུར་པ་ལས༑ ༑ཕྱིས་ནི་མི་རྟག་པར་ཡང་འགྱུར། །གལ་ཏེ་དངོས་པོ་མི་རྟག་དང་། །ལྷན་ཅིག་གནས་པ་ཡོད་གྱུར་ན། །མི་རྟག་ལོག་པར་འགྱུར་བའམ། །ཡང་ན་གནས་པ་བརྫུན་པར་འགྱུར༑ ༑ཞེས་གསུངས་པ་ཡིན་ནོ། །ཇི་སྐད་སྐྱེ་བ་ལ་སོགས་པ་དག་འདུས་པ་འདུས་བྱས་ཀྱི་མཚན་ཉིད་ཉིད་དུ་འདོད་ན། དེ་ལྟ་ན་ཡང་། འདུས་པ་ཡིན་ན་ཡང་། གཅིག་ལ་དུས་གཅིག་ཇི་ལྟར་རུང་། །དེ་དག་འདུས་པ་འདུས་བྱས་ཀྱི་དངོས་པོ་གཅིག་ལ་དུས་གཅིག་ན་མེད་དོ་ཞེས་བྱ་བའི་ཚིག་གི་དོན་ཏོ། །གལ་ཏེ་དེ་ཇི་ལྟར་ངེས་པར་གཟུང་བར་བྱ་ཞེ་ན། འདི་ལྟར། སྐྱེས་པ་དང་གནས་པ་དང་། ཞིགས་པ་ཤིན་ཏུ་མི་མཐུན་པ་ཉིད་དག་དངོས་པོ་གང་ཡང་རུང་བ་ཅིག་ལ་དུས་གཅིག་ཏུ་འབྱུང་བ་ནི་སེམས་བདེ་བར་གནས་པ་དག་གིས་བརྟག་པར་མི་རིགས་པའི་ཕྱིར་རོ། །མདོ་སྡེ་པ་དག་གིས་སྨྲས་པ། རྒྱུ་དང་རྐྱེན་སོ་སོར་ངེས་པའི་མཐུ་ལས་བྱུང་བའི་རྒྱུད་ལ་དུས་གཅིག་ཁོ་ནར་དངོས་པོ་སྐྱེ་བར་འདོད་པ་མ་བྱུང་བ་ལས་འབྱུང་བ་གང་ཡིན་པ་དེ་ནི་སྐྱེ་བ་ཡིན་ལ། སྐད་ཅིག་མ་སྔ་མ་སྔ་མའི་རྒྱུད་ཀྱིས་ངེས་པར་གནས་པ་ནི་གནས་པ་ཡིན། སྐད་ཅིག་མ་སྔ་མ་དང་མཚན་ཉིད་མི་འདྲ་བ་ཉིད་ནི་རྒ་བ་ཡིན། བྱུང་ནས་བྲལ་བ་ནི་འཇིག་པ་ཡིན་པས་དེ་ལྟར་ལྟོས་པས་ངེས་པས་སྐྱེ

བ་ལ་སོགས་པ་དག་འདུས་པའི་མཚན་ཉིད། སྐད་ཅིག་མ་གཅིག་ལ་དུས་གཅིག་ན་ཡོད་པས་སྒྲུབ་པ་དེ་ཁོ་བོ་ཅག་ལ་མི་གནོད་དོ། །དེ་ལྟར་ཡོངས་སུ་རྟོག་ན་ཡང་རྒྱུད་རྫས་སུ་མེད་པའི་ཕྱིར་དང་། ལྟོས་པས་སྐྱེ་བ་དང་གནས་པ་ལ་སོགས་པ་རྣམ་པར་རྟོག་པའི་ཕྱིར་མཚན་ཉིད་གསུམ་པོ་དག་ཐ་སྙད་པ་ཡིན་གྱི། དོན་དམ་པ་པ་མ་ཡིན་ནོ། །གནས་པའི་དུས་ན་ཡང་དེ་དང་མི་མཐུན་པ་འཇིག་པ་མེད་པའི་ཕྱིར། དེ་ཡང་སྐྱོན་སྤར་བསྟན་པ་ལས། འདའ་བར་མི་འགྱུར་རོ། །བྱེ་བྲག་ཏུ་སྨྲ་བ་དག་ན་རེ། དངོས་པོ་སྔོན་མ་བྱུང་བ་ལས་བདག་ཉིད་ཐོབ་པ་ནི་སྐྱེ་བ་ཡིན་ལ། སྐྱེས་པ་གནས་པ་ནི་གནས་པ་ཡིན། གནས་པ་རྙིངས་པ་ཉིད་ནི་རྒ་བ་ཡིན། རྒས་པ་འགགས་པ་ནི་འཇིག་པ་ཡིན་པས། སྐྱེ་བ་ལ་སོགས་པ་དག་རིམ་གྱིས་འབྱུང་བ་ཉིད་འདུས་བྱས་ཉིད་ལ་འཁྲུལ་པ་མེད་པའི་ཕྱིར། དེ་དག་མཚན་ཉིད་ཉིད་དུ་གྲུབ་པས། སྐྱེ་ལ་སོགས་གསུམ་སོ་སོ་ཡིས། །འདུས་བྱས་མཚན་ཉིད་བྱ་བར་ནི། །ནུས་མིན་ཞེས་སྨྲས་པ་ནི་རིགས་པ་མ་ཡིན་ནོ་ཞེས་ཟེར་རོ། །དེ་ནི་རིགས་པ་མ་ཡིན་ཏེ། འདི་ལྟར་མཚན་ཉིད་ཅེས་བྱ་བ་ནི་མཚན་ཉིད་ཀྱི་གཞི་གང་ཡིན་པ་ལ་ནམ་ཡང་འཁྲུལ་པར་མི་འགྱུར་ཏེ། དཔེར་ན་སྲ་བ་ཉིད་ས་ལ་འཁྲུལ་པར་མི་འགྱུར་བ་དང་། སྐྱེས་བུ་ཆེན་པོའི་མཚན་དག་སྐྱེས་བུ་ཆེན་པོ་ལ་འཁྲུལ་པར་མི་འགྱུར་བ་ལྟ་བུ་ཡིན་པའི་ཕྱིར་རོ། །དོན་དམ་པར་སྐྱེ་བ་ལ་སོགས་པ་དག་ནི་དངོས་པོ་རྣམས་ཀྱི་འདུས་བྱས་ཀྱི་མཚན་ཉིད་ཡིན་པར་མི་རུང་སྟེ། རིམ་གྱིས་འབྱུང་བའི་ཕྱིར། དཔེར་ན་འཛིམ་པ་དང་། གོང་བུ་དང་། སྣུད་པ་དང་། གླེགས་པ་དང་། བཅུམ་པའི་གནས་སྐབས་ཀྱི་ཁྱད་པར་དག་བུམ་པའི་འདུས་བྱས་ཀྱི་མཚན་ཉིད་མ་ཡིན་པ་བཞིན་ནོ། །སྐྱེ་བ་ལ་སོགས་པ་དག་ནི་འཁྲུལ་པ་མེད་དེ། འདུས་མ་བྱས་ལ་དེ་དག་མེད་པའི་ཕྱིར་རོ་ཞེ་ན། ཉེ་བར་བརྟགས་པ་

ཡིན་གྱི། དོན་དམ་པར་ཡོད་པ་ནི་མ་ཡིན་ཏེ། སྐྱེ་བ་བཀག་པའི་ཕྱིར་དང་། མ་སྐྱེས་པ་ལ་
གནས་པ་དང་། འཇིག་པ་མེད་པའི་ཕྱིར་རོ། །སྐྱེ་བའི་དུས་ན་ཡང་གནས་པ་མེད་པ་དང་།
འཇིག་པ་མེད་པའི་བདག་ཉིད་ནི་དེ་དག་གི་བདག་ཉིད་མ་ཡིན་པས། དེ་དག་དང་མི་
ལྡན་པའི་ཕྱིར་རོ། །ཕྱིས་འབྱུང་བའི་ཚུལ་གྱིས་དེ་དག་གི་བདག་ཉིད་ཅན་ཉིད་དུ་རྟོག་ན་
ཡང་ཐ་སྙད་ཙམ་དུ་ཟད་པས་ཇི་སྐད་བསྟན་པའི་སྐྱོན་ལྡོག་པ་མེད་དོ། །དེའི་ཕྱིར་དེ་ལྟར་
སྐྱེ་བ་ལ་སོགས་པ་དག་སོ་སོ་དང་འདུས་པ་འདུས་བྱས་ཀྱི་མཚན་ཉིད་ཉིད་དུ་མ་གྲུབ་
པའི་ཕྱིར་གཏན་ཚིགས་ཀྱི་སྐྱོན་དེ་ཉིད་མ་ལོག་གོ །ཡང་གཞན་ཡང་། སྐྱེ་དང་གནས་དང་
འཇིག་རྣམས་ལ། །འདུས་བྱས་མཚན་ཉིད་གཞན་ཞིག་ནི། །གལ་ཏེ་ཡོད་ན་ཐུག་པ་མེད།།
དེ་ལ་ཡང་གཞན་ཞིག་ཡོད་ཅིང་། །དེ་ལ་ཡང་གཞན་ཞིག་ཡོད་དེ། ཐུག་པ་མེད་པར་འགྱུར་
བས་དེ་ནི་མི་འདོད་དེ། སྐྱེ་བ་ལ་སོགས་པ་དག སྐྱེ་བ་ལ་སོགས་པ་དང་ལྡན་པར་འདོད་
པར་མི་བྱའོ། །ཅི་སྟེ་དེ་ལྟར་གྱུར་ཅིག་ཅེས་ཟེར་ན་དེ་ལ་ཡང་དེ་ཉིད་བཟློས་པར་བྱ་སྟེ།
མེད་ན་དེ་དག་འདུས་བྱས་མིན། །ཅི་སྟེ་སྐྱེ་བ་ལ་སོགས་པ་དག་འདུས་བྱས་ཉིད་ཡིན་པར་
ཡང་འདོད་ལ། ཐུག་པ་མེད་པ་ཉིད་དུ་ཡང་མི་འགྱུར་ཏེ། སྐྱེ་བ་ལ་སོགས་པ་དག་གིས
འདུས་བྱས་ཉིད་དུ་མཚོན་པར་བྱེད་པ་ནི་འདུས་བྱས་ཀྱི་མཚན་ཉིད་དེ། དཔེར་ན་བཀྲ་
ཤིས་པ་དང་། བཀྲ་མི་ཤིས་པའི་མཚན་ཉིད་བཞིན་དུ་འདུས་བྱས་ཀྱི་མཚན་ཉིད་གཞན་
མེད་པས་ཐུག་པ་དང་། གནས་པ་དང་མུ་ཐུག་སྟེ། མེད་པར་ཡང་མི་འགྱུར་རོ་ཞེ་ན། དེ་
ནི་སྔར་ཇི་ལྟར་དོན་དམ་པར་སྐྱེ་བ་ལ་སོགས་པ་འདུས་བྱས་ཉིད་ནི་འདུས་བྱས་ཀྱི་མཚན་
ཉིད་ཡིན་པར་མི་འདོད་དེ། འདུས་བྱས་ཡིན་པའི་ཕྱིར་དཔེར་ན་མཚན་ཉིད་ཀྱི་གཞི་བཞིན་
ནོ་ཞེས་བསྟན་པ་དེ་བཞིན་དུ་སྐྱེ་བ་ལ་སོགས་བདག་ཀྱང་དེ་དང་འདྲ་བས་དེའི་ཕྱིར་དོན་

དམ་པར་སྐྱེ་བ་ལ་སོགས་པ་དག་འདུས་བྱས་ཡིན་པར་འདོད་པར་མི་བྱའོ། །སྐྱེ་བ་ལ་སོགས་པ་དག་འདུས་བྱས་ཡིན་ན་ཡང་འདུས་བྱས་ཀྱི་མཚན་ཉིད་དུ་མི་རུང་སྟེ། འདི་ལྟར་དེའི་ལན་ཀྱང་འདིར་མེད་ན་དེ་དག་འདུས་བྱས་མིན་ཞེས་བྱ་བས་བཏབ་ཟིན་ཏོ། །དེའི་ཕྱིར་ཡང་ཇི་སྐད་བསྟན་པའི་སྐྱོན་ལྡོག་པ་མེད་དོ། །འདིར་གནས་མའི་བུའི་སྨྲ་བ་དག་གིས་སྨྲས་པ། སྐྱེ་བ་དང་། གནས་པ་དང་། འཇིག་པ་དག་འདུས་བྱས་ཀྱང་ཡིན་ལ། ཐུག་པ་མེད་པར་ཡང་ཐལ་བར་མི་འགྱུར་ཏེ། གལ་ཏེ་ཇི་ལྟ་ཞེ་ན། གང་གི་ཕྱིར་འདི་ལ་ཆོས་ནི་བདག་ཉིད་དང་བཅོ་ལྔ་སྐྱེ་སྟེ། ཆོས་དེ་དང་དེའི་སྐྱེ་བ་དང་། དེའི་གནས་པ་དང་། དེའི་འཇིག་པ་དང་། དེའི་ལྡན་པ་དང་། དེའི་གནས་པ་ལས་གཞན་དུ་གྱུར་པ་ཉིད་དང་། འདིར་གལ་ཏེ་ཆོས་དེ་དཀར་པོ་ཡིན་ན། དེའི་ཡང་དག་པའི་རྣམ་པར་གྲོལ་བའམ། ཅི་སྟེ་ནག་པོ་ཡིན་ན་ལོག་པའི་རྣམ་པར་གྲོལ་བ་དང་། གལ་ཏེ་ཆོས་དེ་ངེས་པར་འབྱུང་བ་ཡིན་ན་དེའི་ངེས་པར་འབྱུང་བ་ཉིད་དམ། ཅི་སྟེ་ངེས་པར་འབྱུང་བ་མ་ཡིན་ན་ངེས་པར་འབྱུང་བ་མ་ཡིན་པ་ཉིད་སྐྱེ་སྟེ། དེ་དག་ནི་འཁོར་ཞེས་བྱའོ། །དེ་ནི་སྐྱེ་བའི་སྐྱེ་བ་དང་། གནས་པའི་གནས་པ་དང་། འཇིག་པའི་འཇིག་པ་དང་། ལྡན་པའི་ལྡན་པ་དང་། གནས་པ་ལས་གནས་གཞན་དུ་འགྱུར་བ་ཉིད་ཀྱི་གནས་པ་ལས་གཞན་དུ་འགྱུར་བ་ཉིད་དང་། ཡང་དག་པའི་རྣམ་པར་གྲོལ་བའི་ཡང་དག་པའི་རྣམ་པར་གྲོལ་བའམ། ལོག་པའི་རྣམ་པར་གྲོལ་བའི་ལོག་པའི་རྣམ་པར་གྲོལ་བ་དང་། ངེས་པར་འབྱུང་བ་ཉིད་ཀྱི་ངེས་པར་འབྱུང་བ་ཉིད་དམ། ངེས་པར་འབྱུང་བ་མ་ཡིན་པ་ཉིད་ཀྱི་ངེས་པར་འབྱུང་བ་མ་ཡིན་པ་ཉིད་ཀྱང་སྐྱེ་སྟེ། དེ་དག་ནི་འཁོར་གྱི་འཁོར་ཞེས་བྱ་སྟེ། དེ་ལྟར་ཆོས་བདག་ཉིད་དང་བཅོ་ལྔ་སྐྱེའོ། །དེ་ལ་རྩ་བའི་སྐྱེ་བས་ནི་བདག་ཉིད་མ་གཏོགས་པར་ཆོས་བཅུ་བཞི་སྐྱེད་པར་བྱེད་དོ། །སྐྱེ་བའི་

སྐྱེ་བས་ནི་རྩ་བའི་སྐྱེ་བ་འབའ་ཞིག་སྐྱེད་པར་བྱེད་དོ། །གནས་པ་ལ་སོགས་པ་དག་ཀྱང་དེ་བཞིན་པས་ཐུག་པ་མེད་པར་ཐལ་བར་མི་འགྱུར་རོ། །ཕྱོགས་སྔ་མ་དེའི་ཚིག་ལེའུར་བྱས་པ་ནི། སྐྱེ་བའི་སྐྱེ་བས་རྩ་བ་ཡི། །སྐྱེ་བ་འབའ་ཞིག་སྐྱེད་པར་བྱེད། །རྩ་བའི་སྐྱེ་བས་སྐྱེ་བ་ཡི། །སྐྱེ་བ་སྐྱེད་པར་བྱེད་པས་ན། །ཞེས་བྱ་བ་སྟེ། སྐྱེ་བའི་སྐྱེ་བས་ནི་སྐྱེ་བ་འབའ་ཞིག་སྐྱེད་པར་བྱེད་ཀྱི། གཞན་སྐྱེད་པར་མི་བྱེད་དོ། །རྩ་བའི་སྐྱེ་བས་ནི་སྐྱེ་བའི་སྐྱེ་བ་སྐྱེད་པར་བྱེད་པ་ཡིན་ནོ། །འདིར་བཤད་པ། དེ་ནི་མང་པོ་ཡང་ཡིན་དེ་ནི་སྣ་ཚོགས་ཀྱང་ཡིན་མོད་ཀྱི༑ དེ་དེ་ལྟ་ནི་མ་ཡིན་ཏེ། གལ་ཏེ་ཁྱོད་ཀྱི་སྐྱེ་བའི་སྐྱེ། །རྩ་བའི་སྐྱེ་བ་སྐྱེད་བྱེད་པ། །ཁྱོད་ཀྱི་རྩ་བས་མ་བསྐྱེད་དེ། །དེ་ནི་ཇི་ལྟར་སྐྱེད་པར་བྱེད། །གལ་ཏེ་ཁྱོད་ཀྱི་སྐྱེ་བའི་སྐྱེ་བས་རྩ་བའི་སྐྱེ་བ་སྐྱེད་པར་བྱེད་ན། ཁྱོད་ཀྱི་རྩ་བའི་སྐྱེ་བས་མ་བསྐྱེད་པའི་སྐྱེ་བའི་སྐྱེ་བ་དེས་རྩ་བའི་སྐྱེ་བ་དེ་ཇི་ལྟར་སྐྱེད་པར་བྱེད། སྐྱེད་པར་མི་བྱེད་པ་ཉིད་དེ། མ་སྐྱེས་པའི་ཕྱིར་སྔོན་བཞིན་ནོ་ཞེས་བྱ་བར་དགོངས་སོ། །གལ་ཏེ་རྩ་བའི་སྐྱེ་བས་བསྐྱེད་པ་ཁོ་ནའི་སྐྱེ་བའི་སྐྱེ་བས་རྩ་བའི་སྐྱེ་བ་སྐྱེད་པར་བྱེད་དོ་ཞེ་ན། འདིར་བཤད་པ། གལ་ཏེ་ཁྱོད་ཀྱི་རྩ་བ་ཡིས༑ ༑བསྐྱེད་པ་དེ་ཡིས་རྩ་སྐྱེད་ན། །དེས་མ་བསྐྱེད་པའི་རྩ་བ་དེས། །དེ་ནི་ཇི་ལྟར་སྐྱེད་པར་བྱེད། །གལ་ཏེ་ཁྱོད་ཀྱི་རྩ་བའི་སྐྱེ་བས་བསྐྱེད་པའི་སྐྱེ་བའི་སྐྱེ་བ་དེས་རྩ་བའི་སྐྱེ་བ་དེ་སྐྱེད་པར་བྱེད་ན། སྐྱེ་བའི་སྐྱེ་བ་དེས་མ་བསྐྱེད་པའི་རྩ་བའི་སྐྱེ་བ་དེས་སྐྱེ་བའི་སྐྱེ་བ་དེ་ཇི་ལྟར་སྐྱེད་པར་བྱེད། སྐྱེད་པར་མི་བྱེད་པ་ཉིད་དེ། མ་སྐྱེས་པའི་ཕྱིར་སྔོན་བཞིན་ནོ་ཞེས་བྱ་བར་དགོངས་སོ། །གལ་ཏེ་རྩ་བའི་སྐྱེ་བ་དང་སྐྱེ་བའི་སྐྱེ་བ་དག་སྐྱེད་བཞིན་པ་ནི་རང་གི་བྱ་བ་བྱེད་པའི་ཕྱིར་ཉེས་པ་མེད་དོ་ཞེ་ན། བཤད་པ། ཁྱོད་ཀྱི་དེ་ནི་སྐྱེ་བཞིན་པ། །མ་སྐྱེས་དེ་ཡིས་གལ་ཏེ་ནི། །དེ་ནི་སྐྱེད་པར་བྱེད་ནུས་ན། །དེ་སྐྱེད་པར་ནི་འདོད་ལ་རག །

ཁྱོད་ཀྱི་རྩ་བའི་སྐྱེ་བའམ། །སྐྱེ་བའི་སྐྱེ་བ་དེ་སྐྱེ་བཞིན་པ་རང་ཉིད་མ་སྐྱེས་པ་དེས་གལ་ཏེ་སྐྱེ་བའི་སྐྱེ་བའམ། རྩ་བའི་སྐྱེ་བ་དེ་སྐྱེད་པར་བྱེད་ནུས་ན་ནི། སྐྱེ་བའི་སྐྱེ་བའམ། རྩ་བའི་སྐྱེ་བ་དེ་སྐྱེད་པར་འདོད་ལ་རག་ན། རྩ་བའི་སྐྱེ་བའམ་སྐྱེ་བའི་སྐྱེ་བ་སྐྱེ་བཞིན་པ་རང་ཉིད་མ་སྐྱེད་པ་དེས་སྐྱེ་བའི་སྐྱེ་བའམ། རྩ་བའི་སྐྱེ་བ་དེ་སྐྱེད་པར་མི་ནུས་ཏེ། མ་སྐྱེས་པའི་ཕྱིར་རམ༏ སྐྱེ་བཞིན་པའི་ཕྱིར་སྔོན་བཞིན་ནམ། སྐྱེ་བར་འདོད་པའི་དངོས་པོ་བཞིན་ནོ་ཞེས་བྱ་བར་དགོངས་སོ། །གལ་ཏེ་ལྷན་ཅིག་འབྱུང་བའི་རྒྱུས་སྐྱེ་བཞིན་པ་ཡང་སྐྱེད་པའི་མཐུ་ཡོད་པའི་ཕྱིར། ལྷན་ཅིག་འབྱུང་བ་མ་སྐྱེས་པ་དག་གམ། སྐྱེ་བཞིན་པ་དག་གིས་མ་སྐྱེས་པའི་ཕྱིར་རམ། སྐྱེ་བཞིན་པའི་ཕྱིར་ཞེས་བྱ་བའི་གཏན་ཚིགས་ཀྱི་དོན་མ་ངེས་པ་ཉིད་དོ་ཞེ་ན། ལྷན་ཅིག་འབྱུང་བ་དག་ཀྱང་འདོད་ཆགས་དང་ཆགས་པ་དག་ལྷན་ཅིག་ཏུ་སྐྱེ་བ་དགག་པའི་སྐབས་སུ་བཀག་པའི་ཕྱིར་དང་། བྱེད་པའི་རྒྱུ་ཡང་བཀག་པའི་ཕྱིར། སྒྲུབ་པ་དེ་མ་ངེས་པ་ཉིད་དུ་བསྟན་པར་མི་ནུས་པས། ཐུག་པ་མེད་པར་ཐལ་བར་འགྱུར་བ་བཟློག་པ་མེད་དོ། །གཞན་དག་གི་ཐུག་པ་མེད་པར་ཐལ་བར་འགྱུར་བ་བཟློག་པའི་ཕྱིར་སྨྲས་པ༏ ཇི་ལྟར་མར་མེས་རང་དང་གཞན། །སྣང་བར་བྱེད་པ་དེ་བཞིན་དུ། །སྐྱེ་བའང་རང་དང་གཞན་གྱི་དངོས། །གཉི་ག་སྐྱེད་པར་བྱེད་པ་ཡིན། །དེའི་ཕྱིར་ཐུག་པ་མེད་པར་ཐལ་བར་འགྱུར་རོ། །འདིར་དོན་གོ་སླ་བ་དང་རྣམ་པར་བཤད་ཟིན་པ་གང་ཡིན་པ་དེ་ནི་རྣམ་པར་བཤད་པར་མི་བྱ་སྟེ། ཚིག་མངས་སུ་དོགས་པའི་ཕྱིར་དང་། དོན་གྲགས་པ་དང་། དོན་རྣམ་པར་བཤད་ཟིན་པ་ལ་འབད་པ་དོན་མེད་པ་ཉིད་ཡིན་པའི་ཕྱིར་རོ། །འདིར་རྗེས་སུ་དཔག་པ་ནི་བཤད་པར་བྱ་སྟེ། སྐྱེ་བ་ནི་རང་དང་གཞན་གྱི་བདག་ཉིད་ཀྱི་ཡུལ་དག་ལ་བྱ་བ་བྱེད་དེ། དེའི་ངོ་བོ་ཉིད་ཡིན་པའི་ཕྱིར་དཔེར་ན་མར་མེ་སྣང་བའི་ངོ་བོ་ཉིད་ཡིན་པས

རང་དང་། གཞན་གྱི་བདག་ཉིད་དག་སྣང་བར་བྱེད་པ་བཞིན་ནོ་ཞེ་ན། དེ་ལ་བཤད་པ་དོན་དམ་པར་སྐྱེ་བ་ནི་སྐྱེད་པར་བྱེད་པའི་ངོ་བོ་ཉིད་ཁོ་ནའོ་ཞེས་བསྒྲུབ་པར་བྱ་བའི་གཏན་ཚིགས་དེའི་ངོ་བོ་ཉིད་ཡིན་པའི་ཕྱིར་ཞེས་བྱ་བ་ཉིད་ཀྱིས་བསྒྲུབ་པར་བྱ་བ་བཞིན་དུ་མ་གྲུབ་པར་བརྗོད་པའི་ཕྱིར་དང་། དམ་བཅས་པའི་དོན་གྱི་ཕྱོགས་གཅིག་པ་ཡིན་པའི་ཕྱིར། དཔེར་ན་སྒྲ་མི་རྟག་སྟེ། མི་རྟག་པའི་ཕྱིར་རོ་ཞེས་བྱ་བ་བཞིན་པས་དེ་ནི་རིགས་པ་མ་ཡིན་ནོ། །ཡང་བཤད་པ། འདི་ལ་དོན་དམ་པར་མར་མེ་ནི་རང་དང་གཞན་གྱི་བདག་ཉིད་དག་གཟུང་བ་ལ་བར་དུ་བཅོད་པའི་མུན་པ་སེལ་བའི་ཕྱིར་སྣང་བར་བྱེད་པ་ཡིན་නོ་ཞེས་བརྗོད་པར་བྱ་གྲང་ན། འདི་ལ་ཇི་སྐད་སྨོས་པའི་སྒྲུབ་པ་དེ་མི་སྲིད་དོ། །ཇི་ལྟ་ཞེ་ན། དེའི་ཕྱིར་འདིར་བཤད་པ། མར་མེ་དང་ནི་གང་དག་ན། །དེ་འདུས་པ་ན་མུན་པ་མེད། །མར་མེས་ཅི་ཞིག་སྣང་བར་བྱེད། །ཅི་ཡང་སྣང་བར་མི་བྱེད་དོ། །ཞེས་བྱ་བའི་ཚིག་གི་དོན་ཏོ། །དེ་ལྟར་ན་འདིར་བསྒྲུབ་པར་བྱ་བའི་ཆོས་མར་མེ་སྣང་བར་བྱེད་པ་ཉིད་མ་ཡིན་པ་དང་། སྒྲུབ་པའི་ཆོས་མར་མེ་རང་དང་གཞན་གྱི་བདག་ཉིད་ལ་མུན་པ་མེད་པ་ཉིད་བསྟན་ཏོ། །དེའི་ཕྱིར་འདིར་རྗེས་སུ་དཔག་པ་ནི་དོན་དམ་པར་མར་མེ་ནི་མར་མེ་རང་དང་གཞན་གྱི་བདག་ཉིད་དག་སྣང་བར་བྱེད་པ་མ་ཡིན་ཏེ། མུན་པ་མེད་པའི་ཕྱིར་དཔེར་ན་ཉི་མ་འོད་ཟེར་གསལ་ཞིང་འཇེབས་པ་དང་ལྡན་པའི་སྣང་བ་བཞིན་ནོ། །ཡང་ན། མར་མེ་དང་ནི་གང་དག་ན། །དེ་འདུག་པ་ན་མུན་པ་མེད། །ཅེས་བྱ་བ་ནི་སྣང་བར་བྱེད་པའི་ཕྱིར་ཏེ། འདིས་ནི་མར་མེའི་ཆོས་ནི་སྣང་བར་བྱེད་པ་ཉིད་ཡིན་པར་སྟོན་ཏོ། །དེའི་ཕྱིར་འདིར་རྗེས་སུ་དཔག་པ་ནི་དོན་དམ་པར་མར་མེ་ནི་མར་མེ་རང་དང་གཞན་གྱི་བདག་ཉིད་དག་སྣང་བར་བྱེད་པ་མ་ཡིན་པར་ཤེས་པར་བྱ་སྟེ། སྣང་བར་བྱེད་པ་ཡིན་པའི་ཕྱིར

དཔེར་ན་ཉི་མ་བཞིན་ནོ། །དེ་བཞིན་དུ་མར་མེ་ནི་སྣང་བར་བྱེད་པ་མ་ཡིན་ཏེ། གཏན་ཚིགས་འབྱུང་བ་ཉིད་དང༌། ཕན་གདགས་པར་བྱ་བ་ཉིད་དང༌། བྱས་པ་ཉིད་དང༌། རྒྱུན་གྱི་དབྱེ་བས་ཐ་དད་པ་ཉིད་ལ་སོགས་པ་དག་གི་ཕྱིར་ས་ལ་སོགས་པ་དག་བཞིན་ནོ་ཞེས་ཀྱང་བརྗོད་པར་བྱའོ། །དེའི་ཕྱིར་དཔེ་མེད་པས་སྒྲུབ་པ་མ་ཚང་བའི་སྐྱོན་ཡོད་དོ། །འདིར་སྨྲས་པ། མུན་པ་སེལ་བས་སྣང་བྱེད་ཡིན། །མར་མེ་སྐྱེ་བཞིན་པས་མུན་པ་སེལ་བར་བྱེད་དེ༑ གང་གི་ཕྱིར་དེས་སྣང་བར་བྱ་བའི་དངོས་པོ་ལ་མུན་པ་མེད་པ་དང༌། སྣང་བར་བྱེད་པས་སྣང་བ་ཡིན་པ་དེའི་ཕྱིར་མུན་པ་སེལ་བས་སྣང་བར་བྱེད་པ་ཡིན་ནོ་ཞེས་སྨྲས་པར་འགྱུར་རོ། །དེའི་མུན་པ་མེད་པའི་ཕྱིར་ཞེས་གང་སྨྲས་པ་དེ་མ་གྲུབ་པས་དེས་ན་གཏན་ཚིགས་ཀྱི་དོན་མ་གྲུབ་པ་ཉིད་དོ། །དཔེ་མེད་པ་ཡང་མ་ཡིན་ཏེ། མར་མེས་སྣང་བར་བྱ་བའི་དོན་དམིགས་པའི་ཕྱིར་རོ། །འདིར་བཤད་པ། ཇི་ལྟར་མར་མེ་སྐྱེ་བཞིན་པས། །མུན་པ་སེལ་བར་བྱེད་པ་ཡིན། །ཇི་ལྟར་ཞེས་བྱ་བ་ནི་མི་སྲིད་པ་ལ་སྐེགས་ཏེ། ཇི་ལྟར་སེལ་བར་བྱེད་དེ། སེལ་བར་མི་བྱེད་པ་ཉིད་དོ་ཞེས་བྱ་བའི་ཚིག་གི་དོན་ཏོ། །མར་མེ་སྐྱེ་བཞིན་པའི་ཞེས་བྱ་བ་འདིས་ནི་སྐྱེ་བཞིན་པའི་ཆོས་སྐྱེ་བཞིན་པ་ཉིད་བསྟན་ཏེ། དེ་ནི་བསྒྲུབ་པར་བྱ་བ་དང༌། སྒྲུབ་པའི་ཆོས་ཉེ་བར་གཞག་པ་ཡིན་ནོ། །གང་ཚེ་མར་མེ་སྐྱེ་བཞིན་པ།། མུན་པ་དང་ནི་ཕྲད་པ་མེད། །ཅེས་བྱ་བ་ནི་ཆོས་མཐུན་པའི་དཔེ་ཉེ་བར་གཞག་པ་ཡིན་ཏེ། དཔེར་ན་སྒྲ་བྱས་པ་ཇི་ལྟར་རྟག་སྟེ། བུམ་པ་བྱས་པ་མི་རྟག་པ་བཞིན་ནོ་ཞེས་བྱ་བ་ལྟ་བུའོ༑ ༑དེ་ལ་འདིར་རྗེས་སུ་དཔག་པ་ནི་དོན་དམ་པར་མར་མེ་ནི་མི་མཐུན་པའི་ཕྱིར་སེལ་བར་བྱེད་པ་མ་ཡིན་ཏེ། སྐྱེ་བཞིན་པ་ཡིན་པའི་ཕྱིར་དཔེར་ན་མུན་པས་མར་མེ་བཞིན་ནོ།། གལ་ཏེ་ཤེས་པ་དང་ཤེས་པ་མ་ཡིན་པ་དག་གིས་མ་ངེས་པ་ཉིད་དོ་ཞེ་ན། བསྒྲུབ་པར་བྱ་

བའི་ཁོངས་སུ་གཏོགས་པའི་ཕྱིར། དེ་བཞིན་དུ་བཀག་པས་མ་ངེས་པ་ཉིད་མ་ཡིན་ནོ།། ཡང་ན་སྐྱེ་བཞིན་པ་ནི་མངོན་པར་མ་གྲུབ་པ་སྟེ། མར་མེ་ནི་སྣང་བར་བྱེད་པ་མ་ཡིན་ཏེ། མངོན་པར་མ་གྲུབ་པའི་ཕྱིར། དཔེར་ན་བུ་མ་སྐྱེས་པས་བྱ་བ་མི་ནུས་པ་བཞིན་ནོ། །ཡང་ན༔ ཇི་ལྟར་མར་མེ་སྐྱེ་བཞིན་པས། །མུན་པ་སེལ་བར་བྱེད་པ་ཡིན། །ཞེས་བྱ་བས་ནི་དཔེ་ལ་ཁྱད་པ་མེད་པ་བརྗོད་པའི་ཕྱིར་མར་མེའི་ཆོས་ཁྱད་པ་མེད་པ་ཡིན་པར་བསྟན་ཏོ།། གང་ཚེ་མར་མེ་སྐྱེ་བཞིན་པ། །མུན་པ་དང་ནི་ཁྲད་པ་མེད། །ཅེས་བྱ་བ་ནི་ཆོས་མཐུན་པའི་དཔེའི་ཚིག་ཡིན་ནོ། །འདིར་རྗེས་སུ་དཔག་པ་ནི་དོན་དམ་པར་མར་མེ་སྐྱེ་བཞིན་པ་ནི་མུན་པ་སེལ་བར་བྱེད་པ་མ་ཡིན་ཏེ། ཁྲད་པ་མེད་པའི་ཕྱིར་དཔེར་ན་འཇིག་རྟེན་གྱི་བར་གྱི་མུན་ནག་སྣང་བ་མེད་པ་བཞིན་ནོ། །ཡང་ན་དོན་དམ་པར་མར་མེ་ནི་མུན་པ་སེལ་བར་བྱེད་པ་མ་ཡིན་ཏེ། མི་མཐུན་པའི་ཕྱོགས་དང་ཁྲད་པ་མེད་པའི་ཕྱིར་དཔེར་ན་མུན་པ་བཞིན་ནོ། །གལ་ཏེ་མངོན་སྤྱོད་ཀྱི་ལས་བཞིན་དུ་ཁྲད་པ་མེད་པར་ཡང་སྣང་བས་མུན་པ་སེལ་བའི་ཕྱིར་མ་ངེས་པ་ཉིད་དོ་ཞེ་ན། དེ་ལ་ཡང་ལས་ལ་སྣང་བ་མེད་པའི་ཕྱིར་དང་། དགྲ་བོའི་ཕྱིར་ལས་བྱས་པས་རིག་སྔགས་ཀྱི་ལྷ་དག་གིས་ཁྲད་པ་ཁོ་ནས་མི་འདོད་པ་བྱེད་པའི་ཕྱིར་མ་ངེས་པ་ཉིད་མ་ཡིན་ནོ། །ཅི་སྟེ་ཡང་། རང་གི་ཕྱོགས་ལ་ཆགས་པས་མིག་ཁེབས་པར་གྱུར་པ་ཉིད་ཀྱིས་འདི་སྐད་ཅེས། མར་མེས་ཁྲད་པ་མེད་པར་སྣང་བར་བྱེད་པ་མཐོང་གི །མུན་པས་ཁྲད་པ་མེད་པར་སྣང་བར་བྱེད་པ་ནི་མ་མཐོང་ངོ་ཞེས་ཟེར་ན༔ དཔེ་བསྒྲུབ་པའི་ཕྱིར་དེ་ནི་མི་གནོད་དོ། །དེ་ཉིད་བརྟག་པར་བྱ་སྟེ། ཅི་མཐོང་བ་དེ་ཇི་ལྟར་མཐོང་བ་བཞིན་ནམ། འོན་ཏེ་གཞན་ཞིག་ཡིན། མར་མེས་ཁྲད་པ་མེད་པར་སྣང་བར་བྱེད་པ་མཐོང་བ་ནི་དེ་ལྟར་མ་ཡིན་ཏེ། ཅི་སྟེ་མར་མེས་ཁྲད་པ་མེད་པར་ཡང་མུན་པ

སེལ་བར་འདོད་ན་ནི་འདི་ཡང་འདོད་པར་གྱིས་ཤིག མར་མེ་ཕྲད་པ་མེད་པ་ཡང་། །
གལ་ཏེ་མུན་པ་སེལ་བྱེད་ན། །འཇིག་རྟེན་ཀུན་ན་གནས་པའི་མུན། །འདི་ན་འདུག་པ་
ངེས་བསལ་འགྱུར། །དེ་ནི་མི་འདོད་པས་དེའི་ཕྱིར་མར་མེས་ཕྲད་པ་མེད་པར་མུན་པ་
སེལ་བར་བྱེད་དོ་ཞེས་བྱ་བ་དེ་ཡང་འདོད་པར་མ་བྱེད་ཅིག །ཡང་གཞན་ཡང་། ཁྱོད་
འདོད་པ་ལྟར་མུན་པ་སེལ་བར་བྱེད་པའི་ཕྱིར། མར་མེ་རང་དང་གཞན་གྱི་དངོས། །གལ་
ཏེ་སྣང་བར་བྱེད་གྱུར་ན། །མུན་པའང་རང་དང་གཞན་གྱི་དངོས། །སྒྲིབ་པར་འགྱུར་བར་
ཐེ་ཚོམ་མེད། །དེ་ནི་མི་འདོད་དོ། །རང་དང་གཞན་གྱི་དངོས་པོ་དག་སྒྲིབ་པར་མི་བྱེད་
པར་འདོད་དེ། དེའི་ཕྱིར་དེ་ནི་ཆོས་མཐུན་པའི་དཔེའི་ཚིག་ཡིན་ནོ། །འདིར་རྗེས་སུ་
དཔག་པ་ནི་དོན་དམ་པར་མར་མེ་ནི་རང་དང་གཞན་གྱི་བདག་ཉིད་ལ་ཡོད་པའི་མི་
མཐུན་པའི་ཕྱོགས་སེལ་བར་བྱེད་པ་མ་ཡིན་ཏེ། མི་མཐུན་པའི་ཕྱོགས་དང་བཅས་པ་ཡིན་
པའི་ཕྱིར། དཔེར་ན་མུན་པ་བཞིན་ནོ། །ཡང་ན་དོན་དམ་པར་མར་མེ་ནི་མུན་པ་སེལ་
བར་བྱེད་པ་མ་ཡིན་ཏེ། མི་མཐུན་པའི་ཕྱོགས་དང་བཅས་པ་ཡིན་པའི་ཕྱིར། དཔེར་ན་
གྲིབ་མ་བཞིན་ནོ། །དེའི་ཕྱིར་དེ་ལྟར་མར་མེ་རང་དང་གཞན་གྱི་བདག་ཉིད་དག་སྣང་
བར་བྱེད་པ་གསལ་བས་དཔེ་མེད་དོ། །དེས་ན་ཕ་རོལ་པོས་མར་མེ་བཞིན་དུ་སྐྱེ་བ་ཡང་
རང་དང་གཞན་གྱི་དངོས་པོ་དག་སྐྱེད་པར་བྱེད་པས་ཐུག་པ་མེད་པར་ཐལ་བར་མི་འགྱུར་
རོ་ཞེས་གང་སྨྲས་པ་དེ་དེ་བཞིན་དུ་གནས་པ་ཉིད་དོ། །ཡང་གཞན་ཡང་། སྐྱེ་བས་ཇི་ལྟར་
རང་གི་བདག་ཉིད་སྐྱེད་པར་འདོད། ཇི་སྐྱེས་པས་སམ། འོན་ཏེ་མ་སྐྱེས་པས་སྐྱེད་པར་བྱེད།
དེས་ཅིར་འགྱུར། གལ་ཏེ་མ་སྐྱེས་པས་སོ་ཞེ་ན། སྐྱེ་བ་འདི་ནི་མ་སྐྱེས་པས། །རང་གི་
བདག་ཉིད་ཇི་ལྟར་སྐྱེད། །སྐྱེ་བ་མ་སྐྱེས་པས་རང་གི་བདག་ཉིད་སྐྱེད་པར་མི་བྱེད་པ་ཉིད་

དེ༑ མེད་པའི་ཕྱིར་སྔོན་བཞིན་ནོ་ཞེས་བྱ་བར་དགོངས་སོ། །ཇི་སྟེ་སྐྱེས་པས་སོ་ཞེ་ན། ཅི་སྟེ་སྐྱེས་པས་སྐྱེད་བྱེད་ན། །སྐྱེས་ན་ཅི་ཞིག་སྐྱེད་དུ་ཡོད། །སྐྱེས་པ་ལ་སྐྱེ་བའི་བྱ་བ་དོན་མེད་པ་ཉིད་དུ་འགྱུར་བའི་ཕྱིར་རོ་ཞེས་བྱ་བར་དགོངས་སོ། །དེའི་ཕྱིར་དེ་ལྟར་བརྟགས་ན་སྐྱེ་བས་རང་གི་བདག་ཉིད་སྐྱེད་པར་བྱེད་པ་ཉིད་མི་སྲིད་པས་ཐུག་པ་མེད་པར་ཐལ་བར་འགྱུར་བ་ལྡོག་པ་མེད་དོ། །སྐྱེ་བ་ལ་སོགས་པ་དག་འདུས་མ་བྱས་ཉིད་ཡིན་ན་ཡང་འདུས་མ་བྱས་ཡིན་པའི་ཕྱིར། དེ་དག་འདུས་བྱས་མིན་ཞེས་བྱ་བ་དེ་དེ་བཞིན་དུ་གནས་པ་ཉིད་ཡིན་པས། སྐྱེ་བ་ལ་སོགས་པ་འདུས་བྱས་ཀྱི་མཚན་ཉིད་དག་དང་ལྡན་པའི་ཕྱིར་རོ་ཞེས་བྱ་བའི་གཏན་ཚིགས་ཀྱི་དོན་མ་གྲུབ་པ་ཉིད་ཀྱི་སྐྱོན་ཡོད་དོ། །ཡང་གཞན་ཡང་། སྐྱེ་བར་སྨྲ་བ་དག་ལ་ཇི་སྐྱེ་བས་སྐྱེས་པའམ། མ་སྐྱེས་པའམ། སྐྱེ་བཞིན་པའམ། ཅི་ཞིག་སྐྱེད་པར་བྱེད་ཅེས་དྲི་བར་བྱ་སྟེ། རྣམ་པ་ཐམས་ཅད་ཀྱང་རིགས་པ་མ་ཡིན་པ་ཉིད་དུ་དགོངས་ནས་བཤད་པ། སྐྱེས་དང་མ་སྐྱེས་སྐྱེ་བཞིན་པ། །ཇི་ལྟ་བུར་ཡང་སྐྱེད་མི་བྱེད། །ཇི་ལྟ་ཞེ་ན། སོང་དང་མ་སོང་བགོམ་པ་ཡིས། །དེ་དག་རྣམ་པར་བཤད་པ་ཡིན། །ཇི་ལྟར་དེར་རྗེས་སུ་དཔག་པ་རྒྱས་པར་བསྟན་པ་བཞིན་དུ་འདིར་ཡང་བརྗོད་པར་བྱ་སྟེ། དོན་དམ་པར་སྐྱེ་བཞིན་པ་སྐྱེད་པར་མི་བྱེད་དེ། ངོ་བོ་ཉིད་ངེས་པར་མ་ཟིན་པའི་ཕྱིར། དཔེར་ན་འགག་བཞིན་པ་བཞིན་ནོ། །ཡང་ན་དོན་དམ་པར་སྐྱེ་བཞིན་པ་སྐྱེད་པར་མི་བྱེད་དེ། དུས་གཞན་དུ་འཕོ་བ་ལ་མངོན་པར་ཕྱོགས་པའི་ཕྱིར་དཔེར་ན་འགག་བཞིན་པ་བཞིན་ནོ༑ ༑ཅི་སྟེ་སྐྱེ་བཞིན་པ་ཞེས་བྱ་བ་དེ་ཅུང་ཟད་ནི་སྐྱེས་ཅུང་ཟད་ནི་མ་སྐྱེས་པའོ་ཞེས་བྱ་བར་རྟོག་ན། དེ་ལྟ་ན་ཡང་དེའི་གང་ཅུང་ཟད་སྐྱེས་པ་དེ་ནི་སྐྱེད་པར་མི་བྱེད་དེ། དེའི་སྐྱེ་བ་དོན་མེད་པ་ཉིད་དུ་འགྱུར་བའི་ཕྱིར་རོ། །དེ་ནི་གང་ཅུང་ཟད་མ་སྐྱེས་པ་དེ་ཡང་སྐྱེད་

པར་མི་བྱེད་དེ། སྐྱེ་བས་སྟོང་པའི་ཕྱིར་དཔེར་ན་མ་འོངས་པ་བཞིན་ནོ། །གལ་ཏེ་སྐྱེ་བཞིན་པ་ཞེས་བྱ་བ་ནི་སྐྱེ་བ་ལ་མངོན་པར་ཕྱོགས་པའོ་ཞེ་ན། བརྒྱལ་ཞིང་བརྟག་པ་ནི་དེ་གང་ཞིག་ཡིན། སྐྱེས་པ་ཞིག་གམ། འོན་ཏེ་མ་སྐྱེས་པ་ཞིག་ཡིན་ཞེས་བྱ་བ་དེ་ཉིད་ཡིན་ནོ། །ལན་ཀྱང་སྐྱེས་པ་ནི་སྐྱེད་པར་མི་བྱེད་དེ། དེའི་སྐྱེ་བ་དོན་མེད་པ་ཉིད་དུ་འགྱུར་བའི་ཕྱིར་རོ༑ ༑མ་སྐྱེས་པ་ཡང་སྐྱེད་པར་མི་བྱེད་དེ། སྐྱེ་བས་སྟོང་པའི་ཕྱིར་དཔེར་ན་མ་འོངས་པའི་བཞིན་ནོ་ཞེས་བྱ་བ་དེ་ཉིད་ཡིན་ནོ། །འདིར་སྨྲས་པ། ངོ་བོ་ཉིད་ངེས་པར་མ་ཟིན་པའི་ཕྱིར་ཞེས་བྱ་བའི་གཏན་ཚིགས་དེའི་དོན་གང་ཡིན་ཅི་མངོན་སུམ་གྱིས་ངོ་བོ་ཉིད་ངེས་པར་མ་ཟིན་པའི་ཕྱིར་རམ། འོན་ཏེ་རྗེས་སུ་དཔག་པས་ངོ་བོ་ཉིད་ངེས་པར་མ་ཟིན་པའི་ཕྱིར་ཡིན༑ དེ་ལ་བརྟག་པ་སྔ་མ་ལྟར་ན་ནི་མ་ངེས་པ་ཉིད་དེ། མངོན་སུམ་གྱིས་ངོ་བོ་ཉིད་ངེས་པར་མ་ཟིན་པའི་དངོས་པོ་ལ་ཡང་སྐྱེ་བཞིན་པ་ཡོད་པའི་ཕྱིར་རོ། །བརྟག་པ་ཕྱི་མ་ལྟར་ན་ནི་མ་གྲུབ་པ་ཉིད་དེ་སྐྱེ་བ་ལ་བརྟེན་ནས་སྐྱེ་ཞིང་སྐྱེ་བས་སྐྱེ་བཞིན་པ་རྗེས་སུ་དཔག་པའི་ཕྱིར་རོ། །འདིར་བཤད་པ། དངོས་པོ་ཐམས་ཅད་ཀྱི་རང་བཞིན་ངོ་བོ་ཉིད་མེད་པ་ཉིད་དུ་སྨྲ་བ་རྣམས་ལ་མངོན་སུམ་དང་། རྗེས་སུ་དཔག་པས་དམིགས་པའི་དངོས་པོའི་ཡོད་པ་ཉིད་མེད་པས་མི་མཐུན་པའི་ཕྱོགས་མེད་པའི་ཕྱིར་མ་ངེས་པ་ཉིད་མ་ཡིན་ནོ། །དོན་མ་གྲུབ་པ་ཉིད་ཀྱང་མ་ཡིན་ཏེ། གལ་ཏེ་ཇི་ལྟ་ཞེ་ན། གང་ཚེ་སྐྱེ་བ་ཡོད་པས་ནི། །སྐྱེ་བཞིན་འདི་འབྱུང་མེད་པའི་ཚེ། །ཁྱེད་ན་རེ། སྐྱེ་བ་ལ་བརྟེན་ནས་སྐྱེ་བཞིན་པ་སྐྱེ་བས་སྐྱེ་བཞིན་པ་རྗེས་སུ་དཔག་པར་བྱའོ་ཞེས་ཟེར་བ་དེ་ཉིད་འདིར་བརྟག་པར་བྱ་སྟེ། ཅི་སྟེ་ཡོད་པའམ༑ མེད་པའམ། ཡོད་མེད་ཅིག་ཡིན་གྲང་ན། དེ་དག་དགག་པ་ཡང་རྒྱས་པར་བསྟན་ཟིན་པས། ཇི་ལྟར་སྐྱེ་ལ་བརྟེན་ནས་ནི། །སྐྱེ་བཞིན་ཞེས་ནི་བརྗོད་པར་བྱ། །དེའི་ཚེ་ཇི་

ལྟར་སྐྱེ་བ་ལ་བརྟེན་ནས་སྐྱེ་བཞིན་པ་སྐྱེད་དོ་ཞེས་བརྗོད་པར་བྱ། དེ་ལྟ་བས་ན་རྗེས་སུ་དཔག་པ་མེད་པའི་ཕྱིར། ངོ་བོ་ཉིད་ངེས་པར་མ་ཟིན་པའི་ཕྱིར་ཞེས་བྱ་བའི་གཏན་ཚིགས་ཀྱི་དོན་མ་གྲུབ་པ་ཉིད་མ་ཡིན་ནོ། །འདིར་སྨྲས་པ། དཔེར་ན་མི་མཁས་པ་ལ་ལ་ཞིག་མཆོན་ཐབས་མཁས་པས་མི་གསོད་ཅིང་། སྐྱེས་བུ་དམ་པ་མ་ཡིན་པའི་སྤྱོད་པ་ཀུན་དུ་སྤྱོད་པར་བྱེད་པ་དེ་བཞིན་དུ། ཁྱོད་ཀྱང་རྟོག་གེ་ལ་མཁས་པས་དྲང་སྲོང་མཆོག་གིས་གསུངས་པའི་རྟེན་ཅིང་འབྲེལ་བར་འབྱུང་བའི་ཚུལ་ཉན་ཐོས་དང་རང་སངས་རྒྱས་ཀྱི་སྐྱེད་མ་སུན་འབྱིན་ཅིང་། འཕགས་པ་མ་ཡིན་པའི་སྤྱོད་པ་རྗེས་སུ་སྒྲུབ་པས་སྤྱར་ཁས་བླངས་པའི་གནོད་པར་འགྱུར་རོ། །འདིར་བཤད་པ། གདུལ་བ་རྒྱུ་དང་འབྲས་བུ་ལ་སྐུར་པ་འདེབས་པ་ལྟ་བ་ངན་པ་དགེ་བའི་ཕྱོགས་རྩ་ནས་འབྱིན་པ་དང་ལྡན་པ་རྣམས་ཀྱི་ལྟ་བ་ངན་པའི་དྲི་མ་བཀྲུ་བའི་ཕྱིར། འདི་སྐད་ཅེས་འདི་ལྟ་སྟེ། འདི་ཡོད་པས་འདི་འབྱུང་ལ། འདི་སྐྱེས་པའི་ཕྱིར་འདི་སྐྱེ་བ་འདི་ལྟ་སྟེ། མ་རིག་པའི་རྐྱེན་གྱིས་འདུ་བྱེད་རྣམས་ཞེས་བྱ་བ་ལ་སོགས་པ་གང་གསུངས་པ་དེ་ཀུན་རྫོབ་ཏུ་གསུངས་ཀྱི། དོན་དམ་པར་མ་གསུངས་པར་ཁས་ལེན་པས་ཁས་བླངས་པའི་གནོད་པར་མི་འགྱུར་རོ། །འདི་ཡང་བསྟན་ཟིན་ཏོ། གང་དུ་ཅི་བསྟན་ཞེ་ན། དངོས་པོ་རང་བཞིན་མེད་རྣམས་ཀྱི། །ཡོད་པ་གང་ཕྱིར་ཡོད་མིན་ན། ། །འདི་ཡོད་པས་ནི་འདི་འབྱུང་ཞེས། །བྱ་བ་དེ་ནི་འཐད་མ་ཡིན། །ཞེས་བྱ་བ་དེར་དེ་བསྟན་ཟིན་ཏོ། །འདིར་ཡང་བཤད་པ། རྟེན་ཅིང་འབྱུང་བ་གང་ཡིན་པ། །དེ་ནི་ངོ་བོ་ཉིད་ཀྱིས་ཞི། །དངོས་པོ་རྟེན་ཅིང་འབྲེལ་བར་འབྱུང་བ་གང་ཡིན་པ། དེ་ནི་དོན་དམ་པར་ངོ་བོ་ཉིད་ཀྱིས་ཞི་བ་སྟེ། སྐྱེ་བ་མེད་དོ་ཞེས་བྱ་བའི་དོན་ཏོ། །བཅོམ་ལྡན་འདས་ཀྱིས། གང་ཞིག་རྐྱེན་ལས་སྐྱེ་བ་དེ་མ་སྐྱེས། །དེ་ལ་ངོ་བོ་ཉིད་ཀྱིས་སྐྱེ་བ་མེད། །གང་ཞིག་རྐྱེན་ལ་

ལྟོས་པ་དེ་སྟོང་གསུངས། །གང་གིས་སྟོང་ཉིད་ཤེས་དེ་བག་ཡོད་ཡིན། །ཞེས་བྱ་བ་དང་། དེ་བཞིན་དུ། གང་དག་བརྟེན་ནས་སྐྱེ་བ་ནི། །དེ་དག་དངོས་ཉིད་གང་ཡང་མེད། །གང་དག་ངོ་བོ་ཉིད་མེད་པ། །དེ་དག་གར་ཡང་འབྱུང་མི་འགྱུར། །ཞེས་བྱ་བ་དང་། དེ་བཞིན་དུ་བློ་གྲོས་ཆེན་པོ་ངོ་བོ་ཉིད་ཀྱིས་སྐྱེ་བ་མེད་པ་ལས་དགོངས་ནས། ཆོས་ཐམས་ཅད་ངོ་བོ་ཉིད་མེད་པར་བསྟན་ཏོ་ཞེས་བྱ་བ་ལ་སོགས་པ་ཇི་སྐད་གསུངས་པ་ལྟ་བུའོ། །དེའི་ཕྱིར་དེ་ལྟར་ཕ་རོལ་པོ་དག་ཞེ་འགྲུས་པའི་བློ་ཉིད་ཀྱིས་སུན་འབྱིན་པ་ཉེ་བར་འཛོག་པས་རྗེས་སུ་སྨྲབ་པ་ནི་དཔེར་ན་ཟླ་བའི་དཀྱིལ་འཁོར་དྲི་མ་མེད་པ་ལ་དྲི་མ་ཅན་དུ་བྱ་བའི་ཕྱིར་ཐལ་བ་སྤུར་གང་འཐོར་བ་དང་འདྲའོ། །དེའི་ཕྱིར་སྐྱེ་བཞིན་ཉིད་དང་ནི། །སྐྱེ་བ་ཡང་ནི་ཞི་བ་ཉིད། །དེ་ལྟར་གང་གི་ཕྱིར་ཡང་དག་པར་བརྟགས་ན། རྟེན་ཅིང་འབྱུང་བ་ལ་སྐྱེ་བ་མེད་དེ་སྒྱུ་མ་ལྟ་བུ་ཡིན་པ་དེའི་ཕྱིར་སྐྱེ་བཞིན་པ་ཉིད་དང་། སྐྱེ་བ་ཡང་ཞི་བ་ཉིད་ཡིན་ནོ།། དེ་ལ་ཕ་རོལ་པོས་སྐྱེ་བ་ལ་བརྟེན་ནས། དོན་དམ་པར་སྐྱེ་བཞིན་པ་རྗེས་སུ་དཔག་པར་བྱའོ་ཞེས་གང་སྨྲས་པ་དེ་ཡང་དག་པ་མ་ཡིན་ནོ། །གཞན་དག་གིས་སྨྲས་པ། རྒྱུ་དང་རྐྱེན་དེ་དང་དེ་དག་ལ་བརྟེན་ནས་བུམ་པ་སྐྱེ་བ་དང་། སྣམ་བུ་སྐྱེ་བ་དེ་དག་མཐོང་སྟེ། མཐོང་བ་ལས་ལྷག་པའི་ཚད་མ་གཞན་མེད་པས། སྐྱེས་དང་མ་སྐྱེས་སྐྱེ་བཞིན་པ། །ཇི་ལྟ་བུར་ཡང་སྐྱེད་མི་བྱེད། །ཅེས་གང་སྨྲས་པ་དེ་ནི་རིགས་པ་མ་ཡིན་ནོ། །འདིར་བཤད་པ། ཚུལ་ཁྲིམས་ལ་སོགས་པ་ཚོགས་ཀྱི་རྗེས་སུ་མཐུན་པ་དག་མཐོང་བ་ལ་སུ་ཞིག་འགལ་བར་བྱེད་དེ། དེ་དག་ནི་ཐ་སྙད་པ་ཡིན་གྱི། དོན་དམ་པ་པ་ནི་མ་ཡིན་ནོ། །དེ་བས་ན་དེ་དག་ལ་སོགས་པ་ལ་མངོན་པར་ཞེན་པ་སྤང་བར་འདོད་པས་བསྟན་བཅོས་བརྩམས་པས་ཉེས་པ་མེད་དོ། །ཅི་སྟེ་བུམ་པ་སྐྱེའོ་ཞེས་བྱ་བ་དང་། སྣམ་བུ་སྐྱེའོ་ཞེས་བྱ་བ་དེ་དག་ཐ་སྙད་པ

ཡིན་གྱི་དོན་དམ་པ་མ་ཡིན་པར་ཇི་ལྟར་ངེས་པར་གཟུང་བར་བྱ་ཞེ་ན། དེ་ཉོན་ཅིག་འདི་ལ་སྐྱེས་ན་བུམ་པ་དང་། སྣམ་བུ་ཡིན་གྱི་མ་སྐྱེས་ན་ནི་མ་ཡིན་ནོ། །སྐྱེས་པ་ལ་ནི་ཡང་སྐྱེ་བ་མེད་པའི་ཕྱིར་བུམ་པ་དང་སྣམ་བུ་སྐྱེའོ་ཞེས་བྱ་བ་དེ་མི་འཐད་དོ། །ཅི་སྟེ་མ་སྐྱེས་ཀྱང་བུམ་པ་བློ་ལ་བཞག་ནས་མིང་སྒྲོ་བཏགས་ཏེ་བུམ་པ་སྐྱེའོ་ཞེས་བརྗོད་ན་ནི་ཐ་སྙད་ཙམ་དུ་ཟད་དེ། བློ་ལ་བཞག་པའི་བུམ་པ་ལ་ནི་སྐྱེ་བ་མེད་པའི་ཕྱིར་རོ། །ཁྱེ་བྲག་ཏུ་སྨྲ་བ་རྣམས་གང་དག་གཟུགས་ལ་སོགས་པ་དང་བུམ་པ་ལ་སོགས་དག་དུས་འཕོ་བའི་ཕྱིར་ཡོད་པ་ཁོ་ན་ལས་སྐྱེ་བར་རྟོག་ན་དེ་ཡང་རིགས་པ་མ་ཡིན་ཏེ། གལ་ཏེ་དངོས་པོ་མ་སྐྱེས་པ༑ ༑འགའ་ཞིག་གང་ན་ཡོད་གྱུར་ན། །གལ་ཏེ་བུམ་པ་དང་། སྣམ་བུ་ལ་སོགས་པ་དངོས་པོ་མ་སྐྱེས་པ་འགའ་ཞིག་རྒྱེན་རྣམས་སམ། དེ་དག་འདུས་པའི་གཞན་ལ་ཡོད་པར་གྱུར་ན༑ དེ་ནི་ཅི་ཕྱིར་དེར་སྐྱེ་འགྱུར། །ཡོད་པ་དེ་ཅིའི་ཕྱིར་དུས་དེར་སྐྱེ་བར་འགྱུར་ཏེ། ཡོད་པ་སྐྱེ་བ་ནི་དོན་མེད་པ་ཉིད་དུ་འགྱུར་བའི་ཕྱིར་རོ་ཞེས་བྱ་བར་དགོངས་སོ། །དེའི་ཕྱིར་ཡོད་ན་སྐྱེ་བར་མི་འགྱུར་རོ་ཞེས་བྱ་བ་སྨྲས་ཏེ། དེ་ལྟར་ན་འདིས་ནི་སྐྱེ་བའི་སྐྱོན་རོལ་ན། དངོས་པོ་མ་སྐྱེས་པ་ཡོད་པར་སྨྲ་བ་རྣམས་ཀྱི་དམ་བཅས་པ་ནི་ཡོད་པ་ཉིད་དུ་རྗེས་སུ་དཔག་པས་སྐྱེ་བ་མེད་པ་དང་ལྡན་པ་ཉིད་ཀྱིས་སྐྱེ་བ་བསལ་བའི་ཕྱིར་ཡོད་པར་སྨྲ་བ་རྣམས་ཀྱི་རྗེས་སུ་དཔག་པ་ལ་གནོད་པའི་སྐྱོན་བསྟན་ཏོ། །དུས་འཕོ་བར་སྨྲ་བ་རྣམས་ལ་ཡང་ཡོད་པ་ཉིད་དུ་རྗེས་སུ་དཔོག་པས་ད་ལྟར་གྱི་དུས་སུ་འཕོ་བ་མེད་པ་ཉིད་ཀྱིས་ད་ལྟར་གྱི་དུས་སུ་འཕོ་བ་བསལ་བའི་ཕྱིར་སྐྱོན་དེ་ཉིད་ཡོད་དོ། །འདིས་ནི་དངོས་པོ་དང་མཚན་ཉིད་དང་གནས་སྐབས་དང་གཞན་པ་གཞན་དུ་འགྱུར་བ་ཞེས་བྱ་བ་དག་གིས་ལན་བཏབ་པ་ཡིན་ནོ། །གལ་ཏེ་གྲངས་ཅན་དག་དངོས་པོ་དག་ཡོད་པ་ཉིད་གསལ་བར་བྱེད་

པས་སྐྱོན་མེད་དོ་ཞེ་ན། དེ་ནི་རིགས་པ་མ་ཡིན་ཏེ། གསལ་བར་བཀག་ཟིན་པའི་ཕྱིར་རོ།། མ་སྐྱེས་པ་ཡོད་པ་ཇི་ལྟར་ཞེས་པར་བྱར་ནུས། གྲངས་ཅན་དང་། བྱེ་བྲག་ཏུ་སྨྲ་བ་དག་ན་རེ་མ་སྐྱེས་པ་ནི་ཡོད་པ་ཁོ་ནར་ཤེས་པར་བྱར་ནུས་ཏེ། དུས་ཀྱིས་བསྡུས་པའི་ཕྱིར་ད་ལྟར་གྱི་དངོས་པོ་བཞིན་ནོ་ཞེ་ན། དོན་དམ་པར་ད་ལྟར་གྱི་དངོས་པོ་ཡང་ངོ་བོ་ཉིད་ཡོད་པ་ཉིད་དུ་མ་གྲུབ་པས་དཔེ་མེད་པའི་ཕྱིར། འདོད་པའི་དོན་མི་འགྲུབ་བོ། །འདིས་ནི་གཟུགས་ལ་སོགས་པ་དག་སྔ་ན་མེད་པ་དང་ཞིག་ནས་མེད་པ་ཉིད་སྒྲུབ་པ་ལ་ཡང་། སྐྱོན་གྱི་ལན་བཏབ་པར་རིག་པར་བྱའོ། །ཐ་སྙད་ཀྱི་བདེན་པ་ལ་ཡང་གནོད་པར་ཡང་མི་འགྱུར་ཏེ། ད་ལྟར་གྱི་གཟུགས་ལ་སོགས་པའི་དངོས་པོ་དག་སྒྱུ་མ་ལ་སོགས་པ་བཞིན་དུ་ཡོད་པ་ཉིད་དུ་ཁས་བླངས་པའི་ཕྱིར་དང་། ཐ་སྙད་དུ་གཟུགས་ལ་སོགས་པ་དག་བརྟགས་པའི་དངོས་པོ་ཡོད་པ་ཉིད་དུ་ཁས་བླངས་པའི་ཕྱིར་རོ། །ཞར་ལ་བཤད་པས་ཆོག་གོ། སྐབས་འདིར་བསྡུ་བར་བྱ་སྟེ། དེ་ལྟར་རེ་ཞིག སྐྱེས་དང་མ་སྐྱེས་སྐྱེ་བཞིན་པ། །ཇི་ལྟ་བུར་ཡང་སྐྱེ་མི་བྱེད༏ ༏ཅེས་བྱ་བ་དེ་བཤད་ཟིན་ཏོ། །ཡང་བཤད་པ། གལ་ཏེ་སྐྱེ་བ་དེ་ཡིས་ནི། །སྐྱེ་བཞིན་པ་ནི་སྐྱེད་བྱེད་ན། །གལ་ཏེ་ཁྱོད་འདོད་པ་ལྟར་སྐྱེ་བ་དེས་སྐྱེ་བཞིན་པ་སྐྱེད་པར་བྱེད་ན། འོ་ན་དེས་ན། སྐྱེ་བ་དེ་ནི་སྐྱེད་བྱེད་པ། །ཡིན་ཏེ་སྐྱེད་པར་བྱེད་པ་ནི་སྐྱེ་བ་མ་ཡིན་ཏེ། སྐྱེད་པར་བྱེད་པ་པོ་ཡིན་པའི་ཕྱིར། དཔེར་ན་ཕ་བུའི་སྐྱེ་བ་མ་ཡིན་པ་བཞིན་ནོ། །དེ་ལྟར་ན༏ སྐྱེ་བ་ཡང་ནི་གང་ཞིག་ཡིན། །སྐྱེ་བ་ལ་སྐྱེ་བའི་ངོ་བོ་ཉིད་མེད་དོ་ཞེས་བྱ་བའི་ཐ་ཚིག་གོ ༏དེ་ལྟ་ན་ཡང་ཀློལ་བ་སྐྱེ་བས་སྐྱེད་པར་བྱེད་དོ་ཞེས་ཟེར་བའི་དམ་བཅའ་བ་ལས་ཆོས་ཅན་གྱི་ངོ་བོ་ཉིད་བཟློག་པའི་སྐྱོན་ཡོད་དོ། །དེ་གཞན་གྱིས་སྐྱེད་པར་བྱེད་དོ་ཞེས་ཀྱང་བརྗོད་པར་མི་ནུས་པས་དེ་སྐད་བརྗོད་ན་འདི་ལྟར་ཉེ་བར་གནས་པར་འགྱུར་ཏེ།

གལ་ཏེ་སྐྱེ་བ་གཞན་ཞིག་གིས། །དེ་སྐྱེད་ཐུག་པ་མེད་པར་འགྱུར། །ཡང་ན་ཐུག་པ་མེད་པར་ཐལ་བར་འགྱུར་པ་ཡོངས་སུ་སྤང་བའི་ཕྱིར་སྐྱེ་བ་ལ་སྐྱེད་པ་མེད་པ་ཉིད་དུ་འདོད་པར་བྱའོ། །གལ་ཏེ་དེ་ལྟར་འགྱུར་རོ་ཞེ་ན། དེའི་ཕྱིར་བཤད་པ། ཅི་སྟེ་སྐྱེ་བ་མེད་སྐྱེས་ན༑ ༑ཐམས་ཅད་དེ་བཞིན་སྐྱེ་བར་འགྱུར། །དེ་ནི་མི་འདོད་པས་དེའི་ཕྱིར་སྐྱེ་བར་རྟོག་པར་མ་བྱེད་ཅིག ཡང་གཞན་ཡང་འདི་ལ་སྐྱེ་བ་ཅན་རྣམས་ཀྱི་སྐྱེ་བ་ནི་ཡོད་པའམ། མེད་པའམ། ཡོད་མེད་ཅིག་སྐྱེ་བར་འགྱུར་གྲང་ན། དེ་ལ། རེ་ཞིག་ཡོད་དང་མེད་པ་ཡང་། །སྐྱེ་བར་རིགས་པ་མ་ཡིན་ནོ། །ཡོད་མེད་ཉིད་ཀྱང་མ་ཡིན་ཏེ། །གོང་དུ་བསྟན་པ་ཉིད་ཡིན་ནོ༑ ༑སྐྱེ་བ་མེད་པའི་རབ་བྱེད་པར། མེད་དམ་ཡོད་པའི་དོན་ལ་ཡང་། །རྐྱེན་ནི་རུང་བ་མ་ཡིན་ཏེ། །ཞེས་བྱ་བ་དང་། གང་ཚེ་ཆོས་ནི་ཡོད་པ་དང་། །མེད་དང་ཡོད་མེད་མི་སྒྲུབ་པ༑ ༑ཞེས་བྱ་བ་དག་བསྟན་པ་ཉིད་ཡིན་པས་དེའི་ཕྱིར་ཡང་འབད་པར་བྱ་མི་དགོས་སོ།། ཡང་གཞན་ཡང་། དངོས་པོ་འགག་བཞིན་ཉིད་ལ་ནི། །སྐྱེ་བ་འཐད་པར་མི་འགྱུར་རོ། །འགག་བཞིན་པ་ཉིད་ཡིན་པའི་ཕྱིར་དཔེར་ན་འཆི་བཞིན་པ་ཉིད་བཞིན་ནོ། །གལ་ཏེ་འགག་བཞིན་པ་ཉིད་མ་ཡིན་པ་སྐྱེ་བས་ཉེས་པ་མེད་དོ་ཞེ་ན། གང་ཞིག་འགག་བཞིན་མ་ཡིན་པ། །དེ་ནི་དངོས་པོར་མི་འཐད་དོ། །དངོས་པོའི་མཚན་ཉིད་དང་མི་ལྡན་པའི་ཕྱིར། ནམ་མཁའི་མེ་ཏོག་བཞིན་ནོ་ཞེས་བྱ་བར་དགོངས་སོ། །གལ་ཏེ་གནས་པ་ཉིད་ཀྱིས་མ་ངེས་པ་ཉིད་དོ་ཞེ་ན། དེ་ཡང་མི་རྟག་པ་ཉིད་དང་། རྗེས་སུ་འབྲེལ་བའི་ཕྱིར་འགག་བཞིན་པ་མ་ཡིན་པ་ཉིད་དུ་མ་གྲུབ་པས་སྐྱོན་མེད་དེ། ཆུས་པར་ནི་སྔ་མ་བཞིན་ནོ། །འདིར་སྨྲས་པ༑ སྐྱེ་བ་ནི་ཡོད་པ་ཁོ་ན་ཡིན་ཏེ། དེ་ཡོད་ན་འབྱུང་བའི་ཆོས་ཡོད་པའི་ཕྱིར་རོ། །འདི་ན་གང་མེད་པ་དེ་ལ་ནི་དེ་ཡོད་ན་འབྱུང་བའི་ཆོས་མེད་དེ། དཔེར་ན་རུས་སྦལ་གྱི་སྤུ་མེད་པ་

ལ་དེའི་གོས་འབྱུང་བ་མེད་པ་བཞིན་ནོ། །སྐྱེ་བ་ཡོད་པ་ལ་ནི་གནས་པའི་མཚན་ཉིད་འབྱུང་བའི་ཆོས་ཡོད་པས་དེའི་ཕྱིར་གཏན་ཚིགས་ཇི་སྐད་སྨོས་པའི་འཐད་པས་སྐྱེ་བ་ཡོད་པ་ཁོ་ན་ཡིན་ནོ། །འདིར་བཤད་པ། སྐྱེ་བ་མེད་པ་ཁོ་ནས་དེ་རབ་ཏུ་མ་གྲུབ་པ་ཡིན་མོད་ཀྱི། འོན་ཀྱང་ཐ་སྙད་དུ་གྲགས་པའི་སྐྱེ་བ་ཁས་བླངས་ནས་དོན་དམ་པར་གནས་པ་ཁོ་ནས་བརྟག་པར་བྱའོ། །འདི་ལ་དོན་དམ་པར་དངོས་པོ་དེ་གནས་པའམ་མི་གནས་པའམ་གནས་བཞིན་པ་ཞིག་གནས་གྲང་ན། དེ་ལ། དངོས་པོ་གནས་པ་མི་གནས་ཏེ། །ད་ལྟར་དང་འདས་པའི་དུས་གནས་གཅིག་ཏུ་ཚོགས་པ་མི་སྲིད་པའི་ཕྱིར། དཔེར་ན། ཤི་བ་དང་། མ་སྐྱེས་པ་བཞིན་ནོ། །ཡང་ན་གནས་པ་དོན་མེད་པ་ཉིད་དུ་འགྱུར་བའི་ཕྱིར་གནས་པར་མི་བྱེད་དོ། །དངོས་པོ་མི་གནས་གནས་པ་མིན། །མི་གནས་པའི་ཕྱིར་དཔེར་ན། འགག་པ་བཞིན་ནོ། །གནས་བཞིན་པ་ཡང་མི་གནས་ཏེ། གནས་པ་དང་མི་གནས་པ་མ་གཏོགས་པར་དེ་མི་སྲིད་པའི་ཕྱིར་ཏེ། རྒྱུས་པར་ནི་སྒྲ་མ་བཞིན་ནོ། །གང་གི་ཚེ་དོན་དམ་པར་དངོས་པོ་འགའ་ཡང་ཡོད་པ་མ་ཡིན་པར་བསྟན་པའི་ཚུལ་གྱིས་དངོས་པོ་ཐམས་ཅད་ཀྱི་སྐྱེ་བ་བཀག་པ་དེའི་ཚེ། མ་སྐྱེས་གང་ཞིག་གནས་པར་བྱེད། །སྐྱེ་བ་ཁས་བླངས་སམ། ཁས་མ་བླངས་ཀྱང་རུང་སྟེ། དངོས་པོ་འགའ་ཡང་གནས་པར་མི་བྱེད་དོ་ཞེས་བྱ་བར་དགོངས་སོ། །དེས་ན་དེ་ཡོད་ན་འབྱུང་བའི་ཆོས་ཡོད་པའི་ཕྱིར་རོ་ཞེས་བྱ་བའི་གཏན་ཚིགས་ཀྱི་དོན་མ་གྲུབ་པ་ཉིད་དམ། དོན་འགལ་བ་ཉིད་ཡིན་ནོ། །ཡང་གཞན་ཡང་། དངོས་པོ་འགག་བཞིན་ཉིད་ལ་ནི། །གནས་པ་འཐད་པར་མི་འགྱུར་རོ། །མི་མཐུན་པ་ཉིད་ཡིན་པའི་ཕྱིར། གང་ཞིག་གང་དང་མི་མཐུན་པ་དེ་ནི་ཡོད་ན་འབྱུང་བ་མེད་དོ། །དཔེར་ན་སྣང་བ་གསལ་བར་དང་། མུན་པ་བཞིན་ནོ་ཞེས་བྱ་བར་དགོངས་སོ། །གལ་ཏེ་འགག་བཞིན་

པ་ཉིད་མ་ཡིན་པ་གནས་པས་ཉེས་པ་མེད་དོ་ཞེ་ན། གང་ཞིག་འགག་བཞིན་མ་ཡིན་པ། །དེ་ནི་དངོས་པོར་མི་འཐད་དོ། །འདུས་བྱས་ཐམས་ཅད་མི་རྟག་པ་ཉིད་དང་། རྗེས་སུ་འབྲེལ་པའི་ཕྱིར་རོ་ཞེས་དགོངས་སོ། །ཡང་ན་དེ་ནི་དངོས་པོ་ཉིད་མ་ཡིན་ཏེ། འགག་བཞིན་པ་མ་ཡིན་པའི་ཕྱིར་ནམ་མཁའི་མེ་ཏོག་བཞིན་ནོ་ཞེས་བྱ་བར་དགོངས་སོ། །ཅི་སྟེ་སྐྱེ་བའི་འོག་ཏུ་གནས་པའི་བྱ་བ་མཐུ་ཆེ་བའི་ཕྱིར་འགག་བཞིན་པ་ཡང་མ་ཡིན་ལ་དངོས་པོ་ཡང་མ་ཡིན་པ་དང་། རྟག་པ་ཡང་མ་ཡིན་ཏེ། གནས་པའི་འོག་ཏུ་རྒ་བ་དང་མི་རྟག་པ་ཉིད་འབྱུང་བའི་ཕྱིར་རོ་ཞེ་ན། དེ་ཡང་རིགས་པ་མ་ཡིན་ཏེ། གལ་ཏེ་གཟུགས་ལ་སོགས་པའི་དངོས་པོ་འདི་དག་གི་གནས་པའི་སྐད་ཅིག་མ་ལ་མི་རྟག་པ་ཉིད་མེད་པར་གྱུར་ན་ཕྱིས་ཀྱང་དེ་དང་ལྡན་པར་མི་འགྱུར་ཏེ། དེ་མེད་པར་འབྱུང་བའི་ཕྱིར་དཔེར་ན་མེ་ནི་ཆུ་མེད་ཀྱང་འབྱུང་བའི་ཚུལ་ཅན་ཡིན་པས་ནམ་ཡང་ཆུའི་དངོས་པོར་མི་འགྱུར་བ་བཞིན་ནོ། །གལ་ཏེ་མཐོང་བའི་ཕྱིར་དགག་ཏུ་མི་རུང་ངོ་ཞེ་ན། དེའི་ཕྱིར་དེ་ཉིད་བརྟག་པར་བྱ་སྟེ། ཅི་འཇིག་པ་མཐོང་བ་དེ་དང་འབྲེལ་པ་ཉིད་ལ་འམ་འོན་ཏེ་དེ་མེད་པ་ལ་མཐོང་། དེ་ལ་བརྟག་པ་སྔ་མ་ལ་ནི་གནས་པ་མི་འགྲུབ་བོ། །བརྟག་པ་གཉིས་པ་ལ་ནི་དངོས་པོ་འགག་བཞིན་པ་མ་ཡིན་པ་ཉིད་མི་འགྲུབ་པས་དེ་གཉི་ག་ལ་ཡང་འདོད་པའི་དོན་ཉམས་སོ། །གང་དག་མཁས་སུ་རེ་བ་ཉིད་ཀྱིས་དཔེར་ན་སྔ་ན་སངས་རྒྱས་ཉིད་མེད་པ་ཡང་ཕྱིས་སངས་རྒྱས་ཉིད་དུ་འགྱུར་བ་དེ་བཞིན་དུ་སྔ་ན་འཇིག་པ་མེད་པ་ཡང་ཕྱིས་འཇིག་པ་ཉིད་དུ་འགྱུར་རོ་ཞེ་ན། སྒྲུབ་པ་དེ་ནི་ཐ་སྙད་དུ་ཡང་མི་གནོད་དེ་ཤེས་པའི་སྐད་ཅིག་མ་གང་ལ་སངས་རྒྱས་ཉིད་མེད་པ་དེ་ནི་ཕྱིས་ཀྱང་སངས་རྒྱས་ཉིད་དུ་འགྱུར་བར་ཁས་མ་བླངས་པའི་ཕྱིར་ཏེ། འདི་ལྟར་ཉོན་མོངས་པ་དང་། ཤེས་བྱའི་སྒྲིབ་པ་སྤངས་པའི་ཤེས

པའི་སྐད་ཅིག་མ་ལ་སངས་རྒྱས་ཉིད་ཀྱི་སྒྲར་བརྗོད་པར་བྱ་ཞིང་དེ་པ་ནི་སངས་རྒྱས་ཉིད་མེད་ན་མི་འབྱུང་བ་མེད་པས་དེ་ནི་གྱི་ནའོ། །དེ་བཞིན་དུ་རྒ་བ་ཉིད་ལ་ཡང་སྦྱར་བར་བྱའོ༑ ༑གང་གི་ཕྱིར་དེ་ལྟར་རྒ་ཤི་མེད་པའི་དངོས་པོ་ཡོད་པ་ཉིད་མི་འཐད་པ་དང་ལྡན་པ་དེའི་ཕྱིར་སློབ་དཔོན་གྱིས་བཤད་པ། དངོས་པོ་ཐམས་ཅད་དུས་ཀུན་དུ། །རྒ་དང་འཆི་བའི་ཆོས་ཡིན་ན། །གང་དག་རྒ་དང་འཆི་མེད་པར། །གནས་པའི་དངོས་པོ་གང་ཞིག་ཡིན༑ ༑གང་ལ་སྐྱེ་བ་ཡོད་ན་གནས་པར་འབྱུང་བར་མཐོང་བའི་སྐྱེ་བ་མ་གྲུབ་པས་དེའི་ཕྱིར༑ དོན་མ་གྲུབ་པ་ཉིད་ཉམས་པ་མེད་པའམ་དོན་འགལ་བ་ཉིད་ཉམས་པ་མེད་དོ། །ཡང་གཞན་ཡང་། འདི་ལ་ཁྱེད་གནས་པ་ལ་ཡང་གནས་པ་ཡོད་པར་འདོད་པ་དེ་ལ་ཡང་གནས་པ་དེ་གནས་པ་གཞན་གྱིས་སམ། དེ་ཉིད་ཀྱིས་གནས་པར་འདོད་གྲང་ན། དེ་གཉིས་གང་ཡང་མི་རིགས་པས་དེའི་ཕྱིར་བཤད་པ། གནས་པ་གནས་པ་གཞན་དང་ནི། །དེ་ཉིད་ཀྱིས་ཀྱང་གནས་མི་རིགས། །ཇི་ལྟར་ཞེ་ན། ཇི་ལྟར་སྐྱེ་བ་རང་དང་ནི། །གཞན་གྱིས་སྐྱེད་པ་མ་ཡིན་བཞིན། །ཇི་ལྟར་སྐྱེ་བ་རང་ཉིད་ཀྱིས། །སྐྱེད་པར་མི་རིགས་ཤེ་ན། ཇི་སྐད་དུ། སྐྱེ་བ་འདི་ནི་མ་སྐྱེས་པས། །རང་གི་བདག་ཉིད་ཇི་ལྟར་སྐྱེད། །ཅི་སྟེ་སྐྱེས་པ་སྐྱེད་བྱེད་ན། །སྐྱེས་ན་ཅི་ཞིག་བསྐྱེད་དུ་ཡོད། །ཅེས་སྨྲས་པའི་ཕྱིར་རོ། །ཇི་ལྟར་སྐྱེ་བ་གཞན་གྱིས་སྐྱེད་པར་མི་རིགས་ཤེ་ན། ཇི་སྐད་དུ། གལ་ཏེ་སྐྱེད་པ་གཞན་ཞིག་གིས། །དེ་སྐྱེད་ཐུག་པ་མེད་པར་འགྱུར། །ཅི་སྟེ་སྐྱེ་བ་མེད་སྐྱེ་ན། །ཐམས་ཅད་དེ་བཞིན་སྐྱེ་བར་འགྱུར། །ཞེས་སྨྲས་པའི་ཕྱིར་རོ། །དེ་བཞིན་དུ་འདིར་ཡང་། གནས་པ་འདི་ནི་མ་གནས་པས། །རང་གི་བདག་ཉིད་ཇི་ལྟར་གནས། །ཅི་སྟེ་གནས་པས་གནས་བྱེད་ན། །གནས་ན་ཅི་ཞིག་གནས་སུ་ཡོད། །ཅེས་བྱ་བ་རྣམ་པར་བཤད་པའི་ཚིག་ལེའུར་བྱས་པས་སྐྱེ་བ་རང་གི་

བདག་ཉིད་ཀྱིས་སྐྱེད་པར་དགག་པའི་རྗེས་སུ་འབྲང་བས་གནས་པ་རང་གི་བདག་ཉིད་ཀྱིས༔ གནས་པ་དགག་པ་ཡང་བརྗོད་པར་བྱའོ། །གལ་ཏེ་གནས་པ་གཞན་ཞིག་གིས། །དེ་གནས་ཐུག་པ་མེད་པར་འགྱུར། །ཅི་སྟེ་གནས་པ་མེད་གནས་ན། །ཐམས་ཅད་དེ་བཞིན་གནས་པར་འགྱུར། །ཞེས་བྱ་བ་རྣམ་པར་བཤད་པའི་ཚིག་ལེའུར་བྱས་པས། འདིར་ཡང་སྐྱེ་བ་གཞན་གྱིས་སྐྱེད་པ་དགག་པའི་རྗེས་སུ་འབྲང་བས་གནས་པ་གཞན་གྱིས་གནས་པ་དགག་པ་ཡང་བརྗོད་པར་བྱའོ། །དེའི་ཕྱིར་དེ་ལྟར་གནས་པ་མེད་པས། སྐྱེ་བ་ནི་ཡོད་པ་ཁོ་ན་ཡིན་ཏེ། དེ་ཡོད་ན་འབྱུང་བའི་ཆོས་ཡོད་པའི་ཕྱིར་རོ་ཞེས་བྱ་བའི་གཏན་ཚིགས་ཀྱི་དོན་མ་གྲུབ་པ་ཉིད་ཀྱི་ལན་གདབ་དགོས། །

༄ དབུ་མའི་རྩ་བའི་འགྲེལ་པ་ཤེས་རབ་སྒྲོན་མ་བམ་པོ་བདུན་པ། འདིར་སྨྲས་པ། དོན་དམ་པར་དངོས་པོ་རྣམས་ཀྱི་སྐྱེ་བ་དང་། གནས་པ་དག་ནི་ཡོད་པ་ཁོ་ན་ཡིན་ཏེ། དེ་དག་དང་ལྡན་ཅིག་སྐྱོད་པའི་ཆོས་ཡོད་པའི་ཕྱིར་རོ། །འདི་ན་གང་མེད་པ་དེ་ལ་ནི་དེ་དང་ལྷན་ཅིག་སྐྱོད་པའི་ཆོས་མེད་དེ། དཔེར་ན་ རྟའི་རྭ་ལ་འགག་པ་མེད་པ་བཞིན་ནོ། །སྐྱེ་བ་དང་། གནས་པ་དག་ལ་ནི་ལྷན་ཅིག་སྐྱོད་པའི་ཆོས་འགག་པ་ཡོད་པས། དེའི་ཕྱིར་གཏན་ཚིགས་ཇི་སྐད་སྨོས་པའི་མཐུས་དོན་དམ་པར་སྐྱེ་བ་དང་། གནས་པ་དག་ཡོད་པ་ཁོ་ན་ཡིན་ནོ། །འདིར་བཤད་པ། དངོས་པོའི་འགག་པ་ཡང་འགགས་པའམ། མ་འགགས་པའམ། འགག་བཞིན་པ་ཞིག་འགག་པར་འགྱུར་གྲང་ན། དེ་རྣམ་པ་ཐམས་ཅད་དུ་མི་འཐད་པས་དེའི་ཕྱིར་བཤད་པ། འགགས་པ་འགག་པར་མི་བྱེད་དེ། །ཤི་བ་ཡང་འཆི་བར་འགྱུར་ན་མི་རུང་བའི་ཕྱིར་རོ། །མ་འགགས་པ་ཡང་འགག་མི་བྱེད། །འགགས་པས་སྟོང་པ་ནི་འགག་པར་མི་བྱེད་དེ་འགག་པ་མེད་པའི་ཕྱིར་གནས་པ་བཞིན་ནོ། །འགག་བཞིན་པ་ཡང་དེ་བཞིན་མིན།།

འགག་པར་མི་བྱེད་དེ། འགགས་པ་དང་། མ་འགགས་པ་མ་གཏོགས་པར་འགག་བཞིན་པ་མི་སྲིད་པའི་ཕྱིར་དང་། སྐྱོན་གཉི་གར་འགྱུར་བའི་ཕྱིར་རོ། །ཡང་ན་དོན་དམ་པར་འགག་བཞིན་པ་ནི་འགག་པར་མི་བྱེད་དེ། དུས་སུ་འཕོ་བ་ལ་མངོན་པར་ཕྱོགས་པའི་ཕྱིར་སྐྱེ་བར་འདོད་པ་བཞིན་ནམ། ད་ལྟར་བཞིན་ནོ། །ཡང་ན་དངོས་པོ་ཐམས་ཅད་ཀྱི་སྐྱེ་བ་བཀག་པའི་ཕྱིར། མ་སྐྱེས་གང་ཞིག་འགག་པར་འགྱུར། །མ་སྐྱེས་པ་ལ་ནི་འགག་པ་མི་སྲིད་དེ། མ་སྐྱེས་པའི་ཕྱིར་དཔེར་ན་མོ་གཤམ་གྱི་བུ་བཞིན་ནོ། །དེའི་ཕྱིར་དེ་ལྟར་སྐྱེ་བ་ཁས་བླངས་སམ། ཁས་མ་བླངས་ཀྱང་རུང་སྟེ། འགག་པ་ཇི་ལྟར་ཡང་མི་འགྲུབ་པོ། །ཡང་གཞན་ཡང་། འདི་ལ་འགག་པ་ནི་གནས་པའམ། མི་གནས་པ་ལ་བརྟག་གྲང་ན། དེ་ནི་གཉི་ག་ལ་ཡང་མི་རུང་སྟེ་དེ་ལ། རེ་ཞིག་དངོས་པོ་གནས་པ་ལ། །འགག་པ་འཐད་པར་མི་འགྱུར་རོ། །གནས་པའི་བྱ་བ་སྐྱེས་པ་ལ། གནས་པ་དང་། མི་མཐུན་པའི་འགག་པ་མི་འཐད་དེ། གནས་པའི་ཕྱིར་དེ་ནི་གྲགས་པ་ཡིན་ནོ། །གལ་ཏེ་མི་གནས་པ་ལ་འགག་པ་ཡོད་པས་ཉེས་པ་མེད་དོ་ཞེ་ན། དངོས་པོ་མི་གནས་པ་ལ་ཡང་། །འགག་པ་འཐད་པར་མི་འགྱུར་རོ། །མི་གནས་པའི་ཕྱིར་དཔེར་ན་འགགས་པ་བཞིན་ནོ། །ཞེས་བྱ་བར་དགོངས་སོ༎ ༎ཡང་གཞན་ཡང་། འདི་ལ་གནས་སྐབས་འདི་གནས་སྐབས་དེ་ཉིད་ཀྱིས་གནས་པ་འགག་གམ། གནས་སྐབས་གཞན་གྱིས་གནས་པ་འགག །དེས་ཅིར་འགྱུར། གནས་སྐབས་དེ་ཡིས་གནས་པ་ནི། །དེ་ཡིས་འགག་པ་ཉིད་མི་འགྱུར། །གནས་སྐབས་གང་གིས་སྤྱར་ཉེ་བར་མཚོན་པའི་གནས་སྐབས་དེས་ནི་འགག་པ་ཉིད་དུ་མི་འགྱུར་ཏེ། སྔོན་གྱི་ངོ་བོ་ཉིད་ཡོངས་སུ་མ་སྤངས་པའི་ཕྱིར་དཔེར་ན་འོ་མ་འོ་མའི་གནས་སྐབས་ཉིད་ཀྱིས་འགག་པ་ཉིད་དུ་མི་འགྱུར་བ་བཞིན་ནོ། །གནས་སྐབས་གཞན་གྱིས་གནས་པ་ཡང་། །

གཞན་གྱིས་འགག་པ་ཉིད་མི་འགྱུར། །ཉིད་ཅེས་བྱ་བའི་སྒྲ་ནི་ངེས་པར་བཟུང་བའི་དོན་ཏེ༑ འདིར་གཞན་གྱིས་འགག་པ་ཉིད་དུ་མི་འགྱུར་རོ་ཞེས་བྱ་བར་བལྟའོ། གཞན་དུ་ན་གཞན་མ་ཡིན་པས་འགག་གོ་ཞེས་བྱ་བར་འགྱུར་རོ། །དེ་ནི་དམ་བཅའ་བ་ཉེ་བར་གཞག་པའོ༑ ༑གཞན་ཉིད་ཀྱི་ཆོས་གཏན་ཚིགས་ནི་གཞན་ཉིད་ཡིན་ནོ། །འདིར་རྗེས་སུ་དཔག་པ་ནི་དོན་དམ་པར་འོ་མ་ནི་ཞོའི་གནས་སྐབས་ཀྱིས་འགག་པར་མི་འགྱུར་ཏེ། དེ་ལས་གཞན་ཉིད་ཡིན་པའི་ཕྱིར་དཔེར་ན་དེ་ལས་གཞན་པའི་ཕྲུ་བ་ལ་སོགས་པ་བཞིན་ནོ།། ཕྱིར་རྒོལ་བ་པ་དག་ན་རེ། འགག་པ་ནི་ཡོད་པ་ཁོ་ན་ཡིན་གྱི། དངོས་པོ་ལ་བརྟེན་པའི་ཕྱིར་དཔེར་ན་ཆོས་པ་བཞིན་ནོ་ཞེས་ཟེར་ན། དེ་ལ་བཤད་པ། གང་ཚེ་ཆོས་རྣམས་ཐམས་ཅད་ཀྱི། །སྐྱེ་བ་འཐད་པར་མི་འགྱུར་བ། །དེ་ཚེ་ཆོས་རྣམས་ཐམས་ཅད་ཀྱི། །འགག་པ་འཐད་པར་མི་འགྱུར་རོ། །གང་གི་ཚེ་ཇི་སྐད་བསྟན་པའི་ཚུལ་གྱིས་ཆོས་ཐམས་ཅད་ཀྱི་སྐྱེ་བ་མི་འཐད་པ་དེའི་ཚེ། འགག་པ་ཡང་མི་འཐད་དེ། ཆོས་པར་བྱ་བ་དང་། ཆོས་པ་མ་གྲུབ་པས་དཔེ་མེད་པའི་ཕྱིར་རོ་ཞེས་བྱ་བར་དགོངས་སོ། །ཡང་གཞན་ཡང་། འདི་ལ་འགག་པ་ནི་དངོས་པོ་ཡོད་པའམ་མེད་པ་ལ་བརྟག་གྲང་ན། དེ་ལ། རེ་ཞིག་དངོས་པོ་ཡོད་པ་ལ། །འགག་པ་འཐད་པར་མི་འགྱུར་རོ། །མི་མཐུན་པ་ཉིད་ཡིན་པའི་ཕྱིར་དཔེར་ན་མེ་དང་གྲང་བ་ཉིད་བཞིན་ནོ་ཞེས་བྱ་བར་དགོངས་སོ། །དེའི་ཕྱིར། དངོས་དང་དངོས་པོ་མེད་པ་དག །གཅིག་ཉིད་ན་ནི་འཐད་པ་མེད། །ཅེས་བྱ་བ་སྨོས་སོ། །ཅི་སྟེ་ཡང་། དངོས་པོར་གྱུར་ནས་དེ་ཉིད་ཐལ་བ་ན། དངོས་པོ་མེད་པ་ཞེས་བྱའོ་སྙམ་ན། འོ་ན་ནི་དེ་ཉིད་ཀྱིས་དོན་དམ་པར་ཕྱི་ནང་གི་དངོས་པོ་རྣམས་ལ་ངོ་བོ་ཉིད་མེད་པ་ཉིད་ཡིན་ཏེ། དངོས་པོར་གྱུར་ནས་དངོས་པོ་མེད་པར་གྱུར་པས་ངོ་བོ་ཉིད་མེད་པ་ཉིད་ཅེས་གསལ་བར

བསྟན་ཏེ། སྒྱུ་མ་ལ་སོགས་པ་བཞིན་ནོ། །ཅི་སྟེ་དངོས་པོ་མེད་པ་ལ་རྟོག་སྟེ། འདི་ལྟར་ཁ་ཅིག་ན་རེ། གཟུགས་ཀྱི་བློ་ནི་བདག་ཉིད་ལས་གཞན་མེད་པའི་ཡུལ་ཅན་ཡིན་ཏེ། དེ་མཐོང་ན་དེའི་བློ་སྐྱེ་བའི་ཕྱིར་རོ། །འདི་ན་གང་མཐོང་ན་གང་གི་བློ་སྐྱེ་བ་དེ་ནི་དེའི་ཡུལ་ཅན་ཡིན་ཏེ། དཔེར་ན་རྟ་ལ་སོགས་པའི་བདག་ཉིད་གཞན་མེད་པའི་ལྐོག་ཤལ་ལ་སོགས་པ་མཐོང་ན་བ་ལང་གི་བློ་སྐྱེ་བ་བཞིན་ནོ། །དེ་བཞིན་དུ་རོ་ལ་སོགས་པའི་བདག་ཉིད་གཞན་མེད་པའི་གཟུགས་མཐོང་ན། གཟུགས་ཀྱི་བློ་སྐྱེ་བས་དེའི་ཕྱིར་གཟུགས་ཀྱི་བློ་ནི་བདག་ཉིད་ལས་གཞན་མེད་པའི་ཡུལ་ཅན་ཡིན་ནོ་ཞེས་ཟེར་བ་ལྟ་བུའོ་ཞེ་ན། དེ་ནི་རིགས་པ་མ་ཡིན་ཏེ། དེ་ཉིད་ཀྱི་གཏན་ཚིགས་དེ་མ་གྲུབ་པའི་ཕྱིར་དང༌། དཔེ་ལ་བསྒྲུབ་པར་བྱ་བའི་ཆོས་མ་ཚང་བའི་སྐྱོན་ཡོད་པའི་ཕྱིར་རོ། །ཡང་བཤད་པ། དངོས་པོ་མེད་པར་གྱུར་པ་ལའང༌། །འགག་པ་འཐད་པར་མི་འགྱུར་རོ། །མེད་པའི་ཕྱིར། མགོ་གཉིས་པ་ལ་ཇི་ལྟར་ནི། །གཅད་དུ་མེད་པ་དེ་བཞིན་ནོ། །འདིས་ནི་མེད་པ་ཉིད་དུ་རྗེས་སུ་དཔོག་པས་འགག་པ་མེད་པ་ཉིད་ཀྱིས་དངོས་པོ་མེད་པ་ལ་འགག་པ་ཡོད་པར་སྨྲ་བ་རྣམས་ཀྱི་དམ་བཅས་པ་ལ་ཆོས་ཅན་གྱི་ངོ་བོ་ཉིད་བསལ་བའི་སྐྱོན་ཡོད་པར་བསྟན་ཏོ། །ཡང་གཞན་ཡང་། ཁྱེད་ཅག་འགག་པའི་འགག་པ་ཞེས་སྨྲ་བ་དེ་དོན་དམ་པར་ཡོད་ན་རང་གི་བདག་ཉིད་ཀྱིས་སམ། གཞན་གྱི་བདག་ཉིད་ཀྱིས་འགག་པར་འགྱུར་གྲང་ན། དེ་ལ། འགག་པ་འགག་པ་གཞན་དང་ནི། །དེ་ཉིད་ཀྱིས་ཀྱང་འགག་མི་རིགས། །ཇི་ལྟར་ཞེ་ན། ཇི་ལྟར་སྐྱེ་བ་རང་དང་ནི། །གཞན་གྱིས་བསྐྱེད་པ་མ་ཡིན་བཞིན། །ཇི་ལྟར་སྐྱེ་བ་རང་ཉིད་ཀྱིས་སྐྱེད་པར་མི་རིགས་ཤེ་ན། ཇི་སྐད་དུ། སྐྱེ་བ་འདི་ནི་མ་སྐྱེས་པས། །རང་གི་བདག་ཉིད་ཇི་ལྟར་སྐྱེད། ། །ཅི་སྟེ་སྐྱེས་པས་སྐྱེད་བྱེད་ན། །སྐྱེས་པ་ཇི་ཞིག་བསྐྱེད་དུ་ཡོད། །ཅེས་སྨྲས་པའི

ཕྱིར་རོ། །ཇི་ལྟར་སྐྱེ་བ་གཞན་གྱིས་བསྐྱེད་པར་མི་རིགས་ཤེ་ན། ཇི་སྐད་དུ། གལ་ཏེ་སྐྱེ་བ་གཞན་ཞིག་གིས། །དེ་སྐྱེད་ཐུག་པ་མེད་པར་འགྱུར། །ཅི་སྟེ་སྐྱེ་བ་མེད་སྐྱེས་ན། །ཐམས་ཅད་དེ་བཞིན་སྐྱེ་བར་འགྱུར། །ཞེས་སྨྲས་པའི་ཕྱིར་རོ། །དེ་བཞིན་དུ་འདིར་ཡང་། འགག་པ་འདི་ནི་མ་འགགས་པས། །རང་གི་བདག་ཉིད་ཇི་ལྟར་འགག །ཅི་སྟེ་འགགས་པས་འགག་བྱེད་ན། །འགག་ན་ཅི་ཞིག་འགག་ཏུ་ཡོད། །ཅེས་བྱ་བ་རྣམ་པར་བཤད་པའི་ཚིག་ལེའུར་བྱས་པས། སྐྱེ་བ་རང་གི་བདག་ཉིད་ཀྱིས་སྐྱེད་པ་དགག་པའི་རྗེས་སུ་འབྲང་བས་འགག་པ་རང་གི་བདག་ཉིད་ཀྱིས་འགག་པ་དགག་པ་ཡང་བརྗོད་པར་བྱའོ། །གལ་ཏེ་འགག་པ་གཞན་ཞིག་གིས། །དེ་འགག་ཐུག་པ་མེད་པར་འགྱུར། །ཅི་སྟེ་འགག་པ་མེད་འགག་ན། །ཐམས་ཅད་དེ་བཞིན་འགག་པར་འགྱུར། །ཞེས་བྱ་བ་རྣམ་པར་བཤད་པའི་ཚིག་ལེའུར་བྱས་པས་འདིར་ཡང་སྐྱེ་བ་གཞན་གྱིས་བསྐྱེད་པ་དགག་པའི་རྗེས་སུ་འབྲང་བས་འགག་པ་གཞན་གྱིས་དགག་པ་ཡང་བརྗོད་པར་བྱའོ། །གང་དག་འཇིག་པ་ཅན་རྣམས་ནི་འཇིག་པའི་རྒྱུས་འཇིག་གོ་ཞེས་ཟེར་བ་དེ་དག་ལ་འདི་སྐད་ཅེས་བརྗོད་པར་བྱ་སྟེ། གང་ཞིག་གང་གི་འཇིག་པའི་རྒྱུ་ཡིན་ནོ་ཞེས་ངེས་པར་ཤེས་པ་དེ་ནི། དེའི་འཇིག་པའི་རྒྱུ་མ་ཡིན་ཏེ། དེ་ལས་གཞན་ཡིན་པའི་ཕྱིར། དཔེར་ན་དེ་ལས་གཞན་དག་བཞིན་ནོ། །དེའི་ཕྱིར་དེ་ལྟར་སྒྲུབ་པ་རྒྱས་པར་ཇི་སྐད་དུ་བསྟན་པས་སྐྱེ་བ་དང་གནས་པ་དང་། འགག་པ་བསལ་བའི་ཕྱིར། རབ་ཏུ་བྱེད་པའི་དང་པོར་ཕ་རོལ་པོས་སྨྲས་པའི་གཏན་ཚིགས་དང་དཔེ་དག་དོན་དམ་པར་ནི་དོན་མ་གྲུབ་པ་ཉིད་དང་མེད་པ་ཉིད་ཡིན་ལ། ཀུན་རྫོབ་ཏུ་གཏན་ཚིགས་དང་། དཔེ་དག་བརྗོད་ན་ནི་དོན་འགལ་བ་ཉིད་ཡིན་ནོ། །ཇི་སྐད་བསྟན་པའི་ཚུལ་གྱི་འབྲས་བུའི་དབང་གིས་མཇུག་བསྡུ་བའི་ཕྱིར། སྐྱེ་དང་གནས་དང་

འཇིག་པ་དག །མ་གྲུབ་ཕྱི་ན་འདུས་བྱས་མེད། །དེ་ལ་ཕ་རོལ་པོས་དོན་དམ་པར་འདུས་བྱས་ཕུང་པོ་དང་། ཁམས་དང་། སྐྱེ་མཆེད་དག་ལ་འདུས་བྱས་ཀྱི་ངོ་བོ་ཉིད་དག་ཡོད་པ་ཁོ་ནར་གཟུང་བར་བྱ་སྟེ། སྐྱེ་བ་ལ་སོགས་པ་འདུས་བྱས་ཀྱི་མཚན་ཉིད་དག་དང་ལྡན་པའི་ཕྱིར་རོ་ཞེས་གང་སྨྲས་པ་དེ་མ་གྲུབ་བོ། །གང་དག་དོན་དམ་པར་བ་ལང་ལ་སོགས་པ་འདུས་བྱས་དག་ཡོད་པ་ཁོ་ན་ཡིན་ཏེ། དེ་དག་གི་མཚན་ཉིད་ལྐོག་ཤལ་ལ་སོགས་པ་དག་ཡོད་པའི་ཕྱིར་རོ་ཞེས་ཟེར་བ་དེ་དག་ལ་ཡང་དེ་བཞིན་དུ་ཇི་ལྐོག་ཤལ་ལ་སོགས་པ་མཚན་ཉིད་དེ་དག་མཚན་ཉིད་དང་བཅས་པ་ཡིན་ནམ། འོན་ཏེ་མཚན་ཉིད་མེད་ཅིང་དཔེ་མེད་པ་ཡིན་ཞེས་བརྒལ་ཞིང་བརྟག་པར་བྱའོ། །དེ་ལ་གལ་ཏེ་དེ་དག་མཚན་ཉིད་དང་བཅས་པ་ཡིན་ནི་དེ་ལྟ་ན་ལྐོག་ཤལ་ལ་སོགས་པ་དེ་དག་བ་ལང་གི་བ་ལང་ཉིད་དམ། འདུས་བྱས་ཉིད་མཚོན་པར་བྱེད་པ་མ་ཡིན་ཏེ། མཚན་ཉིད་དང་བཅས་པའི་ཕྱིར་དཔེར་ན་བ་ལང་གི་རྗེས་བཞིན་ནོ། །ཅི་སྟེ་དེ་དག་མཚན་ཉིད་མེད་པ་ཡིན་ན་ནི་མཚན་ཉིད་མེད་པའི་ཕྱིར་དེ་དག་རང་ཉིད་མི་འགྲུབ་པས། དེ་དག་གི་མཚན་ཉིད་ཀྱི་གཞི་མཚོན་པར་མི་ནུས་སོ་ཞེས་སྔ་མ་བཞིན་དུ་རྒྱས་པར་སྦྱར་རོ། །དེ་དག་ལ་མཚན་ཉིད་གཞན་དག་ཡོད་ན་ནི་ཐུག་པ་མེད་པར་ཐལ་བར་འགྱུར་ལ། མཚན་ཉིད་གཞན་མེད་ན་ནི་མཚན་ཉིད་ཀྱི་གཞི་ལ་ཡང་ཐལ་བ་ཉིད་དུ་འགྱུར་རོ་ཞེས་བྱ་བ་ལ་སོགས་པ་ཡང་བརྗོད་པར་བྱའོ། །གཞན་དག་ན་རེ། དོན་དམ་པར་འདུས་བྱས་ནི་ཡོད་པ་ཁོ་ནར་ཤེས་པར་བྱ་སྟེ། གཉེན་པོ་དང་བཅས་པའི་ཕྱིར་རོ། །འདི་ན་གང་མེད་པར་ཤེས་པ་དེ་ནི་གཉེན་པོ་དང་བཅས་པ་མ་ཡིན་ཏེ། དཔེར་ན་མོ་གཤམ་གྱི་བུ་བཞིན་ནོ། །འདུས་བྱས་ལ་ནི་གཉེན་པོ་འདུས་མ་བྱས་ཡོད་པས་དེའི་ཕྱིར་གཏན་ཚིགས་ཇི་སྐད་སྨོས་པའི་མཐུས། དོན་དམ་པར་འདུས

བྱས་ཡོད་པ་ཁོ་ནར་ཤེས་པར་བྱ་སྟེ། དེས་ན་རྗེས་སུ་དཔག་པ་སྦྱར་སྨྲས་པ་དག་ལ་འགལ་བ་འཁྲུལ་པ་མེད་པའི་གནོད་པ་ཡོད་ཅིང་ཕུང་པོ་ལ་སོགས་པ་དག་ཀྱང་འགྲུབ་པོ་ཞེས་ཟེར་རོ། །འདིར་བཤད་པ། འདི་ལ་འདུས་བྱས་རབ་ཏུ་གྲུབ་ན་ནི་དེ་བསལ་བས་འདུས་མ་བྱས་ཞེས་བྱ་བ་རྫས་ཅུང་ཞིག་ཡོད་པར་བརྗོད་དུ་ཡང་རུང་གྲང་ན། འདུས་བྱས་དེ་བརྟགས་ན་ཡོད་པ་མ་ཡིན་པས་དེའི་ཕྱིར། འདུས་བྱས་རབ་ཏུ་མ་གྲུབ་པས། །འདུས་མ་བྱས་ནི་ཇི་ལྟར་འགྲུབ། །ཐ་སྙད་དུ་ཡང་རི་བོང་གི་རྭ་བཞིན་དུ་མ་སྐྱེས་པས་རྫས་ཉིད་དུ་མ་གྲགས་སོ་ཞེས་བྱ་བར་དགོངས་ཏེ། དེའི་ཕྱིར་གཏན་ཚིགས་ལ་སོགས་པ་དེ་དག་མི་སྲིད་པ་ཉིད་དོ། །འདིར་སྨྲས་པ། གལ་ཏེ་དོན་དམ་པར་སྐྱེ་བ་ལ་སོགས་པ་དག་མཚན་ཉིད་མ་ཡིན་པར་སྟོན་ན་དེ་ལྟར་ན་དེ་དག་འདུས་བྱས་ཀྱི་མཚན་ཉིད་བསལ་བ་རྗེས་སུ་བསྒྲུབས་པས་ཕྱོགས་དང་། གཏན་ཚིགས་དང་དཔེའི་གཞི་ལ་སོགས་པ་མ་གྲུབ་པའི་སྐྱོན་དུ་འགྱུར་རོ། །འདིར་བཤད་པ། དོན་དམ་པར་ཡོད་པ་མ་ཡིན་ཡང་ཐ་སྙད་དུ། རྨི་ལམ་ཇི་བཞིན་སྒྱུ་མ་བཞིན། །དྲི་ཟའི་གྲོང་ཁྱེར་ཇི་བཞིན་དུ། །ཡོད་པ་ཉིད་དུ་ཁས་བླངས་པའི་ཕྱིར་སྐྱོན་མེད་དོ། །ཇི་ལྟར་རྨི་ལམ་རྣམ་པར་བརྟགས་པ་ཉམས་སུ་མྱོང་བ་དྲན་པ་དང་། ཆོས་དང་ཆོས་མ་ཡིན་པ་དང་། ལྟས་བྱིན་གྱིས་བརླབས་པའི་རྒྱུ་ཅན་ཡུལ་འདོད་པ་དང་། མི་འདོད་པ་དག་དང་ཕྲད་པ་ཉེ་བར་དམིགས་པའི་འབྲས་བུ་དང་ལྡན་པ་བརྟགས་ན་ངོ་བོ་ཉིད་མེད་ཀྱང་། ཐ་སྙད་དུ་ཡོད་པ་ལ་སོགས་པའི་བློའི་རྒྱུ་ཉིད་ཀྱིས་ཡུལ་ཉིད་དུ་འགྱུར་བ་དང་ཇི་ལྟར་སྒྱུ་མ་སྒྱུ་མ་མཁན་དང་གསང་སྔགས་དང་སྨན་གྱི་མཐུ་ཁྱད་པར་ཅན་ལས་གླང་པོ་ཆེ་དང་། ཁྲུ་མཆོག་དང་། བུད་མེད་དང་། གནས་ལ་སོགས་པའི་ངོ་བོ་ཉིད་དུ་འབྱུང་བ་དབང་པོའི་སྤྱོད་ཡུལ་དུ་གྱུར་པ་དག་ངོ་བོ་ཉིད་མེད་ཀྱང་། ཤེས་པ་འཁྲུལ་པའི་

རྒྱུ་ཡིན་པའི་ཕྱིར་ཡོད་དོ་ཞེས་བརྗོད་པ་དང་། ཇི་ལྟར་དྲི་ཟའི་གྲོང་ཁྱེར་འོབས་རྒྱ་ཆེན་པོ་དང་། སྒོ་དང་སྒོ་ཁང་དང་། ཡང་ཐོག་དཀར་པོ་དགའ་བ་འཚེར་བག་ཅན་དང་། ཁྲིམས་ཟླ་བ་ཅན་དང་། སྐར་ཁུང་དང་། ཁང་པ་བརྩེགས་པ་དང་ལྡན་པའི་གྲོང་ཁྱེར་གྱི་བློ་སྐྱེ་བའི་རྒྱུ་ཡིན་པ། དེ་བཞིན་སྐྱེ་དང་དེ་བཞིན་གནས། །དེ་བཞིན་དུ་ནི་འཇིག་པ་གསུངས།། དྲང་སྲོང་དེ་ཁོ་ན་ཉིད་མཐོང་བའི་མིག་ཡང་དག་པར་བྱེ་བ་རྣམས་ལ་འདུས་བྱས་ཀྱི་སྐྱེ་བ་ལ་སོགས་པའི་བློ་སྐྱེ་བའི་རྒྱུ་ཉིད་དུ་གསུངས་སོ། །མི་ཤེས་པ་བློ་གྲོས་ཀྱི་མིག་ཟླུམ་པ་རྣམས་ནི་རྨི་ལམ་ལ་སོགས་པ་བཞིན་དུ་དངོས་པོ་རྣམས་སྐྱེའོ། །གནས་སོ། །འགག་གོ་ཞེས་ཡང་དག་པའི་དོན་གྱི་མངོན་པའི་ང་རྒྱལ་སྐྱེད་པར་བྱེད་དོ། །དེའི་ཕྱིར་དེ་ལྟར་མཁས་པ་དང་མཁས་པ་མ་ཡིན་པ་དག་གི་ཐ་སྙད་ཀྱི་དབང་གིས་སྐྱེ་བ་ལ་སོགས་པ་ཡོད་པ་ཉིད་དུ་ཁས་བླངས་པའི་ཕྱིར་ཕྱོགས་དང་གཏན་ཚིགས་དང་དཔེའི་གཞི་ལ་སོགས་པ་མ་གྲུབ་པའི་སྐྱོན་མེད་དོ། །འདི་ལ་ཁ་ཅིག་ན་རེ། ཀུན་ནས་ཉོན་མོངས་པ་འཇུག་པའི་རྒྱུ་དེ་ལས་གཞན་པ་རྣམ་པར་རྟོག་པ་གསུམ་པོ་དག་བསྟན་པའི་ཕྱིར་རྨི་ལམ་ལ་སོགས་པ་དཔེ་གསུམ་བསྟན་ཏོ་ཞེས་ཟེར་རོ། །གཞན་དག་ན་རེ་ཕ་རོལ་པོས་སྐྱེ་བ་ལ་སོགས་པ་དག་ཡོད་པ་ཁོ་ན་ཡིན་ཏེ། མངོན་སུམ་གྱི་བློའི་བཟུང་བ་ཡིན་པའི་ཕྱིར་དང་། བྱེད་པ་པོ་ཡོད་པའི་ཕྱིར་དང་། རྒྱུད་ཐ་མི་དད་པས་འཛིན་པའི་ཕྱིར་དཔེར་ན། གཟུགས་བཞིན་ནོ་ཞེས་སྨྲས་པ་དེ་དག་མ་ངེས་པ་ཉིད་དུ་བསྟན་པའི་ཕྱིར། རྨི་ལམ་ལ་སོགས་པའི་དཔེ་གསུམ་པོ་དག་གོ་རིམས་བཞིན་དུ་གསུངས་ཏེ། བཅོམ་ལྡན་འདས་ཀྱིས་ཀུང་ཉན་ཐོས་ཀྱི་ཐེག་པ་ལ་བདག་དང་བདག་གི་ངོ་བོ་ཉིད་མེད་པ་ཡིན་ཡང་དེ་ལྟར་སྣང་བའི་ཕྱིར། ཉོན་མོངས་པའི་སྒྲིབ་པའི་གཉེན་པོར། གཟུགས་ནི་དབུ་བ་རྡོས་པ་འདྲ། །ཚོར་བ་ཆུ་བུར་དག་དང་

མཚུངས༔ ༔འདུ་ཤེས་སྨིག་རྒྱུ་འདྲ་བ་སྟེ། །འདུ་བྱེད་རྣམས་ནི་ཆུ་ཤིང་བཞིན། རྣམ་ཤེས་སྒྱུ་མ་ལྟ་བུ་ཞེས། །དེ་ཉིད་གཟིགས་པས་བཀའ་སྩལ་ཏོ། །ཞེས་གསུངས་ལ། ཐེག་པ་ཆེན་པོ་ལ་ཡང་འདུས་བྱས་རྣམས་ངོ་བོ་ཉིད་མེད་པ་ཉིད་ཡིན་ཡང་དེ་ལྟར་སྣང་ཞིང་དེ་ལྟར་བསྟན་པའི་ཕྱིར་ཉོན་མོངས་པ་དང་ཤེས་བྱའི་སྒྲིབ་པའི་གཉེན་པོར། །སྐར་མ་རབ་རིབ་མར་མེ་དང་། །སྒྱུ་མ་ཟིལ་པ་ཆུ་བུར་དང་། །རྨི་ལམ་གློག་དང་སྤྲིན་ལྟ་བུར། །འདུས་བྱས་དེ་ལྟར་བལྟ་བར་བྱ། །ཞེས་གསུངས་པས་དེའི་ཕྱིར་འདི་ལ་སྐྲག་པའི་གནས་མེད་དེ། བློ་གྲོས་དང་ལྡན་པ་རྣམས་ཀྱིས་ཡོངས་སུ་བརྟགས་ནས་བཟོད་པ་བསྐྱེད་པར་བྱའོ་ཞེས་ཟེར་རོ༔ ༔གཞན་དག་ན་རེ། བཅོམ་ལྡན་འདས་ཀྱིས་འདུ་བྱེད་རྣམས་བདག་མེད་པ་དཔེར་ན༔ སྒྱུ་མ་དང་། བྲག་ཅ་དང་། གཟུགས་བརྙན་དང་། སྨིག་རྒྱུ་དང་། རྨི་ལམ་དང་། དབུ་བ་རྡོས་པ་དང་། ཆུའི་ཆུ་བུར་དང་། ཆུ་ཤིང་གི་ཕུང་པོ་དག་བསྟན་ཏེ། འདི་ལ་དེ་བཞིན་ཉིད་དམ། མ་ནོར་བ་དེ་བཞིན་ཉིད་ནི་འགའ་ཡང་མེད་ཀྱི། འདི་དག་ནི་སྒྲོས་པ་ཡང་ཡིན། འདི་དག་ནི་བརྫུན་པ་ཡང་ཡིན་ནོ་ཞེས་ཀྱང་གསུངས་སོ། །ཆོས་ཐམས་ཅད་བདག་མེད་དོ་ཞེས་གསུངས་པ་ལ་བདག་མེད་པ་ཞེས་བྱ་བ་ནི་ངོ་བོ་ཉིད་མེད་པའི་དོན་ཏེ། བདག་ཅེས་བྱ་བའི་སྒྲ་ནི་ངོ་བོ་ཉིད་ཀྱི་ཚིག་ཡིན་པའི་ཕྱིར་རོ་ཞེས་ཟེར་རོ། །གཞན་མ་ཡིན་པ་ན་རེ་དེ་ལ་འདིར་བདག་ཏུ་སྣང་བ་ནི་ནོར་བའི་དེ་བཞིན་ཉིད་ཡིན་པའི་ཕྱིར་དང་བདག་ཅེས་བྱ་བའི་སྒྲ་ཡང་བདག་གི་ཚིག་ཡིན་པའི་ཕྱི་དེ་དག་ལ་བདག་གཞན་ཡང་མེད་ལ། རང་ཉིད་ཀྱང་བདག་མ་ཡིན་ཏེ། དབང་ཕྱུག་མ་ཡིན་པ་བཞིན་པས་ཁྱུངས་དེས་ནི་ཉན་ཐོས་ཀྱི་ཐེག་པ་ལ་གང་ཟག་གི་བདག་མེད་པའི་སྒྲའི་དོན་ཐེ་བྲག་ཏུ་རྟོགས་པར་བྱ་བ་ཡིན་པའི་ཕྱིར་ཆོས་བདག་མེད་པ་ཉིད་བསྟན་པར་མི་ནུས་སོ། །ནུས་པར་གྱུར་ན་ནི་ཐེག་པ་གཞན་

ཡོངས་སུ་བཟུང་བ་དོན་མེད་པ་ཉིད་དུ་འགྱུར་རོ་ཞེས་ཟེར་རོ། །དེ་ལ་འདིར་རབ་ཏུ་བྱེད་པའི་དོན་ནི་ཕ་རོལ་པོས་རབ་ཏུ་བྱེད་པའི་དང་པོར་སྒྲུབ་པ་སྨྲས་པའི་སྐྱོན་བརྗོད་པས་འདུས་བྱས་རྣམས་ངོ་བོ་ཉིད་མེད་པ་ཉིད་དུ་བསྟན་པ་ཡིན་ནོ། །དེའི་ཕྱིར་རབ་འབྱོར་ཇི་ཙམ་དུ་འདུས་བྱས་ཡིན་པ་དེ་ཙམ་དུ་བརྫུན་ནོ་ཞེས་བྱ་བ་དང་། དེ་བཞིན་དུ་གང་འདུས་བྱས་ལ་མི་སྤྱོད་པ་དང་། འདུས་མ་བྱས་ལ་མི་སྤྱོད་པ་དེ་ནི་ཤེས་རབ་ཀྱི་ཕ་རོལ་ཏུ་ཕྱིན་པ་ལ་སྤྱོད་པ་ཉིད་ཡིན་ནོ་ཞེས་བྱ་བ་དང་། དེ་བཞིན་དུ་ཆོས་ཐམས་ཅད་ནི་དེ་བཞིན་ཉིད་ལ་གནས་པ་སྟེ། དེ་བཞིན་ཉིད་གང་ཡིན་པ་དེ་ལ་ནི་འདུས་བྱས་ཀྱང་མེད། འདུས་མ་བྱས་ཀྱང་མེད་པ་དེ་ལ་ནི་གཉིས་སུ་འཇུག་པ་མེད་དོ། །གང་ལ་གཉིས་སུ་འཇུག་པ་མེད་པ་དེ་ལ་ནི་དེ་བཞིན་ཉིད་དོ་ཞེས་བྱ་བ་དང་། དེ་བཞིན་དུ་ཚངས་པ་འདུས་བྱས་དང་། འདུས་མ་བྱས་ཀྱི་ཆོས་རྣམས་ལ་ཐ་དད་དུ་བྱ་བ་ཅི་ཡོད། སྨྲས་པ། འཇམ་དཔལ་འདུས་བྱས་དང་། འདུས་མ་བྱས་ཀྱི་ཆོས་རྣམས་ལ་ཐ་སྙད་ཙམ་ཐ་དད་པར་བྱ་བ་ཡིན་ཏེ། བྱང་ཆུབ་སེམས་དཔའ་གཟུངས་འདི་འཛིན་པ་ནི་འདུས་བྱས་དང་། འདུས་མ་བྱས་ཀྱི་ཆོས་རྣམས་ལ་རློམ་སེམས་སུ་མི་བྱེད། དམིགས་པར་མི་བྱེད་དོ་ཞེས་བྱ་བ་ལ་སོགས་པ་དང་། དེ་བཞིན་དུ་རབ་ཀྱི་རྩལ་གྱིས་རྣམ་པར་གནོན་པ་གཟུགས་དང་། ཚོར་བ་དང་། འདུ་ཤེས་དང་། འདུ་བྱེད་རྣམས་དང་། རྣམ་པར་ཤེས་པ་ནི་འདུས་བྱས་ཀྱང་མ་ཡིན། འདུས་མ་བྱས་ཀྱང་མ་ཡིན་པ་གང་ཡིན་པ་དེ་ནི་ཤེས་རབ་ཀྱི་ཕ་རོལ་ཏུ་ཕྱིན་པའོ། །གཟུགས་དང་། ཚོར་བ་དང་། འདུ་ཤེས་དང་། འདུ་བྱེད་རྣམས་དང་། རྣམ་པར་ཤེས་པ་ནི། སྐྱེ་བའི་ཆོས་ཅན་ཡང་མ་ཡིན། འགག་པའི་ཆོས་ཅན་ཡང་མ་ཡིན་ནོ། །གཟུགས་དང་། ཚོར་བ་དང་། འདུ་ཤེས་དང་། འདུ་བྱེད་རྣམས་དང་། རྣམ་པར་ཤེས་པ་སྐྱེ་བའི་ཆོས་ཅན་ཡང་མ་ཡིན།

འགག་པའི་ཆོས་ཅན་ཡང་མ་ཡིན་པ་གང་ཡིན་པ་དེ་ནི་ཤེས་རབ་ཀྱི་ཕ་རོལ་ཏུ་ཕྱིན་པའོ།། རྣམ་པར་རྟོག་པ་མ་གཏོགས་པར་འདུས་བྱས་དང་། འདུས་མ་བྱས་མེད་དེ། བྱིས་པ་རྨྱོངས་པ་རྣམས་ནི་མོ་གཤམ་གྱི་རྨྱི་ལམ་ན་བུ་མཐོང་བ་བཞིན་དུ། འདུས་བྱས་དང་། འདུས་མ་བྱས་ཞེས་འཛིན་པར་བྱེད་དོ་ཞེས་བྱ་བ་ལ་སོགས་པ་གསུངས་པ་དེ་དག་གྲུབ་པ་ཡིན་ནོ།།

སློབ་དཔོན་ལེགས་ལྡན་བྱེད་༼འབྱེད་༽ཀྱིས་ཉེ་བར་སྦྱར་བ། དབུ་མའི་རྩ་བའི་འགྲེལ་པ་ཤེས་རབ་སྒྲོན་མ་ལས། སྐྱེ་བ་དང་། གནས་པ་དང་། འཇིག་པ་བརྟག་པ་ཞེས་བྱ་བ་སྟེ་རབ་ཏུ་བྱེད་པ་བདུན་པའོ།། །།

༼རབ་བྱེད་བརྒྱད་པ་བྱེད་པ་པོ་དང་ལས་བརྟག་པ།༽

ད་ནི་སྟོང་པ་ཉིད་ཀྱི་མི་མཐུན་པའི་ཕྱོགས་ཀྱི་ཁྱད་པར་དགག་པས་ཕུང་པོ་ལ་སོགས་པ་དག་ངོ་བོ་ཉིད་མེད་པ་ཉིད་དུ་བསྟན་པའི་དོན་གྱི་དབང་གིས་རབ་ཏུ་བྱེད་པ་བརྒྱད་པ་བརྩམ་མོ། །འདིར་སྨྲས་པ། དོན་དམ་པར་ཕུང་པོ་དང་ཁམས་དང་། སྐྱེ་མཆེད་དག་ཡོད་པ་ཁོ་ན་ཡིན་ཏེ། བཅོམ་ལྡན་འདས་ཀྱིས་དེ་དག་ལ་བརྟེན་ནས་བྱེད་པ་པོ་དང་ལས་བསྟན་པའི་ཕྱིར་རོ། །འདི་ན་གང་མེད་པ་ལ་ནི་བཅོམ་ལྡན་འདས་ཀྱིས་དེ་ལ་བརྟེན་ནས་བྱེད་པ་པོ་དང་ལས་མ་བསྟན་ཏེ། དཔེར་ན་བོང་བུ་དང་ཟ་མོའི་རྭ་དག་བཞིན་នོ། །ཕུང་པོ་ལ་སོགས་པ་དག་ལ་ནི། བཅོམ་ལྡན་འདས་ཀྱིས་དེ་དག་ལ་བརྟེན་ནས་བྱེད་པ་པོ་དང་ལས་བསྟན་པ་འདི་ཡོད་དེ། ལེགས་པར་སྤྱད་པའི་ཆོས་སྤྱོད་ཅིག །ཉེས་པར་སྤྱད་པ་དེ་མི་སྤྱད།། ཆོས་སྤྱོད་འཇིག་རྟེན་འདི་དང་ནི། །ཕ་རོལ་དུ་ཡང་བདེ་བར་གནས། །ཞེས་བྱེད་པ་པོ་དང་ལས་ཀྱང་བསྟན་ཏོ། །དེ་ལ་ཆོས་མངོན་པ་ལས། ལས་ནི་དགེ་བ་དང་། མི་དགེ་བ་དང་། ལུང་དུ་མ་བསྟན་པའི་བྱེ་བྲག་གིས་རྣམ་པ་གསུམ་མོ། །དེ་ལ་དགེ་བ་ཡང་ངོ་བོ་ཉིད་དང་མཚུངས་པར་ལྡན་པ་དང་ཀུན་ནས་བསླང་བ་དང་། དོན་དམ་པའི་བྱེ་བྲག་གིས་རྣམ་པ་བཞིའོ། །མི་དགེ་བ་ཡང་དེ་བཞིན་ནོ། །ལུང་དུ་མ་བསྟན་པ་ཡང་རྣམ་པར་སྨིན་པ་ལས་སྐྱེས་པ་དང་། སྤྱོད་ལམ་ལས་བྱུང་བ་དང་། བཟོའི་གནས་ལས་བྱུང་བ་དང་། སྤྲུལ་པ་ལས་བྱུང་བའི་བྱེ་བྲག་གིས་རྣམ་པ་བཞིའོ་ཞེས་འབྱུང་བས་དེའི་ཕྱིར་གཏན་ཚིགས་ཇི་སྐད་སྨོས་པའི་མཐུས་དོན་དམ་པར། ཕུང་པོ་དང་། ཁམས་དང་། སྐྱེ་མཆེད་དག་ཡོད་པ་

ཁོ་ན་ཡིན་ནོ། །དེ་ལ་འདིར་གཞལ་ཏེ་དོན་དམ་པར་དེ་དག་ལ་བརྟེན་ནས། བྱེད་པ་པོ་དང
ལས་བསྟན་པའི་ཕྱིར་རོ་ཞེས་བྱ་བའི་གཏན་ཚིགས་འདོད་ན་ནི་དོན་མ་གྲུབ་པ་ཉིད་དོ།།
འོན་ཏེ་དབྱུག་པས་མ་བཟློག་པའི་ཕྱིར་ཐ་སྙད་དུ་འདོད་ན་ནི་དོན་འགལ་བ་ཉིད་དང་།
གྲུབ་པ་ལ་སྒྲུབ་པ་ཉིད་ཡིན་ནོ། །བཅོམ་ལྡན་འདས་ཀྱིས་དོན་དམ་པར་དེ་དག་ལ་བརྟེན
ནས་བྱེད་པ་པོ་དང་ལས་བསྟན་ཏོ་ཞེས་བྱར་ཡང་དཔེ་མེད་དེ། འདི་ལྟར་དོན་དམ་པར
དངོས་པོ་མེད་པའི་ཕྱིར་རོ། །དེའི་ཕྱིར་དེ་ལྟར་དེ་དག་མི་འཐད་པ་དེ་ལྟར་བརྟག་པར་བྱ
སྟེ༑ འདི་ལ་བྱེད་པ་པོ་དེ་ཡང་ཡིན་པར་གྱུར་པའམ། མ་ཡིན་པར་གྱུར་པའམ། ཡིན་པ
དང་༑ མ་ཡིན་པར་གྱུར་པ་ཞིག་ལས་བྱེད་པར་འགྱུར་ཞིང་ལས་ཀྱང་ཡིན་པར་གྱུར
པའམ༑ མ་ཡིན་པར་གྱུར་པའམ། ཡིན་པ་དང་། མ་ཡིན་པར་གྱུར་པ་ཞིག་བྱེད་པ་པོའི
བྱ་བར་འགྱུར་གྲང་ན། དེ་དག་རྣམ་པ་ཐམས་ཅད་དུ་མི་འཐད་པས་དེའི་ཕྱིར་བཤད་པ།
བྱེད་པོ་ཡིན་པར་གྱུར་པ་དེ། །ལས་སུ་གྱུར་པ་མི་བྱེད་དོ། །འདི་ནི་དམ་བཅའ་བ་ཉེ་བར
གཞག་པའོ། །དེ་ལ་བྱེད་པ་པོ་ཡིན་པར་གྱུར་པ་ནི་བྱ་བ་དང་ལྡན་པའོ། །ལས་ཡིན་པར
གྱུར་པ་ཡང་བྱ་བ་དང་ལྡན་པའོ། །བྱེད་པོ་མ་ཡིན་གྱུར་པ་ཡང་། །ལས་སུ་མ་གྱུར་མི་བྱེད
དོ༑ ༑འདི་ཡང་དམ་བཅའ་བ་ཉེ་བར་གཞག་པའོ། །དེ་ལ་ཡང་བྱེད་པ་པོ་མ་ཡིན་པར
གྱུར་པ་དང་། ལས་མ་ཡིན་པར་གྱུར་པ་ནི་དེ་ལས་བཟློག་གོ །བྱེད་པ་པོ་ཞེས་བྱ་བ་ནི་བྱ
བ་བྱེད་པའོ། །ལས་ཞེས་བྱ་བ་ནི་བྱ་བའོ། །མི་བྱེད་དོ་ཞེས་བྱ་བ་ནི་བྱ་བ་མི་བྱེད་པའོ། །
དེ་ལ་རེ་ཞིག་དམ་བཅས་པའི་དོན་ཉེ་བར་གཞག་པ་སྔ་མ་སྒྲུབ་པའི་ཕྱིར་བཤད་པ། ཡིན
པར་གྱུར་ལ་བྱ་བ་མེད། །བྱེད་པ་པོ་གང་བྱ་བ་ལ་མ་ལྟོས་པ་ཞིག་བྱེད་པ་པོའི་ངོ་བོ་ཉིད
དུ་འདོད་ན་དེ་ལ་བྱ་བ་དང་ལས་མེད་དེ། བྱ་བ་མེད་པར་ཡང་དེ་གྲུབ་པའི་ཕྱིར་རོ། །བྱ

པ་དང་ལྡན་པ་ལས་ཁྱད་པར་ཡོད་པར་ཡང་མི་རིགས་པས་བྱེད་པ་པོ་ལས་བྱེད་དོ་ཞེས་བྱ་བ་དེ་མི་འཐད་དོ་ཞེས་བྱ་བར་དགོངས་སོ། །ཡང་ན། ཡིན་པར་གྱུར་ལ་བྱ་བ་མེད། །ཅེས་བྱ་བ་ནི་ཆོས་མཐུན་པའི་དཔེའི་ཚིག་ཡིན་ནོ། །འདིར་རྗེས་སུ་དཔག་པ་ནི་དོན་དམ་པར་བྱེད་པ་པོ་ཡིན་པར་གྱུར་པ་ལྷས་བྱིན་ཞེས་བྱ་བ་བརྟེན་ཏེ་བརྟགས་པ་དང་། མུ་སྟེགས་བྱེད་ཀྱིས་ཡོངས་སུ་བརྟགས་པ་ནི་ལྷས་བྱིན་གྱི་རྒྱུད་ལ་ལས་དགེ་བ་དང་མི་དགེ་བ་མི་བྱེད་དེ། བྱེད་པ་པོ་ཡིན་པའི་ཕྱིར་དཔེར་ན་མཆོད་སྦྱིན་བཞིན་ནོ། །ཡང་ན་བྱེད་པ་པོ་ཡིན་པར་གྱུར་པ་ཉེ་བར་བཏགས་པ་མ་ཡིན་པར་ཇི་ལྟར་གཟིགས་ཟིན་པ་དག་གིས་བདག་བྱེད་པ་པོ་ཉིད་དུ་བརྟགས་པ་ལྟ་བུ་དེ་དག་གི་ཕྱིར། རྗེས་སུ་དཔག་པ་ནི་དོན་དམ་པར་བདག་ལྷས་བྱིན་ནི་ལྷས་བྱིན་གྱི་རྒྱུད་ལ་ལས་མི་བྱེད་དེ། དངོས་པོ་ཡིན་པའི་ཕྱིར་དཔེར་ན་ལས་བཞིན་ནོ། །དོན་དམ་པར་ལྷས་བྱིན་གྱི་རྒྱུད་ཀྱི་ལས་ནི་བྱེད་པ་པོ་བདག་ལྷས་བྱིན་གྱི་བྱ་བ་མ་ཡིན་ཏེ། ལས་ཡིན་པའི་ཕྱིར་དཔེར་ན་དེ་ལས་གཞན་པ་བཞིན་པས་དེའི་ཕྱིར་རྗེས་སུ་དཔག་པས་གནོད་པར་འགྱུར་རོ། །ཅི་སྟེ་དམ་བཅས་པ་དེའི་དོན་གང་ཡིན།; ཅི་ལྷས་བྱིན་གྱི་རྒྱུད་ཀྱི་ལས་ལ་བྱེད་པ་པོ་གཞན་ཡོད་པ་ཡིན་ནམ། འོན་ཏེ་བྱེད་པ་པོ་མེད་པ་ཡིན། དེས་ཅིར་འགྱུར། གལ་ཏེ་བྱེད་པ་པོ་གཞན་ཡོད་པ་ཡིན་ན་ནི་དམ་བཅས་པ་ཉམས་སོ། །ཅི་སྟེ་བྱེད་པ་པོ་མེད་པ་ཡིན་ན་ནི་དཔེ་མེད་དོ་ཞེ་ན། དེ་ནི་རིགས་པ་མ་ཡིན་ཏེ། བདག་མཆོད་སྦྱིན་ཞེས་བྱ་བ་ལྷས་བྱིན་གྱི་རྒྱུད་ཀྱི་བྱེད་པ་པོ་ཉིད་དུ་མ་གྲུབ་པ་ཉིད་དཔེ་ཉིད་དུ་ཉེ་བར་བཞག་པའི་ཕྱིར་རོ། །དེའི་ཕྱིར་དེ་ལྟར་བྱེད་པ་པོ་ཡིན་པར་གྱུར་པ་བྱ་བ་ལ་མི་ལྟོས་པ་ལ་བྱེད་པ་པོ་ཉིད་དུ་རྟོག་པ་ལ་བྱ་བ་དང་ལས་མི་འཐད་དོ།; ;ལས་ཀྱང་བྱེད་པོ་མེད་པར་འགྱུར། །བྱེད་པ་པོ་དེས་དེ་མ་བྱས་པའི་ཕྱིར་རོ། །ཡང་

ན༏ ལས་ཀྱང་བྱེད་པོ་མེད་པར་འགྱུར། །ཞེས་བྱ་བ་ནི་ལས་ཡིན་པར་གྱུར་པར་རྟོག་པ་ལ༏ ལས་ཀྱང་ལས་ཀྱི་ངོ་བོ་ཉིད་ཡིན་པའི་ཕྱིར། བྱེད་པ་པོ་ལ་མི་ལྟོས་པ་ཡིན་ཏེ། ངོ་བོ་ཉིད་ནི་ལྟོས་པ་མེད་པའི་ཕྱིར་རོ། །དེས་ན་བྱེད་པ་པོས་མ་བྱས་པ་ཉིད་ཀྱི་ལས་སུ་འགྱུར་ཏེ༏ འདིར་ཡང་རྗེས་སུ་དཔག་པ་སྔ་མ་བཞིན་ནོ། །ཡིན་པར་གྱུར་ལ་བྱ་བ་མེད། །བྱེད་པ་པོ་ཡང་ལས་མེད་འགྱུར། །ཞེས་བྱ་བ་ནི་ཕྱེད་གོང་མ་ཤོས་ཀྱི་རྗེས་སུ་འབྲང་བས་རྣམ་པར་བཤད་ཟིན་པའི་ཕྱིར་བཤད་མི་དགོས་སོ། །དེ་ལྟར་དམ་འཆའ་བར་བྱེད་པའི་དམ་བཅས་པ་ལ་རྗེས་སུ་དཔག་པས་གནོད་པར་འགྱུར་བས་བྱེད་པ་པོ་དང་ལས་དག་ལྟོས་པ་མེད་པར་ཡོད་པ་དེ་ནི་མི་འདོད་དེ། དེའི་ཕྱིར་བྱེད་པ་པོ་དང་ལས་དག་ལྟོས་པ་པོ་དང་བཅས་པ་ཉིད་དུ་འདོད་པ་ཁོ་ནར་བྱའོ། །དེས་ན་དོན་དམ་པར་བྱེད་པ་པོ་ལྷས་བྱིན་ཞེས་བྱ་བ་ནི། ལྷས་བྱིན་གྱི་རྒྱུད་ལ་ལས་བྱེད་པ་པོའི་རྒྱུད་ལ་གདོན་མི་ཟ་བར་རྣམ་པར་སྨིན་པར་འགྱུར་བ་མི་བྱེད་པར་ཤེས་པར་བྱར་ནུས་ཏེ། ལྟོས་པ་དང་བཅས་པའི་ཕྱིར་དཔེར་ན་མཆོད་སྦྱིན་བཞིན་ནོ། །དེ་བཞིན་དུ་དོན་དམ་པར་ལྷས་བྱིན་གྱི་རྒྱུད་ཀྱི་ལས་བྱེད་པ་པོ་ལ་གདོན་མི་ཟ་བར་རྣམ་པར་སྨིན་པར་འགྱུར་བ་ནི་བྱེད་པ་པོ་ལྷས་བྱིན་གྱི་བྱ་བ་མ་ཡིན་ཏེ། བྱེད་པ་པོ་ལ་ལྟོས་པའི་ཕྱིར། དཔེར་ན་མཆོད་སྦྱིན་གྱི་རྒྱུད་ཀྱི་ལས་བཞིན་ནོ། །ད་ནི་དམ་བཅས་པའི་དོན་ཉེ་བར་གཞག་པ་གཉིས་པ་སྒྲུབ་པའི་ཕྱིར་བཤད་པ། གལ་ཏེ་བྱེད་པོར་མ་གྱུར་པ། །ལས་སུ་མ་གྱུར་བྱེད་ན་ནི། །དེས་ཅིར་འགྱུར། ལས་ལ་རྒྱུ་ནི་མེད་པར་འགྱུར༏ བྱེད་པ་པོ་མེད་པར་ཡང་གྲུབ་པའི་ཕྱིར་རོ། །བྱེད་པ་པོ་ཡང་རྒྱུ་མེད་འགྱུར། །བྱེད་པ་པོ་ལས་མི་བྱེད་པ་དང་། ལས་ལ་མི་ལྟོས་པ་ཡིན་པའི་ཕྱིར་རོ། །ཚིག་ལེའུར་བྱས་པའི་ཕྱེད་པ་འདིས་ཀྱང་བྱེད་པ་པོ་དང་ལས་ཀྱི་ཆོས་བྱེད་པ་པོ་དང་ལས་དག་ཕན་ཚུན

ལྟོས་པ་དང་བཅས་པ་ཉིད་བསྟན་ཏོ། །འདིར་རྗེས་སུ་དཔག་པ་ནི་བྱེད་པ་པོ་དང་ལས་ཀྱི་ཕྱོགས་ལ་ཡང་སྔ་མ་བཞིན་ཏེ། ཁྱད་པར་ནི་བྱེད་པ་པོ་དང་ལས་མ་ཡིན་པར་གྱུར་པ་དག་ཕྱོགས་སུ་བྱ་བ་ཡིན་ནོ། །ཅི་སྟེ་ཡང་འགའ་ཞིག་ཁོ་བོ་ཅག་ལ་བྱེད་པ་པོ་དང་ལས་དག་ནི་འདི་ལྟ་སྟེ་རང་དབང་ནི་བྱེད་པ་པོའི། །བྱེད་པ་པོའི་འདོད་པ་མཆོག་ནི་ལས་སོ་ཞེས་བྱ་བས༑ རང་གི་མཚན་ཉིད་གྲུབ་པའི་ཕྱིར་ཕན་ཚུན་ལྟོས་པ་མེད་པ་ཉིད་ཡིན་པས། དེས་ན་ལྟོས་པ་དང་བཅས་པའི་ཕྱིར་ཞེས་བྱ་བའི་གཏན་ཚིགས་ཀྱི་དོན་མ་གྲུབ་པ་ཉིད་དོ་ཞེས་ཟེར་ན། སུན་འབྱིན་པར་བྱེད་པ་ལ་བརྐམ་པ་ཉིད་ཀྱིས་དེ་ལ་གནོད་པ་ཆེན་པོ་འབྱུང་བར་འགྱུར་ཏེ། ཇི་ལྟར་ཞེ་ན། འདི་ལ་རང་དབང་ནི་བྱེད་པ་པོའོ་ཞེས་བྱ་བ་གང་ཡིན་པ་དེ་ཡང་ལས་བསྒྲུབ་པའི་ཐབས་མཁས་པ་ལ་རང་དབང་ཡོད་པའི་ཕྱིར། ལས་ལ་ལྟོས་པ་ཉིད་ཡིན་ལ། བྱེད་པ་པོའི་འདོད་པ་མཆོག་ནི་ལས་སོ་ཞེས་བྱ་བ་གང་ཡིན་པ་དེ་ཡང་བྱེད་པ་པོ་ལ་ལྟོས་པ་ཉིད་ཡིན་པའི་ཕྱིར་བྱེད་པ་པོ་དང་། ལས་དག་གི་བྱེད་པ་པོ་དང་། ལས་ཞེས་ཐ་སྙད་གདགས་པ་ཉིད་ལ་ནི་ཕན་ཚུན་རྒྱུའི་དངོས་པོར་ཉེ་བར་འགྲོ་བ་ཡོད་པ་ཡིན་ན༑ དེ་ཡང་བྱེད་པ་པོ་དང་ལས་དག་ལྟོས་པ་མེད་པར་སྨྲ་བ་ལ་མི་འཐད་པས་དེའི་ཕྱིར་བྱེད་པ་པོ་དང་ལས་དག་ལ་རྒྱུ་མེད་པར་འགྱུར་ཏེ། དེ་ལྟར། རྒྱུ་མེད་ན་ནི་འབྲས་བུ་དང་༎ རྒྱུ་ཡང་འཐད་པར་མི་འགྱུར་རོ། །རྒྱུ་དང་རྐྱེན་སོ་སོར་ངེས་པའི་མཐུས་བྱ་བ་ཉིད་ཀྱིས་འབྲས་བུ་ཞེས་བྱ་ཞིང་། ལྷན་ཅིག་བྱེད་པའི་རྒྱུ་ཚོགས་སུ་ཟིན་ཀྱང་དེ་ཡོད་ན་འབྱུང་བ་ཉིད་ཀྱིས་འབྲས་བུའི་རྒྱུ་ཞེས་བྱ་ན། ལྟོས་པ་མེད་པ་ལ་ནི་རྒྱུ་མེད་པ་ཡང་རྒྱུར་མི་རུང་ལ། དེའི་འབྲས་བུ་མེད་པ་ཡང་འབྲས་བུར་མི་རུང་ངོ་ཞེས་བྱ་བར་དགོངས་སོ། །ཡང་གཞན་ཡང་༑ དེ་མེད་ན་ནི་བྱ་བ་དང་། །བྱེད་པོ་པོ་དང་བྱེད་མི་རིགས། །འབྲས་བུ་དེ་མེད་ན་བྱ་

བ་དང་བྱེད་པ་པོ་དང་བྱེད་པ་དག་མི་རིགས་ཏེ། འཇིག་རྟེན་པའི་བུམ་པ་ལ་སོགས་པ་ཡུལ་གྱི་བྱ་བ་དེ་ཡང་བྱེད་པ་པོའི་འདོད་པ་མཆོག་ནི་ལས་སོ་ཞེས་བྱ་བས་བྱེད་པ་པོ་ལ་ལྟོས་པ་ཡིན་ན་བུམ་པ་སྒྲུབ་ནུས་པའི་རྩོལ་བ་ལ། ཐབས་ཤེས་པ་མ་བརྗེད་པའི་མཁས་པ་ལ་རང་དབང་ནི་བྱེད་པ་པོའོ་ཞེས་བྱ་བ་དེ་ཡང་བྱེད་པ་པོ་གཞན་ལ་མི་ལྟོས་ཤིང་ལས་ལ་ལྟོས་པ་ཡིན། བུམ་པ་བསྒྲུབ་པའི་ཡན་ལག་དུ་མས་བསྒྲུབ་པར་བྱ་བ་དེ་ཉིད་ཀྱིས་བསྒྲུབ་པའི་ཡན་ལག་ལས་སྒྲུབ་པའི་མཆོག་ནི་བྱེད་པོའོ་ཞེས་བྱ་བ་དེ་ཡང་བྱེད་པ་པོ་དང་། ལས་དག་ལ་ལྟོས་པ་ཡིན་ན་ལྟོས་པ་མེད་པ་ལ་ནི་དེ་དག་མེད་དེ། གཅད་པར་བྱ་བའི་ཤིང་མེད་ན་བཅད་པ་དང་གཅོད་པ་པོ་དང་གཅོད་པ་དག་མེད་པ་བཞིན་ནོ། །ཡང་གཞན་ཡང་༑ ༑བྱ་བ་ལ་སོགས་མི་རིགས་ན། །ཆོས་དང་ཆོས་མིན་ཡོད་མ་ཡིན། །བྱ་བ་དང་བྱེད་པ་པོ་དང་བྱ་བ་དག་མི་རིགས་ན་ཆོས་དང་ཆོས་མ་ཡིན་པ་དག་ཡོད་པ་མ་ཡིན་ཏེ། ཕ་རོལ་པོའི་ཚུལ་ལས་ཆོས་དང་ཆོས་མ་ཡིན་པ་དག་ནི་བྱ་བ་དང་བྱེད་པ་པོ་དང་བྱེད་པ་དག་གིས་བསྒྲུབ་པར་བྱ་བ་ཡིན་པའི་ཕྱིར་དང་དེ་དག་གིས་གསལ་བར་བྱ་བ་ཡིན་པའི་ཕྱིར་རོ་ཞེས་བྱ་བར་དགོངས་སོ། །ཅི་སྟེ་ཡང་རང་གི་སྡེ་པ་དག་ལ་ལ་འདི་སྐད་ཅེས་འདུ་བྱེད་རྣམས་ལ་བྱེད་པ་པོ་དང་། ཚོར་བ་པོ་མེད་པའི་ཕྱིར་བྱེད་པ་པོ་མེད་པའི་སྐྱོན་གྱིས་མི་གནོད་དེ། ཆོས་དང་ཆོས་མ་ཡིན་པ་དག་ལུས་དང་། ངག་དང་ཡིད་ཀྱི་བྱ་བའི་ཁྱད་པར་གྱི་བདག་ཉིད་དུ་ཁས་བླངས་པའི་ཕྱིར་རོ་ཞེ་ན། རྒྱུ་ཕན་འདོགས་པ་ཚོགས་པ་ཙམ་ལ་ཐ་སྙད་དུ་བྱེད་པ་པོ་ཉིད་དུ་ཁས་བླངས་པས། དེ་ལ་ལྟོས་པ་ཉིད་ཀྱི་ཆོས་དང་ཆོས་མ་ཡིན་པ་དག་ལས་ཀྱི་སྒྲར་བརྗོད་པའི་ཕྱིར། བྱེད་པ་པོ་མེད་ན་དེ་ལ་ལྟོས་པའི་ལས་མི་འགྲུབ་པའི་ཕྱིར༑ ཆོས་དང་ཆོས་ཡིན་པ་ལ་སོགས་པ་དག་མེད་པའི་སྐྱོན་གྱིས་མི་གནོད་པ་མ་ཡིན་

ཏེ། །ལྟོས་པའི་རིགས་པ་མེད་པའི་ཕྱིར་རོ། །དེ་ལྟར་ཇི་སྐད་བསྟན་པའི་ཚུལ་གྱིས། ཆོས་དང་ཆོས་མིན་མེད་ན་ནི། །དེ་ལས་བྱུང་བའི་འབྲས་བུ་མེད། །ཆོས་དང་ཆོས་མ་ཡིན་པ་དག་མེད་ན་དེ་དག་ལས་བྱུང་བའི་འབྲས་བུ་ལྷ་དང་མི་དང་སེམས་ཅན་དམྱལ་བ་དང་། དུད་འགྲོ་དང་ཡི་དྭགས་ཀྱི་འགྲོ་བ་དག་ཏུ་ལུས་དང་དབང་པོ་དང་ལོངས་སྤྱོད་འདོད་པ་དང་། མི་འདོད་པའི་བདག་ཉིད་འགྲུབ་པ་དག་མེད་པར་འགྱུར་རོ། །དེ་ལྟར། འབྲས་བུ་མེད་ན་ཐར་པ་དང་། །མཐོ་རིས་འགྱུར་བའི་ལམ་མི་འཐད། །བྱ་བ་དག་ནི་ཐམས་ཅད་ཀྱང་། །དོན་མེད་ཉིད་དུ་ཐལ་བར་འགྱུར། །འབྲས་བུ་མེད་ན་ཐལ་བར་འགྱུར་བའི་ལམ་རྣལ་འབྱོར་པ་དག་མྱ་ངན་ལས་འདས་པའི་དོན་དུ་ཡང་དག་པའི་ལྟ་བ་སྔོན་དུ་བཏང་བའི་འཕགས་པའི་ལམ་ཡན་ལག་བརྒྱད་པ་སྒོམ་པ་ཡང་མི་འཐད་པར་འགྱུར་ལ། མཐོ་རིས་སུ་འགྱུར་བའི་ལམ་ཚུལ་ཁྲིམས་ཡང་དག་པར་ལེན་པ་དང་། བསམ་གཏན་དང་། སྙོམས་པར་འཇུག་པ་ལ་མངོན་པར་བརྩོན་པ་ཡང་མི་འཐད་པར་འགྱུར་ཞིང་། འཇིག་རྟེན་དང་འཇིག་རྟེན་ལས་འདས་པའི་བྱ་བ་ཐམས་ཅད་ཀྱང་དོན་མེད་པ་ཉིད་དུ་ཐལ་བར་འགྱུར་རོ། །དེའི་ཕྱིར་དེ་ལྟར་བྱེད་པ་པོ་མ་ཡིན་པར་གྱུར་པ་ལས་མ་ཡིན་པར་གྱུར་པ་བྱེད་པ་དང་། ལས་མ་ཡིན་པར་གྱུར་པ་བྱེད་པ་པོ་མ་ཡིན་པར་གྱུར་པའི་བྱ་བ་ཡིན་པར་རྟོག་པ་ལ་གནོད་པ་ཆེན་པོ་དེ་དག་འབྱུང་བར་འགྱུར་བ་བཟློག་དཀའ་བར་རིག་ནས་བྱེད་པ་པོ་དང་ལས་དག་ལྟོས་པ་དང་བཅས་པ་ཉིད་དུ་འདོད་པར་བྱའོ། །དེ་ལྟར་གཏན་ཚིགས་ཁ་ན་མ་ཐོ་བ་མེད་པ་ཇི་སྐད་བསྟན་པ་དེ་ཡོད་པའི་ཕྱིར་བྱེད་པ་པོ་མ་ཡིན་པར་གྱུར་པ། ལས་མ་ཡིན་པར་གྱུར་པ་བྱེད་པ་དང་། ལས་མ་ཡིན་པར་གྱུར་པ་བྱེད་པ་པོ་མ་ཡིན་པར་གྱུར་པའི་བྱ་བ་ཡིན་པར་སྒྲུབ་པའི་ཕྱོགས་དེ་མི་འཐད་པར་བསྟན་ཏོ། །རྣམ་གྲངས་ཀྱི་

ཚུལ་སྨྲ་བ་དག་ན་རེ། རྣམ་གྲངས་ལས་བྱེད་པ་པོ་ཡིན་པ་དང་མ་ཡིན་པར་གྱུར་པ་ལས་ཡིན་པ་དང་མ་ཡིན་པར་གྱུར་པ་བྱེད་པའི་ཕྱིར་སྐྱོན་མེད་དོ་ཞེ་ན། འདིར་བཤད་པ། བྱེད་པ་པོར་གྱུར་མ་གྱུར་པ། །གྱུར་མ་གྱུར་དེ་མི་བྱེད་དོ། །ཡིན་དང་མ་ཡིན་གྱུར་པ་ནི། །ཕན་ཚུན་འགལ་བས་ག་ལ་གཅིག །འདི་ལྟར་ཡིན་པ་དང་མ་ཡིན་པར་གྱུར་པ་ནི་ཕན་ཚུན་འགལ་བས་གཅིག་ལ་གཅིག་དུས་གཅིག་ཏུ་མི་འཐད་དོ། །གལ་ཏེ་ཡིན་ན་ནི་ཇི་ལྟར་མ་ཡིན་པར་འགྱུར་ཅེ་སྟེ་མ་ཡིན་ན་ནི་ཇི་ལྟར་ཡིན་པར་འགྱུར་ཏེ། འདི་ལྟར་འཇིག་རྟེན་ན་མེ་ལ་ཚ་བའི་ངོ་བོ་ཉིད་དང་། གྲང་བའི་ངོ་བོ་ཉིད་དམིགས་སུ་མེད་པ་བཞིན་ནོ། །ཅི་སྟེ་རྫས་ཀྱི་ངོ་བོ་ཉིད་དུ་ཡོད་པའི་ཕྱིར་ཡིན་པར་གྱུར་པ་ཡིན་ལ། བྱ་བ་དང་བྱེད་པའི་སྔོན་རོལ་ན་བྱེད་པ་པོ་ཉིད་དུ་མེད་པའི་ཕྱིར་མ་ཡིན་པར་གྱུར་པ་ཡང་ཡིན་པས་དེ་ལྟར་ལྟོས་པའི་དབང་གིས་གཅིག་ལ་ཡང་དུས་གཅིག་ན་གཉིས་ཀའི་བདག་ཉིད་ཡོད་པའི་ཕྱིར་སྐྱོན་མེད་དོ་ཞེ་ན། དེ་ནི་བཟང་པོ་མ་ཡིན་ཏེ། ལྟོས་པའི་ངེས་པ་འགོག་པར་འགྱུར་བའི་ཕྱིར་དང་། ཕྱོགས་གཉི་གར་བསྟན་པའི་རྗེས་སུ་དཔག་པས་བཀག་པའི་ཕྱིར་སྐྱོན་མེད་པ་མ་ཡིན་ནོ། །གལ་ཏེ་མཆོད་སྦྱིན་ནི་བྱེད་པ་པོ་ཉིད་ཀྱང་ཡིན་ལ། བྱེད་པ་པོ་མ་ཡིན་པ་ཉིད་ཀྱང་ཡིན་པས། དཔེ་མེད་པའི་ཕྱིར་རྗེས་སུ་དཔག་པས་གནོད་པར་མི་འགྱུར་རོ་ཞེ་ན། ལྷས་བྱིན་གྱི་རྒྱུད་ལ་མཆོད་སྦྱིན་བྱེད་པ་པོ་མ་ཡིན་པར་གྱུར་པའི་ཚ་དང་། མཆོད་སྦྱིན་གྱི་བྱ་བ་མ་ཡིན་པར་གྱུར་པའི་ཚར་བསྒྲུབ་པ་ཉིད་དཔེ་ཉིད་དུ་འདོད་པའི་ཕྱིར་སྐྱོན་མེད་དོ།། གྲུས་པར་སྨྲ་མ་བཞིན་ནོ། །དེའི་ཕྱིར་དེ་ལྟར་རེ་ཞིག་ཕྱོགས་མཐུན་པ་ལ་བརྟེན་པའི་བྱེད་པ་པོ་དང་ལས་རྣམ་པར་བཞག་པ་དག་དོན་དམ་པ་ལ་མ་ཡིན་པས་རབ་ཏུ་བྱེད་པའི་དང་པོར་སྨྲས་པའི་གཏན་ཚིགས་ཀྱི་དོན་མ་གྲུབ་པ་ཉིད་དོ། །གལ་ཏེ་བྱེད་པ་པོ་ཡིན་པར་གྱུར་

པ་ལས་མ་ཡིན་པར་གྱུར་པ་བྱེད་ཅིང་། བྱེད་པ་པོ་མ་ཡིན་པར་གྱུར་པ་ཡང་ལས་ཡིན་པར་གྱུར་པར་བྱེད་པས་སྐྱོན་མེད་དོ་ཞེ་ན། འདིར་བཤད་པ། བྱེད་པ་པོ་དང་ལས་དག་ནི།། གྱུར་པ་མ་གྱུར་མི་བྱེད་དེ། །མ་གྱུར་པ་ཡང་གྱུར་མི་བྱེད་གང་གིས་ཅི་ཞིག་མི་བྱེད་ཅེ་ན། བྱེད་པ་པོ་ཡིན་པར་གྱུར་པ་ལས་མ་ཡིན་པར་གྱུར་པ་མི་བྱེད་ལ། བྱེད་པ་པོ་མ་ཡིན་པར་གྱུར་པ་ལས་ཡིན་པར་གྱུར་པ་མི་བྱེད་དོ། །ཅིའི་ཕྱིར་ཞེ་ན། འདི་ལྟར། འདིར་ཡང་སྐྱོན་དེར་ཐལ་བར་འགྱུར། །ཡིན་པར་གྱུར་པ་དང་། མ་ཡིན་པར་གྱུར་པའི་ཕྱོགས་སུ་བསྟན་པའི་སྐྱོན་དེ་དག་ཉིད་དུ་ཐལ་བར་འགྱུར་བའི་ཕྱིར་རོ། །དོན་དམ་པར་བྱེད་པ་པོ་ཡིན་པར་གྱུར་པ་ལས་མ་ཡིན་པར་གྱུར་པ་མི་བྱེད་ལ། བྱེད་པ་པོ་མ་ཡིན་པར་གྱུར་པ་ལས་ཡིན་པར་གྱུར་པ་མི་བྱེད་དོ་ཞེས་དམ་བཅས་པ་ལ་ཁྱད་པར་ཡོད་པར་ཟད་ཀྱི། སྦྱོར་བའི་ཡན་ལག་ལྷག་མ་དག་ནི་རྒྱས་པར་སྔ་མ་བཞིན་ནོ། །དེ་བཞིན་དུ། བྱེད་པ་པོ་དང་ལས་དག་ནི། །གྱུར་དང་བཅས་པ་མ་གྱུར་དང་། །གྱུར་མ་གྱུར་པ་མི་བྱེད་དེ། །གཏན་ཚིགས་གོང་དུ་བསྟན་ཕྱིར་རོ། །དེ་བཞིན་དུ། བྱེད་པ་པོ་དང་ལས་དག་ནི། །མ་གྱུར་པ་ནི་གྱུར་བཅས་དང་། །གྱུར་མ་གྱུར་པ་མི་བྱེད་དོ། །གཏན་ཚིགས་གོང་དུ་བསྟན་ཕྱིར་རོ། །དེ་བཞིན་དུ། བྱེད་པ་པོར་གྱུར་མ་གྱུར་ནི། །ལས་སུ་གྱུར་དང་མ་གྱུར་པ། །མི་བྱེད་འདིར་ཡང་གཏན་ཚིགས་ནི། །གོང་དུ་བསྟན་པས་ཤེས་པར་བྱ། །འདིར་ཡང་དམ་བཅས་པ་ལ་ཁྱད་པར་ཡོད་པ་འབའ་ཞིག་ཏུ་ཟད་ཀྱི། སྦྱོར་བའི་ཡན་ལག་ལྷག་མ་དག་ནི་རྒྱས་པར་སྔ་མ་བཞིན་ནོ། །གང་གི་ཕྱིར་དེ་ལྟར་བརྟགས་ན། །བྱེད་པོ་ལས་ལ་བརྟེན་བྱས་ཤིང་། ། ལས་ཀྱང་བྱེད་པོ་དེ་ཉིད་ལ། །བརྟེན་ནས་འབྱུང་བ་དེ་ཡི་ཕྱིར། །བྱེད་པ་པོ་དང་ལས་ཉིད་ལ་བྱེད་པ་པོ་དང་ལས་ཀྱི་རྒྱུ་ཡོད་པ་ནི་ཐ་སྙད་པར་ཕན་ཚུན་ལྟོས་པ་ཉིད་ཡིན་གྱི། དེ་མ་

གཏོགས་པར་དེ་ལས་གཞན་པ་འགྲུབ་པའི་རྒྱུ་ནི་མ་མཐོང་ངོ་། །དེ་ལྟ་བས་ན་རབ་ཏུ་བྱེད་པའི་དང་པོར་སྨྲས་པའི་གཏན་ཚིགས་ཀྱི་དོན་མ་གྲུབ་པ་ཉིད་ཀྱི་ལན་གདབ་དཀའ་བ་དང་། དཔེའི་སྐྱོན་ཡོད་པ་དང་། གཏན་ཚིགས་གཞན་དུ་རྟོགས་ན་ཡང་དོན་འགལ་བ་ཉིད་དུ་འགྱུར་རོ། །གང་དག་དོན་དམ་པར་ཕུང་པོ་དང་། །ཁམས་དང་། སྐྱེ་མཆེད་དག་ཡོད་པ་ཁོ་ན་ཡིན་ཏེ། བཅོམ་ལྡན་འདས་ཀྱིས་ཉེ་བར་ལེན་པ་པོ་དང་། ཉེ་བར་བླང་བ་ཉིད་དུ་གསུངས་པའི་ཕྱིར་རོ་ཞེས་ཟེར་བ་དེ་དག་དགག་པའི་ཕྱིར། དེ་བཞིན་ཉེར་ལེན་ཤེས་པར་བྱ། །ཞེས་བྱ་བ་ལ་སོགས་པས་འདྲ་བར་བསྟན་པར་བྱ་སྟེ། དེ་བཞིན་ཞེས་བྱ་བ་ནི་ཇི་སྐད་བསྟན་པའི་འབད་པས་ཉེ་བར་བསྟན་པ་བཞིན་དུའོ། །ཉེར་ལེན་ཅེས་བྱ་བ་ནི་ཉེ་བར་ལེན་པ་སྟེ། དངོས་པོའི་རྐྱེན་དུ་བལྟ་བར་བྱའོ། །ཉེ་བར་ལེན་པ་པོ་དང་། ཉེ་བར་བླང་བ་དག་ཡོངས་སུ་གཟུང་བའི་ཕྱིར་ཏེ། གང་ལ་དངོས་པོ་ཡོད་པ་དེ་ལ་བྱེད་པ་པོ་དུ་མ་ཡོད་པའི་ཕྱིར་རོ། །ཇི་སྐད་བསྟན་པའི་འབད་པ་ནི་ཇི་ལྟར་བྱེད་པ་པོ་ལས་ལ་བརྟེན་ཅིང་ལས་ཀྱང་བྱེད་པ་པོ་ལ་བརྟེན་ནས་འབྱུང་བ་དེ་བཞིན་དུ་ཉེ་བར་ལེན་པ་པོ་ཡང་ཉེ་བར་བླང་བ་ལ་བརྟེན་ནས་ཉེ་བ་བླང་བ་ཡང་ཉེ་བར་ལེན་པ་པོ་ལ་བརྟེན་ནས་འབྱུང་བར་འགྱུར་བས་ཉེ་བར་ལེན་པ་པོ་དང་། ཉེ་བར་བླང་བ་དག་གི་ཉེ་བར་ལེན་པ་པོ་དང་ཉེ་བར་བླང་བ་ཉིད་ནི་དོན་དམ་པ་པ་མ་ཡིན་ནོ། །ཇི་ལྟར་ཞེ་ན། ལས་དང་བྱེད་པོ་བསལ་ཕྱིར་རོ༑ ༑བསལ་ཞེས་བྱས་པ་ནི་བཀག་པའོ། །ཕྱིར་རོ་ཞེས་བྱ་བ་ནི་གཏན་ཚིགས་ཀྱི་དོན་ཏེ། གང་གི་ཕྱིར་དེ་ལྟར་བྱེད་པ་པོ་དང་ལས་དག་བསལ་བ་བསྟན་པ་དེ་ཉིད་ཀྱིས་ཉེ་བར་ལེན་པ་པོ་དང་། ཉེ་བར་བླང་བ་དག་ཀྱང་བསལ་བར་ཤེས་པར་བྱའོ། །དེ་ལ་ཕྱོགས་ཙམ་ཞིག་བསྟན་པར་བྱ་སྟེ། དོན་དམ་པར་ཉེ་བར་ལེན་པ་པོ་མ་ཡིན་པར་གྱུར་པ་ལྷས་བྱིན

ཞེས་བྱ་བ་ཉེ་བར་བླང་བ་ཡིན་པར་གྱུར་པ་དེའི་སྐྲར་བརྗོད་པ་དག་ལེན་པར་མི་བྱེད་པར་གཟུང་བར་བྱ་སྟེ། ཉེ་བར་བླང་བ་ལ་ལྟོས་པའི་ཕྱིར་དཔེར་ན་མཆོད་སྦྱིན་བཞིན་ནོ། །དོན་དམ་པ་ཉེ་བར་ལེན་པ་པོ་མ་ཡིན་པར་གྱུར་པ་ལྷས་སྦྱིན་ཞེས་བྱ་བ་ཉེ་བར་བླང་བ་མ་ཡིན་པར་གྱུར་པ་ཉེ་བར་ལེན་པར་མི་བྱེད་པ་དང་། ཉེ་བར་ལེན་པ་པོ་ཡིན་པ་དང་མ་ཡིན་པར་གྱུར་པ་ལྷས་བྱིན་ཞེས་བྱ་བ་ཉེ་བར་བླང་བ་ཡིན་པ་དང་། མ་ཡིན་པར་གྱུར་པ་ཉེ་བར་ལེན་པར་མི་བྱེད་དེ་ཞེས་བྱ་བ་དག་ལ་ཡང་དམ་བཅས་པ་ལ་ཁྱད་པར་ཡོད་པར་ཟད་ཀྱི། སྦྱོར་བའི་ཡན་ལག་ལྷག་མ་དག་ནི་རྒྱས་པར་སྔ་མ་བཞིན་ནོ། །དེ་བཞིན་དུ་དོན་དམ་པར་ཉེ་བར་བླང་བ་ཡིན་པར་གྱུར་པ་ཡང་ཉེ་བར་ལེན་པ་པོ་ཡིན་པར་གྱུར་པ་ལྷས་བྱིན་ཞེས་བྱ་བའི་ཉེ་བར་བླང་བ་མ་ཡིན་ཏེ། ཉེ་བར་ལེན་པ་པོ་ལ་ལྟོས་པའི་ཕྱིར་དཔེར་ན་མཆོད་སྦྱིན་གྱི་རྒྱུད་ཀྱི་ཉེ་བར་བླང་བར་གྱུར་པ་བཞིན་ནོ། །དོན་དམ་པར་ཉེ་བར་བླང་བ་མ་ཡིན་པར་གྱུར་པ་ཉེ་བར་ལེན་པ་པོ་མ་ཡིན་པར་གྱུར་པ་ལྷས་བྱིན་ཞེས་བྱ་བའི་ཉེ་བར་བླང་བ་མ་ཡིན་པ་དང་། ཉེ་བར་བླང་བ་ཡིན་པ་དང་། མ་ཡིན་པར་གྱུར་པ་ཉེ་བར་ལེན་པ་པོ་ཡིན་པ་དང་། མ་ཡིན་པར་གྱུར་པ་ལྷས་བྱིན་ཞེས་བྱ་བའི་ཉེ་བར་བླང་བ་མ་ཡིན་ཏེ་ཞེས་བྱ་བ་དག་ལ་ཡང་དམ་བཅས་པ་ལ་ཁྱད་པར་ཡོད་པར་ཟད་ཀྱི། སྦྱོར་བའི་ཡན་ལག་ལྷག་མ་དག་ནི་རྒྱས་པར་སྔ་མ་བཞིན་ནོ། །དེ་བཞིན་དུ་ཕྱོགས་མི་མཐུན་པ་དག་ལ་ཡང་བརྗོད་པར་བྱའོ། །ཉེ་བར་ལེན་པ་པོ་དང་། ཉེ་བར་བླང་བ་ཡིན་པར་གྱུར་པ་ལ་སོགས་པ་དག་དོན་དམ་པར་མ་གྲུབ་པའི་ཕྱིར་རོ། །འདིར་ཡང་གཏན་ཚིགས་ཀྱི་དོན་མ་གྲུབ་པ་ཉིད་དང་། དཔེ་བསྒྲུབ་པར་བྱ་བ་དང་། སྒྲུབ་པའི་ཆོས་དང་མི་ལྡན་པས་མེད་པ་དང་། གཏན་ཚིགས་གཞན་དུ་རྟོག་ན་ཡང་དོན་འགལ་བ་ཉིད་དུ་འགྱུར་རོ། །ཇི་ལྟར

དོན་དམ་པར་བྱེད་པ་པོ་དང་ལས་དག་གིས་ཉེ་བར་ལེན་པ་པོ་དང་། ཉེ་བར་བླང་བ་དག
བསལ་བ་དེ་བཞིན་དུ། བྱེད་པ་པོ་དང་ལས་དག་གིས། །དངོས་པོ་ལྷག་མ་ཤེས་པར་བྱ།།
རང་དང་གཞན་ལ་གྲགས་པའི་རྒྱུ་དང་འབྲས་བུ་དང་། ཡོན་དང་། ཡོན་ཏན་ཅན་དང་།
མཚན་ཉིད་དང་། མཚན་ཉིད་ཀྱི་གཞི་དང་། ཡན་ལག་དང་། ཡན་ལག་ཅན་ལ་སོགས
པ་; དངོས་པོ་ལྷག་མ་རྣམས་ཀྱང་ཤེས་པར་བྱ་སྟེ། རྒྱུ་ཡང་འབྲས་བུ་ལ་བརྟེན་ཅིང་འབྲས
བུ་ཡང་རྒྱུ་ལ་བརྟེན་ནས་འགྲུབ་པ་ལ་སོགས་པ་ཐ་སྙད་པ་ཡིན་གྱི། དོན་དམ་པ་པ་ནི་མ
ཡིན་ནོ། །གང་དག་རྒྱུ་དང་འབྲས་བུ་ལ་སོགས་པ་དག་གི་དོན་དམ་པ་པའི་རྒྱུ་དང་འབྲས
བུ་ལ་སོགས་པའི་ངོ་བོ་ཉིད་ལ་མངོན་པར་ཞེན་པ་དེ་དག་གི་མངོན་པར་ཞེན་པའི་ཟུག་རྫུ
དག་བསལ་བར་འདོད་པས། སློབ་དཔོན་གྱིས་བཀའ་སྩལ་པའི་ལུང་ཁས་བླངས་ནས།
ཚུང་ཟད་དཔྱད་པར་བྱའོ། །དོན་དམ་པར་འོ་མ་ཡིན་པར་གྱུར་པ་ནི་ཞོ་ཡིན་པར་གྱུར་པ
མི་བྱེད་དེ། འབྲས་བུ་ལ་ལྟོས་པའི་ཕྱིར་དཔེར་ན་རྒྱུ་སྤྱིན་དག་བཞིན་ནོ། །གལ་ཏེ་མཐོང
བ་དང་གྲགས་པའི་གནོད་པས་གནོད་པར་འགྱུར་རོ་ཞེ་ན། དམ་བཅས་པ་ཁྱད་པར་ཅན
བྱས་པའི་ཕྱིར་སྐྱོན་མེད་དོ། །ཡང་ན་དོན་དམ་པར་སླ་༼སླེ་༽བར་འདོད་པའི་འོ་མ་ནི།
བསམ་པའི་ཞོའི་རྒྱུ་མ་ཡིན་ཏེ། འོ་མ་ཡིན་པའི་ཕྱིར་དཔེར་ན་དེ་ལས་གཞན་པའི་འོ་མ
བཞིན་ནོ། །དེ་བཞིན་དུ་དོན་དམ་པར་སླ་བར་འདོད་པའི་ཞོ་ནི་འོ་མའི་རྒྱུ་ཅན་མ་ཡིན་ཏེ།
འོ་མ་ལ་ལྟོས་པའི་ཕྱིར། དཔེར་ན་དེ་ལས་གཞན་པའི་ཞོ་བཞིན་ནོ། །ཡང་ན་དོན་དམ་པར
ཞོ་ནི་འོ་མའི་རྒྱུ་ཅན་མ་ཡིན་པར་ཤེས་པར་བྱ་སྟེ། རྒྱུ་ལ་ལྟོས་པའི་ཕྱིར་དཔེར་ན་སྣམ་བུ
བཞིན་ནོ། །འདིར་ཁ་ཅིག་ན་རེ་དོན་དམ་པར་འོ་མ་ནི་ཞོ་མི་བྱེད་དེ་ཞེས་དམ་བཅས་པ
དེའི་དོན། གལ་ཏེ་ཐ་སྙད་དུ་བྱེད་པ་ཡིན་ན་ནི་དཔེ་མེད་པ་དང་། ཕྱོགས་སྔ་མ་ལ་གནོད

དོ༔ །ཅི་སྟེ་རང་གི་བྱ་བ་མི་བྱེད་པ་ཉིད་ཡིན་ན་ནི་དེ་ལྟ་ན་ཡང་དཔེ་མེད་པ་དང་། མ་ངེས་པ་ཉིད་དེ། ཐམས་ཅད་ཀྱང་བྱ་བ་སོ་སོར་ངེས་པ་བྱེད་པའི་ཕྱིར་རོ་ཞེས་ཟེར་རོ། །དེ་ནི་བཟང་པོ་མ་ཡིན་ཏེ། བརྟག་པ་སྔ་མ་ནི་ཁས་མ་བླངས་པའི་ཕྱིར་རོ། །བརྟག་པ་ཕྱི་མ་ལ་ཡང་རྒྱུ་སྦྱིན་ལ་སོགས་པ་ཞོའི་རྒྱུ་མ་ཡིན་པ་ཉིད་དང་། སྣམ་བུ་ལ་སོགས་པ་འོ་མའི་འབྲས་བུ་མ་ཡིན་པ་ཉིད་གྲུབ་པ་དག་དཔེ་ཉིད་དུ་འདོད་པའི་ཕྱིར་དཔེ་མེད་པ་མ་ཡིན་ལ། དམ་བཅས་པ་ཁྱད་པར་ཅན་ཡིན་པའི་ཕྱིར་མ་ངེས་པ་ཉིད་ཀྱང་མ་ཡིན་ནོ། །འདིར་གྲངས་ཅན་དག་གིས་སྨྲས་པ། འབྲས་བུ་སྔ་ན་ཡོད་པ་ཉིད་ཀྱིས་བྱེད་དེ། མེད་པ་ལ་མི་བྱེད་པའི་ཕྱིར་རོ། །འདི་ན་གང་མེད་པ་དེ་ལ་ནི་བྱེད་པ་མེད་དེ། དཔེར་ན་རུས་སྦལ་གྱི་སྤུ་ལས་གོས་བྱེད་པ་མེད་པ་བཞིན་ནོ། །ཞོ་ལ་ནི་བྱེད་པ་ཡོད་པས་དེའི་ཕྱིར། འབྲས་བུ་སྔ་ན་ཡོད་པ་ཁོ་ན་ཡིན་ནོ། །གལ་ཏེ་འབྲས་བུ་སྔ་ན་མེད་པར་གྱུར་ན་དཔེར་ན་འོ་མ་ལ་ཞོ་སྔ་ན་མེད་པ་བཞིན་དུ་རྩི་རྐྱང་ལ་སོགས་པ་དག་ཀྱང་མེད་པར་འདྲ་བས་ཞོའི་དོན་དུ་དེའི་རྒྱུ་འོ་མ་ལེན་པར་མི་བྱེད་པ་ཞིག་ན་ལེན་པར་ཡང་བྱེད་པས་དེ་ལྟར་རྒྱུ་ལེན་པའི་ཕྱིར༔ འབྲས་བུ་སྔ་ན་ཡོད་པ་ཁོ་ན་ཡིན་ན། གལ་ཏེ་འབྲས་བུ་སྔ་ན་མེད་པར་གྱུར་ན། དཔེར་ན་འོ་མ་ལ་ཞོ་སྔ་ན་མེད་པ་བཞིན་དུ། འཇིག་རྟེན་གསུམ་པོ་དག་ཀྱང་མེད་པར་འདྲ་བས་ཞོ་བཞིན་དུ་འཇིག་རྟེན་གསུམ་པོ་དག་ཀྱང་འབྱུང་བར་འགྱུར་བའི་རིགས་ན་དེ་དག་མི་འབྱུང་བས། དེ་ལྟར་ཐམས་ཅད་འབྱུང་བ་མེད་པའི་ཕྱིར་འབྲས་བུ་སྔ་ན་ཡོད་པ་ཁོ་ན་ཡིན་ནོ། །གལ་ཏེ་འབྲས་བུ་སྔ་ན་མེད་པར་གྱུར་ན། ཅིའི་ཕྱིར་རྫ་མཁན་གྱི་ནུས་པས་འཇིམ་པ་ནུས་པ་ཅན་དག་ཁོ་ན་ལས་བུམ་པ་སྐྲུབ་པར་བྱེད་ཅིང་ཐམས་ཅད་ལས་མི་བྱེད་པ་ངེས་པ་འདི་འབྱུང་བར་འགྱུར། དེ་ལྟར་ནུས་པས་ནུས་པ་ཅན་བྱེད་པའི་ཕྱིར་འབྲས་བུ

སྔ་ན་ཡོད་པ་ཁོ་ན་ཡིན་པར་སེམས་སོ། །འདིས་ཀྱང་འབྲས་བུ་སྔ་ན་ཡོད་པ་ཁོ་ནར་མཚོན་ཏེ། གང་མེད་པ་ལ་ནི་རྒྱུའི་དངོས་པོ་ཡོད་པ་མ་ཡིན་པས། གལ་ཏེ་འབྲས་བུ་སྔ་ན་མེད་པར་གྱུར་ན་དེ་ལ་ཡང་རྒྱུའི་དངོས་པོ་མེད་པར་འགྱུར་བ་ཞིག་ན་དེ་ལྟ་མ་ཡིན་པས། དེ་ལྟར་རྒྱུ་ཡོད་པའི་ཕྱིར་ཡང་འབྲས་བུ་སྔ་ན་ཡོད་པ་ཁོ་ན་ཡིན་ན། འོ་མ་ལ་ནི་ཞོ་སྔ་ན་ཡོད་པ་ཁོ་ན་ཡིན་ཏེ། དེ་ཡོད་ན་འབྱུང་བའི་ཕྱིར་རོ། །གང་ལ་གང་སྔ་ན་མེད་པ་དེ་ནི་དེ་ཡོད་ཀྱང་འབྱུང་བར་མི་འགྱུར་རོ། །དེ་ལ་འདིར་མེད་པ་ལ་མི་བྱེད་པའི་ཕྱིར་ཞེས་བྱ་བ་དེ་ནི་ཕྱོགས་ཀྱི་ཆོས་མ་ཡིན་པའི་ཕྱིར་གཏན་ཚིགས་ཀྱི་དོན་མ་གྲུབ་པ་ཉིད་དོ། །ཆོས་མི་མཐུན་པའི་དཔེར་རྟག་ཏུ་ཡང་བྱེད་པའི་ཕྱིར་ཞེས་ཉེ་བར་སྦྱོར་བས། གཏན་ཚིགས་མཚོན་པའི་ཕྱིར་ཐ་སྙད་ཀྱི་ཕྱོགས་ལ་ནི་དོན་མ་གྲུབ་པ་ཉིད་དང་། དོན་འགལ་བ་ཉིད་དེ། ཡོད་པ་ལ་བྱེད་པ་མི་སྲིད་པའི་ཕྱིར་དང་། མེད་པ་ལ་དེ་སྲིད་པའི་ཕྱིར་རོ། །དོན་དམ་པར་ནི་གཏན་ཚིགས་དང་དཔེ་མེད་དོ། །གང་ལ་གང་སྔ་ན་ཡོད་པ་དེ་ནི་དེ་ལས་མི་འབྱུང་སྟེ། དཔེར་ན་རྒྱུའི་རང་གི་བདག་ཉིད་བཞིན་པས་དམ་བཅས་པ་ལ་ཆོས་ཅན་གྱི་ཁྱད་པར་བསལ་བའི་སྐྱོན་ཡོད་དོ། །ཅི་སྟེ་ཡང་འདི་སྐད་ཅེས་འབྲས་བུ་སྔ་ན་མེད་པར་སྨྲ་བ་རྣམས་ཀྱི་དམ་བཅས་པ་ལ་ཆོས་ཅན་གྱི་ཁྱད་པར་བསལ་བའི་སྐྱོན་གདགས་པར་འདོད་པས་མེད་པ་ལ་མི་བྱེད་པའི་ཕྱིར་ཞེས་བྱ་བ་ལ་སོགས་པ་དག་ཉེ་བར་བཞག་སྟེ། གང་ལ་གང་སྔ་ན་མེད་པ་དེ་ལ་ནི་བྱེད་པ་ལ་སོགས་པ་མེད་དེ། དཔེར་ན་རི་བོང་གི་རྭ་བཞིན་པས་དེའི་ཕྱིར་འབྲས་བུ་སྔ་ན་མེད་པར་སྨྲ་བ་རྣམས་ཀྱི་འབྲས་བུ་སྔ་ན་མེད་པ་ཉིད་དུ་དམ་བཅས་པ་ལ་ཡང་བྱེད་པ་ལ་སོགས་པ་བསལ་བའི་སྐྱོན་ཡོད་དོ་ཞེས་ཟེར་ན། དེ་ནི་མི་གནོད་དེ། ལེགས་པར་ཟིན་པ་མ་ཡིན་པ་དེ་གཉི་ག་ཡང་བསལ་བར་འདོད་པའི་ཕྱིར་རོ། །སྨྲ་མའི་

སྐྱེས་བུ་བཞིན་དུ་ཡོད་པ་དང་མེད་པ་ཉིད་དུ་བརྗོད་པར་བྱ་མ་ཡིན་པའི་ཕྱིར་བྱ་བ་བྱེད་པ་ལ་སོགས་པ་དག་ཐ་སྙད་པར་ཁས་བླངས་པའི་ཕྱིར་དང་། དོན་དམ་པར་རྒྱུས་འབྲས་བུ་ཡོད་པ་དང་མེད་པ་བྱེད་པ་བསལ་བའི་ཕྱིར་སྐྱོན་མེད་དོ། །ཐམས་ཅད་འབྱུང་བ་མེད་པའི་ཕྱིར་ཞེས་བྱ་བ་དེ་ཡང་འདིར་གླགས་ཡོད་པའི་ཚིག་ཡིན་པའི་ཕྱིར་རྒྱུ་ལ་འབྲས་བུ་སྔ་ན་ཡོད་པ་ཁོ་ན་ཡིན་ཏེ། འགའ་ཞིག་འབྱུང་བའི་ཕྱིར་རོ་ཞེས་ཉེ་བར་སྦྱོར་བས་གཏན་ཚིགས་མཐོན་པའི་ཕྱིར་ཐ་སྙད་དུ་ཡང་དཔེ་མེད་དོ། །དམ་བཅས་པ་ལ་སྐྱོན་ཡོད་པ་ཡང་མ་ཡིན་ཏེ; རྗེས་སུ་འགྲོ་བ་མེད་པའི་ཕྱིར་རོ། །འདིས་རྒྱུ་ལེན་པའི་ཕྱིར་ཞེས་བྱ་བ་ལ་སོགས་པའི་གཏན་ཚིགས་དག་གི་ལན་ཀྱང་བཏབ་པ་ཡིན་ནོ། །མར་མེ་བུམ་པ་དམིགས་པར་བྱ་བའི་ཕྱིར་ལེན་པ་དེ་ལ་ཡང་དེའི་འགལ་བ་དམིགས་སུ་མེད་པས་རང་གི་གཏན་ཚིགས་རྒྱུ་ལེན་པའི་ཕྱིར་ཞེས་བྱ་བ་མ་ངེས་པ་ཉིད་དོ། །གྲངས་ཅན་དག་ལས་གང་དག་རྒྱུ་ལ་འབྲས་བུ་སྔ་ན་ཡོད་པ་ཡིན་མོད་ཀྱི་ཆ་ཕྲ་བའི་ཕྱིར་རམ། ཟིལ་གྱིས་ནོན་པའི་ཕྱིར་མི་དམིགས་སོ་ཞེས་ཟེར་བ་དེ་དག་ལ་ཡང་རགས་པ་ཉིད་དང་། ཟིལ་གྱིས་མ་ནོན་པ་ཉིད་སྔ་ན་མེད་པ་ལས་ཕྱིས་ཡོད་པའི་ཕྱིར། འབྲས་བུ་སྔ་ན་ཡོད་པ་མ་ཡིན་པས་ཕྱོགས་སྔ་མ་ལ་གནོད་དོ; ;ཆ་ཕྲ་བ་ཡོད་པས་བསམས་པ་གང་ཡིན་པ་དེ་རགས་པར་མཐོང་ངོ་ཞེས་ཟེར་བ་དག་གི་དམ་བཅས་པ་ལ་ཡང་རགས་པ་ཉིད་དུ་ཡོད་པ་རྫས་སུ་དཔོག་པས་ཆ་ཕྲ་བ་ཉིད་བསལ་བའི་ཕྱིར་ཆོས་ཀྱི་ངོ་བོ་ཉིད་ལས་ལོག་པའི་སྐྱོན་ཡོད་དོ། །ཁྱེ་བྲག་ཏུ་སྨྲ་བ་དག་གི་དམ་བཅས་པའི་ཕྱོགས་ལ་ཡང་ཡོད་པ་གང་ཡིན་པ་དེ་ནི་ད་ལྟར་ཡིན་པས། ད་ལྟར་ཉིད་ཡོད་པར་རྗེས་སུ་དཔག་པས་འབྲས་བུ་འདས་པ་དང་། མ་འོངས་པ་ཉིད་ཀྱི་ཁྱད་པར་བསལ་བའི་ཕྱིར་ཆོས་ཅན་གྱི་ཁྱད་པར་བསལ་བའི་སྐྱོན་ཡོད་དོ། །གང་དག་རྒྱུ་ནི་འབྲས

བུ་བྱེད་པ་ཉིད་མ་ཡིན་གྱི། འདི་ལྟར་གསལ་བར་བྱེད་དོ་ཞེས་ཟེར་བ་དེ་དག་ལ་ཡང་འདི་སྐད་ཅེས་གང་གིས་ཇི་ཞིག་བཞིན་དུ་གསལ་བར་བྱེད་ཅེས་བརྒལ་ཞིང་བརྟག་པར་བྱའོ།། གལ་ཏེ་མར་མེས་བུམ་པ་ཡོད་པར་གྱུར་པ་གསལ་བར་བྱེད་པ་བཞིན་དུའོ་ཞེ་ན། ཕྱོགས་དེའི་ལན་ནི་སྐྱེ་བ་མེད་པའི་རབ་ཏུ་བྱེད་པར་དོན་དམ་པར་མར་མེ་ནི་བུམ་པ་གསལ་བར་བྱེད་པ་མ་ཡིན་ཏེ། མིག་གི་ཡུལ་ཡིན་པའི་ཕྱིར་དང་། ཐོགས་པ་དང་བཅས་པའི་ཕྱིར་དང་། གཟུགས་ཅན་ཡིན་པའི་ཕྱིར་དང་། རེག་པ་ཡིན་པའི་ཕྱིར་དང་། བརྗོད་པར་བྱ་བ་ཡིན་པའི་ཕྱིར་ཞེས་བྱ་བ་ལ་སོགས་པའི་གཏན་ཚིགས་དག་གི་ཕྱིར་དཔེར་ན་བོང་བ་བཞིན་ནོ་ཞེས་རྗེས་སུ་དཔག་པ་དག་གིས་ལན་བཏབ་ཟིན་ཏོ། །གྲངས་ཅན་དག་ལས་གང་དག་མཁས་པར་རློམ་པ་དག་གིས་འདི་སྐད་ཅེས་ཟེར་ཏེ། འབྲས་བུ་མ་སྐྱེས་པ་དང་། ཞིག་པ་དག་ཀྱང་ནུས་པའི་བདག་ཉིད་དུ་ཡོད་པས་དེའི་ཕྱིར། འབྲས་བུ་སྔ་ན་ཡོད་པ་ཞེས་བྱ་ཡི། གསལ་བའི་བདག་ཉིད་དུ་ཡོད་པ་ནི་མ་ཡིན་ནོ། །རྒྱུས་འབྲས་བུ་བྱེད་དོ་ཞེས་བྱ་བ་ཡང་བྱེད་དོ་ཞེས་བྱ་བ་ལ་དོན་དུ་མ་ཡོད་པའི་ཕྱིར་སྒྲ་དེའི་དོན་ནི་རྒྱུ་འབྲས་བུའི་ངོ་བོ་ཉིད་དུ་འགྱུར་བ་ཡིན་པར་རྣམ་པར་བཤད་དོ། །ཅི་སྟེ་འབྲས་བུ་མ་སྐྱེས་པ་དང་ཞིག་པ་དག་ཡོད་པར་ཇི་ལྟར་ཤེས་པར་བྱ་ཞེ་ན། འབྲས་བུ་སྔ་ན་མེད་པ་དང་། ཞིག་ནས་མེད་པ་དག་ནི་ཡོད་པ་ཁོ་ནར་ཤེས་པར་བྱ་སྟེ། དུས་ཀྱིས་བསྟུས་པའི་ཕྱིར་དང་། འདིའི་ཞེས་བསྟན་པའི་ཕྱིར་དཔེར་ན་ད་ལྟར་གྱི་འབྲས་བུ་བཞིན་ནོ། །གལ་ཏེ་འབྲས་བུ་སྐྱེ་བའི་དུས་ན་རྒྱུ་ཇི་ལྟར་མ་ཞིག་ཅེ་ན། རྒྱུ་ནི་འབྲས་བུ་སྐྱེ་བའི་དུས་ན་མ་ཞིག་པ་ཁོ་ན་ཡིན་ཏེ། ငེས་པར་སྐྱེ་བའི་ཕྱིར་འབྲས་བུའི་བདག་ཉིད་བཞིན་ནོ། །དེ་བཞིན་དུ་ཤེས་པ་ལོག་པ་དང་། མ་ལོག་པ་དང་། ཐེ་ཚོམ་ཅན་གྱི་རྒྱུ་ཡིན་པའི་ཕྱིར་དང་། གཞན་གྱི་དོན་ཉིད་ནི་ཡིན་པའི་ཕྱིར་དང་།

ཤེས་པ་ཡོད་པ་ཉིད་མ་ཡིན་པའི་ཕྱིར་ཞེས་བྱ་བ་ལ་སོགས་པའི་གཏན་ཚིགས་དག་གིས་རྣམ་པར་ཤེས་པར་བྱའོ། །ཡང་ན་རྒྱུ་འོ་མ་ཞེས་བྱ་བའི་སྐད་ཅིག་མ་ལས་འབྲས་བུ་ཞོ་ཞེས་བྱ་བའི་སྐད་ཅིག་མ་གཞན་པ་ཉིད་མ་ཡིན་ཏེ། བ་ལས་བྱུང་བའི་ཕྱིར་དཔེར་ན་ཞོའི་བདག་ཉིད་བཞིན་ནོ། །ཡང་ན་འདས་པའི་མིག་གི་རྣམ་པར་ཤེས་པའི་སྐད་ཅིག་མ་ལས། ད་ལྟར་གྱི་མིག་གི་རྣམ་པར་ཤེས་པའི་སྐད་ཅིག་མ་གཞན་པ་ཉིད་མ་ཡིན་ཏེ། མིག་གི་རྣམ་པར་ཤེས་པ་ཡིན་པའི་ཕྱིར་ད་ལྟར་གྱི་མིག་གི་རྣམ་པར་ཤེས་པའི་སྐད་ཅིག་མ་བཞིན་ནོ།།

གལ་ཏེ་རྒྱུད་ཐ་དད་པའི་མིག་གི་རྣམ་པར་ཤེས་པ་ལ་སོགས་པ་དག་གིས་མ་ངེས་པ་ཉིད་དོ་ཞེ་ན། དེ་དག་ཀུང་ཕྱོགས་ཀྱི་ཁོངས་སུ་གཏོགས་པ་ཉིད་ཡིན་པའི་ཕྱིར་སྐྱོན་མེད་དོ། །འདིར་ཡང་འདས་པའི་རྒྱུ་ཕྱོགས་སུ་བྱེད་ན་ནི་གཞི་མ་གྲུབ་པ་ལ་སོགས་པའི་སྐྱོན་ཡོད་དོ། །ད་ལྟར་གྱི་ཕྱོགས་སུ་བྱེད་ནི་དཔེ་མེད་དེ། དེའི་འབྲས་བུ་མ་གྲུབ་པའི་ཕྱིར་རོ། །འབྲས་བུ་གཞན་མ་ཡིན་པ་གང་ཡིན་པ་དེ་ཡང་དེའི་རྒྱུ་མ་ཡིན་ཏེ། གཞན་མ་ཡིན་པའི་ཕྱིར། རང་གི་བདག་ཉིད་བཞིན་པས་གཞན་མ་ཡིན་པ་ཉིད་དུ་རྗེས་སུ་དཔོག་པའི་དམ་བཅས་པ་ལ་རྒྱུ་རྒྱུ་མ་ཡིན་པ་ཉིད་ཀྱིས། དེའི་རྒྱུ་ཉིད་བཅོལ་བའི་ཕྱིར་ཆོས་ཅན་གྱི་ངོ་བོ་ཉིད་བསལ་བའི་སྐྱོན་ཡོད་དོ། མ་ཞིག་པ་ཞེས་བྱ་བའི་དོན་ཀུང་གང་ཡིན། གལ་ཏེ་རང་བཞིན་གྱིས་བག་ལ་ཞ་བའོ་ཞེ་ན་ནི་དཔེ་མེད་དོ། །གལ་ཏེ་མི་གསལ་བའོ་ཞེ་ན་ཡང་སྐྱོན་དེ་ཉིད་དོ། །ཞིག་པ་དག་དང་སྔ་ན་མེད་པ་དག་ཡོད་པར་རྟོག་པ་ལ་ནི་དཔེ་མེད་པ་དང་ཁས་བླངས་པ་ལ་གནོད་པར་འགྱུར་རོ། །གལ་ཏེ་ད་ལྟར་ཡིན་ནོ་ཞེ་ན། ད་ལྟར་ཉིད་དུ་རྗེས་སུ་དཔོག་པའི་དམ་བཅས་པ་ལ་རྒྱུ་མ་ཡིན་པ་ཉིད་ཀྱི་རྒྱུ་ཉིད་བསལ་བའི་ཕྱིར་ཆོས་ཅན་གྱི་ངོ་བོ་ཉིད་བསལ་བའི་སྐྱོན་ཡོད་དོ། །ད་ལྟར་གྱི་འབྲས་བུ་ཡང་རྫས་སུ་ཡོད་པ་ཉིད་དུ་མི་འགྲུབ་སྟེ་

མ་སྐྱེས་པའི་ཕྱིར་རོ། །དེ་ཡོད་པ་ཉིད་དུ་མ་གྲུབ་པའི་ཕྱིར་དཔེ་མེད་དོ། །འདིས་དུས་ཀྱིས་བསྡུས་པའི་ཕྱིར་ཞེས་བྱ་བ་ལ་སོགས་པ་གཏན་ཚིགས་གཉིས་ལ་ཡང་སྐྱོན་གྱིས་ལན་བཏབ་པ་ཡིན་ནོ། །དེ་བཞིན་དུ་གཞན་ཉིད་ཀྱི་ཕྱོགས་ལ་ཡང་ཅི་རིགས་པར་བརྗོད་པར་བྱའོ། །དེ་ལྟར་རེ་ཞིག་རྒྱུ་ཡིན་པར་གྱུར་པས་འབྲས་བུ་ཡིན་པར་གྱུར་པ་མི་བྱེད་པར་བསྟན་ཏོ། དེ་ནི་ཐ་སྙད་དུ་ཡང་རྒྱུ་མ་ཡིན་པར་གྱུར་པས་འབྲས་བུ་མ་ཡིན་པར་གྱུར་པ་མི་བྱེད་དེ། མེད་པའི་ཕྱིར་དཔེར་ན་རུས་སྦལ་གྱི་སྤུ་དག་དེའི་གོས་མི་བྱེད་པ་བཞིན་ནོ། །དེ་བཞིན་དུ་འབྲས་བུ་ལ་ཡང་རྒྱུ་མ་ཡིན་པར་གྱུར་པའི་བྱ་བ་མ་ཡིན་ནོ་ཞེས་དམ་པ་བཅས་པ་ལ་ཁྱད་པར་ཡོད་པར་ཟད་ཀྱི། སྦྱོར་བའི་ཡན་ལག་ལྷག་མ་དག་ནི་སྔ་མ་བཞིན་ནོ། །རྣམ་པ་གཉིས་སུ་སྨྲ་བ་དག་གི་ཕྱོགས་ལ་ཡང་གཉིས་གའི་སྐྱོན་དུ་འགྱུར་རོ། །རང་གི་སྡེ་པ་བྱེ་བྲག་ཏུ་སྨྲ་བ་དག་ན་རེ། རྒྱུ་ཡིན་པར་གྱུར་པ་འབྲས་བུ་མ་ཡིན་པར་གྱུར་པ་བྱེད་དོ། །འབྲས་བུ་མ་སྐྱེས་པ་ནི་མ་ཡིན་པར་གྱུར་པ་སྟེ། གཟུང་དུ་མེད་པའི་ཕྱིར་ནམ་མཁའི་མེ་ཏོག་བཞིན་ནོ། །སྐྱེས་པ་ལ་ནི་རྒྱུའི་ནུས་པ་ཉིད་མེད་ཀྱི། མ་སྐྱེས་པ་ལ་དེ་ཡོད་པས་འབྲས་བུ་མ་ཡིན་པར་གྱུར་པ་ཉིད་དོ། །ཅི་སྟེ་མེད་པར་འདྲ་བ་ལས་རི་བོང་གི་རྭ་ནི་མི་སྐྱེ་ལ། །འབྲས་བུ་ནི་སྐྱེ་བར་འགྱུར་བ་ལ་ཁྱད་པར་ཅི་ཡོད་ཅེ་ན། རི་བོང་གི་རྭ་ནི་རྒྱུ་མེད་པའི་ཕྱིར་མི་སྐྱེ་ལ། འབྲས་བུ་ནི་ད་ལྟ་མ་ཡིན་པས་དེ་ལྟར་རྒྱུ་ཡོད་པའི་ཕྱིར་འབྲས་བུ་མེད་པ་སྐྱེའོ། །ཡང་ན་འབྲས་བུ་མེད་པ་ཉིད་ནི་སྐྱེའི། འབྲས་བུ་མ་ཡིན་པ་ནི་མི་སྐྱེ་བས་གང་སྐྱེ་བ་དེ་ནི་མེད་པ་ཉིད་དོ་ཞེས་ངེས་པར་གཟུང་བར་བྱའོ། །དེའི་ཕྱིར་གང་དག་ན་རེ་མེད་པ་ནི། མི་སྐྱེ་སྟེ་མེད་པའི་ཕྱིར་དཔེར་ན་རི་བོང་གི་རྭ་བཞིན་ནོ་ཞེས་ཟེར་བ་དེ་ནི་གྲུབ་པ་ལ་སྒྲུབ་པ་ཡིན་ནོ། །དཔེ་ཡང་མེད་དེ་འབྲས་བུ་ཉིད་མེད་པའི་ཕྱིར་རོ་ཞེས་བྱ་བའི་གཏན་ཚིགས་ནམ་

མཁའི་མེ་ཏོག་ལ་རྗེས་སུ་འགྲོ་བ་མེད་པའི་ཕྱིར་རོ། །ཡང་ན་སྐྱེ་བའི་སྔ་རོལ་ན་མེད་པའི་ཕྱིར་རོ་ཞེས་བྱ་བའི་གཏན་ཚིགས་ཡོངས་སུ་འཛིན་ན་ནི་དཔེ་མེད་དེ། རི་བོང་གི་རྭ་ལ་དེ་མེད་པའི་ཕྱིར་རོ། །གཏན་པ་མེད་པ་གཏན་ཚིགས་སུ་བརྗོད་ན་ནི་གཏན་ཚིགས་ཀྱི་དོན་མ་གྲུབ་པ་ཉིད་དོ། །སྔམ་བུ་སྔ་ན་མེད་པ་ཉིད་སྐྱེ་བར་མཐོང་སྟེ། མཐོང་བ་ལས་ལྷག་པའི་ཚད་མ་གཞན་མེད་པས་དེས་ན་འབྲས་བུ་སྔ་ན་མེད་པ་ཡིན་ནོ་ཞེས་ཟེར་རོ། །

༄ དབུ་མ་རྩ་བའི་འགྲེལ་པ་ཤེས་རབ་སྒྲོན་མ་བམ་པོ་བརྒྱད་པ། འདིར་བཤད་པ། ཁྱེད་ཅག་གཏན་ཚིགས་ཉིད་དུ་འདོད་པ་གཟུང་དུ་མེད་པའི་ཕྱིར་ཞེས་བྱ་དེའི་དོན་གང་ཡིན་མངོན་སུམ་དང་། རྗེས་སུ་དཔག་པ་དང་། ཚད་མ་ཐམས་ཅད་ཀྱིས་གཟུང་དུ་མེད་པའི་ཕྱིར་ཞེས་བྱ་བར་རྟོག་ན་ནི། རྣམ་པ་ཐམས་ཅད་དུ་གཏན་ཚིགས་ཀྱི་དོན་མ་གྲུབ་པ་ཉིད་དང་། གཏན་ཚིགས་ཀྱི་དོན་མ་ངེས་པ་ཉིད་ཀྱི་སྐྱོན་ཡོད་པས་རྗེས་སུ་དཔག་པ་དེས་འབྲས་བུ་མ་སྐྱེས་པ་ནི་མ་ཡིན་པར་གྲུར་པ་སྟེ་ཞེས་བསྟན་པར་མི་ནུས་སོ། །འབྲས་བུ་མེད་པ་ཉིད་ནི་སྐྱེའོ། །འབྲས་བུ་མ་ཡིན་པ་ནི་མི་སྐྱེ་བས། གང་སྐྱེ་བ་དེ་ནི་མེད་པ་ཉིད་དོ་ཞེས་ངེས་པར་གཟུང་བར་བྱའོ་ཞེས་གང་སྨྲས་པ། དེ་ལ་ཡང་འབྲས་བུ་མེད་པ་མི་སྐྱེ་བར་བསྟན་ཟིན་པའི་ཕྱིར་དང་། མེད་པའི་ཕྱིར་ཞེས་བྱ་བའི་གཏན་ཚིགས་སྤྱིར་སྦྱར་བའི་ཕྱིར་དང་། །དེའི་དཔེ་ཡང་དེ་བཞིན་དུ་གྲུབ་པའི་ཕྱིར་གྲུབ་པ་ལ་སྒྲུབ་པ་ཡང་མ་ཡིན་ལ། དཔེ་མེད་པ་དང་གཏན་ཚིགས་མེད་པ་ཡང་མ་ཡིན་ནོ། །གཞན་ཡང་དོན་དམ་པར་འབྲས་བུ་ནོ་ཞེས་བྱ་བ་ནི་འོ་མ་ལས་མི་འབྱུང་བར་ཤེས་པར་བྱ་སྟེ། རྒྱུ་ལ་ལྟོས་པའི་ཕྱིར་དཔེར་ན་བུམ་པ་སྐྱེ་བ་མི་རིགས་པ་བཞིན་ནོ། །དེ་སྐྱེ་བ་ནི་དོན་མེད་པ་ཉིད་དུ་འགྱུར་བའི་ཕྱིར་རོ།། ཡང་ན་དོན་དམ་པར་སྒྲ་བར་འདོད་པའི་ཞོ་ནི་སྒྲ་བར་འདོད་པའི་འོ་མའི་རྒྱུན་ཅན་མ་ཡིན་

པར་ཤེས་པར་བྱ་སྟེ། ཉོ་ཡིན་པའི་ཕྱིར་དཔེར་ན་དེ་ལས་གཞན་པ་བཞིན་ནོ། །དེ་བཞིན་དུ་བྱས་པ་ཉིད་དང་། རྒྱུད་ཟླ་བ་ཉིད་དང་། རྐྱེན་གྱི་དབྱེ་བས་ཐ་དད་པ་ཉིད་དང་། །རྒྱུ་དང་ལྡན་པ་ཉིད་ཅེས་བྱ་བ་ལ་སོགས་པའི་གཏན་ཚིགས་དག་ཀུང་རྒྱས་པར་བརྗོད་པར་བྱའོ། །མེད་པར་འདྲ་བ་ལས་འབྲས་བུ་ནི་རྒྱུ་ཡོད་པའི་ཕྱིར་སྐྱེ་ལ། རི་བོང་གི་རྭ་ནི་རྒྱུ་མེད་པའི་ཕྱིར་མི་སྐྱེའོ་ཞེས་གང་སྨྲས་པ་དེ་ཡང་བཟང་པོ་མ་ཡིན་ཏེ། །དོན་དམ་པར་གང་གི་རྒྱུར་གང་འདོད་དེ་ནི་དེའི་རྒྱུ་མ་ཡིན་པར་ཤེས་པར་བྱར་nུས་ཏེ། སྐྱེ་བའི་སྟོབས་ཉིད་མེད་པའི་ཕྱིར། དཔེར་ན་རི་བོང་གི་རྭའམ། དེ་ལས་གཞན་པ་བཞིན་ནོ། །གཞན་ཡང་གང་གི་ཚེ་འདི་སྐད་ཅེས་སྐྱེ་བའི་སྟོབས་ཉིད་མེད་པ་གང་ཡིན་པ་དེ་ནི་སྐྱེ་བར་འགྱུར་རོ་ཞེས་དམ་བཅས་པ་ཁྱད་པར་ཅན་བྱས་པའི་ཕྱིར་འབྲས་བུ་ནི། རི་བོང་གི་རྭ་ལ་སོགས་པ་བཞིན་དུ་སྐྱེ་བར་མི་འཐད་པ་དང་ལྡན་པ་མ་ཡིན་ནོ་ཞེས་དམ་འཆའ་བར་བྱེད་པ་དེའི་ཚེ་ན་ཡང་། །རྗེས་སུ་དཔག་པ་ཇི་སྐད་བསྟན་པ་ཉིད་ཀྱིས་དེ་བསལ་བའི་ཕྱིར་དེ་ནི་གྱི་ན་ཟེར་བ་ཡིན་ནོ།། དོན་དམ་པར་ཉོ་ནི་འོ་མ་ལས་མི་འབྱུང་བར་ཤེས་པར་བྱ་སྟེ། སྐྱེ་བའི་སྟོབས་ཉིད་མེད་པའི་ཕྱིར་དཔེར་ན་དེ་ལས་གཞན་པ་བཞིན་པས། དེའི་ཕྱིར་དེ་ནི་བདག་ཉིད་དུ་དབུགས་འབྱིན་པར་བྱེད་པ་ཙམ་དུ་ཟད་དོ། །འདི་སྐད་ཅེས་སྟོབས་མེད་པ་ཉིད་སྐྱེ་བར་མཐོང་སྟེ་ཞེས་གང་སྨྲས་པ་དེ་ཉིད་ཀུང་ཅི་ཡང་དག་པར་ཡོད་པའམ། མེད་པའམ། ཡོད་མེད་ཅིག་སྐྱེ་བར་འགྱུར་ཞེས་བརྟགས་ན་དེ་དག་རྣམ་པ་ཐམས་ཅད་དུ་མི་འཐད་དོ། །དེ་ལྟ་བས་ན་མཁས་པ་རྣམས་ཀྱིས་ནི་བུམ་པ་ལ་སོགས་པ་དག་གི་སྐྱེ་བ་ནི་སྒྱུ་མའི་སྐྱེས་བུའི་སྐྱེ་བ་བཞིན་དུ་ཐ་སྙད་པ་ཡིན་གྱི། དོན་དམ་པ་པ་མ་ཡིན་པར་ངེས་པར་ཤེས་ཏེ། མཐའ་གཉིས་ལ་མི་གནས་པའི་བློ་གྲོས་དང་ལྡན་པའི་ཕྱིར་རོ། །ཞར་ལ་བཤད་པས་ཆོག་གི་སྐབས

ཉིད་དཔྱད་པར་བྱའོ། །དེ་བཞིན་དུ་དེ་ལས་གཞན་པ་ཕྱོགས་མི་མཐུན་པ་དག་ལ་ཡང་ཅི་རིགས་པར་བརྗོད་པར་བྱའོ། །དེ་བཞིན་དུ་དོན་དམ་པར་སྐྱེ་བར་འདོད་པའི་ཡོན་ཏན་ཡིན་པར་གྱུར་པ་དག་ཀྱང་བུམ་པ་ཞེས་བྱ་བ་དེའི་ཡོན་ཏན་ཅན་ཡིན་པར་གྱུར་པ་རྫོམ་པར་མི་བྱེད་དེ། ཡོན་ཏན་ཅན་ལ་ལྟོས་པའི་ཕྱིར་དང་། ཐ་སྙད་གདགས་པའི་ཕྱིར། དཔེར་ན་དེ་ལས་གཞན་པ་བཞིན་ནོ། །དེ་བཞིན་དུ་དོན་དམ་པར་སྐྱེ་བར་འདོད་པའི་ཡོན་ཏན་ཅན་ཡིན་པར་འགྱུར་པ་སྣམ་བུ་ཞེས་བྱ་བའི་གཟུགས་གཞན་ཡང་། །ཡོན་ཏན་ཡིན་པར་གྱུར་པ་རྒྱུ་སྤུན་གྱི་གཟུགས་ལ་སོགས་པས་བརྩམས་པ་མ་ཡིན་ཏེ། ཡོན་ཏན་ལ་ལྟོས་པའི་ཕྱིར་དང་། །ཐ་སྙད་གདགས་པའི་ཕྱིར། དཔེར་ན་དེ་ལས་གཞན་པ་བཞིན་ནོ།། དེ་བཞིན་དུ་སྐྱེ་བར་འདོད་པའི་བུམ་པ་ཡང་གཟུགས་ལ་སོགས་པས་འདུ་བའི་རྒྱུ་ཅན་མ་ཡིན་པར་ངེས་ཏེ། རྒྱུ་ལ་ལྟོས་པའི་ཕྱིར་དཔེར་ན་སྣམ་བུ་ལ་སོགས་པ་བཞིན་ནོ། །ཡང་ན་སྐྱེ་བར་འདོད་པའི་གཟུགས་ལ་སོགས་པ་ནི། བསམས་པའི་བུམ་པར་འདུ་བ་མ་ཡིན་ཏེ། ཡོན་ཏན་ཅན་ལ་ལྟོས་པའི་ཕྱིར་དཔེར་ན་དེ་ལས་གཞན་པ་བཞིན་ནོ། །དེ་བཞིན་དུ་རྫས་ཉིད་དང་། རྒྱུ་ཅན་ཉིད་དང་། འབྲས་བུ་ཉིད་དང་། བརྗོད་པར་བྱ་བ་ཉིད་དང་། ཤེས་བྱ་ཉིད་ལ་སོགས་པའི་གཏན་ཚིགས་དག་གི་ཕྱིར་རོ་ཞེས་ཀྱང་བརྗོད་པར་བྱའོ། །ཡོན་ཏན་དང་༑ ཡོན་ཏན་ཅན་མ་ཡིན་པར་གྱུར་པ་ལ་སོགས་པ་དག་གི་ཕྱོགས་ལ་ཡང་། དམ་བཅས་པ་ལ་ཁྱད་པར་ཡོད་པར་ཟད་ཀྱི་སྦྱོར་བའི་ཡན་ལག་ལྷག་མ་དག་ནི་སྔ་མ་བཞིན་ནོ༑ ༑དེ་བཞིན་དུ་དོན་དམ་པར་ལྐོག་ཤལ་ལ་སོགས་པ་མཚན་ཉིད་ཡིན་པར་གྱུར་པ་ཡང་བ་ལང་ཞེས་བྱ་བ། མཚན་ཉིད་ཀྱི་གཞི་ཡིན་པར་གྱུར་པ་ཡང་བ་ལང་ཞེས་མཚོན་པར་མི་བྱེད་པར་ཤེས་པར་བྱ་སྟེ། མཚན་ཉིད་ཀྱི་གཞི་ལ་ལྟོས་པའི་ཕྱིར་དཔེར་ན། རྟའི་མཚན་

ཉིད་བཞིན་ནོ། །དེ་བཞིན་དུ་དོན་དམ་པར་བ་ལང་གི་རྫས་ཀྱང་ལྐོག་ཤལ་ལ་སོགས་པ་མཚན་ཉིད་ཀྱི་གཞི་མ་ཡིན་ཏེ་མཚན་ཉིད་ལ་ལྟོས་པའི་ཕྱིར་དཔེར་ན་དེ་ལས་གཞན་པ་བཞིན་ནོ། །དེ་བཞིན་དུ་ལྐོག་ཤལ་ལ་སོགས་པ་དག་བ་ལང་གི་རྫས་རྟོམ་པར་བྱེད་པ་མ་ཡིན་པ་དང་། །བ་ལང་གི་རྫས་ཀྱང་ལྐོག་ཤལ་ལ་སོགས་པ་དག་གིས་བརྟམས་པ་མ་ཡིན་པར་ཡང་བརྗོད་པར་བྱའོ། །དེ་བཞིན་དུ་ཕྱོགས་མཐུན་པ་དང་མི་མཐུན་པ་ཐམས་ཅད་ལ་ཡང་སྦྱར་བར་བྱའོ། །དེ་བཞིན་དུ་དོན་དམ་པར་ལག་པ་ལ་སོགས་པ་ཡན་ལག་ཡིན་པར་གྱུར་པ་དག་ཀྱང་ལྷས་བྱིན་ཞེས་བྱ་བ་ཡན་ལག་ཅན་ཡིན་པར་གྱུར་པ་རྟོམ་པར་བྱེད་པ་མ་ཡིན་ཏེ། ཡན་ལག་ཅན་ལ་ལྟོས་པའི་ཕྱིར་དཔེར་ན་རྩ་བ་དང་སྡོང་པོ་ལ་སོགས་པ་དག་བཞིན་ནོ། །དེ་བཞིན་དུ་དོན་དམ་པར་ལྷས་བྱིན་ཞེས་བྱ་བ་ཡན་ལག་ཅན་ཡིན་པར་གྱུར་པ་ཡང་། ལག་པ་ལ་སོགས་པ་ཡན་ལག་ཡིན་པར་གྱུར་པ་དག་གིས་བརྟམས་པ་མ་ཡིན་ཏེ། ཡན་ལག་ལ་ལྟོས་པའི་ཕྱིར་དཔེར་ན་ཤིང་ལྡོན་པ་བཞིན་ནོ། །ཡང་ན་སྨྲ་བར་འདོད་པའི་སོམ་ཤར་མ་ཞེས་བྱ་བ་ནི་ལག་པ་ལ་སོགས་པ་ཡན་ལག་དག་གིས་བརྟམས་པ་མ་ཡིན་པར་གཟུང་བར་བྱ་སྟེ་ཡན་ལག་ལ་ལྟོས་པའི་ཕྱིར་དང་། ཡན་ལག་ཅན་ཡིན་པའི་ཕྱིར་དཔེར་ན་ལྷ་བ་ཤར་མ་བཞིན་ནོ། །ཡང་ན་དོན་དམ་པར་སྨྲ་བར་འདོད་པའི་ལག་པ་ལ་སོགས་པ་ཡན་ལག་དག་ནི་སོམ་ཤར་མ་ཞེས་བྱ་བ་ཡན་ལག་ཅན་རྟོམ་པར་བྱེད་པ་མ་ཡིན་པར་ཤེས་པར་བྱ་སྟེ། ཡན་ལག་ཅན་ལ་ལྟོས་པའི་ཕྱིར། དཔེར་ན་དེ་ལས་གཞན་པ་བཞིན་ནོ། །འདིར་ཡང་དམ་བཅས་པའི་དོན་ལ་སོགས་པ་རྣམ་པར་བརྟག་པ་རྒྱས་པ་ནི་སྔ་མ་བཞིན་ནོ། །ཡང་གཞན་ཡང་། འདི་ལ་ཡན་ལག་ཅན་དེ་ཡན་ལག་དག་ལ་ཆ་ཤས་ཀྱིས་འཇུག་པར་འདོད་དམ། བདག་ཉིད་ཐམས་ཅད་ཀྱིས་འཇུག་པར་འདོད། །དེ་

ལ་གལ་ཏེ་བརྟག་པ་སྔ་མ་ལྟར་འདོད་པ་ནི་ལྷས་བྱིན་ཞེས་བྱ་བ། ཡན་ལག་ཅན་གྱི་རྐང་པ་ལ་སོགས་པ་དག་དེའི་ཆ་ཤས་ལག་པའི་ཕྱོགས་ན་འདུག་པ་གང་ཡིན་པ་དེ་རྩོམ་པར་བྱེད་པ་མ་ཡིན་ཏེ། དེ་དག་ཏུ་མ་ཞུགས་པའི་ཕྱིར་དཔེར་ན་རྒྱུ་སྤུན་ལ་སོགས་པ་བཞིན་ནོ།།

ཅི་སྟེ་བརྟག་པ་ཕྱི་མ་ལྟར་འདོད་ན་ནི་ལྷས་བྱིན་ཞེས་བྱ་བ་ཡན་ལག་ཅན་གྱི་བདག་ཉིད་ལག་པའི་ཕྱོགས་ན་འདུག་པ་གང་ཡིན་པ་དེ། དེའི་རྐང་པ་ལ་སོགས་པས་བརྩམས་པ་མ་ཡིན་ཏེ། དེ་དག་ཏུ་མ་ཞུགས་པའི་ཕྱིར་དཔེར་ན་བ་ལང་ལ་སོགས་པ་བཞིན་ནོ། །དེ་ལ་བརྟག་པ་སྔ་མ་ལ་ནི་ཡན་ལག་ཅན་ཆ་ཤས་དང་བཅས་པ་ཉིད་དུ་འགྱུར་ལ། །བརྟག་པ་ཕྱི་མ་ལ་ནི་ཡན་ལག་ཅན་མང་པོ་ཉིད་དུ་འགྱུར་བས་དེའི་ཕྱིར་དེ་ལ་མངོན་པར་ཞེན་པར་མི་བྱའོ༑ ༑དེ་ལ་འདིར་རབ་ཏུ་བྱེད་པའི་དོན་ནི་ཕ་རོལ་པོས་ཕུང་པོ་ལ་སོགས་པ་དག་ཡོད་པ་ཉིད་དུ་སྒྲུབ་པའི་ཕྱིར། །རབ་ཏུ་བྱེད་པའི་དང་པོར་གཏན་ཚིགས་སྨྲས་པའི་དོན་མ་གྲུབ་པ་ཉིད་དུ་བརྗོད་པས། བྱེད་པ་པོ་དང་ལས་དག་ངོ་བོ་ཉིད་མེད་པ་ཉིད་དུ་བསྟན་པ་ཡིན་ནོ། །དེའི་ཕྱིར་ལུས་དང་ངག་དང་། ཡིད་དག་གིས་མངོན་པར་འདུ་བྱེད་པ་མེད་པ་ནི་ཡང་དག་པའི་ལས་ཀྱི་མཐའོ་ཞེས་བྱ་བ་ལ་སོགས་པ་དང་། །དེ་བཞིན་དུ་རབ་ཀྱི་རྩལ་གྱིས་རྣམ་པར་གནོན་པ་གཟུགས་ལ་བྱེད་པ་པོའམ། བྱེད་དུ་འཇུག་པ་པོ་མེད་དོ། །ཚོར་བ་དང་། འདུ་ཤེས་དང་། འདུ་བྱེད་རྣམས་དང་། རྣམ་པར་ཤེས་པ་ལ་བྱེད་པ་པོའམ། །བྱེད་དུ་འཇུག་པ་པོ་མེད་དོ། །གཟུགས་ལ་བྱེད་པོའམ། བྱེད་དུ་འཇུག་པ་པོ་མེད་པ་དང་། ཚོར་བ་དང་། འདུ་ཤེས་དང་། འདུ་བྱེད་རྣམས་དང་། རྣམ་པར་ཤེས་པ་ལ་བྱེད་པོའམ། བྱེད་དུ་འཇུག་པ་པོ་མེད་པ་གང་ཡིན་པ་དེ་ནི་ཤེས་རབ་ཀྱི་ཕ་རོལ་ཏུ་ཕྱིན་པའོ་ཞེས་བྱ་བ་དང་། དེ་བཞིན་དུ་བཅོམ་ལྡན་འདས་ཤེས་རབ་ཀྱི་ཕ་རོལ་དུ་ཕྱིན་པ་ནི་མ་བགྱིས་པའོ། །བཀའ་

སྐྱེལ་པ། ཤ་ར་དྭ་ཏིའི་བུ་བྱེད་པ་པོ་དམིགས་སུ་མེད་པའི་ཕྱིར་རོ་ཞེས་བྱ་བ་དང་། དེ་བཞིན་དུ་རབ་ཀྱི་རྩལ་གྱིས་རྣམ་པར་གནོན་པ། གཟུགས་ནི་དགེ་བའམ། མི་དགེ་བ་མ་ཡིན་ནོ། ཚོར་བ་དང་། འདུ་ཤེས་དང་། འདུ་བྱེད་རྣམས་དང་། རྣམ་པར་ཤེས་པ་ཡང་དགེ་བའམ། མི་དགེ་བ་མ་ཡིན་ནོ། །གཟུགས་དགེ་བའམ། མི་དགེ་བ་མ་ཡིན་པ་དང་། ཚོར་བ་དང་། འདུ་ཤེས་དང་། འདུ་བྱེད་རྣམས་དང་། རྣམ་པར་ཤེས་པ་དགེ་བའམ། མི་དགེ་བ་མ་ཡིན་པ་གང་ཡིན་པ་དེ་ནི་ཤེས་རབ་ཀྱི་ཕ་རོལ་ཏུ་ཕྱིན་པའོ་ཞེས་བྱ་བ་ལ་སོགས་པ་གསུངས་པ་དེ་དག་གྲུབ་པ་ཡིན་ནོ། །སློབ་དཔོན་ལེགས་ལྡན་བྱེད་(འབྱེད)ཀྱིས་ཉེ་བར་སྦྱར་བའི་དབུ་མ་རྩ་བའི་འགྲེལ་པ་ཤེས་རབ་སྒྲོན་མ་ལས། བྱེད་པ་པོ་དང་ལས་བརྟག་པ་ཞེས་བྱ་བ་སྟེ། རབ་ཏུ་བྱེད་པ་བརྒྱད་པའོ།། །།

༼རབ་བྱེད་དགུ་པ་ཉེ་བར་ལེན་པ་དང་ཉེ་བར་བླང་བ་བརྟག་པ།༽

ད་ནི་སྟོང་པ་ཉིད་ཀྱི་མི་མཐུན་པའི་ཕྱོགས་ཀྱི་ཁྱད་པར་དགག་པས། ཉེ་བར་ལེན་པ་པོ་དང་། ཉེ་བར་བླང་བ་དག་ངོ་བོ་ཉིད་མེད་པ་ཉིད་དུ་བསྟན་པའི་དོན་གྱི་དབང་གིས་རབ་ཏུ་བྱེད་པ་དགུ་པ་བརྩམ་མོ། །རབ་ཏུ་བྱེད་པ་འདས་མ་ཐག་པར། དེ་བཞིན་ཉེར་ལེན་ཤེས་པར་བྱ། །ཞེས་སྨོས་པ་དེར་ཉེ་བར་ལེན་པ་པོ་ཡིན་པར་གྱུར་པ་དང་། མ་ཡིན་པར་གྱུར་པ་དང་། །མ་ཡིན་པར་གྱུར་པ་ཉེ་བར་བླང་བ་ཡིན་པར་གྱུར་པ་དང་། མ་ཡིན་པར་གྱུར་པ་དང་། ཡིན་པ་དང་། མ་ཡིན་པར་གྱུར་པ་ཉེ་བར་ལེན་པར་མི་བྱེད་དོ་ཞེས་བཤད་པའི་ཕྱིར་འདིར་སྨྲས་པ། ལྟ་དང་ཉན་ལ་སོགས་པ་དང་། །ཚོར་སོགས་དང་ཡང་དབང་བྱས་པ། །གང་གི་ཡིན་པ་དེ་དག་གིས། །སྔ་རོལ་དེ་ཡོད་ཁ་ཅིག་སྨྲ། །དེ་ལ་ལྟ་ཞེས་བྱ་བ་ནི། །འདིས་ལྟ་བར་བྱེད་པའི་ཕྱིར། །ཉན་ཞེས་བྱ་བ་ལ་སོགས་པ་དག་ལ་ཡང་དེ་བཞིན་ནོ། །སོགས་པ་ཞེས་བྱ་བ་ནི་གང་དག་གི་དང་པོར་ལྟ་བ་དང་། ཉན་པ་བསྟན་པ་དག་གོ་ཞེས་ཚིག་རྣམ་པར་སྦྱར་རོ། །ཚོར་ཞེས་བྱ་བ་ནི་ཚོར་བའོ། །སོགས་ཞེས་བྱ་བ་ནི་རྣམ་པར་ཤེས་པ་དང་། རེག་པ་དང་། ཡིད་ལ་བྱེད་པ་དང་། སེམས་པ་ལ་སོགས་པ་གང་དག་གི་དང་པོར་ཚོར་བ་བསྟན་པ་དག་གོ །དང་ཞེས་བྱ་བའི་སྒྲ་ནི་ཀུན་བསྡུ་བའི་དོན་ཏོ།། ཡང་ཞེས་བྱ་བའི་སྒྲ་ནི་ཡིད་ཅེས་པའི་དོན་ཏེ། དབང་བྱས་པ་ཞེས་བྱ་བའི་སྒྲ་ནི་དབང་དུ་བྱས་པ་ལ་འཇུག་པའི་དོན་ཏེ། དེའི་ཕྱིར་ལྟ་བ་ལ་སོགས་དེ་དག་ཉེ་བར་ལེན་པ་པོ་གང་གི་ཡིན་པའི་ལྟ་བ་ལ་སོགས་པ་དང་། ཚོར་བ་ལ་སོགས་དེ་དག་གི་སྔ་རོལ་ན་ཉེ་བར

ལེན་པ་པོ་དེ་ཡོད་དོ་ཞེས་ཁ་ཅིག་སྨྲ་སྟེ། ཁ་ཅིག་ཅེས་བྱ་བ་ནི་རང་གི་སྡེ་པ་ཐམས་ཅད་ཀྱིས་དེ་ལྟར་ཁས་མ་བླངས་པའི་ཕྱིར་གནས་མའི་བུའི་སྡེ་པ་དག་སྟེ། དེ་དག་དེ་སྐད་ཅེས་ཟེར་རོ་ཞེས་བྱ་བ་སྟོན་ཏོ། །དེ་ནི་ཕ་རོལ་པོས་དམ་བཅས་པ་ཉེ་བར་བཞག་པ་ཡིན་ནོ།།

དེ་དག་འདི་སྐད་ཅེས་ཀྱང་ཟེར་ཏེ། འདི་ལྟར་ཉེ་བར་ལེན་པོ་གནས་ན་ཉེ་བར་བླང་བ་དེ་དག་ཤེས་པར་བྱར་རུང་སྟེ། དེ་ལ་ལྟོས་ནས་དེ་དག་འབྱུང་བའི་ཕྱིར་རོ། །གཞན་དུ་དམ་བཅས་ན། དངོས་པོ་ཡོད་པ་མ་ཡིན་ན། །ལྟ་བ་ལ་སོགས་ཇི་ལྟར་འགྱུར། །དེས་ན། དེ་ཕྱིར་དེ་དག་སྔ་རོལ་ན། དངོས་པོ་གནས་པ་དེ་ཡོད་དོ། །ཞེས་བྱ་བ་ནི་མཇུག་བསྡུ་བའི་ཚིག་ཡིན་ནོ། །དེ་ལྟ་བས་ན་སྔ་མ་བཞིན་དུ་གཏན་ཚིགས་དང་དཔེ་མཚོན་པར་རྗེས་སུ་དཔག་པ་ནི་ཉེ་བར་ལེན་པ་པོ་དེ་ལྟ་བ་པོ་ལ་སོགས་པའི་སྔ་རོལ་ན་གནས་པ་ཡོད་དེ། ཉེ་བར་ལེན་པ་པོ་ཡིན་པའི་ཕྱིར་རོ། །འདི་ན་གང་ཉེ་བར་ལེན་པ་པོ་ཡིན་པ་དེ་ནི་ཉེ་བར་བླང་བ་དག་གི་སྔ་རོལ་ན་གནས་པ་ཁོ་ན་ཡིན་ཏེ། དཔེར་ན་སབ་མ་མཁན་རྩི་རྐྱང་ལ་སོགས་པ་དག་གི་སྔ་རོལ་ན་གནས་པ་ཡོད་པ་བཞིན་ནོ། །ཡང་ན་ལྟ་བ་དང་ཉན་པ་ལ་སོགས་པ་ཉེ་བར་བླང་བ་དག་ནི་ཉེ་བར་ལེན་པ་པོ་སྔ་ན་གནས་པ་དང་ལྡན་པར་ཤེས་པར་བྱ་སྟེ། ཉེ་བར་བླང་བ་ཡིན་པའི་ཕྱིར་དཔེར་ན་རྩི་རྐྱང་ལ་སོགས་པ་བཞིན་ནོ། །དེའི་ཕྱིར་ཉེ་བར་བླང་བ་ཉེ་བར་ལེན་པར་བྱེད་པ་ཉིད་ཀྱིས་ཉེ་བར་ལེན་པ་པོ་ཞེས་གྲགས་པར་འགྱུར་ཞིང་། ཉེ་བར་ལེན་པ་པོས་བླང་བ་ཉིད་ཀྱིས་ཀྱང་། ཉེ་བར་བླང་བ་ཞེས་གྲགས་པར་འགྱུར་བས་གཉི་ག་གྲུབ་བོ། །དེས་ན། ཁོ་བོ་ཅག་གིས་དོན་དམ་པར་ཕུང་པོ་ལ་སོགས་པ་དག་ཡོད་པ་ཁོ་ན་ཡིན་ཏེ། བཅོམ་ལྡན་འདས་ཀྱིས་དེ་དག་ལ་བརྟེན་ནས་ཉེ་བར་ལེན་པ་པོ་དང་། ཉེ་བར་བླང་བ་བསྟན་པའི་ཕྱིར་རོ་ཞེས་གང་སྨྲས་པ་དེ་ཉམས་པ་མེད་དོ། །འདིར་བཤད་པ།

ལྟ་དང་ཉན་ལ་སོགས་པ་དང་། ཚོར་བ་ལ་སོགས་ཉིད་ཀྱི་ནི། །སྔ་རོལ་དངོས་པོ་གང་གནས་པ༑ ༑དེ་ནི་གང་གིས་གདགས་པར་བྱ། །ལྟ་བ་ལ་སོགས་པ་དང་། ཚོར་བ་ལ་སོགས་དག་མེད་ན། གང་དག་ལ་བརྟེན་ནས་འདི་ཉེ་བར་ལེན་པ་པོ་ཞེས་ཉེ་བར་འདོགས་པར་བྱེད་པའི་ཉེ་བར་བླང་བ་གཞན་འགའ་ཡང་མེད་དོ། །ཐ་སྙད་ཀྱི་དུས་སུ་ལྟ་བ་ལ་སོགས་པ་དག་ཉིད་ཀྱིས་དེ་གདགས་པར་བྱ་བ་ཡིན་ན། ལྟ་བ་ལ་སོགས་པ་དེ་དག་ཀུང་སྐྱེ་བའི་སྔ་རོལ་ན་མེད་དེ། དེ་དག་མེད་ན་དེ་གང་གིས་གདགས་པར་བྱ། དེའི་ཚེ་ཉེ་བར་བླང་བ་དག་མེད་ན་དེ་ཡང་མེད་དེ། ཤིང་ད་བ་ལ་སོགས་པ་དག་མེད་ན་ནགས་ཚལ་ཡང་མེད་པ་བཞིན་ནོ་ཞེས་བྱ་བར་དགོངས་སོ། །ཡང་ན། ལྟ་དང་ཉན་ལ་སོགས་པ་དང་། །ཚོར་བ་ལ་སོགས་ཉིད་ཀྱིས་ནི། །སྔ་རོལ་དངོས་པོ་གང་གནས་པ། །དེ་ནི་གང་གིས་གདགས་པར་བྱ།། ཉེ་བར་བླང་བ་ལ་བརྟེན་ནས་ཉེ་བར་ལེན་པ་པོ་གདགས་པར་བྱ་བ་ཉིད་དོ་ཞེས་བྱ་བར་དགོངས་སོ། །དེ་ལྟར་ན་འདིས་ནི་ཉེ་བར་ལེན་པ་པོའི་ཆོས་བརྟེན་ནས་གདགས་བྱ་བ་ཉིད་བསྟན་ཏོ། །དེའི་ཕྱིར་སྔ་མ་བཞིན་དུ་ཡན་ལག་ལྷག་མ་མཐོང་བས་འདིར་རྗེས་སུ་དཔག་པས་ནི་ཉེ་བར་ལེན་པ་པོ་ད་ལྟ་བ་ལ་སོགས་པ་ཉེ་བར་བླང་བ་དག་གི་སྔ་རོལ་ན་མེད་དེ། གདགས་པར་བྱ་བ་ཡིན་པའི་ཕྱིར་དཔེར་ན་སྣམ་བུ་རྒྱུ་སྤུན་དག་གི་སྔ་རོལ་ན་མེད་པ་བཞིན་ནོ། །དེས་ན་ཉེ་བར་ལེན་པ་པོ་དང་། །ཉེ་བར་ལེན་པ་པོ་མ་གྲུབ་པའི་ཕྱིར་གཏན་ཚིགས་དེ་ཉིད་ཀྱི་དོན་མ་གྲུབ་པ་ཉིད་ཀྱི་སྐྱོན་ནམ། དོན་འགལ་བ་ཉིད་ཀྱི་སྐྱོན་ཡོད་དོ། །དོན་དམ་པར་སབ་མ་མཁན་དང་རྩེ་རྐྱང་ལ་སོགས་པ་དག་ཀུང་ཉེ་བར་ལེན་པ་པོ་དང་། ཉེ་བར་བླང་བ་ཉིད་དུ་མ་གྲུབ་པའི་ཕྱིར་དཔེ་ཡང་མེད་དོ། །ཡང་ན་གནས་མའི་བུའི་སྡེ་པ་དག་ལས་ཁ་ཅིག་ཕྱིར་ཟློག་པར་བྱེད་དེ། ལུང་ལས་ཉེ་བར་ལེན་པ་པོ་ལྟར་

གྱུར་པ་སྔ་ན་གནས་པ་ཡོད་པ་ལྟར་འགྱུར་བའི་ལས་ཡོངས་སུ་ཟད་པས། མི་ལ་སོགས་པའི་ཕུང་པོ་ཉེ་བར་བླང་བའི་ཉེ་བར་ལེན་པ་པོ་ཉིད་དུ་འགྱུར་བར་གྲགས་པས་རྗེས་སུ་དཔག་པས་ཉེ་བར་ལེན་པ་པོ་མེད་པ་ཉིད་དུ་བསྟན་པ་ཁོ་བོ་ཅག་མི་འདོད་དེ། ལོང་བ་ཀང་པ་ཚོད་དཔགས་ཀྱིས། །ཉམ་ངའི་ལམ་དུ་རྒྱུག་པ་ལྟར། ། རྗེས་སུ་དཔག་པ་གཙོར་འཛིན་པ། །ཉམས་པར་ལྟུང་བ་མི་དཀའོ། །ཞེས་བྱ་བ་ལྟ་བུར་འགྱུར་རོ་ཞེ་ན། དེ་ནི་རིགས་པ་མ་ཡིན་ཏེ། ལྷ་ཡང་ལྷའི་ཉེ་བར་བླང་བ་དག་ཉིད་ལ་བརྟེན་ནས་ལྷ་ཉིད་དུ་གདགས་པར་བྱ་བ་ཡིན་པའི་ཕྱིར་དང་། ཀང་པའི་ཚོད་དཔགས་པ་ནི་མི་མཐུན་པའི་ཕྱོགས་ལ་ཡང་ཡོད་པར་རྗེས་སུ་དཔག་པ་ཉིད་དུ་མ་གྲུབ་པའི་ཕྱིར་དང་། རྗེས་སུ་དཔག་པ་ལྟར་སྣང་བ་གཙོར་འཛིན་པ་ནི་ལྟུང་བར་འགྱུར་བའི་ཕྱིར་རོ། །ལུང་སྒྲ་ཡིན་པས་ཐེ་ཚོམ་སྐྱེ་བའི་ཕྱིར་ཡང་དེ་ཉིད་ལས་ངེས་པར་གཟུང་བས་མི་རིགས་ཏེ། ལུང་ནི་རྗེས་སུ་དཔག་པ་ལས་དོན་ཐ་དད་པ་མ་ཡིན་པར་གཟུང་བར་བྱ་སྟེ། མངོན་སུམ་མ་ཡིན་པའི་དོན་རྟོགས་པའི་རྒྱུ་ཡིན་པའི་ཕྱིར་དཔེར་ན། རྗེས་སུ་དཔག་པའི་རང་གི་བདག་ཉིད་བཞིན་ནོ། །ཁ་ཅིག་ན་རེ། ལུང་ནི་རྗེས་སུ་དཔག་པ་ལས་དོན་ཐ་དད་པ་ཁོ་ན་ཡིན་ཏེ། དེ་ལས་ཡུལ་ཐ་དད་པའི་ཕྱིར་དཔེར་ན་མངོན་སུམ་བཞིན་ནོ། །དེ་ལྟར་ཡང་རྗེས་སུ་དཔག་པ་ནི་དབང་པོས་གཟུང་བའི་དོན་གྱི་ཡུལ་ཅན་ཡིན་ལ། སྒྲའི་མཚན་ཉིད་ཀྱི་ཚད་མ་ནི་དབང་པོ་ལས་འདས་པ་མཐོ་རིས་དང་བྱང་གྲོལ་གྱི་ཡུལ་ཅན་ཡིན་པས། དེའི་ཕྱིར་ལུང་ནི་རྗེས་སུ་དཔག་པ་ལས་དོན་ཐ་དད་པ་ཁོ་ན་ཡིན་ནོ་ཞེ་ན། ལུང་ནི་རྗེས་སུ་དཔག་པ་ལས་ཡུལ་ཐ་དད་པ་ཉིད་མ་ཡིན་ཏེ། རྒྱུའི་ཁྱད་པར་ལས་འབྲས་བུའི་ཁྱད་པར་མཐོ་རིས་སུ་རྗེས་སུ་དཔག་པར་བྱ་བའི་ཕྱིར་དང་། རྒྱུ་བཅད་པ་ལས་སྐྱེ་བ་མེད་པའི་མཚན་ཉིད་བྱང་གྲོལ་

རྗེས་སུ་དཔག་པར་བྱ་བའི་ཕྱིར། གཏན་ཚིགས་ཀྱི་དོན་མ་གྲུབ་པ་ཉིད་དོ། །ཡང་ན་མཐོ་རིས་དང་ཐར་པ་ཡོད་དོ་ཞེས་བྱ་བ། དེ་བཞིན་གཤེགས་པའི་ལུང་གང་ཡིན་པ་དེ་ནི་ཇི་ལྟ་བ་བཞིན་ཏེ། དེ་བརྗོད་པའི་ཕྱིར་དེའི་ཚིག་བཞིན་པས། རྗེས་སུ་དཔག་པ་ཁོ་ནས་མཐོ་རིས་ལ་སོགས་པ་རྟོགས་པའི་ཕྱིར་གཏན་ཚིགས་ཀྱི་དོན་མ་གྲུབ་པ་ཉིད་ཀྱི་སྐྱོན་དེ་ཉིད་དུ་འགྱུར་བས། དེའི་ཕྱིར་དེ་ནི་རྗེས་སུ་དཔག་པ་ལ་སྟང་བར་སྟོན་པ་ཡིན་ནོ། །ཡང་གཞན་ཡང་༏ ཁྱོད་འདོད་པ་ལྟར། ལྟ་ལ་སོགས་པ་མེད་པར་ཡང་། །གལ་ཏེ་དེ་ནི་གནས་གྱུར་ན།། དེ་མེད་པར་ཡང་དེ་དག་ནི། །ཡོད་པར་གྱུར་པ་ཐེ་ཚོམ་མེད། །ལྟ་བ་ལ་སོགས་པ་དག་སྟེ༏ ལྟ་བ་ལ་སོགས་པ་དག་ཉེ་བར་ལེན་པ་པོ་ལ་མི་ལྟོས་པར་ཉེ་བར་བླང་བ་ཉིད་དུ་གྲུབ་པའི་ཕྱིར་རོ་ཞེས་བྱ་བར་དགོངས་སོ། །དེ་དག་གཅིག་མེད་པར་གཅིག་བྱུང་ན་ནི། འདི་ལྟ་སྟེ། ལྟ་བ་ལ་སོགས་པ་ཉེ་བར་བླང་བའི་ཆོས་འདི་དག་ནི་ཉེ་བར་ལེན་པ་པོ་ལྟས་བྱིན་ཞེས་བྱ་བ་འདིའིའོ། །ཉེ་བར་ལེན་པ་པོ་ལྟས་བྱིན་ཞེས་བྱ་བ་འདི་ཡང་ཉེ་བར་བླང་བ་འདི་དག་གིའོ་ཞེས་བྱ་བའི་རིམ་པ་དེ་མི་སྲིད་པར་འགྱུར་བ་ཞིག་ན། རིམ་པ་དེ་ནི་གདོན་མི་ཟ་བ་ཁོ་ནར་འདོད་པར་བྱ་དགོས་སོ། །ཅིའི་ཕྱིར་ཞེ་ན། འདི་ལྟར། ཅི་ཡིས་གང་ཞིག་གསལ་བར་བྱེད། །གང་གིས་ཅི་ཞིག་གསལ་བར་བྱེད། །ཅེས་བྱ་བ་ལ་སོགས་པའི་ཕྱིར་ཏེ། ཅི་ཡིས་ཞེས་བྱ་བ་ནི་ལྟ་བ་ལ་སོགས་པ་དག་ལས་གང་ཡང་རུང་བས་སོ། །གང་ཞིག་ཅེས་བྱ་བ་ནི་ལྟ་བ་པོ་དང་ཉན་པ་པོ་ལ་སོགས་པའོ། །གསལ་བར་བྱེད་ཅེས་བྱ་བ་ནི་མངོན་པར་བྱེད་པའོ། །གང་གིས་ཞེས་བྱ་བ་ནི་ལྟ་བ་པོ་དང་། ཉན་པ་པོ་ལ་སོགས་པས་སོ། །ཅི་ཞིག་ཅེས་བྱ་བ་ནི་ལྟ་བ་ལ་སོགས་པ་དག་ལས་གང་ཡང་རུང་བའོ། །གསལ་བར་བྱེད་ཅེས་བྱ་བ་ནི། ལྟ་བ་པོ་དང་ཉན་པ་པོ་ལ་སོགས་པ་འདིའི་ལྟ་བ་དང་། ཉན་པ་པོ་ལ་སོགས་པ་ནི་

འདིའོ་ཞེས་མཚོན་པར་བྱེད་པའོ། །དེ་ལྟར་གཅིག་ལ་གཅིག་ལྟོས་པས་ཉེ་བར་བླང་བ་དང་། ཉེ་བར་ལེན་པ་པོ་དག་ཐ་སྙད་པར་གྲུབ་པ་ཡིན་གྱི། དོན་དམ་པ་པ་ནི་མ་ཡིན་ནོ། །གལ་ཏེ་ལྟོས་པ་ཅན་ཡིན་ཡང་ལྟོས་པ་ངེས་པས་དོན་དམ་པ་པ་ཡིན་ནོ་ཞེ་ན། གང་ལ་ལྟོས་ནས་ཉེ་བར་བླང་བ་འགྲུབ་པར་འགྱུར་བའི་དངོས་པོ་ཉེ་བར་བླང་བ་ལ་མི་ལྟོས་པར་སྔ་ནས་ཉེ་བར་ལེན་པ་པོ་ཉིད་དུ་གྲུབ་པ་ཅུང་ཟད་ཀྱང་མེད་ལ། གང་ལ་ལྟོས་ནས་ཉེ་བར་ལེན་པ་པོར་འགྲུབ་པར་འགྱུར་བའི་ཉེ་བར་བླང་བ་ཡང་། ཉེ་བར་ལེན་པ་པོ་ལ་མི་ལྟོས་པར་སྔ་ནས་ཉེ་བར་བླང་བའི་བདག་ཉིད་དུ་གྲུབ་པ་མེད་དེ། དེ་མེད་ན་གང་ལ་ལྟོས་ནས་ཉེ་བར་བླང་བར་མི་འགྱུར་ཞིང་ཉེ་བར་བླང་བ་མ་ཡིན་ལ། གང་ལ་ལྟོས་ནས་ཉེ་བར་ལེན་པ་པོར་འགྱུར་བའི་ཉེ་བར་ལེན་པ་པོ་ཡང་། ནམ་ཡང་། དེ་ལ་ལྟོས་ནས་ཉེ་བར་ལེན་པ་པོར་མི་འགྱུར་ཞིང་། ཉེ་བར་ལེན་པ་པོ་མ་ཡིན་པས་ལྟོས་པ་ངེས་པ་ཡང་སྲིད་པར་དཀའོ།།

ཅི་མེད་གང་ཞིག་ག་ལ་ཡོད། །གང་མེད་ཅི་ཞིག་ག་ལ་ཡོད། །ཉེ་བར་བླང་བ་ཅི་ཞིག་པོ་མེད་ན༑ ཉེ་བར་ལེན་པ་པོ་གང་ཞིག་པོ་ག་ལ་ཡོད། ཉེ་བར་ལེན་པ་པོ་གང་ཞིག་པོ་མེད་ན། ཉེ་བར་བླང་བ་ཅི་ཞིག་པོ་ཡང་ག་ལ་ཡོད་དེ། དེ་ལྟར་དེ་མེད་པའི་ཕྱིར་གཏན་ཚིགས་ཀྱི་སྐྱོན་དེ་ཉིད་མ་ཉམས་སོ། །ཡང་གནས་མའི་བུའི་སྡེ་པ་དག་ཕྱིར་ལོག་པར་བྱེད་དེ། ཁྱོད་ལྟ་བ་ལ་སོགས་པ་ཐམས་ཅད་ཀྱི་སྔ་རོལ་ན་གང་ཞིག་གནས་པ་ཡོད་དོ་ཞེས་རྣམ་པར་བརྟགས་ནས། རང་གི་རྣམ་པར་རྟོག་པའི་རང་བཟོས་ཉེ་བར་སྦྱར་བའི་ཚིག་གི་དོན་ལ་སྐྱོན་འདོགས་པ་དེས་ཅི་བྱ། ཁོ་བོ་ཅག་ནི། ལྟ་ལ་སོགས་པ་ཐམས་ཅད་ཀྱི། སྔ་རོལ་གང་ཞིག་ཡོད་པ་མིན། ཞེས་སྨྲའོ། །འོན་ཏེ་ལྟ་བུ་ཞེ་ན། ལྟ་བ་ལ་སོགས་པ་རེ་རེའི་སྔ་རོལ་ན་ཡོད་དེ། ལྟ་ལ་སོགས་པ་གཞན་དག་གིས། །གཞན་གྱི་ཚེ་ན་གསལ་བར་བྱེད། །ལྟ་བ་དང་།

ཉན་པ་དང་། །སྣོམ་པ་དང་། མྱོང་བར་བྱེད་པ་དང་། ལུས་དང་ཚོར་བ་ལ་སོགས་པ་དག་ལས་ལྟ་བའམ། ཉན་པའམ། སྣོམ་པ་ལ་སོགས་པ་གཞན་དག་གིས་གཞན་གྱི་ཚེ་ན་འདི་ནི་ལྟ་བ་པོའོ། འདི་ནི་ཉན་པ་པོའོ། །འདི་ནི་སྣོམ་པ་པོའོ་ཞེས་བྱ་བ་ལ་སོགས་པར་གསལ་བར་བྱེད་དོ། །དེའི་ཕྱིར་དེ་ལྟར་ལྟ་བའམ། ཉན་པ་ལ་སོགས་པ་དག་གི་སྔ་རོལ་ན་གནས་པ་དེ་དེ་ལས་གཞན་པའི་ཉེ་བར་བླང་བ་ལ་ལྟོས་པས། ཉེ་བར་ལེན་པ་པོ་ཉིད་དུ་འགྲུབ་པའི་ཕྱིར་གཏན་ཚིགས་ཀྱི་དོན་མ་གྲུབ་པ་ཉིད་མེད་དོ། །འདིར་བཤད་པ། །ལྟ་ལ་སོགས་པ་ཐམས་ཅད་ཀྱི། །སྔ་རོལ་གལ་ཏེ་ཡོད་མིན་ན། །ལྟ་ལ་སོགས་པ་རེ་རེ་ཡི། །སྔ་རོལ་དེ་ནི་ཇི་ལྟར་ཡོད། །གང་གི་ཕྱིར་དེ་ལྟ་བའམ། ཉན་པ་ལ་སོགས་པ་དག་གི་སྔ་རོལ་ན་ཡོད་པར་འདོད་ན། དེ་ལ་མི་ལྟོས་པའི་ཉེ་བར་བླང་བ་དེ་ཉིད་དུ་མི་འགྲུབ་ལ། དེ་ལ་མི་ལྟོས་པའི་ཉེ་བར་ལེན་པ་པོ་དེ་ཡང་ཉེ་བར་ལེན་པ་པོ་ཉིད་དུ་མི་འགྲུབ་པོ་ཞེས་བྱ་བར་དགོངས་སོ། །དེ་ལྟ་བས་ན་རྫས་སུ་དཔག་པ་ལས་ཉེ་བར་བླང་བ་རེ་རེའི་སྔ་རོལ་ན་ཡང་། ཉེ་བར་ལེན་པ་པོ་ཡོད་པར་སྔ་མ་བཞིན་དུ་རབ་ཏུ་མི་འགྲུབ་བོ། །ཡང་གཞན་ཡང་། འདི་ལ་ཉེ་བར་ལེན་པ་པོ་ཡོད་པར་སྨྲ་བ་རྣམས་ལྟ་བ་པོ་གང་ཁོ་ན་ཡིན་པ་དེ་ཉིད་ཉན་པ་པོ་དང་། ཚོར་བ་པོ་ཡང་ཡིན་ནོ་ཞེའམ། གཞན་ཡིན་ནོ་ཞེས་ཁས་ལེན་པར་འགྱུར་གྲང་ན། དེ་ལ། གལ་ཏེ་རེ་རེའི་སྔ་རོལ་ན། །ལྟ་པོ་དེ་ཉིད་ཉན་པོ་དེ། །ཚོར་བ་པོ་ཡང་དེ་ཉིད་འགྱུར། །ཇི་ལྟར་མུ་སྟེགས་ཅན་དག་ན་རེ། དེའི་ལྟ་བ་པོ་དེའི་ལུས་དང་དབང་པོའི་གནས་རྒྱ་བ་དང་། འཛིམ་པ་ལྟ་བུ་དག་ནི་འཕེལ་བ་དང་། འགྲིབ་པའི་ཆོས་ཅན་ཡིན་ནོ་ཞེས་ཟེར་བ་ལྟར་འདོད་ན་དེ་ཡང་རྣམ་པ་དེ་ལྟ་བུར་མ་གྲུབ་པས། དེ་ནི་དེ་ལྟར་མི་རིགས་སོ། །ཡང་ན། གལ་ཏེ་རེ་རེའི་སྔ་རོལ་ན། །ལྟ་པོ་དེ་ཉིད་ཉན་པོ་དེ། །ཚོར་བ་པོ་ཡང་དེ་ཉིད་འགྱུར། །

གཅིག་པུ་རྫས་སུ་ཡོད་དུ་ཟིན་ཀྱང་སྐད་ཅིག་ལས་ལྷག་པར་མི་གནས་པའི་ཕྱིར། ཐ་སྙད་དུ་ཡང་ལྟ་བ་པོ་དང་། ཉན་པ་པོ་དང་། ཚོར་བ་པོ་ཉིད་ཡིན་པར་མི་སྲིད་དེ། གཅིག་པུ་འཐད་པ་མེད་པ་རེ་རེའི་སྔ་རོལ་ན་ཡོད་པར་ག་ལ་རིགས། དེའི་ཕྱིར་དེ་ནི་དེ་ལྟར་མི་རིགས་སོ་ཞེས་གསུངས་སོ། །ཅི་ཞིག་ཅེ་ན། དེ་གཅིག་ཉིད་དུ་སྟེ། དམ་བཅས་པའི་སྐྱོན་གྱིས་སྐྱོན་ཆགས་པའི་ཕྱིར་རོ་ཞེས་བྱ་བར་དགོངས་སོ། །དོན་དམ་པར་ཉན་པ་པོ་ནི་ལྟ་བ་པོ་ལས་གཞན་མ་ཡིན་པ་མ་ཡིན་ཏེ། ཉན་པ་པོ་ཡིན་པའི་ཕྱིར་དཔེར་ན། རྒྱུད་ཐ་དད་པའི་ཉན་པ་པོ་བཞིན་ནོ། །ཉན་པ་པོ་ཉིད་ལ་སོགས་པ་གཞན་ཉིད་དུ་རྗེས་སུ་དཔོག་པས་གཞན་མ་ཡིན་པ་ཉིད་གསལ་བའི་ཕྱིར་དམ་བཅས་པ་ལ་ཆོས་ཅན་གྱི་རང་གི་ངོ་བོ་བསལ་བའི་སྐྱོན་ཡོད་དོ། །ལྟ་བ་པོ་ཡང་གཟུགས་དམིགས་པར་བྱ་བའི་ཕྱིར། མིག་ལ་ལྟོས་པར་མི་བྱེད་དེ༏ ཉན་པ་པོ་ལས་གཞན་མ་ཡིན་པའི་ཕྱིར་དཔེར་ན་ཉན་པ་པོ་བཞིན་ནོ། །ལྟ་བ་པོ་ཉན་པ་པོ་ལས་གཞན་མ་ཡིན་པ་ཉིད་དུ་རྗེས་སུ་དཔོག་པས་གཟུགས་དམིགས་པར་བྱ་བའི་ཕྱིར༏ མིག་ལ་ལྟོས་པར་མི་བྱེད་པ་ཉིད་ཀྱིས་དེ་བསལ་བའི་ཕྱིར་དམ་བཅས་པ་ལ་ཆོས་ཅན་གྱི་ཁྱད་པར་བསལ་བའི་སྐྱོན་ཡོད་དོ། །དེ་ནི་དེ་ལྟར་མི་རིགས་སོ་ཞེས་བྱ་བ་འདི་ལ་གཞན་དག་ནི་འདི་སྐད་ཅེས། གལ་ཏེ་དེ་ལྟ་བ་ལ་སོགས་པ་རེ་རེའི་སྔ་རོལ་ན་ཡོད་པར་གྱུར་ན་དེ་ལྟ་ན་ལྟ་བ་པོ་ཡང་དེ་ཉིད་ཡིན་ལ། ཉན་པ་པོ་ཡང་དེ་ཉིད་ཡིན་ཚོར་བ་པོ་དེ་ཉིད་ཡིན་པར་འགྱུར་ཏེ། དེ་དེ་ལྟར་མི་རིགས་སོ། །ཅིའི་ཕྱིར་ཞེ་ན། སྐྱེས་བུ་སྐར་ཁུང་ཐ་དད་པར་འགྲོ་བ་བཞིན་དུ་བདག་དབང་པོ་གཞན་དུ་འགྲོ་བར་ཐལ་བར་འགྱུར་བའི་ཕྱིར་ཏེ༏ བདག་ནི་དབང་པོ་གཞན་གང་དུ་ཡང་འགྲོ་བར་མི་འདོད་དོ་ཞེས་ཟེར་རོ། །ཁ་ཅིག་ན་རེ། དེ་ནི་ཐལ་བའི་སྐྱོན་དུ་འགྱུར་བར་མི་རིགས་ཏེ། མིག་ལ་སོགས་པ་བྱེད་པ་དེ་དང་

དེ་ནས་སྐྱེས་པ་གཟུགས་ལ་སོགས་པ་དམིགས་པའི་བློ་དག་བདག་ཐམས་ཅད་དུ་སོང་བའི་ཕྱོགས་སུ་འདུ་བས། ལྟ་བ་པོ་ལ་སོགས་པ་དབང་པོ་གཞན་དུ་འགྲོ་བ་མེད་པར་ཡང་འགྲུབ་པའི་ཕྱིར་དང་། རྣ་བ་ལ་སོགས་པའི་འཇུག་པ་སྒྲ་ལ་སོགས་པར་སྣང་བ་དག་ཡོད་ན༐ རྣ་བ་ལ་སོགས་པར་སྣང་བའི་ནང་གི་བྱེད་པ་པོ་ཡོད་ཅིང་ཤེས་པ་ཡོད་པར་སྣང་བའི་གཟུགས་བརྟན་འཆར་བས་ཕན་འདོགས་པར་བྱེད་པའི་ཕྱིར་དང་། འགྱུར་བས་ལྟ་བ་པོ་དང་ཉན་པ་པོ་ཉིད་ལ་སོགས་པ་དག་གྲུབ་པས། བདག་ཐམས་ཅད་སོང་བ་ལ་དབང་པོ་གཞན་གྱི་ཕྱོགས་སུ་འགྲོ་བ་མེད་པའི་ཕྱིར་རོ་ཞེས་ཟེར་ན། དེའི་ཕྱིར་དེ་ལྟར་རེ་རེའི་ཕྱི་རོལ་ན་ཡོད་པ་ཉིད་མི་འཐད་པས། གཏན་ཚིགས་ཀྱི་སྐྱོན་དེ་ཉིད་མ་ཉམས་སོ། །སྐྱེས་བུ་སྨྲ་བ་གང་དག་ཕུང་པོ་དང་། ཁམས་དང་། སྐྱེ་མཆེད་དག་ལས་གཞན་པའི་སྐྱེས་བུ་དེ་ཉིད་ལྟ་བ་པོ་དང་། ཉན་པ་པོ་དང་། སེམས་པ་པོ་ཡིན་པར་སྨྲ་བ་དག་ཀྱང་དེ་བཞིན་དུ་དགག་པར་བྱའོ། །ཡང་ན་ལྟ་བ་པོ་ཉིད་ལ་སོགས་པ་དག་མི་འཐད་པར་ནི་སྐྱེ་མཆེད་བརྟག་པར་བསྟན་ཟིན་པས་ཡང་བསྟན་མི་དགོས་སོ། །གལ་ཏེ་བདག་ཁས་མ་བླངས་པའི་ཕྱིར། དེའི་ཁྱད་པར་བསལ་བའི་ཕྱིར་དེ་ཕྱོགས་སུ་བྱེད་པ་མི་རིགས་སོ་ཞེ་ན། སྤྱི་དང་དམིགས་ཀྱིས་མ་བསྐུལ་བ་མཛད་པའི་མཐའ་གཞན་ལས་ཡོངས་སུ་བཟུང་བ་ཐ་སྙད་དུ་ཁས་བླངས་པ་ཕྱོགས་སུ་བྱས་ཏེ། དེའི་ཁྱད་པར་མ་གགས་པ་སེལ་བས་སྐྱོན་མེད་དོ། །ཅི་སྟེ་ཉེ་བར་ལེན་པ་པོ་ཡོད་པར་སྨྲ་བ་དག་ཇི་སྐད་བསྟན་པའི་སྐྱོན་ཡོངས་སུ་སྤང་བར་འདོད་པས། ལྟ་བ་པོ་ཡང་གཞན། ཉན་པ་པོ་ཡང་གཞན། ཚོར་བ་པོ་ཡང་གཞན་ཡིན་པར་རྟོག་ན་དེ་ལྟ་ཡང་། གལ་ཏེ་ལྟ་པོ་གཞན་ཉིད་ལ། །ཉན་པ་པོ་གཞན་ཚོར་གཞན་ན། །ཞེས་བྱ་བས་ཡོངས་སུ་རྟོག་པས་ཅིར་འགྱུར་ཞེ་ན། ལྟ་པོའི་ཚེ་ན་ཉན་པོ་ཡོད། ལན་འགའ་སྟེ། གཞན་

ཡིན་པའི་ཕྱིར་རོ་ཞེས་བྱ་བ་ཚིག་གི་ལྷག་མའོ། །འདི་ན་གང་ཞིག་གང་ལས་གཞན་ཡིན་པར་ཤེས་པ་དེ་ནི་ལན་འགའ་དེ་ཡོད་ན་ཡོད་པར་འགྱུར་ཏེ། དཔེར་ན་བུམ་པ་ཡོད་ན་ཁམ་ཕོར་ཡོད་པ་བཞིན་ནོ། །དེ་བཞིན་དུ་ཉན་པ་པོ་ཡང་ལྟ་བ་པོ་ལས་གཞན་ཡིན་ནོ།། ལྟ་བ་པོ་ཡོད་པའི་ཚེ་ན་ཉན་པ་པོ་ཡང་ཡོད་པར་འགྱུར་ཞིང་ཉན་པ་པོ་ཇི་ལྟ་བ་བཞིན་དུ་སྣོམ་པ་པོ་དང་། མྱང་བ་པོ་དང་། རེག་པ་པོ་དང་། སེམས་པ་པོ་དག་ཀྱང་དེ་བཞིན་ནོ། །དེས་ན། བདག་ཀྱང་མང་པོ་ཉིད་དུ་འགྱུར། རྒྱུད་སོ་སོ་ལའོ། །དེ་ལྟར་ནི་མི་འདོད་པས་དེའི་ཕྱིར་དོན་དམ་པར་རྒྱུད་ཐ་དད་པ་དག་གི་ལྟ་བ་པོ་དང་།ཉན་པ་པོ་དང་། སྣོམ་པ་པོ་ལ་སོགས་དག་གཞན་ཉིད་ཡིན་པར་མི་འཐད་དོ། །འདིར་ཡང་སྐབས་ཀྱི་དོན་ལ་ཕན་པ་ཉིད་ཀྱིས་རྗེས་སུ་དཔག་པ་མཚོན་པར་བྱ་སྟེ། ཉེ་བར་ལེན་པ་པོ་ལྷས་བྱིན་གྱི་ཉན་པ་པོ་ནི; ལྟ་བ་པོ་ལས་གཞན་མ་ཡིན་ཏེ། རྒྱུ་དང་འབྲས་བུར་འབྲེལ་པའི་ཉེ་བར་ལེན་པ་པོ་ཡིན་པའི་ཕྱིར། དཔེར་ན། ལྟ་བ་པོ་རང་གི་བདག་ཉིད་བཞིན་པས་གཞན་ཉིད་དུ་སྨྲ་བ་རྣམས་ལ་རྗེས་སུ་དཔག་པས་གནོད་དོ། །ཡང་ན། ལྟ་པོའི་ཚེ་ན་ཉན་པོ་ཡོད། །ཅེས་བྱ་བ་ནི་ལྟ་བ་པོ་ལ་བརྟེན་ནས། ཉན་པ་པོ་འབྱུང་བར་འགྱུར་རོ་ཞེས་བྱ་བའི་དོན་ཏོ། །དེ་ལྟ་ན། བདག་ཀྱང་མང་པོ་ཉིད་དུ་འགྱུར། །འདས་པ་ལ་སོགས་པའི་དུས་ཐ་དད་པའི་ཕྱིར་རོ། །དེ་ལྟར་གྱུར་ན་འདིར་ཡང་ཕྱིར་སྨྲ་བར་བྱས་ཏེ། དོན་དམ་པར་ཉེ་བར་ལེན་པ་པོའི་ངོ་བོ་ཉིད་མ་ཡིན་ཏེ། བརྟེན་ནས་འབྱུང་བའི་ཕྱིར་དཔེར་ན། ཉེ་བར་བླང་བའི་བདག་ཉིད་བཞིན་ནོ། །དོན་དམ་པར་ལྷས་བྱིན་གྱི་ལྟ་བ་ལ་སོགས་པ་ནི་ཉེ་བར་ལེན་པ་པོ་ལྷས་བྱིན་ཞེས་བྱ་བའི་ཉེ་བར་བླང་བ་མ་ཡིན་ཏེ། ལྟ་བ་ལ་སོགས་པ་ཡིན་པའི་ཕྱིར་དཔེར་ན། མཆོད་སྦྱིན་གྱི་ལྟ་བ་ལ་སོགས་པའི་བདག་ཉིད་བཞིན་ནོ། །དེ་ལྟར་ཉེ་བར་ལེན་པ་པོ་ཉིད་དང་། ཉེ་བར

བླང་བ་ཉིད་མ་གྲུབ་པའི་ཕྱིར་ཡང་ཇི་སྐད་སྨྲས་པའི་སྐྱོན་དང་མ་བྲལ་ལོ། །གལ་ཏེ་ཉེ་བར་ལེན་པ་པོ་ནི་དེ་ཉིད་དང་། གཞན་ཉིད་དུ་བརྗོད་པར་བྱ་བ་མ་ཡིན་པའི་ཕྱིར་སྐྱོན་མེད་དོ་ཞེ་ན། བདག་གི་ཡིན་པར་བརྗོད་པའི་ཕྱིར་སྐྱོན་མེད་པ་མ་ཡིན་ནོ། །ཡང་ན་གང་དག་བདག་ལྟ་བ་པོ་ལ་སོགས་པ་བརྗོད་པ་དག་ཕུང་པོ་ལས་གཞན་པ་ཉིད་དུ་སྟོན་པ་དེ་དག་གི་ཕྱོགས་ལ། ལྟ་བོའི་ཚེ་ན་ཉན་པོ་ཡོད་ཅེས་བྱ་བའི་ཚིག་གི་ལྷག་མ་སྟེ། འདི་ལ་ལྟ་བར་བྱེད་པས་ལྟ་བ་པོ་སྟེ། གཟུགས་དམིགས་པ་དང་ལྡན་པ་ཡིན་ལ། དེ་ནི་སྒྲ་དམིགས་པ་དང་མི་ལྡན་ཏེ། གཅིག་ལ་ངོ་བོ་ཉིད་གཉིས་མི་སྲིད་པའི་ཕྱིར་རོ། །ལྟ་བོའི་ཚེ་ན་ཉན་པོ་ཡོད། །ཅེས་བྱ་བ་དེ་བཞིན་དུ། སྣོམ་པ་པོ་དང་། མྱོང་བ་པོ་དང་། རེག་པ་པོ་དང་། སེམས་པ་པོ་དག་ཀྱང་ཡོད་པར་གྱུར་ན་ཅིར་འགྱུར་ཞེ་ན། བདག་ཀྱང་མང་པོ་ཉིད་དུ་འགྱུར། །ལུས་དང་དབང་པོའི་ཚོགས་གཅིག་ལའམ། །རྒྱུ་དང་འབྲས་བུའི་ཚོགས་གཅིག་ལ་ཟ་བ་པོ་ཞེས་བྱ་བའི་བདག་མང་པོ་ཉིད་དུ་འགྱུར་ཏེ། དེ་ཡང་མི་འདོད་པས་དེའི་ཕྱིར་བདག་ནི་གཅིག་པ་ཉིད་དུ་མི་འགྲུབ་སྟེ། དམིགས་པ་ཐ་དད་པའི་ཕྱིར། རྒྱུད་དུ་མའི་ལྟ་བ་པོ་བཞིན་ནོ། །ཉེ་བར་ལེན་པ་པོ་ཡོད་པར་སྨྲ་བ་གཞན་དག་འདི་སྐད་ཅེས་ཟེར་ཏེ། འདི་ལ་བཅོམ་ལྡན་འདས་ཀྱིས་མིང་དང་། གཟུགས་ཀྱི་རྐྱེན་གྱིས་སྐྱེ་མཆེད་དྲུག་ཅེས་གསུངས་པ་དེ་ལ་གཟུགས་ནི་འབྱུང་བ་ཆེན་པོ་བཞི་པོ་དག་ཡིན་པས། དེའི་ཕྱིར་འབྱུང་བ་ཆེན་པོའི་རྐྱེན་གྱིས་སྐྱེ་མཆེད་དྲུག་འབྱུང་ལ། འབྱུང་བ་དེ་དག་ཀྱང་ཉེ་བར་ལེན་པ་པོའི་ཉེ་བར་བླང་བ་ཡིན་པས། དེའི་ཕྱིར་ཉེ་བར་ལེན་པ་པོ་ཡིན་པར་གྱུར་པ་ལྟ་བ་ལ་སོགས་པ་སྐྱེ་མཆེད་དྲུག་དང་ལྡན་པ་སྔ་ན་གནས་པའི་རིམ་གྱིས་ཚོར་བ་ལ་སོགས་པ་དག་འབྱུང་བ་ནི། དེ་བཞིན་གཤེགས་པའི་ཚུལ་ཡིན་ན་ཁྱེད་ཀྱིས་ཉེ་བར་ལེན་པ་པོ་དེ་ལྟ་བ་ལ་སོགས་པ་ཉེ་བར་བླང་

བ་དག་གི་སྔ་རོལ་ན་མེད་དེ། གདགས་པར་བྱ་བ་ཡིན་པའི་ཕྱིར་དཔེར་ན། སྣམ་བུ་རྒྱུ་སྤུན་དག་གི་སྔ་རོལ་ན་མེད་པ་བཞིན་ནོ་ཞེས་བརྗོད་པས་ཚུལ་དེ་དང་འགལ་བར་བྱེད་པས༏ དེའི་ཕྱིར་ཕྱོགས་སྔ་མ་ལ་གནོད་པས་གནོད་པར་འགྱུར་བའི་ཕྱིར་དེ་ནི་ལེགས་པ་མ་ཡིན་ནོ། །འདིར་བཤད་པ། ལྷ་དང་ཉན་ལ་སོགས་པ་དང་། །ཚོར་བ་དག་ལ་སོགས་པ་ཡང་༏ ༏གང་ལས་འགྱུར་བའི་འབྱུང་དེ་ལའང་། །དེ་ནི་ཡོད་པ་མ་ཡིན་ནོ། །རྫས་སུ་ཡོད་པ་ཉེ་བར་ལེན་པ་པོ་ཉིད་དུ་མ་གྲུབ་པའི་ཕྱིར་རོ། །འོ་ན་ཇི་ལྟ་བུ་ཞེ་ན། ཐ་སྙད་དུ་མིང་དང་༏ གཟུགས་དང་། དེ་ལ་བརྟེན་ནས་ཉེ་བར་ལེན་པ་པོ་ཉིད་དུ་གདགས་པར་ཟད་ཀྱི། དོན་དམ་པར་ཉེ་བར་ལེན་པ་པོ་རྫས་སུ་ཡོད་པའི་མིང་དང་གཟུགས་ཀྱི་གནས་སྐབས་ཁས་མ་བླངས་པའི་ཕྱིར་ཕྱོགས་སྔ་མ་ལ་གནོད་པ་མེད་དོ། །ཡང་ན། ལྷ་དང་ཉན་ལ་སོགས་པ་དང་། །ཚོར་བ་དག་ལ་སོགས་པ་ཡང་། །གང་ལས་འགྱུར་བའི་འབྱུང་དེ་ལའང་།། དེ་ནི་ཡོད་པ་མ་ཡིན་ནོ། །རྫས་སུ་ཡོད་པ་ཉེ་བར་ལེན་པ་པོ་ཉིད་དུ་མ་གྲུབ་པའི་ཕྱིར་རོ།། འོ་ན་ཇི་ལྟ་བུ་ཞེ་ན། ཐ་སྙད་དུ་མིང་དང་། གཟུགས་དང་། དེ་ལ་བརྟེན་ནས་ཉེ་བར་ལེན་པ་པོ་ཉིད་དུ་གདགས་པར་ཟད་ཀྱི། དོན་དམ་པར་ཉེ་བར་ལེན་པ་པོ་རྫས་སུ་ཡོད་པའི་མིང་དང་གཟུགས་ཀྱི་གནས་སྐབས་ཁས་མ་བླངས་པའི་ཕྱིར་ཕྱོགས་སྔ་མ་ལ་གནོད་པ་མེད་དོ། །ལྷ་དང་ཉན་ལ་སོགས་པ་དང་། །ཚོར་བ་དག་ལ་སོགས་པ་ཡང་། །གང་ལས་འགྱུར་བའི་འབྱུང་དེ་ལའང་། །དེ་ནི་ཡོད་པ་མ་ཡིན་ནོ། །ཞེས་བྱ་བ་ནི་དེ་དག་གི་ཉེ་བར་ལེན་པ་པོ་ཉིད་དུ་གྲུབ་པ་ཞེས་བྱ་བའི་ཚིག་གི་ལྷག་མའོ། །གལ་ཏེ་འབྱུང་བ་ཉེ་བར་བླང་བའི་ཉེ་བར་ལེན་པ་པོ་དེ་ཇི་ལྟར་ལྟ་བ་ལ་སོགས་པའི་ཉེ་བར་ལེན་པ་པོ་ཉིད་དུ་མི་འགྲུབ་ཅེ་ན། འབྱུང་བ་ཉེ་བར་བླང་བ་ཉེ་བར་ལེན་པའི་ཉེ་བར་ལེན་པ་པོ་ནི་ལྟ་བ་ལ་སོགས་པ

ཉེ་བར་བླང་བ་དག་ཉེ་བར་ལེན་པར་བྱེད་པར་མི་རིགས་ཏེ། དེ་དག་ལས་གཞན་ཉེ་བར་ལེན་པ་ཡིན་པའི་ཕྱིར་རྒྱུད་ཐ་དད་པའི་འབྱུང་བ་ཉེ་བར་བླང་བའི་ཉེ་བར་ལེན་པ་པོ་བཞིན་ནོ་ཞེས་རྗེས་སུ་དཔག་པའི་ཕྱིར་དང་། འབྱུང་བ་ཉེ་བར་བླང་བའི་དུས་ན་ལྟ་བ་ལ་སོགས་པ་དག་ཉེ་བར་བླང་བ་མ་ཡིན་པའི་ཕྱིར་དང་། ལྟ་བ་ལ་སོགས་པ་དག་ཉེ་བར་བླང་བའི་དུས་ན་ཡང་འབྱུང་བ་ཉེ་བར་བླང་བ་དག་ཉེ་བར་བླང་བ་མ་ཡིན་པའི་ཡང་ཕྱིར་རོ། །གལ་ཏེ་གང་གི་ཚེ། ལྟ་དང་ཉན་ལ་སོགས་པ་དང་། །ཚོར་བ་དག་ལ་སོགས་པ་ཡང་། །ཉེ་བར་བླང་བ་དག་ཡིན་པ་དེའི་ཚེ་ན་ཉེ་བར་ལེན་པ་པོ་ཞེས་སྨྲོ་ཞེ་ན། དེ་ནི་བཟང་པོ་མ་ཡིན་ཏེ། ལྟ་བ་ལ་སོགས་པ་དག་ཉེ་བར་བླང་བ་ཡིན་པ་དེའི་ཚེ་ན་ཡང་ལྟ་བ་ལ་སོགས་པ་དག་འདུས་པ་ཙམ་དུ་ཟད་པའི་ཕྱིར་རྫས་སུ་ཡོད་པ་མ་ཡིན་ནོ། །གལ་ཏེ་ཇི་ལྟར་འདོད་པ་དེ་བཞིན་ནོ་ཞེ་ན། དེའི་ཕྱིར་གང་གི་ཡིན་པ་གལ་ཏེ་མེད། །དེ་དག་ཀྱང་ནི་ཡོད་པ་མིན། །ཞེས་གསུངས་ཏེ། ལྟ་བ་ལ་སོགས་པ་དག་ཉེ་བར་ལེན་པ་ཉིད་དང་། རྫས་ཉིད་དུ་ཡོད་པ་མ་ཡིན་ན་ཉེ་བར་ལེན་པ་པོ་ཉིད་ཀྱི་གཏན་ཚིགས་ཀྱི་དོན་མ་གྲུབ་པ་ལ་སོགས་པའི་སྐྱོན་དེ་ཉིད་ལན་གདབ་པར་དགོའོ། །དེའི་ཕྱིར་དེ་ལྟར་ཇི་སྐད་བསྟན་པའི་སྒྲུབ་པས་བརྟགས་ན༑ གང་ཞིག་ལྟ་ལ་སོགས་པ་ཡི། །སྔ་རོལ་དང་ལྟར་ཕྱི་ན་མེད། །དེ་ལ་ཡོད་དོ་མེད་དོ་ཞེས། །རྟོག་པ་དག་ནི་ལྡོག་པར་འགྱུར། །ཉེ་བར་ལེན་པ་པོ་གང་ཞིག་ལྟ་བ་ལ་སོགས་པ་དག་གི་སྔ་རོལ་དང་། ད་ལྟར་དང་། ཕྱིན་རྫས་སུ་ཡོད་པ་ཉིད་དུ་མ་གྲུབ་ཅིང་འབྱུང་བའི་རྫས་བཞིན་དུ་མེད་པ་དེ་ལྟ་བུ་དེ་ལ་དོན་དམ་པར་གཅིག་པ་ཉིད་དང་། གཞན་པ་ཉིད་དུ་ཡོད་དོ་མེད་དོ་ཞེས་བྱ་བར་རྟོག་པ་དག་ལྡོག་པར་འགྱུར་རོ། །དེ་ལ་རེ་ཞིག་ཡོད་དོ་ཞེས་བྱ་བར་རྟོག་པ་ལྡོག་པ་ནི་རྫས་སུ་མེད་པའི་ཕྱིར་རོ། །མེད་དོ་ཞེས་བྱ་བར་མེད་པར་རྣམ་པར་རྟོག་པ་

འབྱུང་བ་དེ་མེད་པས་རྟོག་པ་ལྡོག་པ་ན་བརྟེན་ནས་གདགས་པར་བྱ་བ་ཡིན་པའི་ཕྱིར་རོ།། ཡང་ན་ཡོད་དོ་ཞེས་བྱ་བར་རྟོག་པ་ལྡོག་པ་ནི་དོན་དོན་དམ་པར་ཡོད་པ་ཉིད་དུ་སྟོན་པའི་རྗེས་སུ་དཔག་པ་མེད་པའི་ཕྱིར་རོ། །མེད་དོ་ཞེས་བྱ་བར་རྟོག་པ་ལྡོག་པ་ནི་ཡོད་པ་བསལ་བས་མེད་པར་རྣམ་པར་རྟོག་པ་ཡང་མེད་པའི་ཕྱིར་ཏེ། བཅོམ་ལྡན་འདས་ཀྱིས། བློ་ཡིས་རྣམ་པར་གཞིགས་ནས་ནི། །ངོ་བོ་ཉིད་ནི་གཟུང་དུ་མེད། །དེ་ཕྱིར་དེ་དག་བརྗོད་མེད་དང་། །ངོ་བོ་ཉིད་ནི་མེད་པར་བསྟན། །ཞེས་ཇི་སྐད་གསུངས་པ་ལྟ་བུའོ། །དེ་ལ་ཉེ་བར་ལེན་པ་པོ་ཡོད་པར་སྨྲ་བ་དག་གིས་རྗེས་སུ་དཔག་པ་ལས་ཉེ་བར་ལེན་པ་པོ་ཡོད་དེ། དེ་ཡང་ཉེ་བར་ལེན་པར་བྱེད་པས་ཉེ་བར་ལེན་པ་པོ་ཞེས་བྱ་ཞིང་། དེས་ཉེ་བར་བླང་བ་ཡིན་པས་ཉེ་བར་བླང་བ་ཞེས་བྱ་སྟེ། དེ་གཉི་ག་གྲུབ་པའི་ཕྱིར་གཏན་ཚིགས་སྔར་སྨྲས་པ་དེ་གྲུབ་བོ་ཞེས་གང་སྨྲས་པ་དེ་རིགས་པ་མ་ཡིན་ནོ། །དེ་ལ་འདིར་རབ་ཏུ་བྱེད་པའི་དོན་ནི་ཉེ་བར་ལེན་པ་པོ་ཡོད་པའི་གཏན་ཚིགས་སུན་དབྱུང་བ་བརྗོད་པ་དང་། རང་དབང་གིས་རྗེས་སུ་དཔག་པ་བརྗོད་པས། ཉེ་བར་ལེན་པ་པོ་ངོ་བོ་ཉིད་མེད་པ་ཉིད་དུ་བསྟན་པ་ཡིན་ནོ། །དེའི་ཕྱིར་རབ་ཀྱི་རྩལ་གྱིས་རྣམ་པར་གནོན་པ་གཟུགས་ལ་ཤེས་པ་པོའམ། ཤེས་པར་བྱེད་པ་པོ་མེད་དོ། །ཚོར་བ་དང་། འདུ་ཤེས་དང་། འདུ་བྱེད་རྣམས་དང་། རྣམ་པར་ཤེས་པ་ལ་ཤེས་པ་པོའམ། ཤེས་པར་བྱེད་པ་པོ་མེད་དོ། །གཟུགས་དང་། ཚོར་བ་དང་། འདུ་ཤེས་དང་། འདུ་བྱེད་རྣམས་དང་། རྣམ་པར་ཤེས་པ་ལ་ཤེས་པ་པོའམ། ཤེས་པར་བྱེད་པ་པོ་མེད་པ་གང་ཡིན་པ་དེ་ནི་ཤེས་རབ་ཀྱི་ཕ་རོལ་ཏུ་ཕྱིན་པའོ། །གཟུགས་ལ་ཤེས་པ་པོའམ་མཐོང་བ་པོ་མེད་དོ། །ཚོར་བ་དང་། འདུ་ཤེས་དང་། འདུ་བྱེད་རྣམས་དང་། རྣམ་པར་ཤེས་པ་ལ་ཤེས་པ་པོའམ། མཐོང་བ་པོ་མེད་དོ། །གཟུགས་དང་། ཚོར་བ་དང་།

འདུ་ཤེས་དང་། འདུ་བྱེད་རྣམས་དང་། །རྣམ་པར་ཤེས་པ་ལ་ཤེས་པ་པོའམ། མཐོང་བ་པོ་མེད་པ་ཡང་ཡིན་པ་དེ་ནི་ཤེས་རབ་ཀྱི་ཕ་རོལ་ཏུ་ཕྱིན་པའོ་ཞེས་བྱ་བ་ལ་སོགས་པ་གསུངས་པ་དེ་དག་གྲུབ་པ་ཡིན་ནོ། །སློབ་དཔོན་ལེགས་ལྡན་བྱེད་༼འབྱེད་༽ཀྱིས་ཉེ་བར་སྦྱར་བ། དབུ་མའི་རྩ་བའི་འགྲེལ་པ་ཤེས་རབ་སྒྲོན་མ་ལས། ཉེ་བར་ལེན་པ་དང་། ཉེ་བར་བླང་བ་བརྟག་པ་ཞེས་བྱ་བ་སྟེ། རབ་ཏུ་བྱེད་པ་དགུ་པའོ།། །།

༼རབ་བྱེད་བཅུ་པ་མེ་དང་བུད་ཤིང་བརྟག་པ།༽

ད་ནི་ཉེ་བར་ལེན་པ་པོ་དང་། ཉེ་བར་བླང་བ་དག་ངོ་བོ་ཉིད་མེད་པའི་མི་མཐུན་པའི་ཕྱོགས་ཀྱི་ཁྱད་པར་དགག་པས་རྟེན་ཅིང་འབྲེལ་པར་འབྱུང་བ་དོན་གཅིག་པ་མ་ཡིན་པ་དང་། དོན་ཐ་དད་པ་མ་ཡིན་པའི་ཁྱད་པར་དང་ལྡན་པ། བསྟན་པའི་དོན་གྱི་དབང་གིས་རབ་ཏུ་བྱེད་པ་བཅུ་པ་བརྩམ་མོ། །འདིར་སྨྲས་པ། འདི་ལ་ཁྱེད་ཀྱིས་ཉེ་བར་ལེན་པ་པོ་དང་། ཉེ་བར་བླང་བ་དག་ཕན་ཚུན་ལྟོས་ནས་རབ་ཏུ་འགྲུབ་པར་སྨྲས་པས། དེའི་ཕྱིར་གཏན་ཚིགས་རབ་ཏུ་གྲུབ་པའི་དབང་གིས་ཉེ་བར་ལེན་པ་པོ་དང་། ཉེ་བར་བླང་བ་ཉིད་དག་བསྒྲུབ་པའི་ཕྱིར་སྒྲུབ་པ་སྨྲ་བར་བྱ་སྟེ། དོན་དམ་པར་ཉེ་བར་ལེན་པ་པོ་དང་ཉེ་བར་བླང་བ་དག་ཡོད་པ་ཁོ་ན་ཡིན་ཏེ། ཕན་ཚུན་ལྟོས་པའི་ཕྱིར་དཔེར་ན་མེ་དང་བུད་ཤིང་བཞིན་ནོ། །དེའི་ཕྱིར་དེ་གྲུབ་པས་དོན་དམ་པར་ཕུང་པོ་ལ་སོགས་པ་དག་ཡོད་པ་ཁོ་ན་ཡིན་ཏེ། བཅོམ་ལྡན་འདས་ཀྱིས་དེ་དག་ལ་བརྟེན་ནས། ཉེ་བར་ལེན་པ་པོ་དང་། ཉེ་བར་བླང་བ་དག་བསྟན་པའི་ཕྱིར་རོ། །དེ་ལྟར་གཏན་ཚིགས་གྲུབ་པས་འདོད་པ་གྲུབ་བོ། །འདིར་བཤད་པ། སྐྱེ་བ་སྤྱིར་བཀག་པ་ཉིད་དང་། །གཟུགས་ཀྱི་རྒྱུ་ནི་མ་གཏོགས་པར། །གཟུགས་ནི་དམིགས་པར་མི་འགྱུར་རོ། །ཞེས་བྱ་བ་དེར་རྫས་སུ་ཡོད་པ་ཉིད་བཀག་པས། མེ་དང་བུད་ཤིང་དག་གི་ཡོད་པ་ཉིད་དགག་པ་ཡང་གྲུབ་མོད་ཀྱི། ཡང་དེ་མེད་པ་ཉིད་དུ་བསྟན་པའི་ཕྱིར། སྨྲ་བ་གཞན་སེམས་གཏོད་ལ་ཉོན་ཅིག འདི་ལ་མེ་དང་བུད་ཤིང་དག་ཡོད་པ་ཉིད་དུ་འདོད་ན་གཅིག་པ་ཉིད་དམ། གཞན་ཉིད་དུ་ཁས་བླང་བར་བྱ་གྲང་ན་དེས་ཅིར

འགྱུར་ཞེ་ན། གལ་ཏེ་ཤིང་དེ་མེ་ཡིན་ན། བྱེད་པ་པོ་དང་ལས་གཅིག་འགྱུར། དེ་ལ་བུད་ཤིང་ནི་ས་ལ་སོགས་པ་འབྱུང་བ་གསུམ་པོ་དག་ཡིན་ལ། མེ་ནི་མེའི་ཁམས་སོ། །ཁ་ཅིག་ན་རེ། མེ་ནི་འབྱུང་བ་བཞི་པོ་དག་ལ་མེ་ཤས་ཆེ་བར་གྱུར་པའོ་ཞེའོ། །དེ་ལ་འདིར་གླགས་ཡོད་པའི་ཚིག་ཡིན་པའི་ཕྱིར་ཕ་རོལ་པོས་སྨྲས་པའི་སྒྲུབ་པ་ལས་བཟློག་པས་རྗེས་སུ་དཔག་པ་མཚོན་ཏེ། དཔེར་ན་གལ་ཏེ་སྒྲ་རྟག་ན་བུམ་པ་ཡང་རྟག་པར་ཐལ་བར་འགྱུར་བས་དེ་ནི་མི་འདོད་དེ། བྱས་པ་ཉིད་ལ་མི་རྟག་པ་ཉིད་མེད་ན་མི་འབྱུང་བ་ཡིན་པས། དེ་ལ་ཡང་ཡོད་པའི་ཕྱིར་རོ། །སྒྲ་དེ་ཡང་བྱས་པ་ཡིན་པས་དེའི་ཕྱིར་སྒྲ་ནི་མི་རྟག་སྟེ། བྱས་པའི་ཕྱིར་དཔེར་ན་བུམ་པ་བཞིན་ནོ་ཞེས་བྱ་བ་ལྟ་བུའོ། །འདིར་སྦྱོར་བའི་ཚིག་ནི་དོན་དམ་པར་མེ་དང་བུད་ཤིང་དག་གཅིག་པ་ཉིད་མ་ཡིན་ཏེ། བྱེད་པ་པོ་དག་ལས་ཡིན་པའི་ཕྱིར་དཔེར་ན་གཅོད་པ་པོ་དང་། བཅད་པ་དག་བཞིན་ནོ། །མེ་ཡང་བུད་ཤིང་སྲེག་པའི་བྱེད་པ་པོ་ཡིན་ལ། བུད་ཤིང་ཡང་སྲེག་པ་ན་ལས་ཡིན་པས། མེ་དང་བུད་ཤིང་དག་ལ་ཡང་བྱེད་པ་པོ་དང་ལས་ཉིད་ཡོད་པས་དེའི་ཕྱིར་དེ་ཉིད་གཅིག་པ་ཉིད་མ་ཡིན་ནོ། །ཡང་ན༑ གལ་ཏེ་ཤིང་དེ་མེ་ཡིན་ན། །བྱེད་པ་པོ་དང་ལས་གཅིག་འགྱུར། །དེའི་ཕྱིར་བུད་ཤིང་ལས་མེ་གཞན་མ་ཡིན་པར་དམ་འཆའ་བའི་དམ་བཅས་པ་ལ་གཅིག་པ་ཉིད་དུ་རྗེས་སུ་དཔོག་པས་མི་ཚ་བ་དང་། མི་སྲེག་པ་ཉིད་ཀྱིས་མེའི་ལྡེ་དག་བསྐུལ་བའི་ཕྱིར་ཆོས་ཅན་གྱི་ཁྱད་པར་བསྐུལ་བའི་སྐྱོན་ཡོད་དེ། གལ་ཏེ་མཐོང་བས་གནོད་པའི་ཕྱིར་སྐྱོན་མེད་དོ་ཞེ་ན༑ གཅིག་པ་ཉིད་ལ་ཡང་མཐོང་བས་གནོད་པར་འགྱུར་རོ། །དེ་ཡོངས་སུ་སྤངས་པའི་ཕྱིར་གྲུབ་པའི་མཐའ་དག་འགལ་ལོ། །དེ་ལྟར་ཁས་མ་བླངས་པའི་ཕྱིར་ཁས་བླངས་པ་ལ་གནོད་པ་མེད་དོ། །དེ་ལྟར་རེ་ཞིག་མེ་དང་བུད་ཤིང་དག་གཅིག་པ་ཉིད་དུ་མི་འཐད་དོ།།

ཅི་སྟེ་གཞན་ཉིད་དུ་འདོད་ན་དེའི་ཕྱིར་བཤད་པ། གལ་ཏེ་ཤིང་ལས་མེ་གཞན་ན། །ཤིང་མེད་པར་ནི་འབྱུང་བར་འགྱུར། །གཞན་ཡིན་པའི་ཕྱིར་དེ་ལས་གཞན་བཞིན་ནོ་ཞེས་བྱ་བར་དགོངས་སོ། །འདི་ལྟ་སྟེ། བུད་ཤིང་ལ་མི་ལྟོས་པར་མེ་ཡོད་དོ་ཞེས་བྱ་བ་དེ་ནི་མངོན་པར་ཞེན་པའི་བློ་ཅན་དག་ཀྱང་མི་འདོད་དེ། འདིས་ནི་མེ་དང་བུད་ཤིང་དག་གིས་ཆོས་ལྟོས་པ་དང་བཅས་པ་ཉིད་བསྟན་ཏོ། །དེའི་ཕྱིར་འདིར་བསྟན་པར་བྱ་བའི་དོན་གྱི་དབང་གི་རྗེས་སུ་དཔག་པར་འདོད་པ་ནི། དོན་དམ་པར་མེ་ནི་བུད་ཤིང་ལས་གཞན་མ་ཡིན་ཏེ། ལྟོས་པ་དང་བཅས་པའི་ཕྱིར་དཔེར་ན་བུད་ཤིང་གི་རང་གི་བདག་ཉིད་བཞིན་ནོ།། དེ་བཞིན་དུ་དོན་དམ་པར་བུད་ཤིང་ཡང་མེ་ལས་གཞན་མ་ཡིན་ཏེ། ལྟོས་པ་དང་བཅས་པའི་ཕྱིར་དཔེར་ན་མེའི་རང་གི་བདག་ཉིད་བཞིན་ནོ། །གལ་ཏེ་མེ་དང་བུད་ཤིང་དག་ཐ་དད་པ་ཉིད་ཀྱིས་ཐམས་ཅད་ལྟོས་པ་དང་བཅས་པ་དག་གིས་མ་ངེས་པ་ཉིད་དོ་ཞེ་ན། དེ་དག་ཀྱང་བསྒྲུབ་པར་བྱ་བ་དང་རིགས་མཐུན་པ་ཉིད་ཀྱིས་མཚུངས་པར་བཀག་པའི་ཕྱིར་སྐྱོན་མེད་དོ། །མེ་དང་བུད་ཤིང་དག་གཞན་ཉིད་དུ་ཁས་ལེན་པ་ལ་སྐྱོན་གཞན་འདི་ཡང་ཡོད་དེ། འདི་ལྟ་སྟེ། རྟག་ཏུ་འབར་བ་ཉིད་དུ་འགྱུར། །འབར་བྱེད་མེད་པའི་རྒྱུ་ལས་བྱུང་།། གལ་ཏེ་བུད་ཤིང་ལས་མེ་གཞན་ཉིད་ཡིན་པར་གྱུར་ན་བུད་ཤིང་ལ་མི་ལྟོས་པར་རྟག་ཏུ་འབར་བར་འགྱུར་ཏེ། དེ་ལ་བུད་ཤིང་དེ་མེད་བྱང་(ཀྱང་)འཆི་བར་མི་འཐད་ཅིང་རྟག་པར་འགྱུར་རོ། །ཅིའི་ཕྱིར་ཞེ་ན། འབར་བྱེད་མེད་པའི་རྒྱུ་ལས་བྱུང་བའི་ཕྱིར་ཏེ། འབར་བྱེད་ཅེས་བྱ་བ་ནི་བུད་ཤིང་ངོ་། །གང་ལ་རྒྱུ་དེ་ཡོད་པ་དེ་ནི་འབར་བྱེད་ཀྱི་རྒྱུ་ལས་བྱུང་བའོ།། འབར་བྱེད་མེད་པའི་རྒྱུ་ལས་བྱུང་བ་ནི་འབར་བར་བྱེད་པའི་རྒྱུ་མེད་པ་ལས་བྱུང་བའོ།། གཞན་ཡང་འཆི་བ་ཡོངས་སུ་སྤང་བའི་ཕྱིར་བུད་ཤིང་སྣམ་པོ་གཞུག་པ་དང་། སྦར་བའི་

མཚན་ཉིད་ཀྱི་རྩོམ་པ་དག་ཀྱང་མི་འཐད་པས། རྩོམ་པ་དོན་མེད་དུ་འགྱུར། དོན་མེད་པ་ནི་དོན་དང་བྲལ་བའོ། །དེའི་དངོས་པོ་ནི་དོན་མེད་པ་ཉིད་དེ་འབྲས་བུ་མེད་པ་ཉིད་ཅེས་བྱ་བའི་ཐ་ཚིག་གོ །དེ་ལྟ་ཡིན་ན་ལས་ཀྱང་མེད། ལས་མེད་པ་ནི་ལས་ཡོད་པ་པ་ཡིན་པ་སྟེ། བུད་ཤིང་ལ་མི་ལྟོས་པར་འབྱུང་ཞིང་གནས་པས་བསྲེག་པར་བྱ་བ་སྲེག་པའི་མཚན་ཉིད་ཀྱི་ལས་མེད་པའི་ཕྱིར་དེ་ནི་མི་འདོད་དོ། །གྲོང་མིའི་དུད་མེད་ཡན་ཆད་ལ་ཡང་མེ་ནི་རྒྱུ་དང་ལྡན་པ་ཉིད་དང་། རྩོམ་པ་དང་བཅས་པ་ཉིད་དང་། ལས་དང་བཅས་པ་ཉིད་དུ་གྲགས་པར་འདོད་པས་དེའི་ཕྱིར་རྗེས་སུ་དཔག་པ་སྨྲ་བར་ནུས་ཏེ། དོན་དམ་པར་མེ་ནི་བུད་ཤིང་ལས་གཞན་མ་ཡིན་ཏེ། རྒྱུ་དང་ལྡན་པའི་ཕྱིར་དང་། རྩོམ་པ་དང་བཅས་པའི་ཕྱིར་དང་། ལས་དང་བཅས་པའི་ཕྱིར་དཔེར་ན་བུད་ཤིང་གི་རང་གི་བདག་ཉིད་བཞིན་ཏེ། རྒྱས་པར་ནི་སྔ་མ་བཞིན་ནོ། །དེ་བཞིན་དུ་བུད་ཤིང་གི་ཕྱོགས་ལ་ཡང་བརྗོད་པར་བྱ་སྟེ། བུད་ཤིང་ལ་ཡང་གཟུགས་པར་བྱ་བ་ལ་སོགས་པའི་ལས་ཡོད་པའི་ཕྱིར་ལས་དང་བཅས་པ་ཉིད་དུ་གྲུབ་པས་བུད་ཤིང་གི་གཏན་ཚིགས་དང་དཔེ་ཉིད་མ་གྲུབ་པ་ཉིད་མ་ཡིན་ནོ།།

དེ་ལ་འདི་སྙམ་དུ་ཅིའི་ཕྱིར་འབར་བྱེད་མེད་པའི་རྒྱུ་ལས་བྱུང་བ་དང་། རྩོམ་པ་དོན་མེད་པ་ཉིད་དུ་ཐལ་བར་འགྱུར་སྙམ་དུ་སེམས་ན། དེ་ལ་བཤད་པར་བྱ་སྟེ། གཞན་ལ་ལྟོས་པ་མེད་པའི་ཕྱིར། །འབར་བྱེད་མེད་པའི་རྒྱུ་ལས་བྱུང་། །རྟག་ཏུ་འབར་བ་ཉིད་ཡིན་ན། །རྩོམ་པ་དོན་མེད་ཉིད་དུ་འགྱུར། །གཞན་ལ་ལྟོས་པ་མེད་པའི་ཕྱིར། །འབར་བྱེད་མེད་པའི་རྒྱུ་ལས་བྱུང་བར་འགྱུར་ལ། རྟག་ཏུ་འབར་བ་ཉིད་ཡིན་རྩོམ་པ་དོན་མེད་པ་ཉིད་དུ་ཐལ་བར་འགྱུར་རོ༔ ༔ཇི་སྐད་ཕ་རོལ་པོ་དག་སློབ་དཔོན་གྱིས་མེ་དང་བུད་ཤིང་དག་གཞན་ཉིད་ཡིན་པའི་སྐྱོན་བརྗོད་པས། རྟག་ཏུ་འབར་བ་ཉིད་དུ་འགྱུར། །ཞེས་བྱ་བ་ལ་སོགས་པ་གང་དག

གསུངས་པ་ཇི་སྐད་བསྟན་པར་ཐལ་བར་འགྱུར་བདག་ཡོངས་སུ་སྤང་བར་འདོད་པས། དེ་ལ་གལ་ཏེ་འདི་སྙམ་དུ། །ཞྲིག་བཞིན་བུད་ཤིང་ཡིན་སེམས་ན། །མེས་ཁྱབ་ཅིང་ཞྲིག་པ་བཞིན་པ་ཉིད་ན་དེ་བུད་ཤིང་ཞེས་བྱ་ཞིང་། མེ་ལ་ལྟོས་པ་དང་བཅས་པའི་བུད་ཤིང་ཉིད་དུ་འགྲུབ་པའི་ཕྱིར། ཐལ་བར་འགྱུར་བའི་སྐྱོན་མེད་དོ་སྙམ་དུ་སེམས་ན། དེ་ནི་བཟང་པོ་མ་ཡིན་ཏེ། གླགས་ཡོད་པའི་ཚིག་ཉེ་བར་བཞག་པ་བརྗོད་པས་རྗེས་སུ་དཔག་པ་རྣམ་པ་བཞི་བསྟན་པས་གླགས་ཡོད་པས་སྐྱོན་གྱི་གཞིའོ། །གཞན་ཉིད་མི་འདོད་ན། དམ་བཅས་པ་ཉམས་པའི་ཕྱིར་རོ། །གཞན་ཡང་ཉོན་ཅིག གང་ཚེ་དེ་ཙམ་དེ་ཡིན་ན། །གང་གིས་བུད་ཤིང་དེ་ཞྲིག་བྱེད། །གང་གི་ཚེ་མེའི་རྐྱེན་གྱིས་འབར་བ་དང་བཅས་པ་དེ་ཙམ་དུ་བུད་ཤིང་དེ་ཡིན་པར་བརྗོད་ན། གང་གིས་བུད་ཤིང་དེ་ཞྲིག་པར་བྱེད། ཐ་སྙད་དུ་ཡང་འབའ་ཞིག་བྱུང་བ་ལ་ནི་བུད་ཤིང་ཞེས་བརྗོད་ཅིང་འབར་བ་དང་བཅས་པ་ལ་ནི་མེ་ཞེས་བྱའོ། །དོན་དམ་པར་ནི་སྐྱེ་བ་བཀག་པའི་ཕྱིར་རོ། །སྐྱེས་སུ་ཟིན་ན་ཡང་དེ་ཙམ་ཡིན་པའི་ཕྱིར་གང་གིས་གང་ལ་ཁྱབ་པར་བྱེད་པར་འཐད་དེ། དེའི་ཕྱིར་ཚིག་དེ་ནི་རང་གི་བློ་གྲོས་ཡང་བར་སྟོན་པ་ཙམ་དུ་ཟད་དོ། །ཡང་ན་འདི་ནི་རྣམ་པར་བཤད་པའི་བརྟག་པ་གཞན་ཡིན་ཏེ། འདི་ལ་བྱེད་པ་པོ་མེའི་མཚན་ཉིད་འགའ་ཞིག་གིས་ཞྲིག་བཞིན་པ་ན་བུད་ཤིང་ཞེས་བྱ་གྲང་ན་དེ་ཡང་སྒྲུབ་པ་སྔར་བསྟན་པས་རྫས་སུ་ཡོད་པ་ཉིད་བཀྲལ་བའི་ཕྱིར་མེད་པས། གང་ཚེ་དེ་ཙམ་དེ་ཡིན་ན། །གང་གིས་བུད་ཤིང་དེ་ཞྲིག་བྱེད། །གང་གི་ཚེ་གཟུགས་ལ་སོགས་པ་འདུས་པ་ཙམ་དྲོ་བའི་མཚན་ཉིད་ཀྱི་རེག་པའི་ཁྱད་པར་དང་ལྡན་པ་དེ་ཙམ་ཞྲིག་པ་དང་། ཚོས་པ་དང་། སྣང་བ་ལ་སོགས་པའི་འབྲས་བུའི་རྒྱུ་ཡིན་པའི་ཕྱིར་དེ་མ་ཡིན་པའི་ཚེ་ནའོ། །ཡང་ན་བུད་ཤིང་ནི་འབྱུང་བ་ཆེན་པོ་བཞི་པོ་དག་ལས་མི་ཤེས་ཆེ་བར་

མ་གྱུར་པའམ། གསུམ་པོ་དག་ཡིན་པར་བརྗོད་ལ། འབྱུང་བ་ཆེན་པོ་བཞིའམ་གསུམ་པོ་དེ་དག་ཀྱང་བསྲེག་པར་བྱ་བ་ཡིན་གྱི། སྲེག་པར་བྱེད་པ་དག་མ་ཡིན་ལ། མེ་ཡང་འབྱུང་བའམ། འབྱུང་བ་འདུས་པ་ཡིན་པར་ཕ་རོལ་པོ་དག་གིས་ཀྱང་ཤེས་པས་དེའི་ཕྱིར་ཡང་ངེས་པར་བྱ་ནུས་ཏེ། དོན་དམ་པར་མེ་ནི་བུད་ཤིང་སྲེག་པར་བྱེད་པ་མ་ཡིན་ཏེ། འབྱུང་བ་ཡིན་པའི་ཕྱིར་དཔེར་ན་ཆུ་ལ་སོགས་པ་བཞིན་ནོ། །དེ་བཞིན་དུ་གཟུགས་ལ་སོགས་པ་དག་ལྡན་པ་ཉིད་དང་རགས་པ་ཉིད་དང༌། གཟུགས་ཀྱི་ཕུང་པོ་བསྡུས་པ་ཉིད་དང༌། ཕྱི་རོལ་པ་ཉིད་དང༌། སྐྱེ་བ་ཅན་ཉིད་དང༌། རྒྱུ་ཅན་ཉིད་ཡིན་པའི་ཕྱིར་རོ་ཞེས་བྱ་བ་ལ་སོགས་པའི་གཏན་ཚིགས་དག་ཀྱང་བརྗོད་པར་བྱའོ། །དེའི་ཕྱིར་དེ་ལྟར་དོན་དམ་པར་མེ་ནི་སྲེག་པར་བྱེད་པ་ཉིད་ཡིན་པར་མི་འཐད་པས། གང་ཚེ་དེ་ཙམ་དེ་ཡིན་ན། །གང་ཡིས་བུད་ཤིང་དེ་སྲེག་བྱེད། །གང་གི་ཚེ་སྐྱེ་བའི་ཁྱད་པར་ལ་ལྟོས་ནས། ཐ་སྙད་དུ་མེའམ་བུད་ཤིང་ཞེས་བརྗོད་པའི་ཚེ་འབྱུང་བ་འདུས་པ་དེ་ཙམ་མེའམ་བུད་ཤིང་དེ་ཡིན་ན་གང་གིས་བུད་ཤིང་དེ་སྲེག་པར་བྱེད། དེ་ལྟ་བས་ནི་སྲེག་བཞིན་པ་ན་བུད་ཤིང་ཡིན་པར་འགྱུར་རོ་ཞེས་བྱ་བ་ལ་སོགས་པ་དེ་རིགས་པ་མ་ཡིན་ནོ། །གལ་ཏེ་ས་ལ་སོགས་པ་དག་དབྱེར་མེད་པར་གནས་པ་ལ། སྲེག་པར་བྱེད་པ་མེའི་ཁམས་ཡོད་པའི་ཕྱིར། དཔེ་བསྒྲུབ་པར་བྱ་བ་དང་མི་ལྡན་ནོ་ཞེ་ན། དེ་ཡང་བསྒྲུབ་པར་བྱ་བ་དང་རིགས་མཐུན་པ་ཉིད་ཀྱིས་བསྒྲུབ་པར་བྱ་བའི་ཁོངས་སུ་གཏོགས་པའི་ཕྱིར་རམ། ས་ལ་སོགས་པ་དག་རང་གི་མཚན་ཉིད་ཀྱིས་དཔེ་ཉིད་དུ་གྲུབ་པའི་ཕྱིར་སྐྱོན་མེད་དོ། །གྲགས་པའི་གནོད་པ་ལ་སོགས་པ་དག་གི་སྐྱོན་ཡང་མེད་དེ། སྔར་ལན་བཏབ་ཟིན་པའི་ཕྱིར་རོ། །བྱེ་བྲག་པ་དག་ན་རེ། རྫས་ཕྲན་དེ་བདག་གི་ཕྱོགས་དང་ཕྲད་པ་ལ་བདག་དང་ལྡན་པ་མ་མཐོང་བས་བསྐྱེད་པའི་ལས་ཀྱི་

རྫུལ་ཕྲན་དེ་བདག་ཕྱོགས་དང་ཕྲལ་ནས་རྫུལ་ཕྲན་གཞན་དང་ཕྲད་པར་བྱ་སྟེ། ཕྲད་པ་རྫུལ་ཕྲན་གཉིས་ཀྱིས་གནས་སུ་བྱེད་དོ། །རྫུལ་ཕྲན་ཕྲད་པ་དང་བཅས་པ་དེ་གཉིས་ཀྱིས་རྫུལ་ཕྲན་གཉིས་པ་ཞེས་བྱ་བའི་རྫས་རྩོམ་པར་བྱེད་དོ། །རྫུལ་ཕྲན་གཉིས་པས་ཀྱང་ཇི་སྐད་བསྟན་པའི་རྣམ་པས་རྫུལ་ཕྲན་དང་ཕྲད་པས་རྫུལ་ཕྲན་གཉིས་པའི་རྫུལ་ཕྲན་ཞེས་བྱ་བའི་རྫས་རྩོམ་པར་བྱེད་པ་ལ་སོགས་པའི་རིམ་གྱིས་སྣང་བྱེད་ཀྱི་རྫས་བརྩམས་པ་མེ་ཉིད་དང་འབྲེལ་བའི་ཕྱིར་མེ་ཡིན་ལ། དེ་བཞིན་དུ་བསྲེག་བྱ་ཡང་བུད་ཤིང་ཉིད་དང་འབྲེལ་བའི་ཕྱིར་བུད་ཤིང་ཡིན་ཏེ། དེ་གཉིས་ནི་རྒྱུ་དང་རྒྱུ་ཅན་ཡིན་པའི་ཕྱིར་ཕན་ཚུན་ལྟོས་པ་ཡིན་نོ་ཞེས་ཟེར་རོ། །དེ་དག་ཀྱང་། གལ་ཏེ་ཤིང་ལས་མེ་གཞན་ན། །ཤིང་མེད་པར་ཡང་འབྱུང་བར་འགྱུར། །ཞེས་བྱ་བ་ལ་སོགས་པ་རྒྱས་པར་ཇི་སྐད་བསྟན་པ་དག་གིས་དགག་པ་བརྗོད་པར་བྱའོ། །དོན་དམ་པར་སྣང་བྱེད་ནི་མེ་མ་ཡིན་པར་གཟུང་བར་བྱ་སྟེ། འབྱུང་བ་ཡིན་པའི་ཕྱིར་དཔེར་ན། དེ་ལས་གཞན་པའི་འབྱུང་བ་དག་བཞིན་ནོ།། །རྩོམ་པ་དགག་པ་ཡང་དོན་དམ་པར་མེའི་རྫུལ་ཕྲ་རབ་དག་ནི་མེ་ཞེས་བྱ་བའི་རྫས་རྩོམ་པར་བྱེད་པ་མ་ཡིན་ཏེ། རྫུལ་ཕྲ་རབ་ཡིན་པའི་ཕྱིར་དཔེར་ན་དེ་ལས་གཞན་པའི་རྫུལ་ཕྲ་རབ་དག་བཞིན་ནོ། །ཅི་སྟེ་དམ་བཅས་པ་དེའི་དོན་གང་ཡིན། ཅི་གཞན་དག་རྩོམ་པར་བྱེད་པ་ཡིན་ན། རྩོམ་པར་མི་བྱེད་པ་ཡིན། དེས་ཅིར་འགྱུར། གལ་ཏེ་བརྟག་པ་སྔ་མ་ལྟར་ན་ནི་དམ་བཅས་པ་ཉམས་སོ། །ཅི་སྟེ་བརྟག་པ་ཕྱི་མ་ལྟར་ན་ནི་དཔེ་མེད་དོ་ཞེ་ན། དེ་ནི་བཟང་པོ་མ་ཡིན་ཏེ། བརྟག་པ་སྔ་མ་ལྟར་ཁས་མ་བླངས་པའི་ཕྱིར་དང་། བརྟག་པ་ཕྱི་མ་ལ་ཡང་ས་ལ་སོགས་པ་མི་རྩོམ་པར་བྱེད་པ་མ་ཡིན་པར་གྲུབ་པ་དག་ལས་གང་ཡང་རུང་བ་དཔེ་ཉིད་ཡིན་པའི་ཕྱིར་རོ། །ཡང་ན་དོན་དམ་པར་མེ་ནི་མེའི་རྫུལ་ཕྲ་རབ

དག་གིས་བརྩམས་པ་མ་ཡིན་པར་གཟུང་བར་བྱ་སྟེ། འབྲས་བུ་ཡིན་པའི་ཕྱིར་དཔེར་ན་
ཆུ་བཞིན་ནོ། །དེ་བཞིན་དུ་བྱས་པ་ཉིད་དང་། ཆུད་ཟ་བ་ཉིད་དང་སྐྱེ་བ་ཅན་ཡིན་པའི་
ཕྱིར་རོ་ཞེས་བྱ་བ་ལ་སོགས་པའི་གཏན་ཚིགས་དག་ཀྱང་བརྗོད་པར་བྱའོ། །གྲངས་ཅན་
དག་ནི་སྙིང་སྟོབས་དང་རྡུལ་ཤས་ཆེ་བའི་སྨྲ་དང་། རིག་པ་དང་། གཟུགས་དག་ནི་མེ་
ཡིན་ལ། མུན་པ་ཤས་ཆེ་བ་ནི་བུད་ཤིང་ཡིན་པར་སྨྲ་ཞིང་དེས་དེ་ལ་ཁྱབ་པར་འདོད་པས།
བུད་ཤིང་གི་རྒྱུས་མེ་འབྱུང་བས་བུད་ཤིང་གི་རྒྱུ་ཡིན་པའི་ཕྱིར་མེ་ནི་བུད་ཤིང་ལ་ལྟོས་པ་
ཉིད་ཡིན་པས། ཐལ་བར་འགྱུར་བའི་སྐྱོན་ཡོངས་སུ་སྤངས་སོ་ཞེས་ཟེར་ན། དེ་དག་ཀྱང་
དོན་དམ་པར་མེ་ནི་བུད་ཤིང་སྲེག་པར་བྱེད་པ་མ་ཡིན་ཏེ། འབྱུང་བ་ཡིན་པའི་ཕྱིར་དཔེར་
ན་ཆུ་ལ་སོགས་པ་བཞིན་ནོ་ཞེས་སྔ་མ་བཞིན་དུ་དགག་པར་བྱའོ། །ཅི་སྟེ་དམ་བཅས་པའི་
དོན་རྣམ་པར་བརྟགས་ནས་དེ་ལས་གཞན་པའི་ངོ་བོ་ཉིད་དམ་ངོ་བོ་ཉིད་མེད་པར་རྟོག་
ན༑ ཕྱོགས་སྔ་མ་ལ་གནོད་པའམ་དཔེ་མེད་དོ་ཞེས་རྒོལ་བར་བྱེད་ན། དེ་ལ་འདིར་དགག་
པ་དེ་ནི་སྲེག་པ་ཉིད་དགག་པ་པོ་ནས་མཐུ་ཟད་པ་ཡིན་པའི་ཕྱིར་དང་། སྲེག་པ་མ་ཡིན་
པའི་ངོ་བོ་ཉིད་ཡིན་པའི་ཕྱིར་སྒྲའི་དོན་ནི་སྒྲ་གཞན་གྱིས་བསྟན་པར་བྱ་བ་ཡིན་པའི་ཕྱིར་
ཕྱོགས་སྔ་མ་ལ་གནོད་པ་ཡང་མེད་ལ། ས་ལ་སོགས་པ་སྲེག་པའི་ངོ་བོ་ཉིད་མ་ཡིན་པར་
གྲུབ་པ་དག་ཉིད་དཔེ་ཡིན་པའི་ཕྱིར་དཔེ་མེད་པ་ཡང་མ་ཡིན་ནོ། །དཔྱད་པ་རྒྱས་པས་
ཆོག་གོ །ཡང་གཞན་ཡང་། གཞན་ན་མི་ཕྲད་ཕྲད་མེད་ན། །སྲེག་པར་མི་འགྱུར་མི་སྲེག་ན།།
འཆི་བར་མི་འགྱུར་མི་འཆི་ན། །རང་གི་རྟགས་དང་ལྡན་པར་གནས། །མེ་གཞན་ཡིན་ན་
བུད་ཤིང་དང་མི་ཕྲད་དེ། གཞན་ཡིན་པའི་ཕྱིར་དཔེར་ན་དེ་ཉིད་བུད་ཤིང་དང་མ་ཕྲད་པ་
བཞིན་ནོ། །ཕྲད་པ་མེད་ན་སྲེག་པར་མི་འགྱུར་ཏེ། འདིར་མེ་དང་བུད་ཤིང་དག་ཀྱང་བྱེད་

པ་པོ་དང་ལས་ཀྱི་མཚན་ཉིད་ཀྱིས་འབྲེལ་ཞིང་ཕྲད་པར་འདོད་པའི་ཕྱིར་རོ། །མི་སྲེག་ན་འཆི་བར་མི་འགྱུར་ཏེ། བུད་ཤིང་མེད་པར་ཡང་གྲུབ་པའི་ཕྱིར་རོ། །མི་འཆི་ན་རང་གི་རྟགས་དང་ལྡན་པར་གནས་པར་འགྱུར་ཏེ། འདི་རང་གི་རྒྱུ་མེད་པར་ཐེར་ཟུག་ཏུ་གནས་པར་འགྱུར་རོ། །ཇི་ལྟར་མེ་དེ་བུད་ཤིང་ལས་གཞན་ནམ་འོན་ཏེ་གཞན་མ་ཡིན། དེ་དེ་ལས་གཞན་ཡིན་པར་དམ་འཆའ་བ་ལ་ནི་ཇི་སྐད་བསྟན་པའི་སྐྱོན་དུ་འགྱུར་བར་དགོངས་སོ། །དེ་ལ་འདིར་གླགས་ཡོད་པའི་ཚིག་ཡིན་པའི་ཕྱིར་མི་ཕྲད་པ་ལ་སོགས་པའི་ཆོས་རྣམས་ཀྱི་སྐབས་ཀྱི་དོན་བསྒྲུབ་པར་ནུས་པས་དེའི་དབང་གི་རྗེས་སུ་དཔག་པ་བརྗོད་པར་མི་བྱ་སྟེ། གཞན་ཉིད་རང་ལ་མ་གྲུབ་པའི་ཕྱིར་དང་མི་ཕྲད་པར་བསྟན་པར་མི་བྱ་བའི་ཕྱིར་རོ། །སྒྲ་ཇི་བཞིན་ཡང་མ་ཡིན་ཏེ། འདི་ལྟར་གཞན་ཉིད་དང་དགག་པ་བསྟན་པའི་ཚིག་གི་དོན་ཡིན་ནོ། །གཞན་ཉིད་དགག་པ་དེ་ཡང་བསྡིགས་པས་བསྟན་པར་བྱ་བ་མ་ཡིན་གྱི། འདི་ལྟར་བྱེད་པ་པོ་དང་ལས་དག་གི་གཞན་ཉིད་དགག་པ་བཞིན་དུ་གྲགས་པ་ཡིན་ནོ། །ཡང་ན༑ གང་དང་གང་དུ་ལྡན་ཅིག་ཏུ། །གཞན་པ་ཉིད་དུ་མི་འཐད་དོ། །ཞེས་འོག་ནས་སྟོན་པར་འགྱུར་བས་འདིར་བསྟན་པར་མི་བྱའོ།། །།

༄ དབུ་མའི་རྩ་བའི་འགྲེལ་པ་ཤེས་རབ་སྒྲོན་མ་བམ་པོ་དགུ་པ། འདིར་སྨྲས་པ། གལ་ཏེ་ཁྱེད་སྐྱེས་པ་དང་། བུད་མེད་དག་གཞན་ཉིད་ཡིན་ཡང་ཕྲད་པ་ཁས་མི་ལེན་ན་ནི། དེས་ནི་མེ་དང་བུད་ཤིང་དག་ཀྱང་ཕྲད་པ་མེད་པས་འདི་ལྟ་སྟེ། གཞན་ན་མི་ཕྲད་ཕྲད་མེད་ན།། སྲེག་པར་མི་འགྱུར་མི་སྲེག་ན། །འཆི་བར་མི་འགྱུར་མི་འཆི་ན། །རང་གི་རྟགས་དང་ལྡན་པར་གནས། །ཞེས་བྱ་བ་ལ་སོགས་པའི་སྐྱོན་དེ་དག་ཏུ་ཡང་འགྱུར་གྲང་ན། འཇིག་རྟེན་ཐམས་ཅད་ལ་སྐྱེས་པ་དང་། བུད་མེད་དག་གཞན་ཉིད་ཡིན་ཡང་ཕྲད་པར་གྲགས་པ་སྟོན་

པར་མི་ནུས་པས་དེའི་ཕྱིར། ཇི་ལྟར་བུད་མེད་སྐྱེས་པ་དང་། །སྐྱེས་པའང་བུད་མེད་ཁྱད་པ་བཞིན༔ ༔གལ་ཏེ་ཤིང་ལས་མེ་གཞན་ཡང་། །ཤིང་དང་ཁྱད་དུ་རུང་བར་འགྱུར། །ཞེས་སྨྲ་བར་ནུས་སོ། །བཞིན་ཞེས་བྱ་བའི་སྒྲ་མ་གསུངས་ཀྱང་། ཇི་ལྟར་ཞེས་བྱ་བའི་སྒྲའི་རྗེས་སུ་དཔགས་ན་ཟླ་ཡིན་པའི་ཕྱིར་ཡོད་པར་ལྟ་བར་བྱའོ། །ཕྱེད་གོང་མ་ཤོས་བསྒྱུར་ནས་རྣམ་པར་བཤད་པར་བྱ་སྟེ། སྨྲ་བར་འདོད་པའི་དོན་བསྟན་སླ་བའི་ཕྱིར་རོ། །དེ་ལ་འདིར་ཚིག་གི་དོན་ནི་མི་མཐུན་པའི་ཕྱོགས་ལ་ཡང་སྒྲུབ་པའི་ཆོས་བསྟན་པའི་ཕྱིར་མ་ངེས་པ་ཉིད་དུ་བསྟན་པ་ཡིན་ཏེ། དཔེར་ན་འགའ་ཞིག་གི་སྒྲ་རྟག་སྟེ། གཟུགས་ཅན་ཡིན་པའི་ཕྱིར་རོ་ཞེས་སྨྲས་པ་ལ༔ ལ་ལ་ན་རེ། ཇི་ལྟར་ལས་གཟུགས་ཅན་མི་རྟག་པ་ལྟར་སྒྲ་ཡང་དེ་བཞིན་ནོ་ཞེས་ཟེར་བས༔ དེས་དེ་སྐད་སྨྲས་པ་མ་ངེས་པ་ཉིད་དུ་བསྟན་པར་ཤེས་པ་བཞིན་ནོ། །འདིར་བཤད་པ༔ གལ་ཏེ་མེ་དང་ཤིང་དག་ནི། །གཅིག་གིས་གཅིག་ནི་བསལ་གྱུར་ན། །ཤིང་ལས་མེ་གཞན་ཉིད་ཡིན་ཡང་། །ཤིང་དང་ཁྱད་པར་འདོད་ལ་རག །གལ་ཏེ་མེ་དང་ཤིང་དག་གཅིག་གིས་གཅིག་བསལ་བར་གྱུར་ན་ཞེས་བྱ་བ་ནི་བྱེད་པ་པོ་དང་ལས་སུ་འབྲེལ་བའི་མཚན་ཉིད་མེད་པར་གྱུར་ན་ཞེས་བྱ་བའི་ཐ་ཚིག་གོ །ཤིང་ལས་མེ་གཞན་ཉིད་ཡིན་ཡང་། །ཤིང་དང་ཁྱད་པར་འདོད་ལ་རག །ཅེས་བྱ་བ་ནི། ཁྱོད་འདོད་པ་ལྟར། བུད་མེད་དང་སྐྱེས་པ་དག་བཞིན་དུ་ཁྱད་པར་འདོད་ལ་རག་ན་ཞེས་གླགས་ཡོད་པའི་སྒོ་ནས་ཁས་བླངས་ནས་ལན་འདེབས་པར་འདོད་པ་ཡིན་ནོ། །འདི་ལྟར་ཁོ་བོས་གལ་ཏེ་ཕན་ཚུན་ལྟོས་པ་མེད་པ་དག་གཞན་ཡིན་པའི་ཕྱིར་ཡུལ་ཐ་མི་དད་པར་འབྱུང་བའི་མཚན་ཉིད་ཀྱི་ཁྱད་པ་བསལ་བར་གྱུར་ན་ནི། གཏན་ཚིགས་མ་ངེས་པ་ཉིད་དུ་འགྱུར་ཞིང་། དམ་བཅས་པའི་དོན་དེ་ཡང་འཐད་པར་འགྱུར་བ་ཞིག་ན་མེ་དང་བུད་ཤིང་དག་ནི་རྣམ་པ་དེ་ལྟར་མི་འདོད་དེ། དེ་དག་

ལ་བྱེད་པ་པོ་དང་ལས་སུ་འབྲེལ་པའི་མཚན་ཉིད་ཀྱི་ཁྱད་པ་གཞན་མེད་ན་མི་འབྱུང་བ་མེད་པས་གཞན་ཉིད་དུ་སྨྲ་བ་རྣམས་ཀྱི་དམ་བཅས་པ་ལ་གླགས་ཡོད་པའི་སྒོ་ནས་ཡང་དག་པར་ཆོས་ཀྱི་ཁྱད་པར་བསལ་བའི་སྐྱོན་ཡོད་པར་བསྟན་པ་ཡིན་གྱི། རང་དབང་དུ་རྗེས་སུ་དཔག་པ་བསྟན་པ་ནི་མ་ཡིན་ནོ། །དེས་ན་བུད་མེད་དང་། སྐྱེས་པ་དག་ཁྱད་ནས་ཇི་སྐད་སྨྲས་པ་དག་མི་སྲིད་པས། མི་མཐུན་པའི་ཕྱོགས་མེད་པའི་ཕྱིར་མ་ངེས་པ་ཉིད་མ་ཡིན་པས། ཕ་རོལ་པའི་ཚིག་དེ་ནི་འཁྲུལ་པ་ཙམ་སྟེ། རང་གི་བློ་གྲོས་ཡང་བར་སྟོན་པར་ཡིན་ནོ། །དེའི་ཕྱིར་དེ་ལྟར་མེ་དང་བུད་ཤིང་དག་གཅིག་པ་ཉིད་དང་གཞན་པ་ཉིད་དུ་མ་གྲུབ་པའི་ཕྱིར། རབ་ཏུ་བྱེད་པའི་དང་པོར་སྨྲས་པའི་སྒྲུབ་པའི་དཔེ་མ་ཚང་བ་ཉིད་དོ། །

འདིར་སྨྲས་པ། དོན་དམ་པར་མེ་དང་བུད་ཤིང་དག་ནི་ཡོད་པ་ཁོ་ན་ཡིན་ཏེ། ཕན་ཚུན་ལྟོས་པའི་ཕྱིར་རོ། །འདི་ན་གང་དག་མེད་པ་དེ་དག་ལ་ནི་ཕན་ཚུན་ལྟོས་པ་ཉིད་མེད་དེ། དཔེར་ན་རི་བོང་གི་རྭ་དག་བཞིན་ནོ། །མེ་དང་བུད་ཤིང་དག་ལ་ནི་མེ་འདིའི་བུད་ཤིང་འདིའོ༑ ༑བུད་ཤིང་འདིའི་སྲེག་པ་ནི་འདིའོ་ཞེས་ཕན་ཚུན་ལྟོས་པ་ཉིད་ཡོད་པས་དེའི་ཕྱིར་མེ་དང་བུད་ཤིང་དག་ནི་ཡོད་པ་ཁོ་ན་ཡིན་ཏེ། དེ་དག་ཡོད་པའི་ཕྱིར་དངོས་ཀྱི་དོན་གྲུབ་བོ༑ ༑འདིར་བཤད་པ། གལ་ཏེ་ཤིང་ལྟོས་མེ་ཡིན་ལ། །གལ་ཏེ་མེ་ལྟོས་ཤིང་ཡིན་ན། །གང་ལ་ལྟོས་པའི་མེ་དང་ཤིང་། །དང་པོར་གྲུབ་པ་གང་ཞིག་ཡིན། །ཅི་བུད་ཤིང་གང་ལ་ལྟོས་ནས་མེ་འགྲུབ་པའམ། འོན་ཏེ་མེ་གང་ལ་ལྟོས་ནས་བུད་ཤིང་འགྲུབ་པའི་མེ་དང་བུད་ཤིང་དག་ལས་དང་པོར་གྲུབ་པ་གང་ཞིག་ཡིན་ཏེ། དེ་དག་ལ་གང་ལ་ལྟོས་ནས་གང་ཡང་རུང་བ་འགྲུབ་པར་འགྱུར་བའི་དང་པོར་གྲུབ་པ་གཅིག་ཀྱང་མེད་དོ་ཞེས་བྱ་བར་དགོངས་སོ། །དེ་ལྟར་དོན་དམ་པར་ལྟོས་པ་མི་འཐད་པའི་ཕྱིར་གཏན་ཚིགས་ཀྱི་དོན་མ

གྲུབ་པ་ཉིད་དང་། དཔེའི་སྐྱོན་དེ་ཉིད་ཡོད་དོ། །ཀུན་རྫོབ་པའི་གཏན་ཚིགས་ཡིན་པར་རྟོག་ན་ནི་དོན་འགལ་བ་ཉིད་དང་། སྒྲུབ་པའི་དཔེ་མ་ཚང་བ་ཉིད་ཀྱི་སྐྱོན་དེ་ཉིད་ཡོད་དོ།། ཅི་སྟེ་ཡང་བུད་ཤིང་དང་པོ་གྲུབ་པའི་ཕྱིར་སྐྱོན་མེད་དོ་སྙམ་ན་དེའི་ཕྱིར་བཤད་པ། གལ་ཏེ་ཤིང་ལྟོས་མེ་ཡིན་ན། །མི་གྲུབ་པ་ལ་སྒྲུབ་པར་འགྱུར། །མི་གྲུབ་པ་ལ་བརྗོད་པ་ཁྱད་པར་ཅན་བསྟན་པ་ཉིད་ཀྱི་ཕྱིར་བུད་ཤིང་ལ་ལྟོས་པའི་ཕྱིར་རོ་ཞེས་བྱ་བར་དགོངས་སོ། ། དེ་ལྟར་རྟོག་པ་ལ། བུད་པར་བྱ་བའི་ཤིང་ལ་ཡང་། །མེ་མེད་པར་ནི་འགྱུར་བ་ཡིན། །བུད་ཤིང་དེ་སྟར་མེ་ལ་མ་ལྟོས་པར་ཡང་བུད་ཤིང་ཉིད་དུ་གྲུབ་པའི་ཕྱིར་རོ་ཞེས་བྱ་བར་དགོངས་སོ། །དེ་ནི་མི་འདོད་པས་འདིར་གླགས་ཡོད་པའི་ཚིག་ཡིན་པའི་ཕྱིར་རྗེས་སུ་དཔག་པ་མཛོན་ཏེ། དོན་དམ་པར་བུད་ཤིང་ནི་མེའི་སྔ་རོལ་ན་གྲུབ་པ་མེད་དེ། ལྟོས་པ་དང་བཅས་པའི་ཕྱིར་དཔེར་ན་མེའི་རང་གི་བདག་ཉིད་བཞིན་ཏེ། ཀྲུས་པར་ནི་སྔ་མ་བཞིན་ནོ། །འདིར་སྨྲས་པ། དེ་དག་ལས་གང་ཡང་རུང་བ་དང་པོར་གྲུབ་པ་མ་ཡིན་མོད་ཀྱི༑ འོན་ཀྱང་མེ་དང་བུད་ཤིང་དག་ནི་དུས་མཉམ་དུ་འགྲུབ་པར་འགྱུར་ཏེ། ལྟོས་པ་ཅན་ཡིན་པའི་ཕྱིར་དཔེར་ན་བ་ལང་གི་རྭ་དུས་གཅིག་ཏུ་སྐྱེས་པ་དག་ལ་གཡས་པ་དང་། གཡོན་པ་ཉིད་འགྲུབ་པ་བཞིན་ནོ། །འདིར་བཤད་པ། གལ་ཏེ་དངོས་པོ་གང་ལྟོས་འགྲུབ།། དེ་ཉིད་ལ་ཡང་ལྟོས་ནས་ནི། །ལྟོས་བྱ་གང་ཡིན་དེ་གྲུབ་ན། །གང་ལ་ལྟོས་ནས་གང་ཞིག་འགྲུབ༑ ༑དང་པོ་ཞེས་བྱ་བའི་ཚིག་གི་ལྷག་མའོ། །གལ་ཏེ་ཁྱོད་འདོད་པ་ལྟར་མེའི་མཚན་ཉིད་ཀྱི་དངོས་པོ་གང་ཡིན་པ་ནི་བུད་ཤིང་ལ་ལྟོས་ནས་འགྲུབ་ཅིང་མེ་དེ་ཉིད་ལ་ཡང་ལྟོས་ནས་མི་འགྲུབ་པར་བྱ་བའི་ཕྱིར་ལྟོས་པར་བྱ་བ་བུད་ཤིང་གི་མཚན་ཉིད་ཀྱི་དངོས་པོ་གང་ཡིན་པ་དེ་འགྲུབ་ན་གང་ལ་ལྟོས་ནས་གང་ཞིག་འགྲུབ་པར་འགྱུར་ཏེ། གང་ཡང་རུང་བ

མེ་ཉིད་དམ་བུད་ཤིང་ཉིད་དུ་མི་འགྲུབ་སྟེ། རང་གི་རྒྱུ་ལས་སྐྱེ་བ་ནི་ཕན་ཚུན་ལྟོས་པ་མི་འགྲུབ་པའི་ཕྱིར་རོ་ཞེས་བྱ་བའི་ཚིག་གི་དོན་ཏོ། །དེས་ན་བ་ལང་གི་རྟའི་དཔེ་ཉིད་ལ་ཡང་གཏམ་དེ་ཉིད་དུ་འགྱུར་ཏེ། དེ་གཉིས་ལ་ཡང་གང་ལ་ལྟོས་ནས་གཞན་གང་ཡང་རུང་བ་འགྲུབ་པར་འགྱུར་བའི་གཡས་པའམ། གཡོན་པར་གྲགས་པ་གང་ཡིན། ཡང་གཞན་ཡང་༑ དངོས་པོ་ལྟོས་གྲུབ་གང་ཡིན་པ། །དེ་མ་གྲུབ་ན་ཇི་ལྟར་ལྟོས། །མ་གྲུབ་པ་ནི་ལྟོས་པར་མི་བྱེད་པ་ཉིད་དོ་ཞེས་བྱ་བའི་ཚིག་གི་དོན་ཏེ། དེ་ནི་དམ་བཅའ་བ་ཉེ་བར་གཞག་པའོ༑ ༑འདིར་རྗེས་སུ་དཔག་པ་ནི་དོན་དམ་པར་མེ་མ་གྲུབ་པ་ནི་བུད་ཤིང་ལ་ལྟོས་པར་མི་བྱེད་དེ། མེ་ཉིད་དུ་མ་གྲུབ་པའི་ཕྱིར་དཔེར་ན་དེ་ལས་གཞན་བཞིན་ནོ། །ཕ་རོལ་པོ་དག་རང་གི་ཚུལ་ལ་གནོད་པ་བཅབ་པའི་ཕྱིར། ཇི་སྟེ་གྲུབ་པ་ལྟོས་ཤེ་ན། དེ་སྐད་ཟེར་ན་དེ་ལྟ་ན་ཡང་དེ་ནི་ལྟོས་པར་མི་རིགས་སོ། །ལྟོས་པ་དང་བཅས་པ་ཉིད་དུ་རྗེས་སུ་དཔོག་པས་ཡོད་པ་ཉིད་ཀྱིས་མེད་པ་ཉིད་བསྙུལ་བའི་ཕྱིར་དེས་ན་མེད་པར་སྨྲ་བ་རྣམས་ཀྱི་དམ་བཅས་པ་ལ་ཆོས་ཅན་གྱི་རང་གི་ངོ་བོ་བསྙུལ་བའི་སྐྱོན་ཡོད་དོ་ཞེས་བྱ་བར་དགོངས་སོ།།

ཡང་ན། དེ་ནི་ལྟོས་པར་མི་རིགས་སོ། །མེད་པའི་ཕྱིར་ནམ་མཁའི་མེ་ཏོག་བཞིན་ནོ། །ཡང་ན་དེ་ནི་ལྟོས་པར་མི་རིགས་སོ། །བུད་ཤིང་དེ་ནི་མེ་ལ་ལྟོས་པར་མི་རིགས་ཏེ་དེ་བཞིན་དུ་མེད་པའི་ཕྱིར་དཔེར་ན་དེ་ལས་གཞན་བཞིན་ནོ། །དེ་བཞིན་དུ་མེའི་ཕྱོགས་ལ་ཡང་བརྗོད་པར་བྱའོ། །དེའི་ཕྱིར་དེ་ལྟར་བརྟགས་ན། ཤིང་ལ་ལྟོས་པའི་མེ་མེད་དེ། སྔར་བསྟན་པའི་ཚུལ་གྱི་བུད་ཤིང་མེ་ལ་མི་ལྟོས་པར་བུད་ཤིང་ཉིད་དུ་མ་གྲུབ་པའི་ཕྱིར་རོ།།

ཤིང་ལ་མ་ལྟོས་མེ་ཡང་མེད། རྒྱུ་ཐ་དད་པ་དག་གཞན་ཉིད་དུ་མ་གྲུབ་པའི་ཕྱིར་དང་། གཞན་ཉིད་བཀག་པའི་ཕྱིར་རོ། །དེ་བཞིན་དུ། མེ་ལ་ལྟོས་པའི་ཤིང་མེད་དེ། །མེ་ལ་མ་

ལྟོས་ཤིང་ཡང་མེད། །ལྟོས་པ་བཀག་པའི་ཕྱིར་དང་གཞན་ཉིད་བཀག་པའི་ཕྱིར་རོ། །ཡང་གཞན་ཡང་། མེ་ནི་གཞན་ལས་མི་འོང་སྟེ། གཞན་ཉིད་བཀག་པའི་ཕྱིར་དང་། འགྲོ་བ་བཀག་པའི་ཕྱིར་དང་། རྫས་སུ་ཡོད་པ་ཉིད་བཀག་པའི་ཕྱིར་རོ། །བུད་ཤིང་དང་བཅས་པར་རམ་བུད་ཤིང་མེད་པར་འོང་བར་བརྟག་ན། གཉི་ག་ལ་ཡང་འོང་བ་མི་འགྲུབ་སྟེ། ལྟོས་པ་དང་བཅས་པ་མ་གྲུབ་པའི་ཕྱིར་དང་། ལྟོས་པ་མེད་ན་བུད་ཤིང་མེད་པ་གཞི་མེད་པའི་ཕྱིར་རོ། །ཤིང་ལའང་མེ་ནི་ཡོད་མ་ཡིན། གཞན་ཉིད་བཀག་པའི་ཕྱིར་རོ། །ཡང་ན་བུད་ཤིང་མེ་མེད་པ་ཉིད་ཕྱོགས་སུ་བྱས་ཏེ་བཤད་པ། ཤིང་ལའང་མེ་ནི་ཡོད་མ་ཡིན། སྐྱེ་བ་ཅན་ཡིན་པའི་ཕྱིར་དཔེར་ན་རྣམ་པ་ཤེས་བཞིན་ནོ་ཞེས་བྱ་བར་དགོངས་སོ། །གང་དག་མེ་ནི་སྣིང་སྟོབས་དང་རྡུལ་དང་མུན་པའི་མཚན་ཉིད་ཡིན་པའི་ཕྱིར་དཔེ་ལ་ཡང་དེ་ཡོད་པར་སྨྲ་བ་དེ་དག་ལ་ཡང་། དེ་ལ་གསལ་བའི་ཁྱད་པར་ཅན་གྱི་དངོས་པོ་མེད་པའི་ཕྱིར་དཔེ་མེད་པ་མ་ཡིན་ནོ། །གལ་ཏེ་དེའི་ནུས་པ་ཡོད་པའི་ཕྱིར་སྐྱོན་མེད་དོ་ཞེ་ན། ལན་དེ་ནི་རྟོག་གེ་པ་སྨྲའི་མཚན་ཉིད་མངོན་པར་མི་ཤེས་པ་ལ་དེ་མངོན་པར་མི་ཤེས་པ་ཉིད་དུ་བསྟན་པ་ན། རྟོག་གེའི་བསྟན་བཅོས་ཤེས་པ་ཉིད་ཀྱིས་སྨྲའི་མཚན་ཉིད་ལ་མཁས་སོ་ཞེས་ཕྱིར་ཟློག་པར་བྱེད་པ་བཞིན་ནོ། །གཞན་དག་ནི། ཤིང་ལའང་མེ་ནི་ཡོད་མ་ཡིན། ཞེས་བྱ་བ་འདི་ལ་མི་དམིགས་པའི་ཕྱིར་དང་། རྩོམ་པ་དོན་མེད་པ་ཉིད་དུ་འགྱུར་བའི་ཕྱིར་རོ་ཞེས་རྣམ་པར་བཤད་པར་བྱེད་དོ། །གཞན་མ་ཡིན་པ་ན་རེ། དེ་ནི་རིགས་པ་མ་ཡིན་ཏེ། མི་དམིགས་པ་གཏན་ཚིགས་ཉིད་དུ་མི་འགྲུབ་པའི་ཕྱིར་དང་། རྩོམ་པ་དོན་ཡོད་པའི་གཏན་ཚིགས་ཀྱིས་ཡོད་པ་ཉིད་དུ་སྟོན་པ་མཛད་པའི་མཐའ་དང་འགལ་བར་འགྱུར་བའི་ཕྱིར་རོ། །མེ་དང་བུད་ཤིང་དག་ཇི་སྐད་བསྟན་པའི་དགག་པ་དག་འབའ་ཞིག

གིས་དགག་པར་བྱ་བ་ཡིན་པར་མ་བསམས་ཀྱི། འདི་ལྟར་དགག་པ་གཞན་དག་གྱིས་ཀྱང་དགག་པར་བྱ་བ་ཡིན་པས་དེའི་ཕྱིར་དགག་པ་ལྷག་མ་དག་ཀྱང་འདྲ་བར་བསྟན་པར་བྱ་སྟེ། སོང་དང་མ་སོང་བགོམ་པ་ཡིས། །དེ་བཞིན་ཤིང་ལ་ལྷག་མ་བསྟན། །ཇི་ལྟར་རྗེས་སུ་དཔག་པ་ལས་སོང་བ་དང་མ་སོང་བ་དང་། བགོམ་པ་ལ་འགྲོ་བ་མེད་པ་དེ་བཞིན་དུ་བསྲེགས་པ་དང་། མ་བསྲེགས་པ་དང་སྲེག་བཞིན་པ་ལ་ཡང་སྲེག་པ་མེད་དེ། བསྲེག་པར་བྱ་བ་ཡིན་པའི་ཕྱིར་བསྲེགས་པ་བཞིན་ནོ་ཞེས་བྱ་བ་ལ་སོགས་པར་བརྗོད་པར་བྱའོ། །ཇི་ལྟར་རྗེས་སུ་དཔག་པ་ལས། འགྲོ་བ་པོ་དང་། འགྲོ་བ་པོ་མ་ཡིན་པ་དེ་དག་ལས་གཞན་པ་འགྲོ་བར་མི་བྱེད་པར་བསྟན་པ་དེ་བཞིན་དུ་དོན་དམ་པར་སྲེག་པ་པོ་དང་། སྲེག་པ་པོ་མ་ཡིན་པ་དང་། དེ་དག་ལས་གཞན་པ་ཡང་སྲེག་པར་མི་བྱེད་པ་བསྟན་པར་བྱ་སྟེ། བྱ་བ་གཉིས་དང་མི་ལྡན་པའི་ཕྱིར་དང་། སྲེག་པ་པོ་མ་ཡིན་པའི་ཕྱིར་དང་གཉི་གའི་སྐྱོན་དུ་འགྱུར་བའི་ཕྱིར་བོང་བ་བཞིན་ནོ་ཞེས་བརྗོད་པར་བྱའོ། །ཤིང་ཉིད་མེ་ནི་མ་ཡིན་ཏེ། གཅིག་པ་ཉིད་དགག་པ་སྔར་བསྟན་པའི་ཕྱིར་རོ། །ཤིང་ལས་གཞན་ལ་མེ་ཡང་མེད། གཞན་ཉིད་དགག་པ་སྔར་བསྟན་པའི་ཕྱིར་རོ། །མེ་ནི་ཤིང་དང་ལྡན་མ་ཡིན། ཇི་ལྟར་རྩའི་དྲ་བ་བ་ལང་དང་ལྡན་པ་ལྟར་རོ། །མེ་ལ་ཤིང་མེད། ཇི་ལྟར་རྫ་བོན་རྒྱ་ཤུག་དག་ལྟར་རོ། །དེར་དེ་མེད། ཇི་ལྟར་ཀུ་ནང་པདྨ་དག་ལྟར་ཏེ། གཞན་ཉིད་དགག་པ་སྔར་བསྟན་པ་ཁོ་ནའི་ཕྱིར་རོ། །དེའི་ཕྱིར་དེ་ལྟར་མེ་དང་བུད་ཤིང་དག་མ་གྲུབ་པས་དཔེ་མེད་པའི་ཕྱིར། རབ་ཏུ་བྱེད་པའི་དང་པོར་དོན་དམ་པར་ཉེ་བར་ལེན་པ་པོ་དང་ཉེ་བར་བླང་བ་དག་ཡོད་པ་ཁོ་ན་ཡིན་ཏེ། ཕན་ཚུན་ལྟོས་པའི་ཕྱིར་དཔེར་ན་མེ་དང་བུད་ཤིང་བཞིན་ནོ་ཞེས་གང་སྨྲས་པ་དེའི་དཔེ་མ་ཚང་བ་ཉིད་ཀྱི་ལན་གདབ་པར་དགོའོ། །

དེས་ན་དོན་དམ་པར་ཕུང་པོ་ལ་སོགས་པ་དག་ཡོད་པ་ཁོ་ན་ཡིན་ཏེ། བཅོམ་ལྡན་འདས་ཀྱིས་དེ་དག་ལ་བརྟེན་ནས་ཉེ་བར་ལེན་པ་པོ་དང་། ཉེ་བར་བླང་བ་བསྟན་པའི་ཕྱིར་རོ་ཞེས་བྱ་བ་བསྒྲུབ་པའི་རྒྱ་བ་མ་གྲུབ་བོ། །ཇི་ལྟར་མེ་དང་བུད་ཤིང་དག་གི་དེ་ཉིད་དང་གཞན་ཉིད་བཀག་པ་དེ་བཞིན་དུ། མེ་དང་ཤིང་གིས་བདག་དང་ནི། །ཉེ་བར་བླང་བའི་རིམ་པ་ཀུན། །བུམ་སྣམ་ལ་སོགས་ལྷན་ཅིག་ཏུ། །མ་ལུས་པར་ནི་རྣམ་པར་བཤད། །རིམ་པ་ཞེས་བྱ་བ་ནི་དགག་པའི་རྣམ་པ་ཞེས་བྱ་བའི་ཐ་ཚིག་སྟེ། ཐམས་ཅད་མ་ལུས་པར་རྣམ་པར་བཤད་དོ། །དོན་དམ་པར་བདག་ནི་ཉེ་བར་བླང་བ་དང་གཅིག་པ་ཉིད་མ་ཡིན་ཏེ། བྱེད་པ་པོ་དང་ལས་ཡིན་པའི་ཕྱིར། དཔེར་ན་གཅོད་པ་པོ་དང་། བཅད་པ་དག་བཞིན་ནོ།། དོན་དམ་པར་བདག་ནི་ཉེ་བར་བླང་བ་ལས་གཞན་ཉིད་མ་ཡིན་ཏེ། ལྟོས་པ་དང་བཅས་པའི་ཕྱིར་དང་། དངོས་པོ་ཡིན་པའི་ཕྱིར་དཔེར་ན་ཉེ་བར་བླང་བའི་རང་གི་བདག་ཉིད་བཞིན་ནོ། །དེ་བཞིན་དུ་དོན་དམ་པར་ཉེ་བར་བླང་བ་ནི་བདག་དང་གཅིག་པ་ཉིད་མ་ཡིན་ཏེ། ལས་དང་བྱེད་པ་པོ་ཡིན་པའི་ཕྱིར། དཔེར་ན་བཅད་པ་དང་གཅོད་པ་པོ་དག་བཞིན་ནོ། །དོན་དམ་པར་ཉེ་བར་བླང་བ་ནི་བདག་ལས་གཞན་ཉིད་མ་ཡིན་ཏེ། ལྟོས་པ་དང་བཅས་པའི་ཕྱིར་དང་། དངོས་པོ་ཡིན་པའི་ཕྱིར་དཔེར་ན་བདག་གི་རང་གི་བདག་ཉིད་བཞིན་ནོ། །དེ་བཞིན་དུ་དོན་དམ་པར་ལྷས་བྱིན་གྱི་བདག་ནི་ལྷས་བྱིན་གྱི་བདག་ནི་ལྷས་བྱིན་གྱི་ཉེ་བར་བླང་བ་ཉེ་བར་ལེན་པར་མི་བྱེད་དེ། ལྟོས་པ་དང་བཅས་པའི་ཕྱིར། དཔེར་ན་དེ་ལས་གཞན་བཞིན་នོ། །དོན་དམ་པར་ལྷས་བྱིན་གྱི་ཉེ་བར་བླང་བ་ནི་ལྷས་བྱིན་གྱི་བདག་གི་ཉེ་བར་བླང་བ་མ་ཡིན་ཏེ། ཉེ་བར་བླང་བ་ཡིན་པའི་ཕྱིར་དཔེར་ན་མཆོད་སྦྱིན་གྱི་ཉེ་བར་བླང་བ་བཞིན་ནོ། །དེ་བཞིན་དུ་དོན་དམ་པར་ལྷས་བྱིན་གྱི་བདག་གྲུབ་པ་དང

མ་གྲུབ་པ་ནི་ལྷས་བྱིན་གྱི་ཉེ་བར་བླང་བ་ལ་ལྟོས་པར་མི་བྱེད་དེ། བདག་ཡིན་པའི་ཕྱིར། དཔེར་ན་མཆོད་སྦྱིན་གྱི་བདག་བཞིན་ནོ། །དོན་དམ་པར་ལྷས་བྱིན་གྱི་ཉེ་བར་བླང་བ་ནི་ལྷས་བྱིན་གྱི་བདག་གྲུབ་པ་དང་མ་གྲུབ་པའི་ལྟོས་པར་བྱ་བ་མ་ཡིན་ཏེ། ཉེ་བར་བླང་བ་ཡིན་པའི་ཕྱིར། དཔེར་ན་མཆོད་སྦྱིན་གྱི་ཉེ་བར་བླང་བ་བཞིན་ནོ། །འདིར་ཁ་ཅིག་གིས་སྨྲས་པ། ལྷས་བྱིན་གྱི་བདག་ལྷས་བྱིན་གྱི་ཉེ་བར་བླང་བ་ཉེ་བར་ལེན་པར་མི་བྱེད་དེ་ཞེས་བྱ་བ་དེའི་དོན་གང་ཡིན། ཅི་གཞན་ཉེ་བར་ལེན་པར་བྱེད་པ་ཡིན་ནམ། འོན་ཏེ་ཅི་ཡང་ཉེ་བར་ལེན་པར་མི་བྱེད་པ་ཡིན། དེས་ཅིར་འགྱུར། གལ་ཏེ་གཞན་ཉེ་བར་ལེན་པར་བྱེད་པ་ཡིན་ན་ནི་ཕྱོགས་སྔ་མ་ལ་གནོད་དོ། །ཅི་སྟེ་ཅི་ཡང་ཉེ་བར་ལེན་པར་མི་བྱེད་པ་ཡིན་ན་ནི་དཔེ་མེད་དེ། མཆོད་སྦྱིན་གྱི་བདག་ནི་རང་གི་ཉེ་བར་བླང་བ་ཉེ་བར་ལེན་པར་བྱེད་པའི་ཕྱིར་རོ། དེ་ནི་རིགས་པ་མ་ཡིན་ཏེ། ལན་བཏབ་ཟིན་པའི་ཕྱིར་རོ། །མེ་དང་བུད་ཤིང་དེ་དག་གིས་བདག་དང་ཉེ་བར་བླང་བ་དག་གི་རིམ་པ་གང་དག་རྣམ་པར་བཤད་པ་དེ་དག་བུམ་པ་དང་། སྣམ་བུ་ལ་སོགས་པ་དག་དང་ཡང་ལྷན་ཅིག་ཏུ་རྣམ་པར་བཤད་དེ། དེ་ལ་བུམ་པ་དང་། སྣམ་བུ་ལ་སོགས་པ་དག་ནི་རྒྱུ་དང་འབྲས་བུར་གྱུར་པ་དང་། ཡན་ལག་དང་ཡན་ལག་ཅན་དུ་གྱུར་པ་དང་། ཡོན་ཏན་དང་། ཡོན་ཏན་ཅན་དུ་གྱུར་པ་དང་། མཚན་ཉིད་དང་། མཚན་ཉིད་ཀྱི་གཞིར་གྱུར་པ་རྣམ་པ་དེ་ལྟ་བུ་དག་ཏུ་ཤེས་པར་བྱའོ།།

དེ་ལ་རེ་ཞིག་དོན་དམ་པར་བུམ་པ་ནི་འཇིམ་པ་དང་གཅིག་པ་ཉིད་མ་ཡིན་ཏེ། ལས་དང་བྱེད་པ་པོ་ཡིན་པའི་ཕྱིར་དཔེར་ན་བཅད་པ་དང་། གཅོད་པ་པོ་དག་བཞིན་ནོ། །དོན་དམ་པར་བུམ་པ་ནི་འཇིམ་པ་ལས་གཞན་ཉིད་མ་ཡིན་ཏེ། ལྟོས་པ་དང་བཅས་པའི་ཕྱིར་དང་། འབྲས་བུ་ལ་སོགས་པ་ཡིན་པའི་གཏན་ཚིགས་དག་གི་ཕྱིར། དཔེར་ན་འཇིམ་པའི་རང་གི་

བདག་ཉིད་བཞིན་ནོ། །དེ་བཞིན་དུ་འཛིམ་པའི་ཕྱོགས་ལ་སོགས་པ་ལ་ཡང་བརྗོད་པར་བྱའོ༑ ༑གྲངས་ཅན་དག་ནི་བསྒྲུབ་པའི་ཚུལ་གྱིས་བུམ་པ་ནི་འཛིམ་པ་ལས་གཞན་ཉིད་མ་ཡིན་ཏེ། འཛིམ་པའི་བདག་ཉིད་དང་། ཡོད་པ་ཉིད་དང་རྒྱུ་དང་འབྲས་བུ་ཉིད་དང་། སྤྱི་དང་ཁྱད་པར་ལྡན་པ་ཉིད་དང་། ཡུལ་ལ་སོགས་པ་གཅིག་པ་ཉིད་ཀྱི་ཕྱིར། དཔེར་ན་འཛིམ་པའི་རང་གི་བདག་ཉིད་བཞིན་ནོ་ཞེས་ཟེར་རོ། །དེ་དག་གི་འཛིམ་པའི་བདག་ཉིད་དང་༑ བུམ་པའི་བདག་ཉིད་དག་རང་གི་བདག་ཉིད་དང་གཅིག་པ་ཉིད་དུ་དབུ་མ་སྨྲ་བ་རྣམས་ལ་མ་གྲུབ་པའི་ཕྱིར་དཔེ་མེད་དོ། །དམ་བཅས་པའི་དོན་ཡང་རྣམ་པར་བརྟག་པར་བྱ་སྟེ། གལ་ཏེ་རྒྱུ་དང་འབྲས་བུ་དག་གཅིག་པ་ཉིད་ཅེས་བྱ་བ་དུས་གཅིག་ནའོ་ཞེ་ན་ནི་ཕྱོགས་སྔ་མ་ལ་གནོད་དོ། །ཅི་སྟེ་རྒྱུའི་གསལ་བ་འབྲས་བུ་ལ་ཡོད་དོ་ཞེ་ན་ནི་གྲགས་པའི་གནོད་པར་འགྱུར་ཏེ། ཉེ་ལ་འོ་མ་མེད་པའི་ཕྱིར་རོ། །གལ་ཏེ་དེའི་གནས་སྐབས་ན་ཡང་དྲུག་ལྡན་ལ་སོགས་པའི་ཁྱད་པར་དང་བྲལ་བའི་སྒྲ་ལ་སོགས་པ་ཡོད་པའི་ཕྱིར་གྲགས་པའི་གནོད་པར་ཡང་མི་འགྱུར་ལ། ཁས་བླངས་པ་ལ་གནོད་པ་ཡང་མེད་དོ་ཞེ་ན། དེ་དག་ལ་འོ་མ་ཉིད་མི་འཐད་པའི་ཕྱིར་དེ་ནི་ལམ་མ་ཡིན་ནོ། །གཞན་མ་ཡིན་པ་ཉིད་དུ་རྗེས་སུ་དཔག་པས་རྒྱུ་མ་ཡིན་པ་ཉིད་ལ་སོགས་པས་དེ་དག་རྒྱུ་ཡིན་པ་ཉིད་ལ་སོགས་པ་བསལ་བའི་ཕྱིར་དམ་བཅས་པ་ལ་ཆོས་ཅན་གྱི་ངོ་བོ་ཉིད་དང་། ཁྱད་པར་བསལ་བའི་སྐྱོན་ཡོད་དོ། །ད་ལྟར་དང་འདས་པའི་རྒྱུ་ཕྱོགས་སུ་བྱེད་ན་ཡང་སྐྱོན་སྔ་མ་བཞིན་ནོ། །རིགས་མཐུན་པ་དང་། རིགས་མི་མཐུན་པ་མ་སྐྱེས་པ་དང་། ཞིག་པ་དག་གིས་མ་ངེས་པ་ཉིད་དང་། གྲགས་པའི་གནོད་པར་འགྱུར་ཏེ། སྐྱེས་བུ་ནི་སྒྲ་ལ་སོགས་པ་དམིགས་པར་བྱེད་པ་ན་ཕན་གདགས་པར་བྱ་བ་ཡིན་པའི་ཕྱིར་དང་། རང་བཞིན་ནི་ཤེས་པ་ཡོད་པ་

ཉིད་ནང་གི་བྱེད་པར་སྣང་བའི་རྒྱུ་ཡིན་པས་ཕན་འདོགས་པར་བྱེད་པ་ཡིན་པའི་ཕྱིར་རོ།། སྐྱེས་བུ་དག་སྤྱི་དང་ཁྱད་པར་དང་ལྡན་པ་ཉིད་ཡིན་པའི་ཕྱིར་དེ་དག་གི་མ་ངེས་པ་ཉིད་དེ། སྐྱེས་བུ་སྐྱེས་བུ་ཞེས་བྱ་བ་ནི་སྤྱི་ཡིན་ལ། ལྷས་བྱིན་གྱི་བདག་དང་མཆོད་སྦྱིན་གྱི་བདག་ཅེས་བྱ་བ་དག་ནི་ཁྱད་པར་ཡིན་པའི་ཕྱིར་རོ། །འཇིམ་པའི་བདག་ཉིད་ཅེས་བྱ་བའི་གཏན་ཚིགས་ཀྱི་དོན་ཀྱང་འཇིམ་པ་ལས་གྱུར་པ་ཡིན་པར་རྟོག་ན་ནི་དཔེ་སྒྲུབ་པའི་ཆོས་དང་མི་ལྡན་ནོ། །འཇིམ་པའི་ངོ་བོ་ཉིད་ཡིན་པར་རྟོགས་ན་ནི་གཏན་ཚིགས་ཀྱི་དོན་མ་གྲུབ་པ་ཉིད་དོ། །འབྲས་བུ་རྒྱུ་ལས་གཞན་ཉིད་མ་ཡིན་ཏེ་ཞེས་བྱ་བ་དེའི་དོན་གང་ཡིན། ཅི་རང་གི་རྒྱུ་ལས་སམ། འོན་ཏེ་གཞན་གྱི་རྒྱུ་ལས། ངེས་ཅེར་འགྱུར། གལ་ཏེ་རང་གི་རྒྱུ་ལས་ན་ནི་དཔེ་མེད་དོ། །ཅི་སྟེ་གཞན་གྱི་རྒྱུ་ལས་ན་ནི་ཕྱོགས་སྔ་མ་ལ་གནོད་པ་དང་། གྲགས་པའི་གནོད་པར་འགྱུར་རོ། །གལ་ཏེ་གཞན་ཉིད་མ་ཡིན་ན་ནི་དེའི་ནུས་པས་མི་སྟོང་བའོ་ཞེ་ན་ཡང་དཔེ་མེད་དོ། །རྒྱུ་ཕྱོགས་སུ་བྱ་བའི་དུས་ལ་ཡང་དེ་བཞིན་ནོ། །དེ་དག་ནི་ཕྱོགས་ཙམ་ཞིག་བསྟན་པ་ཡིན་ཏེ། ཕྱོགས་འདིས་གཟུགས་ཅན་དང་གཟུགས་ཅན་མ་ཡིན་པའི་ཆོས་རྣམས་ཀྱི་སྐད་ཅིག་མ་ཉིད་ལ་གནོད་པར་བྱ་བའི་ཕྱིར་གྲངས་ཅན་དག་གིས་རྗེས་སུ་དཔག་པ་ལ་སླུས་པ་རྣམས་སུན་དབྱུང་བ་བརྗོད་པར་བྱའོ། །དེ་བཞིན་དུ་དོན་དམ་པར་ཡན་ལག་ཅན་སེང་ལྡེང་ནི་ཡན་ལག་སེང་ལྡེང་གི་རྩ་བ་དང་། སྡོང་པོ་དང་༑ ཡལ་ག་དང་། ལོ་མ་དང་། དེ་ལ་སོགས་པ་དག་དང་། གཅིག་པ་ཉིད་མ་ཡིན་ཏེ། དེ་དག་གི་ཕྱོགས་གཅིག་ཆད་ཀྱང་དེ་མི་འཆད་པའི་ཕྱིར་དཔེར་ན་རྒྱ་ཤུག་བཞིན་ནོ། །དོན་དམ་པར་ཡན་ལག་ཅན་སེང་ལྡེང་ནི་ཡན་ལག་སེང་ལྡེང་གི་རྩ་བ་དང་། སྡོང་པོ་དང་། ཡལ་ག་དང་། ལོ་མ་ལ་སོགས་པ་དག་ལས་གཞན་ཉིད་མ་ཡིན་ཏེ། ལྟོས་པ་དང་བཅས་པའི

ཕྱིར་དཔེར་ན་སེང་ལྡེང་གི་ཡན་ལག་དག་གི་རང་གི་བདག་ཉིད་བཞིན་ནོ། །དེ་བཞིན་དུ་དོན་དམ་པར་སེང་ལྡེང་གི་ཡན་ལག་དག་ནི་ཡན་ལག་ཅན་དང་། གཅིག་པ་ཉིད་མ་ཡིན་ཏེ༑ དེའི་ཕྱོགས་གཅིག་ཆད་ཀྱང་དེ་དག་མི་འཆད་པའི་ཕྱིར་དཔེར་ན་རྒྱ་ཤུག་གི་ཡན་ལག་དག་བཞིན་ནོ། །དོན་དམ་པར་སེང་ལྡེང་གི་ཡན་ལག་དག་ནི་ཡན་ལག་ཅན་ལས་གཞན་ཉིད་མ་ཡིན་ཏེ། ལྡོས་པ་དང་བཅས་པའི་ཕྱིར་དཔེར་ན་ཡན་ལག་ཅན་སེང་ལྡེང་གི་རང་གི་བདག་ཉིད་བཞིན་ནོ། །ལྷག་མ་ནི་སྔ་མ་བཞིན་ནོ། །དེ་བཞིན་དུ་དོན་དམ་པར་སྣམ་བུ་ནི་རྒྱུ་སྤུན་གྱི་བདག་ཉིད་ཀྱི་གཟུགས་དག་དང་གཅིག་པ་ཉིད་མ་ཡིན་ཏེ། ལྡོས་པ་དང་བཅས་པའི་ཕྱིར་དང་། རྫས་ཡིན་པའི་ཕྱིར་དཔེར་ན་སབ་མ་བཞིན་ནོ། །དོན་དམ་པར་སྣམ་བུ་ནི་རྒྱུ་སྤུན་གྱི་བདག་ཉིད་ཀྱི་གཟུགས་དག་ལས་གཞན་ཉིད་མ་ཡིན་ཏེ། ལྡོས་པ་དང་བཅས་པའི་ཕྱིར་དང་། དེ་ཞིག་ན་དེ་དག་ཀྱང་འཇིག་པའི་ཕྱིར་དཔེར་ན་རྒྱུ་སྤུན་དག་གི་རང་གི་བདག་ཉིད་བཞིན་ནོ། །དེ་བཞིན་དུ་དོན་དམ་པར་རྒྱུ་སྤུན་གྱི་བདག་ཉིད་ཀྱི་གཟུགས་དག་ནི་སྣམ་བུ་དང་གཅིག་པ་ཉིད་མ་ཡིན་ཏེ། ལྡོས་པ་དང་བཅས་པའི་ཕྱིར་དང་། རྫས་ཡིན་པའི་ཕྱིར་དཔེར་ན་རྩེ་རྒྱང་བཞིན་ནོ། །དོན་དམ་པར་རྒྱུ་སྤུན་གྱི་བདག་ཉིད་ཀྱི་གཟུགས་དག་ནི་སྣམ་བུ་ལས་གཞན་ཉིད་མ་ཡིན་ཏེ། ལྡོས་པ་དང་བཅས་པའི་ཕྱིར་དང་། དེ་ཞིག་ན་དེ་དག་ཀྱང་འཇིག་པའི་ཕྱིར་དཔེར་ན་སྣམ་བུའི་རང་གི་བདག་ཉིད་བཞིན་ནོ། །ལྷག་མ་ནི་སྔ་མ་བཞིན་ནོ། །མཚན་ཉིད་དང་མཚན་ཉིད་ཀྱི་གཞི་དག་ལ་ཡང་དེ་བཞིན་དུ་བརྗོད་པར་བྱའོ། །གལ་ཏེ་གཅིག་པ་ཉིད་དགག་པའི་རྗེས་སུ་དཔག་པས་ནི་གཞན་ཉིད་དགག་པའི་རྗེས་སུ་དཔག་པ་ལ་གནོད་ལ། གཞན་ཉིད་དགག་པའི་རྗེས་སུ་དཔག་པས་ཀྱང་གཅིག་པ་ཉིད་དགག་པའི་རྗེས་སུ་དཔག་པ་བསལ་བའི་ཕྱིར་གང་ཡང་རུང་བ་མི་འགྲུབ་

པོ་ཞེ་ན། གཉི་ག་བཀག་པས་འདོད་པ་འགྲུབ་པའི་ཕྱིར་སྐྱོན་མེད་དོ། །དེའི་ཕྱིར་དེ་ལྟར་དཔྱད་ན་དོན་དམ་པར་གཅིག་པ་ཉིད་དང་གཞན་ཉིད་མི་འཐད་དེ། མི་འཐད་དུ་ཟིན་ཀྱང་བཅོམ་ལྡན་འདས་ཀྱི་ཐ་སྙད་ཀྱི་དབང་གིས་གདུལ་བའི་སེམས་ཅན་རྣམས་ཀྱི་ཚུལ་ཁྲིམས་དང་། ཏིང་ངེ་འཛིན་དང་། ཤེས་རབ་ལ་སོགས་པ་ཡོན་ཏན་གྱི་ཚོགས་ཡང་དག་པར་བསྒྲུབ་པའི་ཕྱིར་དེ་དག་འཇིག་རྟེན་ལས་གྲགས་པ་དག་གིས་བཀའ་སྩལ་པ་ལ། ཁ་ཅིག་གིས་དེ་དག་ནི་དོན་དམ་པའོ་སྙམ་དུ་རིག་ནས་ཆོས་རྣམས་དེ་ལྟར་སྒྲོས་པ་མེད་ཀྱང་། སྒྲོས་པར་བྱེད་པ་དེ་རིགས་པ་མ་ཡིན་པར་སློབ་དཔོན་གྱིས་དགོངས་པ་ན། གང་དག་བདག་དང་དངོས་པོ་རྣམས། །དེ་བཅས་ཉིད་དང་ཐ་དད་པར། །སྟོན་པ་དེ་དག་བསྟན་དོན་ལ། །མཁས་སོ་སྙམ་དུ་མི་སེམས་སོ། །ཞེས་བྱ་བ་གསུངས་ཏེ། ཚད་མ་དང་འགལ་བའི་ཆོས་གཞན་དག་ཁས་ལེན་པའི་ཕྱིར་རོ་ཞེས་བྱ་བར་དགོངས་སོ། །དེ་ལ་འདིར་རབ་ཏུ་བྱེད་པའི་དོན་ནི་ཕ་རོལ་པོས་རབ་ཏུ་བྱེད་པའི་དང་པོར་སྨྲས་པའི་སྒྲུབ་པ་དང་། དཔེ་མེད་པར་བསྟན་པས། རྟེན་ཅིང་འབྲེལ་བར་འབྱུང་བ་དོན་གཅིག་པ་མ་ཡིན་པ་དང་། དོན་ཐ་དད་པ་མ་ཡིན་པའི་ཁྱད་པར་དང་ལྡན་པ་བསྟན་པ་ཡིན་ནོ། །དེའི་ཕྱིར་ལུས་ལས་གཞན་པའི་ཆོས་མི་མཐོང་ལ། ཆོས་ལས་གཞན་པའི་ལུས་མི་མཐོང་སྟེ། ཇི་ལྟར་གཉིས་མ་ཡིན་པ་དང་། གཉིས་མ་ཡིན་པ་མ་ཡིན་པ་དེ་ལྟར་མཐོང་ངོ་། །དེ་ལྟར་མཐོང་བས་མངོན་སུམ་ཉིད་དུ་མཐོང་བ་ཡང་མི་མཐོང་ངོ་ཞེས་བྱ་བ་ལ་སོགས་པ་གསུངས་པ་དེ་དག་གྲུབ་པ་ཡིན་ནོ། །སློབ་དཔོན་ལེགས་ལྡན་བྱེད་(འབྱེད་)ཀྱིས་ཉེ་བར་སྦྱར་བ། དབུ་མའི་རྩ་བའི་འགྲེལ་པ་ཤེས་རབ་སྒྲོན་མ་ལས། མེ་དང་བུད་ཤིང་བརྟག་པ་ཞེས་བྱ་བ་སྟེ་རབ་ཏུ་བྱེད་པ་བཅུ་པའོ།། །།

༼རབ་བྱེད་བཅུ་གཅིག་པ་འཁོར་བ་བརྟག་པ།༽

ད་ནི་དངོས་པོ་ངོ་བོ་ཉིད་མེད་པའི་མི་མཐུན་པའི་ཕྱོགས་ཀྱི་ཁྱད་པར་དགག་པས་འཁོར་བ་ངོ་བོ་ཉིད་མེད་པ་ཉིད་དུ་བསྟན་པའི་དོན་གྱི་དབང་གིས་རབ་ཏུ་བྱེད་པ་བཅུ་གཅིག་པ་བརྩམ་མོ། །འདིར་སྨྲས་པ། དོན་དམ་པར་ཕུང་པོ་ལ་སོགས་པ་དག་ཡོད་པ་ཁོ་ན་ཡིན་ཏེ། བཅོམ་ལྡན་འདས་ཀྱིས་མིང་དང་ཁྱད་པར་བསྟན་ནས། དེ་ཟད་པར་བྱ་བའི་ཕྱིར་མན་ངག་བསྟན་པའི་ཕྱིར་རོ། །འདི་ལ་གང་མེད་པ་དེ་ལ་ནི་མིང་དང་ཁྱད་པར་བསྟན་པ་དང་། དེ་ཟད་པར་བྱ་བའི་ཕྱིར་མན་ངག་བསྟན་པར་ཡང་མི་རིགས་ཏེ། དཔེར་ན་མགོ་གཉིས་པའི་མིག་གི་ནད་མེད་པར་བྱ་བ་བཞིན་ནོ། །དེ་དག་ལ་ནི་མིང་དང་ཁྱད་པར་བསྟན་ནས་དེ་ཟད་པར་བྱ་བའི་ཕྱིར་མན་ངག་བསྟན་པ་འདི་ལྟ་སྟེ། དགེ་སློང་དག་འཁོར་བ་ཐོག་མ་དང་ཐ་མ་མེད་དེ། དམ་ཆོས་རྣམ་པར་མི་ཤེས་པའི། །བྱིས་པ་ལ་ནི་འཁོར་བ་རིང་། །ཞེས་བྱ་བ་དང་། དེ་བཞིན་དུ་དགེ་སློང་དག དེ་ལྟ་བས་ན་ཁྱེད་ཀྱིས་འཁོར་བ་ཟད་པར་བྱ་བའི་ཕྱིར་ནན་ཏན་བྱའོ་ཞེས་དེ་ལྟར་བསླབ་པར་བྱའོ་ཞེས་གསུངས་པ་དེ་དག་ཡོད་པས། དེའི་ཕྱིར་གདན་ཚིགས་ཇི་སྐད་སྨོས་པའི་མཐུས་ཕུང་པོ་ལ་སོགས་པ་དག་ཡོད་པ་ཁོ་ན་ཡིན་ནོ། །འདིར་བཤད་པ། འཇིག་རྟེན་གྱི་མགོན་པོས་སྐྱེ་བའི་རྒྱུན་ལས་དང་ཉོན་མོངས་པས་བསྐྱེད་པ་སྒྱུ་མ་དང་སྨིག་རྒྱུ་ལྟ་བུ་སྐྱེ་བའི་གཉེན་པོར་མ་སྐྱེས་པ་རྒྱུན་མན་ཆད་པ་ལ་གཟིགས་ནས། བྱིས་པ་རྣམས་ཀྱི་འཁོར་བ་རིང་ངོ་ཞེས་གསུངས་ཤིང་། སྐྱེ་བ་ནི་སྡུག་བསྔལ་རྣམ་པ་དུ་མའི་གླེང་གཞིར་གྱུར་པ་ཡིན་པས། འཁོར་བ་ཟད་པར་

བྱའི་ཕྱིར་གུས་པར་བྱ་བ་ཉིད་ལ་སྦྱར་བར་བཞེད་པ་ནི་དེ་སྐད་གསུངས་པར་ཟད་ཀྱི། རྟོག་པའི་རང་བཞིན་ཅན་རྣམས་ཀྱིས་ཡོངས་སུ་བརྟགས་ན་དོན་དམ་པར་འཁོར་བ་དང་མྱ་ངན་ལས་འདས་པ་དག་གི་ཁྱད་པར་འགའ་ཡང་དམིགས་སུ་མེད་པས། བཅོམ་ལྡན་འདས་ཀྱིས་དོན་དམ་པར་གསུངས་པ་མ་ཡིན་ནོ། །དེའི་ཕྱིར་གལ་ཏེ་མིང་དང་ཁྱད་པར་བསྟན་ནས་དེ་ཟད་པར་བྱ་བའི་ཕྱིར། མན་ངག་བསྟན་པའི་དོན་དམ་པ་པ་ཡིན་པར་འདོད་ན་ནི། གཏན་ཚིགས་ཀྱི་དོན་མ་གྲུབ་པ་ཉིད་དོ། །ཀུན་རྫོབ་པའི་གཏན་ཚིགས་ཡིན་པར་རྟོག་ན་ནི་དོན་འགལ་བ་ཉིད་དང་དཔེ་མེད་དོ། །འཁོར་བ་ཐོག་མ་དང་ཐ་མ་མེད་དོ་ཞེས་གང་གསུངས་པ་ནི་འདི་ན་རྒྱུ་མེད་པར་སྨྲ་བ་བསལ་བའི་ཕྱིར་དངོས་པོ་རྒྱུ་ལས་སྐྱེའོ་ཞེས་བཅོམ་ལྡན་འདས་ཀྱི་གསུང་རབ་སྐྱེ་བ་བསྟན་པའི་ཕྱོགས་སུ་བཀའ་སྩལ་པ། དེ་སུན་དབྱུང་བར་འདོད་པའི་མུ་སྟེགས་ཅན་དག་གིས། བཅོམ་ལྡན་འདས་ལ་ཇི་ལྟར་འཁོར་བའི། སྔོན་མཐའ་མངོན་ནམ་ཞེས་ཞུས་སོ། །ཐུབ་པ་ཆེན་པོས་མིན་ཞེས་གསུངས།།

འཁོར་བ་ཐོག་མ་མཐའ་མེད་དེ། །དེ་ལ་སྔོན་མེད་ཕྱི་མ་མེད། །དེ་ལ་འཁོར་བ་ནི་ཀུན་ཏུ་འགྲོ་བ་སྟེ། སྐྱེ་བ་དང་རྒ་ཤིའི་དཔྱད་ཡང་གི་རྒྱུན་མ་ཆད་པའོ། །ཐོག་མ་དང་ཐ་མ་ནི་ཐོག་མ་དང་ཐ་མ་དག་སྟེ། དེ་ལ་ཐོག་མ་དང་ཐ་མ་དག་མེད་པའི་ཕྱིར་སྔོན་དང་ཕྱི་མ་མེད་པར་གསུངས་ཏེ། རྒྱུ་གཅིག་ནས་གཅིག་ཏུ་བརྒྱུད་པ་དག་ལས་བརྩམ་པའི་དུས་ངེས་པ་མེད་པའི་ཕྱིར་དང་། གཉེན་པོ་མ་ཤར་བ་དག་ལ་ཐ་མ་མ་གྲུབ་པའི་ཕྱིར་དང་། ཐ་སྙད་དུ་ཡིན་གྱི་དོན་དམ་པར་ནི་མ་ཡིན་ཏེ། དེའི་ཕྱིར་དེ་ནི་ལན་གདབ་པའི་ཚིག་ཡིན་ནོ། །དེ་ལྟ་བས་ན་བཅོམ་ལྡན་འདས་ལ་ལོག་པ་མི་གསུང་བ་ཉིད་དུ་ཡིད་ཆེས་པ་ཡང་དག་པར་སྐྱེས་པ་རྣམས་ནི་དེ་ལ་ཡིད་ཆེས་པར་འགྱུར་གྱི་ཚད་མ་ལྟར་སྣང་བས་སེམས་ཕྱིན་ཅི་ལོག་ཏུ་

གྱུར་པ་གཞན་དག་ནི་ཡིད་ཆེས་པར་མི་འགྱུར་ལ། ཐུབ་པའི་དབང་པོའི་གསུང་རབ་འདི་ཡང་སློབ་དཔོན་གྱི་དཔེ་མཚུངས་དང་བྲལ་བ་ཡིན་པས་དེའི་ཕྱིར་དོན་འདི་གཞན་ལ་བསྟན་པར་ནུས་པའི་རྗེས་སུ་དཔག་པ་བརྗོད་པར་བྱ་སྟེ། བསྐལ་པ་དང་པོའི་ལུས་ཅན་རྣམས་ཀྱི་ལུས་དང་དབང་པོ་དང་བློའི་ཚོགས་གང་ཡིན་པ་དེ་ནི་ཚེ་རབས་གཞན་དག་ཏུ་ཉེ་བར་བསགས་པའི་ལས་དགེ་བ་དང་། མི་དགེ་བའི་རྒྱུ་ཅན་ཡིན་པར་ཤེས་པར་བྱ་སྟེ། བདེ་བ་དང་སྡུག་བསྔལ་དང་ཆོས་དང་ཆོས་མ་ཡིན་པ་ལ་སོགས་པ་སྐྱེ་བའི་རྒྱུ་ཡིན་པའི་ཕྱིར། དཔེར་ན་དེང་སང་གི་ལུས་དང་དབང་པོ་དང་པོའི་བློའི་ཚོགས་བཞིན་ནོ། །དེ་བཞིན་དུ་ཐུན་མོང་མ་ཡིན་པར་དམིགས་པའི་རྒྱུ་ཉིད་དང་། ཕན་གདགས་པར་བྱ་བ་ཉིད་དང་། ཕན་འདོགས་པར་བྱེད་པ་ཉིད་དང་། དགའ་བ་དང་། ཡོངས་སུ་གདུང་བའི་རྒྱུ་ཉིད་དང་། རྣམ་པར་འཇིག་པའི་ཆོས་ཅན་ཉིད་ལ་སོགས་པའི་གཏན་ཚིགས་དག་དང་། དམ་བཅས་པ་དང་། དཔེ་ཇི་སྐད་བསྟན་པ་དག་གིས་རྗེས་སུ་དཔག་པ་རྒྱས་པར་བརྗོད་པར་བྱའོ། ། ལྷག་མ་ནི་སྔ་མ་བཞིན་ནོ། །འདིར་མུ་སྟེགས་ཅན་དག་གི་སྨྲས་པ། འཁོར་བ་ནི་ཐོག་མ་ཡོད་པར་གཟུང་བར་བྱ་སྟེ། ཐ་མ་ཡོད་པའི་ཕྱིར་རོ། །གང་ལ་ཐ་མ་ཡོད་པ་དེ་ལ་ནི་ཐོག་མ་ཡང་ཡོད་པར་མཐོང་སྟེ། དཔེར་ན་བུམ་པ་བཞིན་ནོ། །དེ་བཞིན་དུ་ཡང་དག་པའི་ཤེས་པ་སྐྱེས་པའི་འཁོར་བ་ལ་ཡང་ཐ་མ་ཡོད་པས་དེའི་ཕྱིར་གཏན་ཚིགས་ཇི་སྐད་སྨོས་པའི་མཐུས་འཁོར་བ་ནི་ཐོག་མ་ཡོད་པར་གཟུང་བར་བྱའོ། །དེ་ལ་འདིར་འཁོར་བ་འབའ་ཞིག་སྟོན་གྱི་མཐའ་ཡོད་པ་མ་ཡིན་གྱི། དངོས་རྣམས་ཐམས་ཅད་ཉིད་ལ་ཡང་། །སྟོན་གྱི་མཐའ་ནི་ཡོད་མ་ཡིན། །ཞེས་འོག་ནས་སྟོན་པར་འགྱུར་བའི་ཕྱིར་བུམ་པ་ལ་སོགས་པ་ཐོག་མ་མེད་པའི་རྒྱུ་གཅིག་ནས་གཅིག་ཏུ་བརྒྱུད་པ་ལས་བྱུང་བ་དག་ལ་ཡང་ཐོག་མ་ཡོད་

པ་ཉིད་དུ་མ་གྲུབ་པའི་ཕྱིར་སྒྲུབ་པ་དཔེ་མ་ཚང་བའི་སྐྱོན་ཡོད་དོ། །ཐ་མ་ཡོད་པའི་ཕྱིར་རོ་ཞེས་བྱ་བའི་གཏན་ཚིགས་ཀྱི་དོན་ཀྱང་མ་གྲུབ་པ་ཉིད་དེ། འཁོར་བ་ནི་མཐའ་དང་ལྡན་པ་ཉིད་ལ་སོགས་པའི་དབྱེ་བས་ལུང་དུ་མ་བསྟན་པ་ཡིན་པའི་ཕྱིར་རོ། །གཞན་དག་ན་རེ་གལ་ཏེ་འཁོར་བ་ཐོག་མ་མེད་པར་འདོད་ན། འོ་ན་དེ་ལྟར་དེ་ལ་ཟད་པ་མེད་པར་ཡང་ཤེས་པར་བྱ་སྟེ། ཐོག་མ་མེད་པ་དང་ལྡན་པའི་ཕྱིར་དཔེར་ན་སྐྱེས་བུའམ་ནམ་མཁའ་བཞིན་ནོ་ཞེས་ཟེར་རོ། །སྐྱེས་བུ་འམ་གཞན་ཡང་རུང་སྟེ། མ་སྐྱེས་པ་ནི་ཐ་སྙད་དུ་ཡང་ཁས་མ་བླངས་པའི་ཕྱིར་དཔེའི་ཆོས་ཅན་མ་གྲུབ་པའི་སྐྱོན་ཡོད་དོ། །ཀུན་རྫོབ་ཀྱི་ཕྱོགས་ལ་ཡང་འབྲུ་ལ་སོགས་པ་ཐོག་མ་མེད་པ་དག་ལ་གཉེན་པོ་བྱུང་བས་མཐའ་མཐོང་བའི་ཕྱིར་དོན་འགལ་བ་ཉིད་དོ། །མཁས་པའི་ང་རྒྱལ་ཅན་ཉེ་བར་འཁྲུལ་པ་གཞན་དག་ན་རེ། བཅོམ་ལྡན་འདས་ནི་ཐམས་ཅད་མཁྱེན་པ་ཉིད་མ་ཡིན་ཏེ། འཁོར་བའི་སྔོན་གྱི་མཐའ་མི་མངོན་ནོ་ཞེས་ཟེར་བས། རང་ཉིད་མི་ཤེས་པར་ཁས་བླངས་པའི་ཕྱིར་དཔེར་ན་མི་ཕལ་པ་སྲོག་ཆགས་ཤི་བ་གར་སོང་མི་ཤེས་སོ་ཞེས་ཟེར་བ་བཞིན་ནོ་ཞེས་ཟེར་རོ། །དེ་ནི་རིགས་པ་མ་ཡིན་ཏེ། གཞན་གྱི་འཁོར་བ་ཐོག་མ་ཡོད་པ་ཉིད་དུ་ཡོངས་སུ་བརྟགས་པ་བསྐྱལ་བའི་ཕྱིར། སྔོན་གྱི་མཐའ་མི་མངོན་ནོ་ཞེས་གསུངས་པ་དེ་ནི་འཁོར་བ་ཐོག་མ་མེད་པ་ཉིད་དུ་བསྟན་པའི་ཚིག་གི་དོན་ཡིན་པའི་ཕྱིར་འཁོར་བ་ལ་ཐོག་མ་མེད་པ་ཉིད་ཡིན་པས་མི་མངོན་པ་ཉིད་དུ་མཁྱེན་པའི་ཕྱིར་དང་། འཁོར་བ་ཐོག་མ་མེད་པ་ཉིད་དུ་བསྟན་པས། བཅོམ་ལྡན་འདས་ནི་དེ་ལ་ཐོགས་པ་མི་མངའ་བའི་ཕྱིར་དེ་ནི་མ་བརྟགས་པར་སྨྲ་བ་གཞན་གྱི་འགྱུར་པ་ཆེན་པོ་ལ་ཕྲག་དོག་བྱེད་པ་རྣམས་ཀྱི་རྒྱུ་མཐུན་པ་ཡིན་ནོ།། དམ་བཅས་པའི་དོན་རྒྱས་པར་ནི་དེ་བཞིན་གཤེགས་པ་བརྟག་པའི་རབ་ཏུ་བྱེད་པ་ལས

རྟོགས་པར་འགྱུར་རོ། །དཔྱད་པ་སྤྲོས་པས་ཚིག་གི་སྐབས་ཉིད་བརྗོད་པར་བྱའོ། །འདིར་ཚིགས་སུ་བཅད་པ་འདིས་འཁོར་བའི་ཆོས་ནི་ཐོག་མ་དང་ཐ་མ་མེད་པ་ཉིད་ཡིན་པར་བསྟན་ཏེ། དེའི་ཕྱིར་རྗེས་སུ་དཔག་པ་ནི་དོན་དམ་པར་ཕུང་པོ་རྣམས་ཇི་ལྟར་སྣང་བ་དེ་ལྟར་ཡོད་པ་མ་ཡིན་ཏེ། ཐོག་མ་དང་ཐ་མ་མེད་པའི་ཕྱིར། དཔེར་ན་སྒྱུ་མ་མཁན་གྱིས་སྤྲུལ་པའི་སྐྱེས་བུ་བཞིན་ནོ། །འདིར་མཁས་སུ་རེ་བའི་བློ་ཅན་ཁ་ཅིག་ན་རེ། སྒྱུ་མ་མཁན་གྱིས་སྤྲུལ་པའི་སྐྱེས་བུ་ལ་ཡང་ཤེས་པ་རྣམ་པར་རྟོག་པ་མེད་པའི་ཡུལ་གཟུགས་ལ་སོགས་པ་གང་དག་ཡོད་པ་དེ་དག་དུས་ཕྱི་མར་ཡང་དེ་བཞིན་དུ་ཡོད་པའི་ཕྱིར་དཔེ་བསྒྲུབ་པར་བྱ་བ་ཆོས་དང་མི་ལྡན་པས་མེད་དོ་ཞེས་ཟེར་རོ། །དེ་ནི་རིགས་པ་མ་ཡིན་ཏེ། སྒྱུ་མ་མཁན་གྱི་སྤྲུལ་པའི་སྐྱེས་བུ་ལོག་པར་སྣང་བ་དཔེ་ཉིད་དུ་འདོད་པའི་ཕྱིར་དང་། ཤེས་པ་རྣམ་པར་རྟོག་པ་མེད་པའི་སྤྱོད་ཡུལ་གྱི་གཟུགས་ལ་སོགས་པ་དག་ལ་ཡང་སྐྱེས་བུའི་ངོ་བོ་ཉིད་ཀྱིས་སྟོང་པའི་ཕྱིར་དཔེ་མ་གྲུབ་པས་སྐྱོན་མེད་དོ། །དེ་ལྟ་བས་ན་འཁོར་བ་ཡོད་པ་ཉིད་དུ་མ་གྲུབ་པའི་ཕྱིར་མིང་དང་ཁྱད་པར་བསྟན་ནས་དེ་ཟད་པར་བྱ་བའི་ཕྱིར་མན་ངག་བསྟན་པའི་ཕྱིར་རོ་ཞེས་བྱ་བའི་གཏན་ཚིགས་ཀྱི་དོན་མ་གྲུབ་པ་ཉིད་དོ། །འདིར་སྨྲས་པ། དོན་དམ་པར་ཕུང་པོ་རྒྱུད་ཅེས་བྱ་བའི་འཁོར་བ་ཡོད་པ་ཁོ་ན་ཡིན་ཏེ། དེའི་དབུས་ཡོད་པའི་ཕྱིར་རོ། །འདི་ན་གང་མེད་པ་དེ་ལ་ནི་དབུས་དམིགས་སུ་མེད་དེ། དཔེར་ན་རི་བོང་གི་རྭ་བཞིན་ནོ། །འཁོར་བ་ལ་ནི་གང་ན་ཀུན་ནས་ཉོན་མོངས་པ་དང་། རྣམ་པར་བྱང་བ་དག་ཡོད་པའི་དབུས་ཡོད་ལས་དེའི་ཕྱིར་འཁོར་བ་ཡོད་པ་ཁོ་ན་ཡིན་ནོ།། དེས་ན་གཏན་ཚིགས་ཀྱི་དོན་མ་གྲུབ་པ་ཉིད་དང་། འགལ་བ་ཉིད་མེད་པས་འདོད་པའི་དོན་འགྲུབ་བོ། འདིར་བཤད་པ། གང་ལ་ཐོག་མེད་ཐ་མེད་པ། དེ་ལ་དབུས་ཡོད་པ་ཉིད་

མ་ཡིན་ནོ་ཞེས་བྱ་བའི་ཚིག་གི་དོན་ཏེ། སྔ་མ་བྱས་པའི་སྐྱེས་བུའི་རྒྱུད་ལ་དབུས་མེད་པ་བཞིན་ནོ་ཞེས་བྱ་བར་དགོངས་སོ། །དེ་ལྟར་ཐོག་མ་དང་ཐ་མ་མ་གྲུབ་པའི་ཕྱིར་དང་། དཔེ་མེད་པའི་ཕྱིར་ཇི་སྐད་བསྟན་པའི་སྐྱོན་ལྡོག་པར་མི་འཐད་དོ། །དེའི་ཕྱིར་དེ་ལྟར་བརྟགས་ན་འཁོར་བ་ངོ་བོ་ཉིད་མེད་པ། དེ་ཕྱིར་དེ་ལ་སྔ་ཕྱི་དང་། ལྷན་ཅིག་རིམ་པ་མི་འཐད་དོ། །སྐྱེ་བ་དང་རྒ་ཤི་དག་གིའོ། །དེ་ལ་སྨྲ་བ་གང་དག་ན་རེ། འཁོར་བ་ནི་ངོ་བོ་ཉིད་ཡོད་དེ། སྐྱེ་བ་དང་རྒ་ཤི་དང་ལྡན་པའི་ཕྱིར་རོ། །མོ་གཤམ་གྱི་བུ་མེད་པ་ནི། སྐྱེ་བ་དང་༏ རྒ་ཤི་དང་ལྡན་པར་མི་རིགས་སོ་ཞེས་ཟེར་བ་དེ་དག་ལ་ཡང་། སྐྱེ་བ་དང་། རྒ་ཤི་དག་གི་སྔ་ཕྱི་དང་ལྷན་ཅིག་གི་རིམ་པ་དག་མ་གྲུབ་པའི་ཕྱིར། གཏན་ཚིགས་ཀྱི་དོན་མ་གྲུབ་པ་ཉིད་དང་། དོན་དམ་པར་སྐྱེ་བ་ལ་སོགས་པ་དང་ལྡན་པ་གང་ཡང་ངོ་བོ་ཉིད་དུ་མ་གྲུབ་པའི་ཕྱིར་དཔེ་མེད་པ་དང་དོན་འགལ་བ་ཉིད་དུ་ཡང་འགྱུར་རོ། །ཇི་ལྟར་སྐྱེ་བ་ལ་སོགས་དག་གི་སྔ་ཕྱི་དང་ལྷན་ཅིག་གི་རིམ་པ་དག་མི་འགྲུབ་པ་དེ་ལྟར་འདི་བརྟག་པར་བྱ་སྟེ། གལ་ཏེ་སྐྱེ་བ་སྔ་གྱུར་ལ། །རྒ་ཤི་འཕྱི་བ་ཡིན་ན་ནི། །གལ་ཏེ་ཕ་རོལ་པོ་དག་འདོད་པ་ལྟར་རོ། །དེ་ལྟར་ན། སྐྱེ་བ་རྒ་ཤི་མེད་པ་དང་། །མ་ཤི་བར་ཡང་སྐྱེ་བར་འགྱུར། །དེ་ལྟར་ན༏ སྐྱེ་བ་ལ་རྒ་ཤིའི་ངོ་བོ་ཉིད་མེད་པར་ཡང་འགྱུར་ཏེ། རྒ་ཤི་མེད་པར་ཡང་སྐྱེས་པའི་ཕྱིར་རོ། །གང་ཞིག་གང་མེད་པར་ཡང་སྐྱེས་པ་དེ་ལ་དེའི་ངོ་བོ་ཉིད་མེད་དེ། དཔེར་ན་བ་ལང་རྟ་མེད་པར་སྐྱེས་པ་དེ་ལ་དེའི་ངོ་བོ་ཉིད་མེད་པ་བཞིན་ནོ་ཞེས་བྱ་བར་དགོངས་སོ། །ཡང་གཞན་ཡང་། མ་ཤི་བར་སྐྱེ་བར་ཡང་འགྱུར་ཏེ། སྔར་གཞན་དུ་མ་ཤི་བ་ཁོ་ནར་སྐྱེས་པའི་ཕྱིར་རོ། །དེ་དག་ནི་མི་འདོད་དོ། །དེ་ལ་སྐྱེ་བ་ནི་མི་སྐྱེད་པ་སྟེ། མ་བྱུང་བ་ལས་བྱུང་བའོ༏ །རྒ་བ་ནི་ལུས་ཡོངས་སུ་འགྱུར་བའོ། །འཆི་བ་ནི་སྲོག་གི་དབང་པོ་འགག་པའོ།།

དེ་ལ་འདིར་གླུགས་ཡོད་པའི་ཚིག་ཡིན་པའི་ཕྱིར་གླུགས་ཡོད་པ་ལས་བཟློག་པས་རྗེས་སུ་དཔག་པ་མངོན་ཏེ། སྐྱེ་བ་ནི་རྒ་ཤི་བས་སྔ་བ་མ་ཡིན་ཏེ། དེའི་བདག་ཉིད་ཡིན་པའི་ཕྱིར་དཔེར་ན་མེ་ཚ་བ་བས་སྔ་བ་མ་ཡིན་པ་བཞིན་ནོ། །ཅི་སྟེ་སྐྱོན་དེར་འགྱུར་ན་མི་རུང་ངོ་སྙམ་པས་རྒ་ཤི་སྔ་བར་འདོད་ན་དེ་ལྟ་ན་ཡང་། གལ་ཏེ་སྐྱེ་བ་འཕྱི་གྱུར་ལ། །རྒ་ཤི་སྔ་བ་ཡིན་ན་ནི། །དེ་ལྟ་ན། སྐྱེ་བ་མེད་པའི་རྒ་ཤི་ནི། །རྒྱུ་མེད་པར་ནི་ཇི་ལྟར་འགྱུར། །སྐྱེ་བ་གཞན་དག་ཀུང་སྐྱེ་བའི་རྐྱེན་གྱིས་རྒ་ཤི་ཞེས་བྱ་བར་འདོད་པས། དེ་མེད་ན་སྐྱེ་བ་མེད་པའི་རྒ་ཤི་རྐྱེན་མེད་པ་ཇི་ལྟར་འབྱུང་བར་འགྱུར་ཏེ། སྐྱེ་བ་མེད་པའི་རྒ་ཤི་ནི་ཡོད་པ་མ་ཡིན་པ་ཁོ་ན་སྟེ། མ་སྐྱེས་པས་གཞི་མེད་པའི་ཕྱིར་རོ་ཞེས་བྱ་བར་དགོངས་སོ། །འདིར་རྗེས་སུ་དཔག་པ་ནི་རྒ་ཤི་ནི་སྐྱེ་བ་བས་སྔ་བར་མི་རིགས་ཏེ། དེ་ཡོད་ན་འབྱུང་བའི་ཕྱིར་དཔེར་ན་གནས་པ་བཞིན་ནོ། །གལ་ཏེ་སྐྱེ་བ་ནི་རྒ་ཤི་དང་རྗེས་སུ་འབྲེལ་བཞིན་པ་ཁོ་ནར་ཡོད་པའི་ཕྱིར་སྐྱོན་མེད་དོ་ཞེ་ན། སྐྱེ་བ་དང་ནི་རྒ་ཤི་དག །ལྷན་ཅིག་རུང་བ་མ་ཡིན་ནོ། །ཅིའི་ཕྱིར་ཞེ་ན། གང་གི་ཕྱིར་དེ་ལྟར་རྟོག་ན། སྐྱེ་བཞིན་པ་ན་འཆི་འགྱུར་ན། །གཉིས་ཀ་རྒྱུ་མེད་ཅན་དུ་འགྱུར། །དེ་གཉིས་ནི་དགག་པ་མི་མཐུན་པ་ཡིན་པས་སྐྱེ་བ་ཞེས་བྱ་བ་ཉིད་དུ་ཡང་མི་འགྱུར་ཏེ། སྐྱེ་བཞིན་པ་ཉིད་ན་འཆི་བའི་ཕྱིར་རོ། །དེ་ལྟར་སྐྱེ་བ་མེད་ན་སྔ་མ་བཞིན་དུ་སྐྱེ་བ་དང་རྒ་ཤི་གཉིག་རྒྱུ་མེད་པ་ཅན་དུ་འགྱུར་ཏེ། ལྷན་ཅིག་ཏུ་འབྱུང་བའི་ཕྱིར། དཔེར་ན་སྐྱེ་བའི་རྒྱུ་རྒ་ཤི་མ་ཡིན་པ་དེ་བཞིན་དུ་དེ་གཉིས་ཀྱི་རྒྱུ་ཡང་མ་ཡིན་ནོ་ཞེས་བྱ་བར་དགོངས་སོ། །གལ་ཏེ་ལྷན་ཅིག་སྐྱེས་པ་རྣམས་ཀུང་རྒྱུ་ཉིད་ཡིན་ཏེ། མཚན་དང་། དཔེ་བྱད་དང་སྐྱེས་བུ་ཆེན་པོ་བཞིན་ནོ་ཞེ་ན། དེ་ནི་ལན་མ་ཡིན་ཏེ། དགག་པ་སྔར་བསྟན་ཟིན་པའི་ཕྱིར་རོ། །དེའི་ཕྱིར་ཡང་སྐྱེ་བ་དང་། རྒ་ཤི་དག་ལ་ལྷན་ཅིག་ཉིད་མི་སྲིད་དོ། །

དེའི་ཕྱིར་དེ་ལྟར་བརྟགས་ན། གང་ལ་སྔ་ཕྱི་ལྷན་ཅིག་གི །རིམ་པ་དེ་དག་མི་སྲིད་པའི། །སྐྱེ་བ་དེ་དང་རྒ་ཤི་དེ། །ཅི་ཡི་ཕྱིར་ན་སྤྲོས་པར་བྱེད། །དོན་དམ་པར་དེ་དག་སྤྲོས་པར་བྱ་བར་མི་རིགས་པ་ཁོ་ན་སྟེ། དེ་དག་མ་སྐྱེས་པའི་ཕྱིར་རོ་ཞེས་བྱ་བར་དགོངས་སོ། །དེ་ལྟར་འཁོར་བ་སྒྲུབ་པའི་གཏན་ཚིགས་སྐྱེ་བ་དང་། རྒ་ཤི་དང་། ལྷན་པ་ཉིད་མ་གྲུབ་པའི་ཕྱིར་ཕ་རོལ་པོས་རབ་ཏུ་བྱེད་པའི་དང་པོར་སྨྲས་པའི་གཏན་ཚིགས་ཀྱི་དོན་མ་གྲུབ་པ་ཉིད་ཀྱི་སྐྱོན་གྱི་ལན་གདབ་པར་བྱས་སོ། །ད་ནི་སློབ་དཔོན་གྱིས་སྐྱེ་བ་ལ་སོགས་པ་དག་གི་སྔ་ཕྱི་དང་ལྷན་ཅིག་གི་རིམ་པ་དག་ཡོད་པར་མི་འཐད་པ་བཞིན་དུ་དངོས་པོ་ལྷག་མ་རྣམས་ལ་ཡང་འདྲ་བར་བསྟན་པར་བཞེད་ནས་བཤད་པ། རྒྱུ་དང་འབྲས་བུ་ཉིད་དང་ནི།། མཚན་ཉིད་དང་ནི་མཚན་ཉིད་གཞི། །ཚོར་དང་ཚོར་པོ་ཉིད་དང་ནི། །དོན་ཡོད་གང་དག་ཅི་ཡང་རུང་། །ཚད་མ་དང་གཞལ་བྱ་དང་། ཤེས་པ་དང་ཤེས་བྱ་དང་། གྲོལ་བ་དང་ཐར་པའི་མཚན་ཉིད་དག་གོ། །འཁོར་བ་འབའ་ཞིག་སྔོན་གྱི་མཐའ། །ཡོད་མ་ཡིན་པ་མ་ཡིན་གྱི༑ ༑དངོས་རྣམས་ཐམས་ཅད་ཉིད་ལ་ཡང་། །སྔོན་གྱི་མཐའ་ནི་ཡོད་མ་ཡིན། །དེ་ལ་རེ་ཞིག་འདིར་རྒྱུ་དང་འབྲས་བུ་དང་མཚན་ཉིད་དང་མཚན་ཉིད་ཀྱི་གཞིའི་དབང་དུ་བྱས་ནས་ཕྱོགས་ཙམ་ཞིག་བཤད་པར་བྱ་སྟེ། དོན་དམ་པར་འབྲུ་ནི་མྱུ་གུའི་སྔ་ན་ཡོད་པ་མ་ཡིན་པར་ཤེས་པར་བྱ་སྟེ། འབྲས་བུ་ཡིན་པའི་ཕྱིར་དཔེར་ན་མྱུ་གུའི་རང་གི་བདག་ཉིད་བཞིན་ནོ། །གལ་ཏེ་རྒྱུད་ཐ་དད་པའི་འབྲས་བུ་སྔར་འབྱུང་བ་དག་གིས་མ་ངེས་པ་ཉིད་དོ་ཞེ་ན། དེ་དག་ཀྱང་དོན་དམ་པར་དེ་བཞིན་དུ་བཀག་པའི་ཕྱིར་མི་མཐུན་པའི་ཕྱོགས་མེད་པས་མ་ངེས་པ་ཉིད་མ་ཡིན་ནོ། །ཅི་སྟེ་འབྲས་བུ་རྒྱུ་བས་སྔ་བར་འདོད་ན་ཡང་དོན་དམ་པར་འབྲས་བུ་རྒྱུ་བས་སྔ་བར་འདོད་པར་མི་བྱ་སྟེ། རྒྱུ་མེད་པའི་སྐྱོན་དུ་འགྱུར་བའི་ཕྱིར

རོ། །གང་དག་རྒྱུ་ལས་འབྲས་བུ་སྔ་ན་ཡོད་པ་ཉིད་བསལ་བར་བྱེད་དོ་ཞེས་ཟེར་བ་དེ་དག་ལ་ཡང་། འབྲས་བུ་རྐྱེན་རྣམས་ཀྱིས་བསལ་བར་བྱེད་པ་མི་འཐད་དེ། དེ་དག་ཞིག་པས་དེ་འཇིག་པར་འགྱུར་བའི་ཕྱིར་དཔེར་ན་འཇིམ་པ་ལ་སོགས་པ་ཞིག་པས་བུམ་པ་བཞིན་ནོ། །གང་ཞིག་གང་གིས་བསལ་བར་བྱེད་པ་དེ་ནི་དེ་ཞིག་པས་འཇིག་པར་མི་འགྱུར་ཏེ། དཔེར་ན་ཉི་མ་དང་ནོར་བུ་དང་། མར་མེ་དང་། སྨན་གྱི་འོད་ཞིག་པས་གསལ་བར་བྱ་བ་ཁྲིའུ་དང་། གཏན་པ་དག་ཞིག་པར་མི་འགྱུར་བ་བཞིན་ནོ་ཞེས་བརྗོད་པར་བྱའོ། །གསལ་བ་ཡང་སྔོན་མ་བྱུང་བ་ལས་འབྱུང་བའི་ཕྱིར་འབྲས་བུ་སྔ་ན་མེད་པར་སྨྲ་བ་ཡིན་ནོ། །རྒྱུ་དང་འབྲས་བུ་དག་དུས་མཉམ་པ་ཉིད་དོ་ཞེ་ན། དེ་ཡང་རིགས་པ་མ་ཡིན་ནོ། །ཅི་སྟེ་ལྷན་ཅིག་ཏུའོ་ཞེ་ན། དེ་ལྟ་ན་ཡང་དོན་དམ་པར་འབྲུ་དང་མྱུ་གུ་ལྷན་ཅིག་འབྱུང་བ་དག་རྒྱུ་དང་འབྲས་བུའི་དངོས་པོར་མི་རུང་སྟེ། ལྷན་ཅིག་ཏུ་འབྱུང་བའི་ཕྱིར་དཔེར་ན་བ་ལང་གི་རྭ་དག་བཞིན་ནོ། །དེ་བཞིན་དུ་ལྐོག་ཤལ་ལ་སོགས་པའི་མཚན་ཉིད་ཀྱང་མཚན་ཉིད་ཀྱི་གཞི་བས་སྔ་བར་མི་འདོད་དེ། གཞི་མེད་པའི་ཕྱིར་དཔེར་ན་རི་མོ་རྩིག་པ་བས་སྔ་བ་མ་ཡིན་པ་བཞིན་ནོ། །དེ་བཞིན་དུ་མཚན་ཉིད་ཀྱི་གཞི་ཡང་མཚན་ཉིད་པས་སྔ་བར་མི་རིགས་ཏེ། ལྐོག་ཤལ་ལ་སོགས་པ་མཚན་ཉིད་ཀྱི་གཞི་ཡིན་པའི་ཕྱིར་དཔེར་ན་སྐྱེས་བུ་ཆེན་པོ་ཉིད་སྐྱེས་བུ་ཆེན་པོའི་མཚན་རྣམས་པས་སྔ་བར་མི་རིགས་པ་དང་། ས་ཉིད་སྲ་བ་བས་སྔ་བར་མི་རིགས་པ་བཞིན་ནོ། །མཚན་ཉིད་དང་མཚན་ཉིད་ཀྱི་གཞི་ལྷན་ཅིག་ཏུ་འབྱུང་བ་དག་ཀྱང་། མཚན་ཉིད་དང་མཚན་ཉིད་ཀྱི་གཞི་ཉིད་དུ་མི་འདོད་དེ། ལྷན་ཅིག་ཏུ་འབྱུང་བའི་ཕྱིར་དཔེར་ན་དྲི་དང་རོ་ལྷན་ཅིག་ཏུ་འབྱུང་བ་དག་བཞིན་ནོ། །རྒྱས་པར་ནི་སྔ་མ་བཞིན་ནོ། །དེ་ལ་འདིར་རབ་ཏུ་བྱེད་པའི་དོན་ནི་ཕ་རོལ་

པོས་རབ་ཏུ་བྱེད་པའི་དང་པོར་སྨྲས་པའི་སྒྲུབ་པའི་སྐྱོན་བརྗོད་པས། འཁོར་བ་ངོ་བོ་ཉིད་མེད་པ་ཉིད་དུ་བསྟན་པ་ཡིན་ནོ། །དེའི་ཕྱིར་དེ་བཞིན་དུ་འདི་ལ་འགའ་ཡང་འཁོར་བར་མི་འགྱུར་མྱ་ངན་ལས་འདས་པར་མི་འགྱུར་ཀུན་ནས་ཉོན་མོངས་པར་མི་འགྱུར། རྣམ་པར་བྱང་བར་མི་འགྱུར་རོ་ཞེས་བྱ་བ་ལ་སོགས་པ་དང་། དེ་བཞིན་དུ་ཚངས་པ་ངས་འཁོར་བ་ཡང་མི་དམིགས། མྱ་ངན་ལས་འདས་པ་ཡང་མི་དམིགས་སོ། །དེ་ཅིའི་ཕྱིར་ཞེ་ན། དེ་བཞིན་གཤེགས་པས་འཁོར་བ་འདོགས་པར་མཛད་ཀྱང་། དེར་འགའ་ཡང་འཁོར་བར་མི་འགྱུར་ཞིང་དེ་བཞིན་གཤེགས་པས་མྱ་ངན་ལས་འདས་པ་འདོགས་པར་མཛད་ཀྱང་། དེར་འགའ་ཡང་མྱ་ངན་ལས་འདའ་བར་མི་འགྱུར་བའི་ཕྱིར་རོ་ཞེས་བྱ་བ་ལ་སོགས་པ་དང་། དེ་བཞིན་དུ་རབ་ཀྱི་རྩལ་གྱིས་རྣམ་པར་གནོན་པ་གཟུགས་སྐྱེ་བ་འམ་འཆི་བར་མི་འགྱུར་རོ། །ཚོར་བ་དང་། འདུ་ཤེས་དང་། འདུ་བྱེད་རྣམས་དང་། རྣམ་པར་ཤེས་པ་སྐྱེ་བའམ་འཆི་བར་མི་འགྱུར་རོ། །རབ་ཀྱི་རྩལ་གྱི་རྣམ་པར་གནོན་པ། གཟུགས་དང་། ཚོར་བ་དང་། འདུ་ཤེས་དང་། འདུ་བྱེད་རྣམས་དང་། རྣམ་པར་ཤེས་པ་སྐྱེ་བའམ་འཆི་བར་མི་འགྱུར་བ་གང་ཡིན་པ་དེ་ནི་ཤེས་རབ་ཀྱི་ཕ་རོལ་ཏུ་ཕྱིན་པའོ་ཞེས་བྱ་བ་ལ་སོགས་པ་དང་། དེ་བཞིན་དུ་རབ་ཀྱི་རྩལ་གྱིས་རྣམ་པར་གནོན་པ། སྔོན་དང་ཕྱི་མ་དང་། དབུས་ཀྱི་མཐའ་མེད་པ་ནི་མྱ་ངན་ལས་འདས་པའི་མཐའོ། །ཇི་ལྟར་བརྗོད་པ་དེ་ལྟ་མ་ཡིན་ཏེ། ཆོས་ཐམས་ཅད་མཐའ་མེད་པ་ནི་མྱ་ངན་ལས་འདས་པའི་མཐའོ་ཞེས་བྱ་བ་ལ་སོགས་པ་གསུངས་པ་དེ་དག་གྲུབ་པ་ཡིན་ནོ། །སློབ་དཔོན་ལེགས་ལྡན་བྱེད་(འབྱེད་)ཀྱིས་ཉེ་བར་སྦྱར་བ། དབུ་མའི་རྩ་བའི་འགྲེལ་པ་ཤེས་རབ་སྒྲོན་མ་ལས། འཁོར་བ་བརྟག་པ་ཞེས་བྱ་བ་སྟེ། རབ་ཏུ་བྱེད་པ་བཅུ་གཅིག་པའོ།། །།

༼རབ་བྱེད་བཅུ་གཉིས་པ་སྡུག་བསྔལ་བརྟག་པ།༽

ད་ནི་སྟོང་པ་ཉིད་ཀྱི་མི་མཐུན་པའི་ཕྱོགས་ཀྱི་ཁྱད་པར་དགག་པས་སྡུག་བསྔལ་ངོ་བོ་ཉིད་མེད་པ་ཉིད་དུ་བསྟན་པའི་དོན་གྱི་དབང་གིས་རབ་ཏུ་བྱེད་པ་བཅུ་གཉིས་པ་བརྩམ་མོ། །འདིར་སྨྲས་པ། དོན་དམ་པར་ཕུང་པོ་རྣམས་ཡོད་པ་ཁོ་ན་ཡིན་ཏེ། སྡུག་བསྔལ་ཡིན་པའི་ཕྱིར་འདི་ན་གང་མེད་པ་དེ་ནི་སྡུག་བསྔལ་མ་ཡིན་ཏེ། དཔེར་ན་མགོ་གཉིས་པ་བཞིན་ནོ། །ཕུང་པོ་རྣམས་ནི་སྡུག་བསྔལ་ཡིན་ཏེ། མདོ་སྡེ་ལས། མདོར་ན་ཉེ་བར་ལེན་པའི་ཕུང་པོ་ལྔ་སྡུག་བསྔལ་ལོ་ཞེས་གསུངས་པའི་ཕྱིར་དང་། ཆོས་མངོན་པ་ལས་ཀྱང་། སྡུག་བསྔལ་ཀུན་འབྱུང་འཇིག་རྟེན་དང་། །ལྟ་བའི་གནས་དང་སྲིད་པ་ཡིན། །ཞེས་འབྱུང་བས་དེའི་ཕྱིར་གཏན་ཚིགས་ཇི་སྐད་སྨོས་པའི་མཐུས་དོན་དམ་པར་ཕུང་པོ་རྣམས་ཡོད་པ་ཁོ་ན་ཡིན་ནོ། །འདིར་བཤད་པ། སྡུག་བསྔལ་དུ་རྣམ་པར་རྟོག་པ་ཉེ་བར་བཞག་ནས། ཁ་ཅིག་སྡུག་བསྔལ་བདག་གིས་བྱས། །གཞན་གྱིས་བྱས་དང་གཉིས་ཀས་བྱས། །རྒྱུ་མེད་པ་ལས་བྱུང་བར་འདོད། །དེ་ནི་བྱ་བར་མི་རུང་ངོ་། །སླ་བ་ཁ་ཅིག་སྡུག་བསྔལ་བདག་གིས་བྱས་པ་དང་། གཞན་གྱིས་བྱས་པ་དང་། གཉི་ག་མ་བྱས་པ་དང་། རྒྱུ་མེད་པ་ལས་བྱུང་བར་འདོད་དེ། རྣམ་པར་དུ་མར་རྣམ་པར་བརྟགས་པ་དེ་ནི་བྱ་བའི་འབྲས་བུར་མི་རུང་ངོ་། །ཇི་ལྟར་ཞེ་ན། དེ་ལ་རེ་ཞིག་ཇི་ལྟར་དོན་དམ་པར་སྡུག་བསྔལ་བདག་གིས་བྱས་པར་མི་རུང་བ་དེ་ལྟར་འདིར་བསྟན་པར་བྱ་སྟེ། གལ་ཏེ་བདག་གིས་བྱས་གྱུར་པ། །དེ་ཕྱིར་བརྟེན་ནས་འབྱུང་མི་འགྱུར། །གང་གི་ཕྱིར་བདག་གིས་བྱས་པ་ནི་རྒྱུ་དང་རྐྱེན་

གྱིས་བྱས་པ་མ་ཡིན་པ་དེའི་ཕྱིར། དེ་ལ་བརྟེན་ནས་འབྱུང་བ་ཉིད་ཀྱི་ཆོས་མེད་དོ་ཞེས་བྱ་བའི་ཐ་ཚིག་སྟེ། དེ་ནི་མི་འདོད་དོ། །བརྟེན་ནས་བྱུང་བ་ཉིད་དུ་འདོད་དེ་འདིས་ནི་སྡུག་བསྔལ་གྱི་ཆོས་བརྟེན་ནས་འབྱུང་བ་ཉིད་ཡིན་པར་བསྟན་ཏོ། །གང་ཕྱིར་ཕུང་པོ་འདི་དག་ལ༑ ༑བརྟེན་ནས་ཕུང་པོ་དེ་དག་འབྱུང་། །གང་གི་ཕྱིར་ད་ལྟར་གྱི་ཕུང་པོ་འདི་དག་ལ་བརྟེན་ནས་འབྱུང་བར་འདོད་པའི་ཕུང་པོ་འདི་དག་འབྱུང་སྟེ། གང་གི་ཕྱིར་ཞེས་བྱ་བའི་སྒྲ་ནི་འདི་ལྟར་ཞེས་བྱ་བའི་དོན་དུ་བལྟ་བར་བྱའོ། །དེ་ལྟར་ན་དེ་ནི་ཆོས་མཐུན་པའི་དཔེའི་ཚིག་ཡིན་ཏེ། འདིར་རྗེས་སུ་དཔག་པ་ནི་དོན་དམ་པར་ལྷས་བྱིན་ཞེས་བྱ་བའི་ཕུང་པོ་ལྔ་ནི་བྱེད་པ་པོ་ལྷས་བྱིན་དང་ལྡན་པ་མ་ཡིན་ཏེ། བརྟེན་ནས་བྱུང་བའི་ཕྱིར་དཔེར་ན་སྲིད་པ་གཅིག་ཏུ་གཏོགས་པའི་ཕུང་པོ་ལྔ་པོ་ཕྱི་མ་དག་ཕུང་པོ་ལྔ་པོ་སྔ་མའི་རྒྱུ་ལས་བྱུང་བཞིན་ནོ། །ཡང་ན་བྱེ་བྲག་པ་དག་ན་རེ། ལུས་དང་། དབང་པོ་དང་། བློའི་ཚོགས་ཞིག་ཀྱང་བདག་ནི་མི་འཇིག་ལ། དེ་ཡང་ཁོ་བོ་ཅག་གི་ཕྱོགས་ལ་བྱེད་པ་པོ་དེ་དང་བཅས་པ་ཉིད་དུ་གནས་པ་གཅིག་པུ་ཡིན་པས་དེའི་ཕྱིར་དེས་བྱས་པའི་སྡུག་བསྔལ་ནི་བདག་གིས་བྱས་པ་ཞེས་བྱར་རུང་གི། གང་ལ་འདུ་བྱེད་རྣམས་སྐད་ཅིག་མ་རེ་རེ་ལ་འཇིག་པའི་ངང་ཅན་ཡིན་པ་དེ་ལ་ནི་སེམས་ཀྱི་སྐད་ཅིག་མ་གང་ལ་སྡུག་བསྔལ་སྐྱེ་བ་དེ་བྱེད་པ་པོ་དེ་དང་ལྡན་པ་ཡིན་པས་བདག་གིས་བྱས་པ་མ་ཡིན་ལ། གཞན་གྱིས་བྱས་པའི་ལས་ཀྱི་འབྲས་བུ་ལ་ལོངས་སྤྱོད་པ་མི་སྲིད་པས་གཞན་གྱིས་བྱས་པ་ཡང་མ་ཡིན་ཏེ། མཛད་པའི་མཐའ་དང་འགལ་ལོ་ཞེས་ཟེར་བས་དེ་དག་ལ་ཡང་། དེ་ནི་བྱ་བར་མི་རུང་ངོ་། །སྡུག་བསྔལ་དེ་ནི་བྱ་བར་མི་རུང་སྟེ། བདག་དེ་དང་བཅས་པ་ཉིད་དུ་གནས་པ་ལ་རྗེས་སུ་དཔག་པས་གནོད་པའི་ཕྱིར་རོ། །དེ་ལ་འདིར་རྗེས་སུ་དཔག་པ་ནི་སྐྱེས་བུ་ནི་བྱེད་པ་པོ་མ་ཡིན་ཏེ། རྟག་

པའི་ཕྱིར་དཔེར་ན་ནམ་མཁའ་བཞིན་ནོ། །རྟག་པ་ཉིད་དུ་རྗེས་སུ་དཔོག་པས་བྱེད་པ་པོ་མ་ཡིན་པ་ཉིད་ཀྱིས་བྱེད་པ་པོ་ཉིད་བཀག་པའི་ཕྱིར་དམ་བཅས་པ་ལ་ཆོས་ཅན་གྱི་ངོ་བོ་ཉིད་བཀག་པའི་སྐྱོན་ཡོད་དོ། །གཞན་ཡང་། གལ་ཏེ་བདག་གིས་བྱས་གྱུར་ན། །དེ་ཕྱིར་བརྟེན་ནས་འབྱུང་མི་འགྱུར། །བདག་གི་རྐྱེན་ལས་འབྱུང་བར་མི་འགྱུར་ཏེ། བྱེད་པ་པོ་མ་སྐྱེས་པ་ལ་བྱ་བ་མི་འཐད་པའི་ཕྱིར་རོ་ཞེས་བྱ་བར་དགོངས་སོ། །ཡང་ན་གལ་ཏེ་སྡུག་བསྔལ་བྱེད་པ་པོ་བདག་དང་ལྡན་པར་འདོད་ན་དེ་ལྟ་ན་ཡང་། དེ་ཕྱིར་བརྟེན་ནས་འབྱུང་མི་འགྱུར། ཁོ་བོ་ཅག་གི་ཕྱོགས་ལ་སྡུག་བསྔལ་ཉིད་བདག་གི་སྒྲར་བརྗོད་པའི་ཕྱིར་རོ་ཞེས་བྱ་བར་དགོངས་སོ། །ཡང་ན་གལ་ཏེ་སྐྱེས་བུ་རང་གིས་ལས་དེ་བྱས་པར་གྱུར་ན། དེ་ཕྱིར་བརྟེན་ནས་འབྱུང་མི་འགྱུར། ལྷན་ཅིག་བྱེད་པའི་རྒྱུ་གཞན་དག་ལ་ཞེས་བྱ་བའི་ཚིག་གི་ལྷག་མའོ། །སྡུག་བསྔལ་ནི་བྱེད་པ་པོ་བདག་དང་ལྡན་པར་འདོད་པར་མི་བྱ་སྟེ། རྒྱུ་དུ་མ་དག་གིས་བསྒྲུབ་པར་བྱ་བ་ཡིན་པའི་ཕྱིར། དཔེར་ན་རླུང་ཤུགས་དྲག་པོ་དག་གིས་ཤིང་སྐམ་པོའི་ཡལ་ག་དག་བསྒྲིད་དེ་དྲུད་པ་ལས་བྱུང་བའི་ནགས་ཀྱི་མེས་ནགས་ཚལ་བསྲེག་པའི་ལས་བཞིན་ནོ་ཞེས་བྱ་བར་དགོངས་སོ། །འདིར་རྗེས་སུ་དཔག་པ་ནི་དོན་དམ་པར་ལྷས་བྱིན་གྱི་སྡུག་བསྔལ་ནི་བྱེད་པ་པོས་ལྷས་བྱིན་གྱི་བདག་དང་ལྡན་པ་མ་ཡིན་ཏེ། སྡུག་བསྔལ་ཡིན་པའི་ཕྱིར་དཔེར་ན་མཆོད་སྦྱིན་གྱི་སྡུག་བསྔལ་བཞིན་ནོ། །གལ་ཏེ་མཆོད་སྦྱིན་གྱི་སྡུག་བསྔལ་སྐྱེ་བ་ལ་ཡང་ལན་འགའ་ལྷས་བྱིན་བྱེད་པ་པོ་ཡིན་པའི་ཕྱིར་མ་ངེས་པ་ཉིད་དོ་ཞེ་ན། རང་གིས་བྱས་པའི་ལས་ཀྱི་འབྲས་བུ་སྨྱོང་བ་ཡིན་པའི་ཕྱིར་མ་ངེས་པ་ཉིད་མ་ཡིན་ནོ། །དེའི་རྣམ་པར་འགྱུར་པ་ཡིན་ན་ཡང་བྱེད་པ་པོའི་ངོ་བོ་ཉིད་མ་ཡིན་པ་བོང་བ་ལ་སོགས་པ་དག་ཀྱང་ཐ་སྙད་དུ་ལྷན་ཅིག་བྱེད་པའི་རྒྱུའི་དངོས

པོས་དེའི་ཡན་ལག་ཉིད་དུ་འགྱུར་བའི་ཕྱིར་སྐྱོན་མེད་དོ། །གང་ལ་འདུ་བྱེད་རྣམས་སྐད་ཅིག་མ་རེ་རེ་ལ་འཇིག་པའི་ངང་ཅན་ཡིན་པ་དེ་ལ་ནི་སེམས་ཀྱི་སྐད་ཅིག་མ་གང་ལ་སྡུག་བསྔལ་སྐྱེ་བ་དེ། བྱེད་པ་པོ་དེ་དང་ལྡན་པ་མ་ཡིན་པས། བདག་གིས་བྱས་པ་མ་ཡིན་ལ་ཞེས་བྱ་བ་ལ་སོགས་པ་གང་སྨྲས་པ་དེ་ལ་ཡང་ཉན་ཅིག དོན་དམ་པར་ནི་སྡུག་བསྔལ་བདག་གིས་བྱས་པ་དང་། གཞན་གྱིས་བྱས་པར་བརྗོད་པར་བྱ་བ་མ་ཡིན་པའི་ཕྱིར། དེ་དག་མི་སྲིད་པར་བསྟན་པ་མི་གནོད་དོ། །ཐ་སྙད་དུ་ནི་འཇིག་རྟེན་ན་དེ་དང་རིགས་མཐུན་པ་ཉིད་ཀྱིས་རྒྱུ་དང་འབྲས་བུའི་རྒྱུད་ཐ་མི་དད་པ་ལ། ཐ་སྙད་དེ་དག་མཐོང་སྟེ། དཔེར་ན་བདག་གིས་བཙུགས་པའི་མར་མེ་དེ་ཉིད་འདི་ཡིན་ནོ། །བདག་གིས་བསྐྱེད་པའི་ཤིང་ཨ་མྲ་དེ་ཉིད་འདི་ཡིན་ནོ་ཞེས་བརྗོད་པ་དེ་བཞིན་དུ་འདི་ལ་ཡང་སེམས་ཅན་གྱི་སྐད་ཅིག་མ་སྔ་མ་སེམས་ཅན་གྱི་སྐད་ཅིག་མ་ཕྱི་མ་དང་། རྒྱུ་དང་འབྲས་བུ་འབྲེལ་པ་ཐ་མི་དད་པས་བྱས་པ་ལ་བདག་གིས་བྱས་པ་ཞེས་བྱའོ། །གཞན་ཉིད་ཡིན་དུ་ཟིན་ཀྱང་རྒྱུ་དང་འབྲས་བུར་འབྲེལ་པའི་ཕྱིར། སེམས་ཅན་གྱི་སྐད་ཅིག་མ་སྔ་མས་དགེ་བ་དང་། མི་དགེ་བ་ཉེ་བར་བསགས་པ་དག་གི་རྣམ་པར་སྨིན་པ་མི་མྱོང་བ་མ་ཡིན་ཏེ། དཔེར་ན་དུག་གི་མཐུ་ལོ་མའི་སྐད་ཅིག་མར་བླུགས་པ་དེའི་རྣམ་པར་འགྱུར་བ་ཞོའི་སྐད་ཅིག་མར་མྱོང་བ་བཞིན་པས་མ་བྱས་པ་དང་ཕྲད་པ་དང་། བྱས་པ་ཆུད་ཟ་བར་ཡང་མི་འགྱུར་རོ། །ཅི་སྟེ་སྐད་ཅིག་མ་སྔ་མས་ལས་ཉེ་བར་བསགས་པའི་འབྲས་བུ་ནི་འདུ་བྱེད་ཀྱི་སྐད་ཅིག་མ་ཕྱི་མ་ལ་མྱོང་བར་མི་འགྱུར་ཏེ། གཞན་ཡིན་པའི་ཕྱིར་དཔེར་ན་རྒྱུད་ཐ་དད་པ་བཞིན་ནོ་ཞེ་ན༏ དེ་ཡང་བཟང་པོ་མ་ཡིན་ཏེ། མཛད་པའི་མཐའ་ལས། གང་ལ་བརྟེན་ནས་གང་འབྱུང་བ༏ ༏དེ་ནི་རེ་ཞིག་དེ་ཉིད་མིན། །དེ་ལས་གཞན་པའང་མ་ཡིན་ཕྱིར། །དེ་ཕྱིར་ཆད་མིན་

རྟག་མ་ཡིན། །ཞེས་འབྱུང་བའི་ཕྱིར་གཞན་ཉིད་ཀྱི་གཏན་ཚིགས་ཀྱི་དོན་མ་གྲུབ་པ་ཉིད་དོ། །སེམས་ཀྱི་སྐད་ཅིག་མ་སྔ་མ་ལ་སོགས་པའི་མཐུའི་ཁྱད་པར་ནི་སྐྱེ་བའི་གཉེན་པོ་མ་སྐྱེས་པའི་རྒྱུད་ལ་འབྲས་བུར་འགྱུར་བར་གནང་བར་བྱ་སྟེ། མཐུའི་ཁྱད་པར་ཡིན་པའི་ཕྱིར་དཔེར་ན་མ་དུ་ལུང་གའི་མེ་ཏོག་གི་ཟེ་བ་དམར་བ་བཞིན་པས་ཐ་སྙད་ཀྱི་བདེན་པ་ལ་གནོད་པ་མེད་དོ། །གལ་ཏེ་ཕྱོགས་གཞན་གྱིས་ལས་བྱས་པའི་འབྲས་བུ་ཕྱོགས་གཞན་གྱིས་མྱོང་བར་འགྱུར་བས་ཕྱོགས་ལ་མ་བྱས་པ་དང་ཕྲད་པ་དང་། བྱས་པ་ཆུད་ཟ་བའི་སྐྱོན་དུ་འགྱུར་ཏེ། དེ་ཉིད་ཀྱིས་ལན་འགའ་ཡང་འབྲས་བུ་མྱོང་བར་མི་འགྱུར་བའི་ཕྱིར་རོ། །ཕྱོགས་འབྲེལ་པར་བརྟགས་ན་ཡང་དམ་བཅས་པ་ཉམས་པར་འགྱུར་ཏེ། ཕྲད་པ་དང་། འདུ་བ་དག་ལ་ཡང་འབྲེལ་པ་ཡོད་པའི་ཕྱིར་དྲན་པ་དང་ཤེས་པ་ལ་སོགས་པ་སྐྱེས་པ་དག་དངོས་མ་ཡིན་པས་མཛད་པའི་མཐའ་དང་འགལ་ལོ། །བདག་གཅིག་པ་ཉིད་ཀྱི་ཕྱིར་སྐྱོན་མེད་དོ་ཞེ་ན། དེ་ཇི་ལྟར་གཅིག་པ་ཉིད་ཡིན། གཅིག་ཉིད་ཀྱི་གྲངས་དང་ལྡན་པའི་ཕྱིར་རོ་ཞེ་ན་ནི། བདག་ནི་གཅིག་ཉིད་ཀྱི་གྲངས་དངོས་དང་ལྡན་པ་མ་ཡིན་ཏེ། ཡོད་པའི་ཕྱིར་གཅིག་ཉིད་ཀྱི་གྲངས་དངོས་བཞིན་ནོ། །གཅིག་དང་གཅིག་མ་ཡིན་པ་ལ་གཅིག་པ་ཉིད་དུ་བརྟགས་ན་ཡང་འབྲེལ་པ་དོན་མེད་པ་ཉིད་དུ་འགྱུར་བའི་ཕྱིར་དང་། མི་སྲིད་པའི་ཕྱིར་བཟང་པོ་མ་ཡིན་པ་ཉིད་དོ། །ཞར་ལ་བཤད་པས་ཆོག་སྟེ། དེའི་ཕྱིར་དེ་ལྟར་སྡུག་བསྔལ་བདག་གིས་བྱས་པ་མ་ཡིན་པར་འདོད་དོ། །གཞན་གྱིས་བྱས་པ་ཡང་མ་ཡིན་ཏེ། ཇི་ལྟ་ཞེ་ན། གལ་ཏེ་དེ་ལས་འདི་གཞན་ཞིང་། །གལ་ཏེ་འདི་ལས་དེ་གཞན་ན།། གཞན་དེ་དག་གིས་འདི་བྱས་པས། །སྡུག་བསྔལ་གཞན་གྱིས་བྱས་པར་འགྱུར། །གལ་ཏེ་སྔོན་གྱི་ཕུང་པོ་དེ་དག་ལས་ཉིང་མཚམས་སྦྱོར་བའི་ཕུང་པོ་ཕྱི་མ་འདི་དག་གཞན་ཡིན་

པར་གྱུར་ཅིང༌། གལ་ཏེ་འདི་དག་ལས་ཀུང་སྔོན་གྱི་ཕུང་པོ་དེ་དག་གཞན་ཡིན་པར་གྱུར་ན་ནི་དེ་ལྟར་བརྟག་ན་གཞན་དེ་དག་གིས་འདི་དག་བྱས་པས། སྡུག་བསྔལ་གཞན་གྱིས་བྱས་པར་ཡང་འགྱུར་བ་ཞིག་ན། དེ་ལྟར་ནི་མི་འདོད་དེ་གཞན་ཉིད་དུ་རྗེས་སུ་དཔོག་པས་དེ་བྱེད་པ་པོ་ཉིད་མ་ཡིན་པས། དེ་བྱེད་པོ་ཡིན་བསྒྲུབ་པས། གང་གི་ཕྱིར་སྡུག་བསྔལ་གཞན་གྱིས་བྱས་པར་དམ་བཅས་པའི་དམ་བཅའ་བ་ལ་ཆོས་ཀྱི་ངོ་བོ་ཉིད་བསྒྲུབ་པའི་སྐྱོན་ཡོད་དོ་ཞེས་བྱ་བར་དགོངས་སོ། །ཡང་ན། གཞན་དེ་དག་གིས་འདི་བྱས་པས།། སྡུག་བསྔལ་གཞན་གྱིས་བྱས་པར་འགྱུར། །ཞེས་བྱ་བ་ནི་འཐད་པས་དེ་དག་ལ། གཞན་ཉིད་དེ་ཡང་མི་སྲིད་པ་ཁོ་ནའི་ཕྱིར་རོ། །གཞན་ཉིད་ཡིན་དུ་ཟིན་ཀྱང་སྐྱེ་བ་མེད་པའི་རབ་ཏུ་བྱེད་པར་གཞན་ལས་སྐྱེ་བ་མེད་པར་བསྟན་པ་བཞིན་དུ། དེ་ལས་སྐྱེ་བ་མེད་དོ་ཞེས་བྱ་བར་དགོངས་སོ། །ཇི་ལྟར་གཞན་ཉིད་མི་སྲིད་པར་དགོངས་ཤེ་ན། དོན་དམ་པར་ལྟས་བྱིན་གྱི་སྔོན་གྱི་ཕུང་པོ་རྣམས་ནི་ཕུང་པོ་ཕྱི་མ་རྣམས་ལས་གཞན་མ་ཡིན་ཏེ། ལྷས་བྱིན་གྱི་ཕུང་པོ་ཡིན་པའི་ཕྱིར་དཔེར་ན་ཕུང་པོ་ཕྱི་མའི་རང་གི་བདག་ཉིད་བཞིན་ནོ། །ཡང་ན་གཏན་ཚིགས་ནི་རྒྱུད་ཐ་མི་དད་པའི་སྡུག་བསྔལ་ཡིན་པའི་ཕྱིར་ཏེ། སྦྱོར་བའི་ཡན་ལག་ལྷག་མ་རྣམས་ནི་སྔ་མ་བཞིན་ནོ། །གཞན་དག་གིས་སྨྲས་པ། གཞན་གྱིས་བྱས་པའི་ལས་ཀྱི་འབྲས་བུ་མི་མྱོང་བའི་ཕྱིར་དང༌། གང་ཟག་གནས་སྐབས་གཞན་ཐ་དད་པས་བྱས་པའི་ཕྱིར་སྡུག་བསྔལ་བདག་གིས་བྱས་པ་ཡང་ཡིན་ལ། གཞན་གྱིས་བྱས་པ་ཡང་ཡིན་པས། ཕྱོགས་གཉི་གར་བསྟན་པའི་སྐྱོན་མེད་དོ། །འདིར་བཤད་པ། གལ་ཏེ་གང་ཟག་བདག་གིས་ནི། །སྡུག་བསྔལ་བྱས་ནས་གང་དག་གིས། །སྡུག་བསྔལ་བྱས་པའི་གང་ཟག་ནི། །སྡུག་བསྔལ་མེད་པ་དེ་གང་ཡིན། །རང་གི་གྲུབ་པའི་མཐའ་ལ་གནོད་པ་བཅབ་པའི་ཕྱིར།

གལ་ཏེ་གང་ཟག་བདག་གིས་ཕུང་པོ་ལྔའི་མཚན་ཉིད་ཀྱི་སྡུག་བསྔལ་བྱས་པར་རྟོག་ན། གང་གིས་བདག་གིས་སྡུག་བསྔལ་བྱས་པའི་གང་ཟག་སྡུག་བསྔལ་མེད་པ་དེ་གང་ཞིག་ཡིན་ཏེ། བདག་གི་དངོས་པོ་གང་གིས་སྡུག་བསྔལ་དེ་བྱས་པའི་གང་ཟག་ཅེས་བརྗོད་པ། སྡུག་བསྔལ་མེད་པ་ནི། །འགའ་ཡང་ཡོད་པ་མ་ཡིན་ནོ་ཞེས་བྱ་བར་དགོངས་སོ། །ཅི་སྟེ་ཡང་རང་གི་ལྟ་བ་བསྐྱང་བར་འདོད་པས་གང་ཟག་ནི་ཕུང་པོ་རྣམས་ལས་དེ་ཉིད་དང་། གཞན་ཉིད་དུ་བརྗོད་པར་བྱ་བ་མ་ཡིན་པ་ཉིད་དུ་བརྗོད་ན་ཡང་དེ་ལྟ་ན་ཡང་གང་ཟག་ནི་ལྟས་བྱིན་ཞེས་བྱ་བའི་ཕུང་པོ་ལྔ་པོ་འདི་དག་ལ་མེད་པར་ཤེས་པར་བྱ་སྟེ། བརྟེན་ནས་འབྱུང་བའི་ཕྱིར་དཔེར་ན་བུམ་པར་བཞིན་ནོ། །གལ་ཏེ་ཡོད་པ་ཉིད་འགོག་པར་བྱེད་པའི་ཕྱིར་དེ་ནི་ཡོད་དེ་ཞེ་ན། དེ་ནི་བཟང་པོ་མ་ཡིན་ཏེ། མུ་སྟེགས་བྱེད་ཀྱིས་ཡོངས་སུ་བརྟགས་པའི་གཙོ་བོ་དང་སྐྱེས་བུ་དང་། དབང་ཕྱུག་ལ་སོགས་པ་དག་གིས་མ་ངེས་པ་ཉིད་ཡིན་པའི་ཕྱིར་དང་། དོན་དམ་པར་དཔེ་མེད་པའི་ཕྱིར་དང་། ཡོད་པ་ཉིད་འགའ་ཡང་མི་འཐད་པའི་ཕྱིར་རོ། །འདིར་ཡང་སྨྲར་སློབ་དཔོན་ཉིད་ཀྱིས། གལ་ཏེ་བདག་གིས་བྱས་གྱུར་ན། །དེ་ཕྱིར་བརྟེན་ནས་འབྱུང་མི་འགྱུར། །ཞེས་བྱ་བས་སྡུག་བསྔལ་གྱི་ཆོས་བརྟེན་ནས་བྱུང་བ་ཉིད་ཡིན་པར་བསྟན་པ། དེའི་དབང་པོ་ནས་རྗེས་སུ་དཔག་པ་བསྟན་ཏོ༔ ༔དེའི་ཕྱིར་དེ་ལྟར་དོན་དམ་པར་གང་ཟག་མ་གྲུབ་པའི་ཕྱིར་སྡུག་བསྔལ་གང་ཟག་གིས་ཀྱང་བདག་གིས་མ་བྱས་པར་གྲུབ་བོ། །ད་ནི་ཇི་ལྟར་གང་ཟག་གཞན་དུ་འགྱུར་བས་སྡུག་བསྔལ་བྱས་པར་མི་འཐད་པ་དེ་ལྟར་བཤད་པ། གལ་ཏེ་གང་ཟག་གཞན་གྱིས་ནི༔ ༔སྡུག་བསྔལ་བྱས་ན་གཞན་ཞིག་གིས། །སྡུག་བསྔལ་བྱས་བ་གཞན་ཞིག་གིས།། སྡུག་བསྔལ་དེ་བྱས་གང་སྦྱིན་དེ། །སྡུག་བསྔལ་མེད་པར་ཇི་ལྟར་རུང་། །གལ་ཏེ་གང་

ཟག་གཞན་གྱིས་སྡུག་བསྔལ་བྱས་ནས་གནས་སྐབས་གཞན་ཐ་དད་པསགཞན་ཞིག་གིས་
སྡུག་བསྔལ་དེ་བྱས་ནས་གང་ལས་སྦྱིན་པར་བྱ་བ་དེ་སྡུག་བསྔལ་མེད་པར་ཇི་ལྟར་རུང་
སྟེ༑ དེ་ནི་ཡོད་པ་མ་ཡིན་པ་ཁོ་ན་སྟེ། གང་ཟག་སྡུག་བསྔལ་མེད་པ་བཀག་པའི་ཕྱིར་དང་།
དེ་ཡོད་པ་ཉིད་དུ་སྟོན་པའི་རྗེས་སུ་དཔག་པ་མེད་པའི་ཕྱིར་རོ་ཞེས་བྱ་བར་དགོངས་སོ།།
ད་ལྟར་གྱི་གང་ཟག་མེད་པའི་ཕྱིར་གནས་སྐབས་གཞན་ཐ་དད་པའི་གཞན་ཉིད་ཡོད་པ་
མ་ཡིན་ན་གང་གི་ཕྱིར་དེས་བྱས་བ་གཞན་གྱིས་བྱས་པ་ཞེས་བྱ་བར་འགྱུར། ཡང་གཞན་
ཡང་༑ སྔར་རྗེས་སུ་དཔག་པ་ལས་སྡུག་བསྔལ་བདག་གིས་མ་བྱས་སོ་ཞེས་བྱ་བ་དེ་
བསྟན་ཟིན་པས་དེའི་ཕྱིར། བདག་གིས་བྱས་པར་མ་གྲུབ་པས། །སྡུག་བསྔལ་གཞན་
གྱིས་ག་ལ་བྱས། །མ་བྱས་པ་ལ་གཞན་གྱི་ཐ་སྙད་མི་སྲིད་པའི་ཕྱིར་རོ་ཞེས་བྱ་བར
དགོངས་སོ། །ཡང་ན་རྒྱུད་སོ་སོར་ངེས་པ་ལ་ལས་རྣམ་པར་སྨིན་པ་ཅན་གཞན་གྱིས་བྱེད་
པ་མི་སྲིད་པའི་ཕྱིར། སྡུག་བསྔལ་གཞན་གྱིས་ག་ལ་བྱས་ཞེས་གསུངས་ཏེ། དེའི་ཕྱིར་དེ་
ལྟར་སྡུག་བསྔལ་བདག་དང་གཞན་གྱིས་བྱས་པ་ཉིད་དུ་མི་འཐད་དོ། །ཡང་གཞན་ཡང་།
གཞན་གྱིས་སྡུག་བསྔལ་གང་བྱེད་པ། །དེ་ནི་དེ་ཡི་བདག་བྱས་འགྱུར། །གནས་སྐབས
གཞན་ཐ་དད་དུ་ཟིན་ཀྱང་གང་ཟག་ཐ་དད་པ་མེད་པའི་ཕྱིར་རོ། །དེ་ལྟ་བས་ན་བདག
གིས་བྱས་པ་དང་། གཞན་གྱིས་བྱས་པ་ཞེས་བྱ་བ་དེ་དག་ནི་གྱི་ནའོ། །གཞན་དག་གིས
སྨྲས་པ། གང་ཟག་གི་བདག་གིས་བྱས་པའི་ཕྱིར། སྡུག་བསྔལ་བདག་གིས་བྱས་པ་ཡང་
ཡིན་ལ། སྡུག་བསྔལ་གང་ཡིན་པ་དེ་ཉིད་གང་ཟག་མ་ཡིན་པའི་ཕྱིར། སྡུག་བསྔལ་གཞན
གྱིས་བྱས་པ་ཡང་ཡིན་ཏེ། དེ་ལྟར་རྣམ་གྲངས་ལས་བདག་དང་གཞན་གྱིས་བྱས་པར
གྲུབ་པའི་ཕྱིར་སྐྱོན་མེད་དོ། །འདིར་བཤད་པ། རེ་ཞིག་སྡུག་བསྔལ་བདག་བྱས་མིན། །

གང་ཟག་གི་བདག་གིས་མ་བྱས་སོ་ཞེས་བྱ་བའི་ཐ་ཚིག་སྟེ། སྡུག་བསྔལ་གྱི་ངོ་བོ་ཉིད་མ་ཡིན་པའི་ཕྱིར་གང་ཟག་མེད་པའི་ཕྱིར་རོ་ཞེས་བྱ་བར་དགོངས་སོ། །སྡུག་བསྔལ་གྱི་ངོ་བོ་ཡིན་ན་ཡང་། དེ་ཉིད་ཀྱིས་ནི་དེ་མ་བྱས། །གལ་ཏེ་བདག་གིས་བྱས་གྱུར་ན། །དེ་ཕྱིར་བརྟེན་ནས་འབྱུང་མི་འགྱུར། །ཞེས་བྱ་བ་དེ་བཀག་ཟིན་པའི་ཕྱིར་རོ་ཞེས་བྱ་བས་དགོངས་སོ༔ ༔ཡང་ན། དེ་ཉིད་ཀྱིས་ནི་དེ་མ་བྱས། །ཞེས་བྱ་བ་ནི་རང་ལ་བྱ་བ་བྱེད་པ་མ་མཐོང་བའི་ཕྱིར་དང་། བདག་ལས་སྐྱེ་བ་མི་འཐད་པ་བཞིན་དུ་དེས་བྱེད་པ་མི་འཐད་པའི་ཕྱིར་རོ་ཞེས་བྱ་བར་དགོངས་སོ། །སྡུག་བསྔལ་གང་ཡིན་པ་དེ་ཉིད་གང་ཟག་མ་ཡིན་པའི་ཕྱིར་དེས་བྱས་པ་ནི་གཞན་གྱི་བྱས་པ་ཡང་ཡིན་ཏེ་ཞེས་གང་སྨྲས་པ་དེ་ཡང་བཟང་པོ་མ་ཡིན་ཏེ༔ གལ་ཏེ་གཞན་དག་མ་བྱས་ན། །སྡུག་བསྔལ་གཞན་བྱས་ག་ལ་འགྱུར། །ཕ་རོལ་པོ་དག་གིས་གཞན་ཉིད་དུ་བསམས་པ་གང་ཡིན་པ་དེ་གལ་ཏེ་བདག་གིས་མ་བྱས་ཤིང་བདག་ཉིད་མ་སྐྱེས་ཀྱང་ཡོད་པར་གྱུར་ན་ནི་དེས་ནི་དེ་གཞན་ཉིད་དུ་གྲུབ་པའི་ཕྱིར་དེས་བྱས་པ་ཡང་གཞན་གྱིས་བྱས་བར་འགྱུར་གྲང་ན། མཁས་པ་རྣམས་ནི་མ་སྐྱེས་པ་ཡོད་པ་ཉིད་དུ་མི་སྟོན་པས་དེའི་ཕྱིར་སྡུག་བསྔལ་གཞན་གྱིས་བྱས་པར་ག་ལ་འགྱུར་ཏེ། དེ་ནི་ཡོད་པ་མ་ཡིན་པ་ཉིད་དོ་ཞེས་བྱ་བའི་ཚིག་གི་དོན་ཏོ། །དེ་ལྟར་སྡུག་བསྔལ་བདག་གིས་བྱས་པ་དང་། གཞན་གྱིས་བྱས་པར་མི་རིགས་སོ། །གྲངས་ཅན་དག་ནི་རྟུལ་ཤས་ཆེ་བས་བྱ་བ་བྱེད་པའི་འཇུག་པ་དེ་དག་དམིགས་པ་ནི་སྡུག་བསྔལ་ཡིན་ལ། དེ་ཡང་གང་གི་ཕྱིར་བདག་ཉིད་ཀྱི་ནང་གི་བྱེད་པ་དག་བྱེད་པ་པོ་ཡིན་པ་དེའི་ཕྱིར་བྱེད་པ་པོ་བདག་ཉིད་དང་ལྡན་པ་ཡིན་ལ། གང་གི་ཕྱིར་སྐྱེས་བུའི་ངོ་བོ་ཉིད་ལས་ཐ་དད་པས་ནང་གི་བྱེད་པ་གཞན་དུ་གྱུར་པ་དག་བྱེད་པ་པོ་ཉིད་ཡིན་པ་དེའི་ཕྱིར་བྱེད་པ་པོ་གཞན་དང་ལྡན་པ་ཡིན་པས

དེས་བྱས་པའི་སྡུག་བསྔལ་ནི་བདག་དང་གཞན་གྱིས་བྱས་པ་ཡིན་ནོ་ཞེས་ཟེར་ཞིང་། །དེ་དག་འདི་སྐད་ཅེས། ཕུང་པོ་སྐད་ཅིག་སྨྲ་བ་ཡིས། །ཤཱཀྱ་པ་དག་བདག་མེད་ན། །མཐོ་རིས་ཐར་པ་དགོས་པ་ཡི། །འབད་པ་དོན་མེད་ཉིད་དུ་འགྱུར། །ཕུང་པོ་སྔ་མར་གཏོགས་པ་ཡི། །དགེ་བ་དེ་འབྲས་སྐྱེད་པ་ལས། །ཕུང་པོ་ཕྱི་མ་ཁྱད་པར་ཅན། །ཀུན་དུ་འབྱུང་བར་འདོད་མོད་ཀྱི། །འོན་ཀྱང་དེ་དག་གཞན་དོན་དུ། །འབད་པ་འཐད་པར་མི་འགྱུར་ཏེ།། གཞན་ལ་ཕན་པར་བྱ་བར་ནི། །འགའ་ཡང་འཇུག་པར་མི་བྱེད་དོ། །ཞེས་བྱ་བ་ལ་སོགས་པ་ཡང་བརྗོད་དོ། །ཞེས་བྱ་བ་ལ་སོགས་པ་ཡང་བརྗོད་དོ། །འདིར་བཤད་པ། རེ་ཞིག་སྡུག་བསྔལ་བདག་བྱས་མིན། །སྐྱེས་བུས་སོ། །གལ་ཏེ་ནང་གི་བྱེད་པས་བྱས་སོ་ཞེ་ན༏ ནང་གི་བྱེད་པ་རྟུལ་ཤས་ཆེ་བ་དེ་ནི་སྡུག་བསྔལ་ཡིན་པས་སྡུག་བསྔལ་དེ་ཉིད་ཀྱིས་དེ་ཉིད་བྱེད་པར་མི་འཐད་དེ། དཔེར་ན་བུམ་པ་དེ་ཉིད་ཀྱིས་བུམ་པ་དེ་ཉིད་བྱེད་པར་མི་འཐད་པ་བཞིན་ནོ་ཞེས་བྱ་བར་སློབ་དཔོན་གྱིས་དགོངས་ནས། དེ་ཉིད་ཀྱིས་ནི་དེ་མ་བྱས་ཞེས་གསུངས་ཏེ། དེའི་ཕྱིར་སྡུག་བསྔལ་བདག་གིས་མ་བྱས་སོ། །ད་ནི། གལ་ཏེ་གཞན་དག་མ་བྱས་ན། །སྡུག་བསྔལ་གཞན་བྱས་ག་ལ་འགྱུར། །ཕ་རོལ་པོ་དག་གིས་ནང་གི་བྱེད་པ་ལས། གཞན་ཡིན་པར་བསམས་པ་གང་ཡིན་པའི་གཞན་དེ་ནི་བདག་གིས་མ་བྱས་ཏེ། བདག་ཉིད་མ་གྲུབ་པོ་ཞེས་བྱ་བའི་ཐ་ཚིག་གོ། བྱས་ཞེས་བྱ་བའི་སྒྲ་ནི་དོན་དུ་མ་འཇུག་པའི་ཕྱིར། དཔེར་ན་ཟན་བྱས་སོ་ཞེས་བྱ་བ་བཞིན་ནོ། །དེའི་ཕྱིར་དེ་ལྟར་གཞན་ཞེས་བྱ་བ་བདག་ཉིད་མ་གྲུབ་པས། སྡུག་བསྔལ་གཞན་གྱིས་བྱས་པར་ག་ལ་འགྱུར། ཡང་ན་གཞན་ཉིད་མ་གྲུབ་པའི་ཕྱིར་ཏེ། སྐྱེས་བུ་ནི་ནང་གི་བྱེད་པ་ལས་གཞན་མ་ཡིན་ཏེ། དངོས་པོ་ཡིན་པའི་ཕྱིར་དཔེར་ན་ནང་གི་བྱེད་པའི་རང་གི་བདག་ཉིད་བཞིན་པས་རང་གི་

རྗེས་སུ་དཔག་པ་ལ་གནོད་དོ། །གཞན་ཉིད་དུ་རྗེས་སུ་དཔོག་པས། སྡུག་བསྔལ་དམིགས་པའི་བྱེད་པ་པོ་མ་ཡིན་པ་ཉིད་ཀྱིས་དེ་བསྐྱལ་བའི་ཕྱིར་དམ་བཅས་པ་ལ། །ཆོས་ཀྱི་ངོ་བོ་ཉིད་བཟློག་པའི་སྐྱོན་ཡང་ཡོད་དོ་ཞེ་ན། དེ་ལྟ་ན་ཡང་སྡུག་བསྔལ་བདག་གིས་བྱས་པ་དང་༔ གཞན་གྱིས་བྱས་པར་མི་རིགས་སོ། །རྣམ་གཉིས་སུ་སྨྲ་བ་དག་ན་རེ། འོ་ན་རྣམ་གྲངས་ལས། སྡུག་བསྔལ་ནི་གཉི་གས་བྱས་པའི་ཕྱིར་སྐྱོན་མེད་དོ་ཞེ་ན། དེའི་ཕྱིར་དེ་དགག་པའི་ཕྱིར་བཤད་པ། གལ་ཏེ་རེ་རེས་བྱས་གྱུར་ན། །སྡུག་བསྔལ་གཉི་གས་བྱས་པར་འགྱུར། །གང་གི་ཚེ་ཇི་སྐད་བསྟན་པའི་སྐྱབ་པས་བདག་གིས་བྱས་པ་དང་། གཞན་གྱིས་བྱས་པ་མི་རིགས་པ་དེའི་ཚེ་གཉི་གས་བྱས་སོ་ཞེས་བྱ་བའི་སྐབས་མེད་དོ་ཞེས་བྱ་བར་དགོངས་སོ། །རྒྱུ་མེད་པ་ལས་བྱུང་བ་ཡང་མ་ཡིན་ཏེ། སྐྱེ་བ་མེད་པའི་ཕྱིར་རབ་ཏུ་བྱེད་པར་རྒྱུ་མེད་པར་སྨྲ་བ་བསྐྱལ་བས། དེའི་ཕྱིར་བཤད་པ་གཞན་གྱིས་མ་བྱས་བདག་མ་བྱས། །སྡུག་བསྔལ་རྒྱུ་མེད་ག་ལ་འགྱུར། །གཞན་གྱིས་བྱས་པ་ནི་གཞན་གྱིས་དེ་བྱས་པ་སྟེ། གཞན་གྱིས་བྱེད་ཅེས་བྱ་བའི་ཐ་ཚིག་གོ། གཞན་གྱིས་མ་བྱས་པ་ནི་གཞན་གྱིས་མི་བྱེད་པའོ། །བདག་གིས་བྱས་པ་ཡང་བདག་གིས་དེ་བྱས་པ་སྟེ། བདག་གིས་བྱེད་ཅེས་བྱ་བའི་ཐ་ཚིག་གོ། བདག་གིས་མ་བྱས་པ་ནི་བདག་གིས་མི་བྱེད་པའོ། །གཞན་གྱིས་མ་བྱས་པ་དང་། བདག་གིས་མ་བྱས་པ་ནི། གཞན་གྱིས་མི་བྱེད་པ་དང་། བདག་གིས་མི་བྱེད་པའོ༔ ༔གང་གི་ཚེ་ཇི་སྐད་སྨོས་པའི་ཚད་མས་གནོད་པའི་ཕྱིར་དོན་དམ་པར་སྡུག་བསྔལ་དམིགས་སུ་མེད་པ་དེའི་ཚེ་སྡུག་བསྔལ་རྒྱུ་མེད་པ་ལས་བྱུང་བར་ག་ལ་འགྱུར་ཏེ། དེ་ཡོད་པ་མ་ཡིན་པ་ཉིད་དོ་ཞེས་བྱ་བའི་ཚིག་གི་དོན་ཏོ། །དེའི་ཕྱིར་དེ་ལྟར་རྣམ་པ་ཐམས་ཅད་དུ་སྡུག་བསྔལ་མི་སྲིད་པས་ཕ་རོལ་པོས་རབ་ཏུ་བྱེད་པའི་དང་པོར་དོན་དམ་པར་ཕུང་པོ་

རྣམས་ཡོད་པ་ཁོ་ན་ཡིན་ཏེ། སྡུག་བསྔལ་ཡིན་པའི་ཕྱིར་རོ་ཞེས་སྨྲས་པའི་གཏན་ཚིགས་ཀྱི་དོན་མ་གྲུབ་པ་ཉིད་དོ། །སྡུག་བསྔལ་འབའ་ཞིག་རྣམ་པ་བཞི། །ཡོད་མ་ཡིན་པ་མ་ཡིན་གྱི། །ཕྱི་རོལ་དངོས་པོ་རྣམས་ལ་ཡང་། །རྣམ་པ་བཞི་པོ་ཡོད་མ་ཡིན། །ཇི་སྐད་བསྟན་པའི་ཚུལ་གྱིས་གཟུགས་ལ་སོགས་པ་ཕྱི་རོལ་གྱི་དངོས་པོ་རྣམས་ལ་ཡང་རྣམ་པ་བཞི་པོ་དག་ཡོད་པ་མ་ཡིན་ནོ། །དེ་ལ་རེ་ཞིག་གཟུགས་ཀྱི་དབང་དུ་བྱས་ནས་བཤད་པར་བྱ་སྟེ། གཟུགས་ནི་བདག་ཉིད་ཀྱིས་མ་བྱས་ཏེ། ཡོད་པ་དང་མེད་པ་ལ་བྱེད་པ་མི་འཐད་པའི་ཕྱིར་ཚུལ་སྔར་བསྟན་པ་བཞིན་ནོ། །ཡང་ན་བརྟེན་ནས་འབྱུང་བའི་ཕྱིར་དཔེར་ན་མྱུ་གུ་བཞིན་ནོ། །འབྱུང་བ་གཞན་དུ་གྱུར་པ་དག་གིས་ཀྱང་མ་བྱས་པ་སྟེ། དེ་དག་གཞན་ཉིད་དུ་མི་འཐད་པའི་ཕྱིར་རོ། །དེ་ཇི་ལྟར་མི་འཐད་ཅེ་ན། འབྱུང་བ་ཆེན་པོ་དག་ནི་གཟུགས་ལས་གཞན་དུ་གྱུར་པ་མ་ཡིན་ཏེ། ཕྱི་རོལ་བ་ཡིན་པའི་ཕྱིར་དཔེར་ན་གཟུགས་ཀྱི་རང་གི་བདག་ཉིད་བཞིན་ནོ། །ཡང་ན་རྫས་སུ་ཡོད་པ་ཉིད་བཀག་པའི་ཕྱིར་ཏེ། མེད་པ་ལ་གཞན་ཉིད་མི་འཐད་པའི་ཕྱིར་རོ། །གཉི་གས་ཀྱང་མ་བྱས་ཏེ། རེ་རེས་བྱེད་པ་མི་འཐད་པའི་ཕྱིར་རོ། །རྒྱུ་མེད་པ་ལས་ཀྱང་བྱུང་བ་ཡང་མ་ཡིན་ཏེ། རྒྱུ་མེད་པར་སྨྲ་བ་བཀག་པའི་ཕྱིར་རོ། །དེ་བཞིན་དུ་སྒྲ་ལ་སོགས་པ་དག་ལ་ཡང་བརྗོད་པར་བྱའོ། །

དེ་ལ་འདིར་རབ་ཏུ་བྱེད་པའི་དོན་ནི་ཕ་རོལ་པོས་རབ་ཏུ་བྱེད་པའི་དང་པོར་སྨྲས་པའི་གཏན་ཚིགས་ཀྱི་དོན་མ་གྲུབ་པ་ཉིད་དུ་བརྗོད་པས་སྡུག་བསྔལ་ངོ་བོ་ཉིད་མེད་པ་ཉིད་དུ་བསྟན་ནོ། །དེའི་ཕྱིར་རབ་ཀྱི་རྩལ་གྱིས་རྣམ་པར་གནོན་པ། གཟུགས་ནི་བདེ་བའམ། སྡུག་བསྔལ་མ་ཡིན་ནོ། །དེ་བཞིན་དུ་ཚོར་བ་དང་། འདུ་ཤེས་དང་། འདུ་བྱེད་རྣམས་དང་། རྣམ་པར་ཤེས་པ་ཡང་བདེ་བའམ། སྡུག་བསྔལ་མ་ཡིན་ནོ། །གཟུགས་དང་། ཚོར་བ་དང་།

འདུ་ཤེས་དང་། འདུ་བྱེད་རྣམས་དང་། རྣམ་པར་ཤེས་པ་བདེ་བའམ། སྡུག་བསྔལ་མ་ཡིན་པ་གང་ཡིན་པ་དེ་ནི་ཤེས་རབ་ཀྱི་ཕ་རོལ་ཏུ་ཕྱིན་པའོ་ཞེས་བྱ་བ་དང་། དེ་བཞིན་དུ་ཚངས་པ་རྣམ་གྲངས་དེས་ཀྱང་ཁྱོད་ཀྱིས་འདི་ལྟར་ཤེས་པར་བྱ་སྟེ། སྡུག་བསྔལ་བ་དང་། ཀུན་འབྱུང་བ་དང་། འགོག་པ་དང་། ལམ་ནི་འཕགས་པ་རྣམས་ཀྱི་བདེན་པ་མ་ཡིན་གྱི། འདི་ལྟར་སྡུག་བསྔལ་བ་དང་། ཀུན་འབྱུང་བ་དང་། འགོག་པ་དང་། ལམ་མ་སྐྱེས་པ་ནི་འཕགས་པ་རྣམས་ཀྱི་ལམ་མོ་ཞེས་བྱ་བ་དང་། ཉན་ཐོས་ཀྱི་ཐེག་པར་ཡང་བཅོམ་ལྡན་འདས་ཀྱིས་བཀའ་སྩལ་ཏེ། ཀྱེ་གཽ་ཏ་མ་སྡུག་བསྔལ་བདག་གིས་བྱས་སམ། ཆོ་དང་ལྡན་པ་མ་ཡིན་ནོ།། གཞན་གྱིས་བྱས་སམ། ཆོ་དང་ལྡན་པ་མ་ཡིན་ནོ། །གཉིས་གས་བྱས་སམ། ཆོ་དང་ལྡན་པ་མ་ཡིན་ནོ། །བདག་གིས་ཀྱང་མ་བྱས། གཞན་གྱིས་ཀྱང་མ་བྱས་པས་བྱས་སམ། ཆོ་དང་ལྡན་པ་མ་ཡིན་ནོ་ཞེས་བྱ་བ་ལ་སོགས་པ་རྒྱ་ཆེར་གསུངས་པ་དེ་དག་གྲུབ་པ་ཡིན་ནོ། །སློབ་དཔོན་ལེགས་ལྡན་བྱེད་(འབྱེད)ཀྱིས་ཉེ་བར་སྦྱར་བ། དབུ་མའི་རྩ་བའི་འགྲེལ་པ་ཤེས་རབ་སྒྲོན་མ་ལས། སྡུག་བསྔལ་བརྟག་པ་ཞེས་བྱ་བ་སྟེ་རབ་ཏུ་བྱེད་བཅུ་གཉིས་པའོ།། །།

༼རབ་བྱེད་བཅུ་གསུམ་པ་དེ་ཁོ་ན་བརྟག་པ།༽

དབུ་མའི་རྩ་བའི་འགྲེལ་པ་ཤེས་རབ་སྒྲོན་མ། བམ་པོ་བཅུ་པ། དེ་ནི་སྐྱེ་མཆེད་ཀྱི་སྐྱེ་བ་བཀག་པ་ལ་བྱིན་གྱིས་བརླབས་པའི་ལན་བཏབ་པ་དང་། རང་དབང་དུ་རྗེས་སུ་དཔག་པའི་མཐུས་འདུ་བྱེད་རྣམས་རྣམ་པ་ལས་ངོ་བོ་ཉིད་མེད་པ་ཉིད་དུ་བསྟན་པའི་དོན་གྱི་དབང་གིས་རབ་ཏུ་བྱེད་པ་བཅུ་གསུམ་པ་བརྩམ་མོ། །ཆོས་གང་སླུ་བ་དེ་བརྫུན་ཞེས། །ཞེས་བྱ་བ་ལ་སོགས་པ་དེ་ལ་བརྫུན་པ་ཞེས་བྱ་བ་ནི་ལོག་པའི་ཤེས་པས་དམིགས་པར་བྱ་བ་ཡིན་པའི་ཕྱིར་དང་། བྱིས་པའི་སྐྱེ་བོ་བདག་ལ་སོགས་པའི་ཚུལ་གྱིས་འདྲིད་པའི་ཕྱིར་རོ། །སླུ་བ་ཞེས་བྱ་བ་ནི་དྲན་པ་ལ་སོགས་པ་དོན་དམ་པའི་ཡུལ་ཅན་དག་རབ་ཏུ་སླུ་བའི་རྒྱུ་ཡིན་པའི་ཕྱིར་རོ། །དེ་ལ་བརྫུན་པ་ཞེས་བྱ་བ་ནི་བསྟན་པའི་ཚིག་གི་ཡིན་ལ། སླུ་བ་ཞེས་བྱ་བ་ནི་བཤད་པའི་ཚིག་གི་ཡིན་ནོ། །བཅོམ་ལྡན་འདས་ཀྱིས་དེ་སྐད་གསུངས་ཞེས་བྱ་བ་ནི་མདོ་སྡེ་ལས་སོ། །དེ་སྐད་ཅེས་བྱ་བའི་སྒྲ་ནི་ཉེ་བར་བསྟན་པའི་དོན་ཏོ། །བཅོམ་ལྡན་འདས་ཀྱིས་མདོ་སྡེ་ལས་ཇི་སྐད་གསུངས་ཤེ་ན། ཉན་ཐོས་ཀྱི་ཐེག་པ་ལས་ཀྱང་འདི་ལྟ་སྟེ། འདུས་བྱས་གང་ཡིན་པ་གང་ཡིན་པ་དེ་ནི་བརྫུན་པ་སླུ་བའི་ཆོས་སོ། །དགེ་སློང་དག་འདི་ལྟ་སྟེ། མི་བསླུ་བའི་ཆོས་མྱ་ངན་ལས་འདས་པ་དེ་ནི་བདེན་པ་མཆོག་གོ །འདུས་བྱས་དེ་ནི་སླུ་བའི་ཆོས་ཀྱང་ཡིན༑ དེ་ནི་རབ་ཏུ་འཇིག་པའི་ཆོས་ཀྱང་ཡིན་ནོ་ཞེས་ཀྱང་གསུངས་ལ། ཐེག་པ་ཆེན་པོ་ལས་ཀྱང་རབ་འབྱོར་ཅི་ཙམ་དུ་འདུས་བྱས་པ་དེ་ཙམ་དུ་བརྫུན་ལ། ཇི་ཙམ་དུ་འདུས་མ་བྱས་པ་དེ་ཙམ་དུ་མི་བརྫུན་ནོ་ཞེས་གསུངས་སོ། །དེའི་ཕྱིར་དེ་ལྟར་ཕྱོགས་གཉི་ག་ལ་

གྲགས་པའི་ལུང་དག་ཡོད་པའི་ཕྱིར། འདུས་བྱས་ཐམས་ཅད་སླུ་བའི་ཆོས། འདིས་ནི་འདུ་བྱེད་ཀྱིས་ནི་སླུ་བའི་ཆོས་ཉིད་ཡིན་པར་བསྟན་ཏོ། །དེས་ན་དེ་དག་བརྫུན་པ་ཡིན། །ཞེས་བྱ་བ་ནི་ངོ་བོ་ཉིད་མེད་པའི་ཕྱིར་ཏེ། དེ་ནི་མཇུག་བསྡུ་བའི་ཚིག་ཡིན་ནོ། །འདིར་སྦྱོར་བའི་ཚིག་ནི་དོན་དམ་པར་ནང་གི་དངོས་པོ་རྣམས་ནི་ངོ་བོ་ཉིད་སྟོང་པ་ཉིད་ཡིན་ཏེ། སླུ་བའི་ཆོས་ཡིན་པའི་ཕྱིར། དཔེར་ན། སྒྱུ་མ་མཁན་གྱི་སྤྲུལ་པའི་བུད་མེད་ཀྱི་ལུས་བཞིན་ནོ༑ ༑འདིར་ཁ་ཅིག་གིས་སྨྲས་པ། འདི་ལྟར་སངས་རྒྱས་པ་དག་ནི་ཡན་ལག་གསུམ་སྨྲ་བ་ཡིན་པས་དེའི་ཕྱིར་ཉེ་བར་སྦྱར་བ་དང་། མཇུག་བསྡུ་བའི་ཚིག་དག་མི་རིགས་སོ། །དེ་ནི་བཟང་པོ་མ་ཡིན་ཏེ། འདི་ལྟར་ཉེ་བར་སྦྱར་བ་དང་། མཇུག་བསྡུ་བདག་ཡན་ལག་གཞན་ཉིད་དུ་མི་འདོད་མོད་ཀྱི་དེ་དག་སྦྱར་བར་མི་བྱ་བ་ནི་མ་ཡིན་ནོ། །གཞན་དུ་གང་ལ་ཆོས་མཐུན་པའི་དཔེ་ཉེ་ཚེ་ཡོད་པ་ལ་སྒྲ་ནི་མི་རྟག་སྟེ། བྱས་པའི་ཕྱིར་རོ། །བྱས་པ་ནི་མི་རྟག་པར་མཐོང་སྟེ། དཔེར་ན་བུམ་པ་བཞིན་ནོ། །སྒྲ་ཡང་དེ་བཞིན་པས་དེ་ལྟར་བྱས་པའི་ཕྱིར་མི་རྟག་གོ་ཞེས་བྱ་བ་དང་།དེ་བཞིན་དུ་གང་ལ་ཆོས་མི་མཐུན་པའི་དཔེ་ཉེ་ཚེ་བ་ཡོད་པ་སྒྲ་ནི་མི་རྟག་སྟེ་བྱས་པའི་ཕྱིར་རོ། །མ་བྱས་པ་ནི་རྟག་པར་མཐོང་སྟེ། དཔེར་ན་ནམ་མཁའ་བཞིན་ནོ། །སྒྲ་ནི་དེ་ལྟར་མ་བྱས་པ་མ་ཡིན་ཏེ་བྱས་པ་ཡིན་པས། དེ་ལྟར་བྱས་པའི་ཕྱིར་མི་རྟག་གོ་ཞེས་བྱ་བ་དང་། དེ་ལྟ་བུ་དང་མཐུན་པ་དོན་གྱི་ཚིག་དག་ལ་དམ་བཅས་པའི་གཏན་ཚིགས་ཀྱི་དོན་ཇི་ལྟར་གསལ་བར་འགྱུར། སྦྱོར་བའི་ཚིག་དག་ལ་ནི་དེ་དག་མི་དགོས་ཏེ་དོན་མེད་པའི་ཕྱིར་རོ། །ཡན་ལག་ལྔར་སྨྲ་བ་དག་ན་རེ། ཡན་ལག་གསུམ་ཉིད་དུ་མི་རིགས་ཏེ་བསྒྲུབ་པར་བྱ་བ་ཆོས་འབའ་ཞིག་ལ་གཏན་ཚིགས་བརྗོད་ན་ནི་དཔེ་ལ་དེ་མེད་པའི་ཕྱིར་ཐུན་མོང་མ་ཡིན་པ་ཉིད་དོ། །དཔེའི་ཆོས་འབའ་

ཞིག་ལ་གཏན་ཚིགས་བརྗོད་ན་ནི་གཏན་ཚིགས་ཀྱི་དོན་མ་གྲུབ་པ་ཉིད་དོ། །སྤྱིའི་ཆོས་ལ་གཏན་ཚིགས་བརྗོད་ན་ནི་རྗེས་སུ་འགྲོ་བ་བསྟན་པ་དོན་མེད་དེ། དཔེའི་ཆོས་ལ་ཡང་སྤྱིར་བསྟན་པའི་ཕྱིར་རོ། །དཔེ་ལ་གཏན་ཚིགས་ཀྱི་རྗེས་སུ་འགྲོ་བ་ཡོད་པ་ཉིད་དུ་སྟོན་ན་ནི་བསྒྲུབ་པར་བྱ་བ་ལ་ཡང་དེ་དང་འབྲེལ་པ་བསྟན་པའི་ཚིག་གཞན་བརྗོད་དགོས་སོ།། གལ་ཏེ་དམ་བཅས་པའི་མཇུག་ཐོགས་སུ་སྨོས་པས་བསྒྲུབ་པར་བྱ་བ་དང་འབྲེལ་པར་འགྲུབ་པོ་ཞེ་ན། དེ་ལྟ་ན་སྒྲ་ནི་མི་རྟག་སྟེ། མིག་གིས་གཟུང་བ་ཡིན་པའི་ཕྱིར་རོ་ཞེས་བྱ་བ་ཡང་འགྲུབ་པར་འགྱུར་རོ། །གྲགས་པ་དེ་དང་དེ་འབྲེལ་པར་འགྲུབ་པ་ཉིད་དུ་རྟོག་ན་ནི་ཁྱེད་ཀྱི་དཔེ་ལ་ཡང་དེ་བཞིན་དུ་འགྱུར་ཏེ། དེ་ལྟར་བུམ་པ་ལ་སོགས་པ་བྱས་པ་ཉིད་དུ་རྟོགས་པར་འགྱུར་གྱི་སྒྲ་ནི་བྱས་པ་ཉིད་དུ་མི་རྟོགས་སོ། །ཉེ་བར་སྦྱར་བ་དང་། མཇུག་བསྡུ་བདག་ཡན་ལག་གཞན་མ་ཡིན་ཏེ། དོན་ལ་ཁྱད་པར་མེད་པའི་ཕྱིར་དཔེར་ན་གཏན་ཚིགས་ཉིད་བཞིན་ནོ་ཞེ་ན། དེ་ལ་གཏན་ཚིགས་ཀྱི་དོན་མ་གྲུབ་པ་ཉིད་དེ། ཉེ་བར་སྦྱར་བས་བསྒྲུབ་པར་བྱ་བ་དང་། སྒྲུབ་པ་གཏན་ཚིགས་མ་བརྗོད་ཀྱང་གཅིག་ཏུ་བྱེད་པའི་ཕྱིར་དང་༑ གཏན་ཚིགས་གྲུབ་ན་ཡང་སྨོས་པས་མཇུག་བསྡུ་བ་བརྗོད་པའི་ཕྱིར་རོ་ཞེས་ཟེར་རོ༑ ༑དེ་ལ་འདིར་གཏན་ཚིགས་སྤྱིར་གྲགས་པ་ཉིད་བརྗོད་པས་གཏན་ཚིགས་ཉིད་ཕྱོགས་དང་མཐུན་པའི་ཕྱོགས་གཉི་ག་དང་འབྲེལ་པར་འགྲུབ་བོ། །དཔེ་བསྟན་པ་ནི། མཐུན་པའི་ཕྱོགས་བྱེ་བྲག་ཏུ་རྟོགས་པར་བྱ་བའི་ཕྱིར་ཏེ། ཕྱོགས་བྱེ་བྲག་ཏུ་རྟོགས་པར་བྱ་བའི་ཕྱིར་དམ་བཅས་པ་བསྟན་པ་བཞིན་པས། དེའི་ཕྱིར་གཏན་ཚིགས་ཀྱི་དོན་ཉིད་ཉེ་བར་སྦྱར་བས་བརྗོད་དོ། །གཏན་ཚིགས་སྨོས་ན་ཡང་དམ་བཅས་པའི་ཡན་ལག་གི་དོན་ཐ་མ་དད་པའི་ཕྱིར་དོན་དེ་ཉིད་མཇུག་སྡུད་པས་བྱེད་པའི་ཕྱིར་གཏན་ཚིགས་ཀྱི་དོན་མ་

གྲུབ་པ་ཉིད་མ་ཡིན་ནོ། །ཡན་ལག་གསུམ་གྱིས་བསྒྲུབ་པར་བྱ་བ་གྲུབ་ན་ཡན་ལག་བཞིའམ་ལྔ་སྦྱོར་བ་དོན་མེད་པས་དེ་ནི་ལན་མ་ཡིན་ནོ། །གྲངས་ལ་སོགས་པའི་ཡན་ལག་གི་མཚན་ཉིད་ནི་དཔྱད་པར་མི་བྱ་སྟེ། ཧ་ཅང་ཐལ་བར་འགྱུར་བའི་ཕྱིར་རོ། །འདི་ན་བསྟན་བཅོས་བྱེད་པའི་ཚིག་དག་ནི་ཕལ་ཆེར་ཆོས་མཐུན་པའི་མཚན་ཉིད་དང་། ཆོས་མི་མཐུན་པའི་མཚན་ཉིད་དང་། གཏན་ཚིགས་ཀྱི་མཚན་ཉིད་གསུམ་གྱིས་ཐ་སྙད་བྱེད་དེ་ཕྱོགས་ཀྱི་ཆོས་ཉིད་དང་མཐུན་པའི་ཕྱོགས་ལ་རྗེས་སུ་འགྲོ་བ་དང་། མི་མཐུན་པའི་ཕྱོགས་ལ་མེད་པས་ཏེ༑ དེའི་ཕྱིར་ཕྱོགས་ཙམ་ཞིག་བསྟན་ཏོ། །ཞར་ལ་བཤད་པའི་གཏམ་གྱིས་ཚིག་གི་སྐབས་ཉིད་དཔྱད་པར་བྱའོ། །དེ་ལྟར་ངོ་བོ་ཉིད་མེད་པ་ཉིད་སྟོན་པའི་རྗེས་སུ་དཔག་པ་བསྟན་པ་ལ་ཁ་ཅིག་ན་རེ་ངོ་བོ་ཉིད་སྟོང་པ་ཉིད་ནི་མེད་པའི་དོན་ཡིན་ལ། སྨྲ་བའི་ཆོས་ཡིན་པའི་ཞེས་བྱ་བ་ཡང་མེད་པའི་ཕྱིར་དོན་དེ་ཉིད་ཡིན་པས། དམ་བཅས་པའི་དོན་གྱི་ཕྱོགས་གཅིག་ཡིན་པའི་ཕྱིར་སྒྲུབ་པ་གཏན་ཚིགས་མ་ཚང་བ་ཉིད་ཀྱི་སྐྱོན་ཡོད་པས་འདོད་པའི་དོན་མི་འགྲུབ་བོ་ཞེས་ཟེར་རོ། །འདིར་བཤད་པ། གལ་ཏེ་སྨྲ་ཆོས་གང་ཡིན་པ༑ ༑དེ་བརྫུན་འདི་ལ་ཅི་ཞིག་སྨྲ། །གལ་ཏེ་དམ་བཅས་པའི་གཏན་ཚིགས་དེའི་དོན་མེད་པ་ཉིད་ཡིན་ན་དེ་ལ་ཅི་ཞིག་སྨྲ་བར་འགྱུར། །ཅུང་ཟད་ཀྱང་སྨྲ་བར་མི་འགྱུར་ཏེ། མེད་པའི་ཕྱིར་དཔེར་ན་རི་བོང་གི་རྭ་བཞིན་པས་འདུས་བྱས་བརྫུན་པ་ཞེས་གསུངས་པའི་ཚིག་ཉིད་ཀྱང་མེད་དོ་ཞེས་བྱ་བར་དགོངས་སོ། །དེ་ལྟ་བས་ན་བརྫུན་པ་དང་། སྨྲ་བའི་ཆོས་ཞེས་གསུངས་པའི་དོན་ནི་མེད་པ་ཉིད་མ་ཡིན་ཏེ། འོ་ན་ཅི་ཞེ་ན། དེ་གཉིས་ཀྱི་དོན་ནི་རྣམ་པར་བརྟགས་པའི་ངོ་བོ་ཉིད་སྟོང་པ་ཉིད་དང་ལོག་པར་སྣང་བ་ཡིན་པས། དམ་བཅས་པའི་དོན་གྱི་ཕྱོགས་གཅིག་ཉིད་མ་ཡིན་ནོ། །ལོག་པར་སྣང་བ་ལ་ཡང་ཕྱོགས་གཉི་ག་ལ་

གྲགས་པའི་ཕྱིར་ངེས་ན་གཏན་ཚིགས་མ་ཚང་བ་ཉིད་མེད་པའི་ཕྱིར་འདོད་པའི་དོན་གྲུབ་བོ༏ ༏གཞན་ཡང་བཅོམ་ལྡན་འདས་ཀྱིས་དེ་གསུངས་པ། སྟོང་ཉིད་ཡོངས་སུ་སྟོན་པ་ཡིན༏ ༏བཅོམ་ལྡན་འདས་ཉོན་མོངས་པ་དང་། ཤེས་བྱའི་སྒྲིབ་པ་རྒྱ་བ་དང་བཅས་པ་མ་ལུས་པ་དྲུངས་ཕྱུང་བས་སླུ་བའི་ཆོས་ཞེས་བྱ་བ་དེ་གསུངས་པ་ནི་སྟོང་པ་ཉིད་ཡོངས་སུ་སྟོན་པར་བྱེད་པ་ཡིན་ཏེ། སླུ་བའི་ཆོས་ཞེས་གསུངས་པ་ནི་དེ་མེད་ན་མི་འབྱུང་བའི་ཕྱིར་དཔེར་ན་སྒྲ་བ་པོས་ཕྱོགས་འདི་དུ་བ་དང་བཅས་པ་ཡིན་ནོ་ཞེས་སྨྲས་པས་དེ་མེ་དང་བཅས་པ་ཉིད་ཡིན་པར་སྟོན་པ་བཞིན་ནོ། །འདིར་སྨྲས་པ། བརྫུན་པ་ཞེས་གསུངས་པ། དེ་ནི་ཡོད་མོད་ཀྱི། འོན་ཀྱང་མེད་པའི་ཕྱིར་དོན་ཀྱང་མ་ཡིན་ལ། ཆོས་བདག་མེད་པ་ཡོངས་སུ་སྟོན་པར་བྱེད་པ་ཡང་མ་ཡིན་ཏེ། འདི་ལྟར་བཅོམ་ལྡན་འདས་ཀྱིས་བརྫུན་པ་ཞེས་གསུངས་པས་ནི། དངོས་རྣམས་ངོ་བོ་ཉིད་མེད་དེ། །གཞན་དུ་འགྱུར་བ་སྣང་ཕྱིར་རོ། །ཞེས་བསྟན་ཏེ། གཞན་དུ་འགྱུར་བ་ཉིད་སྣང་བའི་ཕྱིར་རོ་ཞེས་བྱ་བའི་ཐ་ཚིག་གོ། བཅོམ་ལྡན་འདས་ཀྱིས་བརྫུན་པ་ཞེས་གསུངས་པས་དངོས་པོ་རྣམས་ངོ་བོ་ཉིད་མེད་པ་ཉིད་ངེས་པར་མི་གནས་པའི་ངོ་བོ་ཉིད་ཡིན་པར་བསྟན་ཏོ། །འདི་ལྟར་བརྟགས་པར་རིགས་ཏེ། ངོ་བོ་ཉིད་མེད་དངོས་མེད་དེ། །འོ་ན་ཇི་ལྟ་བུ་ཞེ་ན། ངོ་བོ་ཉིད་དང་བཅས་པ་ཉིད་དོ། །ཁྱོད་ཀྱི་ལུགས་ལྟར་ན་དངོས་པོ་རྣམས་ངོ་བོ་ཉིད་མེད་པ་ཉིད་དུ་འགྱུར་བས་དེ་ནི་མི་རིགས་ཏེ། གང་ཕྱིར་དངོས་རྣམས་སྟོང་པ་ཉིད། །གང་གི་ཕྱིར་དངོས་པོ་རྣམས་བདག་དང་བདག་གི་བ་ཉིད་དང་བྲལ་བ་དེའི་ཕྱིར་སྟོང་པ་ཉིད་ཅེས་བྱ་བའི་དངོས་པོ་མེད་པ་ནི་མ་ཡིན་པས་དེའི་ཕྱིར། དངོས་པོ་ཡོད་པར་ཤེས་པར་བྱའོ། །ཅི་སྟེ་དེ་ལྟར་མི་འདོད་ན། །གལ་ཏེ་ངོ་བོ་ཉིད་མེད་ན། །གཞན་དུ་འགྱུར་བ་གང་གི་ཡིན། །དེ་ཡང་མཐོང་བས་དེའི་ཕྱིར་དངོས་པོ་

རྣམས་ལ་གཞན་དུ་འགྱུར་བ་ཡོད་པ་ནི། བསྒྲུབ་པའི་ཆོས་ཡིན་པས་རྗེས་སུ་དཔག་པར་ནུས་ཏེ། དོན་དམ་པར་དངོས་པོ་རྣམས་ངོ་བོ་ཉིད་ཡོད་དེ་གཞན་དུ་འགྱུར་བའི་ཕྱིར་རོ། །འདི་ན་གང་མེད་པ་དེ་ལ་ནི་གཞན་དུ་འགྱུར་བ་མེད་དེ། དཔེར་ན་མོ་གཤམ་གྱི་བུ་བཞིན་ནོ༑ ༑ནང་གི་དངོས་པོ་རྣམས་ལ་ནི་གཞན་དུ་འགྱུར་བ་ཡོད་པས་དེའི་ཕྱིར་དོན་དམ་པར་དངོས་པོ་རྣམས་ངོ་བོ་ཉིད་ཡོད་དོ། །འདིར་བཤད་པ། གལ་ཏེ་ངོ་བོ་ཉིད་ཡིན་ན། །ཇི་ལྟ་བུར་ན་གཞན་དུ་འགྱུར། །ངོ་བོ་ཉིད་ཡིན་པ་གཞན་དུ་འགྱུར་བ་ཉིད་མི་རིགས་ཏེ། ངོ་བོ་ཉིད་ནི་ཉམས་པར་མི་འགྱུར་བའི་ཕྱིར་རོ། །གཞན་དུ་འགྱུར་བ་ནི་མཐོང་སྟེ་དེ་ཡང་ངོ་བོ་ཉིད་མེད་པ་ཉིད་ན་མི་འབྱུང་བས་གཏན་ཚིགས་ཀྱི་དོན་འགལ་བ་ཉིད་དོ། །གཞན་དག་གིས་སྨྲས་པ། སླུ་བའི་ཆོས་ཞེས་བྱ་བའི་དོན་ནི་ལོག་པར་སྣང་བའི་དོན་ཡིན་མོད་ཀྱི་དངོས་པོ་མེད་པའི་དོན་མ་ཡིན་ནོ། །བརྫུན་པ་ཞེས་གསུངས་པ་དེས་ནི་དངོས་པོ་རྣམས་ངོ་བོ་ཉིད་མེད་པ་ཉིད་ཅེས་བྱ་བ་བདག་མེད་པ་ཉིད་བསྟན་ཏེ། ངོ་བོ་ཉིད་ཅེས་བྱ་བའི་སྒྲ་ནི་བདག་གི་ཚིག་ཡིན་པའི་ཕྱིར་རོ། །ཅིའི་ཕྱིར་ཞེ་ན། གཞན་དུ་འགྱུར་བ་སྣང་ཕྱིར་རོ། །གཞན་དུ་འགྱུར་བ་ཉིད་སྣང་བའི་ཕྱིར་རོ་ཞེས་བྱ་བའི་ཐ་ཚིག་གོ། དེ་ལྟ་བས་ན་བརྫུན་པ་ཞེས་གསུངས་པ་ནི་བདག་མེད་པ་ཉིད་མེད་ན་མི་འབྱུང་བའི་ཕྱིར་བདག་མེད་པ་ཉིད་སྟོན་པ་ཡིན་གྱི། སྟོང་པ་ཉིད་སྟོན་པ་ནི་མ་ཡིན་ནོ། །འདི་ལྟར་འཕགས་པའི་ལམ་མ་སྐྱེས་ཤིང་འཇིག་ཚོགས་ལ་ལྟ་བའི་རི་དྭགས་མ་ཕྱུང་བདག་ལ་ནི་ནང་དང་ཕྱི་རོལ་གྱི་དངོས་པོ་རྣམས་བདག་དང་བདག་གི་རྣམ་པར་སྣང་ལ། འཕགས་པའི་ལམ་ཡང་དག་པར་སྐྱེས་པ་རྣམས་ལ་ནི་དེ་ལྟར་ཡུལ་གྱི་དངོས་པོར་མི་འགྱུར་བས། དེ་ལྟར་བདག་དང་བདག་གིར་ལོག་པར་སྣང་བའི་ཕྱིར། བཅོམ་ལྡན་འདས་ཀྱིས་བརྫུན་པ་ཞེས་གསུངས་སོ། །དེ་ལ

གལ་ཏེ་ངོ་བོ་ཉིད་མེད་པ་དག་མུ་སྟེགས་བྱེད་ཀྱིས་ཡོངས་སུ་བརྟགས་པའི་བདག་དང་བདག་གི་མེད་དོ་ཞེས་བྱ་བར་སྒྲུབ་ན་ནི་སྒྲུབ་པ་ལ་སྒྲུབ་པ་ཡིན་ནོ། །ཅི་སྟེ་ངོ་བོ་ཉིད་སྟོང་པ་ཉིད་ཅེས་པར་སྒྲུབ་ན་ནི། སྒྱུ་མ་མཁན་གྱིས་སྤྲུལ་པའི་བུད་མེད་ཀྱི་ལུས་བཞིན་ནོ་ཞེས་བྱ་བ་ལ་ངོ་བོ་ཉིད་སྟོང་པ་ཉིད་ཅེས་བྱ་བ་དངོས་པོ་མེད་པའི་མཚན་ཉིད་མེད་པས་དེས་ན་གཏན་ཚིགས་མི་མཐུན་པའི་ཕྱོགས་འབའ་ཞིག་ལ་ཡོད་པའི་ཕྱིར་དོན་འགལ་བ་ཉིད་དོ།། འདིར་བཤད་པ། ཁྱེད་ངོ་བོ་ཉིད་མེད་པ་དག་རི་བོང་གི་རྭ་བཞིན་དུ། ངོ་བོ་ཉིད་མེད་པ་ཉིད་དུ་སྒྲོ་བཏགས་ནས་ཀུན་དུ་སྐྲག་པར་གྱུར་པ་ནི་དཔེར་ན་བྱིས་པ་དག་མཚན་མོ་རང་གི་གྲིབ་མ་ལ། འདྲེ་ཉིད་དུ་སྒྲོ་བཏགས་ནས་སྐྲག་པའི་སྐད་འབྱིན་པ་དང་འདྲའོ། །དེ་ལ་གལ་ཏེ་ངོ་བོ་ཉིད་མེད་པ་དག་མུ་སྟེགས་བྱེད་ཀྱིས་ཡོངས་སུ་བརྟགས་པའི་བདག་གིས་བདག་མེད་དོ་ཞེས་བྱ་བར་སྒྲུབ་ན་ནི། གྲུབ་པ་ལ་སྒྲུབ་པ་ཡིན་ནོ་ཞེས་བྱ་བ་ལ་སོགས་པ་དག་བརྗོད་མོད་ཀྱི། འོན་ཀྱང་ཉོན་ཅིག གལ་ཏེ་མུ་སྟེགས་བྱེད་ཀྱིས་ཡོངས་སུ་བརྟགས་པའི་བདག་གི་དེ་དག་ལས་གཞན་ན་ཡང་མེད་ལ་རང་ཉིད་ཀྱང་མ་ཡིན་པས་དེ་དག་ལ་བདག་མེད་པའི་དངོས་པོ་བདག་མེད་པ་ཉིད་ཅེས་བྱ་བ་དེ་བརྗུན་པ་ཞེས་གསུངས་པ་ཉིད་ཀྱིས་བསྟན་པར་བྱ་བ་ཡིན་ནོ་ཞེས་ཟེར་ན་དེ་ལྟར་གྱུར་ཀྱང་སླ་སྟེ། གལ་ཏེ་དངོས་པོ་རྣམས་ངོ་བོ་ཉིད་སྟོང་པ་ཉིད་དུ་བསྟན་པའི་ཕྱིར་གཏན་ཚིགས་སྨྲར་བས། གང་ཟག་བདག་མེད་པ་ཉིད་ཀྱང་དེ་མེད་ན་མི་འབྱུང་ཕྱིར་སྟོན་པར་བྱེད་ན་ཡང་དཔེར་ན་མི་རྟག་པ་ཉིད་བསྟན་པའི་ཕྱིར་བྱས་པ་ཉིད་ཅེས་བྱ་བའི་གཏན་ཚིགས་སྨྲར་བས་སྡུག་བསྔལ་སོགས་པ་དག་ཀྱང་དེ་མེད་ན་མི་འབྱུང་བའི་ཕྱིར་སྟོན་པར་བྱེད་པ་དང་འདྲ་ལ་ངོ་བོ་ཉིད་སྟོང་པ་ཉིད་ཀྱང་སྟོན་པར་བྱེད་པ་ཉིད་ཡིན་པས་ཁོ་བོ་ཅག་ལ་ཅི་གནོད། སླུ་བའི་ཆོས

ཉིད་ཀྱང་དེ་མེད་ན་མི་འབྱུང་བའི་ཕྱིར། སྒྱུ་མ་མཁན་གྱིས་སྤྲུལ་པའི་བུད་མེད་ཀྱི་ལུས་བཞིན་ནོ་ཞེས་བྱ་བ་དེ་ཡང་འགལ་བ་ལྟར་སྣང་བ་ཡིན་ནོ། །འདུ་བྱེད་རྣམས་ལ་གཞན་དུ་འགྱུར་བ་ཉིད་མེད་དེ། ལྟ་བ་པོའི་ཡང་དག་པ་དང་། ལོག་པའི་ཤེས་པ་སྐྱེ་བའི་དུས་ན་ཤེས་བྱའི་ངོ་བོ་ཉིད་ཡོངས་སུ་མ་སྤྱངས་པའི་ཕྱིར་དཔེར་ན་ཐག་པ་ལ་ལྟ་བ་པོས་ཐག་པའམ། སྦྲུལ་དུ་མཐོང་བ་ན་ཐག་པའི་ངོ་བོ་ཉིད་ཡོངས་སུ་མ་སྤྱངས་པ་བཞིན་པས་བདག་དང་བདག་གིར་སྣང་བའི་འདུ་བྱེད་རྣམས་ལ་གཞན་དུ་འགྱུར་བ་ཉིད་དོ། །འོན་ཀྱང་རབ་རིབ་ཅན་རྣམས་ལ་དབང་པོ་ཉམས་པས་འཁྲུལ་པའི་བློ་སྐྱེ་བ་བཞིན་དུ་ཡང་དག་པ་མ་ཡིན་པའི་བདག་དང་བདག་གི་བློ་སྐྱེ་བའི་ཕྱིར། འཁྲུལ་པ་ཞེས་བྱ་བ་ཉེ་བར་གདགས་པར་ནི་ཡོད་དེ། འདུས་བྱས་ནི་བརྫུན་པ་ཉིད་ཡིན་ཏེ། ཤེས་པ་བརྫུན་པའི་ཡུལ་ཡིན་པའི་ཕྱིར། དཔེར་ན་མངོན་སུམ་གྱི་ཤེས་པའི་ཡུལ་གྱི་དོན་ལ་མངོན་སུམ་ཞེས་བྱ་བ་བཞིན་ནོ། །གང་དག་གིས་བརྫུན་པ་ཞེས་བྱ་བ་ནི་དངོས་པོ་རྣམས་ངེས་པར་མི་གནས་པའི་ངོ་བོ་ཉིད་སྟོང་པ་ཉིད་ཡིན་ནོ་ཞེས་སྨྲས་པ་དེ་དག་གི་ཕྱིར་འདི་བཤད་དེ། དེ་ཉིད་ལས་ནི་གཞན་འགྱུར་མེད། །གཞན་ཉིད་ལ་ཡང་ཡོད་མ་ཡིན། །དངོས་པོ་གང་རང་བཞིན་གང་གིས་གཟུང་བའི་ཡུལ་དུ་འགྱུར་བ་དེ་ཉིད་ལ་ནི་རྒྱ་ཤིའི་མཚན་ཉིད་དུ་གཞན་དུ་འགྱུར་བ་མེད་ལ་གཞན་ཉིད་ལ་ཡང་ཡོད་པ་མ་ཡིན་ཏེ། དེ་དག་ནི་དམ་བཅའ་བ་གཉིས་ཉེ་བར་གཞག་པ་ཡིན་ནོ། །གང་ཕྱིར་གཞོན་ནུ་མི་རྒ་སྟེ། །གང་ཕྱིར་རྒས་པའང་མི་རྒའོ།། ཞེས་བྱ་བ་དག་ནི་གོ་རིམས་བཞིན་དུ་ཆོས་མཐུན་པའི་དཔེའི་ཚིག་གཉིས་ཡིན་ནོ། །འདིར་སྦྱོར་བའི་ཚིག་དག་ནི་རེ་ཞིག་བདག་ཉིད་དེ་ཉིད་ཀྱིས་གནས་པ་ལ་ནི་གཞན་དུ་འགྱུར་བ་མི་འཐད་པ་ཉིད་དེ་སྔོན་གྱི་རང་བཞིན་ཡོངས་སུ་མ་སྤྱངས་པའི་ཕྱིར་དཔེར་ན་གཞོན་ནུ་

རྒྱན་པོ་ཉིད་དུ་མི་འགྱུར་བ་བཞིན་ནོ། །སྔོན་གྱི་མཚན་ཉིད་ལས་མཚན་ཉིད་མི་འདྲ་བ་རྒྱན་པོའི་བདག་ཉིད་དུ་གནས་པ་ལ་ཡང་གཞན་དུ་འགྱུར་བ་མེད་དེ། མཚན་ཉིད་མི་འདྲ་བའི་གནས་སྐབས་ཐོབ་པའི་ཕྱིར་དཔེར་ན་རྒས་པ་བཞིན་པས་རྒོལ་བ་རང་གི་རྗེས་སུ་དཔག་པ་ལ་གནོད་དོ། །འདིར་ཁ་ཅིག་གིས་སྨྲས་པ། འོ་མ་ལ་སོགས་པ་ངོ་བོ་ཉིད་ཡོངས་སུ་མ་སྤངས་པ་དག་ཀྱང་ཞོ་ལ་སོགས་པའི་དངོས་པོར་འགྱུར་བའི་ཕྱིར་གཏན་ཚིགས་མ་ངེས་པ་ཉིད་དོ། འདིར་བཤད་པ། གང་གི་དངོས་པོ་ཞོ་ཡིན། གལ་ཏེ་འོ་མའི་ཞོ་ཞེ་ན། དེ་ལྟ་ན་ཡང་འོ་མས་འོ་མའི་ངོ་བོ་ཉིད་ཡོངས་སུ་མ་སྤངས་པས་སྦྲ་ཙམ་གྱིས་ཀྱང་ཞོའི་དངོས་པོར་བརྟག་པར་མི་ནུས་ཏེ། གང་གི་ཕྱིར་དེ་ལྟར་རྣམ་པར་རྟོག་པ་ལ་ཡང་། གལ་ཏེ་དེ་ཉིད་གཞན་གྱུར་ན། །འོ་མ་ཉིད་ནི་ཞོར་འགྱུར་རོ། །འོ་མ་རོ་དང་མཐུན་དང་སྨིན་པ་དང་། མཐུ་སྟོབས་ཡོངས་སུ་སྤངས་པ་ཞོའི་དངོས་པོར་མི་འགྱུར་རོ། །གྲགས་པའི་གནོད་པར་འགྱུར་བའི་ཕྱིར་རོ། །གལ་ཏེ་དེ་བཞིན་ཏེ་འོ་མ་ཞོའི་དངོས་པོར་མི་འགྱུར་རོ་ཞེ་ན། འོ་མ་ལས་གཞན་གང་གིས་ནི། །དངོས་པོ་ཞོ་ནི་ཡིན་པར་འགྱུར། །མི་འགྱུར་བ་ཉིད་དེ་ཞོའམ་དེ་ལས་གཞན་པ་དག་དེར་མི་འགྱུར་རོ་ཞེས་བྱ་བར་དགོངས་སོ། །དེའི་ཕྱིར་དེ་ལྟར་འོ་མ་དང་དེ་ལས་གཞན་པ་དག་དངོས་པོ་གཞན་དུ་མི་འཐད་པའི་ཕྱིར་གཏན་ཚིགས་མ་ངེས་པ་ཉིད་མ་ཡིན་ནོ། །གཞན་དག་གིས་སྨྲས་པ། འོ་མ་ཞོའི་མཚན་ཉིད་ཀྱི་ཆོས་གཞན་དུ་འགྱུར་བས་འོ་མའི་དངོས་པོ་ཞོ་ཡིན་ནོ་ཞེས་ནི་མི་སྨྲའོ། །འོན་ཀྱང་ཚོགས་པའི་དབང་གིས་འོ་མ་ཞོའི་དངོས་པོར་འགྱུར་རོ། །འདིར་ཡང་འོ་མས་འོ་མའི་དངོས་པོ་སྤངས་ནས་ཞོའི་དངོས་པོར་གྱུར་རམ་མ་སྤངས་པར་འགྱུར་གྲང་། དེས་ཅིར་འགྱུར། གལ་ཏེ་བརྟག་པ་སྔ་མ་ལྟར་འདོད་ན་ནི་ཞོའི་དངོས་པོར་འགྱུར་བ་མ་ཡིན་ནོ། །ཅི་སྟེ་བརྟག་པར་ཕྱི་མ་ལྟར་འདོད་ན

ནི་དགག་པ་མི་མཐུན་པའི་སྐྱོན་དུ་འགྱུར་ཏེ། གལ་ཏེ་འོ་མ་ཡིན་ན་ནི་ཇི་ལྟར་ཞོ་ཡིན་ཅི་སྟེ་ཞོ་ཡིན་ན་ནི་ཇི་ལྟར་འོ་མ་ཡིན། འོ་མ་ཞོ་ཡིན་ནོ་ཞེས་སྨྲ་ན་ནི་གྲགས་པའི་གནོད་པར་ཡང་འགྱུར་རོ། །འདིས་གང་དག་འོ་མའི་དངོས་པོ་ཞོ་ཡིན་པར་མི་འདོད་ཀྱི། འོ་མ་ཞོའི་དངོས་པོར་འགྱུར་བར་འདོད་དོ་ཞེས་ཟེར་བ་དེ་དག་གི་ལན་ཀྱང་བཏབ་པ་ཡིན་ནོ། །དེའི་ཕྱིར་དེ་ལྟར་དཔྱད་ན་དོན་དམ་པར་དངོས་པོ་རྣམས་གཞན་དུ་འགྱུར་བ་ཉིད་མ་གྲུབ་པས་ཕ་རོལ་པོས་དངོས་པོ་རྣམས་ངོ་བོ་ཉིད་ཡོད་པ་ཉིད་བསྟན་པའི་ཕྱིར་གཏན་ཚིགས་སྨྲས་པའི་དོན་མ་གྲུབ་པ་ཉིད་དམ། དོན་འགལ་བ་ཉིད་དོ། །སྨྲ་བའི་ཆོས་ཞེས་གསུངས་པ་ཡང་དངོས་པོ་རྣམས་ངེས་པར་མི་གནས་པའི་ངོ་བོ་ཉིད་སྟོན་པ་ཉིད་མ་ཡིན་ཏེ། དོན་དམ་པར་འགའ་ཡང་གཞན་དུ་འགྱུར་བ་ཉིད་མི་སྲིད་པའི་ཕྱིར། འདིར་སྨྲས་པ། དོན་དམ་པར་དངོས་པོ་རྣམས་སྟོང་པ་ཉིད་མ་ཡིན་ཏེ། དེའི་གཉེན་པོ་ཡོད་པའི་ཕྱིར་དཔེར་ན་ལོག་པའི་ཤེས་པའི་གཉེན་པོ་ཡང་དག་པར་ཤེས་པ་ཡོད་པ་བཞིན་ནོ། །འདི་ན་གང་མེད་པ་དེ་ལ་ནི་གཉེན་པོ་མེད་དེ། དཔེར་ན་ནམ་མཁའི་མེ་ཏོག་བཞིན་ནོ། །སྟོང་པ་ཉིད་མ་ཡིན་པ་ལ་ནི་གཉེན་པོ་སྟོང་པ་ཉིད་ཡོད་པས་དེའི་ཕྱིར་གཏན་ཚིགས་ཇི་སྐད་སྨོས་པའི་མཐུས་སྟོང་པ་ཉིད་མ་ཡིན་པ་ཡོད་པ་ཉིད་དོ། །འདིར་བཤད་པ། གལ་ཏེ་སྟོང་མིན་ཅུང་ཟད་ཡོད། །སྟོང་པའང་ཅུང་ཟད་ཡོད་པར་འགྱུར། །འདི་ལ་གལ་ཏེ་དོན་དམ་པར་ཕུང་པོ་དང་། ཁམས་དང་། སྐྱེ་མཆེད་ལ་སོགས་པ་དངོས་པོའི་རང་བཞིན་གྱིས་མི་སྟོང་པ་ཅུང་ཟད་ཅིག་ཡོད་པར་གྱུར་ན་ནི་དེ་ལ་ལྟོས་པའམ། མི་སྟོང་པ་དེ་བསྟུལ་བས་སྟོང་པ་ཞེས་བརྗོད་པས་འབྱུང་བའི་ཕྱིར་སྟོང་པའང་ཅུང་ཟད་ཡོད་པར་འགྱུར་བ་ཞིག་ན་མི་སྟོང་པ་དེ་ཡང་མི་འཐད་པར་བསྟན་ཅིང་སྟོན་པར་འགྱུར་བས་དེའི་ཕྱིར་དེ་ལྟར་དོན་དམ་པར། མི་སྟོང་ཅུང

ཟད་ཡོད་མིན་ན། །སྟོང་པའང་ཡོད་པར་ག་ལ་འགྱུར། །སྟོང་པ་ཉིད་དུ་འཐད་པ་མེད་པའི་ཕྱིར་རོ་ཞེས་བྱ་བར་དགོངས་སོ། །འང་ཞེས་བྱ་བའི་སྒྲ་ནི་མི་སྟོང་པ་དང་། སྟོང་པ་ཅུང་ཟད་ཀྱང་མེད་དོ་ཞེས་གཉིས་ག་བསྡུ་བའི་ཕྱིར་རོ། །ཡང་ན་སྟོང་པ་དང་། མི་སྟོང་པ་ཞེས་བྱ་བ་རྣམ་པར་རྟོག་པ་དེ་དག་ནི་གཞི་ལ་བརྟེན་པས་ཐ་སྙད་པ་ཡིན་ཏེ། དཔེར་ན་གཙུག་ལག་ཁང་སྐྱ་གཟུགས་ཀྱིས་མི་སྟོང་ལ། དགེ་སློང་དག་གིས་སྟོང་པ་ཡོད་པ་ཉིད་དོ་ཞེས་བྱ་བ་བཞིན་ནོ། །དོན་དམ་པར་ནི། མི་སྟོང་ཅུང་ཟད་ཡོད་མིན་ན། །གཉེན་པོར་བརྟགས་པ་གང་ཡིན་པའི། །སྟོང་པའང་ཡོད་པར་ག་ལ་འགྱུར། །གང་གི་ཕྱིར་འཛིན་པ་ཙམ་སྤྱངས་པ་ཉིད་སྟོང་པ་ཉིད་དོ་ཞེས་བྱ་བར་དགོངས་སོ། །དེའི་ཕྱིར་གཉེན་པོ་ཡོད་པའི་ཕྱིར་ཞེས་བྱ་བའི་གཏན་ཚིགས་ཀྱི་དོན་མ་གྲུབ་པ་ཉིད་དོ། །ཡང་ན་རྣལ་འབྱོར་པ་དངོས་པོ་ཐམས་ཅད་ཀྱི་ངོ་བོ་ཉིད་དགག་པ་ལྷུར་ལེན་པའི་ཐོས་པ་དང་བསམས་པ་དང་། །བསྒོམས་པ་ལས་བྱུང་བའི་ཤེས་པ་གོམས་པར་བྱེད་པ་ལ་ལ་འདི་སྙམ་དུ་སེམས་ཏེ། གལ་ཏེ་ཀུན་བརྟགས་པ་ཉིད་ཀྱི་བདག་ཉིད་སྟོང་པའི་ཕྱིར་དངོས་པོ་དེ་དག་ལ་ཀུན་བརྟགས་པའི་བདག་ཉིད་མེད་དུ་ཟིན་ཀྱང་དེ་དག་གི་སྟོང་པ་ཉིད་ནི་མ་བྱུས་པའི་ཕྱིར་དང་། ལྟོས་པ་མེད་པའི་ཕྱིར་དེ་ཁོ་ན་ཡིན་ནོ་སྙམ་ན་དེ་ཡང་ལེགས་པར་ཟིན་པ་མ་ཡིན་ཏེ། ཅིའི་ཕྱིར་ཞེ་ན། གང་གི་ཕྱིར་དངོས་པོ་ཐམས་ཅད་ཀྱི་ངོ་བོ་ཉིད་མེད་པ་ནི་སྟོང་པ་ཉིད་ཡིན་པ། དེ་ནི་རྫས་སུ་ཡོད་པ་མ་ཡིན་པས་དེ་ལ་ངོ་བོ་ཉིད་དུ་མངོན་པར་ཞེན་པ་མི་རིགས་པས་དེ་དགག་པའི་ཕྱིར། གལ་ཏེ་སྟོང་མིན་ཅུང་ཟད་ཡོད། །སྟོང་པའང་ཅུང་ཟད་ཡོད་པར་འགྱུར། །ཞེས་བྱ་བ་སྨྲས་ཏེ། སྟོང་པ་མ་ཡིན་པའི་ཤེས་པ་རྟོག་པ་ཅན་ནམ་རྟོག་པ་ཅན་མ་ཡིན་པའི་སྤྱོད་ཡུལ་གྱི་དངོས་པོ་ཅུང་ཟད་ཅིག་ཡོད་པར་གྱུར་ན་དེ་ལ་ལྟོས་པས་སམ། བློའི་བྱེ་བྲག་

གིས་སྟོང་པ་ཉིད་ཀྱིས་ཤེས་པའི་སྤྱོད་ཡུལ་དངོས་པོའི་དེ་ཁོ་ན་སྟོང་པའམ་ཅུང་ཟད་ཅིག་ཡོད་པར་འགྱུར་གྲང་ན། མི་སྟོང་ཅུང་ཟད་ཡོད་མིན་ན། །སྟོང་པའང་ཡོད་པར་ག་ལ་འགྱུར།། འོ་ན་ཅི་ཞེ་ན། གང་ཡོད་པ་དེ་ནི་སྟོང་པ་ཉིད་ཡིན་པས་དེའི་ཕྱིར་དཔེ་འདི་ལས་རྗེས་སུ་དཔག་པར་བྱ་སྟེ། སྟོང་པ་ཉིད་ཀྱི་ཤེས་པ་རྣམ་པར་རྟོག་པ་དང་བཅས་པའམ། རྣམ་པར་རྟོག་པ་མེད་པའི་སྤྱོད་ཡུལ་དངོས་པོའི་བདག་ཉིད་གང་ཡིན་དེ་ནི་ཡང་དག་པ་མ་ཡིན་ཏེ། ཤེས་པའི་སྤྱོད་ཡུལ་ཡིན་པའི་ཕྱིར་དཔེར་ན་སྟོང་པ་མ་ཡིན་པའི་ཤེས་པའི་སྤྱོད་ཡུལ་བཞིན་པས་དངོས་པོའི་དེ་ཁོ་ན་སྟོང་པའམ་ཡོད་པར་ག་ལ་འགྱུར་ཏེ། རྗེས་སུ་དཔག་པས་གནོད་པའི་ཕྱིར་དང་། མ་གྲུབ་པ་དང་། ལྟོས་པ་མེད་པའི་ངོ་བོ་ཉིད་མེད་པའི་ཕྱིར། དཔེ་མ་གྲུབ་བོ་ཞེས་བྱ་བར་དགོངས་སམ། ཡང་ན། མི་སྟོང་ཅུང་ཟད་ཡོད་མིན་ན། །སྟོང་པའམ་ཡོད་པར་ག་ལ་འགྱུར། །ཇི་ལྟར་སྟོང་པ་ཉིད་མ་ཡིན་པར་རྣམ་པར་རྟོག་པའི་དྲ་བ་སྟོང་པ་ཉིད་མཐོང་བའི་མེས་བསྲེགས་པའི་ཕྱིར་མི་སྟོང་པ་ཅུང་ཟད་ཀྱང་ཡོད་པ་མ་ཡིན་པ་དེ་བཞིན་དུ། སྟོང་པ་ཉིད་དུ་རྣམ་པར་རྟོག་པའི་དྲ་བ་ཡང་དེ་ཉིད་ཀྱིས་བསྲེགས་པའི་ཕྱིར་སྟོང་པ་ཉིད་དུ་རྣམ་པར་རྟོག་པ་ཡང་ཇི་ལྟ་བ་བཞིན་མ་ཡིན་ཏེ། རྣམ་པར་རྟོག་པ་ཡིན་པའི་ཕྱིར་དངོས་པོར་རྣམ་པར་རྟོག་པ་བཞིན་པས་སྟོང་པའང་ཡོད་པར་ག་ལ་འགྱུར་ཏེ། རྣམ་པར་རྟོག་པའི་དབང་གིས་དེ་ལྟར་འབྲེལ་ཏོ་ཞེས་བྱ་བར་དགོངས་སོ། །ཡང་ན། མི་སྟོང་ཅུང་ཟད་ཡོད་མིན་ན། །སྟོང་པའང་ཡོད་པར་ག་ལ་འགྱུར། །གཉིས་སུ་སྤྱོད་པ་ལ་ནི་དངོས་པོའི་ངོ་བོ་ཉིད་ཀྱི་ཡུལ་ཅན་གྱི་བློའི་བྱེ་བྲག་ལས་སླུ་མར་བྱས་པ་འདི་ནི་རྟ་ལ་སོགས་པའི་བདག་ཉིད་ཀྱིས་སྟོང་ངོ་། །ཡང་དག་པ་འདི་ནི་རྟ་ལ་སོགས་པའི་བདག་ཉིད་ཀྱིས་མི་སྟོང་ངོ་ཞེས་བྱ་བར་རྣམ་པར་རྟོག་པ་འབྱུང་བར་འགྱུར་རོ། །གང་གི་ཚེ་རྣལ་

འགྱུར་པ་དེ་རྣམ་པར་མི་རྟོག་པའི་ཤེས་རབ་ཀྱི་སྤྱོད་པ་ལ་གནས་ཤིང་གཉིས་སུ་མེད་པ་ལ་སྤྱོད་པ་དེའི་ཚེ་ན་དེ་ལ་དོན་དམ་པར་ཤེས་བྱའི་དེ་ཁོ་ན་ཐམས་ཅད་འདི་ལྟ་སྟེ། ནམ་མཁའ་བཞིན་དུ་མཚན་ཉིད་གཅིག་པ་དང་། མཚན་ཉིད་མེད་པར་སྣང་བ་མེད་པའི་ཚུལ་གྱིས་སྣང་བར་འགྱུར་བས་མི་སྟོང་པ་ཅུང་ཟད་ཀྱང་ཡོད་པ་མ་ཡིན། སྟོང་པའང་ཡོད་པར་ག་ལ་འགྱུར་ཏེ། བློའི་བྱེ་བྲག་མེད་པས་ཕན་ཚུན་ལྟོས་པར་རྟོགས་པའི་མངོན་པར་ཞེན་པ་མེད་པའི་ཕྱིར་རོ་ཞེས་བྱ་བར་དགོངས་སོ། །དེའི་ཕྱིར་རྣམ་པར་བཤད་པའི་བརྟག་པ་སྔ་མ་ཐ་དད་པ་དག་གིས་གཏན་ཚིགས་ཀྱི་དོན་མ་གྲུབ་པ་ཉིད་དོ། །འདིར་སྨྲས་པ། གཏན་ཚིགས་ཀྱི་དོན་མ་གྲུབ་པ་ཉིད་དང་། དོན་འགལ་བ་ཉིད་དུ་འགྱུར་ཀྱང་སླ་སྟེ། ཡང་ཁོ་བོ་ཅག་གི་སྙིང་ནི་སྟོང་པ་ཉིད་དགག་པའི་ཕྱིར་སྒྲུབ་པ་སྨྲ་བར་འདོད་པས་ཁྲབ་པ་ཡིན་ལ། དེ་ཡང་ཁྱེད་ཉིད་ཀྱིས་བཀག་པས་འདོད་པའི་དོན་གྲུབ་བོ། །འདིར་བཤད་པ། སྟོང་པ་ཉིད་ཤེས་པས་དངོས་པོ་རྣམས་སྟོང་པ་ཉིད་དུ་བྱེད་པ་མ་ཡིན་གྱི། འདི་ལྟར་དངོས་པོ་རྣམས་ཀྱི་དེའི་ངོ་བོ་ཉིད་མ་ཡིན་པ་ཉིད། དེའི་ངོ་བོ་ཉིད་མ་ཡིན་པ་ཉིད་དུ་གསལ་བར་བྱེད་དེ། དཔེར་ན་མར་མེའི་སྣང་བས་ཁང་ཁྱིམ་ན་བུམ་པ་མེད་པ་ཉིད་དུ་གསལ་བར་བྱེད་ཀྱི། མེད་པར་བྱེད་པ་མ་ཡིན་པ་བཞིན་པས་དེ་མེད་ན་དེ་ཡོད་པར་འགྱུར་བ་མ་ཡིན་པའི་ཕྱིར་དེ་ནི་མ་བརྟགས་པར་སྨྲ་བ་ཡིན་ནོ། །གཞན་དག་གིས་སྨྲས་པ། སྟོང་པ་ཉིད་དུ་སྨྲ་བ་དག་ནི། ཕ་རོལ་པོའི་ཚིག་སུན་དབྱུང་བར་འདོད་པས་སྟོང་པ་ཉིད་སྨྲ་བ་ལ་བརྟེན་ཅིང་དེ་ཡང་གཞུང་མི་གཟུགས་པར་སེམས་པ་ན་སྟོང་པ་ཉིད་ཀྱང་ཡོད་པ་མ་ཡིན་ནོ་ཞེས་ལོག་པར་སྒྲུབ་པར་བྱེད་པས་དེའི་ཕྱིར་དེ་དག་གིས་ཁས་བླངས་པ་ལ་གནོད་པར་འགྱུར་ཏེ༑ ལུང་ལས། གང་དག་སྟོང་ཉིད་རབ་ཤེས་པ། །དེ་དག་ཆོས་ཉིད་རྣམ་པར་མཐོང་། །ཞེས་

བྱ་བ་ལ་སོགས་པ་དང་། འདུ་བ་དག་ནི་མ་རྟོགས་པའི། །དངོས་པོ་ཡོད་པ་མ་ཡིན་ཏེ། །དེ་ཕྱིར་སྟོང་དང་མ་སྐྱེས་དང་། །དངོས་ཉིད་མེད་པར་ངས་སྨྲས་སོ། །ཞེས་བྱ་བ་ལ་སོགས་པ་གསུངས་པའི་ཕྱིར་རོ། །དེ་ནི་རིགས་པ་མ་ཡིན་ཏེ་ལུང་ལས། ཆོས་ཀྱི་རྣམ་གྲངས་གཟིངས་ལྟ་བུར་ཤེས་པ་རྣམས་ཀྱིས་ཆོས་རྣམས་ཀྱང་སྤང་བར་བྱ་ན། ཆོས་མ་ཡིན་པ་རྣམས་ལྟ་ཅི་སྨོས་ཞེས་བྱ་བ་དང་། དེ་བཞིན་དུ་གཟུགས་སྟོང་ཞེས་བྱ་བར་མི་བརྟག་མི་སྟོང་ཞེས་བྱ་བར་ཡང་མི་བརྟག་གོ་ཞེས་གསུངས་པས། སྟོང་པ་ཉིད་དུ་ལྟ་བ་འཛིན་པ་གཞན་བསྐྱལ་བ་ལ་དགོས་པས་ཡོངས་སུ་བཟུང་བ་ཡང་དོན་དཔྱད་ཟིན་ན། ཡོངས་སུ་སྤང་བར་བྱ་བ་ཡིན་པའི་ཕྱིར་དང་། སྟོང་པ་མ་ཡིན་པར་རྣམ་པར་རྟོག་པ་བཞིན་དུ་རྣམ་པར་རྟོག་པ་དེ་ཡང་རྣམ་པར་མི་རྟོག་པའི་ཤེས་པའི་གེགས་ཡིན་པས་སྤང་བར་འདོད་པའི་ཕྱིར་དང་། དེ་ལ་མངོན་པར་ཞེན་པ་ཡང་སྐྱོན་ཆེན་པོར་འགྱུར་བའི་ཕྱིར་དེ་ཡོངས་སུ་སྤང་བ་ལ་སྐྱོན་མེད་དོ། །འདི་ལྟར་ལྟ་དང་མིའི་བླ་མ་རྣམས་ཀྱིས་སྲོག་ཆགས་ལྟ་བ་སྣ་ཚོགས་ཀྱི་སྐྱོན་གྱི་དུག་གིས་སེམས་ཁྲབ་པར་གྱུར་པ་སྡུག་བསྔལ་མི་བཟད་པའི་ནད་རྒྱུན་མི་འཆད་པ་རྣམས་ལ་ཐུགས་རྗེ་བ་ན། རྒྱལ་བ་རྣམས་ཀྱི་སྟོང་ཉིད་ནི། །ལྟ་ཀུན་ངེས་པར་འབྱིན་པར་གསུངས། །སྡུག་བསྔལ་སྣ་ཚོགས་ཀྱི་ས་བོན་གྱི་ལྟ་བ་ཐམས་ཅད་དོ། །ལྟ་བ་ནི་མངོན་པར་ཞེན་པ་དང་འཛིན་པ་སྟེ། དེ་དག་གི་རབ་ཏུ་དབྱེ་བ་ནི་འཇིག་ཚོགས་ལ་ལྟ་བ་ལ་སོགས་པའོ། །དེ་དག་གི་གཉེན་པོ་ནི་ནང་སྟོང་པ་ཉིད་ལ་སོགས་པའོ། །དགེ་བའི་རྩ་བ་རྒྱ་ཆེན་པོ་ཉེ་བར་མ་བསགས་པ། བསམ་པ་ཡོངས་སུ་མ་སྨིན་པ། ཆོས་ཟབ་མོ་ལ་བཟོད་པ་མ་སྐྱེས་པ། ལམ་ལ་མི་མཁས་པ། གང་དག་སྟོང་པ་ཉིད་ལྟ་བ། །དེ་དག་བསྒྲུབ་ཏུ་མེད་པར་གསུངས། །འདི་ཉིད་ཡོད་དོ་ཞེས་སྟོང་པ་ཉིད་དུ་འཛིན་པ་གང་དག་བགྲུ་སླན་

བཏང་བ་ཁོང་དུ་འཕྲུལ་བའི་ནད་པ་བཞིན་དུ་ལྟ་བ་སྣ་ཚོགས་ཀྱི་སྐྱོན་གྱིས་སེམས་མ་རུངས་པར་གྱུར་པ་རྣམས་ལ་དེ་ཞི་བར་ནུས་པ་སྟོང་པ་ཉིད་ཀྱི་སྨན་བྱིན་པ་ལས་སྐྱོན་ཆེན་པོས་འབྲུགས་པར་གྱུར་པ་ནད་པ་ལྟ་བུ་དེ་དག་ནི། དེ་བཞིན་གཤེགས་པ་སྨན་པ་མཆོག་ལྟ་བུས་བསྒྲུབ་ཏུ་མེད་པར་གསུངས་པས་དེའི་ཕྱིར་དེ་སྤངས་པ་ལ་ཡང་སྐྱོན་མེད་དོ། །འགྲོན་པོ་ཕལ་པ་ཤིང་རྟ་བྱིང་བ་འབྱིན་པའི་རྣན་པ་ཅི་ཡང་མེད་དོ་ཞེས་བྱ་བ་གང་ཡིན་པ་དེ་བྱིན་ཅིག་ཅེས་ཟེར་བ་སྒྲའི་དོན་མངོན་པར་མི་ཤེས་པ་ལྟ་བུར་མཁས་པ་རྣམས་ཀྱིས་སྨད་པར་གྱུར་ན་མི་རུང་བས་ཁོ་བོ་སྟོང་པ་ཉིད་ལ་དངོས་པོར་མངོན་པར་ཞེན་པར་མི་བྱེད་དོ། །དེའི་ཕྱིར་ཡང་གཏན་ཚིགས་ཀྱི་དོན་མ་གྲུབ་པ་ཉིད་ཀྱི་ལན་མེད་དོ། །དེ་ལ་འདིར་རབ་ཏུ་བྱེད་པའི་དོན་ནི་ཕ་རོལ་པོས་སླུས་པའི་སྨུན་འབྱིན་པའི་ལན་བཏབ་པ་དང་། རང་དབང་དུ་རྗེས་སུ་དཔག་པ་ཁ་ན་མ་ཐོ་བ་མེད་པ་བསྟན་པའི་མཐུས་འདུ་བྱེད་རྣམས། རྣམ་པ་ལས་ངོ་བོ་ཉིད་མེད་པ་ཉིད་དུ་བསྟན་པ་ཡིན་ནོ། །དེའི་ཕྱིར་རབ་ཀྱི་རྩལ་གྱིས་རྣམ་པར་གནོན་པ་ཆོས་ཐམས་ཅད་ནི་ཕྱིན་ཅི་ལོག་གི་ཀུན་ནས་བསླང་བ་ཡང་དག་པ་མ་ཡིན་པ་ཡོད་པ་མ་ཡིན་པ་ལོག་པ་བརྫུན་པ་སྟེ། རབ་ཀྱི་རྩལ་གྱིས་རྣམ་པར་གནོན་པ་དེའི་ཕྱིར་གང་ཆོས་འགའ་ཞིག་ལ་སྤྱོད་པ་དེ་ནི་ཕྱིན་ཅི་ལོག་ལ་སྤྱོད་པ་དང་། ཡང་དག་པ་མ་ཡིན་པ་ལ་སྤྱོད་པའོ་ཞེས་བྱ་བ་དང་། དེ་བཞིན་དུ་འཇིག་རྟེན་ནི་བདེན་པ་ལ་མངོན་པར་ཞེན་པ་ཡིན་གྱི། ཆོས་འདི་ནི་བདེན་པ་ཡང་མ་ཡིན་བརྫུན་པ་ཡང་མ་ཡིན་ནོ་ཞེས་བྱ་བ་ལ་སོགས་པ་གསུངས་པ་དེ་དག་གྲུབ་ཡིན་ནོ། །སློབ་དཔོན་ལེགས་ལྡན་བྱེད་(འབྱེད་)ཀྱིས་ཉེ་བར་སྦྱར་བ། དབུ་མ་རྩ་བའི་འགྲེལ་པ་ཤེས་རབ་སྒྲོན་མ་ལས། དེ་ཁོ་ན་བརྟག་པ་ཞེས་བྱ་བ་སྟེ། རབ་ཏུ་བྱེད་པ་བཅུ་གསུམ་པའོ།། །།

༼རབ་བྱེད་བཅུ་བཞི་པ་ཕྲད་པ་བརྟག་པ།༽

ད་ནི་དེ་བཞིན་དུ་སྟོང་པ་ཉིད་ཀྱི་མི་མཐུན་པའི་ཕྱོགས་ཀྱི་ཁྱད་པར་བསྐྱལ་བས་ཕྲད་པ་ངོ་བོ་ཉིད་མེད་དུ་བསྟན་པའི་དོན་གྱི་དབང་གིས་རབ་ཏུ་བྱེད་པ་བཅུ་བཞི་པ་བརྩམ་མོ།། འདིར་སྨྲས་པ། ཁྱེད་ཕུང་པོ་ལ་སོགས་པ་དག་ངོ་བོ་ཉིད་མེད་པ་ཉིད་དུ་སྨྲ་བ་ནི་བཅོམ་ལྡན་འདས་ཀྱི་གསུང་གི་ཚུལ་དང་འགལ་ཏེ། གཟུགས་དང་། རྣམ་པར་ཤེས་པ་དང་མིག་གསུམ་ཕྲད་པ་ནི་རེག་པའོ་ཞེས་འབྱུང་བས་དེའི་ཕྱིར་ཁྱེད་ཀྱིས་ཁས་བླངས་པ་ལ་གནོད་པར་འགྱུར་རོ། །དོན་དམ་པར་དངོས་པོ་རྣམས་ངོ་བོ་ཉིད་ཡོད་པར་ཤེས་པར་བྱ་སྟེ། དེ་དག་ལ་བརྟེན་ནས་ཕྲད་པ་བསྟན་པའི་ཕྱིར་རོ། །དེ་དག་ལ་བརྟེན་ནས་འདི་ན་གང་མེད་པ་དེ་ལ་ནི་སྟོན་པས་དེ་ལ་བརྟེན་ནས་ཕྲད་པ་ཉིད་མ་བསྟན་ཏེ། དཔེར་ན་རུས་སྦལ་གྱི་སྤུ་དག་བཞིན་ནོ། །བཅོམ་ལྡན་འདས་ཀྱི་གསུང་རབ་ལ་འདོད་ཆགས་དང་། ཁོང་ཁྲོ་བ་དང་། མ་རིག་པའི་ཀུན་དུ་སྦྱོར་བ་དག་གིས་ཀུན་དུ་སྦྱོར་རོ་ཞེས་བྱ་བ་དེ་ཡོད་པས། དེའི་ཕྱིར་གཏན་ཚིགས་ཇི་སྐད་སྨོས་པའི་མཐུས་དངོས་པོ་རྣམས་ངོ་བོ་ཉིད་ཡོད་པ་ཁོ་ན་ཡིན་ནོ། །འདིར་བཤད་པ། བལྟ་བྱ་ལྟ་བ་ལྟ་བ་པོ། །གསུམ་པོ་དེ་དག་གཉིས་གཉིས་དང་། །ཐམས་ཅད་ཀྱང་ནི་ཕན་ཚུན་དུ། །ཕྲད་པར་འགྱུར་བ་ཡོད་མ་ཡིན། །བལྟ་བར་བྱ་བ་དང་ལྟ་བ་དང་ལྟ་བ་པོ་དེ་དག་གཉིས་གཉིས་དང་ཐམས་ཅད་ཀྱང་ཕན་ཚུན་དུ་ཕྲད་པར་འགྱུར་བ་མེད་དོ་ཞེས་བྱ་བའི་ཐ་ཚིག་གོ། །དེ་བཞིན་འདོད་ཆགས་ཆགས་པ་དང་། །ཆགས་པར་འགྱུར་དང་ཉོན་མོངས་པ། །ལྷག་མ་རྣམས་དང་སྐྱེ་མཆེད་ཀྱི། །ལྷག་མའང་རྣམ་པ་གསུམ་གྱིས

བལྟ༑ ༑དེ་བཞིན་དུ་འདོད་ཆགས་དང་ཆགས་པ་དང་། ཆགས་པར་འགྱུར་བ་དང་། འདོད་ཆགས་བསྟན་པ་ལས་གཞན་པ་ཉོན་མོངས་པ་ལྷག་མ་ཞེ་སྡང་ལ་སོགས་པ་དེ་དག་ཀྱང་༑ ཞེ་སྡང་དང་། ཞེ་སྡང་ཅན་དང་། ཞེ་སྡང་བར་བྱ་བ་ལ་སོགས་རྣམ་པར་བཞག་ནས༑ གཉིས་གཉིས་དང་། ཐམས་ཅད་ཀྱི་རྣམ་པ་གསུམ་གྱིས་ཕན་ཚུན་དུ་ཕྲད་པར་འགྱུར་བ་མེད་པར་དགག་པར་བརྗོད་པར་བྱའོ། །དེ་ལ་འདོད་ཆགས་ནི་ལྷག་པར་ཆགས་པའི་མཚན་ཉིད་དོ། །ཉོན་མོངས་པ་ནི་སེམས་ཅན་རྣམས་ཀྱི་རྒྱུད་ཉོན་མོངས་པར་བྱེད་པའོ༑ ༑སྐྱེ་མཆེད་བསྟན་པ་ལ་ལྟོས་ནས་མ་བསྟན་པ་ལྷག་མ་མཉན་པ་དང་། སྣོམ་པ་དང་། ལྕེ་དང་། ལུས་དང་། ཡིད་ཅེས་བྱ་བ་དེ་དག་ལ་ཡང་མཉན་པར་བྱ་བ་དང་། ཉན་པ་དང་། ཉན་པ་པོ་དང་། དེ་བཞིན་དུ་བསྣམ་པར་བྱ་བ་དང་། སྣོམ་པ་དང་། སྣོམ་པ་པོ་ལ་སོགས་པ་དག་ཀྱང་གཉིས་གཉིས་དང་། ཐམས་ཅད་ཀྱི་རྣམ་པ་གསུམ་གྱིས་ཕན་ཚུན་དུ་ཕྲད་པར་འགྱུར་བ་མེད་པར་དགག་པ་ཡང་བརྗོད་པར་བྱའོ། །དེ་ལ་སྐྱེ་མཆེད་ཀྱི་དོན་ནི་སེམས་དང་སེམས་ལས་བྱུང་བ་རྣམས་སྐྱེ་བའི་སྒོའི་དོན་ཏོ། །བལྟ་བར་བྱ་བ་ལ་སོགས་པ་དང་འདོད་ཆགས་ལ་སོགས་པ་དག་གཉིས་གཉིས་དང་། ཐམས་ཅད་ཀྱང་ཕན་ཚུན་དུ་ཕྲད་པ་མེད་པ་དེ་ནི་དམ་བཅའ་བ་ཉེ་བར་གཞག་པ་ཡིན་ནོ། །ད་ནི་ཕྲད་པ་མེད་པ་བསྟན་པའི་ཕྱིར་འཐད་པ་བཤད་པར་བྱ་སྟེ། གཞན་ནི་གཞན་དག་ཕྲད་གྱུར་ན། །གང་ཕྱིར་བལྟ་བྱ་ལ་སོགས་ལ། །གཞན་དེ་ཡོད་པ་མ་ཡིན་པ། །དེ་ཕྱིར་ཕྲད་པར་མི་འགྱུར་རོ། །ཕྲད་པ་ནི་སྦྱོར་བའི་རྣམ་གྲངས་ཏེ་དེ་ཡང་གཞན་ཡོད་ན་གཞན་དང་ཕྲད་པར་འགྱུར་བ་ཡིན་ན། གང་གི་ཕྱིར་བལྟ་བར་བྱ་བ་དང་། ལྟ་བ་དང་། ལྟ་བ་པོ་དང་། འདོད་ཆགས་དང་། ཆགས་པ་དང་༑ ཆགས་པར་འགྱུར་བ་ལ་སོགས་པ་དག་ལ་གཞན་དེ་ཡང་ཡོད་པ་མ་ཡིན་པ་དེའི་

ཕྱིར་ཁྱད་པར་མི་འགྱུར་རོ་ཞེས་མཛུག་བསྟུ་བའི་ཚིག་ཡིན་ནོ། །འདིས་ནི་མི་མཐུན་པའི་ཕྱོགས་ལས་ལྡོག་པས་ཕྱོགས་ཀྱི་ཆོས་སྟོན་ཏེ། དཔེར་ན་རྟག་པ་དང་། མ་བྱས་པ་ཉིད་དུ་འབྲེལ་པ་དེ་ཡང་སྒྲ་ལ་མེད་ལ་བྱས་པ་ཉིད་ནི་ཡོད་པ་ལྟ་བུའོ། །འདིར་སྦྱོར་བའི་ཚིག་ནི་དོན་དམ་པར་ལྟ་བ་པོ་ནི་བལྟ་བར་བྱ་བའམ། ལྟ་བ་དང་མི་ཁྱད་དེ། དེ་ལས་གཞན་མ་ཡིན་པའི་ཕྱིར་རོ། །གང་ཞིག་གང་ལས་གཞན་མ་ཡིན་པ་དེ་ནི་དེ་དང་དེ་མི་ཁྱད་དེ། དཔེར་ན་རང་གི་བདག་ཉིད་བཞིན་ནོ། །གཞན་ནི་གཞན་དང་ཁྱད་འགྱུར་ན། །ཞེས་བྱ་བ་འདི་ལ། གཞན་དག་ན་རེ། འདོད་ཆགས་ལ་སོགས་པ་ལ་ཁྱད་པ་མེད་དེ། ཡུལ་དང་རྒྱུད་ཐ་དད་པའི་རྗེས་སུ་འཇུག་པའི་ཕྱིར་རོ། །ཁྱད་པ་ནི་ཡུལ་ཐ་དད་པ་མ་ཡིན་པ་དང་། རྒྱུ་ཐ་དད་པ་མ་ཡིན་པ་དག་བར་དུ་མ་ཆོད་པར་འཇུག་པ་ཉིད་ཡིན་ནོ་ཞེས་ཟེར་རོ། །དེ་ལ་འདིར་གཅིག་ན་རེ་བལྟ་བར་བྱ་བ་ལ་སོགས་པ་དག་ཡུལ་ཐ་དད་པ་མ་ཡིན་པའི་ཕྱིར་དང་། འདོད་ཆགས་ལ་སོགས་པ་དག་ཀྱང་ཡུལ་ན་མི་གནས་པའི་ཕྱིར་ཡུལ་དང་རྒྱུད་ཐ་དད་པའི་རྗེས་སུ་འཇུག་པའི་ཕྱིར་རོ། །ཞེས་བྱ་བའི་གཏན་ཚིགས་ཀྱི་དོན་མ་གྲུབ་པ་ཉིད་དང་། རྗེས་སུ་འགྲོ་བ་མེད་པའི་ཕྱིར་དེ་ནི་ལེགས་པ་མ་ཡིན་པ་འདྲའོ་ཞེས་ཟེར་རོ། །འོག་ནས་འབྱུང་བའི་ཚུལ་གྱིས། བལྟ་བྱ་ལ་སོགས་འབའ་ཞིག་ལ། །གཞན་ཉིད་མེད་པར་མ་ཟད་ཀྱི༎ ༎གང་ཡང་གང་དང་ལྷན་ཅིག་ཏུ། །གཞན་པ་ཉིད་དུ་མི་འཐད་དོ། །མཉན་པར་བྱ་བ་དང་༎ ཉན་པ་དང་། ཉན་པ་པོ་ལ་སོགས་དང་། ཞེ་སྡང་དང་། ཞེ་སྡང་ཅན་དང་། ཞེ་སྡང་བར་བྱ་བ་ལ་སོགས་པ་ཞེས་བྱ་བའི་ཐ་ཚིག་སྟེ། དེའི་ཕྱིར་དེ་དག་ལ་ཁྱད་པ་མེད་དོ། །འདིར་སྨྲས་པ། བལྟ་བར་བྱ་བ་དང་། ལྟ་བ་དང་། ལྟ་བ་པོ་ལ་སོགས་པ་དག་གཞན་མ་ཡིན་པ་ཉིད་དུ་མ་གྲུབ་པའི་ཕྱིར་གཏན་ཚིགས་ཀྱི་དོན་མ་གྲུབ་པ་ཉིད་ཀྱི་སྐྱོན་དུ་འགྱུར་བ་མ་ཡིན་

ནམ༑ ཆཤད་པ་མ་ཡིན་ཏེ། ཇི་ལྟར་ཞེ་ན། གཞན་ནི་གཞན་ལས་བརྟེན་ཏེ་གཞན། །གཞན་མེད་གཞན་ལས་གཞན་མི་འགྱུར། །གཞན་ནི་གཞན་ལ་ལྟོས་ནས་གཞན། །ཞེས་བྱ་ན། གཞན་མེད་པས་དེའི་ཕྱིར་གཞན་ལ་བརྟེན་ཏེ་གཞན་ཞེས་བྱ་བ་ཡང་མི་འཐད་དོ། །འོ་ན་ཅི་ཞེ་ན། གཞན་ནི་གཞན་ལས་བརྟེན་ཏེ་གཞན་ཞེས་ཐ་སྙད་གདགས་པ་ཡིན་no་ཞེས་བྱ་བའི་ཐ་ཚིག་གོ། འདིས་ནི་བསྒྲུབ་པར་བྱ་བའི་ཆོས་བརྗོད་པ་ཁྱད་པར་ཅན་བརྟེན་པ་ཉིད་ལ་ལྟོས་པ་དང་བཅས་པ་ཉིད་ཡིན་པར་བསྟན་ཏོ། །གང་ལ་བརྟེན་ཏེ་གང་ཡིན་པ། །དེ་ནི་དེ་ལས་གཞན་མི་འཐད། །ཅེས་བྱ་བ་ནི་དམ་བཅའ་བ་ཉེ་བར་གཞག་པ་ཡིན་ནོ། །འདིར་རྗེས་སུ་དཔག་པ་ནི་དོན་པར་བལྟ་བ་ནི་བལྟ་བར་བྱ་བ་ལས་གཞན་མ་ཡིན་ཏེ། བརྗོད་པ་ཁྱད་པར་ཅན་བརྟེན་པ་ཉིད་ལ་ལྟོས་པ་དང་བཅས་པ་ཉིད་ཡིན་པའི་ཕྱིར་བལྟ་བར་བྱ་བའི་རང་གི་བདག་ཉིད་བཞིན་པས་དེའི་ཕྱིར་བསྒྲུབ་པས་སྒྲུབ་པའི་གཏན་ཚིགས་ཀྱང་གཏན་ཚིགས་ཡིན་པའི་ཕྱིར་དོན་མ་གྲུབ་པ་ཉིད་མ་ཡིན་ལ། བརྗོད་པར་བྱ་བ་ཁྱད་པར་ཅན་བརྟེན་པ་ཉིད་ལ་ལྟོས་པ་དང་བཅས་པ་ཉིད་ཀྱི་གཏན་ཚིགས་ཀྱི་དོན་ཀྱང་མ་གྲུབ་པ་ཉིད་མ་ཡིན་ཏེ། ལྟོས་པ་མེད་པ་ཉིད་མ་གྲུབ་པའི་ཕྱིར་རོ། །ཇི་ལྟར་ཞེ་ན། གལ་ཏེ་གཞན་ནི་གཞན་ལས་གཞན། །གཞན་མེད་པར་ཡང་རུང་བར་འགྱུར། གལ་ཏེ་གཞན་ཞེས་བྱ་བ་ངོ་བོ་ཉིད་ཀྱིས་གཞན་ལས་གཞན་ཡིན་པར་གྱུར་ན་དེ་ལྟ་ན་གཞན་མེད་པར་ཡང་གཞན་དུ་རུང་བར་འགྱུར་ཏེ། དེའི་ངོ་བོ་ཉིད་ཡིན་པའི་ཕྱིར་དཔེར་ན་ཐ་སྙད་ཀྱི་བདེན་པར་གྲགས་པའི་མེའི་དངོས་པོ་གཞན་ལ་མི་ལྟོས་པར་ཡང་ཚ་བའི་ངོ་བོ་ཉིད་དུ་འགྱུར་བ་བཞིན་ནོ། །གཞན་ལས་གཞན་པའི་གཞན་པ་དེ། །མེད་ན་མེད་པས་དེ་ཕྱིར་མེད༑ ༑གཞན་ཉིད་ཅེས་བྱ་བ་དེའོ། །དེ་ནི་མི་འདོད་དེ། ལྟ་བ་པོ་དང་། ཉན་པོ་ལ་སོགས

པ་དག་བལྟ་བར་བྱ་དང་། མཉན་པར་བྱ་བ་ལ་སོགས་པ་ལ་མི་ལྟོས་པར་གཞན་ཉིད་དུ་འགྱུར་བ་མེད་ལ། ཆགས་པ་ལ་སོགས་པ་དག་ཀྱང་འདོད་ཆགས་ལ་སོགས་པ་ལ་མི་ལྟོས་པར་གཞན་ཉིད་དུ་འགྱུར་བ་མེད་དེ། དཔེར་ན་ཐ་སྙད་དུ་ཡང་མེ་གྲང་བ་ལ་མི་ལྟོས་པར་རང་གི་ངོ་བོ་ཉིད་ཀྱིས་ཚ་བ་ཉིད་མེད་པ་བཞིན་ནོ། །ཅི་སྟེ་ལྟ་བ་པོ་ནི་ལྟ་བ་ལ་སོགས་པ་ལ་ལྟོས་པ་མེད་པར་ཡང་གཞན་ཉིད་ཡིན་ཏེ། མཚན་ཉིད་ཐ་དད་པའི་ཕྱིར་བ་ལང་དང་རྟ་བཞིན་ནོ། །མཚན་ཉིད་ཐ་དད་འདི་ལྟ་བུ་ཡང་ཡོད་དེ། ལྟ་བ་པོ་ནི་ཡུལ་དུ་སྣང་བའི་རྣམ་པར་ཤེས་པའི་མཚན་ཉིད་དམ་དེ་དང་ལྡན་པའི་འདུ་བྱེད་ཀྱི་ཚོགས་བཞིན་ནོ།། ལྟ་བ་ནི་ཡུལ་ཁ་དོག་གཟུགས་དང་བ་མིག་གི་རྣམ་པར་ཤེས་པའི་གནས་ཡིན་ནོ། །གཟུགས་ནི་གཟུགས་སུ་རུང་བའི་མཚན་ཉིད་ཁ་དོག་དང་། དབྱིབས་ཀྱི་བདག་ཉིད་ཡིན་ནོ། །དེའི་ཕྱིར་གཏན་ཚིགས་ཇི་སྐད་སྨོས་པའི་མཐུས་ལྟ་བ་པོ་ནི་ལྟ་བ་ལ་སོགས་པ་དག་ལས་གཞན་ཉིད་ཡིན་པས་རྟོག་གེ་ཕྱི་མ་དང་རང་དབང་དུ། རྗེས་སུ་དཔག་པས་གནོད་དོ་ཞེ་ན༑ དེ་ནི་རིག་པ་མ་ཡིན་ཏེ། དེ་ཉིད་ཀྱི་ཕྱིར་བ་ལང་དང་། རྟ་དག་གཞན་ཉིད་དུ་མ་གྲུབ་པའི་ཕྱིར་རོ། །འདིས་མིང་ཐ་དད་པའི་ཕྱིར་དང་རྒྱུ་དང་འབྲས་བུ་ཐ་དད་པའི་ཕྱིར་ཞེས་བྱ་བ་ལ་སོགས་པའི་གཏན་ཚིགས་དག་གི་ལན་ཀྱང་བཏབ་པ་ཡིན་ནོ། །གཞིགས་ཟིན་པ་དག་གིས་སྨྲས་པ། བལྟ་བར་བྱ་བ་ལ་གཞན་ཉིད་ངེས་པར་གནས་པ་ཁོ་ན་ཡིན་པས་དེའི་ཕྱིར་གཞན་ཉིད་གྲུབ་པས་བརྗོད་པ་ཁྱད་པར་ཅན་བརྟེན་པ་ཉིད་ལ་ལྟོས་པ་དང་བཅས་པ་ཉིད་ཡིན་པའི་ཕྱིར་ཞེས་བྱ་བའི་གཏན་ཚིགས་ཀྱི་དོན་མ་གྲུབ་པ་ཉིད་དོ། །དེ་ལྟ་ན་ཡང་གཞན་ཉིད་ཅེས་བྱ་བ་བརྗོད་པའི་ཆོས་ཅན་གཞན་ཉིད་ལ་ལྟོས་པ་དང་བཅས་པའི་ཕྱིར་དང་༑ ཕྱོགས་ཀྱི་ཆོས་སྦྱོར་བརྗོད་པའི་ཕྱིར་གཏན་ཚིགས་ཀྱི་དོན་མ་གྲུབ་པ་ཉིད་མ་ཡིན་

ནོ༔ ༔གཞན་ཡང་གཞན་ཉིད་དང་ལྡན་པས་གཞན་ཉིད་དུ་འདོད་ན་ཉེས་པ་མེད་པར་ཡང་རང་ལས་གཞན་ཉིད་དུ་འགྱུར་ཏེ། དེའི་བདག་ཉིད་ཡིན་པའི་ཕྱིར་དཔེར་ན་མི་གྲང་བ་ལ་སོགས་པ་ལ་མ་ལྟོས་པར་ཡང་རང་གི་བདག་ཉིད་ཀྱིས་ཚ་བ་ཉིད་དུ་འགྱུར་བ་བཞིན་ནོ།།

གཉིས་མེད་པ་དངོས་པོ་གཞན་ལ་མི་ལྟོས་པའི་ཆོས་ཅན་ལ་གཞན་ཉིད་དུ་རྟོག་ན་ཡང་རྟོག་པ་ཙམ་དུ་ཟད་དེ། དངོས་པོ་གཞན་ལ་ལྟོས་པ་ཉིད་གཞན་ཉིད་ཀྱང་བློའི་རྒྱུ་མ་ཡིན་ལ༔ གཞན་ཉིད་ནི་བློ་དེའི་རྒྱུ་ཡིན་པའི་ཕྱིར་རོ། །གཞན་དང་གཞན་མ་ཡིན་པ་ཉིད་གཞན་ཉིད་དང་ལྡན་པར་རྟོག་ན་ཡང་དོན་མེད་པ་ཉིད་དང་། དགག་པ་མི་མཐུན་པ་ཉིད་དུ་འགྱུར་རོ། །དངོས་པོ་བརྗོད་པར་བྱ་བ་མ་ཡིན་པ་དུས་ཕྱིས་གཞན་ཉིད་དང་ལྡན་པར་རྟོག་ན་ཡང་དངོས་པོ་ནི་གཞན་ཉིད་དང་ལྡན་པ་མ་ཡིན་ཏེ། དངོས་པོ་ཡིན་པའི་ཕྱིར། དཔེར་ན་བརྗོད་པར་བྱ་བ་མ་ཡིན་པ་དེ་ཉིད་ཀྱི་སྐད་ཅིག་མ་ཡིན་པས་རང་གི་རྗེས་སུ་དཔག་པ་ལ་གནོད་དོ། །ཕྱི་བྲག་པ་གཞན་དག་གིས་སྨྲས་པ། དོན་དམ་པར་ལྟ་བ་ནི་བལྟ་བར་བྱ་བ་ལས་གཞན་མ་ཡིན་ཏེ་ཞེས་དམ་བཅས་པ་དེའི་དོན་གང་ཡིན། གལ་ཏེ་གཞན་ཉིད་དེ་ལ་མི་འཇུག་གོ་ཞེ་ན་ནི་གཏན་ཚིགས་མ་ངེས་པ་ཉིད་དེ། མི་མཐུན་པའི་ཕྱོགས་ལ་ཡང་༔ ལྟོས་པ་དང་བཅས་པ་ཉིད་དུ་འཇུག་པའི་ཕྱིར་རོ། །ཅི་སྟེ་གཞན་ཉིད་རྫས་ཀྱི་ངོ་བོ་ཉིད་མ་ཡིན་ནོ་ཞེ་ན་ནི་གྲུབ་པ་ལ་སྒྲུབ་པ་ཡིན་ཏེ། གཞན་ཉིད་ནི་དེའི་ངོ་བོ་ཉིད་ཡིན་པའི་ཕྱིར་རོ། །དེ་ལ་འདིར་བཏག་པ་སྔ་མ་ལ་ཡང་ཇི་སྐད་བསྟན་པའི་ཚུལ་གྱིས་གཞན་ཉིད་བཀག་པའི་ཕྱིར། མི་མཐུན་པའི་ཕྱོགས་མེད་པས་མ་ངེས་པ་ཉིད་མ་ཡིན་ནོ། །བཏག་པ་གཉིས་པ་ལ་ཡང་དོན་དམ་པར་ལྟ་བ་ནི་བལྟ་བར་བྱ་བ་ལས་གཞན་མ་ཡིན་ནོ་ཞེས་བྱ་བ་ལ༔ ཁོ་བོ་ཅག་གིས་དེ་ལ་གཞན་ཉིད་ཀྱི་བློ་དང་སྒྲའི་སྤྱོད་ཡུལ་ཉིད་ཀྱི་ཆོས་མེད་དོ་ཞེས

བསྟན་པའི་ཕྱིར་ཕ་རོལ་པོ་ལ་བསྒྲུབ་པ་དེ་ལྷ་བུ་མེད་པས་གྲུབ་པ་ལ་སྒྲུབ་པ་ཡང་མ་ཡིན་ནོ༑ ༑དོན་དམ་པར་གཞན་ཉིད་ལ་གཞན་ཉིད་ཀྱི་ངོ་བོ་ཉིད་མེད་དེ། སྤྱི་དང་ཁྱད་པར་དང་ལྡན་པའི་ཕྱིར་དཔེར་ན་གཟུགས་ཉིད་བཞིན་ནོ། །ཡང་ན་དོན་དམ་པར་གཞན་ཉིད་ནི་གཞན་ཉིད་ཀྱི་བློ་དང་སྒྲ་སྐྱེ་བའི་རྒྱུ་ཉིད་མ་ཡིན་ཏེ། བློ་དང་སྒྲ་ཁྱད་པར་ཅན་གྱི་རྒྱུ་ཡིན་པའི་ཕྱིར་དཔེར་ན་གཟུགས་ཉིད་བཞིན་ནོ། །ཡང་ན་དོན་དམ་པར་གཞན་ཉིད་ཀྱི་བློ་ནི་གཞན་ཉིད་དང་ལྡན་པའི་བལྟ་བར་བྱ་བ་ལ་སོགས་པའི་ཡུལ་དངོས་དང་ལྡན་པ་མ་ཡིན་ཏེ། གཞན་ཉིད་ཀྱི་བློ་ཡིན་པའི་ཕྱིར་དཔེར་ན་གཞན་ཉིད་ཀྱི་ཡུལ་ཅན་མ་ཡིན་པ་བཞིན་ནོ། །རྒྱས་པར་ནི་སྔ་མ་བཞིན་ནོ། །ཡང་གཞན་ཡང་། འདི་ལ་གཞན་ཉིད་ཅེས་བྱ་བ་དེ་གཞན་ལ་ཡོད་དམ་གཞན་མ་ཡིན་པ་ལ་ཡོད་གྲང་ན། དེས་ཅིར་འགྱུར། གལ་ཏེ་གཞན་ལ་ཡོད་དོ་ཞེ་ན། གཞན་ཉིད་གཞན་ལའང་ཡོད་མ་ཡིན། དེ་འཇུག་པ་དོན་མེད་པ་ཉིད་དུ་འགྱུར་བའི་ཕྱིར་དང་། གཞན་ནི་གཞན་ཉིད་དང་བྲལ་བར་ཕ་རོལ་པོའི་ཕྱོགས་ལ་ཡང་གྲུབ་པའི་ཕྱིར་རོ། །ཅི་སྟེ་གཞན་མ་ཡིན་པ་ལ་ཡོད་དོ་ཞེ་ན། གཞན་མ་ཡིན་ལའང་ཡོད་པ་མིན། །རང་ལས་གཞན་ཉིད་ཡིན་པར་གྱུར་ན་མི་རུང་བའི་ཕྱིར་རོ། །ཡང་གཞན་ཡང་༑ གཞན་ཉིད་དང་ལྡན་པ་ནི་དེ་དང་ལྡན་དུ་ཟིན་ཀྱང་དེའི་ངོ་བོ་ཉིད་དུ་འགྱུར་བར་མི་འཐད་དེ། བ་ལང་དང་ལྡན་བ་ལང་དང་ལྡན་དུ་ཟིན་ཀྱང་བ་ལང་ཉིད་དུ་འགྱུར་བར་མི་འཐད་པ་བཞིན་ནོ། །གཞན་དག་གིས་སྨྲས་པ། དེ་དང་ལྡན་པས་དེའི་བདག་ཉིད་དུ་འགྱུར་བ་མ་ཡིན་མོད་ཀྱི། འོན་ཀྱང་དེའི་བློ་དང་སྒྲའི་རྒྱུ་ཉིད་ཡིན་ནོ། །དེ་ནི་དགག་པ་སྨྲས་ཟིན་པའི་ཕྱིར་ལན་དུ་མི་རུང་ངོ་། །གལ་ཏེ་གཞན་ཉིད་ཀྱིས་གཞན་འདི་ནི་གཞན་ཡིན་ནོ་ཞེས་གསལ་བར་བྱེད་པའི་ཕྱིར་དེའི་ངོ་བོ་ཉིད་ཀྱང་མ་ཡིན་ལ། དེ་དང་ལྡན་པ་

དོན་མེད་པ་ཉིད་དུ་ཡང་མི་འགྱུར་རོ་ཞེ་ན། དེ་ནི་རིགས་པ་མ་ཡིན་ཏེ། གསལ་བར་བྱེད་པས་གསལ་བར་བྱ་བའི་དོན་གསལ་བའི་ངོ་བོ་ཉིད་དུ་གསལ་བར་བྱེད་པའི་ཕྱིར་གཞན་ཉིད་ཀྱིས་གཞན་འདི་ནི་གཞན་ཡིན་ནོ་ཞེས་གསལ་བར་བྱེད་པས་གཞན་ཉིད་ཀྱིས་དེ་གསལ་བར་བྱེད་དོན་མེད་པ་ཉིད་དུ་འགྱུར་བའི་ཕྱིར་དང་། གཞན་ཉིད་མ་ཡིན་པས་ནི་འདི་གཞན་ཡིན་ནོ། །ཞེས་གསལ་བར་བྱར་མི་རུང་བའི་ཕྱིར་རོ། །འདི་ནི་ཕྱོགས་ཙམ་པ་ཞིག་བསྟན་པ་ཡིན་ཏེ། འདིས་སྤྱི་དང་ཁྱད་པར་དང་ཡོད་པ་ཉིད་དང་། ཚད་ལ་སོགས་པ་དག་ཀྱང་དགག་པར་བྱའོ། །དེའི་ཕྱིར་དེ་ལྟར་གཞན་ཉིད་མི་འཐད་པས་གཏན་ཚིགས་ཇི་སྐད་སྨོས་པས་མ་གྲུབ་པ་མེད་དོ། །གཞན་དག་གིས་སྨྲས་པ་གཞན་ཉིད་ཀྱི་མཐའ་དང་། གཞན་མ་ཡིན་པ་ཉིད་ཀྱི་མཐའ་དེ་དག་ནི་མཐའ་གཉིས་ཏེ། དེ་ལ་གལ་ཏེ་ཁྱེད་ཀྱིས་གཞན་ཉིད་ཀྱི་མཐའ་མེད་དོ་ཞེས་དེ་དགག་པ་བརྗོད་པས་གཞན་མ་ཡིན་པ་ཉིད་ཀྱིས་མཐའ་ཡོངས་སུ་བཟུང་བ་བྱས་པས་དེས་ན་མཛད་པའི་མཐའ་ལ་གནོད་པར་འགྱུར་རོ། །འདིར་བཤད་པ། ཇི་སྐད་བསྟན་པའི་ཚུལ་གྱིས་རེ་ཞིག་གཞན་ཉིད་མེད་དོ་ཞེས་བྱ་བ་དེ་བསྟན་ཟིན་པས། གཞན་ཉིད་ཡོད་པ་མ་ཡིན་ན། །གཞན་ནམ་དེ་ཉིད་ཡོད་མ་ཡིན། །གཞན་ལ་ལྟོས་པས་སམ། དེ་བཀག་པས་གཞན་མ་ཡིན་པ་ཉིད་གྲུབ་པས། ཐ་སྙད་པ་ཡིན་པའི་ཕྱིར་དང་། གཞན་ཉིད་མ་གྲུབ་པས་གཞན་མ་ཡིན་པ་ཉིད་ཀྱང་མེད་པའི་ཕྱིར་རོ་ཞེས་བྱ་བར་དགོངས་སོ། །ཇི་ལྟར་དེ་དགག་ཅེ་ན། དོན་དམ་པར་ལྟ་བ་པོ་ནི་བལྟ་བར་བྱ་བ་དང་གཞན་མ་ཡིན་པ་ཉིད་མ་ཡིན་ཏེ། བརྗོད་པ་ཁྱད་པར་ཅན་བརྟེན་པ་ཉིད་ལ་ལྟོས་པ་དང་བཅས་པ་ཉིད་ཡིན་པའི་ཕྱིར། དཔེར་ན་བལྟ་བར་བྱ་བའི་རང་གི་བདག་ཉིད་བཞིན་ནོ། །དེ་བཞིན་དུ་ཡོད་པ་ཉིད་དང་། རྒྱུ་ཉིད་དང་། འབྲས་བུ་ཉིད་དང་། ལན་འགའ

ཞེས་པ་ལོག་པའམ་ཐེ་ཚོམ་ཅན་གྱི་ཡུལ་ཉིད་དང་། རྒྱུན་གྱི་དབྱེ་བས་ཐ་དད་པ་ཉིད་ཀྱི་ཕྱིར་རོ་ཞེས་བྱ་བ་ལ་སོགས་པའི་གཏན་ཚིགས་དག་གིས་ཀྱང་རྗེས་སུ་དཔག་པ་རྒྱས་པར་བསྟན་པར་བྱའོ། །དེའི་ཕྱིར་དེ་ལྟར་གཞན་མ་ཡིན་པ་ཉིད་ཀྱང་བཀག་པའི་ཕྱིར་མཛད་པའི་མཐའ་ལ་གནོད་པར་མི་འགྱུར་རོ། །གང་གི་ཕྱིར་དེ་ལྟར་གཅིག་པ་ཉིད་ལ་སོགས་པ་དག་མ་གྲུབ་པའི་ཕྱིར་རོ། །དེ་ནི་དེ་དང་ཕྲད་པ་མེད། །གཞན་ཡང་གཞན་དང་ཕྲད་མི་འགྱུར༔ ༔ཞེས་རབ་ཏུ་བྱེད་པ་བསྟན་པའི་ནང་ནས་འབྱུང་བའི་དབང་གིས་མཇུག་བསྡུ་བའོ༔ ༔གང་ལ་ལ་འདི་སྐད་ཅེས་འདོད་ཆགས་དང་ཆགས་པ་དག་ཕྲད་པ་ཡོད་པ་ཉིད་དེ། ཕྲད་བཞིན་པ་ཡོད་པའི་ཕྱིར་དཔེར་ན། འོ་མ་དང་ཆུ་དག་བཞིན་ནོ། །ཡང་ན་ཕྲད་པ་དེ་དང་ལྡན་པའི་ཕྲད་པ་ཡོད་པ་ཉིད་དེ། མཐར་ཐུག་པའི་སྒྲར་བརྗོད་པའི་ཕྱིར་དཔེར་ན་ལྕགས་སྒྲོག་ལ་སོགས་པས་བཅིངས་པ་བཞིན་པས་ཕྲད་པ་ཕྲད་པ་དང་ལྡན་པའི་མཐར་ཐུག་པའི་སྒྲར་བརྗོད་པ་དེ་ཡང་ཡོད་དོ། །དེ་བཞིན་དུ་དོན་དམ་པར་ཕྲད་པ་པོ་དེ་དང་ལྡན་པའི་ཕྲད་པ་ཡོད་པ་ཉིད་དེ། བརྗོད་པ་ཁྱད་པར་ཅན་གྱིས་བརྗོད་པར་བྱ་བ་ཡིན་པའི་ཕྱིར་དང་། དཔེར་ན་ཟད་དང་འབྲེལ་པས་བརྗོད་པ་ཁྱད་པར་ཅན་གྱི་ཆ་ལ་བརྟེན་པའི་ཟ་བ་པོ་བཞིན་པས་ཕྲད་པ་པོ་བརྗོད་པ་ཁྱད་པར་ཅན་གྱི་བརྗོད་པར་བྱ་བའི་ཕྲད་པ་པོ་དེ་ཡང་ཡོད་པས། དེའི་ཕྱིར་ཕྲད་པ་ཡོད་པ་ཉིད་དོ་ཞེས་ཟེར་རོ། །དེའི་ཕྱིར་བཤད་པ། ཕྲད་བཞིན་པ་དང་ཕྲད་པ་དང་། །ཕྲད་པ་པོ་ཡང་ཡོད་མ་ཡིན། །སྒྲུབ་པ་ཇི་སྐད་བསྟན་པས་གཞན་ཉིད་མི་སྲིད་པའི་ཕྱིར་རོ་ཞེས་བྱ་བར་དགོངས་སོ། །དེ་ལ་འདིར་རབ་ཏུ་བྱེད་པའི་དོན་ནི་ཕ་རོལ་པོས་རབ་ཏུ་བྱེད་པའི་དང་པོར་སྒྲུབ་པ་སྨྲས་པའི་སྐྱོན་བརྗོད་པས་ཕྲད་པ་ངོ་བོ་ཉིད་མེད་པ་ཉིད་དུ་བསྟན་པ་ཡིན་ནོ། །དེའི་ཕྱིར་རབ་ཀྱི་རྩལ་གྱིས་རྣམ་པར་གནོན་

པ་གཟུགས་ལ་ཁྱད་པར་མ། ཐལ་བ་མེད་དོ། །དེ་བཞིན་དུ་ཚོར་བ་དང་། འདུ་ཤེས་དང་། འདུ་བྱེད་རྣམས་དང་། རྣམ་པར་ཤེས་པ་ལ་ཡང་ཁྱད་པར་མ། ཐལ་བ་མེད་དོ། །གཟུགས་དང་༏ ཚོར་བ་དང་། འདུ་ཤེས་དང་། འདུ་བྱེད་རྣམས་དང་། རྣམ་པར་ཤེས་པ་ལ་ཁྱད་པར་མ་ཐལ་བ་མེད་པ་གང་ཡིན་པ་དེ་ནི་ཤེས་རབ་ཀྱི་ཕ་རོལ་ཏུ་ཕྱིན་པའོ་ཞེས་བྱ་བ་ལ་སོགས་པ་གསུངས་པ་དེ་དག་གྲུབ་པ་ཡིན་ནོ། །སློབ་དཔོན་ལེགས་ལྡན་བྱེད་༼འབྱེད་༽ཀྱིས་ཉེ་བར་སྦྱར་བ། དབུ་མ་རྩ་བའི་འགྲེལ་པ་ཤེས་རབ་སྒྲོན་མ་ལས། ཁྱད་པ་བརྟག་པ་ཞེས་བྱ་བ་སྟེ། རབ་ཏུ་བྱེད་པ་བཅུ་བཞི་པའོ།། །།

༼རབ་བྱེད་བཅོ་ལྔ་པ་དངོས་པོ་དང་དངོས་མེད་བརྟག་པ།༽

ད་ནི་དེ་བཞིན་དུ་སྟོང་པ་ཉིད་ཀྱི་མི་མཐུན་པའི་ཕྱོགས་ཀྱི་ཁྱད་པར་དགག་པས། རྟེན་ཅིང་འབྲེལ་པར་འབྱུང་བ་ཆད་པ་མེད་པ་དང་། རྟག་པ་མེད་པ་བསྟན་པའི་དོན་གྱི་དབང་གིས་རབ་ཏུ་བྱེད་པ་བཅོ་ལྔ་བརྩམ་མོ། །འདིར་སྨྲས་པ། ཁྱེད་དངོས་པོ་རྣམས་ངོ་བོ་ཉིད་མེད་དོ་ཞེས་སྨྲ་བའི་དམ་བཅས་པ་ལ་རང་གི་ཚིག་དང་འགལ་བའི་སྐྱོན་ཡོད་དེ། དེ་ཉིད་ཀྱི་དོན་དེ་ལ་སྐུར་པ་བཏབ་པའི་ཕྱིར་དཔེར་ན་སྨྲས་པ། ཐམས་ཅད་བརྫུན་ནོ་ཞེས་བྱ་བ་བཞིན་ནོ། །འདིར་ཡང་གལ་ཏེ། ངོ་བོ་ཉིད་མེད་པ་ཡིན་ན་ནི་ཇི་ལྟར་དངོས་པོ་ཡིན༑ ཅི་སྟེ་དངོས་པོ་ཡིན་ན་ནི། ངོ་བོ་ཉིད་མེད་པ་མ་ཡིན་པས་དམ་བཅས་པ་ལ་དེ་ཉིད་ཀྱིས་དོན་དེ་ལ་སྐུར་པ་བཏབ་པའི་སྐྱོན་ཡོད་དོ། །འདིར་བཤད་པ། དོན་དམ་པར་དངོས་པོ་རྣམས་ངོ་བོ་ཉིད་ཡོད་པ་ཡིན་ཏེ། དཔེར་ན་ཆེ་གེ་མོ་ཞིག་བཞིན་ནོ་ཞེས་བྱ་བའི་རྗེས་སུ་འགྲོ་བ་མེད་པའི་ཕྱིར་དང་། དོན་དམ་པར་དངོས་པོ་རྣམས་ངོ་བོ་ཉིད་ཡོད་པ་ཉིད་དུ་ཁས་བླངས་ནས་ངོ་བོ་ཉིད་མེད་པ་ཉིད་དུ་དམ་བཅས་པའི་ཕྱིར་དེས་ན་དམ་མ་བཅས་པའི་དོན་ལ་སྐུར་པ་མ་བཏབ་པས་གཏན་ཚིགས་ཀྱི་དོན་མ་གྲུབ་པ་ཉིད་མ་ཡིན་ལ། ཐ་སྙད་དུ་ཡང་དངོས་པོ་རྣམས་ཀྱི་ངོ་བོ་ཉིད་སྒྱུ་མའི་ངོ་བོ་ཉིད་བཞིན་དུ་དམ་བཅས་པ་ལ་དེ་བཞིན་དུ་སྐུར་པ་མ་བཏབ་པའི་ཕྱིར་དང་། རྟེན་ཅིང་འབྲེལ་པར་འབྱུང་བ་ནི་སྐྱེ་བ་མེད་དོ་ཞེས་བྱ་བས་ལན་བཏབ་ཟིན་པའི་ཕྱིར་འདི་ལ་སྐྱོན་མེད་དོ། །མཁས་པར་རློམ་པ་གཞན་དག་གཞན་དུ་ཕྱིར་ཟློག་པར་བྱེད་དེ། དེ་དག་ངོ་བོ་ཉིད་གང་གིས་ངོ་བོ་ཉིད་མེད་པ་ཉིད་དུ

འདོད༑ གལ་ཏེ་རང་གི་རྣམ་པར་རྟོག་པའི་བཟོས་སྤྲུར་བའི་ངོ་བོ་ཉིད་སྒྲོ་བཏགས་ནས་མ་གྲུབ་པོ་ཞེ་ན་ནི་གྲུབ་པ་ལ་སྒྲུབ་པ་ཡིན་ནོ། །ཅི་སྟེ་དེ་དག་རྒྱུ་དང་རྐྱེན་ལས་བྱུང་བའི་ངོ་བོ་ཉིད་གང་ཡིན་པ་དེས་ངོ་བོ་ཉིད་མེད་པ་ཉིད་དོ་ཞེ་ན་ནི་རིགས་པ་མ་ཡིན་ཏེ། མངོན་སུམ་དང་གྲགས་པའི་གནོད་པས་གནོད་པར་འགྱུར་བའི་ཕྱིར་རོ། །འདིར་བཤད་པ། དོན་དམ་པར་རྣམ་པར་ཤེས་པ་རྣམ་པར་བརྟག་པའི་དངོས་པོའི་གཟུགས་ལ་དམིགས་པའི་སྐྱེ་བ་ཁས་མ་བླངས་པའི་ཕྱིར་དང་། དངོས་པོ་ཡོད་པ་ཉིད་བཀག་པའི་ཕྱིར་དང་། འཇིག་རྟེན་གྱི་ཐ་སྙད་མ་སྤངས་པའི་ཕྱིར་མངོན་སུམ་དང་གྲགས་པའི་གནོད་པ་མེད་པས་ཁོ་བོ་ཅག་གི་ཕྱོགས་ལ་གང་གིས་གང་ལ་གནོད་པ་ཡང་མེད་དོ། །མངོན་སུམ་གྱིས་གནོད་པ་ཡོད་པར་སྟོན་པར་འདོད་ན་དེ་ཡང་རིགས་པ་མ་ཡིན་ཏེ། མངོན་སུམ་དུ་དམིགས་པའི་དངོས་པོ་མངོན་སུམ་དུ་ཡོད་པ་ཉིད་དུ་བསྟན་པར་བྱ་དགོས་ན་དེ་ཡང་མ་གྲུབ་པའི་ཕྱིར་རོ༑ ༑གལ་ཏེ་དོན་དམ་པར་དངོས་པོ་འབའ་ཞིག་རྣམ་པ་འགའ་ཞིག་གིས་ཡོད་པར་གྱུར་ན་རང་གི་བདག་ཉིད་ཀྱིས་ཡོད་པ་དེའི་སྐྱེ་བ་དོན་མེད་པར་འགྱུར་ཏེ། ངོ་བོ་ཉིད་ནི་རྒྱུ་རྐྱེན་ལས། །འབྱུང་བ་རིག་པ་མ་ཡིན་ནོ། །ངོ་བོ་ཉིད་ཡོད་པར་སྨྲ་བའི་ཕྱོགས་ལ་ཞེས་བྱ་བའི་ཚིག་གི་ལྷག་མའོ། །ངོ་བོ་ཉིད་ནི་རང་གི་ངོ་བོ་སྟེ། རང་གི་བདག་ཉིད་ཅེས་བྱ་བའི་ཐ་ཚིག་གོ། འབྱུང་བ་ནི་སྐྱེ་བའོ། །ཅི་སྟེ་འབྱུང་བར་མཐོང་བས་བསྙོན་པར་མི་ནུས་སོ་ཞེ་ན༑ དེ་ཡང་རྒྱུ་དང་རྐྱེན་གཞན་ལ་རག་ལས་པ་ཡིན་པས། རྒྱུ་དང་རྐྱེན་ལས་བྱུང་བ་ཡི། །ངོ་བོ་ཉིད་ནི་བྱས་པར་འགྱུར། །དེ་ལ་རྒྱུ་ནི་ཐུན་མོང་མ་ཡིན་པ་དང་། རང་གི་དོན་དེ་མ་ཐག་པ་དང་། ཆ་མཐུན་པ་དང་བསྐྱེད་པ་གཅིག་པུ་གང་ཡིན་པའོ། །རྐྱེན་ནི་དེ་ལས་བཟློག་པ་སྟེ། །ལྷན་ཅིག་བྱེད་པ་དག་གོ། བྱས་པ་ནི་བཅོས་མ་ཞེས་བྱ་བའི་ཐ་ཚིག་གོ། དེ་ལ་འདིར

རབ་ནི་མི་མཐུན་པའི་ཕྱོགས་ལས་བཟློག་པས་ཕྱོགས་ཀྱི་ཆོས་མཐོན་ནོ་ཞེས་བྱ་བའི་ཚིག་གི་དོན་ཏེ། དཔེར་ན་སྒྲ་མི་རྟག་པ་དང་ལྡན་པ་མ་ཡིན་ཏེ། རྟག་པ་ནི་བྱས་པ་ཡིན་པའི་ཕྱིར་རོ། །རྟག་པ་ལ་ནི་བྱས་པ་ཉིད་མེད་ལ་སྒྲ་ལ་ནི་བྱས་པ་ཉིད་ཡོད་པས་དེའི་ཕྱིར་སྒྲ་ནི་མི་རྟག་སྟེ། བྱས་པའི་ཕྱིར་རོ་ཞེས་བྱ་བ་དེ་བཞིན་དུ་འདིར་ཡང་ངོ་བོ་ཉིད་ནི་རྒྱུ་དང་རྐྱེན་རྣམས་ལས་བྱུང་བར་མི་རིགས་ཏེ། རྒྱུ་དང་རྐྱེན་རྣམས་ལས་བྱུང་བའི་ངོ་བོ་ཉིད་ནི་བྱས་པ་ཡིན་པར་འགྱུར་ལ། ངོ་བོ་ཉིད་ལ་ནི་བྱས་པ་ཉིད་ཡོད་པ་མ་ཡིན་ཏེ། ངོ་བོ་ཉིད་ནི་མ་བྱས་པའི་ཕྱིར་རོ། །འདི་ལ་ནི་བྱས་པ་ཉིད་ཡོད་པས་འདིར་རྗེས་སུ་དཔག་པ་ནི་དོན་དམ་པར་ནང་གི་སྐྱེ་མཆེད་རྣམས་ནི་ངོ་བོ་ཉིད་ཡོད་པ་མ་ཡིན་ཏེ། རྒྱུ་དང་རྐྱེན་ལས་བྱུང་བའི་ཕྱིར་དཔེར་ན་སྒྱུ་མར་བྱས་པའི་མི་དང་། ཕྱུགས་དང་། རི་དྭགས་དང་། བྱ་ལ་སོགས་པའི་རྫས་དག་བཞིན་ནོ། །གང་ལ་ངོ་བོ་ཉིད་ཡོད་པ་དེ་ནི་འབྱུང་བར་མི་འགྱུར་བས་མི་མཐུན་པའི་ཕྱོགས་ལས་ལྡོག་གོ། འདིར་ཚིག་གི་དོན་མ་རྟོགས་པ་སྲུན་འབྱིན་པར་འདོད་པ་ཁ་ཅིག་གིས་སྨྲས་པ། སྒྱུ་མ་ནི་གསང་སྔགས་དང་སྨན་ཡོངས་སུ་གཟུང་བའི་དབང་གིས་འཛིམ་པ་དང་། ས་དང་། རྩ་དང་། འབྲས་བུ་དང་། ལོ་མ་ལ་སོགས་པ་དག་ཡོད་པ་ཉིད་ལས་གླང་པོ་ཆེ་ལ་སོགས་པའི་གཟུགས་སུ་སྣང་བའི་ཕྱིར། དཔེ་བསྒྲུབ་པར་བྱ་བའི་ཆོས་དང་མི་ལྡན་པའི་སྐྱོན་ཡོད་དོ། །དེ་ནི་རིགས་པ་མ་ཡིན་ཏེ། །གླང་པོ་ཆེར་སྣང་བ་གླང་པོ་ཆེའི་ངོ་བོ་ཉིད་མེད་པ་དཔེ་ཉིད་དུ་འདོད་ཀྱི་རྩལ་སོགས་པ་དག་མི་འདོད་པའི་ཕྱིར་དང་། དེ་དག་གི་ངོ་བོ་ཉིད་ཀྱང་ཡོད་པ་མ་ཡིན་ཏེ། དེ་དག་གི་སྐྱེ་བ་བཀག་པའི་ཕྱིར་དང་། ས་ལ་སོགས་པ་དག་རྫས་སུ་ཡོད་པ་ཉིད་བཀག་པའི་ཕྱིར་རོ། །གཞན་དག་གིས་སྨྲས་པ། ཇི་ཙམ་དུ་གང་དག་རྒྱུ་དང་རྐྱེན་ལས་བྱུང་བ་དེ་དག་ཐམས་ཅད་དངོས་པོའི་ངོ་བོ་ཉིད་ཡིན་

པས་གཏན་ཚིགས་ཀྱི་དོན་འགལ་བ་ཉིད་ཡིན་ནོ། །མ་ངེས་པ་ཉིད་ཀྱང་ཡིན་ཏེ། སྒྱུ་མ་ལ་སོགས་པ་ཁ་ཅིག་མཐུན་པའི་ཕྱོགས་དང་མི་མཐུན་པའི་ཕྱོགས་ལ་ཡང་ཡོད་པའི་ཕྱིར་རོ།། མཐུན་པའི་ཕྱོགས་ཐམས་ཅད་ལ་མ་ཁྱབ་པས་གཏན་ཚིགས་ཀྱི་དོན་མ་གྲུབ་པ་ཉིད་ཀྱང་ཡིན་ཏེ། ནམ་མཁའ་ལ་སོགས་པ་འདུས་མ་བྱས་དག་རྒྱུ་དང་རྐྱེན་ལས་མ་བྱུང་བའི་ཕྱིར་རོ། །དེ་ཡང་བཟང་པོ་མ་ཡིན་ཏེ། དངོས་པོའི་ངོ་བོ་ཉིད་སྒྱུ་མ་དང་། སྨི་ལམ་དང་། སྨིག་རྒྱུ་ལྟ་བུ་དག་རྒྱུ་དང་རྐྱེན་གྱིས་བྱས་སུ་ཟིན་ཀྱང་གཞན་ལ་མེད་པའི་ཕྱིར་ངོ་བོ་ཉིད་ཅེས་བརྗོད་དེ། དཔེར་ན་མེའི་ཚ་བ་ཉིད་བཞིན་པས་དེའི་ཕྱིར་ངོ་བོ་ཉིད་ཅེས་བྱ་བ་དེ་ནི་ཐ་སྙད་པ་ཡིན་གྱི་དོན་དམ་པ་པ་མ་ཡིན་ནོ། །དོན་དམ་པར་ནི། ངོ་བོ་ཉིད་ནི་བྱས་པ་ཞེས། །ཇི་ལྟ་བུར་ནི་རུང་བར་འགྱུར། །བྱས་པ་ཉིད་ནི་ངོ་བོ་ཉིད་མེད་པ་ཉིད་མེད་ན་མི་འབྱུང་བའི་ཕྱིར་རོ་ཞེས་བྱ་བར་དགོངས་སོ། །དེ་ལྟ་བས་ན་མི་མཐུན་པའི་ཕྱོགས་མེད་པའི་ཕྱིར་གཏན་ཚིགས་ཀྱི་དོན་འགལ་བ་ཉིད་དང་མ་ངེས་པ་ཉིད་མ་ཡིན་ནོ། །མཐུན་པའི་ཕྱོགས་ཐམས་ཅད་ལ་མ་ཁྱབ་པ་ཡང་མ་ཡིན་ཏེ། ཐ་སྙད་དུ་ཡང་ནམ་མཁའ་ལ་སོགས་པ་མ་སྐྱེད་པ་དག་ནི་རི་བོང་གི་རྭ་བཞིན་དུ་ཡོདཔ་ཉིད་དུ་ཁས་མ་བླངས་པའི་ཕྱིར་རོ། །མཐུན་པའི་ཕྱོགས་ཐམས་ཅད་ལ་མ་ཁྱབ་ཏུ་ཟིན་ཀྱང་བསྒྲུབ་པར་བྱ་བ་ལ་འཁྲུལ་པ་མེད་པས་བརྩལ་མ་ཐག་ཏུ་འབྱུང་བ་བཞིན་དུ་དེ་ཡང་གཏན་ཚིགས་ཡིན་པའི་ཕྱིར་དང་། དུས་གཅིག་ཏུ་ཕྱོགས་སུ་མ་བྱས་པའི་ཕྱིར་དང་། འདུས་མ་བྱས་ཀྱི་དངོས་པོ་ཕྱོགས་སུ་མ་བྱས་པའི་ཕྱིར་སྐྱོན་མེད་དོ། །ད་ནི་མི་མཐུན་པའི་ཕྱོགས་བརྟགས་ན་ཡང་དེ་ལས་བཟློག་པས་ཕྱོགས་ཀྱི་ཆོས་ཀྱི་དབང་གིས་རྗེས་སུ་དཔག་པ་སླ་བར་འདོད་ནས་བཤད་པ། ངོ་བོ་ཉིད་ནི་བཅོས་མིན་དང་། །གཞན་ལ་ལྟོས་པ་མེད་པ་ཡིན། །བཅོས་མ་མ་ཡིན་པ་ནི་རྒྱུ་དང་རྐྱེན་རྣམས

ཀྱིས་མ་བྱས་པའི་ཕྱིར་རོ། །གཞན་ལ་ལྟོས་པ་མེད་པ་ནི་བརྗོད་པ་ཁྱད་པར་ཅན་བརྟེན་པ་གཞན་ལ་ལྟོས་པ་མེད་པ་ཕྱིར་རོ། །ནང་གི་དངོས་པོ་རྣམས་ནི་དེ་ལྟར་བཅོས་མ་མ་ཡིན་པ་དང་། གཞན་ལ་ལྟོས་པ་མེད་པ་མ་ཡིན་ཏེ། འོ་ན་ཅི་ཞེ་ན། བྱས་པ་ཉིད་དང་། ལྟོས་པ་དང་བཅས་པ་ཉིད་ཡིན་ནོ། །འདིས་ནི་དངོས་པོའི་ཆོས་བྱ་བ་ཉིད་དང་། ལྟོས་པ་དང་བཅས་པ་ཉིད་ཡིན་པར་བསྟན་ཏོ། །དེའི་ཕྱིར་རྗེས་སུ་དཔག་པ་ནི་དོན་དམ་པར་ནང་གི་དངོས་པོ་རྣམས་ངོ་བོ་ཉིད་མེད་པ་ཉིད་དེ། བྱས་པའི་ཕྱིར་དང་། བརྗོད་པ་ཁྱད་པར་ཅན་བསྟན་པ་ཉིད་ལ་ལྟོས་པ་དང་བཅས་པའི་ཕྱིར་དཔེར་ན་སྒྱུ་མ་མཁན་གྱིས་སྤྲུལ་པའི་མི་ལ་སོགས་པ་བཞིན་ནོ། །གང་ངོ་བོ་ཉིད་ཡོད་པ་དེ་ནི་དེ་ལས་བཟློག་པར་འགྱུར་རོ། །ཀྱུས་པར་ནི་སྔ་མ་བཞིན་ནོ།། །།

དབུ་མ་རྩ་བའི་འགྲེལ་པ་ཤེས་རབ་སྒྲོན་མ་བམ་པོ་བཅུ་གཅིག་པ། འདིར་སྨྲས་པ། དོན་དམ་པར་ནང་གི་སྐྱེ་མཆེད་ཀྱི་དངོས་པོ་རྣམས་ངོ་བོ་ཉིད་ཡོད་པ་ཉིད་ཡིན་ཏེ། རང་ལས་གཞན་པའི་བརྗོད་པ་དང་། བརྗོད་པར་བྱ་བ་ཁྱད་པར་ཅན་ཉིད་ཀྱི་རྒྱུ་ཡིན་པའི་ཕྱིར་དཔེར་ན་རིང་པོ་ཐུང་ངུའི་བརྗོད་པ་དང་། བརྗོད་པར་བྱ་བ་ཁྱད་པར་ཅན་ཉིད་ཀྱི་རྒྱུ་ཡིན་པ་བཞིན་ནོ། །དེ་བཞིན་དུ་རང་ལས་གཞན་པ་ལའང་། འདི་ནི་གཞན་ནོ་ཞེས་བརྗོད་པ་དང་། བརྗོད་པ་ཁྱད་པར་ཅན་ཉིད་ཀྱི་རྒྱུ་ཡོད་དོ། །འདིར་བཤད་པ། འདི་ལ་ངོ་བོ་ཉིད་མེད་པ་ཉིད་སྟོན་པའི་རྗེས་སུ་དཔག་པ་དུ་མ་བརྗོད་པས། དངོས་པོའི་ངོ་བོའི་ཉིད་མེད་དོ་ཞེས་བསྟན་ཟིན་པས། ངོ་བོ་ཉིད་ནི་ཡོད་མིན་ན། །གཞན་གྱི་དངོས་པོ་ག་ལ་ཡོད་པ་དེ་སྨྲོས་ཤིག །ངོ་བོ་ཉིད་ནི་དེ་ལས་གཞན་པའི་དངོས་པོ་ལ་ལྟོས་ནས་གཞན་གྱི་དངོས་པོ་ཞེས་བརྗོད་པའི་ཕྱིར་རོ་ཞེས་བྱ་བར་དགོངས་སོ། །དེའི་ཕྱིར། གཞན་གྱི་དངོས་པོའི་ངོ་བོ

ཉིད༑ ༑གཞན་གྱི་དངོས་པོ་ཡིན་ཞེས་བརྗོད། །ཅེས་བྱ་བ་སྨྲས་ཏེ། གཞན་གྱི་དངོས་པོའི་
རང་གི་བདག་ཉིད་ཀྱི་ངོ་བོ་ཉིད་ནི་དངོས་པོ་གཞན་ལ་ལྟོས་ནས་གཞན་གྱི་དངོས་པོར་
བརྗོད་པ་ཡིན་ནོ། །ངོ་བོ་ཉིད་མེད་པའི་ཕྱིར་གཞན་གྱི་དངོས་པོ་ཡང་མ་གྲུབ་པས་དེའི་
ཕྱིར་རང་ལས་གཞན་པའི་བརྗོད་པ་དང་། བརྗོད་པར་བྱ་བ་ཁྱད་པར་ཅན་ཉིད་ཀྱི་རྒྱུ་ཡིན་
པའི་ཕྱིར་ཞེས་བྱ་བའི་གཏན་ཚིགས་ཀྱི་དོན་མ་གྲུབ་པ་ཉིད་དམ། དོན་འགལ་བ་ཉིད་
ཀྱང་ཡིན་ལ། དཔེ་ཡང་མེད་དེ། རིང་པོ་དང་ཐུང་ངུ་དག་མ་གྲུབ་པའི་ཕྱིར་རོ། །གཞན་
དག་གིས་སྨྲས་པ། མིག་ལ་སོགས་པའི་དངོས་པོ་དག་གིས་དོན་དམ་པའི་ངོ་བོ་ཉིད་ཡོད་
པ་ཉིད་དེ། དངོས་པོ་ཡིན་པའི་ཕྱིར་དཔེར་ན་མེའི་ཚ་བ་ཉིད་བཞིན་ནོ། །འདིར་བཤད་པ།
མེ་དང་བུད་ཤིང་བརྟག་པའི་སྐབས་སུ་དོན་དམ་པར་མེའི་ཚ་བ་ཉིད་བསལ་བའི་ཕྱིར་དང་།
དོན་དམ་པར་ཡོད་པ་ཉིད་བཀག་པའི་ཕྱིར་དང་། སྐྱེ་བ་བཀག་པའི་ཕྱིར་མེ་མ་གྲུབ་པས
དཔེའི་ཆོས་ཅན་མ་གྲུབ་པའི་སྐྱོན་དང་། དཔེ་བསྒྲུབ་པར་བྱ་བའི་ཆོས་དང་མི་ལྡན་པའི་
སྐྱོན་ཡོད་དོ། །ཡང་གཞན་ཡང་། ངོ་བོ་ཉིད་དང་གཞན་དངོས་དག །མ་གཏོགས་དངོས་པོ་
ག་ལ་ཡོད། །དངོས་པོ་ཡོད་པ་མ་ཡིན་པ་ཉིད་དོ་ཞེས་བྱ་བའི་ཚིག་གི་དོན་ཏོ། །དེ་ཅིའི་ཕྱིར་
ཞེ་ན། རྒྱུ་དང་རྐྱེན་རྣམས་ལ་བརྟེན་ཏེ་བྱུང་བའི་དངོས་པོའི་བདག་ཉིད་ནི་ངོ་བོ་ཉིད་ཅེས་
བྱ་ལ། ངོ་བོ་ཉིད་ལས་གཞན་པའི་དངོས་པོ་རྒྱུ་ལ་སོགས་པ་དག་ནི་གཞན་གྱི་དངོས་པོ་
ཞེས་བྱ་སྟེ། དེ་ལ། ངོ་བོ་ཉིད་དང་གཞན་དངོས་དག །ཡོད་ན་དངོས་པོ་འགྲུབ་པར་འགྱུར།།
དེ་དག་ཀྱང་ཇི་ལྟར་མེད་པ་དེ་ལྟར་སྔར་སྒྲུབ་དང་ཁྱད་པར་བསྟུལ་བས། དེ་བསྟུལ་ཟིན་པས།
དེའི་ཕྱིར་དངོས་པོ་ཡིན་པའི་ཕྱིར་ཞེས་བྱ་བའི་གཏན་ཚིགས་ཀྱི་དོན་མ་གྲུབ་པ་ཉིད་དོ། །
འདིར་སྨྲས་པ། གང་དག་དངོས་ཉིད་གཞན་དངོས་དང་། །དངོས་དང་དངོས་མེད་ཉིད་ལྟ་

བ༑ ༑དེ་དག་སངས་རྒྱས་བསྟན་པ་ལ། །དེ་ཉིད་མཐོང་བ་མ་ཡིན་ནོ། །ཞེས་ཁྱོད་ཀྱིས་འོག་ནས་སྨྲས་པ་དེ་ལ་ད་ལྟར་ཁྱོད། ངོ་བོ་ཉིད་དང་གཞན་དངོས་དག །མ་གཏོགས་དངོས་པོ་ག་ལ་ཡོད། །ཅེས་སྨྲ་བ་འདིས་གནོད་པར་འགྱུར་རོ། །ཡང་ན་དངོས་པོ་ཡོད་པ་ཉིད་དེ༑ ༑མི་མཐུན་པའི་ཕྱོགས་ཡོད་པའི་ཕྱིར་དཔེར་ན། །བྱ་རོག་ཡོད་པས་འུག་པ་ཡོད་པ་བཞིན་ནོ། །འདིར་བཤད་པ། དོན་དམ་པར་སྐྱེ་བ་བཀག་པས། གལ་ཏེ་དངོས་པོ་མ་གྲུབ་ན༑ ༑དངོས་མེད་འགྲུབ་པར་མི་འགྱུར་རོ། །དངོས་པོ་བཀག་པས་དངོས་པོ་མེད་པ་ཞེས་བརྗོད་པའི་ཕྱིར་རོ། །དངོས་པོ་མེད་པར་ཡང་མི་བརྗོད་པས་ཁས་བླངས་པ་ལ་གནོད་པ་ཡང་མེད་ལ། །གཏན་ཚིགས་ཀྱི་དོན་མ་གྲུབ་པ་ཡང་མ་ཡིན་ནོ། །ཡང་ན། དངོས་པོ་གཞན་དུ་འགྱུར་བ་ནི། །དངོས་མེད་ཡིན་པར་སྐྱེ་བོ་སྨྲ། །དངོས་པོ་མེད་པའི་ཕྱིར་དེ་ཡང་མེད་པས་གཏན་ཚིགས་ཐུན་མོང་མ་ཡིན་པ་ཉིད་དམ། དོན་འགལ་བ་ཉིད་དོ། །དཔེ་ཡང་མེད་དེ༑ དོན་དམ་པར་བྱ་རོག་དང་འུག་པ་དག་ཡོད་པ་ཉིད་དུ་མ་གྲགས་པའི་ཕྱིར་རོ། །གང་གི་ཕྱིར་དེ་ལྟར་ཉེ་བར་བརྟགས་ན། ངོ་བོ་ཉིད་དང་གཞན་གྱི་དངོས་པོ་དང་དངོས་པོ་མེད་པ་མ་གྲུབ་པ་དེའི་ཕྱིར་བདེ་བར་གཤེགས་པའི་སྲས་གང་དག་ཆགས་པ་མེད་པའི་བློ་ཡོད་པ་ཤེས་བྱའི་རྒྱ་མཚོ་ཆེན་པོ་མཐའ་དག་ལ་བློ་གྲོས་ཀྱི་འོད་ཟེར་ཐོགས་པ་མེད་པ་དང་ལྡན་པ་ཐམས་ཅད་ལ་ཕན་གདགས་པའི་ཕྱིར། དེ་བཞིན་གཤེགས་པའི་ཚུལ་སྤྱོད་དཀའ་བ་སྤྱོད་པར་བྱེད་པ་རྣམ་པར་མི་རྟོག་པའི་ཡེ་ཤེས་ཀྱི་ཤིང་རྟ་ལ་སྤྱོད་པ་དེ་དག་ནི་ངོ་བོ་ཉིད་དབ། གཞན་གྱི་དངོས་པོ་དང་། དངོས་པོ་དང་། དངོས་པོ་མེད་པར་མི་བལྟའོ། །དེ་དག་ལས་གཞན་པའི་སེམས་ཅན་ཆུང་ངུ་ཚེ་རབས་གཞན་དུ་ཡང་ཆོས་ཟབ་ཅིང་རྒྱ་ཆེ་བ་ལ་བཟོད་པ་མ་སྐྱེས་པ་ངོ་བོ་ཉིད་དང་། གཞན་གྱི་དངོས་པོ་དང་དངོས་པོ་མེད་པར་སྨྲ་བ

ལ་མངོན་པར་ཞེན་པའི་བག་ཆགས་ཀྱི་བློ་ཉམས་པར་གྱུར་པ། གང་དག་དངོས་ཉིད་གཞན་དངོས་དང་། །དངོས་དང་དངོས་མེད་ཉིད་ལྟ་བ། །དེ་དག་སངས་རྒྱས་བསྟན་པ་ལ༑ ༑དེ་ཉིད་མཐོང་བ་མ་ཡིན་ནོ། །ངོ་བོ་ཉིད་ལ་སོགས་པར་ལྟ་བ་ནི། །རིགས་པ་དང་ལུང་འགལ་བའི་ཕྱིར་རོ་ཞེས་བྱ་བར་དགོངས་སོ། །དེ་ལ་ཇི་ལྟར་རིགས་པ་དང་འགལ་བ་ཉིད་ཡིན་པ་དེ་ལྟར་ནི་བསྟན་ཟིན་ཏོ། །ཇི་ལྟར་ལུང་དང་འགལ་བ་ཉིད་ཡིན་པ་དེ་ལྟར་འདིར་བཤད་དེ། བཅོམ་ལྡན་དངོས་དང་དངོས་མེད་པ། །སྟོན་པས་ཀཱ་ཏྱཱ་ཡ་ན་ཡི། །གདམས་ངག་ལས་ནི་ཡོད་པ་དང་། །མེད་པ་གཉི་གའང་དགག་པ་མཛད། །ཀཱ་ཏྱཱ་ཡ་ན་འཇིག་རྟེན་འདི་ནི་གཉིས་ལ་གནས་ཏེ། ཕལ་ཆེར་ཡོད་པ་ཉིད་དང་། །མེད་པ་ཉིད་ལའོ་ཞེས་བྱ་བ་ལ་སོགས་པ་དང་། དེ་བཞིན་དུ་ཀུན་དགའ་བོ་ཡོད་ཅེས་བྱ་བ་ནི་རྟག་པར་འགྱུར་ལ། མེད་ཅེས་བྱ་བ་ནི་ཆད་པར་འགྱུར་རོ་ཞེས་ཀྱང་གསུངས་སོ། །ཡང་ཁ་ཅིག་ལ་བློ་འདི་ལྟ་བུ་འབྱུང་སྟེ། གལ་ཏེ་དོན་དམ་པར་དངོས་པོ་རྣམས་མེད་པ་ཡིན་ན། འོ་ན་གང་དག་གི། དེ་ཁོ་ན་མཐོང་བ་ལ་དེ་ཁོ་ན་མཐོང་ཞེས་བྱ་སྙམ་ན་ཐུབ་པ་ཆེན་པོའི་སྲས་རྟེན་ཅིང་འབྲེལ་པར་འབྱུང་བ་ཤེས་པའི་ཉི་མའི་འོད་ཟེར་གྱིས་མི་ཤེས་པའི་མུན་པ་བསལ་བ་གང་དག དངོས་པོ་རྒྱུ་དང་རྐྱེན་ལས་བྱུང་བ་ཐ་སྙད་ཀྱི་ཡན་ལག་ཏུ་གྱུར་པ་དག་ལ། ཤེས་རབ་ཀྱིས་ཡོངས་སུ་རྟོག་ན། ངོ་བོ་ཉིད་ཀྱང་མེད། གཞན་གྱི་དངོས་པོ་ཡང་མེད། དངོས་པོ་ཡང་མེད། དངོས་པོ་མེད་པ་ཡང་མེད་དོ་ཞེས་དགག་པའི་ཚུལ་གྱིས་མཐོང་བ་དེ་དག་ནི་དེ་ཁོ་ན་མཐོང་བ་ཡིན་ཏེ། དེ་ཁོ་ན་མཐོང་བའི་རྒྱུ་ཡིན་པའི་ཕྱིར་རོ། །གཞན་སྟོང་པ་ཉིད་དུ་ལྟ་བས་འཇིགས་ཤིང་སྐྲག་པར་གྱུར་པ། ནམ་མཁའ་འཇིགས་ཤིང་སྐྲག་པ་ཐོགས་པ་དང་བཅས་པའི་རྫས་ཀྱི་གནས་སུ་གྱུར་པའི་ནམ་མཁའ་སེལ་བར་འདོད་པ་ལྟ

ཐུ་ངོ་བོ་ཉིད་ལ་སོགས་པར་ལྟ་བ་ལ་གནས་པ། གང་དག་དངོས་ཉིད་གཞན་དངོས་དང༌།།
དངོས་དང་དངོས་མེད་ཉིད་ལྟ་བ། །དེ་དག་སངས་རྒྱས་བསྟན་པ་ལ། །དེ་ཉིད་མཐོང་བ་
མ་ཡིན་ནོ། །དེ་དག་མཐོང་བ་ནི་ལོག་པའི་ཤེས་པས་མཐོང་བ་ཡིན་པའི་ཕྱིར་རོ་ཞེས་བྱ་
བར་དགོངས་སོ། །དེ་ཉིད་ཀྱི་ཕྱིར། བཅོམ་ལྡན་དངོས་དང་དངོས་མེད་པ། །མཁྱེན་པས་ཀཱ་
ཏྱཱ་ཡ་ན་ཡི། །གདམས་ངག་ལས་ནི་ཡོད་པ་དང༌། །མེད་པ་གཉིས་ཀ་དགག་པར་མཛད།།
ངོ་བོ་ཉིད་ལ་སོགས་པར་མི་ལྟ་བ་ནི་དེ་ཁོ་ན་མཐོང་བ་ཡིན་ནོ་ཞེ་བྱ་བ་དེ་ལྟར་ཁོང་དུ་ཆུད་
པར་བྱ་བ་ཉིད་དུ་རིགས་སོ། །ཅིའི་ཕྱིར་ཞེ་ན། གལ་ཏེ་རང་བཞིན་ཡོད་ཉིད་ན། །དེ་ནི་མེད་
ཉིད་མི་འགྱུར་རོ། །དངོས་པོ་རྣམས་ལ་ནི་སྟོ་ན་མེད་པ་དང༌། ཞི་གནས་མེད་པ་ཉིད་དག
ཀྱང་ཡོད་དོ། །འདིས་ནི་དངོས་པོའི་ཆོས་གཞན་དུ་འགྱུར་བ་ཉིད་བསྟན་ཏོ། །ཅིའི་ཕྱིར
དངོས་པོའི་བདག་ཉིད་རང་བཞིན་གྱིས་ཡོད་པ་ཉིད་ཡིན་ན། གཞན་དུ་འགྱུར་བ་ཉིད་དུ་
མི་འདོད་ཅེ་ན། དེའི་ཕྱིར་དངོས་པོའི་མཚན་ཉིད་ཀྱི། །རང་བཞིན་གཞན་དུ་འགྱུར་བ་ནི།།
ནམ་ཡང་འཐད་པར་མི་འགྱུར་རོ། །ཞེས་སྨྲས་ཏེ། མེའི་ཚ་བའི་མཚན་ཉིད་ཀྱི་རང་བཞིན་
གྲང་བ་ཉིད་དུ་མི་འགྱུར་བ་བཞིན་ནོ་ཞེས་བྱ་བར་དགོངས་སོ། །དེའི་ཕྱིར་དེ་ནི་ཆོས་མི་
མཐུན་པའི་དཔེའི་ཚིག་ཡིན་ཏེ། དཔེར་ན་བརྟག་༼རྟག་༽པ་ལ་བྱས་པ་ཉིད་ཡོད་པར་མི་
རིགས་པ་བཞིན་ནོ། །འདིར་རྗེས་སུ་དཔག་པ་ནི་དོན་དམ་པར་ནང་གི་དངོས་པོ་རྣམས་ཇི་
ལྟར་རྟོག་པའི་ངོ་བོ་ཉིད་ཡོད་པ་མ་ཡིན་ཏེ། གཞན་དུ་འགྱུར་བའི་ཕྱིར་དཔེར་ན་ཆུའི་རེག་
པ་མེ་དང་ཕྲད་པས། ཚ་བའི་དངོས་པོར་འགྱུར་བ་ལ་དོན་དམ་པའི་ཚ་བའི་ངོ་བོ་ཉིད་མེད་
པ་བཞིན་ནོ། །ཅི་སྟེ་ཡང་ལ་ལ་འདི་སྐམ་དུ་སེམས་ཏེ། ལུང་ལས། ཤིང་སྡོང་པོ་འདི་ལ་
ཁམས་སྣ་ཚོགས་ཡོད་དོ་ཞེས་གསུངས་པས་ཆུ་ལ་ཡང་ཚ་བ་ཉིད་ཡོད་པའི་ཕྱིར་དཔེ་མེད་

དོ་སྙམ་ན། དེ་ལ་རྫུ་འཕྲུལ་དང་ལྡན་པའམ། སེམས་ལ་དབང་ཐོབ་པས་རྒྱའམ། ཕུབ་མ་དང་༑ ལྤི་བ་ལ་སོགས་པ་གང་དང་གང་ལ་ནོར་བུ་དང་། གསེར་དང་། དངུལ་ལ་སོགས་པར་གྱུར་ཅིག་ཅེས་བྱིན་གྱིས་རློབ་པར་བྱེད་པ་དེ་དང་དེ་བཞིན་དུ་འགྱུར་བ་ཤིང་ལ་ཞལ་གྱིས་བཞེས་ནས། ཤིང་སྡོང་པོ་འདི་ལ་ཁམས་སྣ་ཚོགས་ཡོད་དོ་ཞེས་གསུངས་པ་ཡིན་ནོ།། གལ་ཏེ་ཁམས་སྣ་ཚོགས་ཞེས་བྱ་བ་ནི་ནུས་པ་སྣ་ཚོགས་ཞེས་བྱ་བའི་དོན་ཡིན་ནོ་ཞེ་ན། གང་ཞིག་གང་གི་ནུས་པ་དང་ལྡན་པ་དེ་ནི་དེའི་ངོ་བོ་ཉིད་ཡིན་པར་མི་རིགས་ཏེ། སའི་སྲ་བ་ཉིད་ཀྱང་གཤེར་བ་ཉིད་དང་། ཚ་བ་ཉིད་དང་གཡོ་བ་ཉིད་ཀྱི་ངོ་བོ་ཉིད་དུ་གྱུར་ན་མི་རུང་བའི་ཕྱིར་རོ། །ཅི་སྟེ་བྲག་ཏུ་སྨྲ་བ་དག་གིས་སྨྲས་པ། དངོས་པོ་གནས་སྐབས་དང་དུས་གཞན་དུ་གྱུར་པ་དག་ཀྱང་ཡོད་པ་ཉིད་དུ་ཤེས་པར་བྱ་སྟེ། རྣམ་པར་ཤེས་པའི་ཡུལ་ཡིན་པའི་ཕྱིར་དཔེར་ན་ད་ལྟར་བཞིན་པས་དེས་ན་གཞན་དུ་གྱུར་པའི་ཕྱིར་ཞེས་བྱ་བའི་གཏན་ཚིགས་དེའི་དོན་གལ་ཏེ་བྱུང་ནས་འཇིག་པ་ཡིན་ན་ནི། གཞན་ལ་གཏན་ཚིགས་ཀྱི་དོན་མ་གྲུབ་པ་ཉིད་ཡིན་ལ། ཅི་སྟེ་གཞན་དུ་འགྱུར་པ་ཡིན་ནི་རང་ལ་གཏན་ཚིགས་ཀྱི་དོན་མ་གྲུབ་པ་ཉིད་དོ། །དེ་ནི་རིགས་པ་མ་ཡིན་ཏེ། དོན་དམ་པར་ད་ལྟར་བྱུང་བའི་དངོས་པོ་ཡང་ཡོད་པ་ཉིད་དུ་མ་གྲུབ་པས་དཔེ་མ་ཚང་བ་ཉིད་ཀྱི་ཕྱིར་དང་། གནས་སྐབས་དང་དུས་གཞན་དུ་གྱུར་པ་ཡང་མེད་དེ། སྐྱེ་བ་བཀག་པ་བཞིན་དུ་དེ་དག་ཀྱང་བཀག་པའི་ཕྱིར་རོ། །འདས་པ་དང་མ་འོངས་པའི་དངོས་པོ་རྣམས་ཀྱང་ཡོད་པ་ཉིད་མ་ཡིན་ཏེ། ད་ལྟར་མ་ཡིན་པའི་ཕྱིར་དཔེར་ན་ནམ་མཁའི་མེ་ཏོག་བཞིན་ནོ། །ཐ་སྙད་དུ་ཡང་འདས་པ་དང་མ་འོངས་པའི་དངོས་པོ་རྣམས་ཡོད་པ་ཉིད་དུ་མི་འགྲུབ་སྟེ། འགལ་བ་འབྲུལ་པ་མེད་པའི་གནོད་པ་ཡོད་པའི་ཕྱིར་དང་། དངོས་པོ་དང་དངོས་པོ་མེད་པ་དག་མི་སྒྲུབ་པའི་

ཕྱིར་འདོད་པའི་དོན་གྲུབ་པས། དེ་ནི་བཟང་པོ་མ་ཡིན་ནོ། །གྲངས་ཅན་དག་ལས་གང་དག་ཡོད་པ་ཉིད་ཟློག་གྱིས་ནོན་པའི་ཕྱིར་རམ། བག་ལ་ཞ་བའི་ཕྱིར་གཏན་ཚིགས་ཀྱི་དོན་མ་གྲུབ་པ་ཉིད་དོ་ཞེས་ཟེར་བ་དེ་དག་ལ་ཡང་སྒྲུབ་པ་བརྒལ་ཞིང་བརྟག་པར་བྱ་སྟེ། གལ་ཏེ་དག་ན་རེ་དངོས་པོ་འགགས་པ་དང་། མ་སྐྱེས་པ་ནི་ཡོད་པ་ཉིད་དེ། ཟློག་གྱིས་ནོན་པའི་ཕྱིར་ཉི་མའི་འོད་ཟེར་དག་གིས་སྐར་མའི་འོད་ཟློག་གྱིས་ནོན་པ་བཞིན་ནམ། རྣམ་པར་ཤེས་པའི་ཡུལ་ཡིན་པའི་ཕྱིར་དང་། དུས་སུ་བརྗོད་པའི་ཕྱིར་རམ། འདི་ཞེས་བསྟན་པའི་ཕྱིར་ད་ལྟར་གྱི་དངོས་པོ་བཞིན་ནོ་ཞེས་ཟེར་ན། དེ་ལ་ཡང་དགག་པ་ཇི་སྐད་བསྟན་པ་ཉིད་དུ་བརྗོད་པར་བྱའོ། །ཟློག་གྱིས་ནོན་པའི་གཏན་ཚིགས་ཀྱི་དོན་ཀྱང་མ་གྲུབ་པ་ཉིད་དུ་བརྗོད་པར་བྱའོ། །མི་གསལ་བ་ནི་གསལ་བར་བྱར་མི་རུང་སྟེ། མི་གསལ་བའི་ཕྱིར་དཔེར་ན་ནམ་མཁའི་མེ་ཏོག་བཞིན་ནོ། །དེ་བཞིན་དུ་བག་ལ་མ་ཞ་བ་ཡང་བག་ལ་ཞ་བར་མི་འགྱུར་ཏེ། བག་ལ་མ་ཞ་བའི་ཕྱིར་དཔེར་ན་ཤེས་པ་ཡོད་པ་ཉིད་བཞིན་ནམ༑ གཙོ་བོ་བཞིན་པས་གྲུབ་པའི་མཐའ་ལ་གནོད་དོ། །དངོས་པོ་ཡོད་པ་ཉིད་དུ་འཛིན་པ་ལ་སྐྱོན་གཞན་འདི་ཡང་ཡོད་དེ། གལ་ཏེ་རང་བཞིན་ཡོད་ཉིད་ན། །དེ་ནི་མེད་ཉིད་མི་འགྱུར་རོ། །རང་བཞིན་གཞན་དུ་འགྱུར་བ་ནི། །ནམ་ཡང་འཐད་པར་མི་འགྱུར་རོ། །རང་བཞིན་ནི་མི་འགྱུར་བའི་ཕྱིར་དང་། དཔེ་ཡང་མེད་པའི་ཕྱིར་རོ་ཞེས་བྱ་བར་དགོངས་སོ།། རང་བཞིན་མེད་པ་ཡང་གཞན་དུ་འགྱུར་བ་ཉིད་དུ་བསྟན་པར་མི་ནུས་ཏེ། མོ་གཤམ་གྱི་བུའི་ན་ཚོད་བཞིན་དུ་འགྱུར་བ་མེད་པ་བཞིན་པས། རང་བཞིན་ཡོད་པ་མ་ཡིན་ན། །གཞན་དུ་འགྱུར་བ་གང་གི་ཡིན། །དེ་ལྟ་བས་ན་མཐའ་དེ་གཉི་ག་ཡང་སྐྱོན་ཆེ་བས་དམ་པ་རྣམས་དེ་དག་ཡོངས་སུ་འཛིན་པར་མི་བྱེད་དོ། །འདིར་སྨྲས་པ། ཁྱོད་ཀྱིས་རང་བཞིན་

ཡོད་པ་མ་ཡིན་པ་ལ་གཞན་དུ་འགྱུར་བ་མེད་དོ་ཞེས་སྨྲས་པའི་ཕྱིར་དགག་པ་ཉིད་བརྗོད་པས་དེའི་སྐབས་སྟོན་པའི་ཕྱིར་སྨྲའི་དོན་གྱི་མཐུས། རང་བཞིན་ཡོད་ན་གཞན་དུ་འགྱུར་བ་ཉིད་དུ་ཁས་བླངས་པ་ཡིན་ཏེ། དེས་ན་ཁྱོད་ཀྱིས་ཕྱོགས་སྔ་མ་ལ་གནོད་པ་དང་། གཏན་ཚིགས་ཀྱི་དོན་མ་གྲུབ་པ་ཉིད་དོ། །རང་བཞིན་ཡོད་ན་གཞན་དུ་འགྱུར་བ་མི་སྲིད་པའི་ཕྱིར་རོ། །འདིར་བཤད་པ། ཁོ་བོ་ནི་མེད་པའི་ངོ་བོ་ཉིད་མེད་པ་སྟོང་པ་ཉིད་དུ་སྨྲའི། ངོ་བོ་ཉིད་ཡོད་པར་མི་སྨྲ་སྟེ། གང་གི་ཕྱིར་ཆོས་གང་ལ་ཡང་རང་བཞིན་ཡོད་པར་མི་འཐད་པའི་ཕྱིར་རོ། །ཅི་སྟེ་ཡང་མི་འཐད་བཞིན་དུ་ཡང་རྟོག་པ་ལ་གོམས་པའི་དབང་གིས་རབ་ཏུ་རྟོག་པར་བྱེད་ན། རང་བཞིན་ཡོད་པ་ཡིན་ན་ཡང་། །གཞན་དུ་འགྱུར་བར་ཇི་ལྟར་རུང་།། ལན་བཏབ་ཟིན་པའི་ཕྱིར་དང་། །གཞན་དུ་འགྱུར་བ་ནི་རང་བཞིན་སྟོང་པ་ཉིད་མེད་ན་མི་འབྱུང་བའི་ཕྱིར་རོ་ཞེས་བྱ་བར་དགོངས་སོ། །དགག་པ་ཉིད་ཀྱང་ཐ་སྙད་པ་ཡིན་ཏེ། ཐ་སྙད་པ་ཁོ་ནར་ཡོད་པ་ཉིད་དུ་སྒྲུབ་པ་ཡིན་གྱི། དོན་དམ་པ་པ་མ་ཡིན་པས་ཕྱོགས་སྔ་མ་ལ་གནོད་པར་ཡང་མི་འགྱུར་ལ་ཐ་སྙད་དུ་གཞན་དུ་འགྱུར་བ་ཉིད་ཀྱང་འགྲུབ་པས་གཏན་ཚིགས་ཀྱི་དོན་མ་གྲུབ་པ་ཉིད་མ་ཡིན་ནོ། །འདིར་བྱེ་བྲག་ཏུ་སྨྲ་བ་དག་གིས་སྨྲས་པ༏ དོན་དམ་པར་མིག་ལ་སོགས་པ་སྐྱེ་མཆེད་དྲུག་པོ་དག་ངོ་བོ་ཉིད་ཡོད་པ་ཁོ་ན་ཡིན་ཏེ༏ ཡོད་པའི་བློའི་རྒྱུ་ཡིན་པའི་ཕྱིར་དཔེར་ན་མྱ་ངན་ལས་འདས་པ་བཞིན་ནོ། །དེ་ལ་འདིར་སྨིག་རྒྱུའི་ཆུ་ལ་སོགས་པ་དག་ཀྱང་ཡོད་པའི་བློའི་རྒྱུ་ཡིན་པའི་ཕྱིར་གཏན་ཚིགས་ཀྱི་དོན་མ་ངེས་པ་ཉིད་དོ། །ཡོད་པའི་བློ་ཉིད་ཀྱི་རྒྱུ་ཡིན་པའི་ཕྱིར་ཞེས་ངེས་པར་བཟུང་ནས་གཏན་ཚིགས་སྦྱོར་བར་བྱེད་ན་ཡང་གཏན་ཚིགས་ཀྱི་དོན་མ་གྲུབ་པ་ཉིད་དམ། དོན་འགལ་བ་ཉིད་དོ། །སྐྱོན་གཞན་འདི་ཡང་ཡོད་དེ། ཡོད་ཅེས་བྱ་བ་རྟག་པར་འཛིན། །མེད་

ཅེས་བྱ་བ་ཆད་པར་ལྟ། །དེ་གཉིས་ག་ཡང་ལྟ་བ་ངན་པ་ཡིན་ཏེ། མཐོ་རིས་དང་བྱང་གྲོལ་
གྱི་གེགས་སུ་གྱུར་པའི་ཕྱིར་རོ། །འདི་ལྟར་རྟག་པ་ཉིད་ཡིན་ན་གང་བདེ་བར་གྱུར་པ་དེ་
ཡང་བདེ་བར་གྱུར་པ་ཉིད་ཡིན་ལ། གང་སྡུག་བསྔལ་བར་གྱུར་པ་དེ་ཡང་སྡུག་བསྔལ་
བར་གྱུར་པ་ཉིད་ཡིན་པས། བདེ་བ་སྐྱིད་པའི་ཕྱིར་དང་། སྡུག་བསྔལ་ཉེ་བར་ཞི་བར་བྱ་
བའི་ཕྱིར་སྡུག་བསྔལ་འགོག་པར་འགྲོ་བའི་ལམ་ཀུན་ཏུ་སྟེན་པར་མི་བྱེད་དེ། ཡོད་པ་ལ་
བྱ་བ་མི་འཐད་པའི་ཕྱིར་རོ། །ཆད་པ་ཉིད་ཡིན་ན་ཡང་མེད་པ་ལ་ཀུན་ནས་ཉོན་མོངས་པ་
དང་། རྣམ་པར་བྱང་བའི་སྡུག་བསྔལ་དང་། བདེ་བ་མི་འཐད་པ་སུ་ཞིག་ཚུལ་ཁྲིམས་ཡང་
དག་པར་བླངས་ཏེ་འཇུག་ཅིང་ཅིའི་ཕྱིར་འཇུག་པར་འགྱུར་ཏེ། མེད་པ་ལ་འཇུག་པ་མི་
འཐད་པའི་ཕྱིར་རོ། །དེའི་ཕྱིར་ཡོད་དང་མེད་པ་ལ། །མཁས་པས་གནས་པར་མི་བྱའོ། །
དེ་ལྟར་གང་གི་ཕྱིར་ཡོད་པ་དང་མེད་པར་ལྟ་བ་དེ་དག་ལྟ་བ་སྐྱོན་ཆགས་པ་ཡིན་པ་དེའི་
ཕྱིར། མཁས་པ་འཁོར་བའི་དགོན་པ་ལས་བརྒལ་བར་འདོད་པས་མཐོ་རིས་ཀྱི་གནས་
དང་། སྐྱིད་མོས་ཚལ་དག་ཏུ་ལྷའི་གྲོང་ཁྱེར་ན་ལྷ་མོའི་ལོངས་སྤྱོད་རྙེད་སླ་བའི་བདེ་བ་
དང་། ཚོར་བ་ཐམས་ཅད་རྒྱུན་ཆད་པའི་བདེ་བ། སྤྲོས་པ་ཐམས་ཅད་མ་ལུས་པར་ཉེ་བར་
ཞི་བའི་བདེ་བ་མྱོང་བར་འདོད་པ། བདག་ཉིད་དང་ལྡན་པས། དངོས་པོ་རྣམས་ཀྱི་ཡོད་
པ་ཉིད་དང་། མེད་པ་ཉིད་ལ་གནས་པར་མི་བྱ་སྟེ། དེ་དག་ལ་གནས་པ་ནི་རྟག་པ་དང་། ཆད་
པའི་སྐྱོན་དུ་ཐལ་བར་འགྱུར་བའི་ཕྱིར་རོ་ཞེས་བྱ་བར་དགོངས་སོ། །ཇི་ལྟར་ན་ཡོད་པ་
དང་། མེད་པར་ལྟ་བ་དག་རྟག་པ་དང་། ཆད་པར་ལྟ་བ་ཐལ་བར་འགྱུར་ཞེ་ན། གང་ཞིག
ངོ་བོ་ཉིད་ཡོད་པ། །དེ་ནི་མེད་པ་མིན་པས་རྟག །སྔོན་བྱུང་ད་ལྟར་མེད་ཅེས་པ། །དེས་ན་
ཆད་པར་ཐལ་བར་འགྱུར། །དབུ་མར་སྨྲ་བ་ཐམས་ཅད་ཐ་སྙད་ཙམ་དུ་འདོད་པས།

གཟུགས་ལ་སོགས་པ་སྐྱེས་པ་འདི་དག་ནི་ཡོད་པའི་བློའི་རྒྱུ་ཡིན་པའི་ཕྱིར་ཡོད་པ་ཡིན་ལ། མ་སྐྱེས་པ་དང་། མ་འགགས་པ་དག་ནི་མེད་དོ་ཞེས་སྨྲ་བ་རྣམས་ལ་ནི་དེ་ལྟར་ཐལ་བར་མི་འགྱུར་རོ། །དོན་དམ་པར་ཡང་རྟོགས་པར་བྱ་བའི་ངོ་བོ་ཉིད་སྟོང་པའི་ཕྱིར་དང་། མ་སྐྱེས་པའི་ཕྱིར་ཡོད་པ་ཉིད་དུ་ལྟ་བ་མེད་ལ། དོན་དམ་པར་དངོས་པོའི་ངོ་བོ་ཉིད་མེད་པ་ཉིད་མ་ཡིན་ཏེ། རྒྱུ་དང་ལྡན་པའི་ཕྱིར་དཔེར་ན་སྒྱུ་མ་བྱས་པ་བཞིན་པས་མེད་པ་ཉིད་དུ་ལྟ་བ་ཡང་མེད་པའམ། ཡོད་པ་དང་མེད་པའི་བློ་ལ་མངོན་པར་ཞེན་པ་མེད་པའི་ཕྱིར་ཡོད་པ་དང་མེད་པའི་མཐའ་གཉིས་སུ་ལྟུང་བ་ཡང་མེད་དོ། །དེ་ལ་འདིར་རབ་ཏུ་བྱེད་པའི་དོན་ནི་སྟོང་པ་ཉིད་ཀྱི་མི་མཐུན་པའི་ཕྱོགས་ཀྱི་ཁྱད་པར་དག་པས་རྟེན་ཅིང་འབྲེལ་བར་འབྱུང་བ་ཆད་པ་མེད་པ་དང་། རྟག་པ་མེད་པ་བསྟན་པ་ཡིན་ནོ། །དེའི་ཕྱིར་རབ་ཀྱི་རྩལ་གྱིས་རྣམ་པར་གནོན་པ་གཟུགས་ལ་ཆད་པའི་དངོས་པོའམ་རྟག་པའི་དངོས་པོ་མེད་དོ། །དེ་བཞིན་དུ་ཚོར་བ་དང་། འདུ་ཤེས་དང་། འདུ་བྱེད་རྣམས་དང་། རྣམ་པར་ཤེས་པ་ལ་ཆད་པའི་དངོས་པོའམ། རྟག་པའི་དངོས་པོ་མེད་དོ། །གཟུགས་དང་། ཚོར་བ་དང་། འདུ་ཤེས་དང་། འདུ་བྱེད་རྣམས་དང་། རྣམ་པར་ཤེས་པ་ལ་ཆད་པའི་དངོས་པོའམ། རྟག་པའི་དངོས་པོ་མེད་པ་གང་ཡིན་པ་དེ་ནི་ཤེས་རབ་ཀྱི་ཕ་རོལ་ཏུ་ཕྱིན་པའོ་ཞེས་བྱ་བ་དང་། དེ་བཞིན་དུ། ཡོད་དང་མེད་པ་གཉིས་ག་མཐའ། །དག་དང་མ་དག་གཉིས་ག་མཐའ། །དེ་ཕྱིར་མཐའ་གཉིས་རྣམ་སྤངས་ཏེ། །མཁས་པ་དབུས་ནའང་གནས་མི་བྱེད། །ཅེས་བྱ་བ་ལ་སོགས་པ་དང་། དེ་བཞིན་དུ། ཇི་ལྟར་བྱིས་པས་བརྟག་པ་ལྟར། །དངོས་རྣམས་ཐམས་ཅད་ཡོད་པ་ཉིད། །གལ་ཏེ་ཇི་ལྟར་དེ་མཐོང་ཡོད། །ཐམས་ཅད་དེ་ཉིད་མཐོང་བར་འགྱུར།། ཆོས་རྣམས་ཐམས་ཅད་ཡོད་མིན་པས། །ཉོན་མོངས་མེད་ཅིང་རྣམ་དག་མེད། །དེ་དག་ཇི་

ལྷར་མཐོང་ལྷར་མེད། །དེ་དག་མེད་པ་ཉིད་ཀྱང་མིན། །ཞེས་བྱ་བ་ལ་སོགས་པ་གསུངས་པ་དེ་དག་གྲུབ་པ་ཡིན་ནོ། །སློབ་དཔོན་ལེགས་ལྡན་བྱེད་/འབྱེད་ཀྱིས་ནི་བར་སྦྱར་བ། དབུ་མ་རྩ་བའི་འགྲེལ་པ་ཤེས་རབ་སྒྲོན་མ་ལས། དངོས་པོ་དང་དངོས་པོ་མེད་པ་བརྟག་པ་ཞེས་བྱ་བ་སྟེ། རབ་ཏུ་བྱེད་པ་བཅོ་ལྔ་པའོ།། །།

༼རབ་བྱེད་བཅུ་དྲུག་པ་བཅིངས་པ་དང་ཐར་པ་བརྟག་པ།༽

ད་ནི་དེ་བཞིན་དུ་སྟོང་པ་ཉིད་ཀྱི་མཐུན་པའི་ཕྱོགས་ཀྱི་ཁྱད་པར་དགག་པས། འཁོར་བ་དང་མྱ་ངན་ལས་འདས་པ་ངོ་བོ་ཉིད་མེད་པ་ཉིད་དུ་བསྟན་པའི་དོན་གྱི་དབང་གིས་རབ་ཏུ་བྱེད་པ་བཅུ་དྲུག་པ་བརྩམ་མོ། །འདིར་སྨྲས་པ། དོན་དམ་པར་ནང་གི་དངོས་པོ་རྣམས་ལ་ངོ་བོ་ཉིད་ཡོད་པ་ཁོ་ན་ཡིན་ཏེ། དེ་དག་ལ་བཅིངས་པ་དང་། ཐར་པ་ཡོད་པའི་ཕྱིར་རོ། །འདི་ན་གང་ཡོད་པ་མ་ཡིན་པར་ངེས་པར་གཟུང་བ་དེ་ལ་ནི་བཅིངས་པ་དང་ཐར་པ་མི་འཐད་དེ། དཔེར་ན་མོ་གཤམ་གྱི་བུ་བཞིན་ནོ། །ནང་གི་དངོས་པོ་རྣམས་ལ་ནི་དེ་ལྟར་བཅིངས་པ་དང་། ཐར་པ་མེད་པ་མ་ཡིན་པས་དེའི་ཕྱིར་དེ་དག་ཡོད་པས། དོན་དམ་པར་ནང་གི་དངོས་པོ་རྣམས་ལ་ངོ་བོ་ཉིད་ཡོད་པ་ཁོ་ན་ཡིན་ནོ། །འདིར་བཤད། འདི་ལ་འདུ་བྱེད་ཀྱི་རྒྱུན་ཐོག་མ་མེད་པའི་དུས་ནས་རབ་ཏུ་བསགས་པའི་མི་ཤེས་པའི་མུན་པ་མདོངས་པར་གྱུར་པ། བདག་དང་བདག་གིར་འཛིན་པའི་ཆུ་སྲིན་འཛིན་ཁྲིས་ཟིན་པ༔ སྐྲུ་མ་དང་། རྨི་ལམ་དང་། སྨིག་རྒྱུ་ལྟ་བུ་འཁོར་བའི་བཙོན་ར་ནས་ཡང་དག་པར་འདའ་བའི་འགྲོ་བ་ཉམས་པ། འདོད་ཆགས་ལ་སོགས་པ་ཉོན་མོངས་པའི་ལྕགས་སྒྲོག་གིས་གཞུངས་པ་ནི་བཅིངས་པའོ། །ཡང་དག་པའི་ཤེས་པ་སྐྱེས་པས། འདོད་ཆགས་ལ་སོགས་པ་ཉོན་མོངས་པའི་ལྕགས་སྒྲོག་གིས་གཞུངས་པ་དང་བྲལ་ཞིང་དེ་ལས་ངེས་པར་གྲོལ་བ་ནི་ཐར་པའོ་ཞེས་ཐ་སྙད་བདེན་པར་རྟོགས་པའི་ཤེས་རབ་ཀྱིས་གདགས་པར་ཟད་ཀྱི། དོན་དམ་པའི་བདེན་པར་རྟོགས་པས་ནི་མ་ཡིན་ཏེ། དོན་དམ་པར་བཅིངས་པ

དང་ཐར་པ་དག་མི་འཐད་པའི་ཕྱིར་རོ། །དེ་ལྟར་བཅོམ་ལྡན་འདས་ཀྱིས་ཀྱང་། དེ་བཞིན་གཤེགས་པས་འཁོར་བ་འདོགས་པར་མཛད་ཀྱང་དེར་འགའ་ཡང་འཁོར་བ་མེད་ལ། དེ་བཞིན་གཤེགས་པས་མྱ་ངན་ལས་འདས་པ་འདོགས་པར་མཛད་ཀྱང་། དེར་འགའ་ཡང་མྱ་ངན་ལས་འདའ་བ་མེད་དོ་ཞེས་ཇི་སྐད་གསུངས་པ་ལྟ་བུའོ། །སློབ་དཔོན་གྱིས་ཀྱང་དོན་དེ་ཉིད་ཀྱི་དབང་དུ་མཛད་ནས་བཅིངས་པར་རྣམ་པར་རྟོག་པ་དག་རྣམ་པར་བརྟགས་ཏེ། འདི་ལྟར་བཅིངས་པ་ཞིག་ཡོད་པར་གྱུར་ན་འདུ་བྱེད་རྣམས་སམ། སེམས་ཅན་ཡིན་གྲང་། འདུ་བྱེད་རྣམས་ཀྱང་རྟག་པ་དག་གམ། མི་རྟག་པ་དག་ཅིག་ཡིན་གྲང་ན། དེ་ལ་གལ་ཏེ་བརྟག་པ་སྔ་མ་ལྟར་འདོད་ན་བཤད་པ། གལ་ཏེ་འདུ་བྱེད་འཁོར་ཞེ་ན།། དེ་དག་རྟག་ན་མི་འཁོར་ཏེ། །འདུ་བྱེད་རྟག་པ་ཡོད་པ་ཉིད་དུ་སྟོན་པའི་རྗེས་སུ་དཔག་པ་མེད་པའི་ཕྱིར་དང་། རྟག་པ་ཉིད་དུ་རྗེས་སུ་དཔོག་པས་བཅིངས་པ་དང་། ཐར་པ་མེད་པས་དེ་དག་བསྐྱལ་བའི་ཕྱིར་དམ་བཅས་པ་ལ་ཆོས་ཀྱི་ངོ་བོ་ཉིད་ལས་བཟློག་པའི་སྐྱོན་དུ་འགྱུར་རོ་ཞེས་བྱ་བར་དགོངས་སོ། །ཡང་ན། དེ་དག་རྟག་ན་མི་འཁོར་ཏེ། །ཞེས་བྱ་བ་འདི་ལ་འཁོར་བ་ནི་རྒྱུན་ཆགས་པར་རྒྱུ་ཞིང་འབྱུང་བ་དང་། འགྲོ་བ་ལྟར་འཁོར་བ་ཡིན་པ་དེ་ཡང་འདུ་བྱེད་རྟག་པ་སྔ་ཕྱི་ཁྱད་པར་མ་སྐྱེས་པ་རྣམས་ལ་མི་འཐད་དོ། །འདིར་གྲངས་ཅན་དག་གིས་སྨྲས་པ། གལ་ཏེ་ཐེར་ཟུག་ཏུ་སྨྲ་བ་རྣམས་ཀྱང་དེ་སྐད་སྨྲ་བ་དགག་པའི་ཕྱིར་རྟག་པ་རྣམས་མི་འཁོར་རོ་ཞེས་ཟེར་ན་ནི་རིགས་སོ། །འོན་ཏེ་འདུ་བྱེད་གནས་སྐབས་སྔ་མ་སྔ་མ་གཞན་བོར་ནས། གནས་སྐབས་ཕྱི་མ་གནས་འཐོབ་མྱོང་བར་འགྱུར་བ་མི་འཇིག་པ་ཁོ་ན་དག་མི་འཁོར་རོ་ཞེས་ཟེར་ན་ནི་དེ་མི་རིགས་ཏེ། འདི་ལྟར་ཁོ་བོ་ཅག་གི་ཕྱོགས་ལ་འབྲས་བུའི་སྐད་ཅིག་མ་སྐྱེ་བའི་དུས་ན་རྒྱུ་མ་ཞིག་པར་ཤེས་པར་བྱ་སྟེ། ཡུལ་

དང་། ཚད་དང་། གཟུགས་ལ་སོགས་པའི་ཉེ་བའི་ཕྱིར་དཔེར་ན་འབྲས་བུའི་བདག་ཉིད་བཞིན་ནོ། །ཡང་ན་འཇིག་པ་བཀག་པའི་ཕྱིར། ལུས་དང་། དབང་པོ་དང་། བློའི་མཚན་ཉིད་ཀྱི་འདུ་བྱེད་རྣམས་ངེས་པར་གནས་པ་ཁོ་ན་སྟེ། སྐྱེས་བུའི་དོན་བྱ་བའི་ཕྱིར་སྐྱེས་བུའི་དམིགས་པ་བསྒྲུབ་ནུས་པའི་ཚུལ་གྱིས་སྣང་བ་དང་། མི་སྣང་བའི་ཆོས་གཞན་གྱི་མཚན་ཉིད་དུ་ཡོངས་སུ་འགྱུར་བས་ཡོངས་སུ་འགྱུར་བ་ནི་འཁོར་བ་ཞེས་བྱའོ། །ཡོངས་སུ་འགྱུར་བ་ཡང་ངེས་པར་གནས་པ་རྣམས་ཀྱི་ཡིན་གྱི། དེའི་དུས་སུ་འཇིག་པ་རྣམས་ཀྱི་ཡིན་པར་ནི་མི་འདོད་དོ། །འདིར་དེ་ནི་རིགས་པ་མ་ཡིན་ཏེ། སྣང་བ་དང་། མི་སྣང་བའི་ཆོས་ཅན་ཡང་དེ་དང་ལྡན་པར་བསྟན་པའི་ཕྱིར་དང་། ཡུལ་ལ་སོགས་པ་ཉེ་བའི་གཏན་ཚིགས་དག་གི་སྐྱོན་ཡང་སྔར་བསྟན་ཟིན་པའི་ཕྱིར་དང་། སྐྱེ་བ་བཀག་པའི་ཕྱིར་དང་། དངོས་པོའི་ངོ་བོ་ཉིད་བཀག་པའི་ཕྱིར་དང་། ཕ་རོལ་པོས་སྨྲས་པའི་སྒྲུབ་པ་མ་སྒྲུབ་པས་འདུ་བྱེད་མི་འཇིག་པ་རྣམས་འཁོར་རོ་ཞེས་བྱ་བ་དེ་མི་རིགས་སོ། །གཞིགས་ཟིན་པ་དག་དང་། རང་གི་སྡེ་པ་དག་གིས་སྨྲས་པ། འདུ་བྱེད་མི་རྟག་པ་རྣམས་འཁོར་བ་ཉིད་ཡིན་གྱི། རྟག་པ་སྟེ་ཕྱིའི་ཁྱད་པར་མ་སྐྱེས་པ་རྣམས་ལ་འཁོར་བ་མེད་པ་ནི་བདེན་ནོ། །དེ་དག་གི་ཕྱིར་བཤད་པ༑ མི་རྟག་ན་ཡང་འཁོར་མི་འགྱུར། །འདི་ལྟར་མི་རྟག་པར་རབ་ཏུ་ཞིག་པ་རྣམས་ལ་ཕྱིར་སྐྱེ་བ་མེད་པས། དེའི་ཕྱིར་དེ་དག་ལ་ཡང་རྒྱུན་ཆགས་པར་རྒྱུ་ཞིང་འབྱུང་བ་དང་། འགྲོ་བ་ལྟར་འཁོར་བ་མི་འཐད་དོ། །ཡང་ན་མི་རྟག་པ་རྣམས་ལ་མི་རྟག་པའི་ཆོས་སུ་རྗེས་སུ་དཔོག་པས་འཁོར་བ་མེད་པས་འཁོར་བ་བསྐུལ་བའི་ཕྱིར། དམ་བཅས་པ་ལ་ཆོས་ཀྱི་ངོ་བོ་ཉིད་བསྐུལ་བའི་སྐྱོན་ཡོད་དེ་དེའི་ཕྱིར། མི་རྟག་ན་ཡང་འཁོར་མི་འགྱུར།། ཞེས་བཤད་དེ། འདུ་བྱེད་རྣམས་ཞེས་བྱ་བའི་སྐབས་ཡིན་ནོ། །ཡང་ན། མི་རྟག་ན་ཡང་འཁོར་

མི་འགྱུར། ཞེས་བྱ་བ་ནི་ཕྱི་རོལ་གྱི་འདུ་བྱེད་རྣམས་བཞིན་ནོ་ཞེས་བྱ་བའི་ཚིག་གི་ལྷག་མ་སྟེ། དེ་ལྟར་ན་དེ་ནི་ཆོས་མཐུན་པའི་དཔེ་མི་འཁོར་བ་དང་། མི་རྟག་པ་ཉིད་ཀྱི་ཆོས་ཀྱི་ཁྱད་པར་ཅན་དུ་བྱས་པའི་ཚིག་ཡིན་ཏེ། བྱས་པ་ནི་མི་རྟག་པ་ཞེས་བྱ་བ་བཞིན་ནོ། །འདིར་སྦྱོར་བའི་ཚིག་ནི་དོན་དམ་པར་ནང་གི་འདུ་བྱེད་རྣམས་འཁོར་བར་མི་འཐད་དེ། མི་རྟག་པའི་ཕྱིར་དཔེར་ན་ཕྱི་རོལ་གྱི་བུམ་པ་ལ་སོགས་པ་བཞིན་ནོ། །ཅི་སྟེ་འདུ་བྱེད་རྣམས་རྟག་པ་གཉི་ག་ལྟར་ཡང་འཁོར་བ་མི་འཐད་པའི་ཕྱིར་སེམས་ཅན་འཁོར་རོ་ཞེས་རྣམ་པར་རྟོག་ན་དེ་ལ་ཡང་བརྒལ་ཞིང་བརྟག་པ་དེ་ཉིད་དེ། ཅི་སེམས་ཅན་རྟག་པ་ཞིག་གམ། འོན་ཏེ་མི་རྟག་པ་ཞིག འཁོར་བ་གཉི་ག་ལྟར་ཡང་དམ་འཆའ་ན་ལན་ཀྱང་དེ་ཉིད་དེ་རྟག་པ་ནི་མི་འགྱུར་བས་གནས་སྐབས་སྔ་ཕྱིའི་ཁྱད་པར་མ་སྐྱེས་པའི་ཕྱིར་དང་། མི་རྟག་པ་ཡང་ཞིག་ནས་མི་སྐྱེ་བའི་ཕྱིར་མི་འཁོར་བས་སེམས་ཅན་ལ་ཡང་རིམ་འདི་མཚུངས། དགག་པའི་ཚུལ་གྱིས་ཞེས་བྱ་བའི་ཐ་ཚིག་གོ། དེ་བས་ན་སེམས་ཅན་རྟག་པ་དང་མི་རྟག་པ་འཁོར་བའི་ཕྱོགས་ལ་ཡང་དམ་བཅས་པའི་སྐྱོན་དང་། རྗེས་སུ་དཔག་པའི་གནོད་པ་སྔ་མ་བཞིན་ནོ། །ཅི་དེ་ཡང་འདུ་བྱེད་རྣམས་དང་སེམས་ཅན་མི་རྟག་པར་སྨྲ་བ་དག་ཕྱིར་ཟློག་པར་བྱེད་དེ། འདུ་བྱེད་རྣམས་དང་། སེམས་ཅན་ཞིག་པའི་རྒྱུ་ཅན་གྱི་འདུ་བྱེད་རྣམས་དང་། སེམས་ཅན་གྱི་རྒྱུ་ཕྱི་མ་དེ་དག་གི་རྒྱུ་ལས་བྱུང་བ་དག་གཉེན་པོ་མ་སྐྱེས་པའི་ཕྱིར། རྒྱུན་ཆགས་སུ་འཁོར་བས་འཁོར་བ་འགྲུབ་པའི་ཕྱིར་སྐྱོན་མེད་དོ་ཞེ་ན། དེ་ནི་བཟང་པོ་མ་ཡིན་ཏེ། དེ་མ་ཐག་པའི་རྐྱེན་བཞིན་དུ་འདུ་བྱེད་རྣམས་དང་། སེམས་ཅན་ཞིག་པ་དག་སྐད་ཅིག་མ་ཕྱི་མའི་རྐྱེན་ཉིད་ཡིན་པ་བསྐུལ་བའི་ཕྱིར་དང་། དམ་བཅས་པའི་སྐྱོན་མ་སྤངས་པའི་ཕྱིར་དང་། དེ་སྐད་སྨྲ་བ་ལ་རྗེས་སུ་དཔག་པས་གནོད་པའི་ཕྱིར། སྐྱོན་མེད་

པ་མ་ཡིན་ནོ། །འདིར་འཇིག་རྟེན་རྒྱང་ཕན་པ་དག་གིས་སྨྲས་པ། འདུ་བྱེད་རྣམས་དང་། སེམས་ཅན་རྟག་པ་དང་། མི་རྟག་པ་མི་འཁོར་རོ་ཞེས་ཟེར་བ་ནི་གྲུབ་པ་ལ་སྒྲུབ་པ་ཡིན་ཏེ༑ ཇི་ཙམ་དབང་པོའི་སྤྱོད་ཡུལ་བ། །སྐྱེས་བུ་དེ་ཙམ་ཉིད་དུ་ཟད། །སྦྱོ་བསངས་མང་ཐོས་གང་སྨྲ་བ། །དེ་དག་སྤྱང་ཀིའི་རྗེས་དང་འདྲ། །མཛེས་མ་ལེགས་པར་སྤྱོད་ཅིང་ཟོ། །ལུས་མཆོག་ཁྱེད་འདས་གང་དེ་མེད། །འཇིགས་རྫུང་སོང་བའི་ཕྱིར་མི་ལྡོག །ལུས་འདི་འདུས་པ་ཙམ་དུ་ཟད། །འཇིག་རྟེན་འདི་ནས་འཇིག་རྟེན་གཞན་དུ་ཆོས་འགའ་ཡང་མི་འགྲོ་ཞིང་། མངལ་ན་གནས་པའི་སྔོན་རོལ་གྱི་འཇིག་རྟེན་གང་ཡིན་པ་དེ་ནས་ཀྱང་འདིར་འགའ་ཡང་མ་འོངས་ཏེ། གང་དག་མངལ་ན་གནས་པའི་སྔོན་རོལ་ན་འཇིག་རྟེན་ཡོད་དོ་ཞེས་བྱ་བའི་དོན་དེ་བསྒྲུབ་པའི་ཕྱིར་མངལ་ན་གནས་པའི་སྔོན་རོལ་གྱི་བློ་གང་ཡིན་པ་དེ་ནི་དེ་མ་ཐག་ཏུ་འགགས་པའི་བློ་ཅན་དུ་འགྲོ་བ་ཡིན་ཏེ། བློ་ཡིན་པའི་ཕྱིར་དཔེར་ན་དེའི་འོག་རོལ་གྱི་བློ་བཞིན་ནོ་ཞེས་སྒྲུབ་པ་སྨྲ་བ་དེ་དག་ལ་ནི་དཔེ་མེད་དེ། འདི་ལྟར་མ་ཤི་བའི་བར་དུ་གནས་པ་རྣམས་ལ་བློ་གཅིག་ཁོ་ནར་ཟད་པའི་ཕྱིར་ཏེ། དེ་ལྟར་རེ་ཞིག་འཇིག་རྟེན་སྔ་མ་མེད་དོ། །ཇི་ལྟར་འཇིག་རྟེན་ཕྱི་མ་མེད་པ་དེ་ལྟར་འདི་བཤད་དེ། ལྷས་བྱིན་གྱི་འཆི་ཀའི་སེམས་ན་སེམས་གཞན་དང་ཉིང་མཚམས་སྦྱོར་བ་མེད་དེ། འཆི་ཀའི་སེམས་ཡིན་པའི་ཕྱིར་དཔེར་ན་དགྲ་བཅོམ་པའི་འཆི་ཀའི་སེམས་བཞིན་ནོ། །དེ་ལ་འདིར་འདུ་བྱེད་མི་རྟག་པ་འཁོར་བ་ཐ་སྙད་དུ་མ་བཀག་པའི་ཕྱིར་དང་། འདུ་བྱེད་རྟག་པ་འཁོར་བ་ནི། །གཉི་གར་ཡང་བཀག་པའི་ཕྱིར་གྲུབ་པ་ལ་སྒྲུབ་པ་མ་ཡིན་ནོ། །ལྷས་བྱིན་གྱི་རྒྱུད་ཀྱི་གཟུགས་ཀྱི་བློ་ནི་སྔའི་བློ་ལས་གཞན་པ་མ་ཡིན་ཏེ། ཡུལ་ཐ་དད་པའི་ཕྱིར་དཔེར་ན་རྒྱུད་གཞན་གྱི་བློ་བཞིན་པས་རྗེས་སུ་དཔག་པ་ལ་དཔེ་ཡོད་པའི་ཕྱིར། ཐ་སྙད་དུ་འཇིག་རྟེན་ཕ་རོལ་སྔ་

མ་མ་གྲུབ་པ་མ་ཡིན་ནོ། །འཇིག་རྟེན་ཕ་རོལ་ཕྱི་མ་ཡང་མེད་པ་མ་ཡིན་ཏེ། ཟག་པ་དང་བཅས་པའི་འཆི་ཀའི་སེམས་ནི་སེམས་གཞན་དང་ཉིང་མཚམས་སྦྱོར་ཏེ། ཟག་པ་དང་བཅས་པའི་ཕྱིར་དཔེར་ན་འཆི་བའི་རྒྱུའི་སེམས་བཞིན་པས་ཐ་སྙད་ཀྱི་བདེན་པ་དང་འགལ་བ་མེད་དོ། །གལ་ཏེ་དོན་དམ་པར་ལྷས་བྱིན་གྱི་བློ་ཡང་རྒྱུད་གཞན་གྱི་བློ་ཐམས་ཅད་ལས་གཞན་ཉིད་མ་ཡིན་ཏེ། བློ་ཡིན་པའི་ཕྱིར་དཔེར་ན་ལྷས་བྱིན་གྱི་བློ་བཞིན་නོ་ཞེ་ན༑ དེ་ནི་བཟང་པོ་མ་ཡིན་ཏེ། དོན་དམ་པར་ལྷས་བྱིན་གྱི་བློའི་སྐྱེ་བ་བཀག་པའི་ཕྱིར་དང་། དེ་ལས་གཞན་པ་ཉིད་མ་ཡིན་པ་མ་གྲུབ་པའི་ཕྱིར་དང་། ཐ་སྙད་དུ་གཞན་ཉིད་མ་ཡིན་པར་དམ་འཆའ་ན་གྲགས་པའི་གནོད་པར་འགྱུར་བའི་ཕྱིར་དང་། དཀྲ་བཅོམ་པའི་སེམས་ཀྱང་ཉིང་མཚམས་སྦྱོར་བ་དང་། ཉིང་མཚམས་སྦྱོར་བ་མེད་པར་མ་གྲུབ་པའི་ཕྱིར་དང་༑ དོན་དམ་པར་སྒྲུབ་པ་དཔེ་མ་ཚང་བའི་སྐྱོན་ཡོད་པའི་ཕྱིར་རོ། །ཐ་སྙད་དུ་ཟག་པ་མེད་པའི་སེམས་ཕྱོགས་སུ་བྱེད་ན་ནི་གྲུབ་པ་ལ་སྒྲུབ་པ་ཡིན་ནོ། །སྲིད་པ་ཐ་མའི་འཆི་ཀའི་སེམས་སེམས་གཞན་དང་ཉིང་མཚམས་སྦྱོར་བས་མ་ངེས་པ་ཉིད་ཀྱང་ཡིན་ནོ། །གལ་ཏེ་དེ་ཡང་ཕྱོགས་སུ་བྱས་པའི་ཕྱིར་སྐྱོན་མེད་དོ་ཞེ་ན། འཇིག་རྟེན་ཕ་རོལ་ལ་སྐུར་པ་འདེབས་པའི་ཕྱོགས་ལ་སྲིད་པ་ཐ་མའི་འཆི་ཀའི་སེམས་མ་གྲུབ་པས་དེ་ཕྱོགས་སུ་བྱ་བ་མི་འཐད་དོ༑ ༑བརྟག་པ་སྤྲོས་པས་ཆོག་གོ། གནས་མ་བུའི་སྡེ་པ་དག་གིས་སྨྲས་པ། གང་ཟག་ནི་ཕུང་པོ་དང་ཁམས་དང་། སྐྱེ་མཆེད་རྣམས་ལས་དེ་ཉིད་དང་གཞན་ཉིད་དུ་བརྗོད་པར་བྱ་བ་ཉིད་མ་ཡིན་པ་དེ་བཞིན་དུ་རྟག་པ་དང་། མི་རྟག་པ་ཉིད་དུ་ཡང་བརྗོད་པར་བྱ་བ་ཉིད་མ་ཡིན་པའི་ཕྱིར་ཕྱོགས་གཉི་གར་བསྟན་པའི་སྐྱོན་དེ་དག་ཁོ་བོ་ཅག་ལ་མི་གནོད་དེ། གང་ཟག་དེ་ལྟ་བུ་དེ་འཁོར་རོ། །འདིར་བཤད་པ། གལ་ཏེ་གང་ཟག་འཁོར་ཞེ་ན། །ཕུང་

པོ་སྐྱེ་མཆེད་ཁམས་རྣམས་ལ། །དེ་ནི་རྣམ་པ་ལྔས་བཙལ་ན། །མེད་ན་གང་ཞིག་འཁོར་བར་འགྱུར༑ ༑འཁོར་བར་མི་འགྱུར་བ་ཁོ་ན་སྟེ། མེད་པའི་ཕྱིར་རོ་ཞེས་བྱ་བར་དགོངས་སོ།། དེ་ལྟར་ན་དེ་ནི་བསྒྲུབ་པར་བྱ་བ་དང་། སྒྲུབ་པའི་ཆོས་ཉེ་བར་བཞག་པའི་ཚིག་ཡིན་ནོ།། འདིར་སྨྲོས་པའི་ཚིག་ནི་དོན་དམ་པར་གང་ཟག་ཡོད་པ་མ་ཡིན་ཏེ། གཟུགས་སུ་རུང་བ་དང༌། མྱོང་བ་དང་། མཚན་མར་འཛིན་པ་དང་། མངོན་པར་འདུ་བྱེད་པ་དང་། རྣམ་པར་ཤེས་པར་བྱེད་པ་ལས་མ་གཏོགས་པའི་མཚན་ཉིད་དམིགས་སུ་མེད་པའི་ཕྱིར་དཔེར་ན་བོང་བུའི་རྭ་བཞིན་ནོ། །ཅི་སྟེ་མེད་བཞིན་དུ་ཡང་དེ་ལ་མངོན་པར་ཞེན་པའི་བག་ཆགས་ཀྱི་བློ་གྲོས་ཉམས་པས་རབ་རིབ་ཅན་གྱིས་སྐྲ་ཤད་དང་སྦྲང་བུ་ལ་སོགས་པ་ཡོད་པར་མཐོང་བ་བཞིན་དུ་ཡོད་པར་རྣམ་པར་རྟོག་ན་དེ་ལྟ་ན་ཡང་། ཉེ་བར་ལེན་ནས་ཉེར་ལེན་པར༑ ༑འཁོར་ན་སྲིད་པ་མེད་པར་འགྱུར། །ཉེ་བར་ལེན་པ་ནས་ཉེ་བར་ལེན་པར་འཁོར་ན་ཉེ་བར་ལེན་པའི་བར་དུ་ཉེ་བར་པ་མེད་ཅིང་ཉེ་བར་ལེན་པ་དང་བྲལ་བར་འགྱུར་རོ།། ཉེ་བར་ལེན་པ་ནི་སྲིད་པ་ཞེས་གདགས་པས་ཉེ་བར་ལེན་པ་མེད་ན་སྲིད་པ་དེ་ཡང་མེད་པའི་ཕྱིར། སྲིད་མེད་ཉེ་བར་ལེན་མེད་ན། །དེ་གང་ཅི་ཞིག་འཁོར་བར་འགྱུར། །སྲིད་པ་མེད་པ་དང་། ཉེ་བར་ལེན་པ་མེད་པ་ནི་གསལ་བར་བྱེད་པ་མེད་པའི་ཕྱིར་རོ། །གལ་ཏེ་བར་མ་དོའི་སྲིད་པའི་ཕུང་པོ་ཉེ་བར་ལེན་པས་ཉེ་བར་ལེན་པ་དང་བཅས་པ་ཉིད་དུ་གྲུབ་པའི་ཕྱིར་སྐྱོན་མེད་དོ་ཞེ་ན། ཁ་ཅིག་ན་རེ། དེ་ཡོངས་སུ་གཏོང་བ་ན་ཇི་སྐད་སྨོས་པའི་སྐྱོན་རྗེས་སུ་འབྲང་བའི་ཕྱིར་དེ་ནི་ལེན་དུ་མི་རུང་ངོ་ཞེས་སོ། །དེ་ནི་རིག་པ་མ་ཡིན་ནོ། །སྐད་ཅིག་མ་གཅིག་ཁོ་ན་ལ་སྲིད་པ་སྔ་མ་དང་ཕྱི་མ་གཏོང་ཞིང་ལེན་པའི་ཕྱིར་རོ། །འདི་ལྟར་རྣམ་པ་ལྔས་བཙལ་ན་མེད་པའི་ཕྱིར་རོ་ཞེས་བྱ་བ་དེ་ལྟར་རིགས་སོ། །ཕ་རོལ་པོས་སྨྲས

པ༑ གང་ཟག་ནི་ཡོད་པ་ཁོ་ན་ཡིན་ཏེ། ཉེ་བར་ལེན་པ་གཞན་དུ་འཕོ་བས་གནས་པའི་ཕྱིར་རོ། །འདི་ན་གང་མེད་པ་དེ་ནི་ཉེ་བར་ལེན་པ་གཞན་དུ་འཕོ་བས་མི་གནས་ཏེ། དཔེར་ན་མོ་གཤམ་གྱི་བུ་བཞིན་ནོ། །གང་ཟག་ལ་ནི་ཉེ་བར་ལེན་པ་གཞན་དུ་འཕོ་བས་གནས་པ་འདི་ལྟ་བུ་ཡོད་དེ། བཅོམ་ལྡན་འདས་ཀྱིས་དེའི་ཚེ་དེའི་དུས་ན་ང་ཉིད་ང་ལས་ནུར་གྱུར་ཏོ༑ ༑ང་ཉིད་ལེགས་མཐོང་དུ་གྱུར་ཏོ་ཞེས་ཇི་སྐད་གསུངས་པ་ལྟ་བུའོ། །དེའི་ཕྱིར་གདན་ཚིགས་ཇི་སྐད་སྨོས་པའི་མཐུས་གང་ཟག་ནི་ཡོད་པ་ཁོ་ན་ཡིན་ནོ། །འདིར་སློབ་དཔོན་གྱིས་བཤད་པ། ཉེ་བར་ལེན་པས་ན་ཉེ་བར་ལེན་པར་འཁོར་ན་དེ་སྲིད་པ་སྔ་ཕྱིར་གདགས་པའི་གནས་ཉེ་བར་ལེན་པ་དང་ལྡན་པ་མ་ཡིན་པར་འགྱུར་ཏེ། ལྷས་བྱིན་ཁྱིམ་ནས་ཁྱིམ་གཞན་དུ་རྒྱུ་བ་བཞིན་པས་སྲིད་པའི་ངོ་བོ་ཉིད་དང་བྲལ་ཞིང་སྲིད་པ་མེད་པར་འགྱུར་རོ།། དེའི་ངོ་བོ་ཉིད་མ་ཡིན་པའི་ཕྱིར་དེ་དེའི་ཉེ་བར་ལེན་པ་མ་ཡིན་པས། ཉེ་བར་ལེན་པ་མེད་པར་ཡང་འགྱུར་རོ། །ཁྱེད་ཉེ་བར་ལེན་པ་གང་དག་ཉེ་བར་ལེན་པར་འདོད་པ་དེ་དག་ཀྱང་དེས་ཉེ་བར་མི་བྱེད་དེ། ཉེ་བར་ལེན་པ་ཡིན་པའི་ཕྱིར་དཔེར་ན་དེ་ལས་གཞན་པའི་ཉེ་བར་ལེན་པ་བཞིན་པས་རྗེས་སུ་དཔག་པ་ལས་དེ་ལྟར། སྲིད་མེད་ཉེ་བར་ལེན་པ་ན།། དེ་གང་ཅི་ཞིག་འཁོར་བར་འགྱུར། །དེ་ལྟར་རེ་ཞིག་དོན་དམ་པར་འདུ་བྱེད་རྣམས་དང་། སེམས་ཅན་དང་གང་ཟག་འཁོར་བར་མི་འཐད་དོ། །ད་ནི་མྱ་ངན་ལས་འདས་པ་ཞིག་ཡོད་པར་གྱུར་པ་ན་ཡང་དེ་དག་ལས་གང་ཡང་རུང་བ་ཞིག་མྱ་ངན་ལས་འདས་པར་འགྱུར་གྲང་ན། དེ་ལ་གལ་ཏེ་དོན་དམ་པར་འདུ་བྱེད་རྣམས་མྱ་ངན་འདའ་བར་འདོད་ན། འདུ་བྱེད་མྱ་ངན་འདའ་བར་ནི། །ཇི་ལྟ་བུར་ཡང་མི་འཐད་དོ། །དོན་དམ་པར་མ་སྐྱེས་པའི་ཕྱིར་དང་། ཐ་སྙད་དུ་ཡང་རྟག་པ་དག་མ་གྲུབ་པའི་ཕྱིར་དང་། །དོན་དམ་པར་མི་རྟག་པ་

རྣམས་ནི་མྱ་ངན་ལས་འདའ་བར་མི་འཐད་དེ། །མི་རྟག་པའི་ཕྱིར། དཔེར་ན་ཕྱི་རོལ་གྱི་ས་ལ་སོགས་པ་བཞིན་ནོ། །ཇི་སྟེ་སེམས་ཅན་མྱ་ངན་ལས་འདའོ་ཞེ་ན་ཡང་། སེམས་ཅན་མྱ་ངན་ལས་འདའ་བར་ཡང་། །ཇི་ལྟ་བུར་ཡང་འཐད་མི་འགྱུར། །རྟག་པའམ་མི་རྟག་པར་ཡོངས་སུ་བརྟག་པའོ། །དེ་ལ་རེ་ཞིག་རྟག་པ་ནི། །མྱ་ངན་ལས་མི་འདའ་སྟེ། རྒྱུ་མེད་པའི་ཕྱིར་དཔེར་ན་ནམ་མཁའ་བཞིན་ནོ། །རྒྱུ་མེད་པ་ནི་ཡོད་པ་ཉིད་དུ་མ་གྲགས་པའི་ཕྱིར། དཔེར་ན་མོ་གཤམ་གྱི་བུ་བཞིན་པས་རྟག་པ་ཉིད་དང་། རྒྱུ་མེད་པ་ཉིད་དུ་རྗེས་སུ་དཔོག་པ་ཐར་པ་མི་ཐོབ་པས་དེ་བསལ་བའི་ཕྱིར་རྟག་པ་ཉིད་དུ་སྨྲ་བའི་དམ་བཅས་པ་ལས། ཆོས་ཅན་གྱི་ཁྱད་པར་བསྐྱལ་བའི་སྐྱོན་ཡོད་དོ། །མི་རྟག་པ་ཡང་མྱ་ངན་ལས་མི་འདའ་སྟེ། དོན་དམ་པར་གང་མི་རྟག་པ་དེ་ནི་མྱ་ངན་ལས་མི་འདའ་སྟེ། མི་རྟག་པའི་ཕྱིར་དཔེར་ན་ཕྱི་རོལ་གྱི་ས་ལ་སོགས་པ་བཞིན་ནོ། །འདིར་ཡང་མི་རྟག་པ་ཉིད་དུ་རྗེས་སུ་དཔོག་པས་ཐར་པ་མི་འཐོབ་པས་དེ་བསལ་བའི་ཕྱིར་སེམས་ཅན་མི་རྟག་པ་ཉིད་དུ་སྨྲ་བའི་དམ་བཅས་པ་ལ། ཆོས་ཅན་གྱི་ཁྱད་པར་བསྐྱལ་བའི་སྐྱོན་ཡོད་དོ། །གནས་མ་བུའི་སྡེ་པ་དག། གང་ཟག་ནི་རྟག་པ་དང་མི་རྟག་པ་ཉིད་དུ་བརྗོད་པར་བྱ་བ་མ་ཡིན་པས་ཇི་སྐད་སྨོས་སྐྱོན་མེད་པའི་ཕྱིར་མྱ་ངན་ལས་འདས་པ་གྲུབ་བ་ཞེས་ཟེར་ན། དེ་ནི་བཟང་པོ་མ་ཡིན་ཏེ། གང་ཟག་རྟག་པ་དང་། མི་རྟག་པ་ཉིད་དུ་བརྗོད་པར་བྱ་བ་མ་ཡིན་པ་ཞིག་རྫས་སུ་ཡོད་པ་ཉིད་དུ་གྲུབ་ཏུ་ཟིན་ན་ཡང་དོན་དམ་པར་ཐར་པ་མི་འཐད་དེ། བརྟེན་ཏེ་གདགས་པའི་ཕྱིར་དཔེར་ན་བུམ་པ་བཞིན་པས་རྗེས་སུ་དཔག་པས་གནོད་པར་འགྱུར་རོ། །གང་རྫས་ཡིན་པ་དེ་ནི་མི་རྟག་སྟེ། དཔེར་ན་གཟུགས་ལ་སོགས་པ་བཞིན་པས་རྫས་ཉིད་དུ་རྗེས་སུ་དཔོག་པས། མི་རྟག་པ་ཉིད་དང་། བརྗོད་པར་བྱ་བ་ཉིད་ཀྱིས་དེ་དག་ཏུ་བརྗོད་པར་བྱ

བ་ཉིད་མ་ཡིན་པ་བསལ་བའི་ཕྱིར། རྫས་སུ་ཡོད་པ་ཉིད་དུ་སྨྲ་བའི་དམ་བཅས་པ་ལ་ཆོས་ཅན་གྱི་ཁྱད་པར་བསལ་བའི་སྐྱོན་ཡོད་དོ། །གཞན་ཡང་ཕྱུང་པོའི་ལྷག་མ་མེད་པའི་མྱ་ངན་ལས་འདས་པའི་དབྱིངས་ཀྱི་སྐད་ཅིག་མ་ལ་གལ་ཏེ་གང་ཟག་ཡོད་ན་ནི་རྟག་པ་ཉིད་ཀྱི་སྐྱོན་དུ་འགྱུར་ལ། གལ་ཏེ་མེད་ན་ནི་ཆད་པ་ཉིད་ཀྱི་སྐྱོན་དུ་འགྱུར་རོ། །ཡོད་པ་དང་མེད་པ་ཉིད་དུ་བརྗོད་པར་བྱ་བ་ཉིད་མ་ཡིན་ན་ནི་དབུ་མ་པ་སྨྲ་བ་དང་མཐུན་པར་སྨྲ་བ་ཡིན་ནོ། །གལ་ཏེ་རྣམ་པར་ཤེས་པ་རྣམ་པར་རྟོག་པ་མེད་པའི་སྤྱོད་ཡུལ་གྱི་གཟུགས་ལ་སོགས་པ་དག་ཡོད་པ་དང་མེད་པ་ཉིད་དུ་ཐ་སྙད་གདགས་པར་བྱ་བ་མ་ཡིན་ཡང་། དངོས་པོ་ཡོད་པ་ཉིད་ཡིན་པ་བཞིན་ཏེ། དེ་ལྟར་ཡང་། ཐར་ལ་གལ་ཏེ་བདག་ཡོད་རྟག །གལ་ཏེ་མེད་ན་མི་རྟག་འགྱུར། །སྐྱེས་བུ་བརྗོད་པར་བྱ་མིན་ཡང་། །མཁས་པས་ཤེས་པར་བྱ་མིན་མིན། །ཞེས་སྨྲས་པ་ལྟ་བུའོ་ཞེ་ན། དེ་ནི་རིགས་པ་མ་ཡིན་ཏེ། དངོས་པོ་ཡོད་པ་ཉིད་ཡིན་ན་དེ་ཉིད་དང་། གཞན་ཉིད་དུ་བརྗོད་པར་བྱ་བ་ཉིད་དུ་ཐལ་བར་འགྱུར་བས་གྲུབ་པའི་མཐའ་དང་འགལ་བའི་ཕྱིར་རོ། །དོན་དམ་པར་གང་ཟག་གི་བློ་འདི་ནི་དངོས་པོ་ཡོད་པའི་ཡུལ་ཅན་མ་ཡིན་ཏེ། བློ་ཡིན་པའི་ཕྱིར་ཞེ་ན། དཔེར་ན་བུམ་པ་ལ་སོགས་པའི་བློ་བཞིན་པས་གང་ཟག་དངོས་པོ་ཉིད་དུ་མ་གྲུབ་པའི་ཕྱིར། དོན་དམ་པར་དེ་ལ་ཐར་པ་མེད་དོ། །གལ་ཏེ་གང་ཟག་ནི་རྫས་སུ་ཡོད་པ་ཡིན་ཏེ། རྣམ་པར་ཤེས་པ་བྱ་བ་ཡིན་པའི་ཕྱིར། དཔེར་ན་གཟུགས་བཞིན་ནོ་ཞེ་ན། དེ་ནི་རི་བོང་གི་རྭ་ལ་སོགས་པ་དག་གིས་མ་ངེས་པ་ཉིད་ཡིན་ནོ། །རྣམ་པར་ཤེས་པར་བྱ་བ་ཉིད་ཀྱང་མི་རྟག་པ་ཉིད་ལ་སོགས་པ་དག་མེད་ན་མི་འབྱུང་བའི་ཕྱིར་རྟག་པ་དེ་དང་མི་མཐུན་པའི་ཆོས་སྒྲུབ་པས། དོན་འགལ་བ་ཉིད་ཀྱང་ཡིན་ནོ། །རང་གི་སྡེ་པ་དག་ལས་ཁ་ཅིག་གིས་སྨྲས་པ། འདུ་བྱེད་

རྒྱུ་དང་རྐྱེན་གཅིག་ནས་གཅིག་ཏུ་རྒྱུན་ཆགས་སུ་འཇུག་པ་འདོད་ཆགས་ལ་སོགས་པ་དང་ལྷན་ཅིག་སྐྱེས་པ་རྣམས་དང་། ཐར་པ་དང་། བདེ་འགྲོར་འགྲོ་བ་ལ་གེགས་བྱེད་པའི་འདོད་ཆགས་ལ་སོགས་པས་བཅིངས་པའི་ཕྱིར་བཅིངས་པ་ཡང་འགྲུབ་ལ། བཅིངས་པ་རྣམས་དམ་པའི་ཆོས་མཉན་པ་དང་། ཚུལ་བཞིན་ཡིད་ལ་བྱེད་པ་ལ་སོགས་པ་ལས་བྱུང་བ་ཡང་དག་པའི་ཡེ་ཤེས་ཀྱི་སྣང་བ་ཤར་བས་མི་ཤེས་པའི་མུན་པ་བསལ་བ་ན། འདོད་ཆགས་ལ་སོགས་པའི་འཆིང་བ་ལས་ངེས་པར་འགྲོལ་བའི་ཕྱིར་ཐར་པ་ཡང་འགྲུབ་བོ།། དེ་དག་ཀྱང་འབྲས་བུའི་སྐད་ཅིག་མ་སྐྱེ་བའི་དུས་ན་རྒྱུའི་སྐད་ཅིག་མ་འཇིག་པའི་ཕྱིར་རྟག་པ་ཡང་མ་ཡིན་ལ། རྒྱུ་རྟག་པའི་ཕྱིར་མི་རྟག་པ་ཡང་མ་ཡིན་པས་ཕྱོགས་གཉི་གར་བསྟན་པའི་སྐྱོན་མེད་དོ། །འདིར་བཤད་པ། སྐྱེ་འཇིག་ཆོས་ཅན་འདུ་བྱེད་རྣམས། །མི་འཆིང་གྲོལ་བར་མི་འགྱུར་ཏེ། །སྔ་མ་བཞིན་དུ་ཞེས་བྱ་བ་ནི་སྔ་མ་དང་མཚུངས་པར་ཏེ། འདུ་བྱེད་མི་རྟག་པ་རྣམས་ལ་འཁོར་བ་དང་མྱ་ངན་ལས་འདས་པ་མི་འཐད་པར་སྔར་བསྟན་པ་བཞིན་དུ་ཞེས་བྱ་བའི་ཐ་ཚིག་གོ། ཇི་ལྟར་དེར་དོན་དམ་པར་ནང་གི་འདུ་བྱེད་རྣམས་འཁོར་བར་མི་འཐད་དེ། མི་རྟག་པའི་ཕྱིར་དཔེར་ན་ཕྱི་རོལ་གྱི་བུམ་པ་ལ་སོགས་པ་བཞིན་ནོ་ཞེས་བྱ་བ་དང་། དོན་དམ་པར་མི་རྟག་པ་རྣམས་ནི་མྱ་ངན་ལས་འདའ་བར་མི་འཐད་དེ་; མི་རྟག་པའི་ཕྱིར་དཔེར་ན་ཕྱི་རོལ་གྱི་ས་ལ་སོགས་པ་བཞིན་ནོ་ཞེས་བསྟན་པ་དེ་བཞིན་དུ་འདིར་ཡང་འདུ་བྱེད་སྐྱེ་བ་དང་འཇིག་པའི་ཆོས་ཅན་རྣམས་ལ་བཅིངས་པ་དང་ཐར་པར་མི་འཐད་དོ། །དེའི་ཕྱིར་སྟེ་པ་གཞན་དག་གིས་ཡོངས་སུ་བརྟགས་པའི་འདུ་བྱེད་རྣམས་ལ་ཡང་དོན་དམ་པར་འཁོར་བ་དང་། མྱ་ངན་ལས་འདས་པ་རྣམ་པ་ཐམས་ཅད་"དུ་མི་འཐད་དེ། འདུ་བྱེད་སྐད་ཅིག་མ་རེ་རེ་ལ་འཇིག་པའམ་དུས་གཞན་དུ་གནས་པའམ།

རྟག་པ་དང་མི་རྟག་པ་ཉིད་དུ་བརྗོད་པར་བྱ་བ་མ་ཡིན་པར་བརྟགས་པ་རྣམས་ནི་སྐྱེ་བ་དང་འཇིག་པའི་ཆོས་ཅན་ཡིན་པའི་ཕྱིར་རོ། །ཡང་ན། སྐྱེ་འཇིག་ཆོས་ཅན་འདུ་བྱེད་རྣམས།། མི་འཆིང་གྲོལ་བར་མི་འགྱུར་ཏེ། །ཞེས་བྱ་བ་ནི་འདུ་བྱེད་ངེས་པར་མི་གནས་པ་རྣམས་ལ་བཅིངས་པ་དང་། ཐར་པའི་མཚན་ཉིད་དུས་ཐ་དད་པར་སྦྱོང་བར་འགྱུར་བའི་གནས་སྐབས་གཞན་མི་སྲིད་པའི་ཕྱིར་རོ་ཞེས་བྱ་བར་དགོངས་སོ། །ཡང་ན། སྐྱེ་འཇིག་ཆོས་ཅན་འདུ་བྱེད་རྣམས། མི་འཆིང་གྲོལ་བར་མི་འགྱུར་ཏེ། །ཞེས་བྱ་བ་ནི་འདུ་བྱེད་འདོད་ཆགས་ལ་སོགས་པ་དང་། ལྷན་ཅིག་སྐྱེས་པ་རྣམས་ནི་ཞིག་པའི་ཕྱིར་དང་། མ་བཅིངས་པ་རྣམས་ལ་ནི་ཐར་པ་སྐད་ཅིག་མ་ཕྱི་མ་ལ་འབྱུང་བར་འགྱུར་བ་མི་འཐད་པའི་ཕྱིར་རམ། འགལ་བའི་ཕྱིར་རོ། །སླུས་པ། མཚན་ཉིད་ལས། མི་སློབ་སེམས་ནི་སྐྱེ་བཞིན་པ། །སྒྲིབ་པ་ལས་ནི་རྣམ་པར་གྲོལ། །ཞེས་འབྱུང་ངོ་། །སྐྱེ་བཞིན་པ་ཡང་ཉོན་མོངས་པ་ཅན་དང་། ཉོན་མོངས་པ་ཅན་མ་ཡིན་པ་ཉིད་ལ་སྐྱོན་དེ་ཉིད་དུ་འགྱུར་རོ། །བརྗོད་པར་བྱ་བ་ཉིད་མ་ཡིན་པ་ལ་ཡང་ཉོན་མོངས་པར་འགྱུར་བ་བཞིན་པས་ཉོན་མོངས་པ་ཅན་དང་། ཉོན་མོངས་པ་ཅན་མ་ཡིན་པ་ཉིད་དུ་བརྗོད་པར་བྱ་བ་ཉིད་མ་ཡིན་པ་དེ་བཞིན་དུ་སྐྱེ་བཞིན་པ་ལ་ཡང་བརྗོད་པར་བྱ་བ་ཉིད་མ་ཡིན་པའི་ཕྱིར་ཐར་པ་མེད་དོ། །གལ་ཏེ་རྒྱུན་ལ་བཅིངས་པ་དང་ཐར་པ་ཡོད་པས་སྐྱོན་མེད་དོ་ཞེ་ན། དེ་ནི་རིགས་པ་མ་ཡིན་ཏེ། རྒྱུན་རྫས་སུ་མེད་པའི་ཕྱིར་དང་། རྒྱུན་ཉོན་མོངས་པ་ཅན་དང་། ཉོན་མོངས་པ་ཅན་མ་ཡིན་པ་དང་། བརྗོད་པར་བྱ་བ་ཉིད་མ་ཡིན་པ་དག་ལ་སྔ་མ་བཞིན་དུ་ཐར་པར་མི་འགྲུབ་པའི་ཕྱིར་དང་། བཅིངས་པ་དང་། ཐར་པ་དག་ཐ་སྙད་པར་འདོད་ན་ནི་དམ་བཅས་པ་ཉམས་པའི་ཕྱིར་རོ༑ ༑སེམས་ཅན་བཅིངས་པ་དང་། ཐར་པ་སྦྱ་བ་ལ་ཡང་བཤད་པར་བྱ་སྟེ། སྔ་མ་བཞིན་

དུ་སེམས་ཅན་ཡང་། །མི་འཆིང་གྲོལ་བ་མི་འགྱུར་རོ། །སྒྱུ་མ་བཞིན་དུ་སེམས་ཅན་ཡང་མི་འཆིང་སྟེ། རྟག་པ་དང་། མི་རྟག་པའི་ཕྱོགས་ལ་སྐྱོན་སྨྲོས་པའི་ཕྱིར་རོ། །གྲོལ་བར་ཡང་མི་འགྱུར་ཏེ། འདུ་བྱེད་རྟག་པ་དང་། མི་རྟག་པ་རྣམས་ལ་ཐར་པ་མི་འཐད་པར་བསྟན་པ་བཞིན་ནོ་ཞེས་བྱ་བར་དགོངས་སོ། །སེམས་ཅན་བཅིངས་པ་དགག་པ་སྔར་བསྟན་པ་དང་། ཁྱད་པར་མེད་དུ་ཟིན་ཀྱང་རྐྱོལ་བ་ཐ་དད་དེ་སྔར་ནི་སེམས་ཅན་བཅིངས་པ་འབའ་ཞིག་ཏུ་དམ་བཅས་པ་བསལ་བར་འདོད་པའི་ཕྱིར་རོ། །འདིར་ནི་སེམས་ཅན་བཅིངས་པ་དང་། ཐར་པ་གཉི་གར་དམ་བཅས་པ་དེ་དག་དགག་པ་འདྲ་བར་བསྟན་པའི་ཕྱིར་རོ། །གཞན་དག་གིས་སྨྲས་པ། སེམས་ཅན་གྱི་ཉེ་བར་ལེན་པ་ནི་འཆིང་བ་ཡིན་པའི་ཕྱིར་ཉེ་བར་ལེན་པ་ནི་འཆིང་བ་ཡིན་ལ། དེ་གཏན་དུ་ཉེ་བར་ཞི་བ་ནི་ཐར་པ་ཡིན་ཞིང་རྟག་པ་དང་། མི་རྟག་པ་ཉིད་དུ་ཡང་བརྗོད་པར་བྱ་བ་ཉིད་མ་ཡིན་པའི་ཕྱིར། འདུ་བྱེད་རྣམས་དང་སེམས་ཅན་རྟག་པ་དང་། མི་རྟག་པའི་ཕྱོགས་སུ་བསྟན་པའི་སྐྱོན་མི་འཐད་པས་ཇི་སྐད་སྨྲོས་པའི་སྐྱོན་མེད་དོ། །འདིར་བཤད་པ། གལ་ཏེ་ཉེ་བར་ལེན་འཆིང་ན། །ཉེ་བར་ལེན་བཅས་འཆིང་མི་འགྱུར། །གལ་ཏེ་དོན་དམ་པར་ཉེ་བར་ལེན་པ་འཆིང་བ་ཡིན་ན་ཉེ་བར་ལེན་པ་དང་བཅས་པའི་ཉེ་བར་ལེན་པ་པོ་ལྷས་བྱིན་ཉེ་བར་ལེན་པ་གང་གིས་ཉེ་བར་ལེན་པ་དང་བཅས་པར་བརྗོད་པ་དེ་ནི་འཆིང་བར་མི་འགྱུར་རོ། །ཡང་ན། གལ་ཏེ་ཉེ་བར་ལེན་འཆིང་ན༑ ༑ཉེ་བར་ལེན་བཅས་གྲོལ་མི་འགྱུར། །ཞེས་བྱ་བར་ཡང་སྦྱར་ཏེ། དེ་དང་ལྡན་པ་དེ་གྲོལ་བར་མི་འདོད་དེ་དགག་པ་མི་མཐུན་པའི་ཕྱིར་རོ། །ཡང་ན་དོན་དམ་པར་ལྷས་བྱིན་གྱི་ཉེ་བར་ལེན་པ་དེ་ཉེ་བར་མི་ལེན་ཏེ། ཉེ་བར་ལེན་པ་ཡིན་པའི་ཕྱིར་རོ། །དཔེར་ན་མཆོད་སྦྱིན་གྱི་ཉེ་བར་ལེན་པ་བཞིན་ནོ། །ཅི་སྟེ་དམ་བཅས་པ་དེའི་དོན་གང་ཡིན། གལ་

ཏེ་ཉེ་བར་ལེན་པར་བྱེད་པའི་ཉེ་བར་ལེན་པ་གང་ཡིན་པ་དེ་དེའི་འཆིང་བ་མ་ཡིན་ནོ་ཞེ་ན་ནི་དཔེ་མེད་དེ། མཆོད་སྦྱིན་གྱི་ཉེ་བར་ལེན་པ་འཆིང་བ་ཡིན་པའི་ཕྱིར་རོ། །ཅི་སྟེ་འཆིང་བ་གཞན་ཞིག་ཡོད་དོ་ཞེ་ན་ནི་ཕྱོགས་སྔ་མ་ལ་གནོད་དོ་ཞེ་ན། དེ་ཡང་རིགས་པ་མ་ཡིན་ཏེ། མཆོད་སྦྱིན་གྱི་ཉེ་བར་ལེན་པ་ལྷས་བྱིན་གྱི་འཆིང་བ་ཉིད་དུ་མ་གྲུབ་པ་ཉིད་དཔེ་ཉིད་དུ་འདོད་པའི་ཕྱིར་དཔེ་མེད་པ་ཡང་མ་ཡིན་ལ། དེ་ལས་གཞན་པའི་འཆིང་བ་ཁས་མ་བླངས་པའི་ཕྱིར་ཕྱོགས་སྔ་མ་ལ་གནོད་པ་ཡང་མེད་དོ། །དོན་དམ་པར་ལྷས་བྱིན་གྱི་རང་གི་ཉེ་བར་ལེན་པ་འདི་ནི་ཉེ་བར་ལེན་པ་མ་ཡིན་ཏེ། བརྗོད་པ་ཁྱད་པར་ཅན་བསྙེན་པ་ལ་ལྟོས་པ་དང་བཅས་པ་ཉིད་ཡིན་པའི་ཕྱིར་དཔེར་ན་མཆོད་སྦྱིན་གྱི་ཉེ་བར་ལེན་པ་བཞིན་ནོ། །འདི་ལྟར་ཉེ་བར་ལེན་པ་མེད་པ་ཡང་ཡོད་པ་ཉིད་དུ་མ་གྲུབ་པས་ཉེ་བར་ལེན་མེད་མི་འཆིང་སྟེ། ཉེ་བར་ལེན་པ་མེད་པ་ཡང་འཆིང་བར་མི་འགྱུར་རོ། །ཉེ་བར་ལེན་པ་དང་བཅས་པ་དང་། ཉེ་བར་ལེན་པ་མེད་པའི་མཚན་ཉིད་ཀྱི་གནས་སྐབས་མ་གཏོགས་པར་གནས་སྐབས་གཞན་མེད་པས་དེའི་ཕྱིར། གནས་སྐབས་གང་ཞིག་འཆིང་བར་འགྱུར། །ཞེས་བྱ་བ་སྨྲས་ཏེ། འཆིང་བ་མེད་པ་ཉིད་དོ་ཞེས་བྱ་བའི་ཚིག་གི་དོན་ཏོ། །གཞན་དག་གིས་སྨྲས་པ། སེམས་ཅན་བཅིངས་པ་ནི་ཡོད་པ་ཁོ་ན་ཡིན་ཏེ། དེའི་འཆིང་བ་ཡོད་པའི་ཕྱིར་དཔེར་ན་ལྕགས་སྒྲོག་ལ་སོགས་པ་འཆིང་བ་ཡོད་ན་དེས་བཅིང་བར་བྱ་བ་ཡང་ཡོད་པ་བཞིན་པས་འཆིང་བ་ཉེ་བར་ལེན་པ་འདི་ཡོད་པས། དེའི་ཕྱིར་སེམས་ཅན་བཅིངས་པ་ཡོད་པ་ཁོན་ཡིན་នོ། །འདིར་བཤད་པ། ཁྱོད་འདོད་པ་ལྟར། གལ་ཏེ་བཅིངས་པའི་སྔ་རོལ་ན༑ ༑འཆིང་བ་ཡོད་ན་འཆིང་ལ་རག །དེ་ཡང་མེད་དེ་བཅིངས་པའི་སྔ་རོལ་ན་འཆིང་བ་དེ་ཡང་མེད་དེ། འདིས་ནི་ཉེ་བར་ལེན་པའི་ཆོས་དུས་ཐ་དད་པ་མ་ཡིན་པ་ཉིད་བསྟན་ཏོ།།

དེའི་ཕྱིར་རྗེས་སུ་དཔག་པ་ནི་དོན་དམ་པར་ལྷས་བྱིན་གྱི་ཉེ་བར་ལེན་པ་ནི་ལྷས་བྱིན་གྱི་འཆིང་བ་མ་ཡིན་ཏེ། དུས་མཉམ་པའི་ཕྱིར་དཔེར་ན་ལྷས་བྱིན་གྱི་རང་གི་བདག་ཉིད་བཞིན་ནོ༑ ༑ཡང་ན། གལ་ཏེ་བཅིངས་པའི་སྔ་རོལ་ན། །འཆིང་བ་ཡོད་ན་འཆིང་ལ་རག །དེ་ཡང་མེད་དེ་བཅིངས་པའི་སྔ་རོལ་ན་འཆིང་བ་དེ་ཡང་མེད་དེ། འདིས་ནི་ཉེ་བར་ལེན་པའི་ཆོས་སྔ་ན་མེད་པ་ཉིད་བསྟན་ཏོ། །དེའི་ཕྱིར་རྗེས་སུ་དཔག་པ་ནི་དོན་དམ་པར་ལྷས་བྱིན་གྱི་ཉེ་བར་ལེན་པ་ནི། ལྷས་བྱིན་གྱི་འཆིང་བ་མ་ཡིན་ཏེ། །སྔ་ན་མེད་པའི་ཕྱིར་དཔེར་ན་མཆོད་སྦྱིན་གྱི་ཉེ་བར་ལེན་པ་བཞིན་ནོ། །ལྷག་མ་ནི། སོང་དང་མ་སོང་བགོམ་པས་བསྟན། །ཅི་ཞིག་བསྟན་ཅེ་ན། བཅིངས་པ་མི་འཐད་པར་སྒྲུབ་པ་ལྷག་མ་དག་སྟེ། ཇི་ལྟར་དེར་སོང་བ་དང་། མ་སོང་བ་དང་། བགོམ་པ་དག་ལ་འགྲོ་བ་མི་འཐད་པར་བསྟན་པ་དེ་བཞིན་དུ་འདིར་ཡང་བཅིངས་པ་ནི་མི་འཆིང་སྟེ། བཅིངས་ཟིན་པའི་ཕྱིར་དཔེར་ན་བཅིངས་པ་ལ་ཡང་འཆིང་བ་དོན་མེད་པའམ། བཅིངས་ཟིན་པར་ཐེ་ཚོམ་མེད་པ་བཞིན་ནོ། །མ་བཅིངས་པ་ཡང་མི་འཆིང་སྟེ། བཅིངས་པ་བསལ་བའི་ཕྱིར་དཔེར་ན་ཐར་པ་བཞིན་ནོ། །འཆིང་བཞིན་པ་དང་། བརྗོད་པར་བྱ་བ་མ་ཡིན་ཡང་མི་འཆིང་སྟེ། སྐྱོན་གཉིས་གར་འགྱུར་བའི་ཕྱིར་དང་། བརྗོད་པར་བྱ་བ་མ་ཡིན་པའི་ཕྱིར་དཔེར་ན་ཐར་པ་བཞིན་པ་ལ་འཆིང་བ་མི་འཐད་པ་བཞིན་ནོ། །ཇི་ལྟར་དེར་སོང་བ་དང་། མ་སོང་བ་དང་། བགོམ་པ་དག་ལ་འགྲོ་བའི་རྩོམ་པ་མེད་པར་བསྟན་པ་དེ་བཞིན་དུ་འདིར་ཡང་བཅིངས་པ་དང་། མ་བཅིངས་པ་དང་། འཆིང་བཞིན་པ་དག་ལ་འཆིང་བའི་རྩོམ་པ་མེད་དོ། །བཅིངས་པ་ལ་ནི་འཆིང་བའི་རྩོམ་པ་མེད་དེ༑ བཅིངས་ཟིན་པའི་ཕྱིར་དཔེར་ན་བཅིངས་ནས་ཡུན་རིང་དུ་ལོན་པ་བཞིན་ནོ། །མ་བཅིངས་པ་ལ་ཡང་འཆིང་བའི་རྩོམ་པ་མེད་དེ། མ་བཅིངས་པའི་ཕྱིར་དཔེར་ན་ཐར་པ་

བཞིན་ནོ། །འཆིང་བཞིན་པ་དང་། བརྗོད་པར་བྱ་མ་ཡིན་པ་ལ་འཆིང་བའི་རྩོམ་པ་མེད་དེ༑ སྔོན་གཉི་གར་འགྱུར་བའི་ཕྱིར་དང་། བརྗོད་པར་བྱ་བ་མ་ཡིན་པའི་ཕྱིར་དཔེར་ན་ཐར་པ་བཞིན་པ་ལ་འཆིང་བའི་རྩོམ་པ་མེད་པ་བཞིན་ནོ། །འདིར་སྨྲས་པ། བཅིངས་པ་ནི་ཡོད་པ་ཁོ་ན་ཡིན་ཏེ། དེའི་གཉེན་པོ་ཡོད་པའི་ཕྱིར་རོ། །ཤེས་པའི་གཉེན་པོ་མི་ཤེས་པ་བཞིན་དུ་བཅིངས་པའི་གཉེན་པོ་ཐར་པ་ཡོད་པས་དེའི་ཕྱིར་བཅིངས་པ་ནི་ཡོད་པ་ཁོ་ན་ཡིན་ནོ། །འདིར་བཤད་པ། དོན་དམ་པར་ཐར་པ་ཡང་ཡོད་པར་གྱུར་ན་བཅིངས་པའམ། མ་བཅིངས་པའམ། གྲོལ་བཞིན་པ་ཞིག་ཐར་པར་འགྱུར་གྲང་ན། དེ་ལ་རེ་ཞིག་བཅིངས་པ་མི་འགྲོལ་ཏེ། འདི་ལྟར་བཅིངས་པ་ཞེས་བྱ་བ་ནི། འཆིང་བའི་གཉེན་པོ་མ་སྐྱེས་པ་སྟེ། དེ་ཡང་འཆིང་བའི་གཉེན་པོ་མ་སྐྱེས་པའི་ཕྱིར་མི་འགྲོལ་ཏེ། དཔེར་ན་ཉོན་མོངས་པའི་འཆིང་བ་མཐའ་དག་དང་ལྡན་པ་བཞིན་ནོ། །མ་བཅིངས་པ་ཡང་གྲོལ་མི་འགྱུར། བཅིངས་པ་དང་བྲལ་བའི་གྲོལ་བ་ཉིད་ལ་ནི་ཐ་སྙད་དུ་ཡང་དེ་མེད་པའི་ཕྱིར་རོ། །ཅི་སྟེ་མཚན་ཉིད་ལས། མི་སློབ་སེམས་ནི་སྐྱེ་བཞིན་པ། །སྒྲིབ་པ་ལས་ནི་རྣམ་པར་གྲོལ། །ཞེས་འབྱུང་བས༑ ༑འགྲོལ་བཞིན་པ་ཐར་པར་འགྱུར་སྙམ་ན། གྲོལ་བཞིན་པ་ཞེས་བྱ་བ་དེ་གང་ཡིན་ཞེས་བརྗོད་པར་བྱའོ། །གལ་ཏེ་བཅིངས་པ་ཡིན་ནོ་ཞེ་ན། བཅིངས་པ་གྲོལ་བཞིན་ཡིན་གྱུར་ན། །བཅིངས་དང་གྲོལ་བ་དུས་གཅིག་འགྱུར། །འཆིང་བ་གང་གིས་བཅིངས་པ་ཞེས་བྱ་བ་དང་། ཐར་པ་གང་གིས་གྲོལ་བ་ཞེས་བྱ་བ་དེ་གཉིས་དུས་གཅིག་ཏུ་འགྱུར་བས་དེ་ནི་མི་འདོད་དེ། དེའི་ཕྱིར་དེ་ནི་བཅིངས་པ་ཉིད་དང་ཐར་པ་ཉིད་གཅིག་ཡིན་པར་གདོན་མི་ཟ་བར་བསྒྲུབ་པར་བྱ་དགོས་སོ། །དེ་ལྟ་ཡིན་ན་རྗེས་སུ་དཔག་པ་ཇི་སྐད་བསྟན་པ་དག་གིས་གནོད་པར་འགྱུར་བའི་ཕྱིར་ལན་ཅུང་ཟད་མ་ཐེབས་སོ། །སྐྱེ་བཞིན་པ་ཡང་

སྐྱེས་པ་དང་མ་སྐྱེས་པའམ། བཅིངས་པ་དང་མ་བཅིངས་པ་ཉིད་ཡིན་པས། ཇི་སྐད་སྨྲས་པའི་སྐྱོན་མེད་པ་མ་ཡིན་ནོ། །གལ་ཏེ་སྐྱེ་བཞིན་པ་ནི་སྐྱེ་བ་ལ་མངོན་པར་ཕྱོགས་པ་ཡིན་ནོ་ཞེ་ན་ཡང་། ཏྲ་བཅིང་བ་ལྟ་བུ་ཡིན་པའི་ཕྱིར་དང་། བརྒལ་ཞིང་བརྟག་པ་མཚུངས་པའི་ཕྱིར་ཇི་སྐད་སྨྲས་པའི་སྐྱོན་ལྡོག་པ་མེད་དོ། །གལ་ཏེ་སེམས་ཀྱི་སྐད་ཅིག་མ་སྔ་མ་ལ་ལྟོས་ནས། མི་སློབ་པའི་སེམས་རྣམ་པར་གྲོལ་བར་རྟོག་ན་དེ་ཡང་རིགས་པ་མ་ཡིན་ཏེ། བཅིངས་པ་དང་། ཐར་པ་དག་ཐ་སྙད་པ་ཉིད་དུ་གྲུབ་པས། འདོད་པའི་དོན་ཉམས་པའི་ཕྱིར་རོ། །དེའི་ཕྱིར་དེ་ལྟར་དོན་དམ་པར་ཐར་པ་མི་འཐད་པའི་ཕྱིར་གཉེན་པོ་ཡོད་པའི་ཕྱིར་རོ་ཞེས་བྱ་བའི་གཏན་ཚིགས་ཀྱི་དོན་མ་གྲུབ་པ་ཉིད་དང་། ཐར་པ་བཞིན་དུ་ཤེས་པའི་གཉེན་པོ་མི་ཤེས་པ་མ་གྲུབ་པས་དཔེ་མེད་པའི་ཕྱིར་སྒྲུབ་པ་དཔེ་མ་ཚང་བའི་སྐྱོན་ཡང་ཡོད་དོ། །འདིར་སྨྲས་པ། དོན་དམ་པར་ཐར་པ་ནི་ཡོད་པ་ཁོ་ན་ཡིན་ཏེ། དེ་འདོད་པ་རྣམས་ལ་སྨོན་པ་ཡོད་པའི་ཕྱིར་རོ། །འདི་ན་གང་དོན་དམ་པར་མེད་པ་དེ་ལ་ནི་དེ་འདོད་པ་རྣམས་ལ་སྨོན་པ་མེད་དེ། དཔེར་ན་རྒྱ་སྐྱུལ་གྱི་མགོའི་ནོར་བུ་བཞིན་ནོ། །ཐར་པར་འདོད་པ་རྣམས་ལ་ནི་བདག་བུད་ཤིང་ཟད་པའི་མེ་བཞིན་དུ་ཉེ་བར་ལེན་པ་མེད་པར་མྱ་ངན་ལས་འདའ་བར་གྱུར་ན་ཅི་མ་རུང་། མྱ་ངན་ལས་འདས་པ་བདག་གིར་གྱུར་ན་ཅི་མ་རུངས་སྙམ་དུ་སྨོན་པ་ཡོད་པས། དེའི་ཕྱིར་དོན་དམ་པར་ཐར་པ་ནི་ཡོད་པ་ཁོ་ན་ཡིན་ནོ། །འདིར་བཤད་པ། བདག་ནི་ལེན་མེད་མྱ་ངན་འདའ། །མྱང་འདས་བདག་གི་འགྱུར་ཅིག་ཅེས། །གང་དག་འཛིན་པ་དེ་དག་གི། །ཉེར་ལེན་ལེགས་པར་ཟིན་མ་ཡིན། །ཐར་པ་འདོད་པ་གང་དག་བདག་དང་བདག་གིར་དམིགས་པར་ཟིན་པ་མ་ཡིན་པ་ལ་འཇུག་པ་དེ་དག་གི་ཉེ་བར་ལེན་པ་ནི་ལེགས་པར་ཟིན་པ་མ་ཡིན་ཏེ། བདག་དང་བདག་གིར་འཛིན་པའི་

ཚུལ་གྱིས་མཆོག་ཏུ་བཟུང་ཞིང་། གནས་པ་ནི་ཐར་པའི་བགེགས་ཡིན་པའི་ཕྱིར་རོ་ཞེས་བྱ་བར་དགོངས་སོ། །ཡང་ན་ཉེ་བར་ལེན་པ་མེད་པའི་ངོ་བོ་ཉིད་ལ་ཉེ་བར་ལེན་པའོ་སྙམ་དུ་འཛིན་པ་ནི་ཡུལ་དེ་ལ་ལོག་པའི་ཤེས་པ་སྐྱེ་བའི་ཕྱིར་ཉེ་བར་ལེན་པ་ནི་ལེགས་པར་ཞེན་པ་མ་ཡིན་ནོ། །ཡང་ན་ཉེ་བར་ཞི་བ་ཉིད་ཐར་པ་ཡིན་པས་དེ་གང་གི་ཡང་མ་ཡིན་པ་ལ་གང་ཉེ་བར་ལེན་པ་མེད་པར་གྱུར་ན་ཅི་མ་རུང་སྙམ་པ་དེའི་ཉེ་བར་ལེན་པ་ནི། ལེགས་པར་ཞེན་པ་མ་ཡིན་པས། དེའི་ཕྱིར་དེ་འདོད་པ་རྣམས་ལ་སྐྱོན་པ་ཡོད་པའི་ཕྱིར་རོ་ཞེས་བྱ་བའི་གཏན་ཚིགས་དེའི་དོན་མ་གྲུབ་པ་ཉིད་དམ། དོན་འགལ་བ་ཉིད་ཡིན་ནོ།། དེའི་ཕྱིར་དེ་ལྟར་བརྟགས་ན་དོན་དམ་པར་འདུ་བྱེད་རྣམས་དང་། སེམས་ཅན་དང་གང་ཟག་ལ་བཅིངས་པ་དང་། ཐར་པ་མི་འཐད་པར་བསྒྲུབ་པ་བསྟན་པའི་དབང་གིས་མཇུག་བསྡུ་བར་བྱ་སྟེ། གང་ལ་མྱ་ངན་འདས་བསྐྱེད་མེད། །འཁོར་བ་བསལ་བའང་ཡོད་མིན་པས།། དེ་ལ་འཁོར་བ་ཅི་ཞིག་ཡིན། །མྱ་ངན་འདས་པའང་ཅི་ཞེས་བརྟག །འདི་ལ་དོན་དམ་པར་འཁོར་བ་དང་། །མྱ་ངན་ལས་《འདས་》པའི་ཆོས་ཉིད་ནམ་མཁའ་བཞིན་དུ་མཚན་ཉིད་གཅིག་པ་ཉིད་ཀྱིས་ཀུང་ཁྱད་པར་མེད་པ་དག་ནི་རྣམ་པར་མི་རྟོག་པའི་ཡེ་ཤེས་ཀྱི་སྤྱོད་ཡུལ་ཡིན་པའི་ཕྱིར་དང་། བསྐྱེད་པ་མེད་པ་དང་། དབྱེ་བ་མེད་པའི་ཆོས་ཉིད་ཡིན་པའི་ཕྱིར། མྱ་ངན་ལས་འདས་པ་ཕན་འདོགས་པར་བྱེད་པ་ཉིད་ཡིན་ཡང་རྫས་ཉིད་དང་། རྟག་པ་ཉིད་ལ་སོགས་པའི་རྣམ་པས་མྱ་ངན་ལས་འདས་པ་སྒྲོ་གདགས་སུ་ཡང་མེད་ལ། འཁོར་བ་གནོད་པ་བྱེད་པ་ཉིད་ཡིན་ཡང་བསལ་བར་བྱར་མེད་པས། དེའི་ཕྱིར་འཁོར་བ་དང་མྱ་ངན་ལས་འདས་པར་རྣམ་པར་རྟོག་པ་ནི་རིགས་པ་མ་ཡིན་ནོ་ཞེས་བྱ་བའི་ཐ་ཚིག་སྟེ་སྒྲོ་འདོགས་པ་དང་། སྐུར་པ་འདེབས་པ་ནི་ཤེས་པ་རྣམ་པར་རྟོག་པའི་དབང་གིས་དམིགས་

པར་བྱ་བའི་ཡུལ་གྱི་དངོས་པོ་ཡིན་པའི་ཕྱིར་དང་། དམིགས་པར་བྱ་བའི་ཡུལ་གྱི་དངོས་པོ་ནི་བསྐྱེད་པ་དང་། དཔྱི་བའི་ཆོས་ཅན་ཡིན་པའི་ཕྱིར་རོ་ཞེས་བྱ་བར་དགོངས་སོ། །ཡང་ན་ཀུན་རྫོབ་ཀྱི་ཕྱོགས་ལ་གདུལ་བའི་སྐྱེ་བོ་རྣམས་མྱ་ངན་ལས་འདས་པ་ལ་ཉེ་བར་འདུན་པར་བྱ་བའི་ཕྱིར། མྱ་ངན་ལས་འདས་པ་ཉོན་མོངས་པ་ཉེ་བར་ཞི་བའི་མཚན་ཉིད་ཞི་བ་ཡོད་དོ་ཞེས་མ་འོངས་པའི་འདུ་བྱེད་སྐྱེ་བ་མེད་པ་ཙམ་ལ་རྟོག་པས་སྒྲོ་འདོགས་པར་བྱེད་ཅིང་། འཁོར་བ་ལ་སྐྱོ་བ་བསྐྱེད་པའི་ཕྱིར་འཁོར་བ་སྡུག་བསྔལ་མང་པོ་ལྡན་པ། རྨི་ལམ་དང་། མིག་འཕྲུལ་དང་། ཆུ་ཟླ་དང་། སྨིག་རྒྱུ་ལྟ་བུའི་ངོ་བོ་ཉིད་ཐོག་མ་མེད་པ་ནས་རྐྱེན་བརྒྱུད་པས་བསྐྱེད་པའི་བདག་ཉིད་ཀྱི་དངོས་པོ་འདུ་བྱེད་ཀྱི་སྒྲར་བརྗོད་པ་རྣམས་སྤྱང་བར་བྱའོ་ཞེས་བསལ་བ་བསྟན་པར་ཟད་ཀྱི། དོན་དམ་པར་ནི་འདུ་བྱེད་མ་གྲུབ་པའི་ཕྱིར་གང་གི་སྐྱེ་བ་མེད་པ་མྱ་ངན་ལས་འདས་པ་ཡིན་ནོ་ཞེས་བྱ་བ་དེ་ཉིད་མེད་པས་མྱ་ངན་ལས་འདས་པ་བསྐྱེད་དུ་ཡང་མེད་ལ། འདུ་བྱེད་ངོ་བོ་ཉིད་ཀྱིས་མ་སྐྱེས་པ་རྣམས་མྱ་ངན་ལས་འདས་པ་བཞིན་དུ་ཞི་བ་ཉིད་ཡིན་པ་ལ་བསལ་བ་མི་འཐད་པས་འཁོར་བ་བསལ་བ་ཡང་ཡོད་པ་མ་ཡིན་ནོ། །དེ་ལྟར་དོན་དམ་པར་ཆོས་ཐམས་ཅད་སྐྱེ་བ་མེད་པའི་མཚན་ཉིད་གཉིས་སུ་མེད་པ་རབ་ཏུ་དབེན་པ་རོ་གཅིག་པ། གང་ལ་མྱ་ངན་འདས་བསྐྱེད་མེད༔ ༔འཁོར་བ་བསལ་བའང་ཡོད་མིན་པ། །དེ་ལ་འཁོར་བ་ཅི་ཞིག་ཡིན། །མྱ་ངན་འདས་པའང་ཇི་ཞེས་བརྟག་སྟེ། རྟོགས་པར་བྱ་བ་ལ་ཐ་དད་པ་མེད་པས་བློ་ཐ་དད་པ་མེད་པས་བློ་ཐ་དད་པ་མེད་པའི་ཕྱིར་ཡུལ་དེ་ལ་ཐ་དད་པར་རྟོག་པ་མི་འཐད་པའི་ཕྱིར་རོ་ཞེས་བྱ་བར་དགོངས་སོ། །དེའི་ཕྱིར་ཕ་རོལ་པོས་རབ་ཏུ་བྱེད་པའི་དང་པོར་དོན་དམ་པར་ནང་གི་དངོས་པོ་རྣམས་ལ་ངོ་བོ་ཉིད་ཡོད་པ་ཁོ་ན་ཡིན་ཏེ། དེ་དག་ལ་བཅིངས་པ་དང་། ཐར་པ་

ཡོད་པའི་ཕྱིར་རོ་ཞེས་གང་སྨྲས་པ་དེའི་གཏན་ཚིགས་ཀྱི་དོན་མ་གྲུབ་པ་ཉིད་དོ། །དེ་ལ་འདིར་རབ་ཏུ་བྱེད་པའི་དོན་ནི་ཕ་རོལ་པོས་བསྒྲུབ་པ་སྨྲས་པའི་སྐྱོན་བརྗོད་པས་འཁོར་བ་དང་། མྱ་ངན་ལས་འདས་པ་ངོ་བོ་ཉིད་མེད་པ་ཉིད་དུ་བསྟན་པ་ཡིན་ནོ། །དེའི་ཕྱིར་རིགས་ཀྱི་བུ་དེ་ལྟ་བས་ན་བཅོམ་ལྡན་འདས་ནི་འཁོར་བ་སྤྱོད་པར་ཡང་མི་མཛད་ལ་མྱ་ངན་འདས་པ་ཐོབ་པར་ཡང་མི་མཛད་མོད་ཀྱི། འོན་ཀྱང་འཁོར་བ་ལས་ཡང་དག་པར་བཟླ་བ་གསུངས་ཏེ། འདི་ལ་འགའ་ཡང་འཁོར་བ་ལས་ཡང་དག་པར་འདའ་བ་ཡང་མེད་ལ༑ མྱ་ངན་ལས་འདས་པ་རྗེས་སུ་འཐོབ་པ་ཡང་མེད་དོ། །དེ་ཅིའི་ཕྱིར་ཞེ་ན། འདི་ལྟར་མཉམ་པ་ཉིད་ལ་འཁོར་བ་ཡང་མེད། མྱ་ངན་ལས་འདས་པ་ཡང་མེད། ཀུན་ནས་ཉོན་མོངས་པ་ཡང་མེད། རྣམ་པར་བྱང་བ་ཡང་མེད་པའི་ཕྱིར་རོ་ཞེས་བྱ་བ་ལ་སོགས་པ་དང་། དེ་བཞིན་དུ་རབ་ཀྱི་རྩལ་གྱིས་རྣམ་པར་གནོན་པ་གཟུགས་ལ་འཁོར་བའམ་འཁོར་བའི་ཆོས་ཅན་མེད་དོ། །དེ་བཞིན་དུ་ཚོར་བ་དང་། འདུ་ཤེས་དང་། འདུ་བྱེད་རྣམས་དང་། རྣམ་པར་ཤེས་པ་ལ་འཁོར་བའམ་འཁོར་བའི་ཆོས་ཅན་མེད་དོ། །གཟུགས་དང་། ཚོར་བ་དང་། འདུ་ཤེས་དང་། འདུ་བྱེད་རྣམས་དང་། རྣམ་པར་ཤེས་པ་ལ་འཁོར་བའམ། འཁོར་བའི་ཆོས་ཅན་དག་མེད་པ་གང་ཡིན་པ་དེ་ནི་ཤེས་རབ་ཀྱི་ཕ་རོལ་དུ་ཕྱིན་པའོ་ཞེས་བྱ་བ་ལ་སོགས་པ་གསུངས་པ་དང་། དེ་བཞིན་དུ་ཚངས་པ་དེས་འཁོར་བ་ཡང་མ་དམིགས། མྱ་ངན་ལས་འདས་པ་ཡང་མ་དམིགས་སོ། །ཅིའི་ཕྱིར་ཞེ་ན། དེ་བཞིན་གཤེགས་པས་འཁོར་བ་འདོགས་པར་མཛད་ཀྱང་དེར་འགའ་ཡང་འཁོར་བར་མི་འགྱུར་ལ། དེ་བཞིན་གཤེགས་པས་མྱ་ངན་ལས་འདས་པ་འདོགས་པར་མཛད་ཀྱང་དེར་འགའ་ཡང་མྱ་ངན་འདའ་བར་མི་འགྱུར་བའི་ཕྱིར་རོ་ཞེས་བྱ་བ་ལ་སོགས་པ་གསུངས་པ་དེ་དག་གྲུབ་པ་ཡིན་ནོ། །སློབ་དཔོན་ལེགས་

ལྷན་བྱེད་〈འབྱེད〉ཀྱིས་ཉེ་བར་སྦྱར་བ། དབུ་མའི་རྩ་བའི་འགྲེལ་པ་ཤེས་རབ་སྒྲོན་མ་ལས། བཅིངས་པ་དང་ཐར་པ་བརྟག་པ་ཞེས་བྱ་བ་སྟེ། རབ་ཏུ་བྱེད་པ་བཅུ་དྲུག་པའོ།། །།

༼རབ་བྱེད་བཅུ་བདུན་པ་ལས་དང་འབྲས་བུ་བརྟག་པ།༽

དབུ་མ་རྩ་བའི་འགྲེལ་པ་ཤེས་རབ་སྒྲོན་མ། བམ་པོ་བཅུ་གཉིས་པ། ད་ནི་དེ་བཞིན་དུ་སྟོང་པ་ཉིད་ཀྱི་མི་མཐུན་པའི་ཕྱོགས་ཀྱི་ཁྱད་པར་དགག་པ་ལས་དང་འབྲས་བུ་ངོ་བོ་ཉིད་མེད་པ་ཉིད་དུ་བསྟན་པའི་དོན་གྱི་དབང་གིས་རབ་ཏུ་བྱེད་པ་བཅུ་བདུན་པ་བརྩམ་མོ༏ ༏རབ་ཏུ་བྱེད་པ་འདས་མ་ཐག་པར་འདུ་བྱེད་རྣམས་དང་། སེམས་ཅན་དང་། གང་ཟག་འཁོར་བར་མི་འཐད་དོ། །ཞེས་བསྟན་པའི་ཕྱིར་འདིར་ཕ་རོལ་པོ་དག་གིས་བསྟན་བཅོས་མཛད་པས་དམ་བཅས་པའི་དོན་སྒྲོ་བཏགས་ནས་སྨྲས་པ། ཁྱོད་ཀྱིས་འདུ་བྱེད་རྟག་པ་དང་༏ མི་རྟག་པ་རྣམས་ལ་འཁོར་བ་མི་འཐད་དེ། རྟག་པ་དང་ཆད་པའི་སྐྱོན་དུ་འགྱུར་བའི་ཕྱིར་རོ་ཞེས་སྨྲས་པས་ནི། འདུ་བྱེད་མྱ་ངན་འདའ་བར་ནི། །ཇི་ལྟ་བུར་ཡང་མི་འཐད་དོ༏ ༏ཞེས་བསྟན་པ་ཡིན་པས། དེའི་ཕྱིར་འདིར་ཇི་ལྟར་རྟག་པ་དང་། ཆད་པའི་སྐྱོན་དུ་ཡང་མི་འགྱུར་ལ། འདུ་བྱེད་རྣམས་ལ་འཁོར་བ་ཡང་ཡོད་པ་དེ་ལྟར་བསྒྲུབ་པར་བྱ་སྟེ། དོན་དམ་པར་ནང་གི་འདུ་བྱེད་རྣམས་ལ་འཁོར་བ་ཡོད་པ་ཁོ་ན་ཡིན་ཏེ། ལས་དང་འབྲས་བུ་འབྲེལ་བའི་ཕྱིར་རོ། །འདི་ན་གང་མེད་པ་དེ་ལ་ནི་ལས་དང་འབྲས་བུར་འབྲེལ་པ་མ་མཐོང་སྟེ། དཔེར་ན་མོ་གཤམ་གྱི་བུ་ཞེས་བྱ་བའི་འདུ་བྱེད་རྣམས་བཞིན་ནོ། །ནང་གི་འདུ་བྱེད་རྣམས་ལ་ནི་ལས་དང་འབྲས་བུར་འབྲེལ་པ་ཡོད་པས་དེའི་ཕྱིར་གཏན་ཚིགས་ཇི་སྐད་སྨོས་པའི་མཐུས་དོན་དམ་པར་ནང་གི་འདུ་བྱེད་རྣམས་ལ་འཁོར་བ་ཡོད་པ་ཁོ་ན་ཡིན་ནོ། །དེ་ལ་རེ་ཞིག་ལས་ནི། བདག་ཉིད་ལེགས་པར་སྡོམ་པ་དང་། །གཞན་ལ་ཕན་འདོགས་བྱམས་སེམས

གང་། །དེ་ཆོས་དེ་ནི་འདི་གཞན་དུ། །འབྲས་བུ་དག་གི་ས་བོན་ཡིན། །བདག་ཉིད་ལེགས་པར་སྡོམ་པ་ཞེས་བྱ་བ་ནི་བདག་ཉིད་ཡང་དག་པར་སྡོམ་པར་བྱེད་ཅིང་མི་དགེ་བ་ལས་ལྡོག་པར་བྱེད་པ་སྟེ། མི་དགེ་བ་སྤོང་བའི་སེམས་པ་དང་མཚུངས་པར་ལྡན་པའི་སེམས་ཞེས་བྱ་བའི་ཐ་ཚིག་གོ། གཞན་ལ་ཕན་འདོགས་པར་ཞེས་བྱ་བ་ནི་སྦྱིན་པ་དང་སྙན་པར་སྨྲ་བ་དང་། འཇིགས་པ་ལས་ཡོངས་སུ་སྐྱོབ་པ་ལ་སོགས་པ་གཞན་དག་ལ་ཕན་འདོགས་པར་བྱེད་པའོ། །བྱམས་པ་ཞེས་བྱ་བ་ནི་མཛའ་བཤེས་ལས་འབྱུང་བས་བྱམས་པའོ། །ཡང་ན་བྱམས་པ་ཉིད་བྱམས་པ་སྟེ། བདག་གི་དོན་ལ་དེ་དང་མཐུན་པའི་རྐྱེན་བརྗོད་པའི་ཕྱིར་རོ། །དེ་ལྟ་བུའི་སེམས་པ་གང་ཡིན་པ་དེ་ཆོས་ཡིན་ནོ། །དེ་ནི་ས་བོན་ཡིན་ཏེ། རྒྱུ་དང་རྐྱེན་ཅེས་བྱ་བའི་ཐ་ཚིག་གོ། གང་དག་གི་ཞེ་ན། འབྲས་བུ་དག་གིའོ། །གང་དུ་ཞེ་ན། འདི་དང་གཞན་དུ་སྟེ། ཚེ་འདི་དང་གཞན་དག་ཏུ་སྨིན་པར་འགྱུར་བའི་རྐྱེན་དབང་གིས་སོ། །སེམས་པ་ནི་ས་བོན་ཉིད་དུ་གསུངས་ཏེ། ལུས་དང་ངག་གི་ལས་དག་ཀུན་ནས་སློང་བ་ཡིན་པའི་ཕྱིར་རོ། །ཆོས་ལས་བཟློག་པས་ཆོས་མ་ཡིན་ཏེ། ཆོས་མ་ཡིན་པ་དང་། སྡིག་པ་དང་། མི་དགེ་བ་ཞེས་བྱ་བ་དག་ནི་རྣམ་གྲངས་སོ། །ཆོས་མ་ཡིན་པ་ལས་བཟློག་པས་ཆོས་ཀྱི་རྣམ་གྲངས་དག་གོ། ལུང་དུ་མ་བསྟན་པ་ནི་རྣམ་པར་སྨིན་པ་ལས་སྐྱེས་པ་དང་། སྤྱོད་ལམ་ལས་བྱུང་བ་དང་། བཟོའི་གནས་ལས་བྱུང་བ་དང་། སྤྲུལ་པ་བྱེད་པ་ལས་བྱུང་བའི་བྱེ་བྲག་གིས་རྣམ་པ་བཞི་སྟེ། རྣམ་པར་སྨིན་པ་འདོད་པ་དང་། མི་འདོད་པ་མི་སྐྱེ་བའི་ཕྱིར་དང་། དགེ་བ་དང་། མི་དགེ་བ་ཉིད་དུ་བརྡ་མི་སྤྲོད་པའི་ཕྱིར་ལུང་དུ་མ་བསྟན་ཏོ། །དེ་ལྟར་ཆོས་ལ་སོགས་པའི་དབྱེ་བས་ཐ་དད་པ་དེ་དག་ཀུན་རྣམ་པ་གཉིས་ཏེ། དྲང་སྲོང་མཆོག་གིས་ལས་རྣམས་ནི། །སེམས་པ་དག་ནི་བསམ་པར་གསུངས། །དྲང་སྲོང་མཆོག་གི་བཅོམ་

ལྡན་འདས་ཏེ། དེ་ནི་དྲང་སྲོང་ཡང་ཡིན་ལ་མཆོག་ཀྱང་ཡིན་ཏེ། བགྲོད་པར་བྱ་བ་མ་ལུས་པར་བགྲོད་ཟིན་པའི་ཕྱིར་དང་། ཉན་ཐོས་དང་། རང་སངས་རྒྱས་དང་། བྱང་ཆུབ་སེམས་དཔའ་ཞེས་བྱ་བའི་དྲང་སྲོང་རྣམས་ལས་མཆོག་ཏུ་གྱུར་པའི་ཕྱིར་རོ། །དེ་ལས་ཆོས་དང་། ཆོས་མ་ཡིན་པ་དང་། ལུང་དུ་མ་བསྟན་པའི་དབྱེ་བས་ཐ་དད་པ་རྣམས་ནི་རྣམ་པ་གཉིས་ཏེ༑ སེམས་པ་དང་། བསམ་པའོ་ཞེས་གསུངས་སོ། །ལས་དེ་དག་གི་བྱེ་བྲག་ནི། །རྣམ་པ་དུ་མར་ཡོངས་སུ་བསྒྲགས། །ཞེས་བྱ་བ་ནི་མདོར་བསྟན་པའོ། །དེ་རྒྱས་པར་བཤད་པ་ནི། དེ་ལ་ལས་གང་སེམས་པ་ཞེས། །གསུངས་པ་དེ་ནི་ཡིད་ཀྱིར་འདོད། །དེ་ལ་ཞེས་བྱ་བའི་སྒྲ་ནི་དམིགས་ཀྱིས་བསལ་བའི་དོན་ཏོ། །ལས་གང་སེམས་པ་ཞེས་གསུངས་པ་དེ་ནི་ཡིད་ཀྱིར་འདོད་དེ། ཡིད་ཀྱི་ཞེས་བྱ་བ་ནི་ཡིད་ལས་བྱུང་བ་སྟེ། ཡིད་ཀྱི་སྒོ་ཁོ་ན་ནས་དེ་མཐར་ཐུག་པར་འགྱུར་བའི་ཕྱིར་རོ། །ལུས་ཀྱི་དང་ངག་གི་དག་ནི་སེམས་པ་ཞེས་མི་བརྗོད་དེ། དེ་དག་སེམས་པས་ཀུན་ནས་བསླང་བ་ཡིན་ཡང་ལུས་དང་། ངག་གི་སྒོ་ནས་ཡོངས་སུ་རྫོགས་པའི་ཕྱིར་རོ། །བསམ་པ་ཞེས་ནི་གང་གསུངས་པ། །དེ་ནི་ལུས་དང་ངག་གི་ཡིན།། བསམ་པ་ཞེས་བྱ་བ་ནི་བློས་བསམས་ནས་བྱེད་པ་གང་ཡིན་པ་སྟེ། དེ་ལྟར་ལས་གང་བསམ་པ་ཞེས་བྱ་བ་གསུངས་པ་ནི་ལུས་དང་ངག་གི་ཡིན་ཏེ། ལུས་དང་ངག་ལས་བྱུང་བའི་ཕྱིར་དང་། དེ་དག་གི་སྒོ་ཉིད་ནས་མཐར་ཐུག་པར་འགྱུར་བའི་ཕྱིར་རོ། །དེ་ལྟར་རེ་ཞིག་ལས་རྣམ་པ་གཉིས་བསྟན་ཏོ། །ཇི་ལྟར་རྣམ་པ་དུ་མ་ཞེ་ན། ངག་དང་བསྐྱོད་དང་མི་སྤོང་བའི༑ ༑རྣམ་རིག་བྱེད་མིན་ཞེས་བྱ་གང་། །སྤོང་བའི་རྣམ་རིག་བྱེད་མིན་པ། །གཞན་དག་ཀྱང་ནི་དེ་བཞིན་འདོད། །ཡོངས་སྤྱོད་ལས་བྱུང་བསོད་ནམས་དང་། །བསོད་ནམས་མ་ཡིན་ཚུལ་དེ་བཞིན། །སེམས་པ་དང་ནི་ཆོས་དེ་བདུན། །ལས་སུ་མངོན་པར་འདོད་པ་ཡིན། །

དེ་ལ་ངག་ནི་ཡི་གེ་གསལ་བར་བརྗོད་པའོ། །བསྐྱོད་པ་ནི་ལུས་གཡོ་བའོ། །མི་སྤོང་བའི་རྣམ་པར་རིག་བྱེད་མ་ཡིན་པ་ཞེས་བྱ་བ་ནི། བདག་གི་ལུས་སམ་ངག་གམ་ཡིད་ཀྱིས་མི་དགེ་བ་འདི་ལྟ་བུ་ཞིག་བྱའོ་སྙམ་དུ་ཡི་དམ་བཅས་པའི་སྐད་ཅིག་མ་རྩུབ་ཆད་ནས་བྱེད་པ་པོས་ལས་དེ་མི་བྱེད་དུ་ཟིན་ཀྱང་། མི་དགེ་བ་ཡང་དག་པར་བླངས་པའི་རྒྱུ་ལས་བྱུང་བ་མི་སྤོང་བའི་མཚན་ཉིད་ཀྱི་རྣམ་པར་རིག་བྱེད་མ་ཡིན་པ་གང་དག་ཡིན་པའོ། །སྤོང་བའི་རྣམ་པར་རིག་བྱེད་མ་ཡིན་པ་གཞན་དག་ཀྱང་དེ་བཞིན་དུ་འདོད་དེ། བདག་གིས་ལུས་སམ་ངག་གམ་ཡིད་ཀྱི་དགེ་བའི་ལས་འདི་ལྟ་བུ་ཞིག་བྱའོ་སྙམ་དུ་ཡི་དམ་དུ་བཅས་པའི་སེམས་པ་རྩུབ་ཆད་ནས་བྱེད་པ་པོས་ལས་དེ་མི་བྱེད་དུ་ཟིན་ཀྱང་དགེ་བའི་བྱ་བ་ཡང་དག་པར་བླངས་པའི་སེམས་པས་བསྐྱེད་པ་སྤོང་བའི་མཚན་ཉིད་ཀྱི་རྣམ་པར་རིག་བྱེད་མ་ཡིན་པ་གང་དག་ཡིན་པའོ། །རྣམ་པར་རིག་བྱེད་མ་ཡིན་པ་ཞེས་བྱ་བ་ནི། གཟུགས་དང་བྱ་བའི་ངོ་བོ་ཉིད་ཡིན་དུ་ཟིན་ཀྱང་རྣམ་པར་རིག་བྱེད་བཞིན་དུ་གཞན་ལ་རྣམ་པར་རིག་པར་མི་བྱེད་པའི་ཕྱིར་རོ། །ལོངས་སྤྱད་པ་ལས་བྱུང་བའི་བསོད་ནམས་ཞེས་བྱ་བ་ནི་ཡོངས་སུ་ལོངས་སྤྱད་པའི་རྒྱུ་ལས་བསོད་ནམས་དེ་བྱུང་ངོ་ཞེས་བྱ་བར་ཚིག་རྣམ་པར་སྦྱར་ཏེ། ཡོངས་སུ་ལོངས་སྤྱོད་པ་ཞེས་བྱ་བ་འདི་དཀོན་མཆོག་གསུམ་གྱི་ཡུལ་ལ་དངོས་པོ་ཡོངས་སུ་བཏང་བ་ཉེ་བར་སྤྱད་པའོ། །དེའི་རྒྱུ་ལས་བྱུང་བ་ཞེས་བྱ་བ་ནི་དེའི་རྗེས་ལས་བྱུང་བ་སྟེ། འཕྲེལ་པ་དང་འཕེལ་བ་ཞེས་བྱ་བ་དག་གི་རྣམ་གྲངས་སོ། །བསོད་ནམས་ཞེས་བྱ་བ་ནི་དག་པར་བྱེད་པས་བསོད་ནམས་ཏེ། དགེ་བ་ཞེས་བྱ་བ་དག་གི་རྣམ་གྲངས་སོ། །ལོངས་སྤྱད་པ་ལས་བྱུང་བའི་བསོད་ནམས་མ་ཡིན་པ་ཡང་ཚུལ་དེ་བཞིན་ཏེ། ཡོངས་སུ་ལོངས་སྤྱད་པའི་རྒྱུ་ལས་བྱུང་ཞེས་བྱ་བའི་ཐ་ཚིག་གོ། བསོད་ནམས་མ་ཡིན་པ་ནི་བསོད་ནམས

ལས་བཟློག་པ་ལས་ཁོང་དུ་ཆུད་པར་བྱའོ། །སེམས་པ་ཞེས་བྱ་བས་ནི་ཡིད་ཀྱི་ལས་བསྟན་ཏེ། འོ་ན་སེམས་པ་ཞེས་བྱ་བ་དེ་གང་ཡིན་ཞེ་ན། ཡོན་ཏན་དང་སྐྱོན་ལས་སེམས་མངོན་པར་འདུ་བྱེད་པ་སྟེ་ཡིད་ཀྱི་ལས་སོ། །དེ་ལྟར་དགེ་ལ་སོགས་པ་བདུན་པོ་དེ་དག་ནི་ཆོས་ཏེ། རང་གི་མཚན་ཉིད་འཛིན་པའི་དོན་གྱིས་ཆོས་ཡིན་ནོ། །ལས་སུ་མངོན་པར་འདོད་པ་ཡིན་ཞེས་བྱ་བ་ནི་ལས་ཀྱི་མཚན་ཉིད་དག་ཏུ་འདོད་པ་ཡིན་ནོ། །བསམ་གཏན་དང་། གློག་པ་ལ་སོགས་པའི་ལས་དག་ཀྱང་ཡོད་མོད་ཀྱི་འདི་དག་ཉིད་ཀྱི་ཁོངས་སུ་འདུས་པའི་ཕྱིར་བདུན་ཁོ་ནར་ངེས་པར་གཟུང་ངོ་། །ལས་དེ་དང་འབྲས་བུར་འབྲེལ་པ་མཐོང་བ་ནི། འགྲོ་བ་སྤུར་ཕུང་པོ་ལྔ་སྐྱེ་བའི་མཚན་ཉིད་ཡིན་ནོ། །དེ་ལྟར་ལས་དང་འབྲས་བུར་འབྲེལ་པའི་མཚན་ཉིད་ཀྱི་གཏན་ཚིགས་ཀྱིས་དོན་དམ་པར་ནང་གི་འདུ་བྱེད་རྣམས་ལ་འཁོར་བ་ཡོད་པ་ཁོ་ན་ཡིན་ཏེ། དེས་ན་བཅིངས་པ་དང་ཐར་པ་ཡོད་པའི་ཕྱིར་དོན་དམ་པར་ནང་གི་དངོས་པོ་རྣམས་ལ་ངོ་བོ་ཉིད་ཡོད་པ་ཁོ་ན་ཡིན་ནོ། །འདིར་བཤད་པ། འདི་ལ་ལས་དེ་སྐྱེས་ནས་སྨིན་པའི་དུས་ཀྱི་བར་དུ་གནས་པའམ། སྐྱེས་ནས་འཇིག་པར་འགྱུར་བ་ཞིག་ཡིན་གྲང་ན། དེ་ལ་རེ་ཞིག གལ་ཏེ་སྨིན་པའི་དུས་བར་དུ། །གནས་ན་ལས་དེ་རྟག་པར་འགྱུར། །སྐྱེས་མ་ཐག་ཏུ་མི་འཇིག་པ་དེའི་བདག་ཉིད་མ་ཡིན་པ་ནི་ཕྱིས་ཀྱང་འཇིག་པར་མི་རིགས་པའི་ཕྱིར་རྟག་པ་ཉིད་ཐལ་བར་འགྱུར་རོ་ཞེས་བྱ་བའི་ཐ་ཚིག་གོ། །གལ་ཏེ་ཆུ་ཤིང་དག་འདམ་བུ་དང་། སྨྱིག་མ་བཞིན་དུ་འབྲས་བུ་སྨིན་པའི་འོག་ཏུ་དེ་འཇིག་པས་སྐྱོན་མེད་དོ་ཞེ་ན། སྐྱོན་མེད་པ་མ་ཡིན་ཏེ། ཆུ་ཤིང་ལ་སོགས་པ་དག་སྐད་ཅིག་མ་རེ་རེ་ལ་འཇིག་པ་ཉིད་དང་། དེ་དང་རིགས་མཐུན་པའི་རྒྱུན་ཆད་པས་འཇིག་པ་ཉིད་ཐ་དད་པར་ཁས་བླངས་པའི་ཕྱིར་དང་། དོན་དམ་པར་ནི་ལས་བཞིན་དུ་སྨྱིག་མ་ལ་སོགས་པ་

དག་ཀྱང་འབྲས་བུ་དང་འབྲེལ་པར་མི་འཐད་པའི་ཕྱིར་དང་། སྔར་མ་ཞིག་པ་ཕྱིས་དེའི་བདག་ཉིད་དུ་འགྱུར་བ་ཡང་བསྟན་དཀའ་བའི་ཕྱིར་རོ། །གལ་ཏེ་འཇིག་པའི་རྒྱུའི་སྔ་རོལ་ན། འཇིག་པ་མེད་དུ་ཟིན་ཀྱང་ཕྱིས་ཡོད་པར་འགྱུར་བས་སྔོན་མ་ཞིག་པ་ཡང་ཕྱིས་འཇིག་པ་ཉིད་དུ་འགྱུར་རོ་ཞེ་ན། དེ་ཡང་རིགས་པ་མ་ཡིན་ཏེ། འདི་ལྟར་གང་ཞིག་གང་གི་འཇིག་པའི་རྒྱུར་བརྗོད་པ་དེ་ནི་དེའི་འཇིག་པའི་རྒྱུ་མ་ཡིན་ཏེ། དེ་ལས་གཞན་པའི་ཕྱིར་དང་། རྒྱུ་ཅན་ཡིན་པའི་ཕྱིར་དཔེར་ན་དེ་ལས་གཞན་པ་བཞིན་པས་རྗེས་སུ་དཔག་པས་གནོད་པའི་ཕྱིར་དང་། ལུང་ལས། ལུས་དང་དབང་པོ་བློ་རྣམས་ནི། །སྐད་ཅིག་ལས་ནི་རིང་མི་གནས། །ཞེས་གསུངས་པས། །ཁས་བླངས་པ་ལ་གནོད་པར་འགྱུར་བའི་ཕྱིར་རོ།། ཅི་སྟེ་སྐྱོན་དེར་གྱུར་ན་མི་རུང་ངོ་སྙམ་ནས་སྐྱེས་མ་ཐག་ཏུ་འཇིག་པར་དམ་བཅའ་ན། དེ་ལྟ་ན་ཡང་། གལ་ཏེ་འགགས་ན་འགགས་གྱུར་པ། །ཇི་ལྟར་འབྲས་བུ་བསྐྱེད་པར་འགྱུར།། འགག་པ་ནི་རང་གི་བདག་ཉིད་མེད་པ་ཁོ་ནའི་ཕྱིར་རོ་ཞེས་བྱ་བར་དགོངས་སོ། །འགག་བཞིན་པ་ཡང་འབྲས་བུ་བསྐྱེད་པ་ཉིད་དུ་རྟོག་ན་ཡང་འགག་བཞིན་པ་འགགས་པའམ། མ་འགགས་པ་ཉིད་ལ་དེ་མི་འཐད་པའི་ཕྱིར་དང་། བརྒལ་ཞིང་བརྟག་པ་དང་། ལན་མཚུངས་པའི་ཕྱིར་རོ། །འགག་བཞིན་པ་ནི་འགག་པ་ལ་མངོན་པར་ཕྱོགས་པའོ་ཞེས་རྟོག་ན་ཡང་སྐྱོན་ཇི་སྐད་བསྟན་པ་ཉིད་དུ་འགྱུར་བའི་ཕྱིར་རོ། །བརྗོད་པར་བྱ་བ་མ་ཡིན་པ་ཉིད་དུ་རྟོག་ན་ཡང་དོན་དམ་པར་བརྗོད་པར་བྱ་བ་མ་ཡིན་པ་ནི་འབྲས་བུ་བསྐྱེད་པ་ཉིད་དུ་མི་འཐད་དེ། བརྗོད་པར་བྱ་བ་མ་ཡིན་པའི་ཕྱིར་དཔེར་ན་སྐྱེ་བཞིན་པས་རྗེས་སུ་དཔག་པས་གནོད་པའི་ཕྱིར་དེ་ཡང་སྙིང་པོ་མ་ཡིན་ནོ། །དེའི་ཕྱིར་གཏན་ཚིགས་ཀྱི་དོན་མ་གྲུབ་པ་ཉིད་ཀྱི་སྐྱོན་དང་། དོན་འགལ་བ་ཉིད་ཀྱི་སྐྱོན་དེ་ཉིད་ཡོད་དོ། །འདིར་སྨྲས་པ། ལས་དང་

འབྲས་བུར་འབྲེལ་པ་ནི་འཐད་པ་ཁོ་ན་ཡིན་ཏེ། ཅིའི་ཕྱིར་ཞེ་ན། རྒྱུད་ཀྱི་རྒྱུན་ལས་འབྲས་བུ་འགྲུབ་པའི་ཕྱིར་ཏེ། འདི་ལྟ་སྟེ་དཔེར་ན། མྱུ་གུ་ལ་སོགས་རྒྱུན་གང་གི །ས་བོན་ལས་ནི་མངོན་པར་འབྱུང་། །དེ་ལས་འབྲས་བུ་ས་བོན་ནི། །མེད་ན་དེ་ཡང་འབྱུང་མི་འགྱུར། །གང་ཕྱིར་ས་བོན་ལས་རྒྱུན་དང་། །རྒྱུན་ལས་འབྲས་བུ་འབྱུང་འགྱུར་ནི། །ས་བོན་འབྲས་བུའི་སྔོན་འགྲོ་བ། །དེ་ཕྱིར་ཆད་མིན་རྟག་མ་ཡིན། །མྱུ་གུ་དང་། འདབ་མ་དང་། སྡོང་བུ་དང་། སྦྲུ་གུ་དང་། སྙེ་མ་དང་། སྦྲུན་པ་དང་། གྲ་མ་དང་། སྦྲུགས་དང་། འབྲས་ཕུག་པོ་ཆེ་ལ་སོགས་པའི་མཚན་ཉིད་ཀྱི་རྒྱུན་གང་ཡིན་པ་དེ་ནི་ས་བོན་འགགས་པ་ལས་མངོན་པར་འབྱུང་ཞིང་རྒྱུན་དེ་ལས་འབྲས་བུ་མངོན་པར་འབྱུང་ངོ་། །ས་བོན་མེད་ན་མྱུ་གུ་སྔོན་དུ་བཏང་བའི་རྒྱུན་དེ་ལས་མངོན་པར་འབྱུང་བར་མི་འགྱུར་རོ། །གང་གི་ཕྱིར་ས་བོན་ལས་རྒྱུན་མངོན་པར་འབྱུང་ལ། རྒྱུན་ལས་འབྲས་བུ་མངོན་པར་འབྱུང་བར་འགྱུར་ཞིང་། ས་བོན་འབྲས་བུའི་སྔོན་དུ་འགྲོ་བ་དེའི་ཕྱིར་ཆད་པ་མ་ཡིན་ཏེ། ས་བོན་གྱི་རྒྱུན་གྱིས་ངེས་པར་གནས་པའི་ཕྱིར་རོ།། རྟག་པ་ཡང་མ་ཡིན་ཏེ། མྱུ་གུ་བྱུང་བ་ན་ས་བོན་དེ་འགགས་པའི་ཕྱིར་རོ། །དེ་ལྟར་ན་དེ་ནི་ཆོས་མཐུན་པའི་དཔེའི་ཚིག་ཡིན་ནོ། །དེ་བཞིན་དུ། སེམས་ཀྱི་རྒྱུན་ནི་གང་ཡིན་པ། །སེམས་པ་ལས་ནི་མངོན་པར་འབྱུང་། །དེ་ལས་འབྲས་བུ་སེམས་པ་ནི། །མེད་ན་དེ་ཡང་འབྱུང་མི་འབྱུང་། །གང་ཕྱིར་སེམས་པ་ལས་རྒྱུན་དང་། །རྒྱུན་ལས་འབྲས་བུ་འབྱུང་འགྱུར་ཞིང་། །ལས་ནི་འབྲས་བུའི་སྔོན་འགྲོ་བ། །དེ་ཕྱིར་ཆད་མིན་རྟག་མ་ཡིན། །སེམས་ནི་རྒྱུན་འབྲེལ་པར་འཇུག་པའི་མཚན་ཉིད་གང་ཡིན་པ་དེ་ནི་བྱམས་པ་དང་། བྱམས་པ་མ་ཡིན་པའི་སེམས་པ་ལས་སུ་བརྗོད་པ་གང་ཡིན་པའི་སེམས་འགག་པ་དེ་ལས་མངོན་པར་འབྱུང་ཞིང་རྒྱུན་དེ་ལས་འབྲས་བུ་འདོད་པ་དང་མི་འདོད་པ་ཉམས་སུ་མྱོང་བའི་མཚན

ཉིད་མངོན་པར་འབྱུང་ངོ་། །སེམས་པ་མེད་ན་སེམས་ཀྱི་རྒྱུན་དེ་ཡང་མངོན་པར་འབྱུང་བར་མི་འགྱུར་ཏེ། དེ་ལྟར་དེས་ནི་ལས་ཀྱི་ཆོས་རྒྱུན་རྗེས་སུ་འཇུག་པ་ཉིད་བསྟན་ཏོ། །གང་གི་ཕྱིར་སེམས་པ་ལས་རྒྱུན་ཅེས་བྱ་བ་རྒྱུ་དང་འབྲས་བུའི་དངོས་པོར་འབྲེལ་ཅིང་རྒྱས་པར་འགྱུར་བའི་རྒྱུན་འབྲེལ་པ་ཞེས་བྱ་བའི་དོན་མངོན་པར་འབྱུང་ལ། རྒྱུན་ལས་འབྲས་བུ་མངོན་པར་འབྱུང་བར་འགྱུར་ཞིང་། ལས་འབྲས་བུའི་སྔོན་དུ་འགྲོ་བ་དེའི་ཕྱིར་ཆད་པ་ཡང་མ་ཡིན་ལ། རྟག་པ་ཡང་མ་ཡིན་ཏེ། བསྒྲུབ་པ་ཇི་སྐད་བསྟན་པས་འདུ་བྱེད་རྣམས་ཀྱི་རྒྱུན་གྱིས་འབྲས་བུ་སྐྱེད་པའི་ཕྱིར་དང་། སྐད་ཅིག་མ་གཉིས་པར་དེས་པར་མི་གནས་པའི་ཕྱིར་རོ་ཞེས་བྱ་བར་དགོངས་ཏེ། དེ་ལྟར་ན་དེ་ནི་མཛུག་བསྡུ་བའི་ཚིག་ཡིན་ནོ། །དེའི་ཕྱིར་འདིར་རྗེས་སུ་དཔག་པ་ནི་དོན་དམ་པར་སེམས་ཅན་གྱི་སྒྲར་བརྗོད་པའི་འདུ་བྱེད་རྣམས་ལ་ལས་དང་འབྲས་བུར་འབྲེལ་པ་ཡོད་པ་ཁོ་ན་ཡིན་ཏེ། བཅོམ་ལྡན་འདས་ཀྱིས་འབྲས་བུ་ཁྱད་པར་ཅན་ཐོབ་པར་འདོད་པ་རྣམས་ལ་དེ་དང་འབྲེལ་བ་ཐོབ་པར་བྱ་བའི་ཕྱིར་ཐབས་བསྟན་པ་ཡོད་པའི་ཕྱིར། དཔེར་ན་ས་བོན་དང་འབྲས་བུར་འབྲེལ་པ་བཞིན་ནོ། །འདི་ན་གང་ཡོད་པ་མ་ཡིན་པ་དེ་ལ་ནི་བཅོམ་ལྡན་འདས་ཀྱིས་དེ་དང་འབྲེལ་པ་ཐོབ་པར་བྱ་བའི་ཕྱིར་ཐབས་མ་བསྟན་ཏེ། དཔེར་ན་ནམ་མཁའི་མེ་ཏོག་གི་ཕྲེང་བ་བཞིན་ནོ། །འདི་ལ་ནི། ཆོས་སྒྲུབ་པ་ཡི་ཐབས་རྣམས་ནི། །དཀར་པོ་ལས་ནི་ལམ་བཅུ་སྟེ། །ཆོས་ཀྱི་འབྲས་བུ་འདི་གཞན་དུ། །འདོད་པའི་ཡོན་ཏན་རྣམ་ལྔའོ། །རྣམ་པར་སྨིན་པ་དང་། རྒྱུ་མཐུན་པའི་འབྲས་བུའི་བྱེ་བྲག་ལས་སོ་ཞེས་བཅོམ་ལྡན་འདས་ཀྱིས་འབྲས་བུ་ཁྱད་པར་ཅན་འདོད་པ་རྣམས་ལ་དེ་དང་འབྲེལ་པ་ཐོབ་པར་བྱ་བའི་ཕྱིར་ཐབས་བསྟན་པ་ཡོད་པས། དེའི་ཕྱིར་གཏན་ཚིགས་ཇི་སྐད་སྨོས་པའི་མཐུས་ཇི་སྐད་སྨྲས་པའི་

དོན་གྲུབ་བོ། །གཞན་དག་གིས་སྨྲས་པ། གལ་ཏེ་བརྟག་པ་དེར་གྱུར་ན། །ཉེས་པ་ཆེན་པོ་མང་པོར་འགྱུར། །དེ་ལྟ་བས་ན་བརྟག་པ་དེ། །འདིར་ནི་འཐད་པ་མ་ཡིན་ནོ། །གལ་ཏེ་ཁྱོད་ཀྱི་ས་བོན་གྱི་རྒྱུན་དང་། ཆོས་མཐུན་པའི་མཚན་ཉིད་ཀྱི་བརྟག་པ་དེ་ལྟར་གྱུར་ན། ཉེས་པའི་སྐྱོན་ཆེན་པོ་མང་དུ་འབྱུང་བར་འགྱུར་ཏེ། མིའི་རྒྱུད་ལས་ལྷ་ལ་སོགས་པའི་རྒྱུད་དུ་སྐྱེ་བར་མི་འགྱུར་ཏེ། རིགས་ཐ་དད་པའི་ཕྱིར་དཔེར་ན་ཤིང་ནིམ་པའི་ས་བོན་ལས་ཨ་མྲ་ལ་སོགས་པའི་འབྲས་བུ་སྐྱེ་བར་མི་འགྱུར་བ་བཞིན་པས། རྗེས་སུ་དཔག་པས་གནོད་པའི་ཕྱིར་རོ། །དེ་བཞིན་དུ་དགེ་བའི་སེམས་ལས་མི་དགེ་བ་དང་། ལུང་དུ་མ་བསྟན་པའི་སེམས་དང་། མི་དགེ་བའི་སེམས་ལས་དགེ་བ་དང་། ལུང་དུ་མ་བསྟན་པའི་སེམས་དང་། ལུང་དུ་མ་བསྟན་པའི་སེམས་ལས་དགེ་བ་དང་། མི་དགེ་བའི་སེམས་དང་། འདོད་པ་ན་སྤྱོད་པའི་སེམས་ལས་གཟུགས་དང་། གཟུགས་མེད་པ་ན་སྤྱོད་པ་དང་། འཇིག་རྟེན་ལས་འདས་པའི་སེམས་དང་། གཟུགས་ན་སྤྱོད་པའི་སེམས་ལས་འདོད་པ་དང་། གཟུགས་མེད་པ་ན་སྤྱོད་པ་དང་། འཇིག་རྟེན་ལས་འདས་པའི་སེམས་དང་། གཟུགས་མེད་པ་ན་སྤྱོད་པའི་སེམས་ལས་འདོད་པ་དང་། གཟུགས་ན་སྤྱོད་པ་དང་། འཇིག་རྟེན་ལས་འདས་པའི་སེམས་སྐྱེ་བར་མི་འགྱུར་ཏེ། རྗེས་སུ་དཔག་པ་ཇི་སྐད་བསྟན་པས་གནོད་པར་འགྱུར་བའི་ཕྱིར་ཏེ། དེ་ལྟར་ན་དགེ་བ་དང་། མི་དགེ་བ་དག་བྱ་བ་དང་། སྤང་བར་མི་འཐད་པས། དེའི་ཕྱིར་བརྟག་པ་དེ་ནི་འདིར་འཐད་པ་མ་ཡིན་ནོ། །འོ་ན་ཇི་ལྟ་བུ་འཐད་ཅེ་ན། ཇི་སྐད་སྨོས་པའི་སྐྱོན་གྱི་དྲི་མས་མ་གོས་པ། སངས་རྒྱས་རྣམས་དང་རང་རྒྱལ་དང་། །ཉན་ཐོས་རྣམས་ཀྱིས་གསུངས་པ་ཡི། །བརྟག་པ་གང་ཞིག་འདིར་འཐད་པ། །དེ་ནི་རབ་ཏུ་བརྗོད་པར་བྱ། །དེ་ཡང་གང་ཞེ་ན། ཇི་ལྟར་བུ་ལོན་དཔང་

རྒྱ་ལྟར། །དེ་ལྟར་ལས་དང་ཆུད་མི་ཟ། །བུ་ལོན་གྱི་དཔང་རྒྱ་ཇི་ལྟ་བ་དེ་ལྟར་ལས་ཀྱི་ཆུད་མི་ཟ་བའི་མཚན་ཉིད་ཀྱི་ཆོས་ངེས་པར་གནས་ཏེ། དཔེར་ན་བུ་ལོན་གྱི་ནོར་དེ་སྨད་ཀྱང་དཔང་རྒྱ་ཡོད་པས་ནོར་བདག་གི་ནོར་ཆུད་མི་ཟ་ཞིང་ནོར་གྱི་ཕུང་པོ་སྐྱེད་དང་བཅས་པ་འོང་བར་འགྱུར་བ་བཞིན་དུ་ལས་སྣད་ཅིག་མ་འགགས་སུ་ཟིན་ཀྱང་། དེའི་རྒྱུ་ལས་བྱུང་བ་ཆུད་མི་ཟ་བ་ཞེས་བྱ་བའི་ཆོས་ཡོད་པས། བྱེད་པ་པོའི་ལས་ཀྱི་འབྲས་བུ་ཆུད་མི་ཟ་ཞིང་འབྲས་བུ་ཁྱད་པར་དང་བཅས་པ་འོང་བར་འགྱུར་རོ། །ཇི་ལྟར་ནོར་བདག་གིས་ནོར་ཕྱིར་ཁུགས་ན་བུ་ལོན་གྱི་དཔང་རྒྱ་རོར་འགྱུར་བ་དེ་ལྟར་བྱེད་པ་པོས་འབྲས་བུ་མྱོང་ན་ཆུད་མི་ཟ་བ་ཡང་དེ་བཞིན་དུ་འགྱུར་རོ། །དེ་ནི་ཁམས་ལས་རྣམ་པ་བཞི་ཆུད་མི་ཟ་བ་དེ་ནི་འདོད་པ་དང་། གཟུགས་དང་། གཟུགས་མེད་པར་གཏོགས་པ་དང་། ཟག་པ་མེད་པའི་ཁམས་ཀྱི་བྱེ་བྲག་ལས་རྣམ་པ་བཞིར་འགྱུར་རོ། །དེ་ཡང་རང་བཞིན་ལུང་མ་བསྟན། དགེ་བ་དང་མི་དགེ་བ་ཉིད་དུ་བརྡ་མི་སྤྲོད་པའི་ཕྱིར་རོ། །སྤོང་བས་སྤང་བ་མ་ཡིན་ཏེ། སྡུག་བསྔལ་བ་དང་། ཀུན་འབྱུང་བ་དང་། འགོག་པ་དང་། ལམ་མཐོང་བས་སྤང་བར་བྱ་བ་སྤོང་བས། སྤང་བ་མ་ཡིན་པའི་ཕྱིར་རོ། །བསྒོམ་པས་སྤང་བ་ཉིད་ཀྱང་ཡིན། །འབྲས་བུ་འཕོ་བ་ན་བསྒོམ་པའི་ལམ་གྱིས་སྤང་བ་ཡིན་པའི་ཕྱིར་རོ། །ཀྱང་ཞེས་བྱ་བའི་སྒྲ་ནི་འབྲས་བུ་བསྐྱེད་པས་ཀྱང་སྤང་བ་ཉིད་ཡིན་នོ་ཞེས་རྣམ་པར་བརྟག་པའི་དོན་ཏོ། །དེ་ཕྱིར་ཆུད་མི་ཟ་བ་ཡི། །ལས་ཀྱི་འབྲས་བུ་སྐྱེ་བར་འགྱུར། །གང་གི་ཕྱིར་དེ་སྡུག་བསྔལ་ལ་སོགས་པ་མཐོང་བས་སྤང་བར་བྱ་བ་སྤོང་བས། སྤང་བ་མ་ཡིན་པ་དེའི་ཕྱིར་སྡུག་བསྔལ་ལ་སོགས་པ་མཐོང་བས་སྤང་བར་བྱ་བའི་ལས་མི་དགེ་བ་བཞིན་དུ་ལས་སྤངས་སུ་ཟིན་ཀྱང་ཆུད་མི་ཟ་བས་ལས་རྣམས་ཀྱི་འབྲས་བུ་སྐྱེད་པར་འགྱུར་རོ། །དེ་ལ་ཆུད་མི་ཟ་བ་དེ།།

གལ་ཏེ་མཐོང་བས་སྤང་བ་དང་། །ལས་འཕོ་བ་དང་མཐུན་འགྱུར་ན། །དེ་ལ་ལས་འཇིག་ལ་སོགས་པའི། །སྐྱོན་རྣམས་སུ་ནི་ཐལ་བར་འགྱུར། །དེ་ལ་གལ་ཏེ་ཆུད་མི་ཟ་བ་དེ་སྡུག་བསྔལ་ལ་སོགས་པ་མཐོང་བས་སྤང་བར་བྱ་བ་ཉོན་མོངས་པའི་ཕྲ་རྒྱས་སྡུག་བསྔལ་ལ་སོགས་པ་མཐོང་བས་སྤང་བར་བྱ་བ་དང་། ལས་འཕོ་བ་དང་། རིགས་མཐུན་པ་ཡིན་པར་གྱུར་ན་དེ་ལ་ལས་ཀྱི་འབྲས་བུ་མེད་པས། ལས་འཇིག་པ་ལ་སོགས་པའི་སྐྱོན་རྣམས་སུ་ཐལ་བར་འགྱུར་རོ། །ལས་མི་དགེ་བ་ནི་མཐོང་བའི་ལམ་གྱིས་སྤང་བ་ཡིན་པར་བལྟ་བར་བྱ་སྟེ། འཕགས་པ་ཡང་སོ་སོའི་སྐྱེ་བོའི་ལས་དང་ལྡན་པར་གྱུར་ན་མི་རུང་བའི་ཕྱིར་རོ༑ ༑དེ་ལྟ་བས་ན་མཐོང་བས་སྤང་བར་བྱ་བ་དང་། ལས་བཞིན་དུ་སྤང་བར་བྱ་བ་མ་ཡིན་ཏེ། འབྲས་བུ་འཕོས་ན་ནི་སྤང་བར་འགྱུར་རོ། །འདོད་པར་གཏོགས་པ་ནི་འདོད་པའི་ཁམས་ལས་ཡང་དག་པར་འདས་པས་སྤོང་ལ། གཟུགས་དང་གཟུགས་མེད་པར་གཏོགས་པ་དག་ཀྱང་། གཟུགས་དང་། གཟུགས་མེད་པའི་ཁམས་དག་ལས་ཡང་དག་པར་འདས་པས་སྤོང་ངོ་། །ཁམས་མཚུངས་ལས་ནི་ཆ་མཚུངས་དང་། །ཆ་མི་མཚུངས་པ་ཐམས་ཅད་ཀྱི། །དེ་ནི་ཉིང་མཚམས་སྦྱོར་བའི་ཚེ། །གཅིག་པུ་ཁོ་ནར་སྐྱེ་བར་འགྱུར། །ཁམས་མཚུངས་པའི་ཞེས་བྱ་བ་ནི་ཁམས་འདྲ་བའིའོ། །ལས་ཆ་མཚུངས་པ་ནི་རིགས་མཐུན་པའོ། །ཆ་མི་མཚུངས་པ་ནི་རིགས་མི་མཐུན་པའོ། །དེ་དག་ཐམས་ཅད་ཀྱི་ཆུད་མི་ཟ་བ་དེའི་ཚེ་འདི་ལ་རེ་རེ་ལས་བསྐྱེད་བདག་ནི་ཉིང་མཚམས་སྦྱོར་བའི་དུས་ཀྱི་ཚེ་དེ་དག་ཐམས་ཅད་འགག་པ་ན་ཡང་གཅིག་པུ་ཁོ་ནར་སྐྱེ་བར་འགྱུར་རོ། །ཚེ་འདི་ལ་ནི་ལས་དང་ལས༑ ༑རྣམ་པ་གཉིས་པོ་ཐམས་ཅད་ཀྱི། །དེ་ནི་ཐ་དད་སྐྱེ་འགྱུར། །རྣམ་པར་སྨིན་ཀྱང་གནས་པ་ཡིན། །ཚེ་འདི་ལ་ནི་ལས་དང་ལས་སོ་སོ་བ་སེམས་པ་དང་། བསམས་པའི་བྱེ་

བྲག་གམ། དགེ་བ་དང་། མི་དགེ་བའི་བྱེ་བྲག་གིས་རྣམ་པ་གཉིས་པོ་ཐམས་ཅད་ཀྱིས་རྒྱུད་མི་ཟ་བ་གང་ཡིན་པ་དེ་ནི་ཐ་དད་པར་སྐྱེ་བར་འགྱུར་རོ། །རྣམ་པར་སྨིན་པ་ཡང་གནས་པ་ཡིན་ཏེ། དེ་ནི་ལས་རྣམ་པར་སྨིན་པའི་རྒྱུས་འགག་པ་ལྟར་ངེས་པ་ཉིད་མ་ཡིན་ནོ། །དེ་གནས་སུ་ཟིན་ཀྱང་འབྲས་བུ་བསྐྱེད་པར་མི་ནུས་ཏེ། འབྲས་བུ་བསྐྱེད་ཟིན་པའི་ཕྱིར་ངེས་པར་སྤྱད་ཟིན་པའི་དཔང་རྒྱ་བཞིན་ནོ། །དེ་ནི་འབྲས་བུ་འཕོས་པ་དང་། །ཤི་བར་གྱུར་ན་འགག་པར་འགྱུར། །དེ་ཡི་རྣམ་དབྱེ་ཟག་མེད་དང་། །ཟག་དང་བཅས་པར་ཤེས་པར་བྱ། །ལས་དེའི་རྒྱུད་མི་ཟ་བ་དེའི་འགག་པ་ནི་རྣམ་པ་གཉིས་སུ་ངེས་པ་ཡིན་ཏེ། འབྲས་བུ་འཕོས་པར་གྱུར་པ་དང་། ཤི་བར་གྱུར་པའོ། །དེ་ལ་འབྲས་བུ་འཕོས་པར་གྱུར་པ་ནི་སྙོམས་པས་སྤྱང་བར་བྱ་བ་ཉིད་ཀྱང་ཡིན་ཞེས་བསྟན་པ་ཡིན་ནོ། །ཤི་བར་གྱུར་པ་ནི། ཁམས་མཚུངས་ལས་ནི་ཆ་མཚུངས་དང་། །ཆ་མི་མཚུངས་པ་ཐམས་ཅད་ཀྱི། །དེ་ནི་ཉིང་མཚམས་སྦྱོར་བའི་ཚེ། །གཅིག་པུ་ཁོ་ནར་སྐྱེ་བར་འགྱུར། །ཞེས་བསྟན་པ་ཡིན་ནོ། །དེའི་དེ་ཡང་རྣམ་པར་དབྱེ་ན་རྣམ་པ་གཉིས་སུ་ཤེས་པར་བྱ་སྟེ། ཟག་པ་མེད་པ་དང་། ཟག་པ་དང་བཅས་པའི་ལས་ཀྱི་བྱེ་བྲག་གིས་སོ། །དེའི་ཕྱིར་དེ་ལྟར་རྒྱུད་མི་ཟ་བ་ཡོད་ན། སྲོག་ཆགས་ལས་སྣ་ཚོགས་ལས་སྐྱེ་བ་འགྲོ་བ་དང་། རིགས་དང་། རུས་དང་། ཡུལ་དང་། དུས་ཐ་དད་པ་རྣམས་ཀྱི་ལུས་དང་། དབང་པོ་དང་། ཁ་དོག་དང་། དབྱིབས་དང་། སྟོབས་དང་། བློ་དང་། མོས་པ་དང་། ངང་ཚུལ་དང་། ལོངས་སྤྱོད་ལ་སོགས་པ་ཐ་དད་པ་དག་མངོན་པར་འགྲུབ་པར་འགྱུར་རོ། །དེའི་ཕྱིར། སྟོང་པ་ཉིད་དང་ཆད་མིན་དང་། །འཁོར་བ་དང་ནི་རྟག་པ་མིན། །ལས་རྣམས་རྒྱུད་མི་ཟ་བའི་ཆོས། །སངས་རྒྱས་ཀྱིས་ནི་བསྟན་པ་ཡིན། །དེ་ལྟར་གང་གི་ཕྱིར་ལས་དང་འབྲས་བུར་འབྲེལ་པ་དེའི་ཕྱིར་སྟོང་པ་ཉིད་ཀྱང་

འཐད་པ་ཡིན་ཏེ། འདུ་བྱེད་རྣམས་མུ་སྟེགས་བྱེད་ཀྱིས་ཡོངས་སུ་བརྟགས་པའི་བདག་གིས་སྟོང་པའི་ཕྱིར་རོ། །ཆད་པ་ཡང་མ་ཡིན་ཏེ། ཆུད་མི་ཟ་བ་ངེས་པར་གནས་པའི་ཕྱིར་རོ༏ ༏འཁོར་བ་ཡང་འཐད་དེ། འགྲོ་བ་ཐ་དད་པར་འདུ་བྱེད་རྣམས་མངོན་པར་གྲུབ་པའི་མཚན་ཉིད་ཡོད་པའི་ཕྱིར་རོ། །རྟག་པ་ཡང་མ་ཡིན་ཏེ། ལས་རྣམ་པར་འཇིག་པའི་ཕྱིར་རོ༏ ༏ལས་རྣམས་ཀྱང་ཆུད་མི་ཟ་བ་ཞེས་བྱ་བའི་ཆོས་སངས་རྒྱས་ཀྱིས་བསྟན་པ་དེ་ཡང་གྲུབ་པའི་ཕྱིར་རོ། །དེ་ལྟ་བས་ན་བརྟག་པ་དེ་ཉིད་འདིར་འཐད་པ་ཡིན་ནོ། །དེའི་ཕྱིར་སྔར་སྨྲས་པའི་གཏན་ཚིགས་ལས་དང་འབྲས་བུར་འབྲེལ་པའི་ཕྱིར་རོ་ཞེས་བྱ་བ་དེའི་དོན་མ་གྲུབ་པ་ཉིད་ཀྱང་མ་ཡིན་ལ། རྟག་པ་དང་། ཆད་པའི་སྐྱོན་དུ་ཡང་ཐལ་བར་མི་འགྱུར་རོ། །འདིར་བཤད་པ། ཁོ་བོ་ཅག་གི་ཕྱོགས་ལ། གང་ཕྱིར་ལས་ནི་སྐྱེ་མེད་པ། །དེའི་ཕྱིར་ལས་ཁོ་ན་བཞིན་དུ་དོན་དམ་པར་ས་བོན་གྱི་རྒྱུན་ཀྱང་སྐྱེ་བ་མེད་པས་དཔེ་མེད་པའི་ཕྱིར་སྒྲུབ་པ་མ་ཚང་བའི་སྐྱོན་ཡོད་དོ། །གལ་ཏེ་ལས་དེ་ཅིའི་ཕྱིར་སྐྱེ་བ་མེད་ཅེ་ན། གང་ཕྱིར་དངོས་ཉིད་མེད་དེའི་ཕྱིར། །གང་གི་ཕྱིར་ལས་ངོ་བོ་ཉིད་མེད་པ་དེའི་ཕྱིར་སྐྱེ་བ་མེད་དོ༏ ༏དེ་ལྟར་རེ་ཞིག་ཕྱོགས་དང་པོ་ཤོས་ཀྱི་ཕྱིར་སྐྱོན་བཤད་དོ། །ཕྱོགས་གཉིས་པ་ཤོས་ཀྱིས་གང་སྨྲས་པ་དེ་ལ་ཡང་གལ་ཏེ་སྒྲུབ་པའི་སྦྱོར་བ་འདི་ཡིན་ཏེ། ལས་དང་འབྲས་བུར་འབྲེལ་པ་ཡང་ཡོད་ལ། རྟག་པ་དང་། ཆད་པའི་སྐྱོན་དུ་ཡང་མི་འགྱུར་ཏེ། ཆུད་མི་ཟ་བ་ཡོད་པའི་ཕྱིར་རོ་ཞེ་ན། དེ་ལྟ་ན་ཡང་ཁོ་བོ་ཅག་གི་ཕྱོགས་ལ། གང་ཕྱིར་ལས་ནི་སྐྱེ་མེད་པ༏ ༏དེའི་ཕྱིར་དོན་དམ་པར་ཆུད་མི་ཟ་བ་ཡང་མ་གྲུབ་སྟེ། འདི་ལྟར་སྐྱེས་ན་ནི་དེའི་ཆུད་མི་ཟ་བ་ཡང་ཆུད་མི་ཟ་བར་འགྱུར་བ་ཞིག་ན། དེ་ཡང་མ་སྐྱེས་པས། དེ་མེད་པའི་ཕྱིར་དེ་ཡང་མེད་པས་གཏན་ཚིགས་ཀྱི་དོན་མ་གྲུབ་པ་ཉིད་དོ། །ཀུན་རྫོབ་ཏུ་ལས་དང་། འབྲས

བུར་འབྲེལ་པ་སྟོན་པ་ན་ནི་དོན་འགལ་བ་ཉིད་དོ། །ཕྱོགས་དང་པོ་པའི་ཕྱིར་ཕྱོགས་གཉིས་པ་ལས་གལ་ཏེ། ཁྱོད་ཀྱི་ས་བོན་གྱི་རྒྱུན་དང་ཆོས་མཐུན་པའི་མཚན་ཉིད་ཀྱི་བརྟག་པ་དེ་ལྟར་གྱུར་ན་ཉེས་པའི་སྐྱོན་ཆེན་པོ་མང་དུ་འབྱུང་བར་འགྱུར་ཏེ་ཞེས་གང་སྨྲས་པ༑ དེ་ཡང་རིགས་པ་མ་ཡིན་ཏེ། རྒྱུ་དང་འབྲས་བུའི་རྒྱུན་རྗེས་སུ་འཇུག་པ་ཉིད་ཀྱིས་འབྲེལ་པ་མེད་ན་མི་འབྱུང་བ་ཉིད་དང་། རྟག་པ་མ་ཡིན་པ་དང་། ཆད་པ་མ་ཡིན་པ་ཉིད་མེད་ན་མི་འབྱུང་བ་ཉིད་ཀྱིས་ས་བོན་གྱི་རྒྱུན་དཔེ་ཉིད་དུ་འདོད་པའི་ཕྱིར་རོ། །དེའི་ཁྱད་པར་དག་བསྒྲུབ་པར་བྱ་བ་ལ་རྣམ་པར་རྟོག་པར་བྱེད་པ་ཡང་། རྣམ་པར་རྟོག་པའི་དྲ་བའི་ལྟག་ཆོད་དུ་འགྱུར་ཏེ། སེམས་དང་སེམས་ལས་བྱུང་བའི་རྒྱུན་ལས། དེ་དག་གི་རྒྱུན་འབྱུང་བས་རིགས་ཐ་དད་པའི་ཕྱིར་ཞེས་བྱ་བའི་གཏན་ཚིགས་ཀྱི་དོན་མ་གྲུབ་པ་ཉིད་དོ།། གཏན་ཚིགས་ཀྱི་དོན་མ་ངེས་པ་ཉིད་ཀྱི་སྐྱོན་ཡང་ཡོད་དེ། དེ་དག་གི་ཕྱོགས་ལ་བ་ལང་གི་སྤུ་དང་། ལུག་གི་བལ་དག་ལས་རྩྭ་དུར་བའི་རྒྱུན་འབྱུང་བའི་ཕྱིར་དང་། རྭ་ལས་སྨྱིག་མ་སྐྱེ་བའི་ཕྱིར་རོ། །འདིར་སྨྲས་པ། ལུང་ལས་བྱུང་བ་ཡང་རྟགས་ཡིན་པས་ཆུད་མི་ཟ་བ་ཡང་བཅོམ་ལྡན་འདས་ཀྱིས་གསུངས་ལ། དེའི་རྟགས་རྟག་པ་མ་ཡིན་པ་དང་ཆད་པ་མ་ཡིན་པ་ཉིད་ཀྱང་གྲུབ་པའི་ཕྱིར་ལས་བཞིན་དུ། དོན་དམ་པར་ཆུད་མི་ཟ་བ་ཡང་མ་གྲུབ་པས་གཏན་ཚིགས་ཀྱི་དོན་མ་གྲུབ་པ་ཉིད་དོ་ཞེས་གང་སྨྲས་པ་དེ་རིགས་པ་མ་ཡིན་ནོ།། འདིར་བཤད་པ། བཅོམ་ལྡན་འདས་ཀྱིས། གང་ཕྱིར་དེ་ནི་མ་སྐྱེས་པ། །དེ་ཕྱིར་ཆུད་ཟར་མ་འགྱུར་རོ། །ཞེས་གསུངས་པས། དེའི་ཕྱིར་མ་སྐྱེས་པ་ལ་ཆུད་ཟ་བར་མི་འགྱུར་རོ་ཞེས་གང་གསུངས་པ་དེ་འདོད་ལ་དེ་ཡང་ཕ་རོལ་པོའི་ཕྱོགས་ལ་མ་གྲུབ་པས་རང་ལ་དོན་མ་གྲུབ་པ་ཉིད་དོ། །ངོ་བོ་ཉིད་ཡོད་པར་སྨྲ་བས་ཀྱང་ལས་ལ་ངོ་བོ་ཉིད་མེད་དོ་ཞེས་དེ་ཁོང་

དུ་རུང་བར་བྱ་དགོས་སོ། །གཞན་དུ་དམ་བཅས་ན། །གལ་ཏེ་ལས་ལ་དངོས་ཉིད་ཡོད།། རྟག་པར་འགྱུར་བར་ཐེ་ཚོམ་མེད། །རང་བཞིན་ནི་མི་འགྱུར་བའི་ཕྱིར་རོ་ཞེས་བྱ་བར་དགོངས་སོ། །དེའི་ཕྱིར། ལས་ནི་བྱས་པ་མ་ཡིན་འགྱུར། །རྟག་ལ་བྱ་བ་མེད་ཕྱིར་རོ། ། ལས་མ་བྱས་པ་ལ་འབྲས་བུ་མྱོང་བ་ཡོད་པར་རྟོག་ན། ཅི་སྟེ་ལས་ནི་མ་བྱས་ན། །མ་བྱས་པ་དག་ཕྲད་འཇིག་འགྱུར། །གཞན་ཡང་ཚངས་སྤྱོད་གནས་པ་མ་ཡིན་པའང་། དེ་ལ་སྐྱོན་དུ་ཐལ་བར་འགྱུར། །ཚངས་པ་ནི་མྱ་ངན་ལས་འདས་པའོ། །ཚངས་པར་སྤྱོད་པ་ནི་དེ་ལ་སྤྱོད་པའོ། །ཚངས་པར་སྤྱོད་པ་ལ་གནས་པ་ནི་དེའི་དོན་དུ་གནས་པའོ། །ཚངས་པར་སྤྱོད་པ་ལ་གནས་པ་མ་ཡིན་པ་ནི། ཚངས་པར་སྤྱོད་པ་ལ་མི་གནས་པའོ། །དེ་ལ་ཚངས་པར་སྤྱོད་པ་ལ་གནས་པ་མ་ཡིན་པ་ཡང་ཚངས་པར་སྤྱོད་པ་ལ་གནས་པའི་སྐྱོན་དུ་ཐལ་བར་འགྱུར་ཏེ། མྱ་ངན་ལས་འདས་པ་ཐོབ་པར་བྱེད་པའི་ལས་མ་བྱས་པ་ཉིད་ལ་ཡང་དེ་ཡོད་པར་འགྱུར་བའི་ཕྱིར་རོ་ཞེས་བྱ་བར་དགོངས་སོ། །དེ་བཞིན་དུ་བུམ་པ་དང་། སྣམ་བུ་དག་གྱིས་ཤིག་ཅེས་བྱ་བ་ལ་སོགས་པའི། ཐ་སྙད་ཐམས་ཅད་ཉིད་དང་ཡང་། །འགལ་བར་འགྱུར་བ་ཐེ་ཚོམ་མེད། །གཞན་ཡང་། བསོད་ནམས་དང་ནི་སྡིག་བྱེད་པའི། །རྣམ་པར་དབྱེ་བ་འཐད་མི་འགྱུར། །འདི་ནི་བསོད་ནམས་བྱེད་པའོ། །འདི་ནི་སྡིག་པ་བྱེད་པའོ་ཞེས་བྱ་བའི་རྣམ་པར་དབྱེ་བ་དག་ཀྱང་འཐད་པ་ཉིད་དུ་མི་འགྱུར་རོ། །དེ་ཡི་རྣམ་པར་སྨིན་གྱུར་པ། །ཡང་དང་ཡང་དུ་རྣམ་སྨིན་འགྱུར། །དེ་ཡི་རྣམ་སྨིན་སྨིན་གྱུར་པ། །ཞེས་བྱ་བ་ནི་དེའི་རྣམ་པར་སྨིན་པ་སྨིན་ཟིན་པར་གྱུར་པ་སྟེ། ལས་ཀྱི་འབྲས་བུ་བསྐྱེད་ཟིན་པ་ཞེས་བྱ༑བའི་ཐ་ཚིག་གོ། གལ་ཏེ་ཅིའི་ཕྱིར་ལས་ཀྱི་རྣམ་པར་སྨིན་པ་སྨིན་ཟིན་ཀྱང་། ཡང་དང་ཡང་དུ་རྣམ་པར་སྨིན་པར་འགྱུར་བར་བཤད་ཅེ་ན། གལ་ཏེ་གང་ཕྱིར་ལས་གནས་པ།།

དེ་ཕྱིར་ངོ་བོ་ཉིད་ཡོད་ཕྱིར། །གལ་ཏེ་གང་གི་ཕྱིར་ལས་ངོ་བོ་ཉིད་ཀྱིས་ངེས་པར་གནས་པ་དེའི་ཕྱིར་ངོ་བོ་ཉིད་ཡོད་པའི་ཕྱིར་རོ། །གལ་ཏེ་དེ་གནས་སུ་ཟིན་ཀྱང་ཡང་འབྲས་བུ་བསྐྱེད་པར་མི་ནུས་ཏེ་འབྲས་བུ་བསྐྱེད་ཟིན་པའི་ཕྱིར། ངེས་པར་སྨྱུད་ཟིན་པའི་དཔང་རྒྱུ་བཞིན་ནོ་ཞེ་ན། ངེས་པར་སྨྱུད་ཟིན་པའི་དཔང་རྒྱུ་ཡང་དོན་དམ་པར་མ་གྲུབ་པའི་ཕྱིར་དེ་ནི་ལམ་མ་ཡིན་ནོ། །ཕྱིར་རྒོལ་བ་དག་ན་རེ། དོན་དམ་པར་ལས་ནི་ཡོད་པ་ཁོ་ན་ཡིན་ཏེ། དེའི་རྒྱུ་ཡོད་པའི་ཕྱིར་རོ། །འདི་ན་གང་མེད་པ་དེ་ལ་ནི་རྒྱུ་མི་འཐད་དེ། དཔེར་ན་རུས་སྦལ་གྱི་སྤུའི་གོས་བཞིན་ནོ། །ལས་ལ་ནི་རྒྱུ་ཉོན་མོངས་པ་དག་ཡོད་པས་དེའི་ཕྱིར་གཏན་ཚིགས་ཇི་སྐད་སྨོས་པའི་མཐུས་དོན་དམ་པར་ལས་ནི་ཡོད་པ་ཁོ་ན་ཡིན་ནོ་ཞེ་ན། དེ་ནི་བཟང་པོ་མ་ཡིན་ཏེ། ལས་ནི་ཉོན་མོངས་བདག་ཉིད་ན། །ཉོན་མོངས་དེ་དག་ཡང་དག་མིན། །གལ་ཏེ་ཉོན་མོངས་ཡང་དག་མིན། །ལས་ནི་དེ་ཡིས་ཇི་ལྟར་བྱས། །ལས་ནི་ཉོན་མོངས་བདག་ཉིད་ན། །ཞེས་བྱ་བ་ནི་ལས་འདི་ཉོན་མོངས་པའི་རྒྱུ་ལས་བྱུང་བ་ཡིན་ན་ཞེས་བྱ་བའི་ཐ་ཚིག་སྟེ། དཔེར་ན་བུམ་པ་འཇིག་པའི་བདག་ཉིད་ཡིན་ན་ཞེས་བྱ་བ་ལྟ་བུའོ། །ཉོན་མོངས་སེམས་དག་ཡང་དག་མིན། །ཞེས་བྱ་བ་ནི་ཉོན་མོངས་པའི་ངོ་བོ་ཉིད་མེད་དོ་ཞེས་བྱ་བའི་ཐ་ཚིག་སྟེ། སྐྱེ་བ་བཀག་པའི་ཕྱིར་དང་། འདོད་ཆགས་དང་། ཆགས་པ་བརྟག་པར་དེའི་ངོ་བོ་ཉིད་བཀག་པའི་ཕྱིར་རམ། ཡང་ན་འོག་ནས། གང་དག་སྡུག་དང་མི་སྡུག་པའི། །ཕྱིན་ཅི་ལོག་ལ་བརྟེན་འབྱུང་བ། །དེ་དག་ངོ་བོ་ཉིད་མེད་པས། །དེ་ཕྱིར་ཉོན་མོངས་ཡང་དག་མིན། །ཞེས་འགོག་པར་འགྱུར་བའི་ཕྱིར་རོ། །དེའི་ཕྱིར་དེ་ལྟར་གལ་ཏེ་ཉོན་མོངས་པ་དེ་དག་ཡང་དག་པར་ངོ་བོ་ཉིད་མེད་པ་ཡིན་ན་ལས་དེ། དེ་དག་གིས་བྱས་པར་ཇི་ལྟར་འགྱུར་ཏེ། ལས་ཀྱི་རྒྱུ་ཉོན་མོངས་པ་མ་ཡིན་ནོ་ཞེས་བྱ་བའི་

ཐ་ཆིག་གོ། དེའི་ཕྱིར་གཏན་ཚིགས་ཀྱི་དོན་མ་གྲུབ་པ་ཉིད་དམ། དོན་འགལ་བ་ཉིད་དོ།།
འདིར་སྨྲས་པ། །དོན་དམ་པར་ཉོན་མོངས་པ་རྣམས་ནི་ཡོད་པ་ཁོ་ན་ཡིན་ཏེ། དེ་དག་གི་
འབྲས་བུ་ཡོད་པའི་ཕྱིར་རོ། །འདི་ན་གང་མེད་པ་དེ་ལ་ནི་འབྲས་བུ་གཟུང་དུ་མེད་དེ།
དཔེར་ན་འོན་པའི་རྣ་བའི་དབང་པོ་ལ་འབྲས་བུ་རྣ་བའི་རྣམ་པར་ཤེས་པ་བཞིན་ནོ། །
ཉོན་མོངས་པ་རྣམས་ལ་ནི་འབྲས་བུ་ལས་དང་ལུས་ཀྱི་མཚན་ཉིད་ཡོད་པས་དེའི་ཕྱིར་
དོན་དམ་པར། ཉོན་མོངས་པ་རྣམས་ནི་ཡོད་པ་ཁོ་ན་ཡིན་པས་གཏན་ཚིགས་ཀྱི་དོན་
མ་གྲུབ་པ་ཉིད་དོ། །དོན་འགལ་བ་ཉིད་མ་ཡིན་པའི་ཕྱིར་འདོད་པའི་དོན་གྲུབ་བོ། །ཡང་
ན་དོན་དམ་པར་ལས་ནི་ཡོད་པ་ཁོ་ན་ཡིན་ཏེ། དེའི་འབྲས་བུ་ཡོད་པའི་ཕྱིར་རོ། །འདི་ན་
གང་མེད་པ་དེ་ལ་ནི་འབྲས་བུ་མེད་དེ། དཔེར་ན་ནམ་མཁའི་མེ་ཏོག་གི་འབྲས་བུ་བཞིན་
ནོ༏ ༏ལས་ལ་ནི་འབྲས་བུ་ལུས་ཀྱི་མཚན་ཉིད་ཡོད་པས་དེའི་ཕྱིར་དོན་དམ་པར་ལས་ནི་
ཡོད་པ་ཁོ་ན་ཡིན་པས་ལུས་ཡོད་པ་མ་ཡིན་པར་སྒྲུབ་པའི་རྗེས་སུ་དཔག་པ་དག་ལ་རྟོག་
གེ་ཕྱི་མས་གནོད་པར་འགྱུར་རོ། །འདིར་བཤད་པ། ལས་དང་ཉོན་མོངས་པ་དག་ནི། །
ལུས་རྣམས་ཀྱི་ནི་རྐྱེན་དུ་བསྟན། །བསྟན་བཅོས་ལས་དེ་ལྟར་བསྟན་པ་ནི་ཐ་སྙད་པ་དག་
ཡིན་གྱི་དོན་དམ་པ་པ་ནི་མ་ཡིན་ནོ། །དོན་དམ་པར་ནི་ཁོ་བོ་ཅག་གི་ཕྱོགས་ལ་སྒྲུབ་པ་
སྔར་བསྟན་པ་དག་གིས། གལ་ཏེ་ལས་དང་ཉོན་མོངས་པ། །དེ་སྐོང་ལས་ལ་ཇི་ལྟར་
བརྗོད༏ ༏ལས་དང་ཉོན་མོངས་པ་དག་ལ་ངོ་བོ་ཉིད་མེད་པའི་ཕྱི་ལས་དང་ཉོན་མོངས་པ་
དག་ཁོ་ན་བཞིན་དུ་ལུས་ཀྱང་མ་གྲུབ་པའི་ཕྱིར་རོ་ཞེས་བྱ་བར་དགོངས་སོ། །དེའི་ཕྱིར་དེ་
དག་གི་འབྲས་བུ་ཡོད་པའི་ཕྱིར་རོ་ཞེས་བྱ་བའི་གཏན་ཚིགས་ཀྱི་དོན་མ་གྲུབ་པས་ཇི་སྐད་
བསྟན་པའི་སྐྱོན་ཡང་མ་ཉམས་ལ་དཔེ་མ་གྲུབ་པས། རྟོག་གེ་ཕྱི་མས་གནོད་པ་ཡང་མེད་

དོ། །སྨྲས་པ། དོན་དམ་པར་ལས་ནི་ཡོད་པ་ཁོ་ན་ཡིན་ཏེ། དེའི་འབྲས་བུ་ལ་ལོངས་སྤྱོད་པའི་ཟ་བ་པོ་ཡོད་པའི་ཕྱིར་རོ། །འདི་ན་གང་མེད་པ་དེ་ལ་ནི་དེའི་འབྲས་བུ་ལ་ལོངས་སྤྱོད་པའི་ཟ་བ་པོ་མེད་དེ། དཔེར་ན་ནམ་མཁའི་མེ་ཏོག་གི་ཕྲེང་བ་བཞིན་ནོ། །ལས་ལ་ནི་འབྲས་བུ་ལ་ལོངས་སྤྱོད་པའི་ཟ་བ་མ་རིག་བསྒྲིབས་པའི་སྐྱེ་བོ་གང་། སྲིད་ལྡན་དེ་ནི་ཟ་བ་པོ། །དེ་ཡང་བྱེད་ལས་གཞན་མིན་ཞིང་། །དེ་ཉིད་དེ་ཡང་མ་ཡིན་ནོ། །ཞེས་བྱ་བ་ཡོད་དེ། དེ་ལ་མ་རིག་པ་ནི་རིག་པའི་མི་མཐུན་པའི་ཕྱོགས་སུ་གྱུར་པའི་ཆོས་སོ། །དེས་བསྒྲིབས་པ་ནི་གཡོགས་པའོ། །སྐྱེ་བོ་གང་ཞེས་བྱ་བ་ནི་སྐྱེ་བ་པོ་གང་ཡིན་པ་སྟེ་སྲོག་ཆགས་སོ། །སྲིད་ལྡན་ཞེས་བྱ་བ་ལ་སྲིད་པ་ན་འདོད་པའོ། །དེ་ལ་ཀུན་དུ་སྦྱོར་བ་དེ་ཉིད་ཡོད་པས་སྲིད་ལྡན་ཏེ། སྲིད་པའི་ཀུན་དུ་སྦྱོར་བ་དང་ལྡན་པ་ཞེས་བྱ་བའི་ཐ་ཚིག་གོ། དེ་ནི་ལས་ཀྱི་འབྲས་བུ་ཟ་བ་པོ་སྟེ། ཇི་སྐད་དུ། མདོ་སྡེ་ལས། མ་རིག་པ་བསྒྲིབས་པའི་སེམས་ཅན་དག སྲིད་པའི་ཀུན་དུ་སྦྱོར་དང་ལྡན། ཞེས་བྱ་བ་དང་། དེ་བཞིན་དུ་ཇི་སྐད་ཁྱོད་རང་ཉིད་ཀྱིས་སྡིག་པའི་ལས་འདི་བྱས་ན་ཁྱོད་རང་ཉིད་ཀྱིས་དེའི་རྣམ་པར་སྨིན་པ་ཉམས་སུ་མྱོང་བར་བྱ་དགོས་སོ་ཞེས་གསུངས་པའི་ཕྱིར་རོ། །དེ་ཡང་བྱེད་པ་པོ་ལས་གཞན་མ་ཡིན་ཞིང་། དེ་ཉིད་དེ་ཡང་མ་ཡིན་ཏེ། དེ་ཉིད་དང་གཞན་ཉིད་དུ་བརྗོད་པར་བྱ་བ་མ་ཡིན་པའི་ཕྱིར་རོ། །དེའི་ཕྱིར་གཏན་ཚིགས་ཇི་སྐད་སྨྲས་པའི་མཐུས་ལས་ཀྱི་འབྲས་བུ་ལ་ལོངས་སྤྱོད་པའི་ཟ་བ་པོ་ཡོད་པས། དོན་དམ་པར་ལས་ནི་ཡོད་པ་ཁོ་ན་ཡིན་ནོ། །འདིར་བཤད་པ། དེ་ནི་བསྟན་བཅོས་ཀྱི་དང་པོ་ཁོ་ནར་དངོས་པོ་སྤྱིར། དེ་ཕྱིར་རྐྱེན་ལས་བྱུང་མ་ཡིན། །རྐྱེན་མིན་ལས་བྱུང་འབྲས་བུ་ནི། །ཡོད་མིན་འབྲས་བུ་མེད་པས་ན། །རྐྱེན་མིན་རྐྱེན་དུ་ག་ལ་འགྱུར། །ཞེས་བཤད་ཟིན་པས། གང་གི་ཕྱིར་ན་ལས་འདི་ནི། །རྐྱེན་ལས་བྱུང་

བ་མ་ཡིན་ཞིང་། །རྐྱེན་མིན་ལས་བྱུང་ཡོད་མིན་པ། །དེ་ཕྱིར་བྱེད་པ་པོ་ཡང་མེད། །དེ་ཡང་དེ་བཞིན་དུ་མ་སྐྱེས་པའི་ཕྱིར་དང་། བྱེད་པོ་བཀག་པའི་ཕྱིར་དང་། རྫས་སུ་ཡོད་པ་མ་ཡིན་པའི་ཕྱིར་རོ་ཞེས་བྱ་བར་དགོངས་སོ། །དེའི་ཕྱིར་དེ་ལྟར་སྒྲུབ་པ་ཇི་སྐད་བསྟན་པས། གལ་ཏེ་ལས་དང་བྱེད་མེད་ན། །ལས་སྐྱེས་འབྲས་བུ་ག་ལ་ཡོད། །དེས་ན། ཇི་སྟེ་འབྲས་བུ་ཡོད་མིན་ན། །ཟ་བ་པོ་ལྟ་ག་ལ་ཡོད། །ཟ་བ་པོའི་སྒྲར་བརྗོད་པ་ཉིད་ཀྱི་རྒྱུ་མེད་པའི་ཕྱིར་རོ་ཞེས་བྱ་བར་དགོངས་སོ། །དེའི་ཕྱིར་དེའི་འབྲས་བུ་ལ་ལོངས་སྤྱོད་པའི་ཟ་བ་པོ་ཡོད་པའི་ཕྱིར་རོ་ཞེས་བྱ་བའི་གཏན་ཚིགས་དེའི་དོན་མ་གྲུབ་པ་ཉིད་དོ། །ལོག་པར་སྟོན་པ་ནི་དོན་འགལ་བ་ཉིད་དོ། །འདིར་ཁ་ཅིག་གིས་སྨྲས་པ། ལས་དང་འབྲས་བུ་ལ་སྐུར་པ་འདེབས་པའི་ལྟ་བ་ནི་ལོག་པར་ལྟ་བ་ཡིན་པས། དབུ་མ་སྨྲ་བ་ལྟ་བའི་སྐྱོན་གྱི་ཤིང་རྟོག་གིས་བློ་གྲོས་ཀྱི་མིག་བསྒྲིབས་པ་རྣམས་ལ་དེ་ཁོ་ན་མཐོང་བ་མི་འཐད་དོ།། འདིར་བཤད་པ། ཇི་ལྟར་སྤྲུལ་པ་སྟོན་བྱེད་པ། །རྫུ་འཕྲུལ་ཕུན་སུམ་ཚོགས་པ་ཡིས།། སྤྲུལ་ཞིང་སྤྲུལ་པས་གཞན་སྤྲུལ་བྱེད། །སྤྲུལ་པ་དེས་ཀྱང་གཞན་དག་ལྟར། །སྤྲུལ་པར་བྱེད་པ་ཞེས་བྱ་བར་སྨྲར་རོ། །དེ་བཞིན་བྱེད་པོས་ལས་གང་བྱས། །དེ་ཡང་སྤྲུལ་པའི་རྣམ་པ་བཞིན། །དེ་བཞིན་དུ་བྱེད་པ་པོས་ལས་གང་བྱས་པའི་བྱེད་པ་པོ་དེ་ཡང་སྤྲུལ་པའི་རྣམ་པ་བཞིན་ཏེ། ཐོག་མ་མེད་པ་ནས་རྐྱེན་བརྒྱུད་པ་ལས་བྱུང་བའི་བདག་ཉིད་བཞིན་ཡིན་པའི་ཕྱིར་རོ། །ལས་དེ་ཡང་སྤྲུལ་པའི་རྣམ་པ་བཞིན་ཏེ། ངོ་བོ་ཉིད་མེད་པའི་ཕྱིར་རོ།། དཔེར་ན་སྤྲུལ་པས་སྤྲུལ་གཞན་ཞིག །སྤྲུལ་པ་མཛད་པ་དེ་བཞིན་ནོ། །དཔེར་ན་དེ་བཞིན་གཤེགས་པའི་སྤྲུལ་པས་སྤྲུལ་པ་གཞན་ཞིག་སྤྲུལ་པ་མཛད་པ་དེ་ལ་ཡང་ངོ་བོ་ཉིད་མེད་པ་བཞིན་ནོ། །ཉོན་མོངས་ལས་དང་ལུས་རྣམས་དང་། །བྱེད་པ་པོ་དང་འབྲས་བུ

དག ༑དྲི་ཟའི་གྲོང་ཁྱེར་ལྟ་བུ་དང་། །སྨིག་རྒྱུ་རྨི་ལམ་འདྲ་བ་ཡིན། །རྒྱུ་དང་རྐྱེན་ཚོགས་པས་བསྐྱེད་པས་ཐ་སྙད་དུ་གྲགས་པ་མཐོ་རིས་དང་བྱང་གྲོལ་འཐོབ་པའི་ཚོགས་སུ་གྱུར་པ་དག་ཐ་སྙད་དུ་ཁས་ལེན་པས། དེའི་ཕྱིར་ལས་དང་འབྲས་བུ་ལ་སྐུར་པ་མི་འདེབས་པས་ཇི་སྐད་སྨྲས་པའི་སྐྱོན་མེད་དོ། །གལ་ཏེ་དོན་དམ་པར་དེ་དག་ལ་སྐུར་པ་བཏབ་པས་དེ་ནི་ལན་མ་ཡིན་ནོ་ཞེ་ན། དེ་ནི་སྟེར། གལ་ཏེ་དངོས་པོར་མ་གྲུབ་ན། །དངོས་མེད་གྲུབ་པར་མི་འགྱུར་རོ། །ཡོད་ཅེས་བྱ་བ་རྟག་པར་འཛིན། །མེད་ཅེས་བྱ་བ་ཆད་པར་ལྟ། །དེ་ཕྱིར་ཡོད་དང་མེད་པ་ལ། །མཁས་པས་གནས་པར་མི་བྱའོ། །ཞེས་བྱ་བ་བསྟན་པ་དེར་བསྒྲུབ་པ་སྨྲས་པས། ལས་དང་འབྲས་བུ་མེད་པར་སྨྲ་བ་ཁས་བླངས་པའི་ཕྱིར་ལན་མ་ཡིན་པ་མ་ཡིན་ནོ། །ཡང་ན་རྣམ་པར་རྨོངས་པའི་སེམས་དང་ལྡན་པ་དག་དོན་དམ་པར་དངོས་པོ་རྣམས་ངོ་བོ་ཉིད་མེད་པ་ཉིད་ཡིན་ན་ལས་དང་འབྲས་བུ་དང་དེ་དག་འབྲེལ་བ་དང་༑ བྱེད་པ་པོ་དང་ཟ་བ་པོ་དག་མེད་པས་ཚངས་པར་སྤྱོད་པ་ལ་གནས་པ་དོན་མེད་པར་འགྱུར་རོ་སྙམ་དུ་སེམས་པ་རྣམས་ཀྱི་རྣམ་པར་རྨོངས་པའི་ཡོལ་བ་བཤུ་བའི་ཕྱིར་ལས་ལ་སོགས་པ་ཀུན་རྫོབ་ཏུ་སྤྲུལ་པ་ལ་སོགས་པའི་རྣམ་པ་བཞིན་དུ་ཡོད་པར་བསྟན་པའི་ཕྱིར་རོ༑ ༑ཇི་ལྟར་སྤྲུལ་པ་སྟོན་བྱེད་པ། །རྫུ་འཕྲུལ་ཕུན་སུམ་ཚོགས་པ་ཡིས། །སྤྲུལ་ཞིང་སྤྲུལ་པ་གཞན་སྤྲུལ་བྱེད། །སྤྲུལ་པ་དེས་ཀྱང་གཞན་དག་ལྟར། །ཞེས་བྱ་བ་ལ་སོགས་པ་རྒྱ་ཆེར་གསུངས་སོ། །དེ་ལ་འདིར་རབ་ཏུ་བྱེད་པའི་དོན་ནི། ཕ་རོལ་པོས་རབ་ཏུ་བྱེད་པའི་དང་པོར་སྨྲས་པའི་གཏན་ཚིགས་ཀྱི་སྐྱོན་བརྗོད་པས། ལས་དང་འབྲས་བུ་ངོ་བོ་ཉིད་མེད་པ་ཉིད་དུ་བསྟན་པ་ཡིན་ནོ། །དེའི་ཕྱི་གང་ལ་ལས་ཀྱང་མེད་ལས་ཀྱི་འབྲས་བུ་ཡང་མེད་པ་དེ་ནི་བྱང་ཆུབ་པོ། །བྱང་ཆུབ་ཇི་ལྟ་བ་བཞིན་དུ་འཐོབ་པ་ཡང་དེ་བཞིན་ནོ། །འཐོབ་པ་

ཇི་ལྟ་བ་བཞིན་དུ་ལུང་བསྟན་པ་ཡང་དེ་བཞིན་ནོ། །དེ་བཞིན་དུ་འཕགས་པ་རྣམས་ཀྱི་རིགས་གང་ཡིན་པ་དེ་ལ་ནི་ལས་ཀྱང་མེད་ལས་ཀྱི་རྣམ་པར་སྨིན་པ་ཡང་མེད་དོ།། རིགས་དེ་ལ་ནི་ལུས་ཀྱིས་ཀྱང་ལས་མི་བྱེད། ངག་གིས་ཀྱང་མི་བྱེད། ཡིད་ཀྱིས་ཀྱང་མི་བྱེད་དོ་ཞེས་བྱ་བ་ལ་སོགས་པ་གསུངས་པ་དེ་དག་གྲུབ་པ་ཡིན་ནོ། །སློབ་དཔོན་ལེགས་ལྡན་བྱེད་(འབྱེད་)ཀྱིས་ཉེ་བར་སྦྱར་བ། དབུ་མའི་རྩ་བའི་འགྲེལ་པ་ཤེས་རབ་སྒྲོན་མ་ལས༔ ལས་དང་འབྲས་བུ་བརྟག་པ་ཞེས་བྱ་བ་སྟེ། རབ་ཏུ་བྱེད་པ་བཅུ་བདུན་པའོ།། །།

༼རབ་བྱེད་བཅོ་བརྒྱད་པ་བདག་དང་ཆོས་བརྟག་པ།༽

ད་ནི་གཞན་གྱིས་སླུས་པའི་སྒྲུབ་པ་བསལ་བ་དང་བདག་ཉིད་ཀྱི་སྒྲུབ་པ་ཁ་ན་མ་ཐོ་བ་མེད་པ་བསྟན་པས་འདུ་བྱེད་རྣམས་བདག་དང་བདག་གིས་སྟོང་པ་ཉིད་དུ་བསྟན་པའི་དོན་གྱི་དབང་གིས་རབ་ཏུ་བྱེད་པ་བཅོ་བརྒྱད་པ་བརྩམ་མོ། །དེ་ལ་བདག་ཏུ་ལྟ་བ་རྣམ་པ་དུ་མ་དག་གི་ཡུལ་ཡང་ཕུང་པོ་ཡིན་པའི་ཕྱིར་ཕུང་པོ་རྣམས་ཁོ་ན་ལས་བརྩམས་ནས་དཔྱད་པར་བྱ་སྟེ། འདི་ལྟར་བཅོམ་ལྡན་འདས་ཀྱིས་ཀྱང་། དགེ་སློང་དམ་བྲམ་ཟེ་གང་དག་བདག་ཏུ་ཡང་དག་པར་རྗེས་སུ་ལྟ་བ་དེ་དག་ཐམས་ཅད་ནི་ཉེ་བར་ལེན་པའི་ཕུང་པོ་ལྔ་པོ་འདི་དག་ཉིད་ལ་ཡང་དག་པར་རྗེས་སུ་ལྟའོ་ཞེས་གསུངས་སོ། །དེ་ལ་རེ་ཞིག་གང་དག་འབྱུང་བ་ཆེན་པོ་ལུས་ཀྱི་རྣམ་པར་འཇུག་པ་དག་གམ། འབྱུང་བ་འདུས་པའམ༑ དབང་པོ་རྣམས་སམ། དབང་པོ་འདུས་པའམ། རྣམ་པར་ཤེས་པ་བདག་ཡིན་ནོ་ཞེས་སྨྲ་བ་དེ་དག་ལ་འདི་སྐད་ཅེས་བརྗོད་པར་བྱ་སྟེ། འབྱུང་བ་དང་། དབང་པོ་དང་། རྣམ་པར་ཤེས་པ་སོ་སོའམ། འདུས་པ་དག་ཕུང་པོའི་མཚན་ཉིད་ཡིན་པའི་ཕྱིར་དེ་དག་བདག་ཡིན་པར་རྟོག་ན། གལ་ཏེ་ཕུང་པོ་བདག་ཡིན་ན་ཇི་ལྟར་ཁོ་བོ་ཅག་གིས་ཐ་སྙད་ཀྱི་དོན་དུ་ཕུང་པོ་ཡུལ་ལ་བདག་ཅེས་སྟོན་པར་བྱེད་པ་ལྟ་བུ་ཡིན་ནམ། འོན་ཏེ་གཞན་ཞིག་ཡིན༑ གལ་ཏེ་ཇི་ལྟར་ཡང་རུང་སྟེ། བདག་གྲུབ་པའི་ཕྱིར་འདོད་པའི་དོན་གྲུབ་པོ་ཞེ་ན། དེའི་ཕྱིར་ད་དེ་དཔྱད་པར་བྱ་སྟེ། ཇི་ད་འདོད་པ་ལྟར། གལ་ཏེ་ཕུང་པོ་བདག་ཡིན་ན། །སྐྱེ་དང་འཇིག་པ་ཅན་དུ་འགྱུར། ཕུང་པོ་རྣམས་སྐྱེ་བ་དང་འཇིག་པའི་ཆོས་ཅན་ཡིན་པའི་ཕྱིར

རོ། །དེ་ལྟར་ན་འདིས་ནི་ཕུང་པོའི་ཆོས་ནི་སྐྱེ་བ་དང་། འཇིག་པའི་ཆོས་ཅན་ཉིད་ཡིན་པར་བསྟན་ཏོ། །འདིར་སྐྱེ་བ་དང་། འཇིག་པའི་ཆོས་ཅན་ཉིད་ཀྱང་མཚན་ཉིད་ཀྱི་སྒྲའི་ཚུལ་གྱིས་གཟུང་བར་ཟད་ཀྱི། ཇི་ལྟར་ཕུང་པོའི་ཆོས་སྐྱེ་བ་དང་། འཇིག་པའི་ཆོས་ཅན་ཉིད་ཡིན་པ་དེ་བཞིན་དུ་ཕུང་པོའི་ཆོས་འབྲས་བུ་ཉིད་དང་། རྒྱུ་ཉིད་དང་། རྟོགས་པར་བྱ་བ་ཉིད་དང་། རྣམ་པར་སྨིན་པ་ཉིད་ལ་སོགས་པ་གཞན་དག་ཀྱང་ཡིན་པར་ཤེས་པར་བྱའོ༔ ༔འདིར་སྨོས་པའི་ཚིག་ནི་དོན་དམ་པར་འབྱུང་བ་དང་། འབྱུང་བ་འདུས་པ་དང་། དབང་པོ་དང་དབང་པོ་འདུས་པ་དང་། རྣམ་པར་ཤེས་པ་དང་། དབང་པོ་དང་བཅས་པའི་ལུས་དང་། རྣམ་པར་ཤེས་པ་དང་བཅས་པའི་ལུས་ནི་བདག་མ་ཡིན་ཏེ། སྐྱེ་བ་དང་འཇིག་པའི་ཆོས་ཅན་ཉིད་ཡིན་པའི་ཕྱིར། དཔེར་ན་ཕྱི་རོལ་གྱི་འབྱུང་བ་དག་བཞིན་ནོ། །དེ་བཞིན་དུ་འབྲས་བུ་ཉིད་ཡིན་པའི་ཕྱིར་ཞེས་བྱ་བ་ལ་སོགས་པའི་གཏན་ཚིགས་རེ་རེས་ཀྱང་རྗེས་སུ་དཔག་པ་རྒྱས་པར་བརྗོད་པར་བྱའོ། །གསལ་བར་སྨྲ་བ་དག་ལ་ཡང་གསལ་བའི་ཕྱིར་བུམ་པ་ལ་སོགས་པ་དག་ལ་བདག་མེད་པ་ཉིད་མེད་ན་མི་འབྱུང་བའི་ཕྱིར་ལུས་བདག་དང་བཅས་པ་སྨྲ་བ་རྣམས་ལ་རང་གི་རྗེས་སུ་དཔག་པས་གནོད་དོ། །ཡང་ན། གལ་ཏེ་ཕུང་པོ་བདག་ཡིན་ན། །ཞེས་བྱ་བ་ནི་ལུས་ལ་བདག་མང་པོ་ཉིད་དུ་འགྱུར་ཏེ། ཕུང་པོ་མང་བ་ཉིད་ཡིན་པའི་ཕྱིར་རོ་ཞེས་བྱ་བའི་ཚིག་གི་ལྷག་མའོ། །ཡང་ན། གལ་ཏེ་ཕུང་པོ་བདག་ཡིན་ན། །སྐྱེ་དང་འཇིག་པ་ཅན་དུ་འགྱུར། །ཞེས་བྱ་བ་ནི་དེས་ན་ཕུང་པོར་རྗེས་སུ་དཔག་པས་སྐྱེ་བ་དང་། འཇིག་པའི་ཆོས་ཅན་ཉིད་ཀྱིས་བདག་གི་ཆོས་ཅན་གྱི་ཁྱད་པར་སྐྱེ་བ་དང་། འཇིག་པའི་ཆོས་ཅན་ཉིད་མ་ཡིན་པ་བསྐུལ་བའི་ཕྱིར་རོ། །དམ་བཅས་པ་ལ་ཆོས་ཅན་གྱི་ཁྱད་པར་བསྐུལ་བའི་སྐྱོན་ཡོད་དོ། །ཡང་ན། གལ་ཏེ་ཕུང་པོ་བདག་ཡིན་ན།།

སྐྱེ་དང་འཇིག་པ་ཅན་དུ་འགྱུར། །ཞེས་བྱ་བ་ནི། དེས་ན་སྐྱེ་བ་དང་འཇིག་པའི་ཆོས་ཅན་ཉིད་དུ་རྗེས་སུ་དཔོག་པས་བདག་མ་ཡིན་པ་ཉིད་ཀྱིས་བདག་གི་དེའི་བདག་ཉིད་བསྐུལ་བའི་ཕྱིར་རམ། དམ་བཅས་པ་ལ་ཆོས་ཅན་གྱི་ངོ་བོ་ཉིད་བསྐུལ་བའི་སྐྱོན་ཡོད་དོ། །ཡང་ན། གལ་ཏེ་ཕུང་པོ་བདག་ཡིན་ན། །སྐྱེ་དང་འཇིག་པ་ཅན་དུ་འགྱུར། །ཞེས་བྱ་བ་ནི་བདག་ནི་སྐྱེ་བ་དང་། འཇིག་པ་ཅན་དུ་མི་འདོད་པས་དེའི་མཚན་ཉིད་མ་ཡིན་པ་ཡོད་པ་ཉིད་དུ་བསྟན་དཀའ་བ་དང་། དོན་དམ་པར་བདག་མེད་པར་སྨྲ་བར་ནུས་ཏེ། སྐྱེ་བ་དང་འཇིག་པའི་ཆོས་ཅན་ཉིད་མ་ཡིན་པའི་ཕྱིར་དཔེར་ན་རི་བོང་གི་རྭ་བཞིན་ནོ། །ཡང་ན། གལ་ཏེ་ཕུང་པོ་བདག་ཡིན་ན། །སྐྱེ་དང་འཇིག་པ་ཅན་དུ་འགྱུར། །ཞེས་བྱ་བ་ནི་ཕུང་པོ་རྣམས་སྐྱེ་བ་དང་འཇིག་པའི་ཆོས་ཅན་ཉིད་ཡིན་པའི་ཕྱིར། དེས་ན་དོན་དམ་པར་གཟུགས་སུ་རུང་བ་དང་། མྱོང་བ་དང་མཚན་མར་འཛིན་པ་དང་། མངོན་པར་འདུ་བྱེད་པ་དང་། རྣམ་པར་ཤེས་པར་བྱེད་པའི་མཚན་ཉིད་ཀྱི་ཕུང་པོ་ལྔ་པོ་དག་ནི་བདག་མ་ཡིན་པར་ཤེས་པར་བྱར་ནུས་ཏེ། སྐྱེ་བ་དང་འཇིག་པའི་ཆོས་ཅན་ཉིད་ཡིན་པའི་ཕྱིར། དཔེར་ན་བུམ་པ་བཞིན་ནོ།། དེ་བཞིན་དུ་འབྲས་བུ་ཉིད་དང་། རྒྱུ་ཉིད་དང་། ལན་འགའ་དཀའ་བ་དང་། ཡོངས་སུ་གདུང་བའི་རྒྱུ་ཉིད་དང་། ཐེ་ཚོམ་ཅན་གྱི་ཤེས་པ་དང་། ལོག་པའི་ཤེས་པའི་རྒྱུ་ཉིད་ཡིན་པ་ལ་སོགས་པའི་གཏན་ཚིགས་དག་གིས་ཀྱང་རྗེས་སུ་དཔག་པ་རྒྱས་པར་བྱའོ། །བྱེ་བྲག་པ་དག་ནི་བདག་ལུས་དང་། དབང་པོ་དང་། བློ་ལས་གཞན་པ་བདེ་བ་ལ་སོགས་པའི་གཞིར་གྱུར་པ་དང་། བྱེད་པ་པོ་དང་། སེམས་པ་མེད་པ་དང་། རྟག་པ་དང་། ཐམས་ཅད་དུ་སོང་བ་ཡིན་པར་བརྗོད་ལ། གྲངས་ཅན་དག་ནི་བདག་འབྲས་བུ་དང་རྒྱུ་ལས་གཞན་པ་བྱེད་པ་པོ་མ་ཡིན་པ་དང་། ཟ་བ་པོ་དང་། དག་པ་དང་། ཐམས་ཅད་དུ་སོང་བ་དང་། མི་འགྱུར་བ་

དང་༑ སེམས་པ་ཡོད་པ་ཡིན་པར་བརྗོད་ཅིང་སྐྱེས་བུ་རྒྱུར་འདོད་པ་དག་ཀྱང་དེ་བཞིན་པས་དེ་དག་པ་སྒྲུབ་པ་འདི་མི་གནོད་དོ་ཞེ་ན། དེའི་ཕྱིར་སློབ་དཔོན་གྱིས་ཕུང་པོ་ལས་གཞན་པའི་བདག་བསྟན་དཀའ་བ་ངེས་པར་མཛད་ནས་དེ་དག་གི་ཕྱིར་བཤད་པ། གལ་ཏེ་ཕུང་པོ་རྣམས་ལས་གཞན། །ཕུང་པོའི་མཚན་ཉིད་མེད་པར་འགྱུར། །ཕུང་པོའི་མཚན་ཉིད་མེད་པ་ནི་ཕུང་པོའི་མཚན་ཉིད་མ་ཡིན་ཏེ། དེ་གཟུགས་སུ་རུང་བ་དང་། མྱོང་བ་དང་། མཚན་མར་འཛིན་པ་དང་། མངོན་པར་འདུ་བྱེད་པ་དང་། རྣམ་པར་ཤེས་པར་བྱེད་པའི་མཚན་ཉིད་མ་ཡིན་པར་འགྱུར་རོ་ཞེས་བྱ་བའི་ཐ་ཚིག་གོ། དེ་ལྟར་ན་འདིས་ནི་བརྟགས་པའི་བདག་གི་ཆོས་ནི་ཕུང་པོའི་མཚན་ཉིད་མ་ཡིན་པ་ཉིད་ཡིན་པར་བསྟན་ཏོ། །དཔེ་ནི་དེའི་དབང་གིས་བསྒྲུབ་པར་བྱ་བ་དང་། སྒྲུབ་པའི་ཆོས་གཉི་ག་ལ་གྲགས་པའི་ཆོས་ཅན་མོ་གཤམ་གྱི་བུ་ལ་སོགས་པ་དག་ཡིན་നོ། །འདིར་རྗེས་སུ་དཔག་པ་ནི་དོན་དམ་པར་བདག་གཟུགས་ལ་སོགས་པའི་ཕུང་པོ་ལས་གཞན་པ་མེད་དེ། ཕུང་པོའི་མཚན་ཉིད་མ་ཡིན་པའི་ཕྱིར་དཔེར་ན་མོ་གཤམ་གྱི་བུ་བཞིན་ནོ། །གལ་ཏེ་མྱ་ངན་ལས་འདས་པ་ཕུང་པོའི་མཚན་ཉིད་མ་ཡིན་པསམ་ངེས་པ་ཉིད་དོ་ཞེ་ན། དེ་ནི། མཚན་ཉིད་མེད་པའི་དངོས་པོ་ནི། །འགའ་ཡང་གང་ན་ཡོད་མ་ཡིན། །ཞེས་བྱ་བ་དེར་མྱ་ངན་ལས་འདས་པ་ལ་སོགས་པ་འདུས་མ་བྱས་ཀྱི་དངོས་པོ་བསལ་བའི་ཕྱིར་མི་མཐུན་པའི་ཕྱོགས་མེད་པས་མ་ངེས་པ་ཉིད་མ་ཡིན་ནོ། །གལ་ཏེ་བསྟན་བཅོས་མཛད་པས། དམ་བཅས་པ་ལ་སོགས་པའི་ཡན་ལག་མ་བརྗོད་པའི་ཕྱིར་སྒྲུབ་པ་མ་ཚང་བའི་སྐྱོན་ཡོད་དོ་ཞེ་ན། དོན་གྱི་ཚིག་ཡིན་པའི་ཕྱིར་སྐྱོན་མེད་དེ། འདི་ལྟར་སློབ་དཔོན་གྱི་ཚིག་དག་ནི་དོན་གྱི་ཚིག་དག་ཡིན་ཏེ། ཡི་གེ་མདོར་བསྡུས་པ་དང་། དོན་རྒྱ་ཆེ་བ་དག་ཡིན་པས་དོན་གྱི་དབང་གིས་སྦྱོར་བའི་ཚིག་དུ

མ་དག་གི་གཞི་ཡིན་པར་བཞེད་པའི་ཕྱིར་རོ། །སྦྱོར་བའི་ཚིག་ལ་ནི་དེ་སྐྱོན་དུ་ཡང་འགྱུར་རོ༔ ༔ཡང་ན་དེ་ལ་ཡང་མི་འགྱུར་ཏེ། རབ་ཏུ་བྱེད་པའམ། ལུང་ལས་ལ་ལ་ལ་ཡན་ལག་འགའ་ཞིག་གྲགས་པ་ཡིན་ནའོ། །ཁ་ཅིག་ན་རེ་ཕྱོགས་ལ་སོགས་པ་དག་གིས་གཏན་ཚིགས་སྔ་མ་མ་ངེས་པ་ཉིད་དོ་ཞེའོ། །དེ་ནི་བཟང་པོ་མ་ཡིན་ཏེ། མཚན་ཉིད་མེད་པའི་དངོས་པོ་ནི། །འགའ་ཡང་གང་ན་ཡོད་མ་ཡིན། །ཞེས་བྱ་བས་ལན་བཏབ་ཟིན་པའི་ཕྱིར་རོ༔ ༔རྟག་པ་དང་། ཐམས་ཅད་དུ་སོང་བའི་ཚིག་གི་དོན་ནི་བདེ་བ་དང་། སྡུག་བསྔལ་ལ་སོགས་པའི་གཞི་མ་ཡིན་ཏེ། སྐྱེ་བ་ཅན་ཡིན་པ་ལ་སོགས་པའི་གཏན་ཚིགས་དག་གི་ཕྱིར་དཔེར་ན་གཟུགས་ལ་སོགས་པ་བཞིན་ནོ། །རྒྱས་པར་ནི་སྔ་མ་བཞིན་ནོ། །བདག་ནི་ཁྱབ་བདག་མ་ཡིན་ཏེ། རྫས་ཡིན་པའི་ཕྱིར་དཔེར་ན་བུམ་པ་བཞིན་ནོ། །གལ་ཏེ་ནམ་མཁས་མ་ངེས་པ་ཉིད་དོ་ཞེ་ན། ནམ་མཁའ་རྫས་སུ་ཡོད་པ་ཉིད་བཀག་པའི་ཕྱིར་དང་། དེའི་ཁྱབ་བདག་ཉིད་ཀྱང་བདག་གི་ཁྱབ་བདག་ཉིད་བཞིན་དུ་བཀག་པའི་ཕྱིར་མ་ངེས་པ་ཉིད་མ་ཡིན་ནོ། །དེ་བཞིན་དུ་བདག་ནི་བྱེད་པ་པོ་མ་ཡིན་ཏེ། ལུས་ཅན་མ་ཡིན་པའི་ཕྱིར་དཔེར་ན་ལས་བཞིན་ནོ། །བདག་ནི་རྟག་པ་ཡང་མ་ཡིན་ཏེ། རྫས་ཡིན་པའི་ཕྱིར་དཔེར་ན་བུམ་པ་བཞིན་ནོ། །དེ་བཞིན་དུ་ཤེས་བྱ་ཉིད་དང་། བརྗོད་པར་བྱ་བ་ཉིད་དང་། དངོས་པོ་ཉིད་ལ་སོགས་པའི་གཏན་ཚིགས་དག་གི་ཕྱིར་རོ་ཞེས་ཀྱང་བརྗོད་པར་བྱའོ། །བདག་ནི་རྒྱུ་མེད་པ་ཡང་མ་ཡིན་ཏེ། དངོས་པོ་ཡིན་པའི་ཕྱིར་དཔེར་ན་བུམ་པ་བཞིན་ནོ། །དེ་བཞིན་དུ་ཚིག་གི་དོན་ཉིད་ཡིན་པ་ལ་སོགས་པའི་གཏན་ཚིགས་དག་གི་ཕྱིར་རོ་ཞེས་ཀྱང་བརྗོད་པར་བྱའོ། །དེ་བཞིན་དུ་དོན་དམ་པར་བདག་ནི་སེམས་པ་ཡོད་པ་ཡང་མ་ཡིན། རྟག་པ་ཡང་མ་ཡིན་ཐམས་ཅད་དུ་སོང་བ་ཡང་མ་ཡིན། རྒྱུ་མེད་པ་ཡང་མ་ཡིན་ཏེ། དངོས་པོ་

ཡིན་པའི་ཕྱིར་དང་། ཡན་འགའ་ཡང་དག་པའི་ཤེས་པ་དང་། ལོག་པའི་ཤེས་པ་དང་། ཐེ་ཚོམ་ཅན་གྱི་ཤེས་པའི་རྒྱུ་ཉིད་ཡིན་པའི་ཕྱིར་དང་། ཡན་འགའ་དགའ་བ་དང་། ཡོངས་སུ་གདུང་བའི་རྒྱུ་ཉིད་ཡིན་པ་ལ་སོགས་པའི་གཏན་ཚིགས་དག་གི་ཕྱིར་དཔེར་ན་ཀ་བ་བཞིན་ནོ་ཞེས་བརྗོད་པར་བྱའོ། །ཡང་གྲངས་ཅན་གྱི་ཕྱོགས་ལ་བརྗོད་པར་བྱ་སྟེ། དོན་དམ་པར་བདག་ནི་ཟ་བ་པོ་མ་ཡིན་ཏེ། ཐེ་ཚོམ་ཅན་གྱི་ཤེས་པ་ལ་སོགས་པའི་རྒྱུ་ཡིན་པའི་ཕྱིར། དཔེར་ན་སྟོང་དུམ་དང་། བུམ་པ་བཞིན་ནོ་ཞེས་བརྗོད་པར་བྱའོ། །ཅི་སྟེ་ཡང་ལ་ལ་འདི་སྙམ་དུ་དབུ་མ་པས་བདག་ཚིག་གི་དོན་ཉིད་དུ་ཁས་མ་བླངས་པའི་ཕྱིར་དེའི་ཁྱད་པར་བསྟན་པ་མི་རིགས་ཏེ། དཔེར་ན་མོ་གཤམ་གྱི་བུའི་སྔོ་བསངས་དང་། དཀར་ཤམ་ཉིད་ལ་སོགས་པ་བཞིན་ནོ་སྙམ་དུ་སེམས་ཅན། དེ་ནི་བཟང་པོ་མ་ཡིན་ཏེ། ཡང་འབྱུང་བའི་སྲིད་པ་ལེན་པའི་ཕྱིར་བདག་ཅེས་བྱ་སྟེ། རྣམ་པར་ཤེས་པའི་ཡུལ་ལ་བདག་ཏུ་ཐ་སྙད་གདགས་པའི་ཕྱིར་རྣམ་པར་ཤེས་པ་ལ་བདག་ཏུ་བརྗོད་དེ། དེ་ལྟར་ཡང་བཅོམ་ལྡན་འདས་ཀྱིས། སེམས་དུལ་བ་ནི་དགེ་བ་སྟེ། །དུལ་བའི་སེམས་ཀྱིས་བདེ་བ་འཐོབ།། ཅེས་གསུངས་ནས་མདོ་སྡེ་གཞན་ལས། བདག་གི་མགོན་ནི་བདག་ཉིད་ཡིན། །གཞན་ནི་མགོན་དུས་སུ་ཞིག་འགྱུར། །མཁས་པ་བདག་ཉིད་ལེགས་དུལ་བས། མཐོ་རིས་དག་ཀྱང་འཐོབ་པར་འགྱུར། །ཞེས་གསུངས་པས། དེའི་ཕྱིར་ཐ་སྙད་དུ་བདག་སྐྱེར་ཁས་བླངས་པའི་ཁྱད་པར་མ་གྲུབས་པ་སེལ་བའི་ཕྱིར་སྐྱོན་མེད་དོ། །ཡང་ན་སྦྱོར་བའི་ལམ་གཞན་བྱ་སྟེ༑ དབང་པོ་དང་བཅས་པའི་ལུས་ནི་རྟག་པ་དང་། ཐམས་ཅད་དུ་སོང་བའི་ཚིག་གི་དོན་གྱི་དམིགས་པའི་རྒྱུ་ཐུན་མོང་མ་ཡིན་པ་ཉིད་ཀྱང་མ་ཡིན་ཏེ། དམིགས་པར་བྱ་བ་མ་ཡིན་པའི་ཕྱིར་དཔེར་ན་ཀ་བ་བཞིན་ནོ། །དེ་བཞིན་དུ་གཞལ་བྱ་ཡིན་པའི་ཕྱིར་རོ་ཞེས་བྱ་བ

ལ་སོགས་པའི་གཏན་ཚིགས་དག་ཀྱང་བརྗོད་པར་བྱའོ། །འདིར་བདག་ཏུ་སྨྲ་བ་དག་ཕྱིར་ཟློག་པར་བྱེད་དེ། ཕུང་པོ་ལྔ་དང་ལུས་ལ་བདག་མེད་དོ་ཞེས་བྱ་བ་དེའི་དོན་གང་ཡིན། གལ་ཏེ་དེ་དག་ལ་བདག་མེད་དོ་ཞེ་ན་ནི་དཔེ་མེད་དེ། བུམ་པ་ལ་སོགས་པ་དག་ལ་ཡང་དེ་ཡོད་པའི་ཕྱིར་རོ། །གལ་ཏེ་དེ་ལ་དམིགས་པར་མི་བྱེད་དོ་ཞེ་ན་ནི་དེ་ལྟ་ན་ཡང་དཔེ་མེད་དེ། བུམ་པ་ལ་སོགས་པ་ནི་ཡུལ་དམིགས་པའི་རྒྱུ་ཡིན་པའི་ཕྱིར་རོ། །གལ་ཏེ་དམིགས་པའི་རྒྱུ་ཐུན་མོང་མ་ཡིན་པ་ཉིད་ཀྱང་མ་ཡིན་ནོ་ཞེ་ན། དེ་ལྟ་ན་ཡང་དཔེ་མེད་དེ། བུམ་པ་ལ་སོགས་པ་དག་ནི་དམིགས་པའི་རྒྱུ་ཐུན་མོང་མ་ཡིན་པ་ཉིད་ཀྱང་ཡིན་པའི་ཕྱིར་རོ། །དེ་ལ་འདིར་ཕུང་པོ་ལྔ་དང་། ལུས་ནི་བདག་གི་དམིགས་པའི་རྒྱུ་ཐུན་མོང་མ་ཡིན་པ་ཉིད་ཀྱང་མ་ཡིན་ནོ་ཞེས་དམ་བཅས་པའི་ཕྱིར། ཇི་སྐད་སྨྲས་པའི་སྐྱོན་པ་སྲུན་དབྱུང་བར་ནུས་པའི་ལན་མ་ཡིན་ནོ།། །།

དབུ་མ་རྩ་བའི་འགྲེལ་པ་ཤེས་རབ་སྒྲོན་མ། བམ་པོ་བཅུ་གསུམ་པ། ཡང་ན་རྣལ་འབྱོར་པས་རང་ཉིད་ཀྱིས་འདི་བརྟག་པར་བྱ་སྟེ། འདི་ལ་བདག་ཅེས་བྱ་བ་གང་ཡིན་པ་དེ་ཅི་ཕུང་པོ་རྣམས་ཀྱི་མཚན་ཉིད་དམ། འོན་ཏེ་ཕུང་པོ་རྣམས་ལས་གཞན་ཞིག་ཡིན། དེ་ལ་རེ་ཞིག གལ་ཏེ་ཕུང་པོ་བདག་ཡིན་ན། །སྐྱེ་དང་འཇིག་པ་ཅན་དུ་འགྱུར། །དེས་ན་དེ་དག་བདག་མ་ཡིན་ཏེ། སྐྱེ་བ་དང་འཇིག་པ་ཅན་ཡིན་པའི་ཕྱིར་དཔེར་ན་ཀ་བ་བཞིན་ནོ།། གལ་ཏེ་ཕུང་པོ་རྣམས་ལས་གཞན། །ཕུང་པོའི་མཚན་ཉིད་མེད་པར་འགྱུར། །དེས་ན་དེ་ནི་མེད་པ་ཁོ་ན་ཡིན་ཏེ། ཕུང་པོའི་མཚན་ཉིད་མ་ཡིན་པའི་ཕྱིར་དཔེར་ན་ནམ་མཁའི་མེ་ཏོག་བཞིན་ནོ། །དེ་བཞིན་དུ་མ་སྐྱེས་པ་ཉིད་དང་། རྒྱུ་མེད་པ་ཉིད་ལ་སོགས་པའི་གཏན་ཚིགས་དག་གིས་ཀྱང་བདག་མེད་པར་ཁོང་དུ་ཆུད་པར་བྱའོ། །བདག་ཏུ་སྨྲ་བ་དག་ན་རེ

བདག་ནི་ཡོད་པ་ཁོ་ན་ཡིན་ཏེ། དོན་མཐོང་བའི་ཕྱིར་རོ། །འདི་ལྟར་ལུས་ལ་བདག་མེད་
ན་དབང་པོ་སེམས་མེད་པ་སྣར་ཁྱུང་དང་འདྲ་བས་དོན་མཐོང་བར་མི་འཐད་ཀྱི། བདག་
དེས་ནི་དེ་དང་མཚན་ཉིད་མི་འདྲ་བ་གཞན་མཐོང་བར་རིགས་པས། གང་གིས་མཐོང་བ་
དེ་ནི་བདག་ཡིན་ཏེ། དེའི་ཕྱིར་བདག་ནི་ཡོད་པ་ཁོ་ན་ཡིན་ནོ་ཞེས་ཟེར་རོ། །དེ་ནི་བཟང་
པོ་མ་ཡིན་ཏེ། དོན་མཐོང་བ་ནི་བདག་གི་ཆོས་ཉིད་ཡིན་པར་མ་གྲུབ་པའི་ཕྱིར་དང་།
རྗེས་སུ་འགྲོ་བ་མེད་པའི་ཕྱིར་རོ། །ལུས་འདི་བདག་དང་བཅས་པའོ། །ཞེས་ཕྱོགས་སུ་
བྱེད་ན་ཡང་། གཏན་ཚིགས་ཐུན་མོང་མ་ཡིན་པ་ཉིད་དུ་འགྱུར་རོ། །འདིས་ནི་གཡས་
པས་མཐོང་བ་གཡོན་པས་ངོ་ཤེས་པའི་ཕྱིར་དང་། ཉམས་སུ་མྱོང་བ་དྲན་པའི་ཕྱིར་དང་།
ལས་དམིགས་པའི་ཕྱིར་རོ་ཞེས་བྱ་བ་ལ་སོགས་པའི་གཏན་ཚིགས་དག་གི་ལན་ཀྱང་
བཏབ་པ་ཡིན་ནོ། །མཁས་པར་རློམ་པ་གཞན་དག་གིས་སྨྲས་པ། ལུས་ལ་བདག་གོ་ཞེས་
བྱ་བའི་སྒྲ་གང་ཡིན་པ་དེ་ནི་ཡུལ་གཞན་ལ་དངོས་སུ་ཡོད་དེ། འགའ་ཞིག་ལ་ཉེ་བར་
བཏགས་པའི་ཕྱིར་དཔེར་ན་བྲམ་ཟེའི་ཁྱེའུ་ལ་སེང་གེའི་སྒྲ་ཉེ་བར་བཏགས་པ་གང་ཡིན་
པ་དེ་ནི་དེ་ལས་གཞན་པའི་སེང་གེ་རལ་པ་དང་། ཟེ་བ་སྤྱངས་པ་ཅན་ལ་དོན་ཇི་ལྟ་བ་
བཞིན་དུ་མཐོང་བ་བཞིན་ནོ། །དེ་བཞིན་དུ་བདག་ཅེས་བྱ་བའི་སྒྲ་ལུས་དང་དབང་པོ་དང་།
བློ་ཙམ་དག་ལ་ཉེ་བར་བཏགས་པ་དེ་ཡང་འགའ་ཞིག་ལ་ཉེ་བར་བཏགས་པ་མ་ཡིན་པའི་
ཕྱིར༑ དེ་ནི་དེ་ལས་གཞན་པ་དེ་ལ་དངོས་སུ་ཡོད་པས་དེ་ནི་བདག་ཡིན་ཏེ། དེའི་ཕྱིར་
བདག་ནི་ཡོད་པ་ཁོ་ན་ཡིན་ནོ། །ཡང་ན་བདག་ཅེས་བྱ་བར་ཤེས་པའི་བློ་གང་ཡིན་པ་དེ་
ནི་དོན་ཇི་ལྟ་བ་བཞིན་པའི་ཡུལ་ཅན་ཡིན་པར་ངེས་པར་ཤེས་ཏེ། ཡུལ་གཞན་ལ་ལོག་
པར་ཤེས་པའི་ཕྱིར་དཔེར་ན་སྟོང་དུམ་ལ་མིར་ཤེས་པ་བཞིན་ནོ། །དེ་བཞིན་དུ་རྒྱུ་དང་།

འབྲས་བུའི་ཡུལ་ལ་བདག་ཏུ་ཞེས་པ་དེ་ཡང་ལོག་པར་ཤེས་པ་ཡིན་པས་དེ་ལྟར་ཡུལ་གཞན་ལ་ལོག་པར་ཤེས་པའི་ཕྱིར་དེ་ལས་གཞན་པའི་ཡུལ་གང་ལ་དོན་ཇི་ལྟ་བ་བཞིན་ཡིན་པ་དེ་ནི་བདག་ཡིན་ཏེ། དེའི་ཕྱིར་བདག་ནི་ཡོད་པ་ཁོ་ན་ཡིན་ནོ། །འདིར་བཤད་པ། གལ་ཏེ་རང་གི་གྲུབ་པའི་མཐའི་ཚུལ་ལས་བདག་གི་ངོ་བོ་ཉིད་ངེས་པར་མ་བཟུང་བར་ཐ་སྙད་དུ་བདག་སྤྱིར་དམ་འཆའ་ན་ནི་གྲུབ་པ་ལ་སྒྲུབ་པ་ཡིན་ཏེ། འདི་ལྟར་ཁོ་བོ་ཅག་གི་ལུང་ལས་ཀྱང་། བདག་གི་སྒྲ་རྣམ་པར་ཤེས་པ་ལ་ནི་དོན་ཇི་ལྟ་བ་བཞིན་ཡིན་ལ། སྐྱེ་བ་ལ་སོགས་པ་དག་ལ་ནི་ཉེ་བར་བཏགས་པ་ཡིན་ཏེ། དཔེར་ན་ཤིང་རྟའི་ཡན་ལག་ལ་བརྟེན་ནས་ཤིང་རྟར་གདགས་པར་འདོད་པ་དེ་བཞིན་དུ། ཕུང་པོ་ལ་བརྟེན་ནས་སེམས་ཅན་དུ་གདགས་པར་འདོད་ལ། རྣམ་པར་ཤེས་པ་ནི་ཡང་འབྱུང་བའི་སྲིད་པ་ལེན་པའི་ཕྱིར་བདག་ཅེས་བརྗོད་པའི་ཕྱིར་རོ། །ཅི་སྟེ་སེམས་པ་ནི་བདག་གི་སྒྲའི་སྤྱོད་ཡུལ་དངོས་དང་༑ བདག་ཅེས་བྱ་བར་ཤེས་པའི་བློའི་སྤྱོད་ཡུལ་ལ་དངོས་མ་ཡིན་པར་ཤེས་པར་བྱ་སྟེ༑ བྱས་པའི་ཕྱིར་དཔེར་ན་ལུས་བཞིན་ནོ་ཞེ་ན། དེ་ལ་འདིར་གལ་ཏེ་ཕ་རོལ་པོ་དག་དོན་དམ་པར་སེམས་པ་ནི་བདག་གི་སྒྲའི་སྤྱོད་ཡུལ་དངོས་དང་བདག་ཅེས་བྱ་བར་ཤེས་པའི་བློའི་དོན་ཇི་ལྟ་བ་བཞིན་མ་ཡིན་པ་ཉིད་དུ་སྟོན་པར་བྱེད་ན་ནི་གྲུབ་པ་ལ་སྒྲུབ་པ་ཡིན་ཏེ། བདག་ཏུ་ལྟ་བ་རྣམ་པ་ཐམས་ཅད་ཀྱང་ཐམས་ཅད་དུ་སྤང་བར་འདོད་པའི་ཕྱིར་རོ༑ ༑འོན་ཏེ་ཐ་སྙད་དུ་ན་ནི། དེ་རིགས་པ་མ་ཡིན་ཏེ། སྒྲ་དང་བློའི་བཏགས་པ་དང་། དངོས་ཀྱི་ངེས་པ་རང་གི་གྲུབ་པའི་མཐར་ཡང་སྒྲུབ་པ་ཐ་སྙད་དུ་འདོད་པས་འདོད་པའི་ཕྱིར་རོ། །དོན་དམ་པར་ནི་བདག་ནི་སྒྲ་ཡང་བདག་ལ་དངོས་སུ་ཡོད་པར་མི་འགྲུབ་སྟེ། སེང་གེའི་སྒྲ་བརྗོད་པའི་དོན་ཀྱང་བཏགས་པར་ཡོད་པའི་ཕྱིར་ཡུལ་དེ་ལ་སེང་གེའི་སྒྲ

ཡང་དོན་ཇི་ལྟ་བ་བཞིན་ཉིད་མ་ཡིན་པའི་ཕྱིར་རོ། །ཡང་ན་སྒྲ་འགའ་ཞིག་ལ་ཉེ་བར་བཏགས་པ་དེ་ནི་འདུས་པ་ལ་ཡོད་པར་མཐོང་སྟེ། སྤྱི་ལ་ཉེ་བར་བཏགས་པའི་ཕྱིར་སེང་གེ་ལ་སོགས་པའི་སྒྲ་བཞིན་པས། དེས་བདག་གི་སྒྲ་འདུས་པ་མ་ཡིན་པ་ལ་དངོས་སུ་ཡོད་པ་ཉིད་སེལ་བར་བྱེད་པས་དེས་ན་དམ་བཅས་པ་ལ། ཆོས་ཀྱི་ཁྱད་པར་བསྐྱལ་བའི་སྐྱོན་ཡོད་དོ། །དེས་བློའི་ཕྱོགས་ལ་ཡང་སྐྱོན་གྱི་ལན་བཏབ་བོ། །གྲངས་ཅན་དག་ལས་ཁ་ཅིག་གིས་སྨྲས་པ། ཤེས་པ་ཡོད་པ་ཉིད་ནི་སྐྱེས་བུའི་ངོ་བོ་ཉིད་ཡིན་ཏེ། དེ་ཡང་སྨྲ་བ་ཐམས་ཅད་ཀྱིས་ཁས་བླང་བར་བྱ་བ་ཡིན་པས། ཁོ་བོ་ཅག་གིས་དེ་ཡོད་པ་ཉིད་དུ་བསྟན་པའི་ཕྱིར་རྗེས་སུ་དཔག་པ་སྨྲ་བར་མི་བྱ་སྟེ། འདི་ལྟར་དེའི་ཁྱད་པར་ཟ་བ་པོ་ཉིད་ལ་སོགས་པ་དག་བསྟན་པར་བྱའོ། །གལ་ཏེ་གཞན་དག་འདི་སྐད་ཅེས་ཤེས་པ་ཡོད་པ་ཉིད་ནི་ཤེས་པ་དང་། དོན་གཅིག་ལ་ཤེས་པ་ནི་བློ་ཡིན་པས། དེའི་ཕྱིར་ཤེས་པ་ཡོད་པ་ཉིད་ནི་སྐྱེས་བུའི་ངོ་བོ་ཉིད་མ་ཡིན་ནོ་ཞེས་ཟེར་ན་དེ་ཡང་རིགས་པ་མ་ཡིན་ཏེ། བློ་ནི་ཤེས་པ་ཡོད་པ་ཉིད་མ་ཡིན་ཏེ། སྐྱེ་བའི་ཕྱིར་དཔེར་ན་བུམ་པ་བཞིན་ནོ། །དེ་བཞིན་ཉིད་དུ་དག་པར་བྱ་བ་ཉིད་དང་། སྦྱག་པར་བྱ་བ་ཉིད་དང་། ཕན་གདགས་པར་བྱ་བ་ཉིད་ལ་སོགས་པ་དག་ཡིན་པའི་ཕྱིར། དཔེར་ན་རྐྱགས་ལ་སོགས་པ་བཞིན་པས་དེའི་ཕྱིར་བློ་ནི་ཤེས་པ་ཡོད་པ་ཉིད་མ་ཡིན་ནོ། །དེའི་ཕྱིར་ཤེས་པ་ཡོད་པ་ཉིད་དེ་ནི་ལོངས་སྤྱོད་པར་བྱ་བའི་ཁོངས་སུ་མ་གཏོགས་པས་དེ་ནི་ཟ་བ་པོ་ཉིད་ཡིན་པར་གྲུབ་སྟེ། བདག་དང་ཞིང་ཤེས་པ་ཞེས་བྱ་བ་དག་གི་རྣམ་གྲངས་སོ། །དེའི་ཁྱད་པར་ནི་རྟག་པ་དང་། ཐམས་ཅད་དུ་སོང་བ་ཉིད་དང་། ཡལ་བར་འདོར་བ་ཉིད་ལ་སོགས་པ་དག་ཡིན་ནོ། །དེ་ལ་འདིར་བདག་གི་ཤེས་པ་ཡོད་པ་ཉིད་དང་། ཐམས་ཅད་དུ་སོང་བ་ཉིད་དང་། ཟ་བ་པོ་ཉིད་ལ་སོགས་པ་

དག་དགག་པ་སྨྲས་ཟིན་པས་དེ་དག་ནི་བཟང་པོ་མ་ཡིན་ནོ། །བློ་ནི་ཤེས་པ་ཡོད་པ་ཉིད་མ་ཡིན་ཏེ་ཞེས་དམ་བཅས་པའི་དོན་གང་ཡིན། སེམས་མེད་པའམ་ཤེས་པ་ཡོད་པ་ཉིད་ཀྱི་ནུས་པ་ཡིན་ནོ་ཞེ་ན་ནི་ཕྱོགས་སྔ་མ་ལ་གནོད་དོ། །གལ་ཏེ་སེམས་པ་ལས་གཞན་ཞིག་ཡིན་ནོ་ཞེ་ན། ཡང་གང་ལས་གཞན་ཉིད་དུ་འགྱུར་བ་དེ་གང་ཡིན་ཏེ་དེ་ཡང་མེད་དོ། །དེ་ལྟར་དེ་མ་གྲུབ་པའི་ཕྱིར་དམ་བཅས་པ་ལ་བརྟེན་པ་མ་གྲུབ་པའི་སྐྱོན་ཡོད་དོ། །སྐྱེ་བའི་ཕྱིར་ཞེས་བྱ་བའི་གཏན་ཚིགས་དེའི་དོན་ཀྱང་གང་ཡིན། གལ་ཏེ་མ་བྱུང་བ་ལས་འབྱུང་བའི་ཕྱིར་རོ་ཞེ་ན་ནི་རང་ལ་གཏན་ཚིགས་མ་གྲུབ་བོ། །གལ་ཏེ་རང་ལ་གཏན་ཚིགས་མ་གྲུབ་པས་ཀྱང་འདོད་པའི་དོན་སྟོན་པར་བྱེད་དེ། གཞན་གྱི་ཕྱོགས་ལ་གྲུབ་པའི་ཕྱིར་ཕྱོགས་གཉི་ག་ལ་གྲགས་པའི་ཆོས་བཞིན་ནོ་ཞེ་ན། གཞན་གྱི་ཕྱོགས་འབའ་ཞིག་ལ་གྲགས་པའི་ཕྱོགས་ཀྱི་ཆོས་ཀྱིས་ནི་བསྒྲུབ་པར་བྱ་བའི་དོན་བསྒྲུབ་མི་ནུས་པར་ངེས་པར་གཟུང་སྟེ། གང་ཡང་རུང་བ་ལ་མ་གྲུབ་པའི་ཕྱིར་གཞན་གྱི་ཕྱོགས་ལ་མ་གྲུབ་པ་བཞིན་པས་བློ་ཤེས་པ་ཡོད་པ་ཉིད་མ་ཡིན་པར་སྟོན་པའི་རྗེས་སུ་དཔག་པ་འགལ་བས་བཟློག་པའི་ཕྱིར་གཏན་ཚིགས་ཀྱི་དོན་མ་གྲུབ་པ་ཉིད་ཉམས་པ་མེད་དོ། །སྐྱེ་བའི་ཕྱིར་ཞེས་བྱ་བའི་གཏན་ཚིགས་ཀྱི་དོན་གསལ་བ་ཉིད་ཡིན་པས་རྟོག་ན་ཡང་གཏན་ཚིགས་ཀྱི་དོན་མ་གྲུབ་པ་ཉིད་དང་། དཔེ་ལ་བསྒྲུབ་པའི་ཆོས་མེད་པ་ཉིད་ཀྱི་སྐྱོན་དུ་འགྱུར་ཏེ། གསལ་བ་དགག་པ་སྨྲས་ཟིན་པའི་ཕྱིར་རོ། །རིགས་པ་ལ་མི་མཁས་པ་ཁ་ཅིག་གིས་སྨྲས་པ། ཕུང་པོ་ལྔ་དང་། དབང་པོ་དང་བཅས་པའི་ལུས་འདི་བདག་གི་དམིགས་པའི་རྒྱུ་ཐུན་མོང་མ་ཡིན་པ་ཉིད་ཀྱང་མ་ཡིན་ནོ་ཞེས་བྱ་བ་ནི་བདག་ཁས་མ་བླངས་པར་དེའི་ཁྱད་པར་དགག་པའི་སྒྲུབ་པ་སྨྲ་བར་མི་རིགས་པས། བདག་ལ་སྟོང་བ་ཁྱེད་ཀྱིས་ཁས་བླངས་པ་ལ་གནོད་

པར་འགྱུར་རོ། །དེ་ལ་འདིར་ཐ་སྙད་ཀྱི་དབང་གིས་བདག་སྨྲ་ཁས་བླངས་ནས། གཞན་གྱིས་ཡོངས་སུ་བརྟགས་པའི་བདག་གི་ཆོས་རྟག་པ་དང་། ཐམས་ཅད་དུ་སོང་བ་དང་། བྱེད་པ་པོ་དང་ཟ་བ་པོ་ཉིད་ལ་སོགས་བདག་བསལ་བས་ཐ་སྙད་དུ་གཞན་གྱིས་བརྟགས་པའི་བདག་སྟོང་པ་ཉིད་དུ་སྟོན་པའི་ཕྱིར་དང་། དོན་དམ་པར་ནི་ཐམས་ཅད་ཀུང་སྟོང་པ་ཉིད་དུ་སྟོན་པས་ཐ་སྙད་དུ་དེའི་ཁྱད་པར་ཙམ་བསལ་དུ་མེད་པ་མ་ཡིན་པའི་ཕྱིར། ཁས་བླངས་པ་ལ་གནོད་པར་མི་འགྱུར་བས། དེའི་ཕྱིར་དེ་ནི་ནམ་མཁའ་ལྟར་དུ་ཟད་དོ། །ཕྱིར་རྒོལ་བ་དག་ན་རེ། བདག་ནི་ཡོད་པ་ཁོ་ན་ཡིན་ཏེ། ཁ་ཅིག་ཏུ་དེ་བཀག་པའི་ཕྱིར་འདི་ནི་ཁྲིན་པ་ན་རྒྱུ་མེད་དོ་ཞེས་ཁྲིན་པར་བཀག་པའི་ཕྱིར་གཞན་དུ་ན་རྒྱུ་ཡོད་པ་ཉིད་ཤེས་པ་བཞིན་ནོ། །དེ་བཞིན་དུ་ལུས་དང་། དབང་པོ་དང་། བློ་དག་ལ་བདག་བཀག་པའི་ཕྱིར། དབང་པོ་དང་བཅས་པའི་ལུས་ལ་བདག་མེད་དོ་ཞེས་ལུས་དང་དབང་པོ་དང་བློ་དག་ལ་བདག་བཀག་པ་ཡོད་པས། གཞན་ལ་བདག་ཡོད་པ་ཉིད་དུ་འགྱུར་བས། དེའི་ཕྱིར་བདག་ནི་ཡོད་པ་ཁོ་ན་ཡིན་ནོ་ཞེས་ཟེར་རོ། །ནང་གི་སྐྱེ་མཆེད་རྣམས་ལ་བྱེད་པ་པོ་དབང་ཕྱུག་དང་༑ བྱེད་པ་པོ་གཙོ་བོ་དང་། བྱེད་པ་པོ་དུས་དང་། བྱེད་པ་པོ་སྲིད་མེད་ཀྱི་བུ་དག་མེད་དོ་ཞེས་བཀག་ཀུང་། གཞན་གང་ལ་ཡང་བྱེད་པ་པོ་དེ་དག་གི་འབྲས་བུ་མེད་པའི་ཕྱིར་མ་ངེས་པ་ཉིད་དོ། །དོན་དམ་པར་ནི་རྒྱུ་ལ་སོགས་པ་དག་ཀུང་མ་གྲུབ་པའི་ཕྱིར། དཔེ་མེད་པས༑ དེ་ནི་རིགས་པ་མ་ཡིན་ནོ། །གྲངས་ཅན་དག་ལས་ཁ་ཅིག་ཡང་བདག་དགག་པའི་རྗེས་སུ་དཔག་པ་སྔར་བསྟན་པ་དག་ལ་སྐྱོན་འདོགས་པར་བྱེད་དེ། རྣམ་པར་འཇིག་པའི་ཆོས་ཅན་བུམ་པ་ལ་སོགས་པ་ལྷ་བུ་དག་ཀུང་དམིགས་པའི་རྒྱུ་ཐུན་མོང་མ་ཡིན་པ་ཉིད་ཡིན་པས་དཔེ་མེད་པ་དང་། བུམ་པ་ལ་སོགས་པ་དབང་པོའི་དངོས་པོར་གྱུར་པ་དག

ཀྱང་དམིགས་པའི་རྒྱུ་ བུན་མོང་མ་ཡིན་པ་ཉིད་ཡིན་པའི་ཕྱིར་ཡང་དཔེ་མེད་དོ་ཞེ་ན། དེ་ནི་བཟང་པོ་མ་ཡིན་ཏེ། བུམ་པ་ལ་སོགས་པ་དག་ནི་དེ་ཁོ་ན་རྟོགས་པ་དང་ལྡན་པ་རྣམས་ཀྱི་དམིགས་པའི་རྒྱུ་ཐུན་མོང་མ་ཡིན་པ་ཉིད་ཀྱང་ཡིན་པར་མི་རིགས་ཏེ། རྣ་བ་ལ་སོགས་པའི་བློ་དག་གི་ཡུལ་ཡིན་པའི་ཕྱིར་དཔེར་ན་དེ་ལས་གཞན་པའི་རྣ་བ་ལ་སོགས་པ་དག་གི་བློའི་ཡུལ་བཞིན་ནོ་ཞེས་རྗེས་སུ་དཔག་པའི་ཕྱིར་དང་། བུམ་པ་མ་སོགས་པ་དབང་པོའི་ངོ་བོ་ཉིད་དུ་མ་གྱུར་པ་དག་དཔེ་ཉིད་དུ་འདོད་པའི་ཕྱིར་ཇི་སྐད་སྨྲས་པའི་སྐྱོན་དུ་མི་འགྱུར་རོ། །ནུས་པ་ཡོད་པར་སྟོན་པའི་རྗེས་སུ་དཔག་པ་པ་མེད་པའི་ཕྱིར་དེ་ཡོད་པས་བུམ་པ་ལ་སོགས་པའི་དཔེ་མེད་པར་ཡང་མི་འགྱུར་བས་དེ་ནི་སྙིང་པོ་མ་ཡིན་ནོ། །བདག་ཏུ་སྨྲ་བ་དག་ན་རེ་བདག་ནི་ཡོད་པ་ཁོ་ན་ཡིན་ཏེ། བདག་གི་ཡོད་པའི་ཕྱིར་དཔེར་ན་ནོར་ཡོད་པའི་ཕྱིར་ནོར་བདག་ཡོད་པ་བཞིན་ནོ། །འདི་ལ་བདག་གི་ཁང་ཁྱིམ་དང་གནས་མལ་དང་། གོས་ཟས་དང་། ལྷ་བ་དང་། ཉན་པ་ལ་སོགས་པ་དེ་དག་ཡོད་པས། དེའི་ཕྱིར་བདག་ནི་ཡོད་པ་ཁོ་ན་ཡིན་ནོ་ཞེས་ཟེར་རོ། །འདིར་བཤད་པ། འདི་ལྟར་བདག་ཡོད་ན་ནི་དེའི་འདི་ཡིན་ནོ་ཞེས་བདག་གི་ཡང་འགྲུབ་པར་འགྱུར་བ་ཞིག་ན། བདག་དེ་ནི་མེད་པར་བསྟན་ཟིན་པས་དེའི་ཕྱིར། བདག་ཉིད་ཡོད་པ་མ་ཡིན་ན། །བདག་གི་ཡོད་པར་ག་ལ་འགྱུར། །དེས་ན་གཏན་ཚིགས་ཀྱི་དོན་མ་གྲུབ་པ་ཉིད་དོ། །དཔེ་ཡང་མེད་དེ། དོན་དམ་པར་ནོར་དང་ནོར་བདག་ཡོད་པ་ཉིད་དུ་མ་གྲུབ་པའི་ཕྱིར་རོ། །དོན་འགལ་བ་ཉིད་ཀྱང་ཡིན་ཏེ། བདག་ཐ་སྙད་པ་ཡིན་པར་སྟོན་པའི་ཕྱིར་རོ། །འདིས་ནི་དེའི་འབྲས་བུ་ཡོད་པའི་ཕྱིར་དང་། དེའི་ཡོན་ཏན་ཡོད་པའི་ཕྱིར་རོ་ཞེས་བྱ་བ་ལ་སོགས་པའི་གཏན་ཚིགས་དག་ལ་ཡང་སྐྱོན་གྱིས་ལན་བཏབ་པ་ཡིན་ནོ། །དེའི་ཕྱིར་དེ་ལྟར་རྣལ་འབྱོར་པ

ཡང་དག་པ་ཉིད་སོ་སོར་རྟོག་པ་ལ་བརྟེན་པ་ལ། བདག་དང་བདག་གི་ཞི་བའི་ཕྱིར། །ངར་འཛིན་ང་ཡིར་འཛིན་མེད་འགྱུར། །ཞེས་བྱ་བས་ནི་ཇི་སྐད་བསྟན་པའི་ཚུལ་བསྒོམས་པའི་འབྲས་བུ་བསྟན་ཏོ། །བདག་ཏུ་སྨྲ་བ་དག་ཀྱང་ཕྱིར་ཟློག་པར་བྱེད་དེ། བདག་ནི་ཡོད་པ་ཁོ་ན་ཡིན་ཏེ། ལུས་དང་དབང་པོ་དང་། བློ་ལ་སོགས་པ་བདག་དང་བདག་གི་མེད་པ་རྣམས་ལ་དེ་ཁོ་ན་ཤེས་པ་ཡང་དག་པར་སྐྱེས་པ་ལ། ངར་འཛིན་པ་མེད་པ་དང་། ང་ཡིར་འཛིན་པ་མེད་དོ་སྙམ་པའི་ཡང་དག་པའི་ལྟ་བ་ཡོད་པའི་ཕྱིར་རོ། །མོ་གཤམ་གྱི་བུ་ལྟ་བུ་མེད་པ་ལ་ནི་དེ་ལྟ་བུ་མེད་དོ། །ཐར་པའི་གནས་སྐབས་གང་ལའང་ངར་འཛིན་པ་མེད་པ་དང་། ང་ཡིར་འཛིན་པ་མེད་པ་དེ་ལ་ནི་དེ་ལྟར་ཤེས་པ་དེ་ཡོད་པས་དེའི་ཕྱིར་བདག་ནི་ཡོད་པ་ཁོ་ན་ཡིན་ནོ། །འདིར་བཤད་པ། འཕགས་པ་ཉན་ཐོས་འདུ་བྱེད་ཀྱི་ཚོགས་གཞན་དང་གཞན་དུ་སྐྱེས་པ་སྐད་ཅིག་མ་རེ་རེ་ལ་འཇིག་པའི་ངང་ཅན་བདག་དང་། བདག་གི་མེད་པ་ལ་ངེས་པར་ལྟ་བ་ལ་ཡང་བདག་ཅེས་བྱ་བའི་དངོས་པོ་མེད་པའི་ཕྱིར་སྐྱེ་བ་དང་། འཆི་བ་འདི་དག་ནི་ཆོས་ཙམ་དུ་ཟད་དོ་ཞེས་བྱ་བར་ལྟ་བ་སྐྱེ་སྟེ། འདི་ལྟར་བདག་ནི་ངང་འཛིན་པའི་ཡུལ་ཡིན་པས་མེད་ན་དེ་ཡང་མི་འབྱུང་ལ། དེ་མེད་པ་ཁོ་ནའི་ཕྱིར་ནང་དང་ཕྱི་རོལ་གྱི་དངོས་པོ་གང་ལ་ཡང་ང་ཡིར་འཛིན་པ་མི་འཐད་པའི་ཕྱིར་ངར་འཛིན་པ་མེད་ཅིང་ང་ཡིར་འཛིན་པ་མེད་པ་ཐ་སྙད་ཀྱི་བརྗོད་བྱ་བ་མ་རྟོགས་པར་ང་ཞེས་བྱ་བ་རང་གི་ངོ་བོ་ཉིད་ངེས་པར་སྐྱེ་བར་མི་འགྱུར་ན། བྱང་ཆུབ་སེམས་དཔའ་ཆེན་པོ་འདུ་བྱེད་སྐྱེ་བ་མེད་པར་ལྟ་བ་རྣམ་པར་མི་རྟོག་པའི་ཤེས་རབ་ཀྱི་སྤྱོད་པ་ལ་གནས་པ་རྣམས་ལ་ལྟ་སྨོས་ཀྱང་ཅི་དགོས་པས་དེའི་ཕྱིར། ངར་འཛིན་ང་ཡིར་འཛིན་མེད་གང་། །དེ་ཡང་ཡོད་པ་མ་ཡིན་ཏེ། །ཞེས་བྱ་བ་གསུངས་ཏེ། བདག་ལ་སོགས་པ་དག་བཏགས་པར

ཡོད་པའི་ཕྱིར་དང་། གང་ཟག་གི་ཉེ་བར་ལེན་པ་སྐྱེ་བ་མེད་པའི་ཕྱིར་རོ་ཞེས་བྱ་བར་དགོངས་སོ། །དེ་ཉིད་ཡོད་པ་མ་ཡིན་པས་རབ་རིབ་ཅན་དབང་པོ་ཉམས་པས་སྐྲ་ཤད་དང་༑ སྦྲང་བུ་ལ་སོགས་པ་ཡང་དག་པ་མ་ཡིན་པ་མཐོང་བ་ལྟར། ངར་འཛིན་ང་ཡིར་འཛིན་མེད་པར། །གང་གིས་མཐོང་བས་མི་མཐོང་ངོ་། །ཡོད་པ་དང་མེད་པར་མཐོང་བ་ནི་ལོག་པར་ལྟ་བ་མཆོག་ཏུ་འཛིན་པ་ཡིན་པའི་ཕྱིར་རོ་ཞེས་བྱ་བར་དགོངས་སོ། །དེས་ན་གཏན་ཚིགས་ཀྱི་དོན་མ་གྲུབ་པ་ཉིད་དེ། ངར་འཛིན་པ་དང་ང་ཡིར་འཛིན་པའི་རྒྱུར་གྱུར་པའི་བདག་ཡོད་པའི་ཕྱིར་རོ། །དོན་རང་ལ་མ་གྲུབ་པ་ཉིད་ཀྱང་ཡིན་ཏེ། ངར་འཛིན་པ་དང་༑ ང་ཡིར་འཛིན་པ་མེད་དོ་ཞེས་བྱ་བ་རང་གི་ངོ་བོ་ཉིད་དུ་ངེས་པ་མ་གྲུབ་པའི་ཕྱིར་རོ༑ ༑གལ་ཏེ་ནང་གི་བྱེད་པ་བདག་མེད་པར་ལྟ་བས་ངར་འཛིན་པ་ལྡོག་པའི་ཕྱིར་དང་། ཡིད་བདག་མ་ཡིན་པ་ཡང་གཞན་གྱི་དོན་ལུས་དང་དབང་པོའི་ཡུལ་དག་ལ་ང་ཡིར་འཛིན་པ་མི་འཇུག་པའི་ཕྱིར་སྐྱོན་མེད་དོ་ཞེ་ན། བདག་ལ་བདག་ཏུ་ལྟ་བ་ལ་ངར་འཛིན་པ་དོན་ཇི་ལྟ་བ་བཞིན་དུ་ཡོད་པའི་ཕྱིར་དང་། དེའི་དོན་བྱེད་པ་དང་། རྟེན་སྐྲ་ལ་སོགས་པ་དག་ལ་ང་ཡིར་འཛིན་པ་འཇུག་པ་མི་ལྡོག་པའི་ཕྱིར་ངར་འཛིན་པ་མེད་པ་དང་། ང་ཡིར་འཛིན་པ་མེད་པ་ཉིད་དུ་མ་གྲུབ་པས་དེ་ནི་ལན་མ་ཡིན་ཏེ། དེ་ལྟར་ཡང་། གལ་ཏེ་བདག་ཅེས་བྱ་བ་ཡོད། །བདག་མེད་ཅེས་བྱ་དེ་མི་རིགས། །ཡང་ན་དེ་ཉིད་རྟོགས་པའམ། །མྱ་ངན་འདས་པ་ངེས་བརྗོད་འགྱུར། །ཞེས་གསུངས་སོ། །འདིར་གྲངས་ཅན་དག་ལས་ཁ་ཅིག་ནི་རང་བཞིན་ཐར་པར་སྨྲ་ལ། ཁ་ཅིག་ནི་སྐྱེས་བུ་ཐར་པར་སྨྲ་སྟེ། དེ་ལ་རེ་ཞིག་གང་དག །རང་བཞིན་སྣ་ཚོགས་རྟེན་ཅན་ནི། །འཁོར་དང་འཆིང་དང་ཐར་པར་འགྱུར། །ཞེས་ཟེར་བ་དེ་དག་གི་བདག་ཀྱང་གཞན་ལ་རང་བཞིན་ཡང་གཞན་ནོ་སྨོམ་(སྨམ་)པའི་བློ་ནི་ལོག་པར

ལྟ་བ་ཡིན་ཏེ། དེ་ལས་གཞན་མ་ཡིན་པའི་ཕྱིར་རོ། །ཐར་པར་གྱུར་པ་ཡང་སྐྱེས་བུ་དུ་མ་དག་གི་ཐུན་མོང་ཡིན་པའི་ཕྱིར། དོན་དམ་པར་མ་བྱས་པའི་སྐྱེས་བུ་དག་གི་ཕྱིར་འཇུག་པས་ཐར་པ་མེད་དོ། །གང་དག་སྐྱེས་བུའི་དབང་དུ་བྱས་པའི་འཆིང་བས། སྔར་བཅིངས་པ་ཐར་བར་འགྱུར་བར་སྨྲ་བ། དེ་དག་གི་བདག་ཀྱང་གཞན་ལ་རང་བཞིན་ཡང་གཞན་ནོ་སྙམ་དུ་བློས་ངེས་པར་བྱས་པ་ཡང་སྐྱེས་བུ་སྔ་ཕྱིའི་ཁྱད་པར་མ་སྐྱེས་པ་ལ་གང་གིས་བཅིངས་པ་དང་ཐར་པ་ཞེས་བྱ་བར་བརྗོད་པའི་ཁྱད་པར་མེད་དོ། །གལ་ཏེ་ཡོངས་སུ་འགྱུར་ན་ཡང་། །ཡོངས་སུ་འགྱུར་བའི་ཕྱིར་ཤེས་པ་ཡོད་པ་ཉིད་མ་ཡིན་པའི་སྐྱོན་དུ་འགྱུར་རོ།།

ཇི་སྟེ་ཡོད་པ་ཙམ་གྱིས་ཕན་འདོགས་པ་ཉིད་ཀྱིས་ནང་གི་བྱེད་པ་སྙིང་སྟོབས་ཤས་ཆེ་བར་འགྱུར་པ་ན། གཟུགས་བརྙན་འབྱུང་བའི་རྒྱུ་ཉིད་ཀྱིས་བདག་ཀྱང་གཞན་ལ། རང་བཞིན་ཡང་གཞན་ནོ་སྙམ་དུ་ངེས་པར་འགྱུར་ན་ཡང་དེ་ལྟ་ན་ཡང་ནང་གི་བྱེད་པ་ལ་བྱེ་བྲག་ཡོད་པར་ཟད་ཀྱི། སྐྱེས་བུ་ལ་བྱེ་བྲག་མེད་པས་ཐར་པ་མེད་དོ། །བྱེ་བྲག་ཡོད་ན་ཡང་སྐྱོན་སྔ་མ་བཞིན་དུ་འགྱུར་རོ། །ཡང་གཞན་ཡང་། བདག་ཀྱང་གཞན་ལ་རང་བཞིན་ཡང་གཞན་ནོ་སྙམ་དུ་ཤེས་པ་ལྡོག་པ་ཡོད་ཀྱང་སྐྱེས་བུ་ལ་ཤེས་པ་ལྡོག་པ་མི་སྐྱེ་བའི་ཕྱིར་རོ། །ཁྱད་རྒྱའི་གཟུགས་བརྙན་འབྱུང་བའི་ཚུལ་གྱིས་ཐར་པར་འདོད་པ་དེ་ལ་ཡང་སྐྱེས་བུ་ལ་འགྱུར་བ་མེད་པའི་ཕྱིར་སྔ་ནས་མ་བཟློག་པ་ཡིན་པ་ལ་ཕྱིས་ཀྱང་ཤེས་པ་མ་ནོར་བ་སྐྱེ་མི་སྲིད་དེ༏ མ་བཟློག་པའི་ཕྱིར་དཔེར་ན་ཕྱི་མ་བཞིན་པས་ཐར་པ་མེད་དོ། །ཤེས་པ་སྐྱེས་ན་ཡང་འབྱུང་བའི་ཕྱིར་ཤེས་པ་ཡོད་པ་ཉིད་མ་ཡིན་པ་ལ་སོགས་པའི་སྐྱོན་དུ་ཐལ་བར་འགྱུར་རོ།།

བྱེད་པའི་ཆོས་འཛིན་པ་ལ་སོགས་པ་དག་ནི་རྗེ་དཔོན་རྒྱལ་པོ་བཞིན་དུ་སྐྱེས་བུ་ལ་ཉེ་བར་བཏགས་པའི་ཕྱིར་ཐར་པ་ཉེ་བར་བཏགས་པ་ཡིན་ནོ། །ཞར་ལ་བཤད་པས་ཆོག་གི་

སྐབས་ཉིད་དཔྱད་པར་བྱའོ། །དེ་ལྟར་ནང་དང་ཕྱི་རོལ་གྱི་སྐྱེ་མཆེད་རྣམས་ཀྱི་དེ་ཁོ་ན་ཉིད་རྟོག་པར་བྱེད་པ་ལ་བརྩོན་པའི་རྣལ་འབྱོར་པ་དེས་དེ་དག་སྟོང་པ་ཉིད་དུ་རྟོགས་པའི་ཕྱིར། ནང་དང་ཕྱི་རོལ་ཉིད་དག་ལ། །བདག་དང་བདག་གིར་ཟད་གྱུར་ན། །ཉེ་བར་ལེན་པ་འགག་འགྱུར་ཞིང་། །དེ་ཟད་པས་ན་སྐྱེ་བ་ཟད། །དེ་ལྟར་ནང་དང་ཕྱི་རོལ་ཉིད་དག་ལ་དེའི་བདག་ཅེས་བྱ་བ་དང་། བདག་གི་ཞེས་བྱ་བར་དེ་དག་ལོག་པར་འཛིན་པ་ཟད་པར་འགྱུར་ན། འདོད་པ་དང་། ལྟ་བ་དང་། ཚུལ་ཁྲིམས་དང་། བརྟུལ་ཞུགས་དང་། བདག་ཏུ་སྨྲ་བ་ཞེས་བྱ་བ་ཉེ་བར་ལེན་པ་རྣམ་པ་བཞི་འགག་པར་འགྱུར་ཏེ། དེ་ལ་རེ་ཞིག་བདག་མེད་པ་ཉིད་དུ་མཐོང་བས་ནི་བདག་ཏུ་སྨྲ་བའི་ཉེ་བར་ལེན་པ་སྤོང་བར་འགྱུར་ལ། དེ་སྤངས་པས་ཉེ་བར་ལེན་པ་ལྷག་མ་རྣམས་ཀྱང་སྤོང་བར་འགྱུར་ཏེ། དེ་དག་ནི་བདག་ཏུ་སྨྲ་བ་ཉེ་བར་ལེན་པའི་སྐྱེ་གནས་ཡིན་པའི་ཕྱིར་རོ། །ཉེ་བར་ལེན་པ་འགགས་པའི་ཕྱིར་དེའི་སྐྱེ་གནས་ལས་བྱུང་བའི་སྲིད་པ་ཟད་པར་འགྱུར་བས། དེ་ཟད་པ་ན་སྐྱེ་བ་ཟད་དེ་དེ་ནི་ཐར་པ་ཞེས་པའོ། །ཐར་པ་དེ་ཡང་གང་ཟག་བདག་མེད་པས་མཐོང་བའི་ཕྱིར། འཕགས་པ་ཉན་ཐོས་དང་། རང་སངས་རྒྱས་ཀྱི་ཡིན་ནོ། །སངས་རྒྱས་ཀྱི་ཐེག་པས་འགྲོ་བ་རྣམས་ཀྱི་ནི་ཉོན་མོངས་པའི་སྒྲིབ་པ་སྤངས་པ་དང་། ཤེས་བྱའི་སྒྲིབ་པ་སྤངས་པས་འཐོབ་སྟེ། ཉོན་མོངས་པའི་སྒྲིབ་པ་སྤོང་བའི་ཐབས་ནི་ཇི་སྐད་བསྟན་པ་དེ་དག་ཡིན་ནོ། །ཤེས་བྱའི་སྒྲིབ་པ་སྤང་བའི་ཕྱིར་ནི་འདི་བཤད་དེ། ལས་དང་ཉོན་མོངས་ཟད་པས་ཐར། །ལས་དང་ཉོན་མོངས་པ་དག་ནི་སྐྱེ་བའི་རྒྱུ་ཡིན་པའི་ཕྱིར། དེ་དག་ཟད་པས་སྡུག་བསྔལ་ལས་རྣམ་པར་གྲོལ་བ་བ་ནི་ཐར་པའོ། །སྐྱེ་བའི་རྒྱུ་ལས་དང་ཉོན་མོངས་པ། དེ་དག་ནི་ཡུལ་རྣམས་ལས་མི་འབྱུང་སྟེ། འདོད་ཆགས་དང་བྲལ་བ་ལ་ཡུལ་

རྣམས་ཡོད་ཀྱང་དེ་དག་མེད་པའི་ཕྱིར་རོ། །འོ་ན་ཅི་ལས་འབྱུང་ཞེ་ན། ལས་དང་ཉོན་མོངས་རྣམ་རྟོག་ལས། །ཞེས་བྱ་བ་གསུངས་ཏེ། ལས་དང་ཉོན་མོངས་པ་དག་ནི་སྡུག་པ་དང་། མི་སྡུག་པར་ཀུན་དུ་རྟོག་པའི་མཚན་ཉིད་ཀྱི་རྣམ་པར་རྟོག་པ་དག་ལས་འབྱུང་སྟེ། དེ་དག་ཡོད་ན་འབྱུང་བའི་ཕྱིར་རོ། །འདི་ན་གང་ཡོད་ན་གང་འབྱུང་བ་དེ་ནི་དེའི་རྒྱུ་ཅན་ཡིན་པར་ཤེས་པར་བྱ་སྟེ། དཔེར་ན་ས་བོན་ཡོད་ན་མྱུ་གུ་འབྱུང་བ་དེ་བཞིན་དུ་འཕགས་པ་མ་ཡིན་པའི་ཚུལ་བཞིན་མ་ཡིན་པ་ཡིད་ལ་བྱེད་པ་ཞེས་བྱ་བའི་རྣམ་པར་རྟོག་པ་ཡོད་ན་ལས་དང་ཉོན་མོངས་པ་དག་ཀྱང་འབྱུང་བར་འགྱུར་རོ། །གང་ལ་རྣམ་པར་རྟོག་པ་མེད་པ་དེ་ལ་དེ་དག་ཀྱང་མི་འབྱུང་སྟེ། དཔེར་ན་འཕགས་པའི་རྒྱུད་བཞིན་ནོ། །དེ་ལ་ལས་ནི་ཉོན་མོངས་པ་ཅན་གྱི་སེམས་དང་ལྡན་པའི་ཡིད་ཀྱི་མངོན་པར་འདུ་བྱེད་པ་དང་། དེས་ཀུན་ནས་བསླང་བ་ལུས་དང་ངག་གི་འཇུག་པའོ། །ཉོན་མོངས་པར་བྱེད་པ་ནི་སེམས་ཅན་གྱི་རྒྱུད་ཉོན་མོངས་པར་བྱེད་པ་དག་སྟེ། འདོད་ཆགས་ལ་སོགས་པ་དག་གོ། ལས་དང་ཉོན་མོངས་པའི་རྒྱུ་རྣམ་པར་རྟོག་པ་གང་ཡིན་པ་དེ་དག་ནི་སྤྲོས་པ་ལས་བྱུང་བས་དེ་དག་སྤྲོས་ལས་ཞེས་བྱ་བ་གསུངས་ཏེ། ཐ་སྙད་ཀྱི་བདེན་པ་ལ་མངོན་པར་ཞེན་པའི་མཚན་ཉིད་ཀྱི་སྤྲོས་པ་ལས་འབྱུང་ངོ་། །སྤྲོས་པ་དེ་ཡང་གང་གིས་འགག་པར་འགྱུར་ཞེ་ན།། སྤྲོས་པ་ནི། སྟོང་པ་ཉིད་ཀྱིས་འགག་པར་འགྱུར། །ཞེས་བྱ་བ་གསུངས་ཏེ། རྟོགས་པས་ཞེས་བྱ་བའི་ཚིག་གི་ལྷག་མའོ། །ཆོས་བདག་མེད་པ་ཉིད་ཀྱི་མཚན་ཉིད་རྟོགས་པས་འགག་པར་འགྱུར་རོ། །ཡང་ན་སྟོང་པ་ཉིད་ཀྱིས་འགག་པར་འགྱུར། །ཞེས་བྱ་བ་ལ། སྟོང་པ་ཉིད་ནི་སྟོང་པ་ཉིད་ཅེས་པ་སྟེ། སྟོང་པ་ཉིད་ཤེས་པ་སྐྱེས་ན་འགག་པར་འགྱུར་རོ་ཞེས་བྱ་བའི་ཐ་ཚིག་གོ །གལ་ཏེ་གང་ཟག་བདག་མེད་པ་ཉིད་མཐོང་བ་ཁོ་ནས་སྡུག་པ་དང་། མི་སྡུག

པར་རྣམ་པར་རྟོག་པ་ལས་བྱུང་བའི་ལས་དང་། ཉོན་མོངས་པ་དག་ཉེ་བར་ཞི་བ་འགྲུབ་པའི་ཕྱིར། ཆོས་བདག་མེད་པ་ཉིད་མཐོང་བ་དོན་མེད་པར་འགྱུར་རོ་ཞེ་ན་དེ་ནི་རིགས་པ་མ་ཡིན་ཏེ། ཉོན་མོངས་པའི་དྲ་བ་བག་ཆགས་དང་བཅས་པ་མ་ལུས་པ་དྲུངས་དབྱུང་བར་འདོད་པའི་ཕྱིར་ཏེ། དེའི་ཆོས་བདག་མེད་པ་ཉིད་མཐོང་བ་མེད་པ་མི་སྲིད་པའི་ཕྱིར་དང་། ཉོན་མོངས་པ་ཅན་མ་ཡིན་པའི་མི་ཤེས་པ་གཉེན་པོ་རང་བྱུང་གི་ཡེ་ཤེས་ཆོས་ཐམས་ཅད་ཀྱི་ཡུལ་ཅན་ཕྱིན་ཅི་མ་ལོག་པར་ཐུགས་སུ་ཆུད་པ་ཅན་ཡང་དེས་སྤང་བར་བྱ་བ་ཡིན་པའི་ཕྱིར༑ ཆོས་བདག་མེད་པ་ཉིད་མཐོང་བ་དོན་མེད་པར་མི་འགྱུར་རོ། །དེའི་ཕྱིར་དེ་ལྟར་སྤྲོས་པ་མ་ལུས་པ་ཉེ་བར་ཞི་བའི་མཚན་ཉིད་སྟོང་པ་ཉིད་ནི་ཐར་པ་ཡིན་ཏེ། དེ་ལྟར་ཡང་། མདོར་ན་ཆོས་ནི་མི་འཚེ་སྟེ། །མྱ་ངན་འདས་པ་སྟོང་པ་ཉིད། །འདི་ལ་དེ་གཉིས་འབའ་ཞིག་ཅེས། །དེ་བཞིན་གཤེགས་པ་རྣམས་ཀྱིས་གསུངས། །ཞེས་གསུངས་སོ། །མུ་སྟེགས་ཅན་ཁ་ཅིག་གིས་སྨྲས་པ། འདི་ལ་ཁྱེད་ཀྱི་སྟོན་པས་མདོ་སྡེ་ལས། །བདག་གི་མགོན་ནི་བདག་ཉིད་ཡིན། །གཞན་ནི་མགོན་དུ་སུ་ཞིག་འགྱུར། །མཁས་པ་བདག་ཉིད་ལེགས་དུལ་བས། །མཐོ་རིས་དག་ཀྱང་འཐོབ་པར་འགྱུར། །ཞེས་གསུངས་ཤིང་དེ་བཞིན་དུ། སེམས་ཅན་འཁོར་བར་ཞུགས་པ་ནི། །སྡུག་བསྔལ་ལས་ནི་རྣམ་མི་འགྲོལ་ཞེས་ཀྱང་གསུངས་པས་ཁྱེད་བདག་མེད་དོ་ཞེས་སྨྲ་བ་ལ་ཁས་བླངས་པ་སྔ་མས་གནོད་པར་འགྱུར་བས། དེའི་ཕྱིར་བདག་དགག་པའི་རྗེས་སུ་དཔག་པ་མ་གྲུབ་བོ། །འདིར་བཤད་པ། སེམས་ཅན་གང་དག་རྒྱུ་དང་འབྲས་བུ་ལ་སྐུར་པ་འདེབས་པའི་ལྟ་བས་བློ་གྲོས་ཉམས་པ་འཇིག་རྟེན་འདི་མེད་དོ། །འཇིག་རྟེན་ཕ་རོལ་མེད་དོ། །ལེགས་པ་བྱས་པ་དང་། ཉེས་པ་བྱས་པའི་ལས་རྣམས་ཀྱི་འབྲས་བུ་དང་། རྣམ་པར་སྨིན་པ་མེད་དོ། །སེམས་ཅན་རྫུས་ཏེ་སྐྱེ་བ་མེད་

དོ་ཞེས་བྱ་བ་ལ་མངོན་པར་ཞེན་པ་རྟག་ཏུ་མི་དགེ་བ་མངོན་པར་འདུ་བྱེད་པ་ལ་གཞོལ་བའི་ཡིད་དང་ལྡན་པ་ངན་སོང་གི་གཡང་ས་ཆེན་པོའི་འགྲམ་ན་གནས་པ་དག་ཡོད་པས་དེའི་ཕྱིར་སངས་རྒྱས་བཅོམ་ལྡན་འདས་དེ་དག་ལ། ཕན་གདགས་པར་བཞེད་པ་གཞན་ལ་ཕན་པ་བསྐྱེད་པའི་ཐུགས་དམ་མངའ་བ། སེམས་དང་སེམས་ལས་བྱུང་བའི་རྒྱུན་ལ་བརྟེན་ནས། ཕྱི་མ་ལ་དེ་དག་གི་རྒྱུན་མི་འཆད་པར་གཟིགས་པ་རྣམས་ཀྱིས་ཐ་སྙད་ཀྱི་བདེན་པའི་དབང་གིས་བདག་ཡོད་དོ་ཞེས་ཀྱང་གདགས་པར་མཛད་པས་དེའི་ཕྱིར། བདག་གོ་ཞེས་ཀྱང་བརྟགས་གྱུར་ཅིང་། །ཞེས་བྱ་བ་གསུངས་སོ། །སེམས་ཅན་གང་དག་བདག་རྟག་པ་དང་། ཐམས་ཅད་དུ་སོང་བ་དང་། དགེ་བ་དང་། མི་དགེ་བའི་བྱ་བ་ལ་རང་དབང་ཅན་དང་། ཟ་བ་པོ་ཡིན་ནོ་སྙམ་དུ་མངོན་པར་ཞེན་པ་དག་ཡོད་དེ། དེ་དག་བདག་ཏུ་ལོག་པར་ལྟ་བའི་ཐག་པས་སེམས་བཅིངས་ཤིང་། ལུས་དང་དབང་པོ་དང་། བློའི་ཡུལ་ལ་བདག་མེད་པའི་ལྟ་བ་མ་སྐྱེས་པས། བསམ་གཏན་དང་ཏིང་ངེ་འཛིན་དང་སྙོམས་པར་འཇུག་པའི་སྟོབས་ཀྱིས་ཤིན་ཏུ་རིང་དུ་སོང་ཡང་བྱ་རྐང་པ་བཤལ་ཐག་གིས་བཅིངས་པ། ཐག་རིང་པོར་སོང་ཡང་ཕྱིར་ལྡང་བ་བཞིན་དུ། སྐྱེ་བ་ལ་སོགས་པའི་སྡུག་བསྔལ་དག་ལས་རྣམ་པར་མི་འགྲོལ་བར་ཐུགས་སུ་ཆུད་ནས། དེ་ལྟར་བདག་ཏུ་ལྟ་བའི་ཐག་པ་བཅད་པས་སྡུག་བསྔལ་ཉེ་བར་ཞི་བར་མཛད་པའི་ཕྱིར་ཕུང་པོ་ལྔ་ལ་བདག་མེད་དོ་ཞེས་ཀྱང་བསྟན་པར་མཛད་པས་དེའི་ཕྱིར། བདག་མེད་ཅེས་ཀྱང་བསྟན་པར་འགྱུར།། ཞེས་བྱ་བ་གསུངས་སོ། །གང་དག་དགེ་བའི་རྩ་བ་རྒྱ་ཆེན་པོ་ཤིན་ཏུ་ཉེ་བར་བསགས་པ། དབང་པོ་ཡོངས་སུ་སྨིན་པ། ཟབ་ཅིང་རྒྱ་ཆེ་བ་ལ་མོས་པ། ཐམས་ཅད་མཁྱེན་པ་ཉིད་རྟོགས་པའི་བཤད་པ་བདུད་རྩིའི་སྣོད་དུ་གྱུར་པ་དེ་དག་ལ་ནི་འདུས་བྱས་ངོ་བོ་ཉིད་སྟོང་

པ་ཉིད་རྨི་ལམ་དང་། མིག་འཕྲུལ་དང་། ཆུ་ཟླ་ལྟ་བུར་ཐུགས་སུ་ཆུད་ནས་དོན་དམ་པར་བདག་དང་བདག་མེད་པ་འགའ་ཡང་མེད་པར་བསྟན་པ་མཛད་པས་དེའི་ཕྱིར། སངས་རྒྱས་རྣམས་ཀྱིས་བདག་དང་ནི། །བདག་མེད་འགའ་ཡང་མེད་པར་བསྟན། །ཞེས་བྱ་བ་གསུངས་ཏེ། བདག་དང་བདག་མེད་པར་རྣམ་པས་བརྟག་པའི་གཞིའི་དངོས་པོ་ཡོད་པ་མ་ཡིན་པའི་ཕྱིར་རོ་ཞེས་བྱ་བར་དགོངས་སོ། །དེའི་ཕྱིར་དེ་ལྟར་ཐ་སྙད་དུ་བདག་ཁས་བླངས་པའི་ཕྱིར་ཁས་བླངས་པ་ལ་མི་གནོད་དོ། །གལ་ཏེ་དེ་ནི་དོན་དམ་པར་བསྟན་པའི་ཕྱིར་ལན་མ་ཡིན་ནོ་ཞེ་ན། ལན་མ་ཡིན་པ་མ་ཡིན་ཏེ། ལུང་ལས། འདི་ལ་བདག་དང་སེམས་ཅན་མེད། །ཆོས་འདི་དག་ནི་རྒྱུ་དང་བཅས། །ཞེས་གསུངས་པའི་ཕྱིར་དང་། དེ་ཡོད་པ་ཉིད་དུ་སྟོན་པའི་རྗེས་སུ་དཔག་པ་མ་སྨྲས་པའི་ཕྱིར་དང་། བདག་དགག་པར་ནུས་པའི་བསྒྲུབ་པ་བསྟན་པའི་ཕྱིར་རོ། །ཡང་གཞན་དུ་བརྟག་སྟེ། མུ་སྟེགས་བྱེད་ཁ་ཅིག་འདུ་བྱེད་བདག་མེད་པ། སྐད་ཅིག་མ་རེ་རེ་ལ་རྣམ་པར་འཇིག་པའི་ངང་ཚུལ་ཅན་ནམ་དུས་གཞན་དུ་ངེས་པར་གནས་པ་རྣམས་ལ་བདག་མེད་ན། ལས་དང་འབྲས་བུ་མེད་པར་བརྟགས་ནས། འཇིག་པར་འགྱུར་བ་དག་གིས་བདག་ཡོད་དོ་ཞེས་ཀྱང་བརྟགས་པས་དེའི་ཕྱིར། བདག་གོ་ཞེས་ཀྱང་བརྟགས་གྱུར་ཅིང་། །ཞེས་བྱ་བ་གསུངས་སོ། །གཞན་གང་དག་འདི་ནི། ལུས་དང་། དབང་པོ་དང་། བློའི་ཚོགས་ཙམ་དུ་ཟད་དེ། དེ་ལ་རྒྱུ་དག་འབྲས་བུ་ལས་གང་མ་གཏོགས་པར་འགྱུར་བའི་བདག་ནི་ངོ་བོ་ཉིད་ཀྱིས་ཟད་དེ། སེམས་ཅན་དུ་བགྲང་བའི་འདུ་བྱེད་བདག་མེད་པ། ངེས་པར་མི་གནས་པ་གནས་སུ་མ་བྱས་པ་འདི་དག་ལ་ཡང་འཁོར་བ་མི་འཐད་དེ་ཞེས་བྱ་བར་རིགས་ནས། རྒྱུ་དང་འབྲེལ་པ་ལ་རྨོངས་པ། །ཇི་ཙམ་དབང་པོའི་སྤྱོད་ཡུལ་བ། །སྐྱེས་བུ་དེ་ཙམ་ཉིད་དུ་ཟད། །སྨོ་

བསངས་མང་ཐོས་གང་སླུ་བ། །དེ་དག་སྲུང་གིའི་རྗེས་དང་འདྲ། །མཛེས་མ་ལེགས་པར་སྤྱོད་ཅིང་ཟློ། །ལུས་མཆོག་ཁྱོད་འདས་གང་དེ་མེད། །འཛིགས་རུང་སོང་བ་ཕྱིར་མི་ལྡོག། ལུས་འདི་འདུས་པ་ཙམ་དུ་ཟད། །ཅེས་ཟེར་བ་དག་གིས་ལུས་དང་། དབང་པོ་ལ་བདག་མེད་དོ་ཞེས་གང་བསྟན་པས་དེའི་ཕྱིར། བདག་མེད་ཅེས་ཀྱང་བསྟན་པར་གྱུར་ཞེས་བྱ་བ་གསུངས་སོ། །སངས་རྒྱས་བཅོམ་ལྡན་འདས་ཆོས་ཐམས་ཅད་ལ་མཁྱེན་པ། ཐོག་ཏུ་མ་གྱུར་པ་འཇུག་པ་རྣམས་ཀྱིས་ནི་བདག་དང་། བདག་མེད་པ་འགའ་ཡང་མེད་པར་བསྟན་པ་མཛད་པས་དེའི་ཕྱིར། སངས་རྒྱས་རྣམས་ཀྱིས་བདག་དང་ནི། །བདག་མེད་འགའ་ཡང་མེད་པར་བསྟན། །ཞེས་བྱ་བ་གསུངས་ཏེ། ཆོས་ཐམས་ཅད་ཀྱི་དེ་ཁོ་ན་སྤྲོས་པ་མེད་པ་ཉིད་ལེགས་པར་ཐུགས་སུ་ཆུད་པའི་ཕྱིར་དང་། བདག་དང་བདག་མེད་པར་འཛིན་པ་ཉིད་སྤངས་པའི་ཕྱིར་དང་། བདག་དང་བདག་མེད་པར་རྣམ་པར་རྟོག་པ་འཇུག་པའི་རྒྱུ་མེད་པར་མཁྱེན་པའི་ཕྱིར་རོ་ཞེས་བྱ་བར་དགོངས་ཏེ། བདག་དང་བདག་མེད་པའི་རྣམ་པར་སྒྲོ་འདོགས་པས། གཟུགས་ལ་སོགས་པ་དག་ལ་ཀུན་དུ་མི་རྟོག་པའི་ཕྱིར་རོ། །དེ་ལྟར་ཡང་ཇི་སྐད་དུ་རབ་ཀྱི་རྩལ་གྱིས་རྣམ་པར་གནོན་པ། གཟུགས་ནི་བདག་གམ་བདག་མེད་པ་མ་ཡིན་ནོ། །དེ་བཞིན་དུ་ཚོར་བ་དང་། འདུ་ཤེས་དང་། འདུ་བྱེད་རྣམས་དང་༑ རྣམ་པར་ཤེས་པ་ལ་ཡང་བདག་གམ་བདག་མེད་པ་མ་ཡིན་ནོ། །གཟུགས་དང་། ཚོར་བ་དང་། འདུ་ཤེས་དང་། འདུ་བྱེད་རྣམས་དང་། རྣམ་པར་ཤེས་པ་བདག་གམ་བདག་མེད་པ་ཉིད་མ་ཡིན་པ་གང་ཡིན་པ་དེ་ནི་ཤེས་རབ་ཀྱི་ཕ་རོལ་ཏུ་ཕྱིན་པའོ་ཞེས་གསུངས་སོ༑ ༑སྤྲོས་པ་ནི་སྟོང་པ་ཉིད་ཀྱིས་འགག་པར་འགྱུར་ཞེས་སྨྲ་གང་སྨྲས་པ་དེ་ཇི་ལྟར་སྟོང་པ་ཉིད་ཀྱིས་འགག་པར་འགྱུར་བ་དེ་ལྟར་འདིར་བཤད་པར་བྱ་སྟེ། འདི་ལ་བརྗོད་

པར་བྱ་བ་ལ་རྟོགས་པས་སྒྲོ་བཏགས་པ་ལས་ནི་བརྗོད་པའི་བདག་ཉིད་ཀྱི་སྤྲོས་པ་དཔག་ཏུ་མེད་པ་འབྱུང་ལ། དངོས་པོ་ཐམས་ཅད་ཀྱི་ངོ་བོ་ཉིད་རབ་ཏུ་དབེན་པའི་མཚན་ཉིད་ཀྱི་སྟོང་པ་ཉིད་ནམ་མཁའ་ལྟ་བུ་མངོན་སུམ་དུ་བྱར་མེད་པའི་ཚུལ་གྱིས་མངོན་སུམ་དུ་བྱས་ཤིང་། དངོས་པོ་ཐམས་ཅད་བརྗོད་དུ་མེད་པར་མཐོང་བའི། བརྗོད་པར་བྱ་བ་ལྡོག་པས་ཏེ། །བརྗོད་པ་འཇུག་པའི་རྒྱུ་མེད་པའོ་ཞེས་བྱ་བའི་ཐ་ཚིག་གོ། བརྗོད་པར་བྱ་བ་དེ་ཡང་ཇི་ལྟར་ལྡོག་པར་འགྱུར་ཞེ་ན། སེམས་ཀྱི་སྤྱོད་ཡུལ་ལྡོག་པའོ། །གང་གི་ཕྱིར་ཞེས་བྱ་བའི་ཚིག་གི་ལྷག་མའོ། །སེམས་ཀྱི་སྤྱོད་ཡུལ་ནི་སེམས་ཀྱི་ཡུལ་ཏེ། གཟུགས་ལ་སོགས་ཞེས་བྱ་བའི་ཐ་ཚིག་གོ །དེ་ཡང་དོན་དམ་པར་ཡོངས་སུ་མ་གྲུབ་པའི་ཕྱིར་རོ། །སེམས་ཀྱི་སྤྱོད་ཡུལ་ནི་དངོས་པོར་བརྗོད་དེ། རང་གི་ངོ་བོ་དང་། སྤྱིའི་ངོ་བོ་སྟོན་པའི་ཕྱིར་རོ། །ལྡོག་པ་ནི་ལྡོག་པ་ལྟ་བུ་སྟེ། ལྟ་བ་པོའི་དེ་ཁོ་ན་ཤེས་པ་སྐྱེས་པ་དང་། མ་སྐྱེས་པ་ན་ཡང་དངོས་པོའི་དེ་ཁོ་ན་ཉིད་རྣམ་པར་མི་རྟོག་པའི་ཡེ་ཤེས་ཀྱི་སྤྱོད་ཡུལ་གྱི་རང་གི་ངོ་བོ་ཡོངས་སུ་མི་གཏོང་བའི་ཕྱིར་རོ། །དེའི་ཕྱིར་དེ་ལྡོག་པའི་བརྗོད་པའི་བདག་ཉིད་ཀྱི་སྤྲོས་པ་ལྡོག་གོ། སེམས་ཀྱི་སྤྱོད་ཡུལ་ལྡོག་པ་དེ་ཡང་གང་གིས་ཀྱང་མི་བྱེད་དོ། །འོ་ན་ཇི་ལྟ་བུ་ཞེ་ན། སེམས་ཀྱི་སྤྱོད་ཡུལ་གཟུགས་ལ་སོགས་པ་དག། མ་སྐྱེས་པ་དང་མ་འགགས་པ། །ཆོས་ཉིད་མྱ་ངན་འདས་དང་མཚུངས། །ཆོས་ཉིད་དང་ཆོས་ཀྱི་ངོ་བོ་ཉིད་དང་། ཆོས་ཀྱི་རང་བཞིན་ཞེས་བྱ་བ་དག་གི་རྣམ་གྲངས་སོ། །ཡང་ན་གཞན་གྱིས་སྤྲོས་པ་ནི་སྟོང་པ་ཉིད་ཀྱིས་འགག་པར་འགྱུར་རོ་ཞེས་བྱ་བ་དེ་ལ་རིགས་པ་གང་ཡིན་ཞེས་སྨྲས་པ་ན། སློབ་དཔོན་གྱིས་རྣལ་འབྱོར་པ་སྟོང་པ་ཉིད་ལ་གནས་ཤིང་། མཚན་མ་མེད་པ་ལ་གནས་པའི་བརྗོད་པར་བྱ་བ་ལྡོག་པས། དེའི་ཕྱིར། བརྗོད་པར་བྱ་བ་ལྡོག་པས་ཏེ། །ཞེས་བཤད་དེ།

བརྗོད་པར་འཇུག་པ་ལྡོག་པས་ཞེས་བྱ་བའི་ཐ་ཚིག་གོ། དེས་ན། སེམས་ཀྱི་སྤྱོད་ཡུལ་ལྡོག་པས་སོ། །སེམས་ཀྱི་སྤྱོད་ཡུལ་ནི་སེམས་ཀྱི་རྒྱུ་བ་ཞེས་བྱ་བའི་ཐ་ཚིག་གོ། ཡུལ་གྱི་ངོ་བོ་ཉིད་ནི་སེམས་ཀྱིས་རྣམ་པར་བརྟགས་པ་ཡིན་པར་བརྗོད་དེ། དེ་ཡང་དམིགས་སུ་མེད་པ་ལ་གནས་པས་ལྡོག་པའི་ཕྱིར་སེམས་ཀྱི་སྤྱོད་ཡུལ་ལྡོག་པས་སོ། །ཇི་ལྟར་སེམས་ཀྱི་སྤྱོད་ཡུལ་ལྡོག་པར་འགྱུར་ཞེ་ན། མ་སྐྱེས་པ་དང་མ་འགགས་པ། ཆོས་ཉིད་མྱ་ངན་འདས་དང་མཚུངས། །གང་གི་ཕྱིར་སེམས་ཀྱི་དེ་ཁོ་ན་ཞེས་བྱ་བའི་ཚིག་གི་ལྷག་མའོ།།

ཡང་ན། དངོས་པོ་དང་དངོས་པོ་མེད་པ་དག་མ་མཐོང་བ་དེ་ཁོ་ན་མཐོང་བ་ཞེས་བྱ་སྟེ། དེ་ཡང་ཇི་ལྟ་བུ་ཞིག་ཡིན་སྙམ་དུ་ཁ་ཅིག་དེ་ལྟར་སེམས་པས་དེའི་ཕྱིར། བརྗོད་པར་བྱ་བ་ལྡོག་པས་ཏེ། །ཞེས་བཤད་དོ། །དངོས་པོ་དང་དངོས་པོ་མེད་པ་དག་མ་མཐོང་བའོ། །དེ་ཡང་ཇི་ལྟར་ཞེ་ན། གང་གི་ཕྱིར། སེམས་ཀྱི་སྤྱོད་ཡུལ་ལྡོག་པས་སོ། །སེམས་ལ་སོགས་པའི་སྤྱོད་པ་སྟེ། དངོས་པོ་ལ་སོགས་པར་མི་དམིགས་པའི་ཕྱིར་རོ་ཞེས་བྱ་བར་དགོངས་སོ༑ ༑འདིར་ཡང་སོགས་པའི་སྒྲ་ཁོང་ནས་དབྱུང་བར་བལྟ་བར་བྱ་སྟེ། སེམས་ལ་སོགས་པའི་སྤྱོད་པ་ནི་སེམས་ཀྱི་སྤྱོད་ཡུལ་ལོ། །དེ་ཁོ་ན་མཐོང་བ་མེད་པ་ཡང་མ་ཡིན་ཏེ། གང་གི་ཕྱིར་གཟུགས་ལ་སོགས་པ་ཡུལ་རྣམས་མ་མཐོང་བ་གང་ཁོ་ན་ཡིན་པ་དེ་ཉིད་དེ་ཁོ་ན་མཐོང་བའི་སྒྲར་བརྗོད་དེ། དངོས་པོའི་ངོ་བོ་ཉིད་ཕྱིན་ཅི་མ་ལོག་པར་རྟོགས་པའི་ཕྱིར་རོ།།

ཇི་སྐད་དུ་མཐོང་བ་མེད་པ་ནི། དེ་ཁོ་ན་མཐོང་བའོ་ཞེས་གསུངས་སོ། །དེའི་ཕྱིར་བརྗོད་པར་བྱ་བ་ལྡོག་པ་སྟེ། ཇི་སྐད་དུ། འཕགས་པ་བློ་གྲོས་མི་ཟད་པས་བསྟན་པའི་མདོ་ལས། དོན་དམ་པའི་བདེན་པ་གང་ཞེ་ན། གང་ལ་སེམས་ཀྱང་མི་རྒྱུ་ན་ཡི་གེ་རྣམས་ལྟ་སྨོས་ཀྱང་ཅི་དགོས་པའོ་ཞེས་གསུངས་པ་དང་། དེ་བཞིན་དུ་གཞན་ནས་ཀྱང་། སེམས་དང་། ཡིད་

དང་༑ རྣམ་པར་ཤེས་པ་དང་བྲལ་བའོ་ཞེས་བྱ་བ་ལ་སོགས་པ་གསུངས་པ་ལྟ་བུའོ། །དེའི་
ཕྱིར་རེ་ཞིག་དེ་ཁོ་ན་ལ་ནི། མ་སྐྱེས་པ་དང་མ་འགགས་པ། །ཆོས་ཉིད་མྱ་ངན་འདས་དང་
མཚུངས༑ ༑ཞེས་བྱ་བ་དེ་ཙམ་དག་སྨྲ་བར་នུས་ཏེ། ཆོས་ཐམས་ཅད་དབེན་པའི་མཚན་
ཉིད་ཡིན་པའི་ཕྱིར་རོ། །ཡང་ན་སྟོང་པ་ཉིད་ཤེས་པའི་ཉི་མའི་འོད་ཟེར་གྱིས་སྣང་བར་
བྱས་པའི་དངོས་པོ་ཐམས་ཅད་ཀྱི་ངོ་བོ་ཉིད་ལ་ཀུན་དུ་ལྟ་ཞིང་། དམིགས་སུ་མེད་པ་ལ་
རབ་ཏུ་གནས་པའི་ངག་དང་ཡིད་ཀྱི་བརྗོད་པ་ལྡོག་པའི་ཕྱིར་དང་། བརྗོད་པར་བྱ་བ་
ལྡོག་པས་ཏེ། དེ་ཉིད་ཀྱང་། སེམས་ཀྱི་སྤྱོད་ཡུལ་ལྡོག་པས་སོ། །སྤྱོད་ཡུལ་ནི་མཐུ་ཉིད་
དོ༑ ༑ཇི་ལྟར་སེམས་ཀྱི་མཐུ་ཉིད་ལྡོག་པར་འགྱུར་ཞེ་ན། འདི་ལ་ཡུལ་གྱི་སྟོབས་ཀྱིས་རྣམ་
པར་ཤེས་པ་སྐྱེས་ཤིང་དངོས་པོའི་ངོ་བོ་ཉིད་དང་། ཁྱད་པར་གྱི་ཡུལ་ཐ་དད་པ་ལ་རྟོགས་
པའི་བརྒྱུན་ཐག་གིས་རྣམ་པ་ཐ་དད་པ་དུ་མར་རྟོག་པ་ན་དར་གྱི་སྲིན་བུ་བཞིན་དུ་བདག་
ཉིད་ཀྱི་མཐུ་ཉིད་ཀུན་ནས་དཀྲིས་པར་འགྱུར་རོ། །ཆོས་ཐམས་ཅད་བདག་མེད་པར་
མཐོང་བས་ནི། དེ་མི་འཇུག་པའི་ཕྱིར་སེམས་ཀྱི་སྤྱོད་ཡུལ་ལྡོག་གོ། སེམས་ཀྱི་སྤྱོད་ཡུལ་
ལྡོག་པ་ཡང་དེ་ཁོ་ན་ཤེས་པའི་བྱེད་པ་པོ་དང་ལྡན་པ་མ་ཡིན་ཏེ། འོན་ཇི་ལྟ་བུ་ཞེ་ན། མ་
སྐྱེས་པ་དང་མ་འགགས་པ། །ཆོས་ཉིད་མྱ་ངན་འདས་དང་མཚུངས། །གང་གི་ཕྱིར་སེམས་
དང་སེམས་ལས་གཞན་པའི་ཆོས་རྣམས་ཀྱི་དེ་ནི་གང་གིས་ཀྱང་བྱ་བ་མ་ཡིན་པའི་ཕྱིར་ཏེ།
ད་༼དེ༽ལྟར་ཡང་འཕགས་པ་དཀོན་མཆོག་བརྩེགས་པའི་མདོ་ལས། སྟོང་པ་ཉིད་ཀྱིས་
ཆོས་རྣམས་སྟོང་པར་མི་བྱེད་ཀྱི། འདི་ལྟར་ཆོས་རྣམས་སྟོང་པའོ། །ཞེས་བྱ་བ་ལ་སོགས་
པ་གསུངས་སོ། །འོན་ཀྱང་དེ་དག་གི་རང་བཞིན་ནི་མྱ་ངན་ལས་འདས་པ་དང་མཚུངས་
སོ་ཞེས་བྱ་བར་ཁོང་དུ་ཆུད་པར་བྱ་སྟེ། ཇི་སྐད་དུ་འདི་ལྟར་དེ་བཞིན་གཤེགས་པ་བྱུང་

ཆུབ་ཀྱི་སྙིང་པོ་ལ་བཞུགས་ནས་ཡང་དག་པ་མ་ཡིན་པའི་ཀུན་ཏུ་རྟོག་པས་ཀུན་ནས་བསླང་བའི་ཉོན་མོངས་པ་ཡོད་པ་མ་ཡིན་པའི་རང་བཞིན་ཤིན་ཏུ་སྐྱེ་བ་མེད་པའི་ངོ་བོ་ཉིད་ཀུན་དུ་མཁྱེན་པར་གྱུར་ཏོ་ཞེས་བྱ་བ་ལ་སོགས་པ་གསུངས་སོ། །དེའི་ཕྱིར། སྲིད་པའི་ས་བོན་རྣམ་ཤེས་ཏེ། །ཡུལ་རྣམས་དེ་ཡི་སྤྱོད་ཡུལ་ལོ། །ཡུལ་ལ་བདག་མེད་མཐོང་ན་ནི། །སྲིད་པའི་ས་བོན་འགག་པར་འགྱུར། །ཞེས་བྱ་བ་དེ་ཡང་འཐད་པ་ཡིན་ནོ། །དེའི་ཕྱིར་དེ་ལྟར་ཆོས་ཐམས་ཅད་མཉམ་པ་ཉིད་མྱ་ངན་ལས་འདས་པ་དང་མཚུངས་པ་སྐྱེ་བ་མེད་པར་མཐོང་བས་ནི་སེམས་ཀྱི་སྤྱོད་ཡུལ་ལྡོག་པར་འགྱུར་ལ། སེམས་ཀྱི་སྤྱོད་ཡུལ་ལྡོག་པས་ནི་བརྗོད་པར་བྱ་བ་ལྡོག་ཅིང་། དེ་ལོག་པས་ནི་ཐ་སྙད་ཀྱི་བདེན་པ་ལ་མངོན་པར་ཞེན་པའི་མཚན་ཉིད་ཀྱི་སྤྲོས་པ་ཉེ་བར་ཞི་བར་འགྱུར་རོ། །རང་གི་སྡེ་པ་དང་། གཞན་གྱི་སྡེ་པ་ཁ་ཅིག་ན་རེ། དབུ་མ་སྨྲ་བ་ནི་དངོས་པོ་ཐམས་ཅད་ལ་སྐུར་བ་འདེབས་པའི་ཕྱིར་མེད་པ་བདག་དང་ཁྱད་པར་ནི་མེད་དོ་ཞེས་ཟེར་བ་དེ་དག་ལ་ཁ་ཅིག་གིས། དངོས་པོ་སེལ་བ་ཉིད་དུ་མཚུངས་སུ་ཟིན་ཀྱང་། སོ་སོའི་སྐྱེ་བོ་དང་། དགྲ་བཅོམ་པ་སོ་སོར་མ་བརྟགས་པ་དང་། སོ་སོར་བརྟགས་པའི་བཏང་སྙོམས་པ་དག་བཞིན་ནམ། དམུས་ལོང་དང་མིག་ཅན་གྱི་ཕྱོགས་མི་བདེའོ་སྙམ་དུ་ངེས་པར་སེམས་པ་དག་མཚུངས་སུ་ཟིན་ཀྱང་ཁྱད་པར་ཡོད་པ་བཞིན་དུ་མེད་པ་དང་། དབུ་མ་པ་དག་ལ་ཡང་ཁྱད་པར་ཡོད་དོ་ཞེས་ལན་འདེབས་པར་བྱེད་པས་ནི། ཕ་རོལ་པོས་དངོས་པོའི་དེ་ཁོ་ན་ཉིད་རྟོགས་པ་ལ་ཁྱད་པར་མེད་དོ་ཞེས་བསྟན་པ་ལ་ཁྱད་པར་ཡོད་པར་མ་བརྗོད་པས་ལན་མ་ཡིན་ནོ། །འདི་སྐད་བརྗོད་ན་མི་རིགས་ཏེ། མེད་པ་པ་དག་དང་། དབུ་མ་སྨྲ་བ་དག་གང་གི་ཚེ་མཚུངས་པར་རྟོག ཐ་སྙད་ཀྱི་དུས་སུའམ། འོན་ཏེ་དེ་ཁོ་ན་ལ་ལྟ་བའི་དུས་སུ་དེ་ལ་རེ་ཞིག་ཐ་སྙད་

ཀྱི་དུས་སུ་ནི་དེ་དག་རྒྱུ་དང་འབྲས་བུ་ལ་སྐུར་བ་འདེབས་པ་ལ་མངོན་པར་ཞེན་པས་དགེ་བའི་ཕྱོགས་དྭངས་ཕྱུང་ཞིང་མི་དགེ་བའི་ལས་ཐམས་ཅད་ལ་ཞུགས་པ་དང་། ཐ་སྙད་ཀྱི་བདེན་པ་ཉིད་ལ་གནོད་པ་བྱེད་པ་དེ་ལྟར། དབུ་མ་སྨྲ་བ་དག་རྒྱུ་དང་འབྲས་བུའི་འབྲེལ་པ་སྒྱུ་མ་དང་། སྨིག་རྒྱུ་ལྟ་བུ་དག་ལ་སྐུར་པ་མི་འདེབས་ཞིང་མི་དགེ་བའི་ལས་ཀྱི་ལམ་ལ་མ་ཞུགས་པ་དང་། ཟག་པ་དང་བཅས་པའི་ཕུང་པོའི་རྒྱུན་ལས་ཡང་འབྱུང་བའི་སྲིད་པའི་ཕུང་པོ་འབྱུང་ཞིང་། ཕུང་པོའི་རྒྱུན་འགག་པ་སྔོན་དུ་འགྲོ་བ་ལས་ད་ལྟར་དང་། མ་འོངས་པ་སྐྱེ་ལམ་ལྟ་བུ་དག་འབྱུང་བར་སྟོན་པས་ཐ་སྙད་ཀྱི་བདེན་པ་ཉིད་ལ་གནོད་པར་མི་བྱེད་པའི་ཕྱིར། ཐ་སྙད་ཀྱི་དུས་སུ་ཡང་མེད་པ་པ་དང་། དབུ་མ་སྨྲ་བ་དག་མཚུངས་པ་མ་ཡིན་ལ། དེ་ཁོ་ན་ལ་ལྟ་བའི་དུས་སུ་ཡང་མཚུངས་པ་མ་ཡིན་ཏེ། འདི་ལྟར་མེད་པ་པ་དག་ལ་ནི་རྣམ་པར་ཤེས་པ་མེད་དོ་ཞེས་མེད་པའི་ཡུལ་ཅན་དངོས་པོ་ཐམས་ཅད་ལ་སྐུར་པ་འདེབས་པ་འབྱུང་ཞིང་དེ་ཡང་ལོག་པར་ཤེས་པ་ཡིན་པས། འཆལ་བའི་ཚུལ་ཁྲིམས་ཀྱི་དྲི་མས་ཉེ་བར་སྦགས་པ་ཉིད་ཀྱི་སྡུག་བསྔལ་ཉེ་བར་ཞི་བར་མི་འགྱུར་གྱི། དབུ་མ་སྨྲ་བ་དག་ལ་ནི་དེ་ཁོ་ན་ལ་ལྟ་བའི་དུས་སུ་ཡང་གཟུགས་ལ་སོགས་པའི་ཡུལ་གྱི་དངོས་པོ་དག་ལ་ཡོད་པའི་བློ་སྤྱར་བྱུང་བར་གྱུར་པ་གང་ཡིན་པ་དེ་ཡང་གཟུགས་ལ་སོགས་པའི་དངོས་པོ་སྟོང་པ་ཉིད་དུ་རྟོགས་པས། གཟུགས་ལ་སོགས་པའི་དངོས་པོ་འདི་དག་ནི་ཡོད་པ་མ་ཡིན་ནོ་སྙམ་པས་རྣམ་པར་རྟོག་པ་ལྡོག་པར་འགྱུར་རོ། །དོན་གྱི་གོ་བས་མེད་པའི་བློ་སྐྱེས་སོ་སྙམ་པ་ཡང་སྐྱེ་བར་མི་འགྱུར་ཏེ། དོན་དམ་པར་གཟུགས་ལ་སོགས་པའི་ཡུལ་མེད་དོ་སྙམ་པའི་བློ་གང་ཡིན་པ་དེ་ཡང་དོན་ཇི་ལྟ་བ་བཞིན་མ་ཡིན་ཏེ། བློ་ཡིན་པའི་ཕྱིར་དཔེར་ན་ཡོད་པའི་བློ་བཞིན་པས། བློ་དེ་སུན་དབྱུང་བའི་ཕྱིར་རོ། །ཡང་ན་གང་ལ་དངོས་

པོར་སྣང་བའི་བློ་སྐྱེ་བ་དེ་ལ་ནི། དེ་བསལ་བས་མེད་པའི་བློ་སྐྱེ་བའི་སྐབས་ཡོད་ཀྱི། སེལ་བ་མེད་པ་ལ་ནི་མེད་པར་རྟོག་པའི་སྒོ་ནས་མེད་པའི་བློ་ཡང་ལོག་པར་འགྱུར་ཏེ། སྤྱོད་པ་མེད་པར་སྤྱོད་པའི་ཤེས་རབ་ཀྱི་སྤྱོད་པ་ལ་གནས་པ་རབ་ཏུ་དབེན་པར་གྱུར་པ་རྣམས་ལ་མེད་དོ་སྙམ་པའི་བློ་མི་སྐྱེ་བའི་ཕྱིར་མེད་པ་པ་དག་དང་། དབུ་མ་སྨྲ་བ་དག་ལ་སྒྲ་མཚུངས་པ་ཙམ་ཡང་མེད་དོ། །སྟོན་པའི་དུས་ན་ཡང་ཡོད་པ་ཉིད་དགག་པ་ཙམ་བྱེད་པའི་ཕྱིར་མེད་པ་ཉིད་དུ་སྟོན་པར་མི་བྱེད་པས། ཡུངས་འབྲུ་དང་། རི་རབ་བཞིན་དུ་ཁྱད་པར་ཤིན་ཏུ་ཆེའོ། །ཆོས་ཐམས་ཅད་མྱ་ངན་ལས་འདས་པ་དང་མཚུངས་སུ་ཟིན་ཀྱང་དོན་དམ་པར་རྟོགས་པར་འགྱུར་བའི་ཕྱིར་ཚོགས་མང་པོ་ཉེ་བར་བླང་བ་དང་། རྗེས་སུ་མཐུན་པའི་ཕྱིར་དང་། འཇིག་རྟེན་གྱི་ཐ་སྙད་དུ་ཡང་དེ་ལྟར་བདེན་པའི་ཕྱིར་ཇི་ལྟར་ནང་དང་ཕྱི་རོལ་གྱི་དངོས་པོ་འཇིག་རྟེན་ལ་ཡང་དག་པ་ཉིད་དུ་གྲགས་པ་དང་། ཡང་དག་པ་ཉིད་དུ་མ་ཡིན་པར་གྲགས་པ་གང་ཡིན་པ་དེ་དག་ཐ་སྙད་དུ། ཐམས་ཅད་ཡང་དག་ཡང་དག་མིན༑ ༑འདི་ལྟར་བཅོམ་ལྡན་འདས་ཀྱིས་ཀྱང་། གང་འཇིག་རྟེན་ལ་ཡོད་པར་གྲགས་པ་དེ་ང་ཡང་ཡོད་པར་སྨྲའོ། །གང་འཇིག་རྟེན་ལ་མེད་པར་གྲགས་པ་དེ་ང་ཡང་མེད་པར་སྨྲའོ་ཞེས་ཇི་སྐད་གསུངས་པ་ལྟ་བུའོ། །ཡང་ན་མིག་ལ་སོགས་པ་སྐྱེ་མཆེད་རྣམས་དང་། གཟུགས་ལ་སོགས་པ་ཡུལ་རྣམས་ཐ་སྙད་ཀྱི་བདེན་པ་དང་མི་འགལ་བར་ཡོད་པས། ཐམས་ཅད་ལ་ཡང་དག་ཅེས་གསུངས་སོ། །དོན་དམ་པར་ནི་བརྟེན་ནས་འབྱུང་བ་སྒྱུ་མ་བཞིན་དུ་ངོ་བོ་ཉིད་ཡོངས་སུ་མ་གྲུབ་པའི་ཕྱིར། ཇི་ལྟར་སྣང་བ་དེ་ལྟར་ཡོད་པ་མ་ཡིན་པས་ཡང་དག་མིན་ཞེས་གསུངས་སོ། །བདེན་པ་གཉི་གའི་རྣམ་པ་ལ་ལྟོས་ནས། ཡང་དག་ཡང་དག་མ་ཡིན་ཉིད། །ཅེས་གསུངས་སོ། །མངོན་པར་རྟོགས་པའི་དུས་ན་རྣལ་འབྱོར་

པ་རྣམ་པ་ཐམས་ཅད་དུ་ཆོས་ཐམས་ཅད་ཀྱི་དེ་ཁོ་ན་ལ་རྣམ་པར་མི་རྟོག་པའི་ཕྱིར། ཡང་དག་མིན་མིན་ཡང་དག་མིན། །དེ་ནི་སངས་རྒྱས་བསྟན་པའོ། །ཡང་ན་བཅོམ་ལྡན་འདས་ཀྱིས་ཉོན་མོངས་པའི་སྒྲིབ་པ་སྤྱང་པའི་ཕྱིར་ནང་དང་ཕྱི་རོལ་གྱི་སྐྱེ་མཆེད་བདག་དང་། བདག་གི་དང་བྲལ་བའི་མཚན་ཉིད་གཡོ་བ་མེད་པ་ཤེས་བྱར་བསྟན་པ་གང་དག་ཡིན་པ་དེ་དག་ཐམས་ཅད་ཡང་དག་ཅེས་གསུངས་སོ། །རྣམ་པར་ཤེས་པའི་མཚན་ཉིད་ཀྱི་བདག་གིས་བདག་དང་བཅས་པའི་ཕྱིར་དང་། བདག་གི་ཡིན་པའི་ཕྱིར་བྱེད་པ་པོར་བརྗོད་པས་ཉན་པ་དང་། སེམས་པ་དང་སྒོམ་པར་བྱེད་པ་དག་ཡང་དག་མིན་ཞེས་གསུངས་སོ། །འཇིག་རྟེན་དང་བསྟན་བཅོས་ཀྱི་ཐ་སྙད་ལ་ལྟོས་པའི་དབང་གིས། ཡང་དག་ཡང་དག་མ་ཡིན་ཉིད། །ཅེས་གསུངས་སོ། །ཐེག་པ་ཆེན་པོའི་ཚུལ་གྱིས་ཆོས་ཐམས་ཅད་སྐྱེ་བ་མེད་པའི་ཕྱིར་ཤེས་པ་རྣམ་པར་རྟོག་པ་དང་བཅས་པ་དང་། རྣམ་པར་རྟོག་པ་མེད་པའི་སྤྱོད་ཡུལ་ཉིད་དུ་འགྱུར་བའི་དངོས་པོའི་ཚུལ་གྱིས་ཡང་དག་པ་ཉིད་ལ་སོགས་པར་རྣམ་པར་བརྟགས་པ་གང་ཡིན་པ་དེ་ལྟ་བུ་མེད་པས། ཡང་དག་མིན་མིན་ཡང་དག་མིན། །དེ་ནི་སངས་རྒྱས་བསྟན་པའོ། །དེ་ལ་སངས་རྒྱས་ཞེས་བྱ་བ་ནི་ཆོས་ཀྱི་དེ་ཁོ་ན་ཕྱིན་ཅི་མ་ལོག་པ་མ་ལུས་པར་ཐུགས་སུ་ཆུད་པའི་ཕྱིར་སངས་རྒྱས་ཏེ། དྲང་སྲོང་མཆོག་རྣམས་སོ། །བསྟན་པ་ཞེས་བྱ་བ་ནི་ལྷ་དང་། མིའི་མཐོ་རིས་དང་། བྱང་གྲོལ་གྱི་བདེ་བ་འདོད་པ་རྣམས་ལ༑ དབང་པོ་དང་། བསམ་པ་དང་། བག་ལ་ཉལ་དང་། དུས་ཀྱི་དབང་གིས་མཐོ་རིས་དང་༑ བྱང་གྲོལ་གྱི་ལམ་ཕྱིན་ཅི་མ་ལོག་པར་རྗེས་སུ་བསྟན་པའོ། །ཡང་ན་རང་དང་གཞན་གྱི་རྒྱུད་ལ་ཡོད་པའི་ཉོན་མོངས་པའི་བག་ཆགས་དང་བཅས་པའི་སྒྲིབ་ཐམས་ཅད་ཆར་གཅོད་པ་བསྟན་པའོ། །སངས་རྒྱས་ཀྱིས་བསྟན་པ་ཞེས་བྱ་བ་ནི་སངས་རྒྱས་རྣམས

ཀྱིས་བསྟན་པ་སྟེ། ཐ་སྙད་དང་དོན་དམ་པའི་བདེན་པའི་ཚུལ་མཆོག་ཏུ་རྨད་དུ་བྱུང་བ་ཐོགས་པ་མེད་པར་སྨྲ་བ་གཞན་དག་དང་ཐུན་མོང་མ་ཡིན་པ་སྟེ། མངོན་པར་ཞེན་པའི་ཟུག་རྔུ་ཐམས་ཅད་དབྱུང་བའི་ཕྱིར་དེ་ལ་ནན་ཏན་བྱའོ། །རང་གི་སྡེ་པ་དང་། གཞན་གྱི་སྡེ་པ་དག་ལས་ཕལ་ཆེར་སྐྱོན་འདོགས་པར་བྱེད་དེ། གལ་ཏེ་ཁྱེད་དངོས་པོའི་ངོ་བོ་ཉིད་གཞན་གྱིས་ཡོངས་སུ་བརྟགས་པ་མ་ལུས་པར་བསལ་བས་དེ་ཁོ་ན་རྟོགས་པར་འདོད་ན་འོ་ན་དེས་ན་དེའི་མཚན་ཉིད་བསྟན་པར་བྱ་དགོས་སོ། །ཅི་སྟེ་མི་སྟོན་ན་ནི་རང་གི་ཕྱོགས་ངེས་པར་མི་འཛོག་ལ། གཞན་གྱི་ཕྱོགས་སུན་འབྱིན་པར་བྱེད་པའི་ཕྱིར། །ཁྱེད་ཅོ་འདྲི་བ་ཉིད་ཡིན་ནོ། །འདིར་བཤད་པ། གལ་ཏེ་དེ་ཁོ་ནའི་མཚན་ཉིད་བརྗོད་པར་བྱ་བ་ཞིག་ཡིན་ན་ནི། བསྟན་པར་བྱ་དགོས་པ་ཡང་བདེན་པ་ཞིག་ན། དེ་ནི་བརྗོད་པར་བྱ་བ་མ་ཡིན་ནོ། །འོན་ཀྱང་སྐྱེ་བོ་ལས་དང་པོ་པ་དག་ཡང་དག་པར་དབུགས་དབྱུང་བའི་ཕྱིར། སོ་སོར་རྟོག་པའི་ཤེས་པ་རྣམ་པར་རྟོག་པ་དང་བཅས་པས་དེ་ལྟར་རྣམ་པར་ངེས་པས་འདིར་བཤད་པར་བྱ་སྟེ། གཞན་ལས་ཤེས་མིན་ཞི་བ་དང་། །སྤྲོས་པ་རྣམས་ཀྱིས་མ་སྤྲོས་པ༔ །རྣམ་རྟོག་མེད་དོན་ཐ་དད་མིན། །དེ་ནི་དེ་ཉིད་མཚན་ཉིད་དོ། །དེ་ལ་གཞན་ལས་ཤེས་མིན་ཞེས་བྱ་བ་ནི་འདི་ལ་གཞན་ལས་ཤེས་པ་མེད་པ་སྟེ། ལུང་མེད་པར་བདག་གི་མངོན་སུམ་དུ་འགྱུར་ཞིང་བདག་ཉིད་ཀྱིས་རང་རིག་པར་བྱ་བ་ཞེས་བྱ་བའི་ཐ་ཚིག་གོ། ཞི་བ་ཞེས་བྱ་བ་ནི་ངོ་བོ་ཉིད་དང་བྲལ་བའི་ཕྱིར་ཏེ། དངོས་པོའི་ངོ་བོ་ཉིད་དང་། ཁྱད་པར་གྱི་ཡུལ་ལ་རྣམ་པར་རྟོག་པའི་སྤྱོད་ཡུལ་མ་ཡིན་པའི་ཕྱིར་རོ། །སྤྲོས་པ་རྣམས་ཀྱིས་མ་སྤྲོས་པ། །ཞེས་བྱ་བ་ནི་མངོན་པར་བརྗོད་པའི་མཚན་ཉིད་ཀྱི་སྤྲོས་པ་ཉེ་བར་ཞི་བའི་ཕྱིར་རོ། །རྣམ་པར་རྟོག་པ་མེད་པ་ཞེས་བྱ་བ་ནི་སྣང་བ་མེད་པ་ཉིད་ཀྱིས་འདི་དང་། འདིའོ

ཞེས་རྣམ་པར་མ་བརྟགས་པའི་ཕྱིར་རོ། །དོན་ཐ་དད་པ་མ་ཡིན་པ་ཞེས་བྱ་བ་ནི་ཆོས་ཉིད་རོ་གཅིག་པའི་ཕྱིར་དོན་དབྱེར་མེད་པ་སྟེ། དེ་ནི་དེ་ཁོ་ནའི་མཚན་ཉིད་ཡིན་ནོ། །དེ་ལ་གང་གི་ཕྱིར་རྣམ་པར་རྟོག་པ་མེད་པ་དེའི་ཕྱིར་སྤྲོས་པ་རྣམས་ཀྱིས་མ་སྤྲོས་པའོ། །གང་གི་ཕྱིར་སྤྲོས་པ་རྣམས་ཀྱིས་མ་སྤྲོས་པ་དེའི་ཕྱིར་ཞི་བའོ། །གང་གི་ཕྱིར་ཞི་བ་དེའི་ཕྱིར་རྣམ་པར་མི་རྟོག་པའི་ཡེ་ཤེས་ཀྱི་སྤྱོད་ཡུལ་ལོ། །གང་གི་ཕྱིར་རྣམ་པར་མི་རྟོག་པའི་ཡེ་ཤེས་ཀྱི་སྤྱོད་ཡུལ་ཡིན་པ་དེའི་ཕྱིར། གཞན་ལ་ཤེས་པ་མ་ཡིན་ནོ། །གང་གཞན་ལས་ཤེས་པ་མ་ཡིན་པ་དེ་ལ་ཚིག་མི་འཇུག་པས། དེའི་ཕྱིར་དེ་ཁོ་ནའི་ངོ་བོ་ཉིད་ནི་ཚིག་གིས་སྒྲོ་བཏགས་པ་ལས་ཡང་དག་པར་འདས་པ་ཡིན་ནོ། །དེ་ནི་བརྗོད་པར་མི་ནུས་མོད་ཀྱི། དངོས་པོ་ཐམས་ཅད་ཀྱི་ངོ་བོ་ཉིད་དང་། ཁྱད་པར་དགག་པ་སྟོན་པའི་ཕྱིར་བཤད་པ། དེ་ཁོ་ནའི་ངོ་བོ་ཉིད་རྟོགས་པར་ནུས་པ། རྣམ་པར་མི་རྟོག་པའི་ཤེས་པ་སྐྱེ་བ་མེད་པའི་ཚུལ་གྱིས་སྐྱེ་བ་དང་རྗེས་སུ་མཐུན་པར་ཡི་གེར་སྒྲོ་བཏགས་པ་ལས་འབྱུང་བར་འགྱུར་ཏེ། དེ་ལྟར་དེ་ཁོ་ན་རང་རིག་པར་བྱ་བ་ཐབས་ཀྱི་སྒོ་ནས་བསྟན་པས། མཚན་ཉིད་མ་བསྟན་པ་མ་ཡིན་པའི་ཕྱིར། ཅི་འདྲི་བ་ཉིད་མ་ཡིན་པས་སྐྱོན་གདགས་སུ་མེད་དོ། །དེ་ལྟར་རེ་ཞིག་དོན་དམ་པའི་དེ་ཁོ་ན་བསྟན་པའོ། །ད་ནི་ཀུན་རྫོབ་བཤད་པར་བྱ་སྟེ། གང་ལ་བརྟེན་ཏེ་གང་བྱུང་བ། །དེ་ནི་རེ་ཞིག་དེ་ཉིད་མིན། །རྒྱུ་གང་ལ་བརྟེན་ཏེ་འབྲས་བུ་གང་བྱུང་བ་དེ་ནི་རེ་ཞིག་དེ་ཉིད་མ་ཡིན་ཏེ། རྒྱུ་ལས་འབྲས་བུ་གཞན་མ་ཡིན་པ་ཉིད་མ་ཡིན་ནོ་ཞེས་བྱ་བའི་ཐ་ཚིག་གོ། རྒྱུ་ལས་འབྲས་བུ་གཞན་མ་ཡིན་པ་ཉིད་མ་ཡིན་ནོ་ཞེས་ཤེས་པར་བྱར་ནུས་ཏེ༑ བློ་ཐ་དད་པས་ཤེས་པར་བྱ་བ་ཡིན་པའི་ཕྱིར། དཔེར་ན་རྟོགས་པ་དང་། རྟོགས་པར་བྱ་བ་བཞིན་ནོ། །ཡང་ན་རྒྱུ་གང་ལ་བརྟེན་ཏེ་འབྲས་བུ་གང་བྱུང་བ་དེ་ནི་རེ་ཞིག་དེ་ཉིད་

མ་ཡིན་ཏེ། རྒྱུའི་བདག་ཉིད་ལས་མི་སྐྱེ་བར་ཐལ་བར་འགྱུར་བའི་ཕྱིར་རོ། །དེ་ལས་གཞན་པའང་མ་ཡིན་ཕྱིར། །གང་ལ་བརྟེན་ཏེ་གང་འབྱུང་བ། །དེ་ནི་དེ་ལས་གཞན་པའང་མ་ཡིན་ཏེ། ཞེས་ཤེས་པར་བྱར་ནུས་ཏེ། རྒྱུ་མ་ཡིན་པ་ལས་མི་སྐྱེ་བ་བཞིན་དུ་རྒྱུ་ལས་ཀྱང་འབྲས་བུ་མི་སྐྱེ་བར་ཐལ་བར་འགྱུར་བའི་ཕྱིར་རོ། །ཡང་ན་རྒྱུ་ལས་འབྲས་བུ་གཞན་པའང་མ་ཡིན་ཏེ། ཞེས་བྱ་བར་ཤེས་པར་བྱ་སྟེ། རྒྱུ་དང་འབྲས་བུར་འབྲེལ་ན་བརྟེན་ཏེ་བྱུང་བའི་ཕྱིར། རྒྱུའི་རང་གི་བདག་ཉིད་བཞིན་ནོ་ཞེས་རྗེས་སུ་དཔག་པའི་ཕྱིར་རོ། །གཏན་ཚིགས་ཀྱི་སྒྲོར་བ་ཁྱད་པར་དང་བཅས་པ་ཡིན་པའི་ཕྱིར། དེ་ལས་གཞན་པ་ལ་བརྟེན་ཏེ་བྱུང་བའི་འབྲས་བུ་དག་གིས་མ་ངེས་པ་ཉིད་ཀྱང་མ་ཡིན་ནོ། །ཕྱིར་ཞེས་བྱ་བའི་སྒྲ་ནི་གཏན་ཚིགས་ཀྱི་དོན་ཏེ། གང་གི་ཕྱིར་དེ་ལྟར་རྒྱུ་ལས་འབྲས་བུ་དེ་ཉིད་ཀྱང་མ་ཡིན་ལ། གཞན་པ་ཡང་མ་ཡིན་པའི་ཕྱིར། དེ་ཕྱིར་ཆད་མིན་རྟག་མ་ཡིན། འདི་ལ་གང་གི་ཕྱིར་རྒྱུ་ཞིག་ཀྱང་འབྲས་བུ་སྐྱེ་བས་རྒྱུན་གྱིས་ངེས་པར་གནས་ཤིང་རྒྱུ་ཞིག་ཀྱང་འབྲས་བུ་དེ་མི་འཇིག་པ་དེའི་ཕྱིར་གཞན་ཉིད་མ་ཡིན་པས་ཆད་པ་མ་ཡིན་ལ། གང་གི་ཕྱིར་འབྲས་བུའི་དུས་ན་རྒྱུ་འཇིག་ཅིང་རྒྱུ་དེ་ཞིག་ཀྱང་འབྲས་བུ་ནམ་ཡང་མི་འཇིག་པ་དེའི་ཕྱིར་དེ་ཉིད་མ་ཡིན་པས་རྟག་པ་ཡང་མ་ཡིན་ཏེ། ཇི་སྐད་དུ། གང་ཕྱིར་དངོས་པོ་འཇིག་འགྱུར་བ། །དེས་ན་ཆད་པར་མི་འགྱུར་རོ། །གང་ཕྱིར་དངོས་པོ་ལྡོག་འགྱུར་བ། །དེས་ན་རྟག་པར་མི་འགྱུར་རོ༑ ༑ཞེས་བཤད་པ་ལྟ་བུའོ། །ཡང་ན་ཁ་ཅིག་ན་རེ་ཆོས་ཉིད་རྗེས་སུ་འཇུག་པའི་ཕྱིར་ཆད་པ་མ་ཡིན་ལ། ཆོས་རྣམ་པར་ལྡོག་པའི་ ཕྱིར་རྟག་པ་མ་ཡིན་ནོ་ཞེས་ཟེར་རོ། །དེའི་ཕྱིར་དེ་ལྟར། དོན་གཅིག་མིན་དོན་ཐ་དད་མིན། །ཆད་པ་མ་ཡིན་རྟག་མིན་པ། །དེ་ནི་སངས་རྒྱས་འཇིག་རྟེན་གྱི། །མགོན་པོའི་བསྟན་པ་བདུད་རྩི་ཡིན། །བདུད་རྩི་ཞེས་བྱ་བ་ནི་བདུད

རྒྱའི་གོ་འཕང་འཐོབ་པའི་རྒྱུ་ཡིན་པའི་ཕྱིར་ཏེ། བྱང་ཆུབ་སེམས་དཔའ་བསོད་ནམས་དང་། ཡེ་ཤེས་ཀྱི་ཚོགས་དཔག་ཏུ་མེད་པ་དང་ལྡན་པ་རྣམས་ཀྱིས་དེ་རྟོགས་ནས། འགྲོ་བ་མཐའ་དག་ལ་ཕན་པ་བསྐྱེད་པའི་ཕྱིར་རབ་ཏུ་བརྩོན་པར་བྱེད་པ་ན་ཡང་དག་པར་རྫོགས་པའི་སངས་རྒྱས་ཉི་མ་དག་ཏུ་གྱུར་ནས་གསུང་གི་འོད་ཟེར་དག་གིས་སེམས་ཅན་སྐལ་པ་དང་ལྡན་པ་རྣམས་ཀྱི་བློ་གྲོས་ཀྱི་པད་མ་དག་ཁ་འབྱེད་པར་མཛད་པ་དང་། ཉན་ཐོས་རྣམས་ཀྱིས་ཀྱང་ཐོས་པ་དང་། བསམས་པ་དང་། བསྒོམས་པ་ལས་བྱུང་བའི་ཤེས་པ་ཡོངས་སུ་འདྲིས་པར་བྱས་པས། ཚེ་འདི་ཉིད་ལ་མྱ་ངན་ལས་འདས་པ་མངོན་སུམ་དུ་བྱེད་པའི་ཕྱིར། སྡུག་བསྔལ་ཐམས་ཅད་ཉེ་བར་ཞི་བ་ནི་བདུད་རྩི་ཉིད་ཡིན་ནོ། །གང་གི་ཚེ་འགའ་ཞིག་བརྒྱ་ལ་ཚེ་འདི་ལ་ཚོགས་མ་བསགས་པ་ཉིད་ཀྱིས་ཐར་པ་ཐོབ་པར་མ་གྱུར་ན། དེ་ལྟ་ན་ཡང་ཚེ་རབས་གཞན་དག་ལ་དེ་ལ་ངེས་པར་འགྲུབ་སྟེ། ཇི་སྐད་དུ། དེ་ཉིད་ཤེས་པས་འདི་ལ་ནི། །འདོད་ཆགས་བྲལ་བ་མ་ཐོབ་པ། །ཚེ་རབས་གཞན་ལ་འབད་མེད་པར། །ངེས་པར་འཐོབ་སྟེ་ལས་བཞིན་ནོ། །ཞེས་བཤད་པ་ལྟ་བུའོ། ཅི་སྟེ་ཡང་བརྒྱ་ལ༔ རྫོགས་སངས་རྒྱས་རྣམས་མ་བྱུང་ཞིང་། །ཉན་ཐོས་རྣམས་ཀྱང་ཟད་གྱུར་ཀྱང་། །དེ་ཁོ་ན་ཤེས་པ་སྐྱེ་བའི་རྐྱེན་དང་མི་ལྡན་དུ་ཟིན་ཀྱང་དེ་ལྟ་མོད་ཀྱི། ཚེ་རབས་གཞན་ལ་རབ་ཏུ་དབེན་པའི་ཤེས་པ་གོམས་པར་བྱས་པའི་བག་ཆགས་བསགས་པས་བློ་གྲོས་སྦྱངས་པ་རྣམས་ལ་གཞན་གྱི་རྐྱེན་མེད་པར། རང་སངས་རྒྱས་ཀྱི་ཡེ་ཤེས་ནི། །བསྟེན་པ་མེད་ལས་རབ་ཏུ་སྐྱེ། །བསྟེན་པ་མེད་པ་ནི་ལུས་དང་སེམས་རབ་ཏུ་དབེན་པ་སྟེ། དེའི་ཕྱིར་བསྟེན་པ་མེད་པའི་རྒྱུ་དེ་ལས་རབ་ཏུ་སྐྱེ་སྟེ། འདུ་འཛི་མེད་པའི་རྒྱུ་ལས་འབྱུང་ངོ་ཞེས་བྱ་བའི་ཐ་ཚིག་གོ །དེའི་ཕྱིར་བསྟན་པ་བདུད་རྩི་དེ་ནི་སློབ་མ་རྣམས་ལ་ཚེ་འདི་དང་། ཚེ་ཕྱི་མ་དག

ལ་བདུད་རྩིའི་གོ་འཕང་འཐོབ་པར་བྱེད་པ་ཡིན་པས། བདག་ལ་ལེགས་པར་འདོད་པ་རྣམས་ཀྱིས་བསམ་པ་ཐག་པས་དེ་བསྒྲུབ་པར་བྱའོ། །དེ་ལ་འདིར་རབ་ཏུ་བྱེད་པའི་དོན་ནི་གཞན་གྱིས་སྨྲས་པའི་སྒྲུབ་པ་བསལ་བ་དང་། བདག་ཉིད་ཀྱི་སྒྲུབ་པ་ཁ་ན་མ་ཐོ་བ་མེད་པར་བསྟན་པས། འདུ་བྱེད་རྣམས་བདག་དང་། བདག་གིས་སྟོང་པ་ཉིད་དུ་བསྟན་པ་ཡིན་ནོ། །དེའི་ཕྱིར་རབ་ཀྱི་རྩལ་གྱིས་རྣམ་པར་གནོན་པ། གཟུགས་ནི་བདག་གམ་བདག་མེད་པ་མ་ཡིན་ནོ། །དེ་བཞིན་དུ་ཚོར་བ་དང་། འདུ་ཤེས་དང་། འདུ་བྱེད་རྣམས་དང་། རྣམ་པར་ཤེས་པ་ཡང་བདག་གམ་བདག་མེད་པ་མ་ཡིན་ནོ། །གཟུགས་དང་། ཚོར་བ་དང་༏ འདུ་ཤེས་དང་། འདུ་བྱེད་རྣམས་དང་། རྣམ་པར་ཤེས་པ་བདག་གམ་བདག་མེད་པ་མ་ཡིན་པ་གང་ཡིན་པ་དེ་ནི་ཤེས་རབ་ཀྱི་ཕ་རོལ་ཏུ་ཕྱིན་པའོ་ཞེས་བྱ་བ་ལ་སོགས་པ་དང་༏ དེ་བཞིན་དུ། འདི་ལ་བདག་མེད་སེམས་ཅན་མེད། །སྲོག་ཀྱང་ཡོད་མིན་གང་ཟག་མེད༏ ༏ལུས་འདི་ཁམས་རྣམས་འདུས་ཙམ་དུ། །བདག་ལ་དེ་ལྟར་རབ་ཏུ་སྣང་། །ཞེས་བྱ་བ་ལ་སོགས་པ་དང་། དེ་བཞིན་དུ། འདི་ལ་བདག་དང་སེམས་ཅན་མེད། །ཆོས་འདི་དག་ནི་རྒྱུ་དང་བཅས། །ཞེས་བྱ་བ་ལ་སོགས་པ་དང་། དེ་བཞིན་དུ་ཁྱིམ་བདག་གཞན་ཡང་། ཁྱོད་ཀྱི་ལུས་འདི་ལ་བདག་མེད། སེམས་ཅན་མེད། སྲོག་མེད། སྐྱེས་བུ་མེད། གང་ཟག་མེད། ཤེད་བུ་མེད། ཚོར་བ་པོ་མེད། བྱེད་པ་པོ་མེད་དོ་ཞེས་བྱ་བ་ལ་སོགས་པ་གསུངས་པ་དེ་དག་གྲུབ་པ་ཡིན་ནོ། །སློབ་དཔོན་ལེགས་ལྡན་བྱེད་(འབྱེད་)ཀྱིས་ཉེ་བར་སྦྱར་བ། དབུ་མའི་རྩ་བའི་འགྲེལ་པ་ཤེས་རབ་སྒྲོན་མ་ལས། བདག་དང་ཆོས་བརྟག་པ་ཞེས་བྱ་བ་སྟེ། རབ་ཏུ་བྱེད་པ་བཅོ་བརྒྱད་པའོ།། །།

༼རབ་བྱེད་བཅུ་དགུ་པ་དུས་བརྟག་པ།༽

དབུ་མ་རྩ་བའི་འགྲེལ་པ་ཤེས་རབ་སྒྲོན་མ། བམ་པོ་བཅུ་བཞི་པ། ད་ནི་སྟོང་པ་ཉིད་ཀྱི་མི་མཐུན་ཕྱོགས་ཀྱི་ཁྱད་པར་དགག་པས་དུས་ངོ་བོ་ཉིད་མེད་པ་ཉིད་དུ་བསྟན་པའི་དོན་གྱི་དབང་གིས་རབ་ཏུ་བྱེད་པ་བཅུ་དགུ་པ་བརྩམ་མོ། །འདིར་སྨྲས་པ། དོན་དམ་པར་དངོས་པོ་རྣམས་ཀྱི་ངོ་བོ་ཉིད་ཡོད་པ་ཁོ་ན་ཡིན་ཏེ། གསལ་བའི་རྒྱུ་ཡིན་པའི་ཕྱིར། དཔེར་ན་མར་མེ་བཞིན་នོ། །གང་ཡོད་པ་མ་ཡིན་པ་དེ་ནི་གསལ་བའི་རྒྱུ་མ་ཡིན་ཏེ། དཔེར་ན་རུས་སྦལ་གྱི་སྤུའི་གོས་བཞིན་ནོ། །དངོས་པོ་རྣམས་ཀྱི་ངོ་བོ་ཉིད་ནི་རིས་གསུམ་གསལ་བར་བྱེད་པའི་རྒྱུ་ཡིན་པས་དེའི་ཕྱིར་དེ་ནི་ཡོད་པ་ཁོ་ན་ཡིན་ནོ། །འདིར་བཤད་པ། ཐ་སྙད་ཀྱི་ཁོངས་སུ་གཏོགས་པའི་འདུ་བྱེད་དེ་དག་གི་སྐྱེ་བ་གང་ཡིན་པ་དེ་བྱ་བ་ཞེས་བྱ་སྟེ། དེ་ཡང་དངོས་པོའི་བདག་ཉིད་སྐྱེ་བ་ཡིན་པས། དངོས་པོ་དེ་དག་ཉིད་རྒྱུ་དང་འབྲས་བུ་སྤྱད་པ་དང་། མ་སྤྱད་པ་ལས་འདས་པ་དང་། མ་འོངས་པ་དང་། ད་ལྟར་གྱི་དུས་ཞེས་བརྗོད་དེ། དེའི་ཕྱིར་ཐ་སྙད་དུ་བྱ་བ་གཞན་ཡོངས་སུ་དཔྱོད་པའི་བྱ་བ་ཉིད་ལ་དུས་ཞེས་ཁས་ལེན་ཏེ། དཔེར་ན་བ་འཇོས་ཙམ་གྱིས་འོངས་ནས་གཟོད་བེའུ་བླུགས་སོ་ཞེས་བྱ་བ་བཞིན་ནོ། །དོན་དམ་པར་ནི་ཇི་ལྟར་དེ་མི་འཐད་པ་དེ་ལྟར་དཔྱད་པར་བྱ་སྟེ། འདི་ལ་དུས་ཡོད་པར་སྨྲ་བ་དག་འདུས་བྱས་ཀྱི་དངོས་པོ་རྣམས་ལས་དུས་གཞན་པ་དང་། རྟག་པར་སྨྲ་སྟེ། དེ་ལ་དོན་དམ་པར་དུས་ནི་འདུས་བྱས་ཀྱི་དངོས་པོ་རྣམས་ལས་དོན་གཞན་དུ་གྱུར་པ་མ་ཡིན་པར་གཟུང་བར་བྱས་ཏེ། དངོས་པོ་ཡིན་པའི་ཕྱིར་འདུས་བྱས་ཀྱི་དངོས

པོའི་བདག་ཉིད་བཞིན་ནོ། །དེ་བཞིན་དུ་དོན་དམ་པར་དུས་ནི་རྟག་པ་མ་ཡིན་ཏེ། མཚན་ཉིད་ཀྱི་གཞི་ཡིན་པའི་ཕྱིར་དཔེར་ན་བུམ་པ་བཞིན་ནོ། །གལ་ཏེ་ནམ་མཁའ་ལ་སོགས་པ་དག་གིས་མ་ངེས་པ་ཉིད་ཡིན་ནོ་ཞེ་ན། དེ་དག་ཀྱང་དེ་བཞིན་དུ་བཀག་པའི་ཕྱིར་མི་མཐུན་པའི་ཕྱོགས་མེད་པས་མ་ངེས་པ་ཉིད་མ་ཡིན་ནོ། །ད་ལྟར་གྱི་གཟུགས་སོ་སྐམ་པའི་བློ་ནི་རང་གི་བདག་ཉིད་ལས་གཞན་པའི་དངོས་པོ་དང་འབྲེལ་བའི་ཚིག་གི་དོན་གྱི་ཡུལ་ཅན་ཡིན་ཏེ། ཡིད་ཆེས་པ་སྐྱེ་བའི་ཕྱིར་དཔེར་ན་དབྱུག་པ་ཅན་མང་པོ་དང་ཞུང་དུ་དག་ལ་དབྱུག་པ་ཅན་དབྱུག་པ་ཅན་སྐམ་དུ་ཡིད་ཆེས་པ་སྐྱེ་བའི་བློ་དེ་ལ་ལྷས་བྱིན་ལ་སོགས་པའི་རང་གི་བདག་ཉིད་ལས་གཞན་པའི་དངོས་པོ་དབྱུག་པ་དང་འབྲེལ་བའི་ཚིག་གི་དོན་གྱི་ཡུལ་ཡོད་པར་མཐོང་བ་བཞིན་ནོ། །དེ་བཞིན་དུ་འདིར་ཡང་གཟུགས་ལ་ད་ལྟར་རོ་སྐམ་དུ་ཡིད་ཆེས་པ་སྐྱེ་བ་ཡོད་པས། དེའི་ཕྱིར་ད་ལྟར་གྱི་གཟུགས་སོ་སྐམ་པའི་བློ་འདི་ལ་ཡང་རང་གི་བདག་ཉིད་ལས་གཞན་པའི་དངོས་པོ་དང་འབྲེལ་པའི་ཚིག་གི་དོན་གྱི་ཡུལ་ཡོད་དེ། གཟུགས་ལས་གཞན་པའི་ཚིག་གི་དོན་གང་ཡིན་པ་དེ་ནི་དུས་ཡིན་པས་དེའི་ཕྱིར་དེ་ནི་གཞན་ཡིན་ནོ། །དེ་ལ་འདིར་ཡིད་ཆེས་པ་སྐྱེ་བའི་ཕྱིར་ཞེས་བྱ་བའི་གཏན་ཚིགས་ཀྱིས་རང་གི་བདག་ཉིད་ལས་གཞན་པའི་དངོས་པོ་དང་འབྲེལ་བའི་ཚིག་གི་དོན་ལ་དུས་མ་ཡིན་པ་དང་། མི་རྟག་པའི་མཚན་ཉིད་ཀྱི་ཚིག་གི་དོན་མཐོང་བའི་ཕྱིར་ཡིད་ཆེས་པ་སྐྱེ་བར་རྗེས་སུ་དཔོགས་པས་དུས་མ་ཡིན་པ་ཉིད་དང་། རྟག་པ་མ་ཡིན་པ་ཉིད་ཀྱིས་དེ་དག་བསལ་བའི་ཕྱིར་དམ་བཅས་པ་ལ་ཆོས་ཅན་གྱི་ངོ་བོ་ཉིད་དང་། ཁྱད་པར་བསལ་བའི་སྐྱོན་ཡོད་དོ། །དཔེ་ཡང་མེད་དོ། །དོན་དམ་པར་དབྱུག་པ་དང་། དབྱུག་པ་ཅན་དེ་འབྲེལ་པ་མ་གྲུབ་པའི་ཕྱིར། དེ་ནི་རིགས་པ་མ་ཡིན་ནོ། །ཡང་ན་གལ་ཏེ་ད་ལྟར

ཀྱི་གཟུགས་སོ་སྙམ་པའི་བློ་དེ་ཁྱད་པར་གཞན་གང་ཡང་རུང་བ་འགའ་ཞིག་དང་འབྲེལ་པའི་ཚིག་གི་དོན་གྱི་ཡུལ་ཅན་ཡིན་པར་སྒྲུབ་ན་ནི་གྲུབ་པ་ལ་སྒྲུབ་པ་དང༌། རང་གི་གྲུབ་པའི་མཐའ་དང་འགལ་བར་འགྱུར་རོ། །ཅི་སྟེ་བློ་དེ་གཟུགས་དུས་ཀྱི་མཚན་ཉིད་ཀྱི་ཚིག་གི་དོན་དང་འབྲེལ་པའི་ཡུལ་ཅན་ཡིན་པར་བསྒྲུབས་ན་ནི་དཔེ་མེད་དེ། བློ་དེ་གཟུགས་དུས་ཀྱི་མཚན་ཉིད་ཀྱི་ཚིག་གི་དོན་དང་འབྲེལ་པའི་ཡུལ་ཅན་ཡིན་པར་བསྟན་པར་མི་នུས་པའི་ཕྱིར་རོ། །དཔྱད་པ་རྒྱས་པ་ནི་ཡོད་པ་ཉིད་བཞིན་ནོ། །དུས་ཀྱི་དབྱེ་བ་འགྲུབ་ན་ཡང་ལྟོས་པ་ཅན་ནམ། འོན་ཏེ་མ་ལྟོས་པ་བཞིན་དུ་འགྱུར་གྲང་ན། དེ་ལ་གལ་ཏེ་ལྟོས་པ་ཅན་དུ་དམ་འཆའ་ན། ད་ལྟར་བྱུང་དང་མ་འོངས་པ། །གལ་ཏེ་འདས་ལ་ལྟོས་གྱུར་ན།། ད་ལྟར་བྱུང་དང་མ་འོངས་པ། །འདས་པའི་དུས་ན་ཡོད་པར་འགྱུར། །དུས་ཉིད་ཡིན་ན་ལྟོས་པ་དང་བཅས་པའི་ཕྱིར་འདས་པའི་དུས་བཞིན་ནོ་ཞེས་བྱ་བར་དགོངས་སོ། །ཡང་ན༑ ད་ལྟར་བྱུང་དང་མ་འོངས་པ། །གལ་ཏེ་འདས་ལ་ལྟོས་གྱུར་ན། །ད་ལྟར་བྱུང་དང་མ་འོངས་པ། །འདས་པའི་དུས་ན་ཡོད་པར་འགྱུར། །ཞེས་བྱ་བ་ནི་ལན་འགའ་ཞེས་བྱ་བའི་ཚིག་གི་ལྷག་མའོ། །འདི་ལ་གང་དག་ལྟོས་པ་དང་བཅས་པ་དེ་དག་ནི་དུས་གཅིག་ཉིད་དུ་ཡང་འགྱུར་ཏེ། ལན་འགའ་མི་མཐུན་པ་ཉིད་མེད་ན་ལྟོས་པ་དང་བཅས་པའི་ཕྱིར་དཔེར་ན༑ ཕ་དང་བུ་དག་བཞིན་ནོ། །ཅི་སྟེ་ལྟོས་པ་དང་བཅས་པ་ཉིད་ཀྱི་གཏན་ཚིགས་བསྟན་ཀྱང༑ ད་ལྟར་བྱུང་བ་དང༌། མ་འོངས་པ་དག་འདས་པའི་དུས་ན་ཡོད་པར་མི་འདོད་ན། དེ་ལྟ་ན་སྐྱོན་གཞན་འདིར་ཡང་འགྱུར་ཏེ། ད་ལྟར་བྱུང་དང་མ་འོངས་པ། །གལ་ཏེ་དེ་ནི་མེད་གྱུར་ན། །ད་ལྟར་བྱུང་དང་མ་འོངས་པ། །ཇི་ལྟར་དེ་ལ་ལྟོས་པར་འགྱུར། །ལྟོས་པ་དང་བཅས་པ་ཉིད་ཡིན་ན། ད་ལྟར་བྱུང་བ་དང༌། མ་འོངས་པ་དག་འདས་པའི་དུས་ལ་

ལྟོས་ནས་ད་ལྟར་བྱུང་བ་དང་། མ་འོངས་པ་ཉིད་དུ་འགྲུབ་པར་འགྱུར་རོ། །ཁ་ཅིག་ན་རེ།
དེ་ལྟ་ན་དོན་དམ་པར་ད་ལྟར་དང་། མ་འོངས་པའི་དུས་དག་ལ་ད་ལྟར་དང་། མ་འོངས
པའི་ངོ་བོ་ཉིད་དག་མེད་དེ། དུས་ཉིད་ཡིན་ན་ལྟོས་པ་དག་བཅས་པའི་ཕྱིར་དཔེར་ན
འདས་པའི་དུས་བཞིན་ནོ་ཞེའོ། །གཞན་དག་ན་རེ། ད་ལྟར་བྱུང་དང་མ་འོངས་པ། །
འདས་པའི་དུས་ན་ཡོད་པར་འགྱུར། །ཞེས་བྱ་བ་ནི། དུས་མཉམ་པ་རྣམས་ལ་ལྟོས་པ
སྲིད་པའི་ཕྱིར་རོ་ཞེས་ཟེར་རོ། །གཞན་དག་ན་རེ། དེ་ནི་རིགས་པ་མ་ཡིན་ཏེ། དུས་ཐ
དད་པ་ཡིན་ཡང་སྤྱན་དག་ལ་ལྟོས་པ་ཡོད་པས་མ་ངེས་པ་ཉིད་ཡིན་པའི་ཕྱིར་རོ་ཞེའོ། །
གཞན་དག་ན་རེ། འདས་པ་དང་མ་འོངས་པ་དག་ནི་མེད་པའི་ཕྱིར་ལྟོས་པ་མེད་ལ།
འདས་པ་དང་། མ་འོངས་བདག་ཡོད་པ་ཉིད་ཡོད་པ་ཉིད་ཡིན་ན་ནི་གསུམ་ཆར་ཡང་ད
ལྟར་ཉིད་དུ་འགྱུར་རོ་ཞེའོ། །ཁ་ཅིག་ན་རེ། དེ་ཡང་རིགས་པ་མ་ཡིན་ཏེ། ད་ལྟར་གྱི་ཚ་བོ
ལ་ལྟོས་ནས་མེས་པོ་མེད་པ་ལ་ཡང་། སྨྲ་བརྗོད་པ་ཁྱད་པར་ཅན་འཇུག་པའི་ཕྱིར་དང་།
དུས་དགག་པ་སྨྲ་བ་དག་གིས། འདས་པ་དང་། མ་འོངས་པ་དག་ད་ལྟ་ཉིད་དུ་བསྟན
པས༑ ཕྱོགས་སྔ་མ་ལ་གནོད་པའི་ཕྱིར་རོ་ཞེའོ། །གཞན་དག་གིས་སྨྲས་པ། ད་ལྟར་བྱུང
དང་མ་འོངས་པ། །འདས་པའི་དུས་ན་ཡོད་པར་འགྱུར། །དེ་དང་འབྲེལ་པའི་ཕྱིར་འདས
པའི་དུས་བཞིན་ཏེ། ད་ལྟར་བྱུང་དང་མ་འོངས་པ། །གལ་ཏེ་འདས་ལ་ལྟོས་གྱུར་ན། །
ཞེས་གསུངས་པས་འབྲེལ་པའི་གཏན་ཚིགས་བསྟན་པའི་ཕྱིར་རོ་ཞེའོ། །གཞན་མ་ཡིན་པ
ན་རེ། འབྲེལ་པའི་གཏན་ཚིགས་ཀྱང་རིགས་པ་མ་ཡིན་ཏེ། ལྟོས་པ་དང་། འབྲེལ་པ་ཉིད
ཡིན་ཡང་དབྱུག་པ་ཅན་དབྱུག་པ་ཉིད་དུ་མི་འགྱུར་བས། མ་ངེས་པ་ཉིད་ཡིན་པའི་ཕྱིར
དང་༑ དུས་ཐ་དད་པ་དག་ལ་ཡང་འབྲེལ་པ་ཡོད་པའི་ཕྱིར་རོ་ཞེས་ཟེར་རོ། །དེ་ལྟར་རེ

ཞིག་ལྟོས་པ་ཅན་གྱི་དུས་མ་གྲུབ་བོ། །འོན་ཏེ་མ་ལྟོས་པར་དམ་འཆའ་ན་དེའི་ཕྱིར།
འདས་པ་ལ་ནི་མ་ལྟོས་པར། །དེ་གཉིས་གྲུབ་པ་ཡོད་མ་ཡིན། །ད་ལྟར་དང་མ་འོངས་པ་
ཉིད་ཀྱི་རྒྱུ་འདས་པ་ལ་མ་ལྟོས་པར། ད་ལྟར་དང་མ་འོངས་པ་དེ་གཉིས་རྒྱུ་མེད་པར་
འགྲུབ་པ་ཡོད་པ་མ་ཡིན་ནོ། །གང་གི་ཕྱིར་དེ་ལྟར་ལྟོས་པ་མེད་པར་ད་ལྟར་བྱུང་བ་དང་།
མ་འོངས་པ་དག་མ་གྲུབ་པ། །དེ་ཕྱིར་ད་ལྟར་བྱུང་བ་དང་། །མ་འོངས་དུས་ཀྱང་ཡོད་མ་
ཡིན༑ ༑འདས་པ་དང་མ་འོངས་པ་དང་། ད་ལྟར་གྱི་སྒྲར་བརྗོད་པའི་དུས་དག་མི་སྲིད་
པའི་ཕྱིར་རོ་ཞེས་བྱ་བར་དགོངས་སོ། །རིམ་པའི་ཚུལ་ནི་འདི་ཉིད་ཀྱི། །ལྷག་མ་གཉིས་
པོ་བསྒོར་བ་དང་། །ཞེས་བྱ་བ་ནི་སྐབས་པའི་རིམ་པའི་ཚུལ་འདི་ཉིད་ཀྱིས། འདས་པ་དང་
མ་འོངས་པ་དང་། ད་ལྟར་བྱུང་བ་དང་། འདས་པའི་དུས་ལྷག་མ་གཉིས་པོ་བསྒོར་བ
དག་ཀྱང་དེ་བཞིན་དུ་ཤེས་པར་བྱ་སྟེ། འདས་པ་དང་ནི་མ་འོངས་པ། །གལ་ཏེ་ད་ལྟར
ལྟོས་གྱུར་ན། །འདས་པ་དང་ནི་མ་འོངས་པ། །ད་ལྟའི་དུས་ན་ཡོད་པར་འགྱུར། །འདས
པ་དང་ནི་མ་འོངས་པ། །གལ་ཏེ་དེ་ན་མེད་གྱུར་ན། །འདས་པ་དང་ནི་མ་འོངས་པ། །ཇི
ལྟར་དེ་ལ་ལྟོས་པར་འགྱུར། །ད་ལྟར་ལ་ནི་མ་ལྟོས་པར། །དེ་ཉིད་གྲུབ་པ་ཡོད་མ་ཡིན། །
དེ་ཕྱིར་འདས་པར་གྱུར་པ་དང་། །མ་འོངས་དུས་ཀྱང་ཡོད་མ་ཡིན། །ཞེས་བྱ་བ་དང་དེ
བཞིན་དུ། ད་ལྟར་བྱུང་དང་འདས་པ་དག །གལ་ཏེ་མ་འོངས་ལྟོས་གྱུར་ན། །ད་ལྟར་བྱུང
དང་འདས་པ་དག །མ་འོངས་དུས་ན་ཡོད་པར་འགྱུར། །ད་ལྟར་བྱུང་དང་འདས་པ་དག །
གལ་ཏེ་དེ་ན་མེད་གྱུར་ན། །ད་ལྟར་བྱུང་དང་འདས་པ་དག །ཇི་ལྟར་དེ་ལ་ལྟོས་པར
འགྱུར༑ ༑མ་འོངས་པ་ལ་མ་ལྟོས་པར། །དེ་གཉིས་གྲུབ་པ་ཡོད་མ་ཡིན། །དེའི་ཕྱིར་ད
ལྟར་བྱུང་བ་དང་། །འདས་པའི་དུས་ཀྱང་ཡོད་མ་ཡིན། །ཞེས་བྱ་བ་དེ་ལྟར་བསྒོར་བར་བྱ

སྟེ། དེ་དག་ནི་རྣམ་པར་བཤད་པའི་ཚིག་ལེའུར་བྱས་པ་དག་ཡིན་ནོ། །དེ་དག་གིས་སྔ་མ་བཞིན་དུ་བསྒྲུབ་པ་དང་། སུན་དབྱུང་བ་དག་ཀྱང་བསྟན་པར་བྱའོ། །མཆོག་དང་ཐ་མ་འབྲིང་ལ་སོགས། །གཅིག་ལ་སོགས་པའང་ཤེས་པར་བྱ། །རིམ་པའི་ཚུལ་འདི་ཉིད་ཀྱིས་ཤེས་པར་སྦྱར་རོ། །དེ་ལ་མཆོག་དང་། ཐ་མ་དང་། འབྲིང་ལ་སོགས་པ་ནི་རང་གི་རིགས་ལས་མ་འདས་པར་ཡོན་ཏན་འཕེལ་བ་དང་། འགྲིབ་པ་དང་ལྡན་པའི་ཕྱིར་རོ། །དེ་དག་ཀྱང་ལྟོས་པ་ཅན་ནམ། འོན་ཏེ་མ་ལྟོས་པར་འགྲུབ་པ་ཞིག་ཏུ་འགྱུར་གྲང་ན། དེ་ལ་དོན་དམ་པར། མཆོག་དང་། འབྲིང་གི་ངང་ཚུལ་ཅན་དག་ལ་དེ་དག་གི་ངོ་བོ་ཉིད་མེད་དེ་ངང་ཚུལ་ཅན་ཉིད་ཡིན་ན་ལྟོས་པ་དང་བཅས་པའི་ཕྱིར། དཔེར་ན་ཐ་མའི་ངང་ཚུལ་ཅན་བཞིན་ནོ། །དེ་བཞིན་དུ་ངང་ཚུལ་ཅན་གཞན་གཉིས་ལ་ཡང་བརྗོད་པར་བྱའོ། །ཅི་སྟེ་ལྟོས་པ་དང་བཅས་པ་ཉིད་ཀྱི་གཏན་ཚིགས་བསྟན་ཀྱང་། མཆོག་དང་། འབྲིང་དག་ཐ་མ་ལ་ཡོད་པར་མི་འདོད་ན། དེ་ལྟར་ན་མཆོག་དང་། འབྲིང་དག་ཐ་མ་ལ་ཇི་ལྟར་ལྟོས་པར་འགྱུར། ལྟོས་པ་དང་བཅས་པ་ཉིད་ཡིན་ན། མཆོག་དང་འབྲིང་དང་། ཐ་མ་ལ་ལྟོས་ནས་མཆོག་དང་འབྲིང་ཉིད་དུ་འགྲུབ་པར་འགྱུར་རོ། །དེ་བཞིན་དུ་ངང་ཚུལ་ཅན་གཞན་གཉིས་བསྒོར་བ་ལ་ཡང་བརྗོད་པར་བྱའོ། །དེ་བཞིན་དུ་གཅིག་ལ་སོགས་པ་དག་ཀྱང་ཤེས་པར་བྱ་སྟེ། གཅིག་ཉིད་དང་། གཉིས་ཉིད་དང་། མང་པོ་ཉིད་ལ་སོགས་པ་དག་གོ །འདིར་ཡང་སྔ་མ་བཞིན་དུ་བསྟན་པར་བྱ་སྟེ། དོན་དམ་པར་གྲངས་གཅིག་ཉིད་ལ་གཅིག་ཉིད་ཀྱི་ངོ་བོ་ཉིད་མེད་དེ། གྲངས་ཉིད་ཡིན་ན་ལྟོས་པ་དང་བཅས་པའི་ཕྱིར། གཉིས་ཉིད་བཞིན་ནོ་ཞེས་བྱ་བ་ལ་སོགས་པར་བརྗོད་པར་བྱའོ། །གང་དག་གྲངས་དངོས་པོ་ལས་གཞན་པར་མི་འདོད་པ་དེ་དག་གཉིས་པ་མེད་པ་ནི་གཅིག་ཡིན་ལ། དེ་དང་གཞན་ནི

གཉིས་ཡིན་ཏེ། གཉིས་དང་གཞན་ནི་གསུམ་ཡིན། དེ་ཕན་ཆད་ནི་མང་པོ་ཡིན་པར་འདོད་དོ། །དེ་དག་ལ་ཡང་སྔ་མ་བཞིན་དུ་བསྟན་པར་བྱ་སྟེ། དོན་དམ་པར་གཞི་གཞལ་༼གཉི་ག་ལ་༽གཅིག་གི་ངོ་བོ་ཉིད་མེད་དེ། བགྲང་བར་བྱ་བ་ཡིན་པའི་ཕྱིར། དཔེར་ན་དེ་ལས་གཞན་པ་བཞིན་ནོ། །དེ་བཞིན་དུ་གཉིས་ལ་གཉིས་ཀྱི་ངོ་བོ་ཉིད་མེད་དེ་ཞེས་བྱ་བ་ལ་སོགས་པ་དག་ཀྱང་བརྗོད་པར་བྱ་སྟེ། དམ་བཅས་པའི་དོན་རྣམ་པར་བརྟགས་ནས་རྒྱས་པར་སྔ་མ་བཞིན་དུ་སྦྱར་རོ། །སོགས་པའི་སྒྲ་ནི་ཆུང་ངུ་དང་། ཆེན་པོ་དང་། རིང་པོ་དང་༏ ཐུང་ངུ་དང་། ཐག་ཉེ་བ་དང་། ཐག་རིང་བ་དང་། སྔོན་དང་། ཕྱི་མ་དང་། རྒྱུ་དང་། འབྲས་བུ་དང་། འདུས་བྱས་དང་། འདུས་མ་བྱས་ལ་སོགས་པ་དག་ལ་ཡང་དེ་བཞིན་དུ་བརྗོད་པར་བྱའོ། །དུས་ཡོད་པར་སྨྲ་བ་དག་ན་རེ། དོན་དམ་པར་དུས་ནི་ཡོད་པ་ཁོ་ན་ཡིན་ཏེ། ཚད་དང་ལྡན་པའི་ཕྱིར་རོ། །འདི་ན་གང་ཡོད་པ་མ་ཡིན་པ་དེ་ལ་ནི་ཚད་མེད་དེ། དཔེར་ན་རྟའི་རྭ་བཞིན་ནོ། །དུས་ལ་ནི་ཚད་སྐད་ཅིག་དང་། ཐང་ཅིག་དང་། ཡུད་ཙམ་དང་༏ མཚན་མོ་དང་། ཉིན་མོ་དང་། ཟླ་བ་ཕྱེད་པ་དང་། ཟླ་བ་དང་། དུས་ཚིགས་དང་། ནུར་བ་དང་། ལོ་ལ་སོགས་པ་དག་ཡོད་དོ། །གང་ཚད་དང་ལྡན་པ་དེ་ནི་ཡོད་དེ། དཔེར་ན་འབྲུ་ལ་སོགས་པ་བཞིན་པས་དེའི་ཕྱིར་ངས་ནི་ཡོད་པ་ཁོ་ན་ཡིན་ནོ་ཞེས་ཟེར་རོ། །

འདིར་བཤད་པ། མི་གནས་དུས་སུ་འཛིན་མི་བྱེད། །འདུ་བྱེད་ཀྱི་ཚོགས་ནི་སྐྱེ་བ་དང་། འཇིག་པའི་ཆོས་ཅན་ཡིན་པས་མི་གནས་པ་སྟེ། དེ་ལ་ནི་ཁྱེད་ཀྱང་ཐ་སྙད་དུ་ཡང་དུས་དུས་ཞེས་འཛིན་པར་མི་བྱེད་དོ། །གང་ཞིག་གཟུང་བར་བྱ་བའི་དུས། །གནས་པ་ཡོད་པ་མ་ཡིན་པས། །དངོས་པོ་ལས་གཞན་པ་གང་ཞིག་གང་གིས་དེའི་ངོ་བོ་ཉིད་དུ་གཟུང་བར་བྱ་བ་ངེས་པར་གནས་པ་ཡང་ཡོད་པ་མ་ཡིན་པས་སོ། །མ་བཟུང་དུས་སུ་ཇི་ལྟར་གདགས།།

གཟུང་དུ་ཡོད་ན་གདགས་པར་བྱ་བ་ཉིད་ཡིན་པའི་ཕྱིར་རོ་ཞེས་བྱ་བར་དགོངས་སོ། །དེ་ལྟར་ན་འདིས་ནི་ཡུད་ཙམ་ལ་སོགས་པའི་ཚད་ནི་འདུ་བྱེད་ཉི་མའི་འགྲོས་ལ་སོགས་པའི་བྱ་བ་གཞན་ཡོངས་སུ་གཅོད་པ་ཉིད་དག་གི་ཆོས་ཡིན་གྱི། དུས་ཀྱི་མ་ཡིན་པར་བསྟན་པས། གཏན་ཚིགས་ཀྱི་གཞི་མ་གྲུབ་པ་ཉིད་དང་དཔེ་ཡང་མེད་དོ། །མི་གནས་དུས་སུ་འཛིན་མི་བྱེད། །ཅེས་བྱ་བ་འདི་ལ་གཞན་དག་ན་རེ། འདི་ལ་དངོས་པོ་ངེས་པར་གནས་པ་རྣམས་ནི་ཚད་ལས་གཟུང་དུ་རུང་སྟེ། དཔེར་ན་ཤིང་འདི་ནི་མཐོའོ། །བ་འདི་ནི་ཆུ་རིང་ངོ་། །མི་འདི་ཐུང་ངོ་། །གླང་པོ་ཆེ་འདི་ནི་ཆེའོ་ཞེས་བྱ་བ་ལྟ་བུ་ཡིན་ན། དུས་ནི་དེ་ལྟར་ངེས་པར་གནས་པ་མ་ཡིན་པས་དེ་ལ་ཚད་མི་འགྲུབ་བོ་ཞེས་ཟེར་རོ། །གཞན་མ་ཡིན་པ་ན་རེ། དེ་ནི་བཟང་པོ་མ་ཡིན་ཏེ། གཟུགས་ཅན་མ་ཡིན་པ་ངེས་པར་མི་གནས་པ་ལ་ཡང་ཚད་གཟུང་དུ་རུང་བའི་ཕྱིར་རོ་ཞེའོ། །འདིར་སྨྲས་པ། དུས་ནི་རྟག་པ་ཡིན་ཏེ། དེ་ལ་སྐད་ཅིག་དང་། ཐང་ཅིག་དང་། ཡུད་ཙམ་ལ་སོགས་པ་དང་། འདས་པ་དང་། མ་འོངས་པ་དང་། ད་ལྟར་བྱུང་བ་ལ་སོགས་པ་དག་ཡོད་པ་ནི་ཉེ་བར་གནས་པ་སྣ་ཚོགས་པ་ཉིད་ཀྱི་ཁྱད་པར་ལས་ནོར་བུ་བཞིན་ནམ། སྨིན་པའི་ཁྱད་པར་ལས་སྨིན་པར་བྱ་བ་བཞིན་ནོ། །འདིར་བཤད་པ། ཁོ་བོ་ཅག་གི་ཕྱོགས་ལ་དངོས་པོ་དངོས་པོ་གཞན་པ་བརྟེན་ཅིང་ལྟོས་པའི་དངོས་པོ་ལ་སྐད་ཅིག་ལ་སོགས་པའི་སྒྲར་བརྗོད་དེ། དེ་ལ། གལ་ཏེ་དུས་ནི་དངོས་བརྟེན་ན།། ཐ་སྙད་དུ་དེ་དངོས་པོར་བརྗོད་ན་ནི་དེ་འདོད་པ་ཉིད་དོ། །ཇི་སྟེ་དོན་དམ་པར་ན་ནི་དོན་དམ་དངོས་པོ་ཉིད་ཀྱང་མ་གྲགས་པས། དངོས་མེད་དུས་ནི་ག་ལ་ཡོད། །དེ་ཡོད་པ་མ་ཡིན་པ་ཉིད་དོ་ཞེས་བྱ་བའི་ཚིག་གི་དོན་ཏོ། །དེའི་ཕྱིར་ཇི་སྐད་སྨྲས་པའི་སྐྱོན་ཉམས་པ་མེད་དོ། །འདིར་སྨྲས་པ། དོན་དམ་པར་དུས་ནི་རྫས་ཀྱི་ངོ་བོ་ཉིད་དུ་ཡོད་པ་ཁོ་ན་ཡིན་

ཏེ། རྟགས་ཡོད་པའི་ཕྱིར་རོ། །འདི་ན་གང་ཡོད་པ་མ་ཡིན་པ་དེ་ལ་ནི་རྟགས་མེད་དེ། དཔེར་ན་རི་བོང་གི་རྭ་བཞིན་ནོ། །དུས་ལ་ནི་རྟགས་སྔ་མ་དང་ཕྱི་མ་དང་། ཅིག་ཅར་དང་། ཅིག་ཅར་མ་ཡིན་པ་དང་། ཡུན་ཐུན་རིང་པོ་དང་། ཀྱུར་〔མྱུར〕བ་ཞེས་བྱ་བ་དག་ཡོད་པས་དེའི་ཕྱིར་དུས་ནི་རྫས་ཀྱི་ངོ་བོ་ཉིད་དུ་ཡོད་པ་ཁོ་ན་ཡིན་ནོ། །འདིར་བཤད་པ། དངོས་པོ་འགའ་ཡང་ཡོད་མིན་ན། །ཡང་ཞེས་བྱ་བའི་སྒྲ་ནི་ངེས་པར་གཟུང་བའི་དོན་ཏོ།།

ཁོ་བོ་ཅག་གི་ཕྱོགས་ལ་དོན་དམ་པར་དངོས་པོ་འགའ་ཡང་ཡོད་པ་མ་ཡིན་པ་ཉིད་དོ།།

ཐ་སྙད་དུ་ནི་འདུ་བྱེད་ཀྱི་རྒྱུན་ཐ་དད་པ་ལ་ལྟོས་ནས་སྔ་མ་དང་། ཕྱི་མ་ཞེས་བྱ་བར་ཤེས་པ་དེ་སྐྱེ་ཞིང་། འདུ་བྱེད་ཀྱི་སྐད་ཅིག་ཐ་མི་དད་པ་ཉེ་བར་གྱུར་པ་ལས་ཅིག་ཅར་ཞེས་བྱ་བ་དང་། དེ་ལས་བཟློག་པས་ལས་ཅིག་ཅར་མ་ཡིན་པ་ཞེས་བྱ་བ་དང་། འདུ་བྱེད་ཀྱི་རྒྱུན་མང་པོ་འཇུག་པ་ལས་ཡུན་རིང་པོ་ཞེས་བྱ་བ་དང་། འདུ་བྱེད་ཀྱི་རྒྱུན་ཉུང་ངུ་འཇུག་པ་ལས་མྱུར་བ་ཞེས་བྱ་བར་ཤེས་པ་སྐྱེ་སྟེ། དེའི་ཕྱིར་སྔ་མ་ལ་སོགས་པར་ཤེས་པ་ནི་འདུ་བྱེད་ཀྱི་ཆོས་ཡིན་པའི་ཕྱིར་གཏན་ཚིགས་མེད་པས། དུས་ལྟ་ཡོད་པར་ག་ལ་འགྱུར། དེ་སྒྲུབ་པའི་གཏན་ཚིགས་བསྟན་པ་མ་གྲུབ་པའི་ཕྱིར་རོ་ཞེས་བྱ་བར་དགོངས་སོ། །ཅི་སྟེ་སྔ་མ་ལ་སོགས་པར་ཤེས་པ་འདུ་བྱེད་ཀྱི་ཆོས་ཡིན་གྱི། དུས་ཀྱི་ཆོས་མ་ཡིན་པ་ཞེས་བྱ་བ་དེ་ག་ལས་ཤེས་ཤེ་ན། དུས་རྟག་པ་དང་། གཅིག་པུར་སྔོན་པའི་རྗེས་སུ་དཔག་པ་མེད་པ་ལས་ཏེ༑ ཐ་སྙད་དུ་ཡང་སྔ་མ་ལ་སོགས་པར་ཡང་ཤེས་པ་ནི་དུས་རྟག་པ་དང་། གཅིག་པུའི་རྒྱུ་མ་ཡིན་ཏེ། ཤེས་པ་ཡིན་པའི་ཕྱིར་དཔེར་ན་གཟུགས་ལ་སོགས་པར་ཤེས་པ་བཞིན་ནོ།།

གལ་ཏེ་དུས་ནི་རྫས་སུ་ཡོད་པ་ཡིན་ཏེ། བཏགས་པར་ཡོད་པའི་ཕྱིར་རོ་ཞེ་ན། ཇི་ལྟ་བུ་ཞེས་བརྗོད་པར་བྱའོ། །གལ་ཏེ་གཟུགས་ལ་སོགས་པ་བཞིན་ནོ་ཞེ་ན། དོན་དམ་པར་ཇི་སྐད

བསྟན་པའི་ཚུལ་གྱིས་གཟུགས་ལ་སོགས་པའི་དངོས་པོ་གྲུབ་པ་མེད་པས། དངོས་མེད་དུ་ནི་ག་ལ་ཡོད། །གཟུགས་ཀྱི་མཚན་ཉིད་ཀྱི་དངོས་པོ་མེད་པའི་ཕྱིར་དཔེ་ཉིད་དུ་བཞག་པ་དག་གི་དངོས་པོ་མེད་ན། དུས་ག་ལ་ཡོད་དེ། དཔེ་མ་བསྟན་པས་དུས་མི་འགྲུབ་བོ་ཞེས་བྱ་བའི་ཐ་ཚིག་གོ། །ཤིང་རྟ་དང་དམག་དང་ནགས་ཚལ་ལ་སོགས་པ་རྫས་སུ་ཡོད་པ་མ་ཡིན་པ་དག་ལ་ཡང་མེད་ཀྱང་ཡོད་དོ་ཞེས་བཏགས་པར་ཡོད་པའི་ཕྱིར་གཏན་ཚིགས་མ་ངེས་པ་ཉིད་ཀྱང་ཡིན་ནོ། །གལ་ཏེ་ཤིང་རྟ་ལ་སོགས་པ་ཡན་ལག་ཅན་དག་རྫས་ཉིད་དུ་བསྟན་པའི་ཕྱིར་སྐྱོན་མེད་དོ་ཞེ་ན། ཡན་ལག་ཅན་དག་རྫས་ཉིད་དུ་བསྟན་པའི་དགག་པ་སྔར་བཤད་ཟིན་པས་སྐྱོན་མེད་པ་མ་ཡིན་ནོ། །གང་དག་དུས་ནི་དངོས་པོ་ལ་བརྟེན་ནས་གདགས་པ་ཁོ་ན་ཡིན་ཏེ། ཡུད་ཙམ་ཞིག་འདུག་པར་གྱུར་ཏོ། །ཉིན་གཅིག་འདུག་གོ། ཟླ་བ་གཅིག་འདུག་པར་འགྱུར་རོ་ཞེས་བྱ་བ་ལྟ་བུའོ་ཞེས་ཟེར་བ་དེ་དག་ལ་ཡང་། དངོས་པོ་འགའ་ཡང་ཡོད་མིན་ན། །དུས་ལྟ་ཡོད་པར་ག་ལ་འགྱུར། །ཞེས་བརྗོད་པར་བྱ་སྟེ། དེ་ལས་གཞན་པའི་དུས་མེད་པའི་ཕྱིར་རོ་ཞེས་བྱ་བར་དགོངས་སོ། །དུས་ཡོད་པར་སྨྲ་བ་དག་ན་རེ། དུས་ནི་ཡོད་པ་ཁོ་ན་ཡིན་ཏེ། བརྗོད་པ་ཁྱད་པར་ཅན་འཇུག་པའི་རྒྱུ་ཡིན་པའི་ཕྱིར་རོ། །འདི་ན་གང་མེད་པ་དེ་ནི་བརྗོད་པ་ཁྱད་པར་ཅན་འཇུག་པའི་རྒྱུ་ཉིད་ཡིན་པར་མ་མཐོང་སྟེ། དཔེར་ན་རི་བོང་གི་རྭ་བཞིན་ནོ། །དུས་ནི་སབ་མ་བྱུས་སོ་བྱེད་དོ་བྱེད་པར་འགྱུར་རོ་ཞེས་བརྗོད་པ་ཁྱད་པར་ཅན་འཇུག་པའི་རྒྱུ་ཉིད་ཡིན་པར་མཐོང་བས་དེའི་ཕྱིར་དུས་ནི་ཡོད་པ་ཁོ་ན་ཡིན་ནོ་ཞེས་ཟེར་རོ། །དེ་ནི་བཟང་པོ་མ་ཡིན་ཏེ། བྱས་པ་ལ་སོགས་པའི་བརྗོད་པ་ཁྱད་པར་ཅན་འཇུག་པ་ནི། འདུ་བྱེད་ཀྱི་ཆོས་ཡིན་པའི་ཕྱིར། གཏན་ཚིགས་ཀྱི་དོན་མ་གྲུབ་པ་ཉིད་དོ། །དོན་འགལ་བ་ཉིད་ཀྱང་ཡིན་ཏེ། བརྗོད་པ

ཁྱད་པར་ཅན་འཇུག་པའི་རྒྱུ་ཉིད་ནི་ཀུན་རྫོབ་པ་ཉིད་ཡིན་པའི་ཕྱིར་རོ། །དེའི་ཕྱིར་དེ་ལྟར་རྣམ་པ་ཐམས་ཅད་དུ་དུས་མ་གྲུབ་པའི་ཕྱིར་དེ་གསལ་བའི་རྒྱུ་ཡིན་པའི་ཕྱིར་ཞེས་བྱ་བའི་གཏན་ཚིགས་ཀྱི་དོན་མ་གྲུབ་པ་ཉིད་དོ། །དེ་ལ་འདིར་རབ་ཏུ་བྱེད་པའི་དོན་ནི་ཕ་རོལ་པོས་རབ་ཏུ་བྱེད་པའི་དང་པོར་སྒྲུབ་པ་སྨྲས་པའི་སྐྱོན་བརྗོད་པ་དང་། རང་གི་སྒྲུབ་པ་ཁ་ན་མ་ཐོ་བ་མེད་པ་བསྟན་པ་དག་གིས་སྟོང་པ་ཉིད་ཀྱིས་མི་མཐུན་པའི་ཕྱོགས་ཀྱི་ཁྱད་པར་དགག་པས་དུས་ངོ་བོ་ཉིད་མེད་པ་ཉིད་དུ་བསྟན་པ་ཡིན་ནོ། །དེའི་ཕྱིར་བཅོམ་ལྡན་འདས་ཀྱིས། འཕགས་པ་ལག་བཟངས་ཀྱིས་ཞུས་པའི་མདོ་ལས། དེ་དུས་གསུམ་པོ་འདས་པ་དང་། མ་འོངས་པ་དང་། ད་ལྟར་བྱུང་བ་དག་རབ་ཏུ་ཤེས་ཏེ། དེ་ལ་འདུ་བྱེད་གང་དག་འདས་ཤིང་འགགས་པ་དེ་ནི་འདས་པའི་དུས་ཞེས་བྱའོ། །གང་དག་མ་འོངས་ཤིང་མ་བྱུང་བ་དེ་ནི་མ་འོངས་པའི་དུས་ཞེས་བྱའོ། །གང་དག་ད་ལྟར་བྱུང་ཞིང་འཇུག་པ་དེ་ནི་ད་ལྟར་བྱུང་བའི་དུས་ཞེས་བྱའོ། །དེ་ལ་ད་ལྟར་གྱི་དུས་ཀྱི་ཕུང་པོ་དང་། ཁམས་དང་། སྐྱེ་མཆེད་གང་ཡིན་པ་དེ་ནི་མི་གནས་པ་དག་ངེས་པར་མི་གནས་པར་རབ་ཏུ་ཤེས་ཏེ། དེ་ཅིའི་ཕྱིར་ཞེ་ན། འདི་ལྟར་འཇིག་རྟེན་ནི་སྐད་ཅིག་ལས་ལྷག་པར་མི་གནས་པའི་ཕྱིར་རོ།། སྐད་ཅིག་མ་གང་ཡིན་པ་དེ་ལ་ཡང་སྐྱེ་བའི་དུས་ཀྱང་གཞན་ལ་གནས་པའི་དུས་ཀྱང་གཞན་འགག་པའི་དུས་ཀྱང་གཞན་ནོ། །སྐད་ཅིག་མ་དེ་ཡང་མི་གནས་པ་དང་། ངེས་པར་མི་གནས་པར་རབ་ཏུ་ཤེས་སོ་ཞེས་བྱ་བ་ལ་སོགས་པ་དང་། དེ་བཞིན་དུ་ཆོས་ཉིད་ཀྱི་ཡང་ཆོས་ཉིད་གང་ཡིན་པ་དེ་ནི་འདས་པ་མ་ཡིན། མ་འོངས་པ་ཡང་མ་ཡིན། ད་ལྟར་བྱུང་བ་མ་ཡིན་ནོ་ཞེས་བྱ་བ་ལ་སོགས་པ་དང་། དེ་བཞིན་དུ་དེ་བཞིན་གཤེགས་པ་ནི། འདས་པ་མ་ཡིན། མ་འོངས་པ་ཡང་མ་ཡིན། ད་ལྟར་བ་མ་ཡིན་ནོ་ཞེས་བྱ་བ་ལ་སོགས

པ་གསུངས་པ་དེ་དག་གྲུབ་པ་ཡིན་ནོ། །སློབ་དཔོན་ལེགས་ལྡན་བྱེད་ [འབྱེད་] ཀྱིས་ཉེ་བར་སྦྱར་བ། དབུ་མའི་རྩ་བའི་འགྲེལ་པ་ཤེས་རབ་སྒྲོན་མ་ལས། དུས་བརྟག་པ་ཞེས་བྱ་བ་སྟེ་རབ་ཏུ་བྱེད་པ་བཅུ་དགུ་པའོ།། །།

༼རབ་བྱེད་ཉི་ཤུ་པ་རྒྱུ་དང་འབྲས་བུ་བརྟག་པ།༽

ད་ནི་དུས་ངོ་བོ་ཉིད་མེད་པ་ཉིད་དུ་བསྟན་པའི་མི་མཐུན་པའི་ཕྱོགས་ཀྱི་ཁྱད་པར་དགག་པས། རྒྱུ་དང་འབྲས་བུ་ངོ་བོ་ཉིད་མེད་པ་ཉིད་དུ་བསྟན་པའི་དོན་གྱི་དབང་གིས་རབ་ཏུ་བྱེད་པ་ཉི་ཤུ་པ་བརྩམ་མོ། །རབ་ཏུ་བྱེད་པ་འདས་མ་ཐག་པར་དུས་མ་གྲུབ་པས་གཏན་ཚིགས་ཀྱི་སྐྱོན་བསྟན་པའི་ཕྱིར་དུས་གྲུབ་ན་སྐྱོན་མེད་པས། འདོད་པའི་དོན་འགྲུབ་པར་བསྟན་པའི་ཕྱིར་འདིར་སྨྲས་པ། དོན་དམ་པར་དུས་ནི་ཡོད་པ་ཁོ་ནར་ཤེས་པར་བྱ་སྟེ། འབྲས་བུ་འགྲུབ་པའི་རྒྱུ་ཡིན་པའི་ཕྱིར་རོ། །འདི་ན་ས་བོན་ལ་སོགས་པ་ཚོགས་པ་ཉིད་ཡོད་ཀྱང་། དུས་ཚོགས་མེད་ན་མྱུ་གུ་འབྱུང་བར་མི་འགྱུར་གྱི་ཡོད་ན་འགྱུར་ལ། གང་ཡོད་པ་མ་ཡིན་པ་དེ་ནི་འབྲས་བུ་འགྲུབ་པའི་རྒྱུ་ཉིད་ཡིན་པར་མ་མཐོང་བས། དེའི་ཕྱིར་གཏན་ཚིགས་ཇི་སྐད་སྨོས་པའི་མཐུས་དོན་དམ་པར་དུས་ནི་ཡོད་པ་ཁོ་ན་ཡིན་ནོ། །དེ་ལ་རེ་ཞིག་གང་དག་གི་གྲུབ་པའི་མཐའ་ལ་རྒྱུ་དང་། རྐྱེན་རྣམས་ཀྱི་ཚོགས་པ་ཉིད་ལ་འབྲས་བུ་ཡོད་པར་འདོད་པ་དེ་དག་གི་ཕྱིར་འདི་བཤད་དེ། གལ་ཏེ་རྒྱུ་དང་རྐྱེན་རྣམས་ཀྱི། །ཚོགས་པ་ཉིད་ལས་སྐྱེ་འགྱུར་ན། །ཕ་རོལ་པོའི་ཚུལ་གྱི་འབྲས་བུའོ། ། དེ་ཡང་དེ་ལ་ཡོད་ན་འོན་དེ་ལྟར་ན། ཚོགས་པ་ཉིད་ལ་འབྲས་བུ་ཡོད་ན་ནི། ཇི་ལྟར་ཚོགས་པ་ཉིད་ལས་སྐྱེ། སྐྱེ་བར་མི་འགྱུར་བ་ཉིད་དེ། དགག་པ་མི་མཐུན་པའི་སྐྱོན་དུ་འགྱུར་བའི་ཕྱིར་རོ། །གལ་ཏེ་ཡོད་ན་ནི་ཅིའི་ཕྱིར་སྐྱེ། འོན་ཏེ་སྐྱེ་ན་ནི་ཡོད་པ་ཞེས་བྱ་བ་མ་ཡིན་ཏེ། ཡོད་པ་ཞེས་བྱ་བ་དང་། སྐྱེའོ་ཞེས་བྱ་བ་དེ་དག་མི་མཐུན་པས་བཀག་པའི་ཕྱིར་རོ་ཞེས་

བྱ་བར་དགོངས་སོ། །ཡང་ན་གལ་ཏེ་ཡོད་ན་དེ་སྐྱེ་བར་མི་འགྱུར་ཏེ། ཡོད་པ་ཉིད་དུ་རྗེས་སུ་དཔོག་པ་ཉིད་ཀྱིས་སྐྱེ་བ་མེད་པས་དེའི་སྐྱེ་བ་བསལ་བའི་ཕྱིར་དམ་བཅས་པ་ལ་ཆོས་ཀྱི་ངོ་བོ་ཉིད་བསལ་བའི་སྐྱོན་ཡོད་པས། ཚོགས་ལ་འབྲས་བུ་ཡོད་ན་ནི། །ཇི་ལྟར་ཚོགས་པ་ཉིད་ལས་སྐྱེ། །སྐྱེ་བར་མི་འགྱུར་བ་ཉིད་དེ། ཇི་སྐད་བསྟན་པའི་སྐྱོན་དུ་འགྱུར་བའི་ཕྱིར་རོ་ཞེས་བྱ་བའི་ཐ་ཚིག་གོ། གང་དག་གིས་གྲུབ་པའི་མཐའ་ལས་རྒྱུ་དང་རྐྱེན་རྣམས་ཀྱི་ཚོགས་པ་ཉིད་ལ་འབྲས་བུ་མེད་པར་འདོད་པ་དེ་དག་གི་ཕྱིར་འདི་བཤད་དེ། གལ་ཏེ་རྒྱུ་དང་རྐྱེན་རྣམས་ཀྱི། །ཚོགས་པ་ཉིད་ལས་སྐྱེ་འགྱུར་ན། །ཕ་རོལ་པོའི་ཚུལ་གྱི་འབྲས་བུའོ༑ ༑དེ་ཡང་ཕྱེད་དོན་དམ་པར་མེད་པར་སྟོན་པས། འོ་ན་དེ་ལྟར་ན། ཚོགས་ལ་འབྲས་བུ་མེད་ན་ནི། །ཇི་ལྟར་ཚོགས་པ་ཉིད་ལས་སྐྱེ། །སྐྱེ་བར་མི་འགྱུར་བ་ཉིད་དེ། མེད་པ་ཉིད་དུ་རྗེས་སུ་དཔོག་པ་ཉིད་ཀྱིས་སྐྱེ་བ་མེད་པས། དེའི་སྐྱེ་བ་བསལ་བའི་ཕྱིར་དམ་བཅས་པ་ལ་ཆོས་ཀྱི་ངོ་བོ་ཉིད་ལས་ཟློག་པའི་སྐྱོན་ཡོད་པའི་ཕྱིར་རོ་ཞེས་བྱ་བར་དགོངས་སོ།།

གང་དག་གིས་རྒྱུ་དང་རྐྱེན་རྣམས་ཀྱི་ཚོགས་པ་ཉིད་ལ་འབྲས་བུ་ཡོད་པར་དམ་བཅས་པ་དེ་དག་གི་ཕྱིར་ཡང་བཤད་པ། གལ་ཏེ་རྒྱུ་དང་རྐྱེན་རྣམས་ཀྱི། །ཚོགས་ལ་འབྲས་བུ་ཡོད་ན་ནི། །ཚོགས་ལ་གཟུང་དུ་ཡོད་རིགས་ན། །ཡོད་པའི་ཕྱིར་སྐྱེས་པ་བཞིན་དུའོ། །ཚོགས་པ་འདི་ལ་གཟུང་དུ་མེད། །ཡིད་བཅུད་པས་ཀྱང་ངོ་། །དེ་ལྟར་ན་འདིས་ནི་ཚོགས་པ་ཉིད་ལ་འབྲས་བུའི་ཆོས་གཟུང་དུ་མེད་པ་ཉིད་ཡིན་པ་བསྟན་ཏོ། །དེའི་ཕྱིར་རྗེས་སུ་དཔག་པ་ནི་ས་བོན་ལ་སོགས་པ་ཚོགས་པ་ཉིད་ལ་འབྲས་བུ་མྱུ་གུ་ཞེས་བྱ་བ་ལ་སོགས་པ་ཡོད་པ་མ་ཡིན་པར་གཟུང་བར་བྱ་སྟེ། དེ་ལ་གཟུང་དུ་མེད་པའི་ཕྱིར་རོ། །གང་ལ་གང་གཟུང་དུ་མེད་པ་དེ་ལ་དེ་ཡོད་པ་མ་ཡིན་ཏེ། དཔེར་ན་བུམ་པ་ལས་སྣམ་བུ་བཞིན་ནོ། །ཚོགས་པ

ཉིད་ལ་སྦྱུ་གུ་ཡང་དེ་བཞིན་པས་དེའི་ཕྱིར་ས་བོན་ལ་སོགས་པ་ཚོགས་པ་ཉིད་ལ་འབྲས་བུ་སྦྱུ་གུ་ཞེས་བྱ་བ་ལ་སོགས་པ་ཡོད་པ་ན་ཡིན་པར་གཟུང་བར་བྱའོ། །འདིར་གྲངས་ཅན་དག་ལས་ཁ་ཅིག་ཕྱིར་ཟློག་པར་བྱེད་དེ། ཧ་ཅང་རིང་བ་དང་། ཧ་ཅང་ཉེ་བ་དང་། དབང་པོ་ཉམས་པ་དང་། ཡིད་ངེས་པར་མི་གནས་པ་དང་། ཆ་ཕྲ་བ་དང་། བསྒྲིབས་པ་དང་། ཟིལ་གྱིས་ནོན་པ་དང་། འདྲ་བ་འདྲེས་པ་ཞེས་བྱ་བ་གཟུང་བའི་གེགས་སུ་གྱུར་པ་དག་ཡོད་ན། དངོས་པོ་ཡོད་པ་རྣམས་ཀྱང་གཟུང་དུ་མེད་པའི་ཕྱིར་གཏན་ཚིགས་མ་ངེས་པ་ཉིད་ཀྱི་སྐྱོན་ཡོད་དོ། །གྲངས་ཅན་དག་ལས་གཞན་དག་སྐྱོན་གཞན་འདི་སྐད་ཅེས་སྨྲ་སྟེ། གཟུང་དུ་མེད་པའི་ཕྱིར་རོ་ཞེས་བྱ་བའི་གཏན་ཚིགས་དེའི་དོན་གང་ཡིན། གལ་ཏེ་མངོན་སུམ་གྱིས་གཟུང་དུ་མེད་པའི་ཕྱིར་རོ་ཞེ་ན་ནི་མ་ངེས་པ་ཉིད་དེ། དབང་པོའི་དེ་ཁོ་ན་དག་མངོན་སུམ་གྱིས་གཟུང་དུ་མེད་ཀྱང་ཡོད་པའི་ཕྱིར་རོ། །གལ་ཏེ་རྗེས་སུ་དཔག་པས་གཟུང་དུ་མེད་པའི་ཕྱིར་རོ་ཞེ་ན་ནི་དོན་མ་གྲུབ་པ་ཉིད་དེ། འདི་ལྟར་རྗེས་སུ་དཔག་པ་ལས་རྒྱུ་ནི་འབྲས་བུས་མི་སྟོང་པར་གཟུང་བར་བྱ་སྟེ། ཚད་ཡོད་པའི་ཕྱིར་རོ། །གང་ཚད་ཡོད་པ་དེ་ནི་དེས་མི་སྟོང་སྟེ། དཔེར་ན་འབྲས་བུའི་བདག་ཉིད་བཞིན་ནོ། །དེ་བཞིན་དུ་རྒྱུ་ཡང་བདེ་བ་དང་། སྡུག་བསྔལ་དང་། གཏི་མུག་གསུམ་དང་། སྒྲ་ལ་སོགས་པ་ལྔ་དང་། གཅིག་ལ་སོགས་པའི་རྒྱུའི་ཚད་ཀྱི་ཚད་ཡོད་པས་དེའི་ཕྱིར་རྒྱུ་ནི་ཚད་ཡོད་པའི་ཕྱིར་འབྲས་བུས་མི་སྟོང་པའི་ཕྱིར་རོ། །མངོན་སུམ་གྱི་གཟུང་བ་ཉིད་མ་ཡིན་པས་མངོན་སུམ་ཁོ་ནས་གཟུང་དུ་མེད་པའི་ཕྱིར་རོ་ཞེས་གཏན་ཚིགས་ཁྱད་པར་དང་བཅས་པ་བརྗོད་ན་ཡང་གཏན་ཚིགས་ཀྱི་དོན་མ་ངེས་པ་ཉིད་དེ། མངོན་སུམ་གྱིས་གཟུང་བ་མ་ཡིན་པའི་དངོས་པོ་ཡང་རྗེས་སུ་དཔག་པས་གཟུང་བ་ཉིད་ཡིན་པའི་ཕྱིར་རོ། །རྣམ་པ་ཐམས་ཅད་དུ་གཟུང་

དུ་མེད་པའི་ཕྱིར་རོ་ཞེས་བྱ་བར་གཏན་ཚིགས་ཀྱི་དོན་རྟོགས་ན་ཡང་། དེ་ཉིད་དོན་མ་གྲུབ་པ་ཉིད་ཀྱི་སྐྱོན་ཡོད་དོ། །འདིར་གཟུང་དུ་མེད་པ་ཁོ་ནའི་ཕྱིར་རོ་ཞེས་ངེས་པར་གཟུང་བའི་ཕྱིར། ཐ་སྙད་དུ་ཡང་ཧ་ཅང་ཐག་རིང་པོ་ན་གནས་པ་ལ་སོགས་པ་དག་གིས་མ་ངེས་པ་ཉིད་མ་ཡིན་ནོ། །དོན་དམ་པར་ནི་ཧ་ཅང་ཐག་རིང་པོ་ན་གནས་པ་ལ་སོགས་པའི་དངོས་པོ་དག་མ་གྲུབ་པའི་ཕྱིར་རོ། །བདེ་བ་དང་། སྡུག་བསྔལ་དང་། གཏི་མུག་གི་མཚན་ཉིད་ལ་སོགས་པ་རང་བཞིན་པའི་ཚད་དག་ཀྱང་མ་གྲུབ་པའི་ཕྱིར། གཏན་ཚིགས་ཀྱི་དོན་མ་གྲུབ་པ་ཉིད་དོ། །ཚད་ཀྱི་གཏན་ཚིགས་སྤྱིར་བརྗོད་ན་ནི་རྗེས་སུ་འགྲོ་བ་མེད་དེ;། འབྲས་བུ་ཡང་འབྲས་བུའི་བདག་ཉིད་ཀྱིས་སྟོང་པའི་ཕྱིར་རོ། །ཐ་སྙད་དུ་ཡང་གང་ཞིག་གང་གིས་མི་སྟོང་པ་དེ་ལས་དེ་འབྱུང་བར་མི་འགྱུར་ཏེ། དེས་མི་སྟོང་པའི་ཕྱིར་དཔེར་ན་དབྱུ་གུ་གསུམ་ལས་དབྱུ་གུ་གསུམ་གྱི་བདག་ཉིད་བཞིན་པས་ཐ་སྙད་དུ་ཡང་རྒྱུ་ལས་འབྲས་བུ་སྔ་ན་ཡོད་པ་སྐྱེ་བར་དམ་འཆའ་ན་རྗེས་སུ་དཔག་པས་གནོད་པར་འགྱུར་རོ;། ;།མངོན་སུམ་གྱི་གཟུང་བ་ཉིད་མ་ཡིན་པས་མངོན་སུམ་ཁོ་ནས་གཟུང་དུ་མེད་པའི་ཕྱིར་རོ་ཞེས་གཏན་ཚིགས་ཀྱི་ཁྱད་པར་དང་བཅས་པ་བརྗོད་ན་ཡང་གཏན་ཚིགས་ཀྱི་དོན་མ་ངེས་པ་ཉིད་དེ་ཞེས་གོང་དུ་གཏན་ཚིགས་ཀྱི་སྐྱོར་བ་བྱས་པ་དེར་ཡང་། མ་ངེས་པ་ཉིད་མ་ཡིན་ཏེ། ཇི་སྐད་བསྟན་པའི་ཚུལ་གྱིས་རྗེས་སུ་དཔག་པ་ལས་དེ་ཡོད་པ་ཉིད་དུ་བསྟན་པར་མི་ནུས་པའི་ཕྱིར་དང་། འབྲས་བུ་སྔ་ན་ཡོད་པའི་སྐྱེ་བ་དགག་པ་བསྟན་པའི་ཚུལ་གྱིས་སོ། །རྣམ་པ་ཐམས་ཅད་དུ་གཟུང་དུ་མེད་པའི་ཕྱིར་རོ་ཞེས་བྱ་བའི་གཏན་ཚིགས་ཀྱི་དོན་ཁས་བླངས་པའི་ཕྱིར་དོན་མ་གྲུབ་པ་ཉིད་མ་ཡིན་ནོ། །ཟིལ་གྱིས་མནོན་པ་དང་། རགས་པ་ཉིད་ནི་མེད་པ་མ་བྱུང་བ་ལས་གདོད་འབྱུང་བའི་ཕྱིར། འབྲས་བུ་སྔ་ན་མེད་པར་

སླུ་བ་ཡིན་པར་ཐལ་བར་འགྱུར་རོ། །རྒྱུ་ལས་འབྲས་བུ་ཡོད་པ་ཉིད་ཡིན་ཡང་ཟིལ་གྱིས་
ནོན་པའི་ཕྱིར་དང་། ཆ་ཕྲ་བའི་ཕྱིར་གཟུང་དུ་མེད་དོ་ཞེས་སླུ་བ་དག་གི་ཚིག་ཀྱང་རྒྱུ་ལ་
འབྲས་བུ་ཡོད་པ་ཟིལ་གྱིས་ནོན་པ་དང་། ཆ་ཕྲ་བ་ཉིད་ཡིན་པར་བསྟན་དཀའ་བའི་ཕྱིར།
དེ་ཡང་རིགས་པ་མ་ཡིན་ནོ། །གྲངས་ཅན་དག་ལས་གང་དག་འབྲས་བུ་སྔ་ན་ཡོད་པ་
ཞེས་བྱ་བ་དེའི་དོན་ནི་སྐྱེ་བའི་སྔོན་རོལ་ན་མེད་པ་མ་ཡིན་ལ། འབྲས་བུའི་བདག་ཉིད་
གསལ་བར་ཡོད་པ་ཉིད་མ་ཡིན་པ་ཉིད་སྐྱེའོ་ཞེས་ཟེར་བ་དེ་དག་དགག་པ་ཡང་སྔ་མ་
བཞིན་དུ་རྒྱས་པར་བྱའོ། །དེ་བཞིན་དུ་འབྲས་བུ་སྔ་ན་མེད་པར་སླུ་བ་དག་གི་ཕྱིར་ཡང་
བཤད་པ། གལ་ཏེ་རྒྱུ་དག་རྐྱེན་རྣམས་ཀྱི། །ཚོགས་ལ་འབྲས་བུ་མེད་ན་ནི། །རྒྱུ་རྣམས་
དང་ནི་རྐྱེན་དག་ཀྱང་། །རྒྱུ་ཅན་མ་ཡིན་མཚུངས་པར་འགྱུར། །འབྲས་བུས་སྟོང་པའི་ཕྱིར་
རོ། །ཧེ་སྟེ་རྒྱུ་དང་རྐྱེན་རྣམས་ལ་ཁྱད་པར་ཅི་ཡོད་ཅེ་ན། རྒྱུའི་མཚན་ཉིད་ནི་ཐུན་མོང་མ་
ཡིན་པ་དང་། གཅིག་པུ་དང་རང་གི་དོན་བྱེད་པ་དང་། དེ་མ་ཐག་པ་དང་། ཆ་མཉམ་པ་
བསྐྱེད་པ་ལ་སོགས་པ་དག་ཡིན་པར་རིག་པར་བྱའོ། །རྐྱེན་རྣམས་ཀྱི་མཚན་ཉིད་ནི་དེ་
ལས་བཟློག་པ་སྟེ། ཐུན་མོང་དང་། དུ་མ་དང་། གཞན་གྱི་རྒྱུད་གསོ་བའི་ཕྱིར་གཞན་གྱི་
དོན་བྱེད་པ་དང་། ཐག་རིང་བ་དང་། ཆ་མི་མཉམ་པ་སྐྱེད་པ་ལ་སོགས་པ་དག་ཡིན་པར་
རིག་པར་བྱའོ། །རྒྱུ་རྐྱེན་མ་ཡིན་མཚུངས་པར་འགྱུར། །ཞེས་བྱ་བ་འདིས་ནི་རྒྱུ་དང་རྐྱེན་
རྣམས་ཀྱི་ཆོས་འབྲས་བུ་སྐྱེད་པ་མ་ཡིན་པ་ཉིད་དང་། འབྲས་བུས་སྟོང་པ་ཉིད་ཡིན་པར་
བསྟན་པས་འདིར་འབྲས་བུ་སྔ་ན་མེད་པར་སླུ་བ་དག་གི་ཕྱོགས་ལ་སྐབས་ཀྱི་དོན་ལ་ཕན་
པའི་རྗེས་སུ་དཔག་པ་བསལ་བ་འདི་ལྟ་བུ་མངོན་ཏེ། དོན་དམ་པར་ས་བོན་ལ་སོགས་པ་
རྒྱུ་དང་རྐྱེན་རྣམས་ནི་འབྲས་བུ་བསྐྱེད་པ་མ་ཡིན་པ་ཉིད་ཡིན་པར་ཤེས་པར་བྱ་སྟེ། འབྲས

བུས་སྟོང་པ་ཉིད་ཡིན་པའི་ཕྱིར་དཔེར་ན། རྒྱུ་དང་རྐྱེན་མ་ཡིན་པ་དག་བཞིན་ནོ། །གལ་ཏེ་འབྲས་བུ་ནི་རྒྱུ་དང་རྐྱེན་རྣམས་ཀྱིས་བསྐྱེད་པར་བྱ་བ་ཉིད་ཡིན་ཏེ། རྒྱུ་དང་རྐྱེན་ངེས་པ་ཉིད་ལས་འབྲས་བུ་སྐྱེ་བའི་ཕྱིར་རོ་ཞེ་ན། དེས་ཀྱང་མི་ནུས་ཏེ། རྗེས་སུ་འགྲོ་བ་མེད་པའི་ཕྱིར་དང་། བརྒལ་ཞིང་བརྟག་པ་མཚུངས་པར་ཉེ་བར་གནས་པའི་ཕྱིར་རོ། །གལ་ཏེ་ནས་ཀྱི་ས་བོན་ལས་ནས་ཀྱི་མྱུ་གུ་སྐྱེ་བར་མཐོང་བས། མཐོང་བ་ལ་གཏན་ཚིགས་ཀྱི་ཚིག་དོན་མེད་དོ་ཞེ་ན། ཐ་སྙད་ཀྱི་ཁོངས་སུ་གཏོགས་པའི་བློས་མྱུ་གུ་སྐྱེ་བ་དང་། དེ་བཞིན་དུ་རྒྱུ་དང་རྐྱེན་ངེས་པ་དང་འབྲས་བུ་སྐྱེ་བ་མཐོང་བ་ནི་བདེན་ནོ། །དོན་དམ་པར་ནི་མ་མཐོང་སྟེ། དོན་དམ་པར་དེའི་སྐྱེ་བ་མ་གྲུབ་པའི་ཕྱིར་རོ། །དེའི་ཕྱིར་དེ་ལྟར་ཡོངས་སུ་བརྟགས་ན་འབྲས་བུ་འགྲུབ་པ་མི་འཐད་པས་འབྲས་བུ་འགྲུབ་པའི་རྒྱུ་ཡིན་པའི་ཕྱིར་རོ་ཞེས་བྱ་བའི་གཏན་ཚིགས་ཀྱི་དོན་མ་གྲུབ་པ་ཉིད་དང་། རྗེས་སུ་འགྲོ་བ་ཡང་མེད་དོ།།

ཡང་གཞན་ཡང་། འབྲས་བུ་སྔ་ན་མེད་པར་སྨྲ་བ་རྣམས་ཀྱི་རྒྱུས་འབྲས་བུ་ལ་རྒྱུ་བྱིན་ནས་འགག་པར་འགྱུར་རམ། འོན་ཏེ་མ་བྱིན་པར་འགག་པར་འགྱུར། དེས་ཅིར་འགྱུར། གལ་ཏེ་རྒྱུས་ནི་འབྲས་བུ་ལ། །རྒྱུ་བྱིན་ནས་ནི་འགག་འགྱུར་ན། །གང་བྱིན་པ་དང་གང་འགག་པ༏ །རྒྱུ་ཡི་བདག་ཉིད་གཉིས་སུ་འགྱུར། །གལ་ཏེ་རྒྱུས་འབྲས་བུ་ལ་རྒྱུའི་ནུས་པ་ཕུལ་ནས་འགག་པར་འགྱུར་ན། གང་བྱིན་པ་དང་། གང་འགག་པའི་རྒྱུའི་བདག་ཉིད་གཉིས་སུ་འགྱུར་ཏེ། བྱིན་པ་དང་། འགག་པའི་རྒྱུའི་བདག་ཉིད་ཐ་དད་པའི་ཕྱིར་རོ། །དེ་ནི་ཐ་སྙད་དུ་ཡང་མི་འདོད་དོ། །འདི་ལྟར་རྟེན་ཅིང་འབྲེལ་པར་འབྱུང་བའི་རྒྱུ་ནི་འབྲུ་ལ་སོགས་ལ་གྲོགས་བྱེད་པས་ཕན་བཏགས་ན་འབྲས་བུ་བསྐྱེད་པར་ནུས་པ་ཡིན་པས། དེའི་རྐྱེན་གྱིས་འབྲས་བུ་སྐྱེ་བར་འགྱུར་བ་ཡིན་ན་འབྲས་བུ་མེད་པ་གཞག་པའི་ཁྱད་པར་གྱི་གཞི

མེད་པ་ལ་ནུས་པ་དབྱུལ་དུ་མི་རུང་ངོ་། །དེའི་ཕྱིར་འདུ་བྱེད་རྣམས་ལ་འཕོ་བ་མེད་དེ། འདྲ་བ་ལས། དེ་ལྟར་འཁྲུལ་ཏོ། །འོན་ཏེ་མ་བྱིན་པར་འགག་པར་འགྱུར་ན། དེ་ལྟ་ན། གལ་ཏེ་རྒྱུས་ནི་འབྲས་བུ་ལ། །རྒྱུ་མ་བྱིན་པར་འགག་འགྱུར་ན། །རྒྱུ་འགགས་པ་ན་སྐྱེས་པ་ཡི། །འབྲས་བུ་དེ་ནི་རྒྱུ་མེད་འགྱུར། །འབྲས་བུ་རྒྱུ་མེད་པ་ལས་འབྱུང་བར་མི་འདོད་པས། དེའི་ཕྱིར་ཡང་རྒྱུ་འགགས་པ་ནི་འབྲས་བུ་སྐྱེད་པར་མི་བྱེད་དེ། འགགས་པའི་ཕྱིར་འགགས་ནས་ཡུན་རིང་དུ་ལོན་པ་བཞིན་ནོ། །འདི་ལ་འགལ་བ་བསྒྲུབ་པ་མེད་པས་དོན་འདི་གཞན་ལ་བསྟན་པར་བྱ་མི་དགོས་སོ། །གལ་ཏེ་ཚོགས་པ་ཉིད་དང་ལྷན་ཅིག་སྐྱེ་བཞིན་པས་འབྲས་བུ་སྐྱེད་པར་བྱེད་དེ། དཔེར་ན་མར་མེ་དང་འོད་བཞིན་ནོ་ཞེ་ན། དེའི་ཕྱིར་བཤད་པ། གལ་ཏེ་ཚོགས་དང་ལྷན་ཅིག་ཏུ། །འབྲས་བུ་ཡང་ནི་སྐྱེ་འགྱུར་ན། །སྐྱེད་པ་དང་ནི་གང་བསྐྱེད་པ། །དུས་གཅིག་པར་ནི་ཐལ་བར་འགྱུར། །སྐྱེད་པ་དང་བསྐྱེད་པ་ཕ་དང་བུ་ལྟ་བུ་དག་དུས་གཅིག་ཏུ་འབྱུང་བ་ཉིད་དེ་ནི་མི་འདོད་དོ། །འོ་ན་ཇི་ལྟར་འདོད་ཅེ་ན། དུས་ཐ་དད་པ་ཉིད་དུའོ། །སྐྱེད་པ་དང་བསྐྱེད་པ་ཉིད་དག་ལ་རྒྱུ་དང་འབྲས་བུ་དག་ཡོད་པས་དེའི་ཕྱིར་རྗེས་སུ་དཔག་པར་ནུས་ཏེ། འབྲས་བུ་ཚོགས་པ་ཉིད་ནི་ལྷན་ཅིག་མི་སྐྱེ་སྟེ། སྐྱེད་པ་དང་བསྐྱེད་པ་ཡིན་པའི་ཕྱིར་དཔེར་ན་བུ་དང་ཕ་བཞིན་ནོ། །ཚོགས་པ་སྔ་མའི་དབང་གིས་མར་མེ་འོད་དང་བཅས་པ་ཐ་སྙད་པར་འབྱུང་བའི་ཕྱིར་མར་མེ་དང་འོད་དག་རྒྱུ་དང་འབྲས་བུའི་དངོས་པོ་ཡོད་པ་མ་ཡིན་ཏེ། དགག་པ་རྒྱས་པར་སྔར་བསྟན་པའི་ཕྱིར། དེ་ནི་བཟང་པོ་མ་ཡིན་ནོ། །གང་དག་འབྲས་བུ་སྔར་སྐྱེས་པ་ཉིད་ཚོགས་པ་ཉིད་ཀྱིས་གསལ་བར་བྱེད་དོ་ཞེས་ཟེར་བ་དེ་དག་གི་ཕྱིར་འདི་བཤད་དེ། གལ་ཏེ་ཚོགས་པའི་སྔ་རོལ་དུ། །འབྲས་བུ་སྐྱེ་བར་གྱུར་ན་ནི། །གལ་ཏེ་རྒྱུ་དང་རྐྱེན་རྣམས་ཀྱི་ཚོགས་པ་

ཉིད་ཀྱི་སྔ་རོལ་དུ་དེ་དག་མེད་པར་དེ་ཡོད་པར་གྱུར་ན་ནི་དེ་ལྟར་ན། རྒྱུ་དང་རྐྱེན་རྣམས་མེད་པ་ཡིས། །འབྲས་བུ་རྒྱུ་མེད་འབྱུང་བར་འགྱུར། །དེ་ཡང་མི་འདོད་དེ། དེའི་ཕྱིར་ཁོ་བོ་ཅག་ལ་འབྲས་བུ་ཡོད་པ་ཉིད་དུ་བསྒྲུབ་པར་བྱ་བའི་གསལ་བ་ཡོད་པ་ཉིད་དུ་ནི་རྗེས་སུ་དཔག་པར་མི་བྱ་སྟེ། གསལ་བའི་ལན་བཏབ་ཟིན་པའི་ཕྱིར་རོ། །གྲངས་ཅན་དག་ལས། གཞན་དག་གིས་སྨྲས་པ། རྒྱུ་ཉིད་འགག་པ་འབྲས་བུའི་བདག་ཉིད་དུ་གནས་སོ། །དེ་དག་གི་ཡང་གལ་ཏེ་རྒྱུས་རྒྱུའི་ངོ་བོ་ཉིད་ཡོངས་སུ་མ་སྤངས་པ། འགགས་པ་འབྲས་བུའི་བདག་ཉིད་དུ་གནས་སོ་ཞེ་ན་ནི། གལ་ཏེ་རྒྱུ་འགགས་འབྲས་བུ་ན། །རྒྱུའི་བདག་ཉིད་ཡིན་པར་འདོད་ནའོ། །དེ་ལྟ་ན། རྒྱུ་ནི་ཀུན་དུ་འཕོ་བར་འགྱུར། །ངོ་བོ་ཉིད་ཡོངས་སུ་མ་སྤངས་པའི་ཕྱིར། ལྷས་བྱིན་ཁྱིམ་ནས་ཁྱིམ་དུ་ཀུན་དུ་འཕོ་བ་བཞིན་ནོ། །གཞན་ཡང་། སྔོན་སྐྱེས་པ་ཡི་རྒྱུ་ཡང་ནི། །ཡང་སྐྱེ་བར་ནི་ཐལ་བར་འགྱུར། །རྒྱུའི་བདག་ཉིད་དུ་ཡོད་པ་ནི། རྒྱུའི་བདག་ཉིད་ཁོ་ནར་མི་སྐྱེ་སྟེ། ཅི་ཡང་མི་དགོས་པའི་ཕྱིར་རོ། །གལ་ཏེ་རྒྱུ་འབྲས་བུའི་བདག་ཉིད་དུ་སྐྱེ་བར་ཁས་བླངས་པའི་ཕྱིར་སྐྱོན་མེད་དོ་ཞེ་ན་རྒྱུའི་ངོ་བོ་ཉིད་ཡོངས་སུ་མ་སྤངས་པའི་རྒྱུའི་བདག་ཉིད་ལ་འབྲས་བུ་ཞེས་བརྗོད་ན་ནི་མིང་ཙམ་ཐ་དད་པར་ཟད་པའི་ཕྱིར་ཇི་སྐད་སྨྲས་པའི་སྐྱོན་ལྡོག་པ་མེད་དོ། །རྒྱུའི་ངོ་བོ་ཉིད་ཡོངས་སུ་སྤངས་པ་འབྲས་བུའི་བདག་ཉིད་དུ་ངེས་པར་གནས་པར་རྟོག་ན་ཡང་རྒྱུའི་ངོ་བོ་ཉིད་ཡོངས་སུ་སྤངས་པ་ནི་རྒྱུ་མ་ཡིན་པའི་ཕྱིར་རྒྱུ་འབྲས་བུའི་བདག་ཉིད་དུ་གནས་སོ་ཞེས་བྱ་བ་དེ་ལེགས་པར་མ་བརྟགས་པར་སྨྲས་པ་ཡིན་ནོ། །གཞན་ཡང་འབྲས་བུ་སྔ་ན་ཡོད་པར་སྨྲ་བ་དག་རྒྱུ་འགགས་པས་འབྲས་བུ་སྐྱེས་པ་ཉིད་སྐྱེད་པར་བྱེད་དམ། གནས་པས་སྐྱེད་པར་བྱེད་པར་རྟོག་གྲང་ན། །གཉི་ག་ལྟར་ཡང་རིགས་པ་མ་ཡིན་ཏེ། ཇི་ལྟ་ཞེ་ན། འགགས་པ་

ནུབ་པར་གྱུར་པ་ཡིས། །འབྲས་བུ་སྐྱེས་པ་ཇི་ལྟར་སྐྱེ། །འགགས་པ་ནི་རྒྱུ་ཉིད་དུ་མི་རིགས་པའི་ཕྱིར་དང་། སྐྱེས་པ་ཡང་བསྐྱེད་མི་དགོས་པའི་ཕྱིར། རྒྱུ་འགགས་པས་འབྲས་བུ་སྐྱེས་པ་སྐྱེད་པར་མི་བྱེད་དོ་ཞེས་བྱ་བའི་ཚིག་གི་དོན་ཏོ། །གྲངས་ཅན་དག་ལས་ཁ་ཅིག་གིས་སྨྲས་པ། རྫས་ངེས་པར་གནས་པའི་ཆོས་གཞན་ལྡོག་པ་ན། ཆོས་གཞན་སྐྱེ་བ་ནི་ཡོངས་སུ་འགྱུར་བ་ཡིན་པས་དེའི་ཕྱིར། རྒྱུ་འགགས་ནས་འབྲས་བུ་སྐྱེ་བར་འགྱུར་བ་ཡང་མ་ཡིན་ལ། ནུས་པའི་ཚུལ་དུ་ཡོད་པའི་ཕྱིར། གསལ་བ་ཁྱད་པར་ཅན་མ་སྐྱེས་པ་བསྐྱེད་པར་བྱ་མི་དགོས་པ་ཡང་མ་ཡིན་ནོ། །འདིར་བཤད་པ། དེ་ལྟ་ན་ཡང་རྫས་ངེས་པར་གནས་པ་ཡང་ཆོས་གཞན་ལྡོག་པའི་དུས་ན་ལྡོག་པར་འགྱུར་ཏེ། དེ་ལས་གཞན་མ་ཡིན་པའི་ཕྱིར་དཔེར་ན་ཆོས་གཞན་ལྡོག་པ་བཞིན་ནོ། །དེ་བཞིན་དུ་ཆོས་ཅན་ཡང་ཆོས་གཞན་སྐྱེ་བའི་དུས་ན་སྐྱེ་བར་འདོད་པར་བྱ་དགོས་ཏེ། དེ་ལས་གཞན་མ་ཡིན་པའི་ཕྱིར། དཔེར་ན་ཆོས་གཞན་སྐྱེས་པ་བཞིན་པས་ཐ་སྙད་དུ་ཡང་བསྒྲུབ་པར་ནི་འགལ་བར་སྣང་ངོ་། །དོན་དམ་པར་ནི་ཇི་ལྟར་རྫས་ངེས་པར་གནས་པ་དེའི་ཆོས་གཞན་སྣང་བ་དང་། མི་སྣང་བའི་མཚན་ཉིད་ནི་ཡོངས་སུ་འགྱུར་བ་མ་ཡིན་ཏེ། དཔེར་ན་ཆེ་གེ་མོ་བཞིན་ནོ་ཞེས་བྱ་བའི་དཔེ་རྣམ་པ་ཐམས་ཅད་དུ་མེད་པའི་ཕྱིར་དེ་ཡང་རིགས་པ་མ་ཡིན་ནོ། །ཡང་གཞན་ཡང་། ཆོས་གཞན་ལྡོག་པ་གང་ཡིན་པ་དེ། རྒྱུའི་བདག་ཉིད་ཡིན་ན། འོན་ཏེ་རྒྱུའི་བདག་ཉིད་མ་ཡིན། དེ་ལ་གལ་ཏེ་དེ་རྒྱུའི་བདག་ཉིད་ཡིན་ན་ནི། དེ་འགགས་པའི་ཕྱིར་རྒྱུ་འགགས་པ་ཡིན་པས། འགག་པ་ནུབ་པར་གྱུར་པ་ཡིས། །འབྲས་བུ་སྐྱེས་པ་ཇི་ལྟར་སྐྱེད། །རྒྱུ་འགགས་པ་ལ་འབྲས་བུ་སྐྱེས་པ་སྐྱེད་པར་བྱེད་པའི་མཐུ་ཉིད་མེད་པ་ཁོ་ནའོ་ཞེས་བྱ་བའི་ཚིག་གི་དོན་ཏོ། །འོན་ཏེ་རྒྱུའི་བདག་ཉིད་མ་ཡིན་ན་ནི་དེ་ལྟ་ན་རྒྱུ་ངེས་པར་

གནས་པའི་ཕྱིར་འབྲས་བུ་སྣང་བར་འགྱུར་པའི་རིགས་སོ། །གལ་ཏེ་དེ་ལྟར་མི་འདོད་པའི་ཕྱིར། དེ་མི་གནོད་དོ་ཞེ་ན། དེའི་ཕྱིར་བཤད་པ། འབྲས་བུ་དང་ནི་འབྲེལ་པའི་རྒྱུ། །གནས་པས་ཀྱང་ནི་ཇི་ལྟར་སྐྱེད། །རང་གི་བདག་ཉིད་ལས་གཞན་མ་ཡིན་པའི་ཕྱིར། དཔེར་ན་རྒྱུའི་རང་གི་བདག་ཉིད་བཞིན་ནོ། །དེ་ལྟ་བས་ན་རྒྱུ་ངེས་པར་གནས་པས་དེ་ཉིད་ཀྱི་འབྲས་བུ་སྐྱེད་པར་བྱེད་དོ་ཞེས་སྨྲ་བ་དག་གི་ཚིག་གིས་དུས་མཉམ་པ་ཉིད་རྗེས་སུ་དཔོག་པས་སྐྱེད་པར་བྱེད་པ་མ་ཡིན་པ་ཉིད་ཀྱིས། དེ་བསྐྱེད་པ་ཉིད་ཡིན་པ་གསལ་བའི་ཕྱིར། དེ་རྒྱུ་ཉིད་ཡིན་པ་གསལ་བས། དམ་བཅས་པ་ལ་ཆོས་ཅན་གྱི་ངོ་བོ་ཉིད་ལས་བཟློག་པའི་སྐྱོན་ཡོད་དོ། །འབྲེལ་པ་ཞེས་བྱ་བ་ནི་ཚོགས་པ་ཞེས་བྱ་བའི་ཐ་ཚིག་གོ། གང་དག ཅི་སྟེ་འབྲས་མ་འབྲེལ་ན། །རྒྱུ་དེ་འབྲས་བུ་དང་མ་འབྲེལ་བར་སྨྲ་བ་དེ་དག་གི་ཡང་། འབྲས་བུ་གང་ཞིག་སྐྱེད་པར་བྱེད། །འབྲས་བུ་སྐྱེད་པར་མི་བྱེད་པ་ཉིད་དེ། འབྲས་བུས་སྟོང་པའི་ཕྱིར་དཔེར་ན། དེ་ལས་གཞན་ཞིག་བཞིན་ནོ་ཞེས་བྱ་བར་དགོངས་སོ༑ ༑དེ་ལྟར་རེ་ཞིག་འབྲས་བུ་སྤྱིར་དགག་པ་བྱས་སོ། །ད་ནི་མིག་གི་རྣམ་པར་ཤེས་པ་ལ་སོགས་པ་འབྲས་བུའི་ཁྱད་པར་དག་བསལ་བའི་ཕྱིར་འདི་བསྟན་པར་བྱ་སྟེ། འདི་ལ་མིག་གི་དབང་པོ་ནི་མིག་གི་རྣམ་པར་ཤེས་པའི་རྒྱུ་ཡིན་ན་དེས་གཟུགས་མཐོང་ནས། མིག་གི་རྣམ་པར་ཤེས་པ་སྐྱེད་པར་བྱེད་དམ། མ་མཐོང་བར་སྐྱེད་པར་བྱེད་གྲང་ན། གཉི་ག་ལྟར་ཡང་མི་སྲིད་དེ། ཁ་ཅིག་ན་རེ་མཐོང་ན་ནི་སྐྱེ་བ་དོན་མེད་པ་ཉིད་དུ་འགྱུར་བའི་ཕྱིར་དང་། མ་མཐོང་ན་ཡང་རྐྱེན་མེད་པའི་ཕྱིར། རྒྱུས་ནི་མཐོང་དང་མ་མཐོང་བར།། འབྲས་བུ་སྐྱེད་པར་མི་བྱེད་དོ། །ཞེས་ཟེར་རོ། །གཞན་དག་ན་རེ་མཐོང་ནས་ཞེས་བྱ་བ་ནི་ཕྲད་ནས་ཞེས་བྱ་བའི་ཐ་ཚིག་སྟེ། འདི་ལྟར་ཡོད་ན་ཕྲད་པར་འགྱུར་བས་ཡོད་པ་ལ་སྐྱེ

བས་ཅི་བྱ། མེད་པ་ལ་ཡང་ཁྱད་པ་མི་སྲིད་པས་མེད་པ་ལ་ཅི་ཞིག་སྐྱེ་བར་འགྱུར་ཞེས་ཟེར་རོ། །གཞན་མ་ཡིན་པ་ན་རེ་དེ་ནི་རིགས་པ་མ་ཡིན་ཏེ། འབྲས་བུ་དང་ནི་འབྲེལ་པའི་རྒྱུ་། །གནས་པས་ཀྱང་ནི་ཇི་ལྟར་སྐྱེད། །ཅི་སྟེ་དེ་འབྲས་མ་འབྲེལ་ན། །འབྲས་བུ་གང་ཞིག་སྐྱེད་པར་བྱེད། །ཅེས་བསྟན་པ་དང་ཁྱད་པར་མེད་པའི་ཕྱིར་དང་། གལ་ཏེ་རྒྱུ་དང་རྐྱེན་རྣམས་ཀྱི། །ཚོགས་པ་ཉིད་ལས་སྐྱེ་འགྱུར་ན། །ཚོགས་ལ་འབྲས་བུ་ཡོད་ན་ནི། །ཇི་ལྟར་ཚོགས་པ་ཉིད་ལས་སྐྱེ། །གལ་ཏེ་རྒྱུ་དང་རྐྱེན་རྣམས་ཀྱི། །ཚོགས་པ་ཉིད་ལས་སྐྱེ་འགྱུར་ན། །ཚོགས་ལ་འབྲས་བུ་མེད་ན་ནི། །ཇི་ལྟར་ཚོགས་པ་ཉིད་ལས་སྐྱེ། །ཞེས་བསྟན་པ་དག་དང་ཡང་ཁྱད་པར་མེད་པའི་ཕྱིར་རོ་ཞེའོ། །དེ་བཞིན་དུ་རྣ་བ་ལ་སོགས་པ་རྒྱུ་དག་གིས་རྣ་བའི་རྣམ་པར་ཤེས་པ་ལ་སོགས་པ་འབྲས་བུ་དག་སྐྱེད་པར་མི་བྱེད་པ་ཉིད་དུ་ཡང་བརྗོད་པར་བྱའོ། །གཞན་དག་གིས་སྨྲས་པ། དོན་དམ་པར་རྒྱུས་ནི་འབྲས་བུ་སྐྱེད་པར་བྱེད་པ་ཉིད་དེ། འབྲས་བུའི་རྒྱུ་ཡིན་པའི་ཕྱིར་རོ། །འདི་ན་གང་གིས་གང་སྐྱེད་པར་མི་བྱེད་པ་དེ་ནི་དེའི་རྒྱུ་མ་ཡིན་ཏེ། དཔེར་ན། བུམ་པ་དང་སྣམ་བུ་བཞིན་པས་དེ་ལྟ་ན་གཏན་ཚིགས་གྲུབ་པའི་ཕྱིར་འདོད་པའི་དོན་གྲུབ་བོ། །འདིར་བཤད་པ། འབྲས་བུ་འདས་པ་རྒྱུ་འདས་དང་། །མ་སྐྱེས་པ་དང་སྐྱེས་པ་དང་། །ལྷན་ཅིག་ཁྲད་པར་འགྱུར་བ་ནི། །ནམ་ཡང་ཡོད་པ་མ་ཡིན་ནོ། །འབྲས་བུ་འདས་པ་ནི་རྒྱུ་འདས་པ་དང་མ་སྐྱེས་པ་དང་། ལྷན་ཅིག་ཁྲད་པར་གྱུར་པ་ནམ་ཡང་ཡོད་པ་མ་ཡིན་ཏེ། འབྲས་བུ་དང་། རྒྱུ་གཉི་ག་མེད་པའི་ཕྱིར་རོ་ཞེས་བྱ་བར་དགོངས་སོ། །འབྲས་བུ་འདས་པ་དང་། རྒྱུ་སྐྱེས་པ་ཡང་ལྷན་ཅིག་ཁྲད་པར་འགྱུར་བ་ནམ་ཡང་ཡོད་པ་མ་ཡིན་ཏེ། འབྲས་བུ་མེད་པའི་ཕྱིར་རོ། །འབྲས་བུ་མ་སྐྱེས་རྒྱུ་མ་སྐྱེས། །འདས་པ་དང་ནི་སྐྱེས་པ་དང་། །ལྷན་ཅིག་ཁྲད་པར་འགྱུར་བ་ནི། །ནམ་

ཡང་ཡོད་པ་མ་ཡིན་ནོ། །འབྲས་བུ་མ་སྐྱེས་པ་ནི་རྒྱུ་མ་སྐྱེས་པ་དང་། འདས་པ་དང་ལྷན་ཅིག་ཕྲད་པར་འགྱུར་བ་ནམ་ཡང་ཡོད་པ་མ་ཡིན་ཏེ། འབྲས་བུ་དང་། རྒྱུ་གཉིག་མེད་པའི་ཕྱིར་རོ། །འབྲས་བུ་མ་སྐྱེས་པ་དང་། རྒྱུ་མ་སྐྱེས་པ་ཡང་ལྷན་ཅིག་ཕྲད་པར་འགྱུར་བ་ནམ་ཡང་ཡོད་པ་མ་ཡིན་ཏེ། འབྲས་བུ་མེད་པའི་ཕྱིར་རོ། །འབྲས་བུ་སྐྱེས་པ་རྒྱུ་སྐྱེས་དང་༑ ༑མ་སྐྱེས་པ་དང་འདས་པ་དང་། །ལྷན་ཅིག་ཕྲད་པར་འགྱུར་བ་ནི། །ནམ་ཡང་ཡོད་པ་མ་ཡིན་ནོ། །འབྲས་བུ་སྐྱེས་པ་ནི་རྒྱུ་སྐྱེས་པ་དང་། ལྷན་ཅིག་ཕྲད་པར་འགྱུར་བ་ནམ་ཡང་ཡོད་པ་མ་ཡིན་ཏེ། རྒྱུ་དང་འབྲས་བུ་གཉིས་དུས་གཅིག་ཏུ་འབྱུང་བ་བཀག་པའི་ཕྱིར་རོ། །འབྲས་བུ་སྐྱེས་པ་དང་། རྒྱུ་མ་སྐྱེས་པ་དང་། འདས་པ་དང་། ཡང་ལྷན་ཅིག་ཕྲད་པར་འགྱུར་བ་ནམ་ཡང་ཡོད་པ་མ་ཡིན་ཏེ། རྒྱུ་གཉིས་ཀ་མེད་པའི་ཕྱིར་རོ། །དེའི་ཕྱིར་དེ་ལྟར་དཔྱད་ན་རྒྱུ་དང་འབྲས་བུ་ཇི་ལྟར་ཡང་ཕྲད་པ་ཡོད་པ་མ་ཡིན་པ་དེའི་ཕྱིར། ཕྲད་པ་ཡོད་པ་མ་ཡིན་ན། རྒྱུས་ནི་འབྲས་བུ་ཇི་ལྟར་སྐྱེད། །ཅེས་བྱ་བ་གསུངས་ཏེ། སྐྱེད་པར་མི་བྱེད་དེ། ཕྲད་པ་ཡོད་པ་མ་ཡིན་པའི་ཕྱིར་རོ་ཞེས་བྱ་བས་བསྒྲུབ་པར་བྱ་བ་དང་། སྒྲུབ་པའི་ཚིག་གི་དོན་མཚོན་ནོ། །འདིར་རྗེས་སུ་དཔག་པ་ནི་དོན་དམ་པར་རྒྱུས་ནི་འབྲས་བུ་སྐྱེད་པར་མི་བྱེད་དེ། ཕྲད་པ་ཡོད་པ་མ་ཡིན་པའི་ཕྱིར་དཔེར་ན་སའི་སྟེང་ན་འདུག་པའི་ས་བོན་དང་། རིའི་སྟེང་ན་འདུག་པའི་ས་བོན་བཞིན་ནོ། །གང་དག་རྒྱུ་དང་འབྲས་བུ་མི་མཐུན་པ་མེད་པའི་ཕྱིར། རྒྱུ་དང་འབྲས་བུ་ཕྲད་པར་སྨྲ་བ་དེ་དག་ལ་ཡང་རྒྱུས་འབྲས་བུ་སྐྱེད་པར་བྱེད་ན་རྒྱུ་ཡིན་གྱི། འབྲས་བུ་སྐྱེད་པར་མི་བྱེད་པ་ནི་རྒྱུ་མ་ཡིན་པས༑ རྒྱུ་མ་ཡིན་པ་ཇི་ལྟར་རྒྱུར་འགྱུར། རྒྱུས་འབྲས་བུ་བསྐྱེད་ཀྱིས་ཁྱཻན་པ་ལ་ནི་ཡང་བསྐྱེད་པར་བྱ་བ་ཅི་ཡང་མེད་པའི་ཕྱིར་རྒྱུ་ཉིད་མི་སྲིད་དོ། །བྱེད་དོ། །བྱས་སོ། །བྱེད་པར

འགྱུར་རོ་ཞེས་བྱ་བས། རྒྱུ་བྱེ་བྲག་ཏུ་བཤད་པ་བྱེད་ན་ཡང་ཐ་སྙད་ཀྱི་བདེན་པ་བསྒྲུབ་པར་ཟད་ཀྱི། དོན་དམ་པར་དེ་དང་མཐུན་པ་ཅུང་ཟད་ཀྱང་སྟོན་པར་མི་ནུས་སོ། །ཅི་སྟེ། མི་འཐད་བཞིན་དུ་རྟོག་ན་ཡང་། །ཁྲད་པ་ཡོད་པ་ཡིན་ན་ཡང་། །རྒྱུས་ནི་འབྲས་བུ་ཇི་ལྟར་བསྐྱེད༑ །འབྲས་བུ་ཡོད་ན་ཡང་སྔ་མ་བཞིན་དུ་སྐྱེ་བ་དོན་མེད་པ་ཉིད་དུ་འགྱུར་བའི་ཕྱིར་རོ་ཞེས་བྱ་བར་དགོངས་སོ། །ཡང་ན་འདི་ནི་སྲུན་དབྱུང་བའི་ལམ་གཞན་ཡིན་ཏེ། གང་དག་གི་གྲུབ་པའི་མཐའ་ལས་རྒྱུ་འབྲས་བུས་སྟོང་པ་དེ་དག་ལ་གལ་ཏེ་འབྲས་བུས་སྟོང་པའི་རྒྱུ། ཇི་ལྟར་འབྲས་བུ་སྐྱེད་པར་བྱེད། །ཅེས་བརྗོད་པར་བྱ་སྟེ། དེས་སྟོང་པའི་ཕྱིར་དཔེར་ན་དེ་ལས་གཞན་བཞིན་ནོ་ཞེས་བསྟན་ཏོ། །གང་དག་གི་གྲུབ་པའི་མཐའ་ལས་རྒྱུ་འབྲས་བུས་མ་སྟོང་པ་དེ་དག་ལ་ཡང་། གལ་ཏེ་འབྲས་བུས་མི་སྟོང་རྒྱུ། །ཇི་ལྟར་འབྲས་བུ་སྐྱེད་པར་བྱེད། །ཅེས་བརྗོད་པར་བྱ་སྟེ། དེས་མི་སྟོང་པའི་ཕྱིར་དཔེར་ན། འབྲས་བུའི་བདག་ཉིད་བཞིན་ནོ་ཞེས་བྱ་བར་དགོངས་སོ།། །།

༄ དབུ་མའི་རྩ་བའི་འགྲེལ་པ་ཤེས་རབ་སྒྲོན་མ། བམ་པོ་བཅོ་ལྔ་པ། བྱེ་བྲག་ཏུ་སྨྲ་བ་དག་ནི་འབྲས་བུ་སྐྱེ་བའི་སྔ་རོལ་ན་ཡང་འབྲས་བུའི་བདག་ཉིད་ཀྱིས་མི་སྟོང་པར་སྨྲ་བས་དེ་དགག་པའི་ཕྱིར་སྦྱོར་བའི་ལམ་གཞན་བསྟན་པར་བྱ་སྟེ། འབྲས་བུ་མི་སྟོང་སྐྱེ་མི་འགྱུར༑ །མི་སྟོང་འགག་པར་མི་འགྱུར་རོ། །འབྲས་བུ་རྟེན་ཅིང་འབྲེལ་པར་འབྱུང་བ་མ་ཡིན་པ་ཉིད་འབྲས་བུའི་བདག་ཉིད་ཀྱིས་ཡོད་པ་ལ་ནི་སྐྱེ་བ་དོན་མེད་པ་ཉིད་ཡིན་པས། དེའི་ཕྱིར་སྐྱེ་བར་མི་འགྱུར་རོ། །མ་སྐྱེས་པ་ལ་ནི་ངོ་བོ་ཉིད་འགྱུར་བ་མེད་པ་ཉིད་ཡིན་པས་དེའི་ཕྱིར་འགག་པར་མི་འགྱུར་རོ། །དེ་ལྟ་ན། མི་སྟོང་དེ་ནི་མ་འགགས་དང་། །མ་སྐྱེས་པར་ཡང་འགྱུར་བ་ཡིན། །དེ་ལྟར་ནི་མི་འདོད་དེ། འབྲས་བུ་ནི་སྐྱེ་བ་དང་། འགག

པའི་ཆོས་ཅན་ཉིད་དུ་འདོད་དོ། །དེས་ན་གང་དང་གང་ཡོད་པ་དེ་དང་དེ་ནི་སྐྱེ་བ་མེད་པའི་ཆོས་ཅན་དང་། འགག་པ་མེད་པའི་ཆོས་ཅན་ཡིན་པར་མཐོང་སྟེ། ཡོད་པའི་ཕྱིར་དཔེར་ན། ད་ལྟར་གྱི་སྐད་ཅིག་མ་བཞིན་ནོ། །དེ་ལྟར་ཡོད་པ་ཉིད་དུ་རྗེས་སུ་དཔོག་པས་སྐྱེ་བ་མེད་པ་དང་། འགག་པ་མེད་པ་ཉིད་ཀྱིས་དེ་དག་བསལ་བའི་ཕྱིར། དམ་བཅས་པ་ལ་ཆོས་ཅན་གྱི་ངོ་བོ་ཉིད་བསལ་བའི་སྐྱོན་ཡོད་དོ། །འཇིག་རྟེན་རྒྱང་པན་པ་དག་ནི་འབྲས་བུ་སྐྱེ་བའི་སྔ་རོལ་ན་ནི་མེད་པའི་ངོ་བོ་ཉིད་ཡིན་པས། འབྲས་བུ་སྟོང་པའི་ངོ་བོ་ཉིད་ཡིན་ལ། སྐྱེས་ན་ཡང་དངོས་པོ་གཞན་གྱི་ངོ་བོ་ཉིད་མེད་པ་ཉིད་ཡིན་ནོ་ཞེས་ཟེར་བས་དེ་དག་ལ་ཡང་། སྟོང་པ་ཇི་ལྟར་སྐྱེ་འགྱུར་ཞིང་། །སྟོང་པ་ཇི་ལྟར་འགག་པར་འགྱུར།། ཞེས་བརྗོད་པར་བྱ་སྟེ། དོན་དམ་པར་སྟོང་པ་ནི་སྐྱེ་བར་མི་རིགས་ཏེ། མེད་པའི་ཕྱིར། དཔེར་ན་ནམ་མཁའི་མེ་ཏོག་བཞིན་ནོ། །དོན་དམ་པར་འབྲུའི་ངོ་བོ་ཉིད་དེ་ལ་འབྲུ་མ་ཡིན་པའི་དངོས་པོ་མེད་པ་ནི་འགག་པར་མི་རིགས་ཏེ། འབྲུ་མ་ཡིན་པའི་དངོས་པོ་མེད་པའི་ཕྱིར་དཔེར་ན་འབྲུ་མ་ཡིན་པ་ཞིག་ནས་མེད་པ་བཞིན་ནོ། །ཡང་ན་ཁོ་བོ་ཅག་ནི་དོན་དམ་པའི་བདེན་པ་ལ་རྣམ་པར་ལྟོས་པས། རྟེན་ཅིང་འབྲེལ་པར་འབྱུང་བ་ཡོད་པའི་ངོ་བོ་ཉིད་སྟོང་པ་ཉིད་ཀྱིས་སྟོང་པར་བརྗོད་པས་མི་སྟོང་པ་ཅུང་ཟད་ཅིག་ཡོད་པར་གྱུར་ན་དེ་ནི་དེ་ལས་ཟློག་པར་འགྱུར་བས། དེ་ལྟ་བུ་དེ་ནི་ཐ་སྙད་དུ་ཡང་ནམ་མཁའི་མེ་ཏོག་བཞིན་དུ་མ་གྲགས་པའི་ཕྱིར། འབྲས་བུ་མི་སྟོང་སྐྱེ་མི་འགྱུར། །མི་སྟོང་འགག་པར་མི་འགྱུར་རོ།། དེ་ལྟ་ན། མི་སྟོང་དེ་ནི་མ་འགགས་དང་། །མ་སྐྱེད་པར་ཡང་འགྱུར་བ་ཡིན། །འདིས་ནི་མི་སྟོང་པ་ཉིད་ཀྱིས་སྐྱེ་བ་མེད་པ་དང་། འགག་པ་མེད་པར་ཐལ་བར་འགྱུར་བར་བསྟན་པས། སྟོང་པ་ཉིད་ཡིན་ན་འབྲས་བུ་སྐྱེ་བ་དང་། འགག་པའི་ཆོས་དང་ལྡན་པའི་ཕྱིར་བསྒྲུབ་པར་

བྱ་བ་དང་སྒྲུབ་པའི་ཆོས་མཚོན་པས། དོན་དམ་པར་འབྲས་བུ་ནི་སྟོང་པ་ཉིད་ཡིན་ཏེ། སྐྱེ་བ་དང་འགག་པའི་ཕྱིར་དཔེར་ན། སྒྱུ་མ་བཞིན་ནོ་ཞེས་བརྗོད་པར་བྱའོ། །དེ་བཞིན་དུ་གལ་ཏེ་འབྲས་བུ་མེད་པའི་ངོ་བོ་ཉིད་ཡིན་པར་གྱུར་ན། ཐ་སྙད་དུ་ཡང་སྐྱེ་བ་མེད་པ་དང་། འགག་པ་མེད་པར་འགྱུར་ཏེ། མེད་པའི་ཕྱིར་དཔེར་ན་ནམ་མཁའི་མེ་ཏོག་བཞིན་པས། སྟོང་པ་ཇི་ལྟར་སྐྱེ་འགྱུར་ཞིང་། །སྟོང་པ་ཇི་ལྟར་འགག་པར་འགྱུར། །སྐྱེ་བ་དང་འགག་པ་མེད་པའི་ཕྱིར། སྟོང་པ་དེ་ཡང་མ་འགགས་དང་། །མ་སྐྱེས་པ་ཡང་ཐལ་བར་འགྱུར། །དེ་ཡང་མི་འདོད་པས་འདིས་ཀྱང་གོང་དུ་བསྟན་པ་བཞིན་དུ་དམ་བཅས་པ་དང་། གཏན་ཚིགས་ཀྱི་དོན་མཚོན་པས། འདིར་རྗེས་སུ་དཔག་པ་ནི་དོན་དམ་པར་ནང་གི་འབྲས་བུ་ནི་མེད་པའི་ངོ་བོ་ཉིད་མ་ཡིན་ཏེ་ཞེས་དམ་བཅས་པ་ལ་ཁྱད་པར་ཡོད་པར་ཟད་ཀྱི་ལྷག་མ་ནི་སྔ་མ་བཞིན་ནོ། །ཡང་ན་མེད་པའི་ངོ་བོ་ཉིད་དུ་རྗེས་སུ་དཔོག་པས་སྐྱེས་པ་མེད་པ་དང་། འགག་པ་མེད་པ་ཉིད་ཀྱིས་འབྲས་བུ་སྐྱེ་བ་དང་། འགག་པ་བསལ་བའི་ཕྱིར་དམ་བཅས་པ་ལ་ཆོས་ཅན་གྱི་ཁྱད་པར་བསལ་བའི་སྐྱོན་ཡོད་པར་བསྟན་པ་ནི་འདིར་ཚིག་གི་དོན་ཡིན་ནོ། །གཞན་ཡང་སྐྱེ་བ་ཉིད་ཀྱི་རྒྱུ་དང་འབྲས་བུར་གཅིག་པ་ཉིད་དམ་གཞན་ཉིད་དུ་འགྱུར་གྲང་ན། དེ་ལ། རྒྱུ་དང་འབྲས་བུ་གཅིག་ཉིད་དུ། །ནམ་ཡང་འཐད་པར་མི་འགྱུར་རོ། །དེ་བཞིན་དུ། རྒྱུ་དང་འབྲས་བུ་གཞན་ཉིད་དུ། །ནམ་ཡང་འཐད་པར་མི་འགྱུར་རོ། །ཅིའི་ཕྱིར་ཞེ་ན་གོ་རིམས་བཞིན་དུ་སྐྱོན་བརྗོད་པར་བྱ་སྟེ། རྒྱུ་དང་འབྲས་བུ་གཅིག་ཉིད་ན། །སྐྱེད་དང་སྐྱེད་པ་གཅིག་ཏུ་འགྱུར། །སྐྱེད་པ་དང་བསྐྱེད་པ་ཕ་དང་བུ་ལྟ་བུ་གང་དག་ཡིན་པ་དག་གཅིག་པ་ཉིད་དུ་འགྱུར་བ་དེ་ལྟར་མི་འདོད་པས། འདིར་གླགས་ཡོད་པའི་སྐབས་ཀྱིས་ཆོས་མཐུན་པའི་དཔེ་ཉེ་བར་གཞག་སྟེ། གལ་ཏེ་ཤིང་དེ་མེ་ཡིན

ན་། །བྱེད་པ་པོ་དང་ལས་གཅིག་འགྱུར། །ཞེས་བྱ་བ་དེར་བསྟན་པའི་ཚུལ་བཞིན་ནོ། ། དེའི་ཕྱིར་འཇིག་རྟེན་ལ་གྲགས་པའི་དཔེ་དེ་ལས་ཤེས་པར་བྱར་ནུས་ཏེ། རྒྱུ་དང་འབྲས་བུ་དག་གཅིག་པ་ཉིད་མ་ཡིན་ཏེ། སྐྱེད་པ་དང་བསྐྱེད་པ་ཡིན་པའི་ཕྱིར་དཔེར་ན་ཕ་དང་བུ་དག་བཞིན་ཏེ། དེ་ལྟར་རེ་ཞིག་གཅིག་པ་ཉིད་ཀྱི་ཕྱོགས་ལའོ། །གཞན་གྱི་ཕྱོགས་ལ་ཡང་། རྒྱུ་དང་འབྲས་བུ་གཞན་ཉིད་ན། །རྒྱུ་དང་རྒྱུ་མིན་མཚུངས་པར་འགྱུར། །འབྲས་བུ་ལས་གཞན་ཉིད་ཡིན་པའི་ཕྱིར་དཔེར་ན་དེ་ལས་གཞན་པ་བཞིན་པས་དེ་ཡང་མི་འདོད་དོ་། །རྒྱུ་དང་འབྲས་བུ་དག་གི་ཆོས་ནི་རྒྱུ་ཐ་མི་དད་པ་ཉིད་ཡིན་པར་འདོད་པས་འདིར་ཡང་ཤེས་པར་བྱར་ནུས་ཏེ། རྒྱུ་དང་འབྲས་བུ་དག་གཞན་ཉིད་མ་ཡིན་ཏེ། རྒྱུ་ཐ་མི་དད་པ་ཉིད་ཡིན་པའི་ཕྱིར། དཔེར་ན་རྒྱུའི་རང་གི་བདག་ཉིད་བཞིན་ནོ། །ཡང་གཞན་ཡང་། རྒྱུས་འབྲས་བུ་སྐྱེད་པར་བྱེད་ན་ཐེར་ཟུག་པ་དག་གིས་འབྲས་བུ་སྔ་ན་ཡོད་པར་སྨྲ་བའི་ཚུལ་གྱིས་ཡོད་པར་གྱུར་པ་ཞིག་སྐྱེད་པར་བྱེད་དམ། འཇིག་རྟེན་རྒྱང་པན་པ་དག་གིས་འབྲས་བུ་སྔ་ན་མེད་པར་སྨྲ་བའི་ཚུལ་གྱིས་མེད་པར་གྱུར་པ་ཞིག་སྐྱེད་པར་བྱེད་གྲང་ན། དེ་ལ། འབྲས་བུའི་ངོ་བོ་ཉིད་ཡོད་ན། །རྒྱུས་ནི་ཅི་ཞིག་སྐྱེད་པར་འགྱུར། །འདི་ལྟར་འབྲས་བུའི་ངོ་བོ་ཉིད་ཡོད་པར་གྱུར་པ་ནི་ཐ་སྙད་དུ་ཡང་བསྟན་དཀའ་བའི་ཕྱིར་དང་། དམ་བཅས་པ་ལ་སོགས་པའི་སྐྱོན་ཇི་སྐད་བསྟན་པ་དག་ཏུ་འགྱུར་བའི་ཕྱིར་རོ་ཞེས་བྱ་བར་དགོངས་སོ། །དེ་ལྟར་རེ་ཞིག་བརྟག་པ་དང་པོ་ལའོ། །བརྟག་པ་གཉིས་པ་ལ་ཡང་། འབྲས་བུ་ངོ་བོ་ཉིད་མེད་ན། །རྒྱུས་ནི་ཅི་ཞིག་སྐྱེད་པར་འགྱུར། །འབྲས་བུ་ངོ་བོ་ཉིད་མེད་པར་གྱུར་པ་ནམ་མཁའི་མེ་ཏོག་ལྟ་བུ་སྐྱེ་བ་ནི། ཐ་སྙད་དུ་ཡང་བསྟན་དཀའ་བའི་ཕྱིར་དང་། སྔ་མ་བཞིན་དུ་དམ་བཅས་པ་ལ་སོགས་པའི་སྐྱོན་ཇི་སྐད་བསྟན་པ་དག་ཏུ་འགྱུར་

བའི་ཕྱིར་རོ་ཞེས་བྱ་བར་དགོངས་སོ། །སྨྲས། འབྲས་བུ་མི་སྟོང་སྐྱེ་མི་འགྱུར། །མི་སྟོང་འགག་པར་མི་འགྱུར་རོ། །མི་སྟོང་དེ་ནི་མ་འགགས་དང་། །མ་སྐྱེས་པར་ཡང་འགྱུར་བ་ཡིན༎ །སྟོང་པ་ཇི་ལྟར་སྐྱེ་འགྱུར་ཞིང་། །སྟོང་པ་ཇི་ལྟར་འགག་པར་འགྱུར། །སྟོང་པ་དེ་ཡང་མ་འགགས་དང་། །མ་སྐྱེས་པར་ཡང་ཐལ་བར་འགྱུར། །ཞེས་བྱ་བ་དེ་དག་གིས་ནི་འབྲས་བུའི་སྒོ་ནས་རྒྱུ་ངོ་བོ་ཉིད་མེད་པ་ཉིད་དུ་བསྟན་ཏོ། །ད་ལྟར་ནི་རྒྱུ་དངོས་ལས་ངོ་བོ་ཉིད་མེད་པ་ཉིད་དུ་བསྟན་ཏེ། ཁྱད་པར་ནི་དེ་ཡིན་ནོ། །དེའི་ཕྱིར་དེ་ལྟར་ཡོངས་སུ་བརྟགས་ན་དོན་དམ་པར་རྒྱུས་འབྲས་བུ་བསྐྱེད་པ་ཉིད་མི་འཐད་པ་དེའི་ཕྱིར། སྐྱེ་བ་ཡོད་པ་མ་ཡིན་ན། །རྒྱུ་ཉིད་འཐད་པར་མི་འགྱུར་རོ། །ཞེས་གསུངས་ཏེ། དེ་ལྟར་ཇི་སྐད་བསྟན་པའི་ཚུལ་གྱིས་སོ། །དེ་ལ་དོན་དམ་པར་རྒྱུས་ནི་འབྲས་བུ་སྐྱེད་པར་བྱེད་པ་ཉིད་དེ། འབྲས་བུའི་རྒྱུ་ཡིན་པའི་ཕྱིར་རོ་ཞེས་གང་སྨྲས་པའི་གཏན་ཚིགས་དེ་དོན་དམ་པར་ནི་དོན་མ་གྲུབ་པ་ཉིད་དོ། །ཐ་སྙད་པའི་གཏན་ཚིགས་ཡིན་པར་བརྗོད་ན་ནི་དོན་འགལ་བ་ཉིད་དེ༎ མི་མཐུན་པའི་ཕྱོགས་འབའ་ཞིག་ལ་ཡོད་པའི་ཕྱིར་རོ། །འདིར་སྨྲས་པ། དོན་དམ་པར་རྒྱུས་ནི་འབྲས་བུ་སྐྱེད་པར་བྱེད་པ་ཉིད་དེ་འདིའི་འདིའོ་ཞེས་བརྗོད་པའི་ཕྱིར། །གང་གིས་གང་སྐྱེད་པར་མི་བྱེད་པ་དེ་ལ་ནི་རྒྱུའི་འབྲས་བུ་འདིའོ་ཞེས་མི་བརྗོད་དེ། དཔེར་ན་ཟ་མོའི་ར་འདིའི་རུ་བཞི་འདིའོ་ཞེས་མི་བརྗོད་པ་བཞིན་ནོ། །འདི་ལ་ནི་མིག་འདིའི་འབྲས་བུ་མིག་གི་རྣམ་པར་ཤེས་པ་འདིའོ་ཞེའམ། ས་བོན་འདིའི་འབྲས་བུ་མྱུ་གུ་འདིའོ་ཞེས་བརྗོད་པས། དེའི་ཕྱིར་གཏན་ཚིགས་གྲུབ་པས་འདོད་པའི་དོན་གྲུབ་བོ། །འདིར་བཤད་པ། གལ་ཏེ་དོན་དམ་པར་འབྲས་བུ་སྐྱེ་བ་འགག་༼འགའ་༽ཞིག་ཡོད་པར་གྱུར་ན་ནི༎ དེས་ན་འབྲས་བུ་སྐྱེ་བ་ལས། རྒྱུ་ཡང་རྒྱུ་ཉིད་དུ་འཐད་པས་རྒྱུ་འདིའི་འབྲས་བུ་

འདིའོ་ཞེས་བརྗོད་དུ་ཡང་རུང་བ་ཞིག་ན་དེ་ཡང་མེད་པས། རྒྱུ་ཉིད་འཐད་པ་ཡོད་མིན་ན།། འབྲས་བུ་གང་གིས་ཡིན་པར་འགྱུར། །དེ་ལྟར་དེ་མ་གྲུབ་པའི་ཕྱིར་གཏན་ཚིགས་ཀྱི་དོན་མ་གྲུབ་པ་ཉིད་དམ། དོན་འགལ་བ་ཉིད་དོ། །གཞན་དག་གིས་སྨྲས་པ། ཚོགས་པ་ཉིད་ན་འབྲས་བུ་སྐྱེ་བར་འགྱུར་ལ། དུས་ཀྱང་ཚོགས་པའི་ཡན་ལག་ཡིན་པས། དེས་ན་འབྲས་བུ་གྲུབ་པའི་རྒྱུ་ཡིན་པའི་ཕྱིར། གཏན་ཚིགས་སྔར་སྨྲས་པའི་དོན་མ་གྲུབ་པ་ཉིད་མ་ཡིན་ནོ༑ ༑ཁོ་བོ་ཅག་རྒྱུ་འབའ་ཞིག་ལས་འབྲས་བུ་འགྲུབ་པར་ཡང་མི་འདོད་པས། དེའི་ཕྱིར་རྒྱུས་འབྲས་བུ་སྐྱེད་པར་མི་བྱེད་ལ། འབྲས་བུ་ཡང་རྒྱུས་བསྐྱེད་པར་བྱ་བ་མ་ཡིན་ནོ་ཞེས་གང་སྨྲས་པ་དེ་ཡང་གྲུབ་པ་ལ་སྒྲུབ་པ་ཡིན་ནོ། །འདིར་བཤད་པ། འདི་ལ་རྒྱུ་དང་རྐྱེན་རྣམས་ཀྱི་ཚོགས་པ་དེ་ནི་རྫས་སུ་ཡོད་པ་མ་ཡིན་པའི་ཕྱིར་རང་གི་བདག་ཉིད་ཀྱིས་ཡོད་པ་མ་ཡིན་ཏེ། གལ་ཏེ་དེས་བདག་ཉིད་སྐྱེད་པར་བྱེད་ཅིང་། སྐྱེས་ན་ཡང་འབྲས་བུ་སྐྱེད་པར་འགྱུར་གྲང་ན། ཕྱོགས་དེ་ཡང་འཁྲུལ་བ་སྐྱེད་པ་ཡིན་ཏེ། རྒྱུ་རྣམས་དང་ནི་རྐྱེན་དག་གི། ཚོགས་པ་གང་ཡིན་དེ་ཡིས་ནི། །བདག་གིས་བདག་ཉིད་མི་སྐྱེད་ན། །འབྲས་བུ་ཇི་ལྟར་སྐྱེས་པར་བྱེད། །དེས་འབྲས་བུ་སྐྱེད་པར་མི་བྱེད་པ་ཉིད་དེ། རྫས་སུ་ཡོད་པ་མ་ཡིན་པའི་ཕྱིར་རོ་ཞེས་བྱ་བར་དགོངས་སོ། །ཚོགས་པ་དགག་པ་འདི་ལ་ཁ་ཅིག་ན་རེ་ཚོགས་པ་གཅིག་པུ་མ་ཡིན་ཏེ། དེ་བཞིན་དངོས་པོ་འགའ་ཡང་མེད། །གལ་ཏེ་དེ་ཡང་དེ་ལས་གཞན།། དེ་ཡང་གཅིག་པུ་འགའ་ཞིག་ཡོད། ཅེས་ཇི་སྐད་བཤད་པ་ལྟ་བུའོ་ཞེས་ཟེར་རོ། །ཁ་ཅིག་ན་རེ་དེ་ནི་ཁུངས་སུ་མི་རུང་སྟེ། ཚིག་ལེའུར་བྱས་པའི་དོན་དང་མི་མཐུན་པའི་ཕྱིར་རོ་ཞེའོ༑ ༑ཡང་ན་ཚོགས་པ་ཉིད་ཀྱི་འབྲས་བུ་སྐྱེད་པ་ཉིད་དུ་རྣམ་པར་རྟོག་པ་ཡང་སྔ་མ་བཞིན་དུ་ཉེ་བར་སྦྱར་ནས། རྒྱུ་བཞིན་དུ་དགག་པར་བྱའོ། །ཡང་ན་ཚོགས་པ་ནི་འབྲས་

བུར་གྱུར་པ་རྣམས་ཀྱི་རྒྱུ་དང་རྐྱེན་དག་གི་ཚོགས་པ་ཉིད་ཡིན་ན། འབྲས་བུ་དེ་ཡང་དོན་དམ་པར་དངོས་སུ་འམ་བརྒྱུད་པས་འབྲས་བུའི་ངོ་བོ་ཉིད་དུ་མེད་པར་བསྟན་ཟིན་པས། དེའི་ཕྱིར་གང་དག་གི་ཚོགས་པ་གང་ཞིག་ཡིན། དེ་དག་གི་དེ་མེད་པ་ཉིད་དུ་ངེས་པར་བཟུང་ནས། རྒྱུ་རྣམས་དང་ནི་རྐྱེན་དག་གི། ཚོགས་པ་གང་ཡིན་དེ་ཡིས་ནི། །བདག་གིས་བདག་ཉིད་མི་སྐྱེ་ན། །འབྲས་བུ་ཇི་ལྟར་སྐྱེད་པར་བྱེད། །ཅེས་གསུངས་ཏེ། འདིར་དོན་ནི་སྔ་མ་བཞིན་ནོ། །གང་གི་ཚེ་དེ་ལྟར་ཚོགས་པས་འབྲས་བུ་བསྐྱེད་པར་མི་འཐད་ཅིང་། ཚོགས་པ་མ་ཡིན་པ་རྒྱུ་དང་། རྐྱེན་ཚོགས་པའི་མཚན་ཉིད་མ་ཡིན་པའི་རྒྱུ་དེས་ཀྱང་འབྲས་བུ་སྐྱེད་པར་མི་བྱེད་ལ། འབྲས་བུ་ཡང་རྒྱུས་བསྐྱེད་པར་བྱ་བ་མ་ཡིན་པར་དགག་པ་སྔར་བསྟན་ཟིན་པས། དེ་ཕྱིར་ཚོགས་པས་བྱས་པ་དང་། །ཚོགས་མིན་བྱས་པའི་འབྲས་བུ་མེད། །ཅེས་རབ་ཏུ་བྱེད་པ་འདས་མ་ཐག་པའི་ནང་དུ་བསྟན་པའི་དབང་གིས་མཇུག་བསྡུ་བར་བྱའོ། །དེའི་ཕྱིར་དུས་ནི་ཡོད་པ་ཁོ་ན་ཡིན་ཏེ། འབྲས་བུ་གྲུབ་པའི་རྒྱུ་ཡིན་པའི་ཕྱིར་རོ་ཞེས་བྱ་བའི་གཏན་ཚིགས་དེའི་དོན་མ་གྲུབ་པ་ཉིད་དུ་ཉམས་པ་མེད་དོ། །གྲངས་ཅན་དག་གིས་སྨྲས་པ། ཚོགས་པ་ནི་རྫས་སུ་ཡོད་པ་ཉིད་དེ། རང་གི་ཡན་ལག་དག་ལས་གཞན་མ་ཡིན་པའི་ཕྱིར་དཔེར་ན། ཚོགས་པའི་ཡན་ལག་དག་གི་བདག་ཉིད་བཞིན་པས། ཚོགས་པས་འབྲས་བུ་སྐྱེད་པར་མི་བྱེད་པ་ཉིད་དེ། རྫས་སུ་ཡོད་པ་མ་ཡིན་པའི་ཕྱིར་རོ་ཞེས་གང་སྨྲས་པ་དེ་རིགས་པ་མ་ཡིན་ནོ། །འདིར་བཤད་པ། འབྲས་བུ་སྐྱེ་བའི་ཚོགས་པ་ཡིན་གྲང་ན། འབྲས་བུ་སྐྱེ་བ་མེད་པ་དང་། རྫས་སུ་ཡོད་པ་ཉིད་མ་ཡིན་པ་ཡང་སྔར་བསྟན་ཟིན་པས་དེའི་ཕྱིར། འབྲས་བུ་ཡོད་པ་མ་ཡིན་ན། །རྐྱེན་གྱི་ཚོགས་པ་ག་ལ་ཡོད། །དཔེ་མ་གྲུབ་པའི་ཕྱིར་དང་། བཏགས་པར་ཡོད་པ་ཡང་དེ་ཉིད་དང་། གཞན་ཉིད་དུ

བརྗོད་པར་བྱ་བ་མ་ཡིན་པས་གཏན་ཚིགས་ཀྱི་དོན་མ་གྲུབ་པའི་ཕྱིར་རོ་ཞེས་བྱ་བར་དགོངས་སོ། །དེ་ལྟར་ཡང་། གང་ཕྱིར་འཇིག་རྟེན་ཇི་སྙེད་མེད། །ཚོགས་པ་ཉིད་ལ་སྣང་གྱུར་པ༔ ༔དེ་ཕྱིར་དངོས་པོ་ཡོད་མིན་ཏེ། །དངོས་པོ་ཚོགས་པའང་ཡོད་མ་ཡིན། །ཞེས་བཤད་པ་ལྟ་བུའོ། །དེ་ལ་འདིར་རབ་ཏུ་བྱེད་པའི་དོན་ནི་དུས་ངོ་བོ་ཉིད་མེད་པ་ཉིད་དུ་བསྟན་པའི་མི་མཐུན་པའི་ཕྱོགས་ཀྱི་ཁྱད་པར་དགག་པས། རྒྱུ་དང་འབྲས་བུའི་ངོ་བོ་ཉིད་མེད་པ་ཉིད་དུ་བསྟན་པ་ཡིན་ནོ། །དེའི་ཕྱིར་བཅོམ་ལྡན་འདས་ཀྱིས་འཕགས་པ་སྲིད་པ་འཕོ་བའི་མདོ་ལས། འདྲེན་པས་གང་དུ་ཚོགས་ཉིད་ཀྱི། །ལྟ་བ་རབ་ཏུ་བསྟན་པ་དེ། །བློ་ཅན་རྣམས་ཀྱི་དོན་དམ་གྱི། །ཉེ་བར་གདགས་པའི་སར་སྟོན་ཏོ། །ཞེས་བྱ་བ་ལ་སོགས་པ་གང་དག་གསུངས་པ་དེ་དག་གྲུབ་པ་ཡིན་ནོ། །སློབ་དཔོན་ལེགས་ལྡན་བྱེད་༼འབྱེད་༽ཀྱིས་ཉེ་བར་སྦྱར་བ། དབུ་མ་རྩ་བའི་འགྲེལ་པ་ཤེས་རབ་སྒྲོན་མ་ལས། རྒྱུ་དང་འབྲས་བུ་བརྟག་པ་ཞེས་བྱ་སྟེ། རབ་ཏུ་བྱེད་པ་ཉི་ཤུ་པའོ།། །།

༼རབ་བྱེད་ཉེར་གཅིག་པ་འབྱུང་བ་དང་འཇིག་པ་བརྟག་པ།༽

ད་ནི་དེ་བཞིན་དུ་སྟོང་པ་ཉིད་ཀྱི་མི་མཐུན་པའི་ཕྱོགས་ཀྱི་ཁྱད་པར་དགག་པས། འབྱུང་བ་དང་འཇིག་པ་ངོ་བོ་ཉིད་མེད་པ་ཉིད་དུ་བསྟན་པའི་དོན་གྱི་དབང་གིས་རབ་ཏུ་བྱེད་པ་ཉི་ཤུ་གཅིག་པ་བརྩམ་མོ། །འདིར་སྨྲས་པ། དོན་དམ་པར་དུས་ནི་ཡོད་པ་ཁོ་ན་ཡིན་ཏེ། འབྱུང་བ་དང་འཇིག་པའི་རྒྱུ་ཡིན་པའི་ཕྱིར་རོ། །འདི་ན་གང་ཡོད་པ་མ་ཡིན་པ་དེ་ནི་འབྱུང་བ་དང་འཇིག་པའི་རྒྱུ་མ་ཡིན་ཏེ། དཔེར་ན་སྒྱུལ་གྱི་རྐང་པ་བཞིན་ནོ། །དུས་ནི་འབྱུང་བ་དང་། འཇིག་པ་དུས་ཀྱི་རྗེས་སུ་འབྲང་བ་དག་གི་རྒྱུ་ཡིན་པས། དེའི་ཕྱིར་དོན་དམ་པར་དུས་ནི་ཡོད་པ་ཁོ་ན་ཡིན་པས་དེས་ན་དེ་གསལ་བར་ཡོད་པའི་ཕྱིར་གཏན་ཚིགས་གྲུབ་པས་འདོད་པའི་དོན་གྲུབ་བོ། །འདིར་བཤད་པ། འབྱུང་བ་དང་། འཇིག་པ་དག་གང་ཡང་རུང་བ་མེད་པར་རམ། ལྷན་ཅིག་ཏུ་འགྲུབ་པར་འགྱུར་གྲང་ན། དེ་ལ་རེ་ཞིག འཇིག་པ་འབྱུང་བ་མེད་པར་རམ། །ལྷན་ཅིག་ཡོད་པ་ཉིད་མ་ཡིན། །འཇིག་པ་ནི་འགག་པའི་རྣམ་གྲངས་སོ། །འབྱུང་བ་ནི་སྐྱེ་བའི་རྣམ་གྲངས་སོ། །ཉིད་ཅེས་བྱ་བའི་ཚིག་གི་སྒྲ་ནི་ཇ་བ་བསྐྱང་བའི་ཕྱིར་རོ། །དེ་བཞིན་དུ། འབྱུང་བ་འཇིག་པ་མེད་པར་རམ། །ལྷན་ཅིག་ཡོད་པ་ཉིད་མ་ཡིན། །ཁོ་བོ་ཅག་གི་ཕྱོགས་ལའོ། །དེའི་ཕྱིར་དེ་དག་གི་རྒྱུ་དུས་ཉིད་ཡོད་པ་མ་ཡིན་པས་གཏན་ཚིགས་ཀྱི་དོན་གཞན་ལ་མ་གྲུབ་པ་ཉིད་དོ། །ཅི་སྟེ་རང་གི་གྲུབ་པའི་མཐའི་ཚུལ་རབ་ཏུ་མ་གྲུབ་པར་གཞན་གྱི་ཕྱོགས་སུན་དབྱུང་བར་མི་ནུས་སོ་སྙམ་ན། དེ་བསྟན་པའི་ཕྱིར་རེ་ཞིག་རྣམ་པར་བརྟགས་པ་སྔ་མའི་དབང་དུ་བྱས་ཏེ་བཤད་

པ་; འཇིག་པ་འབྱུང་བ་མེད་པར་ནི། །ཇི་ལྟ་བུར་ན་ཡོད་པར་འགྱུར། །ཡོད་པ་ཉིད་ནི་མ་ཡིན་ནོ། །ཞེས་བྱ་བ་ནི་ཚིག་གི་དོན་ཏེ། དེ་ནི་དམ་བཅའ་བ་ཉེ་བར་གཞག་པའོ། །ཇི་ལྟར། འཆི་བ་སྐྱེ་བ་མེད་པ་ལྟར། །དེ་ལྟར། འཇིག་པ་འབྱུང་བ་མེད་པར་མེད། །དེའི་རྒྱུ་ཡིན་པའི་ཕྱིར་རོ་ཞེས་བྱ་བར་དགོངས་སོ། །འདིར་ཚིག་གི་དོན་གསལ་བར་བྱ་བའི་ཚིག་གཞན་འདོད་པའི་ཕྱིར་ཇི་ལྟར་དང་། དེ་ལྟར་ཞེས་བྱ་བའི་ཚིག་གཉིས་ཁོང་ནས་དྲངས་ཏེ། བསྟན་པར་བལྟ་བར་བྱའོ། །དོན་འདི་ཡང་རབ་ཏུ་གྲགས་པ་ཡིན་པས། འདིར་རྗེས་སུ་དཔག་པ་ནི་བརྗོད་པར་མི་བྱའོ། །རབ་ཏུ་གྲགས་པ་ཡིན་ཡང་དཔེས་དྲན་པར་བྱ་སྟེ། དེ་ལྟར་རེ་ཞིག་འཇིག་པ་འབྱུང་བ་མེད་པར་ཡོད་པ་ཉིད་མ་ཡིན་ནོ། །འཇིག་པ་ནི་འབྱུང་བ་དང་ལྷན་ཅིག་ཏུ་ཡང་ཡོད་པ་ཉིད་མ་ཡིན་ཏེ། དེའི་ཕྱིར་བཤད་པ། འཇིག་པ་འབྱུང་དང་ལྷན་ཅིག་ཏུ; ;ཇི་ལྟར་ཡོད་པ་ཉིད་དུ་འགྱུར། །འཆི་བ་སྐྱེ་དང་དུས་གཅིག་ཏུ། །ཡོད་པ་ཉིད་ནི་མ་ཡིན་བཞིན། །དེ་ལ་འདིར་གླུགས་ཡོད་པའི་ཚིག་ཡིན་པའི་ཕྱིར་བཟློག་ན་དོན་གསལ་བའི་ཚིག་གི་དོན་ཏེ། དཔེར་ན་སྒྲ་ཇི་ལྟར་རྟག་པར་འགྱུར་ཏེ། འདི་ལྟར་བུམ་པ་རྟག་པར་མི་རིགས་སོ་ཞེས་བྱ་བ་བཞིན་ནོ། །འདིར་ཚིག་གི་དོན་གསལ་བའི་དབང་གིས་རྗེས་སུ་དཔག་པ་ནི་འཇིག་པ་འབྱུང་བ་དང་། ལྷན་ཅིག་ཡོད་པ་ཉིད་མ་ཡིན་ཏེ། དེའི་རྒྱུ་ཅན་ཡིན་པའི་ཕྱིར་དཔེར་ན་འཆི་བ་དང་སྐྱེ་བ་བཞིན་ནོ། །ཅི་སྟེ་རྣམ་པར་བརྟག་པ་ཕྱི་མ་ལྟར་ན་འདིར་བཤད་པ། འབྱུང་བ་འཇིག་པ་མེད་པར་ནི། །ཇི་ལྟར་ཡོད་པ་ཉིད་དུ་འགྱུར། །ཡོད་པ་ཉིད་མ་ཡིན་ནོ་ཞེས་བྱ་བའི་ཚིག་གི་དོན་ཏེ། དེ་ཡང་དམ་བཅའ་བ་ཉེ་བར་གཞག་པའོ; ;དེ་ཅིའི་ཕྱིར་ཞེ་ན། དངོས་པོ་རྣམས་ལ་མི་རྟག་ཉིད། །ནམ་ཡང་མེད་པ་མ་ཡིན་ནོ།། དེའི་བདག་ཉིད་ཡིན་པའི་ཕྱིར་དཔེར་ན་དངོས་པོའི་རང་གི་བདག་ཉིད་བཞིན་ནོ། །སྡེ་པ་

གཞན་ལས་གང་འཇིག་པའི་རྒྱུ་དང་ཕྲད་ནས་མི་རྟག་པ་ཉིད་ཀྱིས་འཇིག་པར་བྱེད་པས་དེས་ན་དུས་ཐམས་ཅད་དུ་མི་རྟག་པ་ཉིད་ཡོད་པ་མ་ཡིན་ནོ་ཞེས་ཟེར་བ་དེ་ཡང་། གལ་ཏེ་དེ་ལྟར་ན་ཨ་རུ་ར་དང་ཕྲད་ནས་ལྟས་འཁྲུ་བར་བྱེད་པ་ལྟ་བུར་འགྱུར་ཏེ། གལ་ཏེ་འཇིག་པའི་རྒྱུ་ཡོད་ན་མི་རྟག་པ་ཉིད་ཀྱིས་འཇིག་པར་བྱེད་ན། དེ་ལྟ་ན་འཇིག་པའི་རྒྱུ་ཉིད་ཀྱིས་འཇིག་པར་བྱེད་ཀྱི། མི་རྟག་པ་ཉིད་ཀྱིས་འཇིག་པར་མི་བྱེད་དེ། དེ་ཡོད་ཀྱང་འཇིག་པར་མི་བྱེད་པའི་ཕྱིར་རོ། །དེ་ལ་འདི་སྐད་ཅེས་ཀྱང་དྲི་བར་བྱ་སྟེ། ཅི་འཇིག་པའི་བདག་ཉིད་ཅན་ཞིག་འཇིག་པའི་རྒྱུ་ལ་ལྟོས་ནས་འཇིག་པར་འགྱུར་རམ། འོན་ཏེ་འཇིག་པའི་བདག་ཉིད་ཅན་མ་ཡིན་པ་ཞིག་འཇིག་པའི་རྒྱུ་ལ་ལྟོས་ནས་འཇིག་པར་འགྱུར། དེ་ལ་གལ་ཏེ་འཇིག་པའི་བདག་ཉིད་ཅན་ཞིག་ཡིན་ན་ནི་དེའི་འཇིག་པ་དེ་སྐྱེས་མ་ཐག་ཏུ་འབྱུང་བར་འགྱུར་ཏེ། དེའི་བདག་ཉིད་ཡིན་པའི་ཕྱིར་དཔེར་ན་རང་གི་བདག་ཉིད་བཞིན་པས་དེ་ནི་རིགས་པ་མ་ཡིན་ནོ། །འཇིག་པའི་བདག་ཉིད་ཅན་མ་ཡིན་ན་ཡང་འཇིག་པར་མི་འགྱུར་ཏེ། དེའི་བདག་ཉིད་མ་ཡིན་པའི་ཕྱིར་དཔེར་ན་མྱ་ངན་ལས་འདས་པ་བཞིན་པས་དེ་ཡང་རིགས་པ་མ་ཡིན་ནོ། །གང་ཞིག་གང་གིས་འཇིག་པའི་རྒྱུར་འདོད་པ་དེ་ཡང་དེའི་རྒྱུ་མ་ཡིན་ཏེ། དེ་ལ་ཁྱད་པར་ཡོད་ཀྱང་དེ་ཁྱད་པར་མེད་པའི་ཕྱིར་དཔེར་ན་དེ་ལས་གཞན་བཞིན་ནོ། །ཡང་ན་འཇིག་པ་ནི་རྒྱུ་དང་བཅས་པ་མ་ཡིན་ཏེ། འཇིག་པ་དང་ལྡན་པ་མ་ཡིན་པའི་ཕྱིར་དཔེར་ན་འདུས་མ་བྱས་བཞིན་ནོ། །དེ་ལྟར་འཇིག་པ་དང་ལྡན་པ་མ་ཡིན་པ་ཉིད་དུ་རྗེས་སུ་དཔོག་པས་རྒྱུ་དང་ལྡན་པ་མ་ཡིན་པ་ཉིད་ཀྱིས་རྒྱུ་དང་ལྡན་པ་ཉིད་བསལ་བའི་ཕྱིར་དམ་བཅས་པ་ལ་ཆོས་ཀྱི་ངོ་བོ་ཉིད་བསལ་བའི་སྐྱོན་ཡོད་དོ། །གལ་ཏེ་འཇིག་པ་ནི་རྒྱུ་དང་བཅས་པ་མ་ཡིན་ཏེ། འདུས་བྱས་ཀྱི་མཚན་ཉིད་ཡིན་པའི་ཕྱིར། དཔེར་

ན་སྐྱེ་བ་བཞིན་ནོ་ཞེ་ན། སེམས་དང་སེམས་ལས་བྱུང་བ་དང་། བློ་དང་སྒྲའི་སྐད་ཅིག་མ་ཐ་མ་དག་གིས་མ་ངེས་པ་ཉིད་དོ། །དཔེ་ཡང་མེད་དེ། དངོས་པོ་མ་བྱུང་བ་ལས་འབྱུང་བས་དངོས་པོའི་བདག་ཉིད་ཐོབ་པ་ཉིད་སྐྱེ་བ་ཞེས་བྱ་སྟེ། ཐ་སྙད་དུ་ཡང་། དངོས་པོ་ཉིད་མ་བྱུང་བ་ལས་འབྱུང་བས་སྐྱེ་བ་རྫས་སུ་མ་གྲུབ་པའི་ཕྱིར་རོ། །གཞིགས་ཟིན་པ་གང་དག་བློ་དང་སྒྲའི་སྐད་ཅིག་མ་ཐ་མ་འཇིག་པ་ནི་མ་མཐོང་བའི་བྱེད་པ་པོ་དང་ལྡན་པ་ཡིན་ནོ་ཞེས་ཟེར་ན། དེ་ནི་རིགས་པ་མ་ཡིན་ཏེ། ཞིག་ནས་མེད་པ་ལ་ནི་རྒྱུ་ཡོད་པ་མ་ཡིན་ཏེ། མེད་པའི་ཕྱིར་དཔེར་ན་གཏན་མེད་པ་བཞིན་ནོ་ཞེས་རྗེས་སུ་དཔག་པའི་ཕྱིར་རོ།། བློ་དང་སྒྲའི་སྐད་ཅིག་མ་ཐ་མ་འཇིག་པ་ནི་མ་མཐོང་བའི་བྱེད་པ་པོ་དང་ལྡན་པ་མ་ཡིན་ཏེ༏ འཇིག་པའི་ཕྱིར་དཔེར་ན་བློ་དང་སྒྲ་དང་། མེ་ལྕེ་དག་གི་དང་པོ་བཞིན་ནོ་ཞེས་བརྗོད་སུ་དཔག་པའི་ཕྱིར་རོ། །ཁ་བ་དང་། ཚྭ་དང་། མེ་དང་། ཐོ་བ་དག་གིས་ཕོག་པ་ཡང་ཐ་སྙད་ཀྱི་བདེན་པར་གཏོགས་པའི་རྒྱུ་མཚན་མི་འདྲ་བར་བྱེད་པ་ཡིན་གྱི་འཇིག་པར་བྱེད་པ་ནི་མ་ཡིན་ནོ། །ཅི་སྟེ་ཐོ་བས་ཕོག་པ་ལ་སོགས་པ་དག་ནི་འཇིག་པའི་རྒྱུ་ཉིད་ཡིན་ཏེ། དེ་དག་ཡོད་ན་གཞིག་པར་བྱ་བ་གཟུང་དུ་མེད་པའི་ཕྱིར་རོ་ཞེ་ན། དེ་ནི་རིགས་པ་མ་ཡིན་ཏེ། གཏན་ཚིགས་ཀྱི་གཞི་མི་མཐུན་པའི་ཕྱིར་དང་། རྗེས་སུ་འགྲོ་བ་མེད་པའི་ཕྱིར་རོ། །ཅི་སྟེ་ཡང་བུམ་པ་མེད་པར་འགྱུར་བའི་རྒྱུ་ནི་ཐོ་བས་ཕོག་པ་ཡིན་ཏེ། དེ་ཡོད་ན་འབྱུང་བའི་ཕྱིར་དཔེར་ན་མིག་ཡོད་ན་གཟུགས་དམིགས་པ་འབྱུང་བས་གཟུགས་དམིགས་པའི་རྒྱུ་ནི་མིག་ཡིན་པ་བཞིན་ནོ་ཞེ་ན། དེ་ཡང་རིགས་པ་མ་ཡིན་ཏེ། ཁོ་བོ་ཅག་གི་གྲུབ་པའི་མཐའ་ལས་བུམ་པ་ལ་ཐོ་བས་ཕོག་པ་ཡོད་པ་ན་བུམ་པའི་རྒྱུ་མཚན་ཉིད་མི་འདྲ་བ་བྱུང་བ་ཡིན་ཀྱི༏ འཇིག་པ་མ་ཡིན་པས་གཏན་ཚིགས་གང་ཡང་རུང་བ་ལ་མ་གྲུབ་པའི་ཕྱིར་དང་།

དཔེ་ཡང་མེད་པའི་ཕྱིར་རོ། །གཞན་གྱི་ཕྱོགས་ལ་ཡང་ཀྱོ་མོ་ལ་སོགས་པ་ཐོ་བས་ཐོག་པ་ལ་སོགས་པའི་རྒྱུ་ཅན་དག་ནི། བྱེད་པ་པོ་ཐོག་པ་དང་ལྡན་པ་ཡིན་པར་འདོད་པའི་ཕྱིར་རོ། །ཐོ་བས་ཐོག་པ་གང་ཡིན་པ་དེ་ཉིད་ཀྱིས་བུམ་པ་ཡང་འཇིག་པར་བྱེད་ལ། ཀྱོ་མོ་ཡང་སྐྱེད་པར་བྱེད་དོ་ཞེས་བྱ་བ་ནི་གཅིག་གིས་དུས་གཅིག་ཏུ་བྱ་བ་ནི་མི་མཐུན་པ་གཉིས་བྱེད་པར་མི་རིགས་སོ། །འོ་ན་མེ་གཅིག་གིས་དུས་གཅིག་ཏུ་མུན་པ་ཡང་སེལ་བར་བྱེད་ལ། བཙོ་བའི་རྣམ་པ་འགྱུར་བ་སྐྱེད་པར་བྱེད་པ་མ་མཐོང་ངམ་ཞེ་ན། བཙོ་བའི་རྣམ་པ་འགྱུར་བ་སྐྱེད་པ་ནི་མཐོང་གི །མུན་པ་སེལ་བ་ནི་མཐོང་སྟེ། མུན་པ་ནི་སྣང་བ་མེད་པ་ཙམ་ཡིན་པའི་ཕྱིར་རོ། །མཛད་པའི་མཐའ་དང་ཡང་འགལ་ཏེ། ཁོ་བོ་ཅག་གི་ཕྱོགས་ལ་མུན་པ་ཞེས་བརྗོད་པའི་གཟུགས་ཀྱི་གཉེན་པོར་སྣང་བ་ཤར་ན་སྐད་ཅིག་མ་ཕྱི་མ་ནི་རྐྱེན་མེད་པས་མི་སྐྱེ་ལ། སྐད་ཅིག་མ་སྔ་མས་ནི་རང་གི་ངང་གིས་འགག་པ་ཉིད་ཀྱིས་འགགས་པས། དེ་འགག་པའི་བྱེད་པ་པོ་ནི་མེ་མ་ཡིན་པའི་ཕྱིར་རོ། །གཞན་ཡང་དེ་དག་ཡོད་ན་གཞིག་པར་བྱ་བ་གཟུང་དུ་མེད་པའི་ཕྱིར་རོ་ཞེས་གང་སྨྲས་པ་དེ་ཡང་གཟུང་དུ་མེད་པ་ནི་མཚན་ཉིད་མི་འདྲ་བའི་རྒྱུན་སྐྱེ་བ་ལ་གྲུབ་ཀྱི། ཁ་བ་དང་། རྩྭ་དང་། མེ་དང་། ཐོ་བ་ལ་སོགས་པ་དག་ཡོད་ན། མེ་ཏོག་དང་འབྲས་བུ་དང་། ཤིང་དང་། བུམ་པ་ལ་སོགས་པའི་གཟུགས་གཟུང་དུ་མེད་པ་ནི། དེ་དག་གི་འཇིག་པའི་རྒྱུ་ཉིད་ཡིན་པར་མི་འགྲུབ་བོ།།

གང་ཞིག་གང་གི་འཇིག་པའི་རྒྱུར་འདོད་པ་དེ་ནི་དེའི་འཇིག་པའི་རྒྱུ་མ་ཡིན་ཏེ། རྒྱུ་ཅན་ཡིན་པའི་ཕྱིར་དཔེར་ན་མེའི་རང་གི་བདག་ཉིད་བཞིན་ནོ། །ཡི་གེ་མང་པོར་འགྱུར་བ་ཡོངས་སུ་སྤང་བར་འདོད་པས་འཕྲོ་བར་མི་བྱ་བར་སྐབས་ཉིད་དཔྱད་པར་བྱའོ། །དེ་ལྟར་རེ་ཞིག་འབྱུང་བ་འཇིག་པ་མེད་པར་ཡོད་པ་ཉིད་མ་ཡིན་ནོ། །འབྱུང་བ་ནི་འཇིག་པ་དང་

ལྡན་ཅིག་ཏུ་ཡང་ཡོད་པ་ཉིད་མ་ཡིན་ཏེ། དེའི་ཕྱིར་བཤད་པ། འབྱུང་བ་འཇིག་དང་ལྡན་ཅིག་ཏུ། །ཇི་ལྟར་ཡོད་པ་ཉིད་དུ་འགྱུར། །སྐྱེ་བ་འཆི་དང་དུས་གཅིག་ཏུ་ཡོད་པ་ཉིད་དུ་མི་རིགས་བཞིན། འདིར་དོན་ནི་སྔ་མ་བཞིན་ནོ། །དེའི་ཕྱིར་དེ་ལྟར་ཡོངས་སུ་བརྟགས་ན། གང་དག་ཕན་ཚུན་ལྡན་ཅིག་གམ། །ཕན་ཚུན་ལྡན་ཅིག་མ་ཡིན་པར། །འགྲུབ་པ་ཡོད་པ་མ་ཡིན་པ། །འབྱུང་བ་དང་འཇིག་པ་དག་གོ། དེ་དག་གྲུབ་པ་རྣམ་པ་གཞན་ཡང་ཡོད་པ་མ་ཡིན་པས། དེ་དག་འགྲུབ་པའི་རྣམ་པ་མི་སྲིད་པར་བསྟན་པའི་ཕྱིར། དེ་དག་འགྲུབ་པ་ཇི་ལྟར་ཡོད་ཅེས་གསུངས་ཏེ། དེ་དག་འགྲུབ་པ་ཡོད་པ་ཉིད་མ་ཡིན་ནོ་ཞེས་བྱ་བའི་ཚིག་གི་དོན་ཏོ། །དེའི་ཕྱིར་འབྱུང་བ་དང་འཇིག་པའི་རྒྱུ་ཡིན་པའི་ཕྱིར་རོ་ཞེས་བྱ་བའི་གཏན་ཚིགས་ཀྱི་དོན་མ་གྲུབ་པ་ཉིད་དོ། །འདིར་སྨྲས་པ། དངོས་པོ་ནི་འཇིག་པའི་བདག་ཉིད་ཅན་ཉིད་ཡིན་ཡང་། སྐྱེས་མ་ཐག་ཏུ་འཇིག་པར་མི་འགྱུར་ཏེ། འདི་ལྟར་སྐྱེས་མ་ཐག་ཏུ་གནས་པ་འབྱུང་བར་འགྱུར་ཞིང་། དེའི་འོག་ཏུ་འཇིག་པར་འགྱུར་རོ། །འདིར་བཤད་པ། ཟད་ལ་འབྱུང་བ་ཡོད་མ་ཡིན། །ཆོས་མི་མཐུན་པ་གཉིས་དུས་གཅིག་ཏུ་མི་འབྱུང་བའི་ཕྱིར་དཔེར་ན་སྐྱེ་བ་དང་འཆི་བདག་བཞིན་ནོ། །ཅི་སྟེ་སྐྱེས་མ་ཐག་ཏུ་ཟད་པར་མི་འགྱུར་ན་ནི་འོ་ན་དེ་ལྟར་ན་ཟད་པའི་ངོ་བོ་ཉིད་མ་ཡིན་པས། དེས་ན་ཀུན་རྫོབ་ཏུ་ཡང་ཇི་སྐད་སྨྲས་པའི་རྣམ་པ་མ་གྲུབ་པའི་ཕྱིར། མ་ཟད་པ་ལའང་འབྱུང་བ་མེད། །ཅེས་གསུངས་སོ།། དེ་བཞིན་དུ། ཟད་ལ་འཇིག་པ་ཡོད་མ་ཡིན། །ཟད་པར་གྱུར་པའི་ངང་ཚུལ་ཅན། །འཇིག་པ་དང་ལྡན་པ་ལ་འཇིག་པ་ཡོད་པ་མ་ཡིན་ཏེ། དེར་རྟག་པ་དོན་མེད་པ་ཉིད་དུ་འགྱུར་བའི་ཕྱིར། འཆི་བའི་ངང་ཚུལ་ཅན་བཞིན་ནོ། །མ་ཟད་པ་ལའང་འཇིག་པ་མེད། །དེའི་ངོ་བོ་ཉིད་མ་ཡིན་པའི་ཕྱིར། དཔེར་ན་ཐར་པ་བཞིན་པས་དེ་ནི་གྱི་ནའོ། །འདིར་སྨྲས་པ་

འབྱུང་བ་དང་འཇིག་པ་དག་ནི་ཡོད་པ་ཁོ་ན་ཡིན་ཏེ། དངོས་པོའི་ཆོས་ཡིན་པའི་ཕྱིར་རོ།། འདི་ན་གང་ཡོད་པ་མ་ཡིན་པ་དེ་ནི་དངོས་པོའི་ཆོས་མ་ཡིན་ཏེ། དཔེར་ན་སྤྲུལ་པའི་ཟླ་བ་བཞིན་ནོ། །འབྱུང་བ་དང་འཇིག་པ་དག་ནི་དངོས་པོའི་ཆོས་ཡིན་པས། དེའི་ཕྱིར་དེ་དག་ནི་ཡོད་པ་ཁོ་ན་ཡིན་នོ། །འདིར་བཤད་པ། གལ་ཏེ་དོན་དམ་པར་འགའ་ཞིག་ལ་འབྱུང་བ་དང་། འཇིག་པ་དག་ཡོད་པར་གྱུར་ན་ནི་དེ་དངོས་པོ་ཞེས་བརྗོད་པར་ཡང་རིགས་པར་འགྱུར་གྲང་ན། དེ་དག་མེད་པས་དེའི་ཕྱིར། །འབྱུང་དང་འཇིག་པ་མེད་པར་ནི། །དངོས་པོ་ཡོད་པ་མ་ཡིན་នོ། །དངོས་པོ་དང་ནི་འབྱུང་བ་དང་། །འཇིག་པའི་བདག་ཉིད་ཅན་ཡིན་པའི་ཕྱིར་རོ་ཞེས་བྱ་བར་དགོངས་སོ། །དེ་ཡོད་པ་མ་ཡིན་པས། གཏན་ཚིགས་ཀྱི་དོན་མ་གྲུབ་པ་ཉིད་དོ། །དེ་བཞིན་དུ། དངོས་པོ་ཡོད་པ་མ་ཡིན་པར། །འབྱུང་བ་འཇིག་པ་ཡོད་མ་ཡིན། །རྟེན་མེད་པ་ཁོ་ནའི་ཕྱིར་བརྟེན་པ་མི་འགྲུབ་པའི་ཕྱིར་རོ་ཞེས་བྱ་བར་དགོངས་སོ། །ཡང་ན་དངོས་པོའི་ཆོས་ཡིན་པའི་ཕྱིར་རོ་ཞེས་བྱ་བའི་གཏན་ཚིགས་དེ་སུན་དབྱུང་བའི་ལམ་གཞན་འདི་ཡང་ཡོད་དེ། དེ་ལ་རེ་ཞིག་སྨྲ་བ་གང་དག་དངོས་པོ་ཡོད་པར་གྱུར་པ་མ་ཡིན་པ་ངོ་བོ་ཉིད་སྟོང་པ་ལ་འབྱུང་བ་དང་། འཇིག་པ་དག་ཡོད་པར་སྟོན་པ་དེ་དག་གི་ཕྱིར་འདི་བཤད་དེ། སྟོང་ལ་འབྱུང་དང་འཇིག་པ་དག །འཐད་པ་ཉིད་ནི་མ་ཡིན་នོ། །རྗེས་སུ་དཔག་པས་གནོད་པར་འགྱུར་བའི་ཕྱིར་རོ། །སྨྲ་བ་གང་དག་དངོས་པོ་ཡོད་པར་གྱུར་པ་ངོ་བོ་ཉིད་མི་སྟོང་པ་ལ་འབྱུང་བ་དང་། འཇིག་པ་དག་ཡོད་པར་སྟོན་པ་དེ་དག་གི་ཕྱིར་འདི་བཤད་དེ། མི་སྟོང་ལ་ཡང་འབྱུང་འཇིག་དག །འཐད་པ་ཉིད་ནི་མ་ཡིན་ནོ། །རང་གི་བདག་ཉིད་ཀྱིས་ཡོད་པར་འགྱུར་བ་མེད་པ་ནི་དེ་དག་དང་མི་ལྡན་པའི་ཕྱིར་དང་། རྗེས་སུ་དཔག་པས་གནོད་པར་འགྱུར་བའི་ཕྱིར་རོ། །དེའི་ཕྱིར

གཏན་ཚིགས་ཀྱི་དོན་མ་གྲུབ་པ་ཉིད་ཀྱི་སྐྱོན་དང༌། དོན་འགལ་བ་ཉིད་ཀྱི་སྐྱོན་དེ་དག་ཉིད་དུ་འགྱུར་རོ། །ཡང་ན་སྨྲན་དབྱུང་བའི་ལམ་གཞན་ཡང་ཡོད་དེ། འབྱུང་བ་དང་འཇིག་པ་དག་གཅིག་པ་ཉིད་དམ། གཞན་ཉིད་དུ་འགྱུར་གྲང་ན། དེ་ལ་གཉི་ག་ལྟར་ཡང་མི་འཐད་དེ། ཇི་ལྟ་ཞེ་ན། འབྱུང་བ་དང་ནི་འཇིག་པ་དག །གཅིག་པ་ཉིད་དུ་མི་འཐད་དོ། །མི་མཐུན་པའི་ཕྱིར་དཔེར་ན་ཤེས་པ་དང་མི་ཤེས་པ་དག་བཞིན་ནོ། །འབྱུང་བ་དང་ནི་འཇིག་པ་དག། གཞན་ཉིད་དུ་ཡང་མི་འཐད་དོ། །དངོས་པོ་གཅིག་ལ་བརྟེན་པའི་ཕྱིར་གང་ཡང་རུང་བའི་རང་གི་བདག་ཉིད་བཞིན་ནོ། །དེས་ཀྱང་གཏན་ཚིགས་ཀྱི་དོན་མ་གྲུབ་པ་ཉིད་དང༌། དོན་འགལ་བ་ཉིད་ཀྱི་སྐྱོན་དེ་དག་ཉིད་དུ་འགྱུར་རོ། །ཅི་སྟེ་བརྒྱ་ལ། འབྱུང་བ་དང་ནི་འཇིག་པ་དག །མཐོང་ངོ་སྙམ་དུ་ཁྱོད་སེམས་ན། །ཁྱིས་པ་ཞལ་པའི་བློས་མཐོང་བ་ནི་བདེན་གྱི། དོན་དམ་པར་ནི་མ་ཡིན་ཏེ། དོན་དམ་པར་འབྱུང་བ་བཀག་པའི་ཕྱིར་དང༌། འབྱུང་བ་ལ་འཇིག་པ་མི་སྲིད་པའི་ཕྱིར་རོ། །དེའི་ཕྱིར། འབྱུང་བ་དང་ནི་འཇིག་པ་དག །གཏི་མུག་ཉིད་ཀྱིས་མཐོང་བ་ཡིན། །ཅི་སྟེ་དེ་དག་གཏི་མུག་གིས་མཐོང་བ་ཡིན་གྱི། དོན་དམ་པར་ནི་མ་ཡིན་ནོ་ཞེས་བྱ་བ་དེ་ཇི་ལྟར་ངེས་པར་ཤེས་ཤེ་ན། བཤད་པ། དེ་ཡི་ལན་བཏབ་ཟིན་མོད་ཀྱི། གལ་ཏེ་དེ་ཙམ་གྱིས་ཀྱང་ཡོངས་སུ་མི་མགུ་ན་ཡང་བཤད་པར་བྱ་སྟེ། འདི་ལྟར་དོན་དམ་པར་འབྱུང་བ་དང་འཇིག་པ་དངོས་པོ་ལ་བརྟེན་པ་ཞིག་ཡོད་ན་མཐོང་བར་ཡང་འགྱུར་གྲང་སྟེ། དེ་ལ་དངོས་པོ་དངོས་པོ་ལས་སྐྱེ་བའམ། དངོས་པོ་མེད་པ་དངོས་པོ་ལས་སྐྱེ་བའམ། དངོས་པོ་དངོས་པོ་མེད་པ་ལས་སྐྱེ་བའམ། དངོས་པོ་མེད་པ་དངོས་པོ་མེད་པ་ལས་སྐྱེ་བར་འགྱུར་གྲང་ན། དེ་ལ་རེ་ཞིག་དོན་དམ་པར། །དངོས་པོ་དངོས་པོ་ལས་མི་སྐྱེ།། དངོས་པོ་ཡིན་པའི་ཕྱིར་དཔེར་ན་སྐྱེས་པ་བཞིན་ནོ། །ཅི་སྟེ་སྐྱེ་བའི་སྔ་རོལ་ན་ནི་ཡོད་པ་

མ་ཡིན་པ་ཉིད་ཡིན་ཏེ། ཕྱིས་འབྱུང་བའི་མིང་གིས་དངོས་པོ་ཞེས་བྱའོ་ཞེ་ན། དེ་ལྟ་ན་ཡང་༑ དངོས་མེད་དངོས་ལས་མི་སྐྱེའོ། །མྱུ་གུ་ཞེས་བྱ་བའི་དངོས་པོ་མེད་པ་འབྲུའི་མཚན་ཉིད་ཀྱི་དངོས་པོ་ལས་མི་སྐྱེ་སྟེ། སྐྱེ་བའི་སྔ་རོལ་ན་མེད་པའི་ཕྱིར་རམ། བརྗོད་པར་བྱ་བ་མ་ཡིན་པའི་ཕྱིར་དཔེར་ན་དེ་ལས་གཞན་བཞིན་ནོ། །ཡང་ན། དངོས་མེད་དངོས་ལས་མི་སྐྱེའོ། །ཞེས་བྱ་བ་ནི། མེད་པའི་ཕྱིར། དཔེར་ན་རི་བོང་གི་རྭ་བཞིན་ནོ། །ཅི་སྟེ་བུམ་པ་མེད་བཞིན་དུ། །ཕོ་བས་སྟུན་པ་ལས་བྱུང་བར་འགྱུར་བ་དེས་མ་ངེས་པ་ཉིད་དོ་ཞེ་ན། མ་ངེས་པ་ཉིད་མ་ཡིན་ཏེ། བུམ་པ་ལ་སྐྱེ་བ་དང་འགག་པ་བཀག་པའི་ཕྱིར་དང༌། དེ་ཉིད་ཀྱང་ཕྱོགས་སུ་བྱས་པས། མི་མཐུན་པའི་ཕྱོགས་མེད་པའི་ཕྱིར་རོ། །དེ་བཞིན་དུ། དངོས་པོ་དངོས་མེད་མི་སྐྱེ་སྟེ། སྐྱོན་བསྟན་ཟིན་པའི་ཕྱིར་རོ། །ཡང་ན་དངོས་པོ་མེད་པ་ནི་དངོས་པོའི་རྒྱུ་མ་ཡིན་ཏེ། མ་ངེས་པའི་ཕྱིར་དཔེར་ན་རི་བོང་གི་རྭ་བཞིན་ནོ་ཞེས་རྗེས་སུ་དཔག་པའི་ཕྱིར་རོ། །དེ་བཞིན་དུ། དངོས་མེད་དངོས་མེད་མི་སྐྱེའོ། །རྗེས་སུ་དཔག་པ་དང༌༑ གྲགས་པའི་གནོད་པས་གནོད་པར་འགྱུར་བའི་ཕྱིར་རོ། །གཞན་ཡང༌། བདག་ལས་སམ་གཞན་ལས་སམ། གཉི་ག་ལས་སྐྱེ་བར་འགྱུར་གྲང་ན། དེ་ལ་ཡང༌། དངོས་པོ་བདག་ལས་མི་སྐྱེ་སྟེ། །གཞན་ལས་སྐྱེ་བ་ཉིད་མ་ཡིན། །བདག་དང་གཞན་ལས་སྐྱེ་བ་ནི། །ཡོད་མིན་ཇི་ལྟར་ཞེ་ན། དེ་ལྟར་དང་པོ་ཉིད་དུ་རྒྱས་པར་བསྟན་ཟིན་ཏོ། །འོ་ན་ད་ཇི་ལྟར་སྐྱེ་བར་འགྱུར་བ་དེ་སྨྲོས་ཤིག སྐྱེ་བར་མི་འགྱུར་བ་ཉིད་དོ་ཞེས་བྱ་བའི་ཚིག་གི་དོན་ཏོ། ། དེའི་ཕྱིར་དེ་ལྟར་འབྱུང་བ་དང༌། འཇིག་པ་དག་ཡོད་པ་མ་ཡིན་པའི་ཕྱིར། གཏན་ཚིགས་ཀྱི་རྩ་བའི་དོན་མ་གྲུབ་པ་ཉིད་དོ། །དོན་དམ་པར་ནི། དངོས་པོ་ཡོད་པར་ཁས་བླངས་ན།། རྟག་དང་ཆད་པར་ལྟ་བ་ནི། །ཐལ་བར་འགྱུར་ཏེ། ཅིའི་ཕྱིར་ཞེ་ན། འདི་ལྟར་དངོས་དེ་ནི།

རྟག་དང་མི་རྟག་འགྱུར་ཕྱིར་རོ། །དེ་ལ་རྟག་པ་ནི་མི་འཇིག་པའི་ཕྱིར་རྟག་པར་ལྟ་བར་ཐལ་བར་འགྱུར་ལ། མི་རྟག་པ་ནི་འཇིག་པའི་ཕྱིར་ཆད་པར་ལྟ་བར་ཐལ་བར་འགྱུར་རོ།། འདིར་སྨྲས་པ། དངོས་པོ་ཡོད་པར་ཁས་བླངས་ཀྱང་། །ཆད་པར་མི་འགྱུར་རྟག་མི་འགྱུར།། ཅིའི་ཕྱིར་ཞེ་ན་འདི་ལྟར། འབྲས་བུ་རྒྱུ་ཡི་འབྱུང་འཇིག་གི། རྒྱུན་དེ་སྲིད་པ་ཡིན་ཕྱིར་རོ།། དེ་ལ་རྒྱུ་འགག་བཞིན་པ་ལས་འབྲས་བུ་སྐྱེ་བའི་ཕྱིར་ཆད་པར་མི་འགྱུར་ལ། འབྲས་བུ་སྐྱེས་པ་ན་རྒྱུ་འགགས་པའི་ཕྱིར་རྟག་པར་མི་འགྱུར་རོ། །འདིར་བཤད་པ། གལ་ཏེ་འབྲས་བུའི་འབྱུང་འཇིག་གི། རྒྱུན་དེ་སྲིད་པ་ཡིན་གྱུར་ན། །འཇིག་ལའང་སྐྱེ་བ་མེད་པའི་ཕྱིར།། རྒྱུ་ནི་ཆད་པར་ཐལ་བར་འགྱུར། །ཟད་པ་ལས་སྐྱེ་བ་མེད་པའི་ཕྱིར་ས་བོན་ཚིག་པ་བཞིན་ནོ་ཞེས་བྱ་བར་དགོངས་སོ། །ཇི་སྐད་དུ། གང་ལ་བརྟེན་ཏེ་གང་འབྱུང་བ། །དེ་ནི་རེ་ཞིག་དེ་ཉིད་མིན། །དེ་ལས་གཞན་པའང་མ་ཡིན་ཕྱིར། །དེ་ཕྱིར་ཆད་མིན་རྟག་མ་ཡིན། །ཞེས་ཁས་བླངས་ལ། ད་ནི་རྟག་པ་དང་ཆད་པར་ཐལ་བར་སྒྲོན་འདོགས་པ་དེ་རིགས་པ་མ་ཡིན་ནོ་ཞེ་ན། དེ་ནི་བཟང་པོ་མ་ཡིན་ཏེ། དེར་ནི་ཐ་སྙད་པའི་དེ་ཁོ་ནའི་མཚན་ཉིད་ནི་ཆད་པ་ཡང་མ་ཡིན་པ་དང་། རྟག་པ་མ་ཡིན་པར་བསྟན་ལ། དོན་དམ་པའི་བདེན་པ་ནི་སྐྱེ་བ་མེད་པ་ཁོ་ནའི་ཕྱིར་རྟག་པ་དང་། ཆད་པའི་སྐྱོན་དུ་མི་འགྱུར་བས། དེ་ནི་སྙིང་པོ་མ་ཡིན་ནོ། །གྲངས་ཅན་དག་ན་རེ། རྒྱུ་ཉིད་འབྲས་བུའི་བདག་ཉིད་དུ་ཡོངས་སུ་འགྱུར་བས། དངོས་པོ་ཡོད་པར་ཁས་བླངས་ཀྱང་། རྟག་པ་དང་ཆད་པའི་སྐྱོན་དུ་མི་འགྱུར་རོ་ཞེས་ཟེར་རོ༔ ༔དེ་ཡང་བཟང་པོ་མ་ཡིན་ཏེ། ཡོངས་སུ་འགྱུར་བ་ཡོད་པར་སྟོན་པའི་རྗེས་སུ་དཔག་པ་མེད་པའི་ཕྱིར་དང་། དེ་དགག་པ་རྒྱས་པར་བསྟན་ཟིན་པའི་ཕྱིར་རོ། །ཡོངས་སུ་མ་གྱུར་པ་ཡོངས་སུ་གྱུར་པར་རྟོག་ན་ཡང་། ཡོངས་སུ་མ་གྱུར་པ་ནི་ཡོངས་སུ་མི་འགྱུར་ཏེ།

ཡོངས་སུ་མ་གྱུར་པའི་ཕྱིར་དཔེར་ན་རི་བོང་གི་རྭ་བཞིན་ནོ་ཞེས་རྗེས་སུ་དཔག་པས་གནོད་པའི་ཕྱིར་རོ། །བག་ལ་ཉ་བའི་མཚན་ཉིད་ཀྱི་ཆོས་གཞན་ལྡོག་པ་ནི་བསྟན་པར་མི་ནུས་པའི་ཕྱིར་དང་། ཡོངས་སུ་འགྱུར་བ་དགག་པ་སྔར་བསྟན་ཟིན་པའི་ཕྱིར་རོ། །ཡང་གཞན་ཡང་། གལ་ཏེ་དངོས་པོའི་ངོ་བོ་ཉིད་ཡོད་པར་གྱུར་ན། དེ་ལ། དངོས་པོ་ངོ་བོ་ཉིད་ཡོད་ན། །དངོས་མེད་འགྱུར་བར་མི་རིགས་སོ། །སྐྱེས་པ་ནི་དངོས་པོ་ཡོད་པ་ཡིད་༼ཡིན༽ལ༔ ཞིག་པ་ནི་དངོས་པོ་མེད་པ་ཡིན་པ་དེ་ཡང་མཐོང་བས། དེའི་ཕྱིར་དངོས་པོ་ངོ་བོ་ཉིད་མེད་པར་གྲུབ་སྟེ། དེ་སྐྱེ་བ་དང་འགག་པའི་ཆོས་ཅན་ཡིན་པའི་ཕྱིར་རོ་ཞེས་བསྟན་ཏོ༔ ༔གཞན་ཡང་། མྱ་ངན་འདས་པའི་དུས་ན་ཆད། །སྲིད་རྒྱུན་རབ་ཏུ་ཞི་ཕྱིར་རོ། །དགྲ་བཅོམ་པའི་སེམས་དང་སེམས་ལས་བྱུང་བ་ཐ་མ་རྐྱེན་ཕྱི་མ་མེད་པས་མི་སྐྱེ་བ་བཞིན་ནོ་ཞེས་བྱ་བའི་ལན་གདབ་དགོའ། །ཅི་སྟེ་འདི་སྙམ་དུ་གལ་ཏེ་མྱ་ངན་ལས་འདས་པའི་དུས་ན་ཆད་པར་གྱུར་ན་གྱུར་ཀྱང་བླ་སྟེ། སྲིད་པའི་རྒྱུན་གྱི་དུས་ན་ཆད་པ་དེ་མེད་པས་སྐྱོན་མེད་པར་སེམས་ན། དེ་ནི་བཟང་པོ་མ་ཡིན་ཏེ། སྔར་སྲིད་པའི་རྒྱུན་ཉིད་ལ་ཆད་པའི་སྐྱོན་བསྟན་ཟིན་པས་ཆད་པར་ལྟ་བའི་ཕྱིར་དང་། ཕྱིས་ཆད་པ་ཡང་ཐར་པའི་གེགས་ཡིན་པས༔ སྐྱོན་མེད་པ་མ་ཡིན་ནོ། །ཅི་སྟེ་དེ་ཙམ་གྱིས་ཀྱང་ཡོངས་སུ་མི་མགུ་ན་གཞན་ཡང་ཉོན་ཅིག འདི་ལ་ད་ལྟར་གྱི་སྲིད་པའི་མཇུག་གི་སྲིད་པ་ནི་སྲིད་པ་ཐ་མ་ཞེས་བྱ་ལ། མ་འོངས་པའི་སྲིད་པའི་སེམས་པ་སྐྱེ་བའི་དང་པོ་ན་སྲིད་པ་དང་པོ་ཡིན་པས། དེ་ལ། ཐ་མ་འགགས་པར་གྱུར་པ་ནི། །སྲིད་པ་དང་པོར་སྦྱོར་མི་འགྱུར། །ཞེས་བྱ་བ་ནི་དམ་བཅའ་བ་ཉེ་བར་གཞག་པའོ། །འགགས་པའི་ཆོས་ནི་འགགས་པ་ཉིད་ཡིན་ནོ། །དེའི་ཕྱིར་རྗེས་སུ་དཔག་པ་ནི་དོན་དམ་པར་སྲིད་པ་ཐ་མ་འགགས་པ་ནི་མ་འོངས་པའི་སྲིད་པ་དང་པོ་དང་།

ཉིང་མཚམས་སྦྱོར་བ་མེད་དེ། འགགས་པ་ཉིད་ཡིན་པའི་ཕྱིར་རམ། སྲིད་པ་ཐ་མ་ཡིན་པའི་ཕྱིར་དཔེར་ན། དགྲ་བཅོམ་པའི་སྲིད་པ་ཐ་མ་འགགས་པ་བཞིན་ནོ། །གལ་ཏེ་སྲིད་པ་ཐ་མ་འགགས་པ་མ་འོངས་པའི་སྲིད་པ་དང་པོ་དང་ཉིང་མཚམས་སྦྱོར་བར་དམ་བཅས་པའི་ཕྱིར་སྐྱོན་མེད་དོ་ཞེ་ན། མ་འགགས་པ་ཡང་རྒྱུ་སྲིད་པ་ཐ་མ་མ་ཉམས་པའི་ཕྱིར། སྐྱོན་འོག་ནས་འབྱུང་བ་ལྟ་བུར་འགྱུར་བས་སྐྱོན་མེད་པ་མ་ཡིན་ཏེ། འདི་ལྟར། ཐ་མ་འགགས་པར་མ་གྱུར་པ། །སྲིད་པ་དང་པོར་སྦྱོར་མི་འགྱུར། །འདིར་ཡང་དེ་ནི་དམ་བཅའ་བ་ཉེ་བར་གཞག་པའོ། །མ་འགགས་པའི་ཆོས་ནི་མ་འགགས་པ་ཉིད་ཡིན་ནོ། །དེའི་ཕྱིར་འདིར་ཡང་རྗེས་སུ་དཔག་པ་ནི་དོན་དམ་པར་སྲིད་པ་ཐ་མ་མ་འགགས་པ་ནི་མ་འོངས་པའི་སྲིད་པ་དང་པོ་དང་། ཉིང་མཚམས་སྦྱོར་བ་མེད་དེ། མ་འགགས་པ་ཉིད་མ་ཡིན་པའི་ཕྱིར་དཔེར་ན་ད་ལྟར་གྱི་སྲིད་པ་བཞིན་ནོ། གལ་ཏེ་དེ་སྲིད་པ་ཐ་མ་འགག་བཞིན་པ་མ་འོངས་པའི་སྲིད་པ་དང་པོ་དང་། ཉིང་མཚམས་སྦྱོར་བར་བྱེད་དོ་ཞེ་ན། དེ་ཡང་བཟང་པོ་མ་ཡིན་ཏེ།། གལ་ཏེ་ཐ་མ་འགག་བཞིན་པ། །དང་པོ་སྐྱེ་བར་གྱུར་ན་ནི། །འགག་བཞིན་པ་ནི་གཅིག་འགྱུར་ཞིང་། །སྐྱེ་བཞིན་པ་ཡང་གཞན་དུ་འགྱུར། །འགག་བཞིན་པ་དང་། སྐྱེ་བཞིན་པ་དག་ནི་ཐ་དད་པ་ཉིད་ཡིན་པའི་ཕྱིར། རྒྱུད་ཐ་དད་པའི་སྲིད་པ་བཞིན་ནོ། །གལ་ཏེ་དེ་ལྟར་འདོད་པའི་ཕྱིར་སྐྱོན་མེད་དོ་ཞེ་ན། དེ་ནི་མི་རིགས་ཏེ། ལྷས་བྱིན་གྱི་སྲིད་པ་ཐ་མ་ནི་ལྷས་བྱིན་གྱི་སྲིད་པ་དང་པོ་དང་། ཉིང་མཚམས་སྦྱོར་བ་མེད་དེ། དེ་ལས་གཞན་པ་ཉིད་ཡིན་པའི་ཕྱིར་དཔེར་ན་མཆོད་སྦྱིན་གྱི་སྲིད་པ་ཐ་མ་བཞིན་ནོ། །གཞན་ཡང་འགགས་པ་དང་། མ་འགགས་པ་དག་ནི་འགག་བཞིན་པ་ཉིད་ཡིན་པར་མི་རིགས་པའི་ཕྱིར་རོ། །གལ་ཏེ་འགག་བཞིན་པ་ནི་འགག་པ་ལ་མངོན་པར་ཕྱོགས་པའོ་ཞེ་ན། མི་རུང་སྟེ། དེའི་ལན་

བཏབ་ཟིན་པའི་ཕྱིར་རོ། །དེ་བཞིན་དུ་སྐྱེ་བཞིན་པ་ཡང་སྐྱེ་བཞིན་པ་ཉིད་ཡིན་པར་མི་རིགས་པས། དེའི་ཕྱིར། གལ་ཏེ་འགག་བཞིན་སྐྱེ་བཞིན་པ། །ལྷན་ཅིག་སྦྱོར་བའང་ཡོད་མིན་ན། །འོན་ཇི་ལྟར་འགྱུར་ཞེ་ན། །ཕུང་པོ་གང་ལའང་འཆི་འགྱུར་བ། །དེར་ནི་སྐྱེ་བའང་འབྱུང་བར་འགྱུར། །དེ་ནི་མི་འདོད་དེ། གཅིག་ལ་དུས་གཅིག་ཏུ་མི་མཐུན་པའི་བདག་ཉིད་གཉིས་མི་སྲིད་པའི་ཕྱིར་རོ། །ཡང་ན་གང་དག་འདི་སྐད་ཅེས་སྲིད་པ་ཐ་མ་སྲིད་པ་དང་པོ་དང་། འདི་ལྟར་ཉིང་མཚམས་སྦྱོར་རོ་ཞེས་བརྗོད་པར་མི་ནུས་མོད་ཀྱི། འོན་ཀྱང་རེ་ཞིག་སྲིད་པ་དང་པོའི་སྐྱེ་བ་མཐོང་བས། དེ་ཡང་གང་ལས་རིགས་པར་འགྱུར་བ་དེ་ལས་འབྱུང་བར་འགྱུར་རོ་ཞེས་ཟེར་བ་དེ་དག་གི་ཕྱིར་འདི་བཤད་དེ། སྲིད་པ་ཐ་མ་འགགས་པ་དང་།། མ་འགགས་པ་དག་སྲིད་པ་དང་པོ་དང་ཉིང་མཚམས་སྦྱོར་བར་མི་འཐད་དོ་ཞེས་ནི་བསྟན་ཟིན་ཏོ། །གལ་ཏེ་སྲིད་པ་ཐ་མ་འགག་བཞིན་པ་སྲིད་པ་དང་པོ་དང་ཉིང་མཚམས་སྦྱོར་བར་འགྱུར་རོ་ཞེ་ན། དེ་ལ་ཡང་རྗེས་སུ་དཔག་པ་བསྟན་ཟིན་ཏོ། །ཡང་ན་སྲིད་པ་ཐ་མ་འགག་བཞིན་པ་ནི་སྲིད་པ་དང་པོ་དང་། ཉིང་མཚམས་སྦྱོར་བ་མེད་དེ། འགག་བཞིན་པ་མ་ཡིན་པའི་ཕྱིར་དཔེར་ན་དགྲ་བཅོམ་པའི་སེམས་ཐ་མ་བཞིན་ནོ། །དེའི་ཕྱིར་དེ་ལྟར་ཇི་སྐད་བསྟན་པའི་ཚུལ་གྱིས། གལ་ཏེ་འགག་བཞིན་སྐྱེ་བཞིན་དག །ལྷན་ཅིག་སྦྱོར་བའང་ཡོད་མིན་ན། །འོན་ད་ཅིར་འགྱུར་ཞེ་ན། །ཕུང་པོ་གང་ལ་འཆི་འགྱུར་བ། །དེར་ནི་སྐྱེ་བའང་འབྱུང་བར་འགྱུར། །དེ་ནི་མི་འདོད་དེ། སྲིད་པ་དང་པོ་དང་ཉིང་མཚམས་སྦྱོར་བ་ལས་སྐྱེ་བར་འདོད་ན་དེ་དང་། ཉིང་མཚམས་སྦྱོར་བར་མི་འཐད་པར་ཡང་བསྟན་ཟིན་ཏོ། །དེའི་ཕྱིར་སྒྲུབ་པ་ཇི་སྐད་བསྟན་པའི་དབང་གིས། དེ་ལྟར་དུས་གསུམ་དག་ཏུ་ཡང་། །སྲིད་པའི་རྒྱུན་ནི་མི་རིགས་ན། །དུས་གསུམ་དག་ཏུ་གང་མེད་པ། །དེ་ནི་ཇི་ལྟར་སྲིད་པའི་

རྒྱུན༔ ༔ཞེས་མཇུག་བསྡུ་བར་བྱ་སྟེ། དེ་ལྟར་སྲིད་པ་ཐ་མ་སྲིད་པ་དང་པོ་དང་། ཉིང་མཚམས་སྦྱོར་བ་མི་འཐད་པའི་ཕྱིར། རྒྱུན་ལ་ཆད་པ་མེད་པ་དང་། རྟག་པ་མེད་དོ་ཞེས་བྱ་བའི་ཚིག་ནི་དོན་དམ་པ་མ་ཡིན་ལ། ཁས་བླངས་པ་ལ་གནོད་པར་ཡང་མི་འགྱུར་རོ། །དེ་ལ་འདིར་རབ་ཏུ་བྱེད་པའི་དོན་ནི་ཕ་རོལ་པོས་རབ་ཏུ་བྱེད་པའི་དང་པོར་དོན་དམ་པར་དུས་ནི་ཡོད་པ་ཁོ་ན་ཡིན་ཏེ། འབྱུང་བ་དང་། འཇིག་པའི་རྒྱུ་ཡིན་པའི་ཕྱིར་རོ་ཞེས་སྨྲས་པའི་གཏན་ཚིགས་ཀྱི་སྐྱོན་བརྗོད་པས་དུས་མ་གྲུབ་པའི་ཕྱིར། འབྱུང་བ་དང་། འཇིག་པ་ངོ་བོ་ཉིད་མེད་པ་ཉིད་དུ་བསྟན་པ་ཡིན་ནོ། །དེའི་ཕྱིར་རབ་ཀྱི་རྩལ་གྱིས་རྣམ་པར་གནོན་པ། གཟུགས་ལ་འཆི་བའཕོ་སྐྱེ་བ་མེད་དོ། །དེ་བཞིན་དུ་ཚོར་བ་དང་། འདུ་ཤེས་དང་། འདུ་བྱེད་རྣམས་དང་། རྣམ་པར་ཤེས་པ་ལ་འཆི་བའཕོ་སྐྱེ་བ་མེད་དོ། །གཟུགས་དང་། ཚོར་བ་དང་། འདུ་ཤེས་དང་། འདུ་བྱེད་རྣམས་དང་། རྣམ་པར་ཤེས་པ་ལ་འཆི་བའཕོ། སྐྱེ་བ་མེད་པ་གང་ཡིན་པ་དེ་ནི་ཤེས་རབ་ཀྱི་ཕ་རོལ་ཏུ་ཕྱིན་པའོ་ཞེས་བྱ་བ་ལ་སོགས་པ་གསུངས་པ་དེ་དག་གྲུབ་པ་ཡིན་ནོ། །སློབ་དཔོན་ལེགས་ལྡན་བྱེད་༼འབྱེད་༽ཀྱིས་ཉེ་བར་སྦྱར་བ། དབུ་མའི་རྩ་བའི་འགྲེལ་པ་ཤེས་རབ་སྒྲོན་མ་ལས། འབྱུང་བ་དང་འཇིག་པ་བརྟག་པ་ཞེས་བྱ་བ་སྟེ། རབ་ཏུ་བྱེད་པ་ཉི་ཤུ་གཅིག་པའོ།། །།

༼རབ་བྱེད་ཉེར་གཉིས་པ་དེ་བཞིན་གཤེགས་པ་བརྟག་པ།༽

ད་ནི་སྟོང་པ་ཉིད་ཀྱི་མི་མཐུན་པའི་ཕྱོགས་ཀྱི་ཁྱད་པར་དགག་པས་དོན་དམ་པར་དེ་བཞིན་གཤེགས་པའི་སྐུ་བསལ་བའི་དོན་གྱི་དབང་གིས་རབ་ཏུ་བྱེད་པ་ཉི་ཤུ་གཉིས་པ་བརྩམ་མོ། །མདོ་སྡེ་པ་དང་། བྱེ་བྲག་ཏུ་སྨྲ་བ་དག་གིས་འདིར་སྨྲས་པ། དོན་དམ་པར་གཟུགས་ལ་སོགས་པ་དངོས་པོ་རྣམས་ངོ་བོ་ཉིད་ཡོད་པ་ཁོ་ན་ཡིན་ཏེ། དངོས་པོ་ཡིན་པའི་ཕྱིར་དཔེར་ན་དེ་བཞིན་གཤེགས་པའི་སྐུ་བཞིན་នོ། །དེ་བཞིན་གཤེགས་པའི་ཆོས་ཀྱི་སྐུ་དོན་དམ་པ་ནི་རྡོ་རྗེ་ལྟ་བུའི་ཏིང་ངེ་འཛིན་གྱི་སེམས་ཀྱི་སྐད་ཅིག་མའི་མཇུག་ཐོགས་སུ་སྐྱེས་པ་རྣམ་པར་གྲོལ་བའི་ལམ་ཞེས་བྱ་བའི་ཡེ་ཤེས་ཀྱི་སྐད་ཅིག་མའོ། །གཟུགས་ཀྱི་སྐུ་ཀུན་རྫོབ་པ་ཡང་དེའི་གཞི་ཡིན་པའི་ཕྱིར། དེ་བཞིན་གཤེགས་པའི་སྐུ་ཞེས་བྱའོ། །དེའི་ཕྱིར་གཏན་ཚིགས་ཇི་སྐད་སྨོས་པའི་མཐུས་དོན་དམ་པར་གཟུགས་ལ་སོགས་པ་དངོས་པོ་རྣམས་ངོ་བོ་ཉིད་ཡོད་པ་ཁོ་ན་ཡིན་ནོ། །འདིར་བཤད་པ། གལ་ཏེ་ཐ་སྙད་དུ་གཏོགས་པའི་བློ་གྲོས་ཀྱིས་དངོས་པོ་རྣམས་དང་། དེ་བཞིན་གཤེགས་པ་ངོ་བོ་ཉིད་ཡོད་པ་ཁོ་ནར་འདོད་ན་ནི་གྲུབ་པ་ལ་སྒྲུབ་པ་ཉིད་ཡིན་ནོ། །འོན་ཏེ་དོན་དམ་པར་ན་ནི་རེ་ཞིག་དེ་བཞིན་གཤེགས་པ་ཉིད་དེ་དཔྱད་པར་བྱ་སྟེ། འདི་ལ་ཡེ་ཤེས་ཀྱང་ཕུང་པོའི་ཁོངས་སུ་གཏོགས་པའི་ཕྱིར་ཕུང་པོའི་བདག་ཉིད་ཀྱི་དེ་བཞིན་གཤེགས་པ་བཀག་པས་དེ་ཡང་བཀག་པར་འགྱུར་བས་དེའི་ཕྱིར། སྐུ་མིན་ཞེས་བྱ་བ་ལ་སོགས་པ་སྨོས། དེ་ལ་སྐུའི་དོན་ནི་ཕུང་པོའི་དོན་ཏོ། །ཕུང་པོ་རྣམས་ཅི་ཞིག་མ་ཡིན་ཞེ་ན། དེ་བཞིན་གཤེགས་པའོ། །དེ་བཞིན་གཤེགས་པ་ཞེས་བྱ་

བའི་སྒྲ་ནི་སོ་སོར་བརྗོད་པར་བྱ་སྟེ། ཚིག་གི་དོན་གསལ་བར་འདོད་པ་དང་བཅས་པའི་ཕྱིར་རོ། །ཕུང་པོ་རྣམས་དེ་བཞིན་གཤེགས་པ་མ་ཡིན་ཞེས་བྱ་བ་ནི། དེ་བཞིན་གཤེགས་པའི་ངོ་བོ་ཉིད་མ་ཡིན་ནོ་ཞེས་བྱ་བའི་ཐ་ཚིག་སྟེ། དེ་ནི་དམ་བཅའ་བ་ཉེ་བར་གཞག་པའོ།། ཕུང་པོ་རྣམས་ཀྱི་ཆོས་ནི་ཕུང་པོ་ཉིད་དང་། འབྱུང་བ་དང་། འཇིག་པའི་ཆོས་ཅན་ཉིད་དང་། བྱས་པ་ཉིད་ལ་སོགས་པ་སྟེ། དེ་ནི་གཏན་ཚིགས་སོ། །དཔེ་ནི་དེའི་དབང་གིས་སོ་སོའི་སྐྱེ་བོའི་ཕུང་པོ་ལ་སོགས་པ་དག་གོ། འདིར་རྗེས་སུ་དཔག་པ་ནི་དོན་དམ་པར་ཕུང་པོ་རྣམས་ནི་དེ་བཞིན་གཤེགས་པ་མ་ཡིན་ཏེ། ཕུང་པོ་ཉིད་ཡིན་པའི་ཕྱིར་དང་། འབྱུང་བ་དང་འཇིག་པའི་ཆོས་ཅན་ཉིད་ཡིན་པའི་ཕྱིར་དཔེར་ན། སོ་སོའི་སྐྱེ་བོའི་ཕུང་པོ་རྣམས་བཞིན་ནམ། ཕྱི་རོལ་གྱི་ས་ལ་སོགས་པ་དག་བཞིན་ནོ། །དེ་བཞིན་དུ་བྱས་པ་ཉིད་ལ་སོགས་པའི་གཏན་ཚིགས་དག་གི་ཕྱིར་རོ་ཞེས་ཀྱང་བརྗོད་པར་བྱའོ། །ཡང་ན་དོན་དམ་པར་ཕུང་པོ་རྣམས་ནི་དེ་བཞིན་གཤེགས་པ་མ་ཡིན་ཏེ། དེ་དག་གི་སྐྱེ་བ་བཀག་པའི་ཕྱིར་དང་། གཟུགས་ལ་སོགས་པ་དག་གི་རྫས་སུ་ཡོད་པ་ཉིད་བཀག་པའི་ཕྱིར་རོ། །ཡང་ན་ཡེ་ཤེས་འབའ་ཞིག་ཕྱོགས་སུ་བྱས་ནས་བརྗོད་པར་བྱ་སྟེ། དོན་དམ་པར་ཡེ་ཤེས་ནི་དེ་བཞིན་གཤེགས་པ་མ་ཡིན་ཏེ། འབྱུང་བ་དང་འཇིག་པའི་ཆོས་ཅན་ཉིད་ཡིན་པའི་ཕྱིར་དང་། ཤེས་པ་ཉིད་ཡིན་པའི་ཕྱིར་དཔེར་ན་སོ་སོའི་སྐྱེ་བོའི་ཤེས་པ་བཞིན་ནོ། །མུ་སྟེགས་ཅན་དག་ནི་ཕུང་པོ་རྣམས་ལས་དེ་བཞིན་གཤེགས་པ་གཞན་ཡིན་པར་བསམས་ནས། བདག་ཏུ་སྒྲུབ་པར་འདོད་པས་དེ་དག་གི་ཕྱིར་འདི་བཤད་དེ། སྐྱུ་ལས་གཞན་མ་ཡིན། དེ་བཞིན་གཤེགས་པ་སྟེ། དེ་དག་ལས་གཞན་པའི་དེ་བཞིན་གཤེགས་པ་ཡོད་པར་སྟོན་པའི་རྗེས་སུ་དཔག་པ་མེད་པའི་ཕྱིར་དང་། མུ་སྟེགས་ཅན་དག་ནི་ཕུང་པོ་རྣམས་ལས་དེ་བཞིན་གཤེགས་པ་གཞན་

ཡིན་པར་བསམས་ནས། བདག་ཏུ་སྒྲུབ་པར་འདོད་པས་དེ་དག་གི་ཕྱིར་འདི་བཤད་དེ། སྐྱེ་ལས་གཞན་མ་ཡིན། དེ་བཞིན་གཤེགས་པ་སྟེ། དེ་དག་ལས་གཞན་པའི་དེ་བཞིན་གཤེགས་པ་ཡོད་པར་སྟོན་པའི་རྗེས་སུ་དཔག་པ་མེད་པའི་ཕྱིར་དང་། ཕུང་པོ་རྣམས་ལས་གཞན་པའི་བདག་དགག་པ་བཞིན་དུ་དེ་ཡང་བཀག་པའི་ཕྱིར་རོ། །ཕུང་པོ་རྣམས་ལས་དེ་བཞིན་གཤེགས་པ་གཞན་ཡིན་པར་མ་གྲུབ་པ་པོ་ནའི་ཕྱིར། དེ་ལ་སྐྱེ་མེད་ཅེས་གསུངས་ཏེ། ཇི་ལྟར་གངས་ལ་སྨན་དག་ཡོད་པ་དེ་ལྟར་རོ། །དེར་དེ་མེད། ཇི་ལྟར་ཤིང་ལྡོན་པའི་ནགས་ཚལ་དག་ལ་སེང་གེ་ཡོད་པ་དེ་ལྟར་རོ། །དེ་བཞིན་གཤེགས་པ་སྐྱེ་ལྡན་མིན༔ ༔ཇི་ལྟར་ནོར་ཅན་ནོར་དང་ལྡན་པ་དེ་ལྟར་རོ། །དེའི་ཕྱིར་དེ་ལྟར་རྣམ་པ་ལྔས་ཡོངས་སུ་བརྟགས་ན་གང་མི་སྲིད་པའི། དེ་བཞིན་གཤེགས་པ་གང་ཞིག་ཡིན། །སྒྲུབ་པ་ཇི་སྐད་བསྟན་པ་དག་གིས་ཡོངས་སུ་བརྟགས་ན། དེ་བཞིན་གཤེགས་པ་ཞེས་བྱ་བ་ཡོད་པ་མ་ཡིན་པ་ཉིད་དོ་ཞེས་བྱ་བའི་ཚིག་གི་དོན་ཏོ། །དཔེར་ན་ཆོམ་རྐུན་པ་ཉིད་ལ་མངོན་པར་བརྗོན་པ་དག་ལ་ཡོངས་སུ་བརྟགས་པ་ན་གང་ཡང་དེ་ཡིན་པར་མི་འཐད་པའི་ཕྱིར་ཆོམ་རྐུན་པ་གང་ཞིག་ཡིན་ཞེས་བྱ་བ་བཞིན་ནོ། །ཡང་དཔེར་ན་ཕུང་པོ་རྣམས་མ་གཙོགས་པར་སྐྱེས་བུའམ། དབང་ཕྱུག་ཅེས་བྱ་བ་གང་ཞིག་ཡིན་ཞེས་བྱ་བ་བཞིན་ནོ། །དེའི་ཕྱིར་དེ་ལྟར་དེ་བཞིན་གཤེགས་པ་མ་གྲུབ་པས་སྒྲུབ་པ་དཔེ་མ་ཚང་བ་ཉིད་ཀྱི་སྐྱོན་ཡོད་དོ། ། གཞན་དག་གིས་སྨྲས་པ། དེ་བཞིན་གཤེགས་པ་ནི་ཕུང་པོ་རྣམས་ལ་བརྟེན་ནས་གྲུབ་པའི་ཕྱིར། ཁོ་བོ་ཅག་ལ་སྒྲུབ་པ་དེས་མི་གནོད་དོ། །འདིར་བཤད་པ། གལ་ཏེ་སངས་རྒྱས་ཕུང་པོ་ལ། །བརྟེན་ནས་གདགས་པར་འདོད་ན། འོན་དེ་ལྟ་ན། ངོ་བོ་ཉིད་ལས་མེད། དེ་བཞིན་གཤེགས་པ་ངོ་བོ་ཉིད་མེད་པ་དང་། རྫས་སུ་ཡོད་པ་མ་ཡིན་ནོ་ཞེས་བྱ་བའི་ཐ་

ཚིག་སྟེ། དེ་ནི་དམ་བཅའ་བ་ཉེ་བར་གཞག་པའོ། །ཕྱོགས་ཀྱི་ཆོས་ནི་ཁོང་ན་ཡོད་དོ། །དཔེ་ནི་དེའི་དབང་གིས་མགལ་མེའི་འཁོར་ལོ་དང་སྒྱུམ་པ་དག་བཞིན་ནོ། །འདིར་རྗེས་སུ་དཔག་པ་ནི། དོན་དམ་པར་དེ་བཞིན་གཤེགས་པ་ནི་ངོ་བོ་ཉིད་མེད་པ་དང་། རྫས་སུ་ཡོད་པ་མ་ཡིན་ཏེ། གདགས་པར་བྱ་བའི་ཕྱིར་དཔེར་ན་མགལ་མེའི་འཁོར་ལོ་བཞིན་ནམ། རྫས་སུ་ཡོད་པ་མ་ཡིན་པའི་ཕྱིར་དཔེར་ན་སྒྱུམ་པ་བཞིན་ནོ། །མི་མཁས་པ་ཁ་ཅིག་འདིར་སྨྲས་པ། གལ་ཏེ་རེ་ཞིག་མཚན་ཉིད་ལས། །གང་ཞིག་བློ་གཞན་སེལ་བ་ལས། །དེ་ཡི་བློ་མེད་བུམ་ཆུ་བཞིན། །དེ་ནི་ཀུན་རྫོབ་ཡོད་པ་ཡིན། །དོན་དམ་ཡོད་པ་དོན་གཞན་ནོ། །ཞེས་འབྱུང་བ་དེས་རྫས་སུ་ཡོད་པ་ཉིད་འགོག་པར་བྱེད་ན་ནི་དེ་ཁོ་བོ་ཅག་ལ་མི་གནོད་དེ། འདི་ལྟར་བུམ་པ་ཞིག་པ་དང་། བློ་གཞན་སེལ་བ་ན། དེ་དག་ལས་གཞན་པའི་གཟུགས་དག་ལ་དེ་དག་གི་བློ་ཡོད་པས། དེ་དག་རྫས་སུ་ཡོད་པ་ཡིན་པའི་ཕྱིར་རོ། །དེ་ནི་བཟང་པོ་མ་ཡིན་ཏེ། རྫས་སུ་ཡོད་པ་ལ་མཚན་ཉིད་ཀྱིས་གནོད་པའི་ཕྱིར་རོ། །གང་ཞིག་པ་དེ་རྫས་སུ་ཡོད་པ་ལ་གནོད་པ་ཉིད་དོ། །དེའི་བློ་མེད་པ་ཞེས་ངེས་པར་གཟུང་བའི་ཕྱིར་གང་མ་ཞིག་པ་དེ་ལ་ཡང་དེའི་བློ་མེད་དོ། །ཉེ་བར་ལེན་པ་དང་བཅས་པ་གཞན་དག་སེལ་བ་ལ་གཞན་སེལ་བ་ཞེས་བྱ་བར་འདོད་པའི་ཕྱིར་རོ། །གཞན་དག་གིས་སྨྲས་པ། དོན་དམ་པར་བུམ་པ་ནི་རྫས་སུ་ཡོད་པ་ཡིན་ཏེ། ཤེས་བྱ་ཡིན་པའི་ཕྱིར་དཔེར་ན་གཟུགས་བཞིན་ཏེ། ཤེས་པར་བྱ་བ་ཡིན་པས་རྫས་དེ་ཤེས་པར་བྱ་བ་ནི་རྟོགས་པར་བྱ་བ་ཞེས་བྱ་བའི་ཐ་ཚིག་གོ། མཚན་ཉིད་ལས་ཤེས་པར་བྱ་བའི་སྐད་ཀྱི་བྱིངས་དག་ནི་རྟོགས་པར་བྱ་བའི་དོན་ཡིན་པ་འབྱུང་བའི་ཕྱིར་རོ། །བུམ་པ་ལ་སོགས་པ་དག་ཀྱང་རྫས་སུ་ཡོད་པ་ཉིད་དུ་གྲུབ་པས། བུམ་པ་དང་། ཆུ་བཞིན་དུ་ཀུན་རྫོབ་ཏུ་ཡོད་པ་ཡིན་ནོ་ཞེས་བྱ་བའི་ཁུངས

ཀྱང་མེད་དོ། །དེ་ནི་བཟང་པོ་མ་ཡིན་ཏེ། དོན་དམ་པར་གཟུགས་རྫས་སུ་ཡོད་པ་ཉིད་དུ་མ་གྲུབ་པའི་ཕྱིར་དཔེ་མེད་དོ། །ཐ་སྙད་དུ་ནི་མཚན་ཉིད་ཇི་སྐད་སྨྲས་པ་ཉིད་ཀྱིས་དངོས་པོ་ཐམས་ཅད་བཏགས་པར་ཡོད་པ་ཉིད་ཡིན་ཡང་། གང་ཞིག་ཀྱང་དེའི་བློ་མི་འཇིག་པ་དེ་ནི་རྫས་སུ་ཡོད་པ་ཡིན་ལ། གང་ཞིག་པ་ན་དེའི་བློ་མེད་པ་དེ་ནི་བཏགས་པར་ཡོད་པ་ཡིན་པར་རྣམ་པར་གཞག་གོ། དངོས་པོ་མེད་པ་ཡང་དངོས་པོ་མེད་པའི་ཚུལ་གྱིས་ཤེས་བྱ་ཡིན་ཡང་། རྫས་སུ་ཡོད་པ་ཉིད་མ་ཡིན་པས་མ་ངེས་པ་ཉིད་ཀྱང་ཡིན་ནོ། །དེ་རྫས་སུ་ཡོད་པ་ཉིད་དུ་རྟོག་ན་ནི་གྲགས་པ་དང་། ལུང་གིས་གནོད་པར་འགྱུར་བས་དེ་ཡང་རིགས་པ་མ་ཡིན་ནོ། །

༄ དབུ་མའི་རྩ་བའི་འགྲེལ་པ་ཤེས་རབ་སྒྲོན་མ། བམ་པོ་བཅུ་དྲུག་པ། གཞན་དག་གིས་སྨྲས་པ། ཕུང་པོ་ལྔ་ནི་གདགས་པར་བྱ་བ་ཡིན་ཡང་ངོ་བོ་ཉིད་ཡོད་པ་ཡིན་ལ། དེ་ཡང་དེ་བཞིན་གཤེགས་པར་གདགས་པའི་བརྗོད་པར་བྱ་བ་ཡིན་པས། དེ་བཞིན་གཤེགས་པ་དེའི་ངོ་བོ་ཉིད་བཅོས་མ་མ་ཡིན་པ་གང་ཡིན་པ་བློ་ལ་ངེས་པར་བཞག་ནས། དེ་བཞིན་གཤེགས་པ་ངོ་བོ་ཉིད་མེད་དོ་ཞེས་སྒྲུབ་ན་ནི་གྲུབ་པ་ལ་སྒྲུབ་པ་ཡིན་ཏེ། ཕུང་པོ་རྣམས་བྱས་པ་ཡིན་པའི་ཕྱིར་རོ། །འོན་ཏེ་གཞན་ལས་བྱུང་བའི་དངོས་པོ་རྒྱུ་དང་། རྐྱེན་གཞན་དག་ལས་བྱུང་ཞིང་། སྐྱེས་པ་བདག་ཉིད་ཐོབ་པ་གང་ཡིན་པ་འགོག་པར་བྱེད་ན་ནི། འོ་ན་དེས་ན་དཔེ་མེད་དེ་དངོས་པོ་ཐམས་ཅད་ནི་གཞན་ལས་བྱུང་བའི་མཚན་ཉིད་ཀྱི་ངོ་བོ་ཉིད་དང་བཅས་པ་ཡིན་པས་འདི་ལྟར་ཁོ་བོ་ཅག་ནི་མགལ་མེའི་འཁོར་ལོའི་གཟུགས་ལ་སོགས་པ། མིག་གི་རྣམ་པར་ཤེས་པ་རྣམ་པར་རྟོག་པ་མེད་པའི་སྤྱོད་ཡུལ་གང་དག་ཡིན་པ་དེ་དག་ངོ་བོ་ཉིད་དང་བཅས་པ་ཁོ་ན་ཡིན་པར་འདོད་པའི་ཕྱིར་རོ། །དེ་ནི་བཟང་པོ་མ་

ཡིན་ཏེ། འདིར་མགལ་མེའི་འཁོར་ལོ་ཉིད་ནི་འཁྲུལ་པ་སྟེ། ངོས་དང་སྟེང་དང་། འོག་ནི་ནམ་མཁའི་ཆ་དང་། མགལ་མེ་ལ་འཁོར་ལོའི་ངོ་བོ་ཉིད་ཀྱིས་སྟོང་པ་དཔེ་ཉིད་དུ་འདོད་པའི་ཕྱིར་དང་། མགལ་མེའི་གཟུགས་ལ་སོགས་པ་དག་གི་སྐྱེ་བ་བཀག་པའི་ཕྱིར་དང་། རྫས་སུ་ཡོད་པ་ཉིད་བཀག་པའི་ཕྱིར་དང་། དེ་དེ་བཞིན་དུ་མིག་གི་རྣམ་པར་ཤེས་པ་ལ་སོགས་པའི་སྤྱོད་ཡུལ་གཟུགས་ལ་སོགས་པ་དག་ཀྱང་། མིག་གི་ལྷ་བ་དགག་པ་བཞིན་དུ་བཀག་པའི་ཕྱིར་རོ། །ངོ་བོ་ཉིད་ལས་གང་མེད་པ། །དེ་གཞན་དངོས་ལས་ག་ལ་ཡོད།། བདག་གི་དངོས་པོའི་དངོས་པོ་གཞན་ལ་ལྟོས་ནས་གཞན་ཉིད་འགྱུར་པའི་ཕྱིར་རོ་ཞེས་བྱ་བར་དགོངས་སོ། །ཡང་གཞན་ཡང་། གང་ཞིག་གཞན་གྱི་དངོས་བརྟེན་ནས། །གདགས་པའོ༑ ༑དེ་བདག་ཉིད་དུ་མི་འཐད་དོ། །གཞན་གྱི་དངོས་པོ་ལ་བརྟེན་ནས་གདགས་པར་བྱ་བ་ཡིན་པའི་ཕྱིར་དཔེར་ན། སྒྱུ་མའི་སྐྱེས་བུ་བཞིན་ཏེ། དེ་ནི་བདག་ཉིད་མེད་དེ་ངོ་བོ་ཉིད་མེད་དོ་ཞེས་བྱ་བའི་ཐ་ཚིག་གོ། དེ་ལྟར། གང་ཞིག་བདག་ཉིད་མེད་པ་དེ། །ཇི་ལྟར་དེ་བཞིན་གཤེགས་པར་འགྱུར། །དངོས་པོ་རྣམས་ངོ་བོ་ཉིད་ཡོད་པར་སྒྲུབ་པའི་དཔེ་ཞེས་བྱ་བར་དགོངས་སོ། །དེའི་ཕྱིར་སྒྲུབ་པ་དཔེ་མ་ཚང་བའི་སྐྱོན་དེ་ཉིད་ཡོད་དོ། །ཡང་ན་ཕ་རོལ་པོ་དག་འདི་སྐད་ཅེས་ངོ་བོ་ཉིད་ལས་མ་གྲུབ་ཏུ་ཟིན་ཀྱང་། གཞན་གྱི་དངོས་པོ་ལས་གྲུབ་པས་དཔེ་ཉིད་གྲུབ་པའི་ཕྱིར་དངོས་པོ་རྣམས་ངོ་བོ་ཉིད་ཡོད་པ་ཁོ་ནར་གྲུབ་བོ་ཞེས་ཟེར་བ་ལ། འདིར་བཤད་པ། གལ་ཏེ་ངོ་བོ་ཉིད་མེད་ན། །གཞན་དངོས་ཡོད་པར་ཇི་ལྟར་འགྱུར༑ ༑ངོ་བོ་ཉིད་མ་གྲུབ་པ་ཁོ་ནའི་ཕྱིར་གཞན་དུ་འདོད་པ་རྒྱུ་དང་རྐྱེན་རྣམས་མེད་པའི་ཕྱིར། དེ་དག་ལས་བྱུང་བའི་གཞན་གྱི་དངོས་པོ་ཅན་དེ་ཡོད་པ་ཉིད་མ་ཡིན་ནོ་ཞེས་བྱ་བར་དགོངས་སོ། །དེའི་ཕྱིར་དཔེའི་སྐྱོན་དེ་ཉིད་ཡོད་དོ། །འདིར་སྨྲས་པ། དེ་བཞིན་

གཤེགས་པའི་ངོ་བོ་ཉིད་ངེས་པར་མ་ཟིན་ཀྱང་། ཡོད་ཡོད་པའི་ཕྱིར་དཔེ་གྲུབ་པས་སྐྱོན་མེད་དོ། །འདིར་བཤད་པ། ངོ་བོ་ཉིད་དང་གཞན་དངོས་དག །མ་གཏོགས་དེ་བཞིན་གཤེགས་ཏེ་གང་། །དེ་ནི་ཡོད་པ་མ་ཡིན་པ་ཉིད་དེ། ངོ་བོ་ཉིད་དང་གཞན་གྱི་དངོས་པོ་དག་མ་གཏོགས་པའི་དངོས་པོ་ནི་དོན་དམ་པར་ཡོད་པ་ཉིད་དུ་མི་འགྲུབ་པའི་ཕྱིར་སྐྱོན་མེད་པ་མ་ཡིན་ནོ། །གནས་མའི་བུའི་སྡེ་པ་དག་གིས་སྨྲས་པ། དེ་བཞིན་གཤེགས་པ་ནི་ཕུང་པོ་རྣམས་ལ་བརྟེན་ནས་གདགས་པར་བྱ་བ་ཉིད་ཡིན་ཏེ། དེ་ནི་དེ་ཉིད་དང་གཞན་ཉིད་དུ་བརྗོད་པར་བྱ་བ་མ་ཡིན་པས་ཕུང་པོ་རྣམས་ཀྱི་ངོ་བོ་ཉིད་ཀྱང་མ་ཡིན་ལ། གཞན་གྱི་ངོ་བོ་ཉིད་ཀྱང་མ་ཡིན་ཏེ། དེའི་ཕྱིར་དེ་བཞིན་གཤེགས་པ་གྲུབ་པས་རྗེས་སུ་དཔག་པ་ཇི་སྐད་བསྟན་པས་དངོས་པོ་རྣམས་ངོ་བོ་ཉིད་མེད་པར་མ་གྲུབ་བོ། །འདིར་བཤད་པ། དོན་དམ་པར་དེ་བཞིན་གཤེགས་པའམ། དེ་བཞིན་གཤེགས་པ་མ་ཡིན་པ་ཞིག་དེ་བཞིན་གཤེགས་པའི་ཕུང་པོ་རྣམས་ལ་བརྟེན་ནས་གདགས་པར་བྱ་བ་ཉིད་ཡིན་གྲང་ན། དེ་ལ་གལ་ཏེ་དེ་བཞིན་གཤེགས་པ་ཡིན་ན་ནི་དེ་དེ་ལ་བརྟེན་པ་དོན་མེད་པ་ཉིད་དོ། །འོན་ཏེ་དེ་བཞིན་གཤེགས་པ་མ་ཡིན་ན་ནི་དེ་ལྟ་ན་ཡང་། གལ་ཏེ་ཕུང་པོ་མ་བརྟེན་པར། །དེ་བཞིན་གཤེགས་པ་འགའ་ཡོད་ན། །སྔ་རོལ་ན་བདག་ཉིད་གཞན་གྱིས་སོ། །དེ་ནི་ད་གདོད་བརྟེན་འགྱུར་ཞིང་། བརྟེན་ནས་དེ་ལས་འགྱུར་ལ་རག །གལ་ཏེ་དེ་ལྟར་འགྱུར་ཞེ་ན། །ཕུང་པོ་རྣམས་ལ་མ་བརྟེན་པར། །དེ་བཞིན་གཤེགས་པ་འགའ་ཡང་མེད། །ཉེ་བར་ལེན་པ་མ་གཏོགས་པར་དེ་བཞིན་གཤེགས་པར་མི་འགྲུབ་པའི་ཕྱིར་རོ། །གང་ཞིག་མ་བརྟེན་ཡོད་མིན་པ།། དེ་བཞིན་གཤེགས་པའི་ངོ་བོ་ཉིད་དོ། །དེས་ནི་ཇི་ལྟར་ཉེར་ལེན་འགྱུར། །དེས་དེ་བཞིན་གཤེགས་པའི་ཕུང་པོ་རྣམས་ཉེ་བར་ལེན་པར་མི་བྱེད་པ་ཉིད་དེ། དེ་བཞིན་གཤེགས་པ་

མ་ཡིན་པའི་ཕྱིར་དཔེར་ན་དེ་ལས་གཞན་བཞིན་ནོ། །ཅི་སྟེ་དེ་བཞིན་གཤེགས་པ་མ་ཡིན་པས༑ དེ་བཞིན་གཤེགས་པའི་ཕུང་པོ་རྣམས་ཉེ་བར་བླངས་ནས། དེ་བཞིན་གཤེགས་པར་འགྱུར་རོ་སྙམ་དུ་སེམས་ཤིང་། འདི་སྐད་ཅེས། གལ་ཏེ་ཕུང་པོ་མ་བརྟེན་པར། །དེ་བཞིན་གཤེགས་པ་འགའ་ཡང་མེད། །དེ་ནི་ད་གདོད་བརྟེན་འགྱུར་ཞིང་། །བརྟེན་ནས་དེ་ལ་འགྱུར་བ་ཡིན། །ཞེས་ཀྱང་ཟེར་ན། དེ་ལ་འདི་སྐད་ཅེས་བརྗོད་པར་བྱ་སྟེ། ཅི་སྟེ་དེ་ཕུང་པོའི་ངོ་བོ་ཉིད་ཡིན་ནམ། འོན་ཏེ་གཞན་གྱི་ངོ་བོ་ཉིད་ཡིན། དེ་ལ་གལ་ཏེ་ཕུང་པོའི་ངོ་བོ་ཉིད་ཡིན་ན་ནི་ཕྱོགས་དེའི་ལན་བཏབ་ཟིན་ཏོ། །འོན་ཏེ་གཞན་གྱི་ངོ་བོ་ཉིད་ཡིན་ན་ནི་དེ་ཡོད་པ་མ་ཡིན་ཏེ། ཕུང་པོའི་ངོ་བོ་ཉིད་མ་ཡིན་པའི་ཕྱིར་དཔེར་ན། རི་བོང་གི་རྭ་བཞིན་ནོ་ཞེས་སྔར་བསྟན་པ་བཞིན་ནོ། །ཡང་བཤད་པ། གང་ཞིག་མ་བརྟེན་ཡོད་མིན་པ། །ཕུང་པོའི་མཚན་ཉིད་མ་ཡིན་པའོ། །དེས་ནི་ཇི་ལྟར་ཉེར་ལེན་འགྱུར། །དེས་ཉེ་བར་ལེན་པར་མི་བྱེད་པ་ཉིད་དེ། མེད་པའི་ཕྱིར་དཔེར་ན་ནམ་མཁའི་མེ་ཏོག་བཞིན་ནོ་ཞེས་བྱ་བར་དགོངས་སོ། །དོན་དམ་པར་དེ་བཞིན་གཤེགས་པ་སྐྱེ་བའི་སྤྲོ་རོལ་ན་མེད་པ་ནི་དེ་བཞིན་གཤེགས་པའི་ཉེ་བར་ལེན་པ་དག་ཉེ་བར་ལེན་པར་མི་བྱེད་དེ། སྐྱེ་བའི་སྔ་རོལ་ན་མེད་པའི་ཕྱིར་དཔེར་ན། དེ་བཞིན་གཤེགས་པ་མ་ཡིན་པ་བཞིན་ནོ། །གལ་ཏེ་འཁོར་བ་ལ་ཐོག་མ་དང་ཐ་མ་མེད་པའི་ཕྱིར་དང་། དེ་བཞིན་གཤེགས་པ་ཡང་དེ་ཉིད་དང་གཞན་དུ་བརྗོད་པར་བྱ་བ་མ་ཡིན་པའི་ཕྱིར་སྔ་ཕྱི་མི་འཐད་པས། སྐྱེ་བའི་སྔ་རོལ་ན་མེད་པའི་ཕྱིར་ཞེས་བྱ་བའི་གཏན་ཚིགས་དེའི་དོན་མ་གྲུབ་པ་ཉིད་དོ་ཞེ་ན། དེ་ནི་བཟང་པོ་མ་ཡིན་ཏེ་ཐ་སྙད་དུ་གཏོགས་པའི་བློའི་སྤྱོད་ཡུལ་གྱི་དེ་བཞིན་གཤེགས་པ་ནི་སྐྱེ་བའི་སྔ་རོལ་ན་མེད་པ་ཉིད་དོ་ཞེས་བྱ་བར་ཤེས་པར་བྱ་སྟེ་འདུས་བྱས་ཡིན་པའི་ཕྱིར་དཔེར་ན་བུམ་པ་བཞིན་

ནོ༔ ༔དེ་ལྟར་ཐ་སྙད་དུ་མོད་༼མིད༽པར་གྲུབ་པའི་གཏན་ཚིགས་ཉིད་དུ་བརྗོད་པའི་ཕྱིར་དང་། དེ་བཞིན་གཤེགས་པ་ཡང་དེ་བཞིན་གཤེགས་པའི་ཕུང་པོ་རྣམས་ཀྱི་སྦུ་རོལ་ན་ཡོད་པ་ཉིད་དུ་བསྟན་དཀའ་བའི་ཕྱིར་དེ་ནི་མ་གྲུབ་པ་ལྟར་སྣང་བ་ཉིད་ཡིན་ནོ། །ཡང་གཞན་ཡང་། ཉེ་བར་བླངས་པ་མ་ཡིན་པ། །ཉེ་བར་ལེན་པ་ཅི་ལྟར་འགྱུར། །འོ་ན་ཇི་ལྟ་བུ་ཞེ་ན། ཉེ་བར་ལེན་པ་པོས་ཉེ་བར་བླངས་པ་ཉིད་ཉེ་བར་ལེན་པ་ཡིན་པར་འགྱུར་རོ།།

ཉེ་བར་ལེན་པ་མེད་པ་ཡི། །ཉེ་བར་ལེན་པ་མེད་པའི་ངོ་བོ་ཉིད་དེ། ཉེ་བར་ལེན་པ་པོ་མ་ཡིན་པའི་ཞེས་བྱ་བའི་ཐ་ཚིག་གོ །དེ་བཞིན་གཤེགས་པ་ཅི་ཡང་མེད། །ཡང་ཞེས་བྱ་བའི་སྒྲ་ནི་ཉེ་བར་ལེན་པ་པོ་དང་། ཉེ་བར་ལེན་པ་ཡང་བསྡུ་བའི་དོན་ཏེ། དེ་བཞིན་གཤེགས་པ་ལ་དེ་བཞིན་གཤེགས་པའི་ངོ་བོ་ཉིད་མེད་དོ་ཞེས་བྱ་བའི་ཚིག་གི་དོན་ཏོ། །དེ་ལ་འདིར་ཚིག་གི་དོན་གསལ་བའི་དབང་གིས་རྗེས་སུ་དཔག་པ་ནི་ཕུང་པོ་ལྔ་ལ་གང་ཟག་མེད་དེ། བྱས་པའི་ཕྱིར་དཔེར་ན་བུམ་པ་བཞིན་ནོ། །དེ་བཞིན་དུ་རྟེན་ཅིང་འབྲེལ་པར་འབྱུང་བ་ཉིད་དང་། མི་རྟག་པ་ཉིད་དང་། ཡང་དག་པ་དང་། ལོག་པ་པ་དང་། ཐ་ཚོམ་ཅན་གྱི་ཤེས་པའི་ཡུལ་ཉིད་དང་། དགའ་བ་དང་། ཡོངས་སུ་གདུང་བའི་རྒྱུ་ཉིད་དང་། བདེན་པར་གཏོགས་པ་ཉིད་ལ་སོགས་པའི་གཏན་ཚིགས་དག་གི་ཕྱིར་རོ་ཞེས་ཀྱང་བརྗོད་པར་བྱའོ། །གནས་མའི་བུའི་སྡེ་པ་དག་ཡང་ཕྱིར་ཟློག་པར་བྱེད་དེ། དོན་དམ་པར་དེ་བཞིན་གཤེགས་པ་ཡོད་པ་ཁོ་ན་ཡིན་ཏེ། དེ་བཞིན་གཤེགས་པས་མེད་དོ་ཞེས་ལུང་མ་བསྟན་པའི་ཕྱིར་རོ། །འདི་ན་གང་ཡོད་པ་མ་ཡིན་ན་དེ་ནི་དེ་བཞིན་གཤེགས་པས་མེད་པར་གསུངས་ཏེ། དཔེར་ན་མུ་སྟེགས་བྱེད་ཀྱིས་ཡོངས་སུ་བརྟགས་པའི་བདག་བཞིན་ནོ།།

དེ་བཞིན་གཤེགས་པ་མེད་པར་མ་གསུངས་ཏེ། གཞན་གྱིས་དེ་བཞིན་གཤེགས་པ་མྱ་ངན་

ལས་འདས་པ་ན་ཆད་མེད་དམ་ཞེས་ཞུས་པ་ན་དེ་ནི་ལུང་མ་བསྟན་ཏོ་ཞེས་གསུངས་པའི་ཚིག་དེས་དེ་དགག་པ་ཡང་གསུངས་པས། དེའི་ཕྱིར་དོན་དམ་པར་དེ་བཞིན་གཤེགས་པ་ཡོད་པ་ཁོ་ན་ཡིན་ཏེ། དེའི་ཕྱིར་དེ་ནི་རང་དབང་དུ་རྗེས་སུ་དཔག་པ་ཡིན་པས། གཏན་ཚིགས་འགལ་བ་འབྲུལ་པ་མེད་པའི་གནོད་པ་ཡང་ཡོད་དོ། །བཤད་པ། དེ་བཞིན་གཤེགས་པས་ཁང་པ་བརྩེགས་མའི་ནང་ནས་སྐྱེས་པའི་ཤིང་ཨ་མྲའི་འབྲས་བུའི་རོའི་བྱེ་བྲག་ཏུ་ལུང་དུ་མ་བསྟན་པ་ལ་སོགས་པ་དག་གིས་གཏན་ཚིགས་ཀྱི་དོན་འགལ་བ་ཉིད་ཡིན་པའི་ཕྱིར། དེ་ནི་རིགས་པ་མ་ཡིན་པས་རྟོག་གེ་ཕྱི་མས་གནོད་པ་ཡང་མེད་ལ། རང་དབང་དུ་རྗེས་སུ་དཔག་པ་ཡང་མ་ཡིན་ནོ། །གོས་དམར་སྡེ་དག་གིས་སྨྲས་པ། དོན་དམ་པར་དེ་བཞིན་གཤེགས་པ་ཡོད་པ་ཁོ་ན་ཡིན་ཏེ། ཉེ་བར་ལེན་པས་གདགས་པར་བྱ་བ་ཡིན་པའི་ཕྱིར་རོ། །འདི་ན་གང་ཡོད་པ་མ་ཡིན་པ་དེ་ནི་ཉེ་བར་ལེན་པས་གདགས་པར་བྱ་བ་མ་ཡིན་ཏེ། དཔེར་ན་སྤྲུལ་གྱི་རྭང་པ་བཞིན་ནོ། །དེ་བཞིན་གཤེགས་པ་ནི་ཉེ་བར་ལེན་པས་རྣམ་པར་གྲོལ་བ། བླ་ན་མེད་པས་རབ་ཏུ་ཕྱེ་བའི་ཕུང་པོའི་རྒྱུན་ལ་བརྟེན་ནས་གདགས་པར་བྱ་བ་ཡིན་ཏེ། དེ་ལྟར་ཡང་མདོ་སྡེ་ལས་སངས་རྒྱས་ཞེས་བྱ་བའི་མཚན་འདི་ནི། ཡུམ་གྱིས་མ་བཏགས་ཡབ་ཀྱིས་མ་བཏགས་ལྷ་རྣམས་ཀྱི་བར་གྱིས་མ་བཏགས་ཏེ༏ ཨོཾ་ན་ཧི་ལྷ་བུ་ཞེ་ན། སངས་རྒྱས་བཅོམ་ལྡན་འདས་རྣམས་ཀྱི་མཚན་དེ་ནི་རྣམ་པར་གྲོལ་བའི་མཐའ་ལས་བྱུང་བ་ཡིན་ནོ་ཞེས་བྱ་བ་ལ་སོགས་པ་གསུངས་པས། དེའི་ཕྱིར་དོན་དམ་པར་དེ་བཞིན་གཤེགས་པ་ཡོད་པ་ཁོ་ན་ཡིན་ནོ། །འདིར་བཤད་པ། ཇི་ལྟར་དོན་དམ་པ་དེ་བཞིན་གཤེགས་པ་ཡོད་པ་ཁོ་ན་ཡིན་ནོ་ཞེས་མི་འཐད་པ་དེ་ལྟར་སྟེར༏ སྐྱ་མིན་སྐྱུ་ལས་གཞན་མ་ཡིན། །དེ་ལ་སྐྱུ་མེད་དེ་དེར་མེད། །དེ་བཞིན་གཤེགས་

པ་སྐྱུ་ལྡན་མིན། །དེ་བཞིན་གཤེགས་པ་གང་ཞིག་ཡིན། །ཞེས་བྱ་བ་དེས་དཔྱད་ཟིན་པས༔ དེའི་ཕྱིར་དེ་ལྟར། རྣམ་པ་ལྔས་ནི་བཙལ་བྱས་ན། །གང་ཞིག་དེ་ཉིད་གཞན་ཉིད་དུ༔ ༔མེད་པའི་དེ་བཞིན་གཤེགས་པ་དེ། །ཉེ་བར་ལེན་པས་ཇི་ལྟར་གདགས། །དོན་དམ་པར་དེ་བཞིན་གཤེགས་པའི་ངོ་བོ་ཉིད་དུའོ། །གདགས་པར་བྱ་བ་ཉིད་ཡོད་ན་ནི། བུམ་པ་ལ་སོགས་པའི་ཡོད་པ་ཉིད་བཞིན་དུ། དེ་བཞིན་གཤེགས་པ་ཡང་ཡོད་པ་ཉིད་དུ་འགྱུར་ཏེ༔ དེ་ལྟ་ན་ནི་འདོད་པ་ཉམས་སོ། །གདགས་པར་བྱ་བ་ཡིན་པའི་ཕྱིར་རོ་ཞེས་བྱ་བའི་གཏན་ཚིགས་དེའི་དོན་ཀྱང་དོན་དམ་པར་མ་གྲུབ་པ་ཉིད་དོ། །དོན་འགལ་བ་ཉིད་ཀྱང་ཡིན་ཏེ། བུམ་པ་ལ་སོགས་པ་ཉེ་བར་ལེན་པས་གདགས་པར་བྱ་བ་དག་ནི། ཐ་སྙད་དུ་ཡོད་པ་ཉིད་ཡིན་པའི་ཕྱིར་རོ། །གཞན་དག་གིས་སྨྲས་པ། ཉེ་བར་ལེན་པ་མེད་པ་ཡི།། དེ་བཞིན་གཤེགས་པ་ཅི་ཡང་མེད། །ཅེས་གང་སྨྲས་པ་དེ་མི་རིགས་ཏེ་ཁོ་བོ་སྨྲའོ། །དེ་བཞིན་གཤེགས་པའི་ཉེ་བར་ལེན་པ་ནི་ཉེ་བར་ལེན་པ་པོ་དང་བཅས་པ་ཉིད་ཡིན་ཏེ། ཉེ་བར་ལེན་པ་ཡིན་པའི་ཕྱིར་རོ། །འདི་ན་གང་ཉེ་བར་ལེན་པ་པོ་དང་བཅས་པ་ཉིད་མ་ཡིན་པ་དེ་ནི་ཉེ་བར་ལེན་པ་མ་ཡིན་ཏེ། དཔེར་ན་རུས་སྦལ་གྱི་སྤུ་ལ་སོགས་པ་བཞིན་ནོ། །དེ་བཞིན་གཤེགས་པའི་ཉེ་བར་ལེན་པ་ཕུང་པོ་ལྔ་ནི་སངས་རྒྱས་ཀྱི་ཆོས་མ་འདྲེས་པ་ལ་སོགས་པ་ཟག་པ་མེད་པ་དག་གི་གཞི་ཡིན་པས། དེའི་ཕྱིར་གཏན་ཚིགས་ཇི་སྐད་སྨོས་པའི་མཐུས། དེ་བཞིན་གཤེགས་པའི་ཉེ་བར་ལེན་པ་ནི། ཉེ་བར་ལེན་པ་པོ་དང་བཅས་པ་ཉིད་ཡིན་ཏེ། ཉེ་བར་ལེན་པ་པོ་གང་ཡིན་པ་དེ་ནི་དེ་བཞིན་གཤེགས་པའོ། །དེ་ཡོད་པས་དཔེ་གྲུབ་པའི་ཕྱིར་འདོད་པའི་དོན་གྲུབ་བོ། །འདིར་བཤད་པ། གང་ཞིག་ཉེ་བར་བླང་བ་དེ་ཉེ་བར་བླང་བར་བྱ་བའོ། །དེ་ནི་ངོ་བོ་ཉིད་ལས་མེད། །ཉེ་བར་བླང་བའི་ངོ་བོ་

ཉིད་དུ་ཡོད་པ་མ་ཡིན་ནོ་ཞེས་བྱ་བའི་ཐ་ཚིག་གོ །དེ་ལྟར་ཡང་སྨྲར། ཉེ་བར་ལེན་པ་ལ་ཉེ་བར་ལེན་པའི་ངོ་བོ་ཉིད་མེད་དེ། ལྟོས་པ་དང་བཅས་པའི་ཕྱིར་དཔེར་ན་ཉེ་བར་ལེན་པ་པོ་བཞིན་ནོ་ཞེས་རྒྱ་ཆེར་བསྟན་ཟིན་ཏོ། །དེའི་ཕྱིར་ཉེ་བར་ལེན་པ་ཡིན་པའི་ཕྱིར་རོ་ཞེས་བྱ་བའི་གཏན་ཚིགས་དེའི་དོན་མ་གྲུབ་པ་ཉིད་དང་། དོན་འགལ་བ་ཉིད་དོ། །གལ་ཏེ་ཉེ་བར་ལེན་པ་ནི་གཞན་གྱི་དངོས་པོ་ལས་འགྲུབ་པས་ཇི་སྐད་སྨྲས་པའི་སྐྱོན་མེད་དོ་ཞེ་ན། དེ་ཡང་བཟང་པོ་མ་ཡིན་ཏེ། །བདག་གི་དངོས་ལ་གང་མེད་པ། །དེ་གཞན་དངོས་ལ་ཡོད་རེ་སྐན། །ཉེ་བར་ལེན་པ་ནི་གཞན་ལས་ཡོད་པར་མི་འགྱུར་བ་ཉིད་དོ་ཞེས་བྱ་བའི་ཚིག་གི་དོན་ཏོ། །གཞན་ལས་སྐྱེ་བ་མེད་པར་ནི་སྔར་བསྟན་ཟིན་པས་ཡང་བསྟན་མི་དགོས་སོ། །དེའི་ཕྱིར་དེ་ལྟར་ཡོངས་སུ་བརྟགས་ན། དེ་ལྟར་ཉེར་བླང་ཉེར་ལེན་པ། །རྣམ་པ་ཀུན་གྱིས་སྟོང་པ་ཡིན། རྣམ་པ་ཀུན་གྱིས་ཞེས་བྱ་བ་ནི་ངོ་བོ་ཉིད་དང་གཞན་གྱི་དངོས་པོ་དང་དེ་ཉིད་དང་གཞན་ཉིད་ལ་སོགས་པ་དག་གིས་སོ། །དེའི་ཕྱིར་དོན་དམ་པའི་དེ་ཁོ་ན་མཐོང་བ་དག་ཉེ་བར་བླང་བ་དང་། ཉེ་བར་ལེན་པ་པོ་རྟོགས་པ་དེ་ལྟ་བུ་དེས། སྟོང་པས་དེ་བཞིན་གཤེགས་སྟོང་པ། །ཇི་ལྟ་བུར་ན་འདོགས་པར་འགྱུར། །དབུ་མ་སྨྲ་བ་དག་ཕྱུང་པོ་ལྔ་ལ་བརྟེན་ནས། ཐ་སྙད་དང་རྗེས་སུ་མཐུན་པར་བཅོམ་ལྡན་འདས་ཐམས་ཅད་མཁྱེན་པ་སྟོབས་བཅུ་དང་། མ་འདྲེས་པ་དང་། མི་འཇིགས་པ་ལ་སོགས་པའི་ཡོན་ཏན་གྱི་ཚོགས་བསམ་གྱིས་མི་ཁྱབ་ཅིང་། རྨད་དུ་བྱུང་བའི་འོད་ཟེར་དག་གིས་གསལ་བར་གྱུར་པ། བཀའ་འགོ་བ་མཐའ་དག་གིས་བཀུར་བ་ཞེས་འདོགས་པར་བྱེད་དེ། དེས་ན་གང་ཟག་གཅིག་ཁོ་ན་འབྱུང་བ་ན་སྐྱེ་བོ་མང་པོ་ལ་ཕན་པ་དང་། སྐྱེ་བོ་མང་པོ་ལ་བདེ་བའི་ཕྱིར་འབྱུང་ངོ་ཞེས་བྱ་བ་ལ་སོགས་པ་དང་། དེ་བཞིན་དུ་དགེ་བའི་བཤེས་གཉེན་དེ་

ལ་བརྟེན་ནས་སེམས་ཅན་སྐྱེ་བའི་ཆོས་ཅན་རྣམས་སྐྱེ་བའི་སྡུག་བསྔལ་ལས་རྣམ་པར་གྲོལ་ལོ་ཞེས་བྱ་བ་ལ་སོགས་པ་དང་། དེ་བཞིན་དུ། ཡོངས་སུ་ཤེས་བྱ་ཡོངས་ཤེས་ཤིང་།། སྤང་བར་བྱ་བ་སྤངས་པར་གྱུར། །བསྒོམ་པར་བྱ་བ་བསྒོམས་ཟིན་པས། །བཟོད་ལྡན་དེ་ཕྱིར་རང་སངས་རྒྱས། །ཞེས་བྱ་བ་ལ་སོགས་པའི་ལུང་ཁས་བླངས་པ་ལ་ཡང་གནོད་པ་མེད་དོ། །གལ་ཏེ་དོན་དམ་པར་ཁས་མ་བླངས་པའི་ཕྱིར་ཇི་སྐད་སྨྲས་པའི་སྐྱོན་ལྡོག་པ་མེད་དོ་ཞེ་ན། དོན་དམ་པར་དེ་ཡོད་པ་ཉིད་དུ་སྟོན་པའི་རྗེས་སུ་དཔག་པ་མེད་པའི་ཕྱིར་དང་། དེ་ལྟར་ཁས་མ་བླངས་པ་ཁོ་ནར་འགོག་པར་བྱེད་པའི་ཕྱིར་སྐྱོན་མེད་དོ། །མུ་སྟེགས་ཅན་ངན་པ་མིག་ན་བས་ཉི་མའི་དཀྱིལ་འཁོར་གྱི་འོད་ཟེར་མི་བཟོད་པ་བཞིན་དུ། སྟོབས་བཅུ་དྲི་མ་མེད་པའི་དཀྱིལ་འཁོར་པ་ཐམས་ཅད་སྣང་བར་བྱེད་པའི་གསུང་མ་ནོར་བའི་འོད་ཟེར་མི་བཟོད་པ་དག་གིས་སྨྲས་པ། དེ་བཞིན་གཤེགས་པ་ནི་ཐམས་ཅད་མཁྱེན་པ་མ་ཡིན་ཏེ། མ་ཡིན་པའི་ཕྱིར་དཔེར་ན་དེ་ལས་གཞན་བཞིན་ནོ། །ཡང་ན་དེ་བཞིན་གཤེགས་པའི་ཡེ་ཤེས་ནི་ཐམས་ཅད་མཁྱེན་པའི་ཡེ་ཤེས་མ་ཡིན་ཏེ། ཤེས་པ་ཡིན་པའི་ཕྱིར་དཔེར་ན་སོ་སོའི་སྐྱེ་བོའི་ཤེས་པ་བཞིན་ནོ། །ཡང་ན་དེ་བཞིན་གཤེགས་པའི་སྐུ་ནི་ཐམས་ཅད་མཁྱེན་པའི་ཡེ་ཤེས་ཀྱི་གཞི་མ་ཡིན་ཏེ། ལུས་ཡིན་པའི་ཕྱིར་དཔེར་ན་སོ་སོའི་སྐྱེ་བོའི་ལུས་བཞིན་ནོ། །དེ་ལ་འདིར་དོན་དམ་པ་པའི་དེ་བཞིན་གཤེགས་པ་ཐམས་ཅད་མཁྱེན་པ་མ་ཡིན་ནོ་ཞེས་སྟོན་པ་ནི་མི་ཡིན་པའི་ཕྱིར་ཞེས་བྱ་བའི་གཏན་ཚིགས་ཀྱི་དོན་མ་གྲུབ་པ་ཉིད་དེ། ཆོས་ཀྱི་སྐུ་ནི་མི་ལ་སོགས་པའི་སྦྱོར་བ་དང་བྲལ་བའི་ཕྱིར་དང་། འཇིག་རྟེན་ལས་འདས་པ་ཟག་པ་མེད་པའི་ཆོས་ཀྱི་ཚོགས་ཀྱང་ཁམས་གསུམ་པར་མ་གཏོགས་པའི་ཕྱིར་རོ། །འདིས་བྱས་པ་ཉིད་ལ་སོགས་པའི་གཏན་ཚིགས་ཀྱི་སྐྱོན་དག་ཀྱང་ཤེས་པར་བྱ་

ཞིང་མི་ཕལ་པ་ལ་སོགས་པའི་དཔེའི་སྐྱོན་དག་ཀྱང་བརྗོད་པར་བྱའོ། །ཡེ་ཤེས་ཀྱི་ཕྱོགས་ལ་ཡང་རྣམ་པ་དེ་ཉིད་ཀྱིས་གཏན་ཚིགས་དང་། དཔེའི་སྐྱོན་དག་དང་། དེའི་གཏན་ཚིགས་འཛིན་པ་ཉིད་དང་། དམིགས་པ་དང་བཅས་པ་ཉིད་ལ་སོགས་པའི་སྐྱོན་དག་ཀྱང་བརྗོད་པར་བྱའོ། །སྐུའི་ཕྱོགས་ལ་ཡང་གཏན་ཚིགས་དང་། དཔེའི་སྐྱོན་དག་དེ་བཞིན་នོ།། ཐམས་ཅད་མཁྱེན་པ་མ་ཡིན་ནོ། །ཞེས་དམ་བཅས་པ་དེའི་དོན་ཀྱང་རེ་ཞིག་གང་ཡིན། ཅི་ཐམས་ཅད་ནི་མི་མཁྱེན་ལ། ཅུང་ཟད་མཁྱེན་པ་ཡིན་ནམ། འོན་ཏེ་ཅུང་ཟད་ཀྱང་མི་མཁྱེན་པ་ཡིན། དེ་ལ་གལ་ཏེ་བརྟག་པ་སྔ་མ་ལྟར་འདོད་ན་ནི་དེས་ཅི་ཞིག་མི་མཁྱེན་པར་འདོད༑ གལ་ཏེ་དབང་པོ་ལས་འདས་པའོ་ཞེ་ན་དེས་དེ་མཁྱེན་ཏེ། ཤེས་བྱ་ཡིན་པའི་ཕྱིར་ཉིད་ཀྱི་ཕྱག་མཐིལ་དུ་ནོར་བུ་དྲི་མ་མེད་པ་ལ་སོགས་པ་བཞག་པ་བཞིན་ནོ། །འོན་ཏེ་བརྟག་པ་ཕྱི་མ་ལྟར་འདོད་ན་ནི་ཕྱོགས་སྔ་མ་ལ་གནོད་པ་དང་། གྲགས་པས་གནོད་དེ། དེ་ནི་མི་ཡིན་པའི་ཕྱིར་ཞེས་ཁས་བླངས་པའི་ཕྱིར་དང་། སོ་སོའི་སྐྱེ་བོ་ལ་སོགས་པའི་དཔེ་དག་འཇིག་རྟེན་ལ་གྲགས་པས་མི་རུང་སྟེ། དེ་དག་གིས་ཀྱང་ཡུལ་འགའ་ཞིག་ཤེས་པའི་ཕྱིར་རོ། །ཅི་སྟེ་གཞན་དག་གིས་འདས་པ་དང་། མ་འོངས་པ་དང་། ད་ལྟར་དུ་གཏོགས་པ་དང་། མ་གཏོགས་པ་དག་ཇི་ལྟར་ཤེས་པ་དེ་ལྟར་བཅོམ་ལྡན་འདས་ཀྱིས་མི་མཁྱེན་ཏོ་ཞེ་ན་ནི་གྲུབ་པ་ལ་སྒྲུབ་པ་ཡིན་ཏེ། དེ་དག་གི་ལོག་པའི་ཤེས་པས་ཤེས་བྱ་དག་ལོག་པར་ཤེས་པའི་ཕྱིར་རོ། །ཅི་སྟེ་མཁྱེན་པ་མ་ཡིན་ནོ་ཞེས་བྱ་བ། ངན་པ་མཁྱེན་པའོ་ཞེ་ན་ནི་ཁོ་བོ་ཅག་གི་སྟོན་པ་ཐམས་ཅད་ཤེས་པའོ་ཞེས་སྒྲུབ་པ་རྣམས་ཀྱི་རང་གི་སྟོན་པ་དག་གིས་གཏན་ཚིགས་ཐམས་ཅད་མ་ངེས་པ་ཉིད་དོ། །དཔྱོད་པ་ཅན་དག་གི་ནི་རྒྱལ་དཔོག་པ་ལ་སོགས་པ་དག་གིས་མ་ངེས་པ་ཉིད་དེ། རེ་ཞིག་རབ་རིབ་ཀྱིས་ཟིལ་གྱིས་ནོན་པ་དེ་དག

ལ་འདི་སྐད་ཅེས་དྲི་བར་བྱ་སྟེ། གང་གིས་ཤེས་བྱ་གང་གི་ངོ་བོ་ཉིད་ཤེས་པ་དེ་ཡང་དག་པའི་ཤེས་པ་དང་ལྡན་པར་བརྗོད་པར་བྱ་སྟེ། དེ་དག་གལ་ཏེ་འདི་སྐད་ཅེས་འདིའི་ངོ་བོ་ཉིད་ནི་འདིའོ་ཞེས་དེ་དག་གྲུབ་པའི་མཐའ་ཡོངས་སུ་བཟུང་སྟེ། སླར་དགག་པ་སྐབས་ཇི་ལྟར་གསུངས་པ་དག་རྒྱ་ཆེར་བརྗོད་པར་བྱའོ། །གང་དག་མཁས་པར་རློམ་པས་འཁྲུལ་པ་དག་གིས་སྨྲས་པ། དེ་བཞིན་གཤེགས་པ་ནི་ཐམས་ཅད་མཁྱེན་པ་མ་ཡིན་ཏེ། ལུང་དུ་མ་བསྟན་པའི་དངོས་པོ་ལུང་དུ་མ་བསྟན་པའི་ཕྱིར་དང་། མཛེས་ལྡན་མ་གསོད་པ་མ་སྤྲིན་པའི་ཕྱིར་དང་། བྲམ་ཟེའི་བུ་མོ་དྲེགས་མས་སྐུར་པ་བཏབ་པའི་ཕྱིར་དང་། གྲོང་ཁྱེར་དམར་ཅན་གྱི་བུ་འཛིག་པ་མ་ངེས་པའི་ཕྱིར་དང་། འཁོར་བའི་སྔོན་གྱི་མཐའ་མི་མངོན་ནོ་ཞེས་རང་ཉིད་མི་ཤེས་པར་ཁས་བླངས་པའི་ཕྱིར་དང་། ལྷས་བྱིན་རབ་ཏུ་བྱུང་བ་ལ་སོགས་པ་དག་གི་ཕྱིར་དཔེར་ན་མི་ཕལ་པ་བཞིན་ནོ། །དེ་དག་གི་ཡང་དམ་བཅས་པའི་དོན་རྣམ་པར་བརྟགས་ནས་སྐྱོན་ཇི་སྐད་བསྟན་པ་དག་ཉིད་བརྗོད་པར་བྱ་ཞིང་། གཏན་ཚིགས་དང་། དཔེའི་སྐྱོན་དག་ཀྱང་ཅི་རིགས་པར་བརྗོད་པར་བྱའོ། །ཅི་སྟེ་ཐམས་ཅད་དུ་ལུང་མ་བསྟན་པའི་ཕྱིར་ཞེས་གཏན་ཚིགས་བརྗོད་ན། དེ་ལྟ་ན་ཡང་རང་གི་སྟོན་པ་དག་གིས་མ་ངེས་པ་ཉིད་ཡིན་པས། དེ་བཞིན་གཤེགས་པ་ནི་ཕྱིན་ཅི་མ་ལོག་པར་མཁྱེན་པ་ཡིན་ནོ་ཞེས་པ་ལག་རྗེས་སྟེ་སྨྲ་བར་བྱའོ། །ཐམས་ཅད་ཅེས་བྱ་བ་ཡང་གང་ཡིན། གལ་ཏེ་སྲོག་ལ་སོགས་པ་དག་གམ། ཚིག་གི་དོན་དྲུག་གི་རྫས་དག་གམ། གཙོ་བོ་དང་། སྐྱེས་བུའོ་ཞེ་ན་ནི། དེ་དག་དེ་ལྟར་ངོ་བོ་ཉིད་ཡོད་པ་མ་ཡིན་པས། དེ་དག་ཐམས་ཅད་ཉིད་མ་ཡིན་ནོ། །ཅི་སྟེ་སྐྱོང་ཞེ་ན་ནི་དེས་དེ་དག་ངོ་བོ་ཉིད་མེད་པ་ཉིད་དུ་ཡང་དག་པ་ཇི་ལྟ་བ་བཞིན་དུ་མཁྱེན་ཏེ། དེ་ལྟར་ནི་བསྟན་ཀྱང་ཟིན་ལ་སྟོན་པར་ཡང་འགྱུར་རོ། །དཔྱོད་པ་

ཅན་དག་ལས་ཁ་ཅིག་གིས་སྨྲས་པ། དེ་བཞིན་གཤེགས་པའི་གསུང་རབ་ནི་ཐམས་ཅད་མཁྱེན་པ་མ་ཡིན་པས་སྨྲས་པ་ཡིན་ཏེ། བྱེད་པ་པོ་དང་བཅས་པའི་ཕྱིར་དཔེར་ན། བྱེ་བྲག་པ་ལ་སོགས་པའི་བསྟན་བཅོས་བཞིན་ནོ། །དེ་དག་གི་དམ་བཅས་པའི་དོན་ཀྱང་རྣམ་པར་བརྟགས་ནས་སྔ་མ་བཞིན་དུ་སྐྱོན་བརྗོད་པར་བྱའོ། །རིག་བྱེད་ནི་བྱེད་པ་པོ་དང་བཅས་པ་ཡིན་ཏེ། ཀླག་པར་བྱ་བ་ཡིན་པའི་ཕྱིར་དཔེར་ན་བྱེ་བྲག་ལ་སོགས་པའི་བསྟན་བཅོས་བཞིན་པས་རིག་བྱེད་ཀྱང་བྱེད་པ་པོ་དང་བཅས་པའི་ཕྱིར་ཞེས་བྱ་བའི་གཏན་ཚིགས་མ་ངེས་པ་ཉིད་དོ། །ཅི་སྟེ་རིག་བྱེད་ཀྱི་ཚིག་དག་ནི་བྱས་པ་མ་ཡིན་ཏེ། བྱེད་པ་པོ་མི་དྲན་པའི་ཕྱིར་རོ་ཞེ་ན། དེ་ནི་བཟང་པོ་མ་ཡིན་ཏོ།།ཏེ།། གཏན་ཚིགས་ཀྱི་རྗེས་སུ་འགྲོ་བ་བསྟན་དཀའ་བའི་ཕྱིར་རོ། །ལུང་ལས། ངེས་བརྗོད་ནི་རི་བོ་ངེས་པ་ཞེས་བྱ་བར་བྱས་ལ། སྙན་ཚིག་དག་ནི་རི་བོ་སྙན་པ་ཞེས་བྱ་བར་བྱས། སྲིད་སྲུང་ཉི་མའི་རྒྱུད་ནི་རི་བོ་སྐལ་ལྡན་ཤུག་རོན་ཅན་དུ་བྱས་སོ་ཞེས་འབྱུང་བས། གཏན་ཚིགས་ཀྱི་དོན་རང་ལ་མ་གྲུབ་པ་ཉིད་དོ། །གལ་ཏེ་གསལ་བ་དག་གིས་སྐྱོན་མེད་དོ་ཞེ་ན། ཕྱོགས་དེས་ཀྱང་མི་ནུས་ཏེ། གསལ་བ་སྔ་མ་བཞིན་དུ་དགག་པའི་ཕྱིར་རོ། །རིག་བྱེད་ཀྱི་ཚིག་དག་ནི་བྱས་པ་ཡིན་ཏེ། རྟོགས་པར་འདོད་པའི་དོན་གོ་སླ་བ་ཉིད་དུ་ཚིག་གི་རིམ་པ་བསྟན་པའི་ཕྱིར། དཔེར་ན་གྲངས་ཅན་གྱི་བསྟན་བཅོས་ཀྱི་ཚིག་དག་བཞིན་ནོ། །དེ་བཞིན་དུ་ཇི་སྐད་བསྟན་པའི་ཡན་ལག་ལྔག་མ་དག་འདོད་པ་དང་བཅས་པ་ཉིད་དང་། གཟུང་བ་ཉིད་དང་། བརྗོད་པར་བྱ་བ་ཉིད་དང་། དོན་དང་ལྡན་པ་ཉིད་དང་། ཚོས་སྒྲུབ་པ་ཉིད་ལ་སོགས་པའི་གཏན་ཚིགས་དག་གི་ཕྱིར་རོ་ཞེས་ཀྱང་རྗེས་སུ་དཔག་པ་རྒྱས་པར་བརྗོད་པར་བྱའོ། །དཔྱོད་པ་ཅན་དག་གིས་རབ་ཏུ་བརྟག་པའི་སྒྲ་ལ་ནི་སྒྲའི་ངོ་བོ་ཉིད་མེད་དེ། དབང་པོའི་གཟུང་བ་ཡིན་

པའི་ཕྱིར་དཔེར་ན་གཟུགས་བཞིན་ནོ། །སྒྲ་ནི་གསལ་བར་བྱ་བ་མ་ཡིན་ཏེ། རྟོགས་པའི་རྒྱུ་ཡིན་པའི་ཕྱིར་དཔེར་ན། ཡན་ལག་གི་རྒྱུ་ལས་བཞིན་ནོ། །དེ་བཞིན་དུ་ཡོད་པ་ཉིད་དང་། བརྗོད་པར་བྱ་བ་ཉིད་དང་། ཤེས་བྱ་ཉིད་དང་། ཆོས་སྒྲུབ་པ་ཉིད་དང་། དགའ་བ་དང་། ཡོངས་སུ་གདུང་བའི་རྒྱུད་ལ་སོགས་པའི་གཏན་ཚིགས་དག་གི་ཕྱིར་རོ་ཞེས་ཀྱང་རྗེས་སུ་དཔག་པ་རྒྱས་པར་བརྗོད་པར་བྱའོ། །འདིས་སྔོན་མ་བྱུང་བའི་ལྷ་ཉིད་ཀྱིས་གསལ་བར་བྱ་བ་ཉིད་ཡིན་ནོ་ཞེས་ཟེར་བ་དགག་པ་ཡང་ཁོང་དུ་ཆུད་པར་བྱའོ། །རིག་བྱེད་ནི་བྱེད་པ་པོ་ཚུལ་ཁྲིམས་འཆལ་བས་བྱས་པར་ཤེས་པར་བྱ་སྟེ། འཆི་བ་དང་། བསྒྲོད་པར་བྱ་བ་མ་ཡིན་པར་འགྲོ་བ་དང་། ཆང་འཐུང་བ་ཆོས་སུ་སྟོན་པའི་ཕྱིར། དཔེར་ན་པར་སིག་ལ་སོགས་པའི་བསྟན་བཅོས་བཞིན་ནོ། །གལ་ཏེ་བསྟན་བཅོས་ལས་འབྱུང་བའི་འཆི་བ་ནི་ཆོས་མ་ཡིན་པ་མ་ཡིན་ཏེ། གསང་སྔགས་ཀྱིས་ཡོངས་སུ་གཟུང་བའི་ཕྱིར། དཔེར་ན་དུག་ཟ་བ་བཞིན་ནོ་ཞེ་ན། དེ་ནི་བཟང་པོ་མ་ཡིན་ཏེ། མ་བྱིན་པར་ལེན་པ་དང་། འདོད་པས་ལོག་པར་གཡེམ་པ་ལ་སོགས་པ་དག་གིས་མ་ངེས་པ་ཉིད་ཡིན་ནོ། །འཆི་བ་ནི་ངན་འགྲོའི་རྒྱུའི་ཡིན་ཏེ། བསམས་བཞིན་དུ་མ་ནོར་བ་གསོད་པའི་ཕྱིར། དཔེར་ན་ཐ་མལ་པར་ཕྱུགས་གསོད་པ་བཞིན་ནོ། །ཡང་ན་མཆོད་སྦྱིན་གྱི་གནས་སུ་འཆི་བའི་མཚན་ཉིད་ཀྱི་བྱ་བ་ནི་ངན་འགྲོར་འགྲོ་བའི་རྒྱུ་ཡིན་ཏེ། གཞན་གསོད་པར་རྗེས་སུ་གནང་བ་སྟོན་དུ་བཏང་བ་ཉིད་ཡིན་ན་བྱ་བའི་བྱད་༼ཁྲིད་༽པར་ཡིན་པའི་ཕྱིར་དཔེར་ན། མཆོད་སྦྱིན་གྱི་གནས་མ་ཡིན་པར་འཆི་བའི་མཚན་ཉིད་ཀྱི་བྱ་བ་བཞིན་ནོ། །གང་དག་འཇིག་རྟེན་རྒྱང་པན་པ་དག་པས་ཀྱང་སྡིག་ཆེ་བ་རིག་བྱེད་སླ་བའི་ཐམ་ལག་གི་རྗེས་སུ་ཞུགས་ནས། མཆོད་སྦྱིན་གྱི་གནས་སུ་འཆི་བའི་མཚན་ཉིད་ཀྱི་བྱ་བ་ནི་མཆོད་སྦྱིན་གྱི་གནས་མ་ཡིན་

པར་འཚོ་བའི་མཚན་ཉིད་ཀྱི་བྱ་བ་ལྟར་ཆོས་མ་ཡིན་པ་མ་ཡིན་ཏེ། བསྟན་བཅོས་ལས་ཆོས་མ་ཡིན་པ་མི་སྟོན་པའི་ཕྱིར་དཔེ་མ་གྲུབ་པོ་ཞེས་ཟེར་ན། དེ་དག་ནི་འཇིག་རྟེན་རྒྱང་པན་པ་བློ་གྲོས་སྦྱང་བ་མ་བྱས་པ་མི་དགེ་བའི་བྱ་བ་ལ་མངོན་པར་དགའ་བའི་སེམས་དང་ལྡན་པ་རྣམས་ཀྱི་འཇུག་པ་གང་ཡིན་པ་དེ་གཙོ་ཆེར་སྒྲུབ་པར་བྱེད་པ་ཡིན་པས། གཏམ་འདྲེ་བར་བྱ་བ་ཡང་མ་ཡིན་མོད་ཀྱི། འོན་ཀྱང་དེ་དག་གི་ལུགས་དགག་པ་བརྗོད་པར་བྱ་སྟེ། མཆོད་སྦྱིན་གྱི་གནས་སུ་འཚོ་བའི་མཚན་ཉིད་ཀྱི་བྱ་བ་གང་ཡིན་པ་དེ་ནི་ཚེ་འདི་ལ་དེའི་གནས་ལ་འབྲས་བུ་ཇི་ལྟ་བུར་མངོན་པར་སྒྲུབ་པར་བྱེད་པ་དེ་ལྟ་བུ་ཁོ་ནའི་འབྲས་བུ་ཚེ་ཕྱི་མ་ལ་བྱེད་པ་པོ་ལ་མངོན་པར་སྒྲུབ་པར་བྱེད་པ་ཡིན་ཏེ། བྱ་བའི་ཁྱད་པར་ཡིན་པའི་ཕྱིར་དཔེར་ན་སྦྱིན་པ་བཞིན་ནོ། །གང་དག་འདི་སྐད་ཅེས་ཕྱུགས་མཆོད་སྦྱིན་དུ་སྤྱད་པ་ནི་ཆོས་མ་ཡིན་པ་མ་ཡིན་ཏེ། དེའི་ཆེད་ཡིན་པའི་ཕྱིར་གང་ཞིག་གང་གི་ཆེད་དུ་སྦྱར་བ་དེ་དེའི་ཆེད་དུ་སྤྱད་པ་ཆོས་མ་ཡིན་པའི་རྒྱུར་མི་འགྱུར་ཏེ། དཔེར་ན་སྦྱིན་བདག་གིས་བྲམ་ཟེའི་ཆེད་དུ་འབྲས་ཆན་སྦྱར་བ་བཞིན་ནོ་ཞེས་ཟེར་བ་དེ་ནི་བཟང་པོ་མ་ཡིན་ཏེ། འགའ་ཞིག་གིས་ཕྱུགས་མཆོད་སྦྱིན་གྱི་ཆེད་དུ་སྦྱལ་ཏོ་ཞེས་བྱ་བ་དེ་མི་འགྲུབ་སྟེ། སྦྱལ་པ་པོ་འགའ་ཞིག་གིས་བློ་སྔོན་དུ་བཏང་སྟེ། བྱས་པར་ཁས་མ་བླངས་པའི་ཕྱིར་རོ། །དུད་འགྲོ་ཕྱུགས་ངན་འགྲོ་ལོག་པར་ལྟུང་བར་སྐྱེས་པ་བདེ་བ་ཤིན་ཏུ་དཀོན་པ། ཤ་ཁོན་མེད་པ་འཆི་བས་འཇིགས་སྐྲག་པ་སྨྲ་ངན་བྱ་བར་འོས་པ་དག་གསད་པས། ལྷ་ལྷའི་ཕྲེང་བ་དང་༑ ཕྱུག་པ་དང་། རྒྱན་དང་། གོས་འཆང་བའི་གཟུགས་ཅན་བདུད་རྩི་མཆོག་ཏུ་ཡིད་དུ་འོང་བ། རོ་ཞིམ་པོའི་ཟས་ཟ་བ་འཁོར་པ་ཆེན་པོ་དང་ལྡན་པ་རྣམས་དགའ་བར་འགྱུར་རོ་ཞེས་བྱ་བ་དེ་ལ་སུ་ཞིག་ཡིད་ཆེས་པ་སྐྱེ་བར་འགྱུར། ཕྱུགས་དག་ནི་མཆོད་སྦྱིན་གྱི་ཆེད་

མ་ཡིན་ཏེ། ལོངས་སྤྱོད་པར་བྱ་བ་ཡིན་པའི་ཕྱིར། དཔེར་ན་མཆོད་སྦྱིན་བྱ་བའི་འབྲས་བུ་བཞིན་ནོ། །དེ་བཞིན་དུ་ཡོད་པ་ཉིད་ལ་སོགས་པའི་གཏན་ཚིགས་དག་གི་ཕྱིར་རོ་ཞེས་ཀྱང་རྗེས་སུ་དཔག་པ་རྒྱས་པར་བཤད་པར་བྱའོ། །དེ་ནི་ཕྱོགས་ཙམ་ཞིག་ཉེ་བར་བསྟན་པ་ཡིན་ཏེ། ཞར་ལ་བཤད་པས་ཆོག་གོ །དེའི་ཕྱིར་དེ་ལྟར་ཐམས་ཅད་མཁྱེན་པ་ནི་ཆོས་ཐམས་ཅད་ངོ་བོ་ཉིད་མེད་པ་ཉིད་ཕྱིན་ཅི་མ་ལོག་པར་སྟོན་པ་བཀའ་ལྷ་དང་མིའི་བླ་མ་རྣམས་ཀྱིས་བཀུར་བ་དེ། དེ་ཉིད་བཅོམ་ལྡན་འདས་སྟོབས་བཅུ་མངའ་བ་ཡིན་ནོ། །གཏམ་ཧ་ཅང་འཕྲོས་པས་ཆོག་གིས། སྐབས་ཉིད་ལ་འཇུག་པར་བྱའོ། །འདིར་སྨྲས་པ། ཁྱེད་ཀྱིས་ཆོས་ཐམས་ཅད་སྨྲོས་པ་མེད་དོ་ཞེས་ཁས་བླངས་ལ། ཆོས་ཐམས་ཅད་སྟོང་པའོ་ཞེས་སྨྲོས་པ་ཡང་བྱེད་པས་དེའི་ཕྱིར་ཁས་བླངས་པ་ལ་གནོད་པར་འགྱུར་རོ། །འདིར་བཤད་པ། དེ་ནི་བདེན་མོད་ཀྱི། གལ་ཏེ་ཆོས་ཐམས་ཅད་སྟོང་ངོ་། །ཞེས་མ་བསྟན་པར་ཡང་སྒྲུབ་པར་བྱེད་པས། ཐོས་པ་ལས་བྱུང་བའི་ཤེས་པ་མེད་པར་ཆོས་ཐམས་ཅད་སྟོང་ངོ་ཞེས་བྱ་བར་རྟོགས་པར་འགྱུར་ན་ནི། དོན་དམ་པར། སྟོང་ངོ་ཞེས་ཀྱང་མི་བརྗོད་དེ། །མི་སྟོང་ཞེས་ཀྱང་མི་བྱ་ཞིང་། །གཉིས་དང་གཉིས་མིན་མི་བྱ་སྟེ། །དེ་ལྟ་མ་ཡིན་པས། དེའི་ཕྱིར་བསོད་ནམས་དང་། ཡེ་ཤེས་ཀྱི་ཚོགས་དང་རྗེས་སུ་མཐུན་པར་སྒྲུབ་པར་བྱེད་པ་རྣམས་ཀྱིས་དེ་ལྟར་རྟོགས་པར་བྱ་བའི་ཕྱིར་སྟོང་པ་ཉིད་ལ་སོགས་པའི་བརྗོད་པ་དག་གིས༏ གདགས་པའི་དོན་དུ་བརྗོད་པར་བྱ། །ཡང་དག་པ་མ་ཡིན་པར་རྟོགས་པའི་དྲི་མ་བཀྲུ་བའི་ཕྱིར་རོ། །དེ་ལྟར་རེ་ཞིག་ལྟ་བའི་ལིང་ཏོག་གཞིག་པའི་ཕྱིར་ཤེས་བྱ་སྟོང་ངོ་ཞེས་བརྗོད་པར་བྱའོ། །མེད་པར་ལྟ་བ་སྤང་བའི་ཕྱིར་སྒྱུ་མ་དང་། སྨིག་རྒྱུ་ལྟ་བུའི་བདག་ཉིད་ཀྱིས་མི་སྟོང་ངོ་ཞེས་ཀྱང་བརྗོད་པར་བྱའོ། །དོན་དམ་པར་རང་ལས་སྐྱེ་བ་མེད་པའི་

ཕྱིར་དང་། སྒྱུ་མ་ལ་སོགས་པའི་ངོ་བོ་ཉིད་ཀྱི་བདག་ཉིད་དུ་སྐྱེས་པའི་ཕྱིར་གཉི་ག་ཞེས་ཀྱང་བརྗོད་པར་བྱའོ། །གང་ཡང་རྟུང་བའི་མཐར་ལྟུང་བ་ཡོངས་སུ་སྤང་བའི་ཕྱིར་དང་། བདེན་པ་གཉིས་ལ་རྣམ་པར་ལྟོས་པས་གཉི་གར་ལྟ་བའི་སྐྱོན་གྱི་དྲུག་བསལ་བའི་ཕྱིར་དང་༏ དོན་དམ་པའི་བདེན་པ་རྟོགས་པར་བྱ་བའི་ཕྱིར་གཉི་ག་མ་ཡིན་ནོ་ཞེས་ཀྱང་བརྗོད་པར་བྱའོ། །དེའི་ཕྱིར་དེ་ལྟར་ཡང་དག་པ་མ་ཡིན་པར་རྟོགས་པའི་དྲི་མ་བཀྲུ་བའི་ཕྱིར་རོ།། སྟོང་པ་ཉིད་ལ་སོགས་པ་བརྗོད་དེ། ཇི་སྐད་དུ་སྟོང་པ་ཉིད་ནི་ལྟ་བར་གྱུར་པ་ཐམས་ཅད་ལས་ངེས་པར་འབྱིན་པའོ་ཞེས་གསུངས་པ་ལྟ་བུའོ། །གཞན་ཡང་། གལ་ཏེ་དངོས་པོ་རང་བཞིན་ཡོད། །སྟོང་མཐོང་ཡོན་ཏན་ཅི་ཞིག་ཡོད། །རྟོག་པས་བཅིངས་པ་མཐོང་བས་ན༏ ༏འདིར་ནི་དེ་ཉིད་དགག་པར་བྱ། །ཞེས་བཤད་པ་ལྟ་བུའོ། །གལ་ཏེ་གཉི་ག་མ་ཡིན་ནོ་ཞེས་སྨྲས་པར་བྱེད་པས་སྨྲས་པ་མ་སྤངས་སོ་ཞེ་ན། དེ་ལས་གཞན་པའི་སྨྲས་པ་དག་དགག་པར་འདོད་པས་དེ་སྐད་སྨྲས་ཀྱང་སྐྱོན་མེད་དེ། དཔེར་ན་རང་ཉིད་སྒྲ་མི་འདོད་པས་གཞན་དག་གི་སྒྲ་དགག་པར་འདོད་པའི་ཕྱིར། སྒྲ་མ་འབྱིན་སྒྲ་མ་འབྱིན་ཞེས་བརྗོད་པ་ལ་སྐྱོན་མེད་པ་བཞིན་ནོ། །ཡང་ན་དོན་དམ་པ་སྟོན་པར་བྱེད་པའི་རྒྱུའི་ཤེས་པ་ཐ་སྙད་པའི་ཤེས་པའི་ཁྱད་པར་ལ་དོན་དམ་པར་ཉེ་བར་གདགས་པར་བྱས་ནས། དོན་དམ་པར་དངོས་པོ་རྣམས་སྟོང་ངོ་ཞེས་དམ་བཅས་པའི་ཕྱིར་སྐྱོན་མེད་དེ། འོག་ནས་ཀྱང་། ཐ་སྙད་ལ་ནི་མ་བརྟེན་པར། །དམ་པའི་དོན་ནི་བསྟན་མི་ནུས། །ཞེས་འབྱུང་ངོ་། །གཞན་ཡང་མི་སྟོང་པ་དགག་པ་པོ་ནའི་ཕྱིར་སྟོང་པ་ཉིད་ཅེས་བརྗོད་པར་ཟད་ཀྱི་སྟོང་པ་ཉིད་དུ་སྒྲུབ་པ་གཙོ་ཆེར་མ་བསྟན་པས་སྐྱོན་མེད་དོ། །དེའི་ཕྱིར་དེ་ལྟར་དེ་བཞིན་གཤེགས་པའི་ངོ་བོ་ཉིད་སྟོང་ཡང་། གང་དག་འདི་སྐད་ཅེས་འདི་ལ་དེ་བཞིན་གཤེགས་པ་དེ་རྟག་པའམ། མི་

རྟག་པའམ། རྟག་ཀྱང་རྟག་ལ། མི་རྟག་ཀྱང་མི་རྟག་པའམ། རྟག་པ་ཡང་མ་ཡིན་མི་རྟག་པ་ཡང་མ་ཡིན་པའམ། དེ་བཞིན་དུ་འཇིག་རྟེན་མཐའ་ཡོད་པའམ། འཇིག་རྟེན་མཐའ་མེད་པའམ། མཐའ་ཡོད་ཀྱང་ཡོད་ལ་མེད་ཀྱང་མེད་པའམ། མཐའ་ཡོད་པ་ཡང་མ་ཡིན། མཐའ་མེད་པ་ཡང་མ་ཡིན་པ་ཞིག་ཏུ་འགྱུར་བའི་ཕྱིར། དེ་དག་ཇི་ལྟར་གྲུབ་པ་དེ་བཞིན་དུ་བདག་ཀྱང་འགྲུབ་ལ། དངོས་པོ་རྣམས་ཀྱང་འགྲུབ་པོ་ཞེས་ཟེར་བ་དེ་དག་གི་ཕྱིར། འདིར་བཤད་པ། རྟག་དང་མི་རྟག་ལ་སོགས་བཞི། །ཞི་བ་འདི་ལ་ག་ལ་ཡོད། །མཐའ་དང་མཐའ་མེད་ལ་སོགས་བཞི། །ཞི་བ་འདི་ལ་ག་ལ་ཡོད། །དེ་བཞིན་གཤེགས་པ་ངོ་བོ་ཉིད་ཀྱིས་མ་སྐྱེས་པ་ཞི་བ་འདི་ལ་སྟེ། གང་གི་ཕྱིར་གཏན་ཚིགས་གྲུབ་ན་དཔེ་ཡང་འགྲུབ་པ་ཞིག་ན་ཞེས་བྱ་བའི་ཚིག་གི་ལྷག་མའོ། །དེའི་ཕྱིར་གཏན་ཚིགས་ཐུན་མོང་མ་ཡིན་པ་ཉིད་དང་འགལ་བ་ཉིད་དོ། །ཡང་ན་བསྒྲུབ་པ་ཇི་སྐད་བསྟན་པས། བཅོམ་ལྡན་འདས་བརྟེན་ནས་གདགས་པ་ངོ་བོ་ཉིད་སྟོང་པ་ལ། རྟག་དང་མི་རྟག་ལ་སོགས་བཞི། །ཞི་བ་འདི་ལ་ག་ལ་ཡོད། །མཐའ་དང་མཐའ་མེད་ལ་སོགས་བཞི། །ཞི་བ་འདི་ལ་ག་ལ་ཡོད། །ངོ་བོ་ཉིད་མེད་པ་ཉིད་དང་། རྫས་སུ་ཡོད་པ་མ་ཡིན་པའི་ཞི་བར་འདི་ལ་སྟེ། རྟག་པ་དང་མི་རྟག་པ་ལ་སོགས་པ་བཞི་པོ་དེ་དག་འདི་ལ་ཡོད་པ་མ་ཡིན་པ་ཉིད་དོ་ཞེས་བྱ་བའི་ཐ་ཚིག་གི་དོན་ཏོ། །དེ་ལྟ་བས་ན་དེ་བཞིན་གཤེགས་པ་རྟག་པའམ། མི་རྟག་པའམ། རྟག་ཀྱང་རྟག་ལ། མི་རྟག་ཀྱང་མི་རྟག་པའམ། རྟག་པ་ཡང་མ་ཡིན། མི་རྟག་པ་ཡང་མ་ཡིན་པའམ། འཇིག་རྟེན་མཐའ་ཡོད་པའམ། མཐའ་མེད་པའམ། མཐའ་ཡོད་ཀྱང་ཡོད་ལ་མཐའ་མེད་ཀྱང་མེད་པའམ། མཐའ་ཡོད་པ་ཡང་མ་ཡིན། མཐའ་མེད་པ་ཡང་མ་ཡིན་པ་ཞེས་བྱ་བ་དེ་དག་མ་ཡིན་ཏེ། དོན་དམ་པར་དེ་བཞིན་གཤེགས་པ་སྐྱེ་བ་མེད་པའི་ཕྱིར་རོ། །དེ་ལྟར་

ཡང་མདོ་སྡེ་ལས། འཇམ་དཔལ་སྐྱེ་བ་མེད་པ་དང་། འགག་པ་མེད་པ་ཞེས་བྱ་བ་ནི། དེ་བཞིན་གཤེགས་པའི་ཚིག་བླ་དྭགས་སོ་ཞེས་ཇི་སྐད་གསུངས་པ་ལྟ་བུའོ། །གང་དག་འདི་སྐད་ཅེས་དོན་དམ་པར་དེ་བཞིན་གཤེགས་པ་ཡོད་པ་ཁོ་ན་ཡིན་ཏེ། མྱ་ངན་ལས་འདས་ནས་མེད་དོ་ཞེས་ལུང་མ་བསྟན་པའི་ཕྱིར་རོ། །འདི་ན་མོ་གཤམ་གྱི་བུ་ལྟ་བུ་གང་ཡོད་པ་མ་ཡིན་པ་དེ་ལ་ནི་སྒྲུབ་པ་དེ་ལྟ་བུ་མེད་པས། དེའི་ཕྱིར་རོ། །དོན་དམ་པར་དེ་བཞིན་གཤེགས་པ་ནི་ཡོད་པ་ཁོ་ན་ཡིན་ནོ་ཞེས་ཟེར་བ་དེ་དག་གི་ཕྱིར་འདི་བཤད་དེ། རྣམ་པར་རྟོག་པ་སྣ་ཚོགས་ལ་གོམས་པའི་བག་ཆགས་ཀྱིས་བསྒོམ་པའི་བློ་གྲོས་ཅན། གང་གིས་འཛིན་སྡུག་གཟུང་གྱུར་པ། དེ་ནི་མྱ་ངན་འདས་པ་ལ། །དེ་བཞིན་གཤེགས་པ་ཡོད་ཅེའམ།། མེད་ཅེས་རྣམ་རྟོག་རྟོག་པར་བྱེད། །དེ་བཞིན་གཤེགས་པ་མྱ་ངན་ལས་འདས་ནས་ཡོད་ཅེའམ༏ དེ་བཞིན་གཤེགས་པ་མྱ་ངན་ལས་འདས་ནས་མེད་ཅེའམ། དེ་བཞིན་གཤེགས་པ་མྱ་ངན་ལས་འདས་ནས་ཡོད་ཀྱང་ཡོད་ལ། མེད་ཀྱང་མེད་ཅེའམ། དེ་བཞིན་གཤེགས་པ་མྱ་ངན་ལས་འདས་ནས་ཡོད་པ་ཡང་མ་ཡིན། མེད་པ་ཡང་མ་ཡིན་ཞེས་བྱ་བར་རྣམ་པར་རྟོག་པ་ལ་རྣམ་པར་རྟོག་པར་བྱེད་དོ། །ཡང་དག་པའི་ཡེ་ཤེས་ཀྱི་མིག་བྱེ་བ་དག་ལ་ནི༏ ངོ་བོ་ཉིད་ཀྱིས་སྟོང་དེ་ལ། །སངས་རྒྱས་མྱ་ངན་འདས་ནས་ནི། །ཡོད་དོ་ཞེའམ་མེད་དོ་ཞེས། །བསམ་པ་འཐད་པ་ཉིད་མི་འགྱུར། །རྣམ་པར་རྟོག་པའི་བློ་ཡུལ་དུ་མེད་པ་ལ་སྐྱེ་བར་མི་འགྱུར་བའི་ཕྱིར་རོ་ཞེས་བྱ་བར་དགོངས་སོ། །དེ་ལྟ་བས་ན། འདིར་ཡང་གཏན་ཚིགས་ཀྱི་སྐྱོན་དང་། དཔེའི་སྐྱོན་དེ་དག་ཉིད་ཡོད་དོ། །དེའི་ཕྱིར་དེ་ལྟར་ཡོད་པ་དང་། མེད་པ་དང་། རྟག་པ་དང་། མི་རྟག་པ་དང་། གཟུགས་ཀྱི་སྐུ་དང་། ཆོས་ཀྱི་སྐུ་དང་། གསུང་རབ་ཀྱི་སྐུ་དང་། མཚན་ཉིད་དང་། མཚན་ཉིད་ཀྱི་གཞི་དང་། རྒྱུ་དང་། འབྲས་བུ་དང་། བློ

དང་༑ རྟོགས་པར་བྱ་བ་དང་། སྟོང་པ་དང་། མི་སྟོང་པ་ལ་སོགས་པའི་སྤྲོས་པ་དག་གིས། གང་དག་སངས་རྒྱས་སྤྲོས་འདས་ཤིང་། །ཟད་པ་མེད་ལ་སྤྲོས་བྱེད་པ། །སྤྲོས་པས་ཉམས་པ་དེ་ཀུན་གྱིས། །དེ་བཞིན་གཤེགས་པ་མཐོང་མི་འགྱུར། །སྤྲོས་པས་བློ་གྲོས་ཀྱི་མིག་ཉམས་པ་དེ་དག་ཐམས་ཅད་ཀྱིས་དམུས་ལོང་གི་ཉི་མ་བཞིན་དུ། དེ་བཞིན་གཤེགས་པ་མཐོང་བར་མི་འགྱུར་ཏེ། དེ་བཞིན་གཤེགས་པ་ནི་ཆོས་ཉིད་ལས་བལྟ་བར་བྱ་བ་ཡིན་པའི་ཕྱིར་རོ་ཞེས་བྱ་བར་དགོངས་སོ། །དེ་ལྟར་ཡང་གང་གིས་རྟེན་ཅིང་འབྲེལ་པར་འབྱུང་བ་མཐོང་བ་དེས་ཆོས་མཐོང་ངོ་། །གང་གིས་ཆོས་མཐོང་བ་དེས་སངས་རྒྱས་མཐོང་ངོ་ཞེས་གསུངས་པའི་ཕྱིར་རོ། །ཡང་ན་དེ་བཞིན་གཤེགས་པ་ནི་གཟུགས་ཀྱི་སྐུའོ། །དེ་བཞིན་གཤེགས་པ་ནི་བསྟན་པའི་ཆོས་ཀྱི་སྐུའོ་ཞེས། གང་དག་སངས་རྒྱས་སྤྲོས་འདས་ཤིང་། །ཟད་པ་མེད་ལ་སྤྲོས་བྱེད་པ། །སྤྲོས་པས་ཉམས་པ་དེ་ཀུན་གྱིས། །དེ་བཞིན་གཤེགས་པ་མཐོང་མི་འགྱུར།། ཇི་སྐད་དུ། གང་རྣམས་གཟུགས་སུ་ང་མཐོང་ཞིང་། །གང་དག་ང་ལ་སྒྲར་ཤེས་པ། །ལོག་པར་སྤོང་བར་ཞུགས་པ་སྟེ། །སྐྱེ་བོ་དེས་ནི་ང་མི་མཐོང་། །ཞེས་གསུངས་པ་ལྟ་བུའོ། ། དེའི་ཕྱིར་དེ་ལྟར་ཡོངས་སུ་བརྟགས་ན་དངོས་པོ་རྣམས་ངོ་བོ་ཉིད་ཡོད་པ་ཉིད་དུ་བསྒྲུབ་པའི་དཔེ་ཉིད་དུ། དེ་བཞིན་གཤེགས་པ་སྨྲས་པ་གང་ཡིན་པའི། དེ་བཞིན་གཤེགས་པའི་དངོས་ཉིད་གང་། །དེ་ནི་འགྲོ་འདིའི་ངོ་བོ་ཉིད། །དེ་བཞིན་གཤེགས་པ་དངོས་ཉིད་མེད།། འགྲོ་འདིའི་ངོ་བོ་ཉིད་མེད་དོ། །དེ་ཡང་ཡོངས་སུ་བརྟགས་ན། སྐྱུ་མིན་སྐྱུ་ལས་གཞན་མ་ཡིན༑ ཞེས་བྱ་བ་ལ་སོགས་པས། ངོ་བོ་ཉིད་མེད་དོ། །ཀུན་བརྟགས་པར་མ་ལུས་པར་ངོ་བོ་ཉིད་མེད་པའི་ཕྱིར་ངོ་བོ་ཉིད་མེད་དོ། །དེ་ལ་ཀུན་བརྟགས་པའི་ངོ་བོ་ཉིད་ན་ཕུང་པོ་དང་། ཁམས་དང་། སྐྱེ་མཆེད་དང་། མཚན་ཉིད་དང་། མཚན་ཉིད་ཀྱི་གཞི་དང་། རྒྱུ་དང་། འབྲས

བུ་དང་། དངོས་པོ་དང་། དངོས་པོ་མེད་པ་དང་། གཅིག་པ་ཉིད་དང་། གཞན་པ་ཉིད་ལ་སོགས་པའི་བདག་ཉིད་དོ། །དེ་ལ། གཟུགས་ཀྱི་རྒྱུ་ནི་མ་གཏོགས་པར། །གཟུགས་ནི་དམིགས་པར་མི་འགྱུར་རོ། །ཞེས་དེར་བསྟན་པའི་ཚུལ་གྱིས་ཕུང་པོ་རྣམས། ངོ་བོ་ཉིད་མེད་པ་ཉིད་ཡིན་པའི་ཕྱིར། དེའི་བདག་ཉིད་ཀྱི་དེ་བཞིན་གཤེགས་པ་ངོ་བོ་མེད་པ་ཉིད་དོ།། ནམ་མཁའི་མཚན་ཉིད་སྔ་རོལ་ན། །ནམ་མཁའ་ཅུང་ཟད་ཡོད་མ་ཡིན། །ཞེས་བྱ་བ་ལ་སོགས་པ་དེར་ཇི་ལྟར་ནམ་མཁའ་ལ་སོགས་པ་ཁམས་དྲུག་པོ་དག་ཡོངས་སུ་བརྟགས་པ་ན་དངོས་པོ་ཡང་མ་ཡིན། དངོས་པོ་མེད་པ་ཡང་མ་ཡིན། མཚན་ཉིད་ཀྱི་གཞི་ཡང་མ་ཡིན། མཚན་ཉིད་ཀྱང་མ་ཡིན་པས་དངོས་པོ་ལ་སོགས་པའི་ངོ་བོ་ཉིད་མེད་པའི་ཕྱིར་ངོ་བོ་ཉིད་མེད་པ་ཉིད་དུ་བསྟན་པ་དང་། དེ་བཞིན་དུ་དེ་བཞིན་གཤེགས་པ་རྣམ་པར་ཤེས་པའི་ཁམས་ལ་སོགས་པའི་བདག་ཉིད་དུ་བརྟགས་པ་ཡང་ཡོངས་སུ་བརྟགས་ན་དངོས་པོ་ཡང་མ་ཡིན། དངོས་པོ་མེད་པ་ཡང་མ་ཡིན་པའི་མཚན་ཉིད་ཀྱི་གཞི་ཡང་མ་ཡིན། མཚན་ཉིད་ཀྱང་མ་ཡིན་པས་དངོས་པོ་དང་། དངོས་པོ་མེད་པ་དང་། མཚན་ཉིད་ཀྱི་གཞི་དང་། མཚན་ཉིད་ཀྱི་ངོ་བོ་ཉིད་མེད་པའི་ཕྱིར་ངོ་བོ་ཉིད་མེད་པ་ཉིད་དོ། །ཇི་ལྟར་སྐྱེ་མཆེད་བརྟག་པར་སྐྱེ་མཆེད་རྣམས་ངོ་བོ་ཉིད་མེད་པ་ཉིད་དུ་བསྟན་པ་དེ་ལས་མ་གཏོགས་པའི་ལྟ་བ་པོ་ལ་སོགས་པ་ཡོད་པ་མ་ཡིན་པ་དེ་བཞིན་དུ། སྐྱེ་མཆེད་ཀྱི་བདག་ཉིད་དེ་བཞིན་གཤེགས་པ་ཡང་ངོ་བོ་ཉིད་མེད་པ་ཉིད་ཡིན་པས། དེ་བཞིན་གཤེགས་པའི་ངོ་བོ་ཉིད་མེད་པ་ཉིད་དོ།། ཇི་ལྟར་མེ་དང་། བུད་ཤིང་བརྟག་པར་གཅིག་པ་ཉིད་དང་། གཞན་པ་ཉིད་དང་། བརྗོད་པར་བྱ་བ་མ་ཡིན་པ་ཉིད་བཀག་པ་དེ་དག་ངོ་བོ་ཉིད་མེད་པ་ཉིད་ཡིན་པས་དེ་བཞིན་དུ་ཤེས་པའི་མཚན་ཉིད་དང་། ཤེས་བྱ་དང་། འདུས་པའི་མཚན་ཉིད་དང་། འདུས་པ་ཅན་དང་།

ཆོས་ཀྱི་དབྱིངས་དག་ཀྱང་གཅིག་པ་ཉིད་དང་། གཞན་པ་ཉིད་དང་། བརྗོད་པར་བྱ་བ་མ་ཡིན་པའི་ངོ་བོ་ཉིད་མེད་པས། དེ་བཞིན་གཤེགས་པའི་ངོ་བོ་ཉིད་མེད་པ་ཉིད་དོ། །སྐྱེ་བ་མེད་པའི་རབ་ཏུ་བྱེད་པ་སྐྱེ་བ་ལ་སོགས་པ་བཀག་པའི་ཕྱིར་དང་། སོང་བ་དང་། མ་སོང་བ་བརྟག་པའི་རབ་ཏུ་བྱེད་པར་སོང་བ་ལ་སོགས་པ་བཀག་པའི་ཕྱིར། སྐྱེ་བ་ལ་སོགས་པ་ངོ་བོ་ཉིད་མེད་པ་ཉིད་ཡིན་པས། དེ་བཞིན་གཤེགས་པ་ངོ་བོ་ཉིད་མེད་པ་ཉིད་དོ། །དེ་བཞིན་གཤེགས་པ་ཇི་ལྟར་འགྲོ་བ་འདི་ཡང་ངོ་བོ་ཉིད་མེད་དོ། །དེ་ལྟ་བས་ན་མཐུན་པའི་ཕྱོགས་མེད་པའི་ཕྱིར། གཏན་ཚིགས་ཀྱི་དོན་མ་གྲུབ་པ་ཉིད་དང་འགལ་བ་ཉིད་དོ། །དེ་ལ་འདིར་རབ་ཏུ་བྱེད་པའི་དོན་ནི་ཕ་རོལ་པོས་རབ་ཏུ་བྱེད་པའི་དང་པོར་སྨྲས་པའི་སྒྲུབ་པའི་སྐྱོན་བརྗོད་པས། དེ་བཞིན་གཤེགས་པའི་ཆོས་ཀྱི་སྐུ་བསྟན་པ་ཡིན་ནོ། །དེའི་ཕྱིར་བློ་གྲོས་ཆེན་པོ་རྟག་པ་མ་ཡིན་པ་དང་། མི་རྟག་པ་མ་ཡིན་པ་དང་། འབྲས་བུ་མ་ཡིན་པ་དང་། རྒྱུ་མ་ཡིན་པ་དང་། འདུས་བྱས་མ་ཡིན་པ་དང་། འདུས་མ་བྱས་མ་ཡིན་པ་དང་། བློ་མ་ཡིན་པ་དང་། རྟོགས་པར་བྱ་བ་མ་ཡིན་པ་དང་། མཚན་ཉིད་ཀྱི་གཞི་མ་ཡིན་པ་དང་། མཚན་ཉིད་མ་ཡིན་པ་དང་། ཕུང་པོ་རྣམས་མ་ཡིན་པ་དང་། ཕུང་པོ་རྣམས་ལས་གཞན་མ་ཡིན་པ་དང་། རྗོད་པ་མ་ཡིན་པ་དང་། བརྗོད་པར་བྱ་བ་མ་ཡིན་པ་དང་། གཅིག་པ་ཉིད་དང་། གཞན་ཉིད་དང་། གཉིས་ག་དང་འབྲེལ་པ་མ་ཡིན་པ་དང་གང་དམིགས་སུ་མེད་པ་དེ་ནི་སྤྲོས་པ་ཐམས་ཅད་ལས་འདས་པའོ། །གང་སྤྲོས་པ་ཐམས་ཅད་ལས་འདས་པ་དེ་ནི་དེ་བཞིན་གཤེགས་པའོ་ཞེས་བྱ་བའི་བར་དུ་གསུངས་པ་དང་། དེ་བཞིན་དུ་ཞི་བའི་བློ་གྲོས་དེ་བཞིན་གཤེགས་པའི་སྐུ་དང་། ནམ་མཁའི་སྐུ་དང་། མི་མཉམ་པ་དང་མཉམ་པའི་སྐུ་དང་། འཇིག་རྟེན་ཐམས་ཅད་ལས་ཁྱད་པར་དུ་འཕགས་པའི་སྐུ་དང་། སེམས་ཅན་ཐམས

ཅད་དེ་བཞིན་ཉིད་ཀྱི་རྗེས་སུ་ཞུགས་པའི་སྒྲུ་དང་། དཔེ་མེད་པའི་སྒྲུ་དང་། འདྲ་བ་མེད་པའི་སྒྲུ་དང་། རྣམ་པར་དག་པའི་སྒྲུ་དང་། དྲི་མ་མེད་པའི་སྒྲུ་དང་། ཀུན་ནས་ཉོན་མོངས་པ་ཅན་མ་ཡིན་པའི་སྒྲུ་དང་། རང་བཞིན་གྱིས་འོད་གསལ་བའི་སྒྲུ་དང་། རང་བཞིན་གྱིས་མ་སྐྱེས་པའི་སྒྲུ་དང་། རང་བཞིན་གྱིས་མ་བྱུང་བའི་སྒྲུ་དང་། སེམས་དང་། ཡིད་དང་། རྣམ་པར་ཤེས་པ་དང་མ་འབྲེལ་བའི་སྒྲུ་དང་། སྒྱུ་མ་དང་། སྨིག་རྒྱུ་དང་། ཆུ་ཟླའི་ངོ་བོ་ཉིད་ཀྱི་སྒྲུ་དང་། སྟོང་བ་ཉིད་དང་། མཚན་མ་མེད་པ་དང་། སྨོན་པ་མེད་པ་ངེས་པར་འབྱུང་བའི་སྒྲུ་དང་། ཕྱོགས་བཅུའི་ནམ་མཁའ་ཁྱབ་པའི་སྒྲུ་དང་། སེམས་ཅན་ཐམས་ཅད་ལ་སྙོམས་པའི་སྒྲུ་དང་། མཐའ་ཡས་མུ་མེད་པའི་སྒྲུ་དང་། གཡོ་བ་མེད་པ་དང་། རློམ་སེམས་མེད་པའི་སྒྲུ་དང་། མི་གནས་པས་གནས་པ་ལས་མི་གཡོ་བ་ཐོབ་པའི་སྒྲུ་དང་། གཟུགས་དང་། ཚོར་བ་དང་། འདུ་ཤེས་དང་། འདུ་བྱེད་རྣམས་དང་། རྣམ་པར་ཤེས་པ་ངོ་བོ་ཉིད་མ་ཡིན་པའི་སྒྲུ་དང་། ས་དང་། ཆུ་དང་། མེ་དང་། རླུང་གིས་རབ་ཏུ་ཕྱེ་བ་མ་ཡིན་པའི་སྒྲུ་དང་། འབྱུང་བ་མ་ཡིན་པ་དང་། འབྱུང་བ་མ་ཡིན་པ་མ་ཡིན་པ་དང་། འབྱུང་བ་ཆེན་པོས་རབ་ཏུ་ཕྱེ་བ་མ་ཡིན་པའི་སྒྲུ་དང་། ཡང་དག་པ་མ་ཡིན་པ་དང་། ཡང་དག་པ་མ་ཡིན་པའི་ཆོས་འཇིག་རྟེན་ཐམས་ཅད་དང་མི་མཐུན་པའི་སྒྲུ་དང་། མིག་ལས་མ་བྱུང་བ་དང་༔ རྣ་བ་ལ་མི་བརྟེན་པ་དང་། སྣས་རྣམ་པར་ཤེས་པར་བྱ་བ་མ་ཡིན་པ་དང་། ལྕེས་རབ་ཏུ་ཕྱེ་བ་མ་ཡིན་པ་དང་། ལུས་དང་ལྡན་པ་མ་ཡིན་པའི་སྒྲུའོ་ཞེས་བྱ་བ་ལ་སོགས་པ་དང་༔ དེ་བཞིན་དུ་སངས་རྒྱས་རྗེས་སུ་དྲན་པ་འབའ་ཞིག་སྒོམ་པར་བྱེད་དེ། དེ་བཞིན་གཤེགས་པ་གཟུགས་ལས་མི་མཐོང་བ་དང་། གཟུགས་མ་ཡིན་པ་དང་། མཚན་དང་། དཔེ་བྱད་དང་། ཚུལ་ཁྲིམས་དང་། ཏིང་ངེ་འཛིན་དང་། ཤེས་རབ་དང་། རྣམ་པར་གྲོལ་བ

དང་༑ རྣམ་པར་གྲོལ་བའི་ཡེ་ཤེས་མཐོང་བ་དང་། ལུས་དང་རིགས་དང་སྐྱེ་བ་དང་། འཁོར་དང་། བདག་ཉིད་ཀྱི་རྣམ་པ་དང་། གཞན་གྱི་རྣམ་པ་ལས་མི་མཐོང་བ་དེ་ནི་སངས་རྒྱས་རྗེས་སུ་དྲན་པའོ་ཞེས་བྱ་བ་ལ་སོགས་པ་དང་། དེ་བཞིན་དུ། དེ་བཞིན་གཤེགས་པ་རྟག་ཏུ་སྐྱེ་མེད་ཆོས། །ཆོས་རྣམས་ཐམས་ཅད་བདེ་བར་གཤེགས་དང་འདྲ། མཚན་མར་འཛིན་པ་བྱིས་པའི་བློ་ཅན་རྣམས། །འཇིག་རྟེན་དག་ན་མེད་པའི་ཆོས་ལ་སྤྱོད། །དེ་བཞིན་གཤེགས་པ་ཟག་མེད་དགེ་བ་ཡི། །ཆོས་ཀྱི་གཟུགས་བརྙན་ལྟ་བུར་གྱུར་པ་དེ། །འདི་ལ་དེ་ཉིད་དེ་བཞིན་གཤེགས་མེད་ཀྱང་། །འཇིག་རྟེན་ཀུན་ཏུ་གཟུགས་བརྙན་ཀུན་ནས་སྣང་། །ཞེས་བྱ་བ་ལ་སོགས་པ་དང་། དེ་བཞིན་དུ། ཕུང་པོ་བརྟེན་པའི་རྫོགས་སངས་རྒྱས། །གང་གིས་གང་དུ་མཐོང་བ་མེད། །གང་གིས་གང་དུ་གང་མ་མཐོང་། །དེ་ནི་ཇི་ལྟར་བསྟན་པར་བྱ༑ ༑ཞེས་བྱ་བ་ལ་སོགས་པ་གསུངས་པ་དེ་དག་གྲུབ་པ་ཡིན་ནོ། །སློབ་དཔོན་ལེགས་ལྡན་བྱེད་༼འབྱེད་༽ཀྱིས་ནི་བར་སྐབས་བ། དབུ་མའི་རྩ་བའི་འགྲེལ་པ་ཤེས་རབ་སྒྲོན་མ་ལས། དེ་བཞིན་གཤེགས་པ་བརྟག་པ་ཞེས་བྱ་བ་སྟེ། རབ་ཏུ་བྱེད་པ་ཉི་ཤུ་གཉིས་པའོ།། །།

༼རབ་བྱེད་ཉེར་གསུམ་པ་ཕྱིན་ཅི་ལོག་བརྟག་པ།༽

ད་ནི་དེ་བཞིན་དུ་སྟོང་པ་ཉིད་ཀྱི་མི་མཐུན་པའི་ཕྱོགས་ཀྱི་ཁྱད་པར་དགག་པས། ཕྱིན་ཅི་ལོག་ངོ་བོ་ཉིད་མེད་པ་ཉིད་དུ་བསྟན་པའི་དོན་གྱི་དབང་གིས་རབ་ཏུ་བྱེད་པ་ཉི་ཤུ་གསུམ་པ་བརྩམ་མོ། །འདིར་སྨྲས་པ། འདོད་ཆགས་ཞེ་སྡང་གཏི་མུག་རྣམས། །ཀུན་ཏུ་རྟོག་ལས་འབྱུང་བར་གསུངས། །བསྟན་བཅོས་ལས་སོ། །འདོད་ཆགས་དང་། ཞེ་སྡང་། གཏི་མུག་དེ་དག་ཀྱང་། གོ་རིམ་བཞིན་དུ། སྡུག་དང་མི་སྡུག་ཕྱིན་ཅི་ལོག །བརྟེན་པ་ཉིད་ལས་ཀུན་ཏུ་འབྱུང་། །ཉིད་ལས་ཞེས་བྱ་བའི་སྒྲ་ནི་ངེས་པར་གཟུང་བའི་དོན་ཏེ། སྡུག་པ་དང་། མི་སྡུག་པའི་ཕྱིན་ཅི་ལོག་ལ་བརྟེན་པ་ཉིད་ལས་ཀུན་ཏུ་འབྱུང་གི། མ་བརྟེན་པར་མི་འབྱུང་ངོ་ཞེས་ངེས་པར་གཟུང་གི། སྡུག་པ་དང་། མི་སྡུག་པའི་ཕྱིན་ཅི་ལོག་ཉིད་ལ་བརྟེན་ནས་ཞེས་བྱ་བར་ནི་ངེས་པར་མི་གཟུང་སྟེ། དེ་དག་སྐྱེ་བའི་རྐྱེན་ཚུལ་བཞིན་མ་ཡིན་པ་ཡིད་ལ་བྱེད་པ་ལ་སོགས་པ་དག་ཀྱང་ཡོད་པའི་ཕྱིར་རོ། །དེ་ལྟར་ན་དེའི་ཆོས་མཐུན་པའི་དཔེའི་ཚིག་ཡིན་ཏེ། བསྒྲུབ་པར་བྱ་བ་དང་། སྒྲུབ་པའི་ཆོས་ཀྱི་དབང་གིས་དཔེ་བསྟན་པས་ཡན་ལག་ལྷག་མ་དག་མངོན་ནོ། །དེའི་ཕྱིར་རྗེས་སུ་དཔག་པ་ནི་དོན་དམ་པར་ཕུང་པོ་ལ་སོགས་པ་དག་ངོ་བོ་ཉིད་ཡོད་པ་ཁོ་ན་ཡིན་ཏེ། རྒྱུ་ལ་བརྟེན་ནས་འབྱུང་བའི་ཕྱིར་དཔེར་ན། འདོད་ཆགས་ལ་སོགས་པ་བཞིན་ནོ། །གང་ངོ་བོ་ཉིད་མེད་པ་དེ་ནི་རྒྱུ་ལ་བརྟེན་ནས་མི་འབྱུང་སྟེ། དཔེར་ན་ནམ་མཁའི་མེ་ཏོག་བཞིན་ནོ། །ཕུང་པོ་ལ་སོགས་པ་དག་ནི་རང་རང་གི་རྒྱུ་ལ་བརྟེན་ནས་འབྱུང་བས། དེའི་ཕྱིར་གཏན་ཚིགས་ཇི་སྐད་སྨོས

པའི་མཐུས་དོན་དམ་པར་ཕུང་པོ་ལ་སོགས་པ་དག་ངོ་བོ་ཉིད་ཡོད་པ་ཁོ་ན་ཡིན་ནོ།།
འདིར་བཤད་པ། གང་དག་སྡུག་དང་མི་སྡུག་པའི། །ཕྱིན་ཅི་ལོག་ལ་བརྟེན་འབྱུང་བ། །
འདོད་ཆགས་ལ་སོགས་པ་ཉོན་མོངས་པ་ཁྱོད་ཀྱིས་དཔེ་ཉིད་དུ་བསྟན་པ་དག་གོ། དེ་
དག་ངོ་བོ་ཉིད་ལས་མེད། །གང་གི་ཕྱིར་སྔར་བསྟན་པའི་ཚུལ་གྱིས་སོ། །དེ་ཕྱིར་ཉོན་
མོངས་ཡང་དག་མེད། །ཡང་དག་པར་ཞེས་བྱ་བ་ནི་དོན་དམ་པར་ཞེས་བྱ་བའི་ཐ་ཚིག་གོ།
དེའི་ཕྱིར་བསྒྲུབ་པ་དཔེ་མ་ཚང་བའི་སྐྱོན་ཡོད་དོ། །ཐ་སྙད་པའི་དཔེས་རྟོག་ན་ནི་བསྒྲུབ་
པར་བྱ་བ་ཆོས་མ་ཚང་བ་ཉིད་ཀྱི་ལན་གདབ་དཀའ་སྟེ། དོན་དམ་པར་ཉོན་མོངས་པ་
རྣམས་ངོ་བོ་ཉིད་མེད་པའི་ཕྱིར་རོ། །ཐ་སྙད་པའི་ངོ་བོ་ཉིད་ཡོད་པ་ཉིད་དུ་སྒྲུབ་ན་ནི་གྲུབ་
པ་ལ་སྒྲུབ་པ་ཡིན་ནོ། །ཡང་གཞན་ཡང་། བདག་གི་ཡོད་ཉིད་མེད་ཉིད་ནི། །དོན་དམ་པ་
དང་ཀུན་རྫོབ་ཀྱི་ཚུལ་ལ་ལྟོས་ནས། ཇི་ལྟ་བུར་ཡང་འགྲུབ་པ་མེད། །ཡང་ཞེས་བྱ་བའི་སྒྲ་
ནི་ངེས་པར་གཟུང་བའི་དོན་ཏེ། འགྲུབ་པ་མེད་པ་ཉིད་དོ་ཞེས་བྱ་བའོ། །དེ་ལྟར་བདག
དེ་མེད་ཉོན་མོངས་རྣམས་ཀྱིས་ནི། །ཡོད་ཉིད་མེད་ཉིད་ཇི་ལྟར་འགྲུབ། །མི་འགྲུབ་པ་ཉིད་
དོ་ཞེས་བྱ་བའི་ཚིག་གི་དོན་ཏེ། བརྟེན་པ་ནི་རྟེན་ཡོད་ན་ཡོད་པར་འགྱུར་བའི་ཕྱིར་རོ་ཞེས
བྱ་བར་དགོངས་སོ། །དོན་དེ་ཉིད་གསལ་བར་བྱ་བའི་ཕྱིར་འདི་བཤད་དེ། ཉོན་མོངས་དེ་དག
འགའ་ལས་འབྱུང་། །དེའི་ཡོན་ཏན་ཡིན་པའི་ཕྱིར་དང་། དེའི་ལོངས་སྤྱོད་པར་བྱ་བ་ཡིན་
པའི་ཕྱིར་རོ། །དེ་ཡང་འགྲུབ་པ་ཡོད་མ་ཡིན། །ཇི་ལྟ་ཞེ་ན། དེ་ལྟར་བདག་བརྟག་པའི་
རབ་ཏུ་བྱེད་པ་ཉིད་དུ་བརྟགས་ཟིན་ཏོ། །དེ་ལྟར་ན་འདིས་ནི་ཉོན་མོངས་པ་རྣམས་ཀྱི་
ཆོས་ནི་རྟེན་མེད་པ་ཡིན་པར་བསྟན་ཏོ། །དེའི་ཕྱིར་རྗེས་སུ་དཔག་པ་ནི། དོན་དམ་པར
འདོད་ཆགས་ལ་སོགས་པ་དག་ཡོད་པ་མ་ཡིན་ཏེ། དེ་དག་གི་རྟེན་མེད་པའི་ཕྱིར་དཔེར་

ན༔ མོ་གཤམ་གྱི་བུའི་སྔོ་བསངས་ཉིད་བཞིན་ནོ། །རང་གི་སྡེ་པ་དག་ན་རེ། བདག་མེད་དུ་ཟིན་ཀྱང་སེམས་ཀྱི་ཉོན་མོངས་པ་རྣམས་སོ་ཞེས་འབྲེལ་པ་འགྲུབ་སྟེ། ཉོན་མོངས་པ་རྣམས་ནི་སེམས་དེའི་ཆོས་ཡིན་པའི་ཕྱིར། བདག་མེད་པར་སྨྲ་བ་རྣམས་ལ་གཏན་ཚིགས་ཀྱི་དོན་མ་གྲུབ་པ་ཉིད་དོ་ཞེས་ཟེར་རོ། །གཏན་ཚིགས་ཀྱི་དོན་མ་གྲུབ་པ་ཉིད་མ་ཡིན་ཏེ། སེམས་ཀྱི་སྐྱེ་བ་བཀག་པའི་ཕྱིར་དང་རྣམ་པར་ཤེས་པའི་ངོ་བོ་ཉིད་བསལ་བའི་ཕྱིར་དང་། དེ་རྫས་སུ་ཡོད་པ་ཉིད་བཀག་པས་སེམས་མ་གྲུབ་པའི་ཕྱིར་རོ། །གང་དག་ཡོད་པར་སྨྲ་བ་དག་ན་རེ་འདི་ལྟར་ཁོ་བོ་ཅག་ནི་གཅིག་ལ་གཅིག་མེད་པས། དངོས་པོའི་མཚན་ཉིད་མེད་པར་སྨྲ་བ་ཡིན་པས། ཉོན་མོངས་པ་རྣམས་ཡོད་པ་མ་ཡིན་ནོ་ཞེས་བྱ་བ་དེ་གྲུབ་པས། སེམས་ལས་བྱུང་བ་རྣམས་ལ། དངོས་པོ་རྣམས་ཀྱི་ངོ་བོ་ཉིད་མེད་པ་དང་འབྲེལ་བར་ཡང་གྲུབ་པར་འགྱུར་རོ་ཞེས་ཟེར་རོ། །དེ་དག་གི་ཕྱིར་འདི་བཤད་དེ། ཕྱིད་བུམ་པ་དང་། སྣམ་བུ་དག་ལ་དེ་ལས་གཞན་པའི་དངོས་པོའི་མཚན་ཉིད་མེད་པར་འདོད་པ་གང་ཡིན་པ་དེ་ནི་དངོས་པོ་དང་། དངོས་པོ་མེད་པར་སྣང་བའི་བློ་སྐྱེ་བའི་རྒྱུ་ཡིན་པའི་ཕྱིར་དངོས་པོ་ལ། དངོས་པོ་མེད་པ་ཞིག་ཡིན་གྲང་ན། དེ་ལ་གལ་ཏེ་དངོས་པོ་ཡིན་ན་ནི་དམ་བཅས་པ་ཉམས་སོ། །ཅི་སྟེ་དངོས་པོ་མེད་པ་ཡིན་ན་ནི་འོ་ན། དེས་ན་བུམ་པ་འདིའི་སྔོ་བ་ཉིད་དང་། དམར་པ་ཉིད་འདི་འོ་ཞེས་བྱ་བའི་འབྲེལ་པ་མེད་པའི་ཕྱིར་ཐ་སྙད་མེད་པར་འགྱུར་བས་དེའི་ཕྱིར་བཤད་པ། གལ་ཏེ་གང་མེད་ཅི་ཞིག་ཡོད། །རྟེན་བུམ་པའམ། སྣམ་བུ་གང་ཞིག་མེད་པར་བརྟེན་པ་སྔོ་བ་ཉིད་དམ་དམར་བ་ཉིད་གཅིག་ཡིན་པར་འདོད། ཉོན་མོངས་འགའ་ཡང་ཡོད་མ་ཡིན། །མོ་གཤམ་གྱི་བུ་ལ་སོགས་པའི་མཚན་ཉིད་དངོས་པོ་མེད་པ་ལ་ཞེས་བྱ་བར་དགོངས་སོ། །དེ་ལྟར་ནི་མི་འདོད་པས་དེའི་ཕྱིར་ཡོད་པ་མ་ཡིན་པ་དཔེ་

ཉིད་དུ་མི་རུང་བས་འདོད་པའི་དོན་གྲུབ་པ་མེད་དོ། །དཔེ་ཉིད་དུ་མི་རུང་བས་འདོད་པའི་དོན་གྲུབ་པ་མེད་དོ། །རང་གི་སྡེ་པ་རྣམས་ཀྱི་ཕྱིར་ཡང་འདི་བཤད་པར་བྱ་སྟེ། རང་ལུས་ལྟ་བཞིན་ཉོན་མོངས་རྣམས། །རང་ཞེས་བྱ་བ་ནི་བདག་དང་བདག་གིའོ། །ལུས་ཞེས་བྱ་བ་ནི་མིང་དང་། གཟུགས་ཉེ་བར་བསགས་པའི་རྣམས་(རྣམ་)གྲངས་སོ། །རང་གི་ལུས་ལ་ལྟ་བ་ཞེས་བྱ་བ་ནི། རང་གི་ལུས་ལ་དམིགས་པའི་ཉོན་མོངས་པ་ཅན་གྱི་ལྟ་བའོ། །རང་གི་ལུས་ལ་ལྟ་བ་བཞིན། །ཞེས་བྱ་བ་ནི་རང་གི་ལུས་ལ་ལྟ་བ་འདྲ་སྟེ། ཇི་ལྟར་སྐྱུ་མིན་སྐྱུ་ལས་གཞན་མ་ཡིན། །དེ་ལ་སྐྱུ་མེད་དེར་དེ་མེད། །དེ་བཞིན་གཤེགས་པ་སྐྱུ་ལྡན་མིན།། དེ་བཞིན་གཤེགས་པ་གང་ཞིག་ཡིན། །ཞེས་བྱ་བ་བཞིན་དུ་ཉོན་མོངས་པ་རྣམས་ཀྱང་དེ་དང་འདྲའོ། །ཉོན་མོངས་པ་རྣམས་ཞེས་བྱ་བ་ནི་གནོད་པའི་དོན་གྱིས་ཉོན་མོངས་པར་བྱེད་པ་དག་གོ། ཉོན་མོངས་ཅན་ལ་རྣམ་ལྔར་མེད། །ཉོན་མོངས་ཅན་གྱི་སེམས་ལ་སྟེ།། ཉོན་མོངས་པ་རྣམས་ནི་ཉོན་མོངས་པ་ཅན་མ་ཡིན་ཏེ། དེ་ལས་གཞན་མ་ཡིན་པ་ཉིད་བཀག་པའི་ཕྱིར་དང་། སྲེག་པ་དང་། བསྲེགས་པ་དག་གཅིག་པ་ཉིད་དུ་ཐལ་བར་འགྱུར་བའི་ཕྱིར་རོ། །ཉོན་མོངས་པ་རྣམས་ནི་ཉོན་མོངས་པ་ཅན་ལས་གཞན་པ་ཡང་མ་ཡིན་ཏེ། སྔ་མ་བཞིན་དུ་དེ་ལས་གཞན་ཉིད་བཀག་པའི་ཕྱིར་དང་། ཉོན་མོངས་པ་རྣམས་མེད་པར་ཡང་ཉོན་མོངས་པ་ཅན་ཉིད་དུ་ཐལ་བར་འགྱུར་བའི་ཕྱིར་རོ། །ཉོན་མོངས་པ་རྣམས་ཉོན་མོངས་པ་ཅན་ལ་མེད་ཅིང་། ཉོན་མོངས་པ་ཅན་ཡང་ཉོན་མོངས་པ་རྣམས་ལ་མེད་ལ། ཉོན་མོངས་པ་རྣམས་ཉོན་མོངས་པ་ཅན་དང་ལྡན་པ་ཡང་མ་ཡིན་ཏེ། གཞན་ཉིད་མེད་པ་ཁོ་ནའི་ཕྱིར་རོ། །དེ་ལྟར་ཉོན་མོངས་པ་རྣམས་ཉོན་མོངས་པ་ཅན་ལ་རྣམ་པ་ལྔར་མེད་དོ།། རང་ལུས་ལྟ་བཞིན་ཉོན་མོངས་ཅན། །ཉོན་མོངས་པ་ལ་རྣམ་ལྔར་མེད། །ཉོན་མོངས་པ་ཅན

ཉོན་མོངས་པ་རྣམས་ལ་རྣམ་པ་ལྔའི་མེད་པ་ཡང་དེ་བཞིན་དུ་སྦྱར་བར་བྱའོ། །དེ་ལ་ཉོན་མོངས་པ་རྣམས་མེད་པའི་ཕྱིར། དཔེ་ལ་བསྒྲུབ་པར་བྱ་བ་ཆོས་མ་ཚང་བ་ཉིད་ཀྱི་སྐྱོན་ཡོད་དོ། །ཡང་གཞན་ཡང་། གང་གི་ཚེ་ཁོ་བོ་ཅག་གི་ཕྱོགས་ལ། སྡུག་དང་མི་སྡུག་ཕྱིན་ཅི་ལོག །ངོ་བོ་ཉིད་ལས་ཡོད་མིན་པ། །དེའི་ཚེ། སྡུག་དང་མི་སྡུག་ཕྱིན་ཅི་ལོག །བརྟེན་ནས་ཉོན་མོངས་གང་དག་ཡིན། །འབྱུང་བ་ཞེས་བྱ་བའི་ཚིག་གི་ལྷག་མའོ། །དེའི་ཕྱིར་དོན་དམ་པར་ཉོན་མོངས་པ་རྣམས་ཀྱི་ཆོས་ནི་བརྟེན་ནས་འབྱུང་བ་མ་ཡིན་པས། དཔེ་ལ་བསྒྲུབ་པའི་ཆོས་མ་ཚང་བ་ཉིད་ཀྱི་སྐྱོན་ཡོད་དོ། །རང་གི་སྡེ་པ་དག་ཡང་ཕྱིར་ཟློག་པར་བྱེད་དེ། གཟུགས་སྒྲ་རོ་དང་རེག་པ་དང་། །དྲི་དང་ཆོས་དག་རྣམ་དྲུག་ནི། །རྣམ་པ་དྲུག་གོ། དེ་དག་ཅི་ཞིག་ཡིན་ཞེ་ན། གཞི་སྟེ་འདི་ལ་གནས་པས་གཞི་སྟེ། དེ་དག་ལས་འབྱུང་ངོ་ཞེས་བྱ་བའི་ཐ་ཚིག་གོ། གཟུགས་ཞེས་བྱ་བ་ནི་གཟུགས་སུ་རུང་བའོ། །སྒྲ་ཞེས་བྱ་བ་ནི་བསྒྲག་ཏུ་རུང་བའོ། །དྲི་ཞེས་བྱ་བ་ནི་བསྣམ་དུ་རུང་བའོ། །རོ་ཞེས་བྱ་བ་ནི་མྱང་དུ་རུང་བའོ། ། རེག་པ་ཞེས་བྱ་བ་ནི་རེག་བྱར་རུང་བའོ། །ཆོས་དག་ཅེས་བྱ་བ་ནི་རང་གི་མཚན་ཉིད་འཛིན་པའི་ཕྱིར་རོ། །རྣམ་པ་དྲུག་པོ་དེ་དག་གང་གི་གཞི་ཡིན་ཞེ་ན། འདོད་ཆགས་ཞེ་སྡང་དང་། གཏི་མུག་གིར་ནི་རྣམ་པར་བརྟག །འདོད་ཆགས་ནི་ཆགས་པར་བྱེད་པ་སྟེ། ལྷག་པར་ཆགས་པའོ། །ཞེ་སྡང་ནི་སྡང་བར་བྱེད་པ་སྟེ། སེམས་ཅན་རྣམས་ལ་ཀུན་ནས་མནར་སེམས་བསྐྱེད་པའོ། །གཏི་མུག་ནི་རྨོངས་པར་བྱེད་པ་སྟེ། མི་ཤེས་པའོ། །འདིས་ནི་ཕྱིན་ཅི་ལོག་གི་ཆོས་ནི་གཞི་ཡོད་པ་ཡིན་པར་བསྟན་ཏོ། །དེའི་ཕྱིར་རྗེས་སུ་དཔག་པ་ནི་དོན་དམ་པར་སྡུག་པ་དང་། མི་སྡུག་པའི་ཕྱིན་ཅི་ལོག་གང་དག་ལ་བརྟེན་ནས་འབྱུང་བའི་འདོད་ཆགས་ལ་སོགས་པ་དག་ནི་ཡོད་པ་ཁོ་ན་ཡིན་ཏེ། དེ་དག་གི་གཞི་ཡོད་པའི་ཕྱིར

རོ༑ ༑འདི་ན་གང་དོན་དམ་པར་ཡོད་པ་མ་ཡིན་པ་དེ་ལ་ནི་གཞི་མེད་དེ། དཔེར་ན་ལོང་བའི་མིག་གི་རྣམ་པར་ཤེས་པ་བཞིན་ནོ། །འདོད་ཆགས་ལ་སོགས་པ་དག་ལ་ནི་གཞི་ཕྱིན་ཅི་ལོག་དག་ཏུ་རྣམ་པར་བརྟགས་པ་གང་དག་ཡིན་པ་དག་ཡོད་པས། དེའི་ཕྱིར་གདན་ཚིགས་ཇི་སྐད་སྨྲོས་པའི་མཐུས་ཕྱིན་ཅི་ལོག་དག་ཡོད་པས་དེ་དག་ལ་བརྟེན་ནས། ཉོན་མོངས་པ་རྣམས་འབྱུང་བ་འགྲུབ་པས་དཔེའི་སྐྱོན་མེད་དོ། །འདིར་བཤད་པ། གཟུགས་སྒྲ་རོ་དང་རེག་པ་དང་། །དྲི་དང་ཆོས་དག་འབའ་ཞིག་པ། །འབའ་ཞིག་ཅེས་བྱ་བ་ནི་ངོ་བོ་ཉིད་མེད་པ་སྟེ། ངོ་བོ་ཉིད་ཀྱི་དེ་ཙམ་གྱིས་ཀྱང་མ་བསྒོས་པ་དག་ཡིན་ནོ། །ཐ་སྙད་ཀྱི་བདེན་པ་ལ་སྐུར་བ་འདེབས་པ་ཡང་མ་ཡིན་ཏེ། འདི་ལྟར་དེ་དག་ནི་དྲི་ཟའི་གྲོང་ཁྱེར་ལྟ་བུ་དང་། སྨིག་རྒྱུ་རྨི་ལམ་འདྲ་བ་ཡིན། །དྲི་ཟའི་གྲོང་ཁྱེར་ལྟ་བུ་ཞེས་བྱ་བ་ནི་ཡུལ་དང་དུས་ངེས་པ་དང་། རྒྱུད་ངེས་པ་མེད་པར་དམིགས་པར་བྱ་བ་ཉིད་དང་ཆོས་མཐུན་པའི་ཕྱིར་རོ། །སྨིག་རྒྱུ་འདྲ་བ་ཞེས་བྱ་བ་ནི་ངོ་བོ་ཉིད་སྟོང་པ་ཉིད་ཡིན་ཡང་དེ་ལ་མངོན་པར་ཞེན་པས་ཡོངས་སུ་ཚོལ་བའི་ཕྱིར་རྐྱེན་གྱི་དངོས་པར་ཉེ་བར་འགྲོ་བ་དག་ཆོས་མཐུན་པའི་ཕྱིར་རོ། །རྨི་ལམ་འདྲ་བ་ཞེས་བྱ་བ་ནི་ངོ་བོ་ཉིད་མེད་པ་ཉིད་ཡིན་ཡང་རེ་ཞིག་པར་འདོད་པས་རྒྱུ་དང་། འབྲས་བུ་སྒྲུབ་པའི་དངོས་པོར་ཉེ་བར་འགྲོ་བ་དང་ཆོས་མཐུན་པའི་ཕྱིར་རོ། །གང་གི་ཕྱིར་རྣམ་པ་དེ་ལྟ་བུའི་གཟུགས་ལ་སོགས་པ་སྒྱུ་མའི་སྐྱེས་བུ་ལྟ་བུ་དང་། ལོག་པར་སྣང་བ་དང་། ཆོས་མཐུན་པའི་ཕྱིར་རོ། །གཟུགས་བརྙན་འདྲ་བ་དེ་དག་ལ། བྱེད་པ་པོའི་བྱ་བ་ལ་མི་ལྟོས་པར་སྐྱེ་བ་ཉིད་དང་། ཆོས་མཐུན་པའི་ཕྱིར་རོ། །དེའི་ཕྱིར། སྡུག་པ་དང་ནི་མི་སྡུག་པ། །འབྱུང་བར་ཡང་ནི་ག་ལ་འགྱུར། །ཞེས་བྱ་བ་སྨོས་ཏེ། འབྱུང་བ་མི་འགྱུར་བ་ཉིད་དེ། དོན་དམ་པ་པའི་ངོ་བོ་ཉིད་སྟོང་པའི་ཕྱིར་རོ་ཞེས་བྱ་བར་དགོངས

སོ།། །།དེའི་ཕྱིར་དོན་དམ་པར་གཞི་མི་གྲུབ་པའི་ཕྱིར་གཏན་ཚིགས་ཀྱི་དོན་མ་གྲུབ་པ་དེ་ཉིད་དང་། དོན་འགལ་བ་ཉིད་ཡོད་དོ། །གཞན་ཡང་། གང་ལ་བརྟེན་ནས་མི་སྡུག་པ། །མི་སྡུག་པ་ཞེས་བྱ་བར་འགྱུར་བའོ། །མི་སྡུག་པ་ནི་གདགས་བྱ་བ། །མི་སྡུག་པ་གང་འདི་ནི་མི་སྡུག་པའོ་ཞེས་མིག་སྡུག་པའི་ངོ་བོ་ཉིད་དུ་འོ་བུ་ཅག་གིས་གདགས་པར་བྱའོ། །སྡུག་པ་མ་ལྟོས་ཡོད་མིན་པས། །སྡུག་པ་དེ་མི་སྡུག་པ་ལ་མ་ལྟོས་པར་སྡུག་པའི་བདག་ཉིད་དུ་ཡོད་པ་མ་ཡིན་པས་ཞེས་བྱ་བའི་ཐ་ཚིག་གོ། དེའི་ཕྱིར་སྡུག་པ་འཐད་མ་ཡིན། །མི་སྡུག་པ་མེད་པའི་ཕྱིར་སྡུག་པ་ཡང་དེ་ལ་མ་ལྟོས་པར་སྡུག་པ་ཉིད་དུ་མི་འགྱུར་པ་ཉིད་ཀྱི་ཕྱིར་རོ་ཞེས་བྱ་བར་དགོངས་སོ། །དེ་བཞིན་དུ། གང་ལ་བརྟེན་ནས་སྡུག་པ་ནི། །སྡུག་པ་ཞེས་བྱ་བར་རབ་ཏུ་འགྲུབ་པའོ། །སྡུག་པ་ཞེས་ནི་གདགས་བྱ་བ། །སྡུག་པ་གང་འདི་ནི་སྡུག་པའི་ཞེས་སྡུག་པའི་ངོ་བོ་ཉིད་དུ་འོ་བུ་ཅག་གིས་གདགས་པར་བྱའོ། །མི་སྡུག་མ་ལྟོས་ཡོད་མིན་པས། །མི་སྡུག་པ་དེ་སྡུག་པ་ལ་མ་ལྟོས་པར་མི་སྡུག་པའི་བདག་ཉིད་དུ་གྲུབ་པ་མེད་པས་སོ། །དེ་ཕྱིར་མི་སྡུག་འཐད་མ་ཡིན། །གང་གི་ཕྱིར་དེ་ལྟར་སྡུག་པ་ཡོད་པ་མ་ཡིན་པ་དེའི་ཕྱིར་མི་སྡུག་པ་ཡང་སྡུག་པ་དེ་ལ་མ་ལྟོས་པར་མི་སྡུག་པ་ཉིད་དུ་མི་འགྱུར་བ་ཉིད་ཀྱི་ཕྱིར་རོ་ཞེས་བྱ་བར་དགོངས་སོ། །དེའི་ཕྱིར་དེ་ལྟར། སྡུག་པ་ཡོད་པ་མ་ཡིན་ན། །འདོད་ཆགས་འབྱུང་བར་ག་ལ་འགྱུར། །མི་སྡུག་ཡོད་པ་མ་ཡིན་ན། །ཞེ་སྡང་འབྱུང་བར་ག་ལ་འགྱུར། །དེ་དག་མེད་པའི་ཕྱིར་གཏི་མུག་ཀྱང་མེད་དེ། དེ་དག་མེད་པ་བོ་ནས་དེ་ཡང་ཡོད་པ་མ་ཡིན་པར་གྲུབ་བོ། །དེ་དག་བརྗོད་ན་སྐྱོན་ཡོད་པ་མ་ཡིན་པར་གྲུབ་ན། དེ་དག་བརྗོད་ན་སྐྱོན་མེད་པ་མ་ཡིན་པས་དེའི་ཕྱིར་གཏན་ཚིགས་ཇི་སྐད་བསྟན་པ་ལྟོག་པ་མེད་དོ།། །།

༄། དབུ་མའི་རྩ་བའི་འགྲེལ་པ་ཤེས་རབ་སྒྲོན་མ་བམ་པོ་བཅུ་བདུན་པ། འདིར་སྨྲས་པ། དོན་དམ་པར་སྡུག་པ་དང་། མི་སྡུག་པའི་ཕྱིན་ཅི་ལོག་དག་ནི་ཡོད་པ་ཁོ་ན་ཡིན་ཏེ། བཅོམ་ལྡན་འདས་ཀྱིས་མདོ་སྡེ་ལས་གསུངས་པའི་ཕྱིར་རོ། །བཅོམ་ལྡན་འདས་ཀྱིས་གང་མདོ་སྡེ་ལས་གསུངས་པ་དེ་ནི་ཡོད་དེ་དཔེར་ན་བདག་མེད་པ་ཉིད་བཞིན་ནོ། །མདོ་སྡེ་ལས། མི་རྟག་པ་ལ་རྟག་པ་དང་། བདག་མེད་པ་ལ་བདག་དང་། སྡུག་བསྔལ་བ་ལ་བདེ་བ་དང་། མི་སྡུག་པ་ལ་སྡུག་པར་འཛིན་པ་ནི་ཕྱིན་ཅི་ལོག་གོ་ཞེས་གསུངས་པ་དེ་དག་ཡོད་པས། དེའི་ཕྱིར་དོན་དམ་པར་སྡུག་པ་དང་། མི་སྡུག་པའི་ཕྱིན་ཅི་ལོག་དག་ཡོད་པ་ཁོ་ན་ཡིན་ནོ། །འདིར་བཤད་པ། གལ་ཏེ་འགའ་ཞིག་ལོག་པར་སྒྲུབ་པ་ཡོད་ན་ཐ་སྙད་པའི་སྡུག་པ་དང་། མི་སྡུག་པའི་ཕྱིན་ཅི་ལོག་དག་བསྒྲུབ་པ་ལ་ནི་གྲུབ་པ་འདི་ལྟ་སྟེ་༑ ༑དོན་དམ་པར་ནི་མི་རུང་ངོ་། །སངས་རྒྱས་རྣམས་ཀྱིས་བདག་དང་ནི། །བདག་མེད་གང་ཡང་མེད་པར་གསུངས། །ཞེས་བྱ་བ་དེར་ལན་བཏབ་ཟིན་པས། བདག་མེད་པ་ཉིད་མ་གྲུབ་པའི་ཕྱིར་དཔེ་མེད་དོ། །གཏན་ཚིགས་ཀྱང་མེད་དེ། དོན་དམ་པར་མདོ་སྡེ་ལས། ཕྱིན་ཅི་ལོག་དག་ཡོད་པར་གསུངས་པར་ཁས་མ་བླངས་པའི་ཕྱིར་རོ། །འདིར་ཕྱིན་ཅི་ལོག་ནི་རྣམ་པ་གཉིས་ཏེ། འཁོར་བ་དང་། མྱ་ངན་ལས་འདས་པ་དང་། རྗེས་སུ་མཐུན་པའོ༑ ༑དེ་ལ་འཁོར་བ་དང་། རྗེས་སུ་མཐུན་པ་ནི་འདི་ལྟ་སྟེ། མི་རྟག་པ་ལ་རྟག་པ་ཞེས་བྱ་བ་ལ་སོགས་པའོ། །མྱ་ངན་ལས་འདས་པ་དང་། རྗེས་སུ་མཐུན་པ་ནི་འདི་ལྟ་སྟེ། མི་རྟག་པ་ལ་མི་རྟག་པ་ཞེས་བྱ་བ་ལ་སོགས་པའོ། །དེ་གཉི་ག་ཡང་ཕྱིན་ཅི་ལོག་སྟེ། རྣམ་པར་མི་རྟོག་པའི་ཡེ་ཤེས་ཐོབ་པས་སྤང་བར་བྱ་བ་ཡིན་ཏེ། དེའི་མི་མཐུན་པའི་ཕྱོགས་ཡིན་པའི་ཕྱིར་རོ། །གལ་ཏེ་མི་རྟག་པ་ལ་སོགས་པ་ལ། མི་རྟག་པ་ལ་སོགས་པར་ལྟ་བ་

ནི་ཕྱིན་ཅི་མ་ལོག་པའི་ཕྱིར་ཕྱིན་ཅི་ལོག་ཉིད་ཡིན་པར་མི་རིགས་སོ་ཞེ་ན་ཕྱིན་ཅི་ལོག་ཅེས་བྱ་བ་དེའི་དོན་གང་ཡིན། གལ་ཏེ་མི་རྟག་པ་ལ་རྟག་གོ་ཞེས་ལོག་པར་ལྟ་བའི་དོན་ཏོ་ཞེ་ན། དེའི་ཕྱིར་བཤད་པ། གལ་ཏེ་མི་རྟག་རྟག་པ་ཞེས། །མི་རྟག་པ་རྟག་པ་ཉིད་ཀྱིས་སྟོང་པ་ལ་རྟག་པ་ཞེས་སོ། །དེ་ལྟར་འཛིན་པ་ལོག་ཡིན་ན། །དེ་ལྟར་ཤེས་པ་ཕྱིན་ཅི་ལོག་གི་དོན་ལ་དམིགས་པའི་ཕྱིར་ཕྱིན་ཅི་ལོག་ཡིན་ནའོ། །དེ་ལྟ་ན། སྟོང་ལ་རྟག་པ་ཡོད་མིན་པས། །འཛིན་པ་ཇི་ལྟར་ལོག་མ་ཡིན། །སྟོང་པ་ལ་རྟག་པ་ཉིད་ཀྱང་ངོ་བོ་ཉིད་ཀྱིས་སྟོང་པའི་ཕྱིར་རོ། །སྟོང་པ་ལ་རྟག་པར་འཛིན་པ་ཇི་ལྟར་ཕྱིན་ཅི་ལོག་པ་ཡིན་ཏེ། དེ་ནི་ཕྱིན་ཅི་ལོག་མ་ཡིན་ནོ་ཞེས་བྱ་བའི་ཚིག་གི་དོན་ཏེ། དཔེར་ན་གལ་ཏེ་ཁམས་གསུམ་པ་ལས། འདོད་ཆགས་དང་བྲལ་ན། ཇི་ལྟར་གྲོལ་བ་མ་ཡིན་ཏེ་གྲོལ་བ་ཉིད་ཡིན་ནོ་ཞེས་བྱ་བ་བཞིན་ནོ། །ཇི་ལྟར་དོན་དམ་པར་སྟོང་པ་ལ་རྟག་པ་ཉིད་ཀྱང་། ངོ་བོ་ཉིད་ཀྱིས་སྟོང་པར་འདོད་ཅེ་ན། སྔར་བསྟན་པའི་ཚུལ་གྱིས་མ་སྐྱེས་པའི་ཕྱིར་དཔེར་ན། མྱ་ངན་ལས་འདས་པ་བཞིན་ནོ། །ཡང་ན། གལ་ཏེ་མི་རྟག་མི་རྟག་ཅེས། །མི་རྟག་པ་མི་རྟག་པ་ཉིད་ཀྱིས་སྟོང་པ་ལ་མི་རྟག་པ་ཞེས་སོ། །དེ་ལྟར་འཛིན་པ་ལོག་མིན་ན། །དེ་ལྟར་ཤེས་པ་ཕྱིན་ཅི་ལོག་གི་དོན་ལ་དམིགས་པ་མ་ཡིན་པའི་ཕྱིར་ཕྱིན་ཅི་ལོག་མ་ཡིན་ནའོ། །དེ་ལྟ་ན། སྟོང་པ་མི་རྟག་ཡོད་མིན་པས། །འཛིན་པ་ཇི་ལྟར་ལོག་མ་ཡིན། །སྟོང་པ་ལ་མི་རྟག་པ་ཉིད་ཀྱང་ངོ་བོ་ཉིད་ཀྱིས་སྟོང་པའི་ཕྱིར་སྟོང་པ་ལ་མི་རྟག་པར་འཛིན་པ་ཡང་ཇི་ལྟར་ཕྱིན་ཅི་ལོག་མ་ཡིན་ཏེ། དེ་ཡང་ཕྱིན་ཅི་ལོག་ཉིད་ཡིན་ནོ་ཞེས་བྱ་བའི་ཚིག་གི་དོན་ཏེ། དེའི་ཆོས་ནི་རྣམ་པར་རྟོག་པ་ཉིད་ཡིན་པའི་ཕྱིར་དཔེར་ན། རྟག་པར་འཛིན་པ་བཞིན་ནོ་ཞེས་བྱ་བའི་ཐ་ཚིག་གོ །དེ་ལྟར་ན་འདིར་གླགས་ཡོད་པའི་ཚིག་ཡིན་པའི་ཕྱིར་ཕ་རོལ་པོའི་དམ་བཅས

པའི་དོན་ལས་བཟློག་པའི་ཚིག་གི་དོན་མཐོན་ཏེ། དཔེར་ན། གལ་ཏེ་བུམ་པ་བྱས་པ་མི་རྟག་ན། སྒྲ་བྱས་པ་ཡང་ཅིའི་ཕྱིར་མི་རྟག་པར་མི་འགྱུར་ཞེས་བྱ་བ་བཞིན་ནོ། །འདིར་སྦྱོར་བའི་ཚིག་ནི་དོན་དམ་པར་གཟུགས་མི་རྟག་གོ་ཞེས་བྱ་བར་ཤེས་པ་དེ་ནི་ཕྱིན་ཅི་ལོག་ཡིན་ཏེ། རྣམ་པར་རྟོག་པ་ཉིད་ཡིན་པའི་ཕྱིར། དཔེར་ན། གཟུགས་རྟག་གོ་ཞེས་བྱ་བར་ཤེས་པ་བཞིན་ནོ། །གལ་ཏེ་འདུ་བྱེད་རྣམས་སྟོང་ངོ་ཞེས་བྱ་བར་ཤེས་པ་རྣམ་པར་རྟོག་པ་དང་བཅས་པ་དག་གིས་མ་ངེས་པ་ཉིད་དོ་ཞེ་ན། དེ་ཡང་ཕྱིན་ཅི་ལོག་ཡིན་པའི་ཕྱིར་སྐྱོན་མེད་དོ། །གལ་ཏེ་དེ་ལྟ་ན་སྟོང་པ་ཉིད་ཀྱི་ཡེ་ཤེས་ཀྱང་ཐར་པ་ཐོབ་པར་བྱེད་པ་མ་ཡིན་ཏེ། ཕྱིན་ཅི་ལོག་ཡིན་ཕྱིར་དཔེར་ན། ནང་གི་སྐྱེ་མཆེད་རྣམས་ཀྱི་ཡུལ་ལ་བདེ་བ་ལ་སོགས་པར་ཤེས་པ་བཞིན་ནོ་ཞེ་ན། འདིར་དམ་བཅས་པ་དེའི་དོན་གང་ཡིན། གལ་ཏེ་མིག་སྟོང་པར་ཤེས་པ་ཐར་པ་ཐོབ་པར་བྱེད་པ་མ་ཡིན་ནོ་ཞེ་ན་ནི་གྲུབ་པ་ལ་སྒྲུབ་པ་ཡིན་ཏེ། ཐར་པ་ནི་རྣམ་པར་མི་རྟོག་པའི་ཡེ་ཤེས་ཀྱིས་འཐོབ་པ་ཡིན་པའི་ཕྱིར་རོ། །ཅི་སྟེ་རྣམ་པར་མི་རྟོག་པའོ་ཞེ་ན་ནི། དེ་ཕྱིན་ཅི་ལོག་གི་ཤེས་པ་ཉིད་ཡིན་པར་མ་གྲུབ་པའི་ཕྱིར་གཏན་ཚིགས་ཀྱི་དོན་མ་གྲུབ་པ་ཉིད་དོ། །གལ་ཏེ་སྟོང་པ་ཉིད་ཀྱི་ཡེ་ཤེས་རྣམ་པར་མི་རྟོག་པ་ཡང་ཐར་པ་ཐོབ་པར་བྱེད་པ་མ་ཡིན་ཏེ། རྣམ་པར་མི་རྟོག་པའི་ཕྱིར་དཔེར་ན་བྱིས་པའི་མིག་གི་རྣམ་པར་ཤེས་པ་བཞིན་ནོ་ཞེ་ན། རང་ལ་གཏན་ཚིགས་ཀྱི་དོན་མ་ངེས་པ་ཉིད་དེ། འགོག་པ་ཤེས་པ་བསྒོམ་པ་ལས་བྱུང་བ་དག་གིས་མ་ངེས་པ་ཉིད་ཡིན་པའི་ཕྱིར་རོ། །རང་ལ་གཏན་ཚིགས་ཀྱི་དོན་མ་གྲུབ་པ་ཉིད་ཀྱང་ཡིན་ཏེ། སྟོང་པ་ཉིད་ཀྱི་ཡེ་ཤེས་ཀྱང་ངོ་བོ་ཉིད་རྣམ་པར་རྟོག་པས་རྣམ་པར་རྟོག་པ་ཡིན་པའི་ཕྱིར་རོ། །རྗེས་སུ་དཔག་པས་ཀྱང་མི་གནོད་དེ། རང་ལ་དཔེ་མེད་པ་ཉིད་ཀྱི་ཕྱིར་རོ། །གཞན་ཡང་ཐར་པ་

ཐོབ་པར་བྱེད་པ་མ་ཡིན་ཏེ་ཞེས་བྱ་བ་དེའི་དོན་གང་ཡིན། གལ་ཏེ་ཐར་པ་མི་བྱེད་པའོ་ཞེ་ན་ནི་གྲུབ་པ་ལ་སྒྲུབ་པ་ཡིན་ནོ། །ཐར་པ་ནི་བྱས་པ་མ་ཡིན་པའི་ཕྱིར་རོ། །གལ་ཏེ་དོན་ཇི་ལྟ་བ་བཞིན་དུ་ཤེས་པ་མ་ཡིན་ནོ་ཞེ་ན་ནི། རང་ལ་མ་ངེས་པ་ཉིད་དེ། མངོན་སུམ་གྱི་བློ་དག་གིས་མ་ངེས་པའི་ཕྱིར་རོ། །འདིས་ནི་རྣམ་པར་མི་རྟོག་པའི་ཡེ་ཤེས་ཀྱང་ཕྱིན་ཅི་ལོག་གི་ཤེས་པ་ཡིན་ཏེ། རྣམ་པར་མི་རྟོག་པའི་ཕྱིར་མིག་གི་རྣམ་པར་ཤེས་པ་བཞིན་ནོ་ཞེས་ཟེར་བ་དག་ལ་ཡང་ལན་བཏབ་པར་རིག་པར་བྱའོ། །ཇི་སྟེ་མངོན་སུམ་གྱི་ཤེས་པ་རྣམ་པར་རྟོག་པ་དང་བཅས་པར་སྨྲ་བ་དག་འདི་སྐད་ཅེས་མངོན་སུམ་གྱི་ཤེས་པ་ནི་རྣམ་པར་རྟོག་པ་དང་བཅས་པ་ཡིན་ཏེ། ཤེས་པ་ཡིན་པའི་ཕྱིར་དང་། ཚད་མ་ཡིན་པའི་ཕྱིར་དཔེར་ན་རྗེས་སུ་དཔག་པའི་ཤེས་པ་བཞིན་ནོ་ཞེ་ན། དེ་དག་ལ་ཡང་། འདི་སྐད་ཅེས་ལྷས་བྱིན་གྱི་མངོན་སུམ་གྱི་བློ་ནི་རྣམ་པར་རྟོག་པ་མེད་པ་ཡིན་ཏེ། མངོན་སུམ་གྱི་གཟུགས་ཀྱི་ཡུལ་ཅན་ཡིན་པའི་ཕྱིར་དང་། མིག་ལ་བརྟེན་པའི་ཕྱིར་དཔེར་ན་བྱིས་པའི་མིག་གི་རྣམ་པར་ཤེས་པ་བཞིན་ནོ་ཞེས་བརྗོད་པར་བྱའོ། །དེའི་ཕྱིར་ཐ་སྙད་དུ་ནི་ཤེས་པ་དེ་དག་གིས་མ་ངེས་པ་ཉིད་ཡིན་ལ། དོན་དམ་པར་ནི་དཔེ་མེད་དེ། རྗེས་སུ་དཔག་པ་ལ་སོགས་པའི་ཤེས་པ་དག་ཀྱང་རབ་ཏུ་དབེན་པ་དང་། རོ་གཅིག་པས་མཚན་ཉིད་གཅིག་པའི་ཕྱིར་རོ། །ཞར་ལ་བཤད་པས་ཆོག་པ་དག་གིས་སྐབས་ཉིད་ཀྱི་དབང་དུ་བྱའོ། །ཇི་ལྟར་མི་རྟག་པ་དང་། རྟག་པར་འཛིན་པའི་ཕྱིན་ཅི་ལོག་ཡིན་པ་དེ་བཞིན་དུ། བདག་དང་བདེ་བ་དང་། སྡུག་པ་དང་། བདག་མེད་པ་དང་། སྡུག་བསྔལ་བ་དང་། མི་སྡུག་པར་འཛིན་པ་དག་ཀྱང་ཕྱིན་ཅི་ལོག་ཡིན་པར་བརྗོད་པར་བྱའོ། །གཞན་དག་གིས་དམ་བཅས་པའི་དོན་སྒྲོ་བཏགས་ནས་སྨྲས་པ། འཛིན་པ་ནི་ཡོད་པ་ཁོ་ན་ཡིན་ཏེ། དེ་འཛིན་པར་བྱེད

པ་དང་འཛིན་པ་པོ་དང་གཟུང་བ་དག་ཡོད་པའི་ཕྱིར་རོ། །འདི་ན་གང་ཡོད་པ་མིན་པ་དེ་ལ་ནི་གསུམ་པོ་དེ་དག་མེད་དེ། དཔེར་ན་རི་བོང་གི་རྭ་བཞིན་ནོ། །ཕྱིན་ཅི་ལོག་ཏུ་འཛིན་པ་ལ་ནི་ཤེས་པ་གང་གིས་འཛིན་པར་བྱེད་པ་དང་། འཛིན་པ་པོ་ཕུང་པོའི་བདག་ཉིད་དང་༑ གཟུང་བ་ལ་སོགས་པ་དག་ཡོད་པས་དེའི་ཕྱིར་གཏན་ཚིགས་ཇི་སྐད་སྨོས་པའི་མཐུས། ཕྱིན་ཅི་ལོག་ཏུ་འཛིན་པ་ནི་ཡོད་པ་ཁོ་ན་ཡིན་ནོ། །འདིར་བཤད་པ། གང་གིས་འཛིན་དང་འཛིན་གང་དང་། །འཛིན་པ་པོ་དང་གང་གཟུང་བ། །ཐམས་ཅད་ཉེ་བར་ཞི་བ་སྟེ༑ ༑དེ་ཕྱིར་འཛིན་པ་ཡོད་མ་ཡིན། །གང་གིས་འཛིན་པར་བྱེད་པ་ནི་དངོས་པོའི་རང་དང་སྤྱིའི་མཚན་ཉིད་ལ་དམིགས་པའི་ཤེས་པས་སོ། །འཛིན་པ་གང་ཡིན་པ་ནི་སྒྲོ་འདོགས་པ་དང་། སྐྱུར་བ་འདེབས་པའི་བདག་ཉིད་དོ། །འཛིན་པ་པོ་ནི་མིང་དང་གཟུགས་ཀྱི་བདག་ཉིད་དམ། དེ་ལས་གཞན་པའོ། །གང་གཟུང་བ་ནི་གཟུགས་ལ་སོགས་པའོ། །དེ་དག་ནི་སྐབས་ཇི་ལྟ་བ་བཞིན་དུ་ངོ་བོ་ཉིད་སྟོང་པར་བསྟན་ཟིན་པས། དེས་ན་འཛིན་པར་བྱེད་པ་ལ་སོགས་པ་ཐམས་ཅད་ཉེ་བར་ཞི་བ་སྟེ། དེ་ཕྱིར་འཛིན་པ་ཡོད་མ་ཡིན། །འཛིན་པ་བཞིན་དུ་དེ་དག་ཡོད་པ་ཉིད་དུ་སྟོན་པའི་གཏན་ཚིགས་དང་། དཔེ་མ་གྲུབ་པའི་ཕྱིར་རོ་ཞེས་བྱ་བར་དགོངས་སོ། །དེའི་ཕྱིར་དེ་ལྟར། ལོག་པའམ་ཡང་དག་ཉིད་དུ་ནི། །འཛིན་པ་ཡོད་པ་མ་ཡིན་ན། །རྟག་པ་དང་མི་རྟག་པ་ལ་སོགས་པར་རོ། །འོ་ན་དོན་དམ་པར། གང་ལ་ཕྱིན་ཅི་ལོག་ཡོད་ཅིང་། །གང་ལ་ཕྱིན་ཅི་མ་ལོག་ཡོད། །རྣམ་པར་མི་རྟོག་པའི་ཤེས་རབ་ཀྱི་སྤྱོད་པ་ལ་གནས་པ་ལ། རྟག་པ་དང་། མི་རྟག་པ་ལ་སོགས་པར་ཤེས་པ་ཀུན་དུ་མི་འབྱུང་བའི་ཕྱིར་རོ་ཞེས་བྱ་བར་དགོངས་སོ། །ཡང་ན་གང་དག་འདི་སྐད་ཅེས་ཕྱིན་ཅི་ལོག་རྣམས་ནི་ཡོད་པ་ཁོ་ན་ཡིན་ཏེ། དེ་དང་ལྡན་པ་ཡོད་པའི་ཕྱིར་རོ། །དཔེར

ན་གདུགས་དང་ལྡན་པ་ཡོད་ན། གདུགས་ཡོད་པ་དེ་བཞིན་དུ་ཕྱིན་ཅི་ལོག་དང་ལྡན་པའི་བྱིས་པ་འདི་དག་ཡོད་པས། དེའི་ཕྱིར་ཕྱིན་ཅི་ལོག་རྣམས་ནི་ཡོད་པ་ཁོ་ན་ཡིན་ནོ་ཞེས་ཟེར་ན། དེ་དག་གི་ཕྱིར་འདི་བཤད་དེ། ལོག་པའམ་ཡང་དག་ཉིད་དུ་ནི། །འཛིན་པ་ཡོད་པ་མ་ཡིན་ན། །རྣམ་པ་གཉི་ག་ཡང་སྔར་བསྟན་པའི་སྒྲུབ་པས་སྐྱེ་བ་ལ་སོགས་པར་མ་གྲུབ་པའི་ཕྱིར་རོ། །དེ་བཞིན་དུ། གང་ན་ཕྱིན་ཅི་ལོག་དང་ནི། །གང་ལ་ཕྱིན་ཅི་མ་ལོག་ཡོད༑ ༑ཕྱིན་ཅི་ལོག་གང་ལ་ལྟོས་ནས་འདི་ནི་ཕྱིན་ཅི་ལོག་དང་ལྡན་པའོ། །འདི་ནི་ཕྱིན་ཅི་མ་ལོག་པ་དང་ལྡན་པའོ་ཞེས་བྱ་བ་དེ་དག་ཀྱང་ཕྱིན་ཅི་ལོག་བཞིན་དུ་ཡོད་པ་མ་ཡིན་ཏེ༑ གང་ལ་ཕྱིན་ཅི་ལོག་ཡོད་པ་དང་། གང་ལ་ཕྱིན་ཅི་མ་ལོག་པ་ཡོད་པ་མ་ཡིན་པ་ཉིད་དོ་ཞེས་བྱ་བའི་ཚིག་གི་དོན་ཏོ། །དེའི་ཕྱིར་དོན་དམ་པར་གཏན་ཚིགས་ཀྱི་དོན་མ་གྲུབ་པ་ཉིད་དང་། དཔེ་ཡང་མེད་ལ། ཀུན་རྫོབ་ཏུ་དོན་འགལ་བ་ཉིད་ཀྱང་ཡིན་ནོ། །ཡང་གཞན་ཡང་༑ འདི་ལ་ཕྱིན་ཅི་ལོག་དང་ལྡན་པ་འདི་ནི་ཕྱིན་ཅི་ལོག་དང་བཅས་པར་འདོད་ན། དེ་ཡང་ཕྱིན་ཅི་ལོག་ཏུ་གྱུར་པའམ། ཕྱིན་ཅི་ལོག་ཏུ་མ་གྱུར་པའམ། ཕྱིན་ཅི་ལོག་ཏུ་འགྱུར་བ་བཞིན་པ་ཞིག་ཡིན་གྲང་ན། དེ་ལ། ཕྱིན་ཅི་ལོག་ཏུ་གྱུར་པ་ལ། །ཕྱིན་ཅི་ལོག་དག་མི་སྲིད་དོ། །དེ་དག་དང་ལྡན་པ་ལ་དེ་དག་དང་ལྡན་པར་འགྱུར་བ་དོན་མེད་པ་ཉིད་དུ་འགྱུར་བའི་ཕྱིར་རོ། །ཕྱིན་ཅི་ལོག་ཏུ་མ་གྱུར་ལ། ཕྱིན་ཅི་ལོག་དག་མི་སྲིད་དོ། །དེ་དག་དང་བྲལ་བའི་ཕྱིར་དཔེར་ན་འཕགས་པ་བཞིན་ནོ། །ཕྱིན་ཅི་ལོག་ཏུ་འགྱུར་བཞིན་ལ༑ ༑ཕྱིན་ཅི་ལོག་དག་མི་སྲིད་དོ། །སྐྱོན་གཉི་གར་འགྱུར་བའི་ཕྱིར་རོ། །ཕྱིན་ཅི་ལོག་ཏུ་གྱུར་པ་དང་། ཕྱིན་ཅི་ལོག་ཏུ་མ་གྱུར་པ་དང་། ཕྱིན་ཅི་ལོག་ཏུ་འགྱུར་བ་བཞིན་པ་མ་གཏོགས་པའི་ཕྱིན་ཅི་ལོག་དང་ལྡན་པ་མི་འཐད་པས། དེའི་ཕྱིར་བཤད་པ། ཁྱོད་ཉིད་

ཕྱོགས་སུ་ལྟུང་བའི་བློ་མེད་པར་གྱིས་ལ། གང་ལ་ཕྱིན་ཅི་ལོག་སྲིད་པ། །བདག་ཉིད་ཀྱིས་ནི་རྣམ་པར་དཔྱོད། །ཕྱིན་ཅི་ལོག་དང་ལྡན་པ་ཡོད་པ་མ་ཡིན་པ་ཉིད་དོ་ཞེས་བྱ་བའི་ཚིག་གི་དོན་ཏོ། །དེའི་ཕྱིར་གཏན་ཚིགས་དང་། དཔེའི་སྐྱོན་སྔ་མ་བཞིན་ནོ། །གཞན་ཡང་། གང་གི་ཚེ་དོན་དམ་པར་ཇི་སྐད་བསྟན་པའི་ཚུལ་གྱི་དབང་གིས་དངོས་པོ་ཐམས་ཅད་སྐྱེ་བ་མེད་པར་བསྟན་པའི་ཚེ། ཕྱིན་ཅི་ལོག་རྣམས་མ་སྐྱེས་ན། །ཇི་ལྟ་བུར་ན་ཡོད་པར་འགྱུར༑ ༑ཡོད་པར་མི་འགྲུབ་པ་ཉིད་དེ། མ་སྐྱེས་པའི་ཕྱིར་རོ་ཞེས་བྱ་བའི་ཚིག་གི་དོན་ཏོ༑ ༑ཕྱིན་ཅི་ལོག་རྣམས་སྐྱེ་མེད་ན། །ཕྱིན་ཅི་ལོག་ཅན་ག་ལ་ཡོད། །ཕྱིན་ཅི་ལོག་ཅན་ཞེས་བྱ་བ་ནི་ཕྱིན་ཅི་ལོག་དང་ལྡན་པ་ཞེས་བྱ་བའི་ཐ་ཚིག་གོ། དེའི་ཕྱིར་གཏན་ཚིགས་ལ་སོགས་པའི་སྐྱོན་དེ་ཉིད་ཡོད་དོ། །ཡང་གཞན་ཡང་། དོན་དམ་པར། གལ་ཏེ་བདག་དང་སྡུག་པ་དང་། །རྟག་དང་བདེ་བ་ཡོད་ན་ནི། །བདག་ཤེས་སྡུག་ཤེས་རྟག་ཤེས་དང་། །དེ་ཤེས་ཕྱིན་ཅི་ལོག་མ་ཡིན། །ཤེས་བྱ་ཕྱིན་ཅི་ལོག་མ་ཡིན་པའི་ཕྱིར་རོ་ཞེས་བྱ་བར་དགོངས་སོ། །འདིར་བདག་ཤེས་བྱ་བ་ལ་སོགས་པའི་སྒྲ་ནི། བདག་ལ་སོགས་པ་དེ་དག་ལ་གནས་པ་ཉིད་ཀྱི་ཕྱིར། བདག་ལ་སོགས་པ་ཤེས་པ་ཡིན་པར་བསྟན་ཏོ། །དེ་བཞིན་དུ་དོན་དམ་པར། གལ་ཏེ་བདག་དང་སྡུག་པ་དང་། །རྟག་དང་བདེ་བ་མེད་ན་ནི། །བདག་མེད་མི་སྡུག་མི་རྟག་དང་། །སྡུག་བསྔལ་ཡོད་པ་མ་ཡིན་ནོ། །བདག་མེད་པ་ལ་སོགས་པའི་ངོ་བོ་ཉིད་ནི་བདག་ལ་སོགས་པ་བརྩལ་བས་སམ། དེ་དག་ལ་ལྟོས་པས་བདག་མེད་པ་ཉིད་ལ་སོགས་པར་འགྲུབ་པའི་ཕྱིར་རོ་ཞེས་བྱ་བར་དགོངས་སོ། །བདག་མེད་པ་ལ་སོགས་པ་མ་གྲུབ་པའི་ཕྱིར། གང་དག་ལ་བདག་ལ་སོགས་པར་ལྟ་བ་ཕྱིན་ཅི་ལོག་ཏུ་གྱུར་ཏེ། འདི་ལྟར་མི་མེད་ན་སྡོང་དུམ་ལ་མིར་མཐོང་བའི་ཕྱིན་ཅི་ལོག་ཀྱང་མེད་དོ། །ཕྱིན་

ཅི་ལོག་ཉིད་མ་གྲུབ་པའི་ཕྱིར་གཏན་ཚིགས་ལ་སོགས་པ་མེད་པའི་སྐྱོན་དེ་ཉིད་བཟློག་དཀའོ༑ ༑འོན་ཏེ་ཇི་སྟེ་འབྱོར་པ་དེ་ལ་དེ་ལྟར་རྟག་པ་དང་། མི་རྟག་པ་ལ་སོགས་པའི་ཕྱིན་ཅི་ལོག་དང་། ཕྱིན་ཅི་ལོག་མ་ཡིན་པ་དག་གྲུབ་པའི་ཕྱིར་དེ་དག་ཏུ་རྣམ་པར་རྟོག་པ་ལོག་པར་གྱུར་པ་ན། ཡོན་ཏན་ཅི་ཞིག་འབྱུང་བར་འགྱུར་ཞེ་ན། ཇི་སྐད་བསྟན་པའི་ཚུལ་གྱིས་འབྲས་བུ་བསྟན་པར་བཞེད་པས། དེ་ལྟར། ཕྱིན་ཅི་ལོག་འགགས་པས། མ་རིག་པ་ནི་འགག་པར་འགྱུར། ༑ཕྱིན་ཅི་ལོག་དག་གི་རྒྱུ་ཡང་མ་རིག་པ་ཡིན་པའི་ཕྱིར་ཅི་ལོག་འགགས་པས། བདག་ལ་སོགས་པར་ལྟ་བའི་རྒྱུ་མ་རིག་པ་འགག་པར་འགྱུར་རོ། ༑མ་རིགས་འགགས་པར་གྱུར་ན་ནི། ༑འདུ་བྱེད་ལ་སོགས་འགག་པར་འགྱུར། ༑འདུ་བྱེད་ལ་སོགས་པ་ཞེས་བྱ་བར་ཚིག་སྦྱར་ཏེ། འདུ་བྱེད་དང་། རྣམ་པར་ཤེས་པ་རང་། མིང་དང་། གཟུགས་དང་། སྐྱེ་མཆེད་དྲུག་དང་། རེག་པ་དང་། ཚོར་བ་དང་། སྲེད་པ་དང་། ལེན་པ་དང་༑ སྲིད་པ་དང་། སྐྱེ་བ་དང་། རྒ་ཤི་ལ་སོགས་པ་དག་གོ ༑དེའི་ཕྱིར་དེ་ལྟར་ངོ་བོ་ཉིད་མེད་པ་ཉིད་རྟོགས་པ་ལས་ཉོན་མོངས་པ་ཉེ་བར་ཞི་བ་འགྲུབ་བོ། ༑ངོ་བོ་ཉིད་ཡོད་པར་སྨྲ་བའི་ཕྱོགས་འདི་ལ་ཉོན་མོངས་པ་དེ་དག་ཡོད་པར་གྱུར་པའམ། མེད་པར་གྱུར་པ་ཞིག་ཡིན་གྲང་ན། དེས་ཅིར་འགྱུར་ཞེ་ན། གལ་ཏེ་ལ་ལའི་ཉོན་མོངས་པ། ༑གང་དག་ངོ་བོ་ཉིད་ཡོད་ན། ༑ཡོད་པར་འགྱུར་བའི་ཞེས་མ་སྨོས་ཀྱང་། སྐབས་ལས་ཤེས་པར་བྱའོ། ༑ཇི་ལྟ་བུར་ན་སྤོང་བར་འགྱུར། ༑ཇི་ལྟར་སྤོང་བར་མི་འགྱུར་ཞེ་ན། ཡོད་པ་སུ་ཞིག་སྤོང་བར་བྱེད། ༑ཡོད་པར་གྱུར་པ་ངོ་བོ་ཉིད་མི་འགྱུར་བའི་ཕྱིར་རོ་ཞེས་བྱ་བར་དགོངས་སོ། ༑ཇི་སྟེ་མེད་པར་གྱུར་པ་ནི་རི་བོང་གི་རྭ་ལྟ་བུའམ། གཅིག་ལ་གཅིག་མེད་པའི་མཚན་ཉིད་ལྟ་བུ་ཡིན་ན་དེ་ལྟ་ན་ཡང་། གལ་ཏེ་ལ་ལའི་ཉོན་མོངས་པ། ༑གང་དག་ངོ་བོ་ཉིད་མེད་ན།།

འདིར་ཡང་མེད་པར་གྱུར་པ་ཞེས་མ་སྨོས་ཀྱང་། སྐབས་ལས་ཤེས་པར་བྱའོ། །ཇི་ལྟ་བུར་ན་སྤོང་བར་འགྱུར། །ཇི་ལྟར་སྤོང་བར་མི་འགྱུར་ཞེ་ན། མེད་པ་སུ་ཞིག་སྤོང་བར་བྱེད།། མེད་པར་གྱུར་པའི་མེད་པ་ཉིད་ནི་སྤང་དུ་མེད་པའི་ཕྱིར་ཏེ། འདི་ལྟར་ནམ་མཁའི་མེ་ཏོག་མེད་པའི་ངོ་བོ་ཉིད་སྤོང་བར་མི་བྱེད་ལ། རྟ་ངོ་བོ་ཉིད་མེད་པས་ཀྱང་། རྟ་མེད་པའི་ངོ་བོ་ཉིད་སྤོང་བར་མི་བྱེད་དོ། །ཇི་སྐེ་ཡང་འདི་སྙམ་དུ་ཉོན་མོངས་པ་ཡོད་པར་གྱུར་པ་རྣམས་ཉིད་གཉེན་པོ་སྐྱེས་པས། །སྤོང་བར་འགྲུབ་པའི་ཕྱིར་སྐྱོན་མེད་དོ་སྙམ་ན། ཡོད་པར་གྱུར་པས་གང་གི་གཉེན་པོ་སྐྱེས་པས། ཇི་ལྟར་སྤོང་བའི་དོན་དེ་བསྟན་དགའོ། །དེ་ལ་འདིར་ཉོན་མོངས་པ་རྣམས་ཡོད་པར་གྱུར་པ་དང་། མེད་པར་གྱུར་པར་རྟོག་པ་ལ་དེ་དག་སྤོང་བ་མི་འཐད་པས། གླགས་ཡོད་པས་ཉོན་མོངས་པ་རྣམས་ཀྱི་ཆོས་ནི་སྤང་བ་ཡིན་པར་བསྟན་ཏོ། །དེའི་ཕྱིར་རྗེས་སུ་དཔག་པ་ནི་དོན་དམ་པར་ཉོན་མོངས་པ་རྣམས་ངོ་བོ་ཉིད་མེད་དེ། སྤང་བ་ཡིན་པའི་ཕྱིར་དཔེར་ན། སྒྱུ་མ་མཁན་གྱིས་སྤྲུལ་པའི་བུད་མེད་དང་། སྐྱེས་པ་དང་། གཟུགས་སུ་བྱས་པའི་ན་ཚུད་བཞིན་ཏེ། སྐྱོན་རྟོག་པ་ལ་དེ་དག་སྤོང་བ་ཡོད་དོ། །དེ་ལ་འདིར་རབ་ཏུ་བྱེད་པའི་དོན་ནི། ཕ་རོལ་པོས་སྨྲས་པའི་བསྒྲུབ་པའི་སྐྱོན་བརྗོད་པ་དང་། རང་གི་སྒྲུབ་པ་ཁ་ན་མ་ཐོ་བ་མེད་པ་བསྟན་པས། ཕྱིན་ཅི་ལོག་ངོ་བོ་ཉིད་མེད་པ་ཉིད་དུ་བསྟན་པ་ཡིན་ནོ། །དེའི་ཕྱིར། ཇི་ལྟར་ངག་འདི་གཟུགས་ཅན་ཡིན། །ཀུན་ནས་དམིགས་སུ་མེད་པ་ལྟར། །དེ་ལྟར་ཉོན་མོངས་གཟུགས་ཅན་མིན། །གདན་དུ་དམིགས་སུ་ཡོད་མ་ཡིན། །ཇི་ལྟར་ངག་འདི་ཡོད་པ་མིན། །ནང་དང་ཕྱི་ན་མི་གནས་ལྟར།། དེ་ལྟར་ཉོན་མོངས་ཡོད་མིན་པ། །ནང་དང་ཕྱི་ན་གནས་པ་མིན། །ཞེས་བྱ་བ་ལ་སོགས་པ་དང་། དེ་བཞིན་དུ་ཤ་ར་དྭ་ཏིའི་བུ་ཀུན་ནས་ཉོན་མོངས་པའི་ཡོངས་སུ་ཤེས་པ་གང་

ཡིན་པ་དེ་ནི་ཡང་དག་པ་ཇི་ལྟ་བ་བཞིན་ནོ། །དེ་ལ་ནི་ཀུན་ནས་ཉོན་མོངས་པ་འགའ་ཡང་མེད་དེ། སེམས་ཅན་ཕྱིན་ཅི་ལོག་ཏུ་གྱུར་པ་རྣམས་ནི་ཀུན་ནས་ཉོན་མོངས་པར་འགྱུར་རོ། །ཕྱིན་ཅི་ལོག་གང་ཡིན་པར་དེ་ནི་ཡོད་པ་མ་ཡིན་ཏེ། གང་ཡོད་པ་མ་ཡིན་པ་དེ་ལ་ཡོད་པའི་ཡོངས་སུ་འགྲུབ་པའམ། མཚན་ཉིད་མེད་དེ། ཤ་ར་དྭ་ཏིའི་བུ་དེ་ལྟར་ཡོངས་སུ་ཤེས་པ་གང་ཡིན་པ་དེ་ནི། རྣམ་པར་བྱང་བ་ཞེས་བྱའོ་ཞེས་བྱ་བ་ལ་སོགས་པ་དང་། དེ་བཞིན་དུ་དེ་བཞིན་གཤེགས་པས་ཉོན་མོངས་པ་རྣམས་ཡོད་པ་མ་ཡིན་པར་མངོན་པར་རྫོགས་པར་སངས་རྒྱས་ཤིང་བསྟན་ཏེ། གཟུགས་སུ་མི་སྣང་ཡང་ཀུན་ཏུ་མཁྱེན་ལ། གཉིས་སུ་མ་མཛད་ཀྱང་། མངོན་སུམ་དུ་མཛད་ཅིང་ཐོབ་པ་ཡང་མེད་དོ་ཞེས་བྱ་བ་ལ་སོགས་པ་གསུངས་པ་དེ་དག་གྲུབ་པ་ཡིན་ནོ། །སློབ་དཔོན་ལེགས་ལྡན་བྱེད་༼འབྱེད༽ཀྱིས་ཉེ་བར་སྦྱར་བ། དབུ་མའི་རྩ་བའི་འགྲེལ་པ་ཤེས་རབ་སྒྲོན་མ་ལས། ཕྱིན་ཅི་ལོག་བརྟག་པ་ཞེས་བྱ་བ་སྟེ། རབ་ཏུ་བྱེད་པ་ཉི་ཤུ་གསུམ་པའོ།། །།

༼རབ་བྱེད་ཉེར་བཞི་པ་འཕགས་པའི་བདེན་པ་བརྟག་པ།༽

ད་ནི་དེ་བཞིན་དུ་སྟོང་པ་ཉིད་ཀྱི་མི་མཐུན་པའི་ཕྱོགས་ཀྱི་ཁྱད་པར་དགག་པས། འཕགས་པའི་བདེན་པ་རྣམས་ངོ་བོ་ཉིད་མེད་པ་ཉིད་དུ་བསྟན་པའི་དོན་གྱི་དབང་གིས། རབ་ཏུ་བྱེད་པ་ཉི་ཤུ་བཞི་པ་བརྩམ་མོ། །འདིར་སྨྲས་པ། ཁྱོད་ཀྱིས་བསྟན་པའི་ཚུལ་གྱིས། གལ་ཏེ་འདི་དག་ཀུན་སྟོང་ན། །འབྱུང་བ་མེད་ཅིང་འཇིག་པ་མེད། །སྟོང་པའི་ཕྱིར་དཔེར་ན་ནམ་མཁའི་མེ་ཏོག་བཞིན་ནོ་ཞེས་བྱ་བར་བསམས་སོ། །དེའི་ཕྱིར་སྐྱོན་འདི་ལྟ་བུར་འགྱུར་ཏེ། འབྱུང་བ་དང་། འཇིག་པ་མེད་པའི་ཕྱིར་མ་སྐྱེས་པ་ནི་སྡུག་བསྔལ་མ་ཡིན་པས༑ སྡུག་བསྔལ་གྱི་བདེན་པ་མེད་པ་དང་། དེ་མེད་པའི་ཕྱིར། གང་ལས་དེ་ཀུན་འབྱུང་བ་ཡིན་པ་དེ་ཡང་མེད་པས། ཀུན་འབྱུང་གི་བདེན་པ་མེད་པ་དང་། ཀུན་འབྱུང་མེད་ན་དེ་འགོག་པ་མེད་པའི་ཕྱིར། འགོག་པའི་བདེན་པ་མེད་པ་དང་། འགོག་པའི་བདེན་པ་མེད་ན་འགོག་པར་འགྲོ་བའི་ལམ་ཡང་དག་པའི་ལྟ་བ་སྔོན་དུ་བཏང་བ་ཡང་མེད་པའི་ཕྱིར། ལམ་གྱི་བདེན་པ་ཡང་མེད་པས། འཕགས་པའི་བདེན་པ་བཞི་པོ་རྣམས། ཁྱོད་ལ་མེད་པར་ཐལ་བར་འགྱུར། །དེས་ན་རྣལ་འབྱོར་པ་མེད་པ་དང་། འཆི་བས་འཇིགས་པ་རྣམས་ཀྱིས་འཕགས་པའི་བདེན་པ་བཞི་པོ་ཡོངས་སུ་ཤེས་པ་དང་། སྤང་བ་དང་མངོན་སུམ་དུ་བྱ་བ་དང་། བསྒོམ་པའི་ཡུལ་ལ་སྡུག་བསྔལ་ཡོངས་སུ་ཤེས་པར་བྱ་བ་དང་། ཀུན་འབྱུང་སྤང་བར་བྱ་བ་དང་། འགོག་པ་མངོན་སུམ་དུ་བྱ་བ་དང་། ལམ་བསྒོམ་པར་བྱ་བའི་

མངོན་པར་བརྗོད་པ་གང་ཡིན་པ་དེ་མི་འཐོབ་པས། དེའི་ཕྱིར་སྨྲས་པ། འཕགས་པའི་བདེན་པ་བཞི་མེད་པས། ཡོངས་སུ་ཤེས་དང་སྤང་བ་དང་། །བསྒོམ་དང་མངོན་དུ་བྱ་བ་དག ༏འཐད་པར་འགྱུར་བ་མ་ཡིན་ནོ། །འཕགས་པའི་བདེན་པ་ཞེས་བྱ་བ་ནི། འཕགས་པ་རྣམས་ཀྱི་བདེན་པའམ། འཕགས་པར་བྱེད་པའི་བདེན་པའམ། འཕགས་པ་ཡང་ཡིན་ལ༏ བདེན་པ་ཡང་ཡིན་པས་འཕགས་པའི་བདེན་པའོ། །བདེན་པ་ཞེས་བྱ་བ་ནི། ཡང་དག་པ་དང་། མ་ནོར་བ་ཞེས་བྱ་བ་དག་གི་རྣམ་གྲངས་སོ། །འདིར་བསྒོམ་པ་དང་། མངོན་སུམ་དུ་བྱ་བ་གཉིས་བསྣོར་བ་ནི། ཚིགས་སུ་བཅད་པ་སྦྱེབ་པའི་དབང་གིས་སོ། །ཡང་གཞན་ཡང་ཁྱོད་ལ། དེ་དག་ཡོད་པ་མ་ཡིན་པས། །འཕགས་པའི་བདེན་པ་བཞི་པོ་དེ་དག་ཡོད་པ་མ་ཡིན་པས་སོ། །འབྲས་བུ་བཞི་ཡང་ཡོད་མ་ཡིན། །རྒྱུན་དུ་ཞུགས་པ་དང་། ལན་ཅིག་ཕྱིར་འོང་བ་དང་། ཕྱིར་མི་འོང་བ་དང་། དགྲ་བཅོམ་པ་ཞེས་བྱ་བ་དག་སྟེ། འཇིག་ཚོགས་ལ་ལྟ་བ་དང་། ཐེ་ཚོམ་དང་། ཚུལ་ཁྲིམས་དང་། བརྟུལ་ཞུགས་མཆོག་ཏུ་འཛིན་པ་ལ་སོགས་པའི་སྐྱོན་གྱི་བུད་ཤིང་དག འཕགས་པའི་བདེན་པ་མཐོང་བའི་མེས་སྲེག་པར་བྱེད་པ་ཡིན་པའི་ཕྱིར་རོ་ཞེས་བྱ་བར་བསམས་སོ། །དེ་ལྟར། འབྲས་བུ་མེད་ན་འབྲས་གནས་མེད། །རྒྱུན་དུ་ཞུགས་པ་དང་། ལན་ཅིག་ཕྱིར་འོང་བ་དང་། ཕྱིར་མི་འོང་བ་དང་། དགྲ་བཅོམ་པའི་འབྲས་བུ་ལ་གནས་པ་དེ་དག་གོ། ཞུགས་པ་དག་ཀྱང་ཡོད་མ་ཡིན། །ཞུགས་པ་དག་ནི་རྒྱུན་དུ་ཞུགས་པ་ལ་སོགས་པའི་ལམ་ལ་གནས་པ་དག་གོ། དེ་ལྟར་ན། བཅོམ་ལྡན་འདས་ཀྱི་ཉན་ཐོས་ཀྱི་ཚོགས་འགྲོ་བའི་བསོད་ནམས་ཀྱི་ཞིང་བདུད་ལ་སོགས་པས་མི་ཕྱེད་ཅིང་། གཞན་གྱི་དྲིང་མི་འཇོག་པས། བསྟུས་པའི་ཕྱིར་རམ། ཚུལ་ཁྲིམས་དང༏ ཏིང་ངེ་འཛིན་དང་། ཤེས་རབ་དང་། རྣམ་པར་གྲོལ་བ་དང་། རྣམ་པར་གྲོལ་བའི་

ཡེ་ཤེས་མཐོང་བ་དག་གིས་བསྡུས་པའི་ཕྱིར། འཇིག་རྟེན་ན་མཚན་དགེ་འདུན་ཞེས་བྱ་བར་རྣམ་པར་གྲགས་པ་ཡང་མེད་པར་འགྱུར་བས། གལ་ཏེ་སྐྱེས་བུ་གང་ཟག་བརྒྱད། །དེ་དག་མེད་ན་དགེ་འདུན་མེད། །གང་དག་ལམ་དང་འབྲས་བུའི་དབྱེ་བས་རྣམ་པར་བཤད་པ་དག་གོ། གཞན་ཡང་། འཕགས་པའི་བདེན་རྣམས་མེད་པའི་ཕྱིར། །དམ་པའི་ཆོས་ཀྱང་ཡོད་མ་ཡིན། །ཐབས་ལས་བྱུང་བ་མེད་ན་ཐབས་ཀྱང་མི་སྲིད་པའི་ཕྱིར་རོ་ཞེས་བྱ་བར་བསམས་སོ། །ཆོས་དང་དགེ་འདུན་ཡོད་མིན་ན། །ཉོན་མོངས་པའི་བུད་ཤིང་བསྲེགས་པ་ལ་འཇེབས་པ་དང་། དེ་རྟོགས་པར་བྱེད་པའོ། །སངས་རྒྱས་ཇི་ལྟར་ཡོད་པར་འགྱུར། །ཡོད་པར་མི་འགྱུར་བ་ཉིད་དོ་ཞེས་བྱ་བའི་ཚིག་གི་དོན་ཏོ། །འདི་ལ་སངས་རྒྱས་ཞེས་བྱ་བ་ནི། བདེན་པ་རྣམས་རྟོགས་པར་གྱུར་པའམ། རྟོགས་པར་མཛད་པ་དེ། མདོ་སྡེ་ལས་ཇི་སྐད་དུ། ཡོངས་སུ་ཤེས་བྱ་ཡོངས་ཤེས་ཤིང་། །སྤང་བར་བྱ་བ་སྤངས་པར་གྱུར༔ ༔བསྒོམ་པར་བྱ་བ་བསྒོམས་ཟིན་པས། །བཟོད་ལྡན་དེ་ཕྱིར་ང་སངས་རྒྱས། །ཞེས་གསུངས་པ་ལྟ་བུའོ། །ཡང་ན། ཆོས་ཐམས་ཅད་དངོས་པོ་མེད་པ་མཉམ་པ་ཉིད་དུ་ཐུགས་སུ་ཆུད་པས་སངས་རྒྱས་ཏེ། ཇི་སྐད་དུ། གང་གིས་ཆོས་རྣམས་ཡོད་མིན་པ། །ཡོད་མིན་མ་ལུས་རྟོགས་གྱུར་ཅིང་། །ཡོད་མིན་ཆོས་རྣམས་སངས་རྒྱས་པ། །དེ་ནི་སངས་རྒྱས་ཞེས་བྱའོ༔ ༔ཞེས་གསུངས་པ་ལྟ་བུའོ། །ཡང་ན་སངས་རྒྱས་པར་གྱུར་ཅིང་། གདུལ་བྱ་རྣམས་སངས་རྒྱས་པར་མཛད་པས་སངས་རྒྱས་སོ། །སངས་རྒྱས་དེ་ཡང་རྟོགས་པ་དང་། རྟོགས་པར་བྱ་བ་དང་། རྟོགས་པར་བྱེད་དུ་གཞུག་པ་རྣམས་མེད་པའི་ཕྱིར་མི་རིགས་པས་སངས་རྒྱས་ཀྱང་མེད་པར་འགྱུར་རོ། །དེ་ལྟར། དེ་སྐད་སྨྲ་ན་དཀོན་པའི་མཆོག །གསུམ་ལ་གནོད་པ་བྱེད་པ་ཡིན། །དེ་སྐད་སྨྲ་ན་ཞེས་བྱ་བ་ཅི་ཞིག་ཅེ་ན། སྟོང་པ་ཉིད་དོ། །དཀོན་མཆོག

ཅེས་བྱ་བ་ནི། དགོན་པ་དང་། རིན་ཆེ་བ་དང་། དགའ་བར་བྱེད་པ་དང་། ཕན་འདོགས་པ་དང་། མི་མ་ཡིན་པ་ལ་སོགས་པ་གནོད་པ་བྱེད་པའི་གཉེན་པོའི་དོན་གྱིས་སོ། །གཞན་ཡང་འབྲས་བུ་ཡོད་པ་དང་། ཆོས་མ་ཡིན་པ་དང་། ཆོས་ཉིད་དང་། འཇིག་རྟེན་པའི་ཐ་སྙད་ནི། ཀུན་ལའང་གནོད་པ་བྱེད་པ་ཡིན། དེ་ལྟར་ནི་མི་འདོད་དེ། ཇི་སྐད་སྨྲས་པའི་སྐྱོན་དུ་ཐལ་བར་འགྱུར་བ་རྣམ་པར་ཟློག་པ་ནི་སྟོང་པ་ཉིད་མ་ཡིན་ཞིང་། འབྱུང་བ་དང་། འཇིག་པ་དག་ཀྱང་ཡོད་པ་ཡིན་ན། ངོ་བོ་ཉིད་ཡོད་པ་ཉིད་དང་། འབྱུང་བ་དང་འཇིག་པའི་ཆོས་ཅན་ཉིད་ཡིན་པས། བསྒྲུབ་པར་བྱ་བ་དང་། སྒྲུབ་པའི་ཆོས་མཐོན་ནོ་ཞེས་བྱ་བའི་ཚིག་གི་དོན་ཏེ། གླགས་ཡོད་པའི་ཚིག་ཡིན་པའི་ཕྱིར་རོ། །དཔེར་ན་གལ་ཏེ་སྒྲ་རྟག་པ་ཡིན་ན་མ་བྱས་པར་འགྱུར་ཏེ། མ་བྱས་པ་ནི་རྟག་པར་དམིགས་པར་འགྱུར་ལ། དམིགས་ན་བྱས་པར་མི་འགྱུར་རོ་ཞེས་བྱ་བས། ཇི་སྐད་སྨྲས་པའི་སྐྱོན་དུ་ཐལ་བར་འགྱུར་བ་རྣམ་པར་བཟློག་པ་ནི། མི་རྟག་པ་ལ་བྱས་པ་ཡོད་པས་སྒྲ་ནི་མི་རྟག་སྟེ་བྱས་པའི་ཕྱིར་རོ་ཞེས་བྱ་བས་བསྒྲུབ་པར་བྱ་བ་དང་། སྒྲུབ་པའི་ཆོས་མཐོན་ནོ་ཞེས་བྱ་བའི་ཚིག་གི་དོན་ཡིན་པ་བཞིན་ནོ། །འདིར་སྨྲས་པའི་ཚིག་ནི་དོན་དམ་པར་དངོས་པོ་རྣམས་ངོ་བོ་ཉིད་ཡོད་པ་ཁོ་ན་ཡིན་ཏེ། འབྱུང་བ་དང་། འཇིག་པའི་ཆོས་ཅན་ཉིད་ཡིན་པའི་ཕྱིར་རོ། །གང་དག་ངོ་བོ་ཉིད་མེད་པ་དེ་དག་ལ་ནི་འབྱུང་བ་འཇིག་པ་མ་མཐོང་སྟེ། དཔེར་ན་ནམ་མཁའི་མེ་ཏོག་དག་བཞིན་ནོ། །དངོས་པོ་རྣམས་ནི་མ་བྱུང་བ་ལས་འབྱུང་བ་དང་། བྱུང་ནས་འཇིག་པ་ཡོད་པས། དེའི་ཕྱིར་གཏན་ཚིགས་ཇི་སྐད་སྨོས་པའི་མཐུས་དོན་དམ་པར་དངོས་པོ་རྣམས་ངོ་བོ་ཉིད་ཡོད་པ་ཁོ་ན་ཡིན་ནོ། །དེ་ལ་བཤད་པ་ཁྱོད་ཀྱིས་ནི། །སྟོང་ཉིད་དགོས་དང་སྟོང་ཉིད་དང་། །སྟོང་ཉིད་དོན་ནི་མ་རྟོགས་པས། །དེ་ཕྱིར་དེ་ལྟར་གནོད་པ་བྱེད། །འདིར

སྟོང་པ་ཉིད་ཀྱི་དགོས་པ་ནི་སྤྲོས་པ་ཐམས་ཅད་ཉེ་བར་ཞི་བའི་མཚན་ཉིད་དོ། །སྟོང་པ་ཉིད་ནི་འཛིན་པ་ཐམས་ཅད་དང་བྲལ་བའི་མཚན་ཉིད་སྟོང་པ་ཉིད་ལ་དམིགས་པའི་ཡེ་ཤེས་སོ། །སྟོང་པ་ཉིད་ཀྱི་དོན་ནི་དེ་བཞིན་ཉིད་ཀྱི་མཚན་ཉིད་དོ། །ཁྱོད་ཀྱིས་དེ་དག་མ་རྟོགས་པས། དེའི་ཕྱིར་འདི་ལྟ་སྟེ། གལ་ཏེ་འདི་དག་ཀུན་སྟོང་ན། །འབྱུང་བ་མེད་ཅིང་འཇིག་པ་མེད། །ཅེས་བྱ་བ་ལ་སོགས་པ་སྨྲ་ཞིང་། དཔེར་ན་ནམ་མཁའ་ལ་ཁྲུ་ཚུར་གཟས་ཏེ། རྨ་པ་དུ་མས་འཚོགས་པར་བྱེད་པ་དེ་ལྟར་གནོད་པ་བྱེད་དོ། །ཐེག་པ་ཆེན་པོ་འདི་ལ་ནི།།

སངས་རྒྱས་རྣམས་ཀྱིས་ཆོས་བསྟན་པ། །བདེན་པ་གཉིས་ལ་ཡང་དག་བརྟེན། །དེ་དག་ཀུང་གང་དང་གང་ཞེ་ན། འཇིག་རྟེན་ཀུན་རྫོབ་བདེན་པ་དང་། །དམ་པའི་དོན་གྱི་བདེན་པའོ༏ ༏དེ་ལ་འཇིག་རྟེན་པའི་ཀུན་རྫོབ་ནི་འཇིག་རྟེན་གྱི་ཐ་སྙད་དེ། འདི་ལྟ་སྟེ། གཟུགས་ལ་སོགས་པ་དངོས་པོ་རྣམས་སྐྱེའོ། །གནས་སོ། །འགག་གོ་ཞེས་བྱ་བ་དང་། ལྷས་བྱིན་འགྲོའོ༏ ༏ཁྱབ་འཇུག་བཤེས་གཉེན་ཟའོ། །ཟླ་བས་བྱིན་བསྒོམ་མོ། །ཚངས་པས་གྲོལ་ལོ་ཞེས་བྱ་བ་དག་འཇིག་རྟེན་གྱི་ཐ་སྙད་ཀྱི་ཕྱིར་ཕྱིན་ཅི་མ་ལོག་པས། དེ་ནི་འཇིག་རྟེན་པའི་ཀུན་རྫོབ་ཀྱི་བདེན་པ་ཡིན་ནོ། །དོན་དམ་པར་ནི་དེ་དོན་ཀུང་ཡིན་ལ། དམ་པ་ཡང་ཡིན་པས་དོན་དམ་པའམ། རྣམ་པར་མི་རྟོག་པའི་ཡེ་ཤེས་དམ་པའི་དོན་ཡིན་པས། དོན་དམ་པ་སྟེ། དེ་ཁོ་ན་གཞན་ལས་ཤེས་པ་མ་ཡིན་པ་ལ་སོགས་པའི་མཚན་ཉིད་དོ། །དོན་དམ་པ་ཉིད་བདེན་པ་ཡིན་པས། དོན་དམ་པའི་བདེན་པ་སྟེ། དེ་དུས་ཐམས་ཅད་དང་རྣམ་པ་ཐམས་ཅད་དུ་དེ་བཞིན་དུ་གནས་པའི་ཕྱིར་རོ། །རྣམ་པར་མི་རྟོག་པའི་ཡེ་ཤེས་དེའི་ཡུལ་ཅན་ཡང་ཡུལ་མེད་པའི་ཚུལ་གྱིས་དོན་དམ་པ་སྟེ། དེ་ལ་དོན་དམ་པ་ཡོད་པའི་ཕྱིར་རོ།།

དེ་འགོག་པ་དང་རྗེས་སུ་མཐུན་པ་སྐྱེ་བ་མེད་པ་ལ་སོགས་པ་བསྟན་པ་དང་། ཐོས་པ་དང་།

བསམས་པ་དང་། བསྒོམས་པ་ལས་བྱུང་བའི་ཤེས་རབ་ཀྱང་དོན་དམ་པ་སྟེ། དོན་དམ་པ་རྟོགས་པའི་ཐབས་ཀྱི་ཕྱིར་ཕྱིན་ཅི་མ་ལོག་པའི་ཕྱིར་རོ། །གང་དག་བདེན་པ་དེ་གཉིས་ཀྱི།། རྣམ་དབྱེ་རྣམ་པར་མི་ཤེས་པ། །དེ་དག་སངས་རྒྱས་བསྟན་པ་ནི། །ཟབ་མོ་དེ་ཉིད་རྣམས་མི་ཤེས༔ ༔གང་དག་ཚུལ་བཞིན་མ་ཡིན་པ་ཡིད་ལ་བྱེད་པའི་ལིང་ཏོག་ཆེན་པོས། བློ་གྲོས་ཀྱི་མིག་གཡོགས་པ་ཐ་སྙད་དང་དོན་དམ་པའི་བདེན་པ་གཉིས་ཀྱི་རྣམ་པར་དབྱེ་བ། ཡུལ་གྱི་སྤྱོར་བའི་མཚན་ཉིད་མ་འདྲེས་པ། རྣམ་པར་མི་ཤེས་པ་དེ་དག་གིས་ནི་སངས་རྒྱས་ཀྱི་བསྟན་པ་ཟབ་མོའི་དེ་ཉིད་རྣམ་པར་མི་ཤེས་སོ། །སངས་རྒྱས་ཀྱི་སྒྲའི་དོན་ནི་སྔ་མ་བཞིན་ནོ། །བསྟན་པ་ཞེས་བྱ་བ་ནི་ལྷ་དང་མི་བདུད་རྩིའི་གོ་འཕང་ཐོབ་པར་འདོད་པ་རྣམས་ཡོངས་སུ་ཤེས་པར་བྱ་བ་དང་། སྤང་བར་བྱ་བ་དང་། མངོན་སུམ་དུ་བྱ་བ་དང་། བསྒོམ་པར་བྱ་བ་དག་ལ་ཕྱིན་ཅི་མ་ལོག་པར་སྟེན་༼སྟོན་༽པ་སྟེ། བཅོམ་ལྡན་འདས་ཀྱི་གསུང་རབ་ཅེས་བྱ་བ་ཡིན་ནོ། །ཟབ་མོ་ཞེས་བྱ་བ་ནི། དངོས་པོ་དང་དངོས་པོ་མེད་པ་ལ་སོགས་པར་མངོན་པར་ཞེན་པའི་བློ་གྲོས་ཅན་རྣམས་ཀྱིས་གཏིང་རྟོགས་པར་དཀའ་བའི་དོན་གྱིས་སོ། །གང་དག་བདེ་བར་གཤེགས་པའི་ཚུལ་མཆོག་ཏུ་ཟབ་པ་དེ། ལེགས་པར་མ་རྟོགས་པ་ན། དངོས་པོ་རྣམས་མ་སྐྱེས་པ་དང་མ་འགགས་པ། རྣལ་འབྱོར་པ་རྣམ་པར་མི་རྟོག་པའི་ཤེས་རབ་ཀྱི་སྤྱོད་པ་དང་། ཆོས་ཀྱི་དེ་ཁོ་ན་ཕྱིན་ཅི་མ་ལོག་པའི་ཡུལ་ལ་འཇུག་པའི་ཡུལ་ཉིད་དུ། ཡུལ་མེད་པའི་ཚུལ་གྱིས་ཉེ་བར་འགྱུར་བར་བསྟན་པ་ན། ཐ་སྙད་པའི་སྐྱེ་བ་ལ་སོགས་པ་དང་ལྡན་པ་ཡང་མེད་དོ་ཞེས་སྐུར་པ་བཏབ་ནས། གལ་ཏེ་འདི་དག་ཀུན་སྟོང་ན། །འབྱུང་བ་མེད་ཅིང་འཇིག་པ་མེད། །ཅེས་བྱ་བ་ལ་སོགས་པར་རྣམ་པར་རྟོག་པ་དང་། ཀུན་རྫོབ་ཏུ་ཚུལ་ཁྲིམས་ཡང་དག་པར་བླང་བ་དང་། ཏིང་ངེ་འཛིན་བསྒོམ་

པ་དང་། རྟེན་སུ་མཐུན་པར་དངོས་པོ་རྣམས་སྐྱོང༌། །གནས་སོ། །འགག་གོ་ཞེས་བསྟན་པ་ན། དོན་དམ་པར་ཡང་རྣམ་པ་དེ་ལྟ་བུ་ཡིན་ནོ་ཞེས་བྱ་བར་རྣམ་པར་རྟོག་པ་དེ་དག་ནི། སྲིད་པའི་དགོན་པ་ལས་ཤིན་ཏུ་མི་འདའོ། །གལ་ཏེ་དོན་དམ་པའི་བདེན་པ་བསྟན་པ་ཉིད་ཀྱིས་ཐར་པ་འགྲུབ་པའི་ཕྱིར། བདེན་པ་གཉིས་བསྟན་པ་ཅི་དགོས་ཤེ་ན། འདི་ལྟར་ཐ་སྙད་ལ་ནི་མ་བསྟེན་པར། །དམ་པའི་དོན་ནི་བསྟན་མི་ནུས། །དེ་ནི་དག་༼ངག་༽གི་ལམ་ཐམས་ཅད་ལས་ཡང་དག་པར་འདས་པའི་ཕྱིར་རོ། །གཞན་གྱིས་ཡོངས་སུ་བརྟགས་པའི་རྣམ་པར་རྟོག་པ་མ་ལུས་པར། བསལ་བ་མེད་པར་ཡང་དོན་དམ་པར་རྣམ་པར་རྟོག་པ་དང་༏ ལེགས་པར་བྲལ་བ་གཞན་ལས་ཤེས་པ་མ་ཡིན་པར་རྟོགས་པར་མི་འགྱུར་བས། དེའི་ཕྱིར་དོན་དམ་པར་ཡང་བསྟན་ཏེ། དམ་པའི་དོན་ལ་མ་བརྟེན་པར། །མྱ་ངན་འདས་པ་འཐོབ་མི་འགྱུར། །ལས་དང་ཉོན་མོངས་པ་དང་། སྐྱེ་བ་ཉེ་བར་ཞི་བའི་མཚན་ཉིད་དོ།། མཁས་པ་རློམ་པ་གང་ཕུང་པོ་རྣམས་སྟོང་པ་ཉིད་ལས་དངོས་པོ་མེད་པར་ལྟ་བ་དང་། ཕུང་པོ་རྣམས་མི་སྟོང་པ་ཉིད་ལས་དངོས་པོར་ལྟ་བ་དང་། བདག་གིས་མཐོང་བར་གྱུར་ཏོ༏ ༏མཐོང་ངོ་། །མཐོང་བར་གྱུར་རོ། །ཕུང་པོ་རྣམས་སྟོང་པ་ཉིད་དོ། །ཕུང་པོ་རྣམས་ལས་སྟོང་པ་ཉིད་གཞན་ནོ། །སྟོང་པ་ཉིད་ལ་ཕུང་པོ་རྣམས་ཡོད་དོ། །ཕུང་པོ་རྣམས་ལ་སྟོང་པ་ཉིད་ཡོད་དོ། །སྟོང་པ་ཉིད་ཕུང་པོ་རྣམས་དང་ལྡན་ནོ་སྙམ་དུ་སེམས་པ་དེ་ལྟར་ཚུལ་བཞིན་མ་ཡིན་པར་ལྟ་མངོན་པའི་ང་རྒྱལ་ཅན་དེ་ནི། སྟོང་པ་ཉིད་ལ་ལྟ་ཉེས་ན། །ཤེས་རབ་ཆུང་ལྡན་ཕུང་བར་བྱེད། །རྣམ་པར་མི་རྟོག་པའི་ཤེས་རབ་ཀྱི་སྲོག་གི་བར་ཆད་བྱེད་པའི་ཕྱིར་ཕུང་བར་བྱེད་དོ། །ལྟ་ཉེས་ཞེས་བྱ་བ་ནི་ལོག་པར་མཐོང་བ་སྟེ། དངོས་པོ་དང་༏ དངོས་པ་མེད་པ་ལ་སོགས་པའི་ཚུལ་དུ་མཐོང་བའོ། །ཇི་ལྟར་ཕུང་བར་བྱེད་ཅེ་ན།

ཇི་ལྟར་སྒྲུབ་ལ་བཟུང་ཉེས་དང་། །རིག་སྔགས་ཉེས་པར་བསྒྲུབས་པ་བཞིན། །སྦྲུལ་གྲོད་དེ་ཁྲོ་གཏུམ་ཆེ་བ་དུག་དྲག་པོ་བཟུང་ཉེས་ན། འཛིན་པར་བྱེད་པ་ཉིད་ཕུང་བར་བྱེད་པ་དང་། ནམ་མཁའ་ཨན་ད་རྙིལ་ལྟར་སྤོ་བ་ལ་འཕགས་ཏེ། རང་གི་རྒྱན་གྱི་ནོར་བུའི་འོད་ཟེར་དག་གིས་བར་སྣང་བརྒྱན་པར་བྱའོ་སྙམ་དུ་ཡིད་ལ་བསམ་པ་བྱས་པ། རིག་སྔགས་ཉེས་པར་བསྒྲུབས་ན། སྒྲུབ་པ་པོ་ཉིད་ཚེ་ག་ཉམས་པས་ཕུང་བར་བྱེད་པ་ལྟར་རོ། །གང་གི་ཕྱིར་དེ་ལྟར་སྟོང་པ་ཉིད་ཤེས་པར་དཀའ་ཞིང་གནོད་པ་བྱེད་པ། དེ་ཕྱིར་ཞན་པས་ཆོས་འདི་ཡི། གཏིང་རྟོགས་དཀའ་བར་མཁྱེན་གྱུར་ནས། །ཐུབ་པའི་ཐུགས་ནི་ཆོས་བསྟན་ལས། །རབ་ཏུ་ལོག་པར་གྱུར་པ་ཡིན། །ཤེས་རབ་ཞན་པ་རྣམས་ཀྱིས་ཆོས་འདིའི་གཏིང་རྟོགས་པར་དཀའ་བར་མཁྱེན་པར་གྱུར་ནས། ཐུབ་པ་བྱང་ཆུབ་མངོན་པར་རྫོགས་པར་སངས་རྒྱས་པའི་ཐུགས། ཆོས་བསྟན་པར་མཛད་པ་ལས་སླར་ལོག་པར་གྱུར་ཏོ། །ཁྱོད་ནི་ང་ལ་སྟོང་པ་ཉིད། །སྐྱོན་དུ་ཐལ་བར་འགྱུར་བ་ཡིས། །སྤོང་བར་བྱེད་པ་གང་ཡིན་པ།། དེ་ནི་སྟོང་ལ་མི་འཐད་དོ། །ཁྱོད་ཁོ་བོ་ཅག་ལ་སྟོང་པ་ཉིད། །གལ་ཏེ་འདི་དག་ཀུན་སྟོང་ན། །འབྱུང་བ་མེད་ཅིང་འཇིག་པ་མེད། །ཅེས་བྱ་བ་ནས། དེ་སྐད་སྨྲས་ན་དཀོན་པའི་མཆོག །གསུམ་ལ་གནོད་པ་བྱེད་པ་ཡིན། །ཞེས་བྱ་བའི་བར་གྱི་སྐྱོན་དུ་ཐལ་བར་འགྱུར་བ་དག་གིས་སྤོང་བར་བྱེད་པ་གང་ཡིན་པ་དེ་ནི་སྟོང་པ་ལ་མི་འཐད་དེ། དོན་དམ་པར་ནི་དངོས་པོ་མེད་པའི་ངོ་བོ་ཉིད་ཀྱིས་ཀུང་སྟོང་པའི་ཕྱིར། ཁོ་བོ་དངོས་པོ་མེད་པར་ཡང་སྟོང་པར་མི་བྱེད་པའི་ཕྱིར་རོ་ཞེས་བྱ་བར་དགོངས་སོ། །གཞན་གྱིས་ཡོངས་སུ་བརྟགས་པའི་མི་སྟོང་པ་ཉིད་དགག་པས། དངོས་པོ་རྣམས་སྟོང་ངོ་ཞེས་སྨྲས་ཏེ། དངོས་པོ་ཡོད་པ་ལ་སོགས་པ་ངོ་བོ་ཉིད་སྟོང་པའི་ཕྱིར་རོ། །སྟོང་པ་ཉིད་དུ་སྒྲུབ་པ་ཡང་མ་ཡིན་ཏེ། སྟོང་པ

ཉིད་དུ་རྣམ་པར་རྟོག་པ་ཡང་སྤོང་བར་འདོད་པའི་ཕྱིར་རོ། །མདོ་སྡེ་ལས་ཇི་སྐད་དུ། འོད་སྲུངས་བདག་ཏུ་ལྟ་བ་རི་རབ་ཙམ་ནི་སླའི། མངོན་པའི་ང་རྒྱལ་ཅན་གྱི་སྟོང་པ་ཉིད་དུ་ལྟ་བ་ནི་མི་རུང་ངོ་ཞེས་བྱ་བ་དང་། དེ་བཞིན་དུ་གཟུགས་སྟོང་ཞེས་བྱ་བར་མི་མཐོང་། མི་སྟོང་ཞེས་བྱ་བར་མི་མཐོང་ངོ་ཞེས་བྱ་བ་ལ་སོགས་པ་གསུངས་པ་ལྟ་བུའོ། །གཞན་ཡང་། གང་ལ་སྟོང་པ་ཉིད་རུང་བ། །དེ་ལ་ཐམས་ཅད་རུང་བར་འགྱུར། །ཐམས་ཅད་ཅེས་བྱ་བ་ནི་སྐྱེ་བ་ལ་སོགས་པའོ། །ཇི་ལྟར་རུང་བར་འགྱུར་ཞེ་ན། མིག་ལ་སོགས་པ་སྐྱུ་མའི་སྐྱེས་བུ་ལ། སྐྱེས་བུའི་ངོ་བོ་ཉིད་སྟོང་པ་བཞིན་དུ་ཡོད་པ་དང་། མེད་པ་ལ་སོགས་པའི་ངོ་བོ་ཉིད་སྟོང་ཡང་རྐྱེན་གྱི་ཚོགས་པ་མཐའ་དག་ཡོད་ན། འབྱུང་བར་འགྱུར་བ་ནི་སྐྱེ་བ་སྟེ། དེ་ནི་སྡུག་བསྔལ་ལོ། །དེ་སྡུག་བསྔལ་བ་ལ་སོགས་པའི་རྣམ་པ་དག་གིས་མཐོང་བ་གང་ཡིན་པ་དེ་ནི་སྡུག་བསྔལ་གྱི་བདེན་པའོ། །སྡུག་བསྔལ་གྱི་རྒྱུ་ནི་སྡུག་བསྔལ་ཀུན་འབྱུང་བ་སྟེ། དེ་ལས་ཀུན་འབྱུང་བའི་ཕྱིར་རོ། །དེ་ཀུན་འབྱུང་བ་ལ་སོགས་པའི་རྣམ་པ་དག་གིས་མཐོང་བ་གང་ཡིན་པ་དེ་ནི་ཀུན་འབྱུང་གི་བདེན་པའོ། །སྡུག་བསྔལ་གྱི་རྒྱུ་འགོག་པ་ནི་འགོག་པ་སྟེ། དེ་འགོག་པ་ལ་སོགས་པའི་རྣམ་པ་དག་གིས་མཐོང་བ་གང་ཡིན་པ་དེ་ནི་འགོག་པའི་བདེན་པའོ། །སྡུག་བསྔལ་གྱི་རྒྱུ་འགོག་པ་འཐོབ་པའི་ཐབས་ནི་ལམ་སྟེ། དེ་ལམ་ལ་སོགས་པའི་རྣམ་པ་དག་གིས་མཐོང་བ་གང་ཡིནཔ་དེ་ནི་ལམ་གྱི་བདེན་པའོ། །དེའི་ཕྱིར། དེ་ལྟར་འཕགས་པའི་བདེན་པ་བཞི་ཡོད་ན་ཆོས་ཀྱང་འགྲུབ་ལ། རང་བྱུང་གི་ཡེ་ཤེས་ཀྱིས། དེ་རྣམ་པ་ཐམས་ཅད་ལས་ཐུགས་སུ་ཆུད་པའི་ཕྱིར། ཉན་ཐོས་ལ་བསྟན་པ་དང་རྗེས་སུ་མཐུན་པས་སངས་རྒྱས་ཀྱང་འགྲུབ་སྟེ། ཇི་སྐད་དུ། དགེ་སློང་དག་ངས་སྔོན་འདི་ནི་སྡུག་བསྔལ་ལོ་ཞེས་སུ་མཐོང་བ་དག་ནི་མིག་དང་ཤེས་པ་དང་། ཤེས་རབ་

དང་བློ་སྐྱེས་སོ་ཞེས་གསུངས་པ་ལྟ་བུའོ། །དེ་བཞིན་དུ་དོན་དམ་པར་དངོས་པོ་སྒྱུ་མ་ལྟ་བུའི་ངོ་བོ་ཉིད་དག སྐྱེ་བ་མེད་པ་ལ་སོགས་པར་མཐོང་〈མཐོང་བ〉ནི་འཕགས་པའི་བདེན་པ་མཐོང་བ་ཡིན་ཏེ། ཇི་སྐད་དུ། འཇམ་དཔལ་གང་གིས་ཆོས་ཐམས་ཅད་སྐྱེ་བ་མེད་པར་མཐོང་བ་དེས་སྡུག་བསྔལ་ཡོངས་སུ་ཤེས་སོ། །གང་གིས་ཆོས་ཐམས་ཅད་མི་གནས་པར་མཐོང་བ་དེས་ཀུན་འབྱུང་སྤངས་སོ། །གང་གིས་ཆོས་ཐམས་ཅད་གཏན་དུ་མྱ་ངན་ལས་འདས་པར་མཐོང་བ་དེས་འགོག་པ་མངོན་སུམ་དུ་བྱས་སོ། །འཇམ་དཔལ་གང་གིས་ཆོས་ཐམས་ཅད་བསྒོམ་དུ་མེད་པར་མཐོང་བ་དེས་ལམ་བསྒོམས་སོ་ཞེས་གསུངས་པ་ལྟ་བུ་སྟེ། ཐེག་པ་ཆེན་པོའི་ཚུལ་གྱིས་ཀྱང་། འཕགས་པའི་བདེན་པ་གྲུབ་ན། ཆོས་དང་སངས་རྒྱས་ཀྱང་འགྲུབ་པས་ཐམས་ཅད་ཀྱང་རུང་བར་འགྱུར་རོ། །སྟོང་པ་ཉིད་མ་ཡིན་པར་སྨྲ་བ། གང་ལ་སྟོང་ཉིད་མི་རུང་བ། །དེ་ལ་ཐམས་ཅད་མི་རུང་འགྱུར། །གང་སྟོང་པ་ཉིད་མ་ཡིན་པར་སྨྲ་བ་ལ་ཇི་སྐད་བསྟན་པ་ཐམས་ཅད་མི་རུང་བར་འགྱུར་རོ། །ཁྱོད་ཉིད་རང་གི་སྐྱོན་རྣམས་ནི། །ང་ལ་ཡོངས་སུ་སྒྱུར་བྱེད་པ། །རྟ་ལ་མངོན་པར་ཞོན་བཞིན་དུ། །རྟ་ཉིད་བརྗེད་པར་གྱུར་པ་བཞིན། །ཁྱོད་ཉིད་རང་གི་སྐྱོན་གང་དག་ཡིན་པ་དེ་དག་ཁོ་བོ་ལ་ཡོངས་སུ་སྒྱུར་བར་བྱེད་པ་ནི། དཔེར་ན་རྟ་ལ་མངོན་པར་ཞོན་བཞིན་དུ་རྟ་དེ་ཉིད་བརྗེད་པར་གྱུར་པ་བཞིན་ནོ། །ཇི་ལྟར་སྟོང་པ་ཉིད་མི་འདོད་པ་ལ་ཐམས་ཅད་མི་འཐད་པ་དེ་ལྟར་འདིར་བཤད་པར་བྱ་སྟེ། གལ་ཏེ་དངོས་རྣམས་དངོས་ཉིད་ལས། །ཡོད་པར་རྗེས་སུ་ལྟ་བྱེད་ན། །དེ་ལྟ་ཡིན་ན་དངོས་པོ་རྣམས། །རྒྱུ་རྐྱེན་མེད་པར་ཁྱོད་ལྟའོ། །ངོ་བོ་ཉིད་ལས་ཡོད་པ་ནི་རྒྱུ་དང་རྐྱེན་ལ་མི་ལྟོས་པའི་ཕྱིར་རོ་ཞེས་བྱ་བར་དགོངས་སོ། །འབྲས་བུ་དང་ནི་རྒྱུ་ཉིད་དང་། །བྱེད་པ་པོ་དང་བྱེད་དང་བྱ། །སྐྱེ་བ་དང་ནི་འགག་པ་དང་།།

འབྲས་བུ་ལ་ཡང་གནོད་པ་བྱེད། །རྒྱུ་དང་རྐྱེན་ལ་མ་ལྟོས་པར་འབྲས་བུ་ལ་སོགས་པར་
མི་འགྲུབ་པའི་ཕྱིར་རོ། །ཁྱོད་རེ་ཞིག་སྟོང་པ་ཉིད་ཀྱི་དོན་ཡོངས་སུ་བརྟགས་ནས། བྱིས་
པ་གནོད་སྦྱིན་གྱི་གཟུགས་འཛིགས་སུ་རུང་བ་མཐོང་བར་བྲིས་ནས་སྐྲག་སྟེ། འཇིགས་
པའི་སྒྲ་འབྱིན་པར་བྱེད་པ་ལྟ་བུ་དེ་གང་ཡིན། གལ་ཏེ་དེའི་དོན་གཟུགས་དངོས་པོ་མེད་
ཅིང་སྟོང་པ་སྒྱུ་མའི་ངོ་བོ་ཉིད་ལྟ་བུ་ཡིན་ན་ནི་སྐྲག་པ་ཐོང་ཤིག འདི་ལྟར། རྟེན་ཅིང་
འབྲེལ་འབྱུང་གང་ཡིན་པ། །དེ་ནི་སྟོང་པ་ཉིད་དུ་བཤད། །དངོས་པོ་རྐྱེན་རྣམས་ལ་རང་
གི་དངོས་པོ་ཡོད་པ་དང་། མེད་པ་དང་། ཡོད་མེད་དང་། གཞན་དང་། གཞན་མ་ཡིན་པ་
དང་༏ གཉིས་ཀ་ཡོད་པ་མ་ཡིན་པ་ནི། དོན་དམ་པར་རྐྱེན་རྣམས་ལས་རྟེན་ཅིང་འབྲེལ་
པར་ངོ་བོ་ཉིད་ཀྱིས་འབྱུང་བ་མེད་དེ། མིག་ལ་སོགས་པའི་སྐྱེ་བ་ནི་ཐ་སྙད་ཀྱི་བདེན་པ་
ལ་བརྟེན་པ་ཡིན་ནོ། །དེ་སྟོང་པ་ཉིད་དུ་བཤད་པ་ནི། ངོ་བོ་ཉིད་དང་བྲལ་བའི་ཕྱིར་ཏེ།
ཇི་སྐད་དུ། གང་ཞིག་རྐྱེན་ལས་སྐྱེས་པ་དེ་མ་སྐྱེས། །དེ་ལ་ངོ་བོ་ཉིད་ཀྱིས་སྐྱེ་བ་མེད། །
གང་ཞིག་རྐྱེན་ལ་ལྟོས་པ་དེ་སྟོང་གསུངས། །གང་གིས་སྟོང་ཉིད་ཤེས་དེ་བག་ཡོད་ཡིན། །
ཞེས་གསུངས་པ་དང་། དེ་བཞིན་དུ་བློ་གྲོས་ཆེན་པོ་ངོ་བོ་ཉིད་ཀྱིས་སྐྱེ་བ་མེད་པ་ལ་
དགོངས་ནས། ཆོས་ཐམས་ཅད་སྟོང་པར་བཤད་དོ་ཞེས་གསུངས་པ་ལྟ་བུའོ། །དེ་ནི་བརྟེན་
ནས་གདགས་པ་སྟེ། །དེ་ཉིད་དབུ་མའི་ལམ་ཡིན་ནོ། །རྟེན་ཅིང་འབྲེལ་པར་འབྱུང་བ་
ཞེས་བྱ་བ། སྟོང་པ་ཉིད་གང་ཡིན་པ་དེ་ནི་བརྟེན་ནས་གདགས་པ་སྟེ། འཇིག་རྟེན་པ་དང་
འཇིག་རྟེན་ལས་འདས་པའི་ཐ་སྙད་འདོད་པས་ཉེ་བར་ལེན་པ་དག་ལ་བརྟེན་ནས་
གདགས་པ་ཡིན་ནོ། །དེ་ཉིད་དབུ་མའི་ལམ་ཡིན་ཏེ། དབུ་མ་ནི་སྐྱེ་བ་དང་། སྐྱེ་བ་མེད་པ་
དང་༏ ཡོད་པ་དང་། མེད་པའི་མཐའ་གཉིས་སྤངས་པའི་ཕྱིར། འདི་ལྟ་སྟེ། སྐྱེས་པ་ཡང་

མ་ཡིན། མ་སྐྱེས་པ་ཡང་མ་ཡིན། ཡོད་པ་ཡང་མ་ཡིན། མེད་པ་ཡང་མ་ཡིན། རྟག་པ་ཡང་མ་ཡིན། མི་རྟག་པ་ཡང་མ་ཡིན། སྟོང་པ་ཡང་མ་ཡིན། མི་སྟོང་པ་ཡང་མ་ཡིན་པས། དེའི་ཕྱིར་ཤེས་རབ་ཀྱི་ཕ་རོལ་ཏུ་ཕྱིན་པ་ལས། ཇི་སྐད་དུ། དབུ་མའི་ལམ་བསྒོམ་པ་ནི་མིག་དངོས་པོ་ཡོད་ཅེས་བྱ་བར་ཡོངས་སུ་མི་རྟོག མེད་ཅེས་བྱ་བར་ཡོངས་སུ་མི་རྟོག་གོ་ཞེས་བྱ་བ་ལ་སོགས་པ་གསུངས་པ་དང་། འཕགས་པ་དཀོན་མཆོག་བརྩེགས་པའི་མདོ་ལས༏ འོད་སྲུངས་ཡོད་ཅེས་བྱ་བ་འདི་ནི་མཐའ་གཅིག་གོ། མེད་ཅེས་བྱ་བ་འདི་ནི་མཐའ་གཉིས་སོ། །མཐའ་དེ་གཉིས་ཀྱི་བར་གང་ཡིན་པ་དེ་ནི་གཟུགས་ཅན་མ་ཡིན་པ་བསྟན་དུ་མེད་པ། ཐོགས་པ་མེད་པ། མི་གནས་པ། སྣང་བ་མ་ཡིན་པ། རྣམ་པར་རིག་པ་མ་ཡིན་པ། གནས་མེད་པའོ་ཞེས་གསུངས་པ་དེ་དག་གྲུབ་བོ། །ལམ་ནི་ཐོབ་པའི་ཐབས་ཞེས་བྱ་བའི་ཐ་ཚིག་གོ། ཅི་སྟེ་འདི་སྙམ་དུ་ཁོ་བོ་ཡང་སྨྲ་སྟེ། རྒྱུ་དང་རྐྱེན་སོ་སོར་ངེས་པའི་དབང་གིས། རྟེན་ཅིང་འབྲེལ་འབྱུང་གང་ཡིན་པ། །དེ་ནི་སྟོང་པ་ཉིད་དུ་བཤད། །དེ་ནི་བརྟེན་ནས་གདགས་པ་སྟེ། །དེ་ཉིད་དབུ་མའི་ལམ་ཡིན་ནོ། །ཞེས་བྱ་བ་ནི། དངོས་པོ་བདག་ཉིད་གང་གིས་སྔོན་མ་བྱུང་བ་ལས་འབྱུང་བ་དེ་ནི། དངོས་པོའི་ངོ་བོ་ཉིད་ཡིན་ལ། དེ་རི་བོང་གི་རྭ་བཞིན་དུ་ཡོད་པ་ཡང་མ་ཡིན། མེད་པ་ཡང་མ་ཡིན། རང་གི་བདག་ཉིད་ཀྱིས་སྐྱེ་བ་གང་ཡིན་པ་དེ་ནི། མཐའ་གཉིས་སྤངས་པའི་དབུ་མའི་ལམ་ཡིན་ནོ་སྙམ་ན། དེ་ལ་འདིར་སྟོང་པ་ཉིད་འགྲུབ་པར་མི་འགྱུར་ཏེ། ཚིགས་སུ་བཅད་པ་འདི་ནི་རྣམ་པར་རྟོག་པའི་དྲི་མ་འཁྲུ་བར་བྱེད་པ་ཡིན་ན། གལ་ཏེ་ཁྱོད་རྣམ་པར་རྟོག་པའི་དྲི་མའི་འདམ་རྫབ་ཀྱིས་སྦགས་པའི་ཕྱིར། སྦྱོར་བར་བྱེད་ན་སྦྱོར་ལ་རག་སྟེ། འདི་ལྟར་གཙུག་གི་ནོར་བུ་ཆང་པའི་རྒྱན་དུ་འདོགས་པར་བྱེད་ན་ནི་འཕང་མོད་ཀྱི། འོན་ཀྱང་འདོགས་པར་བྱེད་ན་དེ། གནས་མ་

ཡིན་པར་འདོགས་པར་བྱེད་དོ་ཞེས་མཁས་པ་རྣམས་ཀྱིས་ཁྲིལ་པར་འགྱུར་བ་དེ་བཞིན་དུ༑ ཁྱོད་དེ་སྐད་སྨྲ་བས་ཀྱང་ཚིགས་སུ་བཅད་པ་འདི་ལ་ནི་གནོད་པ་མེད་མོད་ཀྱི། འོན་ཀྱང་ཁྱོད་ཀྱི་འདོད་པའི་དོན་འགྲུབ་པར་མི་འགྱུར་ཏེ། རྟེན་ཅིང་འབྲེལ་པར་འབྱུང་བ་ནི། ངོ་བོ་ཡོད་པ་ཉིད་མེད་ན་མི་འབྱུང་བ་ཡིན་པར་མི་འགྲུབ་པའི་ཕྱིར་རོ། །དེའི་ཕྱིར་བཤད་པ༑ གང་ཕྱིར་རྟེན་འབྱུང་མ་ཡིན་པའི། །ཆོས་འགའ་ཡོད་པ་མ་ཡིན་ལ། །དེ་ཕྱིར་སྟོང་པ་མ་ཡིན་པའི། །ཆོས་འགའ་ཡོད་པ་མ་ཡིན་ནོ། །རྟེན་ཅིང་འབྲེལ་པར་འབྱུང་བ་ནི་སྒྱུ་མའི་སྐྱེས་བུ་བཞིན་དུ་ངོ་བོ་ཉིད་མེད་པའི་ཕྱིར་རོ་ཞེས་བྱ་བར་དགོངས་སོ། །གལ་ཏེ་ནམ་མཁའ་ལ་སོགས་པ། །རྟེན་ཅིང་འབྲེལ་པར་འབྱུང་བ་མ་ཡིན་པ་དག་ལ་རྟེན་ཅིང་འབྲེལ་པར་འབྱུང་བ་མེད་པའི་ཕྱིར། གཏན་ཚིགས་མཐུན་པའི་ཕྱོགས་ཀྱི་ཕྱོགས་གཅིག་ལ་མ་གྲུབ་པ་ཉིད་ཀྱི་སྐྱོན་ཡོད་དོ་ཞེ་ན། དེ་ནི་ལན་བཏབ་ཟིན་པའི་ཕྱིར་གླུན་ཀར་མི་རུང་ངོ་། །དེའི་ཕྱིར་དོན་དམ་པར་དངོས་པོ་རྣམས་ངོ་བོ་ཉིད་ཡོད་པ་ཁོ་ན་ཡིན་ཏེ། འབྱུང་བ་དང་། འཇིག་པའི་ཆོས་ཅན་ཡིན་པའི་ཕྱིར་རོ་ཞེས་གང་སྨྲས་པའི་གཏན་ཚིགས་དེའི་རྗེས་སུ་འགྲོ་བ་ཡང་མེད་ལ། མི་མཐུན་པའི་ཕྱོགས་འབའ་ཞིག་ལ་མཐོང་པའི་ཕྱིར་དོན་འགལ་བ་ཉིད་ཀྱང་ཡིན་ནོ། །

༄ དབུ་མའི་རྩ་བའི་འགྲེལ་པ་ཤེས་རབ་སྒྲོན་མ། བམ་པོ་བཅོ་བརྒྱད་པ། ཅི་སྟེ་རྗེས་སུ་དཔག་པས་བསྟན་དུ་ཟིན་ཀྱང་། རྗེས་སུ་དཔག་པའི་མཐུས་དངོས་པོ་རྣམས་ངོ་བོ་ཉིད་མེད་པ་ཉིད་དུ་མི་བཟོད་ན། དེ་ལྟ་ན་ཁྱོད་ལ་གསོར་མི་རུང་བའི་གནོད་པ་ཆེན་པོ་འདི་ལྟ་བུ་དག་འབྱུང་བར་འགྱུར་ཏེ། ཇི་ལྟ་ཞེ་ན། གལ་ཏེ་འདི་ཀུན་མི་སྟོང་ན། །འབྱུང་བ་མེད་ཅིང་འཇིག་པ་མེད། །འཕགས་པའི་བདེན་པ་བཞི་པོ་རྣམས། །ཁྱོད་ལ་མེད་པར་ཐལ།

བར་འགྱུར། །ཇི་ལྟ་ཞེ་ན། གལ་ཏེ་སྡུག་བསྔལ་མི་སྟོང་པར་གྱུར་ན། ངོ་བོ་ཉིད་ནི་བྱས་པ་མ་ཡིན་པའི་ཕྱིར་དེ་རྟེན་ཅིང་འབྲེལ་པར་འབྱུང་བ་མ་ཡིན་པར་འགྱུར་ཏེ། གང་དེ་ལྟ་བུར་གྱུར་པ་དེ་ནི་ཐ་སྙད་དུ་ཡང་ཡོད་པར་ཤེས་པར་མི་ནུས་ན། དོན་དམ་པར་ལྟ་སྨོས་ཀྱང་ཅི་དགོས༔ དེའི་ཕྱིར་བཤད་པ། རྟེན་ཅིང་འབྲེལ་འབྱུང་མ་ཡིན་ན། །སྡུག་བསྔལ་ཡོད་པར་ག་ལ་འགྱུར། །རྟེན་ཅིང་འབྲེལ་པར་འབྱུང་བ་མ་ཡིན་པ་ལ་མི་རྟག་པ་ཉིད་མེད་པས། སྡུག་བསྔལ་ཉིད་དུ་མི་འཐད་པའི་ཕྱིར་རོ་ཞེས་བྱ་བར་དགོངས་སོ། །དེ་ཉིད་ཀྱི་ཕྱིར་བཤད་པ། མི་རྟག་སྡུག་བསྔལ་གསུངས་པ་དེ། །ངོ་བོ་ཉིད་ལ་ཡོད་མ་ཡིན། མདོ་སྡེ་ལས་གང་མི་རྟག་པ་དེ་སྡུག་བསྔལ་ལོ་ཞེས་གསུངས་པ་དེ་ངོ་བོ་ཉིད་ཡོད་པ་ལ་མེད་པར་འགྱུར་རོ།། གང་གི་ཚེ་དེ་ལྟར་སྡུག་བསྔལ་ངོ་བོ་ཉིད་ལ་ཡོད་པ་ཡིན་པ་དེའི་ཚེ། ངོ་བོ་ཉིད་ལས་ཡོད་མིན་ན། །ཅི་ཞིག་ཀུན་ཏུ་འབྱུང་བར་འགྱུར། །ཀུན་དུ་འབྱུང་བར་མི་འབྱུང་བ་ཉིད་དོ་ཞེས་བྱ་བའི་ཚིག་གི་དོན་ཏེ། དཔེར་ན་ཅི་འཕགས་པ་བརྟན་གསུང་བར་འགྱུར་རམ་ཞེས་བྱ་བ་བཞིན་නོ། །དེ་ཕྱིར་སྟོང་ཉིད་གནོད་བྱེད་ལ། །ཀུན་འབྱུང་ཡོད་པ་མ་ཡིན་ནོ། །ངོ་བོ་ཉིད་ཡོད་པ་ནི་རྒྱུ་ལ་མི་ལྟོས་པའི་ཕྱིར་རོ། །གཞན་ཡང་། སྡུག་བསྔལ་ངོ་བོ་ཉིད་ཡོད་ལ། །འགོག་པ་ཡོད་པ་མ་ཡིན་ནོ། །ངོ་བོ་ཉིད་ནི་ཡོངས་གནས་ཕྱིར། །འགོག་ལ་གནོད་པ་བྱེད་པ་ཡིན། །ངོ་བོ་ཉིད་ཀྱིས་བྱས་པ་མ་ཡིན་པར་གནས་པ་ལ་འགོག་པ་མི་འཐད་པའི་ཕྱིར་རོ་ཞེས་བྱ་བར་དགོངས་སོ། །དེ་བཞིན་དུ། ལམ་ནི་ངོ་བོ་ཉིད་ཡོད་ན་བསྒོམ་པ་འཐད་པར་མི་འགྱུར་རོ། །བསྒོམ་པ་ནི་ཡང་དག་པའི་ལྟ་བ་ལ་སོགས་པ་ཡང་དང་ཡང་དུ་བསྐྱེད་པར་བྱ་བ་ཡིན་ན། ལམ་ངོ་བོ་ཉིད་ཀྱིས་ཡོངས་སུ་གྲུབ་པ་ལ་སྐྱེ་བ་མི་འཐད་པས་བསྒོམ་པ་འཐད་པར་མི་འགྱུར་རོ། །ཇི་སྐད་བསྟན་པའི་སྐྱོན་ཡོངས་སུ་སྤང་བར་འདོད་པས། ཅི་

སྟེ་ལམ་དེ་བསྒོམ་བྱ་ན། །ཁྱོད་ཀྱིས་དངོས་ཉིད་ཡོད་མ་ཡིན། །སྐྱེ་བ་ཡོད་ན་བསྒོམ་པ་རབ་ཏུ་འགྲུབ་པའི་ཕྱིར་ཏེ། སྐྱེ་བ་ནི་ངོ་བོ་ཉིད་མེད་པ་ཉིད་མེད་ན་མི་འབྱུང་བའི་ཕྱིར་རོ། །དེ་ལྟར་ཇི་སྐད་བསྟན་པའི་ཚུལ་གྱིས། གང་ཚེ་སྡུག་བསྔལ་ཀུན་འབྱུང་དང་། །འགོག་པ་ཡོད་པ་མ་ཡིན་ན། །ལམ་གྱི་སྡུག་བསྔལ་འགོག་པ་ནི། །གང་ཞིག་འཐོབ་པར་འགྱུར་བར་འདོད། །སྡུག་བསྔལ་མ་སྐྱེས་པ་ལ་འགོག་པ་མེད་པའི་ཕྱིར་རོ་ཞེས་བྱ་བའི་ཐ་ཚིག་གོ ༎ཡང་གཞན་ཡང་ཁྱོད་ཀྱི་ཚུལ་གྱིས་སྡུག་བསྔལ། གལ་ཏེ་ངོ་བོ་ཉིད་ཀྱིས་ནི། །ཡོངས་སུ་ཤེས་པ་མ་ཡིན་ན། །དེ་ནི་ཇི་ལྟར་ཡོངས་ཤེས་འགྱུར། །དངོས་ཉིད་གནས་ཤེས་མ་ཡིན་ན། །གལ་ཏེ་སྡུག་བསྔལ་ངོ་བོ་ཉིད་ཀྱིས་ཡོངས་སུ་ཤེས་པ་མ་ཡིན་ན་ཇི་ལྟར་ཡོངས་སུ་ཤེས་པར་འགྱུར་ཏེ། ཁྱེད་ཀྱི་གཞུང་ལས་ངོ་བོ་ཉིད་ནི་མི་འགྱུར་བར་གནས་པ་ཡིན་པར་འདོད་པའི་ཕྱིར་རོ། །དེ་ལྟར་སྡུག་བསྔལ་ངོ་བོ་ཉིད་ཀྱིས་ཡོངས་སུ་ཤེས་པ་མ་ཡིན་ན༑ སྔོན་ཡོངས་སུ་མ་ཤེས་པ་དེའི་རྒྱུ་སྲིད་པ་ངོ་བོ་ཉིད་ཀྱིས་མ་སྤངས་པ་ལ་སྤང་བ་མི་འཐད་པ་དང་། སྲིད་པ་ངོ་བོ་ཉིད་ཀྱིས་མ་སྤངས་པ་ལ་དེ་འགོག་པ་མེད་པའི་ཕྱིར། འགོག་པ་མངོན་སུམ་དུ་བྱ་བ་མི་འཐད་པ་དང་། འགོག་པ་མེད་ན་འགོག་པར་འགྲོ་བའི་ལམ་ངོ་བོ་ཉིད་ཀྱིས་མ་བསྒོམས་པ་ལ་ལམ་བསྒོམ་པ་མི་འཐད་པ་དང་། དེ་ལྟར་འཕགས་པའི་བདེན་པ་བཞི་མེད་ན་དགེ་སྦྱོང་གི་འབྲས་བུ་བཞི་དག་ཀྱང་ཡོངས་སུ་ཤེས་པ་བཞིན་དུ་མི་འཐད་པས་དེའི་ཕྱིར་བཤད་པ། དེ་བཞིན་དུ་ནི་ཁྱོད་ཉིད་ཀྱིས། །སྤང་དང་མངོན་སུམ་བྱ་བ་དང་། །བསྒོམ་དང་འབྲས་བུ་བཞི་དག་ཀྱང་། །ཡོངས་སུ་ཤེས་བཞིན་མི་རུང་ངོ༑ ༎ངོ་བོ་ཉིད་ཀྱིས་སྤང་བ་དང་། མངོན་སུམ་དུ་བྱ་བ་དང་། བསྒོམ་པ་མ་ཡིན་པ་ལ་དེ་དག་མི་འཐད་པ་དང་། ངོ་བོ་ཉིད་ཀྱི་འབྲས་བུ་མངོན་སུམ་དུ་མ་བྱས་པ་ལས་མངོན་སུམ་

དུ་བྱ་བ་མི་འཐད་པས་རྒྱུན་དུ་ཞུགས་པ་དང་། ལན་ཅིག་ཕྱིར་འོང་བ་དང་། ཕྱིར་མི་འོང་བ་དང་། དགྲ་བཅོམ་པ་ཞེས་བྱ་བ་འབྲས་བུ་བཞི་པོ་དག་མངོན་སུམ་དུ་བྱ་བ་ཡང་ཡོངས་སུ་ཤེས་པ་བཞིན་དུ་མི་རུང་ངོ་ཞེས་བྱ་བའི་ཐ་ཚིག་གོ། ཅི་སྟེ་འབྲས་བུ་ཐོབ་པར་འདོད་ལ༑ ངོ་བོ་ཉིད་ཡོད་པར་སྨྲ་བ་ཡང་མི་བཏང་ན། དེ་ལ་བརྒལ་ཞིང་བརྟག་པར་བྱ་སྟེ། ངོ་བོ་ཉིད་ནི་ཡོངས་འཛིན་པས། །འབྲས་བུ་ངོ་བོ་ཉིད་ཀྱིས་ནི། །འཐོབ་པ་མིན་པ་གང་ཡིན་ཏེ༑ ༑ཇི་ལྟར་ཐོབ་པར་ནུས་པར་འགྱུར། །ངོ་བོ་ཉིད་ཡོངས་སུ་འཛིན་པས་འབྲས་བུ་ངོ་བོ་ཉིད་ཀྱིས་མ་ཐོབ་པ་གང་ཡིན་པ་དེ་ཐོབ་པར་མི་ནུས་སོ། །ཅི་སྟེ་དངོས་པོ་མ་ཐོབ་པ་ཡང་རྟེན་ཅིང་འབྲེལ་པར་འབྱུང་བའི་དབང་གིས་འཐོབ་པར་རུང་ངོ་ཞེ་ན། དེ་ལྟ་ན་ནི་མ་ཐོབ་པ་ལ་མ་ཐོབ་འི་ངོ་བོ་ཉིད་ཡོད་པ་མ་ཡིན་པས། ངོ་བོ་ཉིད་དུ་སྨྲ་བ་གཏང་བར་བྱའོ། ། དེའི་ཕྱིར་དེ་ལྟར། འབྲས་བུ་མེད་ན་འབྲས་གནས་མེད། །ཞུགས་པ་དག་ཀྱང་ཡོད་མ་ཡིན༑ ༑དེས་སྐྱོན་འདིར་ཡང་འགྱུར་ཏེ། གལ་ཏེ་སྐྱེས་བུ་གང་ཟག་བརྒྱད། །དེ་དག་མེད་ན་དགེ་འདུན་མེད། །རྒྱུན་དུ་ཞུགས་པ་ལ་སོགས་པའི་ལམ་དང་། འབྲས་བུའི་དབྱེ་བས་ཐ་དད་པའི་སྐྱེས་བུ་གཙོ་བོ་དེ་དག་མེད་ན་དགེ་འདུན་དཀོན་མཆོག་ཀྱང་མེད་དོ་ཞེས་བྱ་བའི་ཐ་ཚིག་གོ། འཕགས་པའི་བདེན་པ་རྣམས་མེད་ན་དགེ་འདུན་མེད་པ་འབའ་ཞིག་ཏུ་ཡང་མ་ཟད་དེ། འོ་ན་ཅི་ཞེ་ན། འཕགས་པའི་བདེན་རྣམས་མེད་པའི་ཕྱིར། །དམ་པའི་ཆོས་ཀྱང་ཡོད་མ་ཡིན། །འཕགས་པའི་བདེན་པ་རྣམས་མེད་ན། ལུང་དང་རྟོགས་པའི་བདག་ཉིད་ཀྱི་ཆོས་ཀྱང་ཡོད་པ་མ་ཡིན་པར་འགྱུར་རོ། །དེ་ལྟར། ཆོས་དང་དགེ་འདུན་ཡོད་མིན༑ ༑སངས་རྒྱས་ཇི་ལྟར་ཡོད་པར་འགྱུར། །སངས་རྒྱས་ཉིད་ནི་ཆོས་ཐུགས་སུ་ཆུད་པ་དང༑ ཀློབ་མ་རྣམས་རྟོགས་པར་མཛད་པས་འགྲུབ་པ་ཡིན་ན། དེ་དག་ཡོད་པ་མ་ཡིན་

ན་སངས་རྒྱས་ཀྱང་མེད་དོ་ཞེས་བྱ་བའི་ཐ་ཚིག་གོ། གཞན་ཡང་ངོ་བོ་ཉིད་ཡོད་པར་སྨྲ་བའི་ཕྱོགས་ལ་སངས་རྒྱས་བཅོམ་ལྡན་འདས་ལ་སངས་རྒྱས་ཀྱི་ངོ་བོ་ཉིད་མེད་པ་ཡིན་ནམ། སངས་རྒྱས་ཀྱི་ངོ་བོ་ཉིད་ཡོད་པ་ཡིན། དེས་ཅིར་འགྱུར་ཞེ་ན། གལ་ཏེ་སངས་རྒྱས་ཀྱི་ངོ་བོ་ཉིད་མེད་པར་འདོད་ན་ནི་གྲུབ་པ་ལ་སྒྲུབ་པ་ཡིན་ནོ། །གལ་ཏེ་སངས་རྒྱས་ཀྱི་ངོ་བོ་ཉིད་ཡོད་པར་འདོད་ན་ནི་དེ་ལྟ་ན་སངས་རྒྱས་བྱང་ཆུབ་ལ་བརྟེན་ནས་སངས་རྒྱས་པ་མ་ཡིན་པས། ཁྱེད་ཀྱི་སངས་རྒྱས་བྱང་ཆུབ་ལ། །མ་བརྟེན་པར་ཡང་ཐལ་བར་འགྱུར། །ཁྱོད་ཀྱི་བྱང་ཆུབ་སངས་རྒྱས་ལ། །མ་བརྟེན་པར་ཡང་ཐལ་བར་འགྱུར། །ངོ་བོ་ཉིད་ནི་བྱས་པ་མ་ཡིན་པའི་ཕྱིར་རོ་ཞེས་བྱ་བར་དགོངས་སོ། །དེ་བྱས་པ་མ་ཡིན་པའི་རྒྱུ་བསྟན་པར་བཞེད་པ་ཉིད་ཀྱིས་བཤད་པ། ཁྱོད་ཀྱིས་ངོ་བོ་ཉིད་ཀྱིས་ནི། །སངས་རྒྱས་མིན་པ་གང་ཡིན་དེས། །བྱང་ཆུབ་བྱང་ཆུབ་སྤྱོད་པ་ལ། །བརྩལ་ཀྱང་བྱང་ཆུབ་ཐོབ་མི་འགྱུར། །འགའ་ཡང་ཆོས་དང་ཆོས་མིན་པ། །ནམ་ཡང་བྱེད་པར་མི་འགྱུར་ཏེ། །མི་སྟོང་པ་ལ་ཅི་ཞིག་བྱ། །ངོ་བོ་ཉིད་ལ་བྱ་བ་མེད། །ངོ་བོ་ཉིད་ལས་ཡོད་པ་མ་བྱས་པ་ལ་བྱེད་པ་མི་འཐད་པའི་ཕྱིར་རོ། །རགས་པ་ཉིད་དང་བསལ་བ་ཉིད་དུ་ཡང་མི་བྱེད་དེ། གཉི་གའི་ལན་ཡང་བཏབ་ཟིན་པའི་ཕྱིར་རོ། །གང་ཡང་འདི་སྐད་ཅེས་ཁྱེད་ཅག་གང་ངོ་བོ་ཉིད་ལས་ཡོད་པའི་སྐྱེ་བ་ལ་སོགས་པ་དགག་པ་སྨྲ་ཞིང་ངོ་བོ་ཉིད་མེད་པ་ཉིད་སྒྲོགས་པར་བྱེད་ན། མ་བྱས་པ་ལ་ངོ་བོ་ཉིད་ཡོད་པ་དེའི་དཔེ་ཇི་ལྟ་བུ་ཡིན་པ་བརྗོད་པར་བྱ་དགོས་སོ་ཞེས་ཟེར་ན་དེ་ནི་རིགས་པ་མ་ཡིན་ཏེ། ཁོ་བོས་མི་མཐུན་པའི་ཕྱོགས་ཡོངས་སུ་བརྟགས་ན་ནི་གཏན་ཚིགས་བཟློག་པ་ཡང་བརྗོད་པར་བྱ་དགོས་ན། ཁོ་བོ་ནི་ངོ་བོ་ཉིད་མེད་པ་ཉིད་སྟོན་པའི་གཏན་ཚིགས་བསྟན་པའི་ཕྱིར། འདི་ལ་གང་དང་གང་བྱས་པ་དེ་དང་དེ་ངོ་བོ་

ཉིད་མེད་པར་མཐོང་སྟེ། དཔེར་ན་སྒྱུ་མ་བཞིན་ནོ། །དེ་བཞིན་དུ་ནང་གི་དངོས་པོ་རྣམས་ཀྱང་བྱས་པ་མ་ཡིན་པས་དེའི་ཕྱིར། དེ་དག་ཀྱང་ངོ་བོ་ཉིད་མེད་པ་ཡིན་ནོ་ཞེས་སྨྲའོ། །གལ་ཏེ་འགའ་ཞིག་ངོ་བོ་ཉིད་ཡོད་པར་གྱུར་ན་དེ་ནི་དེ་ལས་བཟློག་པའི་ཕྱིར་མ་བྱས་པའི་ངོ་བོ་ཉིད་ཡིན་པས་ངོ་བོ་ཉིད་ཡོད་པར་སྨྲ་བས་ནི་འབད་པ་ཆེན་པོ་མ་བྱས་པ་ལ་ངོ་བོ་ཉིད་ཡོད་དེ། དཔེར་ན་འདི་འདྲའོ་ཞེས་བརྗོད་པར་བྱ་དགོས་པས་དེའི་ཕྱིར་དེ་ནི་ཀྱི་ནའོ༑ ༑གཞན་ཡང་། ཆོས་དང་ཆོས་མིན་རྒྱུས་བྱུང་བའི། །འབྲས་བུ་ཁྱོད་ལ་ཡོད་པ་མིན།། ངོ་བོ་ཉིད་ལས་ཡོད་པ་ནི་རྒྱུ་ལ་མི་ལྟོས་པའི་ཕྱིར་རོ། །དེའི་ཕྱིར། ཆོས་དང་ཆོས་མིན་མེད་པར་ཡང་། །འབྲས་བུ་ཁྱོད་ལ་ཡོད་པར་འགྱུར། །དེ་ལྟར་ན་འཇིག་རྟེན་དང་བསྟན་བཅོས་དང་འགལ་བར་འགྱུར་རོ། །ཅི་སྟེ་དེ་དག་དང་འགལ་བར་འགྱུར་ན་མི་རུང་ངོ་སྙམ་པས། ཆོས་དང་ཆོས་མིན་རྒྱུས་བྱུང་བའི། །འབྲས་བུ་གལ་ཏེ་ཁྱོད་ལ་ཡོད། །ཆོས་དང་ཆོས་མིན་ལས་བྱུང་བའི། །འབྲས་བུ་ཅི་ཕྱིར་སྟོང་མ་ཡིན་སྙམ་པ་ནི་སྟོང་པ་ཡིན་པའི་ཕྱིར་དཔེར་ན། སྒྱུ་མ་བྱས་པའི་གླང་པོ་ཆེ་བཞིན་ནོ་ཞེས་བྱ་བར་དགོངས་སོ། །དེ་ལྟར་རང་གི་གྲུབ་པའི་མཐའ་ལ་གནོད་པ་བྱེད་པ་འབའ་ཞིག་ཏུ་ཡང་མ་ཟད་དེ། འཇིག་རྟེན་པ་ཡི་ཐ་སྙད་ནི། །ཀུན་ལའང་གནོད་པ་བྱེད་པ་ཡིན། །བུམ་པ་གྱིས་ཤིག །ཁང་པ་རྩིགས་ཤིག་ལྷས་བྱིན་བ་དཀར་མོ་ཁྲིད་དེ་ཤོག་ཤིག   མཆོད་སྦྱིན་གླེགས་བམ་ཆིངས་ཤིག་ཁྱབ་འཇུག་བྱིན་སཱ་ལུའི་འབྲས་ཆན་ཁར་ཚང་བཞོས་པའི་བ་མར་དང་ཟོ་ཞིག་ཅེས་བྱ་བ་ལ་སོགས་པ་འཇིག་རྟེན་པའི་ཐ་སྙད་ཐམས་ཅད་ལ་ཡང་གནོད་པ་བྱེད་པ་ཡིན་ཏེ། བུམ་པ་ལ་སོགས་པ་ངོ་བོ་ཉིད་ལས་ཡོད་པ་ལ་བྱ་བ་དོན་མེད་པ་ཉིད་དུ་འགྱུར་བའི་ཕྱིར་རོ། །རྟེན་ཅིང་འབྲེལ་པར་འབྱུང་བ་ཡང་མི་འགྲུབ་པས། དེའི་ཕྱིར་བཤད་པ། རྟེན་ཅིང་འབྲེལ

འབྱུང་གང་ཡིན་པའི། །སྟོང་པ་ཉིད་ལའང་གནོད་པར་བྱེད། །དེ་ལ་གནོད་པ་བྱེད་པས།
བྱ་བ་ཅི་ཡང་མེད་འགྱུར་ཞིང་། །བྱ་བ་རྩོམ་པའང་མེད་པར་འགྱུར། །བྱ་བ་དང་བྱེད་པ་
མེད་ན། སྟོང་པ་ཉིད་ལ་གནོད་བྱེད་ན། །མི་བྱེད་པ་ཡང་བྱེད་པར་འགྱུར། །གཞན་ཡང་།
དངོས་ཉིད་ཡོད་ན་འགྲོ་བ་རྣམས། །གནས་སྐབས་སྣ་ཚོགས་བྲལ་འགྱུར་ཞིང་། །མ་སྐྱེས་
པ་དང་མ་འགགས་དང་། །ཐེར་ཟུག་ཏུ་ཡང་གནས་པར་འགྱུར། །ཁ་དོག་དང་དབྱིབས་
དང་༑ རིགས་དང་། བོང་ཚོད་ལ་སོགས་པའི་སྐབས་སྣ་ཚོགས་དང་བྲལ་ཞིང་། རྟག་པ་
ལ་བྲིས་པའི་རི་མོ་བཞིན་དུ་འགྱུར་ཏེ། བྱས་པ་མ་ཡིན་པ་ལ་འཇིག་པ་མེད་པའི་ཕྱིར་རོ།།
གལ་ཏེ་སྟོང་པ་ཡོད་མིན་ན། །མ་ཐོབ་ཐོབ་པར་བྱ་བ་དང་། །སྡུག་བསྔལ་མཐར་བྱེད་ལས་
དང་ནི། །ཉོན་མོངས་ཐམས་ཅད་སྤོང་བར་བྱེད། །འཇིག་རྟེན་པ་དང་འཇིག་རྟེན་ལས་
འདས་པའི་ཐོབ་པར་བྱ་བའི་ཁྱད་པར་དང་། སྡུག་བསྔལ་མཐར་འབྱིན་པར་བྱེད་པའི་
ལས་དང་། དེའི་གཉེན་པོ་དག་བྱར་མེད་པའི་ཕྱིར་རོ། །དེ་ལྟར་ནི་མི་འདོད་པས་དེའི་
ཕྱིར་མ་དད་བཞིན་དུ་ཡང་རྟེན་ཅིང་འབྲེལ་པར་འབྱུང་བ་ངོ་བོ་ཉིད་ལས་སྐྱེ་བ་མེད་པ་སྒྱུ་
མ་དང་། སྨིག་རྒྱུ་ལྟ་བུའི་བདག་ཉིད་དུ་སྐྱེ་བ་ཁས་བླང་བར་བྱའོ། །དེའི་ཕྱིར་དེ་ལྟར་དངོས་
པོ་དང་དངོས་པོ་མེད་པར་ལྟ་བ་ལ་སོགས་པའི་སྐྱོན་གྱི་རབ་རིབ་དང་བྲལ་བའི་བློ་གྲོས་
ཀྱི་མིག་ཅན། གང་གིས་རྟེན་ཅིང་འབྲེལ་པར་འབྱུང་། །མཐོང་བ་དེས་ནི་སྡུག་བསྔལ་
དང་༑ ༑ཀུན་འབྱུང་དང་ནི་འགོག་པ་དང་། །ལམ་ཉིད་དེ་དག་མཐོང་བ་ཡིན། །ཐ་སྙད་
དང་དོན་དམ་པའི་བདེན་པའི་ཚུལ་ལ་ལྟོས་པས་མཐོང་བ་དང་། མཐོང་བ་མེད་པའི་ཚུལ་
གྱིས་རྟེན་ཅིང་འབྲེལ་པར་འབྱུང་བ་ཇི་སྐད་བསྟན་པའི་མཚན་ཉིད་མཐོང་བ་དེས་བདེན་
པ་བཞི་པོ་དེ་དག་ཉིད་སྐྱེ་བ་དང་། སྐྱེ་བ་མེད་པ་ལ་སོགས་པའི་རྣམ་པར་ལྟར་ཇི་སྐད་

བསྟན་པ་དག་གིས་མཐོང་བ་ཡིན་ནོ། །གལ་ཏེ་སྡུག་བསྔལ་བ་ལ་སོགས་པའི་རྣམ་པ་དག་མ་གཏོགས་པར། གཞན་དུ་མཐོང་བ་ནི་བདེན་པ་མཐོང་བ་མ་ཡིན་ནོ་ཞེ་ན། བདེན་པ་མཐོང་བ་ཞེས་བྱ་བའི་སྒྲ་དེའི་དོན་གང་ཡིན། གལ་ཏེ་ནང་གི་སྐྱེ་མཆེད་རྣམས་ཕྱིན་ཅི་མ་ལོག་པ་དེ་ཁོ་ན་དང་བཅས་པ་ཉིད་མཐོང་བའོ་ཞེ་ན་ཇི་སྐད་བསྟན་པའི་ཚུལ་གྱིས་སྐྱེ་བ་བཀག་པའི་ཕྱིར་སྡུག་བསྔལ་སྐྱེ་བ་མེད་པ་ལ་སོགས་པར་མཐོང་བ་ནི་འཕགས་པའི་བདེན་པ་ཡིན་པར་གྲུབ་པའི་ཕྱིར། འདོད་པའི་དོན་ཉམས་སོ། །འདི་ན་སྡུག་བསྔལ་ལ་སོགས་པ་ཇི་ལྟར་མཐོང་ན་བདེན་པ་མཐོང་བ་ཡིན་ཞེས་དཔྱད་པར་བྱ་བ་ཡིན་གྱི། མའི་ལུ་ཏུའི་ཚུལ་གྱིས་བྱུང་རྒྱལ་དུ་བརྗོད་དོ་ཅོག་གཟུང་བར་བྱ་བ་མ་ཡིན་ནོ། །དེ་ལ་འདིར་རབ་ཏུ་བྱེད་པའི་དོན་ནི་ཕ་རོལ་པོས་སྟོང་པ་ཉིད་སྨྲ་བ་ལ་སྐྱོན་གདགས་པ། སྨྲས་པ་དག་ཕྱིར་བཟློག་པའི་སྒོ་ནས་རབ་ཏུ་བྱེད་པའི་དང་པོར་སྨྲས་པའི་གཏན་ཚིགས་མི་མཐུན་པའི་ཕྱོགས་འབའ་ཞིག་ལ་ཡོད་པར་བསྟན་པས་འཕགས་པའི་བདེན་པ་རྣམས་ངོ་བོ་ཉིད་མེད་པ་ཉིད་དུ་བསྟན་པ་ཡིན་ནོ། །དེའི་ཕྱིར་ཚངས་པ་རྣམ་གྲངས་དེས་ཀྱང་ཁྱོད་ཀྱིས་འདི་ལྟར་རིགས་པར་བྱ་སྟེ། ཇི་ལྟར་སྡུག་བསྔལ་དང་ཀུན་འབྱུང་དང་། འགོག་པ་དང་། ལམ་ནི་འཕགས་པ་རྣམས་ཀྱི་བདེན་པ་མ་ཡིན་གྱི། ཚངས་པ་འདི་ལྟར་སྡུག་བསྔལ་གྱི་སྐྱེ་བ་མེད་པ་གང་ཡིན་པ་དེ་འཕགས་པ་རྣམས་ཀྱི་བདེན་པ་ཡིན་པ་དང་། ཀུན་འབྱུང་གི་ཀུན་འབྱུང་བ་མེད་པ་གང་ཡིན་པ་དེ་འཕགས་པ་རྣམས་ཀྱི་བདེན་པ་ཡིན་པ་དང་། ཆོས་ཐམས་ཅད་གཏན་དུ་བཀག་པ་དག་ལ་གཏན་འགོག་པ་གང་ཡིན་པ་དེ་འཕགས་པ་རྣམས་ཀྱི་བདེན་པ་ཡིན་པ་དང་། ཆོས་ཐམས་ཅད་མཉམ་པ་ཉིད་དག་ལ་གཉིས་སུ་མེད་པ་ཉིད་དུ་ལམ་སྒོམ་པ་གང་ཡིན་པ་དེ་འཕགས་པ་རྣམས་ཀྱི་བདེན་པ་ཡིན་པར་ཤེས་པར་བྱའོ་ཞེས་

བྱ་བ་ལ་སོགས་པ་གསུངས་པ་དེ་དག་གྲུབ་པ་ཡིན་ནོ། །སློབ་དཔོན་ལེགས་ལྡན་བྱེད་(འབྱེད་)ཀྱིས་ཉེ་བར་སྦྱར་བ། དབུ་མའི་རྩ་བས་(བའི་)འགྲེལ་པ་ཤེས་རབ་སྒྲོན་མ་ལས། འཕགས་པའི་བདེན་པ་བརྟག་པ་ཞེས་བྱ་བ་སྟེ། རབ་ཏུ་བྱེད་པ་ཉི་ཤུ་བཞི་པའོ།། །།

༼རབ་བྱེད་ཉེར་ལྔ་པ་མྱ་ངན་ལས་འདས་པ་བརྟག་པ།༽

ད་ནི་དེ་བཞིན་དུ་སྟོང་པ་ཉིད་ཀྱི་མི་མཐུན་པའི་ཕྱོགས་ཀྱི་ཁྱད་པར་དགག་པས་མྱ་ངན་ལས་འདས་པ་ངོ་བོ་ཉིད་མེད་པ་ཉིད་མེད་དུ་བསྟན་པའི་དོན་གྱི་དབང་གིས་རབ་ཏུ་བྱེད་པ་ཉི་ཤུ་ལྔ་པ་བརྩམ་མོ། །འདིར་སྨྲས་པ། ཁྱོད་འདོད་པ་ལྟར། གལ་ཏེ་འདི་དག་ཀུན་སྟོང་ན། །འབྱུང་བ་མེད་ཅིང་འཇིག་པ་མེད། །ངོ་བོ་ཉིད་མེད་པའི་ཕྱིར་དཔེར་ན་མོ་གཤམ་གྱི་བུ་བཞིན་ནོ་ཞེས་བྱ་བར་བསམས་སོ། །དེ་དག་མེད་པའི་ཕྱིར་ཉོན་མོངས་པ་རྣམས་ལ་ཡང་འབྱུང་བ་དང་འཇིག་པ་མེད་ལ། དེ་དག་དང་ལྡན་པའི་མིང་དང་། གཟུགས་ལ་ཡང་འབྱུང་བ་དང་འཇིག་པ་མེད་པས། གང་ཞིག་སྤངས་དང་འགགས་པ་ལས། །མྱ་ངན་འདའ་བར་འགྱུར་བར་འདོད། །ཕུང་པོ་ལྷག་མ་དང་བཅས་པ་དང་། ཕུང་པོའི་ལྷག་མ་མེད་པའི་མྱ་ངན་ལས་འདས་པའི་དབྱིངས་ཀྱི་དབང་གིས་སོ། །གང་ཞིག་སྤང་བས་སམ༔ འགག་པས་མྱ་ངན་ལས་འདའ་བར་ཡང་འདོད་དེ། ཇི་སྐད་དུ། དགའ་བའི་འདོད་ཆགས་དང་ལྡན་པའི་སྲེད་པ་ཟད་ཅིང་། བྲལ་བ་གང་ཡིན་པ་དེ་ནི་མྱ་ངན་ལས་འདས་པའོ་ཞེས་ཀྱང་གསུངས་ལ། དེ་བཞིན་དུ། མ་ཞུམ་པ་ཡི་ལུས་ཀྱིས་ནི། །ཚོར་བ་དང་དུ་ལེན་པ་ན། །དེ་ཡི་སེམས་ནི་རྣམ་པར་གྲོལ། །མར་མེ་ཤི་བར་གྱུར་པ་བཞིན། །ཞེས་ཀྱང་གསུངས་སོ། །མྱ་ངན་ལས་འདས་པ་ཐོབ་པ་དེ་ཡང་ངོ་བོ་ཉིད་ཡོད་པ་འདི་མ་གཏོགས་པར་གཞན་གྱིས་མི་འཐོབ་པས་དེའི་ཕྱིར་དངོས་པོ་རྣམས་ངོ་བོ་ཉིད་ཡོད་པ་ཉིད་དུ་འདོད་པར་བྱའོ། །ངོ་བོ་ཉིད་མེད་པ་ཉིད་དུ་སྨྲ་བ་རྣམས་ལ་ནི་གང་ངོ་བོ་ཉིད་མེད་པ་དེ་ལ་མྱ

ངན་ལས་འདས་པ་འཐོབ་པ་མེད་དེ། འབྱུང་བ་དང་འཇིག་པ་མེད་པའི་ཕྱིར་དཔེར་ན་མོ་གཤམ་གྱི་བུ་བཞིན། ངོ་བོ་ཉིད་མེད་པ་ཉིད་དུ་རྗེས་སུ་དཔོག་པས་མྱ་ངན་ལས་འདས་པ་འཐོབ་པ་མེད་པས་མྱ་ངན་ལས་འདས་པ་ཐོབ་པ་བསལ་བའི་ཕྱིར་དམ་བཅས་པ་ལ་ཆོས་ཅན་གྱི་ཁྱད་པར་བསལ་བའི་སྐྱོན་ཡོད་དོ། །དེ་ནི་བཟང་པོ་མ་ཡིན་ཏེ། ཇི་ལྟར་སྒྱུ་མའི་མར་མེ་ངོ་བོ་ཉིད་དང་བྲལ་བ་འཆི་བ་ཐ་སྙད་དུ་གཏོགས་པའི་བློའི་སྤྱོད་ཡུལ་དུ་ཡོད་པར་མི་འགལ་བ་དེ་བཞིན་དུ་འདུ་བྱེད་རྣམས་ངོ་བོ་ཉིད་མེད་པ་ཡིན་ཡང་ཐོག་མ་མེད་པའི་རྒྱུན་བརྒྱུད་པ་ལས་སྐྱེས་པ་སྒྱུ་མ་དང་། སྨིག་རྒྱུ་ལྟ་བུ་དག་གི་སྐྱེ་བ་མེད་པ་ནི་མྱ་ངན་ལས་འདས་པ་ཡིན་ནོ། །དེའི་འཐོབ་པ་ཡང་འགྲུབ་པའི་ཕྱིར་ངོ་བོ་ཉིད་ཡོད་པ་ཉིད་རིགས་པ་དང་ནི་ལྡན་པར་ཤེས་པར་བྱའོ། །དངོས་པོ་རྣམས་མེད་པའི་ངོ་བོ་ཉིད་དུ་ཁས་མ་བླངས་པའི་ཕྱིར་དམ་བཅས་པ་ལ་སྐྱོན་མེད་དོ། །གླགས་ཡོད་པའི་སྐྱོན་ཡང་མེད་དེ། མོ་གཤམ་གྱི་བུ་ལ་སོགས་པ་དག་དོན་དམ་པར་དཔེ་ཉིད་དུ་མ་གྲུབ་པའི་ཕྱིར་རོ། །གཞན་ཡང་ཇི་ལྟར་དངོས་པོ་རྣམས་ངོ་བོ་ཉིད་མེད་པ་ཉིད་དུ་རྟོགས་པ་ལ། གལ་ཏེ་འདི་དག་ཀུན་སྟོང་ན༑ ༑འབྱུང་བ་མེད་ཅིང་འཇིག་པ་མེད། །གང་ཞིག་སྤང་དང་འགག་པ་ལས། །མྱ་ངན་འདའ་བར་འགྱུར་བར་འདོད། །ཅེས་བྱ་བ་དེ་བཞིན་དུ་དངོས་པོ་རྣམས་ངོ་བོ་ཉིད་དུ་རྟོགས་པ་ལ་ཡང། གལ་ཏེ་འདི་ཀུན་མི་སྟོང་ན། །འབྱུང་བ་མེད་ཅིང་འཇིག་པ་མེད། །གང་ཞིག་སྤང་དང་འགག་པ་ལས། །མྱ་ངན་འདའ་བར་འགྱུར་བར་འདོད། །ངོ་བོ་ཉིད་ལ་འགྱུར་བ་མེད་པས་སྤང་བ་དང་། འགག་པ་མི་འཐད་པའི་ཕྱིར་དེ་ཁོ་ན་རབ་ཏུ་མ་མཐོང་བ་ཉིད་ཀྱི་ངོ་བོ་ཉིད་ལ་དེ་ཁོ་ན་མཐོང་བ་མི་འཐད་པའི་ཕྱིར་རོ་ཞེས་བྱ་བར་དགོངས་སོ།། དེའི་ཕྱིར་ངོ་བོ་ཉིད་ཡོད་པར་སྨྲ་བ་དག་ཉིད་ལ་མྱ་ངན་ལས་འདས་པའི་ཐོབ་པ་ཡོད་པ་

བསྟན་དཀའོ། །ངོ་བོ་ཉིད་མེད་པ་ཉིད་ལ་ནི་སྒྱུ་མའི་མར་མེ་འཆི་བ་བཞིན་དུ་མྱ་ངན་ལས་འདས་པ་ཐོབ་པ་ཡོད་པར་རུང་ངོ་། །མྱ་ངན་ལས་འདས་པ་འཐོབ་པར་རྗེས་སུ་དཔོག་པས་ངོ་བོ་ཉིད་མེད་པ་ཉིད་ཀྱིས་ངོ་བོ་ཉིད་ཡོད་པ་ཉིད་བསལ་བའི་ཕྱིར་དམ་བཅས་པ་ལ་ཆོས་ཀྱི་ངོ་བོ་ཉིད་བསལ་བའི་སྐྱོན་ཡོད་དོ། །ཡང་ན་ཕ་རོལ་དག་ན་རེ། གལ་ཏེ་འདི་དག་ཀུན་སྟོང་ན། །འབྱུང་བ་མེད་ཅིང་འཇིག་པ་མེད། །དེའི་ཕྱིར། གང་ཞིག་སྤོང་དང་འགག་པ་ལས། །མྱ་ངན་འདའ་བར་འགྱུར་བར་འདོད། །གལ་ཏེ་འདུ་བྱེད་འདི་དག་མྱ་ངན་ལས་འདའ་བར་འདོད་ན་ནི། འདུ་བྱེད་དེ་དག་དོན་དམ་པར་ངོ་བོ་ཉིད་ཡོད་པ་ཁོ་ནར་ཤེས་པར་བྱ་སྟེ། ཉོན་མོངས་པ་སྤང་བ་དང་། མིང་དང་གཟུགས་འགགས་པས་མྱ་ངན་ལས་འདས་པ་ཐོབ་པའི་ཕྱིར་རོ། །རྟ་མོ་ལ་སོགས་པའི་རྭ་ཡོད་པ་མ་ཡིན་པ་དག་ལ་ནི་དེ་དག་མེད་དོ་ཞེས་ཟེར་རོ། །སློབ་དཔོན་གྱིས་བཤད་པ། གལ་ཏེ་འདི་ཀུན་མི་སྟོང་ན༑ ༑འབྱུང་བ་མེད་ཅིང་འཇིག་པ་མེད། །ངོ་བོ་ཉིད་ཡོད་པས་ངེས་པར་གནས་པ་ངོ་བོ་ཉིད་མི་འགྱུར་བ་ལ་དེ་དག་མི་འཐད་པའི་ཕྱིར་རོ། །དེའི་ཕྱིར། གང་ཞིག་སྤང་དང་འགག་པ་ལས། །མྱ་ངན་འདའ་བར་འགྱུར་བར་འདོད། །འདི་ལྟར་ཁྱོད་ཀྱིས་སྨྲས་པའི་གཏན་ཚིགས་ལ་རྗེས་སུ་འགྲོ་བ་ཡོད་པར་གྱུར་ན་ནི་བསྒྲུབ་པར་བྱ་བ་སྒྲུབ་ནུས་པར་ཡང་འགྱུར་གྲང་ན། དེ་ཡང་མེད་པས་ཁོ་བོ་ཅག་གི་ཕྱོགས་ལ་ངོ་བོ་ཉིད་ཡོད་པར་སྨྲ་བའི་གཏན་ཚིགས་ཐུན་མོང་མ་ཡིན་པ་ཉིད་དང་དོན་འགལ་བ་ཉིད་ཀྱང་ཡིན་ནོ། །གཏན་ཚིགས་ཀྱི་དོན་དྲི་བར་ཡང་བྱ་སྟེ། ཇི་སྐད་དུ་མྱ་ངན་ལས་འདས་པ་ཐོབ་པའི་ཕྱིར་རམ། འོན་ཏེ་དོན་དམ་པར་འཐོབ་པའི་ཕྱིར་དེ་ལ་གལ་ཏེ་ཇི་སྐད་དུ་ནི་གྲུབ་པ་ལ་སྒྲུབ་པ་ཡིན་ནོ། །འོན་ཏེ། དོན་དམ་པར་ནི་ཁོ་བོ་ཅག །སྤངས་པ་མེད་ལ་ཐོབ་མེད་པ། །ཆད་པ་མེད་ལ་

རྟག་མེད་པ། །འགག་པ་མེད་པ་སྐྱེ་མེད་པ། །དེ་ནི་མྱ་ངན་འདས་པར་འདོད། །དེའི་ཕྱིར་ཉོན་མོངས་པ་སྤྱང་བ་དང་། མིང་དང་། གཟུགས་འགགས་པས་མྱ་ངན་ལས་འདས་པ་ཐོབ་པའི་ཕྱིར་རོ་ཞེས་གང་སྨྲས་པའི་གཏན་ཚིགས་དེའི་དོན་མ་གྲུབ་པ་ཉིད་དོ། །ཡང་གཞན་ཡང་། འདི་ལ་མྱ་ངན་ལས་འདས་པ་སྨྲ་བ་དག་ལས་ཁ་ཅིག་ནི། མྱ་ངན་ལས་འདས་པ་རྫས་སུ་ཡོད་པར་སྨྲ། གཞན་དག་ནི་རྫས་སུ་ཡོད་པ་མ་ཡིན་པར་སྨྲ་སྟེ། དེ་གཉི་ག་ཡང་ཇི་ལྟར་མི་འཐད་པ་དེ་ལྟར་བརྟག་པར་བྱའོ། །དེའི་ཕྱིར། མྱ་ངན་འདས་པ་དངོས་པོ་མིན། །རྒ་ཤིའི་མཚན་ཉིད་ཐལ་བར་འགྱུར། །མྱ་ངན་འདས་པ་དངོས་པོ་ཡིན་པར་སྟོན་པའི་རྗེས་སུ་དཔག་པ་མེད་པའི་ཕྱིར་དང་། དངོས་པོ་ཉིད་རྗེས་སུ་དཔོག་པས་རྒ་ཤིའི་མཚན་ཉིད་ཀྱིས་མྱ་ངན་ལས་འདས་པ་རྒ་ཤིའི་མཚན་ཉིད་ཅན་དུ་ཐལ་བར་འགྱུར་བའི་ཕྱིར་རོ། །རྒ་དང་འཆི་བ་མེད་པ་ཡི། །དངོས་པོ་ཡོད་པ་མ་ཡིན་ནོ། །དངོས་པོ་ནི་རྒ་ཤི་མེད་ན་མི་འབྱུང་བ་ཉིད་ཡིན་པའི་ཕྱིར་རོ་ཞེས་བྱ་བར་དགོངས་སོ། །དེ་ནི་མི་འདོད་དེ། མྱ་ངན་ལས་འདས་པ་ནི་རྒ་ཤི་མེད་པར་འདོད་པས་དེའི་ཕྱིར་སྨྲ་བར་ནུས་ཏེ། དོན་དམ་པར་མྱ་ངན་ལས་འདས་པ་ནི་དངོས་པོ་མ་ཡིན་ཏེ། རྒ་ཤི་མེད་པའི་ཕྱིར་དཔེར་ན་མོ་གཤམ་གྱི་བུ་བཞིན་པས་དེའི་ཕྱིར་ཁྱོད་ཀྱི་ཕྱོགས་ལ་ཡང་གཏན་ཚིགས་ཀྱི་དོན་མ་གྲུབ་པ་དེ་ཉིད་ཡོད་དོ། །ཡང་ན་སྨྲན་དབྱུང་བའི་ལམ་གཞན་ཡོད་དེ། མྱ་ངན་ལས་འདས་པ་དངོས་པོ་ཡིན་པར་སྨྲ་བ་དག་གི་ཕྱིར་བཤད་པ། གལ་ཏེ་མྱ་ངན་འདས་དངོས་ན། ། མྱ་ངན་འདས་པ་འདུས་བྱས་འགྱུར། །འདུས་བྱས་ཡིན་པར་ནི་མི་འདོད་དེ། འདིས་ནི་མྱ་ངན་ལས་འདས་པའི་ཆོས་ནི་འདུས་བྱས་ཉིད་མ་ཡིན་པར་བསྟན་ཏོ། །དངོས་པོ་འདུས་བྱས་མ་ཡིན་པ། །འགའ་ཡང་ཇི་ལྟར་ཡོད་མ་ཡིན། །འདིས་ནི་ཆོས་མཐུན་པའི་ཕྱོགས་ཀྱི་

དཔེ་བསྟན་ཏོ། །དེའི་ཕྱིར་རྗེས་སུ་དཔག་པ་ནི་མྱ་ངན་ལས་འདས་པ་ནི་དངོས་པོ་མ་ཡིན་ཏེ། འདུས་བྱས་མ་ཡིན་པའི་ཕྱིར་དཔེར་ན་ནམ་མཁའི་མེ་ཏོག་བཞིན་ནོ། །ཡང་ན་སྦྱོར་བའི་ལམ་གཞན་ཡང་ཡོད་དེ། གལ་ཏེ་མྱ་ངན་འདས་དངོས་ན། །ཇི་ལྟར་མྱང་འདས་དེ་བརྟེན་མིན། །དངོས་པོ་ནི་བརྟེན་ནས་གདགས་པར་བྱ་བ་ཉིད་མེད་ན་མི་འབྱུང་བའི་ཕྱིར་རོ་ཞེས་བྱ་བར་དགོངས་སོ། །འདིས་ནི་མྱ་ངན་ལས་འདས་པའི་ཆོས་ནི་བརྟེན་ནས་གདགས་པར་བྱ་བ་ཉིད་མ་ཡིན་པར་བསྟན་ཏོ། །དེ་ཉིད་ཀྱི་ཕྱིར་བཤད་པ། དངོས་པོ་བརྟེན་པར་མ་ཡིན་པ། །འགའ་ཡང་ཡོད་པ་མ་ཡིན་ནོ། །གང་མ་བརྟེན་པར་ཡོད་པའི་དངོས་པོ་ནི་འགའ་ཡང་མེད་དོ། །འདིས་ནི་ཆོས་མཐུན་པའི་ཕྱོགས་ཀྱི་དཔེ་བསྟན་ཏོ། །དེའི་ཕྱིར་རྗེས་སུ་དཔག་པ་ནི་མྱ་ངན་ལས་འདས་པ་ནི་དངོས་པོ་མ་ཡིན་ཏེ། བརྟེན་ནས་གདགས་པར་བྱ་བ་ཉིད་མ་ཡིན་པའི་ཕྱིར་དཔེར་ན་རི་བོང་གི་རྭ་བཞིན་ནོ། །གོས་དམར་སྡེ་གང་དག་མྱ་ངན་ལས་འདས་པ་མར་མེ་ཤི་བ་བཞིན་ནོ་ཞེས་སྨྲ་བ་དང༌། མདོ་སྡེ་པ་དག་སྐྱེ་བ་མེད་པ་ཙམ་ལ་མྱ་ངན་ལས་འདས་པར་ཐ་སྙད་འདོགས་པ་དེ་དག་གི་ཕྱིར་བཤད་པ། གལ་ཏེ་མྱ་ངན་འདས་དངོས་མིན། །དངོས་མེད་ཇི་ལྟར་རུང་བར་འགྱུར། །གལ་ཏེ་མྱ་ངན་ལས་འདས་པ་དངོས་པོ་མེད་པ་ཡིན་ན་དངོས་པོ་མེད་པ་རྫས་སུ་མེད་པའི་རྣམ་གྲངས་བྱེ་བྲག་ཏུ་སྨྲ་བ་ལ་སོགས་པས་བརྟགས་པ། དོན་དམ་པའི་དགེ་བ་དང་ཉོན་མོངས་པ་ཉེ་བར་ཞི་བའི་མཚན་ཉིད་དག་ཇི་ལྟར་རུང་བར་འགྱུར་ཏེ། དངོས་པོ་མེད་པ་ལ་ནམ་མཁའི་མེ་ཏོག་བཞིན་དུ་དགེ་བ་ཉིད་ལ་སོགས་པ་དག་མི་འཐད་པའི་ཕྱིར་དང༌། མྱ་ངན་ལས་འདས་པ་རྗེས་སུ་མེད་པའི་ངོ་བོ་ཉིད་ཡིན་པར་སྟོན་པའི་རྗེས་སུ་དཔག་པ་མེད་པའི་ཕྱིར་མྱ་ངན་ལས་འདས་པ་དངོས་པོ་མེད་པ་མ་ཡིན་ནོ་ཞེས་བྱ་བར་དགོངས་སོ། །

ཡང་གཞན་ཡང་། ཇི་སྐད་བསྟན་པའི་སྒྲུབ་པས། གང་ལ་མྱ་ངན་འདས་དངོས་ཡིན། །དེ་ལ་དངོས་མེད་ཡོད་མ་ཡིན། །མར་མེའི་དཔེས་མར་མེ་ནི་དངོས་པོ་ཉིད་ཡིན་པར་འཇིག་རྟེན་ལ་གྲགས་ཏེ། ཕྱིས་མེད་པའི་ཕྱིར་རོ། །ཡང་གཞན་ཡང་། གལ་ཏེ་མྱ་ངན་འདས་དངོས་མིན༑ ༑ཇི་ལྟར་མྱོང་འདས་དེ་བརྟེན་མིན། །མར་མེ་དངོས་པོ་མེད་པ་བརྟེན་ནས་གདགས་པ་ནི་བརྟེན་ནས་གདགས་པར་བྱ་བ་ཉིད་ཡིན་པའི་ཕྱིར་རོ་ཞེས་བྱ་བར་དགོངས་སོ། །དེ་ཉིད་ཀྱི་ཕྱིར་བཤད་པ། གང་ཞིག་བརྟེན་པ་མ་ཡིན་པའི། །དངོས་མེད་ཡོད་པ་མ་ཡིན་ནོ།། གང་མ་བརྟེན་པར་ཡོད་པའི་དངོས་པོ་མེད་པ་ནི་འགའ་ཡང་མེད་དོ། །གང་གི་ཕྱིར་དེ་ལྟར་ཇི་སྐད་བསྟན་པའི་ཚུལ་གྱིས་དོན་དམ་པར་མྱ་ངན་ལས་འདས་པ་དངོས་པོ་དང་དངོས་པོ་མེད་པ་མ་ཡིན་པ་དེའི་ཕྱིར། འོང་བ་དང་ནི་འགྲོ་བའི་དངོས། །བརྟེན་ཏེ་མ་༼ཏམ༽རྒྱུར་བྱས་གང་ཡིན་པ། །དེ་ནི་བརྟེན་མིན་རྒྱུར་བྱས་མིན། །མྱ་ངན་འདས་པ་ཡིན་པར་བསྟན། །འོང་བ་དང་འགྲོ་བའི་དངོས་པོ་བརྟེན་ནས་འབྱུང་བ་དང་། རྒྱུར་བྱས་ནས་གདགས་པ་གང་ཡིན་པ་དེ་དག་བརྟེན་ནས་འབྱུང་བ་མེད་པ་དང་། རྒྱུར་བྱས་ནས་གདགས་པ་མེད་པ་ནི་ཐ་སྙད་དུ་མྱ་ངན་ལས་འདས་པ་ཡིན་པར་བསྟན་པས་དོན་དམ་པར་མྱ་ངན་ལས་འདས་པ་དངོས་པོ་དང་། དངོས་པོ་མ་ཡིན་པ་ཉིད་དུ་བཀག་ཀྱང་ཁས་བླངས་པ་ལ་གནོད་པའི་སྐབས་མེད་དོ། །ཡང་གཞན་ཡང་། འབྱུང་བ་དང་ནི་འཇིག་པ་དག ༑སྤོང་བར་སྟོན་པས་བཀའ་སྩལ་ཏོ། །མདོ་སྡེ་ལས་ཇི་སྐད་དུ། གང་དག་འབྱུང་བའམ་འཇིག་པས་སྲིད་པ་ལས་ངེས་པར་འབྱུང་བ་ཡོངས་སུ་ཚོལ་བར་བྱེད་པ་དེ་དག་གི་དེ་ནི་ཡོངས་སུ་མི་ཤེས་པ་ཡིན་ནོ་ཞེས་གསུངས་པ་ལྟ་བུའོ། །དེ་ཕྱིར་མྱ་ངན་འདས་པ་ནི། དངོས་མིན་དངོས་མེད་མིན་པར་རིགས། །གལ་ཏེ་འབྱུང་བ་ནི་སྤང་བར་བྱ་བ་ཉིད་ཀྱིས

 སུན་དབྱུང་བར་བྱ་བ་ཡིན་པའི་ཕྱིར། དངོས་པོ་ཉིད་འགག་པར་མི་རིགས་སོ་ཞེ་ན། འབྱུང་བ་ཡང་འགོར་བའི་དངོས་པོའི་བདག་ཉིད་ཕྱིར་སྐྱོན་མེད་དོ། །གཞན་དག་གིས་སྨྲས་པ། ཐར་པའི་དོན་ནི་དངོས་པོ་ཡང་ཡིན་ལ། །དངོས་པོ་མེད་པ་ཡང་ཡིན་པའི་ཕྱིར། གཉི་གའི་བདག་ཉིད་ཡིན་པའི་ཕྱིར་སྐྱོན་མེད་དོ། །གཞན་དག་གིས་སྨྲས་པ། དེའི་ཕྱིར་འདི་བཤད་དེ། གལ་ཏེ་མྱ་ངན་འདས་པ་ནི། །དངོས་དང་དངོས་མེད་གཉིས་ཡིན་ལ། ། དངོས་དང་དངོས་པོ་མེད་པ་དག །ཐར་བར་འགྱུར་བར་དེ་མི་རིགས། །དགག་པ་མི་མཐུན་པའི་ཕྱིར་ཏེ། གལ་ཏེ་དངོས་པོ་ཡིན་ན་ཇི་ལྟར་དངོས་པོ་མེད་པ་ཡིན། ཅི་སྟེ་དངོས་པོ་མེད་པ་ཡིན་ན་ནི་དངོས་པོ་ཞེས་བྱ་བ་མ་ཡིན་ནོ། །ཅི་སྟེ་ཡང་ལྡོས་པའི་དབང་གིས་དངོས་པོ་དང་དངོས་པོ་མེད་པའི་མཚན་ཉིད་ཡིན་ཏེ། ལུས་དང་། དབང་པོ་དང་། བློ་མེད་པའི་ཕྱིར་དངོས་པོ་མེད་པ་ཡིན་ལ། བདེ་བ་ལ་ཟླར་མེད་པ་གཏན་དུ་བ་དང་ལྡན་པའི་ཕྱིར་དངོས་པོ་ཡིན་ནོ་ཞེ་ན། དེ་ནི་བཟང་པོ་མ་ཡིན་ཏེ། ལུས་ལ་སོགས་པའི་སྐྱེ་བ་བཀག་པ་ཁོ་ནས། དེ་དག་མེད་པ་བཀག་པའི་ཕྱིར་དང་། བདེ་བ་ལ་ཟླར་མེད་པ་གཏན་དུ་བ་ཡང་འདུས་བྱས་ཀྱི་སྐྱེ་བ་བཀག་པ་ཁོ་ནས་བཀག་པའི་ཕྱིར་དང་། བདེ་བ་འདུས་མ་བྱས་པ་ཡོད་པ་ཉིད་དུ་སྟོན་པའི་རྗེས་སུ་དཔོག་པ་མེད་པའི་ཕྱིར་དེ་ནི་རིགས་པ་མ་ཡིན་ནོ། ། ལྷག་མ་ནི་སྔ་མ་བཞིན་ནོ། །ཡང་གཞན་ཡང་། གལ་ཏེ་མྱ་ངན་འདས་པ་ནི། །དངོས་དང་དངོས་མེད་གཉིས་ཡིན་ན། །མྱ་ངན་འདས་པ་མ་བརྟེན་མིན། །འོ་ན་ཇི་ལྟ་ཞེ་ན། བརྟེན་པ་ཡིན་པར་འགྱུར་ཏེ། འདི་ལྟར། དེ་ནི་གཉིས་ལ་བརྟེན་ཕྱིར་རོ། །དངོས་པོ་དངོས་པོ་མེད་པའི་མཚན་ཉིད་གཉིས་ལ་བརྟེན་པའི་ཕྱིར་རོ། །མྱ་ངན་ལས་འདས་པ་ཉིད་ལ་བརྟེན་པར་མི་འདོད་དེ། རྣམ་པ་དེ་ལྟ་བུ་ཡོད་པར་བསྟན་དཀའ་བའི་ཕྱིར་རོ་ཞེས་བྱ་བར་

དགོངས་སོ། །ཡང་གཞན་ཡང་། གལ་ཏེ་མྱ་ངན་འདས་པ་ནི། །དངོས་དང་དངོས་མེད་གཉིས་ཡིན་ན། །མྱ་ངན་འདས་པ་འདུས་མ་བྱས། །དངོས་དང་དངོས་མེད་འདུས་བྱས་ཡིན༑ ༑དེ་ལྟར་ན་འདིས་ནི་མྱ་ངན་ལས་འདས་པའི་ཆོས་ནི་དངོས་པོ་དང་དངོས་པོ་མེད་པའི་མཚན་ཉིད་ལས་གཞན་ཡིན་པར་སྟོན་ཏེ། གང་ཞིག་གང་ལས་འཛིན་པའི་མཚན་ཉིད་གཞན་ཡིན་པ་དེ་ནི་དེའི་བདག་ཉིད་ཡིན་པར་མི་རིགས་ཏེ། མེ་ཆུའི་མཚན་ཉིད་ལས་གཞན་ཡིན་པ་དེ་ཆུའི་བདག་ཉིད་མ་ཡིན་པ་བཞིན་ནོ་ཞེས་བྱ་བར་དགོངས་སོ། །གཞན་དག་གིས་སྨྲས་པ། གང་ལ་དངོས་པོ་དང་དངོས་པོ་མེད་པ་དག་ཡོད་པ་དེ་མྱ་ངན་ལས་འདས་པ་ཡིན་གྱི། དངོས་པོ་དང་དངོས་པོ་མེད་པའི་བདག་ཉིད་ནི་མ་ཡིན་ཏེ། གཅིག་ལ་མི་མཐུན་པའི་བདག་ཉིད་གཉིས་མེད་པའི་ཕྱིར་རོ། །དེ་དགག་པའི་ཕྱིར་བཤད་པ། གལ་ཏེ་མྱ་ངན་འདས་པ་ལ། །དངོས་དང་དངོས་མེད་གཉིས་ཡོད་ན། །འོད་ཀྱི་ཚུལ་གྱིས་སོ། ། དེ་གཉིས་ནི་མི་མཐུན་པ་ཡིན་པས་མི་མཐུན་པ་གཉིས་གཅིག་ལ་ཡོད་པར་མི་རིགས་པས༑ དེའི་ཕྱིར་བཤད་པ། དེ་གཉིས་གཅིག་ལ་ཡོད་མིན་ཏེ། །སྣང་བ་དང་ནི་མུན་པ་བཞིན༑ ༑དེའི་ཕྱིར་དེ་ཡང་རིགས་པ་མ་ཡིན་ནོ། །བརྒྱལ་ཞིང་བརྟག་པ་མཚུངས་པའི་ཡང་ཕྱིར་ཏེ། གང་ལ་དངོས་པོ་དང་དངོས་པོ་མེད་པ་དག་ཡོད། ཅི་དངོས་པོའམ་ཁོན་༼འོན་༽ཏེ་དངོས་པོ་མེད་པ་ལ། དེ་གཉི་ག་ཡང་སྔར་བསྟན་པའི་ཚུལ་གྱིས་རིགས་པ་མ་ཡིན་པས་དེ་ཡང་སྙིང་པོ་མ་ཡིན་ནོ། །གང་དག་མྱ་ངན་ལས་འདས་པ་ནི་དངོས་པོ་ཡང་མ་ཡིན་ལ། དངོས་པོ་མེད་པ་ཡང་མ་ཡིན་ནོ་ཞེས་ཟེར་བ་དེ་དག་གི་ཕྱིར་བཤད་པ། དངོས་མེད་དངོས་པོ་མེད་མིན་པ། །མྱ་ངན་འདས་པར་གང་སྟོན་པ། །རབ་ཏུ་སྟོན་པའོ། །དངོས་པོ་མེད་དང་དངོས་པོ་དག །གྲུབ་པ་དེ་ཉིད་འགྲུབ་པར་འགྱུར། །གཉི་ག་བཀག་པས

དངོས་པོ་ཡང་མ་ཡིན་དངོས་པོ་མེད་པ་ཡང་མ་ཡིན་པ་ཞེས་བརྗོད་པའི་ཕྱིར་དང་། དངོས་པོ་དང་དངོས་པོ་མེད་པར་ཡོད་པར་སྟོན་པའི་རྗེས་སུ་དཔོག་པ་མེད་པའི་ཕྱིར་རོ། །ཡང་གཞན་ཡང་། གལ་ཏེ་མྱ་ངན་འདས་པ་ནི། །དངོས་མིན་དངོས་པོ་མེད་མིན་ན། །ཁྱོད་འདོད་པ་ལྟར་རོ། །དངོས་མིན་དངོས་པོ་མེད་མིན་ཞེས། །གང་ཞིག་གིས་ནི་དེ་མངོན་བྱེད། །དེ་མངོན་པར་བྱེད་པའི་ཤེས་པའམ། བརྗོད་པ་དགག་པ་སྟར་བསྟན་ཟིན་པའི་ཕྱིར་རོ་ཞེས་བྱ་བར་དགོངས་སོ། །ཡང་གཞན་ཡང་། བཅོམ་ལྡན་མྱ་ངན་འདས་གྱུར་ནས། །ཡོད་པར་མི་མངོན་དེ་བཞིན་དུ། །མེད་དོ་ཞེའམ་གཉི་ག་དང་། །གཉིས་མིན་ཞེས་ཀྱང་མི་མངོན་ནོ། །དེ་བཞིན་གཤེགས་པ་མྱ་ངན་ལས་འདས་ནས་ཡོད་པ་དང་། མེད་པ་དང་། ཡོད་ཀྱང་ཡོད་ལ་མེད་ཀྱང་མེད་པ་དང་། ཡོད་པ་ཡང་མ་ཡིན། མེད་པ་ཡང་མ་ཡིན་ནོ་ཞེས་བྱ་བར་མི་མངོན་ནོ། །བཅོམ་ལྡན་བཞུགས་པར་གྱུར་ན་ཡང་། །ཡོད་པར་མི་མངོན་དེ་བཞིན་དུ། །མེད་དོ་ཞེའམ་གཉི་ག་དང་། གཉིས་མིན་ཞེས་ཀྱང་མི་མངོན་ནོ། །དེ་བཞིན་གཤེགས་པ་བཞུགས་ན་ཡང་ཡོད་པ་དང་། མེད་པ་དང་། ཡོད་ཀྱང་ཡོད་ལ་མེད་ཀྱང་མེད་པ་དང་། ཡོད་པ་ཡང་མ་ཡིན། མེད་པ་ཡང་མ་ཡིན་ནོ་ཞེས་བྱ་བར་མི་མངོན་ནོ།། དེ་ལྟར་སྲོག་གང་ཡིན་པ་དེ་ལུས་ཡིན་པ་དང་། སྲོག་ཀྱང་གཞན་ལ་ལུས་ཀྱང་གཞན་ནོ་ཞེས་བྱ་བར་མི་མངོན་ནོ་ཞེས་བྱ་བའི་བར་གྱི་ལུང་དུ་མ་བསྟན་པའི་དངོས་པོ་དག་དེ་དག་མ་བཀག་པ་ཁོ་ནའི་ཕྱིར། མྱ་ངན་ལས་འདས་པ་མ་གྲུབ་པས། གཏན་ཚིགས་ཀྱི་དོན་མ་གྲུབ་པ་ཉིད་ཉམས་པ་མེད་དོ། །འདིར་སྨྲས་པ། དོན་དམ་པར་མྱ་ངན་ལས་འདས་པ་ནི་ཡོད་པ་ཁོ་ན་ཡིན་ཏེ། སྐྱེ་བ་དང་རྒ་ཤིས་འཇིགས་པ་རྣམས་དེ་ཐོབ་པར་བྱ་བའི་ཕྱིར་འཇུག་པ་ཡོད་པའི་ཕྱིར་རོ། །མེད་པ་ལ་ཁྱད་པར་ཅན་རྣམས་ཐོབ་པར་བྱ་བའི་ཕྱིར་

འཇུག་པ་མ་མཐོང་སྟེ། དཔེར་ན་རུས་སྦལ་གྱི་སྤུ་བཞིན་ནོ། །མྱ་ངན་ལས་འདས་པ་ལ་ནི་དེ་ཐོབ་པར་བྱ་བའི་ཕྱིར་དེ་ཁྱད་པར་ཅན་རྣམས་ལམ་སྒོམ་པ་ལ་འཇུག་པ་ཡོད་པས་དེའི་ཕྱིར། དོན་དམ་པར་མྱ་ངན་ལས་འདས་པ་ནི་ཡོད་པ་ཁོ་ན་ཡིན་ནོ། །འདིར་བཤད་པ། ཁྱད་པར་ཡོད་ན་ནི་གཞན་གྱིས་གཞན་འཐོབ་པ་མཐོང་སྟེ། དཔེར་ན། ལག་པ་རྐང་པར་སླབས་(སླེབས་)པ་ལྟ་བུ་ཡིན་ན། ཁོ་བོ་ཅག་གི་ཕྱོགས་ལ་དོན་དམ་པར་འཁོར་བ་དང་མྱ་ངན་ལས་འདས་པ་དག་ལ་རྣམ་པ་དེ་ལྟ་བུ་མེད་པས་མྱ་ངན་ལས་འདས་པ་ཐོབ་པར་བྱ་བའི་ཕྱིར་འཇུག་པ་མེད་དོ། །ཅིའི་ཕྱིར་ཞེ་ན། འདི་ལྟར། འཁོར་བ་མྱ་ངན་འདས་པ་ལས།། ཁྱད་པར་ཅུང་ཟད་ཡོད་མ་ཡིན། །མྱ་ངན་འདས་པ་འཁོར་བ་ལས། །ཁྱད་པར་ཅུང་ཟད་ཡོད་མ་ཡིན། །དམིགས་སུ་མེད་པར་མཉམ་པ་ཉིད་ཀྱིས་གཉི་ག་ཡང་དམིགས་སུ་མེད་པའི་ཕྱིར་རོ་ཞེས་བྱ་བར་དགོས་སོ། །ཇི་ལྟར་དེ་དག་བརྟགས་པའི་བདག་ཉིད་དུ་དམིགས་སུ་མེད་པ་དེ་ལྟར་ནི་བསྟན་ཟིན་པས་དེའི་ཕྱིར་དེ་ཐོབ་པར་བྱ་བའི་ཕྱིར་རོ་ཞེས་བྱ་བའི་གཏན་ཚིགས་དེའི་དོན་མ་གྲུབ་པ་ཉིད་དང་དོན་འགལ་བ་ཉིད་དོ། །མྱ་ངན་ལས་འདས་པ་དང་། འཁོར་བ་དག་ཁྱད་པར་མེད་པའི་ཕྱིར་བཤད་པ། མྱ་ངན་འདས་མཐའ་གང་ཡིན་པ། །དེ་ནི་འཁོར་བའི་མཐའ་ཡིན་ཏེ། །མཐའ་ནི་དེ་བཞིན་ཉིད་དང་། ཆོས་ཉིད་དང་། སྟོང་པ་ཉིད་ཅེས་བྱ་བ་དག་གི་རྣམ་གྲངས་སོ། །དེ་གཉིས་ཁྱད་པར་ཅུང་ཟད་ནི། །ཤིན་ཏུ་ཕྲ་བའང་ཡོད་མ་ཡིན། །ཆོས་ཉིད་དབྱེར་མེད་པའི་ཕྱིར་ཏེ། ནམ་མཁའ་ལ་ཕྱོགས་ཀྱི་ཁྱད་པར་ཡོད་ཀྱང་མཚན་ཉིད་དབྱེར་མེད་པ་བཞིན་ནོ་ཞེས་བྱ་བར་དགོངས་སོ། །འདིར་སྨྲས་པ༔ སྟོང་པ་ཉིད་ནི་ལྟ་བར་གྱུར་པ་ཐམས་ཅད་ལས་ངེས་པར་འབྱིན་པ་ཡིན་པར་གསུངས་ན་ཁྱེད་ཀྱིས་མྱ་ངན་ལས་འདས་པ་ངོ་བོ་ཉིད་མེད་པ་ཉིད་དུ་བཤད་པས་མེད་པ་ནི་ལྟ་བའི་

གཉེན་པོ་ཉིད་ཡིན་པར་མི་རུང་ངོ་། །དེའི་ཕྱིར་མྱ་ངན་ལས་འདས་པ་ནི་ཡོད་པ་ཁོ་ན་ཡིན་ཏེ༑ གཉེན་པོ་ཡིན་པའི་ཕྱིར་དཔེར་ན་སྣང་བ་བཞིན་ནོ། །དེ་ནི་བཟང་པོ་མ་ཡིན་ཏེ། དོན་དམ་པར་མར་མེ་སྣང་བ་ཉིད་དང་། དངོས་པོ་ཉིད་དུ་མ་གྲུབ་པའི་ཕྱིར། དཔེ་མེད་པས་སྒྲུབ་པ་མ་ཚང་བ་ཉིད་ཡིན་ནོ། །ཆོས་ཐམས་ཅད་མི་དམིགས་པ་ནི་སྟོང་པ་ཉིད་ཡིན་ལ༑ དེ་ཡང་དམིགས་པའི་གཉེན་པོ་ཡིན་པར་བརྗོད་ན། དམིགས་པར་བྱ་བའི་དོན་དམིགས་སུ་མེད་ན་ཡུལ་དེ་ལ་དམིགས་པ་ཡང་མེད་དོ། །ཡོད་པ་ཡང་མ་ཡིན་ཏེ། མ་སྐྱེས་པའི་ཕྱིར་དཔེར་ན་ནམ་མཁའི་མེ་ཏོག་བཞིན་ནོ། །མེད་པ་ཡང་མ་ཡིན་ཏེ། དགག་པ་ཙམ་བསྟན་ཟིན་པའི་ཕྱིར་རོ། །དེ་ལྟ་བས་ན་སྟོང་པ་ཉིད་ལ་མངོན་པར་ཞེན་པ་ནི་རིགས་པ་མ་ཡིན་ནོ། །སྟོང་པ་ཉིད་དུ་ལྟ་བ་ཡང་ཆོས་ཐམས་ཅད་རྣམ་པར་ཐམས་ཅད་དུ་དམིགས་སུ་མེད་པའི་བགེགས་ཡིན་པའི་ཕྱིར་མཁས་པ་རྣམས་སྤོང་བར་བྱེད་དོ། །མི་མཁས་པ་རྣམས་ནི་དེ་ཉིད་དངོས་པོ་མེད་པ་ལས་འཛིན་པར་བྱེད་ཅིང་། དོན་མེད་པ་ཉིད་སྒྲུབ་པར་བྱེད་དེ། ཇི་སྐད་དུ། འོད་སྲུངས་གང་སྟོང་པ་ཉིད་དུ་ལྟ་བ་དེ་ནི་གསོར་མི་རུང་བར་ང་སྨྲའོ་ཞེས་གསུངས་པ་ལྟ་བུའོ། །དེའི་ཕྱིར་དེ་ལྟར་སྟོང་པ་ཉིད་མ་གྲུབ་པས་གཉེན་པོ་ཡིན་པའི་ཕྱིར་ཞེས་བྱ་བའི་གཏན་ཚིགས་ཀྱི་དོན་མ་གྲུབ་པ་ཉིད་དོ། །ཡང་ན་དོན་དམ་པར་ལྟ་བ་དག་ཡོད་ན་ནི་དེ་དག་གི་གཉེན་པོ་ཡང་རིགས་པར་འགྱུར་གྲང་ན། ལྟ་བ་དེ་དག་ཡོད་པ་མ་ཡིན་པས་དེ་བརྟག་པའི་ཕྱིར་འདི་བཤད་དེ། འགགས་པར་གྱུར་དང་མཐའ་སོགས་དང་། །རྟག་ལ་སོགས་པར་ལྟ་བ་དག །མྱ་ངན་འདས་དང་ཕྱི་མཐའ་དང་།། སྔོན་གྱི་མཐའ་ལ་བརྟེན་པ་ཡིན། །འགགས་པར་གྱུར་པ་ནི་དེ་བཞིན་གཤེགས་པ་མྱ་ངན་ལས་འདས་ནས་ཡོད་པ་དང་མེད་པ་དང་། ཡོད་ཀྱང་ཡོད་ལ་མེད་ཀྱང་མེད་པ་དང་།

ཡོད་པ་ཡང་མ་ཡིན་མེད་པ་ཡང་མ་ཡིན་པར་ལྟ་བའོ། །མཐའ་ལ་སོགས་པ་ནི་འཇིག་རྟེན་མཐའ་ཡོད་པ་དང་། མཐའ་མེད་པ་དང་། མཐའ་ཡོད་ཀྱང་ཡོད་ལ་མཐའ་མེད་ཀྱང་མེད་པ་དང་། མཐའ་ཡོད་པ་ཡང་མ་ཡིན་མཐའ་མེད་པ་ཡང་མ་ཡིན་པར་ལྟ་བའོ། །རྟག་པ་ལ་སོགས་པ་ནི་འཇིག་རྟེན་རྟག་པ་དང་། མི་རྟག་པ་དང་། རྟག་ཀྱང་རྟག་ལ་མི་རྟག་ཀྱང་མི་རྟག་པ་དང་། རྟག་པ་ཡང་མ་ཡིན་མི་རྟག་པ་ཡང་མ་ཡིན་པར་ལྟ་བའོ། །ལྟ་བ་དེ་དག་ནི་གོ་རིམས་བཞིན་དུ་མྱ་ངན་ལས་འདས་པ་དང་། ཕྱི་མའི་མཐའ་དང་། སྔོན་གྱི་མཐའ་ལ་བརྟེན་པ་ཡིན་པས། ངོ་བོ་ཉིད་ལས་ཡོད་པ་མ་ཡིན་ནོ། །ལོག་པར་རྣམ་པར་རྟོག་པ་ལ་སོགས་པའི་བག་ཆགས་ཀྱི་སྐྱོན་གྱིས་རྣམ་པར་རྟོག་པ་དང་། རྣམ་པར་བརྟགས་པའི་དངོས་པོ་ངོ་བོ་ཉིད་མེད་པ་ཉིད་དུ་བསྟན་ཟིན་པས་དེའི་ཕྱིར། དངོས་པོ་ཐམས་ཅད་སྟོང་པ་ལ། །མཐའ་ཡོད་ཅི་ཞིག་མཐའ་མེད་ཅི། །མཐའ་དང་མཐའ་མེད་ཅི་ཞིག་ཡིན། །མཐའ་མིན་མཐའ་མེད་མིན་པ་ཅི། །དེ་ཉིད་ཅི་ཞིག་གཞན་ཅི་ཡིན། །རྟག་པ་ཅི་ཞིག་མི་རྟག་ཅི།། རྟག་པ་མི་རྟག་གཉིས་ཀ་ཅི། །གཉི་ག་མིན་པའང་ཅི་ཞིག་ཡིན། །རྣམ་པར་བརྟག་པར་བྱ་བའི་དངོས་པོ་མེད་པ་ན་གཞི་མེད་པ་ལ་དེ་དག་ཏུ་རྣམ་པར་རྟོག་པ་མེད་པའི་ཕྱིར་རོ་ཞེས་བྱ་བར་དགོངས་སོ། །དེའི་ཕྱིར་མདོ་སྡེ་ལས་ཀྱང་། གང་ལ་རྣམ་བརྟག་ཡོད་མིན་པ། །དེ་ལ་རྣམ་རྟོག་ག་ལ་ཡོད། །རྣམ་བརྟག་རྣམ་རྟོག་ཟད་གྱུར་པས། །བསྟན་པ་རྣམ་པར་གྲོལ་བར་འགྱུར། །ཞེས་གསུངས་སོ། །ཐ་སྙད་པའི་གཏན་ཚིགས་སུ་རྟོག་ན་ནི། སྐྱོན་སྔ་མ་བཞིན་ནོ། །གཞན་དག་གིས་སྨྲས་པ། དོན་དམ་པར་མྱ་ངན་ལས་འདའ་བ་ནི་ཡོད་པ་ཁོ་ན་ཡིན་ཏེ། དེ་ཐོབ་པར་བྱ་བའི་ཕྱིར་བཅོམ་ལྡན་འདས་ཀྱིས་དབང་པོ་དང་། བསམ་པ་དང་; མོས་པ་དང་། དུས་དང་། ཡུལ་ལ་ལྟོས་པས་ཆོས་བསྟན་པའི་ཕྱིར་རོ། །དེ་མེད་ན

སྒྲུབ་པ་དེ་མི་འཐད་དེ། དཔེར་ན་རི་བོང་གི་རྭ་བཞིན་ནོ། །བཅོམ་ལྡན་འདས་ཀྱིས་ཆོས་ཀྱི་ཕུང་པོ་བརྒྱད་ཁྲི་བཞི་སྟོང་མྱ་ངན་ལས་འདས་པ་ཐོབ་པར་བྱ་བའི་ཕྱིར་སྒྲུབ་པའི་གཉེན་པོར་བཀའ་སྩལ་པས། དེའི་ཕྱིར་དེ་ཡོད་པས་དོན་དམ་པར་མྱ་ངན་ལས་འདས་པ་ཡོད་པ་ཁོ་ན་ཡིན་ནོ། །དེ་ལ་འདིར་གལ་ཏེ་དོན་དམ་པར་ཆོས་བསྟན་པའི་ཕྱིར་རོ་ཞེས་བྱ་བར་གཏན་ཚིགས་ཀྱི་དོན་རྟོགས་པར་འདོད་ན་ནི་དེ་མི་རུང་སྟེ། ཁོ་བོ་ཅག་གི་ཕྱོགས་ལ༔ དམིགས་པ་ཐམས་ཅད་ཉེར་ཞི་ཞིང་། །སྤྲོས་པ་ཉེར་ཞི་ཞི་བ་སྟེ། །སངས་རྒྱས་ཀྱི་ནི་གང་དུ་ཡང་། །སུ་ལའང་ཆོས་འགའ་མ་བསྟན་ཏོ། །དམིགས་པ་ཐམས་ཅད་ཉེ་བར་ཞི་བ་ནི་དམིགས་པར་བྱ་བའི་དོན་མེད་ན་ཡུལ་མེད་པ་ལ་དམིགས་པ་མེད་པའི་ཕྱིར་དང་། འདུས་བྱས་ཡིན་པའི་ཕྱིར་དམིགས་པར་བྱ་བ་བཞིན་དུ་དམིགས་པ་ལོག་པའི་ཕྱིར་རོ། །སྤྲོས་པ་ཉེ་བར་ཞི་བ་ནི་དམིགས་པར་བྱ་བའི་དོན་མེད་པ་ཁོ་ནའི་ཕྱིར་ཡུལ་དེ་ལ་བརྗོད་པའི་མཚན་ཉིད་ཀྱི་སྤྲོས་པ་མི་འཇུག་པའི་ཕྱིར་རོ། །ཞི་བ་ནི་གནོད་པ་ཐམས་ཅད་དང་བྲལ་བའི་ཕྱིར་རོ། །སངས་རྒྱས་ཀྱིས་ནི་གང་དུ་ཡང་། །སུ་ལའང་ཆོས་འགའ་མ་བསྟན་ཏོ། །ཞེས་བྱ་བ་ནི་དོན་དམ་པར་ཆོས་ཐམས་ཅད་ཀུན་བརྟགས་པའི་བདག་ཉིད་དུ་ཡོངས་སུ་མ་གྲུབ་པའི་ཕྱིར་དང་། བརྗོད་དུ་མེད་པའི་ཕྱིར་རོ། །ཡང་ན། སངས་རྒྱས་ཀྱིས་ནི་གང་དུ་ཡང་། །སུ་ལའང་ཆོས་འགའ་ལ་བསྟན་ཏོ། །ཞེས་བྱ་བ་ནི་ཆོས་ཀྱི་དེ་ཁོ་ན་ནི་རང་རིག་པར་བྱ་བ་ཡིན་ལ། བརྗོད་པ་ནི་ཀུན་བརྟགས་པ་སྤྱིའི་ཡུལ་ཅན་ཡིན་པས་དེའི་ཕྱིར་ཆོས་ཀྱི་དེ་ཁོ་ན་དེ་ནི་བསྟན་པར་བྱ་བ་མ་ཡིན་པའི་ཕྱིར་རོ། །འོན་ཀྱང་ཐ་སྙད་ཀྱི་བདེན་པ་རྣམ་པར་གཞག་པའི་ཚུལ་དུ་ནི་སྟོན་པས་ཐམས་ཅད་ལ་ཕན་གདགས་པའི་ཕྱིར། བསྐལ་པ་སྟོང་ཕྲག་དཔག་ཏུ་མེད་པར་བསོད་ནམས་དང་། ཡེ་ཤེས་ཀྱི་ཚོགས་རབ་ཏུ་བསགས་

པ་ལས། ངེས་པར་འབྱུངས་པ་ཡིད་བཞིན་གྱི་ནོར་བུ་གཟུགས་སྣ་ཚོགས་དང་ལྡན་པ་ལྟ་བུ་རྣམ་པར་མི་རྟོག་པ་ལས་རྒྱལ་བ་མི་མངའ་བར་སེམས་ཅན་རྣམས་ཀྱི་བསམ་པའི་དབང་གིས་ཐེག་པ་གསུམ་དང་ལྡན་པའི་གསུང་འབྱུང་ཞིང་། དེའི་དབང་གིས་ཉན་པའི་སྐྱེ་བོ་རྣམས་སྟོན་པ་བདག་ཅག་ལ་ཆོས་སྟོན་ཏོ་སྙམ་དུ་དེ་ལ་རྣམ་པར་སྨྲོངས་པར་ཡང་འགྱུར་རོ། །ཡང་ན། སངས་རྒྱས་ཀྱིས་ནི་གང་དུ་ཡང་། །སུ་ལའང་ཆོས་འགའ་མ་བསྟན་ཏོ༏ ༏ཞེས་བྱ་བ་ནི། སྐུ་མིན་སྐུ་ལས་གཞན་མ་ཡིན། །དེ་ལ་སྐུ་མེད་དེར་དེ་མེད། །དེ་བཞིན་གཤེགས་པ་སྐུ་ལྡན་མིན། །དེ་བཞིན་གཤེགས་པ་གང་ཞིག་ཡིན། །ཞེས་བསྟན་པའི་ཚུལ་གྱིས་དོན་དམ་པར་སྟོན་པ་དེ་བཞིན་གཤེགས་པ་ཞེས་བྱ་བའི་ངོ་བོ་ཉིད་འགའ་ཡང་མེད་ལ། གང་དུ་བསྟན་པར་བྱ་བ་དང་། གང་ལ་བསྟན་པར་བྱ་བ་དང་། གང་བསྟན་པར་བྱ་བ་ཡང་མེད་པས་དེ་དག་རྫས་སུ་ཡོད་པ་མ་ཡིན་པའི་ཕྱིར་རོ། །ཡང་ན། སངས་རྒྱས་ཀྱིས་ནི་གང་དུ་ཡང་། །སུ་ལའང་ཆོས་འགའ་མ་བསྟན་ཏོ། །ཞེས་བྱ་བ་ནི་འདུ་བྱེད་རྣམས་ནི་བྱེད་པ་མེད་པ་ཡིན་ལ། འདུ་བྱེད་ཀྱི་ཚོགས་ཟག་པ་མེད་པ་སྒྲིབ་པ་གཉིས་སྤངས་པ། སངས་རྒྱས་ཀྱི་ཆོས་མ་འདྲེས་པ་ལ་སོགས་པའི་གཞིར་གྱུར་པ་ནི་སངས་རྒྱས་ཡིན་ཏེ། དེ་ལ་ནི་བྱ་བ་མེད་པས་སྟོན་པ་མི་འཐད་པའི་ཕྱིར་དང་། གང་ལ་བསྟན་པར་བྱ་བ་དེ་ཡང་འདུ་བྱེད་ཀྱི་ཚོགས་གཡོ་བ་མེད་པ་ཟག་པ་དང་བཅས་པ་དང་། ཟག་པ་མེད་པ་ཡིན་པས། ཉན་པ་དང་འཛིན་པ་ལ་སོགས་པའི་ཐ་སྙད་མེད་པས་དོན་དམ་པར་ཉན་པ་དང་༏ འཛིན་པར་བྱེད་པ་མེད་པའི་ཕྱིར་དང་། གང་དུ་གང་བསྟན་པར་བྱ་བ་ཡང་དོན་དམ་པར་བོང་བ་དང་། སྤྲུལ་པ་ལྟ་བུ་ཡིན་པའི་ཕྱིར་རོ། །ཡང་ན། སངས་རྒྱས་ཀྱིས་ནི་གང་དུ་ཡང་། །སུ་ལའང་ཆོས་འགའ་མ་བསྟན་ཏོ། །ཞེས་བྱ་བ་ནི་སྔོན་གྱི་སྨོན་ལམ་གྱི་ཤུགས

ཀྱི་དབང་དང་། བྱང་ཆུབ་སེམས་དཔའི་སྤྱོད་པ་སྤྱོད་པ་ན་བསྔོ་བའི་དངོས་པོ་བཞིས་བསྡུས་པའི་སེམས་ཅན་དགེ་བའི་རྩ་བ་བསྐྱེད་པ་དང་། ཉེ་བར་བསགས་པ་དང་། ཡོངས་སུ་སྨིན་པར་གྱུར་པ་རྣམས་ཀྱི་རྒྱུའི་མཐུ་ཉིད་ལས་མོས་པ་དང་། དབང་པོ་དང་། བསམ་པའི་དབང་གིས་ཆོས་སྟོན་པ་ཞེས་བྱ་བའི་གསུང་སྤྱིན་པ་ལ་སོགས་པའི་གཞིར་གྱུར་པ་ཡན་ལག་དྲུག་ཅུ་དང་ལྡན་པ། སེམས་ཅན་ཐམས་ཅད་ཡང་དག་པར་མགུ་བར་མཛད་པ། དེ་བཞིན་གཤེགས་པར་ཕྲིན་ལས་ལྷ་བུར་འབྱུང་གི། དེ་བཞིན་གཤེགས་པ་རྟག་ཏུ་མཉམ་པར་མཛད་པ་ལྷུན་གྱིས་གྲུབ་པ་རྟོག་པ་དང་དཔྱོད་པ་མི་མངའ་བ་རྣམས་ལ་འཇུག་པ་མི་འཐད་པའི་ཕྱིར་རོ། །ཡང་ན། སངས་རྒྱས་ཀྱིས་ནི་གང་དུ་ཡང་། །སུ་ལའང་ཆོས་འགའ་མ་བསྟན་ཏོ། །ཞེས་བྱ་བ་ནི་བཅོམ་ལྡན་འདས་ཀྱིས་སྟོན་གྱི་དྲང་སྲོང་རྣམས་ཀྱིས་གསུངས་པ་ཉིད་ཀྱི་ཆོས་རང་གི་མངོན་པར་ཤེས་པས་མངོན་སུམ་དུ་མཛད་ནས་ཡི་གེ་ལྷག་ཆད་མེད་པར་རྗེས་སུ་སྟོན་པར་མཛད་དེ། ཆོས་ཐམས་ཅད་ནི་སྔོན་གྱི་དྲང་སྲོང་རྣམས་ཀྱིས་གསུངས་པས། སངས་རྒྱས་སྔ་མ་རྣམས་ཀྱིས་གསུངས་པ་ཉིད་རྗེས་སུ་སྟོན་པའི་ཕྱིར་རོ་ཞེས་བྱ་བར་དགོངས་སོ། །སངས་རྒྱས་ཀྱིས་ནི་གང་དུ་ཡང་། །སུ་ལའང་ཆོས་འགའ་མ་བསྟན་ཏོ། །ཞེས་བྱ་བ་ནི་དོན་དམ་པར་ཆོས་རྣམས་བདག་ཉིད་དེ་དང་། དེ་དག་གིས་གཏན་དུ་སྟོང་པའི་ཕྱིར་ཆོས་གང་ཞིག་ཤེས་པ་རང་གི་མཚན་ཉིད་ཀྱི་ཡུལ་ཅན་ནམ་སྤྱིའི་མཚན་ཉིད་ཀྱི་ཡུལ་ཅན་གྱི་ངོ་བོ་ཉིད་གང་གིས་བདག་ཉིད་ཀྱིས་གཟུང་བར་བྱ་བའི་ཆོས་དེ་ཡོད་པ་མ་ཡིན་པའི་ཕྱིར་ཏེ། ཇི་སྐད་དུ། བཅོམ་ལྡན་འདས་དེ་བཞིན་གཤེགས་པས་དེ་བཞིན་གཤེགས་པ་མར་མེ་མཛད་ལས་བླངས་པའི་ཆོས་དེ་ནི་འགའ་ཡང་མ་མཆིས་ཏེ། དེ་ཅིའི་སླད་དུ་ཞེ་ན། ཆོས་ཐམས་ཅད་ནི་གཟུང་དུ་མ་མཆིས་ཤིང་བརྗོད་དུ་མ་མཆིས་

པའི་སྐད་དུའོ་ཞེས་གསུངས་པ་ལྟ་བུའོ། །འདིར་སྨྲ་སྐྱེགས་ཅན་ངན་པ་སྤྱོབས་པ་རློམ་པ་དངོས་པོ་རྣམས་ཀྱི་ངོ་བོ་ཉིད་སྟོང་པ་ཉིད་རྣམ་པ་ཐམས་ཅད་དུ་གསལ་བར་བྱེད་པ་ཐེག་པ་མཆོག་གི་ཚུལ་གྱིས་དཔའ་བགོང་བ། ངན་གཡོའི་རྗེས་སུ་འཇུག་པ་དག་གིས་རང་གི་གྲུབ་པའི་མཐའི་སྐྱོན་བཙས་པའི་ཕྱིར་སྨྲས་པ། སངས་རྒྱས་རྣམ་རྟོག་མེད་པ་ཡི། །ཐེག་པ་ཆེན་པོ་མི་རུང་སྟེ། །གང་ཕྱིར་དོན་དམ་སངས་རྒྱས་ཀྱིས། །ཆོས་ནི་བསྟན་པ་མ་བྱས་ཕྱིར༑ ༑སྤྲུལ་སངས་རྒྱས་ཀྱིའང་མི་རུང་སྟེ། །དེ་ལ་སེམས་ཅན་སོགས་མེད་ཕྱིར། །དེ་ཕྱིར་སྤྲུལ་པ་སངས་རྒྱས་མིན། །དེས་ནི་ཆོས་ཀྱང་བསྟན་མ་བྱས། །དོན་དམ་དུ་ནི་མི་རྟོག་པའི༑ ༑སྟོང་ལ་སྙིང་རྗེ་མི་འདོད་དེ། །གང་ལ་སྙིང་རྗེ་བྱེད་པ་ཡི། །སེམས་ཅན་མེད་ཕྱིར་སངས་རྒྱས་མེད། །གལ་ཏེ་ཀུན་རྫོབ་སྙིང་རྗེ་ཡོད། །སྐད་འཚོང་དུ་བར་བྱེད་དང་འདྲ། །སྐད་འཚོང་རྣམས་ཀྱི་དུད་མོ་གང་། །དེ་ནི་ཀུན་རྫོབ་སྙིང་རྗེ་མིན། །ཞེས་བྱ་བ་ལ་སོགས་པའོ༑ ༑དེ་ལ་འདིར་དོན་དམ་པའི་མཚན་ཉིད་མེད་པས་མཚན་ཉིད་གཅིག་པ་ཉིད྄་ཀྱིས་སངས་རྒྱས་ཀྱང་ཡོད་མ་ཡིན། ཐེག་པ་ཆེན་པོ་ཡང་མ་ཡིན་ཏེ། དོན་དམ་པ་ནི་གཉིས་སུ་མེད་པའི་ཡེ་ཤེས་ཀྱི་སྤྱོད་ཡུལ་ཡིན་པའི་ཕྱིར། ཁོ་བོ་ཅག་གི་ཚུལ་ཉིད་སྨྲས་པར་གྱུར་ཏོ།། དེ་བཞིན་གཤེགས་པའི་སྐུ་རྣམ་པར་མི་རྟོག་པ་ལས་ཀྱང་། སྤྲུལ་པའི་སྐུས་ཐམས་ཅད་ལ་ཕན་འདོགས་པར་བཟོད་པ་གཞན་ལ་ཕན་པ་དང་། བདེ་བ་བསྒྲུབ་པའི་ཐུགས་དམ་གྱིས་ཡོངས་སུ་བསྔོས་པ་ཉིད་དང་། སྔོན་གྱི་སྨོན་ལམ་གྱི་ཤུགས་ཀྱི་དབང་གིས་རྣམ་པར་ཐམས་ཅད་དུ་འབྱུང་སྟེ། དེ་ལ་བརྟེན་ནས་ཡི་གེ་དང་ངག་དང་ཚིག་རྗེས་སུ་མཐུན་པའི་མཚན་ཉིད་ཀྱི་གསུང་ཆོས་དང་། གང་ཟག་བདག་མེད་པར་སྨྲ་སྐྱེགས་བྱེད་དང་། ཉན་ཐོས་དང་རང་སངས་རྒྱས་ཡིན་ནམ་སངས་རྒྱས་ཐམས་ཅད་དང་། ཐུན་མོང་མ་ཡིན་པ་

རྣམས་གསལ་བར་མཛད་པ། ཕ་རོལ་ཏུ་ཕྱིན་པ་རྣམས་ཡང་དག་པར་འགྲུབ་པའི་ཕྱིར་ཐེག་པ་མཆོག་གིས་འགྲོ་བ་རྣམས་ལ་ཉེ་བར་འབྱུང་སྟེ། དེ་ནི་ཐེག་པ་ཆེན་པོ་ཞེས་བྱའོ།། དོན་དམ་པ་པའི་སངས་རྒྱས་ཡོད་ན་བསྟན་པ་བརྗོད་པའི་གསུང་འབྱུང་བའི་ཕྱིར་སྟོན་པ་ཡང་བསྟན་པ་དག་གི་མཛད་པ་པོ་ཉིད་དུ་འདོད་པ་ཁོ་ན་ཡིན་པས་གྲགས་པའི་གནོད་པ་ཡང་མེད་དོ། །ཅི་སྟེ་ཡང་ལ་ལ་འདི་སྙམ་དུ་དེ་བཞིན་གཤེགས་པའི་བསྟན་པ་ནི་བྱེད་པ་པོ་དེ་བཞིན་གཤེགས་པ་རྣམ་པར་རྟོག་པ་ཅན་དང་ལྡན་པ་ཡིན་ཏེ། སྒྲའི་མཚན་ཉིད་ཡིན་ན་གཞན་གྱི་བསམ་པའི་དབང་གིས་དེ་འབྱུང་བའི་ཕྱིར་དཔེར་ན་ཉན་ཐོས་ལ་སོགས་པའི་བསྟན་པ་བཞིན་ནོ་སྙམ་དུ་སེམས་ན། དེ་ནི་རིགས་པ་མ་ཡིན་ཏེ། སྤྲུལ་པ་བསྟན་པ་དག་གིས་མ་ངེས་པ་ཉིད་ཡིན་པའི་ཕྱིར་རོ། །འདིས་ནི་རྣམ་པར་མི་རྟོག་པ་ལ་བསྟན་པ་མི་རུང་སྟེ། རྣམ་པར་མི་རྟོག་པའི་ཕྱིར་དཔེར་ན་བོང་བ་བཞིན་ནོ་ཞེས་རྗེས་སུ་དཔོག་པ་ལ་ཡང་སྐྱོན་གྱིས་ལན་བཏབ་པ་ཡིན་ནོ། །གཏན་ཚིགས་ཀྱི་དོན་རང་ལ་མ་གྲུབ་པ་ཉིད་ཀྱང་མ་ཡིན་ནོ། །གཞན་གྱི་ཕྱོགས་ལ་གྲུབ་པ་གཏན་ཚིགས་ཉིད་ཡིན་པའི་ཕྱིར་གཏན་ཚིགས་ཀྱི་དོན་མ་གྲུབ་པ་ཉིད་མ་ཡིན་ནོ་ཞེས་ཕྱིར་བཟློག་པར་བྱེད་ན་ཡང་ལན་སྔ་མ་བཞིན་ནོ། ། སྤྲུལ་པའི་སངས་རྒྱས་ནི་དོན་དམ་པའི་སངས་རྒྱས་ལས་གཞན་ཉིད་དུ་བརྗོད་པར་བྱ་བ་མ་ཡིན་པའི་ཕྱིར་ཐ་སྙད་པའི་སངས་རྒྱས་ཉིད་ཟློག་པར་མི་བྱེད་དོ། །དེས་བསྟན་པ་ཡང་ཟློག་པར་མི་བྱེད་དོ། །དོན་དམ་པ་པའི་སངས་རྒྱས་ནི་གསུང་གི་རྒྱུ་ཡིན་པའི་ཕྱིར་དང་། ཐ་སྙད་དུ་མཛད་པ་པོ་ཉིད་དུ་གྲུབ་པའི་ཕྱིར་རོ། །དོན་དམ་པར་ནི་དེ་བཞིན་གཤེགས་པ་ལ་སྤྲོས་པ་མི་མངའ་བའི་ཕྱིར། དེ་བཞིན་གཤེགས་པ་ཐུགས་རྗེ་མི་མངའ་བའམ། ཐུགས་རྗེ་དང་ལྡན་པའོ་ཞེས་བྱ་བའི་རྣམ་པར་རྟོག་པའི་སྤྲོས་པ་མི་མངའ་བའི་ཕྱིར། ཐུགས་རྗེ་

དང་ཐུགས་རྗེའི་གནས་སེམས་ཅན་མེད་པའི་ཕྱིར་ཐུགས་རྗེ་ཡང་ཡོད་པ་མ་ཡིན་ལ། དེ་དང་ལྡན་པ་ཡང་ཡོད་པ་མ་ཡིན་པས་འདི་ཡང་ཁོ་བོ་ཅག་གི་ཚུལ་ཉིད་གསལ་བར་བྱེད་པ་ཡིན་ནོ། །ཀུན་རྫོབ་ཏུ་ནི་ཁོ་བོ་ཅག་ལ་སེམས་ཅན་དང་། ཐུགས་རྗེ་ཡང་ཡོད་པས་གཞི་དེ་ལས་བཅོམ་ལྡན་འདས་ཀྱང་ཡོད་དེ། དེའི་དབང་གིས་སེམས་ཅན་ལ་ཕན་པ་དང་། བདེ་བ་རྣམ་པ་སྣ་ཚོགས་སྒྲུབ་པའི་ཐུགས་དམ་བཞེས་པ་ཡིན་པར་གྲུབ་འདོད་དོ། །དེ་ལ་ཐུགས་རྗེ་ནི་གཞན་སྡུག་བསྔལ་བས་ཐུགས་ཐག་པ་ནས་སྡུག་བསྔལ་བར་འགྱུར་བའི་མཚན་ཉིད་དེ། དཔེར་ན་མ་བུ་ལ་བྱམས་པ། བུ་གཅིག་པ་ལ་ཇི་ལྟ་བ་བཞིན་དུ་སངས་རྒྱས་དང་བྱང་ཆུབ་སེམས་དཔའ་རྣམས་ཀྱང་སེམས་ཅན་ཐམས་ཅད་ལ་དེ་བཞིན་ནོ། །གལ་ཏེ་སྨད་འཚོང་མ་ལ་ཡོད་པར་གྱུར་ན་ཡང་དེ་ལ་མི་དགར་ཅི་ཡོད། དེ་ལྟ་མོད་ཀྱི་བ་སྤུའི་ཁུང་བུ་དང་། ནམ་མཁའི་ཁམས་དག་མཚན་ཉིད་འདྲ་ཟིན་ཀྱང་། ཁྱད་པར་ཤིན་ཏུ་ཆེ་བ་དེ་བཞིན་དུ་ཆེ། བཅོམ་ལྡན་འདས་ཀྱི་ཐུགས་རྗེ་ཡང་སྨད་འཚོང་མའི་དྲུད་མོ་ལྟ་བུ་མ་ཡིན་ཏེ། བསྐལ་པ་སྟོང་ཕྲག་དཔག་ཏུ་མེད་པ་ནས་ཡོངས་སུ་བསྒོམ་པ་ཉིད་ཀྱིས་རབ་ཏུ་མཐར་ཕྱིན་པར་གྱུར་པའི་ཕྱིར་དང་། སེམས་ཅན་གྱི་ཁམས་མ་ལུས་པ་ལ་ཁྱབ་པའི་ཕྱིར་རོ། །ཅི་སྟེ་བཅོམ་ལྡན་འདས་ཀྱི་ཐུགས་རྗེའི་མཚན་ཉིད་ཇི་སྐད་བསྟན་པ་དེ་སྨད་འཚོང་མ་ལ་མེད་ན་ནི། འོ་ན་བཅོམ་ལྡན་འདས་ཀྱི་ཐུགས་རྗེ་ནི་སྨད་འཚོང་མའི་དྲུད་མོ་དང་འདྲ་སྟེ། གལ་ཏེ་ཀུན་རྫོབ་སྙིང་རྗེ་ཡོད། །སྨད་འཚོང་དུ་བར་བྱེད་དང་འདྲ། །ཞེས་སྨྲས་པ་དེ་རིགས་པ་མ་ཡིན་ནོ། །གལ་ཏེ་སངས་རྒྱས་ཀྱི་ཐུགས་རྗེ་ནི་ཐུགས་ཐག་པ་ནས་མ་ཡིན་ཏེ། ཀུན་རྫོབ་པ་ཡིན་པའི་ཕྱིར་དཔེར་ན་སྨད་འཚོང་མའི་དྲུད་མོ་བཞིན་ནོ་ཞེ་ན། དེ་ནི་བཟང་པོ་མ་ཡིན་ཏེ། བུ་ལ་བྱམས་པ་ལ་སོགས་པའི་སྙིང་རྗེ་དག་གིས་མ་ངེས་པ

ཉིད་ཡིན་པའི་ཕྱིར་རོ། །དེའི་ཕྱིར་མུ་སྟེགས་ཅན་དག་ནི་རབ་ཏུ་ཞེ་སྡང་བའི་སྒྲེགས་པ་དྲི་ང་བའི་ཚིག་ཀུན་དུ་བརྗོད་པ་ན་རང་གི་བསལ་བའི་བདག་ཉིད་ངན་པ་ཉིད་དུ་སྟོན་པར་བྱེད་པ་ཡིན་ནོ།། །།

༈ དབུ་མའི་རྩ་བའི་འགྲེལ་པ་ཤེས་རབ་སྒྲོན་མ། བམ་པོ་བཅུ་དགུ་པ། རྣལ་འབྱོར་སྤྱོད་པ་པོ་དག་གིས་སྨྲས་པ། དམིགས་པ་ཐམས་ཅད་ཉེར་ཞི་ཞིང་། །སྤྲོས་པ་ཉེར་ཞི་ཞི་བ་སྟེ། །སངས་རྒྱས་ཀྱིས་ནི་གང་དུ་ཡང་། །སུ་ལའང་ཆོས་འགའ་མ་བསྟན་ཏོ། །ཞེས་བྱ་བ་ནི་བདེན་ན་དེ་རྟོགས་པར་བྱ་བའི་ཐབས་གཞན་གྱི་དབང་ལ་སྐྱུར་པ་འདེབས་པ་དེ་ནི་མི་རུང་སྟེ། འོན་ཇི་ལྟ་བུ་ཞེ་ན། ངོ་བོ་ཉིད་གསུམ་ཤེས་པར་བྱ། །དང་པོ་ཀུན་དུ་བརྟགས་པ་ཡིན། །གཉིས་པ་གཞན་གྱི་དབང་ཡིན་ཏེ། །ཐ་མ་ཡོངས་སུ་གྲུབ་པ་ཡིན། །མཚན་ཉིད་དེ་བཞིན་སྐྱེ་བ་དང་། །དོན་དམ་ངོ་བོ་ཉིད་མེད་པས། །ངོ་བོ་ཉིད་ནི་གསུམ་པོ་དག །ངོ་བོ་ཉིད་མེད་ཉིད་དུ་འདོད། །དེ་ལ་གང་གི་ཚེ་ཀུན་བརྟགས་པའི་ངོ་བོ་ཉིད་མེད་པའི་ཕྱིར་མི་དམིགས་ཤིང་། གཞན་གྱི་དབང་གི་ངོ་བོ་ཉིད་ཀྱང་རྒྱུ་མཚན་དུ་མི་འཛིན་པས་ཡང་དག་པར་རྗེས་སུ་མི་མཐོང་བ་དེའི་ཚེ་ན། དམིགས་པ་ཐམས་ཅད་ཉེ་བར་ཞི་བ་ཡིན་ནོ། །དེ་དག་ལྷན་ཅིག་ཏུ་འདི་དཔྱད་པར་བྱ་སྟེ། དེ་ལ་ཀུན་བརྟགས་པའི་ངོ་བོ་ཉིད་ཅེས་བྱ་བ་དེ་གང་ཡིན། དེ་མཚན་ཉིད་ངོ་བོ་ཉིད་མེད་པ་ཉིད་ཀྱིས་ངོ་བོ་ཉིད་མེད་པ་ནི་ཇི་ལྟ་བུ་ཡིན། གལ་ཏེ་ཀུན་བརྟགས་པའི་ངོ་བོ་ཉིད་ནི་ཆོས་རྣམས་ཀྱི་ངོ་བོ་ཉིད་དང་། ཁྱད་པར་ལ་སོགས་པར་ཐ་སྙད་པའི་རྣམ་པར་རྟོག་པ་གང་ཡིན་པ་སྟེ། འདི་ལྟ་སྟེ། ངོ་བོ་ཉིད་དུ་རྣམ་པར་རྟོག་པའི་གཟུགས་དང་། ཚོར་བ་ཞེས་བྱ་བ་ལ་སོགས་པ་རྣམ་པར་རྟོག་པའོ། །ཁྱད་པར་དུ་རྣམ་པར་རྟོག་པ་ནི་བསྟན་དུ་ཡོད་པ་དང་། བསྟན་དུ་མེད་པ་ཞེས་བྱ་བ་ལ་སོགས་

པར་རྣམ་པར་རྟོག་པའོ། །དེ་མཚན་ཉིད་ངོ་བོ་ཉིད་མེད་པ་ཉིད་ཀྱིས་ངོ་བོ་ཉིད་མེད་པ་ནི་རྒྱུ་མཚན་ལ་སོགས་པ་ལྔ་པོ་དག་གི་ཁོངས་སུ་མ་གཏོགས་པའི་ཕྱིར་རོ། །དེ་དེ་ལྟར་ཡོད་པ་མ་ཡིན་ཡང་མིང་དོན་ལ་འཇུག་པ་ལས་ཀུན་ནས་ཉོན་མོངས་པར་འགྱུར་ཏེ། ཇི་ལྟར་མིང་དོན་ལ་འཇུག་པ་དེ་ལྟར་བྱིས་པ་རྣམས་དེའི་ངོ་བོ་ཉིད་ལ་མངོན་པར་ཞེན་པར་བྱེད་དོ་ཞེ་ན། དེ་ལ་འདིར་གལ་ཏེ་གཟུགས་ཞེས་བྱ་བར་ཡིད་ལ་བརྗོད་པ་དང་། ཚིག་ཏུ་བརྗོད་པའི་ཀུན་བརྟགས་པ་ངོ་བོ་ཉིད་གང་ཡིན་པ་དེ་མེད་དོ་ཞེ་ན་ནི་དངོས་པོ་ལ་སྐྱུར་པ་འདེབས་པ་ཡིན་ཏེ། ཡིད་ལ་བརྗོད་དང་། ཚིག་ཏུ་བརྗོད་པ་ལ་སྐྱུར་པ་འདེབས་པའི་ཕྱིར་རོ། །ཙི་སྟེ་གང་ཡང་རུང་བས་དེ་གཉིས་ཀྱི་དོན་ཀུན་བརྟགས་པ་གང་ཡིན་པ་དེ་མེད་དེ། དཔེར་ན་ཐག་པ་ལ་སྦྲུལ་བཞིན་ནོ་ཞེ་ན་ནི། ཀུན་བརྟགས་པ་མེད་པ་མ་ཡིན་ཏེ། དེ་ལ་རྣམ་པ་འདྲ་བས་བློ་གྲོས་འཁྲུལ་པས་ཀུན་བརྟགས་པའི་དོན་མེད་ཀྱང་ཐ་སྙད་དུ་སྦྲུལ་འཁྲུལ་པ་ལ་སྦྲུལ་མེད་དོ་ཞེ་ན་ནི། གྲགས་པའི་གནོད་པར་འགྱུར་རོ། །ཙི་སྟེ་དོན་དམ་པར་དངོས་པོ་སེལ་བར་བྱེད་ན་ནི། དབུ་མ་པའི་ཚུལ་གྱིས་རྗེས་སུ་སྨྲ་བ་ཡིན་ཏེ། དོན་དམ་པར་སྦྲུལ་རྫས་སུ་ཡོད་པ་མ་ཡིན་པའི་ཕྱིར་དང་། ངོ་བོ་ཉིད་ལས་སྐྱེ་བ་མེད་པའི་ཕྱིར་རོ། །ཐག་པ་དང་སྦྲུལ་འཁྲུལ་བ་ལ་མི་དམིགས་པ་ཁོ་ནར་ཐག་པ་དང་སྦྲུལ་གྱི་བློ་སྐྱེ་ན་ནི། ཕ་རོལ་པོ་རང་ལ་ཤེས་པར་བྱེད་པ་རབ་ཏུ་མ་གྲུབ་བོ། །གང་ཡང་རུང་བ་ལ་མ་གྲུབ་པ་ནི་གཏན་ཚིགས་མ་ཡིན་ནོ་ཞེས་བྱ་བ་དེར་ཐ་སྙད་ཀྱི་དུས་སུ་ནི་ཕྱོགས་གཉི་ག་ལ་གྲགས་པའི་སྒྲུབ་པར་བྱེད་པ་འདོད་པར་བྱའོ་ཞེས་སྔར་བསྟན་ཟིན་ཏོ། །ཀུན་བརྟགས་པའི་དོན་ཡོད་པ་མ་ཡིན་པར་སྟོན་པར་འདོད་པས་ནི་སློབ་དཔོན་གྱིས་དབུ་མ་པའི་ཚུལ་འཐད་པ་དང་བཅས་པ་བཀའ་སྩལ་བ་ཉིད་འདོད་པར་བྱ་སྟེ། བརྗོད་པར་བྱ་བའི་ངོ་བོ

ཉིད་བཀག་པ་ཁོ་ནས་ཡུལ་དེ་ལ་ཡིད་དང་ཚིག་གི་བརྗོད་པ་འཇུག་པ་ལྡོག་པའི་ཕྱིར་རོ།།
ཀུན་བརྟགས་པའི་མཚན་ཉིད་མེད་དོ་ཞེ་ན་ནི་གཏན་ཚིགས་ཀྱི་དོན་མ་གྲུབ་པ་ཉིད་དེ།
མིང་ནི་གཟུགས་དང་འདུ་བྱེད་དུ་གཏོགས་པའི་ཕྱིར་དང་། ངོ་བོ་ཉིད་དང་། རྟོག་པ་དང་།
རྗེས་སུ་དྲན་པ་རྣམ་པར་རྟོག་པ་དག་ཀྱང་རྣམ་པར་ཤེས་པ་དང་། འདུ་བྱེད་ཀྱི་ཕུང་པོར་
གཏོགས་པའི་ཕྱིར་རོ། །གཞན་ཡང་ཐ་སྙད་པའི་བརྗོད་པ་འཇུག་པ་ནི་བརྗོད་པར་བྱ་བའི་
དོན་གྱི་ངོ་བོ་ཉིད་དང་། ཁྱད་པར་གྱི་ཡུལ་ཅན་ཡིན་ལ། དོན་དམ་པར་བརྗོད་པར་བྱ་
བའི་དོན་གྱི་ངོ་བོ་ཉིད་དང་། ཁྱད་པར་བཀག་པའི་ཕྱིར་མངོན་པར་ཞེན་པའི་ཉོན་མོངས་
པ་མི་འཐད་དེ། སྐྱེས་བུ་འཕྱོན་མ་པས་གཟུགས་སུ་བྱས་པའི་ན་ཚུང་ལ་བདག་མེད་པ་
ཉིད་དུ་རྟོག་པ་བཞིན་པས་མིང་གི་དབང་གིས་དོན་ལ་མངོན་པར་ཞེན་པར་མི་རིགས་ཏེ།
ཚུལ་བཞིན་མ་ཡིན་པ་ཡིད་ལ་བྱེད་པ་ལས་རིགས་སོ། །དེ་བཞིན་དུ་གཞན་གྱི་དབང་གི་
ངོ་བོ་ཉིད་ཅེས་བྱ་བ་དེ་ཡང་གང་ཡིན། ཆོས་རྣམས་ཀྱི་རྟེན་ཅིང་འབྲེལ་པར་འབྱུང་བའི་ངོ་
བོ་ཉིད་ཀུན་ནས་ཉོན་མོངས་པ་དང་། རྣམ་པར་བྱང་བའི་གཞི་གང་ཡིན་པ་སྟེ། བརྟགས་
པའི་རྒྱུ་མཚན་བཅས་ཕྱིར་དང་། །གཞན་དུ་གཉིས་པོ་མེད་ཕྱིར་དང་། །ཀུན་ནས་ཉོན་
མོངས་དམིགས་པའི་ཕྱིར། །གཞན་དབང་ཡོད་པ་ཉིད་དུ་འདོད། །འདི་ལ་ཡང་གལ་ཏེ་
གཞན་གྱི་ངོ་བོ་ཉིད་ཐ་སྙད་ཀྱི་བདེན་པར་གཏོགས་པར་འདོད་ན་ནི་དེ་འདོད་ལ་རག་སྟེ་
དེ་སྐྱོན་པ་དོན་མེད་དོ། །ཅི་སྟེ་དོན་དམ་པར་ན་ནི་རྟེན་ཅིང་འབྲེལ་པར་འབྱུང་བ་མ་ཡིན་
ཏེ༑ སྐྱེ་བ་མེད་པའི་རབ་ཏུ་བྱེད་པར་བསྟན་པའི་ཚུལ་གྱིས་སྐྱེ་བ་བཀག་པའི་ཕྱིར་རོ། །
བརྟགས་པ་རྒྱུ་མཚན་བཅས་ཕྱིར་དང་། །ཞེས་བྱ་བ་དེ་ཡང་ཕྱོགས་ཀྱི་ཆོས་མ་ཡིན་པའི་
ཕྱིར༑ གཏན་ཚིགས་ཀྱི་དོན་མ་གྲུབ་པ་ཉིད་དོ། །ཅི་སྟེ་ཡང་། བརྟགས་པ་རྒྱུ་མཚན་བཅས་

ཕྱིར་དང་། །ཞེས་བྱ་བ་འདིར་ཆོས་མཐུན་པའི་དཔེའི་ཚིག་ཡིན་པས་དེའི་ཕྱིར་རྗེས་སུ་དཔག་པ་ནི་དོན་དམ་པར་གཟུགས་ཞེས་བརྟགས་པ་གང་ཡིན་པ་དེ་ནི་རྒྱུ་མཚན་དང་བཅས་པ་ཉིད་ཡིན་ཏེ། བརྟགས་པའི་ཕྱིར་རོ་ཞེས་རྗོད་པར་བྱེད་ན་ཡང་དཔེར་ན་འདི་ལྟ་བུའོ་ཞེས་བྱ་བའི་རྗེས་སུ་འགྲོ་བ་མེད་པས་གཏན་ཚིགས་ཀྱི་དོན་མ་གྲུབ་པ་ཉིད་དོ། །གཏན་ཚིགས་ཀྱི་དོན་འགལ་བ་ཉིད་ཀྱང་ཡིན་ཏེ། གཏན་ཚིགས་སྤྱིར་བརྗོད་པའི་ཕྱིར་རོ།། གང་དག་དོན་དམ་པར་མིང་དང་གཟུགས་སྐྱེ་བ་མེད་དོ་ཞེས་དམ་བཅས་པ་དེ་ལ་དམ་བཅས་པའི་སྐྱོན་འདོགས་པར་བྱེད་པ་དེ་དག གལ་ཏེ་རྗེས་སུ་དཔག་པས་གནོད་པ་སྲིད་ན་དེ་ཉིད་ཀྱི་ཕྱིར་དེ་ལ་རྗེས་སུ་དཔག་པས་གནོད་པ་མེད་དོ། །ཅི་སྟེ་གྲགས་པས་གནོད་དོ་ཞེ་ན། དེ་ནི་དང་པོ་ཉིད་དུ་ལན་བཏབ་ཟིན་ཏོ། །ཅི་སྟེ་མངོན་སུམ་གྱིས་གནོད་དོ་ཞེ་ན། དེ་ཡང་འདིར་སྐབས་མེད་དོ། །དོན་དམ་པ་ནི་གཉིས་སུ་མེད་པའི་ཕྱིར། ཅི་ཞིག་གང་གིས་ཀུན་ནས་ཉོན་མོངས་པ་དང་། རྣམ་པར་བྱང་བར་འགྱུར། དོན་དམ་པར་སྐྱེ་བ་མེད་པར་སྨྲ་བ་ནི་ཀུན་ནས་ཉོན་མོངས་པ་དང་། རྣམ་པར་བྱང་བ་ལ་སྐུར་བ་འདེབས་པ་མ་ཡིན་ནོ། །སྐུར་པ་འདེབས་པ་མ་ཡིན་པ་མ་ཡིན་ཏེ། འདི་ལྟར་མདོ་སྡེ་ལས། ཐོག་མ་མེད་པའི་དུས་ལྡན་ཁམས། །ས་བོན་ཀུན་གྱི་གནས་ཡིན་ཏེ། །དེ་ཡོད་པ་ནི་འགྲོ་ཀུན་དང་། །མྱ་ངན་འདས་པ་ཐོབ་པར་འགྱུར། །ཞེས་གསུངས་པས། དེ་ནི་གཞན་གྱི་དབང་ཡིན་པར་འདོད་དེ། དེ་ཡང་དག་ན་ནི་ཆོས་ཀྱི་དབྱིངས་ཞེས་བྱ་བ་ལ། མ་དག་ན་ནི་ཉོན་མོངས་པ་ཅན་ཞེས་བྱའོ་ཞེ་ན། མདོ་སྡེ་ལས་དེ་སྐད་གསུངས་པ་ནི་ཐ་སྙད་ཀྱི་བདེན་པའི་ལུགས་གསལ་བར་བྱ་བའི་ཕྱིར་ཏེ། ཐོག་མ་མེད་པའི་དུས་ལྡན་ཁམས། །ཞེས་བྱ་བ་ནི་རྣམ་པར་ཤེས་པ་ཐོག་མ་མེད་པའི་དུས་ནས་ཞུགས་པའི་ཕྱིར་རོ། །ཁམས་ཞེས་བྱ་བ་འཕགས་པའི་

ཆོས་ཀྱི་རྒྱུ་ཡིན་པའི་ཕྱིར་ཏེ། གསེར་དང་དངུལ་གྱི་ཁམས་བཞིན་ནོ། །ས་བོན་ཀུན་གྱི་གནས་ཡིན་ཏེ། །ཞེས་བྱ་བ་ནི་ཁམས་གསུམ་པར་གཏོགས་པ་དང༌། མ་གཏོགས་པ་དང༌། དགེ་བ་དང་མི་དགེ་བའི་བག་ཆགས་ཀྱི་ས་བོན་གྱི་གནས་ཡིན་པའི་ཕྱིར་རོ། །དེ་ཡོད་པས་ན་འགྲོ་ཀུན་དང༌། །ཞེས་བྱ་བ་ནི་དེའི་དབང་གིས་འགྲོ་བ་འཐོབ་པར་བྱེད་པའི་ཆོས་མངོན་པར་འདུ་བྱེད་ནའོ། །མྱ་ངན་འདས་པ་ཐོབ་པར་འགྱུར། །ཞེས་བྱ་ན་ནི་ཐོས་པ་དང༌། བསམས་པ་དང་བསྒོམས་པ་ལས་བྱུང་བ་སྐྱེ་བ་མེད་པ་ཤེས་པ་ཉིད་ཀྱིས་མི་སྐྱེ་བའི་ཆོས་ཅན་མྱ་ངན་ལས་འདས་པ་འཐོབ་པའི་ཕྱིར་ཞེས་བྱ་བར་ཚིགས་སུ་བཅད་པའི་དོན་ཁས་བླངས་པའི་ཕྱིར་རོ། །ཚིགས་སུ་བཅད་པའི་དོན་གཞན་ཡིན་པར་ནི་ཚད་མ་དག་གིས་བསྟན་དཀའ་བའི་ཕྱིར་ངེས་ནི་ལན་མི་ཐེབས་སོ། །ཅི་སྟེ་ཡང་མདོ་སྡེ་ལས། བརྟགས་པའི་དངོས་པོ་མེད་པ་ཉིད། །གཞན་གྱི་དབང་ནི་ཡོད་པ་ཡིན། །སྒྲོ་འདོགས་པ་དང་སྐུར་པའི་མཐར། །རྟོག་པར་བྱེད་པ་ཉམས་པར་འགྱུར། །ཞེས་གསུངས་པས། གཞན་གྱི་དབང་ཡོད་པ་ཉིད་དོ་ཞེ་ན། མདོ་སྡེའི་དོན་ནི་གཞན་གྱི་དབང་ལ་མིང་ཡོད་པ་མ་ཡིན་པའི་ཕྱིར་དང༌། གཞན་གྱི་དབང་ཡང་ཐ་སྙད་དུ། སྒྱུ་མ་དང༌། སྨི་ལམ་ལྟ་བུའི་བདག་ཉིད་དུ་ཡོད་པ་ཉིད་གསལ་བར་བྱེད་པ་ཡིན་ཏེ། གཞན་ལས་ཀྱང༌། ཇི་སྐད་དུ། མིང་ནི་གང་དང་གང་དག་གིས། །ཆོས་རྣམས་གང་དང་གང་བརྗོད་པ། །དེ་ལ་དེ་ནི་ཡོད་མིན་པ། །དེ་ནི་ཆོས་རྣམས་ཆོས་ཉིད་དོ། །ཞེས་བྱ་བ་དང༌། དེ་བཞིན་དུ། བསྐྱེད་བྱ་མེད་ཅིང་སྐྱེས་པ་མེད། །རྐྱེན་རྣམས་དག་ནི་གང་དག་ཀྱང༌། །འགའ་ཡང་གང་ནའང་ཡོད་པ་མིན། །ཐ་སྙད་དུ་ནི་བརྗོད་པར་བྱ། །ཞེས་བྱ་བ་དང༌། དེ་བཞིན་དུ། གང་ལ་ཅུང་ཟད་སྐྱེ་མེད་ཅིང༌།། འགག་པའང་ཅུང་ཟད་ཡོད་མིན་པ། །འགྲོ་བ་དབེན་མཐོང་དེ་ལ་ནི། །ཡོད་པ་ཉིད་དང

མེད་ཉིད་མེད། །ཅེས་བྱ་བ་ལ་སོགས་པ་གསུངས་པ་ལྟ་བུའོ། །ཁྱེད་ཅག་ཆོས་ཀྱི་ཁམས་ཇི་ལྟར་ཀུན་ནས་ཉོན་མོངས་པ་དང་། རྣམ་པར་བྱང་བར་འགྱུར་བར་སྟོན། ཆོས་ཀྱི་ཁམས་ཉོན་མོངས་པ་ཅན་དང་། ཉོན་མོངས་པ་ཅན་མ་ཡིན་པ་ཉིད་དུ་བརྗོད་པར་བྱ་བ་མ་ཡིན་པ་ལ། ཉོན་མོངས་པའི་དྲི་མ་གློ་བུར་པ་ཡོད་པའི་ཕྱིར། ཆུ་ཁམས་གསེར་དང་ནམ་མཁའ་དག །དག་པ་བཞིན་དུ་དག་པར་འདོད། །དེ་ཇི་ལྟར་ཉོན་མོངས་པ་ཅན་དང་། ཉོན་མོངས་པ་ཅན་མ་ཡིན་པ་ཉིད་དུ་བརྗོད་པར་བྱ་བ་མ་ཡིན་ཞེ་ན། གལ་ཏེ་ཉོན་མོངས་དེ་མ་གྱུར། །ལུས་ཅན་ཐམས་ཅད་གྲོལ་བར་འགྱུར། །གལ་ཏེ་རྣམ་དག་དེ་མ་གྱུར།། འབད་པ་འབྲས་བུ་མེད་པར་འགྱུར། །ཡང་ན། ཉོན་མོངས་མ་ཡིན་མི་མོངས་མིན། །དེ་ནི་དག་མིན་མ་དག་མིན། །སེམས་ནི་རང་བཞིན་འོད་གསལ་ཕྱིར། །ཉོན་མོངས་གློ་བུར་ཡིན་ཕྱིར་རོ། །དེ་ནི་རིགས་པས་མ་ཡིན་ཏེ། །བདག་ཏུ་སྨྲ་བ་དག་གིས་ཀྱང་། །གལ་ཏེ་ཉོན་མོངས་བདག་མ་གྱུར། །ལུས་ཅན་ཐམས་ཅད་གྲོལ་བར་གྱུར། །གལ་ཏེ་རྣམ་དག་བདག་མ་གྱུར། །འབད་པ་འབྲས་བུ་མེད་པར་འགྱུར། །དེའི་ཕྱིར་རེ་ཞིག་བདག་རྟག་པ་དག་པ་བྱེད་པ་མེད་པ་ཡོད་དེ། འོན་ཀྱང་འཁོར་བ་དང་ཐར་པ་དག་ཀྱང་ཡོད་དོ་ཞེས་དེ་ལྟར་ཕྱིར་ཟློག་པར་བྱེད་ནུས་པའི་ཕྱིར་རོ། །དེའི་ཕྱིར་རང་གི་གྲུབ་པའི་མཐའི་སྐྱོན་སྤྲོ་བའི་ཐབས་འཐད་པ་མེད་པ་མི་འགྲུབ་བོ། །གཞན་ཡང་ཆུ་ལ་སོགས་པ་རྒྱུ་དང་རྐྱེན་གྱི་དབང་གིས་སྐྱེ་བའི་ཁྱད་པར་བསྟེན་པ་དག་བཞིན་དུ་ཐ་སྙད་པའི་རྣམ་པར་ཤེས་པ་ཉོན་མོངས་པ་ཅན་དང་། ཉོན་མོངས་པ་ཅན་མ་ཡིན་པའི་དངོས་པོར་སྐྱེ་བ་ལ་ལྟོས་པས་ཉོན་མོངས་པ་རྣམས་དང་ལྷན་ཅིག་སྐྱེ་བ་དང་། ཉོན་མོངས་པ་རྣམས་མེད་པར་ཕྱིན་ཅི་མ་ལོག་པའི་ཤེས་པ་དང་ལྷན་ཅིག་སྐྱེ་བ་དང་། ཀུན་ནས་ཉོན་མོངས་པ་དང་རྣམ་པར་བྱང་

བ་དག་ཏུ་འབྱུང་བར་འགྱུར་བར་རུང་བ་དེ་ལྟར་ཆོས་ཀྱི་ཁམས་ནི། ཉོན་མོངས་པ་རྣམས་དང་། ཤེས་པ་དང་ལྡན་ཅིག་སྐྱེ་བ་མ་ཡིན་པས་རྒྱུ་ལ་སོགས་པ་བཞིན་དུ། དེ་བཞིན་ཉིད་ཀུན་ནས་ཉོན་མོངས་པ་དང་། རྣམ་པར་བྱང་བ་དག་ཏུ་འགྱུར་བར་མི་རིགས་སོ། །གལ་ཏེ་དུ་བ་དང་། ལྷུག་རྣ་ལ་སོགས་པ་ཡོད་པ་དང་། མེད་པ་ནམ་མཁའི་དྲི་མ་དང་བཅས་པ་དང་། དྲི་མ་མེད་པར་བརྗོད་པར་བྱ་བ་མ་ཡིན་ནམ་ཞེ་ན། མ་ཡིན་ཏེ། ནམ་མཁའ་རྫས་སུ་ཡོད་པ་ཉིད་བཀག་པའི་ཕྱིར་རོ། །རྫས་སུ་ཡོད་པ་ཉིད་ཡིན་ན་ཡང་དྲི་མ་དང་བཅས་པ་དང་། དྲི་མ་མེད་པ་དག་མི་འགྲུབ་སྟེ། སྐྱེ་བ་དང་། འགག་པ་མེད་པའི་ཕྱིར་དཔེར་ན་ཆོས་ཀྱི་ཁམས་བཞིན་ནོ། །ཡང་ན་ནམ་མཁའི་དྲི་མ་དང་བཅས་པ་དྲི་མ་མེད་པར་འགྱུར་བ་བཞིན་དུ་ཆོས་ཀྱི་ཁམས་ལ་ཡང་ཀུན་ནས་ཉོན་མོངས་པ་དང་། རྣམ་པར་བྱང་བ་དག་ཉེ་བར་བརྟགས་པའི་ཕྱིར་འདོད་པའི་དོན་ཉམས་སོ། །ཀུན་ནས་ཉོན་མོངས་པ་དམིགས་པའི་ཕྱིར་ཞེས་བྱ་བ་དེ་ལ་ཡང་དམ་བཅས་པའི་གཏན་ཚིགས་ཀྱི་སྐྱོན་སྔ་མ་བཞིན་ནོ། །དེ་སྐྱེ་བ་ངོ་བོ་ཉིད་མེད་པ་ཡང་ཇི་ལྟ་བུ་ཡིན། གལ་ཏེ་རྐྱེན་གྱི་སྟོབས་ཀྱིས་སྐྱེ་ཞིང་། རང་མི་སྐྱེ་བ་གང་ཡིན་པའོ་ཞེ་ན། དེ་དོན་དམ་པར་ཇི་ལྟར་རྐྱེན་གྱི་སྟོབས་ཀྱིས་སྐྱེ། ངོ་བོ་ཉིད་ཀྱིས་སམ; གཞན་གྱི་དངོས་པོས་སམ། གཉིས་ཀས་སམ། ཅི་ཡོད་པ་ལས་སམ། ཅི་མེད་པ་ལས་སམ། ཅི་ཡོད་པ་དང་མེད་པ་ལས་སྐྱེའོ་ཞེས་བརྗོད་པར་བྱ་གྲང་ན། རྣམ་པ་ཐམས་ཅད་ལས་ཀྱང་སྔར་བསྟན་པའི་ཚུལ་གྱིས་དེ་སྐྱེ་བ་མེད་པའི་ཕྱིར། རྐྱེན་གྱི་སྟོབས་ཀྱིས་སྐྱེ་བ་བསྟན་དཀའོ། །ཅི་སྟེ་སྒྱུ་མ་ལ་སོགས་པའི་སྐྱེ་བ་བཞིན་དུ་བརྗོད་པར་བྱ་བ་མ་ཡིན་པའི་སྐྱེ་བ་སྒྲིར་བརྗོད་ན་ནི་ཐ་སྙད་ཀྱི་བདེན་པ་སྒྲུབ་པ་ཡིན་ནོ། །རྐྱེན་གྱི་སྟོབས་ཀྱིས་སྐྱེས་པ་སྒྱུ་མ་ལ་སོགས་པ་བཞིན་དུ་ངོ་བོ་ཉིད་ལས་སྐྱེ་བ་མེད་པར་སྟོན་པས་དབུ་མ་པའི་

སླུ་བའི་རྗེས་སུ་སླུ་བ་ཡང་ཡིན་ཏེ། དབུ་མ་པའི་བསྟན་བཅོས་ཀྱི་ཚུལ་ནི། རྟེན་ཅིང་འབྲེལ་པར་གང་འབྱུང་བ། །དེ་ནི་སྟོང་པ་ཉིད་དུ་བཤད། །ཅེས་བྱ་བས་དངོས་པོ་རྣམས་རང་ལས་སྐྱེ་བ་མེད་པ་ཡིན་པའི་ཕྱིར་རོ། །ཅི་སྟེ་ངོ་བོ་ཉིད་ལས་སྐྱེ་བ་མེད་པ་ནི་ངོ་བོ་ཉིད་མེད་པ་ཉིད་ཡིན་ཏེ། མདོ་སྡེ་ལས། གང་ཞིག་རྐྱེན་ལས་སྐྱེས་པ་དེ་མ་སྐྱེས། །ཞེས་གསུངས་པའི་ཚིག་དང་རྗེས་སུ་མཐུན་པའི་ཕྱིར་རོ་ཞེ་ན། དེ་ལྟ་ན་ཡང་དབུ་མ་པའི་སླུ་བའི་རྗེས་སུ་སླུ་བ་ཡིན་ཏེ། ངོ་བོ་ཉིད་ལས་དེ་སྐྱེ་བ་འགོག་པའི་ཕྱིར་རོ། །ཇི་ལྟར་རྣལ་འབྱོར་པས་གཞན་གྱི་དབང་གི་ངོ་བོ་ཉིད་རྒྱུ་མཚན་དུ་མི་འཛིན་པས། ཡང་དག་པ་རྗེས་སུ་མི་མཐོང་བ་ཡིན། གལ་ཏེ་ཇི་ལྟར་སྣང་བ་དེ་ལྟར་མེད་པ་ཡིན་ནོ་ཞེ་ན། ཅིའི་ཕྱིར་དེ་དེ་ལྟར་མེད་པ་ཡིན་ཏེ། གལ་ཏེ་དོན་དམ་པར་དེ་ལྟར་མ་སྐྱེས་པའི་ཕྱིར་རོ་ཞེ་ན་ནི་དབུ་མ་པའི་སླུ་བའི་རྗེས་སླུ་བ་ཡིན་ནོ། །ཅི་སྟེ་ཇི་ལྟར་སྐྱེས་པ་དེ་དེ་ལྟར་མེད་དེ། བརྟེན་ནས་སྐྱེས་པའི་ཕྱིར་སྒྱུ་མ་ལ་སོགས་པ་བཞིན་ནོ་ཞེ་ན་ནི་འོ་ན་དེ་ལྟ་ན་གཞན་གྱི་དབང་ཡོད་པ་ཉིད་ཀྱང་མ་ཡིན་ལ། དབུ་མ་པའི་སླུ་བའི་རྗེས་སུ་སླུ་བ་ཡིན་ཏེ། དབུ་མ་པའི་སླུ་བའི་ཚུལ་ནི། རྨི་ལམ་ཇི་བཞིན་སྒྱུ་མ་འདྲ། །དྲི་ཟའི་གྲོང་ཁྱེར་ཇི་བཞིན་དུ། །དེ་ལྟར་སྐྱེ་དང་དེ་བཞིན་གནས། །དེ་བཞིན་དུ་ནི་འཇིག་པ་གསུངས། །ཞེས་པ་བྱ་བ་ཡིན་པའི་ཕྱིར་རོ། །གལ་ཏེ་གཉིས་པོ་དག་ཡོངས་སུ་མ་གྲུབ་པའི་ཕྱིར། ཇི་ལྟར་སྣང་བ་དེ་ལྟར་མེད་དོ་ཞེ་ན་ནི་དེ་ལ་ཅིའི་ཕྱིར་གཉིས་པོ་དག་ཡོངས་སུ་མ་གྲུབ་ཅེས་བརྒྱལ་ཞིང་བརྟག་པ་དེ་དང་ལན་ཉིད་དེ་བཞིན་དུ་ཉེ་བར་གནས་སོ། །ཅི་སྟེ་ཡང་འདི་སྙམ་དུ། དོན་དང་སེམས་ཅན་བདག་རྣམ་རིག །སྣང་བའི་རྣམ་པར་ཤེས་པ་ཡིས། །རབ་ཏུ་སྐྱེའོ་དེའི་དོན་མེད། །དེ་མེད་པས་ན་དེ་ཡང་མེད། །ཅེས་བྱ་བས་དོན་མེད་པའི་ཕྱིར། རྒྱུ་མཚན་དུ་འཛིན་པར་མི་འགྲུབ་བོ་སྙམ་ནས་ཡང་དོན་

དེ་བསྟན་པར་དཀའོ། །གལ་ཏེ་བསྟན་པར་མི་དཀའ་སྟེ། མདོ་སྡེ་ལས། ཀྱེ་རྒྱལ་བའི་སྲས་འདི་ལྟ་སྟེ། ཁམས་གསུམ་པ་འདི་ནི་སེམས་ཙམ་མོ་ཞེས་གསུངས་པའི་ཕྱིར་རོ་ཞེ་ན་དེ་ནི་ལན་མ་ཡིན་ཏེ། མདོ་སྡེའི་ཚིག་གཞན་དུ་རྣམ་པར་བཤད་པའི་ཕྱིར་དང་། བསྒྲུབ་པར་བྱ་བའི་དོན་མངོན་སུམ་མ་ཡིན་པ་ནི་ལུང་དང་རྗེས་སུ་དཔག་པ་དག་གིས་འགྲུབ་པའི་ཕྱིར་རོ། །གལ་ཏེ་རྣམ་པར་ཤེས་པ་ནི་ཅི་ཏྲ་ལ་སོགས་པའི་དོན་གྱིས་སྟོང་པ་ཡིན་ཏེ། འཇིག་པ་དང་ལྡན་པའི་ཕྱིར་དང་། འབྲས་བུ་ཡིན་པའི་ཕྱིར་དང་། མི་རྟག་པའི་ཕྱིར་དང་། གཡོ་བ་མེད་པའི་ཕྱིར་དང་། དུས་འཇིག་པའི་ཕྱིར་དཔེར་ན་རང་གི་བག་ཆགས་ཐོབ་པས་འཇུག་པའི་རྨི་ལམ་གྱི་སེམས་བཞིན་ནོ་ཞེས་རྗེས་སུ་དཔག་པའི་ཕྱིར་དང་། ལུང་ལས། ཕྱི་རོལ་སྣང་བ་ཡོད་མིན་ཏེ། །ལུས་དང་ལོངས་སྤྱོད་གནས་འདྲ་བར། །སེམས་ནི་སྣ་ཚོགས་སྣང་བས་ན། །སེམས་ཙམ་དུ་ནི་ང་སྨྲའོ། །ཞེས་གསུངས་པའི་ཕྱིར་སྐྱོན་མེད་དོ་ཞེ་ན། རྣམ་པར་ཤེས་པ་དོན་གྱིས་སྟོང་པ་ཡིན་ཏེ་ཞེས་དམ་བཅས་པའི་དོན་གང་ཡིན། གལ་ཏེ་དེའི་དོན་ཕྱི་རོལ་གྱི་རྐྱེན་ལ་མི་ལྟོས་པར་བག་ཆགས་ཀྱི་ས་བོན་གྱི་རྒྱུ་ལས་རྣམ་པར་ཤེས་པ་སྐྱེ་བ་ཡིན་ན་ནི་དེ་ལ་གལ་ཏེ་དོན་དམ་པར་ཕྱི་རོལ་གྱི་རྐྱེན་ལ་མི་ལྟོས་པར་རྣམ་པར་ཤེས་པ་སྐྱེ་བར་སྟོན་ན་དཔེ་མེད་དོ། །ཅི་སྟེ་ཐ་སྙད་དུ་ན་ནི་གྲུབ་པས་གནོད་དོ། །སངས་རྒྱས་ཀྱི་དབང་གིས་སམ། ལྷའི་དབང་གིས་སམ། དང་པོ་ལུང་འབོགས་པ་རྣམ་པར་རིག་པ་ལས་སྐྱེས་པའི་རྣམ་པར་ཤེས་པ་དག་གིས་གདན་ཚོགས་ཀྱི་དོན་མ་ངེས་པ་ཉིད་དང་། སངས་རྒྱས་འབྱུང་བ་དོན་མེད་པ་ཉིད་དང་། ཐ་སྙད་ཀྱི་བདེན་པར་གཏོགས་པའི་དོན་སྣང་བ་མེད་པ་ཉིད་དུ་ཡང་འགྱུར་རོ། །དེ་ངོ་བོ་ཉིད་ལ་ཡོད་པ་མ་ཡིན་པའི་ཕྱིར་ཕྱི་རོལ་གྱི་དོན་ངོ་བོ་ཉིད་ཡོད་པ་མ་ཡིན་ཡང་ཕྱི་རོལ་གྱི་དོན་གྱི་ཡུལ་ངོ་བོ་ཉིད་ལོག་པར་སྣང་བ་

མ་གཏོགས་པ་ལས་སྐྱུ་མ་མངོན་པར་མི་ཤེས་པ་བཞིན་དུ། ལུས་དང་ལོངས་སྤྱོད་དང་། གནས་འདྲ་བའི་སེམས་སྣ་ཚོགས་སྐྱེ་བས་སེམས་སྣ་ཚོགས་སུ་སྣང་ཞིང་། ལུས་དང་ལོངས་སྤྱོད་དང་། གནས་ཀྱི་གྲིབ་མ་ལྟ་བུས་ཉེ་བར་ཁ་བསྒྱུར་བའི་ཕྱིར་ལུས་དང་ལོངས་སྤྱོད་དང་གནས་ལྟ་བུར་ཡང་སྣང་ངོ་། །དེ་མེད་དུ་ཟིན་ན་དེ་ལྟར་སྣང་བ་ཉིད་དུ་མི་འགྱུར་ཏེ༑ དཔེར་ན་རི་བོང་གི་རྭ་སྣང་བ་ཉིད་དུ་མི་འགྱུར་བ་བཞིན་ནོ། །བཅོམ་ལྡན་གྱིས་སེམས་ཙམ་ཞེས་གསུངས་པའི་མདོ་སྡེའི་དོན་ཀྱང་སེམས་ལས་གཞན་པའི་བྱེད་པ་པོ་དང་། ཟ་བ་པོ་མེད་པའི་ཕྱིར་སེམས་ཙམ་མོ་ཞེས་གསུངས་པར་ཁས་བླངས་པའི་ཕྱིར། དེ་ལྟར་ངེས་པར་བྱར་མི་ནུས་ཏེ། བྱང་ཆུབ་སེམས་དཔའི་ས་དྲུག་པ་ལས། བྱང་ཆུབ་སེམས་དཔའི་སྲིད་པའི་ཡན་ལག་བཅུ་གཉིས་ཀྱི་སྐྱེ་བ་དང་། འགག་པ་ལ་སོ་སོར་རྟོག་པ་ན་འདི་སྙམ་དུ་སྡུག་བསྔལ་གྱི་ཕུང་པོ་འབའ་ཞིག་པ་འདིས་སྡུག་བསྔལ་གྱི་ཤིང་ལྗོན་པ་མངོན་པར་འགྲུབ་པར་བྱེད་ཀྱི། བྱེད་པ་པོའམ་ཚོར་བ་པོ་ནི་མེད་དོ་སྙམ་ནས་དེ་འདི་སྙམ་དུ་སེམས་ཏེ། བྱེད་པ་པོ་ལ་མངོན་པར་ཞེན་པ་ལས་བྱ་བ་མངོན་པར་འགྱུར་གྱི། གང་ལ་བྱེད་པ་པོ་མེད་པ་དེ་ལ་དོན་དམ་པར་བྱ་བ་ཡང་དམིགས་སུ་མེད་དོ་སྙམ་ནས་དེ་འདི་སྙམ་དུ་སེམས་ཏེ། འདི་ལྟ་སྟེ། ཁམས་གསུམ་པ་འདི་ནི་སེམས་ཙམ་སྟེ། སེམས་ཙམ་གྱིས་རབ་ཏུ་ཕྱེ་བ་དང་། སེམས་ཀྱིས་མངོན་པར་འདུ་བྱས་པ་ཡིན་གྱི། དབང་ཕྱུག་ལ་སོགས་པ་བྱེད་པ་པོ་ནི་མེད་དོ་སྙམ་དུ་རྣམ་པར་ངེས་པར་མཛད་ནས། ཀྱེ་རྒྱལ་བའི་སྲས་འདི་ལྟ་སྟེ། ཁམས་གསུམ་པ་འདི་ནི་སེམས་ཙམ་མོ་ཞེས་གསུངས་ཏེ། ཙམ་ཞེས་གསུངས་པ་དེ་ནི་བྱེད་པ་པོ་མེད་དེ་དགག་པ་ཡིན་པར་ཤེས་པར་བྱའི་དོན་དགག་པ་ནི་མ་ཡིན་པར་ཤེས་པར་བྱའོ། །གང་དག་འདི་སྐད་ཅེས་དངོས་པོ་གཟུགས་ཅན་རྣམས་ནི་སེམས་ཀྱི་ངོ་བོ་ཉིད་ཡིན་ཏེ། རྣམ་

པར་ཤེས་པའི་ཡུལ་ཡིན་པའི་ཕྱིར་དཔེར་ན་དེ་མ་ཐག་པའི་རྐྱེན་བཞིན་ནོ་ཞེས་ཟེར་ན་སེམས་ལས་བྱུང་བ་དག་གིས་མ་ངེས་པ་ཉིད་ཡིན་ནོ། །གཟུགས་ལ་སོགས་པ་ནི་སེམས་དང་སེམས་ལས་བྱུང་བའི་ངོ་བོ་ཉིད་ཡིན་པར་སྟོན་ན་ཡང་སེམས་དང་སེམས་ལས་བྱུང་བ་དག་གིས་སོ་སོར་མ་ངེས་པ་ཉིད་ཡིན་ནོ། །གྲུབ་པའི་མཐའ་དང་འགལ་བ་ཡང་ཡིན་ཏེ། ཚུལ་ནི། དེ་ལ་དོན་མཐོང་རྣམ་པར་ཤེས། །དེ་ཡི་བྱེ་བྲག་སེམས་ལས་བྱུང་། །ཞེས་བྱ་བ་ཡིན་པའི་ཕྱིར་རོ། །སྔ་མ་བཞིན་དུ་དམ་བཅས་པའི་སྐྱོན་ཡང་ཡོད་དོ། །གང་དག་འདི་སྐད་ཅེས་འདི་ལ་གཟུགས་ཀྱི་བློ་འདིའི་ཡུལ་རྡུལ་ཕྲ་རབ་ཀྱི་གཟུགས་གཅིག་ཡིན་ནམ། འདུས་པ་ཡིན། དེ་ལ་རྡུལ་ཕྲ་རབ་ཀྱི་གཟུགས་གཅིག་ནི་གཟུགས་ཀྱི་བློའི་སྤྱོད་ཡུལ་མ་ཡིན་ཏེ། དེ་མི་སྣང་བའི་ཕྱིར་དཔེར་ན་མིག་བཞིན་ནོ། །ཅི་སྟེ་འདུས་པ་ཡིན་ན་ནི། དེ་གཟུགས་ཀྱི་བློའི་ཡུལ་མ་ཡིན་ཏེ། རྫས་སུ་ཡོད་པ་མ་ཡིན་པའི་ཕྱིར། དཔེར་ན་ཟླ་བ་གཉིས་སུ་སྣང་བ་བཞིན་ནོ་ཞེས་ཟེར་ན་དེ་ལ་གལ་ཏེ་དོན་དམ་པར་མིག་གི་རྣམ་པར་ཤེས་པ་གཟུགས་ལ་དམིགས་པ་ཉིད་དང་། གཟུགས་ཀྱང་མིག་གི་རྣམ་པར་ཤེས་པའི་དམིགས་པར་བྱ་བ་ཉིད་མ་ཡིན་པར་འགོག་པར་བྱེད་ན་ནི་གྲུབ་པ་ལ་སྒྲུབ་པ་ཡིན་ནོ། །ཅི་སྟེ་ཐ་སྙད་དུ་གྲགས་པས་གནོད་དོ། །རྡུལ་ཕྲ་རབ་དབང་པོའི་རྣམ་པར་རིག་པ་དག་གི་ཡུལ་མ་ཡིན་ནོ། །ཞེས་དམ་བཅས་པ་དེའི་དོན་ཀྱང་གང་ཡིན་གལ་ཏེ་ཡུལ་གཞན་ཡོད་པ་ཡིན་ན་ནི་ཡུལ་གཞན་ཕྱོགས་སྔ་མ་ལ་གནོད་དོ། །གལ་ཏེ་དེ་ལ་ཡུལ་མེད་ན་ནི་དཔེ་མེད་དེ། གཟུགས་ཀྱི་བློ་ཕྱོགས་སུ་བྱས་པ་ཡུལ་མེད་པ་མ་གྲུབ་པའི་ཕྱིར་རོ། །གཞན་ཡང་བློ་གཞན་རྡུལ་ཕྲ་རབ་ཀྱི་གཟུགས་བསྩགས་པ་དང་། བསྩགས་པ་མ་ཡིན་པ་གཅིག་པུ་ལ་དམིགས་པ་དག་ཕྱོགས་སུ་བྱས་པས་གཅིག་གི་དུས་ལ་ནི་གདན་ཚིགས་ཀྱི་དོན་མ་གྲུབ་

པ་ཉིད་དེ། བསྒུགས་པའི་གཟུགས་རྡུལ་ཕྲ་རབ་ཀྱི་གཟུགས་གཞན་གྱིས་ཕན་བཏགས་པ་གཅིག་པུ་ཡང་རང་གི་བདག་ཉིད་སྣང་བའི་བློ་སྐྱེས་པ་ཡིན་པའི་ཕྱིར། དེའི་བློ་ཡོད་པས་དེ་མི་སྣང་བ་ཉིད་མ་གྲུབ་པའི་ཕྱིར་རོ། །གཞན་གྱི་དུས་ལ་ནི་གྲུབ་པ་ལ་སྒྲུབ་པ་ཡིན་ཏེ། བསགས་པ་མ་ཡིན་པའི་གཟུགས་མིག་གི་རྣམ་པར་ཤེས་པའི་ཡུལ་ཉིད་དུ་ཁས་མ་བླངས་པའི་ཕྱིར་རོ། །ཆོས་མངོན་པ་ལས་ཀྱང་། གཟུགས་ཅན་བཅུ་ནི་བསགས་པའོ། །ཞེས་འབྱུང་བས་དེའི་ཕྱིར་བསགས་པ་མ་ཡིན་པ་ནི་ཡུལ་གྱི་དངོས་པོར་མི་འགྲུབ་བོ། །གཟུགས་ལ་དམིགས་པ་མེད་པར་གཟུགས་ཀྱི་བློ་སྐྱེ་བར་དམ་འཆའ་ན་ནི་གཟུགས་ལ་དེ་ཆགས་པར་མི་བྱེད་པའི་བློ་ནི་མིག་གི་དབང་པོའི་བློ་ཉིད་ཡིན་པར་མི་འགྲུབ་པས་དེ་མི་སྣང་བའི་ཕྱིར་ཞེས་བྱ་བའི་གཏན་ཚིགས་ཀྱི་གཞི་མ་གྲུབ་པ་ཉིད་དོ། །གཟུགས་ཀྱི་བློའི་ཡུལ་འདུས་པ་ཉིད་ལ་ཡང་རྫས་སུ་ཡོད་པ་མ་ཡིན་པའི་ཕྱིར་ཞེས་གང་སྨྲས་པ་དེ་ལ་སྔ་མ་བཞིན་དུ་དམ་བཅས་པའི་སྐྱོན་ཡོད་དོ། །ཟླ་བ་གཉིས་སུ་སྣང་བ་ཡང་གལ་ཏེ་དོན་ཡིན་ནོ་ཞེ་ན་ནི་དེ་རང་དང་གཞན་ལ་མི་འགྲུབ་སྟེ། རྣམ་པ་དེ་ལྟ་བུའི་དོན་མི་སྲིད་པའི་ཕྱིར་རོ། །འོན་ཏེ་ཟླ་བ་གཉིས་སུ་སྣང་བ་བློ་ཡིན་ནོ་ཞེ་ན། དེ་ནི་རྫས་སུ་ཡོད་པ་མ་ཡིན་པར་མ་གྲུབ་པའི་ཕྱིར་དཔེར་ན་སྒྲུབ་པའི་ཆོས་མ་ཚང་བ་ཉིད་ཀྱི་སྐྱོན་ཡོད་དོ། །གཟུགས་ཀྱི་རྣམ་པར་ཤེས་པ་གཟུགས་ཞེས་བྱ་བའི་དོན་གྱིས་སྟོང་པར་སྟོན་ན་དཔེ་ལ་བསྒྲུབ་པར་བྱ་བ་ཆོས་མ་ཚང་བ་ཉིད་ཀྱི་སྐྱོན་ཡོད་དོ། །ཟླ་བ་གཉིས་མཐོང་བའི་བློ་ཕྱི་རོལ་གྱི་དམིགས་པ་ལ་མ་ལྟོས་པར་སྐྱེ་བར་མི་འགྲུབ་པའི་ཕྱིར་རོ། །གཞན་ཡང་སྨྲ་བར་འདོད་པའི་རྣམ་པར་ཤེས་པ་ནི་དམིགས་པའི་རྐྱེན་གཟུགས་ཀྱི་རྣམ་པར་ཤེས་པའི་གཟུགས་སུ་སྣང་བ་ཉིད་གང་ཡིན་པ་དེ་དང་ལྡན་པ་མ་ཡིན་ཏེ། མིག་གི་རྒྱུ་དང་ལྡན་པའི་ཕྱིར་དཔེར་ན་དེ་ཉིད་ཀྱི་རང་གི

བདག་ཉིད་དུ་སྣང་བ་བཞིན་པས་ཐ་སྙད་དུ་ཡང་དམིགས་པའི་རྐྱེན་ལ་སྐུར་པ་འདེབས་པའི་ཕྱིར་མཛད་པའི་མཐའ་དང་འགལ་བའོ། །རྣམ་པར་ཤེས་པ་ནི་རང་གི་བདག་ཉིད་ཀྱིས་ငེས་པར་གནས་པའི་ཕྱིར་རྒྱུ་ཡོད་ན་ལྟ་བ་མེད་པར་མི་འཐད་པས་དམིགས་པ་མེད་པར་མི་འགྲུབ་བོ། །ཅི་སྟེ་འདི་སྐད་དུ། དམིགས་པ་ལ་ནི་བརྟེན་བྱས་ནས། །མི་དམིགས་པ་ནི་རབ་ཏུ་སྐྱེ། །མི་དམིགས་པ་ལ་བརྟེན་བྱས་ནས། །མི་དམིགས་པ་ནི་རབ་ཏུ་སྐྱེ། །ཞེས་འབྱུང་བས་སྐྱོན་མེད་དོ་སྙམ་ན་ཕྱོགས་དེའི་ལན་ནི་བཏབ་ཟིན་ཏེ། རྣམ་པར་རིག་པ་ཙམ་ཉིད་ཀྱི་སྐྱེ་བ་རབ་ཏུ་གྲུབ་པར་གྱུར་ན་ནི་དེ་ཡང་གྲུབ་པར་གྱུར་པ་ཞིག་ན་དེ་ནི་རབ་མ་གྲུབ་པའི་ཕྱིར་རོ། །དེ་ཡོད་པར་གྱུར་ན་ཡང་ཇི་ལྟར་རྣམ་པར་ཤེས་པ་མེད་པར་འགྱུར་ཞེས་བྱ་བ་དེ་ཉིད་དེ་བཞིན་དུ་ཉེ་བར་གནས་སོ། །གལ་ཏེ་སྐྱེ་བ་མེད་པས་དོན་མེད་པའི་ཕྱིར་རོ་ཞེ་ན་ཅི་དེ་ཉིད་དབུ་མ་པའི་སྨྲ་བའི་རྗེས་སུ་སྨྲ་བ་ཡིན་ནོ། །གཞན་ཡང་རྣམ་པར་རིག་པ་ཉེ་བར་བླང་བ་ཡང་བྱས་ནས་གལ་ཏེ། དེ་ཡོངས་སུ་གཏོང་བར་ཡང་འདོད་ན་ནི་འདི་ལྟར་འདམ་རྫབ་འཁྲུ་བས་མི་རིག་པར་ཐག་བསྲིང་བ་བཟང་ངོ་། །དོན་ངོ་བོ་ཉིད་མེད་པ་ཉིད་དུ་བརྟགས་པ་བཞིན་དུ་རྣམ་པར་ཤེས་པ་ཡང་བདག་མེད་པ་ཉིད་དང་སྐྱེ་བ་མེད་པ་ཉིད་དུ་རྟོགས་པར་བྱར་རུང་ངོ་། །དང་པོར་ཕྱི་རོལ་གྱི་དོན་གྱི་ཡུལ་སྤྲོམ་པར་བྱེད་ཅིང་། རིམ་གྱིས་རྣམ་པར་ཤེས་པ་དང་། ཡེ་ཤེས་ཀྱི་ཡུལ་སྤྲོམ་པར་བྱེད་ན་ནི་རིམ་ཁོ་ནས་བདག་མེད་པ་ཉིད་རྟོགས་པར་འགྲུབ་པའི་ཕྱིར་སྔ་ནས་ཅིག་ཅར་དུ་བསྒོམ་པ་ལ་སེར་སྣ་བྱ་མི་དགོས་སོ། །དེའི་ཕྱིར་དེ་ལྟར་ཀུན་བརྟགས་པ་དང་གཞན་གྱི་དབང་མི་མཐོང་བར་མི་འཐད་པའི་ཕྱིར་དམིགས་པ་ཐམས་ཅད་ཉེ་བར་ཞི་བ་མི་འགྲུབ་བོ། །དེ་བཞིན་དུ། ཡོངས་སུ་གྲུབ་པའི་ངོ་བོ་ཉིད། །ཅེས་བྱ་བ་དེ་ཡང་གང་ཡིན། ཆོས་རྣམས་ཀྱི་

དེ་བཞིན་ཉིད་གང་ཡིན་པའོ་ཞེ་ན་འོ་ན་དོན་དམ་པར་ཆོས་དེ་རྣམས་ཉིད་མ་གྲུབ་པས་དེ་རྣམས་ཀྱི་ཆོས་ཉིད་ཀྱང་མི་འཐད་པ་མ་ཡིན་ནམ། ཅི་སྟེ་ཐ་སྙད་དུ་རྨི་ལམ་ལྟ་བུའི་བདག་ཉིད་དུ་སྐྱེས་པ་ཡོད་པ་རྣམས་དོན་དམ་པར་དེ་ལྟར་ཡོད་པ་མ་ཡིན་པ་ཉིད་ནི་ཆོས་རྣམས་ཀྱི་དེ་བཞིན་ཉིད་དོ་ཞེ་ན་ནི་དེ་ངོ་བོ་ཉིད་ཀྱིས་སྐྱེ་བ་མེད་པ་ཁོ་ནར་གྲུབ་པའི་ཕྱིར་དབུ་མ་པའི་སྨྲ་བའི་རྗེས་སུ་སྨྲ་བ་ཉིད་ཡིན་ནོ། །ཅི་སྟེ་འདི་སྙམ་དུ་ཡོངས་སུ་གྲུབ་པའི་ངོ་བོ་ཉིད་ནི་མེད་པ་མ་ཡིན་ཏེ། འདི་ལྟར་དེ་ནི་གཉིས་མེད་པའི་དངོས་པོའི་མཚན་ཉིད་དེ། ཇི་སྐད་དུ༔ གཉིས་པོ་དངོས་པོ་མེད་པ་ཡིན། །དངོས་པོ་སྟོང་པའི་མཚན་ཉིད་དོ། །ཞེས་བཤད་པ་ལྟ་བུའོ། །ཞེ་ན། དེ་ལ་འདིར་ཡང་འཐད་པ་གང་གིས་གཉིས་མེད་པ་ཡིན། གལ་ཏེ། དམིགས་པ་ལ་ནི་བརྟེན་བྱས་ནས། །མི་དམིགས་པ་ནི་རབ་ཏུ་སྐྱེ། །མི་དམིགས་པ་ལ་བརྟེན་བྱས་ནས། །མི་དམིགས་པ་ནི་རབ་ཏུ་སྐྱེ། །ཞེས་བྱ་བས་སོ་ཞེ་ན། ཕྱོགས་དེའི་ལན་བཏབ་ཟིན་ཏོ། །གཉིས་མེད་པ་ཞེས་བྱ་བའི་དགག་པ་འདི་ཡང་གལ་ཏེ་མེད་པར་དགག་པའི་དོན་ཡིན་ན་ནི་དེ་གཉིས་མེད་པར་དགག་པ་ཁོ་ན་མཐུ་ཟད་པ་ཡིན་ཏེ། མེད་པའི་སྐྱོན་དུ་མ་གྱུར་པ་ནི་དགག་པ་གཙོ་ཆེ་བའི་ཕྱིར་དོན་དམ་པར་མེད་པ་མ་ཡིན་པས་འདི་ལྟར་གཉིས་མེད་པའི་དངོས་པོ་ཡིན་ནོ་ཞེས་སྐུར་པ་འདེབས་པ་མི་རིགས་སོ། །འོན་ཏེ་མ་ཡིན་པར་དགག་པའི་དོན་ཡིན་ན་ནི་དེ་སྒྲུབ་པ་གཙོ་ཆེ་བའི་ཕྱིར་དངོས་པོ་མེད་པ་སྟོན་པར་བྱེད་པས་དེ་ནི་མི་འདོད་དེ། སྐུར་པ་འདེབས་པའི་མཐའ་ཡིན་པའི་ཕྱིར་རོ། །རི་བོང་གི་རྭ་མེད་པ་ཡང་དངོས་པོ་མེད་པ་མ་ཡིན་ཏེ། འདི་ལྟར་མེད་པའི་དངོས་པོ་དེ་དང་། དོན་དམ་པར་འདྲ་བར་གྱུར་ན་ཆད་པར་ལྟ་བ་འགྲུབ་པར་འགྱུར་རོ། །དེའི་དམིགས་པ་རྣམ་པར་དག་པ་ཉིད་ཀྱང་ཇི་ལྟ་བུ་ཡིན། གལ་ཏེ་རྣམ་པར་མི་རྟོག་པའི་ངོ་བོ་ཉིད་ཀྱིས་སོ་ཞེ

ན༑ དམིགས་པ་ཅན་གྱི་ཡེ་ཤེས་དེ་ནི་རྣམ་པར་མི་རྟོག་པ་ཞེས་བྱ་བ་མ་ཡིན་ཏེ། འདི་ནི་འདི་འོ་ཞེས་རྣམ་པར་མི་རྟོག་ཀྱང་ཡུལ་སྣང་བའི་ཕྱིར་དཔེར་ན་མིག་གི་རྣམ་པར་ཤེས་པ་བཞིན་པས་མདོ་སྡེ་ལས་དོན་དམ་པའི་བདེན་པ་གང་ཞེ་ན། གང་ལ་ཡེ་ཤེས་ཀྱང་མི་འཇུག་ན་ཡི་གེ་རྣམས་ལྟ་སྨོས་ཀྱང་ཅི་དགོས་ཞེས་བྱ་བ་དང་། མཐོང་བ་མེད་པ་ནི་དེ་ཁོ་ན་མཐོང་བའོ་ཞེས་བྱ་བ་དང་། ཚངས་པ་དེ་བཞིན་གཤེགས་པ་རྣམས་ཀྱི་བྱང་ཆུབ་ནི་དམིགས་སུ་མེད་པའོ། །ཞེས་བྱ་བ་ལ་སོགས་པ་གསུངས་པ་དང་ཡང་འགལ་ལོ། །རྟོགས་པར་བྱ་བ་སྐྱེ་བ་མེད་པ་བཞིན་དུ་ཤེས་པ་ཡང་སྐྱེ་བ་མེད་པའི་ཕྱིར། དེ་འཇུག་པ་མེད་པར་གྲུབ་སྟེ། བཅོམ་ལྡན་འདས་ཀྱིས་ཤེས་བྱ་དང་ཐ་མི་དད་པའི་ཡེ་ཤེས་ཀྱིས་ཆོས་ཐམས་ཅད་ཐུགས་སུ་ཆུད་དོ་ཞེས་གསུངས་པ་དེ་ཡང་གྲུབ་པ་ཡིན་པས་དེའི་ཕྱིར་དབུ་མ་པའི་སྨྲ་བའི་ཚུལ་ལ་ཡང་དག་པར་བརྗེན་པ་ཉིད་ལེགས་སོ། །ཅི་སྟེ་འདི་སྙམ་དུ་དཔེར་ན་ཐག་པ་བསྔོགས་པ་ལ་སྦྲུལ་དུ་འདུ་ཤེས་པས་ཐག་པའི་ངོ་བོ་ཉིད་རྟོགས་ན་སྦྲུལ་གྱི་འཇིགས་པ་ཉེ་བར་ཞི་བ་བཞིན་དུ་དེ་བཞིན་ཉིད་མཐོང་བས་ཉོན་མོངས་པ་ཞི་བར་འགྱུར་བའི་ཕྱིར་ཆོས་ཀྱི་དབྱིངས་ལ་དམིགས་པར་བྱ་བ་ཁོ་ན་ཡིན་ནོ་སྙམ་ན། ཇི་ལྟར་ཐག་པ་བསྔོགས་པ་ལ་སྦྲུལ་གྱི་བློ་སྐྱེས་ན། ལོག་པར་ཤེས་པའི་ཕྱིར་འཇིགས་པ་སྐྱེའི། དེའི་བློ་མ་སྐྱེས་ན་ཡང་དག་པར་ཤེས་པའི་ཕྱིར་འཇིགས་པ་མེད་པ་དང་། སྐྱོན་ཆ་མི་མཉམ་པ་སྐྱེས་ན་ནད་དུ་འགྱུར་གྱི། དེ་མ་སྐྱེས་ན་སྡུག་བསྔལ་མེད་པར་འགྱུར་བ་བཞིན་པས། དེ་བཞིན་ཉིད་ལ་དམིགས་པའི་ཡེ་ཤེས་སྐྱེ་བར་འདོད་པར་མི་བྱའོ། །དངོས་པོ་རྣམས་རྣམ་པ་ཐམས་ཅད་དུ་ཡོངས་སུ་མ་གྲུབ་པ་ནི་དངོས་པོའི་དེ་ཁོ་ན་ཡིན་ལ། དེ་ནི་རྣམ་པ་ཐམས་ཅད་དུ་ཡང་ཡུལ་གྱི་དངོས་པོར་ཉེ་བར་མི་འགྱུར་བའི་ཕྱིར། དམིགས་པ་ཉིད་དུ་མི་རིགས་སོ། །

དེ་ཉིད་ཀྱི་ཕྱིར་བཅོམ་ལྡན་འདས་ལ་འཇམ་དཔལ་གཞོན་ནུར་གྱུར་པས། སངས་རྒྱས་ནམ་མཁའི་མཚན་ཉིད་མེད། །མཚན་ཉིད་མཚན་ཉིད་ངེས་གྲོལ་བ། །དམིགས་མེད་ཁྱོད་ལ་ཕྱག་འཚལ་ལོ། །ཞེས་བྱ་བ་ལ་སོགས་པ་བསྟོད་པ་མཛད་དོ། །ཅི་སྟེ་འདི་སྙམ་དུ་གལ་ཏེ་དེ་བཞིན་གཤེགས་པས་ཆོས་ཀྱི་དབྱིངས་མ་དམིགས་ན། ཇི་ལྟར་དེ་ཐུགས་སུ་ཆུད་པས་སངས་རྒྱས་པར་གྱུར་སྙམ་ན། ཆོས་ཐམས་ཅད་རྣམ་པ་ཐམས་ཅད་དུ་ཡོངས་སུ་མ་གྲུབ་པའི་ཕྱིར་རྣམ་པ་ཐམས་ཅད་མཁྱེན་པའི་སྤྱོད་ཡུལ་ནི་དེ་ཁོ་ན་ཞེས་བྱ་སྟེ། ཤེས་བྱ་དང་། དེ་ཁོ་ན་དང་། སྤྱོད་ཡུལ་དང་། ཡེ་ཤེས་སྐྱེ་བ་མེད་པ་ཉིད་ཀྱི་ཆོས་ཀྱི་དབྱིངས་ཐུགས་སུ་ཆུད་པས་སངས་རྒྱས་པར་གྱུར་ཏེ། ཇི་སྐད་དུ། དེ་བཞིན་གཤེགས་པ་རྣམས་ཀྱི་བྱང་ཆུབ་ནི་མངོན་པར་རྟོགས་པ་མེད་པས་རབ་ཏུ་ཕྱེ་བའོ་ཞེས་གསུངས་པ་ལྟ་བུའོ། །དེ་བཞིན་ཉིད་ལ་དམིགས་པའི་ཡེ་ཤེས་ནི་དོན་དམ་པའི་སྤྱོད་ཡུལ་ཅན་ཡིན་པར་མི་རིགས་ཏེ། འདུས་བྱས་ཡིན་པའི་ཕྱིར་དཔེར་ན་མིག་གི་རྣམ་པར་ཤེས་པ་བཞིན་ནོ། །དེ་བཞིན་དུ་དེའི་དམིགས་པར་བྱ་བ་དེ་བཞིན་ཉིད་ཀྱང་སླུ་བའི་ཆོས་ཅན་ཡིན་ཞིང་དེ་ཁོ་ན་མ་ཡིན་ཏེ། དམིགས་པར་བྱ་བ་ཡིན་པའི་ཕྱིར་དཔེར་ན་གཟུགས་བཞིན་ནོ། །ཅི་སྟེ་མདོ་སྡེ་ལས་དོན་དམ་པར་ནི་བརྟག་མི་ནུས་པ་དང་། རྟོག་གེའི་སྤྱོད་པ་མ་ཡིན་པར་བསྟན་པའི་ཕྱིར་རྗེས་སུ་དཔག་པས་བསྟན་པར་བྱ་བ་དེ་བཞིན་མ་ཡིན་ནོ་ཞེ་ན། ལུང་དང་མཐུན་པའི་རྗེས་སུ་དཔག་པའི་སྟོབས་ཉིད་ཀྱིས་རྣམ་པར་རྟོག་པ་ཐམས་ཅད་བཀག་པའི་རྣམ་པར་མི་རྟོག་པའི་ཡེ་ཤེས་འགྲུབ་པའི་ཕྱིར་དོན་དམ་པ་ནི་རྗེས་སུ་དཔག་པའི་ཡུལ་མ་ཡིན་ཡང་དེ་གཙོ་བོ་མ་ཡིན་ཏེ། ཡང་དག་པ་དང་ཡང་དག་པ་མ་ཡིན་པ་བརྟགས་པའི་སྒྲུབ་པ་གཞན་མེད་པའི་ཕྱིར་དེ་ནི་རིགས་པ་མ་ཡིན་ནོ། །དཔྱད་པ་རྒྱས་པར་ནི་དབུ་མའི་སྙིང་པོའི་དེ་ཁོ་ན

ལ་འཇུག་པའི་སྐབས་ནས་རྣལ་འབྱོར་སྤྱོད་པ་བ་དག་དང་ལྷན་ཅིག་བྱེད་པར་འགྱུར་རོ།།

ཞར་ལ་བཤད་པས་ཆོག་སྟེ། འདི་ནི་མངོན་པར་བརྩོན་པ་རྣམས་རང་གི་སྡེ་པ་དག་དང་ལྷན་ཅིག་རིགས་པ་དང་རིགས་པ་མ་ཡིན་པ་རྟོག་པའི་ཕྱོགས་ཙམ་ཞིག་བསྟན་པ་ཡིན་ནོ།།

དེ་ལ་འདིར་རབ་ཏུ་བྱེད་པའི་དོན་ནི་ཕ་རོལ་པོ་དག་གིས་རབ་ཏུ་བྱེད་པའི་དང་པོར་སྒྲུབ་པ་སྨྲས་པའི་སྐྱོན་བརྗོད་པས་མྱ་ངན་ལས་འདས་པ་ངོ་བོ་ཉིད་མེད་པ་ཉིད་དུ་བསྟན་པ་ཡིན་ནོ། །དེའི་ཕྱིར། མྱ་ངན་འདས་མེད་མྱ་ངན་འདས། །འཇིག་རྟེན་མགོན་པོས་བསྟན་པ་མཛད། །ནམ་མཁའ་མདུད་པ་པོར་བྱས་པ། །ནམ་མཁའ་ཉིད་ཀྱིས་བཀྲོལ་བ་བཞིན།།

ཞེས་བྱ་བ་དང་། དེ་བཞིན་དུ་བཅོམ་ལྡན་འདས་གང་དག་ཆོས་འགའ་ཞིག་སྐྱེ་བའམ། འགག་པར་འཚལ་བ་དེ་དག་ལ་སངས་རྒྱས་འབྱུང་བ་མ་མཆིས་སོ། །བཅོམ་ལྡན་འདས་གང་དག་མྱ་ངན་ལས་འདས་པ་དངོས་པོ་ལས་ཡོངས་སུ་ཚོལ་བར་བགྱིད་པ་དེ་དག་ལ་འཁོར་བ་ལས་ཡང་དག་པར་འདས་པ་མ་མཆིས་སོ། །དེ་ཅིའི་སླད་དུ་ཞེ་ན། བཅོམ་ལྡན་འདས་མཚན་མ་ཐམས་ཅད་རབ་ཏུ་ཞི་བ་དང་། གཡོ་བ་ཐམས་ཅད་ཉེ་བར་ཞི་བ་གང་ལགས་པ་དེ་མྱ་ངན་ལས་འདས་པ་ལགས་པའི་སླད་དུའོ། །བཅོམ་ལྡན་འདས་མི་གཏི་མུག་ཅན་གང་དག་མྱ་ངན་ལས་འདས་པ་དངོས་པོ་ལས་ཡོངས་སུ་ཚོལ་བར་བགྱིད་པ་དེ་དག་ནི། ལེགས་པར་གསུངས་པའི་ཆོས་འདུལ་བ་འདི་ལ་རབ་ཏུ་བྱུང་ནས་མུ་སྟེགས་ཅན་གྱི་ལྟ་བར་ལྟུང་བ་ལགས་ཏེ། བཅོམ་ལྡན་འདས་གང་དག་ཆོས་ཐམས་ཅད་གཏན་ཡོངས་སུ་མྱ་ངན་ལས་འདས་པ་དག་འདི་ལྟ་སྟེ་དཔེར་བགྱི་ན་ཏིལ་དག་ལས་ཏིལ་མར་དང་། འོ་མ་དག་ལས་མར་བཞིན་དུ་མྱ་ངན་ལས་འདས་པ་ཡོངས་སུ་འཚོལ་བར་བགྱིད་པ་དེ་དག་ནི་མུ་སྟེགས་ཅན་ལྷག་པའི་ང་རྒྱལ་ཅན་ལགས་པར་བདག་སྨྲའོ། །བཅོམ་ལྡན་འདས

རྣལ་འབྱོར་སྤྱོད་པ་ཡང་དག་པར་ཞུགས་པ་ནི་ཆོས་འགའ་ཡང་སྐྱེ་བའམ། འགག་པར་མི་བགྱིད་ཅིང་ཆོས་འགའ་ཡང་ཐོབ་པར་མི་འཚལ། མངོན་པར་རྟོགས་པར་མི་འཚལ་ལོ་ཞེས་བྱ་བ་ལ་སོགས་པ་དང་། དེ་བཞིན་དུ། རབ་འབྱོར་མྱ་ངན་ལས་འདས་པ་ཡང་སྒྱུ་མ་ལྟ་བུ་དང་། རྨི་ལམ་ལྟ་བུའོ་ཞེས་རྒྱ་ཆེར་གསུངས་པ་དང་། དེ་བཞིན་དུ་ཤ་ར་དྭ་ཏིའི་བུ་གང་དག་མྱ་ངན་ལས་འདས་པ་དངོས་པོ་ལས་ཡོངས་སུ་ཚོལ་བར་བྱེད་པ་དེ་དག་ནི་འཁྲུག་ལོང་བ་ཡིན་ཏེ། ང་ཡང་དེ་དག་གི་སྟོན་པ་མ་ཡིན་ལ། དེ་དག་ཀྱང་ངའི་ཉན་ཐོས་མ་ཡིན་ནོ་ཞེས་བྱ་བ་ལ་སོགས་པ་དང་། དེ་བཞིན་དུ། བློ་ཡིས་རྣམ་པར་གཞིགས་ན་ནི།། བརྟག་པ་མེད་ཅིང་གཞན་དབང་མེད། །གྲུབ་པའི་དངོས་པོ་ཡོད་མིན་ན། །ཇི་ལྟར་བློ་ཡིས་རྣམ་པར་བརྟགས། །དངོས་ཉིད་མེད་ཅིང་རྣམ་རིག་མེད། །ཀུན་གཞི་ཡོད་པ་མ་ཡིན་ཏེ༑ ༑བྱིས་པ་ངན་རྟོག་རོ་འདྲ་བས། །དེ་དག་རྣམ་པར་བརྟགས་པར་གྱུར། །ཞེས་བྱ་བ་ལ་སོགས་པ་གསུངས་པ་དེ་དག་གྲུབ་པ་ཡིན་ནོ། །སློབ་དཔོན་ལེགས་ལྡན་བྱེད་(འབྱེད)ཀྱིས་ཉེ་བར་སྦྱར་བ། དབུ་མའི་རྩ་བའི་འགྲེལ་པ་ཤེས་རབ་སྒྲོན་མ་ལས། མྱ་ངན་ལས་འདས་པ་བརྟག་པ་ཞེས་བྱ་བ་སྟེ། རབ་ཏུ་བྱེད་པ་ཉི་ཤུ་ལྔ་པའོ།། །།

༼རབ་བྱེད་ཉེར་དྲུག་པ་སྲིད་པའི་ཡན་ལག་བཅུ་གཉིས་བརྟག་པ།༽

༄། དབུ་མའི་རྩ་བའི་འགྲེལ་པ་ཤེས་རབ་སྒྲོན་མ། །བམ་པོ་ཉི་ཤུ་པ་སྟེ་ཐ་མའོ། །དེ་ནི་དེ་བཞིན་དུ་སྟོང་པ་ཉིད་ཀྱི་མི་མཐུན་པའི་ཕྱོགས་ཀྱི་ཁྱད་པར་དགག་པས་ཐ་སྙད་པའི་རྟེན་ཅིང་འབྲེལ་བར་འབྱུང་བ་བསྟན་པའི་དོན་གྱི་དབང་གིས་རབ་ཏུ་བྱེད་པ་ཉི་ཤུ་དྲུག་པ་བརྩམ་མོ། །འདིར་སྨྲས་པ། ཁྱོད་ཀྱིས་རབ་ཏུ་བྱེད་པ་འདས་མ་ཐག་པར། སངས་རྒྱས་ཀྱིས་ནི་གང་དུ་ཡང་། །སུ་ལའང་ཆོས་འགའ་མ་བསྟན་ཏོ། །ཞེས་སྨྲས་པ་ནི། བཅོམ་ལྡན་འདས་ཀྱིས་རྟེན་ཅིང་འབྲེལ་པར་འབྱུང་བ་མུ་སྟེགས་བྱེད་ཀྱི་རི་དྭགས་ཀྱི་ཚོགས་ཐམས་ཅད་འབྱེད་པར་བྱེད་པ། ལྷ་བ་ངན་པའི་སྐྱོན་ཉེ་བར་ཞི་བར་བྱེད་པ། བཀའ་སྩལ་པ་དེ་ཐུགས་སུ་ཆུད་པས་བཅོམ་ལྡན་འདས་འཇིག་རྟེན་ན་སངས་རྒྱས་ཞེས་བྱ་བར་སྙན་པར་གྲགས་པ་དེའི་ཕྱིར་ཁྱོད་དེ་སུན་དབྱུང་བར་འདོད་པས། སངས་རྒྱས་ཀྱིས་ནི་གང་དུ་ཡང་། །སུ་ལའང་ཆོས་འགའ་མ་བསྟན་ཏོ། །ཞེས་སྨྲས་པ་ཡིན་པས་དེ་ལ་ཁས་བླངས་པས་གནོད་པར་འགྱུར་རོ། །དེའི་ཕྱིར་བཤད་པ། མ་རིག་བསྒྲིབས་པས་ཡང་སྲིད་ཕྱིར། །འདུ་བྱེད་རྣམ་པ་གསུམ་པོ་དག །མངོན་པར་འདུ་བྱེད་གང་ཡིན་པའི། །ལས་དེ་དག་གིས་འགྲོ་བར་འགྲོ། །ཞེས་བྱ་བ་ལ་སོགས་པ་སྟེ། དེ་ལ་མ་རིག་པ་ཞེས་བྱ་བ་ནི། རིག་པའི་མི་མཐུན་པའི་ཕྱོགས་སུ་གྱུར་པའི་ཆོས་སམ་རྟེན་ཅིང་འབྲེལ་པར་འབྱུང་བའི་ཡན་ལག་བཅུ་གཉིས་པོ་བདག་མེད་པ། གཡོ་བ་མེད་པ་སྐད་ཅིག་མ་དག་མི་ཤེས་པའི་ཕྱིར་མ་རིག་པའོ། །དེས་བསྒྲིབས་པས་ཞེས་བྱ་བ་ནི་ཁེབས་པས་སོ། །འདིར་མ་རིག་པས་བསྒྲིབས་པ་མི་བྱེད་ཅེས

ངེས་པར་གཟུང་བ་ཁོ་ནས་འདུ་བྱེད་རྣམས་མངོན་པར་འདུ་བྱེད་ཀྱི་མ་བསྒྲིབས་པས་ནི་མི་བྱེད་དོ་ཞེས་ངེས་པར་གཟུང་བར་བྱའི། མ་རིག་པས་བསྒྲིབས་པས་འདུ་བྱེད་རྣམས་ཁོ་ན་ཞེས་ནི་ངེས་པར་གཟུང་བར་མི་བྱ་སྟེ། རྣམ་པར་ཤེས་པ་ལ་སོགས་པ་ཡན་ལག་ལྷག་མ་རྣམས་ལ་ཡང་རྒྱུ་དེ་ཡོད་པའི་ཕྱིར་རོ། །མ་རིག་པ་ཁོ་ནས་བསྒྲིབས་པས་ཤེས་ཀྱང་ངེས་པར་གཟུང་བར་མི་བྱ་སྟེ། དེ་ལས་གཞན་པའི་ཉོན་མོངས་པ་རྣམས་ཀྱང་ཡོད་པའི་ཕྱིར་རོ༑ ༑འདུ་བྱེད་རྣམས་ཀྱི་རྒྱུ་ཉིད་ནི་འདོད་ཆགས་ལ་སོགས་པ་ཉོན་མོངས་པ་རྣམས་ཀྱང་ཡིན་ན་མ་རིག་པ་གཟུང་བ་ནི་གཙོ་བོ་ཉིད་ཡིན་པའི་ཕྱིར་ཏེ། དཔེར་ན་རྒྱལ་པོ་རྒྱལ་བ་དང་དུང་གི་མ་འགྲོ་བ་བཞིན་នོ། །ཅི་སྟེ་ཡང་ལ་ལ་འདི་སྙམ་དུ་མི་དགེ་བའི་འདུ་བྱེད་རྣམས་མ་རིག་པའི་རྒྱུ་ལས་བྱུང་ངོ་ཞེས་བྱ་བ་དེ་ནི་གཏི་མུག་མི་དགེ་བ་ཡིན་པའི་ཕྱིར་རིགས་ན་དགེ་བའི་འདུ་བྱེད་རྣམས་ཇི་ལྟར་སྙམ་ན། མ་རིག་པ་དང་བཅས་པ་ལྷའི་ཕོ་བྲང་ན་ལྷ་མོ་དང་རྩེན་པའི་བདེ་བ་ཉམས་སུ་མྱོང་བར་འདོད་པས་དགེ་བ་སྤྱོད་པ་བཞིན་དུ་མ་རིག་པ་ཡང་རྒྱུད་ལས་རྒྱུ་ཉིད་ཡིན་པའི་ཕྱིར་དང་། འཁོར་བ་ནི་དོན་དམ་པའི་མི་དགེ་བ་ཡིན་པས་དེར་བཏགས་པའི་དགེ་བ་ཡང་མི་དགེ་བ་ཡིན་པའི་ཕྱིར་མ་རིག་པ་ནི་དེ་མངོན་པར་འདུ་བྱེད་པའི་རྒྱུ་ཡིན་པའི་ཕྱིར་སྐྱོན་མེད་དོ། །ཡང་སྲིད་ཅེས་བྱ་བ་ནི་ཡོད་པ་རྒྱུ་དང་འབྲས་བུའི་རྒྱུན་འབྲེལ་བས་ཡང་སྲིད་པར་འགྱུར་བ་སྟེ། ཡང་སྐྱེ་བ་ཞེས་བྱ་བའི་ཐ་ཚིག་གོ །ཡང་སྲིད་པའི་ཕྱིར་ཞེས་བྱ་བ་ནི་ཡང་སྲིད་པའི་དོན་དུའོ། །འདུ་བྱེད་ཅེས་བྱ་བ་ནི་འདུ་བྱེད་རྣམས་མངོན་པར་འདུ་བྱེད་པའོ། །རྣམ་པ་གསུམ་པོ་དག་ཅེས་བྱ་བ་ནི་བསོད་ནམས་དང་། བསོད་ནམས་མ་ཡིན་པ་དང་། མི་གཡོ་བའི་བྱེ་བྲག་གིས་སམ། ལུས་དང་ངག་དང་ཡིད་ཀྱི་འདུ་བྱེད་ཀྱི་བྱེ་བྲག་གིས་སོ། །མངོན་པར་འདུ་བྱེད་པ་གང་

ཡིན་པ་ཞེས་བྱ་བ་ནི་བསོད་ནམས་ལ་སོགས་པ་རྐྱང་དུ་དང་། འབྲིང་དང་ཆེན་པོའི་བྱེ་བྲག་དག་གོ། ལས་དེ་དག་གིས་འགྲོ་བར་འགྲོ། །ཞེས་བྱ་བ་ནི་བསོད་ནམས་སུ་ཉེ་བར་འགྲོ་བ་དང་། བསོད་ནམས་མ་ཡིན་པར་ཉེ་བར་འགྲོ་བ་དང་། མི་གཡོ་བའི་ཉེ་བར་འགྲོ་བའི་འགྲོ་བར་རོ། །འདུ་བྱེད་རྐྱེན་ཅན་རྣམ་པར་ཤེས། །འགྲོ་བ་རྣམས་སུ་འཇུག་པར་འགྱུར༑ ༑ཞེས་བྱ་བ་ལ། འདུ་བྱེད་ཅན་ཞེས་བྱ་བ་ནི་གང་ལ་འདུ་བྱེད་ཀྱི་རྐྱེན་ཡོད་པ་དེ་ནི་འདུ་བྱེད་ཀྱི་རྐྱེན་ཅན་ཏེ་རྣམ་པར་ཤེས་པའོ། །རྣམ་པར་ཤེས་པ་ཞེས་བྱ་བ་ནི་དངོས་པོ་སོ་སོར་རྣམ་པར་རིག་པའོ། །འགྲོ་བ་རྣམས་སུ་ཞེས་བྱ་བ་ནི་ལྷ་ལ་སོགས་པའི་རིགས་སུ་འགྲོ་བའི་འགྲོ་བ་རྣམས་སུའོ། །འཇུག་པར་འགྱུར་ཞེས་བྱ་བ་ནི་སྐྱེ་བར་འགྱུར་བའོ། ། འདིར་ནི་འདུ་བྱེད་ཀྱི་རྐྱེན་ཅན་གྱི་རྣམ་པར་ཤེས་པ་ཁོ་ན་འཇུག་པར་འགྱུར་རོ་ཞེས་ཀྱང་ངེས་པར་གཟུང་བར་མི་བྱ་ལ། འདུ་བྱེད་ཀྱི་རྐྱེན་ཅན་ཁོ་ནའི་རྣམ་པར་ཤེས་པ་འཇུག་པར་འགྱུར་རོ་ཞེས་ཀྱང་ངེས་པར་གཟུང་བར་མི་བྱ། འདུ་བྱེད་ཁོ་ནའི་རྐྱེན་ཅན་གྱི་རྣམ་པར་ཤེས་པ་འཇུག་པར་འགྱུར་རོ་ཞེས་ཀྱང་ངེས་པར་གཟུང་བར་མི་བྱ་སྟེ། སེམས་ལས་བྱུང་བ་རྣམས་ཀྱང་འཇུག་པར་འགྱུར་བའི་ཕྱིར་དང་དགྲ་བཅོམ་པ་འདུ་བྱེད་ཡོད་ཀྱང་ཡང་སྲིད་པར་ཉིང་མཚམས་མི་སྦྱོར་བའི་ཕྱིར་དང་། སྲིད་པ་ལ་སོགས་པ་དག་གི་རྐྱེན་ཡང་ཡོད་པའི་ཕྱིར་རོ་ཞེས་ངེས་པར་མི་གཟུང་བའི་དགོས་པ་གོ་རིམ་བཞིན་དུ་བརྗོད་པར་བྱའོ། །འདིར་སློབ་དཔོན་རྣམས་ཀྱི་བློ་གྲོས་དག་ཐ་དད་པར་གྱུར་ཏེ། ཁ་ཅིག་ན་རེ་བར་མ་དོའི་སྲིད་པ་ཞེས་བའི་མིང་དང་། གཟུགས་ཀྱི་རྒྱུན་གྱིས་འགྲོ་བའི་ཡུལ་འཐོབ་པོ་ཞེས་ཟེར་རོ། །གཞན་དག་ན་རེ་རྣམ་པར་ཤེས་པ་འདུ་བྱེད་ཀྱི་རྐྱེན་ཅན་ཉེ་བར་འགྲོ་བར་སྐྱེ་བ་ཉིད་ཀྱིས་འགྲོ་བ་འཐོབ་བོ་ཞེས་ཟེར་རོ། །དེ་ལ་སྨྲ་མ་པ་དག་ན་རེ་སེམས་ཅན

གཟུགས་ཅན་གང་དུ་འགགས་པ་རྣམས་ཀྱིས་གཟུགས་ཀྱི་རྒྱུན་སྐྱེ་བ་ནི་རྒྱུན་ཆགས་སུ་ཡུལ་གཞན་དུ་སྐྱེ་བས་ཡུལ་གཞན་ཐོབ་པར་འདོད་དེ། གཟུགས་ཅན་ཡིན་ན་འགྲོ་བའི་རྒྱུན་རྗེས་སུ་འཇུག་པའི་ཕྱིར་དཔེར་ན་མར་མེ་བཞིན་ནོ། །ཡང་ན་གཟུགས་ལ་བརྟེན་པའི་མིང་དང་གཟུགས་ཀྱི་རྒྱུན་གྱིས་འཆི་བའི་ཡུལ་ནས་འགྲོ་བའི་ཡུལ་གཞན་དུ་སྐྱེ་བའི་ཕྱིར་དཔེར་ན་གསོན་པོའི་གནས་སྐབས་བཞིན་ནོ་ཞེས་ཟེར་རོ། །ཕྱི་མ་པ་དག་ན་རེ་གཟུགས་ཅན་གྱི་ཁམས་སུ་འཆི་བ་དང་། སྐྱེ་བའི་སྲིད་པ་དག་ནི་སྲིད་པ་གཞན་གྱིས་བར་དུ་མ་ཆོད་དེ༑ ཟག་པ་དང་བཅས་པའི་ཕྱིར་དཔེར་ན་གཟུགས་མེད་པར་འཆི་བ་དང་། སྐྱེ་བའི་སྲིད་པ་དག་བཞིན་ནོ། །ཡང་ན་ལུས་ཅན་རྣམས་ཀྱི་འཆི་བའི་སྲིད་པའི་མཇུག་ཐོགས་སུ་ལུས་ངག་སྐྱེ་བ་དེ་ནི་བར་མ་དོའི་སྲིད་པའི་ལུས་ངག་སྐྱེ་བ་དེ་ནི་བར་མ་དོའི་སྲིད་པའི་ལུས་མ་ཡིན་པའི་ཕྱིར་ཏེ། རྣམ་པར་སྨིན་པ་ཡིན་པའི་ཕྱིར་དང་། སྡུག་བསྔལ་གྱི་བདེན་པར་གཏོགས་པའི་ཕྱིར་དཔེར་ན་ཉེ་བར་སྤྱོད་པའི་ལུས་བཞིན་ནོ། །གཞན་ཡང་ཡིད་ལས་བྱུང་བའི་ཡུལ་གཞན་འཐོབ་པས་འགྲོ་བའི་རྒྱུན་རྗེས་སུ་འཇུག་པའི་ཕྱིར་དེས་གཏན་ཚིགས་མ་ངེས་པའི་ཕྱིར་བར་མ་དོའི་སྲིད་པ་མི་འགྲུབ་སྟེ། བར་མ་དོའི་སྲིད་པ་མེད་པར་ཡང་ཁ་དོན་དང་མར་མེ་དང་། རྒྱ་དང་། མེ་ལོང་དང་། སྐད་དང་། མེ་ཤེལ་དང་། ས་བོན་དང་། སྐྱུར་དག་གིས་ཕུང་པོའི་ཉིང་མཚམས་སྦྱོར་བ་མི་འཕོ་བར་མཁས་པ་རྣམས་ཀྱིས་རྟོགས་པར་བྱའོ་ཞེས་ཟེར་རོ། །གཞན་མ་ཡིན་པ་ན་རེ་གཟུགས་ཅན་ཡིན་ན་འགྲོ་བའི་རྒྱུན་རྗེས་སུ་འཇུག་པའི་ཕྱིར་ཞེས་གཏན་ཚིགས་ཁྱད་པར་ཅན་ཡིན་པའི་ཕྱིར་སྔ་མ་དག་ལ་སྐྱོན་དེ་མེད་དོ་ཞེས་ཟེར་རོ། །རྣམ་པར་ཤེས་པ་ཞུགས་གྱུར་ན། །མིང་དང་གཟུགས་ནི་ཆགས་པར་འགྱུར། ཞེས་བྱ་བ་ལ། མིང་ཞེས་བྱ་བ་ནི་འགྲོ་བ་རྣམས་སུ་གཞོལ་བའམ། ཉོན་མོངས་

པ་རྣམས་ཀྱིས་གཞོལ་བར་བྱ་བ་སྟེ། ཕུང་པོ་གཟུགས་ཅན་མ་ཡིན་པ་བཞི་པོ་དག་གོ། གཟུགས་ཞེས་བྱ་བ་ནི་གཟུགས་སུ་རུང་བ་སྟེ། འབྱུང་བ་ཆེན་པོ་བཞི་དང་རྒྱུར་བྱས་པའི་གཟུགས་རྣམས་སོ། །ཡང་འདིར་རྣམ་པར་ཤེས་པ་ཁོ་ནའི་རྐྱེན་ཅན་གྱི་མིང་དང་གཟུགས་ཞེས་ཀྱང་ངེས་པར་གཟུང་བར་མི་བྱ་སྟེ། མ་རིག་པ་ལ་སོགས་པ་དག་ཀྱང་དེའི་རྐྱེན་ཡིན་པའི་ཕྱིར་རོ། །རྣམ་པར་ཤེས་པའི་རྐྱེན་ཅན་གྱི་མིང་དང་། གཟུགས་ཁོ་ན་ཞེས་ཀྱང་ངེས་པར་གཟུང་བར་མི་བྱ་སྟེ། རྫུས་ཏེ་སྐྱེ་བ་རྣམས་ཀྱི་སྐྱེ་མཆེད་དྲུག་གི་རྐྱེན་རྣམས་ཀྱང་རྣམ་པར་ཤེས་པ་ཡིན་པའི་ཕྱིར་དང་། གཟུགས་མེད་པའི་མིང་གི་རྐྱེན་ཀྱང་རྣམ་པར་ཤེས་པ་ཡིན་པའི་ཕྱིར་རོ། །རྣམ་པར་ཤེས་པའི་རྐྱེན་ཅན་ཁོ་ནའི་མིང་དང་གཟུགས་ཞེས་ཀྱང་ངེས་པར་གཟུང་བར་མི་བྱ་སྟེ། དགྲ་བཅོམ་པའི་ཐ་མའི་སེམས་རྐྱེན་མ་ཡིན་པའི་ཕྱིར་རོ།།

མིང་དང་གཟུགས་ནི་ཆགས་གྱུར་ན། །སྐྱེ་མཆེད་དྲུག་ནི་འབྱུང་བར་འགྱུར། །ཞེས་བྱ་བ་ལ་སྐྱེ་མཆེད་ཅེས་བྱ་བ་ལ་ནི་རྣམ་པར་ཤེས་པ་སྐྱེ་བའི་སྒོ་འབྱེད་པར་བྱེད་པའོ། །དྲུག་ཅེས་བྱ་བ་ནང་གི་སྐྱེ་མཆེད་ཀྱི་དབང་དུ་བྱས་པའི་ཕྱིར་ཏེ། དེ་དག་ནི་མིག་དང་རྣ་བ་དང་། སྣ་དང་། ལྕེ་དང་། ལུས་དང་། ཡིད་ཅེས་བྱ་བ་དག་ཡིན་པར་འདོད་དོ། །མིག་གི་སྐྱེ་མཆེད་ནི་ཡུལ་ཁ་དོག་དང་། གཟུགས་དང་བ་དང་། མིག་གི་རྣམ་པར་ཤེས་པའི་གནས་དང་ལྡན་པའོ། །རྣ་བ་ལ་སོགས་པ་ལུས་ཀྱི་བར་གྱི་སྐྱེ་མཆེད་དག་ཀྱང་ཡུལ་སྒྲ་ལ་སོགས་པ་དང་། གཟུགས་དང་བ་དང་། རྣ་བ་ལ་སོགས་པའི་རྣམ་པར་ཤེས་པ་དག་གི་གནས་དང་ལྡན་པའོ༑ ༑ཡིད་ཀྱི་སྐྱེ་མཆེད་ནི་རྣམ་པར་ཤེས་པའི་ཚོགས་དྲུག་པོ་དག་འགགས་མ་ཐག་པའོ༑ ༑འདིར་ཡང་མིང་དང་གཟུགས་ཁོ་ནའི་རྐྱེན་ཅན་གྱི་སྐྱེ་མཆེད་དྲུག་ཅེས་ཀྱང་ངེས་པར་གཟུང་བར་མི་བྱ་སྟེ། འདུ་བྱེད་ལ་སོགས་པ་དག་ཀྱང་དེའི་རྐྱེན་ཡིན་པའི་ཕྱིར་དང་།

རྫས་ཏེ་སྐྱེ་བ་རྣམས་ཀྱི་སྐྱེ་མཆེད་དྲུག་གི་རྐྱེན་མིང་འབའ་ཞིག་ཀྱང་ཡིན་པའི་ཕྱིར་རོ། ། མིང་དང་གཟུགས་ཀྱི་རྐྱེན་ཅན་གྱི་སྐྱེ་མཆེད་དྲུག་པོ་ན་ཞེས་ཀྱང་ངེས་པར་གཟུང་བར་མི་བྱ་སྟེ། རིག་པ་ལ་སོགས་པ་དག་གི་རྐྱེན་ཀྱང་མིང་དག་གཟུགས་ཡིན་པའི་ཕྱིར་རོ། །མིང་དང་གཟུགས་ཀྱི་རྐྱེན་ཅན་པོ་ནའི་སྐྱེ་མཆེད་དྲུག་ཅེས་ཀྱང་ངེས་པར་གཟུང་བར་མི་བྱ་སྟེ། དགྲ་བཅོམ་པའི་ཐ་མའི་མིང་དང་གཟུགས་དང་རྐྱེན་མ་ཡིན་པའི་ཕྱིར་རོ། །སྐྱེ་མཆེད་དྲུག་ལ་བརྟེན་ནས་ནི། །དེ་ལས་རེག་པ་འབྱུང་བར་འགྱུར། །ཞེས་བྱ་བ་ལ་བརྟེན་ནས་ཞེས་བྱ་བ་ནི་གནས་ཐོབ་ནས་སོ། །དེ་ལས་ཞེས་བྱ་བ་ནི་སྐྱེ་མཆེད་དྲུག་ལས་སོ། །རེག་པ་ཞེས་བྱ་བ་ནི་ཕྲད་པ་སྟེ་བདེ་བ་དང་། སྡུག་བསྔལ་དང་། སྡུག་བསྔལ་བ་ཡང་མ་ཡིན་བདེ་བ་ཡང་མ་ཡིན་པ་མྱོང་བར་འགྱུར་བ་སྟེ། མཚན་ཉིད་འོག་ནས་སྟོན་ཏོ། །མིང་དང་གཟུགས་དང་དྲན་བྱེད་ལ། །བརྟེན་ནས་སྐྱེ་བ་པོ་ན་ཡིན། །ཞེས་བྱ་བ་ལ། དྲན་བྱེད་ཅེས་བྱ་བ་ནི་ཡིད་ལ་བྱེད་པའོ། །དེ་ལྟར་མིང་དང་གཟུགས་ལ་བརྟེན་ནས། རྣམ་པར་ཤེས་པ་སྐྱེ་བར་འགྱུར༏ ༏འཇུག་པའི་དུས་ན་སྟེ། ཇི་ལྟར་མིག་དང་གཟུགས་ལ་བརྟེན་ནས་གཟུགས་ལ་དམིགས་པའི་རྣམ་པར་ཤེས་པ་སྐྱེ་བ་དེ་བཞིན་དུ་རྣ་བ་དང་། སྣ་ལ་བརྟེན་པ་དང་། ཡིད་དང་ཆོས་རྣམས་ཀྱི་བར་ལ་བརྟེན་ནས་ཡིད་ཀྱི་རྣམ་པར་ཤེས་པ་སྐྱེ་བར་བརྗོད་པར་བྱ་སྟེ། སྐྱེ་མཆེད་དྲུག་གི་འབྲས་བུ་སྐྱེ་བ་བརྗོད་པར་འདོད་པའི་ཕྱིར་རོ། །འོ་ན་རེག་པ་དེ་གང་ཞེ་ན༏ མིག་དང་གཟུགས་དང་རྣམ་པར་ཤེས། །གསུམ་པོ་འདུས་པ་གང་ཡིན་པ། །དེ་ནི་རེག་པ་ཞེས་བྱ་བ་ཡིན་ཏེ། གསུམ་པོ་ཞེས་བྱ་བ་ནི་དབང་པོ་དང་ཡུལ་དང་། རྣམ་པར་ཤེས་པ་རྣམས་སོ། །འདུས་པ་ཞེས་བྱ་བ་ནི་གཅིག་ཏུ་ཚོགས་པ་སྟེ། དེ་ནི་རེག་པ་ཡིན་ནོ།། མིག་ལ་སོགས་པ་སྨོས་པ་ནི་ཁྱད་པར་བསྟན་པའི་ཕྱིར་ཏེ། དེ་དག་གི་དབང་གིས་རེག་པ་

བརྟག་སླ་བའི་ཕྱིར་རོ། །རིག་པ་དེ་ལས། ཚོར་བ་ཀུན་དུ་འབྱུང་བར་འགྱུར། །ཞེས་བྱ་བ་ལ། ཚོར་བ་ཞེས་བྱ་བ་ནི་སོ་སོར་རིག་པའི་དོན་གྱིས་ཏེ། རྣམ་པ་གསུམ་མྱོང་བའོ། །ཀུན་དུ་འབྱུང་བར་འགྱུར་ཞེས་བྱ་བ་ནི་མངོན་པར་འབྱུང་བར་འགྱུར་བ་སྟེ་རེག་པའི་རྐྱེན་ཅན་གྱི་ཚོར་བ་ཀུན་འབྱུང་ངོ་ཞེས་བྱ་བའི་ཐ་ཚིག་གོ། ཚོར་བའི་རྐྱེན་གྱིས་སྲེད་པ་སྟེ། །ཚོར་བའི་དོན་ལ་སྲེད་པར་འགྱུར། །ཞེས་བྱ་བ་ལ། སྲེད་པ་ཞེས་བྱ་ནི་འདོད་པའི་མཚན་ཉིད་དོ། །ཚོར་བའི་དོན་ལ་སྲེད་པར་འགྱུར། །ཞེས་བྱ་བ་ནི། བྱིས་པ་ཐོས་པ་དང་མི་ལྡན་པ་རབ་བྱིའི་སོ་ལ་སྦྲང་རྩིའི་ཐིགས་པས་བསྐུས་པ་དང་མངར་བའི་རོ་ཡུན་ཐུང་བ་ལྟ་བུར་གྱུར་པ་ནི་སྡུག་བསྔལ་མནོག་ཆུང་ལ་ཉེས་དམིགས་ཆེ་བ་མ་རྟོགས་པ་རྣམས་དེ་ལ་སྲེད་པར་འགྱུར་རོ༎ ༎ཅི་སྟེ་འདི་སྙམ་དུ་བདེ་བའི་ཚོར་བ་ནི་ཕན་འདོགས་པ་ཡིན་པས་ཉམས་སུ་མྱོང་བ་ན་ཡང་དང་ཡང་དུ་དེ་འདོད་པས། དེ་ལ་སྲེད་པར་འགྱུར་བར་རིགས་ན་སྡུག་བསྔལ་གྱི་ཚོར་བ་ནི་ཉམས་སུ་མྱོང་བ་ན་གནོད་པར་འགྱུར་བ་ཡིན་པས་དེས་འདོད་པར་མི་འགྱུར་ཡིན་ན་ཇི་ལྟར་དེའི་རྐྱེན་གྱིས་སྲེད་པར་འགྱུར་ཞེ་ན། སྡུག་བསྔལ་གྱི་ཚོར་བ་ཉམས་སུ་མྱོང་བས་ན་དེ་དང་འབྲལ་བར་འདོད་པའི་སྲེད་པ་སྐྱེ་བས་སྐྱོན་མེད་དོ། །སྲེད་པར་གྱུར་པ་ཉེ་བར་ལེན། །རྣམ་པ་བཞི་པོ་ཉེར་ལེན་འགྱུར། །ཞེས་བྱ་བ་ལ། ཉེ་བར་ལེན་པ་ཞེས་བྱ་བ་ནི་ཉེ་བར་བླང་བ་ཡིན་པས་ཉེ་བར་ལེན་པའོ། །ཁ་ཅིག་ན་རེ། སྲེད་པ་འཕེལ་བ་ཉིད་ཉེ་བར་ལེན་པའོ་ཞེས་ཟེར་རོ། །གཞན་དག་ན་རེ། ལོངས་སྤྱོད་རྣམས་ཐོབ་པར་བྱ་བའི་ཕྱིར་འབད་པའོ་ཞེའོ། །རྣམ་པ་བཞི་པོ་ཞེས་བྱ་བ་ནི་འདོད་པ་དང་། ལྟ་བ་དང་། ཚུལ་ཁྲིམས་དང་བརྟུལ་ཞུགས་མཆོག་ཏུ་འཛིན་པ་དང་། བདག་ཏུ་སྨྲ་བ་ཉེ་བར་ལེན་པའི་མཚན་ཉིད་དག་གོ། ཉེར་ལེན་ཡོད་པ་ལེན་པ་པོའི། །སྲིད་པ་རབ་ཏུ་འབྱུང་བར་འགྱུར། །ཞེས་བྱ་བ

ལ༑ སྲིད་པ་ཞེས་བྱ་བ་ནི་ལས་ཀྱི་སྲིད་པ་ཞེས་བྱ་བ་སྟེ། སྲིད་པར་བྱེད་པས་སྲིད་པའོ། ། ཡང་ན་སྲིད་པ་ནི་འབྱུང་བ་སྟེ། འབྱུང་བ་དང་། སྐྱེ་བ་ཞེས་བྱ་བ་དག་ནི་རྣམ་གྲངས་སོ། ། སྲིད་པའི་རྒྱུའི་ལས་གང་ཡིན་པ་དེ་སྲིད་པ་སྟེ། འབྲས་བུ་ལ་རྒྱུ་ཉེ་བར་བཏགས་པའི་ཕྱིར་དཔེར་ན་སངས་རྒྱས་རྣམས་འབྱུང་བ་བདེའོ་ཞེས་བྱ་བ་བཞིན་ནོ། །འདིར་ཡང་རེག་པ་ལ་སོགས་པ་དག་ནི་གཉི་ག་ལྟར་ཡང་ངེས་པར་གཟུང་བར་མི་བྱ་སྟེ། རྐྱེན་ཉིད་ཀྱིས་དེ་དག་རྐྱེན་ཅན་ཡིན་པའི་ཕྱིར་དང་། དེ་དག་གཞན་དག་གི་རྐྱེན་ཀྱང་ཡིན་པའི་ཕྱིར་རོ། །རྣམ་པར་ཤེས་པ་ལ་སོགས་པ་ད་ལྟར་གྱི་དུས་སུ་གཏོགས་བདག་ནི་མ་རིག་པ་དང་འདུ་བྱེད་ཅེས་བྱ་བ་དག་གི་རྒྱུ་ལས་བྱུང་བ་བཞིན་ནོ། །དེ་ལ་གལ་ཏེ་དགེ་བའི་བཤེས་གཉེན་ལ་བརྟེན་པ་དང་། དམ་པའི་ཆོས་ཉན་པ་དང་། ཚུལ་བཞིན་ཡིད་ལ་བྱེད་པས་འདུ་བྱེད་རྣམས་སྡུག་བསྔལ་བ་ལ་སོགས་པའི་རྣམ་པ་དག་གིས་འདུ་བྱེད་ཀྱི་སྡུག་བསྔལ་ཉིད་དམ། ངོ་བོ་ཉིད་སྟོང་པས་མ་སྐྱེས་པར་མཐོང་བ་དེའི་ཚེ་ན་དེ་ཁོ་ན་ཤེས་པ་སྐྱེས་པས་སྲིད་པར་མི་འགྱུར་ཞིང་། སྲིད་པ་མེད་ན་ཉེ་བར་ལེན་པར་མི་བྱེད་པས། གལ་ཏེ་ཉེ་བར་ལེན་མེད་ན༑ ༑གྲོལ་བར་འགྱུར་ཏེ་སྲིད་མི་འགྱུར། །རྟེན་ཅིང་འབྲེལ་བར་འབྱུང་བ་ཕུང་པོ་གསུམ་པ་ལ་ཡང་ད་ལྟར་ཡོད་པ་འཇིག་ན་འབྲས་བུ་ཉེ་བར་སྟོན་པ་ཡིན་ལ་ཡོད་པ་འཇིག་པའི་སྐྱོར་བ་ཡང་ད་ལྟར་གྱི་དུས་ཁོ་ནའི་སྐྱོར་བ་ཡིན་པའི་ཕྱིར་རོ། །ཉེ་བར་ལེན་པ་ཡོད་ན་སྲིད་པ་ཞེས་གསུངས་པ་དེའི་མཚན་ཉིད་ཀྱང་གང་ཞེ་ན། སྲིད་པ་དེ་ཡང་ཕུང་པོ་ལྔ། ། འདིར་ཡང་ཕུང་པོ་ལྔའི་རྒྱུན་ལ་ཕུང་པོ་ལྔ་ཞེས་ཐ་སྙད་བཏགས་ཏེ། ཕུང་པོ་ལྔ་ནི་སྲིད་པ་ཁོ་ནའོ་ཞེས་ངེས་པར་གཟུང་བར་བྱའི། ཕུང་པོ་ལྔ་ཁོ་ན་སྲིད་པའོ་ཞེས་ནི་ངེས་པར་གཟུང་བར་མི་བྱ་སྟེ་གཟུགས་མེད་པའི་ཁམས་ཀྱི་སྲིད་པ་ནི་ཕུང་པོ་བཞི་པོ་ཡིན་པའི་ཕྱིར་རོ། །

སྲིད་པ་ལས་ནི་སྐྱེ་བ་འབྱུང་། །ཞེས་བྱ་བ་ལ། སྐྱེ་བ་ཞེས་བྱ་བ་ནི་སྐྱེ་བས་ན་སྐྱེ་བ་སྟེ། ཕུང་པོ་རྣམས་མ་བྱུང་བ་ལས་འབྱུང་བའོ། །རྒ་ཤི་དང་ནི་མྱ་ངན་དང་། །ཞེས་བྱ་བ་ལ། རྒ་ཤི་ཞེས་པ་ནི་ཡོངས་སུ་འགྱུར་བ་དང་། འཇིག་པའི་རྒྱུ་དག་གོ། མྱ་ངན་ཞེས་བྱ་བ་ནི་སྡུག་པ་དང་བྲལ་བས་སྐྱེད་པ་སྟེ། ནང་གི་ཡོངས་སུ་གདུང་བའི་མཚན་ཉིད་དོ། །སྨྲེ་སྔགས་འདོན་བཅས་སྡུག་བསྔལ་དང་། །ཞེས་བྱ་བ་ལ། སྨྲེ་སྔགས་འདོན་པ་ཞེས་བྱ་བ་ནི་སྐྱེ་བོ་སྙིང་དུ་སྡུག་པ་ཆུད་ཟོས་པའི་ཡོན་ཏན་ཀུན་དུ་བརྗོད་པ་ལ་བརྟེན་པའི་ཚིག་བརྗོད་པ་སྟེ། ཡོངས་སུ་སྨྲ་ཞིང་སྨྲེ་སྔགས་འདོན་པའོ། །སྡུག་བསྔལ་ཞེས་བྱ་བ་ནི་ལུས་ཀྱི་མི་བདེ་བ་ཚོར་བའོ། །ཡིད་མི་བདེ་དང་འཁྲུག་པ་རྣམས། །ཞེས་བྱ་བ། ཡིད་མི་བདེ་དང་ཞེས་བྱ་བ་ནི་སེམས་ཀྱི་མི་བདེ་བ་ཚོར་བའོ། །འཁྲུག་པ་རྣམས་ཞེས་བྱ་བ་ནི་ལུས་དང་སེམས་འཁྲུག་པས་འཁྲུག་པ་རྣམས་སོ། །དེ་དག་སྐྱེ་ལས་རབ་ཏུ་བྱུང་། །ཞེས་བྱ་བ་ནི་དེ་ལྟར་རྒ་ཤི་ལ་སོགས་པ་ཇི་སྐད་བསྟན་པ་དེ་དག་སྐྱེ་བ་ལས་རབ་ཏུ་འབྱུང་བར་འགྱུར་རོ། །དེ་ལྟར་སྡུག་བསྔལ་ཕུང་པོ་ནི། །འབའ་ཞིག་པ་ནི་འབྱུང་བར་འགྱུར། །ཞེས་བྱ་བ་ལ། སྡུག་བསྔལ་ཕུང་པོ་ཞེས་བྱ་བ་ནི་སྡུག་བསྔལ་གྱི་ཚོགས་ཞེས་བྱ་བའི་ཐ་ཚིག་གོ། འབའ་ཞིག་པ་ཞེས་བྱ་བ་ནི་བདེ་བ་དང་མ་འདྲེས་པ་ཞེས་བྱ་བའི་ཐ་ཚིག་གོ། འདི་འབྱུང་བར་འགྱུར་ཞེས་བྱ་བ་ནི་སྐྱེ་བར་འགྱུར་བའོ། །ཐ་སྙད་ཀྱི་བདེན་པར་གཏོགས་པའི་ཕུང་པོ་དེ་འབྱུང་བ་དེ་ནི། ཐ་སྙད་པའི་རྟེན་ཅིང་འབྲེལ་པར་འབྱུང་བ་ཡིན་ནོ། །དོན་དམ་པར་ནི་སྐྱེ་བ་མེད་པའི་རབ་ཏུ་བྱེད་པར་ཇི་སྐད་བསྟན་པའི་ཚུལ་གྱིས་ཡོད་པ་མ་ཡིན་པས་ཁས་བླངས་པ་ལ་གནོད་པ་མེད་དོ། །

དེ་ལྟར་སྐྱེ་བའི་རྒྱུན་འཇུག་པ་དེ་ཇི་ལྟར་ལྡོག་པར་འགྱུར་ཞེ་ན། དེའི་ཕྱིར་བཤད་པ། གང་གི་ཕྱིར་མི་མཁས་པ་རྣམས་ཀྱིས་མངོན་པར་འདུ་བྱས་པ། དེ་ཕྱིར་མཁས་རྣམས་འཁོར་བ་

ནི༑ ༑རྩ་བའི་འདུ་བྱེད་འདུ་མི་བྱེད། །འདུ་བྱེད་ཀྱི་སྐྱོན་མཐོང་བ་རྣམས་ཡང་དག་པ་ཇི་ལྟ་བ་བཞིན་དུ་མཐོང་བ་ཉིད་ཀྱིས་དེ་མངོན་པར་འདུ་མི་བྱེད་པའི་ཕྱིར་རོ། །མི་མཁས་པ་རྣམས་ནི་འདུ་བྱེད་སྒྱུ་མ་དང་། སྨིག་རྒྱུ་ལྟ་བུ་ཐོག་མ་མེད་པའི་རྒྱུན་བརྒྱུད་པ་ལས་བྱུང་བ་དག་ལ་དེ་དག་གི་སྐྱོན་མ་མཐོང་བའི་ཕྱིར་ཡང་དང་ཡང་དུ་བདེ་བ་ཉམས་སུ་མྱོང་བར་འདོད་པས་མངོན་པར་འདུ་བྱེད་པས། དེ་ཕྱིར་མི་མཁས་བྱེད་པ་ཡིན། །མཁས་མིན་དེ་ཉིད་མཐོང་ཕྱིར་རོ། །གཉེན་པོ་སྐྱེས་པའི་ཕྱིར་དང་། ཉོན་མོངས་པ་དང་། ཤེས་བྱའི་སྒྲིབ་པའི་ངོ་བོ་ཉིད་ཀྱི་མ་རིག་པ་སྤངས་པའི་ཕྱིར་རོ། །མ་རིག་འགགས་པར་གྱུར་ན་ནི། །འདུ་བྱེད་རྣམས་ཀྱང་འབྱུང་མི་འགྱུར། །རྒྱུན་མེད་པའི་ཕྱིར་ས་བོན་མེད་པའི་མྱུ་གུ་བཞིན་ནོ།།

མ་རིག་པ་འགགས་པ་དེ་ཡང་། མ་རིག་འགགས་པར་གྱུར་ན་ནི། །ཤེས་པ་དེ་ཉིད་བསྒོམས་པས་སོ། །ཆོས་བདག་མེད་པ་ཉིད་ཀྱི་ཡུལ་ཅན་སྟོང་པ་ཉིད་ཤེས་པ་རྟེན་ཅིང་འབྲེལ་པར་འབྱུང་བ་ལ་དམིགས་པ་དེ་ཉིད་ཇི་སྐད་བསྟན་པའི་ཚུལ་གྱིས་དངོས་པོའི་ངོ་བོ་ཉིད་མ་ལུས་པར་དགག་པས་བསྒོམ་ཞིང་གོམས་པར་བྱ་བས་སོ། །དེ་དང་དེ་ནི་འགགས་འགྱུར་བས༑ ༑དེ་དང་དེ་ནི་མངོན་མི་འབྱུང་། །འདུ་བྱེད་ལ་སོགས་པ་སྲིད་པའི་ཡན་ལག་སྔ་མ་དེ་དང་དེ་གཉེན་པོ་སྐྱེས་པས་འགགས་པར་གྱུར་པས་རྣམ་པར་ཤེས་པ་ལ་སོགས་པ་སྲིད་པའི་ཡན་ལག་ཕྱི་མ་དེ་དང་དེ་མངོན་པར་འབྱུང་བར་མི་འགྱུར་ཏེ། འདུ་བྱེད་འགགས་པས་རྣམ་པར་ཤེས་པ་འགག་ཅེས་བྱ་བ་ནས། སྐྱེ་བ་འགགས་པས་རྒ་ཤི་འགག་ཅེས་བྱ་བའི་བར་དུ་མངོན་པར་འབྱུང་བ་མི་འགྱུར་རོ། །སྡུག་བསྔལ་ཕུང་པོ་འབའ་ཞིག་པ། །དེ་ནི་དེ་ལྟར་ཡང་དག་འགག །ཐ་སྙད་ཀྱི་བདེན་པ་ཡོངས་སུ་གཟུང་བ་ལས་སོ། །དོན་དམ་པར་ནི་མ་རིག་པ་ལ་སོགས་པ་རྟེན་ཅིང་འབྲེལ་པར་འབྱུང་བའི་ཡན་ལག་མ་སྐྱེས་པ་

རྣམས་ལ་སྐྱེ་བ་མེད་པའི་ཕྱིར་འགག་པ་ཡང་མེད་དོ། །བཅོམ་ལྡན་འདས་ཀྱིས་དོན་དམ་པར་རྣམ་པར་བྱང་བའི་རྟེན་ཅིང་འབྲེལ་པར་འབྱུང་བ་བཀའ་སྩལ་པར་ཁས་མ་བླངས་པའི་ཕྱིར་ཁས་བླངས་པ་ལ་གནོད་པའི་སྐབས་མེད་དེ། དེ་ལ་འདིར་རབ་ཏུ་བྱེད་པའི་དོན་ནི་ཕ་རོལ་པོས་རབ་ཏུ་བྱེད་པའི་དང་པོར་དམ་བཅས་པའི་སྐྱོན་བསྟན་པའི་ལན་བཏབ་པས་ཐ་སྙད་པའི་རྟེན་ཅིང་འབྲེལ་པར་འབྱུང་བ་བསྟན་པ་ཡིན་ནོ། །དེའི་ཕྱིར་བཅོམ་ལྡན་འདས་ཀྱིས་རྟེན་ཅིང་འབྲེལ་པར་འབྱུང་བ་ནི་སྐྱེ་བ་མེད་པས་དེའི་ཕྱིར་རྟེན་ཅིང་འབྲེལ་པར་འབྱུང་བ་ཞེས་བྱ་སྟེ། གང་ལ་སྐྱེ་བ་མེད་པ་དེ་ལ་འགག་པ་ག་ལ་ཡོད་དེ། འགག་པ་མེད་པར་རྟོགས་པས། རྟེན་ཅིང་འབྲེལ་པར་འབྱུང་བ་རྟོགས་སོ་ཞེས་བྱ་བ་ལ་སོགས་པ་ཇི་སྐད་གསུངས་པ་དེ་དག་གྲུབ་པ་ཡིན་ནོ། །སློབ་དཔོན་ལེགས་ལྡན་བྱེད་(འབྱེད་)ཀྱིས་ཉེ་བར་སྦྱར་བ། དབུ་མའི་རྩ་བའི་འགྲེལ་པ་ཤེས་རབ་སྒྲོན་མ་ལས། སྲིད་པའི་ཡན་ལག་བཅུ་གཉིས་བརྟག་པ་ཞེས་བྱ་བ་སྟེ། རབ་ཏུ་བྱེད་པ་ཉི་ཤུ་དྲུག་པའོ།། །།

༼རབ་བྱེད་ཉེར་བདུན་པ་ལྟ་བ་བརྟག་པ།༽

ད་ནི་དེ་བཞིན་དུ་སྟོང་པ་ཉིད་ཀྱི་མི་མཐུན་པའི་ཕྱོགས་ཀྱི་ཁྱད་པར་ཡང་དགག་པས་ལྟ་བ་སྟོང་པ་ཉིད་དུ་བསྟན་པའི་དོན་གྱི་དབང་གིས་རབ་ཏུ་བྱེད་པ་ཉི་ཤུ་རྩ་བདུན་པ་བརྩམ་མོ༑ ༑འདིར་སྨྲས་པ། དོན་དམ་པར་ཉེ་བར་ལེན་པའི་ཕུང་པོ་ལྔ་ནི་ངོ་བོ་ཉིད་ཡོད་པ་ཁོ་ན་ཡིན་ཏེ། ལྟ་བའི་གནས་ཡིན་པའི་ཕྱིར་རོ། །འདི་ན་གང་ཡོད་པ་མ་ཡིན་པ་དེ་ནི་ལྟ་བའི་གནས་མ་ཡིན་ཏེ། དཔེར་ན་རི་བོང་གི་རྭ་བཞིན་ནོ། །ཉེ་བར་ལེན་པའི་ཕུང་པོ་ལྔ་ནི་ལྟ་བའི་གནས་ཡིན་ཏེ། ཆོས་མངོན་པ་ལས། དེ་ནི་སྡུག་བསྔལ་ཀུན་འབྱུང་དང་། །འཇིག་རྟེན་ལྟ་གནས་སྲིད་པ་ཡིན། །ཞེས་འབྱུང་བས་དེའི་ཕྱིར་གཏན་ཚིགས་ཇི་སྐད་སྨོས་པའི་མཐུས་དོན་དམ་པར་ཉེ་བར་ལེན་པའི་ཕུང་པོ་ལྔ་ནི་ངོ་བོ་ཉིད་ཡོད་པ་ཁོ་ན་ཡིན་ནོ། །འདིར་བཤད་པ། འདས་པའི་དུས་ན་བྱུང་ཞེས་དང་། །མ་བྱུང་འཇིག་རྟེན་རྟག་སོགས་པར༑ ༑ལྟ་བ་གང་ཡིན་དེ་དག་ནི། །སྔོན་གྱི་མཐའ་ལ་བརྟེན་པ་ཡིན། །བདག་འདས་པའི་དུས་ན་བྱུང་བར་གྱུར། ཞེས་བྱ་བ་དང་། བྱུང་བར་མ་གྱུར་ཞེས་བྱ་བ་དང་། བྱུང་བར་གྱུར་ཀྱང་གྱུར་ལ། བྱུང་བར་མ་གྱུར་ཀྱང་མ་གྱུར་ཞེས་བྱ་བ་དང་། བྱུང་བར་གྱུར་པ་ཡང་མ་ཡིན་བྱུང་བར་མ་གྱུར་པ་ཡང་མ་ཡིན་ཞེས་བྱ་བ་དང་། འཇིག་རྟེན་རྟག་པ་དང་། འཇིག་རྟེན་མི་རྟག་པ་དང་། རྟག་ཀྱང་རྟག་ལ་མི་རྟག་ཀྱང་མི་རྟག་པ་དང་། རྟག་པ་ཡང་མ་ཡིན་མི་རྟག་པ་ཡང་མ་ཡིན་ཞེས་བྱ་བར་ལྟ་བ་གང་དག་ཡིན་པ་དེ་དག་ནི་སྔོན་གྱི་མཐའ་ལ་བརྟེན་པ་ཡིན་ནོ། །ལྟ་བ་ཞེས་བྱ་བ་ནི་མངོན་པར་ཞེན་པ་ཞེས་བྱ་བ་དག་དང་དོན་ཐ་དད་

པ་མ་ཡིན་ནོ། །སྔོན་གྱི་མཐའ་ཞེས་བྱ་བ་ནི་ཚེ་སྔ་མ་སྟེ། ད་ལྟར་གྱི་ཕུང་པོ་རྣམས་ལ་ལྟོས་ནས་སྔོན་འདས་པའི་དུས་ན་བྱུང་བར་གྱུར་པའི་ཕུང་པོ་རྣམས་ནི་སྔོན་གྱི་མཐའ་ཡིན་ནོ།།

དེ་ལ་བརྟེན་པ་ཞེས་བྱ་བ་ནི་དེ་ལ་དམིགས་པ་ཡིན་ནོ། །མ་འོངས་དུས་གཞན་འབྱུང་བར་འགྱུར༎ ༎མི་འབྱུང་འཇིག་རྟེན་མཐའ་སོགས་པར། །ལྟ་བ་གང་ཡིན་དེ་དག་ནི། །ཕྱི་མའི་མཐའ་ལ་བརྟེན་པ་ཡིན། །བདག་མ་འོངས་པའི་དུས་གཞན་དུ་འབྱུང་བར་འགྱུར་ཞེས་བྱ་བ་དང་། འབྱུང་བར་མི་འགྱུར་ཞེས་བྱ་བ་དང་། འབྱུང་བར་འགྱུར་ཡང་འགྱུར་ལ་འབྱུང་བར་མི་འགྱུར་ཡང་མི་འགྱུར་ཞེས་བྱ་བ་དང་། འབྱུང་བར་འགྱུར་བ་ཡང་མ་ཡིན་འབྱུང་བར་མི་འགྱུར་བ་ཡང་མ་ཡིན་ཞེས་བྱ་བ་དང་། འཇིག་རྟེན་མཐའ་ཡོད་པ་དང་། འཇིག་རྟེན་མཐའ་མེད་པ་དང་། མཐའ་ཡོད་ཀྱང་ཡོད་ལ་མེད་ཀྱང་མེད་པ་དང་། མཐའ་ཡོད་པ་ཡང་མ་ཡིན་མཐའ་མེད་པ་ཡང་མ་ཡིན་ནོ་ཞེས་བྱ་བར་ལྟ་བ་གང་དག་ཡིན་པ་དེ་དག་ནི་ཕྱི་མའི་མཐའ་ལ་བརྟེན་པ་ཡིན་ནོ། །ལྟ་བ་ཞེས་བྱ་བ་ནི་མངོན་པར་ཞེན་པ་ཞེས་བྱ་བ་དག་དང་དོན་ཐ་དད་པ་མ་ཡིན་ནོ། །ཕྱི་མའི་མཐའ་ཞེས་བྱ་བ་ནི་ཚེ་ཕྱི་མ་སྟེ་ད་ལྟར་གྱི་ཕུང་པོ་རྣམས་ལ་ལྟོས་ནས་ཕྱིས་མ་འོངས་པའི་དུས་སུ་འབྱུང་བར་འགྱུར་བའི་ཕུང་པོ་རྣམས་ནི་ཚེ་ཕྱི་མའི་མཐའ་ཡིན་ནོ། །དེ་ལ་བརྟེན་པ་ཞེས་བྱ་བ་ནི་དེ་ལ་དམིགས་པ་ཡིན་ནོ༎ ༎དེ་ལ་རེ་ཞིག་སྔོན་གྱི་མཐའ་ལ་བརྟེན་པའི་ལྟ་བ་རྣམས་ལས་བརྩམས་ཏེ་དཔྱད་པར་བྱའོ། །འདས་པའི་དུས་ན་བྱུང་གྱུར་ཞེས། །བྱ་བ་དེ་ནི་མི་འཐད་དོ། །རིགས་པ་གང་གིས་ཤེ་ན། དེའི་ཕྱིར་བཤད་པ། སྔོན་ཚེ་རྣམས་སུ་གང་བྱུང་བ། །དེ་ཉིད་འདི་ནི་མ་ཡིན་ནོ༎ ༎དུས་ཐ་དད་པའི་ཕྱིར་དང་། ལས་ཐ་དད་པས་བསྐྱེད་པའི་ཕྱིར་དཔེར་ན་དེ་ལས་གཞན་བཞིན་ནོ་ཞེས་བྱ་བར་དགོངས་སོ། །ལ་ལ་འདི་སྙམ་དུ་ལུས་དང་དབང་པོ་ཐ་

དད་ཀྱང་བདག་གཅིག་ཡིན་པའི་ཕྱིར། དེ་ཉིད་བདག་ཏུ་འགྱུར་སྙམ་ན། དེ་ལྟར་ན་ཡང་ངོ་༑ ༑གལ་ཏེ་བདག་སྔོར་ཁས་བླངས་ནས་སྨྲ་ན་ནི། ཉེ་བར་ལེན་པ་ཐ་དད་འགྱུར། ། དུས་དང་ལས་ཐ་དད་པའི་ཕྱིར་རོ་ཞེས་བྱ་བར་དགོངས་སོ། །དེའི་ཕྱིར་རྗེས་སུ་དཔག་པར་ནུས་ཏེ། ལྷས་བྱིན་གྱི་སྔོན་གྱི་བདག་གང་ཡིན་པ་དེ་ཉིད་ད་ལྟར་གྱི་མ་ཡིན་ཏེ། ཉེ་བར་ལེན་པ་ཐ་དད་པའི་ཕྱིར་དཔེར་ན་མཆོད་སྦྱིན་གྱི་བདག་བཞིན་པས་དེའི་ཕྱིར་ཚེ་སྔ་མའི་བདག་གང་ཡིན་པ་དེ་ཉིད་དེ་ལྟར་གྱི་ཡིན་ནོ་ཞེས་བྱ་བར་མི་འཐད་དོ། །ཇི་སྟེ་ཉེ་བར་ལེན་པའི་མཚན་ཉིད་མ་ཡིན་པའི་བདག་ཁས་བླངས་ནས་སྨྲ་ན་ནི། ཉེ་བར་ལེན་པ་མ་གཏོགས་པར། །ཁྱོད་ཀྱི་བདག་ནི་གང་ཞིག་ཡིན། །ཕུང་པོ་ལས་མ་གཏོགས་པའི་བདག་དེ་ནི་ཡོད་པ་མ་ཡིན་པ་ཉིད་དེ། བཀག་ཟིན་པའི་ཕྱིར་རོ་ཞེས་བྱ་བར་དགོངས་སོ། །ཉེ་བར་ལེན་པ་མ་གཏོགས་པའི། །བདག་ཡོད་མ་ཡིན་བྱས་པའི་ཚེ། །རིགས་པས་བསྟན་པ་བྱས་པའི་ཚེ། །ཅི་སྟེ་བདག་ཏུ་སྨྲ་བ་བདག་མེད་པར་འགྱུར་ན་མི་རུང་ངོ་སྙམ་ནས་ཉེ་བར་ལེན་པ་ཉིད་བདག་ཡིན་པར་རྟོག་པར་བྱེད་ན། བདག་མེད་པར་སྨྲ་བས་ཀྱང་ཉེ་བར་ལེན་པ་ཙམ་ཁས་ལེན་པར་ཟད་ཀྱི། བདག་ནི་ཁས་མི་ལེན་པས་འདིར་བཤད་པ། ཉེ་བར་ལེན་ཉིད་བདག་ཡིན་ན། །ཁྱོད་ཀྱི་བདག་ནི་མེད་པ་ཡིན། །ཉེ་བར་ལེན་པ་ཉིད་བདག་ཡིན་ནོ་ཞེ་ན། དེ་ནི་རིགས་པ་མ་ཡིན་ཏེ། །ཉེ་བར་ལེན་ཉིད་བདག་མ་ཡིན། །དོན་དམ་པར་མི་འདོད་དོ། །འདི་ལྟར། དེ་ནི་འབྱུང་དང་འཇིག་པ་ཡིན། །དེའི་ཕྱིར་འབྱུང་བ་དང་འཇིག་པའི་ཆོས་ཅན་ཡིན་པའི་ཕྱིར་ཉེ་བར་ལེན་པ་ཡང་སྔ་མ་བཞིན་དུ་བདག་ཉིད་མ་ཡིན་ནོ། །གཞན་ཡང་། ཉེ་བར་བླང་བ་ཇི་ལྟ་བུར། །ཉེ་བར་ལེན་པ་ཡིན་པར་འགྱུར། ། ཉེ་བར་བླང་བ་དང་ཉེ་བར་ལེན་པ་དག་གཅིག་པ་ཉིད་མ་ཡིན་ཏེ། སྔར་བསྟན་པའི་ཚུལ

གྱིས་ལས་དང་བྱེད་པ་པོ་ཡིན་པའི་ཕྱིར་དཔེར་ན་བུད་ཤིང་དང་མེ་བཞིན་ནོ་ཞེས་བྱ་བར་དགོངས་སོ། །བདག་མེད་པ་ཡིན་པར་ཡང་མི་རིགས་ཏེ། བདག་ལ་ལྟོས་ནས་བདག་མེད་པ་གྲུབ་པ་མེད་པའི་ཕྱིར་རོ། །དོན་དམ་པར་ཉེ་བར་ལེན་པ་ཉིད་བདག་ཡིན་པར་མི་འདོད་དེ། འདི་ལྟར། དེ་ནི་འབྱུང་དང་འཇིག་པ་ཡིན། །ཞེས་བྱ་བས་བདག་ཡིན་པ་ཉིད་བཀག་པའི་ཕྱིར་རོ། །གཞན་གང་ཡིན་པ་དེ་ཡང་བདག་མ་ཡིན་ཏེ། རྣམ་པ་དེ་ལྟ་བུ་ཐ་སྙད་དུ་ཡང་བསྟན་དཀའ་བའི་ཕྱིར་རོ། །བདག་ཉེ་བར་ལེན་པ་ལས་གཞན་ཡིན་པའི་སྨྲ་བ་དག་གི་ཕྱིར་བཤད་པ། བདག་ནི་ཉེ་བར་ལེན་པ་ལས། །གཞན་དུ་འཐད་པ་ཉིད་མ་ཡིན༑ ༑འདི་ལ་བདག་ཉེ་བར་ལེན་པ་ལས། གཞན་ཉིད་ཡིན་ན་ཉེ་བར་ལེན་པ་མེད་པར་ཡང་བདག་ཡོད་པར་བྱ་དགོས་ཏེ། གཞན་ཡིན་པའི་ཕྱིར་དཔེར་ན་དེ་ལས་གཞན་པ་བཞིན་ནོ། །དེ་ལྟ་ཡིན་ན། གལ་ཏེ་གཞན་ན་ལེན་མེད་པར། །གཟུང་ཡོད་རིགས་ན་གཟུང་དུ་མེད༑ ༑དེ་ལྟར་ན་འདིར་ནི་བདག་གི་ཆོས་ནི་གཟུང་དུ་ཡོད་པར་རིགས་ན་གཟུང་དུ་མེད་པ་ཡིན་པར་བསྟན་ཏོ། །དེའི་ཕྱིར་རྗེས་སུ་དཔག་པ་ནི་བདག་ནི་ཉེ་བར་ལེན་པ་ལས་གཞན་མ་ཡིན་ཏེ། གཟུང་དུ་ཡོད་པའི་རིགས་ན་གཟུང་དུ་མེད་པའི་ཕྱིར་དཔེར་ན་ཉེ་བར་ལེན་པའི་བདག་ཉིད་བཞིན་ནོ། །དེའི་ཕྱིར་དེ་ལྟར་ཇི་སྐད་བསྟན་པའི་ཚུལ་གྱིས། དེ་ལྟར་ལེན་པས་གཞན་མ་ཡིན། །དེ་ནི་ཉེར་ལེན་ཉིད་ཀྱང་མིན། །བདག་ནི་ཉེ་བར་ལེན་མེད་མིན། །མེད་པ་ཉིད་དུའང་དེ་མ་ངེས། །ཞེས་བསྒྲུབ་པ་སྔར་བསྟན་པའི་དབང་གིས་མཇུག་བསྡུ་བར་བྱ་སྟེ། དེ་ལྟར་རེ་ཞིག་བདག་འདས་པའི་དུས་ན་བྱུང་བར་གྱུར་ཞེས་བྱ་བ་དེ་མི་འཐད་པར་བསྟན་ཏོ། །ད་ནི། འདས་པའི་དུས་ན་མ་བྱུང་ཞེས། །བྱ་བ་དེ་ཡང་མི་འཐད་དོ༑ ༑རིགས་པ་གང་གིས་ཤེ་ན། དེའི་ཕྱིར་བཤད་པ། སྔོན་ཚེ་རྣམས་སུ་གང་བྱུང་བ། །དེ་

ལས་འདི་གཞན་མ་ཡིན་ནོ། །ཅིའི་ཕྱིར་ཞེ་ན། གལ་ཏེ་འདི་ན་གཞན་གྱུར་ན། །དེ་མེད་པར་ཡང་འབྱུང་བར་འགྱུར། །དེ་ནི་མི་འདོད་དེ། དེའི་ཕུང་པོ་ལྔ་པོ་བྱུང་བར་གྱུར་པ་གང་ཡིན་པ་དེ་འདིའི་རྒྱུན་ཉིད་ཡིན་པར་འདོད་དོ། །དེའི་ཕྱིར་རྗེས་སུ་དཔག་པ་ནི་ལྷས་བྱིན་གྱི་ཕུང་པོ་ལྔ་ནི་སྔོན་གྱི་ཕུང་པོ་རྣམས་ལས་གཞན་མ་ཡིན་ཏེ། རྒྱུད་ཐ་དད་པ་མ་ཡིན་ན་འདས་པའི་ཕུང་པོའི་རྒྱུ་ལས་བྱུང་བ་ཡིན་པའི་ཕྱིར་དཔེར་ན་ལྷས་བྱིན་གྱི་འདས་པའི་ཕུང་པོ་ལྔ་བཞིན་ནོ། །དེ་མེད་པར་ཡང་འབྱུང་བར་འགྱུར། །ཞེས་བྱ་བའི་སྐྱོན་དེ་འབའ་ཞིག་ཏུ་ཡང་མ་ཟད་དེ། དེ་བཞིན་དུ་ནི་གནས་འགྱུར་ཞིང་། རྒྱུན་དེས་ཕུང་པོ་ཕྱི་མ་མཚན་ཉིད་མི་འདྲ་བ་མ་བསྐྱེད་པའི་ཕྱིར་སྔོན་བཞིན་དུ་གནས་པར་འགྱུར་རོ་ཞེས་བྱ་བར་དགོངས་སོ༔ ༔དེ་ལྟ་ཡིན་ན། དེར་མ་ཤི་བར་སྐྱེ་བར་འགྱུར། །ཚེ་རབས་གཞན་དེར་མ་ཤི་བ་པོ་ནར་གཞན་བདག་ཉིད་ཐོབ་པས་རྣམ་པར་གནས་པ་ཞིག་འདིར་སྐྱེས་པའི་ཕྱིར་རོ་ཞེས་བྱ་བར་དགོངས་སོ། །དེ་ལྟར་གཞན་ཉིད་དུ་ཁས་ལེན་ན་སྐྱོན་འདི་དག་ཏུ་ཡང་འགྱུར་ཏེ། ཆད་དང་ལས་རྣམས་ཆུད་ཟ་བར། །གཞན་གྱིས་བྱས་པའི་ལས་རྣམས་ནི། །གཞན་གྱིས་སོ་སོར་མྱོང་བ་དང་། །དེ་ལ་སོགས་པར་ཐལ་བར་འགྱུར། །དེ་ལྟ་ན་ཆད་པ་དང་བྱས་པ་ཆུད་ཟ་བ་དང་། མ་བྱས་པ་དང་ཕྲད་པ་ལ་སོགས་པར་ཐལ་བར་འགྱུར་རོ། །མ་བྱུང་བ་ལས་འབྱུང་མིན་ཏེ། །འདི་ལ་སྐྱོན་དུ་ཐལ་བར་འགྱུར། །ཇི་ལྟ་ཞེ་ན། བདག་ནི་བྱས་པར་གྱུར་པ་དང་། །མ་བྱུང་བ་ལས་འབྱུང་བའི་ཕྱིར། །དཔེར་ན་བུམ་པ་བཞིན་ནོ། །བྱུང་བ་རྒྱུ་མེད་ཅན་དུ་འགྱུར། །སྐྱེད་པར་བྱེད་པའི་རྒྱུ་སྔོན་ལས་དང་ཉོན་མོངས་པས་ཉེ་བར་བསགས་པ་ཞེས་བྱ་བའི་ཕུང་པོ་གཞན་མེད་པའི་ཕྱིར་རོ། །གཉིས་ག་ནི་གཉིས་ག་མ་ཡིན་པ་ཡང་མ་ཡིན་ཏེ། བདག་གཉིས་ག་དང་གཉིས་ག་མ་ཡིན་པའི་སྐྱོན་བསྟན་ཟིན་པའི་ཕྱིར་རོ། །

བསྒྲུབ་པ་ཇི་སྐད་བསྟན་པས། དེ་ལྟར་བདག་བྱུང་བདག་མ་བྱུང་། །གཉི་ག་གཉི་ག་མ་ཡིན་པར། །འདས་ལ་ལྟ་བ་གང་ཡིན་པར། །དེ་དག་འཐད་པ་མ་ཡིན་ནོ། །ཞེས་བསྒྲུབ་བ་སྔར་བསྟན་པའི་དབང་གིས་མཇུག་བསྡུ་བར་བྱའོ། །ད་ནི། མ་འོངས་དུས་གཞན་འབྱུང་འགྱུར་དང་། །འབྱུང་བར་མི་འགྱུར་ཞེས་བྱ་བར། །ལྟ་བ་གང་ཡིན་དེ་དག་ནི། །འདས་པའི་དུས་དང་མཚུངས་པ་ཡིན། །དེ་ཁོ་ན་བཞིན་དུ་གཅིག་པ་ཉིད་དང་། གཞན་ཉིད་དང་། གཉི་ག་ཉིད་དང་། གཉི་ག་མ་ཡིན་ཉིད་དགག་པའི་ཕྱིར་རོ། །ཡང་གཞན་ཡང་། གཅིག་པ་ཉིད་ཡིན་ན། གལ་ཏེ་ལྷ་དེ་མི་དེ་ན། །དེ་ལྟ་ན་ནི་རྟག་པར་འགྱུར། །གལ་ཏེ་དེ་ལྟར་འགྱུར་ན་ཅི་ཉེས་ཤེ་ན། ལྷ་ནི་མ་སྐྱེས་ཉིད་འགྱུར་ཏེ། །རྟག་ལ་སྐྱེ་བ་མེད་ཕྱིར་རོ། །རྟག་པ་ནི་སྐྱེ་བ་མེད་པ་ཅན་ཡིན་པའི་ཕྱིར་རོ། །ཕྱིར་རྒོལ་བ་དག་ན་རེ་བདག་སྐྱེས་པ་པོ་ནས་ལྷ་ལ་སོགས་པའི་བྱ་བ་བྱེད་པ་ལ་སྦྱོར་བའི་ཕྱིར་ལྷ་ལ་སོགས་པ་དག་གིས་བདག་གཅིག་པོ་ན་ཡིན་པར་བསྟན་པར་བྱ་བ་ཡིན་ནོ་ཞེས་ཟེར་རོ། །དེ་ནི་བཟང་པོ་མ་ཡིན་ཏེ། བདག་རྒྱུ་སྔོན་དུ་འགྲོ་བ་ཉིད་དང་ལྡན་པ་ནི་མི་རྟག་པ་ཉིད་དུ་བསྟན་པའི་ཕྱིར་དང་། ཡོད་པ་ཉིད་དུ་མ་གྲགས་པ་ལྷ་ལ་སོགས་པའི་བྱ་བ་བྱེད་པ་ལ་སྦྱོར་བ་མི་སྲིད་པའི་ཕྱིར་རོ། །ཅི་སྟེ་ཡང་གཅིག་པ་ཉིད་དུ་ཡིན་ན་ཇི་སྐད་བསྟན་པའི་སྐྱོན་དུ་གྱུར་ན་མི་རུང་བས་གཞན་ཡིན་པར་ཤེས་པར་བྱའོ་ཞེ་ན། དེ་ལ་ཡང་སྐྱོན་འདི་ཡོད་དེ། གལ་ཏེ་ལྷ་ལས་མི་གཞན་ན།། དེ་ལྟ་ན་ཡང་མི་རྟག་འགྱུར། །མིའི་བདག་སྐྱེས་པ་ན་ལྷའི་བདག་ཞིག་པའི་ཕྱིར་རོ། །ཅི་སྟེ་དེ་ལྟར་གྱུར་ན་ཅི་ཉེས་ཤེ་ན། གལ་ཏེ་ལྷ་མིན་གཞན་ཡིན་ན། །རྒྱུད་ནི་འཐད་པར་མི་འགྱུར་རོ། །གཞན་ཡིན་པའི་ཕྱིར་དཔེར་ན་ལྷས་བྱིན་དང་། མཆོད་སྦྱིན་གྱི་བདག་གི་རྒྱུད་དག་བཞིན་ནོ། །གལ་ཏེ་རྒྱུད་ཐ་དད་པ་དང་རྒྱུ་ཐ་དད་པ་མ་ཡིན་པ་དག་གི་གཞན་ཉིད

གཏན་ཚིགས་སུ་རྟོག་ན་གཏན་ཚིགས་མ་གྲུབ་པ་དང་། དཔེ་མ་གྲུབ་ཉིད་ཡིན་ནོ་ཞེ་ན། གཏན་ཚིགས་སྐྱེར་བརྗོད་པའི་ཕྱིར་སྐྱོན་མེད་དོ། །གང་དག་ལྷ་ཡང་ཡིན་ལ་མི་ཡང་ཡིན་ནོ་ཞེས་ཟེར་བ་དེ་དག་གི་ཕྱིར་བཤད་པ། གལ་ཏེ་ཕྱོགས་གཅིག་ལྷ་ཡིན་ལ། །ཕྱོགས་གཅིག་མི་ནི་ཡིན་གྱུར་ན། །དེ་ལྟ་ན་ལྷ་ཉིད་ཀྱང་ཡིན་ལ་མི་ཉིད་ཀྱང་ཡིན་པར་འཐད་དོ།།

དེ་ལྟ་ན་ཡང་སྐྱོན་འདིར་འགྱུར་ཏེ། རྟག་དང་མི་རྟག་འགྱུར་བའི་ཕྱིར། །དེ་ཡང་རིགས་པ་མ་ཡིན་ནོ། །ཕྱེད་ཤི་ཕྱེད་གསོན་མི་འཐད་པ་བཞིན་ནོ། །གང་དག་རྟག་པ་ཡང་མ་ཡིན་མི་རྟག་པ་ཡང་མ་ཡིན་ནོ་ཞེས་ཟེར་བ་དེ་དག་གི་ཕྱིར་བཤད་པ། གལ་ཏེ་རྟག་དང་མི་རྟག་པ༑ ༑གཉི་ག་གྲུབ་པར་གྱུར་ན་ནི། །རྟག་པ་མ་ཡིན་མི་རྟག་མིན། །གྲུབ་པར་འགྱུར་བར་འདོད་ལ་རག །དེ་དག་བཀག་པས་དེ་ལྟར་འགྲུབ་པའི་ཕྱིར་དང་། དེ་དག་བཞིན་དུ་དེ་ཡང་བསྟན་དཀའ་བའི་ཕྱིར་རོ་ཞེས་བྱ་བར་དགོངས་སོ། །གཞན་ཡང་དོན་དམ་པར། གལ་ཏེ་གང་ཞིག་གང་ནས་འོངས། །ཅི་ཞིག་གང་དུ་འགྲོ་འགྱུར་ན། །དེ་ཕྱིར་དེ་ལ་ཐོག་མེད་པས། །རྟག་པར་གྱུར་ན་དེ་ཡང་མེད། །གལ་ཏེ་ལྷའམ་མི་གང་ཞིག་ལྷའི་འགྲོ་བའམ། མིའི་འགྲོ་བའམ། གང་ནས་འོངས་ཤིང་འགྲོ་བ་གཞན་ཅི་ཞིག་ཅིག་ཏུ་ལྷའམ། །མི་ལ་སོགས་པའི་འགྲོ་བ་གང་དུ་གནས་པར་འགྲོ་བར་གྱུར་ན་ནི་དེའི་ཕྱིར་དེ་ལ་ཐོག་མ་མེད་པས་རྟག་པར་ཡང་འགྱུར་བ་ཞིག་ན། དེ་ཡང་མེད་དེ། སེམས་ཅན་ནམ། གང་ཟག་གཅིག་ལ་འོང་བ་དང་། འགྲོ་བ་མི་འགྲུབ་པས་དགག་པ་སྔར་བསྟན་པའི་ཕྱིར་རོ། །དེའི་ཕྱིར་དེ་ལྟར་རྟག་པ་མེད་དོ། །གལ་ཏེ་མི་རྟག་པར་འགྱུར་རོ་ཞེ་ན། དེ་ཡང་རིགས་པ་མ་ཡིན་ཏེ། གལ་ཏེ་རྟག་པ་འགའ་མེད་ན། །མི་རྟག་གང་ཞིག་ཡིན་པར་འགྱུར། །དེ་ཡང་རྟག་པ་ལ་ལྟོས་པས་སམ། དེ་གསལ་བས་མི་རྟག་པ་ཉིད་དུ་མི་འགྲུབ་པའི་ཕྱིར་རོ། །

གཉིས་ག་དང་གཉིས་ག་མ་ཡིན་པ་ཉིད་དང་མི་འཐད་པས་དེའི་ཕྱིར་བཤད་པ། རྟག་པ་དང་ནི་མི་རྟག་དང་། །དེ་གཉིས་གསལ་བར་གྱུར་པའོ། །གང་ཞིག་ཡིན་པར་འགྱུར་ཞེས་བྱ་བར་སྦྱར་རོ། །དེ་ལྟར་རེ་ཞིག་སྔོན་གྱི་མཐའ་ལས་བརྩམས་ཏེ། རྟག་པ་ལ་སོགས་པ་བཞི་པོ་དེ་དག་མེད་དོ། །ད་ནི་མཐའ་ཡོད་པ་ལ་སོགས་པ་བཞི་པོ་དག་དཔྱད་པར་བྱ་སྟེ། གལ་ཏེ་འཇིག་རྟེན་མཐའ་ཡོད་ན། །འཇིག་རྟེན་ཕ་རོལ་ཇི་ལྟར་འགྱུར། །མཐའ་ཞེས་བྱ་བ་ནི་མུ་དང་མཇུག་ཅེས་བྱ་བ་དག་གི་རྣམ་གྲངས་སོ། །མཐའ་ཡོད་པ་ཞེས་བྱ་བ་ནི་དེ་ལ་དེ་ཡོད་པ་སྟེ། ས་བོན་ཆོག་པ་བཞིན་དུ་ཉིང་མཚམས་སྦྱོར་པ་མེད་པ་ཞེས་བྱ་བའི་ཐ་ཚིག་གོ །དེ་ལྟར་འཇིག་རྟེན་ཕ་རོལ་ཡོད་པར་ཡང་མི་རུང་སྟེ། མཐའ་ཡོད་པའི་ཕྱིར་དགྲ་བཅོམ་པའི་ཕུང་པོ་ཐ་མ་སྔོན་དུ་བཏང་བ་ལས་ཕུང་པོ་ཕྱི་མ་འབྱུང་བར་མི་འགྱུར་བ་བཞིན་ནོ། །འཇིག་རྟེན་ཕ་རོལ་དེ་ཡང་ཡོད་པས་འདི་ནི་ཕུང་པོ་སྔ་མ་རྣམས་ཀྱི་འབྲས་བུ་ཕུང་པོ་ཕྱི་མ་རྣམས་ཡིན་པས་དེའི་ཕྱོགས་ཀྱི་ཆོས་ནི་དེའི་འབྲས་བུ་ཡོད་པ་ཡིན་པར་བསྟན་ཏོ། །དེ་བཞིན་དུ། གལ་ཏེ་འཇིག་རྟེན་མཐའ་མེད་ན། །འཇིག་རྟེན་ཕ་རོལ་ཇི་ལྟར་འགྱུར། །རྒྱུ་དེ་ཁོ་ན་བཞིན་དུ་གནས་པའི་འབྲས་བུ་མི་འབྱུང་བའི་ཕྱིར་རོ། །དེ་ཡང་ཡོད་པ་འདིས་ཀྱང་། གང་ཕྱིར་ཕུང་པོ་རྣམས་ཀྱི་རྒྱུན། །འདིར་ནི་མར་མེའི་འོད་དང་མཚུངས།། ཞེས་བྱ་བ་ཆོས་མཐུན་པའི་དཔེའི་ཚིག་ཡིན་པར་བསྟན་ཏོ། །དེའི་ཕྱིར་འདིར་སྦྱོར་བའི་ཚིག་ནི་སྔོན་གྱི་ཕུང་པོའི་རྒྱུ་མ་རིག་པ་དང་བཅས་པའི་རྒྱུན་མི་འཆད་དེ། དེའི་འབྲས་བུ་ཡོད་པའི་ཕྱིར་དཔེར་ན་མར་མེའི་རྒྱུན་བཞིན་ནོ། །དེ་བཞིན་དུ་དེ་དང་རིགས་མཐུན་པའི་འབྲས་བུའི་རྒྱུན་སྐྱེས་པ་ཡང་མི་འཇིག་པ་མ་ཡིན་ཏེ། དེའི་འབྲས་བུ་ཡོད་པའི་ཕྱིར་དཔེར་ན་མར་མེའི་རྒྱུན་སྔ་མ་བཞིན་ནོ། །དེ་ཕྱིར་མཐའ་ཡོད་ཉིད་དང་ནི། །མཐའ་མེད་ཉིད

ཀྱང་མི་རིགས་སོ། །གང་ཕྱིར་རྗེས་སུ་དཔག་པ་ཇི་སྐད་བསྟན་པ་དེ་དག་མེད་པར་གྱུར་ཅིང༌། གལ་ཏེ་སྔ་མ་འཇིག་འགྱུར་ཞིང༌། །ཕུང་པོ་འདི་ལ་བརྟེན་བྱས་ནས། །ཕུང་པོ་དེ་ནི་མི་འབྱུང་ན། །དེས་ན་འཇིག་རྟེན་མཐའ་ཡོད་འགྱུར། །ཕུང་པོ་ཕྱི་མ་རྣམས་དུས་ཐམས་ཅད་དུ་མི་འབྱུང་བའི་ཕྱིར་རོ། །དེ་བཞིན་དུ། གལ་ཏེ་སྔ་མ་མི་འཇིག་ཅིང༌། །ཕུང་པོ་འདི་ལ་བརྟེན་བྱས་ནས། །ཕུང་པོ་དེ་ནི་མི་འབྱུང་ན། །དེས་ན་འཇིག་རྟེན་མཐའ་མེད་འགྱུར།། ཕུང་པོ་སྔ་མ་རྣམས་དུས་ཐམས་ཅད་དུ་ངེས་པར་གནས་པའི་ཕྱིར་རོ། །ད་ནི། གལ་ཏེ་ཕྱོགས་གཅིག་མཐའ་ཡོད་ལ། །ཕྱོགས་གཅིག་མཐའ་ནི་མེད་གྱུར་ན། །འཇིག་རྟེན་མཐའ་ཡོད་མཐའ་མེད་འགྱུར། །དེ་ཡང་རིགས་པ་མ་ཡིན་ནོ། །ཅིའི་ཕྱིར་ཞེ་ན། ཇི་ལྟ་བུར་ན་ཉེར་ལེན་པ། །ཕྱོགས་གཅིག་རྣམ་པར་འཇིག་འགྱུར་ལ། །ཕྱོགས་གཅིག་རྣམ་པར་འཇིག་མི་འགྱུར། །དེ་ལྟར་དེ་ནི་མི་རིགས་སོ། །འདིར་ཡང་ཕྱོགས་གཉི་གར་བསྟན་པའི་རྗེས་སུ་དཔག་པ་དག་གིས་གནོད་པའི་ཕྱིར་རོ། །ཇི་ལྟ་བུར་ན་ཉེར་བླང་བ། །ཕྱོགས་གཅིག་རྣམ་པར་འཇིག་འགྱུར་ལ། །ཕྱོགས་གཅིག་རྣམ་པར་འཇིག་མི་འགྱུར། །དེ་ལྟར་དེ་ཡང་མི་རིགས་སོ༑ ༑འདིར་ཡང་ཕྱོགས་གཉིས་ཀར་བསྟན་པའི་རྗེས་སུ་དཔག་པ་དག་གིས་གནོད་པའི་ཕྱིར་རོ། །དེ་བཞིན་དུ། གལ་ཏེ་མཐའ་ཡོད་མཐའ་མེད་པ། །གཉི་ག་གྲུབ་པར་གྱུར་ན་ནི༑ ༑མཐའ་ཡོད་མ་ཡིན་མཐའ་མེད་མིན། །འགྲུབ་པར་འགྱུར་བར་འདོད་ལ་རག །དེ་དག་བཀག་པས་དེ་ལྟ་བུ་གྲུབ་པའི་ཕྱིར་དང༌། དེ་དག་བཞིན་དུ་དེ་ཡང་བསྟན་དཀའ་བའི་ཕྱིར་རོ་ཞེས་བྱ་བར་དགོངས་སོ། །ད་ནི་དོན་དམ་པར་ལྟ་བ་ཐམས་ཅད་སྲིད་མི་འཐད་པ་བསྟན་པའི་ཕྱིར་འདི་བཤད་དེ། ཡང་ན་དངོས་པོ་ཐམས་ཅད་དག །སྟོང་ཕྱིར་རྟག་ལ་སོགས་ལྟ་བ། གང་དུ་གང་ལ་གང་དག་ནི། །ཅི་ཕྱིར་ཀུན་དུ་འབྱུང་བར་འགྱུར། །ཡང་ན

དོན་དམ་པར་དངོས་པོ་ཐམས་ཅད་སྟོང་པའི་ཕྱིར་རྟག་པ་ལ་སོགས་པར་ལྟ་བ་གང་དག་ཏུ་གང་ལ་དག་ཅིའི་ཕྱིར་ཀུན་དུ་འབྱུང་བར་འགྱུར་ཏེ། ཡུལ་དང་། བྱེད་པ་པོ་དང་། ལྟ་བ་དང་༔ རྒྱུ་དག་མ་སྐྱེས་པའི་ཕྱིར་རོ་ཞེས་བྱ་བར་དགོངས་སོ། །དེའི་ཕྱིར་དོན་དམ་པར་ཉེ་བར་ལེན་པའི་ཕུང་པོ་ལྔ་ནི་ངོ་བོ་ཉིད་ཡོད་པ་ཁོ་ན་ཡིན་ཏེ། ལྟ་བའི་གནས་ཡིན་པའི་ཕྱིར་རོ་ཞེས་གང་སྨྲས་པའི་གཏན་ཚིགས་ཀྱི་དོན་མ་གྲུབ་པ་ཉིད་དོ། །དོན་དམ་པར་ལྟ་བ་མི་འཐད་པར་བསྟན་པའི་ཕྱིར་རོ། །ཀུན་རྫོབ་པའི་གཏན་ཚིགས་ཡིན་པར་རྟོག་ན་ནི་དོན་འགལ་བ་ཉིད་དོ། །དེའི་ཕྱིར་དེ་ལྟར་ཡང་དག་པ་མ་ཡིན་པའི་ཀུན་ཏུ་རྟོག་པ་ལས་བྱུང་བའི་ལྟ་བ་དག་ནི་སྡུག་བསྔལ་སྣ་ཚོགས་ཀྱི་ས་བོན་ཡིན་པར་ཐུགས་སུ་ཆུད་ནས་འགྲོ་བ་མཐའ་དག་གི་རྗེ་ལག་སངས་རྒྱས་བཅོམ་ལྡན་འདས། གང་གིས་ཐུགས་བརྩེ་ཉེར་བཟུང་ནས༔ ༔ལྟ་བ་ཐམས་ཅད་སྤང་བའི་ཕྱིར། །དམ་པའི་ཆོས་ནི་བསྟན་མཛད་པ། །གོ་ཏམ་དེ་ལ་ཕྱག་འཚལ་ལོ། །གང་གིས་ཞེས་བྱ་བ་ནི་འགྲོ་བ་མཐའ་དག་གི་རྗེ་ལག་སངས་རྒྱས་བཅོམ་ལྡན་འདས་ཀྱིས་སོ། །ཐུགས་བརྩེ་ཉེར་བཟུང་ནས་ཞེས་བྱ་བ་ནི། རྙེད་པ་དང་བཀུར་སྟི་ལ་སོགས་པའི་རྒྱུའི་ཕྱིར་མ་ཡིན་པ་སྟེ། སངས་རྒྱས་བཅོམ་ལྡན་འདས་ནི་དམ་པའི་ཆོས་དཀོན་མཆོག་ཤིན་ཏུ་རྨད་དུ་བྱུང་བ་བླ་ན་མེད་པ་རབ་ཏུ་སྟོན་པར་མཛད་པ་ཡིན་པའི་ཕྱིར་རོ། །ལྟ་བ་ཐམས་ཅད་སྤང་བའི་ཕྱིར། །ཞེས་བྱ་བ་ནི་ལྟ་བ་ཐམས་ཅད་སྟོང་པ་ཉིད་དུ་བསྟན་པའི་ཕྱིར་རོ། །དམ་པའི་ཆོས་ཞེས་བྱ་བ་ནི་དེ་དམ་པ་ཡང་ཡིན་ལ་ཆོས་ཀྱང་ཡིན་པས་དམ་པའི་ཆོས་སོ། །དམ་པ་ཞེས་བྱ་བ་ནི། ཉོན་མོངས་པ་བག་ཆགས་དང་བཅས་པའི་མེ་ཞི་བར་གྱུར་པའི་ཕྱིར་དང་། ཡོན་ཏན་རབ་ཀྱི་མཐར་ཕྱིན་པ་ཐམས་ཅད་ཀྱི་ཕ་རོལ་ཏུ་ཕྱིན་པའི་རྒྱུ་ཡིན་པའི་ཕྱིར་དམ་པ་སྟེ་བཟང་པོའོ། །ཆོས་ཞེས་བྱ་བ་ནི

གཞན་དག་ལེགས་པར་འཛིན་པར་བྱེད་པའམ། འཁོར་བའི་འཁོར་ལོར་འབྱམས་པ་ལས་འཛིན་པར་བྱེད་པའམ། རྟོག་པར་བྱེད་པའི་རང་དང་གཞན་གྱི་དོན་ཕུན་སུམ་ཚོགས་པ་རབ་ཀྱི་མཐར་ཕྱིན་པ་བླ་ན་མེད་པའི་མཐུ་འཛིན་པའི་ཕྱིར་ཆོས་སོ། །དམ་པའི་ཆོས་ནི་བཟང་པོའི་ཆོས་ཏེ། ཐེག་པ་ཆེན་པོ་ཡིན་ནོ། །དེ་ལྟར་ཡང་འཕགས་པ་ལྷ་མོ་དཔལ་ཕྲེང་གི་སེང་གེའི་སྒྲ་ཞེས་བྱ་བའི་མདོ་ལས། བཅོམ་ལྡན་འདས་དམ་པའི་ཆོས་ཡོངས་སུ་གཟུང་བ་ཞེས་བྱ་བ་ནི་ཐེག་པ་ཆེན་པོའི་ཚིག་བླ་དྭགས་ལགས་ཏེ། དེ་ཅིའི་སླད་དུ་ཞེ་ན། བཅོམ་ལྡན་འདས་ཉན་ཐོས་དང་རང་སངས་རྒྱས་ཀྱི་ཐེག་པ་ཐམས་ཅད་དང་། འཇིག་རྟེན་པ་དང་། འཇིག་རྟེན་ལས་འདས་པའི་དགེ་བའི་ཆོས་ཐམས་ཅད་ནི་ཐེག་པ་ཆེན་པོས་རབ་ཏུ་ཕྱེ་བ་ལགས་པའི་སླད་དུ་སྟེ། བཅོམ་ལྡན་འདས་འདི་ལྟ་སྟེ། དཔེར་བགྱི་ན༏ ཆུ་ཆེན་པོ་བཞི་ནི། མཚོ་མ་དྲོས་པས་རབ་ཏུ་ཕྱེ་བ་ལགས་པ་དེ་བཞིན་དུ་བཅོམ་ལྡན་འདས་ཉན་ཐོས་དང་། རང་སངས་རྒྱས་ཀྱི་ཐེག་པ་ཐམས་ཅད་དང་། འཇིག་རྟེན་དང་འཇིག་རྟེན་ལས་འདས་པའི་དགེ་བའི་ཆོས་ཐམས་ཅད་ཀྱང་ཐེག་པ་ཆེན་པོས་རབ་ཏུ་ཕྱེ་བ་ལགས་སོ་ཞེས་ཇི་སྐད་གསུངས་པ་ལྟ་བུའོ། །བསྟན་མཛད་པ་ཞེས་བྱ་བ་ནི་བསྟན་པར་གྱུར་པའོ། །གཽ་ཏ་མ་ཞེས་བྱ་བ་ནི། གདུང་གཽ་ཏ་མའི་རྒྱུད་ཡིན་པའི་ཕྱིར་ཏེ། དེ་ལ་སྐྱབ་པའི་མཆོད་པ་མངོན་དུ་བཏབ་པ་སྟེ་ཕྱག་འཚལ་ལོ། །དེ་ལྟར་དངོས་པོ་ཐམས་ཅད་ཀྱི་ངོ་བོ་ཉིད་མེད་པ་ཉིད་དུ་བསྟན་ཀྱང་། སྨྲ་བ་ངན་པ་དངོས་པོ་ངོ་བོ་ཉིད་ཡོད་པ་ཉིད་ལ་མངོན་པར་ཞེན་པའི་བག་ཆགས་ཀྱིས་བློ་གྲོས་ཉམས་པ་རབ་རིབ་ཅན་གྱིས་ཡང་དག་པ་མ་ཡིན་པ་མཐོང་བ་ལྟ་བུ་དག་རང་གི་ཕྱོགས་བསྒྲུབ་པའི་ཕྱིར་ཕྱིར་ཟློག་པ་བྱེད་དེ། འདི་ལ་ཁྱེད་ཀྱིས་བསྒྲུབ་པ་དང་སུན་འབྱིན་པའི་ཚད་མ་དག་གིས་ཉེ་བར་བརྟགས་ནས་རང་

གི་ཕྱོགས་གྲུབ་པར་བསྟན་པ་དེ་ལ། གལ་ཏེ་སྒྲུབ་པ་དང་སུན་འབྱིན་པའི་ཚད་མ་དག་ངོ་བོ་ཉིད་མེད་པ་ཡིན་ན་ནི་དེ་དག་ལ་རྟག་པར་འདོད་པའི་དངོས་པོའི་དེ་ཁོ་ན་རྟོགས་པའི་མཐུ་ཉིད་མེད་དེ། ངོ་བོ་ཉིད་མེད་པའི་ཕྱིར། དཔེར་ན་མོ་གཤམ་གྱི་བུའི་ལྷ་བ་ལ་སོགས་པ་བཞིན་ནོ། །འོན་ཏེ་དེ་དག་ངོ་བོ་ཉིད་ཡོད་པ་ཡིན་ན་ནི་དེ་དག་བཞིན་དུ་དངོས་པོ་ཐམས་ཅད་འགྲུབ་པས་བསྟན་བཅོས་མཐའ་དག་ཏུ་བསྟན་པའི་རྗེས་སུ་དཔག་པ་དག་མ་ངེས་པ་ཉིད་ཀྱང་ཡིན་ནོ་ཞེའོ། །དེ་ལ་འདིར་གལ་ཏེ་གཏན་ཚིགས་ཀྱི་དོན་ངོ་བོ་ཉིད་མེད་པའི་ཕྱིར་ཡོད་པ་མ་ཡིན་ནོ་ཞེས་བྱ་བ་ཡིན་པར་འདོད་ན་ནི་རང་ལ་གཏན་ཚིགས་ཀྱི་དོན་མ་གྲུབ་པ་ཉིད་དོ། །ཅི་སྟེ་གཞན་ཡིན་ན་ནི་གཞན་ལའོ། །དོན་དམ་པར་ཚད་མ་ལ་སོགས་པ་ངོ་བོ་ཉིད་མེད་པས་མཐུ་ཉིད་སེལ་བར་བྱེད་ན་ནི་གྲུབ་པ་ལ་སྒྲུབ་པ་ཡིན་ནོ། ། ཐ་སྙད་དུ་ནི་ཁས་བླངས་པས་གནོད་དོ། །དོན་དམ་པར་ཚད་མ་རྣམས་ལ་ཡང་རྟོགས་པར་བྱ་བ་རྟོགས་པ་དང་། ཡིད་ཆེས་པར་བྱ་བ་སྟོན་པའི་མཐུ་ཉིད་མེད་དེ། འདུས་བྱས་ཡིན་པའི་ཕྱིར་དཔེར་ན་བོང་བ་བཞིན་ནོ། །དེ་བཞིན་དུ་སྐྱེ་བ་ཅན་ཉིད་དང་། རྐྱེན་གྱི་དབྱེ་བས་ཐ་དད་པ་ཉིད་དང་། འཇིག་པ་ཉིད་དང་། རྟོགས་པར་བྱ་བ་ཉིད་དང་བརྗོད་པར་བྱ་བ་ཉིད་ལ་སོགས་པའི་གཏན་ཚིགས་དག་གི་ཕྱིར་རོ་ཞེས་ཀྱང་རྗེས་སུ་དཔག་པ་རྒྱས་པར་བརྗོད་པར་བྱ་སྟེ། སྔར་བསྟན་པའི་ཚུལ་གྱིས་སྐྱེར་སྐྱེ་བ་བཀག་པའི་ཕྱིར་དང་། བྱ་བ་བཀག་པའི་ཕྱིར་རོ། །ཁྱད་པར་ལས་དགག་པར་བྱ་བ་ནི་དོན་དམ་པར་མངོན་སུམ་ལ་མངོན་སུམ་གྱི་ངོ་བོ་ཉིད་མེད་དེ། དབང་པོ་ལ་བརྟེན་པའི་ཕྱིར་དཔེར་ན་འཁྲུལ་པའི་ཤེས་པ་བཞིན་ནོ། །དེ་བཞིན་དུ་དོན་དམ་པར་རྗེས་སུ་དཔག་པ་ལ་ཡང་རྗེས་སུ་དཔག་པའི་ངོ་བོ་ཉིད་མེད་དེ། ཚད་མ་ཡིན་པའི་ཕྱིར་དཔེར་ན་མངོན་སུམ་བཞིན་ནོ། །ཡང་ན་དོན་དམ་

པར་རྗེས་སུ་དཔག་པ་ནི་ཚད་མ་མ་ཡིན་ཏེ། རྣམ་པར་རྟོག་པ་ཡིན་པའི་ཕྱིར་དཔེར་ན་སྔོང་དུམ་ལ་མིར་ཤེས་པ་བཞིན་ནོ། །དེ་བཞིན་དུ་དམ་བཅས་པ་ལ་སོགས་པ་སྒྲུབ་པའི་ཡན་ལག་རྣམས་ལ་ཡང་། དེ་དག་གི་བསྒྲུབ་པར་བྱ་བ་བསྟན་པ་ནི་བསྒྲུབ་པར་བྱ་བ་ངེས་པར་གཟུང་བ་སྟེ། སྒྲུབ་པར་འདོད་པས་བསྒྲུབ་པར་བྱ་བ་ཉིད་དུ་འདོད་པའི་ཕྱོགས་དོན་འགལ་བ་ལ་སོགས་པས་མ་བརྩམས་པ་གང་ཡིན་པ་ནི་དམ་བཅས་པའི་མཚན་ཉིད་ཡིན་ནོ༎ ༎དེ་ལ་གང་དག་སྒྲུབ་པ་དང་སུན་འབྱིན་པ་དག་དོན་དམ་པ་པ་ཡིན་པར་སྨྲ་བ་དེ་དག་ལ་འདི་སྐད་ཅེས་དྲི་བར་བྱ་སྟེ། བསྒྲུབ་པར་བྱ་བ་གང་ཡིན། གྲུབ་པའམ་འོན་ཏེ་མ་གྲུབ་པ་ཡིན། དེ་ལ་གལ་ཏེ་གྲུབ་པ་ཡིན་ན་ནི་དེ་སྒྲུབ་པ་དོན་མེད་པ་ཉིད་དོ། །འོན་ཏེ་མ་གྲུབ་པ་ཡིན་ན་ནི་དོན་དམ་པར་དེ་བསྒྲུབ་པར་བྱ་བ་མ་ཡིན་ཏེ། མ་གྲུབ་པ་ཡིན་པའི་ཕྱིར་དཔེར་ན་རི་བོང་གི་རྭའི་ཡོན་པོ་ཉིད་བཞིན་ནོ། །ཅི་སྟེ་ཡང་འདི་སྙམ་དུ་རང་དང་གཉི་ག་ལ་མ་གྲུབ་པ་བསྒྲུབ་པར་བྱ་བ་མ་ཡིན་ནོ་ཞེ་ན་ནི་གྲུབ་པ་ལ་སྒྲུབ་པ་ཡིན་ནོ། །འོན་ཏེ་གཞན་ལ་མ་གྲུབ་པ་བསྒྲུབ་པར་བྱ་བ་མ་ཡིན་ནོ་ཞེ་ན་ནི་དཔེ་མེད་དེ། རི་བོང་གི་རྭ་མེད་པས་སྒྲུབ་པའི་ཆོས་མེད་པའི་ཕྱིར་དང་། གཏན་ཚིགས་ཀྱི་དོན་ཀྱང་མ་གྲུབ་པ་ཉིད་ཡིན་ནོ་སྙམ་དུ་སེམས་ན། གཏན་ཚིགས་སྐྱོར་བརྗོད་པའི་ཕྱིར་དང་། དཔེ་ལ་ཡང་སྦྱོར་རྗེས་སུ་འགྲོ་བ་བསྟན་པའི་ཕྱིར་དང་། གཞན་ལ་མ་གྲུབ་པ་ཉིད་ཀྱང་བཀག་པའི་ཕྱིར་གྲུབ་པ་ལ་སྒྲུབ་པ་མ་ཡིན་ལ། དཔེ་དང་གཏན་ཚིགས་མེད་པ་ཡང་མ་ཡིན་ནོ། །གལ་ཏེ་བྱ་བ་དང་གདུལ་བ་བཞིན་དུ་བསྒྲུབ་པར་བྱ་བ་འགྲུབ་བོ་ཞེ་ན། དེ་ནི་ལན་མ་ཡིན་ཏེ། བརྒལ་ཞིང་བརྟག་པ་མཚུངས་པ་དང་། ལན་བཏབ་ཟིན་པའི་ཕྱིར་རོ། །གལ་ཏེ་ལན་མ་ཡིན་པ་མ་ཡིན་ཏེ། ཤུས་པའི་དོན་མ་ཡིན་པའི་ཕྱིར་རོ་ཞེ་ན། དེ་ཡང་ལན་མ་ཡིན་ཏེ། བརྒལ་ཞིང

བརྟག་པ་མཚུངས་པ་དང་། ལན་བཏབ་ཟིན་པའི་ཕྱིར་རོ་ཞེས་བྱ་བ་དེ་ཉིད་ཀྱིས་ལན་བཏབ་ཟིན་པའི་ཕྱིར་རོ། །དོན་དམ་པར་དམ་བཅས་པ་ནི་སྒྲུབ་པར་བྱེད་པ་མ་ཡིན་ཏེ། བསྟན་པར་བྱ་བའི་དོན་དམ་བཅས་པ་ཡིན་པའི་ཕྱིར། དམ་བཅས་པ་ཙམ་སྨྲ་བས་བསྟན་པའི་དམ་བཅས་པ་བཞིན་ནོ། །དོན་དམ་པར་གཏན་ཚིགས་ཀྱང་བསྒྲུབ་པར་བྱ་བའི་དོན་སྒྲུབ་པའི་བྱེད་པ་མ་ཡིན་ཏེ། དཔེ་དང་ཆོས་མཐུན་པའི་ཕྱིར་དང་། མི་མཐུན་པའི་ཕྱོགས་ཀྱི་ཁྱད་པར་ཅན་ཡིན་པའི་ཕྱིར་དང་། ཕྱོགས་ཀྱི་ཆོས་ཡིན་པའི་ཕྱིར་དཔེར་ན་མ་ངེས་པ་བཞིན་ནོ། །དོན་དམ་པར་མཚན་ཉིད་གསུམ་པའི་གཏན་ཚིགས་ཀྱང་བསྒྲུབ་པར་བྱ་བའི་དོན་གོ་བར་བྱེད་པ་མ་ཡིན་ཏེ། མཚན་ཉིད་གསུམ་པ་ཡིན་པའི་ཕྱིར་དཔེར་ན་འགལ་བས་བཟློག་པ་བཞིན་ནོ། །དོན་དམ་པར་མཚན་ཉིད་གསུམ་པའི་གཏན་ཚིགས་ཁྱད་པར་ཅན་འགལ་བས་མ་བཟློག་པ་ཡང་བསྒྲུབ་པར་བྱ་བའི་དོན་སྒྲུབ་པར་བྱེད་པ་མ་ཡིན་ཏེ། ཕྱོགས་ཀྱི་ཆོས་ཡིན་པའི་ཕྱིར་དཔེར་ན་འགལ་བ་བཞིན་ནོ། །དེ་བཞིན་དུ་དོན་དམ་པར་དཔེ་ནི་བསྒྲུབ་པར་བྱ་བའི་དོན་གོ་བར་བྱེད་པ་མ་ཡིན་ཏེ། བསྒྲུབ་པར་བྱ་བ་དང་། སྒྲུབ་པའི་ཆོས་དང་ལྡན་པའི་ཕྱིར་དཔེར་ན་ནམ་མཁའ་རྟག་པ་ཡིན་ལ་ལུས་ཅན་མ་ཡིན་པས་སྒྲ་རྟག་པ་བཞིན་ནོ། །གལ་ཏེ་ཡན་ལག་ཚང་བའི་ཚིག་ནི་སྒྲུབ་པ་ཉིད་ཡིན་པར་དམ་བཅས་པའི་ཕྱིར་སྐྱོན་མེད་དོ་ཞེ་ན། ཡན་ལག་ཚང་བའི་ཚིག་གང་གི་སྒྲུབ་པ་ཡིན་ཞེས་བརྗོད་པར་བྱའོ། །གལ་ཏེ་བསྒྲུབ་པར་བྱ་བའི་ཕྱིར་ཞེ་ན། དེ་ནི་ལན་མ་ཡིན་ཏེ། དེ་ཉིད་བསྟན་ཀྱང་དཀའ་བའི་ཕྱིར་རོ། །དོན་དམ་པར་ཡན་ལག་ཚང་བའི་ཚིག་ཀྱང་བསྒྲུབ་པར་བྱ་བའི་དོན་སྒྲུབ་པར་བྱེད་པ་མ་ཡིན་ཏེ། ཡན་ལག་ཚང་བ་ཡིན་པའི་ཕྱིར་དཔེར་ན། རྟོག་གེ་ཕྱི་མས་གནོད་པར་འགྱུར་བ་བཞིན་ནོ། །གལ་ཏེ་རྟོག་གེ་ཕྱི་མས་གནོད་པར་གྱུར་པ

ཉིད་མ་ཡིན་ཏེ། ཡན་ལག་ཚང་བའི་ཚིག་ནི་སྒྲུབ་པ་ཡིན་ནོ་ཞེ་ན། དེས་ནི་མི་ནུས་ཏེ། དཔེར་ན་འདི་ལྟ་བུའོ་ཞེས་བྱ་བའི་རྗེས་སུ་འགྲོ་བ་མེད་པའི་ཕྱིར་རོ། །ཡན་ལག་ཚང་བའི་ཚིག་ཁྱད་པར་ཅན་སྒྲུབ་པ་མ་ཡིན་པ་ཉིད་ཕྱོགས་སུ་བྱས་པ་ལ་ཡང་གཞན་ཡན་ལག་ཚང་བ་ཡིན་པའི་ཕྱིར་དཔེར་ན་རྟོག་གེ་ཕྱི་མས་གནོད་པར་གྱུར་པ་བཞིན་ནོ་ཞེས་བཀག་པ་ཁོ་ནའི་ཕྱིར་དེ་ཡང་རིགས་པ་མ་ཡིན་ནོ། །དེ་བཞིན་དུ་དོན་དམ་པར་སུན་འབྱིན་པའི་ངོ་བོ་ཉིད་མེད་དེ། ཚིག་གི་ངོ་བོ་ཉིད་ཡིན་པའི་ཕྱིར་དཔེར་ན་སུན་འབྱིན་པ་ལྟར་སྣང་བའི་སྒྲུབ་པ་ལ་སོགས་པ་བཞིན་ནོ་ཞེས་བརྗོད་པར་བྱའོ། །དེའི་ཕྱིར་དེ་ལྟར་ཚད་མ་ལ་སོགས་པ་མ་གྲུབ་པའི་ཕྱིར་དེ་བཞིན་དུ་གཞལ་བྱ་ཡང་མ་གྲུབ་པས་གཏན་ཚིགས་སྔ་མ་དག་མ་ངེས་པ་ཉིད་ཀྱང་མ་ཡིན་ཏེ། ཞར་ལ་བཤད་པས་ཆོག་གོ། དེ་ལ་འདིར་རབ་ཏུ་བྱེད་པའི་དོན་ནི་ཕ་རོལ་པོ་དག་གིས་སྒྲུབ་པ་སྨྲས་པའི་སུན་དབྱུང་བ་བརྗོད་པས་ལྟ་བ་སྟོང་པ་ཉིད་དུ་བསྟན་པ་ཡིན་ནོ། །དེའི་ཕྱིར་རབ་ཀྱི་རྩལ་གྱིས་རྣམ་པར་གནོན་པ། གཟུགས་ནི་ལྟ་བའི་རྣམ་པ་ཡང་མ་ཡིན་ལ་ལྟ་བའི་རྣམ་པ་སྤྱངས་པ་ཡང་མ་ཡིན་ནོ། །དེ་བཞིན་དུ་ཚོར་བ་དང་། འདུ་ཤེས་དང་། འདུ་བྱེད་རྣམས་དང་། རྣམ་པར་ཤེས་པ་ཡང་ལྟ་བའི་རྣམ་པ་ཡང་མ་ཡིན་ལ་ལྟ་བའི་རྣམ་པ་སྤྱངས་པ་ཡང་མ་ཡིན་ནོ། །གཟུགས་དང་། ཚོར་བ་དང་། འདུ་ཤེས་དང་། འདུ་བྱེད་རྣམས་དང་། རྣམ་པར་ཤེས་པ་ལྟ་བའི་རྣམ་པ་སྤྱངས་པ་ཡང་མ་ཡིན་པ་ཉིད་དོ། །གང་ཡིན་པ་དེ་ནི་ཤེས་རབ་ཀྱི་ཕ་རོལ་ཏུ་ཕྱིན་པའོ་ཞེས་བྱ་བ་ལ་སོགས་པ་གསུངས་པའོ། །དེ་བཞིན་དུ་རྟེན་ཅིང་འབྲེལ་པར་འབྱུང་བ་སྐྱེ་བ་མེད་པ་ལ་སོགས་པའི་ཁྱད་པར་དང་ལྡན་པ་བསྟན་པས་བསྟན་བཅོས་ཀྱི་དོན་རྣམ་པར་མི་རྟོག་པའི་ཡེ་ཤེས་བདུད་རྩིའི་དེ་ཁོ་ན་ཉིད་རྣམ་པར་མི་རྟོག་པའི་དོན་དམ་པ་སྟོན་ཀའི་ནམ་མཁའ་དྲི་མ་

མེད་པ་ལྟ་བུའི་ཡུལ་ཅན་སྤྲོས་པ་མ་ལུས་པ་ལེགས་པར་ཉེ་བར་ཞི་བ་ཐ་དད་པ་ཉིད་དང་གཅིག་པ་ཉིད་དང་བྲལ་བ་ཞི་བ་སོ་སོ་རང་རིག་པར་བྱ་བ་བསྟན་པ་གྲུབ་པ་ཡིན་ནོ། །བཅོམ་ལྡན་འདས་ཀྱི་ཚུལ་ནི་དེ་ཁོ་ན་ཉིད་ཡིན་ཡང་ངན་རྟོག་རྣམས་དད་པར་མི་བྱེད་པའི་ཕྱིར་རྗེས་སུ་དཔག་པ་གཙོ་ཆེ་བས་དེའི་ཕྱིར་དེ་ཡོངས་སུ་གཟུང་ངོ་། །འཇིག་རྟེན་སྣང་མཛད་གཞན་དོན་ཁམས་རྣམས་སངས་རྒྱས་ཉིད་འཐོབ་མཛད་སླད་དུ། །ཤེས་རབ་ཕ་རོལ་ཕྱིན་སོགས་མདོ་སྡེ་གསུངས་ཚུལ་གསལ་བར་སྟོན་པ་ན། །ཐུབ་དབང་སྲས་པོ་ཀླུ་སྒྲུབ་གསུངས་པ་དབུ་མའི་བསྟན་བཅོས་གང་ཡིན་པ། །དེ་ཡི་རྣམ་བཤད་ལྟ་ངན་ཞི་བྱེད་ཤེས་རབ་སྒྲོན་མ་བདག་གིས་བྱས། །ཤེས་རབ་སྒྲོན་མ་ཞེས་བྱ་འདི་བྱས་དགེ་བ་རབ་དཀོན་གང་ཐོབ་པ། །དེས་ནི་སངས་རྒྱས་གོ་འཕང་ཤེས་རབ་སྒྲོན་མས་རྟོགས་བྱ་རྟོག་མེད་ཚུལ། །ཚིག་བློ་ཀུན་འདས་མཁའ་ལྟར་དྲི་མེད་མི་རྟོག་འཇིག་མེད་དེ་ཐོབ་ནས། །འཇིག་རྟེན་དག་ལའང་ཤེས་རབ་སྒྲོན་སྣང་མུན་སེལ་མྱུར་དུ་བྱེད་པར་ཤོག །སློབ་དཔོན་ལེགས་ལྡན་བྱེད་(འབྱེད)ཀྱིས་ཉེ་བར་སྦྱར་བ། དབུ་མའི་རྩ་བའི་འགྲེལ་པ་ཤེས་རབ་སྒྲོན་མ་ལས་ལྟ་བ་བརྟག་པ་ཞེས་བྱ་བ་སྟེ། རབ་ཏུ་བྱེད་པ་ཉི་ཤུ་བདུན་པ་སྟེ་ཐ་མའོ།། །།

༄ དབུ་མའི་རྩ་བའི་ཚིག་ལེའུར་བྱས་པ་ཤེས་རབ་ཅེས་བྱ་བ་ཐེག་པ་ཆེན་པོའི་ཆོས་མངོན་པ་རྣམ་པར་གཞག་པ། དོན་དམ་པའི་དེ་ཁོ་ན་ཡང་དག་པར་སྟོན་པ། ཤེས་རབ་ཀྱི་ཕ་རོལ་ཏུ་ཕྱིན་པའི་ཚུལ་གསལ་བར་བྱེད་པ། སློབ་དཔོན་བདག་ཉིད་ཆེན་པོ་འཕགས་པ་ཀླུ་སྒྲུབ་མི་འཁྲུགས་པའི་མཁྱེན་རབ་དང་ཐུགས་རྗེར་ལྡན་པ། དེ་བཞིན་གཤེགས་པའི་ཐེག་པ་བླ་ན་མེད་པའི་ཚུལ་རབ་ཏུ་བྱེད་པ། རབ་ཏུ་དགའ་བའི་ས་བརྙེས་ནས་བདེ་བ་ཅན་གྱི་ཞིང་དུ་གཤེགས་པ་འཇིག་རྟེན་གྱི་ཁམས་དང་བའི་འོད་ཅེས་བྱ་བར་དེ་བཞིན་

གཤེགས་པ་ཡེ་ཤེས་འབྱུང་གནས་འོད་ཅེས་བྱ་བར་འགྱུར་བས་མཛད་པ། དེའི་འགྲེལ་པ་ཤེས་རབ་སྒྲོན་མ་ཐེག་པ་མཆོག་གི་ཚུལ་སྒྲུབ་པར་བྱེད་པ། ལྟ་བ་ངན་པའི་དྲི་མ་སེལ་བར་བྱེད་པ། རྗེས་སུ་དཔག་པ་དང་། སྒྲུབ་དབྱུང་བའི་གསལ་བ་དང་། དེ་ཁོ་ན་སྟོན་པ། སློབ་དཔོན་ལེགས་ལྡན་བྱེད་༼འབྱེད་༽འཕགས་པ་སྤྱན་རས་གཟིགས་དབང་ཕྱུག་གི་དམ་པ་མཆོག་བརྙེས་པ། བདག་དང་གཞན་གྱི་གྲུབ་པའི་མཐའ་རྒྱ་མཚོའི་ཕ་རོལ་ཏུ་བྱེད་པ་གྲོན་པ། རིག་སྔགས་འཆང་གྲུབ་པའི་གནས་ཁྱད་པར་ཅན་དུ་གཤེགས་པ། སྐུ་ཚེ་འདི་ཉིད་ཀྱིས་རྡོ་རྗེའི་གདན་བཀོད་པའི་ཐུགས་དམ་ཅན་གྱིས་ཉེ་བར་སྦྱར་བ་རྫོགས་སོ།། །དབང་ཕྱུག་དམ་པའི་མངའ་བདག །རྒྱལ་པོ་ཆེན་པོ་དཔལ་ལྷ་བཙན་པོའི་བཀའ་ལུང་གིས༑ རྒྱ་གར་གྱི་མཁན་པོ་ཐེག་པ་ཆེན་པོ་དབུ་མ་པ་ཛྙཱ་ན་གརྦྷ་དང་བོད་ཀྱི་ཞུ་ཆེན་གྱི་ལོ་ཙཱ་བ་དགེ་སློང་ཅོག་རོ་ཀླུའི་རྒྱལ་མཚན་གྱིས་བསྒྱུར་ཅིང་ཞུ་ཆེན་བགྱིས་ཏེ་གཏན་ལ་ཕབ་པ༑༑ ༑༑

འདི་ལ་རབ་ཏུ་བྱེད་པ་ཉི་ཤུ་བདུན་པ། ཤོ་ལོ་ཀ་དྲུག་སྟོང་ཡོད་པ། བམ་པོ་ཉི་ཤུར་བྱས་སོ།། །།

དབུ་མ་རྩ་བའི་འགྲེལ་པ་ཤེས་རབ་སྒྲོན་མ་བཞུགས་སོ།

མཛད་པ་པོ།	སློབ་དཔོན་ལེགས་ལྡན་འབྱེད།
བསྒྲུ་སྒྲིག་པ།	སེར་གཙུག་ནང་བསྟན་དཔེ་རྙིང་འཚོལ་བསྡུ་ཕྱོགས་སྒྲིག་ཁང་།
རྩོམ་སྒྲིག་འགན་འཁུར་བ།	དོན་གྲུབ་ཕུན་ཚོགས།
མདུན་ཤོག་འཆར་འགོད་པ།	སྐལ་ཚེ།
དཔེ་སྐྲུན་ཚན་པ།	བོད་ལྗོངས་མི་དམངས་དཔེ་སྐྲུན་ཁང་། (ལྷ་ས་གླིང་སྐོར་བྱང་ལམ་སྒོ་ཨང་20པ)
པར་འདེབས་ཚན་པ།	ལྷ་ས་གྲོང་ཁྱེར་མིང་ཤིན་པར་འདེབས་ཚད་ཡོད་ཀུང་སི།
དེབ་ཚད།	787 × 1092 1/16
པར་ཤོག	35.875
ཡིག་གྲངས།	ཁྲི་32
པར་གཞི།	2011ལོའི་ཟླ1པོར་པར་གཞི1བསྒྲིགས།
པར་ཐེངས།	2024ལོའི་ཟླ10པར་པར་ཐེངས3བརྒྱབ།
པར་གྲངས།	6,001 – 8,000
དཔེ་དེབ་ཨང་གྲངས།	ISBN 978 – 7 – 223 – 02987 – 2
རིན་གོང་སྒོར།	55.00